Anonymus

Collectio Pisaurensis

Anonymus

Collectio Pisaurensis

ISBN/EAN: 9783741171420

Manufactured in Europe, USA, Canada, Australia, Japa

Cover: Foto ©Andreas Hilbeck / pixelio.de

Manufactured and distributed by brebook publishing software
(www.brebook.com)

Anonymus

Collectio Pisaurensis

COLLECTIO PISAURENSIS

OMNIUM POEMATUM, CARMINUM, FRAGMENTORUM LATINORUM;

SIVE AD CHRISTIANOS, SIVE AD ETHNICOS, SIVE AD CERTOS, SIVE AD INCERTOS POETAS,

A PRIMA LATINÆ LINGUÆ ÆTATE

Ad ſextum uſque Chriſtianum Seculum & Longobardorum in Italiam Adventum pertinens,

Ab omnium Poetarum Libris, Collectionibus, Lapidibus, Codicibus exſcripta.

TOMUS QUINTUS

CHRISTIANOS POETAS CONTINENS.

PISAURI)(MDCCLXVI.)(

EX AMATINA CHALCOGRAPHIA.

PUBLICA AUCTORITATE.

PROLEGOMENA.

DE TERTULLIANO.

Q. *Septimius Florens Tertullianus*, *Carthaginiensis* ex editione Philippi Priorii cum integris Nic. Rigaltii, selectis Pamelii, Cerdæ & aliorum additis etiam ipsius Priorii notis, Paris. 1663. fol. Diversus est *Tertullianus* Ecclesiasticus scriptor, licet & ipse juris peritus, (*a*) a Tertulliano JCto, cujus quædam in Digestis habemus: ut recte notavit Valesius pag. 24. seq. ad Euseb. & Grotius ad Tit. III. 13. Fuit quoque S. Tertullianus Episcopus Bononiensis, de quo Acta Sanctorum Tom. 3. April. p. 494. tum S. Tertullianus de quo Tom. 1. Junii pag. 630. nec non Tertullianus Hirenensis, cujus mentio in Collatione Carthaginiensi. De Tertulliani circa A. C. 205. in Montanistarum sectam prolapsi, & circa A. 220. defuncti vita scriptis & doctrina præter editores, & *Tillemontium* tomo tertio Memoriarum Ecclesiast. Gallice vulgatarum & *Nic. le Nourry* apparatu ad Bibliothecam Patrum Tom. 2. pag. 1173. seq. aliosque qui de scriptoribus Ecclesiasticis tradidere, consulere juvabit Petri *Allinii* dissertationem de Tertulliani vita & scriptis, sine auctoris nomine Latine editam Paris. 1680. 8. cum ejusdem diss. de sanguine D. N. Jesu Christi ad Epistolam CXLVI. Augustini, & tertia de Conciliorum quorumvis definitionibus ad examen revocandis. Hujus epitome est quæ Gallice præfigitur editioni Latino Gallicæ Apologetici Amstel. 1701. 8. *Extrait d' une dissertation critique touchant Tertullien & ses ouvrages*. Extat quoque *Histoire de Tertullien & d' Origene par Mr. de la Motte*, Paris. 1675. Lugd. 1691. 8. *Paganini Gaudentii* salebræ Tertullianeæ Florent. 1639. 4. Systema Theologiæ theoreticum & practicum ex dictis Tertulliani & Cypriani concinnatum ab *Hermanno Rathmanno*, Gedani 1020. 4. opponendum Theodori Petreii Carthusiani Confessioni Tertullianianæ Paris. 1603. 8. *Le genie de Tertullien*, *par de Fayelle*, Paris. 1662. 4.

(*a*) Vide quæ notavi ad Hieron. de scriptoribus Eccles. c. 53.

Adversus Marcionem libri quinque, *& de judicio Dñi liber unus* versibus Epicis. Utrumque poema Tertulliani esse hodie negant eruditi. P. Allinius in diss. de vita & scriptis Tertulliani, carmen de judicio ait esse *Verecundi* Episcopi Africani, qui circa medium seculi sexti floruit. Libros contra Marcionem idem suspicatur post Hieronymi tempora exaratos. Leguntur & nunc alia sub Tertulliani nomine poemata, *expostulatio ad Senatorem*, & *de* (*b*) *Jona et Ninive*, sed quæ Georgius Fabricius non vidit.

Libri V. contra Marcionem, & *de judicio Domini* prodierunt inter Poetas Christianos Georg. Fabricii, Basil. 1562. 4. p. 258. *Carmen de Jona & Ninive* cum castigationibus Francisci Jureti, in Bibliothecis Patrum: & Lips. 1681. 8. ad calcem Paulini Petrocorii, edit. Daumianæ. Tertulliani opuscula poetica cum notis Andreæ Rivini, Lips. 1651. 8.

DE COMMODIANO.

1. Commodiani Afri librum adversus Paganos, sive instructiones LXXX. Acrostichidibus carmine politico, quo numerus Hexametri servatur, neglecta syllabarum quantitate. Floruit hic scriptor, si Gennadium cap. 15. de S. E. audimus, post Lactantium, cui sententiæ suffragatur etiam Rigaltius, qui Silvestri Pontificis mentionem fieri Instruct. 33. v. 5. non dubitavit, ita enim illum versum legit; *Intrate stabulis Silvestri ad præsepe Pastoris*. Confer Barthii Adversar. LIII. 5. Verum H. Dodwellus V. C. in dissertatione de Commodiani ætate, quam Annalibus Vellejanis, Quintilianeis & Statianis Oxon. 1698. 8. subjecit, cum ex toto opusculo observasset illud seculo tertio & flagrantibus adhuc Ecclesiæ persecutionibus scriptum esse, præcipue cum auctor ipse Instruct. VI. versu 6. annos tantum ducentos a CHRISTO numeret: *Et si parvulitas sit fra-*

a *sit*,

(*b*) Hoc carmen perperam pro inedito habet Vossius ad Catullum p. 274. Prodiit in appendice Bibl. Patrum Bigneana, et Francisci Jureti, Andreæ Rivini, &c., qui cum Paulino Petrocorio vulgavit, Daumii editionem omittam.

sti, cur annis decemis fuistis infantes, nunquid & semper eritis? Deinceps versum ex Instructione 33. ad vestigia MSti Codicis contendit legendum esse sic: *laevam stabula silvestres ad praesepia tauri*. Primus Commodianum e Jac. Sirmondi apographo admodum mendoso edidit Nic. Rigaltius Tulli Leucorum apud S. Belgrand & J. Laurentium typographos Regios 1650. 4. additis notis eruditis. Deinde subjectus est ad calcem Cypriani, Minucii, Arnobii & Julii Firmici, qui eiusdem Rigaltii & Phil. Priorii cura illustrati prodierunt Paris. 1666. fol. Deinde omissis Rigaltii notis Tom. 27. Bibliothecae Patrum Lugd. Denique cum Rigaltii animadversionibus, Dodvvellique dissertatione & praefatione D. Henrici Leonhardi Schurzfleischii recusus est Vvitteb. 1705. 4. Dignus est pius hic & zelo CHRISTI plenus scriptor, qui etiam post Rigaltii praeclaram operam diligenter a viro quodam docto excutiatur atque illustretur. Graecum ejusmodi carmen Hexametrum incerti scriptoris, perinde ut *Commodianus*, numeris Hexametri neglecta syllabarum quantitate servans, edidit e Psalterio MS. Murbacensi Clariss. Montfauconus pag. 220. Palaeographiae Graecae. *Commodianum* recte antiquiorem esse docet H. Dodvvellus. Supplementum notarum in illum scriptorem ex Ez. Spanhemii Bibl. cum Nobilis Viri D. *Henrici Leonhardi Schurzfleischii* glossario & indice separatim excusum est Vvitteb. 1709. 4. Posteriori suae Minucii Felicis editioni Commodianum quoque novis suis & Rigaltii notis illustratum subjunxit vir Clariss. *Jo. Davies* Cantabrig. 1711. 8.

DE DIVO CYPRIANO.

Thascius Caecilius Cyprianus ex edit. praeclara Jo. Felli Oxoniensis Episcopi cum Annalibus Cyprianis Pearsonii Oxon. 1682. fol. Bremae 1690. Amst. 1699. ubi & Henr. Dodvvelli dissertationes Cyprianicae exhibentur, quae Oxonii quoque seorsim prodierunt 8. fol. *S. Cypriani* (c) vitam, qui A. C. 258. Martyrium pro Christo fortiter sustinuit, scripsit *Pontius* ipsius Diaconus, quae exstat apud Surium 14. Sept. & in Cypriani editionibus. Pontii acta Martyrii apud Baluz. Tom. 2. Misc. pag. 124. E recentioribus accurate prae ceteris de Cypriano Jo. Pearsonius in annalibus Cyprianicis, Tillemontius Tom. 4. memor. Hist. Eccles. & auctor vitae Cypriani sex libris Gallice edita Paris. 1714. 4. de quo acta Erud. 1718. pag. 293. Journal des Savans 1717. pag. 429. 491. Non contemnenda etiam de Cypriano collegit auctor Observat. Miscellanearum editarum Lipsiae Germanice A. 1717. 8. Tom. 3. pag. 167. seq.

Genesis & Sodoma. Haec carmina constat non esse Cypriani, sed ab aliis ad *Tertullianum*, ab Allixio ad *Salvianum* Massiliensem referuntur. Ut plures editiones inter Cypriani & Tertulliani opera taceamus, junctim illa cum superioribus, quae sub Tertulliani nomine extare jam diximus, notis suis illustrata edidit Andreas Rivinus, Gothae 1651. 8. *

DE LACTANTIO.

L. *Caelii Lactantii Firmiani carmen, quo de beneficiis suis Christus loquitur*. Est idem carmen, quod Lactantii editionibus vulgo subjectum inscribitur *de Domini passione*, & forte rectius *Caelio Firmiano Symposio* tributum est a viris quibusdam eruditis. Lactantii non esse inde colligit Caveus, quod adorationis crucis in eo mentio. In G. Fabricii editione quidem nullam reperies, quia ille versum:

Flecte genu, lignumque crucis venerabile adora
Flebilis,

Ita interpolavit:

Flecte genu innocuo, terramque cruore madentem
Ore petens humili.

Verum in eum vehementer invehitur Gret-

Ita

(c) Alios 1.) Cyprianus Antiochenus sub Diocletiano passus Nicomediae de quo Eudocia apud Photium Cod. 184. Nazianzenus Orat. 18. Surius ad. Sept. Goar ad EuchYou. pag. 719. Malbodeus Redonensis pag. 1583. Opp. Edmund Martene Tom. 3. thesauri novi anecdotor. &c. 2.) Cyprianus Brixiensis de quo Acta Sanctor. Tom. 2. April. 21. pag. 840. 3.) Cyprianus Petragorici Abbas de quo Gregorius Toronensis de gloria Confessorum cap. 100 4.) Abbas Cyprianus cognomento Cucula de quo Moschus in prato spirituali cap. 172. 5.) Cyprianus Caesarii Arelatensis discipulus, & vitae ejus scriptor circa A. 546. apud Surium 27. August. 6.) Cyprianus Cordubensis seculo X. de cujus scriptis genuinis, & suppositiciis Nic. Antonius lib. 6. Bibl. Hispan. vet. c. 7.

(*) Manuscripta testibus omnibus editoribus Cypriani nomen referunt. Ratio non suppetit, qua a manuscriptis recedamus.

ferus T. 1. de cruce p. 326. Sane præstitisset G. Fabricium virum alioqui de universis, sacra præsertim, antiquitate non male meritum, passim tum hic tum alibi non ita fuisse in alienis operibus, quæ edebat, ingeniosum.

Ejusdem *Symposium* olim inscriptum *Symposii Poetæ ænigmata centum*. Eadem ænigmata Nic. Caussinus Hori Apollinis Hieroglyphicis subjecit; sed & una cum Josephi Castalionis notis Phædro Jo. Meursii & variorum ænigmatum (d) veterum Græcorum Latinorumque collectioni juncta prodiere Antverp. 1610. 8. Meminit Symposii Sigebertus Gemblacensis loquens de Aldhelmo Scoto. Aldhelmi (e) ænigmata a Pithœo omissa ægre fert Barthius LVIII. 1. Adversar. *Symposii ænigmata centum* prodiere Romæ 1581. 4. 1597. 4. Eadem Nicolaus Reusnerus una cum Jo. Lonichii Hadamarii ænigmatibus Marpurgi pridem 1540. excusis Ænigmatographiæ suæ inseruit Francof. 1602. 12. & Christianus Junckerus Phædro suo subjunxit Lips. 1700. 12. Symposii ænigmata cum Phædri & Gabriæ fabulis Germanico carmine reddere conatus est Jenæ, A. 1712. J. G. A. cui sub nomine Melandri delitescere placuit. Symposii meminit Aldhelmus Scotus (f) qui A. C. 709. obiit, in prologo secundo ænigmatum, *Symposius poeta metricæ artis peritia præditus occultas ænigmatum propositiones exili materia sumtas ludibundis apicibus legitur cecinisse, & singulas quasque propositiones formulas tribus versibus terminasse*. Sigebertus Gemblacensis de scriptoribus Eccles. cap. 132. *Aldhelmus Episcopus imitatus Symposium qui per prosopopœjam qualitates singularum rerum exprimens scripsit librum ænigmatum metrice*. Symposius ipse in limine ænigmatum quæ in Saturnalibus lusisse se non diffitetur.

Hæc quoque Symposius de carmine lusit inepto,
Sic tu Sexte doces, sic te deliro magistro,
Annua Saturni dum tempora festa redirent &c.

Symposii poetæ nomen præferunt diserte Codices MSti quos evolvit Franciscus Balvelus & Josephus Castalio. Neque alioqui Symposii nomen inauditum esse constat veteri memoria, nam fuit & Symposius quidam Seleuciensis in Isauria Episcopus, qui interfuit Concilio CPol. A. C. 381. nec non Symposius Episcopus Hispanus in Synodo Cæsaraugustana A. 380. & Toletana A. 400. condemnatus Priscillianistarum, cum quibus antea ipse fecerat. Non potui igitur a me impetrare, ut cum viro clarissimo Christoph. Augusto Heumanno Symposii poetæ nomen confictum esse mihi persuaderem, aut crederem ænigmata hæc nihil aliud esse quam Lactantii symposium, quod ab adolescentulo scriptum Hieronymus c. 80. de scriptoribus Eccles. testatur. Neque symposium Lactantii hexametris versibus scriptum fuisse tradit Hieronymus, sed ὁδοιπορικόν, nec satis aptum titulum ænigmatis hisce putem esse symposium sive convivium, nec simplicem levemque conjecturam tot argumentis ac testibus opposuerim, licet illam novitate sua placuisse video præstantissimis Diarii Bremensis, (g) nec non Berolinensis (h) auctoribus. Symposii ænigmata non invenusta sunt, ut recte Vossius pag. 86. de poetis; itaque libenter illa videbo a laudato Heumanno in nova quam parat eorum editione illustrata: quamquam Gyraldus haud magni ea fecisse videtur, vel potius ea integra ne evolvisse quidem. Nam in libello, quo ænigmata veterum exposuit, Symposii nusquam meminit, tantum sub extremum libelli (i) ænigma explicans Alexidis poetæ, *sed enim*, inquit, *his diebus recitavit mihi amicus meus ænigma tribus hexametris de fumo, quod & hic tibi ut adscriberem dignum*

(d) Veterum ænigmatum, scirporum, griphorum, logogriphorum varia exempla collegit Athanasius Kircherus T. 2. Oedipi Ægypt. parte 1. p. 37. seq. Vide etiam, si lubet, quæ de ænigmatis præclare Vossius lib. 4. Instit. Orator. c. 11. [illegible] 5.

(e) Ænigmatum Aldhelmi versus mille, una cum aliis poematis vulgavit Martinus Delrio Mogunt. 1601. 8. recusa T. 13. Bibliothecæ Patrum edit. Lugdunens. p. 27. seq.

(f) Aldhelmi nomen puto etiam restituendum Anonymo Mellicensi de scriptoribus Eccles. cap. 72. ubi corrupte editum est: *Adelinus Episcopus nonnulla studiis scripta quæ appellantur ænigmata*. Aldhelmi poetica opuscula edidit Martinus Delrio Mogunt. 1601. 12. in quibus post monosticha parænetica 100. incerti scriptoris, sequuntur cum prologo duplici Aldhelmi ænigmata hexametra tetrasticha XX. pentasticha XIV. hexasticha XIII. septenis comprehensa versibus XIV. octonis X. novenis XI. denis & pluribus XIII. Recusa fere hæc, & alia Aldhelmi Tomo 13. Bibl. Patrum edit. Lugd. Loca nonnulla illustrantur emendanturque in Reinesii ad Daumium Epistolis pag. 144. seq. De Aldhelmo ipso vide Acta Sanctorum ad 25. Maii Tom. VI. p. 77. seq.

(g) Bibl. Philologico Theol. Bremens. Tom. 3. p. 579.

(h) Bibl. Germanique A. 1720. T. 2. p. 152.

(i) T. 2. Opp. p. [illegible]

visum est (ex Symposio, ænigma XCVII.)

Sponte mea veniens varias ostendo figuras,
Fingo metus vanos nullo discrimine veri;
Sed me nemo videt, nisi qui sua lumina claudit.

Recitavit & alia, quæ frigidiuscula cum essent, sunt visa indigna relatu. Miror itaque quod Vossius de Symposio subjungit: *Sed præter ea quæ excusa habemus, supersunt alia satis frigida, aliqua etiam obscœna: quæ idcirco omissa. Et propter ista sic Lilius scripserit, qui conspexerat opus integrum.* Ex auctione librorum Keilmanniana nactus sum Symphosii (quem Symposium editor appellat) ænigmata XLVII. edita a Francisco Basvelo Basileæ 1563. 8. In hac editione ut multa vitiose, ita quædam rectius leguntur quam in recentioribus.

Joannis Nobleti, qui seculo XV. fuit, centiloquium ænigmatum memorat Trithemius de Script. Eccles. c. 783. *Egberti* ænigmata rusticana Sigebertus cap. 146. de script. Eccles. *Tatbuvini* Archi-Episc. Cantiorum, qui A. C. 734. obiit, ænigmata laudantur a Jo. Baleo. *Tulli* nescio cujus ænigmata hexasticha a Labbeo p. 63. Bibl. MSS. De Græcis ænigmatum scriptoribus Basilio Megalomite, Georgio Aphye, Euthymio & Michaele Psello dixi Volum. X. Bibl. Græcæ pag. 539. Editionem *Ænigmatum Aldhelmi* Basil. 1557. Lipenio in Bibl. Philosophica memoratam non vidi. Moguntina autem Delrionis A. 1601. non in 8. est, sed in 12. secuta Antvverpiensem A. 1600. De ceteris Aldhelmi poematiis, ineditis maximam partem, consulendus Polycarpus Leyserus in historia poetarum medii ævi pag. 199. 203. Lipsiæ in Bibl. amplissimi Senatus extant MSS. Aldhelmi poetæ *ænigmata, versus in laudem Solis, quæstiones ænigmatum Rethoricæ artis, Epigrammata ex libro Ovidii Nasonis de femina quod viderat.* Item *ejusdem ex libro Metamorphoseon Actæon in cervum, & alia carmina.* Liber de virginitatis versibus scriptus hexametris lucem vidit Daventriæ per Jac. Fabrum, diversum illum a Stapulensi 1512. 4.

Phœnix elegia incerti aucloris, carmen, Erasmo (k) judice, non inconcinnum per Musas, neque fastidiendum, quod Firmiano Lactantio tribuunt Xystus Betulejus, Aubertus Miræus, & qui notis atque emendationibus illustravit Nic. Heinsius, ac antiquissimum MStum Reginæ Sveciæ Christinæ, ut testatur Nic. Heinsius in literis ad Sirmondum Tom. 4. Opp. Sirmondi pag. 716. Nonnulla hujus carminis illustravit Nicol. Agardus tunc admodum juvenis Hafniæ 1647. 4. Petrus Lambecius T. 2. Commentariorum, de Bibl. Vindobonensi varias lectiones ex MSS. Cæsareo edidit, suspicaturque eam a Lactantio juvene, adhuc a Christi sacris alieno, fuisse compositam. Ethnici hominis esse videtur etiam Jacobo Thomasio libro de Stoica Mundi exustione pag. 106. & Michaeli Thomasio ad Lactantium. *Venantio Fortunato* adscribere maluerat Casp. Barthius, Sam. Bochartus & alii: at Jacobus Sirmondus notis ad Theodulphum p. 302. *Theodulpho Aurelianensi*. Mihi verisimillima videtur Petri Lambecii Opinio. *

(k) In Proverbio, *Phœnix rarior*.

(*) Tria hæc Poemata Lactantio adjudicavimus secuti etiam sententiam P. Eduardi a S. Xaverio Carmel. Excalceati, qui edenda cum ceteris Lactantii operibus curavit Romæ 1759. 8. & qui firmis rationibus contra Fabricium, ea asseruit Lactantio.

DE OPTATIANO.

P. Optatianus Porphyrius Panegyricum ad Constantinum M. Imp. vicennalia celebrantem scripsit carmine varii generis per Acrostichides & similes literarum lusus minio distinctos composito A. C. 326. paulo ante Crispi necem. Exul illud composuit, ut ipse innuit carmine 1. & apertius carmine 6. Sed hoc ipsum opus conciliavit Auctori suo revocationem ab exilio, ut testatur Hieron. in Chron. atque ut ipsius Optatiani verbis utar, *natumque laremque reddidit*. Utique Christianus fuit, licet quidam propter familiares Poetis, quibus passim utitur, Ethnicismos hoc negaverint. Vide Tillemontium Tom. 4. Hist. Imperator. pag. 607. Beda de arte metrica: *Reperiuntur quædam & in insigni illo volumine Porphyrii Poetæ, quo ad Constantinum Augustum misso meruit de exilio liberari. Quæ quia pagana erant, nos tangere non libuit.* Sed carmen nonum satis demonstrat Porphyrium hunc a Christi sacris alienum minime fuisse. In illo carmine litterarum artificium non modo Monogramma primarum duarum litterarum nominis Christi refert, quali usus est in labaris suis Constantinus M. sed præterea hosce versus:

Omnipotens genitor, tuque o divisio mixta,
Filius atque Pater & Sanctus Spiritus unus,
Tu faveas votis.

Ex

Ex Marci Velseri editione, qui illud e Pauli fratris Codice recensuit, separatim lucem viderat Augustæ Vindel. 1595. 4. Epigrammata ejus allegantur a Fulgentio 2. Mythol. & de continentia Virgiliana. Etiam nonnullis quæ inter Petroniana leguntur, huic Porphyrio viri docti tribuunt. Ionsius III. 15. de scrips. Historiæ Philosophicæ pag. 290. scribit hujus Porphyrii Epigrammata plurima Græca citari libro V. Anthologiæ. Ionsium sequitur Tillemontius p. 352. At libro V. Anthologiæ p. 534. sequ. occurrunt Epigrammata plurima non Porphyrii sed Christodori Thebani in Porphyrium Calchiantis filium factionis Venetæ celebrem in ludis Circensibus agitatorem a nostro longe diversum, cujus statuam ex ære Imperator poni CPoli in Hippodromo jusserat. Sed idem hic est, ut creditur, Optatianus, qui deinde fuit Præfectus Urbis Romæ Anno 329. & 333. Vide Tillemont. T. IV. Histor. Imperat. p. 352. Idem observat quoque p. 351. poema, quod cum Epistola Constantino Porphyrius obtulit, diversum fuisse ab hoc quod habemus: similiter etiam Poema pro quo gratias agit, quodque laudat Imperator *fratrem charissimum* Porphyrium appellans. At certe ejusdem fuisse generis atque artificii declarant verba: *Vix hoc custoditum pluribus fuit, qui modis quibusdam arctis intra literarum, distinctionibus versuum, qui ita medium corpus propositi occulte interrumpunt, ut oculorum sensus inversi etiam colorum pigmenta delectent, hoc transire propositum, ut hesitantiam carminis multiplex legis observantia non reperaret. Gratum igitur hoc mihi dicationis tuæ munus fuit &c.*

DE JUVENCO.

JUvenci (*l*) *Presb.* Hispani, qui Constantino Imp. scripsisse significat, *Historiæ Evangelicæ libri IV.* Dolendum est Viri doctiss. Jo. Saubertı novam hujus poematis editionem ex membranis Bibl. Helmstadiensis, ex quibus non pauca emendaturum se promiserat Var. lect. in Matthæum pag. 259. per alias ejus occupationes, & præpropera fata interceptam fuisse. Jam pridem quoque mihi animus fuit novam Juvenci editionem ad Mss. Codd. & veteres editiones castigatam studiosis offerendi, quod lubenter efficiam, si DEUS valetudinem suppeditaverit. Integrum Juvenci nomen erat Aquilinus Cajus Vettius Juvencus, ut ex Juretto pag. 373. ad Symmachum notavit Paulus Colomesius in paralipomenis ad Chartophylacem Guil. Cavei, & ad dialogum quintum Gyraldi de Poetis. Idem pag. 81. observationum sacrarum, observat, Juvencum libro 3. usum codice in quo post Matth. 20. 28. hæc verba legebantur: *Vos autem quæritis de minimo crescere & de magno minui. Intrantes autem, & rogati cœnare, ne discubueritis in eminentibus locis, &c.* quæ in antiquissimo suo Græco latino exemplari Beza deprehendit, atque in codicibus quibusdam antiquis versionis Latinæ Matthæi, & in quatuor Mss. versionis antiquæ Anglo-Saxonicæ ad verbum reddita occurrunt, legeruntque etiam Hilarius, & Leo Magnus, Juvencus vero ita expressit:

At vos ex minimis opibus transcendere vultis,
Et sic e summis lapsi comprenditis imos,
Si vos quisque vocat, &c.

Confer, si lubet, quæ de illo additamento notata a me sunt in Codice apocrypho Novi Testamenti p. 328. seq. Editiones Juvenci sunt: Sacliensis 1499. fol. cum Sedulio, & P. Baptista Mantuani quinque Festorum B. Virginis edente Jacobo Fabro, qui in Epistola ad Fabrum Stapulensem, præmissa Aldhelmo *de virginitate* edito Daventriæ 1512. 4. *Considerans ego fructum illum qui emersit ex editione illa Divi Juvenci, quam ego ante multos annos primus omnium publicavi, qui erat mihi mutilatus & imperfe-*

(*l*) *Ab hoc Juvenco alius fuit Juvencus Cœlius Calanus Dalmata, cujus codicem MS. de Attila vita Venetiis asservaverat nobilissimus Petrus Kirus (habuit etiam MS. Tho. Bartholinus Danus, Vir variis scriptis clarus) quique haud multo post publici juris factus est. Citatur is a Baptista Fulgoso inter scriptores illos a quibus exempla sua collegit. Quod Petrus Kirus minime observavit, qui de hoc Juvenco Scaligerum, Casaubonum, Paulum Servitam, & alios amico consuluerat.* Hæc Paulus Colomesius ad Gyraldum p. 284. At Historia Juvenci de Attila legere viderant Ingolstadii 1604. 4. Et præsenti tempore novam earum editionem Upsaliæ [redacted] confecerat nobilissimus, & doctissimus Vir Ericus Benzelius. Juvenci Historici meminit apud Sidonium Apollinarem IX. Epist. 14. Vide notas Savaronis p. 180. Citatur etiam a Goldasto ad Petron. & a Tho. Bartholino de armillis veterum. Illa edita Ingolstadii, fuit in Bibl. Cordesiana, Eam collectioni, quam parat, Scriptorum Occitaniæ adjungere constituit in Gallia P. de la Porte, Ord. S. Francisci de Paula. Matth. post Juvencum hunc ejusdem Attilæ vitam scripsit Philippus Callimachus.

perfectius ob antiquitatem, quocirca in eam formam redegi, qua & hic & in aliis locis circumfertur, quæ enim & immutata sunt in eo, & quæ ad imperfectos versus accesserunt propter exemplaris depravationem, non discernas facile. Antiqua sine loco & anno in 4. quam possideo hoc titulo: *Juvencus presbyter humanitatem Evangelii majestatem heroicis versibus concludens.* Aldina an. 1502. 4. cum Sedulio, Aratore, Probæ Falconiæ Virgiliocentonibus, & Lactantii, ac Damasi poematis quibusdam, Cypriani de Ligno crucis, incerti Homerocentonibus, Lipsiæ 1505. fol. *Catalogus Bibl. Francof. ad Viadr.* Paris. 1500. 4. *Bibl. Mazarinæa.* pag. 335. Sine temporis nota, adjuncto *Hermanni Buschii* in Juvencum Epigrammate. 4. Hanc Lipsiæ 1511. per Melch. Lotterum prodiisse affirmavit mihi Joh. Mollerus V. C. Rector Flensburgensis Athenæi dignissimus. Rothomagi 1509. 4. cum notis Badii Ascensii. Viennæ 1519. 4. *Catalogus Bodlej.* Mediolani 1509. 8. quæ editio est in Bibliotheca Barberina. Juvencus, Sedulius, Arator & Venantii hymni quatuor ex recognitione *Theod. Pulmanni*, præmissa Reinhardi Hadamarii præfatione cum variis lectionibus, Basil. sine anni nota in 8. Repetita hæc editio Calari apud Vincentium Sembenium 1573. 8. teste Nic. Antonio. Basil. 1541. 8. inter Poetas Christianæ opuscula aliquot, & (m) *Ælii* Nebrissensis in Sedulium atque Badii in Juvencum, Basil. 1502. 4. in Poetis Christianis *G. Fabricii*, cum notis. Ibidem 1537. 8. Cum Aratore, & Enchiridio Prudentii, Basileæ 1545. 8. cum Sedulio, & Aratore, collata cum codice Rottendorphii & aliis MSS. Paris. 1545. 12. apud Joh. Bethæum & Claudium Garamontium. Lugduni apud Joh. Tornæsium & Guil. Gazejum 1553. 12. Juvenci, Cœlii Sedulii & Aratoris sacra Poesis summa cura & diligentia (ut habet titulus) collata. Repetita editio ibid. 1566. forma minore. Lugduni apud Joh. Tornæsium, Typogr. Reg. eorundem triumvirorum poesis sacra collata cum variis editionibus præsertim G. Fabricii, tum cum MS. codice 1588. in 12. Reinhardi Lorichii Hadamarii editio Colon. apud Eucharium Cervicornum 1537. 8. cum Sedulio. In choro Poetarum Latinorum Lugd. 1616. 4. In Latinorum Poetarum corpore Tom. 2. pag. 675. Genevæ 1611. 4. Lugdun. 1603. 4. Genevæ 1627. & 1640. 4. Lond. 1713. fol. In Bibliothecis Patrum Paris. 1575. Tom. 8. 1589. Tom. 8. 1654. Tom. 8. 1624. 1654. & in Appendice Colon. 1618. T. 4. Lugdun. 1677. Tom. 4. Denique cum observationibus *Georgii Matthiæ Kœnigii* qui Altdorfii 1683. 1684. scholis publicis illum Poetam fuit interpretatus, tum Magni Danielis Omeisii, & cui hic moriens curam edendi Juvenci commisit, Clariss. Viri M. Erhardi Reuschii, Christianique Schœttgenii Altdorf. 1710. 8. Sane cum ex Omeisii Epistola ad Jo. Fabricium, quæ typis exscripta est, intellexissem illum propemodum absolutum tum habuisse suum ad Poetam illum commentarium, quem cum variis editionibus & codicibus contulisset, & Kœnigianis insuper observationibus illustrare vellet, non modo libenter cessi, qui & ipse Juvencum edere paraveram, sed & Collationes Codicis Helmstadiensis, quas a laudato Jo. Fabricio, & Cantabrigiensis, quas ab eruditissimo Viro Erico Benzelio acceperam, libenter cum eo communicavi.

DE VICTORINO AFRO.

F*Abius Marius Victorinus* Afer, qui Romæ Rhetoricam docuit præceptor ut ajunt S. Hieronymi (licet hoc neutiquam credere suadet Hieronymus) Christo nomen dedit senex, (a) & cum Julianus A. C. 362. Christianos docere literaturam & Oratoriam prohibuisset, *loquacem scholam deserere maluit, quam verbum tuum, Domine, quo linguas infantium facis disertas.* Augustin. VIII. 5. confess. De

(m) Pag. 191. edit. noviss. Kœnigius notis ad Juvenci III. 141. *Quod ad nobilem Juvenci codicem attinet, non miror hunc ipsum exstare tam in G. Fabricii Poetis Christianis, tam in Bibliotheca Patrum Parisiensi. Nam utraque editio expressa videtur ab illa Antonii Nebrissensis, quæ prima cum interpretationibus suis dedit Juvencum, & e margine in textum recepit* τοι [illegible] [illegible].

(a) Augustinus in Confessionum libris quos circa A. 400. scripsit, VIII. 2. *Ubi commemoravi legisse me quosdam libros Platonicorum, quos Victorinus quondam rhetor urbis Romæ, quem Christianum defunctum esse audieram, in latinam linguam transtulisset .... ille doctissimus senex, & omnium liberalium doctrinarum peritissimus, quique Philosophorum tam multa legerat & dijudicaverat & dilucidaverat, doctor tot nobilium senatorum, qui etiam ob insigne præclari magisterii, quod cives hujus mundi eximium putant, statuam in Romano foro meruerat & acceperat, usque ad illam ætatem venerator idolorum* &c.

De fratribus Machabæis interfectis ab Antiocho Epiphane. Hoc carmen Barthius III. 23. Adversar. Hilario Arelatensi, Andreas Rivinus Nicetario attribuit, qui cum Victorinorum opusculis denuo vulgavit notisque illustravit Gothæ 1652. 8. Ceterum Daumius ad Paulinum Petrocorium observat illud ita interpolatum ferri, ut Jovem lapidem juraturus sit, diversarum autorum esse editiones, qui contulerit.

Ejusdem, qui circa A. C. 362. vixit, hymnos tres *de baptismo recipiendo*, interpretem in nonnullis benignum exigere notat Joan. Launojus diss. de Victorinis p. 56.

De Jesu Christo Deo & homine carmen. Hoc Victorino Afro forte rectius tribuitur, quam Pictaviensi, vel Petavionensi. Inter Victorinorum reliquias iterum edidit, notisque illustravit A. Rivinus Gothæ 1652. 8. ubi etiam Victorini *hymnos tres de baptismo recipiendo* invenies.

Quod apud G. Fabricium est *Cypriani Lignum vitæ*, ab aliis de cruce, a Pamelio de Pascha Domini inscribitur, & ab Andrea Rivino, Victorini Petavionensis accensetur poematibus. Exhibet etiam Jacobus Gretserus T. 3. de cruce p. 552.*

DE S. HILARIO PICTAVIENSI.

Hilarius Pictaviensis ex editione Petri Coustant & aliorum Benedictinorum Paris. 1693. fol. De S. *Hilario* Pictaviensi Episcopo A. C. 367. defuncto, (*o*) quem eloquentiæ Latinæ Rhodanum dixit Hieronymus, præter editores consules Bollandum in Actis Sanctor. ad 13. Januar. T. 1. pag. 782. seq. Joannem Bouchetum parte 1. Annalium Aquitaniæ cap. 6. 15. Tillemontium Tom. 7. memor. &c. De editionibus Hilarii accurate Benedictini in prolegom. & Doctor meus Tho. Ittigius in Actis Eruditor. Tom. 3. supplementi pag. seq. 49.

Hilarii Pictaviensis Episcopi *Genesis* sive Hexaemeron ad Leonem Papam carmine Epico. Constat hodie rectius tribui *Hilario Arelatensi*, cum Pictaviensis operibus addidit Lud. Miræus Paris. 1544. Benedictini in novissima Hilarii Pictav. editione Paris. 1693. fol. curante Petro Coutant potissimum vulgata, inter supposita illius Episcopi iterum ediderunt. Cum Jo. Weitzii notis prodiit Francof. 1625. 8.*

Epistola ad Abram filiam, cum *hymno* annexo, quam suppositis alii præter rem adscribunt. Primus edidit Badius Ascensius acceptam a Guil. Parvo, ex cœnobio S. Benigni Divionensis.

DE SANCTO DAMASO.

De S. *Damaso*, qui Episcopus Romanus fuit ab A. C. 366. 1. Oct. ad 384. 10. Dec. consulendus præ ceteris Tillemontius Tomo VIII. Memoriar. Scripta ejus ab Andrea Rivino & Sarazanio junctim edita memoravi supra pag. 243. De confessione fidei & Anathematismis XII. apud Augustinum sermone 129. de tempore, vide Lambecium VIII. pag. 446. & Paschal. Quesnellum diss. 14. ad Leonem Magnum. *Acta Martyris* Martyrum Romanorum *Petri* exorcistæ & *Marcellini* laudat Egihartus: (*p*) *Hæc ut gesta referuntur, retulisse afferunt illum ipsum, qui eosdem interemit martyres* [Dorotheum] *& ab illo didicisse Damasum Pontificem, cum ætate puerili per eadem tempora sub magistro ministraret, & ad magnum cresceret rerum culmen, tunc Romana Lector in Ecclesia. Post hæc cuncta commemorasse ac mandasse literis, cum illius alma sedis obtineret apicem, & in tota principatu polleret Ecclesia.*

Elegia XI. qualis supra a nobis in corpore omnium Poetarum recensita sunt. Plura ejus Poemata cum notis dedit Andreas Rivinus Lipsiæ 1652. 8. Sed & hujus diligentiam longe vicit Martius Milesius Sarazanius, qui Damasi Carmina collegit, & in ea aliaque Damasi opuscula observationes concinnavit, editorem nactus Fridericum Ubaldinum, qui e Barberina Bibl. edi-

* MS. referunt nomen Victorini tribus omnibus editoribus. Rivinus accenset Victorino Petavionensi. Editio D. Cypriani Amstelodamensis A. 1700. apud Jo. Ludovicum de Lorme, Victorino Pictaviensi. Nos Victorino Afro, cujus alia habemus carmina. Ratio est eadem: vel potior.

(*o*) Vide Annal. Pagi ad A. 360. n. 2. & 369. n. 4.

* Manuscripta adjudicant hoc carmen Hilario Pictaviensi teste Scipione Maffeio in editione ejusdem Hilarii Veronæ, 1730. Critici quidam illud transcripserunt Arelatensi. Cum rationem hi non afferant, non cum eodem Maffeio Opus hoc Pictaviensi tribuimus.

(*p*) Tom. 4. Actis Sanctor. Junii p. 170.

dit Romæ 1638. 4. recusa Paris. 1672. 8. & Tomo 27. Bibliothecæ Patrum Lugd. Epistola nescio cujus Eusebii de transitu B. Hieronymi inscribitur *ad Damasum Portuensem* notante Montfaucono p. 75. Diarii Ital. (*)

DE AUSONIO.

Ausonii ætas & religio. 1 *Scripta.* 2. *Editiones.* 3.

DEcimus Magnus Ausonius (q) Burdegalensis, Grammaticus & Rhetor doctissimus, Poeta vero suavis atque ingeniosus, Christi (r) etiam sacris addictus, etsi ejus rei rara (certe tamen) in scriptis suis reliquit vestigia: Ab Imp. Gratiano, quem non minus ac Valentinianum fratrem in literis instituerat, promotus ad quæsturam, præfecturam prætorii & A. C. 379. ad Consulatum, obiit imperante Honorio post A. C. 392. De Ausonio consulenda vita Fl. Mallii Theodori scripta ab Alberto Paulo Rubenio, quam vulgavit Grævius Ultraj. 1699. 12. Vicarium Africæ fuisse notat Josephus Scaliger lib. 2. lect. Ausonianar. cap. 17. ubi & alia. Consulatum suum incidere in Annum Urbis conditæ 1118. qui ex supputatione Ausonii Epocham Varronianam tredecim annis intervertentis (f) respondet Anno Christi 379. testatur ipse Epigrammate 3. pag. 93. edit. Tollianæ

Mille annos centumque & bis fluxisse noveno
Consulis Ausonii nomen ad usque leges.

Et Epigrammate 2.

Annis undecies centum conjunge quaternos,
Undecies unumque (t) super trieteride necte;
Hæc erit æternæ series ab origine Romæ.

Fastos digessit Ausonius usque ad A. U. C. 1122. Christi 382. Hinc Epigrammate 4.

Hactenus adscripsi fastos: si fors volet, ultra
Adjiciam. si non, qui legis adjicies.
Scire cupis qui sim? titulum qui quartus ab imo est
Quære, leges nomen Consulis Ausonii.

(*) Optima Editio operum S. Damasi Romæ, 1754. fol. curante Antonio Maria Merenda, unde carmina S. Damasi omnia sunt descripta.

(q) Ausonii hujus Pater Julius Ausonius, Vasatensis, Medicus Valentiniani senioris. Ejus libros de medicina memorat Marcellus Empiricus. Fertur, & illius dictum, *beatum esse non qui habet quæ cupit, sed qui non cupit quæ non habet.* Adde Joseph. Scaligerum in Ausonii vita, & Vossium libro de Philosophia pag. 103. Quam bonus vir fuerit Ausonius ille pater, docet filius Epicedio in eum scripto, quo inter alia refertur nonagenarium obiisse. Genealogiam integram vide parentalibus subjectam pag. 143. edit. Jac. Tollii. Alius fuit Ausonius Sophista, de quo Suidas.

(r) Olaus Borrichius Vir Clariss. in libro de Poetis p. 71. & doctissimus Caveus parte 2. Hist. literariæ scriptor. Eccles. pag. 100. Christophorus item Hendreich in pandectis Brandenburgicis T. 1. p. 360. non dubitant Ausonium religione Ethnicum pronunciare: quin vir insignis doctrinæ Ludovicus Antonius Muratorius Tom. 1. anecdoton Bibl. Ambrosianæ p. 114. ait neminem dubitare, quod a religione Christiana alienus Ausonius fuerit. Addidit Borrichius, etiam propterea a Pontio Paulino amico identidem objurgatum. Et pag. 74. *Paulinus discipulus Ausonii quem colebat ut præceptorem, sed ut aversum a Christiana religione subinde increpabat.* At enim dubio procul fallitur vir doctus una cum Vossio, qui p. 55. Poet. latin. de Ausonio: *Poeta*, inquit, *fuit gentilis*, *quemadmodum ex Paulino liquet.* Videtur etiam pro Ethnico habere Baillatus in Judiciis de Poetis, tum Philippus Brietius syntagmate de Poetis latinis, quæ sententia non minus a veritate est repulsa, quam quod Galliæ persuasum propemodum a Trithemio esse video, Poetam hunc eundem Episcopum quoque exstitisse Burdegalensem T. 1. de scriptoribus non Ecclesiast. p. 57. Christianum vero fuisse Ausonium, ut ad alia argumenta ex ipsius scriptis recurrere non sit necesse, idem Paulinus luculenter testatur ad eum scribens in hæc verba,

Inque tuo tantus nobis consensus amore est,
Quantus & in Christo connexa mente cohæret.

Rectius

Rectius itaque Gyraldus dialogo 10. de Poetis: *Christianus quidem Ausonius fuit, ut ex ejus versibus & item Paulini ejus discipuli facile colligimus, sed paulo lentior tamen & inferior* (respicit Gyraldus tum Epigrammata quædam lasciva & damnata judice Cæsare Scaligero expianda, tum obscœnum centonem nuptialem Valentiniano Imp. roganti, qui nuptias simili ipse descripserat, ab Ausonio compositum) *quam ut inter Christianos numerari dignus.* Josephus quoque Scaliger Ausonium *sero Christianum fuisse* scribit lib. 2. c. 12. Auson. lect. Adde his Theophilum Raynaudum in Hoplotheca contra ictum calumniæ T. 12. p. 410. & Baelii dictionarium edit. 2. Objurgavit vero Ausonium Paulinus non ut aversum a Christiana religione, sed quod ille religiosum Paulini secessum palam improbaret. Forsassis male quoque ferebat Paulinus in Ausonii carminibus legere se quædam Ἑλληνιστί scripta, quale est illud cap. 1. in Professoribus Burdegalensibus:

Et amor, sive aliquid post fata extremum superest,
Vivis adhuc, non quod periit meminimus.
Sive nihil superest, nec habent longa otia sensus,
Tu tibi vixisti, nos tua fama juvat.

(f) Vide Antonii Pagi Criticam Baronianam ad A. C. 300. & Petri Relandi fastos Consulares pag. 414.

(t) Undecies unum i. e. undecim, quibus quatuor cum trieteride additis conficiuntur duodeviginti.

Sed jam pridem isti Ausoniani fasti intercidorunt. Vir illustris Ez. Spanhemius Tom. 2. de usu numism. pag. 414. ait a sanioribus Criticis Ausonium religione gentilem credi, non Christianum. Verius tamen est Christi sacris addictum fuisse, ut argumentis non inficiandis constat, licet carmen Paschale & versus rophalicus alterius scriptoris esse ponamus. Nolim tamen assentiri Trithemio Ausonium Episcopum Burdegalensem Concilio Treverensi (A. C. 386.) interfuisse affirmanti cap. 114. de scriptoribus Ecclesiasticis. Alius fuit Ausonius Martyr, Sec. VIII. Episcopus Engolismensis in Aquitania, de quo Acta Sanctor. Tom. V. Maii 22. pag. 131. seq.

II. Extat *Liber Epigrammatum*, quibus præmittitur Theodosii (*a*) Epistola, qua Ausonium parentem vocat, eumque rogat, ut scripta sua audacter ad se perferat, non minus patrocinii & amoris repertura, quam docti Poetæ & scriptores quondam apud Augustum. Hanc Epistolam sequitur triplex præfatio versu scripta, una ad Theodosium Imp., altera ad Syagrium, tertia ad Latinum Pacatum Drepanium, quem filium i. e. discipulum appellat. 2. *Ephemeris* (*b*) sive *totius diei negotium*, vario carminis genere. 3. *Parentalia* quibus carorum suorum, ut ipse loquitur, obitum commemorat. 4. *Commemoratio Professorum Burdegalensium*. 5. *Epitaphia Heroum qui bello Trojano interfuerunt*, adjecta a Guil. Cantero & aliis peplo Græcorum Epigrammatum in eosdem heroas, auctore Aristotele, sed ut Jo. Tzetzes ad Hesiodum monet, non Stagirita. Addidit Ausonius alia *quædam Epitaphia* ut Niobes, Didonis, Diogenis Cynici &c. 6. *De XII. Cæsaribus per Suetonium Tranquillum scriptis Monosticha* dicata Hesperio filio, & de iisdem *Cæsaribus a Julio Cæsare usque ad Heliogabalum* (*c*) *tetrasticha*. Hæc sæpius ad calcem Suetonii vulgata sunt. *Tetrasticha* Ausonii *de Cæsaribus* occurrunt etiam P. I. elogiorum Jo. Papirii Massoni pag. 147. seq. 7. *Clara urbes* sive *Ordo nobilium urbium* seorsim prodiit cum Hippolyti a Collibus de urbium incrementis. Etiam Pictav. 1565. una cum commentario Eliæ Vineti. 8. *Ludus seu fcenatia Septem Sapientum* ad Latinium Drepanium Pacatum Pro Cos. 9. *Idyllia XX.* quorum primum est *Carmen Paschale* Proco (*d*) dictum, quod incipit:

Sancta salutiferi redeunt solemnia Christi. Neque confundi debet cum hypobolimæa, Ausoniique nomine falso edita *oratione Paschali versibus* (*e*) *Rophalicis*, qui incipiunt p. 326.

Spes Deus æternæ stationis conciliator.

Idyllii septimi in Bissulam major pars & lascivior periit. Decimum sive Mosella elegantissimum est, & commentariis Marqv. Freheri illustratum separatim prodiit Heidelbergæ 1619. fol. Vide etiam Clariss. Viri Conradi Sam. Schurzfleischii diss. Historico politicas p. 520. seq. Tertium decimum est *cento Virgilianus nuptialis & fescenninus*. *Cupido Cruci affixus* ibidem mihi dictus Idyllii sexti locum occupat. Cum variorum notis recusus est Hagæ Comitis Anno 1712. 8. (*f*) ad calcem Pervigilii Veneris. Carmine Germanico reddidit Martinus Opitius libro silvarum quinto. Hujus Idyllii sexti de Cupidine crucifixo locum insignem v. 16. seq. *Fulminatae Semele* &c. illustrant Viri Clariss. Oudinus S. I. & Ravionus de Varennes. Journal des Savans 1718. pag. 197. 205. Memoires de Trevoux 1717. pag. 1181. 1189. *Gryphum ternarium*, sive Idyllion undecimum illustravit Scaliger Epist. 199. Claudius item Minos Divionensis, & Franciscus Sylvius Ambianus A. 1516 ac Franciscus Sanctius Brocensis una cum Ovidio in Ibin, Salmanticæ 1506. 8. At Idyllium decimum quintum de ambiguitate vitæ seorsim excusum cum commentario Henr. Vagetii Hamb. 1637. 8. Idem cum distichis Catonis, aliisque prodiit 1500. 4. Idem

 Idyl-

(*a*) Hæc epistola præter causam suspecta videtur Mariangelo Accursio, Caspari Barthio XII. 12. & LVIII. 3. Adversar. abscede auctorem suspicato Ausonium.

(*b*) Hanc qui legerit, Christianum fuisse auctorem minime dubitabit. Vide edit. Tollii p. 94. 98. seq.

(*c*) Scripserat in ceteros quoque Imperatores usque ad Theodosium, sed reliqua tetrasticha perierunt.

(*d*) Forte a *Proconsule* dictum, uti Idyllium VIII. est precatio Ausonii Consulis.

(*e*) Versus Rophalici dicuntur quod clavæ more voces gradatim surgant & augeantur numero syllabarum, sive per singula vocabula singulis syllabis increscunt, ut Homeri ille Iliad. libro tertio vers. 182. de quo Gellius XIV. 6. Callis ῥοπαλικοὺς apud Dionem in Commodo, *in clavæ figuram formatos*. Pro *Rophalicis* versibus alii legunt *Entiphallicos*. Vide Bernhardi Monetæ notas ad Menagiana Tom. 4. pag. 180. Rophalici versus exemplum ex Homero hoc affert Eustathius in Iliad. γ. 182. edit. Basil. ὦ μάκαρ Ἀτρείδη μοιρηγενὲς ὀλβιόδαιμον.

(*f*) Journal des Savans 1713. pag. 183.

Idyllium Græca interpretatione donavit *Federicus Jamotius* pag. 37. poematum. Elegiam ejusdem argumenti scriptoris recentioris edidit Barthius XLV. 16. Adverf. Ad *Idyllium de Viro bono*, five Πυθαγορικῆς ἀποφάσεως differtatio Magni Danielis Omeisii lucem vidit Altdorfii 1705. 4. in qua & plura de Ausonio. 10. *Eclogarium variorum poematiorum & epigrammatum*, quorum pars ut in aliis quoque Ausonii carminibus expressa e græcis, quæ in Scaligeri editione & aliis quibusdam adjuncta leguntur. Epigramma Græcum *Posidippi* five *Cratetis* Cynici, quod expressit Ausonius & amplificavit, una cum contrario *Metrodori* legitur in Anthologia Epigrammatum Græcorum lib. 1. p. 27. feq. In MS. Codice Antonii Eparchi, qui hodie servatur in Bibl. Regis Christianissimi, prius illud exstat fub *Heraclidi* nomine, alterum *Democrito* tribuitur. Vide Bandurium ad antiquitates CPolitanas pag. 882. *Apophthegmata Græciæ Sapientum* cum Scholiis Erasmi, distichis Catonis & aliis quibusdam, Francofurti ad Oderam 8. *Carmen Paschale* cum notis *Speltini*, in collectione poematum Speltini, Erfurti 1501. 4. 11. *Liber Epistolarum XXV.* ubi omnia hactenus enarrata, vario carminis genere. Idylliis & Epistolis nonnullis fubinde Epistola profa fcripta præmittitur. 12. *Oratio Panegyrica ad Gratianum Imp.* qua illi pro Confulatu gratias agit, fæpe numero edita cum XII. Panegyricis, uti dictum eft fupra. 13. *Periocha in Homeri Iliadem & Odyffeam*. 14. In editione Vineti leguntur etiam *tetrafticha in fingulos menfes*, quæ Scaliger in fua omifit, at in Catalectis Veterum Poetarum edidit fine auctoris nomine, quod & in fua veterum Epigrammatum latinorum editione fecit P. Pithœus. In vetuftiffimo Calendario Romano, quod e Codice MS. Bibliothecæ Cæfareæ vulgavit Petrus Lambecius ad calcem libri quarti commentariorum, & Grævius inferuit tomo octavo thefauri Antiquitatum Romanorum, tetrafticha ifta quæ Grævius Aufonio haud indigna judicat, imaginibus menfium fingulis funt fubjecta, illafque pulchre referunt. Confer Euftathium de Ifmenia & Ifmenes amoribus libro quarto, ubi duodecim menfium imagines prifco more depictas defcribit.

III. Aufonium Gefnerus primum editum narrat ab Aldo, fed Laurentius Pignorius Epift. 16. auctor eft Aufonium nos debere Marthæo Boffo, Angelo Politiano ac Thaddæo Ugoleto: & in Beughemii incunabulis typographiæ memorari video inftar Mediolanenfem anni 1472. quam editionem Aufonii 1470. principem vocat Rolvveidus ad Paulini carmen IV. pag. 836. deinde Venetam A. 1496. fol. cum præfat. Georgii Merulæ. Exftat etiam Aufonius excufus Mediolani A. 1477. cum Terentiano Mauro. Vide Diarium Venetum, Giornale de' letterati d' Italia Tom. 17. pag. 303. Poffideo editionem cum Thaddæi Ugoleti Parmenfis præfatione vulgatam Venetiis 1501. 4. paffimque notatam manu viri fummi Andreæ Alciati. Epigrammata quædam acceſſerunt primum Aufonio ex Bibliotheca Georgii Merulæ Alexandrini. Exftat quoque editio Parifienfis a Milb-Hunterbergio emendata, ap. Jodocum Badium Afcenfium A. 1517. 4. Eodem anno Aldus Aufonium vulgavit 8. Omitto editiones Bafileenfem Valentini Curionis Anno 1523. Lugdunenfes ap. Gryphium 1540. 8. & 1549. Parifienfem a Vineto caftigatam, curante Vineti amico Jacobo Goupylo A. 1551. Lugdunenfem Lud. Miræi 1557. 8. Antvverpienfem Theodori Pulmanni, minore forma A. 1567. Præ reliquis vero laudanda luculenta Aufonii editio, cura viri docti *Eliæ Vineti* vulgata, Burdegalæ A. 1575. 4. una cum commentariis ejufdem A. 1580. eadem forma excufis, & poft ejus (g) obitum An. 1590. 4. Huic Vineto, antequam commentarii ejus in lucem emitterentur, *Jofephus Scaliger* fuos Aufonianarum lectionum libros II. inferipfit A. 1573. in quorum poftremi capite ultimo, Poetæ vitam fuccincte narratam tradidit. Iidem deinde frequenter editi funt cum Aufonio uno tantum Lugd. 1575. fed & ap. Commelinum 1588. 8. & eodem anno, minore forma Genevæ, alibique ab eo tempore fæpius, additis felectis Vine-

(g) Obiit Vinetus A. 1587. Ejus fecunda editionis commentarii meminit Jof. Scaliger p. 471. Epift. graphæ curarum Aufonianarum ad Nic. Michaelium: *Scis quam non vulgaris eruditio fit in poematis Aufonii. In quibus Gryphius eruerit* [illegible] *nostri Grammatici eruerint* [illegible]*, quamquam* [illegible] *elofit* [illegible] *& vele* [illegible] *doctrina: nam Sylvius Ambianus nihil nisi trivialis* [illegible] *percuffit. Eruerit Vinetus non folum fine fed & eradirione, etiam ut iis quæ plana funt, diffidit. Et* [illegible] *in commentario fecundo quid* [illegible] *post ejus* [illegible] *eft, multa de* [illegible] *Aufonianis in fuos* [illegible] *transferipferit, nihil tamen quæ* [illegible] *Aufonius familiarem fuere* [illegible]. Confer etiam fi placet Tho. Crenii part. 4. animadverf. pag. 11. feq. ubi & alia quædam ad notitiam editionum Aufonii faciunt.

Vineti notis & excerptis ex opere Adversariorum Adr. Turnebi & scriptis Philologicis Adr. Junii, Guil. Canteri & Justi Lipsii. Ante Vinetum & Scaligerum diatribas in Auson. Ovidium & Solinum vulgaverat *Mariangelus Accursius* Rom. 1524. fol. qui plagii postulatus quod labores Fabricii Varani Episcopi Camerini sibi tribuisset, crimen illud a se removit hoc concepto jurejurando: *Quod Dii hominesque fas fidesque audiat, sacramenti religione & si quid est jurejurando sanctius affirmo, idque vita pariter ac sine dolo malo dici, ceterisque accipi volo, me nec ullius unquam scripta perlegisse ac ne conspexisse quidem, unde vel tantillum lucubrationes nostras redimiri juvarique datum fuerit. Quin imo laborasse quoad ejus fieri licuerit, ut si quippiam alterius post observationem quoque meam editum occurrerit, a nostris protinus abalienaremus. Quod si pejerem, tum Pontifex perjurio, malus autem genius diatribis contingat, usque adeo ut si qua bona aut saltem mediocria in ipsis fuerint, imperitorum turba pessima, bonis lenisculis triticisque vilibus confeantur: famae si quae manent munera, vento ruelant, proque vulgi levitate ferantur.* Ausonius cum Josephi Scaligeri lectionibus Ausonianis Genev. 1608. 12. *Conradus Rittershusius* pag. 113. ad Guntheri Ligurinum memorat exercitationes suas ad Ausonium, in quibus plura loca Nazarii & aliorum Panegyricorum emendaverit. Sed nec illae, nec *Casparis Barthii* animadversiones ad Ausonium, aut *Henrici Ernstii* notae atque variae lectiones unquam viderunt lucem quod sciam: licet exstent Rittershusii ad Panegyricos observationes quaedam, ut supra lib. 2. c. 22. dicere me memini.

Denique elegantissime hunc scriptorem Lugduni Bat. 1671. 8. in lucem emisit *Jacobus Tollius* cum notis integris Scaligeri, & cujus in Mosellam Ausonianam commentarius Heidelb. 1619. fol. prodierat, Marquardi Freheri, selectisque animadversionibus Accursii, (quemquam integras titulus sed falso promittit) Vineti, Barthii, Acidalii, J. F. Gronovii & Jo. Georgii Graevii. Constat Mosellam Ausonii cum selectis Tibulli Propertiique elegiis illustratam quoque a Paulo Duizio, Mussiponti 1615. 8.

DE S. AMBROSIO.

S. *Ambrosii* ab A. C. 374. Episcopi Mediolanensis, doctrinae & constantiae laude admirandi, qui A. 397. diem obiit, vitam scripsere ex priscis Latine quidem *Paulinus* (diversus a Nolano) Ambrosii notarius & postea presbyter quem laudant Isidorus c. 4. de scriptor. Eccles. Hincmarus Tom. 2. Opp. 169. 173. &c. Graece *Simeon Metaphrastes*, quem Paulino subjunctum Benedictini in appendice novae Ambrosii editionis vulgarunt Graece & Latine. E recentioribus *Baronius* in editione Ambrosii Romana A. 1580. & accuratius deinde in Annalibus *Godfridus Hermantius* Tillemontii memoriis tunc adhuc ineditis usus in vita Ambrosii uberius exposita Gallice Paris. 1678. 4. *Tillemontius* in tomo memoriarum decimo qui lucem vidit Paris. 1705. 4. Franciscus Giry & Hadr. Bailletus in vitis Sanctorum 6. Decembr. & denique Benedictini Monachi Jac. Frichius & Nicolaus Nourritus in laudata appendice Paris. 1691. fol. Ab iisdem notitiam editionum operum Ambrosii mutuari liceat, traditam etiam in Actis Erud. A. 1688. pag. 64.

Meliorem Ambrosii editionem debemus laudatis Monachis Benedictinis congregationis S. Mauri, *Jacobo Frichio & Nic. Nourrito*, splendide & emendate excusam, duobus Voluminibus: quorum primum A. 1686. posterius 1691. fol. Parisiis praelo evasit. Recensetur fusius in Actis Erud. A. 1688. pag. 64. & T. 2. Supplementi p. 209. nec non in historia literaria praestantissimi Cavei, tomo posteriore. Habet tamen quae in hac quoque editione desideret Richardus Simon in Epistolis Criticis Gallice editis Basileae 1699. 12. pag. 74. *Les Moines Benedictins qui ont publié une nouvelle edition des ouvrages de S. Ambroise, qui crient si fort contre celle de Rome, parce qu'on y a altéré selon eux en une infinité d'endroits le texte de ce Pere, ont eu si peu de connoissance de ce qui regarde la Critique des livres Sacrés, que non seulement leurs notes sont peu exactes, mais ils ont aussi laissé dans le texte de ce S. Docteur des leçons qui ne s'accordent point avec ses explications.*

Ambrosii Episcopi Mediolanensis *de opere Creationis, hymni septem*. Hi aliique ejus Doctoris odae sacrae novissime denuo editae a Benedictinis in Tom. II. operum Ambrosii, Paris. 1691. fol.

Hymni Ecclesiastici variorum auctorum veterum *Hilarii*, *Ambrosii*, *Augustini*, *Gregorii M. Theodulfi*, *Fulberti*, aliorumque, qui postea aucti longe majori numero editi fuere, Francof. 1578. ab Elia Ehingero. In primis

Georgii Caſſandri laudatiſſima opera eſt, quam ante Ehingerum & Fabricium in digerendis & illuſtrandis veterum Chriſtianorum hymnis poſuit A. 1556. præmiſſo *Bedæ* libro de metris, cujus hymnos diligenter collectos exhibet, uti *Ambroſii* quoque *pro pluvia & ſerenitate*, atque alios quos nihil attinet prolixe recenſere. Recuſi ſunt hymni Eccleſiaſtici a Caſſandro digeſti inter ejus opera poſt pag. 147. Pariſ. 1606. fol.

DE SEVERO RHETORE.

SEveri Rhetoris carmen Bucolicum genere Choriiambico, quod vulgo ex inſulſi alicujus Grammaticaſtri gloſſemate inſcribunt, *De mortibus boum*. Primus ediderat vir doctiſſimus Vinetus: hinc a Pithœo cum Vet. Galliæ Theologorum opuſculis vulgatum eſt, Pariſ. 1586. ab eo tempore inſertum Bibliothecis Patrum ſub inſcriptione *Severi Sancti Rhetoris & Poetæ Chriſtiani*. Etiam a Jo. Weitzio notis illuſtratum Francof. 1612. 8. Neque vero Auctor eſt *Cæcilius Severus*, vel *Severus Sulpicius*, ſed *Severus Sanctus Endelechius* Aquitanicus Paulini familiaris, de quo plura vide apud Chriſtian. Daumium in Epiſtolis ad Reineſium p. 23. 24. In *Severi carmine de mortibus boum* fit mentio luis pariter boum, atque hominum, de qua commeminit S. Ambroſius X. in Lucam pag. 1506. Tom. 1. editionis Benedictinorum. Conf. Baronium ad A. C. 376. Illud carmen beneficio Eliæ Vineti Santonis optimi & doctiſſimi ſenis ſe debere Petrus Pithœus teſtatur, qui auctorem Aquitanum putat. Nomen integrum videtur *Severus Sanctus Endelechius*, Aquitanicus, Orator Romæ & Poeta Chriſtianus, idem Endelechius, ut par eſt credere, cujus monitu S. Paulinus Epiſtola nona ad Sulpicium ait ſe ſcripſiſſe panegyricum Theodoſio Imp. Idem etiam de quo in Codice MS. Vaticano Apuleji: *Ego Salluſtius legi & emendavi Romæ feliciter Olybrio & Probino COSS.* (A. C. 395.) *in foro Martis controverſiam declamans Oratori Endelechio*. Vide Sirmondum ad Sidonii lib. IV. Epiſt. 8. T. 1 Opp. p. 940. Carmen Endelechii ſeparatim editum, & notis illuſtratum eſt a *Jo. Weitzio & Wolfg. Sebero* Francof. 1612. 8. & cum eorundem notis, & *Jac. Gronovii* (ut videtur) præfatione Lugd. Bat. 1715. 8. Denique cum ſcholiis Vveitzii, Seberique, & novis ſuis vulgavit eruditus vir *Gerhardus Outhovius* ad calcem libri de judiciis Jehovæ, quem a ſe compoſitum edidit Groningæ 1721. 8.

DE FALTONIA PROBA.

V*Aleria Faltonia Proba* uxor Adelfii Procos. (quam ab Anicia Faltonia trium Conſulum matre Proba pulchre diſtinguit (*h*) Tho. de Simeonibus V. C.) circa A. C. 402. centonem ex Virgilio de fabrica mundi & Evangeliis pleniſſime expreſſit. *Centonum Virgilianorum* Poetriam, *Faltoniam Probam*, civem Hortanam, non *Falconiam* appellandam eſſe, & nec cum Anicia Faltonia Proba (de qua Balzellus (*i*) in diſſ. de ſarcophago marmoreo Probi Anicii & Probæ Faltoniæ in templo Vaticano Rom. 1705. 8.) nec cum Valeria Proba uxore Adelfii Pro Cos. quicquam habere commune docet Vir erudiriſſimus Juſtus Fontanini libro 2. de Antiquitatibus Hortæ Coloniæ, (*k*) Rom. 1708. 4. oppugnans virum itidem præſtantiſſimum Thomam de Simeonibus, qui Valeriam Faltoniam Probam Adelfii (*l*) uxorem centones illos compoſuiſſe contendit. Scripti ſunt poſt A. C. 393. cum Honorius jam Auguſtus atque Imperator eſſet, editique poſt Venetam editionem (*m*) 1472. fol. & Romanam A. 1481.

(*h*) Confer Ephemerides Pariſ. A. 1694. pag. 140. ſeq. & Pagium ac Sam. Baſnagium ad A. C. 391.

(*i*) Memoires de Trevoux 1705. p. 876.

(*k*) Acta Erud. 1709. pag. 6. Memoir. de Trevoux. 1709. pag. 1904. Giornale de' letterati d' Italia. T. XXIV. p. 140. ſeq.

(*l*) Iſidorus Hiſp. de ſcriptoribus Eccleſ. cap. 5. *Proba uxor Adelphii ProCoſ. femina inter viros Eccleſiaſticos idcirco poſita ſola, pro eo quod in laude CHRISTI verſata eſt, componens centonem de CHRISTO Virgilianis compaginatum verſiculis. Cujus quidem non miramur ſtudium, ſed laudamus ingenium. Quod tamen opuſculum legitur inter apocryphas ſcripturas inſertum.* Gelaſ. diſt. 15. c. 3. *Centimetrum de CHRISTO Virgilianis compaginatum verſibus, apocryphum.* His addo quod ad calcem codicis MS. Centonem ſeculo X. exarati, qui extat in Bibl. Monaſterii S. Benedicti Padolironenſi non procul a Mantua, hæc leguntur teſte Bernardo de Montfaucon Diarii Italici pag. 36. *Proba uxor Adelphii mater Olibrii & Aliepii* (Alypii) *cum Conſtantii* (Conſtantini) *bellum adverſus Magnentium conſcripſiſſet, conſcripſit & hunc librum.*

(*m*) Illius primæ editionis titulus ita refertur a C. V. Michaele Maittaire in Annalibus typograph. pag. 98. *Auſonii Peonii Poetæ diſertiſſimi Epigrammaton libri;*

A. 1481. 4. in Bibl. Barberina obviam ab Aldo, una cum Sulpicio Severo, Homerocentonibus, Juvenco, &c. Venet. 1501. 4. a qua *editione* plurimum differt altera itidem in quarto circa idem ut videtur tempus sine loci & anni annotatione vulgata. Praeterea prodierunt Parif. 1509. 4. apud Joannem Petitum, & Lugd. 1516. cum Mantuano & aliis, Oppenheimii Anno 1517. Francof. 1541. 8. curante Petro Brubachio, una cum Homerocentonibus & Nonno. Tum Parif. apud Franciscum Stephanum A. 1543. 8. & apud Henricum Stephanum 1578. 12. & curante Julio Roscio Rom. 1588. 12. nec non cum aliis Virgiliocentonibus ab Henr. Meibomio recensitis Helmstad. 1597. 4. Omitto editiones alias, ut Coloniensem 1601. 8. & quae in Bibliothecis Patrum occurrunt. Sed prae ceteris laudandum studium *Jo. Henrici Kromayeri*, qui centones hos notis & indice ornatos vulgavit Halae 1719. 8. signatis ad singulos versus locis Virgilii, quibus centones illi constant. Novam editionem exspectare nuper a se jussit in Ephemeridibus literariis Germanice editis Lipsiae A. 1710. pag. 1010. atque iterato in novis literariis A. 1719. pag. 33. praeclarus Vir *Jo. Gottlieb Krause*. Jampridem Probae centones una cum Tancredo Philippi Beroaldi Gallice convertit Richardus le Blanc Parif. 1553. apud Robertum Messalinum, teste Crucimanio pag. 440. Bibl. Gallicae. Sic quoque & quidam *Pomponius* ex eodem poeta inter cetera styli sui otia Tityrum (carmen bucolicum) in honorem CHRISTI composuit, ut refert Isidorus lib. 1. Originum c. 38. Pomponii carmen non tulit aetatem, at Probae centones Honorio Imp. dicati saepius lucem viderunt, editi primum sunt ab Aldo 1501. 4.

DE PRUDENTIO.

A*Urelii Prudentii* (n) *Clementis* ex Calagurri Castella oppido Hispani, qui magnis dignitatibus functus sub Imperatoribus Arcadio & Honorio rebus divinis carmine dicendis vacavit, *Psychomachia* sive pugna animae super vitiis & virtutibus: Liber *Cathemerinon* sive hymni omnibus diurnis actionibus convenientes; *Peristephanon*, sive de Coronis Martyrum hymni XIV. *Apotheosis* sive de Divinitate Christi. *Hamartigenia*, (o) sive de origine peccatorum adversus Marcionitas. *Libri II. contra Symmachum*, urbi praefectum, cujus fragmenta quaedam inseruntur. Post hos libros frustra quaeres *Prudentii* Διττυχον (ita enim legendum apud Gennadium pro διττοχαῖον) de toto vet. & novo Test. personis excerptis, sive *Enchiridion Vet. & Nov. Testamenti*. Sed hoc a Fabricio exhibetur infra p. 747. sub nomine *Amoeni*, quod forte Epitheton Prudentio tribuerunt Librarii (p) ob singularem carminum ejus suavitatem & amoenitatem. Porro saepius ab eo tempore Prudentii poemata a viris doctis edita & illustrata sunt. In primis a Jo. Weitzio (q) Hanov. 1613. 8. Nic. Heinsio Amst. 1667. 12. Steph. Chamillardo in usum Delphini Parif. 1687. 4. & novissime a Christophoro Cellario Halae Sax. 1703. 8. Prudentii non pauca e veteribus membranis emendat Ob. Gifanius collectaneis ad Lucretium, quem illi observat admodum familiarem exstitisse. Nec male de Prudentio promeritus Christianus Becmannus, qui multa ejus loca e Codice Palatino castigat in manuductione ad latinam linguam capit. VI. Hic est *Clemens* quem inter Poetas Christianos laudat Rabanus III. 18. de institutione Clericorum, Tom. 6. Opp. pag. 41. eundemque disertissimum ac Christianissimum appellat libro de ordine Sacram. cap. 12. pag. 53. Dungalus Diaconus Parif. qui circa A. C. 821.

---

tri; Probae Centonae clarissimae feminae excerptum e Maronis carminibus ad testimonium Veteris Novique Test. *Ovidii Consolatio ad Liviam*; *Calphurnii Bucolicum carmen*; *Publ. Greg. Tiferni hymni & alia Poemata*, Venet. 1472. fol.

(n) De Prudentio praeter ea scriptores & eos qui de scriptoribus Ecclesiasticis scripsere, consulas ubi habebis Bailletum in Lexico edit. secunda, Jo. Clericum T. 12. Bibl. Universalis p. 163. seq. Nic. Antonium in Bibl. veteri Hispana lib. 2. cap. 10. Tillemontium Tom. X. memor. Eccles. p. 560. seq. Jo. Petrum Ludewig. in vita Prudentii Viteb. 1692. atque inter ejus opuscula A. 1719. fol. [illegible] Saxonum p. 494. Polycarpum denique Leyserum in historia poetarum medii aevi [illegible].

(o) In hac Hamartigenia [illegible], quibus [illegible] in Terrera [illegible] Purgatorio.

(p) Barth. VIII. 11. Adversar.

(q) In Weitzii editione praeter commentarium ejus [illegible] *Isonis Magistri glossae* e MSS. excerptae, & quaecunque in Prudentium scripsere Ael. Antonius Nebrissensis, Jo. Sichardus, Erasmus, Jac. Spiegelius, G. Fabricius, Adam Siberus, Jo. Murmellius, Victor Giselinus, Georgius Remus, Adam Theodorus Siberus, & Andreas Vrilkius.

821. scripsit libro de imaginibus contra Claudium Taurinensem Tom. 14. Bibl. Patrum edit. Lugd. p. 220. *Aurelius Prudentius Clemens vir Consularis ac literarum doctissimus, eadem fidei ac devotionis studio flagrans.* Christianorum Maro & Flaccus dicitur Bentlejo pag. 66. ad Horatium. De Calagorri Nascia Vasconum Prudentii patria diatribam auctore G. L. exhibet Diarium literarium Hallense Germanice editum, Neve Bibliothec. XXVI. pag. 475. Natus fuit Prudentius Salia Consule A. C. 348. Vide Sirmondum p. 70. ad Ennod. Alius Prudentius Episcopus Tirasonensis in Arragonia de quo Acta Sanctor. 28. April. Tom. 3. p. 587. seq. In libros duos contra Symmachum, minus emendate excusos, commentaria Isaaci Grangaei Gymnasiarchae Vindocinensis adspexere lucem Paris. 1614. 8. Is putat Prudentium eos scripsisse A. C. 403. cum viginti annis post relationem ab S. Ambrosio confutatam Symmachus iterum ausus fuisset Imperatores Arcadium & Honorium pro ara Victoriae sollicitare. Nec paucos fuisse in Senatu qui cum Symmacho facerent, colligas ex eo, quod Prudentius 1. in Symmachum v. 609.

Aspice quam plena subsellia nostra Senatus
Decernant infame Jovis pulvinar..

Ut ad Prudentium revertar, prodiit ille Daventriae 1472. 4. atque est mihi ad manus editio antiqua in 4. sine anni nota, locive, ad cujus calcem haec verba leguntur: *Aurelii Clementis Prudentii opera prudens lector hoc ordine impressa invenies. Primum in utrumque testamentum tetrasticha. Deinde eum quem de divinitate librum scripsit, Apotheosinque titulavit. Psychomachia sequitur. Hamartigenia hic recto ordine additur. Peristephanon subditur, sic enim Graece liber ad martyrium invitatorius inscribitur. Diurnorum vero hymnorum libro, (qui & cathemerinon dicitur) & eo quem contra Symmachum idolatriam defendentem scripsit, pulchro & recto ordine totum opus consummatur.* Carmen in Romanum martyrem, cum amplo *Jo. Murmelii* Ruremundensis commentario prodiit separatim Coloniae in chalcographia ingenuorum liberorum Quentell. 1507. 4. *Jacobi Spiegel* Selestadiensis commentarius in hymnum de Christi miraculis ad omnes horas, *da puer plectrum*, Selestadii in aedibus Lazari Schurerii 1520. fol. Ad calcem voluminis exstat Jacobi Wimphelingii Epistola, in qua *facessant*, inquit, *Catullus, Tibullus, Propertius: cum tuscant Sedulius, Prudentius, Baptista Mantuanus: pro Martiali totius legantur Epigrammata Buschii, Murmelii, Sapidi.* Verum si gemmae in argentea theca vel plumbea merito praeferendae sunt auro carbones tegenti, non ideo plumbum ipsum vel argentum auro praestat, neque aurum facessere jubebimus. *Georgii Fabricii* Chemnicensis in poemas tres Prudentii, Sedulii, Fortunati de vita & morte Christi, & in hymnos tres alios Prudentii & in Romanum martyrem expositio Lipsiae 1568. 8. subjuncta adagiorum annotatorum centuria. *Augusti Buchneri* commentarius in Prudentii hymnum de Christi Natali Witeb. 1643. 8. Ad calcem historiae Trojanae Daretis Phrygii quam Lipsiae 1498. 4. edidit, & Martino Polychio Mellerstadensi dicavit Johannes Majus Rombiltensis, subjiciuntur Prudentii hymni tres, de Phase populi Israelitici, de miraculis Salvatoris nostri, de quiete & somno, divino munere. Prudentius cum *Antonii Nebrissensis* commentario & scholiis *Jo. Sichardi* qui sex Codd. MSS. usum se testatur, vidit lucem Antuerp. ex Jo. Steelsii officina 1540. 8. Cum Sichardi scholiis jam prodierant Prudentii carmina Basil. 1527. 8. Apud Cratandrum, atque iterum apud Henricum Petri. Cum notis *Jo. Sichardi* & *Erasmi* Lugd. 1553. 8. Aurelius Prudentius Clemens *Theodori Pulmanni* Cranenburgii & *Victoris Giselini* opera ex fide decem librorum MSS. emendatus, & in eum ejusdem Giselini commentarius. Antverp. ex officina Christophori Plantini 1564. 8. subjuncto ad calcem voluminis, Erasmi in hymnos duos commentario. Ex Giselini recensione Paris. 1566. & Lugd. Bat. 1590. forma minore. Prudentius in usum scholarum ex postrema doctorum virorum recensione editus Lunaeb. 1648. 12. Omitto editiones in Bibliothecis Patrum & in Corporibus Poetarum obvias. Prudentius cum notis *Nic. Heinsii* & variorum doctorum virorum maxime necessariis, (*Ianis* Magistri pracipue & *Antonii Nebrissensis*) cum praefatione *M. D. Mulleri*, Colon. 1701. 8. parum emendata parumque nitida editio. De optima omnium *Chamillardiana* Prudentii editione vide Acta Erud. Tom. 1. supplem. 3. pag. 126. De *Cellariana* A. 1703. p. 154. Chamillardus de interpretibus ante se Prudentii hoc fert judicium: *Giselinus* scholiis tantum ea quae omnium erant facillima & minime scitu necessaria, lapsus in multis etiam & hallucinatus est. *Nebrissensis* haeret in Prudentio magis, sed est brevior & singula delibare satis habet: quae ad fabulam,

histo-

hiſtoriam & pleniorem Scripturæ cognitionem requiruntur, omittit. Quid quod apotheoſin, hamartigeniam, duos contra Symmachum libros, qui ſunt præ ceteris tamen digniſſimi, qui legantur, non attigit. Reſtat *Heinſius*, cujus variæ lectiones in Prudentium adſperſis interdum lectiſſimis notulis perquam eruditæ ſunt & accuratæ, ut ab Heinſio profectas facile noris. *Weitzius* (r) cum editas hactenus in Prudentium notas collegiſſet, addidit etiam ſuas, eaſque minime contemnendas; hoc uno ceteris ſuperior, quod veterum auctorum locos indicet, ac eos præcipue ſacræ Scripturæ quos Prudentius operi ſuo intexuit. Mitto *Jacobum Spigelium*, cujus notæ in Oden *omnis hora* non ſolum ſunt propter nimiam prolixitatem moleſtæ, verum etiam minutis quibusdam ac pene puerilibus nugis ab ipſa Grammatica repetitis refertæ. Mitto etiam *Adamum Siberum*, (ſ) *Georgium Remum*, (t) *Adamum Theodorum Siberum*, (u) *Andream Wilkium*: quorum alii verba ſex interdum aut ſeptem protulerunt in hymnos tres, aut quatuor totos, alii in unum duntaxat: ut merito ab interpretum Prudentii numero ſint expungendi. Aliter ſentiendum de ſcholiis *Iſonis*, quæ quamvis admodum brevia ſint, quidquid eſt tamen gravioris nodi ſolvunt. Habendus idem honor *Georgii Fabricii* notis in Poetas Eccleſiaſticos, & hymnos quinque Prudentii quos illuſtravit. Claudet agmen interpretum *Eraſmus*, qui quamvis in duobus tantum poſtremis Cathemerini hymnis elaboraverit, quia tamen vir fuit, ſi quis alius ſua tempeſtate, acuti & limati judicii, operæ pretium fecit, ac documento eſſe poteſt quam non Prudentius ab eruditis negligendus ſit. *Hactenus Chamillardus*. Andreas Wilckius Gymnaſii Gothani Rector præclare meritus A. 1610. 8. prælis dedit *ἱερογραφίαν* in duas partes tributam,

(r) Idem *Weitzius* Francof. 1645. 8. edidit Heortologium ſive hymnos feſtivales ex Poetis tam veteribus quam recentioribus excerptos, notiſque illuſtratos.

(ſ) *Adamus Siberus* Lipſiæ 1575. 8. vulgavit breviarium Chriſtianum, continens doctrinam, preces, Cantica & hymnos Eccleſiæ: Nec non ibid. 1580. 8. enchiridium pietatis puerilis orationes numeroſa ex antiquorum & recentiorum monumentis recenſitas diſtinctasque libris IV.

(t) *Georgii Remi* notæ in loca quædam Prudentii Cathemerinon, Apotheoſin, Hamartigeniam, Pſychomachiam & contra Symmachum leguntur in editione Weitziana pag. 508. 519.

(u) *Adami Theodori Siberi* notæ in hymnos X. XI. & XII. Cathemerinon, ibid. p. 520. 537.

quarum *priore* continentur commentarii in hymnos veterum recentiumque poetarum. P. Lotichii Secundi in Nativitatem Chriſti. Georgii Buchanani in Diem Dominicam. Jo. Stigelii in Calendas Januarias ſive Circumciſionis Feſtum. *Prudentii* in Epiphanias ſive trium Regum. Jo. Poſſelii in Feſtum Purificationis Mariæ. *Juvenci* in Annunciationem. Joach. Camerarii in Paſſionem Mortem & Reſurrectionem Chriſti. Baptiſtæ Mantuani in Aſcenſionem. P. Lotichii Secundi in feſtum Pentecoſtes. Pauli Meliſſi in SS. Trinitatis feſtum. Frid. Taubmanni in Joannis Baptiſtæ. Actii Synceri Sannazarii in Viſitationem Mariæ. Philippi Melanchthonis in feſtum Michaelis. Chriſtophori Vvineri in Adventum Domini. *Poſteriore* parte exhibentur & illuſtrantur carmina & hymni in feſta Apoſtolorum: in S. Andream, Jo. Baptiſtæ Mantuani. in S. Thomam, Nonni Panopolitani. in S. Johannem Evangeliſtam & Apoſt. M. Hieron. Vidæ. in SS. Philippum & Jacobum, M. Hulderici Buchneri, in S. Petrum Apoſtolum, Joach. Camerarii, in S. Jacobum majorem, M. Hulderici Buchneri. in S. Bartholomæum, Jo. Baptiſtæ Mantuani. in S. Matthæum, Nic. Rudingeri. in Simonem & Judam, Joh. Baptiſtæ Mantuani. Prudentii Codex perantiquus ſeptimo vel octavo ſeculo ſcriptus exſtat Mediolani in Bibliotheca Ambroſiana, quo nullum alium remotioris antiquitatis vidiſſe ſe teſtatur Bernardus de Montfaucon Diar. Italic. p. 19. Codicem præclarum Urbinatem Alexander VII. Vaticanæ addidit Bibliothecæ, quem laudat Holſtenius diſſ. de veribus Dianæ Epheſiæ.

DE S. PAULINO.

Pontii Paulini, Epiſcopi Nolani, qui A.C. 431. ætat. 78. obiit, vita ſcripta a *Franciſco Sacchino* S. I. exſtat in editionibus operum Paulini, Antverp. 1622. 8. & Pariſ. 1685. 4. & in Actis Sanctor. 22. Jun. Sacchino præterita nonnulla dabunt *Petrus Franciſcus Chifletius* S. I. in Paulino illuſtrato, Divione 1662. 4. *Jo. Baptiſta le Brun* in vita Paulini, edita ſeparatim Gallice (x) Pariſ. 1686.

(x) Journal des Sav. 1687. p. 442.

1686. 8. *Franciſcus Gyri* & *Hadrianus Baillet* in vitis Sanctorum Gallice editis 22. Jun. *Tillemontius* (*y*) T. 14. memoriarum H. E. & celeberrimus vir *Lud. Antonius Muratorius* T. 1. anecdoton Latinorum pag. 157 -- 169. Vitam Paulini Anglice editam ab Henrico Vaughan Lond. 1654. 8. non vidi. Scriptor tertius & latinus vocatur Paulinus a Nic. Heinſio pag. 187. ad Valerium Flaccum. Alia in ejus laudem vide ſis ap. Caſp. Barthium pag. 2971. ſeq. Adverſar. De S. Paulini editionibus hæc Caſimirus Oudinus p. 74. ſupplementi de Scriptoribus Eccleſ. Prima prodiit Lutetiæ Pariſiorum (*z*) anno 1516. 8. typis Jodoci Badii Aſcenſii, in multis lacera, in nonnullis mutila, ac etiam a cenſore ipſo Badio depravata. Secunda eſt editio *Henrici Gravii* Dominicani, (*aa*) qui anno 1560. 8. Coloniæ ſub prælo Choliniano Paulini opera multis mendis repurgavit ex veteribus MSS. Exemplaribus. Inde tertia prodiit Baſileæ anno 1569. fol. inter Orthodoxographos a Joanne Jacobo Grynæo collectos, quæ videtur ex Manuſcriptis poſt priores editiones expreſſa. Quartam cum MS. Codice collatam immiſit *Andreas Schottus* Jeſuita in Colonienſem Bibliothecæ Patrum editionem Tomo V. anni 1618. addito Epithalamio Juliani & Iliæ nondum excuſo. Quintam editionem (*bb*) anno 1622. Antverpiæ 8. curavit & typis Plantinianis commiſit *Heribertus Roſweidus* Soc. Jeſu, vir pius & eruditus, ſed tot occupationibus implicatus, ut, cum tempus non ſufficeret, aliorum ſæpe ſtudiis uti cogeretur, & ſuccedaneam duntaxat imponeret manum. Illam profecto editionem accuratam non exiſtimavit ejuſdem Societatis *Petrus Franciſcus Chiffletius*, qui ad novam ſancti Paulini operum editionem procurandam multa in medium protulit in ſuo *Paulino illuſtrato*, quem edidit in 4. Divione anno 1662. apud Viduam Philiberti Chavancii. Tandem ſancti Paulini opera, in 4. duobus tomis evulgata anno 1684. Pariſiis apud Edmundum Couterot via Jacobæa ſub ſigno ſancti Petri collata ad plurimos MSS. Codices, illuſtrata notis ac lectionibus variantibus cura ac ſtudio Domini *Joannis Baptiſtæ le Brun* (*cc*) doctiſſimi Presbyteri. Hujus Bruni laboribus licet accedere nihil poſſe idem Oudinus prædicet, tamen laudatus *Muratorius* in tomo primo anecdoton Latinorum, (*dd*) Mediolan. 1697. 4. primus in lucem protulit Paulini inedita eo uſque poemata in XI. XII. & XIII. Natalem S. Felicis, (*ee*) nec non Paulini (vel alterius potius neſcio cujus Antonii) poema adverſus gentiles, quod incipit:

> *Diſcuſſi, fateor, ſectas Antonius omnes,*
> *Plurima quæſivi, per ſingula quæque cucurri,*
> *Sed nihil inveni melius quam credere Chriſto.*

Addidit etiam Muratorius varias obſervationes, & pag 212. ſeq. ſpicilegium ex operibus Paulini deperditis.

DE SEDULIO.

Cœlii *Sedulii* Scoti Presbyteri Poema ſuaviſſimum epicum *de mirabilibus divinis* ſive *operis Paſchalis* libri (*ff*) IV. heroicis deſcripti verſibus (non hæreticis ut in antiquis codicibus decreti Gratiani lectorum ignorantia multorum impoſuit, in quolibet carmine hæreſim

(*y*) Journal. des Savans 1709. Juillet pag. 181. & Mem. de Trev. 1710. pag. 560.

(*z*) Hæc editio fuit in Bibliotheca Emerici Bigotii, e quo ad novam ſuam adornandam egregie adjutum ſe fatetur Jo. Baptiſta le Brun.

(*aa*) Reperitur in appendice Bibl. Patrum Pariſ. 1579. & tomo tertio Bibl. Patrum Bigneana A. 1589.

(*bb*) Hæc reperitur in Bibl. Patrum Morelliana Pariſ. Tomo 4. & Lugdunenſi Tom. 6. ſed ſine notis. In Antverpienſi autem Paulini editione, *Roſweidi* nota leguntur obſervationibus *Frontonis Ducæi* admiſtæ.

(*cc*) Acta Erud. 1685. p. 480. Journal des Sav. 1685. p. 117.

(*dd*) Acta Erud. 1698. pag. 57. Lud. Neocori Bibl. novorum librorum 1699. pag. 615.

(*ee*) De hoc S. Felice, cujus Natales quindecim carminibus Paulinus celebravit, vide ſis Muratorium pag. 169. ſeq. & Acta Sanctor. 14. Januar. Tom. 1. pag. 917. ſeq. Vitam Felicis, Paulini carminibus celebratam, proſa expreſſit Beda Venerabilis. Verſus in templum S. Felicis inſtauratum T. 1. Opp. Sirmondi pag. 955. Carmina Paulini in Natales decem exſtant in prioribus editionibus cum fragmentis Natalis XI. XIII. XIV. XV. ex Dungali libro adverſus Claudium Taurinenſem de cultu SS. Imaginum. Varias lectiones natalium decem e Codice MS. Ambroſiana Bibl. exhibet Muratorius pag. 217. ſeq. Latini Latinii quaſdam ad Paulinum obſervationes vide in ejus Bibl. ſacra profana pag. 89...92. De vidua filia captiva ducta a Vandalis & a S. Paulino redempta, poema Perraulti prodiit Pariſ. 1686. 8. *S. Paulin. Eveſque de Nole, poeme heroique.*

(*ff*) In quibusdam Codicibus diſtinguitur in libros quinque. Etiam in proſaica editione hujus operis, quam poſt metricam Macedonio Presb. rogante idem Sedulius adornavit, & e Mst. Pithœano primus edidit Franciſcus Juretus.

erdo velut augeret in furtis suspicantium) praemissa Epistola ad Macedonium Abbatem a Turcio Rufo Asterio qui A. C. 494. Consul fuit, post Sedulii [gg] mortem addita. *Ejusdem veteris & novi Testamenti collatio*, versibus elegis, ita ut in unoquoque disticho sit exanalepsis, sive ut Hexametri initium pentametrum finiat. *Et Hymnus Acrostichis Alphabeticus, totam vitam Christi continens*, qui incipit: *a Solis ortus cardine*. Ejusdem Sedulii nomine *versus nuncupatorios ad Theodosium Juniorem* Imp. edidit idem Fabricius in notis pag. 25. Sed quos ipse Sedulii esse negat; sunt enim illi ipsi, quos Proba Falconia Centoni suo praefixit. Hunc Sedulium, ut id in transcursu notem, *rutili* elogio videtur mactare Theodulfus Aurelianensis lib. IV. Carminum p. 202.

Sedulius rutilus, Paulinus, Arator, Avitus,
Et Fortunatus, tuque Juvence tonans.
Diversoque potens prudenter promere plura
Metro, o Prudenti, noster et ipse parens.

Non mirum itaque *rutili* nomen, quod pro proprio alicujus Poetae perperam habent viri docti, inter Poetas Christianos, ubi ceteri a Theodulpho celebrati memorantur, non occurrere apud Venantium Fortunatum libro de vita Martini secundo. Prodiit Sedulius ab eo tempore saepius tum alibi, tum admodum eleganter inter Poetas Christianos, in appendice Bibliothecae Patrum per Margarinum de la Bigne, Parif. 1634. fol. Novissime Sedulii carmen paschale hymnosque ad MSS. Codices recensuit brevibusque et eruditis notis & indicibus instruxit Christophorus Cellarius Halae Magdeburgicae 1704. 8. *Sedulius* MStus exstat Norimbergae apud Nobiliss. Virum Gotfridum Thomasium. De illo Poeta praeter Labbeum, qui multa erudite de eo notavit Tom. 2. de script. Eccles. pag. 324. 339. & Justum Fontanini lib. 2. de Horto Colonia c. 3. ubi de Sedulii carmine Paschali inter Apocrypha relato in decreto Gelasii, nec non Balium in Dictionario historico consulendus Tillemontius sub extremum Tomi XII. Memoriarum f. commentariorum historiae Ecclesiasticae. Jo. Seprani Commentarios in Sedulium Poetam memorat Nic. Antonius T. 1. Bibl. Hispan. p. 579. Prodiit Sedulius ex Nicolai Chappusoti recensione Parisiis in 4. sine anni nota, ex officina Ascensiana. Apud Aldum cum Juvenco, Aratore, & aliis 1502. 4. Ex Reinardi Lorichii Hadamarii editione Colon. apud Eucharium Cervicornum 1537. 8. cum Juvenco. Ex recognitione Theodori Pulmanni, Basileae 1528. 1534. & 1537. 8. atque Calari 1573. 8. cum Juvenco, Aratore, & Venantii hymnis duobus per G. Cassandrum integritati restitutis. Basileae 1541. 8. cum Aelii Antonii Nebrissensis enarrationibus, & Juvenco per Badium illustrato. Basileae 1548. 8. cum Juvenco, & Aratore. Cum Juvenco Lugd. 1553. 1566. 1588. 12. quarum postremam editionem habeo Nic. Heinsii manu collatam cum MSS. Occurrit etiam Sedulius in Bibliothecis Patrum & in corpore Poetarum Latinorum saepius edito &c. De novissima Cellariana editione vide Acta Erud. 1704. pag. 108.

DE CL. MARIO VICTORE.

C*laudii Marii Victoris, Massiliensis* Oratoris *de Genesi libri III.* eodem epico carminis genere. Ejusdem de perversis suae aetatis moribus *Epistola ad Salomonem Abbatem*. Haec e Jo. Gagnei editione mire interpolata recudi curavit Fabricius. Guil. Morellus libros de Genesi sinceriores, etsi admodum mendosos ediderat Parisiis A. 1560. 4. *Claudii Marii Victoris* sive Victorini (*hh*) libros III. in Genesin, versibus hexametris scriptos ex interpolata Gagnei editione recudi curarunt etiam Bibliothecae patrum conditores. Confer Christiani Daumii notas ad Paulinum Petrocorium p. 320. Alcimi & Victoris carmina edidit Jo. Gagnaeius, Parisiensis Theologus Lugdun. 1536. 8.

De

(gg) Alius igitur hic Sedulius fuit haud dubie a Sedulio Scoto saeculi VIII. Poeta, & in Achaja scripsit sub Theodosio juniore, ac Valentiniano. Vide Mabillonii Analecta T. 1. p. 367. seq. ubi D. Liberii, & Bellesarii Acrostichis in Sedulium, addenda testimoniis de Sedulio, quae Cellarius praeclarae suae editioni praefixit.

(hh) Victorinus appellatur a Gennadio cap. 60. de script. Eccles. & ab Hieronymo praef. in Epist. ad Galatas. Theodosio, & Valentiniano regnantibus diem obiisse idem Gennadius auctor.

DE TIRONE PROSPERO.

Tironem Prosperum Aquitanum Leonis I. notarium qui Pelagianos strenue oppugnavit, Chroniconque suum ad A. 455. produxit, a Prospero Rhegiensi Episcopo diversum libenter mihi persuadeo. De ejus vita præter editores & Tillemontium Tom. 16. consulendi Historiæ Pelagianæ scriptores Vossius, Garnerius, Norisius. *Tironis Prosperi* Aquitanici (*ii*) Episcopi Regiolepidi, *Sacrorum Epigrammatum super Augustini Sententias liber primus*, Epigrammata s. minuta poematia CXII. complexus, quorum duobus postremis Prosper orat DEUM.

Ejusdem *de libero arbitrio contra ingratos aut Pelagianos liber primus*; Poema Epicum vivente adhuc Augustino scriptum, ut ad Mercatorem observat Jo. Garnerius.

Versus quidem Anacreontici ex adhortatione Prosperi ad conjugem, quos etiam affert Lilius Gyraldus dialogo quinto Historiæ Poetarum & Georgius Cassander inter hymnos Ecclesiasticos. Porro Paulini & Prosperi poemata a se recensita edidit Pulmannus Antverp. 1560. 12. His vulgo accensetur carmen Heroicum de providentia divina a G. Fabricio omissum, quod non Prosperum, sed Scriptorem Pelagianum habet auctorem.

DE CLAUDIANO MAMERTO.

Claudiani Mamerti Presb. Viennensis *contra Poetas vanos carmen* ad Collegam sive Colleam [alii ad Jovium] etiam in quibusdam Poetæ Ethnici hujus nominis editionibus legitur, uti suo loco a nobis est observatum. Mamerti autem esse non dubitat Barthius pag. 458. ad libros Claudiani Mamerti de statu animæ, ubi etiam monet ejusdem auctoris hymnum merito existimari, qui incipit: *Pange lingua gloriosi*: de quo confer Sirmondum ad lib. IV. Sidonii ep. 3.

Q. SE-

(*ii*) Episcopatum Prosperi in dubium vocat Philippus Labbeus, & alii, Merito. Vide Sirmondum ad Sidonium p. 94.

Q. SEPTIMII FLORENTIS TERTULLIANI

CARTHAGINIENSIS PRESBYTERI.

LIBRI CARMINE CONSCRIPTI.

ADVERSUS MARCIONEM LIBER PRIMUS:

DE UNICO DEO.

ARGUMENTUM.

PRiorem erit referre inimici ex ordine verba,
Quæ refuga illectis mulieris prodidit animos;
Hinc etiam carnis spes & victoria Christi,
Et stringat breviter falsorum dicta virorum.

IMpietas profunda mali, mens lurida vitæ,
Seductor hominis spe postquam cepit inani,
Nudavit; suadendo, nefas, sibi credere falsum.
Nec impune quidem; facti nam protinus ille
Ut reus, & tanti sceleris commentor & auctor
Accepit maledicta statim. Sic post ea demens
Amplius aggressus, desperatissimus hostis,
Infudit mentes hominum caligine mersas;
Oblitos Dominum, docuit spem linquere certam,
Idola vana sequi, turbam sibi fingere divum;
Sortes, auguria, stellarum nomina falsa;
Nescitarum pecudum constringere; posse videre
Extorum inspiciis, rebusque exspectata futuris;
Terribilis magicæ reboare audacia dictis;
Conficta mortem mirantes, spernere vitam,
Impulit in præceps, scelerata insania mersos,
Sanguine gaudentes, homicidia sæva minari;
Corpore in alterius tunc carnis vulnus amare,
Ardentes etiam, calida dulcedine captos,
Fœdera naturæ transcendere, corpora munda
Complexu infando lenam maculare virilem;
Feminarum alias vulgi contamine mixtas
Illicitas; castosque toros, generique dicatos
In coitum obscœnum pro luxu fecit haberi.
Talia, præterito prolatis tempore, gessit
Per latebras animæ, sæpe inflammante veneno.
Nec quia culparent homines, nam sponte secuti;
Ille dolo fraudis, homo libertate peregit.
Hac dum contineat per secula perfidus hostis,
Consiliumque ferum seductis cordibus infert;
Sperans (heu) scelerisque viam, se fidam habere,
Ignarus qualis maneat sententia facti.
Turba Prophetarum testis sapientia verbis
Spiritu denique Dei præsaga vera loquentum
Publice non audens Dominum maledicere nudo,
Secreto ingenio sperans se posse latere;
Tandem lux animæ carnis captiva teneret,
Desperatorum cernat spes fortior hoste.
Ipse figurator, renovator corporis ipse,
Gloria vera patris, Dei filius, unicus auctor,
Judex & Dominus venit, rex inclytus orbis,
Oppressis veniam dare præceptum, solvere vinctos:
Cujus amicitiæ auxilio, patientia pacem,
Et Deus & renovatus homo miscetur in unum
Virgo sancta parit, patefit nova janua vitæ:
Dicta Prophetarum factis impleta probantur;
Templa sacerdotes linquunt; stella quoque ducta
Mira––dominatum, tantum secernere partum.
In vinum vertuntur aquæ, memorabile visu;
Lumina redderet cæcis, jussisque trementes
Dæmones expulsi clamant, Christumque fatentur.
Omnia sanantur verbo jam tabida membra,
Jam graditur claudus, surdus spem proximus audit,
Dat dextram mancus, loquitur magnalia mutus;
Fit mare tranquillum jussu, ventique quiescunt.
Omnia cognoscunt Dominum; contenditur hostis,
Jamque triumphatus, ferus armis parat iniquis.
Omnia quum revocata videt, quæ ceperat ipse
Cladis in interitum, mersam jam surgere carnem,
In cœlos hominem devicta morte levari,
Signari populos, effuso pignore sancto,
Miranda virtutis opus, invisaque facta;
Audit extremas flammarum in gurgite pœnas
A Domino sibi perpetuas, tenebrasque paratas,
(Irrevocata Dei sententia) conditus, irevenit,
Damnatus, victus perituras morte perenni,
Jam reus, & nullam veniam se cernens habere;
Proclivus extremaque arte ausus, spargere passim
Auribus horrendum verbum, atque voce loquendum;
Abjectos a plebe Dei, sine lege vagantes,
Invenit sine mente viros, terrena sequentes,
Aggressus pravi pravus docet esse magister.
Prædicat bis duos esse patres, divisaque regna.
Esse mali causam Dominum, qui condidit orbem,
Quique figuravit carnem spiramine vivam,

Quique dedit legem, & vatum qui ora locutus,
Hunc negat esse bonum, justum tamen esse fatetur,
Crudelem, durum, belli cui saeva voluptas,
Judicio horrendum, precibus mansuescere nullis.
Esse alium fingens, nulli qui cognitus umquam,
Qui non est usquam, falsum sine nomine numen,
Constituens nihil, & nulla praecepta locutum;
Hunc ait esse bonum, nullum qui judicat, aeque
Sed spargit cunctis vitam, quo invidet illi.
Judicium negat esse ratum, dulcique creatum
Circumferri miseris animum cum melle venenum.
Surgere posse negat carnem, cui causa ruinae
Ipse fuit, quam contemptam spoliavit iniquus,
Propterea maledictus habet sine fine dolorem;
Hostis huic semper, vario quia vulnere vitam
Nititur auferre, &, de qua ruit ipse, salutem.
Inque hac & Christum terris venisse repugnat,
Sed nulla forinsecus carnis compagine factum,
Spiritum ut formam, & fictum sub imagine corpus,
Fallere vult homines, quod non est, esse videri.
Hoc docet ergo Deum, caligine ludere sensus,
Mentiri (nefas) aut hominem se dicere falso?
Portatur, graditur, vestitur, vita quiescit,
Tractatur, patitur, suspenditur, & sepelitur;
Omnia sunt hominis, quae sancto in corpore versans
A patre vero Deo missus, qui cuncta creavit,
Perfecit proprie: sua, non aliena requirens.
Cognitus ipso opere, populis speratus olim,
Perque Prophetarum vocem notissimus orbi;
Et nunc errantem manifesto in limine mortis
Ignotum Dominum quaerunt, notumque relinquunt.
(Quorum falsa fides, falsus Deus irrita merces,
Falsa resurrectio, mortis devictio falsa,
Martyria & vacua, & Christi quoque nomen inane.)
Quem magicae tabulae similem venisse docentes,
Mendacem facti decernunt esse fatentur;
Nequidquam passum, populum sine crimine fictum.
Sic verus Deus, hi Domino referuntur honores!
Hoc miseri, gratis ingrata morte perempti,
Qui caeco duce praecipites in fossa ruistis;
Et velut in somnis thesauri munere dives
Exultat, manibusque tenet, spe lusus inani,
Decepti, vacuam sperati muneris umbram.
Ah rabidi, rictus, sufflate gravida draconis,
Sparsa pro pane truces homicidia blanda:
Audetis culpare Deum, qui tanta creavit;
In cujus terris, nimis plantata profusa,
Innumeras, larga laudatis dona natura?
Ipsum factorem reprobatis, facta probantes,
Artificem mundi, cujus sive opus estis & ipsi?
Qui vobis magnos parvis donavit honores,
Protulit fruges, animalia cuncta subegit,
Tempora qui certis formavit mensibus anni,
Dulcores, potus varios, plagas & odores,
Jucundos flores, nemorumque umbracula grata,
Mirificos tribuit succos potentibus herbis,
Fontes & fluvios diffundit dulcibus undis,
Sideribus caelum, terrasque illuminat orbem,
Immensum solus Dominus, justusque, bonusque,
Cognitus ex opere, aspectu non cognitus ulli.
Quem fidei, quamvis gentes errore caperent,
Florentes opibus, alieno nomine laudant.
Factoremque tamen quasi culpare verentur.
Nec quisquam tantum, nisi vos, nova porta gehennae,
Ingrati eligitis Dominum maleficum vestrum.
Haec vobis per Marcionem Cerdone magistro,
Terribilis refuga adscribit fera munera mortis.
Nec venit in mentem, quod vos a semine Christi
Seductos, ad Marcionis adit inferna catena.
Dicite, de multis quid vobis displicet unum?
Quidve Deus fecit, quod non sit laude vehendum?
Aut illud: quod vos nimium patientia larga
Indignos, dulcem permisit carpere lucem?
Qui legitis vera, & concisa ex falsa docetis,
Quae sunt prolixa ferentes, prius haec falsa probantes,
Aut incredibile, quid dicunt credere vestrum?
Nec mirum si vos versutus coepit iniquus,
Persuadens duos esse patres, damnatus ab uno,
Esse Deus: qui principio seduxerat omnem.
Post ea multiplici manantem vulnere pestem
Distribuit multis: & innumerabile crimen.
Infandos omni magica dementia plenos
Parravit, sese virtutem dicere summam.
Fingere cum surrexit, astra peragrare, volare.
Namque Valentino Deus est infans, & uno
Triginta tribuit caelos, patremque Profundum;
Bis denis tinguit, transfecto corpore flamma.
Tantus alis Deus, Basilides credere jussit,
Quantos & dies annus habet; tot denique mundos,
Marcus per numeros argumentatus acute,
Tradidit in magicae formam violare pudicam,
Offerri calicem, praecinitque in sanguine verti.
Hebioni Christum fassus de femine natum,
Et circumcisum docuit, legique vacare,
Fontibus amissis elementa resumere legis.
Extremum facinus verbis extendere caelo,
Aut omnes causas, aut nomina dicere cuncta.
Est per pauca satis crudelia nostra notare,
Infandosque homines atque organa saeva draconis,
Per quos nunc tantum sceleris sine teste locuti,
Semper factorem mundi culpare laborant.
Sed revocate pedem saevi latronis ab antro,
Dum spatium datur, & patriam pietate paternam
Facta per errorem miseris Deus omnia donat.
Credite vero patri vestro, qui condidit orbem;
Verum qui Dominum misit reparare ruinam
Imparibus legi, peccati in gurgite mersis,
Per vatem olim promissum afferre salutem.
Qui mandata dedit, hic & peccata remittit.
Exigit hic aliquid merito, quia credidit ante,
Aut donat large Dominus, quasi debita servis.
Denique cunctorum populis peccataque terrarum
Delicta eluvie cunctos jubet ipsa lavari.
Ergo vetus homo credit, novusque lavatur.
Abstinet aut positus pro nomine vulnera vere,
Verus surgit homo, vera morte victa silebit;
Sed non pars hominis anima, sua parte relicta,
Percipiet palmam, socia quam carne laborans
In studio lucrata, simul conjuncta meretur.
Grande nefas, portare duos per vincula paulus,
Quorum sit incolumis unus, atque alter egenus,
Et miserum spernit, felici praemia reddit.
Non facit hoc justus, mercedis redditor aequus,
Et bonus, & dives, quem credimus omnia posse,
Suavis in ingratos, misereri plena voluntas.
Quis potior, cui major inest mortalis egestas,
Possit ut aequari, forte praelatus, id ultro
Quidquid eget, tribuens locuples, sic credere justum.
Nec valde illicite Dominum culpare docendo
Sufficit, aut quam animam, tamquam sit passa ruinam,
Liberet a morte, & vivendi lege manentem
Carpit de solo dominio, quia sanctior egit.

Et caro, communem semper sortita laborem,
Linquatur terrae, morsus ut praeda ferarum.
Ergo hominis anima placuit Deo, servitus astris?
Nullo sola modo potuit sine carne placere.
Vincla tulit, poenas, caro sustinuit vincula gestis,
Contempsit mortem, sed carnem morte reliquit.
Illa dolores gemuit, haec vita a vulnere caesa est.
Illa petit requiem; haec ferro in pulvere fusa,
Piscibus, alitibus, tabo, cineri igne relicta est.
Frangitur infelix laniata, sparsa liquescit,
Surgere non meruit? quid enim committere sola
Exanimis potuit? quae sic causa invida vitae
Impedit, aut prohibet Dei dona capessere carnem;
Cumque sua socia conjunctam vivere semper?
Cernere quid fuerit conversa in pulvere quondam,
Post meritum renovata ferat Deo laudis honorem;
Non ignara sui, fragilis, mortalis, & aegra,
Cernatis, magna possit quid vivida virtus,
Qui bonus atque potens vitam non invidet ulli.
Haec captiva fuit mortis, haec vincta peribit,
Quam Dominus miro sapientia fecit & arte?
Hanc virtute sua mirando suscitat ipse,
Hanc revocat dux servis, & hanc sua gloria vestit.
Ergo Dei agnovit ars & sapientia corpus,
Quod cepit, his fieri: deerit haec virtute reduci?
Causa potest pietati nulla resistere sanctae;
Ne major sit causa mali, quam summa potestas;
Ut cognoscat homo, jam nunc Dei munere salvus,
Mortalis quondam, nunc inviolabile & ingens
Vestitum lumen, vivum cum corpore totum,
Immensum virtute Deum, pietate perennem,
Per Christum regem, per quem via lucis aperta est;
Et jam luce nova, jam dono plenus utroque,
Fructibus & vitae paradisi laetus amoenis
Laudet in aeternum, caelesti dives in aula.

LIB. II. ADVERSUS MARCIONEM,

De concordia veteris & novae Legis.

ARGUMENTUM.

Inde sequens, conjuncta docet mysteria Legis,
Inque novo Deus quae foedere tradidit unus.

Postquam fracta fides refugit spirantibus hostis,
Et glomerata doli, emersit pestis aperta
Sponte sua: mendax contemptu nominis sensus
Confixit plagas, fallaci tramite pellens
Sanctorum dictis sua miscuit impia verba,
Inque bonum semen lolium miserabile sevit.
Inde veluti nomen causam constare ruinae,
Scilicet ut sua facta Deo subjiceret iniqua
Ovem, & posset sceleri infigere poenis;
Veris falsa tegens, & lenibus aspera vertens;
Et colore fictis hastae mucrone coperto,
Improvise necans incautos morte suprema.
Supremum nefas, insanum dementia mersos
Abrupuit homines, nomen sine fine tremendum
Dividere in partes; Christi sublimia facta
Falsa laude sequi, culparéque gesta priora;
Inenarrata Dei miracula, visa nec unquam,
Ante nec audita, cogitataque corde nec ullo.
Tam immane scelus illicitum componere verbis,

Adversum sola duo testamenta sonare,
Contra Prophetarum, Domini concurrere verba;
Difficili longe sententia velle probare,
Ostentat Legis & infamem dedecore causam;
Sanctorumque patrum vitam reprobare priorem,
Quos in amicitiam adscivit Deus, ad sua dona.
Accipiet sine principio pro parte minori,
Quatuor ex uno quem sunt, ex quatuor unum,
His tamen una placet, reprobat tres denique partes,
Auctoremque sui Paulum per multa capessunt;
Nectunt ex ipso sumebat in ultima verba;
Omnia quae veteri de foedere cumque locutus
Dura videntur eis; merito quia corde gravatis
Pondus Apostolicum, fulgentia gratia verba,
Lumina producit mori, atque cernere possunt;
Spiritu lata putant habere, animalia digna.
Sed vos, qui nondum potuistis, docte nomine falso,
Mente ipsa reprobi, penetrastis ad intima mortis;
Discite de fonte fluvium manere perennem,
Qui nutrit lignum, bifferum gratia fructus,
Exit & in terram, venitque in quatuor orbis,
Tot fluit in partes fontis color & sapor unus.
Sic & Apostolico decurrit Ecclesia verbo,
Ex utero Christi, patris omnis gloria plena,
Sordes diluere, & lata mortua vivificare.
Quatuor in numero diffusum in gentibus unum
Electumque fide susceptum, doctor opimus
Tradit Evangelium Paulus sine crimine mundum;
Atque hoc & Galatas verbis discernere sanctum,
Quos falsi fratres se circumcidere suasos,
Atque elementa sequi, nova libertate relicta,
Umbra futurorum veteri servire docebant.
Has habuit Galatis causas conscribere Paulus;
Non ut Evangelii partem pro corpore toto
Acciperent modicam, majori parte relicta.
Atque adeo non verba libri, sed missus in orbem
Ipse Christus, Evangelium est, si cernere vultis,
A patre qui venit, leges bona nuntia portans
Testificata prius; cujus legem gloria complet,
Orientem opere, quantus sit conditor orbis.
Cujus facta, simul dicta conjuncta, fideles
Hi Matthaeus, Marcus, Lucasque, Joannes,
Conscripsere, mera, non altera verba locuti,
Spiritu sancto Dei, tanto praesente magistro.
Hic agnus Paschae suspenditur hostia ligno;
Hunc Paulus palam, conscribens decreta Corintho,
Occisum tradit, vitamque, Deumque futurum
Promissum, patribus quos illaqueaverat error.
Cernite quid virtus, quid Paschae possit imago,
Ac verum quod sit poteritis Pascha videre.
Ne Adam pater, & vates, cui pignus & haeres
Carus erat, quem forte Deus donaverat illi,
Hunc Deo mactaret, merito crudelis amore;
Supplicium magnum, sanctum pro sanguine sanguis,
Conspecto capite spinis ostenditur agnus,
Hostia sancta Deo. cujus de morte pari
Esset ut in lignum & vastere pignora gentis,
Sanguine signantur postes, & limina multa,
Immane auxilium, caro tellis crediter esca.
Jesus transgressus Jordan, utraque potitus,
Lege dedit Pascham, gaudens atque immolat agnum.
Et reliqui magni reges, sanctique Prophetae,
Non ignorantes certae promissa salutis,
Ingeniumque, mente pleni, transcendere legem,
Veterem summa virtutis imagine cultam,
Inspectam e speculo celebrarunt ordine Pascham.

Unde

Denique si veteris primordia quaeris rerum,
Invenies sancta omnis, post impia verba,
Credulus, heu, facile auderet ingenio victus,
Pellibus ut tegerentur homo, suspenderet agnus,
Aut peccata necat, aut sanguine fuso delet,
Aut operit nudos, fovet aut suo vellere velatos.
Non pecoris sanguis humano sanguine pluris?
Ut pro peccatis oblatus dirimat iram,
Aut multae plebis; veluti si carior agnus,
Auxilium immane, totius tota salutis,
Oblatus pecudis pretium suis esse salutis?
At Deus omnipotens, caeli terraeque creator
Immensus, vivus, perfectum, lux perennis,
His non placatur, pecudum neque sanguine gaudet.
Omnia mactantur pecora, grex omnis in aras
Decurrant, ut veniam vel peccati expiet unus;
Nequaquam Domini sapiens maculata figura,
Tam vili pretio, caro laeda paravit honores;
Sed spes & promissa fides mortalibus olim,
Haec operata tulit, magnae rationis imago,
Praemeditata patris, nimia pietate parata
Venturum Christum terris, buccinamque futurum.
Quem visum Joannes baptismi primus aperit,
Et verum faciem, nomen & Apostolus ingens,
Praecursor missus certus, testisque fidelis,
Angelicam vitam, sublimi laude notatus,
Olim Pascha Dei, verum quaerentibus agnum,
Ostendit tandem venisse, piacula saecli
Qui delicta suo crudelium sanguine solvet,
Pro reprobis probus, & carus, pro vilibus unus
Corpore homo, vitaque Deus, mactatus ut agnus,
Acciperet nos, & nobis se ostenderet ipsum.
Sic placuit Domino, mortem spoliare superbam,
Sic poterit miserandum hominem sperare salutem.
Hunc Pascham Paulus mactatum praedicat agnum;
Nec species Domini pecoris sublimis inertis
Consimilis pariter, quapropter dicitur agnus;
Sed quia lanitiem tempore hoc corpora vestit,
Dat tegimen multis, nunquam nec deficit ipse.
Sic Dominus vitae patris, quam morte redemit,
Evocat sua loca regit, quae semper in illo est.
Ergo Pastor ovem qui perdidit, ipse requirit.
In robur spinasque ovem calcare paratus,
Aut rabiem superare lupi, praedamque petiri,
Eripere fortis, contemptis dentibus ultro
Objectat sese Leo, pelle obtectus ovili,
Decipiens habitu, rapientem sanguine fauces.
Adam ut capiat sic quaerit Christus ubique,
Ipse viam gradiens, qua mors operata nocentum est,
Omnia perlustrans veterum monumenta virorum,
Singula perspiciens, exemplis omnibus unus,
Et orbe incipiens inimicum expellere mortem,
Concepta semel in gremio cum semine carnis
Aetates omnes tacita sapientia lustrans,
Debita suscipiens, cunctas mundare paratus,
Reddere lethali mundum, quos spoliarat unus.
Et quia terribilis primo deceptus iniquo
Vir cecidit, sancti virgo subdola dracone;
Consilio placuit, signum caeleste reliquit;
Arguit hoc signum eadem, mors ubi coegit.
Et eadem media simili ratione refecta
Jam renovata, redit flos carnis, & hospita pacis
Virgine desponsa caro, non ex semine nato
Artifici conjuncta suo, sine debito mortis
Angelus haec mandata patris, per sidera defert
Lucida, ut angelica credantur nuntia famae
Virginis ut virgo, carnis caro debita solvat.

Talibus ingressus sequitur vestigia mortis
Parvulus immensus, senior puer, & juvenis vir.
Post ubi parta viri complens est roboris aetas,
Paulatim solitus facta dependere vita;
In saecula etiam regno, & inermis membra
Mutari specie varians sanguinis unda
Constitit, haud habitum passus veterascere carnis,
Quaeve manum extendit temere contingere lignum.
Qua die, quove loco cecidit clarissimus Adam,
Has eadem redeunte die volventibus annis
In stadio ligni, fortis congressus athleta;
Extenditque manus, palmam & pro laude securus
Devicta morte, quia mortem sponte reliquit.
Exuit exuvias carnis, & debita mortis;
Serpentis spolium, devicto principe mundi
Addixit ligno, reseravit immane trophaeum,
In cujus lignum Moses suspenderat anguem,
Et quamquam fuerant multis serpentibus icti,
Aspicerent ipsum bifidum sanoque draconem.
Post ubi secretas inferni venit ad undas;
Atque suum victor captivum luce retexit,
Ascendit jussumque patris virtute peregit.
Sumere suum corpus quod liquerat, ipse recepit.
Causa haec mortis erat, eadem via facta salutis;
Nescius ille doli, sed pacis auctor iste;
Sponsa virum nescit, genuit sed sponsa leonem.
Virgo viro nescit, sed vir de virgine vicit.
Cujus in exemplum sopito corpore somno,
Sumitur ex latere mulier, quae costa mariti;
Quam carnem de carne sua, deque ossibus ossa,
Evigilans dixit, praesaga mente locutus.
Mira fides, merito Paulus certissimus Auctor
Christum de caelis Adam docet esse secundum.
Veritas ipsa suis exemplis ubique refulget,
Nec capit ex aliena actus ostendere gressus;
Pauperis haec opus est, propriis viventis egeni.
Haec Paulus docuit magnum mysteria docta,
Scilicet in Christo esse duos, * novae Ecclesiae carnem
Hujus de latere, ligno pendentis in alto
Corporis exanimi sanguis manavit & humor.
Femina sanguis erat, aqua erant nova dona lavacri,
Haec populi vere est viventis Ecclesia mater,
De Christi nova carne caro, deque ossibus ossa.
Golgotha locus est, capitis calvaria quondam;
Lingua paterna prior sic illum nomine dixit;
Hic medium terrae est, hic est victoria signum.
Os magnum hic veteres nostri docuere repertum,
Hic hominem primum suscepimus esse sepultum,
Hic patitur Christus, pio sanguine terra madescit,
Pulvis Adae ut possit veteris caro sanguine Christi
Commixtum, stillantis aquae virtute levari.
Haec ovis est una, quam se per Sabbatha vivam
Inferni e puteo sancto subducere pastor.
Propterea cuncta carnis praemortua membra
Curabat Sabbathis; aut caeci a germine nati
Lumina, quae nondum dederat, creando porrigit;
Aut hominem tetrum exanimem, per Sabbatha vivum,
Deque sepulcro praesenti plebe vocavit;
Ipse novi factor, veteris bonus ipse refector,
Aut quae deserunt supplens, aut perdita reddens.
Hac itemque die sancto, sperantibus in se
Factorem plene pro pacto, posse daretur.
Quid? Caro si moritur, nec spes datur ulla salutis,
Quae habuit causa, hominem se fingere Christum,
Et medicare homines, aut curam carnis habere?
Corrupta penes liquefactum solvere corpus;

Non

Non poterit virtus Domini revocare solutum?
Credunt interire qui jam suo corpore solvi,
Non credunt Dominum, sua qui vult membra levare,
Aut nolle praestare honorem, atque posse potentem
Dicunt, ignari quanto de crimine laesi,
Infirmos sibi causas praeponere morti.
In grano latet arbor, & hoc nisi terra sepultum
Putrescat, non dat decoratos arbore fructus.
Jam liquidae stringuntur aquae, firmante rigore
Saxa fiunt & semper erunt, nisi magnus perustas
Solverit inducto molli spiramine tepor.
Viticula in gracili latet ingens corpore botrus,
Si quaeras non est; quando vult Deus, esse videtur.
Arboribus folia, spinis rosae, germina campis
Mortua deficiunt, & rursus viva resurgunt.
Haec homini Deus ante oculos revocata reformat,
Propter quem locuples, primum large omnia fecit.
Omnia nuda cadunt, suo corpore singula vestit.
Cur hominem solum, cui tantum fecit honorem,
Non tantum revocet sibi, quem super omnia fecit?
Ergo caro & sanguis Dei regno digna negatur,
Tamquam sic Paulus propriae de carne loquatur.
Ille quidem magna docuit, sed inania corda
Carnali sensum pervertit; nam pristina facta
Sanguinis & carnis voluit sub nomine dicta,
Caelestis magni memoratam verba magistri,
Qui per aquam de se genitis sed nomen honoris
Donavit, pignusque suum de spiritu fudit,
Ut cujus ferrent hominum virtute redempti,
Hujus & acciperent, renovati nomen honoris.
Ergo quia populis omnibus suo fonte renatis,
Sordibus antiquis tersis, & debito mortis
Et veteri causa regnum caeleste negavit,
Dicens: humanum rursus debere renasci:
Quod natum est de carne, caro est, de spiritu vita:
Radicis veteris nova germina gloria mutans
Ablatum corpus jam non de carne vocari,
Hoc sequitur Paulus, sic est de carne locutus.
Denique dixit: Oportere superindui vestem,
Hanc habitam fragilem, mortalem contegi formam.
Non aliud corpus dari, sed prius illud inermem
Undique regno Dei laeto circumdari totum,
Momento aspectus oculi mutabitur, inquit.
Ut rosa tota facies dispanditur herba,
Et mutat propriam candenti sole colorem;
Sic eadem caro fulgenti de gloria sumens,
Gaudebit, semper gaudens, & morte carebit,
Devictam clamans crudelem corporis hostem,
Gloriam mortem, fortis victoria Christus,
Ingerens Deo summas ferens ad sidera laudes.

LIB. III. ADVERSUS MARCIONEM,

De concordia patrum veteris & novi Testamenti.

ARGUMENTUM.

Tertius, ingenuum genere de matre creatum,
Vatibus & patribus factum esse ministros.

Jam genuit, quondam sterilis cognomine, mater,
Jamque novo gaudet populus de libero natus,
Expulsa famula, merito cum prole superba;
Viventis quoque fontis aquas ingrata reliquit,
Et tepidis errans ardenti sidere potat.
Jam possunt gentes Abraham clamare parentem,
Quae vocem Domini similis ratione secutae,
Omnia liquerunt peregre se sistere vitae.
Laetare o sterilis, promissam concipe plebem;
Erumpe & clama, quae nulla prole beata,
De qua dicebat per vates spiritus olim:
Haec genuit genera multis ex gentibus unum,
Cujus principio semper pia munera laborant.
Hujus Abel justus, pastor, pecudumque magister,
Fraterna occidit quem olim violentia dextra.
Hujus Enoch, insigne decus, de corpore membrum;
A Deo digressos populos, sociosque sequentes,
Dum foret in terris relegatum, terra latronum;
Sacrilegum genus ut fugeret crudele gigantum,
Consilio revocabat; in omnibus ipse fidelis.
Ingenti genitori placuit, meritoque laboris
Translatum magno pignus servatur honore.
Perfectus laude & sine culpa Noe repertus
Testificante Deo justus in adultera plebe,
Bis quinquaginta arcam qui texuit annis,
Venturum excidium factis & voce serebat;
Promeruit tantis ereptus mortis ab undis,
Et cum prole sua servatur. Gente sequente
Est Abraham, cujus genitor vos esse negatis,
Qui primum genere & patria & genitore relicto,
Voce Dei jussus successit in extera regna,
Tanto Dei meruit sublimis digner honorem,
Gentibus ut pater & populis credentibus esset.
Cum patribus Jacob, quorum pater ipse, per omne
Vitae suae spatium laetissima tempora Christi
Praecinuit verbis, actu, virtute, labore.
Hunc sequitur Joseph, fide sine sorde juventa,
Carceris & dura constricta calumnia poena.
Gloria post genitum, regnique secunda corona,
Inque fame panis tribuendi larga potestas.
Tam propria Christi, tam lucida lucis imago
Omnibus est manifesta, quibus sunt lumina menti;
Ut speculo vultum firmam spem cernere possint.
Judas ipse pater, regalis sortis origo,
Unde duces geniti, cujus de semine reges
Nunquam defuerunt, donec ventura potestas
Gentibus exspectata dio, promissa veniret.
Dux populi Moses; qui limina regia liquit,
Spernens divitias fluxuras tempore parvo,
Maluit adflictus populi portare laborem
Sedula cervice, animis non territus ullis,
Quam sibi delicias multasque remittere poenas;
Pro magnaque fide, pro tanto mitis amore,
Armatus virtute Dei, magnalia gessit.
Percussit gentem plagis, miramque reliquit,
Confundit regem, durum populumque reducit.
Calcavit fluctus, hostes demersit in undis,
Fecit aquam dulcem per lignum, semper amaram,
Cum Christi populo manifeste mala levaret,
Cujus de facie lux, & alter ore refulsit,
Acceptam legem per populos sculpsit in orbem,
Exempla implicita propriorum certa laborum;
Percussit petram, jussu quoque flumina fudit,
Extendensque manus, ut signo vinceret hostem.
Omnia de Christo, per Christum cuncta loquuntur.
Hic probus & magnus cara laudis pace quievit.
At Jesus Nave filius, Auses ante vocatus,
(Spiritus hunc sanctus socium sibi nominis junxit.)
Hic fluvium scidit, & populum transire coegit;
Distribuit terram gratis, promissa paterna;

Solem

Solem cum luna statuit, dum vinceret hostem;
Expulit externas gentes, prolemque gigantum,
Excidit lucos, aras & templa subegit;
Omnia legitima solemnia more peregit,
Nominis exemplum Christi, virtutis imago.
Quid de judicibus populi per singula dicam?
Quorum virtutes, si conscribantur in unum,
Verborum spatio numerosa volumina complent.
Attamen ex multis paucorum dicere vitam,
Corporis explendi verborum postulat ordo.
Ex quibus et Gedeon duce agminis, acer in hostem,
Non virtute sua tutelam acquirere gressi,
Firmarique sibi signum prius excita mereri,
Quo vel non posset, vel posset vincere bellum,
Vellus ut in noctem positum de rore maderet,
Et tellus omnis circum siccata pateret,
Hoc Judaeorum palmam consciscere mundo;
Atque iterum solo remanenti vellere sicco,
Hoc eadem tellus roraret nocte liquore,
Hoc etenim signo praedonum stravit acervos.
Congressus populo Christi, sine milite multo,
Trecentisque equitis, (numerus Tau littera Graeca)
Armatis facibusque & cornibus ore canentes.
Vellus erat populus veterum de semine sancto.
Nam tellus variae gentes, fusaeque per orbem;
Verbum quod mittit, sed non est mortis imago,
Tau figura crucis, & cornu praeconia vitae,
Lucernaeque faces in lychno, spiritus ardens.
Scilicet hoc testamen erat virtutis imago,
Non prius angelica mortis fera praelia vinci,
Quam populo indocili merito sua culpa relicto,
Florentesque fide gentes in laude receptae.
Debbora quae mulier super omnem maxima famam,
Pro patria quae belligero subnixa labori,
Stipite sub palmae populum vicisse canebat;
Quapropter victi simul hostes terga dedere;
Sisera dux fugit, cui non vir, nec manus illa
Restitit. hic Baal Christi victoria signum
Exemplo refugo, devicit termina ligno.
Jephtha fide firma, qui dum vulnere votum
Ausus, mercedem belli Deo dicere grandem;
Hic quis, quae non vult Dominus, promiserat amens,
Occurrit primo carum sibi pectore pignus.
Nolit sperata cecidit quod forte repentis,
Promissum ut staret, solvit pia jura parentis,
Percussit votum violenta morte coperuit
Immanis timor, orbare solatia vitae
Pro scelere obtinuit famam, pro crimine laudem.
Nec non Samsonis super omnia corpora vires,
Spiritus hoc domino capiti concessa potestas,
Pro populo solus nullo mucrone, nec armis,
Os terens asini prostravit corpora mille.
Vincula nulla virum vinctum potuere tenere;
Gloria sed postquam capitis coma recessit,
Occidit, atque hostes victus sua morte redemit.
Ministrum Samuel; cui Regem ungere primum
Praeceptum, dare Chrisma, virum ostendere Christum;
Talibus in vita spatio laudabilis egit,
Ut quoque post requiem Prophetica jura teneret.
Psalmographus David, magnus rex, atque Propheta,
Passurum Christum submissa voce canebat;
Sponte quod ingratus populus sine lege peregit;
Cui Deus ex utero fructum promiserat olim,
Prolem, sublimi solio sua ponere sanctam,
Fidus sed Domini quae spoponderat, omnia fecit.
Aemulus Ezechias, populi correctior inertis,
Abdatis legem qui restauravit iniquis,
Hac olim mandata Deo prior omnia jussit;
Qui precibus bellum, non veri cuspide solvit.
Hic mortem, lacrimis annos ac tempora vitae
Accepit, merito talem tulit actus honorem.
Ingenti zelo Josias, sanctus & ipse,
Tantum anno septem, nec postea taliter egit.
Idola destituit, destruxit templa nefanda,
Atque sacerdotes super aras igne cremavit;
Ossa Prophetarum falsorum cuncta refodit,
Incenditque aras adolenda cadavera lignis.
Insignis fidei in laudem (memorabile) factum
Nobilis Helias, qui nondum debita mortis
Gustavit, quoniam rursum venturus in orbem est.
Ergo infracta fide, populum regemque ferocem,
Militiam Domini qui deserere [illegible],
Verberibus, flammis castigans hostes amaris
Sidera conclusit, tenuitque in nubibus imbrem.
Esse deum ostendit cunctis, apparuit error.
Nam madida partes hostis fluvio super aras
De caelo praecipiti veniens vi flamma comedit;
Et quotiens voluit, toties ruit ignis ab alto.
Divisit fluvium, transgressus & arida fecit;
Sublatus curru paradisi vectus in astra est.
Hujus discipulus, fortis successor Heliseus,
Qui duplicem Heliae petiit sibi sumere sortem,
Ad castigandam violento verbere plebem,
Tantum pro Domino & zelum spiravit amorem.
Jordanem percusso pedibus via facta regressus;
Demersum fluvio relevavit virga securim;
Mortiferumque cibum in vitalem transtulit escam;
Unius pluvias iterato tempore duplo;
Mundavitque lepras; hostes caligine cepit.
Corpus post obitum jam condita membra sepulchro,
Abjectus quidam, mactatus caede latronum,
Mortuus, ut tetigit, revocata luce revixit.
Isaias, locuples vates, cui fuerit aperta
Tam manifesta fides, verbum Dei ore profudit,
Largaque per Christum patris est promissa voluntas.
Praemonstrata vitae via, atque probata per ipsum est.
Quem populus factum legum, sine labe repertum,
Insontem, demens crudeli morte peremit.
Sanctus Hieremias, quem gentibus esse Prophetam
Aeterni virtus jussit, dixitque futurum,
Qui quoniam plebis facta illaudanda revolvit,
Et fore captivam, nisi poenituisset iniquam,
In famulos servi praesaga voce locutus;
Vincula dura tulit, squalenti carcere clausus,
Inque luto poenas lateris hausit tabida membra,
Sed postquam quae noluerant audire, probavit,
Atque hostes victum populum ducere triumphis,
Horrida vix tandem caruit sua dextra catenis;
Nulla mortis virum constat, atque caede peremptum.
Ezechiel fidus, dives cui gratia verbi
Concessa est, peccatorum secreta videre,
Afflictos legere suos, veniamque precari,
Cernere venturam sanctorum caede futuram,
Sanctorumque locum regni, cunctisque salutem
Spiritu implicitam, gressus aditusque videre.
Osea, Amos, & Michaeas, Joel, Abdia, Jonas,
Atque Naum, Abacuc, Sophonias, Aggaeusque,
Zacharias vim passus, & angelus ipse Malachias;
Hi vates Domini, quorum chorus usque canentum,
Ac pariter laudis propriam meruere coronam.
Quam magnus Daniel, qualis vir, quanta potestas;
Qui falsos ultus ipsorum prodidit ore,

Serva-

Servavitque animam damnatam crimine ficto;
Somnia secreta & regis prius ore solutis,
Praevidit Christum regnorum solvere membra;
Pro Domino reus est, lacus quoque praeda leonum,
Servatusque palam cunctis in pace quievit.
Hujus tres socii vix digna laude canendi,
Et numero tanto decreta regis iniqua
Contempsere pii, quorum data corpora flammis,
Tradere se poenis potius, pro nomine magno,
Quam gentibus nisi simulacro pendere palmas.
Jam praeclara fides, jam spes super omnia fulgens
Extinxit rabidos ignes, & vicit iniquos.
Esdras vates, legis Doctor, & ipse sacerdos,
Qui populum captum post tempora plena reduxit,
Ignibus & multa consumpta volumina vatum
Spiritu complens, renovavit omnia reddidit ore.
Grandis Joannes super omnem foemina natus,
Cujus difficile poterimus dicere laudes,
Ablator carnis, Domini praecursor apertus,
Ablator Christi, prior ipse renatus ab illo,
Foederis ille novi primus, veterisque supremus,
Proque via vera, prior hostia caesus obivit.
Ecce Deus Christus; pariter bissena juventus,
Omnibus una fides, amor unus, & una potestas,
Flos hominum, mundo lucentes lumine Christi,
Et comites & Apostolici, qui vera loquuti,
Auribus audivere, oculis videre salutem,
Tractavere manu corpus de morte receptum,
Convivere cibo assidue; testantur ut ipse.
Hunc Paulus, praelectus Apostolus in vice missus,
In coelos raptus vidit quoque; missus ab illo,
Barnaba cum comite, sociisque prioribus, uno
Foedere conjunctis, per gentes, tradit ubique,
Esse caput Christum, sunt cujus Ecclesia membra,
Corporis ipse salus, membrorum vita perennis;
Ipse caro factus, pro cunctis ipse peremptus,
Ipse resurrexit primus, spes una salutis;
Discipulisque suis formam dedit; hi simul omnes
Indignas varie poenas pro nomine passi.
Talia membra gerit speciosa corpore mater
Libera, quod nunquam Domini praecepta reliquit,
Inque domo servit Domino lectissima semper,
Invidiam, parens, ejus pro nomine passa.
Nam sterilis quoniam, eundem secura tueri,
Ediderit populum coelestis semine natum,
Atque sua summis portavit ipsa dolorem;
Hunc sterilem querelam, nunc tempore cernere matrem
Haeredem natum sua libertatis habere,
Non similem famulae, quamquam de semine caeli
Conceptum genuit, sibi conditione jugatum.
Absit ut illicitis verbis, temeraria voce
Egregios hominum, aeternaque sidera caeli,
Semine conjunctos tantum, vel sanguine plebi,
In solidum passim famulum dicatis atrocem,
Aut populum Domini legis mandata secutum,
Servili specie quisquam putet esse loquendum,
Sed peccatorum vacuam sine mente catervam,
Qui promissa Dei, dubia spe, corde locarunt,
Praesentis vitae misera dulcedine victos,
Debita servitio capitis sua culpa subisse,
Si legem plebi peccati causa peregit.
Nam servire Deo, totoque haerentem corde
Intemerata fides, libertas ipsa paratur.
Ergo patres justi, sancti, sine labe Prophetae,
Adventum Domini multi cecinere futurum;
Tollebantque sibi caelestia jussa profundis,
Cum quibus humanam sociari gloria Christi,
Consortem virtutis, verba sacrata replerunt
Firmavere fidem, factis praedicta probando.
Quorum discipuli, qui successere per orbem,
Condigni virtute viri, nostrique magistri,
Compensante operis munus tribuere honorem.
Ex quibus electum magnum, plebique probatum
Hac cathedra, Petrus qua sederat ipse, locatum
Maxima Roma Linum, primum considere jussit.
Post quem Cletus & ipse gregem suscepit ovilis,
Hujus Anacletus successor sorte locatus.
Quem sequitur Clemens; is Apostolicis bene notus.
Evaristus ab hoc rexit sine crimine legem.
Sextus Alexander Sixto commendat ovile.
Post expleta sui qui lustri tempora tradit
Telesphoro; excellens hic erat, martyrque fidelis;
Post illum socius legis, certusque magister;
Quum vestri sceleris socius praecursor & auctor
Advenit Romam Cerdo, nova vulnera gestans,
Detectus, quoniam voces & verba veneni
Spargebat furtim; quapropter ab agmine pulsus,
Sacrilegum genus hoc genuit, spirante dracone.
Constabat pietate vigens Ecclesia Romae
Composita a Petro, cujus successor & ipse,
Jamque loco nono cathedram suscepit Hyginus.
Post hunc deinde Pius, Hermas cui germine frater,
Angelicus pastor, quia tradita verba locutus,
Atque Pio suscepit Anicetus ordine sortem.
Sub quo Marcion hic veniens, nova Pontica pestis,
Nondum secretum facinus suo corde reclusum,
Passim vulgo loquens latebrosa perfidus arte.
Sed postquam coepit mortis proferre sagittas,
Abjectus merito tam saevi criminis auctor,
A sanctis reprobus; paruit mirabile monstrum.

LIB. IV. ADVERSUS MARCIONEM,

De Marcionis Antithesibus.

ARGUMENTUM.

Quatenus & ipse refert obscura piacula Legis
Esse typum veteris, quae paruit hostia verae,
Famulantem exspectare piis cum semine sancto.

Haec populo juveni, qui dives, liber, & haeres
Possidet aeternam sperata laudis jure dicatam,
Non ut doctores (solus dat omnia Christus)
Sed famulos Christi, jubet inviolata potestas
Ingenti zelo flagrantem, pacis amore
Armatum, qualem belli decuerat terrae
Excelsas turres, & moenia saeva malorum,
Sanguinatasque minas, populi contra agmina sancti
Detrahere, vacuas voces dissolvere venere.
Quapropter merito me monumenta locavi
Ipsius ex verbis, etiam monumenta salutis
Nitimur exprimere, quae gratia larga profudit,
Prudentisque plagas sanctis aperire coepertam,
Ex improviso ne quis rudis, incautus, audax
Incidat, & capiat caelestia dona relinquens.
Ergo Deus cunctis mortalibus unus ubique est,
Aeternum regnum, profundae lucis origo,
Fons vitae, purae sapientia conditor omni.
Praevidit ipse orbem, cujus dona omnia cingit.

Nulla

Nulla illum regio, nullus locus ambitu claudit;
Materiam nullam est passus, ut sit sponte parentis,
Quae sentit semper, nullo facto recreata;
Caelorum, terrae, maris, infernique locator,
Spiritum, aeris est divisor, conditor, auctor,
Solus perpetuus Deus est, immensa potestas.
Hunc lex esse Deum populo monstraverat unum,
Cujus vox Mosi pollente re magna locuta est.
Illius haec virtus, sapientia, gloria, verbum,
Filius, immenso genitum de lumine lumen,
Per vatum voces hunc unum clamitat esse.
Ordine suscipiens Paulus, sic tradit & ipse
Unum hunc esse patrem, per quem sunt omnia facta,
Atque unum Christum, per quem Deus omnia fecit,
Ad quem se curvare genu plane omne fatetur,
Ex quo omnis patria in caelo terraque vocatur,
Qui zelat populum summo pietatis amore
Ut pater, & sancta vult omnino vivere castum,
Apparere sibi mundum sine crimine plenum.
Hoc zelo nostram custodit lege salutem,
Legitimos monet esse, jubet, castigat, & instat,
Corripiens Galatas fratres, & Apostolus idem
Talem se Paulus zelum se scripsit habere.
Reddidit ergo Deus gravia peccata parentum,
In cataclysmo necans pariter cum prole parentes;
Germenque jam quarta genitos de stirpe urgueret,
Quum fere nongentos hoc tunc adjuverit annos.
Judicium durum, sententia saeva videtur,
Parvulos & Sodomis adhuc infans, mollis, inermis,
Ut careat vita, quid enim peccaverat infans?
Quod crudele putas, hoc est pietatis honestum.
Auctores sceleris (socios ne crescerent ultra)
Extinxit, sobolemque parem peccata sequentem,
Sed non cum pueris poenas immanis iniens
Perpetuas luit; ignarus, neque criminis auctus;
Ne fieret sceleris, eandem mortis adultus,
Sponte futura mala, mors immatura resolvit.
Cur Deus ergo jubet pecorum sibi sanguine fundi?
Legemque constringit, ne quis transcenderet errans
In populo, lapidum praesenti morte minatur.
Atque iterum hoc reprobat, ergo hoc sibi munera grata,
Corripiens plebem peccati vulnere pressam.
a Ipse jubet vetat, justus simul ipse repellit?
Si quaeris causas, errans desiste movendi;
Causa etenim fidei, rationis imagine major.
Aspice per speculum fulgentis luminis umbram,
Quid vitali sanguis, vitulae cinis, hircus uterque;
Hic dimissus abit, cadit alter ut hostia templo,
Sanguine nam vitali populum, simul omnia vasa,
Atque sacerdotem, & scripta volumina legis,
Sparsit aquae mixto, vatum sic jussus ab alto;
Non propriam speciem, nec speciem victuri vacantem,
Exemplo vitali passurum in corpore Christum;
Qui juga dura ferens hominis, tunicis aratra
Portitor abrupit sua pectora vomere ferri,
Infundens felicis animae sui sanguinis undam.
Nam templi vasa haec designant corpora nostra.
Ipse Dei templum verum, non ante dicatum.
Namque suo lacios hominum sibi sanguine fecit,
Atque sacerdotem voluit sui corporis esse.
Ipse patris summi perfectus jure sacerdos.
Auditum, visum, gressum mundavit inertem,
Aspersitque libro tribus praesaga loquentem,
Demonstrans legem suo vinctam sanguine sancto.
Hanc & per vitulam manifestat victima causam;
Sanguine de cujus pro plebe piacula sumens
Intra velamen primum Levita ferebat,
Castrorum extra foras corpus jussuque cremaverit,
Cujus de cinere mundabat corpora lapsa.
Hac Dominus noster, qui nos sua morte redemit
Extra castra, volens, populi vim passus iniqui,
Implevit legem facta praedicta probando,
Qui vere mundat plebem contactu pleno,
Omnia concordans, quasi divus corporis auctor,
Intra velamen caeli cum sanguine gressus,
Effudit quem pro multorum mortibus unus.
Ergo sacerdotem magnum decet hostia sancta,
Quam digne perfectus habens, offerre probaret;
Corpus habet, hoc est mortalibus hostia viva,
Hanc dignam magnis, pro cunctis obtulit unam.
Hircorum species homines dicas esse, repulsus
Ex duobus populis sterilem, sine fructibus ambos,
Quo in Evangelio Dominus quoque dixit, & hoedos
Ab ovibus cerni stantes in parte sinistra,
Esse quidem quosdam Domini pro nomine passos.
Sic actum sterilem, fructum velasse supremo
Hos merito dignos ara, docet esse Prophetas;
Abjectos alios, Lazaro ut dives iniquus,
In sua denique qui permansere repulsi.
Nam velum in medio pendens cernebat utrosque,
Inque duas partes aedem diviserat unam,
Interiora quidem sanctorum sancta vocata,
Illhic ara sita effulgebat nobilis auro,
Testamenti fœdus, tabularum legis & arca;
Pellibus agnorum caeli contecta colore,
Interius vestita auro, media omnia ligno.
Hic tabulae legis, hic manna est urna repleta;
Hic Aaron est virga, crucis quae germina profert,
Ipsa dissimilis, Styracis tamen arbore nata.
Atque super Cherubim par formam quaerunt unam
Pandebant pennas, & geminae jussa tegebant.
Exterius velum, pars aedis aperta patebat.
In faciem; lato gravis aeris stabat aheno,
Et candelabrum bis ternis undique ramis
Contextis medio calamo, totidemque lucernae.
Aurea materies complebat lumine templum.
Ergo prior templi facies communis, aperta,
Declarat ritum populi sub lege morantis,
In cujus tenebris septemplex spiritus, error.
Lucebat sanctus semper plebemque regebat,
Hoc candelabrum verum, vivaque lucerna.
Per legem & vates perlucens corde sabactis.
Inque typum terra facta ara crederet esse;
Hic operas populi, quas non sine sanguine semper
Obtulit, effuso, vitam sine lege, cruore
In parvo passim comparuit omnibus olim;
Illhic & Dominum pro cunctis hostia factum
Terram designat terram, specialiter aram.
Fœderis hinc etiam novi inenarrabilis auctor,
Discipulus Joannes animas pro nomine passas,
Testatur caeli sese vidisse sub ara.
Clamantes Dei vindictam pro caede poterat.
Illhic lucendum requies; sub corpore terrae
In parte ignota quidam locus extat apertus,
Lux sua lucens; Abrahae sinus iste vocatur,
Altior e tenebris, longe semotus ab igne,
Sub terra tamen. hoc ara vocatur ahena,
In qua velamen pellem monstravimus esse.
Dividit haec partes ambas, unamque recludit
Distinctam ab aeterna, cultura & temporis usu.
Non inimica sibi quamvis distantia amoris,
Tempore divisa & spatio, & ratione ligata

Una domus, quamvis esse geminata videtur,
Atque adeo passo Domino velamine rupto,
Cælestes patuere plagæ, cœlumque sanctum,
Atque duplex quondam, facta est domus una perennis.
Interius templum, populum de nomine Christi
Cælesti cultu, ipsa Dei mandata sequentem,
(Veritas hic propria vero non umbra tegatur)
Perfectis rebus complectens mystica ordo.
Arca sub exemplo, corpus venerabile Christi
Ostendit, facta per lignum spiritu junctum,
Auro pollens, caro, non ex semine nata,
Extensa in ligno; simul intus spiritus ardens
Aurigera specie conflavit, jungitur illi,
Ut caro pace data, cum spiritu salute vigeret.
Carnis, de urna, typum Domini ferre, aurea plena;
Fœderis ipsa novi Dominum declarat aperte,
Manna, quod est panis cælestis, verus, in illum
Traditus a patre, quem tribuit pro pignore sancto.
Perfecta dabit hæc illis, qui vincula pacis
Semper amatores aptarunt tenuere bonorum.
Et tabulæ duplices conscriptæ legis, in arca,
Significant simul hæc in Christo condita semper,
Qui vetus atque novum mandatum pertulit ipse,
Arca patris summi, per quem dedit omnia dives.
Et virga Syriacis fructus nucis attulit ipsa.
(Virginis hæc species, genuit quæ sanguine corpus)
Conjuncta in ligno, tollebat mortis amaram
Interius fructum dulcem, de spiritu sancto.
Sicut Isaias virginem de semine Jesse
Prædixit Mariam, de qua flos exit in orbem.
Ara nitens auro culmen declarat in alto,
Quo sancta solvere preces, sine crimine missæ.
Hanc aram Dominus dixit, qua munera sanctis
Offert, ut primum pacem cum fratre retractet,
Sic demum flagrare preces ad sidera possunt.
Hoc Christus vicibus solus, primusque sacerdos,
Ostendit impensum, prælatum non arbore natum.
Nam Cherubim quorum sic bis binis vultibus ora,
Est omne verbum, per quatuor ordine ductum.
De patre quæ Christus plenissima protulit ipse
Mandata sperata novi, lætaria vitæ.
Ast quatuor alæ sex, veteris præconia verbi,
Testificantia ea quæ postea facta docemur,
His alis volitant cælestia verba per orbem,
His etiam Christi magnis connexos habetur,
Obscure varum præsaga dicta ab ore.
Alarum numerus antiqua volumina signat,
Esse sub certa viginti quatuor ista,
Quæ Domini cecinere vias, & tempora pacis.
Hic cubitare novo cum fœdere cuncta videmus.
Sic quoque Joannes, sic pando spiritu illi
Ter numero sedes seniorum insuper albis,
Atque coronatis subitomiibus omnia vidit;
Ad solium Domini, vitreum & mare, stare sub igne,
Quatuor aligera atque oculis animalia plena
Intus & exterius. quæ sunt arcana patere;
Significat verbo simul omnia clausa videri;
Nam vitreum flamma mixtum mare, donum lavacri
Spiritu conflato credentibus esse tributum.
Quæ porta Domini? quis tantum dicere possit,
Ante tribunale, sese pavimentumque paravit,
Ut fons mundi cumque sibi exercere volentem,
Et sapientes, esset properanti copia lata.
Sic igitur lex, & mitti cecinere Prophetæ;
Omnia sic conjuncta vigent, veterisque novique
Fœderis, illa sacra & testamenta magna dicta.

Sic & Apostolica vates testamur ubique,
Nec quidquam veteris non est novo denique junctum,
Sic errant, & dictorum sic facta retorquent,
Qui falsas sumere vias; Dominumque Deumque
Æternum regem, qui tamen protulit orbem,
Detrectant, aliud quærunt sub nomine fictum;
Moribus orbati, quam consilio servere,
Externum legi Christum affirmare volentes,
Nec mundi Dominum, carnis neque velle salutem,
Nec virtute patris, sed verum corporis ipsum;
Quem adversaria fugientem est oribus ultro,
Ne sermone suo mutarent humana corda.
Nos igitur, quia tanta Dei perfecit humilis,
Veraque doctoris cælestia verba magistri
Instituere bonis, recta & communem dedere;
Semper honoremus Dominum, sua sua canamus,
Gaudentes paratque fide, certaque salute
(Nati vero Deo vertimur pane perenni)
Æternam toto sperantes pollere vitam.

LIB. V. ADVERSUS MARCIONEM,

De variis ejus Hæresibus.

ARGUMENTUM.

H*Ic quintus multos scenas vexanda resolvit,*
In planum mala convolvit quæcumque latebant.

PRimus erat referens Judaici ex ordine verbi,
Quæ refugit illicitæ membris procedere arcem,
Hinc etiam carnis spes & victoria Christi,
Et species breviter falsarum dicta viarum,
Juda sequens consuetus docuit mysteria legis,
Inque novo Deus quo fœdere tradidit unum.
Tertius ingenuus genere de matre creatum,
Vatibus & Patribus sacratum esse ministrum.
Quem nomine bis lex de caussis Christe legebat;
Majorem nam cum mutant tempora, jussi
Tempora servari, scientia cui paruit auctor
Ignotus, sine lege, vagus, cum prole relictus.
Quartus & ipse refert obscura piacula Legis
Esse typum veteris, quæ paruit hostia vere,
Jamdudum conspectata piis cum femina sancta.
Hic quintus multos scenas vexandaque resolvit,
In planum mala convolvit quæcumque latebant.
Argumenta trahens, sed cum sunt teste Propheta,
Et quamvis hostis cuncti furentes aiunt,
Vincamus; terrore illitum, pollutum, nefanda,
Commaculata simul, sic cuncti omnia serpens,
Cæcorum sine luce viam, contraria vocem;
Ut dum sectarum mundi commendamus ipsum
Esse Deum solum, vacuo quoque voce loquentum,
Ignotumque alium quemquam non esse probamus;
Via mendax linguam terrenis culpa referret,
Complexus vario quam dum laudis loquentes
Culpatosque alias ignari tempore fata;
Sed cogunt non omnia dolo cœlum vocantes,
Accipiat quemquam cum crimine, pendere verba.
Quinam ergo iste? quem verum dicitis esse,
Ignotum populis, alienum denique mundo?
Hunc quem nemo prius novit, hic venit ab alto?
Si sua, cur non sua patria? si non sua, quare
Ut proprio caput, & populum sub lege morantem

Ignotum

Ignoris totius per legem vocibus oppleri?
Si miserum etiam venit, & succurrere cunctis,
Et relevare gravi devictos funere mortis,
Carnis & obscenae spiramen solvere vincla,
Qui cohibetur homo interior, concisus inique;
Cur tam sero pios vigilans, semperque benignus?
Qui nunquam prius omnino se praebuit ulli,
Transmisit numero aliorum ore requirens,
Nunquam expectatus, non notus, cessit in orbem.
Pastor ovem quaerens, quam non amiserat ante,
Debuit cunctas earum, quasi victor & ipse
Spiritus, ut fertur semper, talesque volebat,
Omnes expulsas animas sine corpore passim
Eripere, & carnem spoliatam linquere terrae;
Una die pariter complere cadavere mundum,
Evacuare orbem, atque animas adscribere caelo?
Progenies hominum nasci cessasset in aevum,
Et nulla posthac generis prosapia vestri
Nata foret, postremque novam lusisset in orbem.
Vel quia nunc nihil ex his factum ostenditur esse,
Debuerat rerum generi statuisse terorem.
Connubii solido complexum corde replesset.
Fecisset corpore viros, sine germine fructus,
Feminei sexus cubitus taedere dedisset,
Clausisset penitus carnis genitalia membra,
Nulla voluntas nostro animo, atque posse facultas.
Posthaec postea & interior homo sanguine junctis
Haerere infelix carni, semperque periret.
Semper ovis perit, ergo nunc est servare potestas?
Quam semper nascatur homo, sub crimine mortis
Quod pastoris opus, si sic inventa docetur?
Inquisita ergo, sed non erepta probatur.
Nunc vero delectum adesse connubia adire.
Ut semper fuit, quam jam in certa propago,
Nascuntur gentes, & vix numerabile vulgus,
Accipiunt animas nascentum corpora viva;
Nec Paulum decuit, quamvis pro tempore, quaesitis
Hortari, velut ipse fuit, pare forte manere,
Temporis angusti cernens instantia cuncta;
Nam teneros alios statim habere jussit,
Nec se fraudari, sed debita reddere pacto.
Vos autem affecta quia fassi fraude manere,
Diviso prolis securum degere amore,
Crimen adulterii committere, perdere vitam?
Et quemquam peris, id fallere agnomine verbi?
Quapropter voces tam dulcis crucis profunditis
Impavidi quidquid placet, ut faciatis apertum,
In faciem casti, mercedes criminis fertis.
Hac causa vos connubio privavit honesto.
Sed quid plura? bene est dispensator scilicet esse,
Expedit & mundo, ne vestri germinis ultra
Nascatur, tandem cessabunt organa mortis.
Partem hominis, dum speratis retinere salutem,
Totum homo vester deperdit numine profano,
Interior, simul & veterem quem dicitis hostem,
Sed & homo solum spiramen dicitur esse;
Nec verus est homo dicta caro, nec solus in imo
Spiritus & caro, verus homo factus in uno;
Nec sibi privatus sensus cernuntur habere.
Hic cogitat, regit ille; gaudet, gauditque, doletque.
Diligit, ipse suae carnis carissimus adest,
Per quam patet homo, cum quo commixtus habetur,
Voluntatem curam adhibet, lacrymasque profundit,
Nutrimenta cibi capiens per membra refundit,
Hanc omnia secum immortalem semper habere,
Quam frangi gemit, & doles evacuata per annos.

Illi enim anilem dominantur tempore certo,
Quo recepta levi de pulvere more inimica
Deficiat tandem, caro quando rediviva resurgit.
Haec erit exspectata dies victoria summa,
Quam fecit virtute patris, venturus in aevo
Factus verus homo, hominis qui membra redemptum
In caelos tulit, atque aditum sic divum aperuit.
Principio gratum in sanguine conditum, inde
Hic ubi semper opus, patris parare minister
Visus ab initio, cuncta pariendo peregit.
Quid nunc intendis vetera, quid perdere rursus?
Si nunc ipse dedit legem, Deus ipse creator,
Aegypti de valle viam qui stravit in undis,
Et sedes gentis dedit has, quas disceret olim;
Ipse cur in gentes venit, semetque dicavit?
Non alios populos, aut alterum regna petivit?
Cur jam per vates, praedicto nomine vero,
Non proprio suo, se veritatem tradidit esse?
Unde etiam patent baptismi dona benigna
Promissa olim olim quamquam sua praestare facta?
Haec mandata Dei transgressi, sordes reperti
Operabant, veniamque sera de morte petebant;
Exspectata die carnis venere, sed illa,
Qui prius audita, at nunc agnovere reperta,
Hoc dat vera manens Christi, pater ipse creator
Semper ab aeterno manens, & sua vota requirit,
Quaeque figuravit, fovet, atque sigillat, & armat,
Et jam despectam victor sua luce revestit,
Ut maneat virtutis opus cum laude perenni.
Quid praestare Deus, quid posset homo pati, ut omnes
Agnoscant, vivant, quod facit viva potestas;
Sed quia nec praedicta prius, nec facta suprema
Dementes homines possunt laudare fatentes;
Esse hominem factum Deum, passumque, sepultum,
Surrexisse, ut sic testis clamantibus olim
Caelesti verbo complexis ipsius, unde
Terrestri sibimet rationi credere discant.
Quando Dominus Christus caro nasci, venit in orbem
Augusti Regis Romani tempore, primum
Decreto gentes censu numerantur ubique;
Idem Rex hoc tunc tulit, quia summa voluntas
In cujus manu, cognoscit cor, legibus esset,
Fecit primus, & in numerum scriptura redacta est.
Tunc etiam Joseph, Maria cum conjuge sua,
Caelesti pariter gnato numerantur & ipsi.
Hinc instrumentis humana historia visa
Qui testes sancti verbi, praebere probantem
Inquirant, vel sic inventa post ea victi
Pereant, veniamque rogent, dum tempus habetur.
Judaei grave qui scelus admisisse fatentur,
Dum detractaverunt audere, nobilique resistunt,
Nec genus ignotum dicunt, neque dicere possunt,
Suspendisse hominem se ligno, vera loquentes
Ignari Dominum carnem sine semine victum.
Sed pro parte quidem reticent, pro parte triumphant;
Namque Deum populo hominem vulgare laborant.
Aspicite errorem qui vos expugnat utrosque;
Pro nobis hic erit, dum vobis certa probamus.
Illi Deum, vos falso hominem sine corpore corpus
Dicitis, & varia hunc monstra nefanda emergit.
Quod qui pseudoprophetae, mergentes spargitis ambo;
Namque hominem pariterque Deum, tunc facta probabunt
Commixtum, nec pignus dabit figuralia mundo.
Filius ipse Dei dum carnis membra requirit,
Jam praecursorum palmarum sustinet ictus;
Conspuitur vultus; spinis intexta corona

Con-

Compungit caput: & ligno suffigitur ipse;
Potatur sitiens, & fel miscetur aceto,
Dividitur vestis, sortem mittentes in illa;
Quod caperet sibi quisque tenet, caligine mundus,
Exspirante Deo tectus de corpore carnis,
In tenebris transacta dies cum ipse refugit;
Bis fuit una dies, medium nox atra cooperuit.
A fundamentis mundus agitatur in orbem,
Commota est tellus, patuere sepulcra piorum,
Cunctaque quorum mortem, passim surgere visum.
Exanimem telo cujus latus hastis aperto.
Profluxit & sanguis, nec aqua minus unda secuta.
Hac illi passo causam, subeuntque futuri
Admissi tactum, unde excutere volentes.
Spiritus ergo potest gerere sine corpore vestem,
Aut potuit caput, aut ferri vulnera vultus?
Aut moritur, surgitque, & sanguine funditur ipse
De qua carne, quis illum non habuisse negasti?
Aut frustra passus, si vobis dicere rectum est?
Quamquam praecipites estis, plane sacrando.
Non ergo manifesta fides, non omnes eas?
Ante diem, quam quo pateretur pascha celebrans,
Discipulisque suis tradens memorabile factum,
Acceptum panem pariter vitisque liquorem,
Corpus, ait, sanguisque meus, qui funditur, hic est
Pro vobis. Nam semper quod post ea passus,
Quare creaturam panem vinumque putavit
Esse suum corpus cum sanguine? quaeque figurata?
Nam se factorem mundi per facta probavit,
Et genitum semel de carne & sanguine corpus?
Hic Deus, hic & homo verus, verumque locutus;
De patre principium, genitum de lumine lumen;
Spiritus & verbum, Patris sub imagine virtus;
Cum patre semper erat, unius gloria & aevo;
Omnipotentis enim solus qui verba ministrat,
Quem capis in terris, & per quem cuncta creavit.
Filius ipse Dei, carissimus ipse minister.
Hinc genus, hunc & nomen habet, hunc denique regnum,
De Domino Dominum, fluvius de fonte perennis.
Hic Patribus sanctis patens ab origine mundi,
Testis idem, quicunque Deum vidisse ferebat,
Promissa & mandata patris patefecit ab alto.
Eduxit populum, gentem percussit iniquam;
Ipse columna fuit lucis, nubisque rigentis;
Siccavitque mare, & populos jubet ire per undas
Hostibus implicitis, fluctuque frementi opertis;
Per deserta viam fecit sua jussa sequentis;
De caelo populo panem dedit in eremis;
Erupitque petram, fecitque unda rigaret;
A Deo mandatam Legis Mosique per literam
Cum tonitru cantuque tubae, flammaeque columnam,
Terribili visu, tremebundo corde virorum.
Post bis vicenos completis mensibus annos,
Jordane diviso, patuit via, constitit unda;
Partitique tribus terram promissa parentum.
Ipse Prophetarum verbis patris ore locutus,
Esseque venturum terris, hominemque futurum
Praedixit, Christum terris manifeste profatus.
Exspectatus in omnibus, spes unica vitae,
Mundanae carnis lege, mortique ligaret:
Tandem venit ab imperio patris omnipotentis,
Humanis sese vestivit & artubus ille.
Adam, virgo, draco, lignum, quae causa ruinae,
Et via quam mors tenet temeraria vetitae unum,
Haec eadem gradiens pastor, pecudemque requirens,
Angelo, virgine, carne sua, lignoque medelas,

Et quo victus homo, victum periturum obibat;
Hic interpositum pro capitis omnibus unum,
Sustinuit pariter inimicam in corpore poenam;
Morte sua spoliavit mortem, sit causa salutis,
Nec non in terris suo postquam corpore sancto
Omnia perpessus, persolvit debita mortis;
Infernum petit; hic animas pro crimine vinctas,
Quae sine praesidio, conclusae pondere legis,
Olim promissa, & sperare, & corde rogabant,
Sanctorum in requiem dedit, & cum luce retraxit.
Tertia namque die fulgens cum corpore visitur,
Immensi virtute patris, via facta salutis,
Inque creatura portans hominemque Deumque,
Conscendit caelos, captivas ille reducens
Primitias, munus Domino carnemque figuram;
Consedique patri lucis virtute receptus,
Gloria quae quondam erat, dum vinceret hostem,
Spiritu conjunctus, de nobis carne figuram.
Hunc patri, & Dominum & Christum, Regemque, Deum-
Judicio regemque dato misisse in orbem est. (que

DE JUDICIO DOMINI LIBER.

QUis mihi vernicolas aperabit carmine Musas?
Et veris roseos titulabit floribus ortus?
Aestivasque graves maturum messe aristas?
Quis dabit & tumidas autumni viribus uvas?
Quisve hiemi placidas semper laudabit olivas?
Recluditque ipsos vernantes floribus hortos?
Frondentesque vago cadere de gramine flores?
Pronaque arboreis modulatas frondibus auras.
Jam mihi luciferas liceat contingere Musas,
Pandere serratas fluviali vertice lymphas;
Et latas alto pastus subducere silvas,
Aeternumque semel modulatus carmine flumen,
Unde mare tumidum immensis fluctibus undat,
Quae virtus solidas commovitque tremiscere terras,
Et lux unde novo praefulserit aurea mundo;
Quisve hominem luteo potuisset fingere limo,
Unde genus vacuo potuisset crescere saeclo,
Et quae vivendi populo sit multa cupido,
Quare creata mala, moriendi, quaeve propago,
Unde terra totis sit uberque roborque coronis.
Quod faciat lunis ut vitis abundet uvis,
Et plena e terris tondentur ut horrea calamis,
Arbor ut in glacie nigris pubescat olivis.
Germinibus quis det varii incrementa vigoris,
Mollibus & truncos pallorum promat in umbris.
Omnia nosse homini quae sint miracula rerum,
Ut Dominum liceat per cuncta agnoscere verum;
Qui lucem, maria, & caelum, terrasque paravit,
Ornavitque novum variato sidere mundum;
Et pecudes primum, & volucres, procedere jussit,
Et dedit aequoreas complere piscibus undas,
Et fecundas animalibus cogit arenas.
Talia compositis dederunt carmina Musae,
Atque salutares reparanti fontibus undas,
Et laetam placidis undantem nobilibus imbrem,
Inque animas hominum peritas, utroque sacratum,
Excipiat plenis in medio novalia rivis.
Nunc age, sacratam vivamque attingere lympham,
Et celerem vitam amissam reparare per undas
Si velit, aeternas & poenas evadere flammas,
Ignarusque Dei, veteresque inscius aevi,

Et pariter veterum supplicii generale vitam,
Hunc unum aeternalem Deum, solumque precantem,
Qui rerum in libro posuit sub lumine cunctum,
Aeternumque manens, semperque futurus in aevum,
Secula cuncta tenens, ante omnia secula solus
Ingenitus, sine fine Deus, solusque supernas
Sedes habitans, solus caelos superemicat altos,
Omnipotens solus, cui parent omnia rerum;
Qui sibi complacitum hominem formavit in aevum,
Pastorem pecudum, & dominum dedit esse ferarum;
Qui sermone uno potuit protendere caelum,
Et solidam verbo potuit suspendere terram,
Et dicto cinxit disjunctas aequoris undas,
Ac manibus caram dignatus fingere formam,
Atque suam voluit faciem quoque inesse decoram,
Spiritumque afflavit vivendi viribus auram.
Imperavit ille Dei, temere committere tale
Non ultra monitum quidquam contingeret unum
Unde malum sciret pariter dignosceret aequum.
Protinus illicitum vetuit contingere pomum.
Quanta Deus homini permisit munera mundi!
En praedulce sui signavit pignus amoris!
Jusque dedit volucrum, pecorumque solumque domandum,
Utilia & cara tribuit mandata salutis.
Sub ditione dedit terras, animasque volantum,
Pennarumque genus, pecudum genus omne terrarum,
Et genus aequoreum, & deformia monstra natantum.
Sed quoniam primo transgressus crimine legem,
Jamjam primus homo Domini mandata reliquit;
Conjuge quae mala cuncta suasit, morte peribat,
Peccatique malum commisit femina primum,
Transgressaque suum decepit lege maritum,
Eva indocta dolo persuasit ligna leta,
Et sibi cum genere praestruxit funera toto,
Hinc ortus lacrimarum, mors hinc quasi semen in aevum
Spargitur; inde magis facinus percrebuit atrox,
Atque labor corruptum agitavit saevior orbem.
Callidus hoc zelo serpens illexit in ipso,
Inde magis populi accessere cacumina malorum,
Atque nefanda mali peperere femina lethi.
Idcirco Dominus solus, cui summa potestas,
Et super alta tenens summi fastigia caeli,
Alium in praecelso habitans in saecula lumen;
Praescriusque memor, quoque praescius ante futuri,
Progeniem multi decretum servat in aevum;
Et conflat animas, cum corpore tarda gubernans,
Quae ratione movent hominem, per membra vagantes.
Ut primum pueri membrorum pondera cedunt,
Terrenisque levat resolutis nexibus ibunt,
Ac propriis capiunt diversis partibus oras.
Ast alias laeta revocant proxima aeris,
Servant prolixum decreta ad praemia legis,
Dum ossis iterum reviviscant corpora membris.
Illic occultis clauduntur poena tenebris.
Tunc hominum primae poenam prima viro
Incipiunt, admonitque suam culpamque pecatur,
Et poenis tristiora, procul de morte futura,
Judiciique Dei memores astare piorum.
Expectare suam furorumque ex crimine poenam;
Forsitan aut patrum sine nomine vivere visum,
Insaturamque Deo jura fordo saudere sortem.
An Deus omnipotens, cujus sub lege reguntur
Omnia, non valeat post mortem addere vitam?
Aut aliquid Dominus rerum non possit videre?
Si potuit tenebris pulsis extendere lumen,
Atque omnem vasto solido componere mundum,
Omnia de nihilo quoque vera potens potuit
Cur non et aliquod possit componere, nostrum,
Quae fuerat quondam, quam fecerat ante, figuram?
Assimilemque sibi jubeat resurgere formam!
Quoniam sunt cuncta Dei; reddit magis omnia tellus,
Jussa retenat enim quidquid consumserat olim.
Si quem forte rogis absolvit flamma sepultum,
Aut aliquem unco dispersit aequor in undis,
Si cujusque famo saciarunt viscera pisces,
Aut saevae fera crudelia funera membris,
Alitibus jacuit raptare corpore sanguis,
Ultima non Domino rapiunt sua munera sanguis,
Apparere Deo vivum de morte coactus est,
Reluorpsitque suis hominem assistere figuris.
A ida sic vacuis redduntur semina terris,
Et penitus suis putrescunt morum sulcis;
Nonne animatur & vivit mutata culmen aristis,
Atque iterum vivit dawexcum fertia granis,
Consurgitque nova vario cum tempore culmus!
Sidera cuncta cadunt, iterumque renata resurgunt
Et dies in denis moritur cum lumine noctis;
Occidit & jam nox rebus mox luce revectis;
Jamque suis alia atque alia dies surgit ab astris,
Solque cadit, splendorifero qui lumine clarus,
Lux perit umbrisno venienti vespere mundo;
Et renovata sua vivit fuligine Phoenix,
Et sua mox volucris (mirum) post busta resurgit.
Tempore nuda suis foliis quoque frondet arbor,
Paritremque iterum curvantur germine rami.
Ad vocem ergo Dei mundo per cuncta tremente,
Et motis penitus virtutibus aeris alti,
Tunc fragor insolitus, tunc maxima murmura caeli,
Adveniente Deo, totius radice mundi.
Protinus innumeri concurrunt ire ministri,
Convallantque Deum cum majestate supremi;
Angelica in terras descendent agmina caelo;
Omnes nuntii Dei, quibus est divina facultas,
Validos & farrea vicem spiritis acutos.
Igneus his vigor est, rutilantia corpora, caeli
Vis divina micat, hinc tuba intonuerat orbis.
Hinc trepidans penitus, vel quinta est, terra resurgit
Parturiens homines, quos reddere possit decrevit.
Omnes mirantur, turbantur denique, simul
Astraque mota parent, subita vertens ab alto.
Sic venientem Deo, sonitus cum voce parentis;
Omnia continuo rupta per regna sepulcris,
Omnis humus latis effundit lustrata ossa,
Viventesque patent populos erectus errans,
Harrent membra carnis, multaeremque ossa medullis,
Conseriique rigore spirantia corpora servi,
Et simul infuso moventur sanguine venae,
Diruissique cavis, animae redduntur apertis.
Organa quaeque sua tegmina surgentia parte.
Proh, miranda fides! hinc cernes pallidus ense,
Palluit antiquo marmoreum pulvere turbo;
Matres atque patres reperiens lace resurgere,
Magnanimi juvenes, parvi, innuptaeque puellae,
Defunctique suam animis viventibus adstant,
Infantemque genere reliquit vagitibus orbis.
Tam variae gentes veniunt de sedibus imis,
Eoumque manus, & quas videt ultima tellus,
Quaeque colunt medii diversa in climate mundi,
Rhipaeaeque tenent algentis sideris arces.
Omnis adest, gentes linguaque i colorum,
Rufusque, Aridus porro dudemuis regni,
Parque ipse robusta quaequelis in agmina dixit.

Alter

Altus ubique tremor, procidunt tunc ingemit orbis,
Tantorumque manus populi clamore stupescunt.
Ipse autem Dominus, sublimi lumine clarus,
Atque potens cunctis micat in virtutibus ignis,
Excelsoque throno caelesti sede coruscat;
Martyribus septus, numero candente virorum,
Dilectisque suis comitatus vertice celsus,
Clara quibus niveis affulgent corpore stolis.
Jamque sacerdotum nitidis in vestibus assistunt,
Gestantes rutilas longo fronte coronas;
Submissique omnes genibus venerantur adorant.
Hagie, hagie, sancte Deus: vox omnibus una est.
Hic Dominus geminam mandabit sistere plebem;
Imperat et justa numerum discernere pravos,
Appellans placidis verbis sua jussa sequentes,
Inductosque, piosque, devicta morte, vigentes,
Semper lucis inextinctae habitare ad luminis auras;
Ire per antiquum semper florentis regni,
Promissas per opus, per saecula aeterna virentes,
Degere perpetuam praeclaro in corpore vitam.
Est locus Eoi, Domino dilectus in oris,
Lux ubi clara, micans, spiransque salubrior aura,
Aeternusque dies, atque immutabile tempus;
Est secreta Deo regio, ditissima campis,
Atque beata nimis, fixaque in cardine sedis.
Aer lucet ibi, semperque in luce serenus,
Lenis et aspirans vitalis flamine ventus.
Omnia fert secunda, solo praedives, tellus;
Florent in prato fragrantes, et purpura campis
Omnia praerutila micat non invida luce.
Flos almus leves suo fomite vestit aristas,
Roscidaque hic multo variantur semine rura,
Et roseis vices crispantur floribus arva.
Nescitur quibus usque locis felicior aura,
Quae melior specie, vel plus praecellat honore.
Talia fonigera nunquam mirantur in hortis
Lilia, nec rustici efflorent talia campi,
Nec sic nata rubent, mox ut rosa panditur aura,
Purpura nec Tyrio sic est lacinia rubore.
Gemma coloratis fulget speciosa lapillis:
Inde nitet prasinus, illinc carbunculus ardet,
Herbosaque viret purgamine luce smaragdus;
Hic et odoriferis nascuntur cinnama virgis,
Et spisso latum folio constringit amomum.
Et nemora alta tenent suavi tempore calorem,
Hic index ingenitum radiantis luminis aurum,
Viventesque gravant uberrima germina musti.
Provexit similes non illis India luces,
Non sic dextra levat in montem cacumina pinus,
Nec sic altissima est umbra compara cupressus;
Nec vernans multis floret cum tempore cedrus.
Hic abietum celso surgunt in vertice nigrae,
Aeternamque virent solo sine gramine silvae.
Nulla cadunt folia, et nullo sine tempore desit.
Hos quoque florent ibi rubros, quo purpura Tarsi,
Flos hic, candido, mulus est, rubor atque color acer in ipso,
Sic folia spectant prasini, sic spirat odoratis.
Arbor stat cum flore novo, pulcherrima pomis,
Vitalem et fragrans felicia robora densum.
Mella viridanti constringuntur pinguia canna,
Lac etiam plenis manant pendula rivis;
Vitam aspirat ibi quidquid pia terra virescit,
Et pulchre redolet semper medicabile Crocum.
Fons illic placidis levi fluit agmine campos,
Quattuor inde rigans partitus flumina terras.
Ver puro semper agit vultum floribus hortum,

Nec frigus variat hiemal sideris astrum,
Et reficit furtum meliori flumine terram.
Nox ibi nulla, suas defendunt astra tenebras;
Iraeque insidiaeque absunt, et dira cupido,
Exclusaeque omnes, pulsa de limine curae.
Hic malus exsistit dignus nullis in oris,
Nec veniens unquam datur huic contingere lucem:
Illic prisca fides electa in sede quiescit,
Justitiae gaudens aeterno in foedere vita,
Et secura salus placidis laetatur in arvis,
Semper victura, semperque in luce futura.
Hic quicumque pius, aequique bonique colentes,
Quique librum meruit sincera mente Tonantem,
Atque suos coluit sacra pietate parentes,
Et degit reliquam semper sine crimine vitam,
Aut inopem fidis opibus solatur amicum est,
Atque laboranti nimium succurrit egeno,
Pauperis adjutor, pupillorumque patronus,
Erant innocui, subvenit crimine pressis,
Hospitibus large tribuit sua pignora mensis;
Omnia divina gessit, pia munera jussit,
Non alteri nocuit, non unquam aliena cupivit,
Illi exultantes divinis laudibus ornant,
Hortantesque simul referunt ad sidera voces,
Psallentes Domino celebrant per gaudia grates,
Innocuamque vitam meritis comitantibus degunt.
Haec postquam Dominus felicia dona peregit,
Et pariter justos aeterna in regna recepit;
Tum miseranda venit, loquens sua crimina turba,
Effundit gemitus lacrimis urentibus omnes,
Et sua testantur crebris ululatibus acta.
Flammas pro meritis, stagnantia tela tremiscunt.
Corripit angelicus coetus, prohibetque precari,
Et prohibent serus clamando fundere voces;
Subdita vincla feruntur, jaciuntur in imum.
O miseri, quantis mansisse cognita vobis?
Audistis sonitum, vidistis fulgura caeli,
Allisas pluvias, ventorum et grandinis iras
Experti; quamvis mortalesque diesque sereni
Tempora sanandum pulchris dies omnia donis,
Vernabantque rura, frugem nec defuit aestas,
Autumnum variis fundebat mitibus poma,
Aspera hiems quamvis glacialis frigore obstet;
Cuncta Deus tribuit, tamen haec defuit ara.
Terra Deum tremuit, pontus de voce pavescit,
Et devium saeva trepidus refugit amnis;
Et genitum Deum quaerit per cuncta fuerunt;
Vos miseri Dominum caeli terraeque negastis,
Praeconesque Dei (horrendum) saepe fugastis,
Et justos potius crudeli caede mactastis,
Et fratrem in vultu post crimen semper inhustis.
Ergo sententiae fructum capientis iniquae.
Noscitis esse, Deumque tamen ridere solitis;
Ibitis in tenebras igni et sulphuris atras,
Passuri ardentes justos cruciatibus iras;
Aeternum Deus esse putant descendere poenas,
Ire sub ardorem rabidae love duo gehennae.
Urgeri audiam per stagna tartarea flammae,
In flammarumque globos converti elementa minantes,
Atque omnem caeli descendere nubibus ignem.
Tunc avidus rapidis sub victoribus tartarus ignis,
Atque procellosis flamma inter fluctibus undis,
Totaque versatur confundit terra favillas.
Flammeus est latex, donec unitur arcai,
Omnibus et torrens armabitur ignibus unda.
Impetu carcereo frendent incendia mundo,

Illa

Illic praecipiti cursu torrentur in aestu,
Hinc fugiunt, illinc cursu referuntur acuto;
Obvia sic saeva flammas fugientibus ira,
Agnoscuntque suam jam tum de crimine poenam.
Jamque vaga a coelo tellus perfecta colore
Aequore extremo pressa & sub fine profundo,
Qua sol occiduo radio disterminat orbem,
Et qua translucida conduxerat sidera mundus;
Aether glisit, atris obstrusa luce tenebris,
Ultima tartareis flagrant fumantia terris.
Est natura loci signantis ignea poenas,
Infernique palus candens ardoribus atrox.
Intonat horrificis facinus pavale catenis,
Aestuat, & rapitur late de vortice flamma,
In tormenta reos, fluctuque & gurgite saevo,
Turbida commoto fluctu miscetur arena.
Huc captiva gemens mittetur turba malorum,
Aeternumque odiis, scelerati corporis agmen.
Magnus plangor ibi, luctus sociante boatu,
Et stridor rabidus, ululatus & inde dolentum.
Evergunt flammaeque procul, artusque fatiscunt,
Ignis inardescit, gemitusque feruntur ad auras.
Tunc humana mali prodet commissa propago,
Inspicietque suas ad caelum tendere palmas,
Et Dominum tunc nosse volet, quem nosse nolebat
Antea non, quum nosse illis foret utile tempus;
Illic quisque suae profitebitur abdita vitae,
Injustasque manus, & saeva crimina mortis,
Horribilesque suae quae noverit impia vitae.
Jam primum quicumque Deum male spreverit amens,
Et vaga monstra coluisset numina fana,
Atque cruentiferis signis sacraverit aras,
Et picturatas timuit sine voce figuras,
Ac falsi terrens venerans numinis umbras,
Et quicumque malus sederit primus errore:
Si quis adulter erat, & pacem caede mutarat,
Si raptor grassatus erat, si fraude clientem
Distulerat, si morte patrem variante amicus;
Sive suas hominum macularat sanguine palmas,
Miscueratve letifera & morte venenum;
Aut si vestitum scelerato pastore fuco,
Saevo malo alienas, torve & gaudebat iniquo;
Admisit quicumque odiis quaecumque malorum;
Ingens ardor eum, atque ignis torquebit amarus,
Suppliciumque dabunt peracto funere cuncti.
Plurima sic hominum moerentum turba jacebit.
Haec quoties olim sancti cecinere Prophetae,
Flatu & saepe Dei moniti dixere futura;
Nemo suas (miserum) omnino aures praebuit aequas.
Sed Deus omnipotens voluit sua praemia dulci,
Atque etiam gestis per plurima talia legis.
Mittendo flavit plures, & verba sonantes
Divinas; excitatque jubet prodire sepulcris
Secum, quum fracto surrexerat ipse sepulcro.
Obstupuere quidem plures, patuisse sepulcra,
Et certi in clara prementes corpora luce;
Miratique pios sermones, dulcia dicta,
Ipsa voce suas tendens ad sidera palmas,
Gratanturque Deo, & victori talia Christo.
Illos non tumulos certum est repetisse silentes.
Amplius aut terrae retinent viscera clausos;
Reliquias sed recubat atrox turba cubilibus ignis,
Ille dies donec, completo tempore, magnus
Adveniat. cuncti Dominum jam agnoscite verum,
Qui solus facit hanc animam sua currere luce,
Exanimemque premit in tartara lubrica poena,

Et cui cuncta parent vitae mortisque potestas.
Posse Deum, non velle sui est, factumque loquendo
Implet, & dictando plane nihil impedit illum.
Ille manet solus, cui credo fontibus ignis.
At quoniam huic cursus concluditur omnis,
Quicumque hodie, secum putat omnia morte;
Atque ubi dum vita manet, dum currere lucem,
Dum vitam mereri licet; quam terminat aevi
Obruat incertus, & nescia lumina solvat
Ultimus ille dies, mortis quia lege tenetur;
Quod precium superest, cura invigilare saluti,
Et facilem corrigere bonam decurrite cursum.
Abstergete piis commissa piacula sacris,
Atque vagas nimium mundi vitare procellas;
Tum rectas & adire vias, & sancta tenere.
Hinc laetis animis pravum depellite crimen,
Et cunctas dio prolatas pectore culpas;
Commissasque mali labem abolete refusas,
Aeternumque Deum precibus placate tremendum.
Pessima cuncta bonis cedant mortalia vivis,
Et servare novam semper sine crimine vitam,
Incipiamque bonis verisque assuescere mentem,
Laudibus & faciles divinas reddere voces.
Sic meliora piis flagrabunt omnia votis,
Sic quoque coelestis capietis munera vitae,
Cumque Deo longum semper vivetis in aevum,
Aurea siderei censentes gaudia regni.

SENATORI APOSTATAE.

ARGUMENTUM.

Senatorem graviter increpat, quod cum Christianus & Consul, Isidis seu Matris Deum sacerdos fieri non sit veritus; hortatur itaque ut saltem in senectute resipiscat. Porro quum etiam hic quidam sint Tertulliani, ego illi adscribere malui quam S. Cypriano.

Quum te diversis iterum vanisque videtur
Intervire sacris, pulsumque errore teneri;
Obloqui sane quoniam; quia carmina semper amasti,
Carmine respondens, properavi scribere versus;
Ut te corriperem, tenebras praeponere luci.
Quis patiatur enim, te Matrem credere magnam
Posse Deam dici, rursusque putare colendam,
Cujus cultores infamia turpis inurit?
Namque sacerdotes tunicis muliebribus illam
Interius rigidam cultro incidere fatentur;
Idque licere putant, quod non licet; unde per urbem
Leviter incedunt, mollita voce loquuntur,
Laxatosque tenent extento pollice lumbos,
Et proprium mutant vulgato crimine sexum.
Cumque suam celebrant ritus, his esse diebus
Se castos memorant; at si tantummodo tunc sunt,
Ut perhibent, casti; reliquo jam tempore quid sunt?
Sed quia contigerit saltem semel esse pudici,
Mente fremunt, lacerant corpus, sanguineque cruentum.
Quale sacrum est vero, quod fertur nomine sanguis?
Nunc etiam dicis, quod te non feceris aram,
Sed tua religio calvam, caliganque remota
Gallica, sic pedibus molli redimita papyro.
Res miranda satis dejectaque culmine summo,
Si quis ab Isiaco Consul procedat in urbem,
Risus erit cunctis; quis te non rideat ante,

Qui

Qui fueris Consul, nunc Isidis esse ministrum?
Quodque pudet primo, te non pudet esse secundo;
Ingratumque tuum turpes clamare per hymnos
Respondente tibi vulgo & lacerante senatu.
Teque domo propria pictum cum fascibus ante,
Nunc quoque cum sistro faciem portare caninam.
Haec non humilitas, sed humilitatis imago est.
Aedibus illis tuis semper mansura manebunt.
Rumor & ad nostras pervenit publicus aures,
Te dixisse: Deus erravi, ignosce, redivi.
Dic mihi si valeas, quem talia saepe rogares,
Et veniam peteres; quae tamen venia lucre est?
Vere errans errat, sequens quae numen caret.
Hac iterum reperis, nec te dubitasse lateris.
Quid mutare vides; animum esses forte mutatum,
Si tantum haec scires, & in haec errore maneres.
At quum veracis penetraveris ostia legis,
Et tibi notus deum parvis accreverit annis;
Cur linquenda tenes, aut cur retinenda relinquis?
Nosque colis, dum cuncta colis; nec cernis inanes
Vera quid a falsis, quid ab umbris lumina distent.
Philosophum fingis, quem te sententia mutet;
Nam tibi si stomachum popularis moverit aura;
Et Judaeus eris, totusque incertus haberis,
Indulges dictis, superantia non placet ulla;
Omne quod est nimium, contra cadit; nimia operantur
Et calor & frigus; sic hoc, sic illud adurit;
Sic tenebrae visum, sic sol contrarius aufert;
Et pariter laedunt gelidum ferventque lavacrum;
Esca aliter corpus, corpus contemperat esca;
Vinumque sanum minuit, si quid protenditur ultra.
Denique si sedeas, requies est magna laboris;
Si multum sedeas, labor est. Miro namque Poeta
Pro poena posuit: Sedet, aeternumque sedebit
Infelix Theseus; semper nocet utile longum;
Prandia longa nocent, jejunia longa fatigant;
Sic nimium sapere stultum facit in proba lecta.
Me dea sic docuit, moderatum utile, dixit.
Sed tu nec festum modo, nec moderamina curas;
Mens autem stabilis nullo pervertitur aestu,
Ipsaque simplicitas nunquam mala cogitat ulla.
Hinc sincera fides aeterna sede fruetur;
Et contra dolus longo cruciabitur igni.
Elige quid velis, ut digna pericula vites.
Sic tamen brevi veniam meruisse credatur inquam;
Ut leve crimen erit, si nolis noscere vera;
Non leve crimen erit, si cognita vera relinquas.
Sed te correctum fortasse matura senectus
In melius revocet ferierum erroribus illis;
Tempora enim mutant mala, digniti omnia tempus.
Tunc igitur cum te confusa reduxerit aetas,
Disce Deo servare fidem, ne forte bis unum
Incurras lapsum; quia vere dicitur illud:
Qui pedis offensi lapidem vitare secundo
Nescit, & ingratus iterum vexaverit artus;
Imperet ipse sibi, nec cuiquam imperet ulli.
Corrige delictum falsum, corrige mentem.
Sufficit peccare semel, desiste vereri;
Non erit in culpa, quem poenitet ante fuisse.

CARMEN DE JONA, ET NINIVE.

Post Sodomum & Gomorrum viventia funera in aevum,
Et cinerum finis signata incendia poena,
Et frustra felis oculis pascentia poma,
Et pariter fictis morientem maris, & salis illic
Si quid homo est poenam mutato corpore servans;
Pene alienigenas superi documenta laboris,
Urbs aequi pestiqua * ferrum transgressa Ninive.
Nam quis subversi mundi metus? omnia vulgo
Peccantum documenta vacant, ubi perfidus error.
At bonus & mitis patiens, & plectere serus
Omnipotens dominus nullam mutabitur iram,
Ni prius admoneat, durataque pectora pulset
Praesagus agitet angusta morte, prophetam
Namque Ninivitarum meritis mandaret Ionam
Praefari exitium Dominus, sed conscius ille,
Parcere subjectis, & debita cedere poena
Supplicibus, facilemque tonat, cessabat abire,
Ne vanum caneret, cessura pace minarum.
Mox fuga consilium, si qua est tamen ista facultas
Evitare Deum, dominique evadere dextram,
Qua fulmet totus trepidans comprehenditur orbis.
At verum est quod agit fracto de corde prophetam.
  Litoris in Libici parte celeberrima sede
Urbs, ea est Cilicum, quam Iberiter loquere.
Inde igitur Tharsos properans iste iondit Ionas.
Ejusdem fert ista Deus, nec denique mirum,
Si dominum in terris fugiens, invenis in undis.
Parvula cum subito maculaverat aera nubes,
Vellere sulfureo de fronte concisa ventum,
Pallidaque globus pariter cum Sole cucurris,
Decrementque diem caliginis agmine clausa.
Fit spectatum caeli pelagus, niger ambitus undas
Inficit, & in tenebras ruit aether, & mare surgit.
Nequidquam medios fluctus dum nubila jungunt,
Gloria ventorum quae omnem turbine miscet.
Diversus furor in profugum bundabat Ionam.
Una ruris certamen erat, caeloque, freroque,
Tunditur hinc illinc, tremit omnis silva sub ictu
Fluctifrago, latere concussa est spina carinae.
Palpitat antemna stridens, labor horret ab alto,
Ipsa etiam infringi dubitans inflectitur arbor.
Nautica lacrymis geminat clamor omnia tentat,
Pro rate proque anima, spiras mandare moientes
Ordaquenare michram, clavemque stringere nisus,
Vel reluctantes impellere pectore gyros:
Pars maris lucrandi poenam gravescere victissim.
Egregias rapiunt tunc merces, atque enim omnes
Praecipitant, certantque pericula vincere damnis.
Sunt miserae voces ad singula fragmina Petri,
Expandantque manus aethereum ad lumina Divum,
Quem maris & caeli vis extitisset, haud minus illos
Puppibus obtrusos ipsa turbine mergeret.
  Nescius haec retro ipse cavo sub fornice puppis
Stertentem inflata resonabat nare soporem,
Jam tunc in somno dextra formando figuram.
Hunc semel excusso qui cogit crimina poena,
Pace soporatum placide, requiete soporatum
Institit tempestas, quid, ait, distenditur in isto
Somnia te * capit, teneraque in turbine portam
Solus habes? non unde oporte, spes unica divum est,
Tu quoque, quisquis tibi Deus est, dic vota precesque.
Ede quis culpa propria, quis causa pericli
Discere forte placet, nec sors mentitur Ionam.
Tunc rogitant, quis, & unde hominum, quis denique terrae,
Quo populo, quae tanta clades? tamen ille fatetur
Prosilientem subitoque Dei, qui fastidit aeram,
Qui terram posuit, qui totum corpore sustinet.
Ipsius sese profugum, causasque revelat.

Dirigere mors. quid nos igitur tibi culpa, *
Quid fore nunc, quonam placabimus aequora facto?
Namque magis magisque magis freta saeva tumescunt.
En ego tempestas, ego tota infamia mundi,
In me, inquit, vobis saevit reis, & mare surgit.
In me terra procul, mors proxima, nulla Dei spes.
Quin date praecipitem caesum, aequorque levantes,
Unum onus hoc magnum pelago jactate volentes.
Ast illi frustra nituntur vertere carinam
In reditum, nec clavus enim torquere lembum,
Dura nec adversos conari libra volebat.
Postremo ad dominum, Ne nos in mortis horrorem
Unam animam propter deferri, ne sanguinem justi
Respersisse velis, si sic tua dextera ducit.
Jamque illic immo exoriens de gurgite cetus
Squamosum e conchis evolvere corporis agmen,
Urgebat proprias concusso marmore fluctus,
Sponte sua praedam capiens, quam puppe ab alta
Provolventem limosis faucibus hausti,
Viventemque dapem longam percepit in alvum,
Cumque viro, cali rabiem, pelagique voravit.
Sternitur aequoris unda, resolvitur aetheris umbra.
Hinc fletus, illinc fletus redduntur amici,
Securamque viam placida signante carina,
Candida caeruleo florent vestigia sulco.
Nautae tunc Domino laeti venerando timorem
Sacrificant grates. * * * * * * * *
Navigat & vates alia susceptus Jonas
Navigio, fluitansque latet sub fluctibus imis,
Viscera vehentem, anima inspirata ferinae,
Conclusus, neque tinctus aquis, maris intimus exter *
Inter squamosas classes, resolutaque corpora putri *
Ingressu, sua jam velut * funera dolens.
In signum sed enim domini quandoque futurum,
Non erat exitio, sed cæli gloria factus.

COMMODIANI AFRI

LIBER ADVERSUS PAGANOS,

SIVE INSTRUCTIONES PER LITTERAS VERSUUM PRIMAS.

I.

PRÆFATIO.

PRæfatio nostra viam erranti demonstrat,
Respectumque bonum; cum venerit sæculi meta;
Æternum fieri, quod discredunt inscia corda.
Ego similiter erravi tempore multo,
Fana prosequendo, parentibus insciis ipsis.
Abstuli me tandem inde, legendo de Lege.
Testificor Dominum, doleo, pro civica turba!
Inscia quod perdit, pergens Deos quaerere vanos.
Ob ea perdoctus ignaros instruo verum.

II.

INDIGNATIO DEI.

IN Lege praecepit Dominus Cæli, terrae, marisque.
Nolite, inquit, adorare Deos inanes,
De manibus vestris factos ex ligno, vel auro;
Indignatio mea ne Vos disperdat ob ista.
Gens ante Mosen nulla, sine lege creata,
Nesciensque Deum, aberrantes Deos orabant,
Ad quorum effigies faciebant idola vana,
Translatis Judaeis Dominus de Ægypto,
Imposuit legem praedictam, & ille praecepit
Omnipotens, sibi soli deservire, non illis.
De Resurrectione quoque docuit in ipsa,
Et ipse, formatum rursum in aevo vivendi,
Idola si vana relinquamus, neque colamus.

III.

CULTURA DÆMONUM.

CUm Deus omnipotens exornaret Mundi naturam,
Visitari voluit Terram ab Angelis istam,
Legitima cujus spreverunt illi dimissi:
Tanta fuit forma feminarum, quae flecteret illos,
Ut coinquinati non possent Cælo redire.
Rebelles ex illo contra Deum verba misere.
Altissimus inde sententiam misit in illos.
De semine quorum Gigantes nati feruntur,
Ab ipsis in terra artes prolatae fuerunt,
Et tingere lanas docuerunt, & quaecunque geruntur.
Mortales & illis mortuis simulacra ponebant.
Omnipotens autem, quod essent de semine pravo,
Non censuit illos recipi defunctos e morte.
Unde modo vagi subvertunt corpora multa:
Maxime quos hodie colitis Deos, & oratis.

IV.

SATURNUS.

SAturnusque senex, si Deus, quando senescit?
Aut si Deus erat, cur natos ille vorabat
Terrenus actus? sed quia Deus non erat ille,
Viscera natorum rabie inflammata fumebat.
Rex fuit in Terris, in monte natus Olympo;
Nec divinus erat, sed Deum se dicebat.
Vorat inops animi, lapidem pro Filio sorpsit.
Sic Deus evasit, dicitur modo Jupiter ille.

V.

V.

JUPITER.

JUpiter hic natus in insula Creta Saturno,
Ut fuit adultus, Patrem de regno privavit.
Proinde nobilium uxores, sororesque delusit.
Præterea sceptra fecerat faber illi Pyracmon.
Initio cælum, terram Deus, & mare fecit.
Terribilis autem ille, medio tempore natus,
Ex antro processit juvenis, furtimque nutritus.
Respice, quod rerum auctor est Deus, non Jovis ille.

VI.

DE FULMINE IPSIUS JOVIS.

DIcitis, o stulti: Jovis tonat, fulminat ipse.
Et si parvulitas sic fuerit, cur ante docentis
Fuistis infantes, numquid & semper eritis?
Versa in maturum infantia non capit ævum.
Lusus, puerilis ætas cessit, sic & corda recedant.
Moribus virilibus consilia vestra debentur.
Infantem ergo Jovem contremere tu credis?
Natus hic in terris lacte caprino nutritur.
Ergo si illum devorasset Saturnus,
In istis temporibus quis plueret, illo defuncto?
Præsertim si mortali patre Deus natus credatur.
Saturnus in terris senuit, & defecit in ipsis.
Illum nemo aliquis prophetavit nasci:
Vel si tonat ipse, lex ab illo lata fuisset.
Seducunt historiæ per Vates confictæ.
Ille autem in Creta regnavit, & ibi defecit.
Omnipotens vobis factus Alcmenæ amator;
Vivus ipse modo similiter amaret, si viveret ille.
Impurum oratis, & dicitis esse cælestem.
Semine mortali natum de Gigantibus illis.
Auditis, & legitis natum in terra fuisse;
Unde bene meruit corruptor ascendere cælum?
Dicitur & fulmen Cyclopas illi fecisse,
Immortalis enim habuit a mortalibus arma.
Tot rerum criminibus, parricidam quoque fuisse,
Ex auctoritate vestra convolvistis in astra.

VII.

DE SEPTIZONIO, ET STELLIS.

DE circulo zonæ stellis vos imperitia vestra,
Et utique forte Iovem experitis orandum.
Saturnus fertur ibi, sed stella; nam ille
Expulsus a Iove, aut Iovis in stella credatur:
Post qui sidera tractavit, fallitur error.
Trojanis qui bellum fecit, Venerem alumnam amavit,
Ipsis sideribus aut Mars cum ipsa deprehensus
Zelo maritali; Deus nominatur adulter.
O nimium stulti, qui putatis Majas ab astris
Nascentes capere, aut totam mundi naturam.
In voluntate positi, ut ipsi sub fata vivemus,
Obscuri, curti si, bellatores, impie vitæ;
Et hinc totidem mortales illi fecere;
Terribiles omnes, stulti, septizonio fortes.
Si stellas colitis, colite & his sena sigilla;
Tum Arietem, Taurum, Geminos, [illegible] Leonem.
Et denique vadunt in piscibus, atque premitis.
Lex sine Lege fuga vestra, quod vult esse valebit.
Lasciva vult esse, sine freno vivere quæris.
Ipsi quod vultis eritis, & Deus, & Deus oratis.
Sic ego colui, dum erravi, quod modo culpo.

VIII.

DE SOLE, ET LUNA.

DE Sole, & Luna, licet sint præsentanea nobis,
Erratis, quod ego prior, putatis oranda.
Sunt quidem in astris, sed non sua sponte currunt.
Omnipotens illos cum conderet omnia primum
Locavit ibidem cum stellis quarta dierum.
Errorem antiquum quia cum . . . .
Et quidem in lege jussit ne quis illos adoret.
Tot Deos oratis, qui nihil de vita promittunt.
Lex quorum in terra non est, nec ipsi prædicti.
Vos autem seducunt sacerdotes pauci,
Nominis quid dicam aliquid monitori prædicti.
Accedite, legite, & discite verum.

IX.

MERCURIUS.

MErcurius vester sit cum sarcinulis depictus,
Et galeam, aut pileum pinnatum, & cetera eadem.
Rem video miram, Deum cum saccello volare.
Currite pauperculi cum gremio, quo volat ille,
Ut sacculum effundat, vos ex tunc esse parati,
Respicite pictum, quoniam vobis sic ab alto
Jactabit nummos, vos tunc laetare securi.
Vane non insanitis? colere Deus pictus in ara?
Si vivere nescis, cum bestiis perge morari.

X.

NEPTUNUS.

NEptunum facitis Deum ex Saturno procreatum;
Et tridentem gerit, ut pisces infigere possit.
Patet esse Deum cumatilem illo parare.
Trojanis non ipse cum Apolline muros [illegible]?
Unde Deus factus iste cæmentarius ille?
Non Cyclopum generis monstrum, non Majus & ipse
Vivere non poterat de suo, quod structura gerebat.
Sic genuit generatum, qui fuit jam mortuus olim.

XI.

APOLLO SORTILEGUS FALSUS.

APollinem facitis citharœdum, atque divinum.
Primum de Maja natus in insula Delo,
Oblata mercede postmodum structor, ab iisdem
Laomedonti Regi Trojanorum muros ædificavit.
Locavitque sese, quem Deum fidelem putatis:
Offibus cujus amor Cassandræ flagravit,
Sæculi quam loquitur virgo, fallitque divinus.
Officio vervecis pavit tetra bicardem,
Repudiatus enim discessit inde divinus.
Terruit hanc virgo spreta, quam ille deberet.
Illa prior, quæ debuerat Deum amavisse,
Lascivum, qui Daphnem sic cœpit amare:
Ut tamen insequitur, dum vult violare puellam,
Gratis amat stultum, nec potuit consequi cursu.

Vel, si Deus erat, occurreret illi per auras.
Sub magistro illo prius venit, remansitque divinus.
Fallit vos genus hominum, nam visu tristi fuerunt.
Admeti quoque pecora pavisse referunt.
Lusibus impositis dum mitteret discum in altum,
Sub ipsum eum potuit retinere, prostravit amicum;
Ubi tunc ille deus fuit Hyacinthi funesto.
Si divinus erat, mortem praecidisset amici.

XII.

LIBER PATER, BACCHUS.

Liberum patrem certe bis genitum dicitis ipsi.
In India natus ex Jove, Proserpina primum.
Belligerans contra Titanas profuso cruore
Expiravit enim sicut ex mortalibus unus:
Rursus facto suo redditus in altero ventre.
Percipit hoc Semele iterum Jovis altera Maia,
Abscissa cujus utero, prope partum defunctis,
Tollitur, & datur Niso nutriendus alumnus.
Et eo bis natus Dionysus ille vocatur,
Religio cujus in vacuo falsa curatur.
Bacchantur & illi, qualia tunc ipsi viderunt
Aut participes Mimallonumque furorem,
Conspirant in malo, probatum ficto furore,
Corrumpunt et falluntur, dicturos numen adesse.
Hinc manifeste vides hominem simile viventem,
Vino permixti primus quod expresserat ille,
Sub judicio suo honorem illi dederunt.

XIII.

INVICTUS.

Invictus de petra natus, si Deus habetur,
Nunc ergo retro vos de istis date priorem.
Vicit petra Deum, quaerendus est petrae creator.
Insuper & furem adhuc depingitis esse;
Cum si Deus esset utique, non furto vivebat.
Terrenus utique fuit, & monstruosa natura.
Vertebatque boves alienas semper in antris,
Sicut & Cacus, Vulcani filius ille.

XIV.

SILVANUS.

Silvanus unde Deus iterum apparuit esse?
Inde fors placet, eo quod luco fistula cantat,
Languirer quondam lignorum, nam forte non esset.
Venalem existit domorum cum amplexis illi.
Aspice, deficit lignum; quid illi debetur?
Non te pudet stulte talem adorare sub ilicibus?
Unum quaere Deum, qui post mortem vivere dat.
Secede ab istis, qui sunt Plutonaei facti.

XV.

HERCULES.

Herculem, quod monstrum Aventini montis elisit,
Evandri, qui solitus erat armenta furari,
Rustica gens hominum judicio quoque pro laude
Cum gratias agere vellent, abstulit Tonanti
Voverunt hostiam turpi, ut Deo omnino,
Lascivus erat, in memoriam sibi fecerunt.
Et eo pervenit de vetusto more colatur.
Sed Deus hic non est, licet fuit fortis in armis.

XVI.

DE DIIS, DEABUSQUE.

Dicitis esse Deos, qui sunt manifeste creati,
Et dicitis fata generis adscribere vobis.
Dicite nunc ergo, quibus primum facta fuerunt.
Inter utrimque vos nunc invenietis vagantes.
Si tribuunt fata genesis, cur Deos oratis?
Decipitis vanos, qui nunc quaeritis orare,
Et qui fabricantur, dominos sibi nunquam esse,
Aut feminas quoque facitis quas, Deas oratis,
Bellonam, & Nemesim Deam, Furiam non celebrem,
Virginem, & Venerem, cui conjuges vestra delectabant.
Sunt alia praeterea Daemonia fanis,
Quae nec numerantur alibi, & in collo feruntur,
Ut nec ipsi sibi possint rationem reddere, prius
Exportari magis in ultimas terras deberent.

XVII.

DE SIMULACRIS EORUM.

Delusos vos pueri scitoti vates inanes,
Extricare suam dum quaerunt vitam.
Subornant alios esse sub mysterio falsum.
Inde simulacro concuti numine quodam
Majestatemque canunt, & sub figura fulgent,
Vidistis saepe Dindymarios, quasi fragore
Laceros terrent, dum furiis fingere quaerunt,
Aut cum dextra sua allidunt sparsa bipenne.
Cum doctrina sua servans, quasi cruore fatentur.
Respicite, quae non illos omnino cognant,
Ipsis, qui se primum composuerunt, integra mente.
Sed superas et tollunt lagencula nulla quaerunt.
Et eo videte, quoniam sunt omnia ficta.
Obumbratum populum simplicem, perituri ei credunt.
Res semel in vano de vetustate processit,
Et vaticinanti creduntur proferunt falsa.
Majestas autem illorum nulla latens est.

XVIII.

DE AMMUDATE, ET DEO MAGNO.

Diximus jam multa de superstitione nefanda,
Et tamen exequimur, ne quid praeterisse dicamur.
Ammudatemque suam cultores more colebant,
Magnum erat illis, quando fuit aurum in aede.
Mittebant capita sub numine quasi praesenti.
Ventum est ad summum, ut Caesar tolleret aurum,
Deficit Numen, aut fugit, aut transit in ignem.
Auctor hujus sceleris constat, qui formabat eundem.
Tot viros, & magnos seduxit falso prophetans;
Et modo reticuit, qui solebat esse divinus.
Erumpebant enim voces, quasi mente mutata,
Tamquam illi Deus ligno loqueretur in auram.
Dicite nunc ipsi, si non sint nomina falsa.
Et eo prodigio quod perdidit ille propheta!
Obstrictus est iste prophetare qui ante solebat.
Monstra adeo ista ficta sunt per vaticinantes;
Audacia quorum damnabilis omnino fugit.

Gesta-

Gestabant enim, et erat tale sigillum:
Nam & ipsa scit, nec alios de illo prophetas
Omnino, sed vos ipsos perdere valitis.

XIX.

NEMESIACIS VANIS.

NOn ignominiosum est virum fatuari prudentem,
Et colere talem, aut Dianam dicere lignum:
Mane ebrio credo, periture credidit vino,
Et arte, qui sese loquitur quid illi videtur;
Severe dum agit, sibi viscera pascit.
Improbat cives unus detestabilis omnes,
Applicuit sibi similli collegio facto,
Cum quibus historiam fingit, ut Deum adorent.
Ipse sibi nescit divinare, ceteris audet.
Succolat quando libet eam, & quando deponit.
Vertitur a se rotans cum ligno bifurci,
Ac si putas illum afflatum numinis ligni;
Non Deum vos colitis, quem ipsi falso prophetant;
Ipsos Sacerdotes colitis, in vano timentes.
Sed si cordis viges, fuge jam sacraria mortis.

XX.

TITANES.

TItanes vobis Terrenos dicitis esse,
Immites, tacitos sub culmine vestro rogatis.
Tot lares, aediculas, simulacra ficta Titani.
Adoratis enim stulti malo leto defunctos.
Non legem ipsorum loquentes, nec ipsi loquuntur.
Et Deos audistis errantes dicere falsos.
Solvitis eos magis in vascula vobis.

XXI.

MONTESIANIS.

MOntesis Deos dicitis, dominantur in aere.
Obscurari malo, aliena nocere juvantes.
Nam si putas animam, & manes inferos manere,
Tu tibi de illis ipsi disputare deberes.
Excordaris homo, si putas ut ipsi te salvent.
Seu rogant, seu minantur, si quid tu sani requiris,
Justitiam legis quaere magis; illa salutis
Auxilium portat, & fieri dicit aeternum.
Nam quod in vanis sequeris, per tempora gaudes.
In brevi laetaris, & postmodum plangis in imis.
Subtrahe te illis, si vis resurgere cum Christo.

XXII.

HEBETUDO SECULI.

HEu doleo, cives, sic vos hebetari de Mundo.
Excurrit alius ad sortes, aves aspicit alter,
Balantum cruore fuso, manes inspicit alter,
Et cupit audire responsa vana credulus,
Tot duces, & Reges, ubi sunt consulti de vita,
Vel portenta sua scisse quid profuit illis?
Discite, quasi boni, cives, simulacra cavete.
Omnipotentis enim in Lege quaerite cuncti;
Sic ipsi complacuit Domino dominorum in altis,
Ad probationem nostram Daemones in mundo vagari.
Et tamen ex alia parte mandata praemisit,
Caelestes fieri, qui relinquunt aras eorum.
Unde non hoc tero disputare parvo libello,
Lex docet, in medio cum, consulite pro vobis.
In duas haesitastis vias, consulite vestram.

XXIII.

DE UBIQUE PARATIS.

DUm ventri servis, temperantem esse te dicis,
Et quasi communis facis te ubique paratum.
Vae tibi stulte homo, mortem circumspicies ipse.
Barbaro de more sine lege vivere quaeris;
Ipse tibi hymnificas etiam incipere de verbo,
Qui simplicem fingis: simpliciter vivo cum illo.
Vivere te credis, dum ventrem cupis implere.
Exiguum una in domo residere prave.
Paratus ad epulas, & resupinare praecepta.
Aut quia discredis Deum judicare defunctos,
Rectorem caeli facis te inepte pro illo.
Aspicis ad ventrem quasi tu sis provisor illi.
Te modo profanum, modo sanctum esse videris.
In supplicium prodis Dei, sub aspectu Tyranni.
Semitas in fatis, cujus modo lege juvaris.

XXIV.

INTER UTRUMQUE VIVENTIBUS.

INter utrumque putas dubie vivendo cavere,
Nudatus a lege, decrepitus luxu procedis.
Tot vana prospicis, quid quaeris inique!
Et quidquid egisti istuc remanere defunctus.
Respice te stulte: tum eras, & nunc videris.
Unde processisti, nescis, nec unde nutriris:
Tu Deum excelsum fugis tam vitae benignum,
Restaurentque tamen, qui te magis vivere vellet,
Vertis te in faciem, & dorsum Deo remittis,
Mergis te in tenebras, dum putas te in luce morari.
Quid in Synagoga decurris ad Pharisaeos,
Ut tibi misericors fiat, quem denegas ultro?
Exis inde foris, iterum tu fana requiris.
Vis inter utrumque vivere, sed inde peribis,
Insuper & dicis: Quis est, qui a morte redemit?
Ut credamus ei, quoniam illi poenae agentur,
Eja non sic, ut putas esse, maligne.
Nam illi prodest post funera, recte qui vixit.
Tu tamen mox moriens deceris in loco maligno;
In Christo credentes autem in loco benigno.
Blandiuntque quibus haeret amoenitas illa.
Vobis autem dubiis, in vos sine corpore poena,
Sufficiat in fumo mortis ardo clamare.

XXV.

QUI TIMENT, ET NON CREDUNT.

QUamdiu, stulte homo, Christum agnoscere non vis?
Vitas agrum pinguem, & sterili semina jactas.
In silva manere quaeris, ubi latro moratur.
Tu dicis: Et ego Dei sum, & foras oberras.
Ingredere jam nunc tecta invitatus in aulam.
Matura jam messis, tempus vindemiae paratum.
Ecce modo mora. quid? tu poenitet? inde
Nunc, si non bibis, collige: vindemia vina.

Tempus adest vitae credendi tempore mortis.
Est Dei lex prima fundamentorum posterae legis.
Te quidem signabat credituros in lege secunda,
Nec mine ex ipso, sed ex ipsa tibi potestas:
Obstupe jam fictus, jam te credere Christo.
Nam testamentorum verus de illo proclamat.
Credere enim opus est tantum in ipso defuncto
Resurgere posse, vivere tempore toto.
Ergo si quis es discredis esse futurum,
Dum modo vincatur reus in morte secunda,
Eventura canam paucis in isto libello,
Nam cognosci potest, ubi sit spes antiponenda.
Tamen vos adhortor quantocius credere Christo.

XXVI.

REPUGNANTIBUS ADVERSUS LEGEM CHRISTI DEI VIVI.

REspuis infelix bonum disciplinae caelestis,
Et ruis in mortem, dum vis sine freno vagari.
Perdunt te luxuria, & brevia gaudia mundi,
Unde sub Inferno cruciaberis tempore toto.
Gaudia sunt vana, quibus oblectaris inepte:
Non illa te reddunt hominem fuisse defunctum?
Anni te non possunt jam triginta reddere doctum?
Nescius si primum errasti, respice tandem.
Tu putas nunc vitam istic pertrahi laetam
Invariam inter? ibi sunt damna rerum,
Bella, vel infandae fraudes, cum sanguine furta,
Ulceribus corpus erumpit, gemituque, plorant,
Seu lues invadit; aut longo morbo teneris,
Aut natis orbaris, aut perdita conjuge defles.
Deseritur totum, bene tenet dignitates ab alto,
Viriis, pauperis, duplicitur curre si langues;
Et dicis vitam, ubi vivens vita mortalis.
Respice jam tandem hoc tempus irritum esse:
Sed in futuro tibi spes est sine dolo vivendi.
Vivere volebant utique parvuli rapti,
Sed vita privati juvenes senescere forma,
Lucificam diem, perfruique ipsa parabant:
Et tamen levitis ceperunt omnia mundo.
Genus & ego fui perverso more moratus,
Et vitam istius saeculi veram esse putabam,
Mortemque similiter sicut vos judicabam adesse,
Cum semel exisset animam periisse defunctam.
Haec autem sic non sunt, sed conditor orbis, & auctor
Requisivit enim fratrem a fratre peremptum.
Impie dic, inquit, ubinam frater? ille negavit.
Sanguis enim fratris ad me proclamavit in altum.
Torqueris video ubi nil similia parabas,
Ille autem vivit, & loca dextera tenet,
Deliciis fruitur, quas tu perdidisti, ardendo.
Et cum revocasti loculum, & ille progressus,
Immortalis erit, nam tu sub tartara plangis.
Vivit enim Deus, qui defunctos vivere facit.
Innocuisque bonis ut reddat praemia digna:
Vesanis autem, & impiis tartara saeva.
Incipe sentire judicia Dei, seducte.

XXVII.

STULTE, NON PERMORIERIS DEO.

STulte, non permoreris, nec mortuus effugis Altum.
Tu licet dispones nihil te sentire defunctum,
Vinceris insipiens, vivit Deus conditor orbis,
Legitima cujus clamant valere defunctos.
Tu autem dum praeceps sine Deo vivere quaeris,
Extinctum in furiis judicas, & fatale credis.
Non ita dispositum, ut tu putas, Deus aeternus,
Mobilitas est omnium de gestu priore.
Nunc nobis imperitum fecit receptacula mortis,
Post cinerem autem nostros videbimus illa:
Exurre, stulte, qui putas per somnia, ut eras sis;
Restauratum, Dominumque tuum ut posse fecisti.
Mors autem in vacuum non est, si corde tractatur.
Operationem noscas, nam fero sentiam illam.
Rector eras carnis; nam te carne caro tegebat.
Exemptus ab ista, recondiris illa, ut hersum:
Recte mortalis homo separatur a carne.
Idcirco non potuerunt oculi mortales aequari.
Sic habet abyssos auster de Dei secreto.
Da nunc ergo Deo fragilis dum moreris honorem:
Et crede, quod Christus vivum te de mortuo reddet,
Omnipotenti laudes in Ecclesia reddere debes.

XXVIII.

JUSTI RESURGUNT.

JUstitia, & bonitas, pax, & patientia vera
Vivere post fata faciunt, & cura de astris.
Subdola vero autem, mala, perfida, prava,
Tollit se in partes, & sera morte moratur.
Impie nunc audi, per malefacta lucraris,
Respice terrenos judices in corpore, qui nunc
Extorquent poenis diras aut ferro paratas
Supplicia meritis, aut longo carcere ferre.
Ultimo tu speras Deum irridere caelestem,
Resurrectionemque Patris, per quem sunt omnia facta?
Grassaris, insanis, detrectas nunc & Dei nomen;
Unde non effugies, poenas per facta quae ponet.
Nunc vale sis cantum, nec venias ignis in aestum.
Trade te jam Christo, ut te benefacta sequantur.

XXIX.

DIVITI INCREDULO MALO.

DIffidens dives nimium tua cuncta videndo
Insatiabiliter, quibus adhuc adhaerere quaeris.
Vivere post ista, dicis, non spero defunctum.
Ingrate summo Deo, qui sic Deum judicas esse,
Te qui deficiente provalis, deinde nutrivit.
Ipse prata tua gubernat, vineas ipse,
Ipse gregem pecorum, & quidquid possides ipse;
Nec istis attendis, aut te regis omnia sorte.
Caelum hoc, & terram, & maria salsa qui fecit,
Reddere decrevit nos ipsos in aureo saeclo.
Et tandem, si credis, vivitur in Dei secreto.
Disce Deum, stulte, qui vult te immortalem adesse,
Ut gratias illi referas in agone perenni.
Lex docet ipsum, sed quia vagari tu quaeris,
Omnia discredis, & inde in tartarum ibis.
Mox animam reddis, decernis quo te poenitet esse.
Adiuiter ibi poena spiritalis aeterna,
Longis sunt semper, nec permoveris in illa,
Omnipotentem Deum jam nunc ibi sero proclamans.

DIV-

XXX.

DIVITES HUMILES ESTOTE.

Dices, mortiare, hominem te ostendere conflis.
In medio populi quid te facis alterum esse?
Vadis, ubi nescis, & initium inde recedis.
Tempia tractas, cum ipso corpore suis
Tu semper divitias, nitriam te tollis in altum;
Et typhum ducis, nec respicis pauperes alios,
Subditos nunc vobis, nec parentes pascitis ipsos.
Heu miseri! fugiunt longius meditemur a vobis.
Vivis, & estimas. pauper superat clamor.
Mox fortis ageris, cum pereas ipse, Charybdis.
Indisciplinati sic vos divites estis.
Legem datis istis, non vobis paratis ipsam.
Erue te dives tantis malis, Deo perversus,
Subvenias utique tibi quod nunc operasti si forte.
Estote comes mitibus, dum tempus habetis,
Sicut oliva amat virens, sic ipsi possitis.
Terribilem legem malis, bonis aeque benignam
Observa nunc sterilis, laboret in prosperis esto;
Tollite corda fraudis divites, & similes pacis.
Et spectare coelum vultum. beneficiis? adsum.

XXXI.

JUDICIBUS.

Intuite dicta Salomonis, Judices omnes.
Uno verbo suo qualiter vos ille detractat.
Dona, quare & xenia corrumpunt judices: inde
Inde jus sequitur, datores semper amatis.
Cumque eris cassus, victoriam tollit iniquus.
Innocens sic ego sum, nec vos incasso possitis,
Blasphemium tollit Salomon quia aperte.
Vobis autem Deus est vester, & praemia jura.
Suggerit hoc Paulus Apostolus, non ego dupliro.

XXXII.

SIBI PLACENTIBUS.

Si locus, aut tempus fovet, aut persona provexit,
Judex esto moves, quid nunc extollevis inde?
Blasphemas imbecillis, de cujus praestantia vivis
In fragilitate tanta non respicis unquam.
Per gradus, & lucra avidus fortunam praesumis;
Lex tibi non ulla est, nec te in prosperitate dignoscis.
Auro licet crescentes, bacchans satica semper;
Cruciarium Domini si non adorasti, peristi.
Et locus, & tempus, & persona tibi donaret
Nunc, si tamen credis: sin autem, pro eo timebis.
Tempera te Christo, & cervicem illi depone.
Isti honor remanet, & tota fiducia rerum.
Blanditur quando tibi tempus, cautior esto
Ultima fatorum non providens quae te oportet,
Sine Christo revivificari non potes unquam.

XXXIII.

GENTILIBUS.

Gens sine pastore ferox, jam caeli vagaris.
Et ego, qui nunc, idem sui, ordine, erram.
Nunc ideo Domini figuram famulus vestri:
Tollite corda fera, & exasperata ferores;
Jumentae stabula silvestres ad praesepia tauri,
Latronibus tuti sub regia tecta manentes.
In silva lupi fiunt, ideo refugiunt sub antro,
Bellaris, infanis, nec respicis ubi moraris.
Uni crede Deo, uti mortuus vivere possis;
Surgas, & in regno cum sint resurrectio justis.

XXXIV.

ITEM GENTILIBUS IGNARIS.

Indomitus cervix respuit jugum ferre laboris;
Tune juvat in campis crassis saturari siliquis,
Et tamen levita domantur utilis equa,
Ministrareque ferox esse, primum dedomata.
Gens, homo, te fratri, nihil pecus esse ferinum,
Erue te tandem, & tuum ipse tetracta.
Non utique pecus, nec bestia es, sed homo natus;
Tu te ipse doma sapiens, & lucra sub arma,
Idola qui sequeris, nihil nisi vanitas aevi,
Levia vos corda perducunt pene liberatos:
Ibi aurum vestes argentum nimis refertur;
Bellatur ibi, dein cantatur pro psalmis Amor.
Vitam esse putas, ubi ludis, aut prospicis ista?
Sentiris ignare extincta, aurea quaeris,
Inde non effugies pessem, licet ipse divinas.
Gratiam, quam misit Dominus in terra legendam,
Non sequeris eam, sed sic quasi bestius erras.
Aurea praesens vexorem tibi secla si credis,
Rursus & incipies immortale vivere semper.
Illud quoque datur scire quod ante fuisti,
Subjectum te pande Deo, qui cuncta gubernat.

XXXV.

DE LIGNO VITÆ, ET MORTIS.

Adam praevaricatus ut Dei praecepta vitaret,
Belias nunc auctor fuit de invidia palmae,
Consulit & nobis seu boni, seu mali quod agit,
Dum nati mortis vitam morimur, indeque per illum,
Et divino ipse est recedens exsul a verbo.
Finitis sex millibus annis immortales erimus.
Gustato pomi ligno mors intravit in orbem:
Hoc ligno mortis generamur vitae futurae.
In ligno pendet vita ferens poma, praecepta.
Cavete nunc vitalia poma cadentes.
Lex a ligno data est homini primitivo timenda,
Mors unde provenit neglecta lege primordii;
Nunc manducate manum, & ferte de ligno vitali.
Optima lex Domini sequens de ligno processit.
Perdita lex prima gustat unde licet illi
Qui Deum adorat verum, mala gaudia vitae.
Respuite gustum, sufficiet scire, quod esset.
Si vivere vultis, reddite vos legi secundae.
Templorum culturas, Daemonum fata vitate.
Vertite vos Christo, & estis Deo sodales.
Nunc Dei lex est, quae mortuos vivere docet.
Hymnum sibi soli Dominus proferre praecepit,
Zabolicam legem omnes omnino vitate.

XXXVI.

DE CRUCIS STULTITIA.

DE duplici ligno dixi, mors unde processit;
Et iterum inde procedere vitam frequenter:
Crux autem stultitia facta est adultera genti;
Res aeternitatis per Crucem dictam adumbrat,
Ut sibi nunc credant, & fideli more viverent!
Cain juniorem occidit nusquam repertus:
Inde Enoch soboles Cainae nati feruntur;
Sic genus iniquum increvit mundo, qui nunquam
Transmisit animos in Deum: credere Crucem
Venit in horrorem, & docere in vivere recte.
Lex in ligno fuit prima, & inde secunda;
Terribilem legem primo cum pace revenit.
In praevaricationem varias elati ruerunt;
Trajectum clavis Dominum cognoscere nolunt:
Judicium cujus cum venerit, ibi dignoscent.
Abel genus autem credit modo Christo benigno.

XXXVII.

QUI JUDÆIDIANT FANATICI.

QUid? medius Judaeus, medius vis esse profanus!
Unde non effugies judicium Christi decedens.
Ipse caecus eris & ad caecos intras, inepte!
Idcirco caecum caecus in foveam deducit:
Vadis ubi nescis, & nescius inde recedis.
Discemus ad doctos eam, doctiorque ascendam.
Acte ad nos vadis, unde nihil discere possis.
Exis pro foribus, inde & ad idola vadis.
Interroga primum, quid sit in Lege praeceptum;
Dicunt illi tibi, si jussum est Deos adorare.
Ignorantur enim propter quod maxime possunt.
At illi quoniam rei sunt, ex ipso delicto
Nihil de praeceptis Dei nisi mirabile narrant.
Tunc tamen in foveam secum vos caeci deducunt.
Funera jam nimium de illis nota referre.
Aut quia concludis agrum congestus aratri.
Noluit Omnipotens illos intelligere Regem;
A scelere tanto refugis ipse creatum.
Tradidit se se nobis superaddita lege,
Inde modo latitant nobiscum rege deferri:
Ceterum in illis si spem esse putatis,
In totum erratis, si Deum, et sana colatis.

XXXVIII.

JUDÆIS.

IMprobi semper, & dura cervice rebelles,
Vinci vos non vultis, sic exhaeredes eritis.
Dixit Esaias incrassato corde vos esse,
Aspicitis Legem, quam Moses allisit iratus,
Et idem Dominus dedit illi legem secundam,
In illa spem posuit, quod Vos subsannati relictis.
Sed ideo digni non eritis regno caelesti.

XXXIX.

ITEM JUDÆIS.

INspice Liam typum Synagogae fuisse:
Tam infirmis oculis, quam Jacob in signo recepit.
Et tamen servivit rursum pro minore dilecta,
Mysterium verum, & typum Ecclesiae nostrae.
Increvit plenus dictum Rebeccae de caelo,
Unde Gemulorum aliena, Christo credatis.
Deinde Thamar partum geminorum edire;
Ad Cain inveniens primum Terrae cultorem,
Et Abel pastorem, qui fuit immaculatum
In sacrificio offerre mactatus a fratre.
Sic ergo percipite, minorem Christo probatum.

XL.

ITERUM IPSIS.

INcredulus populus, non est nisi vester, iniqui,
Tot locis, & caeteri reprobantur lege clamantem,
Et sabbata vestra sprevit, & tricesimas Altus
Respuit omnino universas vestras de Lege,
Ut ne sacrificia faceretis illi praecepta,
Mittere qui dixit lapidem in scandalo vestro.
Iniqui si qui non crediderint morte periisse;
Perque alium legem salvari dilectum: inde
Suspensum in ligno vitam, nec illi credidistis,
Ipse Deus vita est, pependit ipse pro nobis.
Sed indurato corde subsannatis eundem.

XLI.

DE ANTICHRISTI TEMPORE.

DIxit Esaias: Hic homo, qui commovet orbem,
Et reges meridiem, sub quo fiet terra deserta:
Audite quemnam Propheta de illo praedixit:
Nihil ego composite dixi, sed negligenter.
Tum scilicet mundus finitur, cum ille parebit,
In tres Imperatores ipse diviserit orbem,
Cum fuerit autem Nero de inferno levatus,
Helias veniet prius signare dilectos.
Rex, quas Africae regio, & Arctos natio tota
In septem annis tremebit undique terra,
Sed medium tempus Helias, medium Nero tenebit.
Tunc Babylon meretrix in cinere facta favilla,
Inde ad Jerusalem pergit, victorque Latinus,
Tunc dicit: Ego sum Christus, quem semper oratis.
Et quidem conlaudant illum primitivi decepti,
Multa signa facit, quoniam ejus pseudopropheta.
Praesertim ut credant illi loquetur imago.
Omnipotens tribuit, ut talis evadat,
Recapitulatorem scripturae in eo Judaei
Exclamant pariter ad excelsum sese deceptos.

XLII.

DE POPULO ABSCONSO SANCTO OMNIPOTENTIS CHRISTI DEI VIVI.

DEsideretur absconsus ultimus sanctus,
Et quidem ignotus a nobis, ubi moretur.
Per novem tribus agnus, & dimidiam nobis
O. . . . .
Praeceptisque per Legem vivere priscam:
Vivamus nunc omnes novella traditio legis,
Lex ut ipsa docet apertius judice vobis.
Obreliquit duas tribus, & dimidia, quare
Ab istis dimidia tribus? ut martyres essent
Bellum cum inferret electis suis in orbem.

Sen

Sed ante sanctorum chorus Prophetarum
Consurgunt ad plebem, qui formam temperent illis,
Ostendant quam aequi trucidarent calce recisa.
Nec tamen tacere ad patrem tamen aliquando.
Sanctae sunt istae tribus, & mysteria Christi,
Omnia per illas complentur seculo isto.
Sunt autem de fratre decem fratrum errata,
Auspicio quorum factum secuta fuere.
Non immerito tales dispersi sunt ipsi crudeles:
Conveniunt iterum propter mysteria Christi.
Tunc autem properant compleri Legis arcana.
Omnipotens deducit Christus ad suam electam,
Obsecrari nobis qui fuerunt tempore tanto:
Millia tot facti, illa est gens vera caelestis.
Non natus ante parens moritur ibi, neque dolores
In suis corporibus sentiunt, aut taetra mala.
Prudentes in lecto suo mature recedunt,
Omnia complentes Legis ideoque tuentur.
Transire jubentur ad Dominum patribus dextris,
Exsiccat flumina quibus sicut ante trajectus:
Nec minus & Dominus ipse procedit cum illis,
Transit ad nostra, venientes cum rege caelesti.
In quorum itinere quid dicam, quod Deus efficit?
Subsidunt montes ante illos, & fontes erumpunt,
Caelestem populum gaudet creatura videre.
Hic tamen festinant matrem defendere captam.
Rex autem iniquus, qui obsidet illam, ut audit,
In partem Boreae fugit, & colligit omnes.
Sed cum se infudit exercitu Dei Tyrannus
Terrore caelesti prosternuntur milites cassi.
Ipse cum infando comprehenditur pseudopropheta.
Decreto Domini traduntur vivi gehennae.
Et eo primores, & duces servire jubentur.
Intrabunt tunc Sancti ad antiquam utera Matris.
Ut autem ea illis refrigerent, quae mala illi fecere,
In variis poenis cruciando sibi credebant.
Venturum est ad finem, quo tollentur scandala mundo.
Incipiet dominium judicium dare per ignem.

XLIII.

DE SECULI ISTIUS FINE.

Dat tuba caelo signum sublato leone,
Et fiunt subito tenebrae cum caeli fragore,
Somnolentis oculos Dominus, ut terra tremiscat,
Adclamat ut & audiant omnes in orbem:
Ecce dies tacui sufferens tanto tempore vestra!
Conclamant pariter plangentes sero gementes:
Ululant, plorantur, nec spatium datur iniquis!
Lassati quid facient miseri! cum ipsi cremantur.
In flammam ignis Dominus judicabit iniquos.
Justos autem non tangit ignis, sed immo delingit.
Sub uno moriuntur, sed pars in secreta flevit.
Tantus erit ardor, ut lapides ipsi liquescant,
In fulmina currunt venti, furit ira caelestis,
Ut quacumque fugit impius excipitur ab igne;
Suppetium nullum erit, nec navica populis:
Flammat Aetna prior, & Medi, Parthique ferventi;
In annis mille, ut fiunt opera Johannis.
Nam inde post annos mille gehennae traduntur,
Et fabrica, cujus erant, cum ipsa cremantur.

XLIV.

DE RESURRECTIONE PRIMA.

De caelo descendet Civitas in anno primo:
Est, quod referamus de fabrica tanta caelesti.
Resurgemus illi, qui fuimus illi devoti,
Et incorrupti erunt; jam tunc sine morte viventes:
Sed nec dolor ullus, nec gemitus erit in illa.
Venient sunt illi quoque sub Antichristo qui vicerunt
Robusta martyria: & ipsi toto tempore vivunt,
Recipiuntque bona, quoniam mala passi fuere,
Et generant ipsi per annos mille nubentes:
Comparantur ibi tota vectigalia terrae,
Terra, quia aeternum fundit sine fine novata.
Imbri nec pluvia, nec frigus in aurea castra.
Obsidio nulla, sicut nunc, neque rapinae.
Nec lucernae lumen desiderat civitas illa:
Ex auctore suo lucet, nec nox ibi paret
Per duodecim millia stadia lata longa sic alta,
Radices in terra, sed caput cum caelo peraequat:
In urbe pro foribus autem Sol, & Luna lucebit.
Malus in angore fremet propter justos alendos.
Ab annis autem mille Deus omnia perdet.

XLV.

DE DIE JUDICII.

De die Judicii propter incredulos, addo.
Emissus iterum Dei dominabitur ignis:
Dat gemitum terra, verum tunc in ultima sua.
Iret agrestes, & tunc increduli cuncti
Evitare tamen sanctorum castra fuerunt.
In una flamma convertitur tota natura:
Uritur ab imis terra, montesque liquescunt:
De mare nil remanet, vincitur ab igne potente.
Interit hoc caelum, & astra, & ista mutantur.
Componitur alia novitas caeli, terraeque perennis.
Inde qui merentur mittuntur in morte secunda.
Immortalibus autem habitaculis justi locantur.

XLVI.

CATECUMENIS.

Credentes in Christo derelictis idolis omnes
Admoneo paucis propter salutaria vestra.
Temporibus primis per errorem si quae gerebas,
Ignorans enim Christum tu cuncta relinque.
Cum Deum nosti, esto bonum tiro: probatus,
Virgineusque pudor tecum versetur in agro.
Mens bona invigilet: cave, ut non delinquas iterum.
In baptismo tibi genitale solum lavantur.
Nam si quis peccans catecuminus pariter notatur,
In signis ille vivat, sed non sine damno.
Summa tibi: gravia peccata devita tu semper.

XLVII.

FIDELIBUS.

Fideles admoneo fratres de ostio redeant:
Impia martyribus ostia reparavit in ignem.
Districtior Martyr cujus est confessio talis:
Expiari malum nec sanguine suo docetur.

Lea

Lex illi quae datur, ut possit sese frenare.
Inde debet carere dolis; similiter & tu.
Sic Deo placeas, qui Dei fratri promeruisti:
Unde tibi effigies pictorum prisca jactare.
Semel es lotus, numquid poteris denuo mergi?

XLVIII.

FIDELES CAVETE MALUM.

FAlluntur volucres, & silvarum bestiae silvis,
Ipsa inescata, pectora quibus est tradita, muscis,
Decipiuntque quadrupeda, ut esca, loquentes,
Et vitare malum nesciunt, nec lege tenentur.
Lex homini data est, & doctrina vitae legenda,
Et qua recordaretur, ut possit vivere caste,
Sibique lucrum; mortis & derogas ea, quae sunt.
Condemnat se ipsum graviter, qui Regi delinquit,
Aut ferro ligatus, aut de suo gradu dejectus,
Vel vita privatus perdit, quod frui decuerat.
Exemplo mundi graviter peccare nolite.
Translati lavacro magis charitatem habere.
Escam muscipuli, ubi mors est, longe vitate.
Multa sunt martyria, quae fiunt sine sanguine fuso.
Alienum non cupere, velle martyrium habere,
Linguam refraenare, humilem te reddere debes,
Vim alteri non facere, nec factam reddere contra.
Mente patiens fueris, intellige te Martyrem esse.

XLIX.

PŒNITENTIBUS.

PŒnitens es factus, constitutum, diebusque precare
Attamen a Matre noli discedere longe,
Et tibi misericors poterit Altissimus esse.
Non fiet in vacuum confessio culpae; perinde
In mente tua dolor mortalis deflere.
Tu, si vulnus habes, herbam medicamque require.
Et tamen in primis poteris tua damna levare.
Namque, fatebor etiam, unum te votum adesse,
Terroremque linquendum, luctu ipse lavare.
Idcirco consternatum vulneratum captivum ire.
Barbam, comamque tondere in pulvere terrae,
Voluntarique facere, & petere summo de Rege;
Subveniet tibi, ne pereas forte de plebe.

L.

QUI APOSTATAVERUNT DEO.

QUando bellum autem geritur, aut ingruit hostis,
Evincere qui poterit, aut latere magna tropaea,
Infelix autem erit, qui fuerit captus ab illis.
Amittit patriam, & Regem, qui digne pro veritate
Pugnare pro patria qui nolunt, neque pro vita:
Obiisse debueras, quam ire sub barbaro Rege,
Servitiumque petat quis hostibus sine Lege deserto.
Tu si praeliando moreris pro lege, vicisti.
At si manus dederis, incolumis lege peristi.
Transfugeris hostis, ut sub latebra eundo:
Aut si intrare poteris si nocte, ne cessa,
Undique te redde tamen, recte quoque vicisti.
Et vigilantes age, ne quis incurrat in illa.
Res infamis erit, si quem te properat hosti.
Vincere qui nescis, & occurris tradere lese,
Nec sibi, nec patriae laudem remisisti ineptus.
Tunc vivere noleris, cum ipsa vita peribit.
Unanimi si quis itaque, aut profanum ab hoste
Ærumnam sumas mali, velut alpibus laudi,
Orare satis debemus, aut se committere caeli.

LI.

DE INFANTIBUS.

DUdum hostis subire venis lacessitum,
Et priusquam fugeremus, parvulos occupavit inertes.
Improperandum eis non est, licet capti videantur:
Nec quidem excuso: ob delicta forte parentum
Forte promeriti, ideo Deus tradidit illos.
Attamen adultus horror in armis recurrant,
Nascunturque quasi denuo sua matri de ventre.
Terribilem Legem fugiunt, semperque cruentam,
Impiam, miserabilem, brevia vita viventem.
Bellum enim aliud cum fortis forte gerendum,
Vincere qui poterit, aut certe jam scire cavere.
S. . . . .

LII.

DESERTORES.

DEsertores enim occurre non uno dicuntur.
Est alius nequam, alius in parte recedit,
Sed tamen utrique judicia vera decernuntur.
Ecce militatur Christo, sicut Caesari paratur.
Relinquens Regis parte, si deliqueris fusti,
Tu illum implora, praedicans illi fatere:
Omnia concedes, coram fore & omnia audisse.
Repositum castris ulterius cave delinquas.
Errare noli, dies miles per spatia terrarum.
Sit tibi peccare desistere gestum immensum.

LIII.

MILITIBUS CHRISTI.

MIlitiae nomen cum dederis, fraeno teneris.
Incipe tunc ergo dimittere pristina gesta;
Laetaris vita, quamvis labor immineat acer.
Imperio Regis omni virtute paratum,
Tempora pulsante si vis permittere lata.
Illa bonum miles semper expecta frequenda;
Blandire mali illis, debiliati nobis mitte,
Ut tuo proposito custodire possis sis, ante
Sollicitus esto, maturiam signa revise.
Cum videris bellum, agmina fama propinqua.
Hac gloria regis militanti videre paratum.
Rex adest, optato propter spem dimicaturum.
Ille parat dona, ille pro victoria latet
Suscipit, & propriam satellitem dedicat esse.
Tu tibi praeterea in Belial parcere noli,
Impiger esto magis, ut vivas. Amen pro morte.

LIV.

DE REFUGIS.

DAmnatorum anima merito se ipse fecerunt.
Et hi propterea iterum ad sua recurrunt.
Radix Latinae, maledictum semen emergit,

Et

Et in servili genere sub barbaro rege refugit.
Flumen quem eterna torquebit die decreto.
Vult vagus errare sine disciplina profugus,
Grassari per lucos viarum lege solutus.
Isti ergo tales, quos nulla poena corripit,
Si vivere nolunt, ab idolis respici debent.

LV.

DE LOLII SEMINE.

DE semine lolii, qui sunt in Ecclesia mixti.
Expletis temporibus messis separatur a fructu
Lolium evangeli, quod non miserat Dominus.
Omne lolium agricola collectum separat illud.
Lex ager nobis est, qui fecerit homines in ille,
Ipsa utique nobis praestat requiem veram,
Ipse dominator: nam lolium igne crematur.
Si ergo putatis, quoniam sub uno moramur,
Erratis: similes Christianos vos esse designo.
Maledicta fuit arbor sine fructu ficulna
In verbo Domini, & statim aruerit ille.
Non operas facitis, non domum gaza paratis.
Et sic promereri Dominum putatis inanes!

LVI.

DISSIMULATORI.

DIssimulas legem tanto praeconio latam,
In tot prophetarum caelesti voce clamantem;
Si propheta tantum declamasset in nubeto,
Sufficerat utique Domini vox missa per illum.
In tot prophetarum volumina lex Domini proclamat,
Malitias nullus dimittit; ita neque de corde
Vis bona videre, & fraudibus vivere quaeris.
Lex ipsa tot ergo processit tanto labore.
Abuteris Domini mandata, & ea falsum loquis.
Tu si talis eris, sine causa videris iniquum.
Omnipotens autem quaerit sibi filios esse
Rectos corde bono, devotos legi divinae,
Immites nequam jam scisis, ubi demersis.

LVII.

SECULARIA IN TOTUM FUGIENDA.

SI quidam doctores, dum expectant munera vestra,
Aut timent personas, laxant singula vobis,
Et ego non doleo, sed cogor dicere verum.
Cum caterva mali pergis ad spectacula vana,
Ubi Satanas fragoribus circo operatur.
Licere persuades tibi quodcumque placebit.
Altissimi probus, cum filiis Zabuli mixtus,
Respicere nam vis, quam renunciasti, priora?
In ipsa versaris iterum, quod prohibuit Unus?
Aut si pro languore donum quod sibi profanum
I . . . .
Nolite diligere mundum, neque ambitum ejus;
Terra Dei vox est, & tibi proba videntur.
Observas mandatum hominis, & Dei devitas.
Te fidis moneri, quo doctores ora praecludunt,
Ut taceant, neque dicant tibi jussa divina.
Me vera dicentem, licet taceant, prospice sumtum,
Filius cujus eris, illi te adjunge creatum,
Vivere si quaeris gentiliter homo fidelis;
Gaudia te mundi removent a gratia Christi:
Indisciplinate quod leve licere praesumis,
Et caros histriones, & cantica mollia quaeris,
Nec tali subtilem garrire amatorie curas:
Eam vita significari putas? improvidus erras.
Altissimum judicem, & justa praecepta devitas.

LVIII.

CHRISTIANUM TALEM ESSE.

CUm Dominum dicas, in genitore adore patrem?
Hic ut quid nunc agis, qui cupis vivere laetus.
Rescindere quaeris sententiam summi Dei missam
In protoplastum: vis frenum prodere legis.
Si Deus omnigenitum cum sudore vivere jussit,
Tu qui jucundaris, eris jam exterus illi.
Indignatum ait Dominum scriptura Judaeis:
Ab esca refecti surrexerunt ludere filii.
Nunc ergo cur illos prosequimur sponte profectos?
Unde perierunt illi, nos cavere debemus.
Maxima pars vestrum luxuriis dedita paret.
Transgrederis legem, cum tu facis laetitia, in te
Apostolus clamat, immo Deus per illum:
Laetitia vestra vos, inquit, in ipsa dependant.
Esto ergo talis, qualem vult esse te Christus.
Mitis, & in illo hilaris, nam saeculo tristis
Excurre, labora, suda, cum tristitia pugna.
Spes cum labore venit, & victoria palma donatur.
Si refrigerare cupis, admartyrium.
Exspecta requiem futuram in transitu mortis.

LIX.

MATRONIS ECCLESIAE DEI VIVI.

MAtronam, vis esse Christiana, ut saeculi Domina,
Auro te circumdas, aut serica veste, pudica.
Terrorem Legis ex auribus vestris repellitis:
Res vanas adfectas, cuncta de Zabuli pompa:
Ornaris ad speculum, cincinnum fronte rellaxas,
Nec non & inducis mala medicamine falsa:
In oculis paris stibium perverso decore,
Sua crines tingis, ut sint toto tempore nigri.
Est Deus inspector, penetrat qui singula corda,
Caeterum pudicis ista necessaria non sunt.
Casto, atque pudico sexui pervenite pectus.
Lex Dei testatur tales abscedere leges.
Ex corde qui credis femina marito probata
Sufficiat esse non cultibus sed bona mente.
Induere vestes opus, quae frigus, & aestum,
Aut nimium solis; tantum ut pudica proberis,
Et in partem Dei facultatis dona demonstra.
Vos tibi monstravimus Clarissimas quondam
Examinata jacens precibus viderimus erecta,
In dando promereri, non contritum, inde levari.
Vos matronae bonae veritatis fugite decorem.
In feminas congruit cultura lapsorum.
Vincite malignum, pudicae feminae Christi:
In dando divitias vestras ostendite cunctas.

LX.

ITEM IPSIS.

AUdi verum, quae vis Christiana manere,
Beatus Paulus qualiter te ornari praecepit.

Caeliloquus itum Isaias doctor, & auctor
Detestatur enim pravitatem mundi sequentem.
Exaltatae, inquit, incedunt Filiae Sion.
Fas in Deo non est Christianam esse fidelem.
Gentili more quaeris procedere, Dei sancta,
Has Dei praecones damnant in lege clamantes,
Injustas esse feminas, quae se taliter ornant.
Capillos inficitis, oculos fuligine collinitis,
Levatis comulas granulatim, fronte depicta,
Malas medicatis quoddam superducto rubore,
Nec non & inaures gravissimo pondere penderet;
Obvolvitis collum monilibus, gemmis, & auro;
Palmas Deo dignas praesagio malo ligatis.
Quid memorem vestes, aut totam Zabuli pompam?
Respuistis legem, cum vultis mundo placere.
Saltatis in domibus, pro psalmis cantatis amores.
Te licet sis caste, non te purgas frustra sequendo:
Vos ideo tales Christus cum Gentibus aequat.
Unificato Choro, placitaeque Christo placete;
Zelantes fervore Christo offerte odorem.

LXI.

IN ECCLESIA, OMNI POPULO DEI.

Justus ego non sum, fratres, de cloaca levatus:
Nec me superciliis, sed doleo vestri, qui certo
Ex tanto populo nullum in agone coronari.
Certe si non ipse pugnas, vel suggeras illis;
Cladem objurgaris. o venter effoetis lenis,
Laborat frater adversante mundo sub armis.
Et saturi opibus nec pugnas, nec pugnanti te sistis?
Stulte, non intendis unum bellare pro multis?
In talem gaudet Ecclesia tota, si vincat.
Abstineri vides Fratrem, & pugnare cum hoste.
Optas tu in castris, pacem foras ille repugnat.
Misericors esto, ut sis ante omnia salvus.
Non meruit Dominum praecepto tanto clamantem?
Inimicis enim qui jubet alimenta praebere.
Prandia ab eo prospice Tobiam, qui semper
Omnibus omnino diebus cum paupere sumpsit.
Pascere te quaeris, stulte, qui te donum pascat.
Vis ille mihi paret, qui compotat propinat?
Lente cibaturus distento ventre declamat.
Oppressus inopia Frater juxta tabescens,
De die Dominica quid dicis? Si non ante locavit,
Excita de turba pauperem, quem ad prandium ducas.
In talibus spes est vestra de Christo refecto.

LXII.

MARTYRIUM VOLENTI.

Martyrium, fili, quoniam desideras, audi.
Abel qualis erat esto, aut qualis Isaac ipse, aut
Restum, qui diligit, Stephanus sibi vitam in iter.
Tu quidem quod optas, res est feliciter apta.
Vince prius malum benefactis, esto victurus.
Rex ille tunc cum viderit, esto securus.
Ipsum est tempus, & non in erroneam gravetur.
Ut si bellum abest, in pace martyres ibunt.
Multi quidem errant dicentes, Sanguine nostro
Vicimus iniquum, quo manente vincere nolunt.
Obsidendo perit, & ideo sentit iniquus.
Legitimum autem non sentis parum adesse.
Ejulatusque nolendo justus pugnis pertendo.
Nunc si benefactis viceris, martyr in illo.
Te ergo qui quaeris martyrium tollere verbo,
In pace te vesti bonis, & esto securus.

LXIII.

BELLUM COTTIDIANUM.

Belligerare quaeris, stulte, quasi bella quiescant.
Ex protoplasto die pugnatur in fine votis.
Libido praecipitat, bellum est, pugna cum illo.
Luxuria suadet, abstinere, bellum vicisti,
Vino copioso parce, ne per illud oberres.
Maledicti retine linguam, unde Dominum adoras.
Compesce furorem, pacificum redde te cunctis.
Oppressos miseriis deprimere cave minores.
Tutorem adcommoda tantum, & noli nocere.
Tramite vero recto ducite sincero pro zelo.
In tuis divitiis nummum te redde pusillis,
De labore tuo dona, nudum vesti, sic vincis.
Insidias nulli facias qui deo deservis.
Adspice principium, unde periit invidus hostis.
Non sum ego doctor, sed lex docet ipsa clamando.
Verba geris tamen vane, qui sub uno momento
Martyrium quaeris otiosus tollere Christo.

LXIV.

DE ZELO CONCUPISCENTIAE.

Dum cupis, inde peris, dum ardes proximi zelo,
Extagnas te ipsum, quando te incendis ab intus.
Zelaris alium, invide, de malo laborantem,
Et te parem concupis fieri pecuniae tantae.
Lex sic non aspicit dum illum incumbere quaeris
Omnia suspensum, vivis in ardore lucrorum.
Cumque tuus tibi sis, ipsum te judice damnas;
Oculorum acies numquam satiatur avara.
Nunc ergo si rodens, & cogites, vana cupido est.
C. . . . .
Unde dum clamas; Stulte hac nocte vocaris.
Post te mors ruit: cujus erunt ista talenta?
In supernas aedis injusta lucra condendo.
Suggeret cum Domino unicuique vita diurna.
Congestus alieni: te bene vivere quaere.
Et Dei cor conficiens, age super omnia victor.
Nec enim dico, ut te in trivio rimeris,
Cum pro die tuo vigilas, sine fraude vivendo.
In esca perit avis, aut haeret improvida visco.
Arbitrari tibi simpliciter valde cavendum.
Excedant alii frontem, te prospice semper.

LXV.

QUI DE MALO DONANT.

Qui te bonum fingis alienum vulnere, vecors,
Unde tu largiris, alter cotidie plorat.
Ista tu discredis Dominum videre de Caelis?
Dona iniquorum non probat Altissimus, inquit.
Erumpes miseris, dum fortis laterem adeptus.
Munera das alter, ut alterum reddat inanem.
Aut si faenerasti, duplicem centesima nummum.
Largiri vis, ut te, quasi malum malo depurges.
Omnipotens tales operas omnino recusat.
Donasti de lacrimis, confidens ille ingratis

Oppres-

Oppressus usuris deplorat factus egenus.
Nafles praeterea tempus captionibus, hostis
Ad praesens pompulas, paulo tu factus iniquus.
Nec unde & de lucro mercede vis tu parere.
Te ipsum includis, non alium, iniquus.

LXVI.

DE PACE SUBDOLA.

Dispositum tempus venit nostris, pax est in orbe;
Et ruina semel blandiente saeculo premit
Praecipitis populi, quorum in schisma militia.
Aut facite legem Civitatis, aut exite de illa.
Conspicitis stipulam coharentem in oculis vestris,
Et vestris in oculis non vultis cernere trabem.
Subdola pax vobis venit, persecutio flagrat.
Vulnera non parent, & sic sine caede tuitio.
Bellum in abscondo geritur, sub pace quod ipsa
De vobis vix unus causa se gessit.
O male muniti, & in occisione praediti!
Laudatis pacem subdolam, & vobis iniquam.
Alterius facti militem, non Christi, paristis.

LXVII.

LECTORIBUS.

Lectores monemus quotidie, cognoscere tantum,
Et dare materiam cunctis exemplo vivendi;
Certamen fugere, lites, contentionesque vitare,
Terrorem praetere, nec unquam esse superbum.
Obsequia justa majoribus quoque deferre.
Reddite vos Christo similes, fideles, magistro.
Inter agrestium benedictis lilia fuis.
Beati facti estis cum feritis edicta.
Vos estis in plebe, vos estis Christi lucernae.
Servate quod estis, & memorare parati.

LXVIII.

MINISTRIS.

Mysterium Christi Zacones exercete caste,
Idcirco ministri facite praecepta magistri.
Nolite ludere personam judicis aequi,
Integrate locum vestrum per omnia docti,
Solum intendentes, semper Deo summo devoti.
Tota Deo reddite sacra ministeria mera,
Rebus in diversis exemplum dare parati.
Inclinate caput vestrum pastoribus ipsi.
Sic fiet, ut Christo possitis esse probati.

LXIX.

PASTORIBUS DEI.

Pastor, si confessus fuerit, gestinavit agonem,
Apostolus autem tales jubet esse magistros:
Sit patiens rector, sciat ubi frena remittat.
Terreat in primis, & postea molle perurgeat.
Observetque prius, ut faciat ipse, quae dicit.
Redditur in culpa pastor servitoria levans,
In faciem cujus sis ausus dicere quidquam.
Bullit in inferno ravonibus ipsa gehenna.
Ve misero plebi, dubia quae frena vacillat.
Si talis aderit Pastor, pene perdita stat;
Deversum autem contrario, recte gubernans;
Exhilararet examina regibus aptis.
In talibus spes est, & vivit Ecclesia vera.

LXX.

MAJORIBUS NATIS DICO.

Me solum aspexit tempus vobis dicere verum.
Ab uno stirpe manaret, quod multi detractant.
In me solum volo cuncta convertere vestra,
Omnium ut pereant praecordia concitatorum,
Respicite dictum, quod veritas odia vallat.
Jam praedixi quidem de pace subdola quanta.
Blanditur dum vobis subrepsit, clam, destructor.
Vos quia nescitis laqueos bestiae, rabidi.
Sortitis omnino amara, sed est seculi ipsum.
Non gravis agit, pro quo haerescitis, illum.
Ab igne qui refugit, agit in voragine, vestro.
Tam paris supplicium mittet descendere a vobis.
Ipsi jam horrescunt judices peculatoris vestri.
S. . . . .
De breviari titulo non vos immutem,
Inspicitis decentes, quibus vos tenditis alio.
Cum ipsis & epulas capitis, & pascitis ipsos.
Ob ea jam terrae pene fundamenta laxantis.

LXXI.

INFIRMUM SIC VISITA.

Infirmus si fuerit frater, de paupere dico,
Nolite vacui talem visitare jacentem.
Fac sub Deo tamen, obsequia redde per omnem.
Inde revalescit, vel si concupierit ille,
Refoveatur homo pauper, qui non habet unde
Mercedem tibi, pro illo sed conditor orbis, & auctor.
Vel si pigreris ire ad pauperem, semper absentem,
Mitte nummum, & unde se refovere possit.
Similiterque fovet si pauperes lecto deponuntur,
Incipiant vestra martyres vicissim ferre.
Clamat ipse Deus, frange tuum panem egeno.
Verbis opus non est visitare, sed benefactis.
Iniquum est, frater inopia victus aegrotet.
Suscipite non verbis, cibum, potumque requirit.
Inspicite tales, sed certe debilitatos,
Transigere sese qui non possunt, date subinde.
A Domino vobis spondeo dari quadruplum.

LXXII.

PAUPERIBUS SACRIS.

Paupertas sana quid, nisi divitiae adsunt!
Ars certe si fuerit, jam & tu commendata fratri.
Unum praesta tibi, ne superbus esse dicaris.
Pollicetur quondam ferentior divite vivis.
Excipe doctrinam magni Salomonis in aures.
Respuentem in alto odit Deus pauperem esse,
Idcirco te subde, & honorem redde parenti.
Blandus enim sermo, proverbium nosti, derigat.
Vincitur officio & si fuerit ira verenda.
Si lingua taceas, nil motus invenisti.
Sane si non fuerit ars unde vita regatur,
Aut operam praebe, aut cursum, possis pascaris.

D 2 Non

Non pudeat, neque pigeat praecavere futurum.
In gaza praeterea de labore mittere debes;
Sicut singularis illa, quam praetulit Unctus.

LXXIII.

FILIOS NON LUGENDOS.

Filiorum casus flere, et dolorem cordis relinquas,
In nigris exire tamen nec plangere fas est.
Lex prohibuit sic, animo, nec pompa, dolere.
In Salomoniaco libro sapientiae scita.
Oblita Dominum de resurrectione promissa,
Si Martyras feceris filium, sic voce deflebis?
Nos pudet infrequens gentiliter plangere natos.
Os laceras, tundis pectus, vestimenta deducis.
Nec metuis Dominum, cujus opus rogatum videre?
Luge, quod fas est, sed tamen exire pro illis.
Vos ideo tales, quod minus quam gentes estis:
Gemitur tabifica facilis ut rursus probatur;
Exilisti clamatis; quae gratia? falsa, periisti!
Nec dolore duxit Pater Filium mactandum ad aram;
Dolore nec Vates Filium luxit defunctum;
Omnipotentis enim nec flens deseruit alumnum,
Sed Deo devotus festinanter funus agebat.

LXXIV.

DE POMPA FUNERIS.

De funeris pompa sollicitum esse qui quaeris,
Erras, Dei servus, aliter in morte placere.
Proh! exanimem corpus ornari superfluum.
O vanitas vera, cupere defunctis honores.
Mens mundo deterit, nec in morte Christo devota
Proverbia nosti; per forum efferri volebas.
Adeo illi similes, et fera caena viventes,
Fastiosi, feliciterque diem in exitu voluis habere,
Ut canat populus, laudem cum feceris videre,
Non provides, quantum mereatur ire defunctus.
Ecce prosequentur illi, et jam forte crematis
Redactus in pulvere, quid proderit pompa defuncto?
Incolatum erit qui ob ista collegia quaeris.
Sub Velore cupis vivere, te decipis ipsum.

LXXV.

CLERICIS.

Congruit in Pascha, die felicissimo nostro,
Laetentur et illi, qui postulant sub astra divina,
Erogetur eis quod sufficit, vinum, et esca.
Respicite foenus quo mercamentes ista pro vobis.
In modico sumptu deficitis Christo donare.
Cum ipsi non facitis, quomodo suadere potestis
Justitiam Legis (alibus?) vel semel in anno.
Sic malum urget blasphemia saepe de vobis.

LXXVI.

DE FABULOSIS ET SILENTIO.

Dum leve videtur cuicumque nugas vitare,
Et quasi facile reis, dum absurris illud,
Fabulae subveniunt quae vendisti sandere preces,
Aut palliam domum stomachi pro delicto diurno.
Barcina praecantum clamat, lectore legente,
Ut pusante aures, et te magis obstruis illas;
Laxaris labia, quibus inverecunde debes.
Obsera mala pectus, vel in pectore solve,
Sed quia divitibus faciunt paenas fremere,
Inde peris omnis, quando sibi maxime sident.
Sic feminae quoque currunt quasi in litore balneae,
Et de domo Dei facitis ceu nundinas artem.
Terruit sane Dominum durum conticiens,
Sacerdos Domini cum SUSUM CORDA praecepit
In prece facienda, ut fiant silentia vestra;
Limpide responsis, nec temperas quoque promissis.
Exorat ille Altissimum pro plebe devota,
Ne pereat aliquis, et tu in fabulas vertis;
Tu labrides ita, aut detrahis proximi famam;
Indisciplinare loqueris, quasi Deum absens,
Omnia qui facit, nec audiat, neque curat.

LXXVII.

EBRIOSIS.

Ebriosi mundum non possum, sed bellum male.
Bibendo superbis, interior a mente recedis
Regentis imperium tenens apud, ebrie, Cyclopem:
Inde in bisterilis, dum mortuus non bibo, dicis.
Optima mihi bibere, et corda sapere.
Subministra magis, quid amplius quaeris abesti,
Infirmo pauperi da, et eritis ambo refecti.
Si facias ista, extinguis tibi gehennam.

LXXVIII.

PASTORI.

Pascere qui quaeris, et quod potuisti parasti,
Aliquando pascendo recte fecisti.
Sed tamen invisa pauperem, qui te non repascat.
Tunc erit mensa tua per unum Deum probata.
Omnipotens tales vel maxime pasci praecepit.
Respice cum pascis infirmos, et feneras Alto.
In illo vos Dominus voluit probatos adesse.

LXXIX.

ORANTI.

Orantem si cupias exaudiri de Caelo,
Rumpe de laqueolis nequitiae vincla.
Aut si beneficiis orans miseratum requiris,
Ne dubites quia quod petieris detur oranti.
Tu sane si malus beneficiis Deum adoras,
In vanum ne facias sic orationes impie.

LXXX.

NOMEN GAZÆI.

Incolae Caelorum futuri cum Deo Christo
Tenente principium, videntes cuncta de Caelo.
Simplicitas, bonitas habitet in corpore vestro.
Irasci nolite sine causa fratri devoto.
Recipietis enim quidquid feceritis ab illo.
Hoc placuit Christo, resurgere mortuos jam
Cum suis corporibus, et quos ignis ussit in aevo
Sex millibus annis completis mundo finito.

Ver-

Vertitur interea Cælum fragore mutato:
Comburentur enim impii tunc igne divino.
Ira Dei simul ardet creatura gemendo.
Dignitates, Senatus & generati præclare,
Nobilesque Viri sub Antichristo devicto,
Ex præcepto Dei rursum viventes in ævo,
Mille quidem annis ut serviant sanctis & Alto,
Sub jugo servili, ut portent victualia collo;
Ut iterum autem judicentur regno finito.
Nullificantes Deum, completo millesimo anno.
Ab igne peribunt, cum montibus ipsi loquendo.
In bustis, & tumulis omnis caro redditur asso,
Demergentur inferno, trahunt pœnas in ævo.
Ostenduntur illis & legunt gesta de Cælo.
Memoria prisca debita, & merita digne.
Merces in perpetuo secundum facta Tyranno.
Omnia non possum comprehendere parvo libello.
Curiositas docti inveniet nomen in isto.

CYPRIANI GENESIS ET SODOMA.

GENESIS.

Principio Dominus cælum terramque creavit;
Namque erat informis fluctuque abscondita tellus:
Immensasque Deus super æquora vasta meabat,
Dum chaos & nigræ fuscabant cuncta tenebræ.
Hæc dum divinus jussit de cardine, fatur,
Lux fiat, clare & nituerunt omnia mundo.
Cum Dominus primi complesset sæcla diei,
Condidit albentem nebulis nascentibus axem,
Accipit immensos verrentia littora pontus,
Multiplicem rapiens validis cum tractibus amnem.
Tertia lux faciem terrarum fulva retexit;
Arida mox posito narratur nomine terra:
Florea ventosis consurgunt germina campis,
Pomiferique simul procurvant brachia rami.
Quarta dies generat solis cum lampade lunam,
Et stellas tremulo radiantes lumine fingit.
Hæc elementa dedit subjecto insignia mundo,
Tempora quæ doceant varios mutanda per ortus.
At quinta accipiunt liquentia flumina pisces,
Et volucres varias suspendunt corpore pennas.
Sexta prægelidos in spiras lubricat angues,
Quadrupedumque greges totos diffundit in agros:
Cunctaque multiplici mandavit crescere passim
Germine, & immensis errare & pascere terris.
Hæc ubi constituit divina potentia jussu,
Rectorem inspiciens mundanis deesse rebus,
Hæc commemorat, Nostris hominem faciamus ad unguem
Vultibus adsimilem, toto qui regnet in orbe.
Et licet hunc uno posset componere verbo,
Ipse tamen sanctæ dignatus ducere dextra,
Inspirat brevem divino a pectore flatum.
Quem postquam effigie formatum cum sua vidit,
Molitur solum mordaces volvere curas.
Illicet irriguo perfundit lumina somno,
Mollius ut vulsa formetur femina costa,
Atque artus mixta gemino substantia firmet.
Inditur & nomen vitæ, quod dicitur Eva,
Quapropter nati linquent de more parentes,
Conjugibusque suis pactis cum fidibus hærent.
Septima, quando Deus factorum fine quievit,
Sacrata, sanxerunt venturi gaudia secli.
Hinc exhibitis animantum ex ordine turbis,
Viritim cunctis nomen, quod permanet, indit
Adami e Domino donata prudentia solers.
Quem Deus alloquio junctam dignatur & Evam:
Crescite multiplicando vestram in tempora partem,
Ut pecus & pisces vestro sint germine terræ:
Hæredesque mei, varios decerpite fructus,
Quos nemora & pingui mittunt de cespite campi.
Hæc ubi disseruit, læta paradisus in aula
Instituitur, primique aspectus lumine solis.
Gignitur hæc inter pomis letalibus arbor,
Conjunctum generans vitæ mortisque saporem.
Additur in medio puro fluit agmine flumen,
Quod rigat insignem liquidis de fluctibus ortum,
Quadrifidosque secat undante ex fonte meatus:
Phison auriferis prædives fluctuat undis,
Conspicuasque vehit rauco de gurgite gemmas:
Prasinum hinc nomen, illi est carbunculus ardens:
Perspicuusque vadis terram perlambit Evilat.
Post hunc Æthiopas Geon adlapsus opimat.
Tertius est Tigris Eufrati adjunctus amœno,
Assyriam celeri discernens flumine sulcam.
Hic positum custos Adamum cum conjuge fida
Atque opifex, tali formator voce Tonantis:
Ne trepidate simul licitos præcerpere fructus,
Quos nemus laqueatum ramo frondente creavit,
Sollicitet ne forte malum noxale legatis,
Quod vires ex gemino discreta ad mortis succo.
Nec animus interea cæcas non alta tenebat,
Ac nudo formatos vestis nec texerat artus.
Has inter tedas & baccis mitibus ortus,
Spumeus astuto vincens animalia sensu,
Serpebat tacitis spiris frigentibus anguis,
Livida mordaci volvens mendacia sensu,
Femineo temptat sub pectore mollia corda:
Dic mihi cur metuas felicia germina mali?
Numquid poma Deus non omnia nota sacravit?
E quis si sumens mellitos carpere victus,
Aureus astrigero remeabis cardine mundi.
Illa negat, vetitosque timet contingere ramos:
Sed tamen indomito vincuntur pectora sensu.
Illicet ut niveo jam mitia dente momordit,
Adsistit cuncta maculatam nube serenam:
Tum sapor illecebram mellitis faucibus indens,
Compulit infecto manus deferre marito.
Quod simul ac sumpsit, deserta mente alternæ
Emicuere oculi mundo splendente sereni.
Ergo ubi nudatum prospexit corpus uterque,
Cumque pudenda vident, ficulnis frondibus umbrant.
Forte sub occiduo Domini jam lumine solis
Agnoscunt sonitum, trepidique ad devia tendunt:
Tum Dominus cæli mœstum compellat Adamum:
Dic ubi nunc degas? Respondit talia supplex:
O Domine, affatu pavido sub corde tremisco

Magna

Mœror eum, nudosque metu frigore feriget.
Tum Dominus: Quæ pœna, doces, mortalia vobis!
Tradidit hæc mulier, dum dicis lumine præceptum
Gaudenti perfusa die, liquidumque serenum
Affulsisse sibi, solemque & sidera cæli.
Protinus ira Dei tortuosam requirit Evam
Auctorem vetiti dum quærit maxima ausi.
Illa sub hæc pavidis: Serpentis fraude loquacis
Accepi fallentis dolo blandoque rogatu.
Nam sua viperis intexens verba venenis,
Hæc mihi præ cunctis narravit dulcia poma.
Illicet omnipotens condemnat gesta draconis,
Præcipiens cunctis invisum vivere constrictum:
Pectore quoque solo proreptare, tum sola morsu
Pandere, mansuro quæcumque in tempore bello
Humanum inter sensus ipsamque labentem,
Vertice ut abjecto proceres post crura virorum
Serperet, et calces dum lubrica continet inflat.
Femina frondigeris misere decepta loquelis,
Præcipitur duro discrimine ponere partum,
Servitiumque sui studio perferre mariti.
Tu vero cui vita fuit sententia verax
Conjugis, insanii cessit quæ victa draconi,
Defessus miserum per tempora longa laborem.
Nam tibi triticeo surget pro germine sentis
Carduus, & spinis multum palmares aratris,
Ut cum visceribus lassis de pectore mœsto
Plurima sollicitus perflans suspiria victum,
Donec in occiduo veniente tempore mortis,
Unde genis corpus, terræ reddere jacenti.
His dictis dominus trepidis dat cædis vitam,
Dejectosque procul sacratis dimovet hortis,
Obversosque locat, medioque eliminat igni,
In quo præterlevi Cherubin evolvitur æstu,
Dum calidum defervet opus, flammasque volutat.
Queis dominus, pigro ne frigore membra rigerent,
Consuit avulsas pecudum de viscere pelles,
Operitque nudos calidis de vestibus artus.
Ergo ubi conjugio sese jam fidus Adamum
Esse virum sensit, nomen genitricis amatæ
Exhibet uxori, hæc qui germine fœtus
Continuo genitur, diversis moribus orsus.
Atque Cain his nomen habet, cui junctus Abelus:
Innocuas hujus servabat cura bidentes,
Ast alius curvo terram versabat aratro.
Hi cum perpetuo ferrent sua dona Tonanti,
Dissimiles fructus sensu sudante dedere.
Nam prior uberibus fuerant quæ prolata glebis
Obtulit: at alius quod se deveret agno,
Extra manu sincera gerens adipemque nivalem.
Confestimque placet Domino pia vota vocari.
Quod propter gelido Cain incanduit ira,
Quem Deus alloquio dignatus, talibus infit:
Dic mihi, ô tristem vicem, & noxia cernas,
Degere non posse contracto a crimine pœnas?
Desine mordaci fratrem disperdere sensu,
Qui tibi ceu domino subjectus colla dederat.
Nec tamen his fractus, fratrem deducit ad arva,
Atque ubi deprensum deserto in gramine vidit,
Elidit germani frondans pia guttura palmis.
Quod factum Dominus cælo speculatus ab alto,
Disquirit quonam terrarum degat Abelus:
Ille negat positum custodem se fore fratris.
Cui Deus infit: Nonne vox sanguinis ejus
Ad me missa sonat, cælumque ascendit ad usque?
Nosce igitur manifesta tibi pro crimine tanto.

Nam modo quæ terris germani sanguine terra;
Invisa maledicta tibi commissa negabit
Semina, & assiduis fructum non proferet herbis.
Torpidus et multo callidum membra tremore

* * *

SODOMA.

Jam Deus omnipotens primævi tempora sæcli,
Vindice diluvio, cunctis aboleverat malis,
Quæ cælum sparsit terræ, maris expuit æquor:
Hactenus haud liquido pœnas decernere pactus
Excidio, quoties hominum induceret aer,
Frænandis variam pluviis mandaverat arcum,
Purpureo & viridi signantem nubila limbo.
Iridis huic nomen, propria est quæ fabula nimbis.
Sed recidiva hominum pariter cum gente secunda
Impietas, iterumque mali nova pullulat ætas,
Excidio jam non imbrem sortita, sed ignem.
Sic Sodomum cremavit olim ardentibus est
Flammis, & finis portendere signa futuri.
Errare luxuries illic, inimica pudoris,
Instar legis erat, fugeret quam profugus hospes,
Ante vel ad Scythicas, vel apud Busiridis aras
Excipiens per sacra necem, crudosque cruorem
Fundere Bebrycium, & Libycas satiare palæstras:
Antraque vel Circes novas per pocula formas
Sumere, quam Sodomis amittere frontem.
Polluebant cælum invidiæ, connubia mixta
Incestu parili, generis natura rebellis
In sese, sexumque viri cum corpore ponens.
Tempore sed certo Deus omnia prospeculatus,
Judicat inspector patiens, ubi criminis ætas,
Cessandi spatium vix nulla coegerit iræ.
Jamque dies aderat: duo de grege missi
Angelico, forma juvenes, quos spiritus ambo
Diva ministerio Domini mandata ferebant,
Succedunt Sodomis: illic de stirpe piorum
Transvena Loth aderat, sapiens, justique colonus,
Unus erat meminisse Deum, sicut exilis arbor
In silvis steriles inter velut hospita fructu,
Is tunc pro porta residens (vix mœnia albant
Calculo) quamquam divinum nescia, adire
Advenas, appellat, patrio veneratur honore,
Hospitioque vocat, longe stabulare parantes;
Evicit longis precibus, pia pignora mensis,
Officiique probis studio dispungit amicos.
Nox requiem dederat, lux solverat altera noctem,
Et Sodomus in furiam strepitat conquesta ruendum.
Loth contra supplex: Ne vos nunc pacta libido
Incendat juvenes ipsam sociare juventam:
Quo lapsu genitura vocat? quo femina frustra?
Quæ nulla capiant uterum, non læta colonum,
Non stabulis redacta, non undis liber hiantis,
Nec quæ pennarum medalis genus nobile pendent,
Nec quæ per terram protracto corpore manant.
Omne genus bene genus est, sed femina conjux
Omnibus, & numquam cuiquam nisi femina mater.
Nunc si fas juvenilis habet vastare pudorem,
Sunt intus natæ binæ mihi, nubilis ætas,
Virginitas in flore tenet, jam dedita messi.
Digne cupido viris, tale est quam vestra voluptas:
Credo pater, præque hospitibus præbeo dolorem.
Vulgus ad hæc dentem, Quisnam tu, quantus, & unde,

Qui

Qui nobis dominaris, ait, legesque ferendas?
Transvena, correptor Sodomorum? duplicat iras:
Nunc igitur tute ipse luas, quod nostra cupido est,
Pro natis, proque hospitibus: satis unus in omnes.
Dicta & facta simul: vulgi mora nulla furentis.
Turbidus hiberno ut dum volvitur imbre torrens,
Rivorum numeros uno pede fertur in unum,
Si qua illic arbor rapidis offenditur undis,
Haud mansura diu, quamquam radice licebit
Crinitas durare moras, ubi subter adesam
Perdit humum circumfosso cum caudice prudens,
Huc illuc certam differt incerta ruinam:
Haud aliter Loth in medio vestigia vulgi
Nutabat vinci propior jam. sed diva potestas
Subvenit: angelica juvenum de limine raptum
Restituunt tecto: densum sed vulgus ibidem
Pulsantum auspiciis multantur luminis dire.
Tunc decreta Dei referunt, dignam fore poenam
De caelo Sodomis: ipsum misisse salutem
Justitiae titulo. quin ergo accingeris istinc
Festinare fugam, pariterque educere si quid
Generis habes? non exitium jam indociliter orbi.
Loth gener et cives adloquitur: sed dura hominum mens
Credere despexit monitum, risitque timorem.
Tempore mox quo lux tenebras confundere coeptat,
Et bicolor caeli facies de nocte diesque est,
Instabant juvenes Chaldaeum educere gentem
Ex Sodomis, jussamque domum donare saluti:
Eia age Loth exsurge, tuamque adsume jugalem,
Et natas duplices, atque hinc exterminus ito,
Praeveniens Sodomum poenas (manibusque quoque amicis
Producunt trepidos) atque haec sibi cetera mando,
Serva Loth animam, ne visum in terga retrorsum
Vertere forte velis, campum vel sistere gressum.
In montem propera. Timuit Loth arduo tardo
Eripere gradu, caelestis ne prius ira
Opprimeret: alias igitur deposcere portas
Aggreditur, parvam, quam contra aspexerat, urbem.
Hanc, inquit, contendo fugam: vis omnibus exstat,
Nec longe, nec magna, mihi favete petenti.
Urbis & ipsius pariter gestire salutem.
Inde Segor vice nomen vox barbara movit.
Tunc Loth ingreditur Segor, simul exoritur sol,
Ultimus ille quidem, in Sodomumque incendia servum
Infert. nam totos radios armaverat igni:
Aerala subsequitur caligo, includere lucem
Coeptans, atque globos confuso intexere caelo:
Fumantes coeunt nubes, novus irruit imber,
Sulphurea cum flammis flagrantibus aestuat aether,
Exustos crepitat liquidis ardoribus aether.
Hinc habet in falso de vero fabula famam,
Solis progeniem currus optasse paternos,
Nec valuisse levem puerum frenare superbos
Ignis equos, arsisse orbem, tunc fulmine raptum
Aurigam, inlicitum planctum narrasse sorores.
Viderit Eridanus, si qua illic populus alba,
Aut si quis plumae fruitur modulatior ales.
Hic aliter versa manent miracula formae.
Namque cinis conjux, heu me, male tum quoque legit
Femina non patiens, divina ad murmura caeli
Audaces oculos nequidquam sola retorsit,
Non habitura loqui quod viderit, & simul illic
In fragilem mutata salem, stetit ipsa sepulchrum,
Ipsaque imago sibi, formam sine corpore servans.
Durat adhuc etenim nuda statione sub aethram,
Nec pluviis dilapsa situ, nec diruta ventis.
Quin etiam si quis mutilaverit advena formam,
Protinus ex sese suggestu vulnera complet.
Dicitur & vivens alio jam corpore, sexus
Munificos solito dispungere sanguine menses.
Nusquam sunt Sodomi, nusquam illorum impia tecta
Moenia, cum dominis domus omnis inepta nusquam:
Tota tegens regio est: hinc atra horrere favilla,
Hincque situ cano cineres incendia signant.
Occidit illa prior fertilitas, quam prospiciens Loth
Nullus arat frustra piceas fuligine glebas.
Semiperempta etiam si quae illic jugera terrae
Autumni commentor opes, facile optima sese
Promittunt oculis, pira, persica, & omnia mala,
Donec carpantur: nam protinus indice tactu
Solvitur in cinerem, fit vana favillaque, pomum.
Sic igitur caelo pariter terraque sepultis,
Nec mare vivit ibi, mors est maris illa quieti,
Idque animat nullus per anhela volumina flatus,
Quodque etiam patrio nunquam suspirat ab austro,
Quodque cavet proferre aliquem de gurgite genere
Squamigerum, levive cutis vel cortice septum,
Vel crispam concham, aut duplici compagine clausam.
Solum illic propriis nascitur fruge bitumen,
Exusti fuligo maris, quod viridem ardens
Subter flagrat coquens de sulphuris & salis aestu,
Temperat, inque picem dat terra horrere marinum.
Invehitur propriis cum tempore pinguis erumnae
Vires aquae, spumisque cotis super aequora nigra
Texitur, appellant quasi est ex capite mercis:
Adcessus levet lateram libramine lambit,
Ut semel impositum decoram confundere venam,
Nam si spatio levem admoverit corpora ad ora
Navigii, praeteramque dabit pro munere largo,
Ni plaga contigerit quam menstrua femina vestit.
Ecce aliud monstrum pelagi de clade notatur:
Cuncta illic immissa natant: natura recessit
Mergendis dura corporibus. si denique testae
Luciferam nomen infixum, quae spiritus igni est,
Velificavit aqua, flammas si flamma perversa est,
Ibit salvum aqua destructio naufraga luctis.
Hic Sodomum & Gomorram signans in saecula poenae
Gentibus injustis, quas corpora dura timorem
Deserere Dei, de caelo jura tueri,
Inque novum iterum Dominum spectare docebunt.

L. C.

L. C. FIRMIANI LACTANTII

CARMEN

DE PASSIONE D. N. JESU CHRISTI.

Quisquis ades, mediique subis in limina templi,
Siste parum, insontemque tuo pro crimine passum
Respice me, me conde animo, me in pectore serva.
Ille ego, qui casus hominum miseratus acerbos
Huc veni, pacis promissae interpres, & ampla
Communis culpae venia: hic clarissima ab alto
Reddita lux terris, hic alma salutis imago,
Hic tibi sum requies, via recta, redemptio vera,
Vexillumque Dei, signum & memorabile fati:
Te propter, vitamque tuam sum Virginis alvum
Ingressus, sum factus homo, atque horrentia passus
Funera, nec requiem terrarum in finibus usquam
Inveni; sed ubique minas, sed ubique labores.
Horrida prima mihi in terris magalia Judae
Hospitia in partu, sociique fuere parenti.
Hic mihi foeta dedit bruta inter inertia primum
Arida in angustis praesepibus herba cubile.
In Phariis primos vixi regionibus annos
Herodis regno profugus, reliquosque reversus
Judaeam semper, jejunia semper, & ipsam
Pauperiem extremam, & rerum inferiora secutus,
Semper agens curis humana salutiferis alma
Ingenia ad studium probitatis, aperta salubri
Plurima doctrinae impendens miracula. quare
Impia Hierusalem rabidis exercita curis
Invidiae, saevique odii, & caeca furore,
Insonti est poenis letalibus ausa cruentam
In cruce terribili mortem mihi quaerere. quae si
Laetus ipse velis distinguere, sique per omnes
Ire juvat gemitus, mecum & sentire dolores,
Collige consilia, insidiasque, emptique nefandum
Sanguinis innocui pretium, & simulata clientis
Oscula, & insultus, & saeva jurgia turbae.
Verbera praeterea, & promptas ad crimina linguas
Finge animo, & testes, & caeci infanda Pilati
Judicia, ingentemque humeros, & fessa prementem
Terga crucem, atque graves horrenda ad funera gressus.
Nunc me, nunc vero deformem, extrema secutum
Supplicia, & dulci procul a genitrice levatum
Vertice ad usque pedes me lustra. en aspice crines
Sanguine concretos, & sanguinolenta sub ipsis
Colla comis, spinisque caput crudelibus haustum,
Undique diva pluens vivum super ora cruorem.
Compressos speculare oculos, & luce carentem,
Afflictasque genas: arentem respice linguam
Felle venenatam, & pallentem funere vultum.
Cerne manus clavis fixas, tractosque lacertos,
Atque ingens lateri vulnus: cerne inde fluentem
Sanguineum, fossosque pedes, artusque cruentos.
Flecte genu, lignumque crucis venerabile adora
Flebilis, innocuo terramque cruore madentem
Ore premens humili lacrymis suffunde subortis,
Et me nonnunquam devoto in corde, meosque
Fer monitus, sectare mea vestigia vitae,
Ipsaque supplicia inspiciens, mortemque severam
Corporis, innumeros memorans animique dolores
Disce adversa pati, & propriae invigilare saluti.
Haec monimenta tibi, si quando in mente juvabit
Volvere, si qua fides animo tibi forte meorum,
Debita si pietas, & gratia digna laborum
Surget, erunt verae stimuli virtutis, eruntque
Hostis in insidias clypei, quibus acer in omni
Tutus eris, victorque feres certaminis palmam.
Haec monimenta tene si labilis orbis amicos
Avertens sensus fugiente decoris ab umbra
Mundani; efficient, ne spe capiatus inani
Mobilis occiduis fortunae fidere rebus
Ausis, aut vitam sperare fugacibus annis.
Sed te olim rerum sic ista caduca videntem
Saecula, & tantum patriae caelestis amore,
Orbis opes, rerumque usus, & vota precata,
Moribus excellens sacris: vitaque beata
Spe, duras inter poenas, e rore fovebunt
Caelesti, pascitque boni dulcedine pascent.
Perpetuam demum, post ultima fata relicto
Corpore, sublimem animam revocabit ad auras
Gratia magna Dei, tunc omnem exuta laborem,
Angelicos tunc laeta choros, animasque beatas
Sanctorum inspiciens, aeternae pacis amoena
Perpetuo felix mecum regnabis in aula.

SYMPOSIUM OLIM INSCRIPTUM SYMPOSII POETÆ

ÆNIGMATA CENTUM.

PROLOGUS.

Haec quoque Symposius de carmine lusit inepto;
Sic te, Sexte, doces, sic te dilecte magistre.
Annua Saturni dum tempora festa redirent,
Perpetuo semper nobis sollemnia ludo:
Post epulas laetas, post pocula dulcia mensae,
Deliras inter vetulas, puerosque loquaces,
Cum streperet late madidae facundia linguae:
Tum verbosa cohors studio sermonis inepti
Nescio quas passim magno de nomine nugas
Est meditata: diu sed frivola multa locuta est:
Nec mediocre fuit magni certaminis instar,
Ponere de verbis vel solvere quaeque vicissim.
Ast ego ne solus foede tacuisse viderer,
Qui nihil attulerim mecum, quod dicere possem,

Hos

Hos versus feci subito de carmine vocis.
Insanos inter, sanum non esse necesse est.
Da veniam, Lector, quod non sapit ebria Musa.

I. *Graphium.*

De summo planus, sed non ego planus in imo.
Versor utrimque manu, diverso & munere fungor:
Altera pars revocat, quidquid pars altera fecit.

II. *Arundo.*

Dulcis amica Dei, semper vicina profundis,
Suave canens Musis, nigro perfusa colore,
Nuntia sum linguæ, digitis signata magistris.

III. *Annulus cum gemma.*

Corporis extremi non magnum pondus adhæsi:
Ingenitum dicas, ita pondere nemo gravatur:
Una tamen facies, plures habitura figuras.

IV. *Clavis.*

Virtutes magnas de viribus affero parvis:
Pando domus clausas, iterum sed claudo patentes:
Servo domum domino, sed rursus servor ab ipso.

V. *Catena.*

Nexa ligor ferro, multos habitura ligatos:
Vincior ipsa prius, sed vincio vincta vicissim:
Et solvi multos, nec sum tamen ipsa soluta.

VI. *Tegula.*

Terra mihi corpus, vires mihi præstitit ignis:
Alta domus quæro, sedes est semper in imo:
Et me perfundit qui me cito deserit humor.

VII. *Fumus.*

Sunt mihi, sunt lacrimæ, sed non est causa doloris:
Est iter ad cælum, sed me gravis impedit aer:
Et qui me genuit, sine me non nascitur ipse.

VIII. *Nebula.*

Nox ego sum facie, sed non sum nigra colore:
Inque die media tenebras tamen affero mecum:
Nec mihi dant stellæ lucem, nec Cynthia lumen.

IX. *Pluvia.*

Ex alto venio longa delapsa ruina,
De cælo cecidi medias transmissa per auras,
Sed sinus excepit, qui me simul ipse recepit.

X. *Glacies.*

Unda fui quondam, quod me cito credo futuram,
Nunc rigidi cæli duris compressa catenis,
Nec calcata pati possum, nec nuda teneri.

XI. *Nix.*

Pulveris unda tenuis, modico cum pondere lapsa,
Sole madens, æstate fluens, in frigore siccans,
Flumina facturam, totas prius occupo terras.

XII. *Flumen & piscis.*

Est domus in terris, clara quæ voce resultat,
Ipsa domus resonat, tacitus sed non sonat hospes:
Ambo tamen currunt, hospes simul & domus una.

XIII. *Navis.*

Longa feror velox, formosæ filia silvæ,
Innumeris pariter comitum stipata catervis,
Curro vias multas, vestigia nulla relinquens.

XIV. *Pullus in ovo.*

Mira tibi referam nostræ primordia vitæ:
Nondum natus eram, nec eram jam matris in alvo,
Jam posito partu, natum me nemo videbat.

XV. *Vipera.*

Non possum nasci, si non occidero matrem:
Occidi matrem, sed me manet exitus idem.
Id mea mors patitur, quod jam mea fecit origo.

XVI. *Tinea.*

Littera me pavit, nec quid sit littera novi:
In libris vixi, nec sum studiosior inde.
Exedi Musas, nec adhuc tamen ipsa profeci.

XVII. *Aranea.*

Pallas me docuit texendi nosse laborem,
Nec pepli radios poscunt, nec licia telæ.
Nulla mihi manus est, pedibus tamen omnia fiunt.

XVIII. *Cochlea.*

Porto domum mecum, semper migrare parata,
Mutoque solo nec sum miserabilis exul:
Nam mihi consilium de cælo nascitur ipso.

XIX. *Rana.*

Raucisonans ego sum, media vocalis in unda,
Sed vox laude sonat, quæ se quamque laudat ab ipsa:
Cumque canam semper, nullus mea carmina laudat.

XX. *Testudo.*

Tarda gradu lento, speciosa prædita dorso,
Docta quidem studio, sed sævo prodita fato:
Viva nihil dixi, quæ sic modo mortua canto.

XXI. *Talpa.*

Cæca mihi facies, atris obscura tenebris.
Nox est ipsa dies, nec sol mihi cernitur ullus:
Malo tegi terra, sic me quoque nemo videbit.

XXII. *Formica.*

Provida sum vitæ, duro non pigra labori,
Ipsa ferens humeris securæ præmia brumæ,
Nec fero magna simul, sed congero multa vicissim.

XXIII. *Musca.*

Improba sum, fateor: quid enim gula turpe veretur?
Frigora vitabam, quæ nunc æstate revertar:
Sed cito submoveor, falso conterrita vento.

XXIV. *Gurgulio.*

Non bonus agricola, non frugibus utilis hospes,
Non magno longus, nec recto nomine dictus,
Nec gratus Cereri, nec parvam infamo saginam.

XXV. *Mus.*

Parva mihi domus est, sed janua semper aperta,
Exiguo sumptu furtiva vivo sagina.
Quod mihi nomen inest, Romae quoque consul habebat.

XXVI. *Grus.*

Littera sum caeli, penna perscripta volanti,
Bella cruenta gerens, volucri discrimine Martis,
Nec vereor pugnas, dum non sit longior hostis.

XXVII. *Cornix.*

Vivo novem vitas, si me non Graecia fallit,
Atraque sum semper, nullo compulsa dolore,
Et non irascens, ultro convicia dico.

XXVIII. *Vespertilio.*

Nox mihi dat nomen primo de tempore noctis.
Pluma mihi non est, quum sit mihi penna volandi,
Sed lateo in tenebris, nec me committo diebus.

XXIX. *Ericius.*

Plena domus spinis, parvi sed corporis hospes,
Incolumi dorso telis confixus acutis,
Sustinet armatam segetem habitator inermis.

XXX. *Pediculus.*

Est nova nostrarum cunctis captura ferarum,
Ut si quid capias, id tu tibi ferre recuses:
Et quod non capias, tecum tamen ipse reportes.

XXXI. *Phoenix.*

Vita mihi mors est, morior, si coepero nasci:
Sed prius est letum leti, quam lucis origo:
Sic solus manes ipsos mihi dico parentes.

XXXII. *Taurus.*

Mollibus ortus agris, sed lignea membra sequuntur;
Et Cilicum mons sum, sed non sum nomine solo:
Et volo in caelis, et in ipsis ambulo terris.

XXXIII. *Lupus.*

Dentibus insurgens ego sum, qui viscera bidentum,
Sanguineam praedam quaerens, victusque cruentus,
Multa cum rabie vocem quoque tollere possum.

XXXIV. *Vulpes.*

Exiguum corpus, sed cor mihi corpore majus:
Sum versuta dolis, argute callida sensu:
Et fera sum sapiens, sapiens fera si qua vocatur.

XXXV. *Capra.*

Alta Jovis nutrix, longo vestita capillo,
Culmina difficili peragrans super ardua gressu,
Custodi parvula trunca respondeo voce.

XXXVI. *Porcus.*

Setigerae matris fecunda natus in alvo,
Desuper ex alto virides exspecto saginas,
Nomine numen habens, si littera prima periret.

XXXVII. *Mula.*

Dissimilis patri, matri diversa figura:
Confusi generis, generi non apta propago:
Ex aliis nascor, nec quisquam nascitur ex me.

XXXVIII. *Tigris.*

A fluvio dicor, fluvius vel dicitur a me,
Junctaque sum ventis, vento velocior ipso:
Et mihi dat ventus natos, nec quaero maritum.

XXXIX. *Centaurus.*

Quatuor insignis pedibus, manibusque duabus,
Dissimilis mihi sum, quia non sum unus et unus:
Et vehor et gradior, quia me mea corpora portant.

XL. *Papaver.*

Grande mihi caput est, intus sunt membra minuta,
Pes unus solus, sed pes longissimus unus:
Et me somnus amat, proprio nec dormio somno.

XLI. *Malva.*

Antiquis esse pedes similes mihi pene negare:
Nec duo sunt tantum, sed plures ordine certo:
Et tamen has ipsas nunquam ego porro fugiens.

XLII. *Beta.*

Tota vocor Graece, sed non sum tota Latine:
Ante tamen mediam campanis scripta tabernam,
In terra nascor, lympha lavor, unguor olivo.

XLIII. *Cucurbita.*

Pendeo dum nascor, rursum dum pendeo nascor:
Pendens commoveor ventis, et nutrior undis,
Pendula si non sim, non sum jam jamque futura.

XLIV. *Cepa.*

Mordeo mordentes, ultro non mordeo quemquam,
Sed sunt mordentem multi mordere parati.
Nemo timet morsum, dentes quia non habeo ullos.

XLV. *Rosa.*

Purpura sum terrae, pulchro perfusa rubore,
Saepibus, ne violer, telis defendor acutis.
O felix, longo si possim vivere fato.

XLVI. *Viola.*

Magna quidem non sum, sed inest mihi maxima virtus.
Spirans est suavis, quamvis in corpore parvo:
Nec mihi germana habet nomen, nec culpa reatum.

XLVII. *Thus.*

Dulcis odor nostris, flammae fumoque fulgeo,
Et placeo hoc Superis, medius quo mittor in ignem,
Cum mihi peccandi vitium natura negavit.

XLVIII.

XLVIII. *Myrrha.*

DE lacrimis & pro lacrimis mea ſemper origo.
Et quondam fui, ſed nunc ex arbore naſcor,
Læta honore frondis, triſtis ſed imago doloris.

XLIX. *Ebur.*

DEns ego ſum magnus, populis cognitus Indis,
Nunc ego per partes in corpore multa receſſi.
Nec remanent vires, ſed formæ gratia manſit.

L. *Fœnum.*

HErba fui quondam viridis de gramine terræ,
Sed chalybis duro mollis præciſa metallo,
Mole premor propria, tecto concluſa ſub alto.

LI. *Mola.*

AMbæ ſumus lapides, una ſumus, ambo jacemus:
Quam piger eſt unus, tantum non ſegnis it alter:
Hic manet immotus, non deſinit ille moveri.

LII. *Farina.*

INter ſaxa fui, quæ me contrita premebant.
Vix tamen effugi totis eliſa medullis:
Et nunc forma mihi minor eſt, ſed copia major.

LIII. *Vitis.*

NOlo toro jungi, quamvis placet eſſe maritam.
Nolo virum thalamo, per me nam tota propago eſt.
Nolo ſepulchra pati, ſcio me ſubmergere terræ.

LIV. *Hamus.*

EXiguum corpus ſitum mucronis adunci,
Fallaces eſcas medio circumfero fluctu:
Blandior ut noceam, morti præmitto ſaginam.

LV. *Acus.*

LOnga, ſed exilis, tenui producta metallo,
Mollia duco levi comitantia vincula ferro,
Et faciem læſis, & nexum reddo ſolutus.

LVI. *Caliga.*

MAjor eram longe, quondam dum vita manebat.
At nunc exanimis, lacerata, ligata, revulſa,
Dedita ſum terræ, tumulo ſed condita non ſum.

LVII. *Clavus.*

IN caput ingredior, quia de pede pendeo ſolo:
Vertice tango ſolum, capitis veſtigia ſigno:
Sed multi comites caſum patiuntur eundem.

LVIII. *Capillus.*

FIndere me nulli poſſunt, præcidere multi.
Sed ſum verſicolor, albus quandoque futurus.
Malo manere niger, minus albus fata veretur.

LIX. *Pila.*

NOn ſum cincta comis, & non ſum compta capillis.
Intus enim crines mihi ſunt, quos non videt ullus.
Meque manus mittunt, manibuſque remittor in auras.

LX. *Serra.*

DEntibus innumeris ſum toto corpore plena,
Frondicomam ſobolem morſu depaſcor acuto.
Manſo tamen fruſtra, quia reſpuo prandia dentis.

LXI. *Anchora.*

MUcro mihi geminus ferro conjungitur uno.
Cum vento luctor, cum gurgite pugno profundo.
Scrutor aquas medias, ipſas quoque mordeo terras.

LXII. *Pons.*

STat nemus in lymphis, ſtat in alto gurgite ſilva,
Et manet in mediis undis immobile robur:
Terra tamen mixtis quod terra manentem preſſus.

LXIII. *Spongia.*

IPſa gravis non ſum, ſed aquæ mihi pondus inhæret:
Viſcera tota tumeſcunt patulis diffuſa cavernis.
Intus lympha latet, ſed non ſe ſponte profundit.

LXIV. *Tridens.*

TRes mihi ſunt dentes, quos unus continet ordo,
Unus præterea dens eſt & ſolus in imo,
Meque tenet numen, ventos timet, æquora curant.

LXV. *Sagitta.*

SEpta gravi ferro, levibus circumdata pennis,
Aëra per medium volucri contendo meatu,
Miſſaque diſcedens nullo mittente revertor.

LXVI. *Flagellum.*

DE pecudis dorſo pecudes ego tergo cruentans,
Obſequium reddens mutorum lege doloris.
Nec volo contentari, ſed contra malo movere.

LXVII. *Laterna.*

COrtice non cavis, tenui pellucida vitro,
Lumen habens intus divini ſideris inſtar,
Noctibus in mediis faciem non perdo dierum.

LXVIII. *Specular.*

PErſpicior patitus, nec luminis arcto viſus,
Tranſmittens oculos intra mea membra manentes.
Nec me tranſit hiems, ſed ſol tamen emicat in me.

LXIX. *Speculum.*

NUlla mihi certa eſt, nulla eſt peregrina figura,
Fulgor ineſt intus, radianti luce coruſcus,
Qui nihil oſtendit, niſi ſi quid viderit ante.

LXX. *Clepſydra.*

LEx bene dicendi, lex ſum quoque dura tacendi,
Jus avidæ linguæ, finis ſine fine loquendi,
Ipſa fluens dum verba fluunt, ut lingua quieſcat.

LXXI. *Puteus.*

MErſa procul terris in caſſis lympha profundis,
Non niſi perfoſſis poſſum procedere rimis,
Et trahor ad ſuperos alieno ductu labore.

LXXII. *Tubus.*

TRuncum terra tegit, latitant in corpore lymphae.
Alveus est angustus, qui ripas nulla habet ullas:
In ligno vehitur medio, quod ligna vehebat.

LXXIII. *Follis.*

NOn ego continuo morior dum spiritus exit:
Nam redit assidue, quamvis & saepe recedat:
Et mihi nunc magna est animae, nunc nulla facultas.

LXXIV. *Lapis.*

DEucalion ego sum crudelibus ortus in undis,
Assimilis terrae, sed longe durior illa.
Littera decedit, volucris quoque nomen habebo.

LXXV. *Calx.*

EVasi flammas, ignis tormenta profugi,
Ipsa contraria mox pugnans contraria flammis.
Frigida lymphis, calidis accendor ab undis.

LXXVI. *Silex.*

SEmper inest in me, sed raro cernitur ignis.
Intus enim latitat, sed solos prodit ad ictus.
Nec lignis ut vivat eget, nec, ut occidat, undis.

LXXVII. *Rotae, seu quadriga.*

QUatuor aequales currunt ex arte sorores.
Sic quasi certantes, cum sit labor omnibus unus,
Et prope sunt pariter, nec se contingere possunt.

LXXVIII. *Scopa.*

IN silvis genita, & laqueo connexa tenaci,
Juncta solo pariter, membris compressa decoris,
Ducor ubique sequens, & me quoque cuncta sequuntur.

LXXIX. *Tintinnabulum.*

ÆRe rigens curvo, patulum componor in orbem.
Mobilis est intus linguae crepitantis imago.
Non resonat positum, motum quoque saepe resultat.

LXXX. *Lagena.*

MAter erat Tellus, genitor est ipse Prometheus,
Auriculaeque regunt redimitam ventre carentem.
* Dum cecidi infelix, mater mea me nova divisit.

LXXXI. *Conditum.*

TRes olim fratres, qui nomine jungimur uno.
En tribus est unus, tres commiscentur in uno.
Quisque bonus per se, melior qui continet omnes.

LXXXII. *Vinum conversum in acetum.*

SUblatum nihil est, nihil est extrinsecus auctum.
Quod fueram, non sum: coepi quod non eram esse.
Nec tamen inveni quidquid prius ipse reliqui.

LXXXIII. *Malum.*

ESt mihi nomen avis, cantantis nomine dicto;
Fructu veneris functi, mutarunt cura formam;
Excidium Trojae: quae bella cruenta peregi.

LXXXIV. *Pruna.*

NObilis ante genus magni de gente Catonis:
Una mihi soror est, plures licet esse putentur.
De fumo facies mihi, de more gustus inhaesit.

LXXXV. *Malleus.*

NOn ego de toto mihi corpore vindico vitam,
Sed capitis pugna nulli certare recuso.
Grande mihi caput est, totum quoque pondus in illo est.

LXXXVI. *Pistillus.*

COntero cuncta simul virtutis robore magno.
Una mihi cervix, capitum sed forma duorum.
Pro pedibus caput est, nam cetera corpora non sunt.

LXXXVII. *Strigilis.*

RUfa, curva, capax, alienis humida guttis,
Luminibus falsis, auri mentita colorem,
Dedita sudori, candore fatiscente labori.

LXXXVIII. *Balneum.*

PEr totas aedes innoxius introit ignis.
Est calor in medio magnus, quem nemo veretur.
Non est nuda domus, sed nudus convenit hospes.

LXXXIX. *Tessera.*

DEdita sum semper voto non certa futuro.
Jactor in incertum varios sortita casus:
Non ego maesta malis, nec rebus laeta secundis.

XC. *Pecunia.*

TErra fui primum, latebris abscondita terrae.
Nunc aliud pretium flammae nomenque dederunt.
Nec jam terra vocor, licet ex me terra paretur.

XCI. *Mulier quae geminos pariebat.*

PLus ego sustinui quam corpus debuit unum.
Tres animas habui, quas omnes intus habebam.
Discessere duae, sed tertia paene secuta est.

XCII. *Eques podagricus.*

BEllipotens olim saevis metuendus in armis,
Sex ego pedes habui, quod nunquam nemo negavit.
Nunc mihi vix duo sunt, inopem me copia fecit.

XCIII. *Luscus alium vendens.*

CErnere jam fas est, quod vix tibi credere fas est.
Unus inest oculus, capitum sed millia multa.
Qui quod habet vendit, quod non habet, unde parabit?

XICV. *Funambulus.*

INter luciferum caelum, terrasque jacentes,
Aera per medium docto meat arte viator.
Semita sed brevis est, pedibus nec sufficit ipsis.

XCV. *Umbra.*

INsidias nullas vereor de fraude latentis.
Nam Deus attribuit nobis haec munera formae,
Quod me nemo movet, nisi quod prius ipse movetur.

XCVI.

XCVI. *Echo.*

Virgo modestia facti legem bene servo pudoris;
Ore procax non sum, nec sum temeraria linguæ;
Ultro nolo loqui, sed do responsa loquenti.

XCVII. *Somnus.*

Sponte mea veniens, varias ostendo figuras.
Fingo metus vanos, nullo discrimine veri;
Sed me nemo videt, nisi qui sua lumina claudit.

XCVIII. *Monumentum.*

Nomen habens hominis post ultima fata remansi.
Nomen inane manet, sed dulcis vita profugit.
Vita tamen superest morti post tempora vitæ.

XCIX. *Scala.*

Nos sumus ad cælum quæ scandimus alta petentes,
Concordi fabrica quas unus continet ordo:
Ut simul hærentes per nos comitentur ad auras.

C. *De VIII. tollas VII. & remanebunt VI.*

Nunc mihi jam credas fieri, quod posse negatur,
Octo tenes manibus, sed me monstrante magistro,
Sublatis septem reliqui tibi sex remanebunt.

EJUSDEM PHŒNIX.

EST locus in primo felix oriente remotus,
Qua patet æterni janua celsa poli:
Nec tamen æstivos, hiemisque propinquus ad ortus,
Sed qua sol verno fundit ab axe diem.
Illic planities tractus diffundit apertos;
Nec tumulus crescit, nec cava vallis hiat.
Sed nostros montes, quorum juga celsa putantur,
Per bis sex ulnas eminet ille locus.
Hic solis nemus est, & consitus arbore multa
Lucus perpetuæ frondis honore virens.
Cum Phaetonteis flagrasset ab ignibus axis,
Ille locus flammis inviolatus erat.
Et cum diluvium mersisset fluctibus orbem;
Deucalioneas exsuperavit aquas.
Non huc exsangues morbi, non ægra senectus,
Nec mors crudelis, nec metus asper adit.
Nec scelus infandum, nec opum vesana cupido,
Aut Mars, aut ardens cædis amore furor;
Luctus acerbus abest, & egestas obsita pannis,
Et curæ insomnes, & violenta fames.
Non ibi tempestas, nec vis furit horrida venti;
Nec gelido terram rore pruina tegit.
Nulla super campos tendit sua vellera nubes,
Nec cadit ex alto turbidus humor aquæ.
Sed fons in medio est, quem vivum nomine dicunt;
Perspicuus, lenis, dulcibus uber aquis.
Qui semel erumpens per singula tempora mensum,
Duodecies undis irrigat omne nemus.
Hic genus arboreum procero stipite surgens,
Non lapsura solo mitia poma gerit.
Hoc nemus, hos lucos avis incolit unica Phœnix,
Unica, sed vivit morte refecta sua.
Paret, & obsequitur Phœbo memoranda satelles.
Hoc natura parens munus habere dedit.
Lutea cum primum surgens aurora rubescit,
Cum primum rosea sidera luce fugat;
Ter quater illa pias immergit corpus in undas;
Ter quater e vivo gurgite libat aquam.
Tollitur, ac summo considit in arboris altæ
Vertice, quæ totum despicit una nemus.
Et conversa novos Phœbi nascentis ad ortus,
Exspectat radios, & jubar exoriens.
Atque ubi sol pepulit fulgentis limina portæ,
Et primi emicuit luminis aura levis;
Incipit illa sacri modulamina fundere cantus,
Et mira lucem voce ciere novam.
Quam nec aëdoniæ voces, nec tibia possit
Musica Cyrrhæis assimilare modis.
Sed neque olor moriens imitari posse putatur,
Nec Cylleneæ fila canora lyræ.
Postquam Phœbus equos in aperta refudit olympi,
Atque orbem totum protulit usque means;
Illa ter alarum repetito verbere plaudit
Non errabilibus nocte dieque sonis.
Atque eadem celeres etiam discriminat horas;
Igniferumque caput ter venerata silet.
Antistes nemorum, & luci veneranda sacerdos,
Et sola arcanis conscia, Phœbe, tuis.
Quæ postquam vitæ jam mille peregerit annos,
Ac se reddiderint tempora longa gravem,
Ut reparet lapsum spatiis vergentibus ævum,
Assueti nemoris dulce cubile fugit.
Cumque renascendi studio loca sancta reliquit;
Tunc petit hunc orbem, mors ubi regna tenet.
Dirigit in Syriam celeres longæva volatus;
Phœnices nomen cui dedit ipsa vetus.
Secretosque petit deserta per avia lucos;
Hic ubi per saltus silva remota latet.
Tum legit aërio sublimem vertice palmam,
Quæ gratum Phœnix ex ave nomen habet.
Quam nec dente nocens animal perrumpere possit,
Lubricus aut serpens, aut avis ulla rapax.
Tum ventos claudit pendentibus Æolus antris,
Ne violent flabris aëra purpureum,
Neu concreta Noto nubes per inania cæli
Submoveat radios Solis, & obsit avi.
Construit inde sibi seu nidum, sive sepulchrum;
Nam perit, ut vivat; se tamen ipsa creat.

Col-

Colligit hinc succos, & odores divite silva,
Quos legit Assyrius, quos opulentus Arabs;
Quos aut Pygmææ gentes, aut India carpit;
Aut molli generat terra Sabæa sinu.
Cinnamum dehinc, auramque procul spirantis amomi
Congerit, & mixto balsama cum folio.
Non casiæ mitis, nec olentis vimen acanthi,
Nec thuris lacrimæ, guttaque pinguis abest.
His addit teneras nardi pubentis aristas,
Et sociat myrrhæ pascua grata nimis.
Protinus instructo corpus mutabile nido,
Vitalique toro membra quieta locat.
Ore dehinc succos membris circumque, supraque
Injicit, exequiis immoritura suis.
Tunc inter varios animam commendat odores;
Depositi tanti nec timet illa fidem.
Interea corpus genitali morte peremtum
Æstuat, & flammam parturit ipse calor;
Ætherioque procul de lumine concipit ignem,
Flagrat, & ambustum solvitur in cineres.
Hos velut in massam cineres in morte coactos
Conflat, & effectum seminis instar habet.
Hinc animal primum sine membris fertur oriri,
Sed fertur vermis lacteus esse color.
Crescit in immensum subito cum tempore certo,
Seque ovi teretis colligit in speciem.
Inde reformatur, qualis fuit ante figura;
Et Phoenix ruptis pullulat exuviis.
Ac velut agrestes, cum filo ad saxa tenentur,
Mutari tineæ papilione solent.
Non illi cibus est nostro concessus in orbe,
Nec cuiquam implumem pascere cura subest.
Ambrosios libat cælesti nectare rores,
Stellifero tenues qui cecidere polo.
Hos legit; his mediis alitur in odoribus ales,
Donec maturam proferat effigiem.
Ast ubi primæva cœpit florere juventa,
Evolat ad patrias jam reditura domos.
Ante tamen, proprio quidquid de corpore restat,
Ossaque, vel cineres, exuviasque suas,
Unguine balsameo, myrrhaque, & thure soluto
Condit, & in formam conglobat ore pio.
Quam pedibus gestans contendit Solis ad ortus,
Inque ara residens, ponit in æde sacra.
Mirandam sese præstat, præbetque videnti:
Tantus avi decor est, tantus abundat honor.

Principio color est, qualis sub sidere cæli,
Mitia quem croceo punica grana legunt.
Qualis inest foliis, quæ fert agreste papaver,
Cum pandunt vestes Flora rubente polo.
Hoc humeri, pectusque decens velamine fulgent;
Hoc caput, hoc cervix, summaque terga nitent.
Caudaque porrigitur fulvo distincta metallo,
In cujus maculis purpura mixta rubet.
Clarum inter pennas insigne est desuper, Iris
Pingere ceu nubem desuper alta solet.
Albicat insignis misto viridante smaragdo,
Et puro cornu gemmea cuspis hiat.
Ingentes oculos credas, geminosque hyacinthos,
Quorum de medio lucida flamma micat.
Æquatur toto capiti radiata corona,
Phœbei referens verticis alta decus.
Crura tegunt squamæ fulvo distincta metallo.
Ast ungues roseo tingit honore color.
Effigies inter pavonis mixta figuram
Cernitur, & mistam Phasidis inter avem.
Magnitiem, terris Arabum quæ gignitur ales,
Vix æquare potest, seu fera seu sit avis.
Non tamen est tarda, ut volucres, quæ corpore magno
Incessus pigros per grave pondus habent,
Sed levis, & velox, regali plena decore.
Talis in aspectu se exhibet usque hominum.
Convenit Ægyptus tanti ad miracula visus;
Et raram volucrem turba salutat ovans.
Protinus insculpunt sacrato in marmore formam;
Et signant titulo remque diemque novo.
Contrahit in cœtum sese genus omne volantum,
Nec prædæ memor est ulla, nec ulla metus.
Alituum stipata choro volat illa per altum,
Turbaque prosequitur munere læta pio.
Sed postquam puri pervenit ad ætheris auras,
Mox redit illa; suis conditur illa locis.
Hac fortunatæ sortis, finisque volucris,
Cui de se nasci præstitit ipse Deus.
Femina, vel mas hæc, vel neutrum sit magis, felix,
Felix, quæ Veneris fœdera nulla colit.
Mors illi Venus est, sola est in morte voluptas;
Ut possit nasci, hæc appetit ante mori.
Ipsa sibi proles, suus est pater, & suus hæres,
Nutrix ipsa sui, semper alumna sibi.
Ipsa quidem, sed non eadem, quæ & ipsa, nec ipsa est,
Æternam vitam mortis adepta bono.

PUBLI-

19
I

O

-isyllabis.
ner, quin-
us oratio-
:psimus de
Harunt per

PANEGYRICUS.

& reciprocat heroicus est. Decimus &
itera, vel syllaba, fit idem pentameter.
heroicus, & heroicus pentameter. Quor-
dam redeunt, Sotadici.

Patriæ nobis te Maxime Cæsar
cus. o Lux pia Romulidum.
o Superis tuus, hac in gradia mundi
ena sic portet munera facta,
Patri, & Patris imperium
magna dara te Lux terea Roma,
terris tibi varia arbos Musa.

---

principium lectionis, ut pectore leuetur
cuo parte monogrammi, ex quibus unus
terminatur:

sua fine concludit. Qui est talis:

is, aut sub prora, extremo puppis acumine
iles:

mala contremunt somme procellas.
Roma bona contremunt somme procellas.
Roma semper votis tuis.

S I G N A L E G E N T I .
X A U R E A S A E C L I
E T A T E T R O P E A
P A G I N A V U T I S
I S C A L L I O P E A E
R F U S A L I Q U O R E
I A P R O L U A T U N D A S
P E C T O R E V E R S E T
N U M E R O S A C A N E N D O
D A T G R A E C I A D O N A
L I L I M I T E F I R M A S
L O R E N T I A V O I I S
C A R U I N E T E C T O
P L L C T E R E C I V E M
T I T A E T H E R A I U R E
E S C R U P E A V I S U S
N S M U A N O T A R E
T A T A V I A P H O E B U S
N E T A U R E A P L E C T R O
S C U I A P L A U D E N S
I I I I C A R F E N S
P R O A X E G O V E R O
O E F R A N G E R E R E M O
S C R U E O I E N D O
O N T E X E R E N A V E M
Z S I N C L I I A V O T O
N F R A N G A T H I U L C O
I N A M O E D O E N D I
A A F L M I N E S A N C T O
S I B I A G O N T M
. E M E N T I A R E D D E T
T A U R E A S, A E C L A
I E N N I A R E D D E T
N O M I N E F O R M E T
T P A G I N I A F E L I X
N S I G N I A F A T A
G N A P A R E N T U R
A C T A N E P O T U M

PANEGYRICUS.

...m litterarum sunt, & primi versus littera ...acrostichidis, idest S communis est cum ultima ...stichon S, caput est medii versus deorsum ...d ũs media littera, quae est decima utroque, S, ...rsus vel ad directum ire possunt, vel a me... ...uũ per omnes partes has sunt,

...i serenus .

...s partes senas denis litteras, in quibus qua... ...rum faciunt versum :

...ala toto.

M I S E R E R E S E R E N V S
O M O R T A L I A C U N C T A
S D A G A U D I A N O M E N
I C A R M I N I S E X H O S
T I S C U R A R E C U S A T
T C R I M I N A P A R C A E
X S E C U R A S O N A B I T
I E P A N G E R E V E R S I
L T E M D I C E R E V A T I
N T I C O N E C I A N U T V
Q U E E U I C E L E F A T A
T L I M L T E C L A U D A T
T C O N S O N A I N O M N I
A R S E X T I M A T A L I S
E N S A P T I U S L S T I C
U A E D I V I D I T O R E A
E R S U Q U E R E F E R R S
I S E R E R E S E R E N U S
C U S I N C L I T S E A M A
A O M A R F I A V I F T O A
E N S A S P E R A L C G U A
E T G L O R L A S A E C L I
E L I X U O P I A B E B U S
V I R T U T E F E D E Q U E
G I V I L I S U S U L T O R
N S C L A R A S U P E R N E
A C O P T I M B D U C T O R
N C T A O M N I A P E R T E
A D E X T R A M A R I T I E
G O N S O R T I A V I T A E
N E M A X I M E R E C T O R
A M C E T E R A C A U S A E
B N B R A B I L E N U M R N
A N S F A T A L I A N U T U

nixta,
:us uoum:

E S P R O T E & I I A L M Q

[illegible]

T M A C H I N A S A C R A

verſi-
rate ſi-

E
BI
S

OS

S

A

amfra-

ſque ad
ſt hic:

aſtavi

um primam ollavi Ri, & inde a l. anni Lo, & inde a XVII. no- ide a XIII. anni usque ad primam

L A H I S Q U O Q; I UNGAM
U S A C A M O E N A
V M I N E P H O E B I
N C U L A C U R I S
G U L A C U I T U
O I A F L E K V S
A V E R I T A E S T US
A U C I U S I R I M
R I S O B A R T E S
K I I C E T A E T US
O L O C A T A S T R I
R M O N E L A T E N TER
M N I A A H O R T U
R O D I R E C A R MEN
N I E M E A B U N T
N A V E E S U S

usque ad ultimum per fingulas lit-;

N V E R TI CE PEN DENS
R A R E F R E Q U E N T E S
D E M Q U E C I C U T I S
L A M I N E S I L V A S
N A Q U E S A C C H I
U S I C A T E M P E
I N E C A N T U S
I A P R I M U S
A C Y B E L E
A B E L L O
M O R E S
U S A S
I D A
T O
U

A X E I A M N U N C
N T E M U N D O
A L U B R E N U M E N
E N N E F A U S T I S
T U S I B I T
R N E D E X T R A
E N T I S O M E
N A P R A E S T A T
O T A M U N D I
U B R E N U M E N
N T E N U T Y
E A T E S O L U ;

tis placidam [illegible] gaudere.
a radians vigore virtus
na superis videre [illegible],
bre moderans sub orbe rerum,
re superos ubique vivens,
dominans per omne [illegible].

IN-

PANEGYRICUS.

P

?i monogrammum X depiclum est, per
lecurrens continet,
tutus.
bliquum ascendit scriptura hæc,
is.
\ lirectum descendit rubrica continens,
-r.

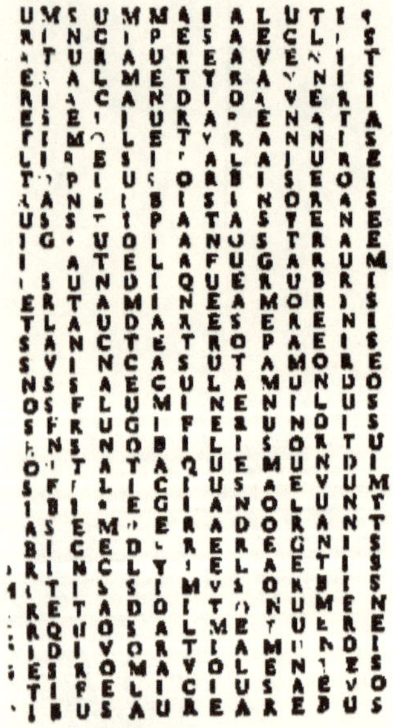

In

ro-
li-

usſi

PANEGYRICUS.

as Musæ,
lexus.

XII

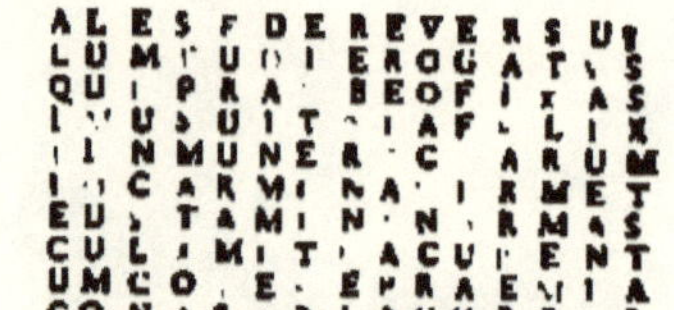

XIV

Alme

s funt, & de minio scripta species palmæ, in nec versum poterant implere, adjuncta est linea

palmam.

ultimus primi versus communi manente, secundus versum,

mina Phœbum.

T ascendit hic versus,

ndicere leges.

ascendit hic versus,

que ramos.

versus ad mediam ultimi hic versus,

mine versus,

In

53

fus ad

ius ha-

ni pri-

a fine

XIII.

quam paginam discurrunt duo versus ula seprenas litteras habent, quarum velis, sit quarta, & quarta rursum da, & manente ultima, fiat recipro- io versu eamdem varietatis obtinens t quamvis inde partem orationis per

In hac eadem pagina quatuor quadra- rthogona majora dimidiata, & unum ri numero litterarum, & pari ordine :, orthogona orthogonis, quadrata qua-

T	A	T	A		O	N	O	R	I	S
A	R	M	I		A	T	E	X	I	T
I	M	I	N		R	E	C	T	U	M
M	I	T	E		I	S	T	A	N	S
C	U	M	Q		E	M	E	A	T	U
E	G	E	C		T	E	R	V	A	S
M	I	N	E							
E	R	P		T	E	M	E	T	R	
F	I		I	A	C	O	N	T		A
R		M	I	N	E	M	E		R	I
	U	N	I	A	D	O		T	A	E
M	F	I	N	E	S		D	U	N	O
E	V	I	A	C		A	U	D	I	T
U	P	E	A		R	A	E	B	E	T
T	O	T		P	E	R	A	C	T	A
C	O		D	I	T	A	V		S	U
D		C	E	R	E	V	A	T	E	M
	P	O	N	A	C	R	U	O	R	E
T		S	S	I	M	A	T	O	T	O
A	M		E	R	E	P	L	E	T	O
M	Q	U		F	E	R	O	C	E	M
M	I	N	E		A	U	D	E	N	S
L	E	S	T	I		F	A	C	T	A
C	U	L	S	A	R		I	N	I	S
	A	R	T	E	C	A		U	C	A
N		A	P	R	A	E	S		N	S
M	I		A	C	E	R	N	E	A	S
T	E	R		P	R	A	E	D	A	
E	L	I	A							
C	O	M	P		E	A	T	O	R	E
B	L	E	Q		S	O	N	A	R	E
E	C	T	A		A	M	E	N	I	S
N	O	T	A		R	O	P	A	E	A
M	U	N	E	R	E	S	A	C	R	O
T	A	P	R	U	C	E	L	L	A	S

In

55
descen-
ns facit

m prope
versum,

nde per
a prope
ßiebide

tululum

aturam,
rsum,

em ma-

OST

ANEGYRICUS.

```
 I T E C L I L
 T I A F O N T E
 R E M A N E N T E
 L I C I A T E X T A
 E X O R D I A F I N E
 E S C E N T I A M O T V
 C F A S T I G I A T O T A
 O L I M I T E C L A V D A T
 E L E M E N T A P R I O R I S
 Q V A R I L E G E R E T E N T A
 V I S V D I S S O N A M V L T V M
 T R I R A T I O N I B V S I S D E M
 S T A M E N A E Q V I P A R A N T E M
 E C I E S A P T I S S I M A C A N T V S
 S S V R G E T F E C V N D A C A N O R I S
 L A M I S C R E S C E N T I B V S A V C T A
 Q V A D R A T I S O R D I N E P L E C T R I S
 M E R O S C L A V D I T Q V E A P E R I T Q V E
 L A C I D I S B E N E C O N S O N A R I T H M I S
I S P R O P E R A N T I B V S I N C I T A V E N T I S
 I V V E N V M L A B O R H A V D S I B I D I S C O R S
, T Q V E A G I T A N S A V G E T Q V E R E L V C T A N S
› S P R O P R I V M Q V E A D C A R M I N A P R A E S T A T
' M A D M O T V M I N T R E M E F A C T A F R E Q V E N T I A
} V I A V T P L A C I D O S B E N E C L A V D E R E C A N T V S
& I S P R A E S T R I N G E R E Q V I D Q V I D V B I Q V E E S T
```

T. versibus depicta, in qua superior pars omnis heroico metro XV. litterarum est, & inde singuli per ordinem incrementis perveniunt, cujus numeri est ultimus versus, qui primum ver-
un sit pari metro. Deinde per medium diversa rubrica scri-

juvat rata reddere vota.

XXVI.

ARDVA COMPONVNT FELICES CARMINA MVSAE
DISSONA CONNECTVNT DIVERSIS VINCVLA METRIS
SCRVPEA PANGENTES TORQVENTES PECTORA VATES
VNDIQVE CONFVSIS CONSTABVNT SINGVLA VERBIS

Hi quatuor versus miro pari ratione conscripti sunt: ita ut manente ultima parte orationis, ceteras partes omnes versuum ordinibus [illegible] mutaris, vel ad directum, vel ad reciprocum [illegible] variare possis, ita dumtaxat, ut primæ partes cum primis vel quartis vices mutent, secundæ cum secundis, vel tertiis, & possis si velis, nulla parte orationis addita, ex his IIII. versibus LXXII. facere, ita ut nullus sui similis sit.

Ardua componunt felices carmina Musæ,
Dissona connectunt diversis vincula metris,
Scrupea pangentes torquentes pectora vates,
Undique confusis constabunt singula verbis.

Carmina felices componunt ardua Musæ,
Vincula diversis connectunt dissona metris,
Pectora torquentes pangentes scrupea vates,
Singula constabunt confusis undique verbis.

Ardua constabunt torquentes carmina Musæ,
Dissona componunt connectunt vincula metris,
Scrupea confusis diversis pectora vates,
Undique felices pangentes singula verbis.

Carmina torquentes constabunt ardua Musæ,
Vincula connectunt componunt dissona metris,
Pectora diversis confusis scrupea vates,
Singula pangentes felices undique verbis.

Undique connectunt constabunt singula Musæ,
Scrupea torquentes componunt pectora metris,
Dissona confusis felices vincula vates,
Ardua pangentes diversis carmina verbis.

Singula constabunt connectunt undique Musæ,
Pectora componunt torquentes scrupea metris,
Vincula felices confusis dissona vates,
Carmina diversis pangentes ardua verbis.

Carmina diversis felices ardua Musæ,
Vincula pangentes connectunt dissona metris,
Pectora torquentes componunt scrupea vates,
Singula confusis constabunt undique verbis.

Ardua felices diversis carmina Musæ,
Dissona connectunt pangentes vincula metris,
Scrupea componunt torquentes pectora vates,
Undique constabunt confusis singula verbis.

Singula confusis pangentes undique Musæ,
Pectora diversis felices ardua metris,
Vincula connectunt constabunt scrupea vates,
Carmina componunt torquentes dissona verbis.

Undique pangentes confusis singula Musæ,
Ardua felices diversis pectora metris,
Scrupea constabunt connectunt vincula vates,
Dissona torquentes componunt carmina verbis.

Dissona torquentes constabunt vincula Musæ,
Undique connectunt componunt singula metris,
Ardua diversis confusis carmina vates,
Scrupea pangentes felices pectora verbis.

Pectora connectunt pangentes scrupea Musæ,
Carmina confusis diversis ardua metris,
Singula felices componunt undique vates,
Vincula constabunt torquentes ardua verbis.

Scrupea felices diversis pectora Musæ,
Ardua connectunt pangentes carmina metris.
Undique componunt torquentes singula vates,
Dissona constabunt confusis vincula verbis.

Vincula confusis constabunt dissona Musæ,
Singula torquentes componunt undique metris,
Carmina pangentes connectunt ardua vates,
Pectora diversis felices scrupea verbis.

Vincula componunt connectunt dissona Musæ,
Singula constabunt torquentes undique metris,
Carmina felices confusis ardua vates,
Pectora pangentes diversis scrupea verbis.

Scrupea diversis pangentes pectora Musæ,
Ardua confusis felices carmina metris,
Undique torquentes constabunt singula vates,
Dissona connectunt componunt vincula verbis.

Pectora pangentes confusis scrupea Musæ,
Carmina felices diversis ardua metris,
Singula constabunt connectunt undique vates,
Vincula torquentes componunt dissona verbis.

Dissona componunt torquentes vincula Musæ,
Undique connectunt constabunt singula metris,
Ardua diversis felices carmina vates,
Scrupea confusis pangentes pectora verbis.

Panegyricus Publilii Optatiani Porphyrii dictus Constantino Augusto
Finit Feliciter.

JUVENCI PRESBYTERI DE HISTORIA EVANGELICA LIBRI TRES.

PROLOGUS.

Immortale nihil mundi compage tenetur,
Non orbis, non regna hominum, non aurea Roma,
Non mare, non tellus, non ignea sidera cœli.
Nam statuit genitor rerum irrevocabile tempus,
Quo cunctum torrens rapiet flamma ultima mundum.
Sed tamen innumeros homines sublimia facta,
Et virtutis honos, in tempore longa frequentant,
Accumulant quorum famam, laudesque poetæ.
Hos celsi cantus Smyrnæ de fonte fluentes,
Illos Minciadæ celebrat dulcedo Maronis.
Nec minor ipsorum discurrit gloria vatum,
Quæ manet æternæ similis, dum sæcla volabunt,
Et vertigo poli terras atque æquora circum
Æthera sidereum jusso moderamine volvet.
Quod si tam longam meruerunt carmina famam,
Quæ veterum gestis hominum mendacia nectunt,
Nobis certa fides æternæ in sæcula laudis
Immortale decus tribuet, meritumque rependet.
Nam mihi carmen erit Christi vitalia gesta,
Divinum in populis falsi sine crimine donum.
Nec metus, ut mundi rapiant incendia secum
Hoc opus. hoc etenim forsan me subtrahet igni,
Tunc cum flammivoma descendet nube coruscans
Judex altithroni genitoris gloria Christus.
Ergo age sanctificus adsit mihi carminis auctor
Spiritus, & puro mentem riget amne canentis
Dulcis Jordanis, ut Christo digna loquamur.

LIBER PRIMUS.

Lucæ primo.

Rex fuit Herodes Judæa in gente cruentus,
Sub quo servator justi templique sacerdos
Zacharias, vicibus cui templum cura regendi,
Digestis instabat lectorum ex ordine vicis.
Hujus inhærebat thalamis dignissima conjunx,
Cura iis ambobus parilis moderaminis æqui,
Ambos annosæ legis præcepta tenebant.
Nec fuit iis soboles, jam tunc vergentibus annis,
Gratius ut donum jam desperantibus esset.
Sed quum forte adytis arisque inferret odores
Zacharias, visus cœlo descendere aperto
Nuntius, & soli jussus perferre loquelas.
(Cetera nam foribus plebes astrata rogabat)
Quid tibi terribilis concussit corda pavore
Visus, cum læti sermonis grata placet?
Nam me propitius rerum pater ultro, alto
A cœli solio tibi nunc in verba venire
Præcepit, & clara tibi mox de conjuge natum
Promittit, grandis rerum cui gloria restat,
Plurima qui populis nascendo gaudia quæret;
Sobrius æternum, clausum quem spiritus ipsis
Visceribus matris complebit numine claro.
Istius hic partem populi plerumque docendo
Ad verum convertet iter, Dominumque Deumque
Cernimus primus asseret, plebemque movebit.
Nomine Joannem quem tu vocitare memento.
Olli confusis respondit mente sacerdos:
Æmula promissis obsistit talibus ætas,
Nec senibus sobolem poterit contingere fessis,
Quam Deus aversus primævo in flore negavit.
Hæc trepidante vate, cui talia nuntius infert:
Si tibi mortalis sobolem promitteret ullus,
Ad desperandam forsan confusio mentis
Debuerat tardis hærens insistere verbis.
Nunc ego, quem dominus cœli terræque creator
Ante suos vultus voluit parere ministrum;
Auribus ingratis hominis, visuque receptus,
Summi jussa Dei non contemnenda peregi.
Quare promissi munus irrevocabile donum:
Sed tibi claudetur rapidos vox muta meatus,
Donec cuncta Dei firmentur munera vobis.
Hæc ait, & sese tenuis immiscuit auris.
Interea populum miracula longa trahebant,
Quid tantum in templo vellet cessare sacerdos.
Egressum trepide mutum vidisse superna
Nutibus edocuit, mirisque & dispendia vocis.
Inde domum remeat completo ex ordine vates
Officio, amissamque levans promissa loquelam.
Nec dilata diu venerunt munera prolis.
Anxia sed ventris celabat gaudia conjunx,
Donec quinque cavam complerent lumina Lunam.
Tunc majora dehinc idem mandata minister
Detulit ad Mariæ decussus virginis aures.
Hæc desponsa suo per tempora certa propinquo
Abdita virginitatis castæ pubescere tectis,
Et servare diem jussa permissa parentum.
Ad quam tranquillum sermonem nuntius infit:
Salve progenie terras ditura salubri,
Desine conspectu mentem turbare verendo!
Nam tua concipient cœlesti viscera jussu
Natum, quem regnare Deus per sæcula cuncta
Et proprium credi sobolem, gaudensque jubebit.
Huic, ubi sub lucem dederis, sit nomen Iesus.
Ad quem virgo dehinc pavido sic incipit ore:
Nullus conceptus fieri sine conjuge dicitur,
Unde igitur sobolem mihi nunc sperabo venire?

Nuntius haec contra celeri sermone profatur:
Virtus celsa Dei circumvolitabit obumbrans,
Spiritus et veniet purus, lectissima virgo,
Ac tibi mox partum casto sermone jubebit
Magnificum gigni, populis quem credere sanctum
Supremique Dei natum vocitare necesse est.
Sic cognata tibi, sterilis quae credita cunctis
Zachariae conjux, mortali germine nuper
Aevo defessis aluit miracula membris.
Sextus adest mensis, parent sic omnia jussis.
Virgo dehinc: Domino famulam nunc ecce jubenti,
Ut tua verba sonant, cernis servire paratam.
Nuntius abscedens vacuis se condidit auris.
Illa dehinc rapidis Judaeae passibus urbem,
Zachariaeque domum petiens, gravidamque salutat
Elisabeth: clausa cui protinus aula prolis
Membra uteri gremio motu majore resultant,
Et simul exsilit mater concussa tremore,
Divinae vocis completa afflamine sancto:
Et magnum clamans, Felix o femina salve;
Felicem gestans uteri sinuamine fetum.
Unde meam tanto voluit Deus aequus honore
Illustrare domum, quam mater numinis alti
Viseret? ecce meo gaudens in viscere proles
Exsultat, Mariae quantum prima affamina sensit.
Felix quae confisa fidem tuae affore verbo,
Quae Deus ad famulam, magnum dignando, locutus.
Illa trahens animam per gaudia multa pudore
Suppresso, vocis gravitate dicta volutat:
Magnificat laudes animus, gratesque rependit
Immenso domino mundi, vix gaudia tanta
Spiritus iste capit, quod me dignatus in altum
Erigere, ex humili cultam, cunctisque beatam
Gentibus et saeclis voluit Deus aequus haberi.
Subruit ecce thronum saevis regnique superbos,
Largifluis humiles opibus ditavit egenos.
Tunc illic mansit ternos ex ordine menses,
Ad propriamque domum repedat jam certa futuri.
Jamque aderat tempus, quo sarcina deferat alvum
Elisabeth, liquidas solvenda in luminis auras;
Ad partus fama cunctos collecta cucurrit
Turba propinquorum: tum gaudia mira frequentes
Concelebrant, nomenque jubent genitoris habere.
Abnuit hoc genitrix, sed Joannem vocitetur
Ingeminat: placuit simul tunc resta parentis
Consulere, scriptoque rogant edicere nomen.
Sed pater mira fide, tabulis quem scribere tentat,
Implicitam solvit per verba sonantia linguam.
Mox etiam afflatum penetrant spiracula numinis,
Completusque canit venturi conscia dicta:
Concelebrem cuncti laudes, gratesque frequentem
Astrorum et terrae, populique hominumque parenti,
Visere quod voluit, propriamque absolvere plebem.
En, hunc antiquum promens, cornuque salutis
Erectum, indulget Davidis origine summo.
Hoc est quod prisci cecinere ex ordine vates:
Haec est illa salus, quae nos ex hostibus arcis
Eripit, ut justo justis servire queamus.
At tu parve puer, sanctus dignusque Propheta
Dicere, et dominum mox praegressure viando,
Illius et populum duces per lumen apertum:
Errorum per te spernens, morumque tenebras
Abstergunt omnes, tua qui praecepta sequuntur.
Exin secreta in vallibus abdita semper
Vita fuit puero, donec succentibus annis
Vatis ad officium pleno pubesceret aevo.

Matthaei 1.

Interea Mariam sponso miracula mentem
Sollicitant, manifesta uteri quod pondera vidit,
Et secum volvit, quonam ratione propinqua
Uxorem oppressam celet, thalamoque recedat.
Talia tractanti torpescunt membra sopore.
Mox sopitum, Dei vox est audita monentis:
Accipe conjugium nullo cum crimine pactae,
Spiritus implevit sancto cui viscera fetu.
Hanc cecinit vates venturam ex virgine prolem,
Nobiscum Deus, est cui nomen. Protinus ille
Haec praecepta sequens, servat sponsalia pacta.

Lucae 2.

Sed tum forte novus, capitum discriptio, census
Caesaris Augusti jussu per plurima terrae
Describebatur Syriae, quam jure regebat
Cyrinus, proprii cui tota per oppida fines
Addebant populi vires nomenque genusque.
Urbs est Judaeae Bethleem, David canorum
Quae genuit, generis censum quae jure petebat.
Omnis hic illum, genus hinc quod uterque trahebat,
Desponsamque sibi scribens, gravidamque professus:
Hospitium amborum Bethleem sub moenibus urbis
Angusti sumunt perparva habitacula ruris.
Illic virgo novum complens tempore fetum
Edidit, et levi pannosis tegmine fotum
Texit, cui durum cunas praesepe ministrat.
Circa sollicitae pecorum custodia noctis
Pastores tenuit vigiles per pascua laeta:
Ecce Dei nomine jussum descendere caelo
Nuntium, ac subito terror tremefacta pavore
Prostravit viridi pastorum corpora terra.
Talis et amoenis caelo vox missa cucurrit:
Ponite terrorum motus, nam famine dicta
Pastores, quibus haec ingentia gaudia porto.
Nam genitus puer est, Davidis origine clara,
Qui populis lucem mox laetitiamque propaget.
Hoc signum dicam, parvum quod cernere vobis
Jam licet, implentem gracili praesepia vasta.
Talia dicenti junguntur millia plebis
Caelestis, cunctique Deum laudantque rogantque:
Talis et multis vox agminis aera complet:
Gloria supremum conscendat debita patrem;
In terris justos homines pax digna sequatur.
Et simul his dictis caeli secreta revisunt.
Pastores propere veniunt, puerumque jacentem
Praesepis gremio cernunt, post inde frequentes
Dispergunt late celebris vaga semina famae,
Mirantes laudant, stantes consurgunt,
Omnia sollertis monitis quod vera recensent.
Viderat octavam lucem puer, ecce recidi
Ad morem legis, nomenque aptare necesse est:
Impositumque illi est (monitis caelestibus olim
Quod Mariae vox missa Deo praecepit) Jesus.
Scripserat antiquus Moses moderamina legis,
Inter quae primos prisco de sanguine natos
Observare dedit sanctis offerre sacrandos,
Implumesque simul ferre ad delubra columbas.
Haec ubi per Mariam templo servata feruntur,
Ecce senex Simeon dignus comprendere sensum
Caelestis vocis, cui quondam praescia rerum
Virtus promiserat, quod carcere corporis aegri
Deponere, mortem liber requiemque videret,
Cum primum caeli laudem terraeque salutem
(Omnia quem vatum spondent oracula) Christum
Vidisset templo sollemnem ferre palumbes.

Isque ubi curvato defessus corpore templum
Jam gravior penetrat, monuit quod spiritus auctor;
Ecce simul parvum gremio genitricis Iesum
Ad templum sancte venisse, trementibus ulnis
Accepit puerum, laetusque haec dicta profatur:
Nunc, nunc me famulum, dominator, nunc liberet arctis
Corporis e vinclis, sanctumque impleveris verbis
Digressum cum pace sinis. en splendida nostros
Lux oculos tua circumstans radiisque refulget,
Quam cunctis hominum lustratis gentibus addit
Israelitarum cumulatur gloria plebis.
Hinc ait, Haec quid, virgo, tibi tam mira videntur?
Quid tantum Mariae stupuerunt pectora matris?
Hic puer ad populi casum datur. iste renasci
Concedet populis, illi signum esse negabunt
Foederis, hi contra caelo venisse tenebunt.
Livor enim faciet, telum ut percurrat amarum;
Atque animam matris ferro fulgente machaera:
Quo pateant caeci tenebrosa volumina cordis.
Haec ait in Simeone Deus: nos rite Prophetam
Feminam sancto compleri spiramine narrem.
Aevo fuit aeva gravior, quam in flore juventae
Destituit viduam mors immatura mariti.
Hinc fruitur casta charo pro conjuge vita,
Continuoque Dei cultu, quae numine docta
Cognovit Christum, & simili sermone locuta est.
Inde ubi solemnem posuit pro nomine legem
Complevit genitrix, & Joseph omnia mirans,
Ad patriam laeti repedant, puerumque reportant.

Matth. 2.

Gens est Eoi, Phoebo orto, proxima regni,
Astrorum sollers ortusque obitusque notare.
Hujus primores nomen tenuere Magorum.
Hinc lecti proceres Solymas per longa viarum
Deveniunt, regemque adeunt, orantque doceri,
Quae regio imperio puerum Judaea teneret
Progenitum, & sese stellae fulgoris ab ortu
Admonitos venisse viam, quem supplice dextra
Exortum terris venerabile numen adorent.
Territus Herodes vatum legumque peritos,
Quique Prophetarum veterum praesagia noscunt,
Imperio accitos jubet omnia quaerere legis,
Quo pateant quae sint genitalia moenia Christo,
Omnia venturum spondebant quem oracula vatum.
Tunc manifestatur, Bethleem quod moenibus illum
Progigni maneat, cui sacram ducere plebem
Israelitarum sacra virtute concessa est.
Tunc jubet Herodes Persas percurrere gressum,
Inventumque sibi puerum monstrare colendum.
Ecce vix mediis stellam praecurrere cernunt
Sulcantem flammis auras, quae in culmine summo
Restitit, & pueri lustrans habitacula monstrat.
Gaudia magna Magi gaudent, sidusque salutant.
At postquam puerum videre sub ubere matris,
Dejecti prono sternunt corpore terram:
Submissique simul tres mystica munera promunt,
Aurum, thus, myrrham, regique Deoque hominique
Dona ferunt; totam mox horrida somnia noctem
Sollicitant, servantque jubent vitare tyrannum:
Denique diversis Herodis callibus aulam
Diffugiunt, patriamque Magi redire laetantur.
Ipsum etiam puerum monitis caelestibus actus
Aegyptum cum matre simul transportat Joseph.
At ferus Herodes sibimet succedere credit,
Quem calleat astris quaesitum cura Magorum,
Quemque proceres discessu sollicitarant,
Crudeli edicit Bethleemica compita caede,
Infantes mandans, matrumque sub ubere pleno
Innocuum in sinibus rigido succumbere ferro.
Haec etiam cantus olim praescripta monebat.
Nam jam hanc vates divino numine doctus
Compleverat, miseros luctus pro funere matres
Horrendis graviter caelum pulsare querelis.
Ast ubi sopitus furor est, & saeva tyranni
Infantum horribili sevitas satiata cruore,
Extinxisse putat cunctos, quos unus & alter
Annus lactenti miseros superaverat aevi.
Mirandis iterum devinctus membra sopore
Joseph urgetur monitis, Mariam puerumque
Aegypto ad patriam vectare, ubi Nazara felix
Oppido praedictum puero dedit addere nomen.
Dixit & alterius quondam praenuntia vatis
Vox instincta Deo, Veniet, veniet mea proles
Aegypto ex alta, terris lumenque salusque.
Crescebat rapidis annorum gressibus infans,
Praecurrens aevum sapientia praeveniebat,
Gratiaque in vultu, & verbis veneranda micabat.

Luc. 2.

Et jam bissenos aevi compleverat annos,
Cum Paschae ritum servando ex more parentes
Ad templum laeti puerum perducere festis
Omnibus annorum vicibus de more solebant.
Ergo aderant paschae pariter, consultisque diebus
Festorum impletis, patriam remeare parabant.
Tum puer in populo comitis vestigia matris
Deseruit, templique lares secreta petivit.
Illum per vicos urbisque per abdita tecta
Perque vias strata, per notos perque propinquos
Quaerebat genitrix: sed lux ubi tertia venit,
Ad templum propere remeant, vatumque coronae
Inventum insertum, legumque obscura senili
Tractantem cura, vix admiranda digna
De pueri verbis senibus fuit: at pia mater,
Nate, ait, amissum lacrimis te quaero profusis
Anxia, cum genitore gemens: quae causa parentum
Sprevit gressu, templique in sede remansti?
Ille autem, Quid me rursum, quid quaeritis, inquit?
An nondum sentis genitrix quod jure paternis
Addictum me domus aeternum inhabitare necesse est?
Haec ait, & gressum sequitur, patriamque revisit,
Nec genitrix tamen persensit pondera verbi,
Ordine cuncta tamen cordis secreta reservat.
At puer obsequiis aptis praedulcibus ambos
Ad propriam semper augens vectabat amorem.

Matth. 3. Marci 1. Luce 3. Joannis 1.

Interea veteris scripti per debita currens
Omnia, sanctorum series promissa trahebat,
Zachariae sobolem desertis vallibus omnes
Ad deponendas maculas clamore vocabat,
Fluminis ut liquidi caperent miranda lavacra,
Queis animae species ablata sorde niteret.
Esaias vates cecinit quod numine jussus:
Vox late resonat, desertis vallibus amplas
Sternite jam stratas, omnis sit recta viarum
Semita, quae domini digna vestigia gestet.
Subsidunt colles, vallis complebitur omnis:
Corriget anfractus callis bona linea recti,
Corporeisque oculis humana tractare terrenum
Omnibus indulget penitus, dominoque salutis.
Ergo aderant populi, passimque hinc inde ruentes
Complebant ripas, avidique lavacra petebant.
Texta camelorum fuscum velamina setis,

Et victus

Et zona pellis medium cinxisse Prophetam,
Arvis qui solitus ruralibus esse locustis,
Et tenuem victum silvestria mandere mella.
Isque ubi tum populos diversis sedibus ortos
Irruere ad fluvium cernit, sic increpat ore:
Viperea gentis soboles, quis debita vobis
Supplicia, urgentesque iras evadere monstrat?
Sed facite, o miseri, fructum (si poenitet) aequum,
Nec generis vestri tollat fiducia mentem.
Nam potis est dura saxorum ex caute creare
Progeniem, quando soboles sua degener errat.
Proxima roboris jamjam radicibus instat
Conspicuum ante oculos acies sublata securis.
Caeditur silva sterilis, ignemque fovebunt.
Nunc ego praeteritos maculas in flumine puro
Abluere instituo: veniet sed fortior alter,
Cujus vincla pedum non sum contingere dignus.
Abluet ille homines sancto spiramine mergens,
Flammarumque globis purgabit squalida corda.
Illius & manibus vitalis pala tenetur,
Et propria ipsius purgabitur area frugum,
Horreaque implebit secreti copia farris,
Æternusque leves paleas populabitur ignis.
Haec ait: & properis per silvam passibus ipsum
Cernit Jordanis veneranda lavacra petentem.
Sed vetat increpitans vates, & talia fatur:
Tune meis manibus dignaris mergier undis,
Cum tua me melius possint mundare lavacra?
Dixit Joannes: cui talia reddit Jesus:
Nunc sine, nam decet hoc: sic sancta per omnia nobis
Justitiae confestantes complebitur ordo.
Haec memorans, vitreas penetrabat fluminis undas.
Surgenti manifesta Dei praesentia claret:
Scinditur auricolor caeli septemplicis aethra,
Corporeamque gerens speciem, descendit ab alto
Spiritus aereum simulans ex nube columbam,
Et sancto flatu corpus perfudit Jesu.
Tunc vox missa Dei longum per inane cucurrit,
Ablutumque undis Christum, flatuque perunctum
Alloquitur: Te nunc hodie per gaudia testor
Ex me progenitum; placet haec mihi gloria prolis.

Matthaei & Lucae 4. Marci 1.

Tum petit umbrosum nemorum, & lustra ferarum,
Obsequiumque illi patris praebere ministri
Certabant. rabidi nam livor daemonis ater
Cum terrore rapit mentem, nec desinit aegro
Tentandi interea Christum versutia fallax.
Quadraginta illi fuerant ex ordine soles,
Ex quo nulla cibi potusque alimenta dabantur,
Sed contexta simul simul jejunia condit,
Terrarum ad regnum mentis secreta trahebant.
Tunc epulis demum monuit conquirere corpus.
Horrendi interea sceleris fallacia tentans,
Si te pro certo genuit Deus, omnibus, inquit,
Hic poteris saxis sancti sermone jubere
Visum triticei, formamque capessere panis.
Christus ad haec fatur: Nil me jam talia terrent.
Nam memini scriptum: quoniam non sola resorbit
Vitam credentis facilis substantia panis,
Sed sermone Dei complet pia pectora virtus.
Rursus at ille dolos versutis artibus aptans
Nectere tentator properat: nam moenibus orbis
Mox inferre pedem sancti, & sistit Christum
Culmine marmorei sancti consistere templi.
Tunc sic aggreditur vocis fallente veneno:
Si Deus est vere genitor tibi, culmine templi
Aera per vacuum salvo jaculabere corpus.
Testis erit scriptura tibi, quae spondet aperte
Mandatum summi genitoris tale ministris,
Ut lapsum studeant casu defendere corpus,
Et famulis manibus curent tua membra levare,
Ne lapidis laedat summas offensio plantas.
Reddidit his Christus dictis contraria dicta:
Me meminisse magis scripti caelestis oportet,
Ne vires Domini fidens audacia tentet.
Rursus in abrupti montis consistere celsis
Mox scribentis jugis sistit fallacia Christum.
Ostendens illi fulgentia regna per orbem,
Cernis, ait, quae sit tantarum gloria rerum?
Cuncta tibi possum jamjam concedere regna,
Talia dummodo tu me veneratus adores.
Tum sic infestum dictis rejecit Jesus.
Effuge pestiferi rabies vesana veneni,
Haeret et semper nobis immobile jussum,
Ut justus caeli Dominum devotus adoret,
Unius & famulans venerans nomen in aevum.
Talibus excussus fugit per devia daemon.
Inde ubi Joannem cognovit carceris umbris
Submersum, tristi compressus corda dolore,
Finibus & Nazaris Zabulonum ponere sedem,
Ut dictum Isaiae concurreret ordine secli:
Terra Zabulon, & regio cui Nephthalis nomen,
Et via trans pelagus longe Galilaeaque terra,
Trans & Jordanem gentes, populique tenebris
Inclusi magnum lumen subitumque videbant.
In mortisque illis umbra residentibus, almo
Exoritur sidus resplendens luce valentis.
Ergo instare Dei regnantis munera Christus
Nuntiat, increpitans praeconia larga salutis.
Praetereunsque videt geminos per litora fratres,
Praesidem Simonem, dignum cognomine Petri,
Andreamque simul, sinuosa volumina lini
Piscibus insidias disponere marmoris undis:
Nunc, inquit, pisces capitis maris aequoribus altis,
Sed me si libeat sectari, fertis vobis
Proventum hominum praepulchra indagine lucra.
Illi confestim firmato pectore certi
Retibus abjectis pariter praecepta sequuntur.
Post fratres Jacobum Joannemque marinis
Insidias gregibus maculoso innectere retis,
Ut vidit, similemque dedit de litore vocem;
Illi Zebedaeum genitorem in puppe relinquunt,
Illico sectantes pulcherrima jussa salutis.

Matth. 4. Marc. 3. Joannis. 9.

Exin per terram Galilaeae sancta ferebat
(Informans populis) regni praeconia Christus.
Donabatque citam invalidis aegrisque medelam.
Et mox crebra procul Syriam jam fama tenebat,
Mille sonans linguis praeclaria munera Christi.
Denique certatim languoris tabe peresos
Diversisque malis aegros, queis longa dolore
Absumpsit populatum membrorum robora tabes,
Monstrabant Christo: facili sed munere cunctos
Reddebat propere commoda ad gaudia sanos.
Jamque animae ipsius morbi saevique furores,
Et luna cursum comitans insania mentis
Discedere gravi sermonis pondere jussa:
Illum stipantes miracula magna moventem
Mixtae sectantur turbae, Solymique Syrique
Et Judaea frequens populis, Galilaeaque plebes,
Et quas Jordanis detersit flagrante flumine.

Ho

Matth. 5. Luc. 6.

Hos populos cernens, præcelsa in rupe resedit,
Ac sic discipulis gremium cingentibus infit:
Felices homines, pauper quos spiritus ambit,
Illos nam cæli regnum sublime receptat.
His similes mites, quos mansuetudo coronat,
Quorum debetur jure pulcherrima tellus.
Hic modo-lugentes solamen digna sequentur:
Pabula justitiæ qui nunc potusque requirunt,
Illos plena manet saturandos copia mensæ.
Felix, qui miseri doluit de pectore sortem,
Illum nam domini miseratio larga manebit.
Felices, puro cælum qui corde tuentur,
Visibilis Deus his per secula cuncta manebit:
Pacificos Deus in numerum sibi prolis adoptat.
Felices nimium, quos infestatio frendens
Propter justitiam premit, iis nam regia cæli
Panditur. gaudete operum quos justa tuentes
Urgebit præceps alienis injuria sævis,
Plurima nam merces vobis servatur in æthra,
Namque Prophetarum fuit infestatio talis.
Discite vos hac in terra salis esse saporem.
Hic sapor amissa si jam virtute fatiscit,
Quo salis absumptos acuet substantia gustus?
Nec quisquam fatui post hæc superest salis usus,
Ni longe abjecti cuncta ut vestigia calcent.
Vos estis mundi clarum (ne abscondite) lumen.
Nam quis præcelsis impositam rupibus urbem
Occultare queat? vestrum sed lumen ad omnes
Perveniat, verumque decus sub luce serena
Pandatur; cunctis gentibus gloria vestri
Laudetur, celsi thronus est cui regia cæli.
Non ego nunc priscas leges dissolvere veni,
Vertere nec veterum possum quæ jussa Prophetæ.
Omnia nam vobis per me complenda manebunt.
Vera loquor, donec cæli terræque meatusque
Intereant veniat, legis ne littera saltem
Aut apicis parvi gracilis distinctio decrit,
Omnia quin fiat digesta ut ordine facti.
Si quis enim minimam mandati solvere partem
Ausus erit, pariterque homines suadendo docebit,
Hic minimi nomen cælesti in sede tenebit.
At quicumque operis proprii moderamina servans,
Inviolata simul tradet præcepta piorum,
Magnus erit, magnique feret sub sidera nomen.
Audistis veteris jussum moderamine legis,
Humano si quis maculaverit sanguine palmas,
Ille suum ferro persolvet vindice pœnas.
Ast ego præcipiam, ne quis consurgere in iras
Audeat, atque odio fratrem fervente moveri.
Nam reus hic æquo pœnas sub judice pendet.
Nec minor illorum convicia flamma sequetur,
Qui fatui miserive ciens sub nomine fratrem.
Sin offerre voles, venerans altaria donis,
Et tua tunc tacitum mentis præcordia tanget,
Quod tibi sit cum fratre domi suscepta simultas,
Munera sancta adytis illis admota relinque,
Et prius ad pacem properans transcurre petendam.
Fraterno dextram jam conciliatus amori,
Offer grata Deo tranquillo pectore dona.

Luc. 12.

Est tibi præterea virtus contraria semper,
Corporis hæc casti celeri curretur amore,
Dum rapide tecum graditur per compita vitæ:
Accusabit enim polluti corporis usus,
Et te sublimi statuet sub judice vinctum.

Damnatum rapient ad vincula sæva ministri,
Nec prius e tenebris solvetur carceris atri,
Ultima quam minimi reddatur portio nummi.
Haud ignota, reor, vobis sunt cantica legis,
Corpus adulterio prohibentia: sed nunc mea jussa
Occulta intentus frenent moderamina mentis:
Nec minus æquali quam facti pœna tenenda est.

Matth. 5.

Si te forte oculi dextri laqueaverit error,
Auctorem sceleris properans convellito labis,
Et jaculare procul: dum membrum perdere præstat
Exiguum, flammis quam totum dedere corpus,
Perpetuisque animam pariter convolvere pœnis.
Et si dextra manus offensum per devia ducit,
Errori causam præstat decidere ferro,
Quam totum æternis corpus concedere flammis.
Præcipiunt veteres, si quis connubia rumpit,
Scribere dissidium juris feralia verba:
Sola viri recta discedat adultera tectis.
Ast alia maneant: nam casti jura pudoris
Auctore amittet mulier deserta marito.
Antiquæ leges prohibent perjuria linguæ,
Sed nostris cedat jurandi audacia jussis.
Nec fas est homini cælum jurare per altum,
Quod sedes Domini, nec qua vestigia gestat
Terra sibi, Solymæve urbis venerabile nomen,
Quod regis magni patria est, jurabitur unquam.
Nec caput in proprium cuiquam jurare licebit,
Namque potestatem nimium non esse capilli
Canitiis, albumve aut nigrum mutare colorem.
Est est, sufficiat; quod non est, dicite non est.
Quod superest istis, lucem fallaciter ægra
Suggerit obrepens animo vis tetra veneni.
Pervulgata diu legis præcepta tenentur,
Lædentem semper similis vindicta sequatur.
Sed tranquilla malum melius patientia vincet,
Ac si quis partem palma percusserit oris,
Mox aliam vultus partem præbere memento.
Auferat ast tunicam si quis vi judicis instans,
Cede libens, pariterque ferat cum pallia secum.
Si te forte aliquis passus per mille jubebit
Ire viam, gravis atque onus perferre laborem,
Mox perges, aliudque vie comitabere duplum.
Si quis egens poscet, vel se simulabit egentem,
Et animo miserans largire: aut mutua si quis
Orabit, tribue, et vultum ne subtrahe vultum:
Nec tibi sit placitum solis succurrere amicis,
Aut cæcis odiis inimicos ducere dignum.
Quin ego præcipiam semper blando esse per omnes
Obsequio, precibusque Deum mollire benignis
Pro vita ipsorum, qui vos exscindere gaudent,
Adversisque truces animis, odiisque sequuntur:
Nam genitor vester communia lumina solis,
Communesque dedit pluvias justisque malisque.
Quod si conjunctos tantum veneramur amicos,
Quis locus hic justæ poterit mercedis haberi?
Servit amicitiæ tamen gens dedita lucris.
Sed vos perfecto similes estote parenti.

Matth. 6.

Sic ubi justitiæ penditur justa facultas,
Devitate oculos hominum: nam nulla manebit
Merces in cælo, quæ factum sola sequantur.
Applaudat tantum sterilis inflatio vulgi.
Sed quod dextra facit, facias nescire sinistram;
Cum veniet, justis meritis tunc digna reponet
Occulti solum servantur præmia cordis,

Sunt

Sunt quos praetumida tollit jactatio mentis,
Et precibus propriis gaudent assistere turbam,
Multiplicisque diem verbis ducendo fatigant:
His votis pretium fructus saecularis inanis.
Sed secreta domus precibus penetralia castis
Claudantur, pacisque Deum venerabere verbis.
Scit pater ipse, tui quae sit trepidatio cordis.
Nil absente Deo loquimur, nil abdita claudunt
Pectoris antra tegens: praesens Deus omnia cernit;
His igitur vestram placeat concludere verbis.
Sidereo Genitor residens in vertice caeli,
Nominis ut nomen venerando sanctificetur
In nobis, Pater alte, tui: tranquillaque mundo
Adveniat, regnique tui lux ampla patescat.
Sic caelo ut terris fiat tua clara voluntas.
Vitalisque hodie sancti substantia panis
Proveniat nobis; tum noxae largiter solvas
Ignoscens indulgens erroris debita pravi;
Et nos haud aliter concedere foenora nostris.
Tetri sive procul tentatio daemonis absit,
Eque malis tua nos in lucem dextera tollat.
Tunc etenim genitor populis delicta remittet,
Si vestra alterni vobis peccata velitis
Cedere, nec durum erratis longaeve pectus.
Sunt etiam pergrata Deo jejunia plebis:
Sed propriam multi faciem foedare laborant,
Quo vanam capiant hominum jejunia famam.
Tu vero & grato crinem nitefactus olivo,
Lotamen puris de fontibus ablue vultum:
Ut solus genitor devoti pectoris aptum
Servitium cernens, laudem, meritumque rependat.
Vanum est defossis terra invigilare talentis:
Illic aerugo & tineae dominantur edaces,
Conflictaque diripiunt fures effossa latebris.
Condite thesauros vobis in vertice caeli;
Non aerugo illos tineaeve aut horrida furum
Factio diripiet: vobis ubi condita res est,
Illic corda etiam simili ditione tenentur.
Corporis est lucerna, quo publica lumina cernis:
Sed si pura acies oculis simplexque nitebit,
Clara totius splendebunt corporis artus.
Sin vero nequam fuerit parvumque videbit,
Obscura incumbent super omnia membra tenebrae:
In nigras lumen sed si convertitur umbras,
Ipsis horror erit quantus sine luce tenebris!
Nemo potest dominis aeque servire duobus.
Unius aut odiis cedet, vel cedet amori.
Nec pariter dominum servus patietur utrumque.
Haud umquam poterit quis divitiisque Deoque
Inservire simul: sed vos haec jussa tenete,
Sollicitum proprio ne vos pro corpore vestis,
Nec similes victus aegra disquirite cura.
Nonne animam pluris facimus quam corporis escam?
Aut dubitat corpus quisquam praeponere vesti?
Aereas spectemus aves: non vomere presso
Terga soli subigunt, jaciunt nec semina sulcis,
Aut segetem culmos incurva falce recidunt:
Provenit & tamen his facilis potusque cibusque.
Nonne Deo magis est hominum curatio cordi?
Nec dignum ferme, vestis suspendere curam
Pectoribus nostris: quis tantum talia possit
Incrementa suis hominum imponere membris?
Cernite per pingues agros ut lilia florent,
Non illi tamen his umquam lucubrare ligamen.
Nec Salomona gravem, quem regni divitis aula
Affuerat, talis contexit gratia vestis.

Quod si pratorum fruticumque virentia laeta
Ipse Deus vestit nostris alimenta daturus:
Cur vobis potior non est fiducia patris?
Ergo cibum, potum, vestemque & inania cuncta,
Gentibus infidis terrenam linquite curam.
Vos potius digne caelestia quaerite regna,
Justitiamque Dei: spontanea cetera currunt.
Crastina nec vobis teneatur copia rerum:
Quisque dies sibimet satis est pro fraude diurna.

Matth. 7. Luc. 6.

Judicium vestrum sequitur damnatio serva.
Nam dominus vestri juris decernens sequetur.
Quae vos in terris statueritis, tempore capti,
Haec eadem vobis genitor servabit in aethra.
Mensuram tibi quam ponis, portare necesse est.
Cernis adhaerentem festucam in lumine fratris,
Nec tamen in proprio tignum consistere lumine,
Atque oculum prius alterius purgare laboras?
Diripe sed proprio fallax de lumine tignum,
Tum minimam alterius curabis demere aristam.
Ne canibus sanctum dederitis: neve velitis
Turpiter immundis jactare monilia porcis:
Namque illa in caeno pedibus subjecta jacebunt,
Conversique canes vasto vos vulnere rumpent.
Poscenti dabitur, quaerens inventa tenebit;
Pulsantique aditum foribus pandentur apertis.
Vos homines natis panem poscentibus omnes
Num lapidem dabitis? piscemve petentibus, anguem?
Vos itaque rigidi, quibus alte est insita cordi
Duritiae, vestris dabitis semper bona natis:
Indulgens hominum genitor bona noscit dignis
Quam praestare magis gaudet poscentibus aequis?
Quae cupitis vobis hominum benefacta venire,
Haec eadem vestro cunctis praestare favore:
Haec legis summa est, haec jam dixere prophetae.
Ite per angustam, justi, super aethera portam.
Quam lata & speciosa via est, quae limite laevo
Praeruptam convolvit iter caligine mortis!
Innumeraeque illam penetrant per prona catervae.
Vitalis valde stipatur semita saxis,
Celsaque vix paucos ducit per strepera virens.
At si quos nimium fallax, illexque malorum
Planities suasit, deferent lubrica lapse
Accipit hos, pronosque trahit, velut impetus amnis,
Aut alacer sonipes ruptis effrenus habenis,
Aut rectoris egens ventosa per aequora puppis.
Observate illos, falso qui nomine vobis
Insidias faciunt, appellanturque prophetae:
Hos ovium species vestit, sed saeva luporum
Pectora fraude tegunt, laniantque incauta trahentes
Agmina credentum, saevas quae decipit error.
Fructibus e propriis noscentur talia monstra:
Quemque putat fructum fallax doctrina, videndum est.
Quapropter verum medullo perspiciatur;
Nec neque de tribulis ficus, nec sentibus uvas
Provenisse umquam noris per terga creatis.
Utque arbor propria vestitur germine pomi,
Sic dolus illorum fructu manifestus patescit.
Non ego palpantem verbis & honore movebor,
Nec me quod Dominum perblanda adulatio dicit,
Praemia caelestis capiet spontanea sedis;
Olli sed meritis gaudebunt munere regni,
Qui faciunt nostri genitoris jussa volentes.
Adveniet nam summa dies, quae jure severo
Praemia justitiae tribuet, scelerique gehennam.
Tum mihi multorum clamabit talia fletus:

Nonne

Nonne tuo quondam nobis sub nomine virtus
Extitit, & nostris parebant omnia jussis?
Sæpe etiam nostra est vox admirata prophetas,
Servivitque tuo nobis sub nomine dæmon?
Tunc jurabo illis, quod talis cognita nunquam
Vita mihi est hominum, gestis quæ sordet iniquis.
Quisquis mea monitis auresque & facta dicabit,
Hunc æquabo viro solidis fundamina saxi
Ponenti, liberata super quæ mœnia surgunt:
Illa domus pluviis ventisque illæsa manebit,
Torrentumque etiam firmato robore vincet:
Hæret inconcussa quoniam fundamine petræ.
Qui vero audire tantum mea jussa tenebit,
Diversisque procul factis per lubrica perget,
Hunc similem faciam volucri qui tollit arena
Fundamenta domus, cui mox ut flamina venti,
Et pluviæ effusis cœperint incumbere rivis,
Omnis subverso procumbit pondere moles,
Insequiturque gravi tectorum strage ruina.
Talia dicentem magna admiratio plebis
Immensum stupuit, quoniam transcenderet alte
Doctrinam veterum Christo concessa potestas.

Matth. 8. *Marc.* 1. *Luc.* 5.

Denique linquentem celsi fastigia montis
Stipabat gaudens populorum turba sequentum.
Ecce sed horrenda confusus viscera tabe,
(Quem toto obsessum fœdarat corpore lepra)
Procumbit veniam poscens, Christumque precatur,
Ut carnem tandem languoris pondere laxet.
Sufficere voluisse tuum. tum dextera Christi
Attactu solo purgavit lurida membra,
Incolumemque dehinc celare hæc gaudia jussit,
Et legi patrum offerri munera templo.
Inde recedenti supplex se protinus offert
Centurio, & precibus profectus talibus orat:
Impubis puerum cruciatus spiritus urget:
Cum cuncta tepens membrorum lumina languor
Dissolvit, vitamque brevi jam parva sequetur.
Sed jussu misereri precor: nam tecta subire
Criminis nostra vetant vitæ longique parentum.
Nunc verbo satis est jubeas remeare salutem.
Subjectos mihi sæpe viros sic nostra potestas
Officiis verbo jussa parere coegit.
Dixerat. Ille viri mores precibusque stupescens,
Talia conversus populo dat dicta sequenti:
Haud unquam talem memini me gentis avitæ
Invenisse fidem: sed veris discite dictis,
Quod multos hominum diversis partibus orbis
Progenitos cœli regnum sublime vocabit
Cum patribus nostris vitali accumbere mensa:
Progenies quorum cæcis demersa tenebris,
Dentibus horrendum stridens, fletumque frequentans,
Perpetuis pœnam cruciatibus acta subibit.
At tibi jam puerum mentis virtute fidelis,
(Ut credis) veniet fructus cum luce salutis.
Dixerat, & dicto citius cum voce loquentis
Ad puerum celeris transcurrunt munera verbi,
Ingressusque domum miles properante recursu,
Prævenisse Dei invenit dona medentis.
Ædes inde *Petri* sanctus penetrabat Iesus,
Cujus anhela socrus æstu, febrique jacebat:
Usque illi dextram attigit salvator Iesus,
Sana ministerium præbebat femina mensis.

LIBER SECUNDUS.

Matth. 8. *Luc.* 9.

Jamque dies prono decedens lumine pontum
Contigerat, fulvamque super nox atra pallam
Sidereis pictam flammis per inane trahebat,
Cum multi hominum, variis languore repleti,
Devictasque animas lædente dæmonis arte
Certatim populi cæca jam nocte ferebant:
Sed verbum Christi tantum languore remoto
Omnibus indulgens præbebat munera patris.
Ecce sed externa major cum luce tumultus
Gratantis populi, cum turbis anxius ille
In mare velivolum cursum dedere jussit
Discipulis puppem: precibus cum scriba profatis
Navigio sancto pariter poscebat abire.
Olli Christus ait, Quo me tu, Scriba, sequeris?
Vulpibus in saltu rupes excisa latebras
Præbet, & aeriis avibus dat silva quietem:
Ast hominis nato nullis succedere tectis
Est licitum; gratis sic sunt mollimina vestes.
Tunc e discipulis unus sic ore rogabat:
Ultima defuncto deberent munera patri,
Hinc spatium tribuas mihi, tua sancta volenti,
Ut liceat miseri genitoris condere corpus.
Christus ad hæc: Iterum mediis comitabere nostrum,
Et sine defunctis defunctum condere terra.
Conscendunt navem, ventoque inflata tumescunt
Vela sua, flexaque volat stridentia carina.
Postquam altum tenuit puppis, consurgere in iras
Pontus, & immissis hæc inde remugire ventis
Cœpit, & ad cœlum rapidos sustollere montes,
Et nunc mole ferit puppim, nunc turbine pronam:
Illisisque super fractum tabulata receptant
Fluctus, dilectoque aperitur terra profundo.
Interea in puppi somnum carpebat Iesus.
Illum discipuli pariter natæque paventes
Evigilare rogant, pariterque pericula monstrant.
Ille dehinc: Quam nulla subest fiducia vobis!
Infidos animos timor irruit: inde procellis
Imperat, & placidam sternit super æquora pacem.
Illi inter sese timidis miracula miscent
Colloquiis: quæ tanta illi permissa potestas,
Quodve sit imperium, cui sic freta concita ventis
Erectaque etiam submittunt colla procellæ.
Jam Gerasenorum steterat sub litore puppis;
Ecce sed egresso juvenis (mirabile dictu)
Occurrit, mentem cui sævorum spiritus atra
Horrenda implebat laceras virtute furoris.
Illi grata domus terris habitare sepulchris,
Nec poterat rabidum quisquam retinere furorem;
Ferrea quin etiam rumpebat vincula membris,
Scindebatque graves, ut lanea fila, catenas.
Et jam compedibus levis insultare solutis
Lætus erat, saxisque feram concidere pectus.
Isque ubi pergentem Christum per litora vidit,
Cum clamore ruit, longeque accurrit adorans:
Regnantis semper Domini certissima proles,
Oramus, facilis ne nos tu gravius ab oris
Externas longe tormentis excrucieris.
Nam numero legio est nobis, multisque sub uno
Nomine coutorum est vis sola nocendi:
Cernis ut immundi subigunt hæc pascua porci:
Illis saltem liceat rabiem lacerare repulsam,
Vel patrio alicubi nostro solidare rogamus.

Impe-

Imperat his hominis naturam dimittere Christus,
Porcorumque simul gregibus subire furentes.
Jamque hominis stygiam discusso daemone pestem
Insperata suam venerantur dona salutis:
Et jam praecipites scopulorum margine porci
In mare dejecti properant dispendere vitas.
At vero e speculis miracula tanta paventes
Diffugiunt urbisque ruunt ad tecta subulci,
Et famam accumulant, populosque ad litora cogunt.
Insanum juvenem postquam resipisse videbant,
Credere cernentum populorum turba coacta est;
Orabant pavidi regionem linqueret illam.

Matth. 9. Marc. 2. Luc. 5. Joannis 5.

Inde domum repetit terrarum lumen Iesus.
Ecce revertenti juvenis torpentia membra
(Officium quorum morbus dissolverat acer)
Ante pedes ponunt tepido recubantia lecto.
Quem miserans animo verbis compellat Iesus:
Adsit certa tuae, juvenis, constantia menti;
Nam tibi praeteritae vitae donabitur error.
Hoc dictum Scribae mentis per aperta malignae
Carpebant, quod verba Dei virtute ferenda
Protulerat Christus: sed pectora talia cernens,
Hoc, inquit, verbum Scribarum dicta retractant.
Quod quamvis levius fuerit dixisse, sequentis
Et dicti & facti pariter virtute probabo,
Ut mihi concessum peccata resolvere cernant:
Quapropter, juvenis, firmato corporis usu
Surge vigens, stratumque tuum sub tecta referto.
Surrexit, lectumque humeris jam fortibus aptat,
Per mediumque vigens populi mirantis abibat.
Tunc timor & laudes domini per pectora plebis
Concelebrata, simul miracula laeta frequentant.
Progrediens tunc inde ad vectigalia, vidit
Considere in medio Matthaeum, protinus ergo
Discipulis haerere jubet: nil ille moratus
Imperio Christi paret, gaudetque sequendo.

Joannis 1.

Inde foro ingrediens Galili sermone Philippum
Hortatur, comitemque sibi adscivit amicis.
Ille ubi cognovit Christi viresque viamque,
Tum primum jussu concurrit Nathanaeli,
En nostris, inquit, concessum est visere saeclis,
Quem vates veterum, & sancti cecinere prophetae.
Hunc genuit veniens Davidis origine Joseph,
Nazara cui felix patria est, & nomen Iesus.
Ille refert, genuit quidquam si Nazara (miror)
Quod dignum tantis umquam virtutibus esset.
Inde Philippus ait: certe, dubitare quiesce,
Progrediensque vide: nam oculis spectare licebit.
Illum ubi tendentem longe respexit Iesus,
Vere, ait, hic justus, cui pectora nescia falsi
Virtutem puram servant sine fraude maligna.
Ille sub haec: Ubinam, vel quo me tempore nosti?
Cui dominus dicta haec divino pectore promit:
Cum te diffusa tegerent umbracula fici,
Ante etiam quam te vocitarent verba Philippi,
Vidi, & elegi comitem te spiritus auctor.
Talibus attoniti sequitur vox Nathanaelis:
Progenies veneranda Dei, rex inclyte gentis,
Tu populis terraeque salus, vitaeque magister.
Christus ad haec: Facile haec tibi credere visum
Arboris quod te vidi recubare sub umbra,
Sed majora dehinc rerum miracula restant,
Cernetis pariter tenuem se scindere caelum,
Atque Dei celeres aethram penetrare ministros,
Inde hominis nato claram deferre coronam.

Joannis 2.

Interea thalamis connubia festa parabant
In regione Chanan, ubi mitis mater Iesu
Cum nato pariter convivia concelebrabat.
Vina sed interea convivis deficiebant.
Tunc mater Christum per talia dicta precatur:
Cernis laetitiae jam defecisse liquorem?
Adsint, nate, bonis ex te data munera mensis.
Olli respondit terrarum gloria Christus:
Festum, genitrix, nondum me talia cogit
Ad victus hominum tempus concedere dona.
Mensarum tunc inde vocat laetata ministros
Mater, & imperiis nati parere jubebat.
Sex illic fuerant saxis praepulchra cavatis
Vascula, quae ternis aperirent ilia metris;
Haec jubet e fontis gremio complere ministros.
Praeceptis parent juvenes, undasque coronant
Complentes lapidum labiis, tum spuma per oras
Commixtas undis auras ad summa volutat.
Hinc jubet ut summo tradant gustanda ministro.
Ille ubi praecepit venerandi dona saporis,
(Nescius in vini gratum transisse liquorem
Egestas nuper puris de fontibus undas)
Increpat egregium sponsum, quod pulchra reservans
Deteriora prius per mensas vina dedisset.
His signis digne credentum discipulorum
Perpetuam stabili firmavit robore mentem.
Inde ubi Judaeis aderant solemnia Paschae
Ad Solymam direxit iter, templumque subibat.
Reperit hic populum venalia multa locantem:
Pars vendebat oves, pars corpora magna juvencum,
Pars inhians nummis, mensas oneraverat aere.
Restibus hic Christus connectit verbera flagri,
Et talem populum sancta praecurrit ab aede,
Et mensas vertens, aerisque profudit acervos,
Et superis reputans: Procul haec auferte profani,
Ut meus hic genitor non sordida tecta colatur.

Joann. 2. Matth. 16. Marc. 8.

Tunc poscunt signum plebes Judaea frementes,
Quo fidei animos in talia facta levaret;
Verbera obscuris tunc Christus talia miscet.
Solvite polluti manibus venerabile templum
Hoc, ego restituam, cum tertia lumina solis
Incipient rutilam terris infundere lucem.
Illi inter sese tractantes murmure caeco,
Hoc, ajunt, vix sex & quadraginta per annos
Constructum veteris regni molimine templum,
Tu poteris tribus in spatiis renovare dierum?
Hoc verbum quondam post tempora debita digne
Cognovere viri, proprio de corpore Christum
Delubrum dixisse Dei, sed signa videntes,
Tum multi coepere fidem, sanctumque secuti.

Joannis 3.

Nocte sub obscura celso sublatus honore,
Primorum procerum Judaei nomine quidam
Venit, & ad Christum submissa voce profatur:
Haud dubium est, quia larga Dei te sancta voluntas
Humanis lucem caelestem spargere rebus.
Nec quisquam tantis tribuit miracula signis,
Ni concessa Dei jubeat splendescere virtus.
Christus ad haec, Callis justi si culmina quaeris,
Nullus ad excelsum poterit conscendere regnum,
Reddita ni generet nascendi exordia rursus,
Atque novam capiat divino munere vitam.
Ille autem tantis stupefactus cordis lacunis,

Hæc, inquit, nostræ non est comprendere mentis.
Quis poterit corpus revocare exemta vitæ?
Ac rursum senior matris corruptus in alvum,
Ut novus in lucem veniat vitamque reformet?
Ille sed hæc: Loquendo si quis de fonte renatus,
Et dato sancto spiritu consistere munere
Cœperit, æthereum liber conscendet in aulam.
Terrenum corpus terreno corpore natum est.
Spiritus haud aliter similem generat sibi naturam.
Spiritus hic Deus est, cui paret machina mundi.
Hic, ubi vult, quocumque volat, vocemque per auras
Jactat, sed nescis quæ sint exordia venti,
Quamque petat cursu currentis flamina partem.
Quisque igitur justæ repetit primordia vitæ,
Hunc simili sancti flatu reviviscere certum est.
Et Judæus ad hæc: Nil horum cernere possum.
Talia tum Christus, Solymorum magne magister,
Israelitarum sublimis gloria gentis,
Tune animo nescire viæ de lumine ruptam
Demergis pravum fervens miserande tenebris,
Nec potes æternæ comprendere talia lucis?
Ecce salus orta est, tantum terrestria dixi;
Quid si cœlestis vitam cognoscere sermo
Cœperit, & superas rerum comprendere formas?
Quis vestrum durum poterit mihi pandere mentem?
Accipe ergo novis quæ sit sententia rebus:
Siderum nullus poterit conscendere cælum,
Ni solum cæli qui missus venit ab aula.
Idem hominis natus, cæli qui in sede moratur.
Ut serpens olim vagantibus in desertis
Mosis manibus summum sublimis honore est:
Sic hominis natum nosti in sublime necesse est,
Ut quicumque fidem mentis penetralibus alto
Illius ad nomen sanctum, sub turbine leti
Prætereat pedibus latum, & trans sidera surgens
Sublimis capiat donum inviolabile vitæ.
Namque Deus mundum tanto dilexit amore,
Ejus ut in terras descenderet unica proles,
Credentes domino vitæ junctura perenni.
Nec Deus hunc natum disquirere jure severo,
Judicioque truci terras expendere misit,
Mitia sed populis veniens ut munera vitæ.
Namque ubi certa fides fuerit complexa salutem,
Non erit ulla illic sævæ agitatio juris.
Ast ubi dona procul fuerint exclusa medelæ,
Jam propria ipsamque mentem damnatio torquet,
Unica nam domini fuit his non cognita proles.
Adventum lucis miseri fugere supernæ,
Et magis amplexi cæcas tenuere latebras.
Sic quicumque mala mentem maculaverit actis,
Ad tenebras pavidus refugit, ne lumine claro
Sordida pollutæ pateant contagia mentis.
At quicumque pia retinet vestigia vitæ,
Ad medium properat, lucemque nitescere gaudet,
Splendeat ut claris virtutis gloria factis.

Joannes 4.

Inde Galilæam repetit salvator Jesus:
Prætereins sed forte venit Samaritide Sichem.
Illic locus erat, Jacob de nomine pollens,
Et puteus gelido demersus in abdita fonte:
Sederat hic rapido servator anhelus in æstu,
Discipulique cibum mercantur mœnibus urbis,
Passim dispersi, solum liquere magistrum.
Mœnibus egrediens Samaritis femina venit
Hauritura cavis putei penetralibus undas.
Illam deposcit potum sitis ardua Christum.
Respondens mulier, Mirum mihi principio, inquit,
Ut tibi Judæo mulier Samaritica potum
(Dispersis veterum Samaritum sectis) ministrem.
Tunc Salvator ait: Domini si munera nosses,
Et quis te sitiens parvula pocula poscat,
Te potius potum, vivam tibi traderet undam.
Illa sed hæc: Puteus gremium submittit in altum,
Urceus est nullus, nec sunt tibi vincula funis,
Unde igitur poteris undam mihi tradere vivam?
Num tu major eris nostri virtute parentis?
Hunc Jacob renovans puteo cum prole bibebat,
Et propriæ hæc sæpe greges ad pocula duxit.
Olli respondit mundi regnator Jesus:
Ex ista pleno redibunt sitiantque unda,
Nam rursus sitiunt: sed nostri dona liquoris
Ardorem excludunt æternæ in sæcla bibendi.
Dulcia provenient nostri cui pocula fontis,
Largior inde fluet vitalis gratia ductus.
Sed desiderium nostri si te capit undæ,
Excitum venias tecum mox urbe maritum.
Conjugio sese mulier negat esse revinctam.
Tunc sic prosequitur mentem prospector Jesus:
Femina, veridicis loqueris de conjuge verbis.
Nam te connubiis orsa et jam quinque virorum,
Nunc aliena super thalamorum vincula tollis.
Tum mulier: Sanctum te certum est esse prophetam,
Sed nostri illius venerandum montis in arce
Præceptum nobis quondam liquere parentes.
At vos in Solymis orandum dicitis urbis.
Talia dicenti, mox talia reddit Jesus:
En aderit tempus, montis cum vertice vestri,
Omnibus & Solymis aberit veneratio longe.
Sed nunc certa salus Judæis surgit ab oris.
Et nunc instantis cursus jam temporis urget,
Cum vel sanctum genitorem errore remoto
Cultores justis animi legibus orent.
Spiritus is ac plena fides erit, & pater altus
Talia conquirit cultorum pectora terris.
Illa dehinc, Scimus quod Christus cunctis orbi
Adventu proprio vitalia sæcula pandet.
Et nunc præsentem largus miserator Jesus
Se tandem terris Christum venisse fatetur.
Et jam discipuli reduces stupuere magistrum,
Quod secreta illis poteretur femina verbis.
At properans urnam mulier fontem prope liquit,
Et populum totis adscivit mœnibus urbis.
Omnia nam monstrarat sibimet sermone prophetæ,
Gesserat ipsa prius quæcumque ex ordine, dicta.
Tum propere Christum solæ petiere catervæ.
Discipuli interea rogitant, ut sumeret escas.
Ille latis sibi pulchriorem superesse ciborum
Respondit: sed tum veterum discipulorum
Inter se occultis currebat sermo loquelis:
Forte aliquis prior hic epulas dedit ante magistro,
Nostras ut merito sedatas respuat escas.
Ille sed internæ cernens molimina mentis,
Hæ mihi sunt epulæ, potius satiabitur istud,
Si faciam magni genitoris jussa per orbem.
Quatuor hinc mensis lætæ ad primordia messis
Frugifera ut certe superesse putatis.
Erigite ergo oculos, albentes cernite campos,
Confestimque maturam jam rura exposcere messem.
Nunc quicumque metet, pulchri mercede laboris,
Vitalique dehinc gaudebit fruge recondens,
Et sator excipiet messorum gaudia lætus.
Vos ego nunc misi gravidam succidere messem,

Quæ

Quae non est vestro sulcis inserta labore.
Vos aliena bonae ditabunt munera frugis.
Talibus alloquiis comitum dum pectora complet,
Ecce Samaritum populi venere catervae,
Exoramque illic geminos expendere soles.
Jamque fides multas plebis fundaverat alta,
Nec jam femineis tantum credebere verbis
Ipsum, sed coram virtus manifesta docebat,
Veridicum fecit quod jam salvaret Iesus.
Jamque Galilaeam remeaverat in regionem,
Quondam ubi fontanas vinum mutaverat undas.
Regius hic juvenis (cui natum morbus acerbus
Ardore extremis vitae torrebat in oris)
Comperit ut Christum cursu remeasse recurso,
Advolat, et precibus faciles pro sorte profusas
Orabat, celeris deposcens dona salutis,
Ne puer ad letum natus traheretur acerbum.
Christus ad haec, Signis nisi fundent omnia virtus,
Non erit ulla fides, sed perge, et suscipe vita
Aedibus in vestris dulcem complectere natum.
His verbis fructum mox percepturus salutis
Pulchra fides, animum laetanti in pectore firmat.
Jamque iter ingresso properantibus obvia servis
Nuntia fama venit, puerumque in luminis oras
Limine de mortis subitam remeasse salutem.
Ille ubi comperit certum concurrere tempus
Sanantis Christi verbis, seseque domumque
Mancipat, amplexus fidei venerabile donum.

Matthaei 9. Marci 2.

Forte dies epulis multos sociaverat una,
Publica conductis qui vectigalia lucris
Profecti rapiunt alieni nominis praedam:
Hos cum discipulis simul accipiebat Iesus.
Ecce Pharisaei excelso reprendere risu,
Quod legis doctor convivia talia iniret.
Ille sed inspiciens quid pectora saeva tenerent,
Non, inquit, medicis opus est, ubi firma membra
Incorrupta salus vegetat viresque ministrat.
Aegris sed merito auferens adhibenda medela est.
Discite nunc sacrum jubeant quid verba Prophetae:
Non ego sacra magis quam mitia pectora quaero,
Haud etenim justos veni ad directa vocare,
Sed revocare malos peccatorum a limite gressus.
Ecce sed e numero mirantum munera Christi
Unus Joannis quaerebat discipulorum:
Cur ipsi legis jejunia crebra tenerent,
Nullaque sub Christi pietas jejunia ferret?
Christus ad haec contra placido sic ore profatur:
Qui sponsi laetis comitantur vota choreis,
Non praesente illo jejunia tristia portant:
Jamque dies aderit, cum sponsus turbine facti
E medio comitum rapietur, tristibus illi
Tuncque dabunt animos lacrimis, horrore ciborum
Languida concipient animis jejunia fratres.
Quam stultum est rudibus veteres subtexere pannis,
Vestibus ut rursus pejus scissura pateret?
Utribus aut calidum tritis committere mustum,
Quoris ruptis rursus sequitur disperdere vinum?
Utribus est rectius radibus spumantia musta
Condere, sic vinum conservant fortia vasa.
Talia tractanti, percussus pectora luctu,
Ecce synagogarum princeps procumbit adorans,
Et sibi defunctam (fatum miserabile) natam
Deplorat lacrimans, cursumque venire salutem
Defunctae vitae poscebat munera Christi.
Haud mora, consurgens graditur salvator Iesus.

Progressi mulier sequitur vestigia servans,
Quam languore gravi bis sex labentibus annis
Corporibus fluxus (macerans sine fine) cruoris,
Torquebatque gravi morbus pallore virentem,
Viribus abruptis, et toto corpore fessa,
Pectoris haec tacitam volvebat credula mentem,
Arcana secumque fide jam cura tenebat,
Afflatam sese fieret quod corpore sanam,
Extremam Christi posset si tangere vestem.
Haec ubi per populum furtim penetralia pepli
Fila manu rumpens tractaverit, protinus illi
Et causa morbi, et crudelia pectora curant
Constitit cruoris nil cum vocat ille laborem;
Accipe quod meruit fidei constantia donum.
Et mox confracto rigaverunt sanguine venae.
Postquam perventum est, ubi funera virginis ingens
Plangentis populi fremitus, clangorque tubarum
Ultima supremae celebrabant funera pompae:
Abscedant, inquit, tristis haec tristia vestis.
Namque puella jacet placido demersa sopore:
Defunctam rentur dominum quam mitia plebes.
Talia dicentem ridentem turba reliquit,
Quod morte abruptam diceret dormire puellam:
Sed Christus leti victor, vitaeque repertor,
Frigentis dextram dignatus prendere dextra,
Surgere mox jussit mirandis ad gaudia patris.
Inde revertenti clamant se poscere caeci,
Luminis caperent gressu laborem duorum.
Ollis Christus ait: Quid credunt pectora vestra?
Num virtute mea se reddet lumina adeptum?
Olli firmanter se credere cuncta fatentur.
Tunc Christus fatur: Credentes cernite lucem,
Nec cuiquam nostrum post haec adicite numero.
Dixit: sed propere per gaudia tanta videntum
Ardor locupletes famam per cuncta ferebat.
Offerturque debinc juvenis, cui rapta loquendi
Daemonis incursu fuerat substantia vocis.
Ast ubi propulsus fugit de pectore daemon,
Confestim laxae redierunt munera linguae.
Talia mirantis populi stipante tumultu
Vallatur: cernens sed milia tanta virorum,
Ingemuit, ut curis dominum, cui pascua laeta
Innumeras tondent pecudes rectoris egentes.
Tunc ad discipulos depromit talia dicta:
En late segetes curis per terga patescunt,
Sed rarus mulier fruges separarier acervo.
Jam superest dominum segetis deposcere tantum,
Ut sua rura velit numero complere colonum.

Matthaei 10. Marci 3. & 6. Lucae 9.

Haec fatus, populo ex omni delecta sorsum
Fortia conglomerat bis sex pectora coetu.
Hos ubi delegit, praeceptis talibus implet:
Devitare iter, quod gentes perfidiosa,
Et Samaritarum fraudis vestigia calcant:
Pergite, quo patrii pecoris custodia balat.
Pergentes vero similem mihi fundite morem,
Ut vobis subigas virtutem daemonia atri
Sancta fides, curamque piam languoribus aptet.
Hae vitae dulcis vocis mercede dabuntur,
Et vos haud aliter cunctis impendite dona.
Non auri argentive decori possessio curetur,
Nec vos nummorum subigat scelerata cupido.
Non geminae vestes, nec plantis regmina bina,
Virtutis nudae cupiat servire minister.
Ingressi urbem, vobis, perquirite semper,
Hospitio quemnam par sit succedere justis:

Ingressique dehinc pacem sub tecta vocate.
Si tranquilla domus fuerit, pax illa manebit.
Sin erit indignis habitantum moribus horrens,
Diffugiet, vestrumque abitum pax vestra sequetur.
Excludet quicumque ferox vos limine tecti,
Auribus aut duris spernet vitalia verba,
Sive adversa Dei famulos excludere tectis,
Hospitiique focos miscere gravata vetabit,
Excutite egressi domibus vestigia vestra,
Hæreat infestæ ne vobis pulvis viæ.
Illos deterior Sodomorum pœna manebit
Suppliciis, veniet mundo cum terminus ævi.
Pergite en ut oves sævorum præda luporum,
Sed vos argutos serpentum cordis vigore,
Simplicitate tamen puras superate columbas.
Nam sæpe incumbet vobis injuria præceps,
Conciliisque hominum statuentur corpora vestra,
Vos flagris, vinclisque feris, durisque tyrannis
Frendens urgebit pro me violentia sæcli.
Cum vos prodiderint, verborum parcite curam!
Sponte suos dabitur sermonis gratia vobis.
Spiritus in vobis pro vobis digna loquetur.
Prodet enim fratrem scelerata insania fratris,
Ad letumque dabunt genitorem corpora nati.
Vos odiis urgebunt semper pro nomine nostro,
Sed finem fidei comitatur gloria vitæ.
Profugite e tectis, quæ vos sectabitur, urbis.
Inde aliam, tunc inde aliam conquirite sedem,
Nam vobis urbes semper superesse necesse est,
Israelitarum quas dant sub nomine plebes.
Discipulus numquam transcendet celsa magistri
Culmina, nec Dominum tentat præcellere servus;
Discipulo satis est vitam æquare magistri,
Vel Domini similem virtutem prendere servo.
Pectoribus vestris semper timor omnis abesto,
Nam nudata suis procedent cuncta latebris.
In tenebris tacite vobis quæcumque jubentur,
Dicite præclaro nitidi sub lumine solis.
Auribus & vestris dicam quæcumque susurrans,
Excelso in populos spargantur culmine tecti.
Despicite illorum rabiem, qui corpora vestra
Prosternunt ferro: non est his ulla potestas
Vivacem leto pariter dimittere mentem;
Illum sed potius cordis secreta pavescant,
Corporis est animæque simul cui cuncta potestas.
Passeribus pretium vanum vix portio parva
Provenit, non est tamen unum credere dignum,
Ni jussu Domini, laqueos incurrere vestros.
Quis dubitet sapiens Domini sub pectore multis
Credere pennatis hominem pro millibus unum?
Qui me confessus fuerit sub judice terræ,
Hunc ego non aliter coram genitore fatebor.
Sic itidem coram genitore negabo negantem.
Non ego nunc pacem terris immittere veni,
Sed gladium, patrio dirimat qui pectore natum,
Et dulcem matris dirimat qui pectore natam.
Si quis amore meo genitorem pluris habebit,
Vel matri sobolive meum postponet amorem,
Sentiet horribilem nostra de sede repulsam.
Contemnet quicumque animam pro nomine nostro,
Inveniet læta florentem fruge salutis.
Qui vos suscipiet, me suscepisse benignis
Obsequiis, idem me pro genitore supremo
Suscepisse sibi gaudebit perpete vita.

Matth. 11. Luc. 7.

Talia discipulis bis sex cum jussa dedisset,

Justum Joannem cæci de carceris umbris
Sectantum e numero delectos talia dicta
Ad Christum portare jubet, verumque referre:
Tune pius adveniens requiem, quam regia cæli
Largitur terris, nostro sub tempore fulges?
Anne aliam superest posthac sperare salutem?
Talibus hæc Christus dictis mandata remisit:
Cæcorum nebulæ mutantur lumine lucis,
Debiliumque vigent firmato robore membra,
Lurida discedit squamoso corpore lepra,
Aeris vocis penetrant surdas sonus aures,
Redditur amissæ lucis post funera vita
Ad corpus remeans animæ jam libera virtus,
Depositum repetens animæ substantia corpus;
Pauperibusque suis non dedignata patescit,
Fulgentis splendore adventus gloria terris.
Ille beatus erit, quem non deceperit error.
Talia discipuli referunt mandata magistro.
Hinc super ad populum deprompsit talia Christus:
Cur in deserto voluistis visere nuper
Stramen arundineum vento vibrante moveri?
Cur etiam molli vestitum veste videre?
In domibus regum, molli cum veste tenentur.
Ille prophetarum solus transcendere vires
Indicio veteris scripti præmittitur olim.
Hunc etenim memorat veneranda lectio vatis.
En ego mitto meum stratas aptare ministrum
Ante tuum vultum, genuit nec femina quemquam
Major Joannis nostri qui viribus esset.
Sed minor hac cæli fuit sublimior aula.
Hujus ab exortu vim cæli regia fregit.
Et cæli regnum violentia diripit atrox.
Lex omnis finem Baptistæ a tempore cepit,
Atque prophetarum finis concluditur idem.
Si vultis volucris penetralia noscere secli,
Ipse est Elias, fertur venturus in ævum.
Corpus Joannis solis habitabile templis
Eliæ quondam, quem turbine jussa corusco
Flammipedum rapuit simulatio quadrijugorum.
Audiat hæc, dictis pandens vitalibus aures.
Nunc tibi profiteor, genitor, cui gloria servit
Fulgentis cæli, & terrarum frugiferarum,
Namque abscondisti sapientibus ista superbis,
Parvulaque infantum vis hæc comprendere corda.
Jam mihi regnandi sunt omnia tradita patris,
Nec quisquam poterit Domini cognoscere natum,
Ni solus genitor: genitorem cernere quibit
Filius, aut idem pandet cui talia natus.
Huc omnes veniant, ærumnis quos sarcina vasti
Comprimit, his generis virtus mea munere patris
Antiquum visus hilari reparare quiete.
Sumite ferre jugum, levis est mea sarcina justis,
Namque humili dulcem largitur corde salutem.

Matth. 12. Marc. 2. Luc. 6.

Hæc ubi dicta dedit, messis per culta gravatæ
Præterit, & populus sectantum discipulorum
Spicarum gravidam carpebat in ordine frugem.
Illa dies veteri poscebat lege quietem:
Sabbata nam priscis reparabant otia jussis.
Ecce Pharisæi coram reprehendere Christum,
Quod sancta legis calcarent jussa carentes
Discipuli: legum sed tunc completor Iesus
Incipit, his veteris scripti monumenta referens:
Legistis certe in templo Davida canorum
Cum populo quondam panes sumpsisse sacratos,
Et propriam comitumque famem solasse, sed illos
Illicitum

Illicitum cuiquam fanctos contingere panes,
Sumere quos folos pateat de lege facerdos.
Ejufdem fcriptum eft juffo moderamine legis,
Sabbata profanent templo fine crimine vates.
Nec minor eft illis veftrae generatio turbae,
Quam templi virtus: caperent fi pectora veftra,
Quod non facra Deus, fed malit munia cordis,
Non tam faepe virum damnaffet lectio veftra,
Expertem culpae. fed nunc ego fabbata cuncta
Sponte mea dominante, legis fub jure remotus.
Tunc conventicula ipforum poft talia dicta
Ingreditur; nam hic juvenem pro limine cernit,
Siccatam et humero cui pendens languida palmam
Pendebat: fed tum dictis tentando dolofis,
Aegra an liceat per fabbata ferre medelam,
Quaerunt, calcata ut legis vindicta maneret.
Chriftus ad haec: Foveam fi forte parvicula veftra
Inciderit, curae tranfibitis otia legis,
Et pecus abrupto tolletis vile profundo:
Quanto igitur nobis hominum curatio major
Ad beneficia animum tollens accendere debet?
Ergo age tu juvenis redivivam extendito dextram.
Cum dictis palmae fanas porrexit utrafque.
Illis pro fignis quae vix venturio poffet
Miranda digno populi fuftollere cultu,
Conciliis tractibus cunctaturum decipiendum.
Talia profpiciens procerum molimina Chriftus
Difceffit, variis hominum languoribus aptus
Conceffam in populos patria virtute medelam.
Oblatufque illi eft, quem daemonis horrida virtus
Et lingua & vifu truncatum vivere poenis,
Et propriis ficum cruciatibus effe volebat.
Hunc ubi curatum, vifuque & voce vigentem
Cum Pharifaea cognovit lectio gentis,
Daemonis auxilio (qui princeps daemoniorum
Solus nequitiae vitam diducit iniquae)
Haec illum feciffe ferunt: fed talia Chriftus
Veridicis aperte convincens pectora verbis:
Si geminum regnum diftractum parte dehifcat,
Et fciffo adverfum fefe divifo pugnet;
Diruptis properare laborant cuncta medullis.
Morfibus & dentem fi dentibus prifirer armat,
Adverfa fibimet fciffus virtute repugnat.
Quis poterit praedam fortis auferre virorum,
Ni prius aggreffus cuftodem brachia nodis
Vinciat, ut facilis veniat direptio praedae?
Quifquis enim abierit difcretus noftris ab armis,
Hoftis in adverfa confiftet fronte duelli,
Quifque meis gregibus cogendis hinc aberrat,
Difjicit ille mei pecoris per devia paftus.
Sed quaecumque hominum fuerit, fuper omnibus error
Dimitti poterit, tamen ne Spiritus unquam
Vocibus infana laceretur mente profanis.
Sive ferum hominis nato convitia quifquam
Ingerit, haec etiam poterunt peccata remitti.
Spiritus at fanctus tamen, cuicunque profano
Verborum nobis violabitur, irrevocatis
Suppliciis nunc & femper torrebitur ignis.
Quando venenifera ferpentis faeva propago,
Sermonum dulci poterit mitefcere fructu?
Nam bona thefauris promuntur dulcia juftis,
Et mala lucifero procedunt ore venena.
Verborum meritis veniunt fub judice poenae.

Joan. 5.

Quae graviter faciet, fectabitur omnia natus,
Namque ideo nato manifeftat cuncta videndo:

Et pejora dabitur tribuere miracula rerum.
Sicut enim genitor defunctos corpora reddit
Ad clarum vitae lucem, fic natus parem
Quae volet ad fuperos furgentia corpora ducet.
Nec genitor quemquam veftrum fe judice quaeret:
Sed dedit haec nato quaerendi jura per orbem:
Gloria quo maneat fimilis natoque patrique.
Namque repulfus erit veftro fenatus honore,
Improbitate pari genitorem defpicientis:
Sed cui noftra fidem fermonis gratia figet,
Mox me mittentis genitoris dona videbit,
Aeternumque dabit prefens conftantia vitam.
Judiciumque illi non eft, fed migrans ab atra
Morte procul, lucifque vigens ad lumina tendit.
Adveniet tempus, cum mortua corpora vocem
Accipiant noftram & vitam cum voce tenebunt,
Nam ficut genitor vitam fibi poffidet in fe,
Sic tribuit nato vitam, & jus dicere juffit
In terris, hominis quoniam cum corpore venit.
Nec vobis mirum videatur, corpora cuncta,
Vocis ad auditum propriis emergere buftis,
Juftorumque animas redivivo corpore nafci,
Judiciique gravi miferos exurgere pravos.
Nec mihi judicium tribuit mea fola poteftas,
Arbitrio quoniam genitoris cuncta juvantur,
Qui me juftitiam terris difquirere juffit.
Namque ego fi proprio teftis pro nomine furgam,
Falfa loqui poffum: eft alius qui teftis habetur
Pro nobis, recte mihi talia tendere fas eft.
Nam veri operum fignis manifeftius omni
Luce nitet praefens noftris teftatio factis.
Talia concedens, genitor mihi teftis adhaeret,
Qui me demifit terris fua pandere juffa.
Hujus enim vocem nunquam comprendere quiftis,
Nec fpeciem propriam concefsit vifere vobis.
Nec fermo ipfius patuit per veftra federe
Pectora, credendi quoniam fubftantia nulla eft.
Quaeratur veterum fcriptorum lectio vobis,
Perpetuam cunctis vitam quam ferre paratis:
Haec etiam noftrum teftatur lectio dictum.
Nec tamen audetis propius confidere nobis,
Ne vera vobis contingant gaudia vitae.
Nam mihi capiatur terrena gloria laudis:
Namque ego, qui fummi genitoris nomine veni,
Refpuor a vobis: veniet fed difcolor alter,
Nomine quem falvum proprio gens veftra fequetur.
Alterna in vobis capietur gloria fama,
Unius & folam fugitis difquirere laudem.
Nec vos arguerim coram genitore, fed illic
Accufator erit, quem fpes mala veftra celebrat,
Mofes: quem fidei nullo fervatis honore.
Ejus enim fcriptis veftri fi crederet error,
Crederet & nobis, Mofes quem fcripta fequuntur.

Matt. 12. *Luc.* 11. *Marc.* 8.

Talia tum contra Scribarum verba fequuntur:
Vocibus imbibitam fidem committimus iftis,
Si virtus certis firmet miracula fignis.
Ille dehinc: pollens magis generatio quaerit
Signa fibi, rebus ftabunt fed figna futuris.
Namque propheta cavo quantum fub pectore ceti
Temporis abfumfit, terrae in penetralibus altis
Progenies hominis tantum demerfa manebit.
Adveniet tempus, quum furgens reddita vita
Gens hominum propriis in ferram dedita geftis:
Haec iftam dignam damnabit crimine gentem,
Quod meis e fundo furgentia vera propheta,

Cum-

Commonita in lacrimas dominum projecta rogavit,
Hic & Ionais monitis pectora jubentur,
Contemnitque feris animis gens impia lucem.
Et regina Noti vitales surget in oras,
Illius ad speciem damnabitur altera plebes,
Finibus extremis Libyae quod venerit illa,
Et Salomonem pium praeceptis dedisse justis
Audiret: major nunc est Salomone potestas,
Et tamen abrasa caecantur pectora plebis.
Expulsus & quando fugit de pectore daemon
Quem turbat sanctus purgato corpore flatus,
Ille venenatis collustrat passibus arva,
Quae nulla excurrit fontani gurgitis unda:
Si requiem placidae sedis non repperit orbem,
Tum repetit rursus solita habitacula mentis.
At si forte suis absentis cuncta vacantia
Ornataque levi nitentia limina cernit,
Associat septem similes glomerante furore
Vis inimica homini, penetratque in viscera serpens:
Sic gentem hoc vero fontis cum degener errat,
Vincula perpetuis debebit solidata poenis.
Atque ea cum populis vitalia dicta frequentat,
Pro foribus mater cum fratribus adstitit illic;
Et miscere suis sermonem continuo orat.
Talia tum matris mandatis dicta remittit:
Hic mecum genitrix, mecum germana refulgent
Corpora, nam patris implevit quicunque voluntatem,
Ille meum proprium commiscit sanguine corpus,
Et matris germanique mei sub nomine habetur.

Matth. 13. Marc. 4. Luc. 8.

Progreditur templo mirantum longius Iesus,
Et maris extremas terraeque residit in oras,
Innumeraeque illuc plebis densere catervae.
Ille sed excelsam scandens, quae proxima, puppim,
Littora complectit, depromit talia plebi:
Ecce satum proprio commendat semina ruri,
Illa cadens diversa solo, fortemque locorum
Pro virtute ferunt: nam semita trita viarum
Sub pedibus solida densetur limite tellus,
Aeriis avibus dans cunctam semina praedam.
Ast ubi petrosi velantur pulvere saxa,
Farra quidem viridem depromunt germinis ortum;
Sed quia nulla subest terrae substantia glebis
Inferius arescunt radicum fila calore,
Cunctaque nam spicarum labuntur acumine leto.
Sentibusque aliis contingunt aspera culta.
Sentibus hic spinisque sata velocius alte
Roboris augmentum, frugemque interrita angunt.
Uberibus vero quae ducunt semina glebis,
Illa ferunt pulchram segetem, cui lata frequentans
Incrementa sui centeno copia fetu.
Audiat haec, aures cuncti qui gestat apertas.
Talia discipuli mirantes dicta requirunt
Implicitis populo cur clauderet omnia verbis.
Ille sed admota credentum plebe profatur:
Vobis, qui firmo retinetis pectore mentem
Ad capienda Dei praecordia constabilitis,
Concessum est altum penitus cognoscere regni:
Illis pro meritis clauduntur limina vitae.
Sic quis habet dignum, capiet potiora redundans:
Qui vero expertes caelestis muneris errant,
Amittent etiam proprium quodcumque retentant.
Idcirco obscuris comperta ambagibus illos
Perstringit populorum sermonis gratia nostri,
Ut dictum Esaiae meriti de plebe recurrat:
En populi mentes velantur ad omnia crassae

Obicibus, sensu ne tangant munera vitae;
Auribus adsistunt clausis oculisque gravatis,
Ne conversa bono laetentur sancta plebes.
Quam vestra nunc sunt aures oculique beati!
Nam multi veterum justi sanctique prophetae,
Quae vobis clarent, optarunt cernere dona.
Accipite ergo animis quae sit de semine sensus.
Quisque coram verbum summo demittit in aures,
Nec sensu recipit stabili praecepta vigore,
Eripit illum totum de pectore daemon:
Hic agro est similis, duro qui germina calle
Exponit rapidis avibus sine fruge rapinam.
Sunt alii, laeto qui pectore verba receptant,
Sed brevis est illis perceptae gratia frugis.
Nam si dura premant adversum strictura coercens,
Continuo trepidi produnt sibi credita farra,
His lapsus agro simili levitate virescit.
At spinosus ager curarum mole gravatis
Respondet, pressus quae pondera divitiarum;
Semina sic multis sermonis grata gravantur,
Nec fructus sequitur spinarum horrore necatus.
Pinguia sic ut sunt pariter stant viridia arva
Illis qui clare capiunt praecepta salutis,
Quae praestant animum, sensu tractante tenaci,
Centuplicemque ferunt virtutis robore frugem.
Haec tum discipulis, plebique haec insuper addit:
Agricolae simile est regnum sublime Tonantis:
Ille jacit proprio mundatis bona semina ruri:
Sed post intempestam (hominum insidiando sopori)
Trux inimicus adit, loliumque inspergit acerbum.
Ecce sed ad fructum culmos cum spicas (horror)
Procedit lolio, messis maculata redundat.
Tum domino famuli mirantes talia fantur:
Nonne bonam terrae sementem per terga dedisti?
Unde igitur lolio turpi tua rura gravantur?
Sed jam, si jubeas, messem purgabimus omnem,
Triticeasque aiunt infecta sede ejicient.
Tum Dominus mitis contra sermone profatur:
Hic damnum est inimico auctore: sed ferre sinamus
Crescere cum lolio, plenas dum tempore messis
Secretum lolium cunctis de falce jubebo
Ignibus exuri: at castos de semine messor
Horrea nostra dehinc purgata fruge replebit.
Haud aliter simile est (cordis si panditis aures)
Praeparvi grano regnum caeleste sinapis,
Quod proprio laborans disponit cultor agello,
Seminibusque illud minimum omnibus esse videtur
Creditur, ac justo cum jam incrementa vigoris
Sumpserit, erecto transcendit vertice cunctas
Agrorum fruges, ramis ut plurima vastis
Considat, possitque umbras habitare virentes.
Fermento par est regnum caeleste salutis,
Quod magna condit mulier sub mole farinae.
Illa dehinc modico fermenti afflata calore,
Conducto unius caulescit corpore massa.
Talia tum populo perplexis condita verbis
Promebat, veteris quae pectore dicta prophetae
Ordine sacrorum jussit committere libris.
Os aperire meum dignabor, condita mundi
Convolvet rursus varii sermonis imago.
Inde domum repetit sese turbasque relinquit.

LIBER

LIBER TERTIUS.

Matth. 13. Marc. 6. Luc. 5. Joannis 4.

FUderat in terras roseum jubar ignicomus Sol,
Discipuli cogitant, lolii quid quaestio vellet,
Et segetis? Christus quibus haec depromit Iesus:
Optima qui terris commendat semina, glebis,
Filius est hominis: mundum sub nomine terrae
Accipite, atque homines auro pro semine justos.
At lolium infelix corrupti daemonis ortu
Sunt homines, inimicus enim vis horrida daemon,
Extremum mundi finis pro tempore messis.
Messores pueri veniunt per rura ministri:
Quos hominis natus propriis de corpore regni
Colligere errantis laqueos loliumque jubebit,
Collectasque simul rapidis exurere flammis.
Dentibus his stridor semper fletusque perennis.
Secretisque piis veniet lux aurea vitae:
Sedibus ut caeli vibrantur lumina solis.
Haec docuit, patriamque redit Salvator in urbem:
Illic expediens populis (mirabile dictu)
Justitiae leges, vitaeque salubria jussa,
Virtutem patriae simul insinuando docebat.
Tunc livore gravi plebes commota tumescit,
Praesentisque simul domini miracula volvens,
Et generis novi repetens ex ordine gentem:
Haec inter sese mussanti voce susurrant:
Nonne hic est soboles fabri cui nomen Joseph?
Non Maria est genitrix, non fratrum nota propago est?
Unde igitur leges doctas, tantaeque ministret
Virtutis, cunctis cui labes victa malorum?
Nazara sic plebes: cui talia reddit Jesus:
Temnuntur propriis miracula semper in oris,
Et sine honore manent patria sub sede Prophetae.
Talibus indignans pressit sua munera Christus.

Matth. 14. Marc. 6. Luc. 9.

Interea ad regem volitabat fama superbum,
Quod mala cuncta illic virtus divina domaret:
Sed putat Herodes illum quod lege remissus,
Tunc et Joannem virtutis dona tenerent.
Nam quondam certans liventi pectore demens
Erroris labem, patris quod solveret undis
Justus Joannes, damnans accensa malorum,
Tunc patris Herodem proles saevissima regis,
Et facile injusti penetrans habitacula cordis,
Accumulare suis subigit scelera impia gestis.
Arserat illicito Herodes accensus amore
In thalamum fratris, casto quod jure vetabat
Sanctus Joannes: scelus sed nescia recti
Subjecit leges pedibus, fratremque nefandis
Connubiis, ipsumque super (quia prava vetabat)
Carceris immersit tenebris, vinclisque gravavit.
Sanguine nam justi primo compressa timore
Abstinuit saevam feritas, quia magna Prophetam
Plebis Joannem veneratio suspiciebat.
Natali sed forte die quum laeta tyrannus
Herodes celsis strueret convivia tectis,
(Luxuriae quondam conjuncta superbia gaudet)
In medio juvenum regiae filia virgo,
Alternos laterum celerans sinuamine motus,
Compositas cithara jungit modulamine choreas.
Ipse sed imprimis (mirata virginis arte)
Attonitus stupuit: tunc praemia cunctis quaerere
Jurans spondet, quaecunque puella petisset.
Illa sed horrenda servans scelera impia matris,
Urget Joannis caput a cervice revelli,
Et lance inferri praesentia munera poscit.
Perculsum Herodes pectus sub pondere tristis,
Jurandique metuens jura, tamen imperat aegre
Infaustum caput inferri, tradique puellae.
Illa uteri matris scelerum ad gaudia portat.
Corporis at lacerum demum sine munere truncum
Discipuli condunt terra, Christumque sequuntur.
Ille ubi cognovit justi miserabile letum,
Deserit infestis pollutam sanguine terram,
Frondosasque latet secreta vallis in umbra.
Sed populi immensae virtutis dona sequuntur.
Ille ubi cunctorum turbas in valle remota
Convenisse videt, morborum tabe repulsa,
Corpora subjectis mulcetque media medela.
Jamque sub extremo labentis lumine Solis,
Discipuli Christo suadent dimittere turbas,
Ut sibi quisque parent quaerens per compita victum:
Ille jubet cunctis ibidem convivia poni.
Discipuli referunt, nihil amplius esse ciborum,
Ni pisces geminos, et farris fragmina quinque.
Haec, inquit satis est, tum mox discumbere plebem,
Gramineisque toris jussit componere membra,
Suspiciensque dehinc caelum, genitore precato,
Ipse duos pisces et quinque ex ordine panes
Dividit, et dapibus mensas conservit opimis.
Jamque expleta jacet (dictu mirabile) plebes:
Reliquiasque dehinc mensis legere ministri,
Bis senosque simul cophinorum fragmine implent.
Convivarum numerus tum millia quinque virorum,
Praeterea populus matrum fuit, et puerorum.
Discipulis tunc inde jubet conscendere navim,
Et transire fretum, donec dimitteret omnes
In sua quemque viros: tum montis celsa petivit,
Secretusque dehinc genitorem amore adorat.
Jamque soporata torpebant omnia nocte,
Quum puppis medio sulcabat in aequore fluctus,
Jactata adversis surgentis flamine venti.
Ast ubi jam vigilem quarta statione premebat
Noctis iter, rapidos attollens lucifer ortus,
Fluctibus in liquidis sicco vestigia gressu
Suspendens carpebat iter (mirabile visu.)
Jamque propinquabat puppi, sed nautica turba
Attoniti tremulo vibrabant corda pavore,
Clamoremque simul confusa mente dederunt.
Tum pavidis Christus loquitur, Timor omnis abesto,
Credentumque regat vegetans constantia mentem;
En ego sum, vestrae doctorem militiae lucis.
Olli confidens respondit talia Petrus:
Si tua nunc vere dignatur visere virtus,
Me pariter permitte tuo super aequora jussu
Fluctibus in liquidis immersos figere gressus.
Annuit his dominus: navem mox linquere Petrus
Audet, et laetus figit vestigia ponto.
Verum ubi [illegible] [illegible] turacula terrent
Terrificant, ventique minas crebrescere cernit,
Paulatim coepit dubio liquefacta timore,
Quae validam fidei gestabant aequora robur.
Jamque Simon medio submersus corpore clamat:
Fluctibus horrendis pereuntem dirige Christe.
Dextera confestim protenditur obvia Petro,
Et dubitans fidei verbis mulcetur amaris,
Adscensaque rati contraria flamina cedunt.
Praesentemque Dei sobolem suspexere rogantes
Cuncti, navigio socios quos classe habebat.
Transierat tandem sulcans freta servida puppis,

Ora

Optatumque gravis comprenderat anchora portum.
Conveniunt populi rapido per littora cursu,
Portantes aegros, vestisque attingere fila
Extrema exposcunt: mirumque, hoc tempore cuncti
Credentes referunt plenam per membra salutem.

Matth. 15. Marc. 7.

Ecce Pharisaei, Scribaeque hinc inde dolosi
Captantes Christum, promunt fallacia dicta:
Cur tua discipulos pariter doctrina laborat
Praecepta veterum? manibus nam cura lavandis
Praeterit, assumuntque simul cum sordibus escas.
Ille sub haec fatur: Magis hoc est quaerere dignum,
Transgressi praecepta Dei quod proditis omnes.
Namque Deus mortem decreta lege minatur,
Si genitor cuiquam verbo laedatur amaro,
Vel genitrix nati dictis pulsetur acerbis.
Irrita vos istaec facitis, perversa docendo.
Quam manifesta viget de vobis dicta prophetae:
Me populus summis labiis sublimat honore,
Sed diversa procul cordis secreta pererrant.
Accipite ergo omnes, aurisque advertite cordis:
Non illata homini foris quaecunque pudendis
Sordibus aspergunt, virtus animaeve fatiscunt:
Erumpunt hominum sed quae penetralibus oris,
Internam misere maculabunt edita mentem.
Discipuli Christo memorant, quod verba loquentis
Occulto traherent Scribarum pectora risu.
Ille dehinc, genitor plantarum semina tollet,
Quae non ipse sui conseverit in aequore ruris,
Abjiciet, pravitas radicibus eruta longe.
Caecus forte ducem caecum si nactus oberret,
Decidet in foveam pariter demersus uterque.
Tum petit absolvi Petrus, quid quaestio vellet,
Ipsis Pharisaeis quam nunc Scribisque dedisset.
Tum sator aeternae respondit talia vitae:
Vos etiam duro dissolvitis omnia corde
Jussa, nec admittit mentis dubitatio lucem.
Nam quaecunque hominum ventrem extrinsecus ori,
In ventrem cadere, animaeque incognita currunt.
Quae vero interno concepta e pectore procurrunt
Ora hominum, mentem pollutam aspergine labis
Polluere, immundaque hominem maculare piacla.
Secreto cordis promuntur noxia vitae
Consilia, & caedes, & furta nefanda tororum,
Et fraudes, fallaxque hominum pro testibus error,
Et rabida certum pulsans insania vocis.
Haec sunt, quae maculant hominem, quae sordibus implent:
Illotis autem manibus non polluit unquam
Corporis arbitrio servatum sumere victum.

Haec ubi dicta dedit, pulcherrima rura Syrorum
Sidonum, Tyrumque petit, cum femina fusis
Crinibus & precibus natam caussata jacentem,
Volvitur, & tacitum non deserit ante Christum
Orare, ut natam vexatam daemone saevo
Redderet, & miseram tandem respirasse liceret.
Tunc etiam precibus sollicitum discipulorum
Respondit, proprias genitoris mille bidentes
Cogere, quas vanus late dispergeret error.
Crebrius instanti tum talia fatur Iesus:
Natis quisque suis panem non detrahet unquam,
Et canibus jaciet. Tum talia femina fatur;
Micarum saltem canibus sua portio mensae
Decidit, & nihilo dominorum cura gravatur.
Tum dominus loquitur: veniam tibi digna salutis
Praemia, quae fidei meruerunt robora tantae.
Talia Salvator verbis coelestibus edit;
Virginis & matrem (discusso daemone) victam
Complexam implevit donis fecunda salutis.

Inde Galilaeae repetit Salvator in oras,
Praecelsique procul montis conscendit in arcem.
Haud mora: conveniunt populi, secumque trahebant
Pars caecos oculis, & claudos debile vulgus,
Elinguesque alios, mutique vocabula nulla.
Omnibus ille tamen languores dempsit amaros,
Viribus & validis venerando corpore donat.
Tum populi pariter miracula tanta frequentant,
Aeternumque patri laudes gratesque celebrant.
Discipulos Christus cogens in vertice montis,
Secreto alloquitur: Plebis miseratio multa est,
Tertia nam terris remeant jam lumina solis,
Ex quo nulla sibi sumpsere alimenta ciborum.
Jejunam nolim tantam dimittere plebem,
Ne labor efficiat populos per longa viarum.
Discipuli Christo ostendunt septem sibi panes
Esse, & pisciculos aliquot ad proxima pastus.
Tum populum jussit terra per terga cubare,
Quosque sui, totum propriis decerpere palmis,
Et cunctis coram mandavit tradere plebi.
Discipuli ponunt epulas, populusque repletur
Ad satiem dapibus, relegunt tum fragmina panis,
Et sportas referunt cumulato pondere septem.
Quatuor ex omni fuerant tum millia plebis,
Nec numero quisquam matres puerosque notavit.

Matth. 16. Marci 8. Joannis 6. Lucae 12.

Inde Magedanum navi transcurrit in oras
Ecce Pharisaei Sadducaeique dolosi
Poscere tentantes instant caelestia signa.
Sed Christus cernens fallacia pectora, fatur:
Contectum quotiens claudit nox humida caelum,
Si rubor astrifero procedit vesper olympo,
Dicitis, adveniet venturo luce serenum.
Jamque sub exortu solis si tristia rubro
Nubila miscentur confusa luce calori,
Dicitis agricolis, nautisque venire fragosam
Ventorum rabiem, tempestatumque furores.
Fallaces, nostis faciem discernere caeli,
Seclorum vero articulo tempora signis
Explorare fuit? sed vobis signa dabuntur,
Quae maris immenso quondam venere profundo,
Bellua cum tenuit ventris sub carcere vatem.
Haec ait, & propere puppis retinacula solvens
Trans freta conscendit rapido comprendere cursu
Arva Philipporum, sociisque haec talia fatur:

Sollicite vobis vitentur noxia farra,
Fermentumque fovet, vestris avertite mensis.
Illa Pharisaei Sadducaeique dolosi
Admiscent escis, falluntque in semine panis.
Cur vobis tacitas volvit conflictatio mentes?
Proh, quam parva fides sensu torpente latescit!
Dicitis adversi, navi quod tollere panes
Non fuerit vobis vacuum, farrisque cavendas
Insidias jubeam: meminisse & scire putabam
Quod panes quini plebis mihi millia quinque
Implerint dapibus, cophinisque superflua tantis
Fragmenta ad cumulum fuerint collecta ciborum!
Quatuor & rursum cunctorum millia panes
Quod facile impleverint septem, sportasque referri
Vidistis rursus completas reliquiarum.
Sed monitu istorum semper fermenta cavenda.
Discipuli tandem vitalia verba sequuti,
Doctrinam cernunt fermenti nomine dictam.
Inde ubi perventum est liquidi per marge profundi,

Cæsa

Clara Philipporum quæ pulchræ mœnia rura,
Cogit consilium sectantum discipulorum,
Et quærit quem se populorum lingua pararet.
Respondent multas plebis tunc esse loquelas:
Crebrius auditos de multis firmare, quod esset
Justus Joannes, populos qui flumine lavit.
Pars memorat volucris famæ lato cognita verba:
Pars trepidat, memorant servatum oracula monere,
Heliam venisse iterum, quem propria curru
Turbine cælesti quondam fumante quadrigis
Abstulit infernis rapida vis torrida damno:
Jeremiam dicere alii pars esse prophetam.
Tunc Christus cunctis arridens pectore blando,
Conquirit quæ sit sententia discipulorum.
Sed stabilis Petrus: Tu sancti Filius, inquit,
Christus, magnifice terras qui lumine complens!
Tum dominus tali respondit talia Petro;
Petre beatus eris: non talia pandere certe
Humanus sanguis, vel terra putrida corpus,
Haud umquam poterit: genitoris munera sola
Possunt tam validum fidei concedere robur.
Tu nomen Petri dignus virtute tueris,
Hac in mole mihi insignes in robore ponam
Semper mansuras æternis mœnibus ædes.
Infernis domus hæc non exsuperabile portis
Claustrorum perpetuo munitam robore habebit:
Cælestisque tibi claves permittere regni
Est animus, terrisque tuo quæ mala relinques
Arbitrio, cælo pariter nodata manebunt:
Solventur & rursus ea quæ sententia terris,
Haud aliter veniens cæli sub sede solutam.
Sed vos discipuli Christum me dicere cunctis
Parcite, quo tali cognoscant talia digni.
Jam lux adveniet properis mihi certaque lethum,
Mœnibus in Solymis rabies cum prava furore
Eximius vatum saturabit sanguine nostro.
Ast ubi lucidulum reddet sol tertius ortum,
Consurget radiis pariter reditura salutis
Vita mihi, cunctisque dabit sua munera terris.
Tunc Petrus magno percussus corda dolore,
Absint, Christe, tibi, inquit, tam tristia sanctis
Monstra procul membris, nec hoc est credere tantum,
Nec tibi tam durum poterit contingere casum.
Christus ad hæc: Procul hinc, inquit, procul effuge
Nil divina tibi mentem prudentia tangit, (dæmon,
Sed terrena sapis, mollique timore tremiscis.
Sed si quis vestrum vestigia nostra sequetur,
Abneget hic sese, corpusque animamque relinquat,
Atque crucem propriam comitantibus addere nostris
Gaudeat, amissam reddet cui gloria vitam.
Nam servata perit terræ possessio lucis.
Sed quid proficiet facili mortalis lucro,
Si damnum pariens vitæ lucisque perennis?
Vel quæ digna queunt animæ commercia pendi?
Filius hæc hominis veniet sub lumine patris,
Cælestesque illum sanctæ comitante ministri
Stipabunt, reddetque homini sua debita vita.
Vera loquar, certos istic sub limine lucis
Inveniam, cæli fulgens cum regna capessam.

Matthæi 18. Marci 9. Lucæ 9.

Hæc ubi dicta dedit, passus bis terna dierum
Lumina conversis terras transcurrere cælo,
Tum secum jubet abruptum conscendere montem
Petrum Zebedeique duos per devia natos.
Inde ubi perventum est sacrati montis in arcem,
Continuo Christus faciem fulgore coruscam
Mutatur, vestisque nivis candore nitescit.
Respiciunt comites, mediumque assistere sanctis
Heliam, Moysenque vident, tum talia Petrus:
Respice nam nobis potius discedere longe,
Anne illic sacræ spectacula cernere molis
Conveniat? trina erecta hic tentoria nobis,
Si jubeas, frondis faciam diversa parare,
Singula sub tectum quæ vos solum receptent.
Talia dum loquitur, cælo perfulgida nubes
Circumjecta oculis velavit lumine montem,
Et vox e medio lucis manifesta cucurrit:
Unicus hic meus est natus, mea summa voluptas:
Hujus justitiam justo comprendite corde.
Discipuli pavido prosternunt corpore terram,
Nec prius e prono valuit sustollere casu
Audebant, tactu Christi quam dextera jussa
Dejectum blandis firmasset pectora verbis:
Surgite, & abjectum forti calcate timorem,
Hujus sermonis aspectus vos reddite cunctis:
Nec cuiquam præsens pandatis visio vobis,
Ni prius hic hominis sobolis speciosa reportet
In lucem referens mortis de sede tropæa.
Consurgunt, solamque vident & voce requirunt,
Cur scriptis veterum scriptorum lectio currit,
Heliam primum cæli de sede reverti
In terras, Christique dehinc consurgere lucem?
Christus ad hæc: Veniet, certo sub tempore justus
Helias, reddens mox omnia debita sæclo.
Sed si quis credit, jam venerat ante renascens,
Ignarum veluti rabies quem cæca furoris
Depressit leto: mox sæviet altera cædes
En hominis nato crudelibus insidiis instat.
Hæc ait: & populum repetit, montemque relinquit.
Ecce sed infelix genibus, fletuque laborans
Vir senior, precibus Christum venerans adorat:
Davidis soboles, hominum lumenque salusque,
Te precor, horribilem nati de corpore morbum
Proturbes, reddasque suæ solatia vitæ:
Nam cursus lunæ certum mihi dæmonis arte
Torquet, & in liquidas deprensum projicit undas,
Aut miserum avidos projectum volvit in ignes.
Nam tui discipuli sectantes jussa frequenter
Conati, nulla in solidum mihi dona dederunt.
Tum Christus magno commotus corde dolore:
O gens nullius fidei, prava effera semper,
En etiam patiar vobiscum quo fore terris?
Sic ait, & puerum mandat perferre parentem
Ante locum vultus: tum vocis pondere multo
Incubuit, tumidisque simul convulsa venena
Dæmonis horrendi, purgato corde fugavit.
Discipuli rogitant, cur non successerit illis
Ejusdem pueri toties tentata medela?
Respondit dominus: titubat quia pectore vestro
Instabilis fidei nutans per lubrica gressus:
Sed si tanta foret credendi portio vobis,
Instar quæ minimi posset præstare sinapis,
Istius hinc montis poteritis vellere verbo,
Inque alias sedes constans transvolvere molem.
At genus hoc morbi domuissent vota precesque
Multaque robusti jejunia pectoris arcent.

Matthæi 17.

Inde Capharnaum gradiens pervenit ad oras:
Conveniunt Petrum quibus lectas cura tributi,
Solvere poscentes solitum pro nomine Christi.
Ille sed ad Petrum conversus talia fatur:
Dic, inquit, reges, quorum dependere nummi,

Externos populos sibi jussere tributa?
Respondit Petrus, alienos solvere certum est.
Cernis, ait Christus, natum non solvere regis?
Sed ne quem laedam, praeceptum suscipe nostrum:
Eo maris undisoni ripas quae prodit in altum,
Scandatur tibi summa, Simon, hamoque profundo
Sternitur squamarum numerum praecipitetur:
Hic foris ex curvo qui primus acumine piscis,
Hujus pandantur fauces numeralia ventris,
Illic invenies duplex dissolve tributum.

Matth. 18. Marc. 9. Luc. 9. & 7. & 17.

Discipuli post inde rogant, quis maximus alto
In caeli regno, meritis pro qualibus esset?
Tum Christus medio puerum consistere coetu
Praecipit, & placido dictum sermone profatur:
En hujus similem pueri se reddere curet,
Quisque cupit celsam caeli conscendere sedem.
Erroris laqueum saeclis increscere certum est;
Sed tamen infelix per quem generabitur error.
Qui vero e parvis istis deceperit ullum,
Si sapiat, nectat saxo sua colla molari,
Praecipitemque maris sese jaculetur in undas.
Nec quisquam stulte parvos contempserit istos.
Horum custodes caelesti in sede ministri
Altithroni vultum genitoris sidera supra.
Sed si quis pastor, cui pascua credita tondent
Centum balantes, unam cum forte suarum
Nescius error habet, quaesitum deserit omnes,
Unius & totis lustrat vestigia silvis:
Illam si magno studio reperire laboret,
Laetitia inventa major tum nascitur agni,
Quam pro cunctarum numero quod nulla reliquit.
En istis parvis genitor sic perdere quemquam
Non patitur, gaudetque suis increscere regnis.
Si fratrem proprio delicto contaminatum
Cernis, secreto tuos dictis corrige solus.
Si tua verborum patiens moderamina laudet,
Lucrantis contentus frater lucrabere fratris.
Sin tua solius contemnat verba reluctans,
Tunc aliis pariter monitor pia jussa frequentet.
Sed si damnarit doctorum frena duorum,
Tunc ad concilium referatur criminis plenum,
Ut populi saltem sanetur pondere victus.
Sin & multorum contempserit offensus ora,
Sit tibi divisa maledictus nomine gentis.
Namque in concilium semper praesentia nostra
Adveniet, mediumque deum me stare necesse est,
Sive trinos fueris coetus sub nomine nostro.
Tum Petrus quaerit, quam fratri errata remittam,
An septem lapsus hominis indulgere liceret.
Christus prosequitur: Non septem crimina tantum,
Sed decuplata septem donentur vulnera fratri.
Nam caeli regnum domino praedivitis aulae
Consimile est, omni rationem qui sibi poni
Jusserit, & servum debentem multa talenta
Praecipit abreptum cum conjuge, progenieque,
Atque opibus cunctis venali nomine sisti.
Tum servus dominum prostrato corpore adorat,
Et spondet, spatii sibi si foret ulla facultas,
Omnem se nummorum domino dissolvere summam.
Commovit dominum famuli miseratio fletus,
Cunctaque tunc meritum concessit debita servo.
Ille sed egrediens conservum limine in ipso
Nactus constringit: tum debita fortior urget
Persolvi, precibusque locum tribuere negavit,
Carceris & mersum tenebris pressitque premebat,

Quae postquam dominus famulorum agnoscere verbis
Incipit, addictis ingestis justissima servo
Dicta dolens, iramque movet, jussitque scelestis
In tormenta ferum detrudi, cuncta revolvens
Debita, dum dignis haeret per vincula poenis.
Sic vobis faciet genitor, qui culmina caeli
Possidet, immitis servo si pectore fratrum
Peccata errantum dare pectore nolueris.

Matth. 19. Marc. 10.

Talia dicta dedit, Galilaeaque rura reliquit,
Judaeamque petit, qua pinguia rura fluentes
Agminis Jordanis viridis praerumpit amoeno.
Nec minus in stratis aegris donare salutem,
Sublimisque patris concedere munera perstat.
Ecce Pharisaei tentantes quaerere pergunt,
Conjugis an liceat rejectum solvere vinclum,
Quidquid erit, seu tangit quod corde mariti.
Haec ubi percepit, depromit talia Christus:
Principio Deus in terris par dispare sexu
Constituit, jussitque uno de corpore nasci,
Ambarumque animas junctis inolescere membris.
Quod Deus ergo jubet proprio concrescere vinclo,
Illicitum est hominum fraude secernere laxa.
Moses praecepit (quod pectora dura videret)
Scribere dissidium quo laxa corda revincti
Per proprios apices possint sub judice flumina.
Nam temere exsolvat casti qui jura cubilis,
Alteraque illius thalamis sociabitur uxor,
Crimen adulterii populo sub teste subibit.
Discipuli referunt: Urget lex ista virorum,
Servitiique premit non aequo pondere partem,
Ut melius fuerit thalamis caruisse perenne.
Respondit dominus, Non omnes pondere tanto
Subjiciunt humeros: lecta sunt rara dona
Virtutis: prius truncantur corpora matre,
Quae nulla gaudent genitali lege virorum.
Namque alios tales progignit in luminis oras
Comperimus, plerosque hominum vis ferrea ferro
Exuit, atque alios ipsos sibi demere constat
Pro caeli regnis proprios de pectore amores.
Quisque capax fuerit celsae virtutis capessat,
Quod paucis lectisque Deus vult pandere munus.
Haec ait, & parvos, quos gaudens cura parentum
Cum precibus levis certatim hinc inde ferebat,
Suscipit, & plebem sectantem quod prohiberet,
Increpat, ac tales affirmat regna mereri
Aulae caelestis, sanctas his ordine palmas.

Matth. 19.

Ecce sed e populo juvenis cui rura domusque,
Et gaza, & rerum stabat possessio fulgens,
Accedit, Christumque palam submissus adorat.
O bone praeceptor, dic nunc quae facta sequamur,
Ut mihi perpetuam liceat contendere vitam.
Huic auctor vitae cum talia reddit Jesus:
Nunc demum quaeris veteri quae lege tenentur?
Non hominis perimas vitam, non furta cruentus
Invadas, quaestumve alienis mensis rebus
Mens, aut dextra leget: non testis falsa loquaris.
Sit genitor genitrixque tuo sublimis honore,
Proximus & puro pro te tibi cedat amore.
Ille dehinc: Ista haec semper mihi perpete cura
Observata forent, sed ne quid forte relictum
Desit, praesenti liceat me voce moneri.
Tum Christus fatur: Nunc si perfecta requiris
Prendere praecelsae mentis vestigia vitae,
Omnia quae proprio retines solus dominatu,

Distra-

Distrahe, & ad miseros confer [illegible] egentum:
Tunc thesaurus erit cœli tibi candidus arce,
Virtutisque tenax vestigia nostra sequeris.
Hæc adolescenti verba ubi dicta per aures,
Dejecit vultum, tristisque in tecta relegit.
Tum sic discipulis sese spes unica fatur:
Difficile est terris affixum, divite gaza
Avelli, cœlique levem in regna venire.
Nam citius ramis per acus tenuissima foramen
Deformis poterunt immania membra cameli,
Quam queat ut dives cœlestia regna videre.
Talibus attoniti comites, stupidique silebant,
Volventes, quæ tanta foret sub pectore virtus
Humano, talem possit quæ prendere vitam.
Respicit æternus [illegible] placido vultu,
Atque ait: Hæc homini forsan videantur acerba,
Sed Deus electis facilem perpendit in æthra
Possibilemque viam, virtus quam celsa capessat.
Tunc Petrus [illegible], inde,
Omnia [illegible] alias,
Et tua jussa sequi nobis spes unica restat.
Quid nostris animis superest? dic, Christe, precamur.
Talibus ad Petrum verbis respondet Iesus:
Vos quicumque meum [illegible] alis
Credentes servaris iter, cum fœderis alte
Progenies hominis celsa quem cinget honore
Majestas, bis sex illic pulcherrima virtus
Constituet vobis sublimi in vertice sedes:
Judiciumque hominum pariter tractare licebit.
Hic quicumque sui linquet genetrisque domusque
Gazas, affectusque [illegible] pro nomine nostro,
Centuplicata dehinc capiet, vitamque perennem.
Primorum meritum postremi transgredientur,
Ultima præteriti capient vix præmia primi.

Matth. 20.

Sedulus et ruris dominus, cui dulcia fundum
Pinguibus in campis late vineta coronant,
Hic ubi progressus primo cum lumine solis
Conduxit juvenum fortissima robora, pactus
Unius in lucis certa mercede laborem,
Et sua tum jussit culta vineta poliri.
Ipse sed egrediens, ubi tertia venerat hora,
Invenit ecce alios, operisque adolescere jussit,
Pro meritis operum promittens præmia digna.
Illi non aliter facti præcepta sequuntur.
Ast ubi sexta dehinc lucis transfluxerat hora,
Haud secus hinc alios juvenes conducere pergit.
Nonaque mox dehinc ubi solis cursibus acta est,
Tunc alios pariter conductos jussit adire.
Ultima laboris restabat portio lucis,
Egressus cernit juvenes, causasque requirit,
Cur pigris manibus torperent otia lenta.
Ajunt conductoris quod præcepta fuissent
Nulla: sibi dominus nunc hos insistere ruri
Tunc etiam jussit: sed vespere proximus orto,
Præcipit, ut cuncti capiant mercedis honorem,
Æqualique omnes numerent præmia nummo.
Tunc mussant illi virorum, prima qui luce laborem
Sustulerant, solisque diem toleraverat æstum,
Indignum factum tali cum murmure fatur:
Injustum est, illos similem ut nos quærere nummum,
Ultima quos operi sero conduxerat hora.
Tum dominus operis [illegible] pectore fatur:
Illibata tibi mercedis portio salva
Redditur, & pacti servantur jura fidelis.
Illis de nostro liceat conferre tantum,

Extima quos operis glomeravit portio lucis.
Nam multos hominum dignatur [illegible] vocavit.
E quis [illegible] dignatus est [illegible] partem.
Hæc ait, & Solymam repetit, comitesque secessum
Alloquitur, seductique itineris regionibus ardua:
Ingredimur gradu, traducemurque omnia ad urbem,
Filius hic hominis traditur ad ultima mortis,
Scribarum pontificumque simul ludibria contra,
Affixusque cruci post tertia lumina surget.
Hic tum Zebedæi mater [illegible] rogabat,
Ut Christus matre cœli sublimis in arce
Felices nati dextra lævaque sederent.
Tum quærit Christus, calicem si fortiter possent,
Quem sibi præscriptis instanti sumere pœnis.
Respondent se posse simul. Tum talia Christus:
Vos nostrum calicem sic est potare, sed alius
Sedibus æquali mecum considere honore,
Non hoc nostra dabit cuiquam pro munere virtus.
Hæc certis genitor sublimia dona reservat.
Exin discipulis dictis pro talibus omnes
Commotos, tali sermonis [illegible]:
Gentibus infidis celsa [illegible]
Imponit, quemcumque super dominantur acerbe,
Exercentque truces subjectis urbibus iram.
Vos hic sed longe tranquillior opera vitæ
Concordi firmet inter moderamina pace;
Magnus & obsequiis crescit super alta minister,
Nec primus quisquam, nisi cunctis serviat omnis,
Esse potest: hominis natus sic cunctis minister,
Obsequio solus propius pia munera gessit,
Pro multisque animam pretio sanguine ponit.
At vos ex minimis opibus [illegible] vultus,
Et sic e summis [illegible] imos.
Si vos quisque vocat [illegible] convivia pompæ,
Cornibus in summis [illegible]
Quisque sapit: veniet forsan si nobilis alter,
Turpiter [illegible] cogetur [illegible],
Quem tamen instat [illegible] per summa locarat.
Sic [illegible] erit [illegible],
Inferiorque dehinc si mox conviva sedebit,
Ad potiora [illegible] tempore.

Matth. 21. Marc. 11. Luc. 19. Joann. 12.

Proxima tum Solymis conscendit culmina montis,
Ordinibus [illegible] olivæ.
Hinc lectos misit [illegible] discipulorum,
Obvia castelli [illegible] Christus,
Inde asinam pariter [illegible],
Ducere, vel si quis [illegible] vellet,
Cur sua tam subito [illegible],
Dicant tunc, operam dominum sibi [illegible] velle.
Discipuli celeri [illegible],
Adducunt, [illegible] super [illegible]:
Insternunt placidum [illegible].
Hinc veteris quondam [illegible] vatis.
Ecce venit placidus tibi rex, [illegible]
[illegible],
Tum populi [illegible].
Quaque iter est Christo [illegible],
Proxima [illegible],
Conclamantque [illegible]: David [illegible],
Osanna, [illegible] gloria [illegible].
Sic adeo ingreditur Solymorum mœnia Christus.
Ingressus [illegible] templi
[illegible] vulgus.
Quam ubi [illegible]
Cuncta [illegible] animo,

Et pueros templi complerunt tecta canore
Osanna egregia Davidis stirpe creato:
Tunc percontantur coetu, quae causa canoris
Impulerit tantam tollat per gaudia plebem.
Christus ad haec: Legitis sanctae vos scripta tenere
Creditis, infantum quae dicit ab ore venire
Lactentum, & linguis justi consurgere laudes.
Haec ait, ingratam linquens cum civibus urbem,
Bethaniamque petit, rediensque in margine certam
Stratae frondentem diffusa umbracula ficum.
Illic forte cibi pertemptans corda volentes,
Arboris attrectat ramos, sed nulla facultas
Pomorum, sterilis frondis concreverat umbra.
Olli Christus ait, Non jam tibi fructibus umquam
Copia proveniet: Tum protinus aruit arbor.
Discipuli celerem mirantur in arbore mortem.
Sed Christus stupidis assistens talia fatur;
Nunc ligni istius nostrae stupeatis honore
Desectis ad viros terrarum decutere succos,
Sed veris verbis terramque terremque movebo.
Namque fides si certa animi consistat in arce,
Nec dubiis mutans violis nutabunda jacebit,
Arboris istius vobis substantia cedet.
Nec tantum istius, sed montis celsa revelli
Credentum verbis poterunt, pontique profundis
Cum silvis pariter, saxisque fretisque recondi.
Et quaecumque fide rebus poscent precibus
Credentum, semper digna virtute tenebunt.
Haec ubi dicta dedit, templi se moenibus infert.
Confestim procerum populi miracula rerum
Collectu inquirunt, virtus quae tanta dedisset.
Olli Christus ait: Quaerentibus omnia vobis
Dicere jam facile est, si mihi vestra vicissim
Percontata prius paucis sermonibus solvat.
Num per Johannem, puro qui gurgite lavit
Sordentes populi maculas, divina potestas,
An vobis hominis potius fallacia visa est?
Haec ait, ancipiti verborum pondere clausam
Cernebant procerum mentem: cum magna prophetam
Plebs Johannem venerando suspiciebat,
Nec poterant ejus fallacem dicere vitam.
Rursus sublimem dixissent si esse prophetam,
Occidisse illum traheret confessio culpam.
Se nescire igitur responsio facta fatetur.
Tum Christus: Non est insessum clamare vocem,
Cum mihi clamantur procerum responsa superba.
Nam geminos proles genitor majoris in annos
Talia dicta dedit, Vinis mihi portio major
Semiputata jacet, sed perge, & tubere fossi
Nunc scrobibus, nunc falce putando, vineta retunde.
Tum juvenis sese tam sordida vincla laboris
Nolle pati memorat: post omnia jussa parentis
Exsequitur, damnumque sibi responsa coercet.
Post alium eandem similis sermone jubebat
Ad vineta sui depromere jussa laboris.
Annuit his juvenis: nec dictis facta repensat.
Dicite quis potius genitoris jussa sequatur?
Olli collaudant mutu responsa prioris.
Prosequitur Christus: Nunc vero advertite dicta:
Jam magis hinc caeli sedes conscendere certum est
Corporis e vitiis, quaestum sordida lucra,
Quam vestrum quemquam. vobis nam venerat ante
Justus Johannes, sed non est credere vestrum.
Namque fidem potius meretrices pectore certam
Hauserunt, sordesque animi potuere pudendas.
At vos tantorum scelerum nil paenitet umquam.

Sic quidam dives, cui jugera multa virentis
Vineti saepem circumdedit arte,
In medio turrem praelumque & dolia fecit,
Cultoresque dedit, fructusque locavit habendos,
Impositam statuens mercedem solvere legem.
Tum longinqua petit, sed fructus tempore certo
Actores famulos misit, quis portio salva
Cultorum certa redit mercede daretur.
Ecce colonorum rabies hunc verbere saevo,
Ast alium lapidum procurrunt undique telis.
Denique letali prosternunt vulnere multos.
Tum dominus rursus plures incedere servos
Praecipit, & reditum mercedis pacta reposcit.
Major at in plures saeva injuria surgit.
Ultimus tum domino natum dimittere mens est,
Quod sobolem patremque sui vis digna pudoris
Cultorum cordi venerandam poscerent esse.
Sed contra illorum jam mens maculata cruore.
Progeniem carissima domini, sibi post dominatum
Cedere credentes, crudeli vulnere saevam
Obtruncant, jaciuntque foras stans supra cadaver.
Post haec, jam dominus veniet, poenasque reposcet
Tantorum scelerum, sed vobis tradita quondam
Fulgentis regni sedes, translata feretur
Ad gentem dignos quae possit reddere fructus.

Matth. 22. *Luc.* 14. *Apocal.* 19.

Ut rex qui nato thalamorum vincula nectens
Praecepit, procerum convivia laeta frequentent,
Accitos famulos voti regalis honore
Concelebrare simul: cuncti sed adire recusant
Regales thalamos, regalis parata mensae.
Post alios mittit, sese largissima cuncta
Magnificasque dapes, convivia laeta parasse.
Illi neglectis dapibus, diversa petebant:
Hic aedes proprias, hic ruris tecta propinqui,
Ast alius potius merces ac lucra revisit.
Multi praeterea missos qui ad laeta vocarent,
Insontes famulos rapiunt, & corpora ferro
In mortem cruciant: tum rex ubi comperit acta,
Militibus armatis cives cum moenibus ipsis
Subruit, effusi famulorum sanguinis ultor.
Tunc servis fatur: Nunc festa jugalia cuncta
Praelargis dapibus quaecumque instruximus, illi
Contempsere viri procerum contingere mensis.
Ite igitur propere per publica saepta viarum,
Et quoscumque illic casus glomeraverit, omnes
Hoc laeti nati thalamis adhibete vocantes.
Progressi famuli per compita lata viarum,
Inventos ducunt simul. jam denique coetu
Complentur mensae mixtae sine nomine plebis.
Hic justi injustique simul cubitare vocati.
At rex ingressus convivia laeta revisit.
Hic videt internos pollutae vestis amictu,
Laetitiae thalami fuerat quae dissona longe.
Isque ubi regalis sermonis pondere causam
Reddere pro vestis maculis, & labe jubetur,
Oppressus tacuit non puri pectoris ore.
Et tunc conversus famulis rex praecipit illum
Constrictis manibus pedibusque, & corpore toto,
In tenebras raptum mox praecipitare profundas.
Illic stridor erit vasti sine fine doloris,
Et semper fletus. multis jam saepe vocatis,
Paucorum solis hominum selectio fiet.

LIBER

LIBER QUARTUS.

Matth. 24. Marc. 12. Luca 20.

Talia dicentem confestim factio frendens
Temptare aggreditur verbis cum fraude malignis:
Certum est veridicum te nosse venisse magistrum,
Nec quemquam metuens, Domini vestigia servas.
Dic ergo, an liceat nostra dissolvere genti
Caesaris argenti semper sub lege tributum?
Ille sed inspiciens servi penetralia cordis,
Cur temptatis, ait, mene ore concludere verbis?
Fallacis semper prodit fallacia fructum.
Adspicite en nummum, sculptique numismatis aera,
Caesaris expressum proprium est tibi cernere vultum.
Solvite nunc illi proprium sub lege tributum,
Atque Deo proprium legis servate honorem.
Post Sadducaei tali [illegible] lacessunt:
Moses, qui legum posuit praecepta, iubere,
Si quis coniugium properata morte relinquat,
Pignoribus cassis nomen de germine cassis,
Huius germano rursus sociabile vinclum
Deberi, generis pereat ne patrio lapsu.
Finibus in nostris septem germana fuerunt
Corpora, sed maior natu cum vincula nuptae
Sumpsit, praeceleri cecidit sub acumine mortis.
Post alius frater thalami sine fructibus aeque
Concidit, et cuncti iacuere ex ordine fratres:
Unius et cunctos fecit germana mariti.
Post ipsam rapuit gelidae inclementia mortis.
Si vivum igitur cuncti sub lumine vitae,
Cuius connubiis mulier reddenda resurget?
Olli Christus ait, Errore obnoxia pravo,
Legibus, et iussis Domini mens dura rebellis:
Nescia virtutum et legum quam decolor errat.
Namque sequenda dabunt laeta reparatio vitae,
Non thalamum norit, non terrea gaudia vana:
Sed similes levibus genitoris iussa ministris
Constituent regni vitas sublimis in aula.
Nec Deus illorum dominum se pastor vocaret,
Qui letum pressi senserunt funere mortem,
Sed potius vivis praesens qui praestitit lucem.
Ecce alii rogitant, quae sit firmissima legis
Regula, quod summam comprendat cetera verbum.
Ille indefessus molli responsa rogabat.
Sublimem caeli dominum devotio cordis
Diligat, est istaec virtus firmissima legis.
Consimile est isti, magno ut teneatur amore
Ad ius fraternum iusta penetralia mentis.
His etenim geminis dependent omnia iussa.
Sed vobis cuius soboles ventura videtur
Christus, quem cuncti spondent in saecla prophetae?
Respondent illum Davidis germine nasci.
Prosequitur Christus: Cur illum dicere David
Divino flatu scriptum est dominumque Deumque,
Quod proprio patrem non aequum est dicere nato?
Talia Salvator: cuncti obstupuere silentes.
Ille sed accitae credentum plebi profatur,
Adspicite scribas sublimi sede superbos;
Hi quaecumque docent, iustum est comprendere cunctis
Obsequio, mores ipsorum temnere vitae,
Abrupta impositum humeris cum pondera vestris,
Ipsi quae digito saltem contingere nolunt.
Accubitu primo cenae, fastuque superbo,
Atque salutantum vario tolluntur honore,
Et nomen sibi iam volunt gestare magistri.

Sed vos nolueritis praecelsi nominis arcem
Affectare, unum vobis est nam magistri
Imperium aeternum caeli de lege potentis,
Vos eadem fratrum pariter complectitur amore.
Unus item pater est, caeli qui in culmine regnat.
In vobis, si quis sublimia colla levabit,
Decidet, et barathri mergetur ad ultima caeno.
At humilis clarum conscendet liber in [illegible].
Deflendi semper scribae, et lacrimabilis aevi
Caeca Pharisaeae cunctis fallacia plebis.
Nam vobis ipsis clausum quia iure negatur,
Nec saltis quemquam penetrare per atria lucis,
Et cunctos trahitis laeva ad confinia flammae.
Vos similes dicam tectis splendore sepulcris,
Quis facies nitida est, internaque turpia tabis.
Sic vos velatur iusta sub imagine vita,
Atque adytis animi celantur sordida corda.
O Solymi Solymi, terra quae saepe Prophetas
Ad vestram missos vitam sine fine necastis,
Quam volui vestram gentem populumque tueri,
Ales uti molli solita est sub corpore pullos
Obice pennarum circum complexa fovere!
Sed vobis semper caelestia munera sordent.
Deseritur iam nunc domus haec vastata ruinis,
Nec vobis nostrum fas ultra est cernere vultum.
Egreditur templo, cuius praecelsa notantes
Moenia discipuli, tali sermone docebat:
Haec operum vobis miracula digna videntur
Obtutu stupido, veris sed dicere dictis,
Quod mox cuncta solo passim disiecta iacebunt.
Hinc ad Oliveti sacrum pervenerat arcem,
Discipuli solum postquam videre, rogabant
Ut sibi venturi tempus distingueret aevi,
Promissa ipsius quam possent prendere famam,
Cuius et adventus terra confunderet orbem.
Quos contra verbis respondit talia Christus.
Observate dolum, falso ne nomine capta
Credulitas, laqueis errantum praecipitetur.
Discurrent cunctis bellorum incendia terris.
Sed vos praevalido consistite robore cordis,
Ne mens accepto iaceat terrore tremiscens.
Non etenim primo imponent ista proelia finem.
Gentibus et gentes, et regibus obvia regna
Signa ferent, nec tunc morbi contagia tractum
Aeris, aut pestes prosternere corpora parcent.
Fissa etiam solida per inania pondere tellus,
Per diversa loci, motu quassante tremiscet.
Haec in primitiis [illegible] poena manebunt.
Prodentur mali vestrum, lacerique dabuntur,
Proque meo vobis incumbent nomine gentes
Tormentis poenisque feris; odiisque necesse est.
Livor erit terris, erroribus omnia plena,
Et falsi surgent populorum labe prophetae.
Haec inter, si quis praeclarum a vulnere pectus
Ad finem servare queat, sublimis lucis
Aeternae vitae sortis redimitus adibit.
Regnorum caeli celebratio pervolitabit
In cunctas terrae oras; gens omnis habebit
Testem [illegible] sanctae sermone salutis.
Et tunc finis erit, currentia saecula solvens.
Adveniet iam tunc tristis desertio terris,
Quae Danielis habet iustam verissima vocem.
Haec digne tamen poterit cognoscere lector.
Iudaei longe fugient, montesque capessent,
Nec quisquam domibus repetat sustollere secum
Quae longo condiderit, vestemve aut mobile quidquam.

Desolata

Defendat cum sese aevi tunc gratia tanti,
Et miseras foetu dulci quae lacte rigabunt.
Poscite jam precibus, caelo ne frigore brumae
Adveniat fuga vestra, aut ne tunc sabbata festa
Anxia praecipiti rumpat trepidatio cursu.
Nam cunctis veniet saevissima pressio terris.
Talis namque nec ante fuit, nec postera norunt,
Et ni festinans genitor decerpere tempus,
Et numerum miserans vellet breviare dierum,
Nulla dehinc trepidas superarent corpora vitas.
Sed propter lectos tanti moderatio patris.
Nomine fallentum Christi falsique prophetae
Exurgent terris, et monstra potentia fingent,
Quae fusos lectos capiant miracula passim.
En praedicta patent venientia saecula vobis.
Desertis si quem Christum peragrare loquentur,
Occultisque procul penetralibus esse repostum,
Longe credulitas abeat vanissima vobis:
Sicut enim fulgur caelum transcurrit apertum,
Et cerni facile est ortus orientis ab ora
Usque sub occiduum caeli vergentis in axem;
Sic rapido adventu clarescent lumina Christi.
Sol rutilans fervens radios abscondet in umbra,
Amittet cursum Lunaris gratia lucis,
Ignicomaeque cadent stellae, caelumque relinquent.
Omnis item virtus caeli commota labascet:
Signa dabit, prolem hominis quae cernere caeli
Claustra, omnigenasque tribus defletio luctu
Urgebit, veniet cum nubibus [illegible],
Majestate patris hominis per sidera natum.
Tum tuba terrificis stridens clangore vocabit
Justos, quadrifido mundi glomerandos ab axe.
Praeteriti nec enim possunt generamina saecli,
Donec cuncta sequens claudat sibi debita finis.
Haec tellus caelumque super solventur in ignem,
Sed mea non umquam solventur ab ordine dicta.
Quis sit et ille dies, latitare est omnibus aequum,
Ni soli rerum domino, qui sidera torquet.
Ut quondam terras undis involvens tempestas,
Et diversa sibi tractantes omnia cunctos
Diluvii rapuit subito violentia mortis:
Sic subitas flammas volvens descendet ab aethra
Adventus noster, nec cunctos dis sub una
Condicione premet. Nam tunc ubi jugera late
Infindent duo depressis sub vomere sulcis,
Unus corripere tollatur corpore raptus,
Ignarusque alius vestis linquetur in agro.
Uno quae etiam recubant in stramine lecti,
Dispar judicium diversa sorte subibunt.
Unam enim faciem quaerent per farra molendae.
Idcirco famuli vigilent, quia nescitur illa
Adventus domini subitam decurrat in horam.
Praemonitus furis noctem si insidere furem,
Quisque domum custos vigilaret, et obvia ferret
Arma procul, raptor ne quis penetraret in aedes.
Sed vos intentis animis adsistite semper:
Namque repentinus vobis subitusque venire
Filius hic hominis, justis sua praemia servans.
Ille fidelis erit servus, cui credere cunctas
Aedes et famulos valeat per longa profectus
Vir pater ipse domus: sapiens omniaque tuetur,
Quem veniens dominus servantem jussa videbit,
Illum majori famulorum concedet honore.
Ast ille infelix, qui abjecta sapientia
Tardantem causatus herum famulosque fatigat
Verberibus, lapsisque indulgens ebriosis;
Luxuriosorum convivia concelebrabit;
Adveniet dominus, servumque locabit ferventem
Praecipitem dignum poenarum cladibus abdet.
Illum perpetuo fletus stridorque manebit,

Matth. 25.

Conferri possunt caelestia regna puellis
Bis quinis: quarum pars est sapientior una.
Altera praestupido pars est stolidissima corde:
Occurrere illae vero sponsalibus ausae
Ornare sociatas solemnia flammivomentibus.
Sed sapiens pars illa, sibi quae lumina secumque
Suscipiunt, portant simul curaque olivum,
Stultarum vero mens est prudentia talis.
Cumque moraretur sponsus, tum membra sopore
Solvuntur cunctae per conspicua loca vincla.
Jam media noctis clamor caelestium magnus
Incepit, lumenque dehinc occurrere visas
Admonuit, tollitque vias gressus curvis.
Surgere tunc properant, et claro lumine taedas
Instruere, et flammas pingui compescere olivo.
Tum stultae rogitant illis sibi cedere partem
Prudentes, secum quod tum gestare videbant.
Sed quoniam sapiens pavitat chorus, omnibus neque
Ne desint clarae currentia pinguia flammae,
Et parvo aequalis si detur pondere cunctis;
Tum pergunt stultae, liquidum ut mercentur olivum.
Dum pergunt, laetae transcurrunt omnia pompae,
Et sponso tandem comitantur laetae prudentes.
At veniunt stultae sero post tempore lapsae,
Et sponsi pulsare fores, et limina clausa
Nequicquam rogitantes, precibusque ingentes frequentant,
Ut liceat miseris penetrare in limina laeta.
Illas non tum sponsus cognoscere quisquam,
Nam sponsus nolit. Quare vigilate timentes,
Adventus vobis quod non est certior hora.
Sicut enim longum cui contigit ire profectus
In terras, credens servis tradenda talenta,
Uni quinque dedit, duo cepit et alter habenda:
Tertius unum tantum tractare talentum
Suscepit, vires quamquam diversa minantur.
Sed major quintum est convertens portio nummo,
Geminatio duplici numerum crescente denis.
Ille sed, unum cui credita cura talenti est,
Tollens in terram condit sine fructibus arca.
Jamque aderat praesens dominus: tum primus et alter
Se geminasse illi pariter commendita monstrant.
Illos laudat herus, majoraque credere censet
Promittit fidei. Sed tertius ille refodit,
Reddidit et domino tali cum voce talentum;
Quod scirem dominum nimium servire severum,
Qui meteret segetes alieno semine cretas,
Effugi, atque humatumque meum concredere terrae
Malui, ubi semper salvum tibi reddere possem.
Tum dominus famulo respondens talibus infit:
Si nescire meum mentem dicere cautum,
Nequaquam tamen veniam concedere possem.
Hoc igitur potuit potius praestare decebat,
Ut fructum nobis tractata pecunia ferret.
Quapropter segnis tollatur portio nostra,
Fecundoque dehinc detur possessio major,
Qui duplis cumulasse lucris sua quinque talenta
Invenit: namque est certum pensare laborem.
Cui res uberior cumulatur fortius abundat.
At cui parva subest segni substantia cordis,
Id minimum praesens jussu tollatur ab illo.
Et nequam servum tenebris demersus ad imas,

Perpetuum

Perpetuo flammae poenis ardere frequenter.
  Ecce hominis natus veniet, famulique ministri
Stipabunt, celsa judex in sede sedebit:
Tunc gentes cunctae diversis partibus orbis
Convenient, justosque cupit de labe malorum
Secernere, dextraque librans in parte locabit.
At pravos laeva defensos parte relinquet.
Ut pastor pecoris discernit pascua mixti,
Lanigeris dextri permittens mollia prati:
At laevos hirtis damnans tondere capellis.
Sed rex ad dextram conversus talia dicet:
Huc venient sancti, jamdudum debita sumant
Dona patris, mundo quae sunt aequaeva nitenti,
Et justis priscae promissa parantur ab aevo.
Namque famem fessum quondam me grata refecit
Haec plebes, potumque siti mihi saepe removit,
Hospitiumque domus parvis mihi saepe vacavit:
Et nudus vestis blandissima tegmina sumpsi:
Carceris & poenis horrens solatia coepi.
Tum Domino tali respondent voce beati.
Non umquam nostrum quisquam te vidit egentem,
Nec famis oppressum dura ditione notavit,
Carceris aut poenis unquam vidisse revinctum.
Respondens illis dicet tum talia judex:
Fratribus ista meis, hominum miserando labores,
Qui facit, certum est dulcem mihi ponere fructum.
At vos injusti justis succedite flammis:
Et poenis semper metuens tartara malignum,
Quae quondam horrendis horrori per stagna profundi
Daemonis horrendi sociis, ipsique paravit:
Namque siti pressus quondam mihi pocula nulla
Nec famis in poenae parvi mihi fragmina panis,
Aut peregrinus mihi tecti, vestisve parumper
Tegmina de magnis gracili pro parte dabantur.
Carceris haud foedo clausum morbisve jacentem
Unquam visendi solamina vestra fuerunt.
His damnata dehinc respondet factio verbis:
Haud equidem nostrum mortalis te videre quisquam,
Aut sitis aut saeva famis aegrum agitare laborem,
Hospita vel tristis errare per oppida rebus,
Carceris aut maestum poenis, morbove gravatum;
Ut tibi sollicito ferret miseratio justa.
His rerum dicet dominus: Cum vestra superbo
Angustis rebus fessum sub corde temnebat,
Calcavitque humiles miseros, me sprevit in illis.
Haec ubi dicta dabit, meritis sua praemia reddet:
Aeternum mittent poenam fallentes iniqui:
Aeternamque salus justis concessa manebit.

Joannis 11.

  Talia dum loquitur, scissam lacerata capillis
Pro fratris morbo justis soror anxia curis,
Hortatur juvenem rapido procurrere gressu,
Cujus ut a taetris Christus servaret amicum.
Nam soror mulier Marthae acceperat benignis,
Obsequio cujus fratremque domumque tuentur
Complexus plenus Christus vincebat amore:
Nuntius adveniens narrat sub agone jacere
Dilectum Christo juvenem, per tristia morbi,
Et lucis & vitae confinia summa tenere.
Lazarus hic habuit nomen, sed Christus amantis
Percussus verbis: Non est, si credite, inquit,
Ad letum ducens istaec violentia morbi:
Sed Deus ut digno justis celebretur honore,
Et soboles hominis sancta virtute nitescat.
Tunc ad discipulos, Dormit jam Lazarus, inquit,
Sed charum juvenem faciam consurgere rursum.

  Reddens discipulis: somno succedere pleno
Et removere salus potuit: nec mente sequuntur
Quod mortem famuli dixit sub nomine Christus.
Errorem quorum tali sermone removit:
Lazarus in letum cecidit, sed gaudia vestri
Hinc veniunt, vestramque fidem mihi fortius armant,
Cernitis absentem longe quoque cuncta videre.
Sed properemus, ait. Didymus tunc talia fatur:
Pergamus, pariterque omnes procumbere leto
Cogamur, nobis quod jam Judaea minatur.
Haec ait, & cuncti Christo properante sequuntur.
Jamque aderat Christus, sacrat sed forte sepulto
Quarta dies, maestasque atris de morte tenebris
Germanas, luctus lacrimosaque tecta tenebant.
Convenere illuc solatia debita dantes
Judaeae gentis proceres, charique propinqui.
Sed Martha audito Christum venisse, cucurrit
Obvia, deseruitque domum, maestamque sororem;
Et procul, O utinam praesens nobis tua virtus
Affore, haud morti frater cessisset acerbae.
Nam quidquid poscis certum est tibi posse venire.
Quam dominus talis solatur voce gementem:
Robustam mentem melior virtute resume,
Lazarus haec vita rediviva in lumina surget.
Et mulier, Certe surgens in munera vitae
Mortalis cuncti, veniet quem terminus orbi.
Christus item sancto depromit pectore vocem:
En ego sum certa vobis reparatio vitae,
In me qui credit mortem deponere sumptam,
Et vita perennis jugi comprendere secla:
At quicumque fidem vivo sub pectore sumit,
Horrida non umquam contingit limina mortis.
Isthaec num credis puro de pectore Martha?
Illa dehinc: Haec una fides mea corda tenebat,
Sublimis venerande Dei quod veneris in te
Caelestis soboles celso sub nomine Christi.
  Haec ait, & Mariam curis monitura sororem
Interiora petit sanctum venisse magistrum:
Et pariter lectis oppressam vocitare sororem,
Admonuit tacito designans omnia nutu.
Prosilit illa foras, audito nomine Christi,
Prosequiturque haud Solymorum turba gementem,
Credentum tumulo fletus infundere sororem.
Illa lacrimiferum postquam conspexit Iesum,
Procidit ante pedes, rupitque hanc pectore vocem:
Si mihi praesentem potuisses visere vivum,
Lazarus haud poterat dura succumbere morti.
Fletibus hic Christus sociens de corde dolorem,
Inquirit tumuli sedem, quo candida nuper
Membra forent, anima volucris spoliata calore.
Haud mora: demonstrant flentes angustaque sepulchra
Rupe sub excisa, lapidis quam pondere clausam
Ut vidit sanctus, molem mox velle moveri
Praecipit. At Marthae talis vox verberat aures:
Quartam ut lucem, tenebrasque ex ordine noctis
Praeterrunt, quo membra solo composta quiescunt,
Crediderim corpus tetro fugiente caloris,
Foetorem miserum liquefactis reddere membris.
His dictis contra depromit talia Christus:
Jam tandem dictum est, magnis confidere rebus
Credentum virtute fidem, sed gloria summi
Jam genitoris adest, fidei si robur haberis.
Haec ubi dicta dedit, saxumque ingens revulsis
Obicibus patuit, virtus tum caerula caelum
Suspicit, & caeli genitorem voce precatur:
Eximias grates genitor tibi sancte fatemur:

Me

Me placitum semper venerandis auribus audis.
Sed populus praesens me missum credere discat.
Haec ubi dicta dedit, tumuli mox limine in ipso
Restitit, adverso complens cava saxa canore.
Lazare, sopitis redeuntem lucibus membris
En animam, atque ipse foras te promme sepulchro.
Nec mora: connexis manibus pedibusque repente
Procedit tumulo: vultum cui linea texta,
Et totum gracilis connectit fascia corpus.
Tum solvi jussit laxumque ad tecta remisit.
Judaei postquam factum venerabile cernunt,
Qui tantum Mariam fuerant Marthamque secuti,
Pars credens sequitur tantae virtutis honorem:
Ast alii repetunt urbem, pravorumque superbis
Cuncta Pharisaeis rerum miracula narrant.

Matth. 26. *Marc.* 14. *Luc.* 22. *Joannis* 11.

Ergo ad concilium scribae, plebisque vocatur
Jam gravior senior, quos tantum principe alim
Pulchra Caiphae collegerant atria sedis.
Illic complacuit Christum prosternere leto.
Sed vitare diem Paschae, ne plebe sequaci
Discordes populi raperent in bella furorem.
Ille Simonis erat tectis, quem lurida lepra
Virtute ipsius diffugerat: ecce cubanti
Accedit mulier propius, niveumque alabastrum,
Quo pretiosa inerant late fragrantis olivi
Unguenta, ab summo perfudit vertice Christum.
Discipuli increpitant, largos potuisse juvari
De pretio unguenti miserorum corpora egentum:
Has dominus prohibet voces, factumque probavit:
Definit obsequio justo prohibere puellam:
Pauperibus semper dabitur succurrere tempus,
Sed me non semper mansurum visere vobis.
Funeris ista mei mulier laudanda ministrat
Officio, mundumque implebunt talia facta.
Tunc e discipulis unus se subtrahit amens
Judas, & ad proceres tali cum voce cucurrit:
Quod pretium sperare dabor, si prodere vestris,
Quaesitumque diu possim monstrare magistrum?
Argenti ter dena illi mox pollicebantur
Pondera, dehinc Judas sceleri se subdidit alto.
Jamque dies Paschae primo processerat ortu,
Discipuli quaerunt, ubi coenam sumere Paschae
Vellet, at ille sibi quemquam sub nomine quaeri,
Urbis qui domui caperet mandata, jubebat.
Vespere mox trino bis sex recubantibus una
Discipulis, tali divinat voce magister:
En urget tempus, Christum cum tradere morti
E vobis unum scelerato corde volebat.
Continuo cuncti quaerunt quis rabidus ausis
Infando tantum cepisset corde venenum.
Ille dehinc, Epulis mecum nunc vescitur, inquit:
Sed sceleris hominis quondam praecepta luendi
Supplicia ad tempus, miserabilis ille per aevum,
Qui justum tradet, quanto felicior esset
Si nunquam in terris tetigisset limina vitae!
At Judas graviter tum pectora conscia pressus,
Numquid, ait, Judam talis suspicio tangit?
Respondit Dominus, Te talia dicere cerno.
Haec ubi dicta dedit, palmis sibi frangere panem,
Divisumque dehinc tradit, sanctèque precatus
Discipulos docuit propium se tradere corpus.
Hinc calicem sumit dominus, vinoque repletum
Magnis sanctificat verbis, potumque ministrat,
Edocuitque suum se dividere cruorem.
Atque ait: Hic sanguis populi delicta remittit:

Hunc potate merum: nam (verbis credite dictis)
Posthaec non unquam vitis gustabo liquorem,
Donec regna patris melioris munere vitae
In nova me rursus concedam sorbere vina.
Exin cantato sanctis concentibus hymno
Montis Oliveti conscendunt culmina cuncti.
Talia tum Christus depromit pectore verba:
Omnes praesentis noctis vos tempore longe
Dispergat misero dejectos principe terror,
Sic etenim scriptum est, pastoris caedibus omnem
In diversa fugam capiunt per rura bidentes.
Post ubi vita novas caeli mihi reddet honores
Praeveniam, vestrosque choros genitalibus arvis
Grata Galilaeae volitans per rura docebo.
Respondit Petrus, Cunctos si credere fas est,
Quod tua turbatos possint praecepta negare,
Sed mea non ullus mutabit pectora casus.
Ille dehinc: Non haec quae lucida sidera terris
Invehit, lucemque premens nunc incubat umbris,
Audiet, ut trinis pavidus productis verbis
Dicas, & Christum, fortissime Petre, negabis,
Et prius alituum resonent quam tecta domorum.
At Petrus: Duram mortem mihi sumere malim,
Vox oblita suum quam denegat ista magistrum.
Has vires cordis perstant promittere cuncti.
Nominis hebraei sunt Gethsemanida rura,
Illuc progreditur vitae lucisque repertor,
Quem mox discipuli Juda linquente sequuntur,
Atque illic reliquos jussit residere ministros.
Ipse sed assumpto longe procedere Petro,
Zebedeique simul natis, per devia tendit:
Tunc angore gravi moestus sic voce profatur:
Tristia nunc volvens animus mihi pectora turbat
Morte tenus, sed nunc vos segnem excludite somnum,
Sollicitumque simul vigilando ducite noctem.
Haec ait: & paulum procedens corpore terram
Deprimit, & tali promptus voce precatur:
Si fas est, genitor, calicis pertranseat hujus
Incumbens valido nobis vindemia tractu.
Sed tua jam veniat potius quam nostra voluntas,
Quae tibi decreta est tantis sententia rebus.
Tunc ad discipulos repedat. sed somnus anhelis
Prostratos terra maestos dissolverat omnes.
Tunc ait ad Petrum: Non est tibi posse virtus
Unam pervigilem tantis sub casibus horam!
Sed vigilate precor, ne vos tentatio raptos
Horrida praecipitet saeva per lubrica mortis.
Spiritus iste viget, sed corpus debile lapsat.
Secessit rursus secreti nemoris in arcem,
Orabatque patrem: Rerum sanctissime rector,
Hunc quoniam calicem non est transire facultas,
Jam tua praevertat nostra de sorte voluntas.
Rursus discipulos somni sub pondere pressos
Invenit, & rursus per idem genitore precato,
Alloquitur fessos nunc languore quietis:
Jam dormire licet, lucemque revisere vestram,
Nam venit ecce dies qua dedar in omnia corpus,
Quae mandata meis imponet factio mentis.
Cum dicto, Judas numero stipante caterva
Adventat procerum jussu populique frementis.
Pars strictis gladiis, pars duros pondere clavas
Signa sequebantur Judae promissa ferentis.
Oscula nam pepigit sese contingere Christi,
Quo facile ignotum caperet scelerabile vulgus.
Ille ibi dissimulans blanda cum voce salutans,
Attigit & labiis justi miserabilis ora.

Conti-

Continuo Christus: Tempus complere licebit,
Hoc venisse tuo quaecumque est causa paratu.
Injecere manum turbae, Christumque prehendunt.
Tunc e discipulis unus fulgente machaera
Occurrit vatis famulo sublatus in iram,
Tempore & auriculam rapuit vi vulneris aurem.
Olli Christus ait: Gladium te ponere oportet:
Nam quicumque ferum commisit vindice ferro,
Hunc justi famulis ferri vindicta manebit.
An ego non possum caelestia castra vocare,
Et patris innumeras in proelia ducere turmas?
Sed scriptura meis complenda est debita rebus.
Vos autem strictis quid me comprendere ferro,
Fustibus, & gladiis concurritis? an ego vobis
Occurro, templi mediis qui semper in arce
Vobiscum residens docui, nec talia quisquam
Infremuit, tantis circumlatrantibus armis.
Discipuli passim Christo fugere relicto.
Jamque Caiphae sistitur Salvator in aula,
Convenere omnes scribae proceresque vocati.
At Petrus longe servans vestigia solus,
Occulte mediae sedit cum plebe ministra
Extremum opperiens casum sub tegmine furvo.
Ecce sacerdotes falsos conquerere testes
Incumbunt, fictasque volunt contexere causas,
Queis mortem insonti possent componere Christo.
Sed nullum tanto visum satis esse furori.
Tandem prosiliunt testes, qui dicere Christum
Audissent, templum quod Judae vertere posset,
Et versum trinis iterum instaurare diebus.
Ipse sacerdotum princeps surgens tacentem
Insilit fervens furiis, ac talia fatur:
Cur nihil ad tantas nunc respondere querelas
Convictus variis procerum sub testibus audes?
Adjurabo tamen summi per regna tonantis,
Ut fateare palam, si fas te credere Christum.
Ille dehinc tali compellat voce superbum:
Isthaec sola tibi procedunt pectore verba,
Vera tamen venient vobis visenda per auras
Majestas, proles hominis virtute ad alta
Cum sedeat dextram, per nubes ignicolorum.
Talibus auditis, scindit de pectore vestem,
Infelix furiis & caeco corde sacerdos,
Atque ait: Audistis pugnantia sensa profani
Verba Deo: polluta malis contingat in iras
Religio, & vestram cunctis jam pandite mentem.
Conclamant omnes, mortique adducere certant.
Tunc sanctam Christi faciem sputa improba complent,
Et palmae in malis, colaphique in vertice crebri
Insultant, verbisque unum illudere certant:
Christe, prophetabis cujus te palma cecidit.
At Petrum mulier tristem quae vincta tenebat,
Tune etiam, juvenis, furvas comes addite, inquit,
Isti, quem Judaeae procerum sententia damnat?
Ille negat, scitisque foras se promere tentat.
Ecce sed egressum primo sub limine cernens
Altera, consimili prodebat voce ministris.
Rursus perjurans illum se nosse negavit.
Tunc percontantem multi accessere sequentes,
Deque sono vocis sese cognoscere dicunt,
Cuncta Galilaeam signarent quod verba loquelam.
Et Petrus jurans devotis omnia verbis
Nescire affirmat, quisquis foret ille negando.
Hanc vocem, plausum quatiens sub culmine tecti
Ales prosequitur cantu, memoremque Simonis
Circumstant tristem verbis praesagia Christi,
Egressusque dehinc ploratu fudit amaro.

Matth. 27. *Marc.* 15. *Luc.* 23. *Joann.* 18.

Sidera jam luci cedebant, & rapidus sol
Progreditur, radiis terras crepitantibus implens,
Jamque e conciliis Christum post terga revinctum
Praesidis ad gremium magno clamore trahebant.
Interea cultum Dominum stans ante tribunal,
Talibus excipiens Pilatus vocibus orsus:
Tu rex Judaeae gentis (quod dicitur) adstas?
Respondit Christus, Vestris haec audio verbis.
Exin terribilis justi accusatio surgens
Intonuit, & sanctum mendax facundia pressit.
Respondere nihil vocibus dignatur Jesus.
Pilatus quaerit quaenam sit causa tacendi.
Ille magis persistens miranda silentia servat.
Solemni sed forte die concedere legem
Unum damnati capitis de more solebant.
Et fuit in vinclis famoso nomine latro,
Quem Christo infensus populus dimittere vitae
Ardebat: trucibus factum sed territa visis
Pilati conjux justi decedere poena
Mandatis precibusque virum suspensa rogabat.
Tum judex iterum procerum disquirere mentem
Tentat, & insanis captivum quem solvere poscant,
Plebis ad arbitrium mittit de lege requiri.
Sed proceres populum fera ambitione rogabant,
Latronem legi peterent, Christumque necarent.
At postquam procerum incendit sententia vulgus,
Latronisque petit potius sibi cedere vitam,
Consuluit praeses populum, quid vellet Jesu?
Plebs insana magis saevos miscere tumultus,
Et crucis ad poenas iterumque iterumque petebat,
Qui regis nomen caperet, qui Caesaris hostem
Confessum sese proprio damnaverit ore.
Denique ut victus, detestatusque cruentum
Omnem, increpitans se liberum sanguine ab hujus
Corda tenere fatis, coramque a crimine palmas
Abluit, ut genti tantum macula illa maneret.
Hoc magis inclamant: nos nos cruor iste sequatur,
Et genus in nostrum scelus hoc & culpa redundet.
Pilatus donat plebi legique Barabbam,
Et crucis ad poenam vinctum concedit Jesum.
Proditor at Judas, postquam se talia cernit
Accepto sceleris pretio signasse tyrannum,
Infelix aegri damnans sua gesta querelis,
Argentum & culpam sacram projecit in aedem;
Exortusque suas laqueo sibi sumere poenas,
Infaustam rapuit ficu de vertice mortem.
Inde sacerdotes (pretium quod sanguinis esset)
Illicitum sacris aedis jam condere templi:
Quod dare tum licitum, dum sanguis distraheretur,
Credebant, agrum mercati nomine vero
Sanguinis, horrendo signant scelera impia facto.
Hoc quondam comperta canens vox vera prophetae,
Eventum rerum patefecit in ordine secli:
Argenti triginta minas persolvere profani,
Hoc pretium pretiosi corporis instituentes,
Quod mox ad figuli rursus transferret agellum.
Traditus et trucibus justus sceleratisque ministris
Innocens, scelerata opprobria corpore perfert,
Purpuream illi tunicam, chlamydemque rubentem
Induerunt, ipsiusque caput cinxere coronis,
Inque vicem sceptri dextram comitatur arundo.
Tunc genibus nixi regem dominumque salutant
Judaeae gentis; faciem lavere salivis,
Verbera & in faciem plagis inlisere nefandis.

Hæc ubi conlusit miles ludibria demens,
Indutum propriis ducebant tegmine vestis,
Et crucis ad pœnam sanctum sublimemque trahebant.
Ecce sed egressi quemdam cognomine Simonem
Cyrenæ genitum, & lignum deferre jubebant,
Quo dominum lucis diris suffigere clavis
Insignis urgebat sceli immutabilis ordo.
At postquam ventum est, ubi rupis Golgotha nomen,
Permixtum felli vinum dant pocula Christo;
Ille sed in summo gustu tractare recusat,
Ut fieret antiquis horum par talia dictis:
Nec tamen infelicem liquidum senserunt carnis potus.
Jamque cruci affixum pendebat in arbore corpus,
Insertamque dedit tunicam sub sorte per omnes
Militis unius servatam possessio textam.
Et scriptam causæ titulum meritique locarunt:
Quod rex Judææ gentis plebisque fuisset.
Accidit, ut pariter pœnæ consortia ferrent
Latrones hinc inde duo, sed cæca furentis
Insultat plebis fuso vecordia Christo;
Hic est qui templum poterat dissolvere sedes,
Hic est qui trino lucis reparare meatu:
Sed nunc descendat proles veneranda Tonantis,
Et crucis e pœnæ corpusque animumque resolvat.
Hæc vulgi proceres vecordia dicta sequuntur,
Atque Pharisæi Scribæque & stultia docentes
Illudunt, motantque caput linguasque loquelis
Infestis quatiunt, mentem ad vincula pœnæ.
Nonne alios quondam tristibus servare solebat
Morborum vinclis? sese cur solvere parvis
Non valet? en regem nostrum quem credere gentis
Debemus, solvat ligni de robore corpus,
Tunc sanctis digne pariterque credere signis.
Confidit genitore Deo, dimittere pœnam
Cur proprium non vult sobolem venerande parentis!
Nec minus increpitant, dextra lævaque gementes
Affixi crucibus scelerum pro sorte latrones.
Jam medium cursu lucis conscenderat orbem,
Cum subito fugit ex oculis, terrasque tenebris
Induitur, trepidumque diem sol nocte recondit.
Ast ubi turbatam nonam transverterat horam,
Confirmata suo redierunt lumina mundo.
Et Christus magna genitorem voce vocabat,
Hebræo in morem sermone, sed inscia plebes
Heliam vocitare putat: tunc currens unus
Cogebat spongia turpi, calamoque revinctæ
Ingestum labiis acidum potare liquorem.
Cætera turba furens cum voce cachinnat:
Spectemus pariter cœlo ne forte remissus
Helias veniat, celsa qui sede quiescit,
Liberet & misero condamnatum stipite regem.
Tum clamor Domini magno commotus missus
Ætheriis animam* credens commendavit auris.
Scinduntur pariter sancti velamina templi,
Carbasaque in geminas partes divisa dehiscunt,
Et tremebunda omnis concussa est pondere tellus,
Dissiliuntque suo rupes de corpore cautes.
Tum veterum monumenta virum patuere repulsis
Obicibus, vivique iterum per membra animati
Et visum passi populi per templa lucis
Erravere urbis, sic namque omnia cunctum.
Militibus primis quatiuntur corda pavore,
Dedita qui sævæ servabant corpora pœnæ,
Et sobolem dixere Dei, Christumque fatentur.
E speculo namque miracula multa verentur
Omnis, obsequium Christo quæ sancta dedebant.

Jamque occidenti vesper summittere soli
Cœperat, & quidam dives cum justitiæ amator
Corpus ad externum moriens deposcere Christi:
Hic ab Arimathia nomen gestabat Joseph,
Qui quondam verbis animum præbebat Jesu.
Pilatum tunc ille rogat sibi cedere membra,
Quæ super exanimis vixit ob turbida pœnæ.
Concessit prætor: sed corpus sindone lina
Texta tegens, saxique novo componitur antro.
Limen concludunt immania volumina petræ,
E speculo servant matres, & cuncta tuentur.
Jamque dies medio completum lumine curru,
Otia qui semper præstat de lege jubentur;
Nulla sed invictis procerum durus otia servat.
Conveniunt, narrantque simul sic pectoris iram;
Erroris impostor nefandus pœna resolvit:
Nunc meminisse decet, quoniam planus ille solebat
Vulgari semper verbum promittere plebi,
E mortis sede rediturum ad lumina vitæ
Cum terno solis pariter remeare recursu.
Sed petimus, custos miles nunc summa servet,
Ne fera discipulis furandi audacia corpus
Consurgat, turbamque novam inducat plebem.
Et Pilatus ad hæc: Miles permittitur, inquit:
Servate, ut vultis, corpus cultore sepulcrum.
Conveniunt saxique ingentia pondera volvunt,
Et limen signis, & saxum milite servant.

Matth. 28. Marc. 16. Luc. 24. Joan. 20.

Sidera jam cœlo venturo cedere soli
Incipiunt, tumuli matres cum visere sepulcrum
Concurrunt, nutat sed terræ protinus omnis
Concretis, & cœlo lapsus descendit aperto
Nuntius, & saxum tumuli de limine volvit.
Illius & faciem splendor ceu fulguris ignis,
Et nivis ad speciem lucens velamine vestis.
Militibus mentes trepidæ deficiuntur euntum,
Et jacuere simul ceu sola cadavera huc.
Ille sed ad matres tali cum voce profatur:
Vestra pavor nullus penitus nunc corda fatiget,
Nam manifesta fides sanctum vos quærere corpus
Quod crucis in ligno scelerata infamia fixit:
Surrexit Christus, æternaque lumina vitæ
Corpore cum sancto devicta morte recepit.
Visere jam vobis licitum est, quod sede sepulcri
Nulla illic jacet, sed tantum quæ condita tegmina.
Dicite præterea celeri properanter recursu
Discipulis Christum remeasse in luminis oras,
Inque Galilæam lætum præcedere cœtum.
His dictis, visisque, animum perfuderat ardor
Lætitiæ mistus, stupido accipiturque pavore.
Denique præcipui celebrantes gaudia cursu,
Talia discipulis referunt, tumulumque relinquunt.
Ecce viæ medio claram se ostendit Jesus,
Et fidas matres blanda salvere jubebat.
Occurrunt illæ, & genibus plantisque prolapsæ,
Victorem leti gaudent venerantur Jesum.
Talibus ille dehinc præceptis pectora firmat,
Mentibus abstersus fidei pavor omnis, & illinc
Fratribus hinc nostris propere mandata referte,
Nostri conspectus si cura est, ite volentes,
Inque Galilææ propere transcurrite terram.
Interea tumuli custodes attonita corda
Mittunt e numero partem, quæ cuncta referrent
Judæis rerum miracula: sed omnes amentes
Jam semel infano pectore devota furori,
Præmiis militibus cumulant magna expendunt,

Et

Et famam argento redimunt, quod limine rupto
Furtim sollicitis corpus defensa tenebris
Occulte rapiens audacia discipulorum.
Jamque Galilæam conscenderat ardua montis
Mandatis Christi comitata turba suorum.
Cernitur ecce suis proles veneranda Tonantis,
Illum procumbens sancto chorus omnis adorat:
Nec tamen in cunctis pariter fundata manebat
Pectoribus virtus, nam pars dubitabat eorum.
Tunc sic discipulos clemens compellat Iesus:
In cælo & terris genitor mihi cuncta subegit,
Me pater et vobis dignatus mittere lucem.
Gentibus haud aliter nunc vos ego mittere cunctis
Institui. vestrum est cunctas mihi jungere gentes.
Pergite, & abluitos homines purgantibus undis
Nomine sub sancto Patris Natique lavate,
Vivificet pariter currens spiramine flatus,
Ablutisque dehinc nostro in famine decenter
Præcepta, ut vitam possint agitare perennem:
Nec vobis unquam nostri præsentia deerit,
Donec consumens dissolvat secula finis.
Has mea mens fidei vires sanctique timoris
Cepit, & in verum lenit mihi gratia Christi,
Versibus ut nostris divinæ gloria legis
Ornamenta libens caperet terrestria linguæ.
Hæc mihi pax Christi tribuit, pax hæc mihi secli,
Quam fovet indulgens terræ regnator apertæ
Constantinus, adest cui gratia digna merenti,
Qui solus regnum sacri sibi nominis horret
Imponi pondus, quo justis dignior actis
Æternam capiat divina in secula vitam,
Per Dominum lucis Christum, qui in secula regnat.

MARII VICTORINI RHETORIS AFRI
DE
FRATRIBUS MACHABÆIS
INTERFECTIS AB ANTIOCHO EPIPHANE.

Rex fuit Antiochus Syriæ ditissimus olim,
In cujus regno mater antiqua fuisse
Sapiens (ut fama refert) de sancta gente creata:
Quæ cum assidue genitis monuisse jubebat,
Et legi servire docet: sic namque volebat
De populo meliore Dei sua jura manebant.
Rex avidus mutare fidem, mutare timorem
Voluit, &, ut populo pariter misceret iniquo,
Præmia promittit matri, promittit & illis.
Et quidquid posset rerum perquirere regnum,
Si damnaret avitam, sua seque priorem,
Conjugem & natos alios sibi fingere patres,
Illa negat, tacitamque premit sub corde dolorem.
Hanc postquam nulla potuit compellere preda,
Tentavit primum tormentis vincere sævis.
Pertulit illa tamen gemitus, & tristia regis
Verbera non timuit. victum se vidit et ille,
Heu quid agam? dixit: vincor. quid plura? dolendo
Non tamen effugiam; plus est, quod plura dolebis.
In natos sævibo tuos: licet improba perstes,
Hac certe ratione meum sanabo dolorem.
Sustulit illa manum, cœlumque inspexit in altum
Emittens gemitus, & talia verba locuta est:
Te licet & gazas tradas, & regna, tyranne,
Non capiemur regum donis, nec munera sanctis
Eripient promissa Dei: spes certior illa est,
Quæ vitam nobis promittit tempore longo:
Hanc sequar, hanc didici, non lubrica tangere regna.
Sumere divitias facile est, & perdere vitam.
Sed licet & flammas post verbera sæva mineris,
Nil mutare potes: primis accepimus annis
Virtutem cum lege datam: mihi linquere certum est
Quidquid sæve jubes. mors quod dat, mors ministrat,
Hoc solum poteris nostrum turbare timore:
Est mihi namque Deus spes, est mihi certa merces,
Per quem jam spero te nullum vincere posse.
* sevo, cælique Parens, te juste regentem.
Rex fratris Antiochus, turbataque corda tenebant,
Commotis & sævos vestante lumine vultus,
Miratumque diu postlit quod femina tantum.
Miles, ait, pare regi, parque familiæ,
Vos famuli parete mihi, data regna furenti
Femineo tormenta malo, sævire furentem
Femina me cogit: quod plus est, femina vincit
Regis jussa sui, sed non impune locuta est:
Membratim pereunt septem nam pignora nata
Intra regna tenet, quorum qui primus habetur,
Hic primus pereat: pereant sic ordine cuncti,
Cratibus impositos subjectis urere flammis
Cernat et ipsa suos, sic cernat ut aspera natos
Poena aut quem maneat, celeres decurrite ministri.
Interea veneranda parens, jam crine soluto,
Afflictis hortari similis, jam pectore nudo
Ubera prætendens, natorum alimenta suorum:
Non confusa stetit, natumque ut vidit ad ignem
Inconcussoque gradu timidum procedere, dixit:
Te mea progenies, te primus respice matrem,
Te nunc certe meos, matris tu nate memento:
Te primum peperi, tu nunc imitare parentem,
Sume meos mores, & regem vince tacendo:
Tum poteris datore dia, sic tempora vincens
Perfida, ne superet sanctos violentia regis.
Utere consilio, regis ne damna timeto,
Fortior est sæo, lateque potentior ipso:
Ingredere ut juvenis, patientes vince dolores.

Illa

Ille modo ad matrem vultus modo fixit in altum.
Denique tacet, lacrimasque negat quem dolor, & unus,
Non lenit rapidos subjectus crinibus ignes,
Corpus inane fuit, mater gavisa dolore est,
Et dixit: Vici, vincam si [illegible],
Dum tot natorum vires interrita regi,
Sed jam nota Deo populi qui pectora novit.
Fleverat primi partus secunda dolorem,
Sed renovavere mora, pro pluribus socia mater:
Dissimulatque tamen, ne regem gaudia tangant.
Rex stupet Antiochus, nec credit posse sequentes
Patrum tale genus similem pervincere mortem,
Corpus jubet peragi, mater nam territa mansit.
Sed tamen ut vidit palmatum assistere natum,
Hæc secum volvens, aliquo jam parte levata:
Ecce secunda mihi partus producitur ætas,
Quam similis fratri formoso pectore, dura
Si sequeris primi partus vestigia nostri,
Esse suos poteris, & sic reparare salutem,
Quam jam frater habet, matris præcepta secutus.
Pone metus, regisque minas contemne furentis,
Regnaque quæ parvo labitantia tempore durant.
Non poterit post ista tibi rex iste nocere:
Temporis hora levis accensos cogitur ignis,
Virtutis lucrum est, longævum pone timorem,
Sume animos, nostri generis si sancta juvaret.
Hic qui semper erit, regno qui servis in isto,
Tempora inane regit: regnum vitamque cremari,
Damnarique æternis æternum sentiet ignem:
Te secum erit, turba comitante piorum.
Accipe nate meos vultus, & respice cœlum,
Auctoremque Deum, per quem tibi vita paratur
Hac melior, fratrisque tui vestigia calca.
Non quod rex jussit, sed quod Deus imperat, audi.
Sicut erat monitus matrem cœlumque videre,
Constitit, atque hilari vultu contemnere regem
Cœpit, & ut ridens ardentes ivit in ignes,
Collapsusque jacens animam superare quievit.
Mater ut hoc vidit, rigido sic ore locuta est:
Felix pars aliqua, cum jam vis, nec parum quemquam
Sæve tyranne meos trucidando vincere natos.
Te graviter nunc pœna manet, crudelis, in igne
Quam patiere brevi: Deus hic namque omnia cernit.
Jam duo secuti contempto rege manebant,
Spes melior jam matris erat, jam certius hostes
Esse locum pœnæ, si pœna est vincere regem,
Et servire Deo: data est, non pœna futuris.
Tertius attrahitur juvenis mandante tyranno,
Qui nondum sectator erat; furor inde & ira
Sæviebant pariter, quod fortia pectora fratrum
Viderat impavidi regis superasse furorem.
Constitit ante pedes juvenis florentibus annis,
Egregius forma, dira qui regna tenentes
Dignior Antiocho, & sic meliora locutus
Regna, vocante Deo, mater cui talia fatur:
Accipe nate tuæ secretum dicta parentis,
Accipe, ut regnis reddas virtutis honorem.
Sunt tibi jam fratres pietatis sede manentes,
Jam locus est melior quam regna laborum regis;
Quorum si proprios attingis pectore sensus,
Victor apud populos regem superasse feraris,
Sicut fama tuos jam misit in ardua fratres.
Hac accede precor: sunt hæc, sunt apta dolendi
Contempsisse mihi, & jura rebellare regis
Indomiti, quem nulla manet post ista voluptas.
At juvenis tacito mitissimus murmure vultum,
Ornavit similis palmas tendebat in altum,
Sub dicto toto genus matris figebat in ore,
Quas licet aspersum corpus, quas turba tenebat.
Qui semel admonitus, cursum conscendit, in ignemque
Intrepidus, curruque suo sua membra locavit,
Sanctaque quæ superest anima inviolata recessit.
Consideravit flamma tepida remanente favilla,
Illæsum corpus vultus adeptum recepit.
At mater dubitans gemitusne an gaudia fundat,
Hæsitat, & querula sic est sermone locuta:
Quid nunc dira putas? rabiem pervincere, & omnem
Movere, sed partus cunctos ne deserat alta,
Sed licet ipse velis, non hæc patiens, tyranne:
Omnes nam pariter parerent certamine tanto,
Temporis ipse tui quamvis licet horrida pœna,
Utraque quæ sanctis eadem sententia nobis.
Sed graviora parat, si sunt graviora, minori,
Quoque meos cernis vultus horrore teneri,
Gaudens partum quoties decernis in istum.
Ardet at ipse magis rapida rex concitus ira,
Contremuitque puer, ne sicut cætera fratrum
Turba feras pœnas, mirum hoc quoque quærere fecit,
Utraque in extremum quartum producere natum
Prima omnem voluit; lassari namque ministri
Nec regis sævitia, nec regem ferre valebant.
Proh pudor! crudelis vultus offendere matri
Natum, & attonitum memorem confundere cœpit.
Hunc postquam stupere submisso lumine vidit,
Talibus aggreditur dictis monitura timentem:
A primo quartus partus, mihi quartus ab imo,
Quæ nunc verba tibi, quæ possum dicere, nate?
Hoc nisi, quod cœli dextra potentia tecum
Sit semel & virtus, & sanctæ originis auctor.
Illi debemus reges, quæcumque regantur.
Ille debet nobis Abraham cum semine sancto,
Per quem stabilitur, per quem genus omne probatur,
Quod manet in Dominum: sanctus cui nascitur Isac,
Tunc cum jam nullum natum sperare senectus
Sponte sua poterat, sterilis quia Sara manebat:
Attamen hæc peperit, generisque propagine cœpta
Et infantem renovans tibi Sara reparavit,
Esau & pariter deductus Jacob in ortum,
Quos cunctos est partu geminos peperisse Rebeccam:
Hinc semen, hinc animos, quos hæc tibi sorte parentum,
Te tibi pande viam generis, quis in arce piorum,
Quorum progenies totum dispersa per orbem,
Invidiam patitur? Dominum quia sola potentem
Mente colit, cuncta nec turba secuta iniqua.
Quid tibi cum tristi vultu? quid lumina terræ
Fixa tenes? cœlum potius cœlique parentem
Conspice: nec dubita, mater tibi prospera monstrat.
Quidquid id est, patienter adi, contemptibus auge
Turbine nate meum, æternumque hortare sequentes.
Nec decrevit parens lectus & gaudia mixta
Finierat clarus monitus, tum limina orbes
Ipse levat, matremque oculis attendere cœpit,
Nil jam tristis gerens; habitum, vultusque fatentur
Se timuisse nihil, nisi tristia voluere mentis
Per partus divisa suos; sed & ipse citato,
Elapsus manibus, curru conscendit in ignem.
Mira loquar, tum flammas comes, non corrigit ora:
Exemplo ut corpus flammæ superaverat ignis,
Ore patente tamen, tacite qua spiritus iret,
Unde acceptus erat, pariter cum sanguine fugit.
Hac ipso est genitus parum, quod qui modo tristi
Constiterat vultu, fratres quod pectore toto

Parturit

Parentis monitis, regis contemptor & iræ.
Sic aggressa parens, cum rex dubitaret in illos
Qui superant geminasque daret, pia tortis ministri
Regem exoratura, tamen fortasse quærentem:
Protinus, quid dubitas? mihi jam parere debes,
Nec parem, et capias, decretum rumpere nulli;
Appello Regem, totum qui temperat orbem,
Qui mare, qui cœlum, cœli cui sidera parent;
Quod nisi prudentis, timor est: jam sanguine lotus,
Jam fratris quem pœna premat, jam gloria nobis
Parta in utraque manet, licet producere mollis.
Nam quæcumque tuum jussisti excedere regnum,
Forsitan hoc mortem credas fortasse tyranne,
Longa magis vita est, regnumque potentius illo
Quod regis, extrema breves jam parte moraris?
Hos quoque si mactas, superant etiam minores,
Contemptoremque simul vincent tua regna, superbe.
Sed perage imperium, nec partem divide nostram,
Hos quoque da flammis, & viribus utere regni;
Mortalis tamen es, nec in ævum regna tenebis.
Concipit Antiochus furias, sævusque tyrannus
Exhibet, & gemitus intra sua pectora volvit:
Confestim cum mente color, tristisque gravatum
Attollit vultum, & talia verba profatur:
Hæc tua libertas, & dira potentia linguæ,
Atque hic quem tumida portas cervice rigorem
Sentiet irati regis quid vulnera possint.
Si nondum es satiata malis, & fingere tentas
Lætitiam, luctusque tuos in gaudia vertis,
Non mutabo mentem: gaude, lætare, triumpha:
Dummodo sic vincam, ut sic suprema tuorum.
Sic satiata vides natorum funere gaudes?
Hos quoque da flammis, hos, nec mutare potestas
Ulla potest decreta, modo: tu vive superstes
Natis orba tuis, & te mors nulla moretur,
Ordo suos peragat cursus, producite natum,
Nec vano pereant igne, dubiusve videre
Rex post ista tuor, timor est mihi femina nullus.
Præcipuum de gente tua producere jussit,
Quam specie mirande puer, cui pectore virtus
Firma manet, jam qui poteras vel vincere regem.
Ad quem sic placido mater sermone locuta est:
Si dare complexus matri tibi, nate, liceret,
Confiteor soli, post vulnera, nate, dedissem.
Sed me dura vetat, tristisque potentia regis:
Sed neget amplexus, dum sit vox libera nobis,
Et liceat meminisse Dei, legemque tenere
Non a rege datam, sed quam Deus arbiter orbis
Tradidit, & mundi rector, Moséque petitam
Accepit, populoque dedit: quam maxima laus est
Nosse Deum, merito cui nos tribuamus honorem.
Te modo ne dubites monitis parere parentis:
Sed vigor & virtus, pietasque in pectore tanto
Mentem muniat jam plena Deo: sic fortior esto
Quam regi sperare fuit sperare jubentis.
O quanta est virtus, quanta est gloria fortis!
Sed tu quid dubitas medias evitare flammas?
Victor eris (mihi crede) puer, victorque redibis.
Ossibus & validis miscebit corpora nervis,
Servatasque animas iterum in nova viscera condet.
Sed ne forte tamen rapidus te terreat ignis,
Fratrum specta animos, æternumque inspice nomen.
Jussa facit, tacitusque Deum testatus, & ante
Mortem quo poterat, parvum nam impedit ætas,
Amplius haud timet ille necem, matrique volenti
Paruit, & dictis cedit superaturus igni.
Cæsarum flammæ, cessit dolor omnis, & una
Corpus & ignis erat, corpus superaverat ignem,
Spiritus ante tamen placidas superaverat auras.
Læta dolet tacitæ mater, pressitque dolorem
Lætitia, luctusque suos in gaudia vertit,
Non de præteritis, sed de puerilibus annis
Qui superant, ut forte negent, ut forte timorem
Concipiant animis, regique accedere malint.
Quo minor est annis, major metus, anxia secum
Dividit & curas, & spes, & sic timor una
Luctantur, mentisque pias per viscera curas.
Spes tamen est melior, natum ut producere vidit,
Et procul intrepidum: Videam quod possis in isto
Spes conferre mihi, vultus agnoscere nostros
Orbet & hic, fratrum & matrem parere secutus.
Forsitan hunc solum puerilia pectora tangent,
Indignumque feret quod sic velit ista doceri.
Alloquitur, & paucis conabor dicere verbis,
Sis memor ut potius generis, quam temporis hujus.
Si te nobilitas generis, si tangit origo,
Respice nate tuos, & nos quoque respice nate.
Nati autem memorare tuos, puer incipe verum
Pectore ferre Deum, tradunt hæc sæcula saclis,
Quod tu forte paris: des nunc exempla futuris
Temporibus, mundo quod ames nil amplius hoc est:
Respice quæ fugias, & quæ meliora putantur.
Nec te sollicitet miseri fallacia regis:
Sed crescas ipse nunc in contraria victor.
Spiritus ex luctu flammis, sic deinde recessit:
Quod dederat corpus, tellus adaperta recepit,
Sanctaque quæ superest anima inviolata recessit.
Quamvis læsa parens per tot sua vulnera, regem
Pertulit, ast animo pariter manibusque supinis
Has habuit voces, & talia verba locuta est:
Qui regis imperium cœli, terræque, marisque,
Sidera qui cælis, qui das animantia terris,
Æquoribus pisces, ventos qui verberat auras,
Ad te prima mei cupidæ fiducia surgit,
Qui chaos implicitum cæca caligine miscens
Dividis in partes, & das noctemque diemque,
Lunamque & rapidum solem qui tempora servent,
Et post hæc hominem, cum de semine mundum
Complectar, mortale genus, tum linguas liquefacis
Dissona per gentes, sapor est tamen omnibus unus:
Sed qui monuit meritis hominumque loquelas.
Longa referre mora est, corporis habitare tritum est;
Te mare divisum virga voluisse tremique,
Dum pede per siccum populus transcenderet æquor,
Ægypti effugeret carcerem, regemque Pharaon,
Qui sibi sanctorum natorum servire jubebat,
Quem tua majestas Mose duce transtulit omnem,
Servaremque tua totum virtute redemit.
Terra dabat fructus, quos te cogente ferebat,
Occupat & terris quæsitam lympha latebris:
Humor erat nullus, cuncti clamore querentes
Poscebant Mosen, daret ut fluminibus undas.
Ad quos ille brevi sic est sermone locutus:
Credite posse Deum, quidquid poscitis illum,
Sed tamen hanc virga dextram distendere saxum,
Ut veniant fontes tota regione [illegible].
Percussitque semel: dictu velocius, amnis
Emicuit saxum fontes dulcedine primos.
Confiteor, rerum cum sit tibi debitor orbis,
Te, quidquid possunt genera, parent omnia solum:
Te mortale genus curas, orasque levasque,
Te precor, aspicias confessa mente timentem,
Ne

Ne desit fratrum numero meus infimus infans,
Ignarusque sui, quem jam procul esse teneri
Conspicio, turba circumvenientum frequenti.
Hunc propter solum lacrimas, quas cernitis, ecce,
Unus enim superest, de quo mihi maxima cura est,
Ne tener ignoret quo sit de gente creatus.
Hunc ego si possim secreto apprendere solum,
Blandirer, patriumque genus patriosque docerem:
Sed quocumque tamen potero, solatia quaeram.
Parve puer, annisque tuis mihi carior omni,
Carior es regno, vita quoque carior ipsa:
Te possem in tenerum victorem reddere matrem,
Te finis parvum, finisque futuro malorum:
Si te cura mei tangit, si matris amorem
Mente tenes tenera, quamvis & parvus, & infans,
Hoc magis aure pia dictis attende parentis.
Primum disce puer, quid sit post ista futurum,
Si patiens fueris: nunc te mihi, care, futurum
Fata docent, fratrum sanctorum in parte locatum
Et requie securus eris, dum saecula cursu
Sera suo peragunt, finita tempora cursu
Hanc lucem repetens, aeternaque regna videbis.
Non maculata malis, sed erit concordia sanctis,
Nec mortis terror ullus erit, nec bella citatis
Exercentur equis, sed pax aeterna manebit.
Maternum credo tuae semper cupidam esse salutis.
Haec mihi cur tristi vultu sic dicta repellis?
Quid refugis? miserere mei, miserere tuique.
Si lucrum, prior hic vellem: vivere vero, sed illo
Tunc, cum victorem cernam te esse malorum.
Quid sperare jubes? solam mea dicta moraris?
Solam adhuc aegram renovas mihi nate dolorem?
Annuis, an damnas quoque me fratresque genusque?
Quod ne forte velis oro te, & deprecor audi:
His ego te parvum nutrivi, nate, papillis,
Te per ego has precor, & fletus lacrimasque mearum.
Ut renuere velis, remeabis solus, & hujus
Non tibi jam fratres dederint solatia vitae:
Deserere fratrum sanctissima nomina, matrem,
Et genus & patriam, si talia dicta recusas.
Hinc quanto melius vitam servabis in aevum,
Si facias tandem, quidquid fecere priores!
Audenter depone metum, depone timorem;
Concipe mente Deum, vires dabit ille viriles.
Haec dum mater agit, puer ad praecepta parentis
Respicit, & solum se vidit ut esse relictum,
Sustulit ad caelum vultus, palmasque supinas,
Et sic voce precans aeternum numen adorat,
Sensu & sic pariter secum utrumque rogabat:
Vinceret ut regem, saevos & vinceret ignes.
Atque ita non segnis, nec pro puerilibus annis
Prosilit intrepidus: medios delapsus in ignes,
Vicit quidquid erat, sic ut vitam iret in altam
Spiritus, & fratrum peteret secreta piorum.
Dum puer iste perit, solverunt gaudia matrem:
Jamque ut erat lassata malis, jam voce negata
Suspirans, interque manus collapsa suorum,
Contractis animis, resolutaque membra quierunt.
Sic ipsa & nati sanctorum in parte recepta est.

DE HOMOUSIO.

HYMNUS.

Adesto lumen verum Pater omnipotens Deus.
Adesto lumen luminis, mysterium, & virtus Dei.
Adesto sancte Spiritus, Patris, & Filii copula.
Tu cum quiescis Pater es, cum procedis, Filius.
In unum qui cuncta nectis, tu es Spiritus Sanctus.
Unum primum, unum a se ortum, unum unum ante unum Deus.
Praecedis omne quantum, nullis natus terminis.
Nihil ut te quantum, quia neque quantum a te est.
Namque ex te natum numen gignit magis, quam creat quantum.
Hinc immensus Pater est, mensus, atque immensus Filius.
Unum autem & tu Pater es, unum quem genuit Filius.
Quod multa, vel universa sunt, hoc unum est, quod genuit Filius.
Consilio, qui λόγος lumen est, vera virtus luminis.
In quo, atque quo gignuntur cuncta, virtusque fundit Dei.
Rursusque in semen redeunt genita quaeque ex semine.
Operatur ergo cuncta Christus, qui motus est virtus Dei.
Namque Christus in quiete motus est, semper Deus.
Atque ipse motus sapientia est, & Virtus Dei.
Nullo a substantia distans: quia quod motus
Haec substantia est, quique motus, quia in ipso atque ipse est.
Et Deo dictus Deus, natus autem, quia motus est,
Omnis enim motus natus est, natusque cum sit Deus,
Ac Dei motus, unus, & idem Deus existit.
Tamen motum ipse esse, ut sibi sit haec, quod ipse motus est.
Sed quia Dei motus est, habet in se motus Deum.
Rursusque isto ipso quia Dei motus est, habet in se motum Deus.
In Filio igitur Pater est, & in Patre est ipse Filius.
Sunt ergo singuli, atque in semet semper, cum sint singuli.
Hinc duorum una virtus, hinc una substantia est.
Sed Patre datum, quae sibi sit Filio substantia est.
Esse enim prius est, sic motui posterum.
Non quo tempus illi adsit, sed in divinis ordo virium est.
Esse nam praecedit motum, ut prius, non tempore.
Hoc esse dicit in Deo manentem substantiam.
Hic autem motus certus est, nam gignit motus substantiam.
Substantiaeque generatio, quid aliud, quam substantia est?
Ergo motus & Patris est, Filius ergo eadem substantia est.
Hunc λόγον Graeci vocarunt, lumen in Patre Deum.
Causa qui sit ad partum, atque ad ortum omnium.
Nihil namque absque hoc creatum est, per hunc creata cuncta sunt.
Hic λόγος si Christus est, & si λόγος vita est genitus,
Λόγος a Patre est: est enim vivus Deus, in quo cum
Substantia Deus sit, Deusque sit vita substantia.
Genitus autem Filius vita est, una est substantia.
Λόγος Deus, indiscretus ergo semper, semper & alter.
Simul missus, mittenti par, & fons tamen manans, semper
Discurrit, spargens vitas, missus ut semper Filius.
Hinc substantia unum ambo, sunt Deus, summus Filius.
Sed quia in divinis substantia haec idem, quod vita est.
Vitaque ipsa est sapientia, ut praecedit esse.
Cui inest principe, ut simplex vivere, sic adest.
Intelligere, sapereque semper cum procedit vivere.
Non quo praecedat quidquam alterum, neque quo sit omnino alterum.
Sed quo progressu actum sit ter triplex alterum.
Filius, actusque vita est, qua procedunt, & creantur omnia.
Fit enim Doctor, & Magister, idem perfector Spiritus,
Sanc-

Spiramen factis ardens [illegible] Sophiae.
Sophia autem cum sit Christus, idem Christus Filius docet,
Professus Patrem Patrum, & Christum Spiritum.
Hinc Patris cuncta Christus: hinc [illegible] Christi cuncta
Christus:
Sic Christus totus inter Patrem, & sese alterum
Spiritum implet Patrem, dum esse praestat omnibus.
Atque esse cunctis vitae est: & hoc est, quod in Christo
factum est.
Quid quia jungit, & salvat omnia, ac docet verum Deum
Christum sequentem, Christo rursum sanctus jungit Spiritus.
Ergo Christus omnia, hinc Christus mysterium.
Per ipsum cuncta, & in ipso cuncta, atque in ipsum omnia.
Cujus altitudo Pater est, ipse vero totus
Progressu suo longitudo, & altitudo Patris est.
Hinc Christus apparens saeclis, ad profundum descendens, id-
que arcanum,
Et latitudinem iterum [illegible], Christus accelerans factus Spiri-
Omnes ergo unum Spiritum, omnes unum Lumen. (tus.
Hinc singulis vera, hinc tribus una substantia est.
Progressu a Patre Filio, & regressu a Spiritu,
Quia tres existunt singuli, & tres in uno singuli.
Haec est beata Trinitas, haec beata Unitas.

Reliqui duo Hymni utpote prosa potius oratione scripti omittuntur.

DE J. CHR. DEO, ET HOMINE.

CARMEN.

VErbum Christe, Dei Patris caelestis imago:
Praeterit hunc partum, genitum de Virgine fama,
Invictaeque [illegible] gaudet superasse Tonantem
En utero, sine Matre Deum, de conjuge caelo.
Corporis ingressi parva spatium in alvo,
Maternamque suam [illegible] fecisse secundam
Intra uterum [illegible], & conditur aevi
Natus homo, [illegible] in annos,
Dignatus tam placidum se praestare orbi.
Sollicitabat [illegible], [illegible] insigne [illegible].
In Caelo fulgens, ut mundus crederet omnis
Ob culpam veniale jubar: Te felice virum
Arbiter, [illegible] aperit [illegible] fonsque,
Et laudem [illegible]. Tranquillus in astris
Forte Pater residens, [illegible] parabat,
Curam nostrae animae [illegible], caelestia templa,
Telluremque [illegible] dixit:
Nascere (namque placet) [illegible] carcere mortis.
Eripere mortale genus, spes gentibus esto,
Principium sine fine, quod [illegible] errat,
Quod facinus commisit amor, tolleret id omne.
Ad veniam venere homini: flat fulmen, & imber,
Ignis in obsequio: glacies, vapor, aether, & aura,
Conveniunt famulante aevo, terraeque triumphant,
Et caelum [illegible] pars orbis gaudet,
Cum Dominum venisse pio: tunc nascitur infans,
Magnum virtute Deus, cui vertice sacro
Caesaries librata micat, splendetque superne
Fulminarum per membra jubar, decus omne per ora
Emicat, & facies, patrique simillimus, ille
Ut ne quid differret, erat: miracula cujus
Gloria consequitur: flavias in vina refundens
Hac domum [illegible] dedit, cum [illegible]
Congeriem superesse [illegible], [illegible] turba
Convenient [illegible], [illegible] dolorum
Conspicis, ad [illegible] [illegible] fama,

Ponite, ait, [illegible]: nihil est, quod mortis loquar
Extinctum [illegible], dixitque Resurge,
Et [illegible] cognosce diem: [illegible] cadaver
Prodiit ante oculos, [illegible] in [illegible].
Quod mortis [illegible] posse, virum tunc corripis omnem
Spiritum hostilis, [illegible] cui [illegible]
Perdiderat rabies: [illegible] effera [illegible]
Torte caput, stridens & [illegible] pectus [illegible],
Spuma [illegible]: [illegible] color, [illegible] in illo,
Non ridentis erat: vires sed perdidit hostis
Adventu propiore Dei, gemituque professus:
Cedimus [illegible], [illegible] orbe,
Te regnante, Deus, terras, hominesque relinquo
Ulterius [illegible]: Sic ille refectus
Surgit, & ad nostram speciem redit, hoste repulso.
Progreditur virtus nostra medicans saluti,
Pervenit ad fragiles, hic [illegible] corpore partem
Fortis lavat, claudum firmat, reficitque jacentem,
Et caeco dat nosse diem: Procede sepulcro,
Lazare, clamat, & haec ad vitae lumina surge,
Atque [illegible] tibi: Subito ille regressus
Auctorem vidit, que suum, novitque magistrum.
Extemplo, mulier, Domini cui tangere vestem,
Sacris quae [illegible] sanguine [illegible],
Contigit, & vires subito collegit in artus.
Fuerit [illegible] curam hominum, [illegible] valeant purgare,
Et Deus, & medicus, judex, pater, omnipotensque,
Omnia Christus erat. Petro sublime [illegible],
Claves [illegible] Poli, cujus tu janitor esto,
Quaeque voles, [illegible] dedi: [illegible], alter
Finis [illegible] portaque [illegible]
Proxima [illegible] dies, & [illegible] noctis
Ceperat: hinc [illegible] de more [illegible]
Ad mensam [illegible] Dei: tunc [illegible] ipse,
Traditor [illegible] hic est, [illegible] qui vescitur, inquit,
Non faciam, sed [illegible]: Reis inde caterva
Vim factura Deo, gladios cui praebuit ira,
Et dedit arma furor: tradens dedit oscula signum
Perfidus, & [illegible] confregit [illegible].
Forte dies solemnis erat, qua jure tribunal
Privatum [illegible] [illegible], [illegible] quieto,
Nos [illegible] poenis vindicasse furorem,
Supplicio [illegible] caput. tunc Christus haberet
Magistrum [illegible], [illegible] improba [illegible],
Hanc [illegible] est jam morte mori, [illegible] cruentum
[illegible] Cruci: [illegible] sed [illegible] signum,
Quod meruit portare Deum, proh gloria quanta est!
Ligno vita perit, per lignum vita revertit:
[illegible] sic [illegible] pie, sit [illegible],
Et [illegible] fecisse [illegible], [illegible] fateatur.
Digne pati, referens, meruit de crimine palmam,
Et placuit [illegible] Deo: sed [illegible] alter,
Non credens, [illegible] in tartara plangit.
Sed Deus omnipotens Patrem clamore per aethra
Supremo jam voce vocat, Quis deferor, audi,
Tempus erat spiritum Patri solvisse Tonantem,
Et [illegible] patuere, & profugit undique Caelum,
Turbinibus natura perit, [illegible] tenebris,
Nox fuit ille dies: [illegible] [illegible]
Arva, [illegible] [illegible], [illegible] impiger [illegible].
[illegible] montes, [illegible] a sede procella
[illegible] per [illegible], [illegible] [illegible]
Rumpunt vela, crepant [illegible] cantus,
Mortis opem [illegible] ipse [illegible], discordia Mundi
Plenius erat, levi [illegible] fecit fama pericli.
[illegible] [illegible] [illegible], & [illegible] [illegible] placeret,

Jamque

Inque suam rediere fidem: a sedibus imis
Tartareis evocat proceres, Patresque beatos
Consurgunt, mortalesque Deus reparatur in omnes,
Vim patiens hominum, vitali morte sepultus.
Noluit esse solus, magis indulgentia semper,
Quam vindicta placet. quamvis penetrale resurgens
Carceris invicti, jam rursum in saecula venit
Omnipotens, iterum sese post funera vivit.
Regia forte Poli rerum primam lucem agebat,
Aeternum trahens diem, claraque per orbem
Cuspide fulminea noctis diviserat umbras
Stellifico remeans jubar, Deus ultor ab umbris
Ecce redit, vivusque suis (mirabile visu)
Corporeus per clausa venit, dubiumque Iudaeum
Alloquitur, firmans animum, corpusque retentans:
Infer, ut agnoscas, digitum, clavosque revelans,
Perfossumque latus, vestem ubi pandere laevo
Lancea confixit: faciam te signa fidelem.
Sic ait: egrediens caelum, Patremque petebat,
Temporis angusti paulum tellure moratus.
Excipitur radiante throno, quem gloria tractum
Voce sonat, dominumque capit per moenia caeli,
Sideribus gemmata Domus, cui lumina claris
Pandit stella comis, decus Iridis aeris curvas,
Porticibus lux ampla jacet: crucis alta columna
Astat, & hic sunt nostra dies, hic sceptra regenti
Fulmina conformat, strepituque tonitrua fervens.
Angelicum vocat ordo chorum, servire paratos.
Sol etiam rapidus, Luna quoque splendida axis
Excubat, observant aera, pluviaeque jubentur
Omnigenum rorare solum: te, maxime mundi
Arbiter, exorat pelagus: te flumina, fontes,
Stagna, lacus, fluctus, & curvis gurgites abyssi.
Te recinunt volucres, & vulgus reptile ponti.
Te sperant animae, veniam te vindice poscunt.

DE CRUCE DOMINI.

CARMEN.

Est locus ex omni medius quem credimus orbe,
Golgotha Judaei patrio cognomine dicunt:
Hic ego de sterili succiso robore lignum
Plantatum memini fructus genuisse salubres:
Non tamen hos illis, qui se posuere, colonis
Praebuit; externi fructus habuere beatos.
Arboris haec species uno de stipite surgit,
Et mox in geminos extendit brachia ramos,
Sicut plena graves antennae carbasa tendunt,
Vel cum disjunctis juga sunt ad aratra juvencis.
Quod tulit hoc primo, maturo semine lapsum
Concepit tellus: mox hinc, mirabile dictu,
Tertia lux iterum terras, superasque tremendum
Extulerat ramum vitali fruge beatum.

Sed bis vicenis confirmatur ille diebus,
Crevit in immensum, caelumque cacumine summo
Contigit, et sanctum sanctum caput abdidit alto.
Dein sese ingens bis senis pandere ramis
Edidit, et totum spargens porrexit in orbem,
Uberibus ut cunctis victum, vitamque perennem
Praeberet, mortemque mori quae posse doceret.
Explicuit etiam tunc quinquagesima dies
Vertice de summo divini nectaris haustum
Dein late in ramos caelestis spirans aura:
Dulci rore graves manabant undique frondes.
Ecce sub ingentis ramorum tegmine umbra
Fons erat. hic nullo caeli turbante serenum,
Perspicuis illimis aquis, et gramina laeta
Fundebant circum varios de flore colores.
Hunc circum innumerae gentes, populique coibant,
Quam varii generis, sexus, aetatis, honoris,
Innuptae, nuptaeque simul, viduaeque, nurusque,
Infantes, puerique, viri, juvenesque, senesque.
Hic ubi multigenos fructus incumbere ramis
Cernebant, ramos avidis attingere dextris
Gaudebant multo caelesti nectare tractos:
Nec prius hos poterant cupidis decerpere palmis,
Quam lucidis sua vestigia fonte prioris
Diluerent, corpusque pio de fonte lavarent.
Ergo dum circumspectantes gramina mollia,
Suspiciunt alta pendentia ab arbore fructus;
Tunc se quae ex illis delapsa pluentibus ramis,
Et dulces multo rorantes nectare fructus,
Vescuntur variis opulenti munere fructus.
Ergo ubi caelestium cupiunt ora saporem,
Perfusam animam, et tenues perdere avaras
Incipiunt, dulcisque animam cognoscere sensu.
Innumeri multos stomachum curvisse saporem
Vidimus, et belli consumptum mollis venenum,
Horruisse cunctos sterbaia tamen saporem;
Aut avide lumentem non gustasse, denique
Et multi potatum tandem evomuisse saporem.
Saepe quidem multi revocatis membris aegros
Restituere animos, et quae se passa angebant,
Pertulerant, fructusque sui cepere laboris.
Multi etiam lauti nondum contingere fontes,
Discessere iterum laevo, retroque relapsi,
Sordidique, et caeno mali volvuntur in alto.
Multi vero boni potantes pectore toto
Accipiunt animis, penitusque in viscera condunt.
Ergo quisque sacros potuit accedere fontes,
Depositis ibi sordibus optatas tulit ad undas,
Linguam in liquidis rejecta sanguinis arcem;
Sic demum illustres animi, vitamque prioris
Deponunt labem, pariterque a morte recedunt
Illustres animas, caloque ad lumen iturus.
Hinc iter ad ramos, & dulcia poma salutis;
Inde iter ad caelum per ramos arboris altae.
Hoc lignum vitae cunctis credentibus. Amen.

HILARII PICTAVIENSIS EPISCOPI

GENESIS AD LEONEM PAPAM.

PAruimus [illegible], tam dulcia jussa secuti,
Antistes Christi quae dabas ore pio.
An ego non caneram tanti praeconia patris,
Munus opusque Dei, dum mihi lingua foret?
Rauca quidem, stridens, & nullis digna coronis,
Ingeniumque jacens: sed libet alta loqui.
Dignum opus & justum est semper tibi dicere grates,
Omnipotens mundi genitor, quo principe cuncta
Natalem sumpsere diem, atque exorta repente
Post tenebras stupido spectarunt lumina caelo.
Gens hominum, pecudesque ferae, mille atque volucres,
Et quae per liquidos discurrunt agmina campos,
Omnia per natum, per te, qui maxima condis,
Ex te nata, pater; nec jam patris est pater alter.
Tu caput es [illegible] caput, tu fontis origo,
Primus [illegible] rerum, primus [illegible], omnia condens:
Nec tamen ex alio ducis genus, ipse perennis
Spiritus, antiquus vivens per saecula [illegible].
Semper eris, quia semper eras: non mortis egenus,
Qui natalis inops, nec finem noveris aevi:
Ex te principium cui contigit: haud tamen alter
Auctorem [illegible], nascentia terminus urget.
Omnia cum tegeret nigrum chaos, altaque moles
[illegible] urgeret infernis corpora mundi,
Atque caliganti [illegible] [illegible] nocte,
Nec species, nec forma foret, Deus inter agebat
Corporibus tectis [illegible], secreta [illegible],
Jam tumidi [illegible] nascentia moenia mundi,
Et varias rerum facies animasque futuras.
Utque caput prompsit victis ipse caliginis [illegible],
Sublimem attollens vultum, [illegible] tenebrae.
Mox Dominum terram formatam discessit [illegible],
Pigraque materies trepidavit [illegible] pulsa,
Commotaque simul [illegible], conscia partu:
Scinditur ingentis cumuli per plurima corpus,
Membra locosque simul mutantes [illegible] jussa,
Et jam confusa [illegible] vincere [illegible],
Sectaque per partes formas spectantis [illegible],
Jam calor ignes alit, & blando [illegible] igni.
Ac primum caeli postquam liber, omnia mundi
Complectens spatio, caelo [illegible] orbe:
Terra gravis pigro descendit pondere ad imum,
Ac semel defixa, suis fundata, resedit.
Effetque in spatium vacuum [illegible] apertum,
Qua inter incedens mortalia [illegible] aether,
Quove exire patris possent tot munera rerum,
Ortaque formantur [illegible] per inane labore,
Diffusae coguntur aquae: unde flumina certo
Liquuntur maria, ac finem non transilit unda.
Tum: oritur lux alma, diem quae jussa vocare,
Nascentem tenero perfudit lumine mundum,
Munus opusque tuum prodens, tua maxima dona,
Condere quae genitor patria pietate parabas:
Utque hominum solers posset clarescere vita,
[illegible] aetheriis quae totus decore locet
Gaudet, & ingenium diversa laude fatigat.
Insequitur nox atra diem, densisque tenebris
Corporibus somnum quae ferrent, otia fessis,
Et cunctis unam faciem similemque figuram.
Namque dies varia rerum discrimina cernit,
Et dat cuique suum disjecto [illegible] colorem,
Instigatque animos opera ad majora calentes,
Exacuens variis mortalia pectora curis:
Quo magis forma diei vitae, nox mortis imago.
Tunc condens pater astra, polos quoque lumine donans,
Sidera distinguit variis permixta figuris.
Lucifer exurgit, roseusque & fulgidus [illegible]
Vesper, purpureos spargit aurora capillos,
[illegible] aqua [illegible], [illegible] imperitant Pleiades imbres:
Sunt juga, sunt plaustra, [illegible] [illegible] currunt,
Signaque bissenis annum volventia formis.
Multaque praeterea caeli ornamenta decora sunt,
Quae totidem [illegible] signis, & regia summa
Picta, patens, variis stellarum luce coruscat.
Sed soli lux major inest, quem cingere largo
Excoluit genitor pleno dignatus honore.
Igneus ille jubar procelso vertice tollit,
Ore rubens purpureo, caeli per magna fertur,
Astrorum ductor, mundi vigor atque elementa.
Ecce aliud nostrum, mirum dictu, en nova cursum
Mutat luna suum: quem perdit, colligit ignem.
Cornuaque [illegible], perturbat [illegible] [illegible]:
Mox tamen ardescit completo circulus orbe,
Noctilucam lunam pascit sua sidera luce.
Nec tamen [illegible] quae machina volvitur aethere,
Non tantum pictura poli est, nec caelo [illegible],
Mensis ratioque subest, & rebus commodus ordo.
Hinc doctrina venit terris, hinc denique cunctis
Consilium agricolis, & qui maria alta pererrant,
Ut se, quaeque ferant, lucem praedicere possint:
Venturos norint imbres, [illegible] serenum:
Tempore quo terram campis [illegible] arator,
Et [illegible] securus navita [illegible].
Ignibus instructo caelo, pater optime, terras
Excolere adgrederis, donis & munere opimo
Regna hominum, pecudumque locum, requiemque volucrum.
Planescunt campi, colles tumor arduus effert,
Subsidunt valles, florentia prata virescunt,
Saxaque durantur, pinguis se gleba resolvit:
Rumpuntur fontes, fluvii cunctis [illegible] unda est:
Herbarum variis consurgunt gramina campis.
Jamque seges tenera fructum spondebat arista,
Cum juga nulla forent, nec vomer ullus araret,
Mugitum nullum [illegible] taurus in arvis.
Ecce etiam vitis madido jam plena racemo,
Expers falcis adhuc, & duri nescia ferri,
Pampineas celsis [illegible] collibus umbras.
Diversa exoritur variarum forma ferarum:
Quadrupedes animae, nec non reptantia terris,
Nascuntur pictis volucres per nubila pennis.
His ubi perfectis genitor jam divitis mundi,
Cuncta videt magni curam deposcere regis,
Qui mare, qui terras, atque omnia nata gubernet,
Quique altum spectet caelum, laudesque perennis
Muneris magna Dei, ne sint haec condita frustra:
Tunc faciamus, ait, hominem. Dic, optime, cum quo

M Nunc

Nunc loquitur* aeternus est, jam tum sibi Filius alto
Adsidet in solio, & terras respectat amicas:
Sed faciamus, ait, hominem, cui vultus imago
Nostra erit, manibusque suis procedat in auras.
Inde opifex rerum adformans sibi mollia terra,
Atque virum format: cujus mox costa cupito
Fit mulier subito: mulier quam nuda sibi se,
Quo mage chara viro, & laeti sit conjugis opus.
O felix animal, sanguis cui dextra Tonantis
Est pater: o felix habitans qui dona Olympo
Et genus & formam: & te non oscula terrae
Decipiant viris, & quae blandus fingeret error,
Nunc eris, caelumque solum mirabere regnum,
Quae promissa tenens sola potes cohibere ore.
Nam tibi molle Deus radiante concedit olivo,
Aeternam faciem primum vultumque parentum,
Incessumque pedum erectum, sublimia colla,
Ne qua mora in caelos erecta spectantibus esset:
Tunc nervos pulmonesque omnes vitaeque ministras,
Atque dominam dedit pectori rationis, & alti
Sedem consilii, fundensque animis honorem.
Haec soli concessa homini: nam caetera motum,
Ut pecus, alimenta, ventrem, praecordia, nervos,
Venarum rivos, & sparsum corpore sanguen.
Luxuriaque sensus, dant sensusque doloris.
Tu vero omnipotens, privatum condere largus
Ergo hominum manibusque tuis, spirituque levare,
Impendens, patriis pignus pietatis colendo.
Ne quid divinis deesset dotis vigilibus, ignem
Aetheris inspiras, & sacro mentis spiramen
Indigenam patriam, permistum corpore totum.
Tunc meminisse bonum veterum, praesentia cerne
Hinc datur, atque etiam facili ventura videre: (cuncta,
Hinc loquimur cunctaque Deum, hinc quoque sidera
Terrarumque vigens cultus, pontusque movetur:
Hinc artes numerosque, pudor, prudentia, justum:
Hinc animi surgunt sensus, hinc pergit honestum,
Virtus, quae ducit castos ad limina coeli.
Ergo hominem plane perfectum condere, terris
Praeponis, genitor, rerum cui cuncta habitarent:
Cuncta habeat subdatque sibi, vivatque perennis
Telluris dominus, simulacrum tuum: omnia mundi
Possideat, tantum domino sibi serviat uni.
Postquam primus homo vetito se polluit ligno
Non credit, captusque dolis se prodidit angui,
Stat reus & nudus, dejecto lumine, vestem
Implorans, dominumque fugit, vultumque recondit:
Culpa comes sequitur, perdito clementia vita,
Debilitant vires caelo veniente dona,
Aethere demissus paulatim deficit ignis,
Frigore pressa torpescunt omnia, rigescunt:
Cura cibi vestisque subibat, cura tegendi
Corporis & largam sobolem mortalia passim.
Nascitur hinc proles parenti, generatur inde
Deterior soboles malo, pejorque priori
Progenies sequitur, gentibus ad crimina crescens,
Crimina quae sceleris augent dementia sordis,
Teque parit vastis armatura. *
Tunc primum mundum operae laetantibus undis,
Intempestivus descendit nubibus imber:
Fulmina tunc primum caelo dejecta sereno,
Horrida tum grando turbatis verberat agros,
Et tonitru altisono concussus intremuit aether:
Nec tamen ista malos terrent: furor impius orbem
Obsidet, & laxis animis defertur habenis:
Bella gerunt caedesque, simul perjuria, fraudes,
Furtivisque libet, vagus est amor, abdere furta:
Nulla fides populis, nulla est jam veritas usquam:
Diluvio abluitur terrarum crimen & undis:
Virque unus residui generis prolisque refertur,
Arca tegit paucos, castorum semina servans,
Jamque ea venturi facies monstrata lavacri,
Atque unae undae per quam data lucis venit *
Sed lepros servans ecclesiae partem*
Postquam diluvii cecidit tumor, unda resedit,
Ales pacifero folium portavit olivae,
Jam laetis revolans pennis, dedit omina pacis.
Tum populus surgit cunctus, tum pariter undis,
Gens hominum magnam terris pariturum superare:
Inde sacerdotis in caelum dedita corda.
Hinc inter senectam patri cantare parati,
Et puer legati quem non vexare liceret:
Tum reges cernere Deum, tum vera prophetis
Ora sonant cursu sotusque splendentia terris:
Quamvis cuncta Deo servirent crimine victo,
Attamen antiquum etiam tunc gutta veneni
Spargebat populos, & erant vestigia fraudis,
Quae tamen abluerent doctor cultoribus undis.

HYMNUS.

Ex epistola ad Abram Filiam.

Lucis largitor splendide,
Cujus sereno lumine,
Post lapsa noctis tempora
Dies refusus panditur.
Tu verus Mundi Lucifer,
Non is, qui parvi sideris
Venturae lucis nuntius
Angusto fulget lumine.
Sed toto Sole clarior,
Lux ipse totus & dies
Interna nostri pectoris
Illuminans praecordia.
Adesto rerum conditor,
Paternae lucis gloria,
Cujus admota gratia
Nostra patescunt corpora.
Tuoque plena Spiritu
Secum Deum gestantia,
Ne rapientis perfidi
Diris pateant fraudibus.
Ut inter actus saeculi,
Vitae quos usus exigit,
Omni carentes crimine
Tuis vivamus legibus.
Probrosas mentis castitas
Carnis vincat libidines,
Sanctumque puri corporis
Delubrum servet Spiritus.
Haec spes precantis animae,
Haec sunt votiva munera,
Ut matutina nobis sit
Lux in noctis custodiam.
Gloria tibi, Domine,
Gloria Unigenito,
Cum Spiritu Paraclito
Nunc, & per omne saeculum. Amen.

S. Da-

S. DAMASI PONTIFICIS MAXIMI
CARMINA.

CARMEN I.

In laudem Davidis.

Nunc Damasi monitis aures præbete benignas:
Sordibus depositis purgant præcordia sensus,
Curis cum removent Christo servire parati.
Propheticam Christi sanctum cognoscere debes.
Pastorem puerum mollis e fratribus unum
Angelus ex ovibus rapuit, regemque dicavit,
Organa qui scivit manibus componere solus,
Psallere per citharam populo cælestia regna.
Ingentem, clypeoque gravi, fratrisque minantem
Impium, maledicum, phaleras, ac tela gerentem,
Sordorum demum coluit qui Templa Deorum,
Mactavit saxo tereti, truncumque reliquit,
Judicioque Dei ingenti cum cæde peracta,
Monstravit populis, retulit quæ ab hoste tropæa.
Nam Damasus tibi, sancte, tuus, Deus ipse, Triumphus.

CARMEN II.

De Christo.

Christe potens rerum, redeuntis conditor ævi,
Vox summi sensusque Dei, quem fudit ab alta
Mente Pater, tantique dedit consortia regni.
Impia tu nostræ domuisti crimina vitæ,
Passus corporeum mundum vestire figura,
Affarique palam populos, hominemque fateri,
Quem Verbo inclusum Mariæ mox numine visu
Virginei tumuere sinus, innuptaque Mater
Arcano obstupuit compleri viscera partu,
Auctorem paritura suum. mortalia corda
Artificem texere Poli, mundique, sub imo
Pectore, quo totum late complectitur Orbem.
Et qui non spatiis terræ, non æquoris undis,
Nec capitur cælo, parvos confluxit in artus.
Quin et supplicii nomen, nexusque subisti,
Ut nos surriperes leto, mortemque fugares
Morte tua: mox ætherias evectus in auras,
Purgata reparans de cæli luce paternum
Augustum foveas, festis ut sæpe diebus
Annua sinceri celebret jejunia sacri.

CARMEN III.

De Ascensione Christi.

Ad sedem propriam Deus, exule morte, resurgit,
Ut vitam donet credentibus esse futuram;
Angelus hæc verba cecinit, quod utrumque reportans
Sic venturus erit, sic Christum credere fas est.

CARMEN IV.

De nomine Jesu.

In rebus tantis Trino conjungitur unus
Erigit humanum sensum laudemque venustat:
Sola salus nobis, et mundi summa potestas
Venit peccati nodum dissolvere fructu,
Summa salus cunctis nituit per sæcula terris.

CARMEN V.

De eodem.

Jure pari regnans communis conditor ævi,
Et cum patre pio regnat sublimis in astra,
Siderum sanctis infudit numine regnis;
Unde mare et terras solo vidit omnia nutu,
Suggerit humanis, et donat munera rebus.

CARMEN VI.

De Cognominibus Salvatoris.

Spes, & Vita, Salus, Ratio, Sapientia, Lumen,
Judex, Porta, Gigas, Rex, Gemma, Propheta, Sacerdos,
Messias, Sabaoth, Rabbi, Sponsus, Mediator,
Virga, Columna, Manus, Petra, Filius, Emmanuelque,
Vinea, Pastor, Ovis, Pax, Radix, Vitis, Oliva,
Fons, Paries, Agnus, Vitulus, Leo, Propitiator,
Verbum, Homo, Rete, Lapis, Domus, Omnia, Christus, Jesus.

CARMEN VII.

De S. Paulo Apostolo.

Jamdudum Saulus procerum præcepta secutus,
Cum Domino patrias vellet præponere leges,
Abnueret sanctum Christum laudare prophetam,
Cædibus assiduis cuperet discerpere plebem,
Cum lateret sanctus mortis pia fœdera cernens,
Post tenebras verum meruit cognoscere lumen.
Temtaret sensus possit quid gloria Christi.
Auribus et Domini vocem lucemque recepit,
Compositis rerum, Christi præcepta secutus.
Mutato placuit postquam de nomine Paulus;
Mira fides rerum! subito trans æthera cæli
Noscere promeruit possit quid præmia vitæ.
Conscendit raptus martyr penetralia Christi;
Tertia lux cæli tenuit Paradisus euntem,
Colloquiis Domini fruitur, secreta reservat
Gentibus et populis jussus prædicere vera,
Profundum penetrare maris, noctemque diemque
Visere, cui magnum satis est vixisse laborem.
Verbera, vincla, famem, lapides, rabiemque ferarum,
Carceris illuviem, virgas, tormenta, catenas,
Naufragium, lacrimas, serpentis dira venena,
Stigmata non timuit portare in corpore Christi.
Credentem docuit, posset quo vincere mortem.

Dignus amore Dei vivit per saecla magister.
Versibus his breviter, fateor, sanctissime doctor
Paule, tuos Damasus volui monstrare triumphos.

CARMEN VIII.

De S. Andrea Apostolo.

DEcus sacrati nominis,
Vitamque mortem exprimens,
Hoc te decorum prædicat
Crucis beatæ gloria.
Andreas Christi Apostolus,
Hoc ipso jam vocabulo
Signatus isto nomine,
Decorus idem mystice.
Quem crux ad alta provehit,
Crux quem beata diligit,
Cui Crux amara præparat
Lucis perennis gaudia.
In te crevit Mysterium:
Cujus gemello stigmate,
Dum probra vincis per Crucem,
Crucisque pandis sanguinem.
Jam nos foveto languidos,
Curamque nostri suscipe,
Qui per Crucis victoriam
Cœli jubemur patriam.

CARMEN IX.

In SS. Apostolorum Catacumbas.

HIc habitasse prius Sanctos, cognoscere debes,
Nomina quisque Petri pariter, Paulique requiris.
Discipulos Oriens misit, quod sponte fatemur;
Sanguinis ob meritum, Christumque per astra secuti,
Ætherios petiere sinus, & regna piorum.
Roma suos potius meruit defendere cives.
Hæc Damasus vestras referat nova sidera laudes.

CARMEN X.

De S. Stephano P. & M.

TEmpore, quo gladius secuit pia viscera Matris,
Hic positus Rector cælestia jussa docebam:
Sed veniunt subito, rapiunt qui forte docentem:
Militibus missis populi tunc colla dedere.
Mox ubi cognovit senior, qui tollere vellet
Palmam, seque, suumque caput prior obtulit ipse,
Impatiens feritas posset ne lædere quemquam.
Ostendit Christus, reddit qui præmia vitæ,
Pastoris meritum, numerum gregis ipse tuetur.

CARMEN XI.

De S. Marcello Martyre.

VEridicus Rector, lapsos quia crimina flere
Prædixit miseris, fuit omnibus hostis amarus.
Hinc furor, hinc odium sequitur, discordia, lites,
Seditio, cædes, solvuntur fœdera pacis.
Crimen ob alterius Christum qui in pace negavit,
Finibus expulsus Patriæ est feritate Tyranni.
Hæc breviter Damasus voluit comperta referre,
Marcelli ut populus meritum cognoscere possit.

CARMEN XII.

De S. Eusebio Papa.

HEraclius vetuit lapsos peccata dolere,
Eusebius miseros docuit sua crimina flere.
Scinditur in partes vulgus gliscente furore.
Seditio, cædes, bellum, discordia, lites:
Exemplo pariter pulsi feritate Tyranni,
Integra cum Rector servaret fœdera pacis,
Pertulit exilium omnino sub judice lætus,
Littore Trinacrio mundum vitamque reliquit.

CARMEN XIII.

De S. Marco Papa.

VIta fuit Marci, quam novimus ante
Ore Dei posset qui temnere mundum,
Oravit populum quod disceret omnis,
Grandis honor vitæ contemptus habendi.
Virtus tanta prioritalia cordibus,
Te custos Christi perfectus amicus.
Et Damasus tumuli cum reddit honorem.
Hic Marcus, Marci vita, fide, nomine consors,
Et merito.

CARMEN XIV.

De S. Laurentio.

VErbera, carnifices, flammas, tormenta, catenas
Vincere Laurenti sola fides potuit.
Hæc Damasus cumulat supplex altaria donis,
Martyris egregium suspiciens meritum.

CARMEN XV.

De S. Felice.

COrpore, mente, animo pariter de nomine Felix,
Sanctorum in numero Christi sociate triumphis,
Qui ad te sollicite venientibus omnia præstas,
Nec quemquam pateris tristem repedare viantem,
Te duce servatus, mortis quod vincula rupi,
Versibus his Damasus supplex tibi vota rependo.

CARMEN XVI.

Votum S. Damasi.

SAnctorum, quicumque legis, venerare sepulcrum:
Nomina, nec numerum potuit retinere vetustas.
Ornavit Damasus tumulum, cognoscite, Rector,
Pro reditu cleri Christo præstante triumphans,
Martyribus Sanctis reddit sua vota sacerdos.

CARMEN XVII.

De S. Eutychio.

EUtychius Martyr crudelia jussa Tyranni,
Carnificumque vias pariter tunc mille nocendi
Vincere quod potuit, monstravit gloria Christi.
Carceris inluviem sequitur nova pœna, per artus
Testarum fragmenta parant, ne somnus adiret:

Bis

Bis seni transiere dies, alimenta negantur,
Mittitur in Barathrum: sanctus lavat omnia sanguis
Vulnera, quae intulerat mortis metuenda potestas.
Nocte soporifera turbant insomnia mentem.
Ostendit latebra insontis quae membra teneret.
Quaeritur, inventus colitur, fovet, omnia praestat.
Expressit Damasus meritum, venerare sepulcrum.

CARMEN XVIII.

De S. Tarsicio.

PAr meritum, quicumque legis, cognosce duorum,
Quis Damasus Rector titulos post praemia reddit.
Judaicus populus, Stephanum meliora monentem
Perculerat saxis, tulerat qui ex hoste tropaeum.
Martyrium primus rapuit Levita fidelis.
Tarsicium sanctum Christi sacramenta gerentem,
Cum male sana manus premeret vulgare profanis,
Ipse animam potius voluit dimittere caesus,
Prodere quam canibus rabidis caelestia membra.

CARMEN XIX.

De S. Gorgonio.

MArtyris hic tumulus magno sub vertice montis
Gorgonium retinet, servat qui altaria Christi.
Hic, quicumque venit, Sanctorum limina quaerat,
Inveniet vicinos in sede habitare beatos,
Ad Caelum pariter pietas quos vexit eandem.

CARMEN XX.

De S. Saturnino Martyre.

TEmpore, quo gladius secuit pia viscera Matris,
Sanguine mutavit Patriam, nomenque, genusque.
Romanum Civem Sanctorum fecit origo.
Mira fides rerum docuit post exitus ingens.
Cum lacerat pia membra, fremit Gratianus ut hostis,
Postquam fallaci vomuit concepta venena,
Cogere non potuit Christum te, sancte, negare,
Ipse tuis precibus meruit confessus abire.
Supplicis haec Damasi vox est venerare sepulcrum,
Solvere vota licet castasque effundere preces,
Sancti Saturnini tumulus quia Martyris hic est.

CARMEN XXI.

De S. Mauro.

MArtyris hic Mauri tumulus pia membra retentat,
Quem Damasus Rector longo post tempore plebis
Ornavit supplex, cultu meliore decorans
Insontem puerum, cui poena nulla delicti.

CARMEN XXII.

De incerto Martyre Graeco.

JAmdudum quod fama refert te, Graecia, misit.
Sanguine mutasti Patriam, civemque, fratremque
Fecit amor, legis sancto pro nomine passus.
Incola nunc Domini servas qui altaria Christi,
Ut Damasi precibus faveas, precor, inclyte Martyr.

CARMEN XXIII.

De SS. Marcellino, & Petro.

MArcelline, tuos, pariter Petre, nosce triumphos.
Percussor retulit Damaso mihi cum puer essem,
Haec sibi carnificem rabidum mandata dedisse,
Sentibus in mediis vestra ut tunc colla secaret,
Nec tumulum vestrum quisquam cognoscere posset,
Vos alacres vestris manibus mundasse sepulcra,
Candidulo occulte postquam jacuistis in antro,
Postea commonitam vestra pietate Lucillam,
Hic placuisse magis sanctissima condere membra.

CARMEN XXIV.

De SS. Martyribus Felice, & Adaucto.

O Semel atque iterum vero de nomine Felix,
Qui intemerata fide, contempto Principe Mundi,
Confessus Christum caelestia regna petisti.
O vere pretiosa fides, cognoscite fratres,
Qua ad caelum victor pariter properavit Adauctus.
Presbyter his Verus, Damaso rectore jubente,
Composuit tumulum Sanctorum limina adornans.

CARMEN XXV.

De SS. Martyribus Nereo, & Achilleo.

MIlitiae nomen dederant saevumque gerebant
Officium pariter spectantes jussa Tyranni,
Praeceptis pulsante metu servire parati,
Mira fides rerum subito posuere furorem,
Conversi fugiunt, Ducis impia castra relinquunt,
Projiciunt clypeos, phaleras, & tela cruenta,
Confessi gaudent Christi portare triumphos.
Credite per Damasum possit quid gloria Christi.

CARMEN XXVI.

De SS. Martyribus Proto, & Hyacintho.

EXtremo tumulus latuit sub aggere montis,
Hunc Damasus monstrat, servat quod membra piorum.
Te Protum retinet melior sibi regia caeli.
Sanguine purpureo sequeris, Hyacinthe, probatus.
Germani Fratres animis ingentibus ambo,
Hic victor meruit palmam, prior ille coronam.

CARMEN XXVII.

De eisdem.

ASpice descensum, cernes mirabile factum,
Sanctorum monumenta vides patefacta sepulcris.
Martyris hic Proti tumulus jacet, atque Hyacinthi,
Quem jamdudum tegeret mons, terra, caligo.
Hoc Theodorus opus construxit presbyter instans,
Ut Domini plebem opera majora tenerent.

CAR.

CARMEN XXVIII.

De SS. Martyribus Chrysanto, & Daria.

HIc votis paribus tumulum duo nomina servant
Chrysanthi, Dariae, nunc venerandus honor.
Effera quem rabies, angusto jure sepulcri,
Sanctorum tumulo praeda furoris erat.
Paupertis ex omni maiore nunc ista refulgent,
Divitiis sed nunc plus placitura Deo.
Plange tamen, Gens saeva, modo: periere furorum,
Crevit in hoc templo qui tua damna dedit.

CARMEN XXIX.

De S. Agnete Martyre.

FAma refert sanctos dudum retulisse Parentes
Agnen, cum lugubres cantus tuba concrepuisset,
Nutricis gremium subito liquisse Puellam,
Sponte trucis calcasse minas rabiemque Tyranni,
Urere cum flammis voluisset nobile corpus,
Viribus immensum parvis superasse timorem,
Nudaque profusum crinem, & membra dedisse,
Ne Domini templum facies peritura videret.
O veneranda mihi, sanctum decus, alma pudoris,
Ut Damasi precibus faveas, precor, inclyta Virgo.

CARMEN XXX.

De S. Agatha Martyre.

MArtyris ecce dies Agathae
Virginis emicat eximiae,
Christus eam sibi qua sociat,
Et diadema duplex decorat.
Stirpe decens, elegans specie,
Sed magis actibus, atque fide,
Terrea prospera nil reputans,
Jussa Dei sibi corde ligans.
Fortior haec trucibusque viris
Exposuit sua membra flagris:
Pectore quam fuerit valido,
Torta mamilla docet patulo.
Deliciae cui carcer erat,
Pastor Ovem Petrus hanc recreat.
Laetior inde, magisque flagrans,
Cuncta flagella cucurrit ovans.
Ethnica turba rogum fugiens,
Hujus & ipsa meretur opem,
Quos fidei titulus decorat,
His Venerem magis ipsa premat.
Jam renitens quasi Sponsa Polo,
Pro misero rogitet Damaso.
Sic sua festa coli faciat,
Se celebrantibus ut faveat.

CARMEN XXXI.

Epitaphium Irenes Sororis.

HOc tumulo sacrata Deo nunc membra quiescunt.
Hic soror est Damasi, nomen si quaeris, Irene;
Voverat haec sese Christo, cum vita maneret,
Virginis ut meritum sanctus pudor ipse probaret.
Bis denas hiemes nec dum compleverat aetas,
Egregios mores vitae praecesserat aetas,
Propositum mentis pietas veneranda Puellae,
Magnificos fructus dederat melioribus annis,
Te, germana soror, nostri tunc testis amoris,
Cum fugeret Mundum, dederat mihi pignus honestum.
Quam sibi cum raperet melior tunc regia Caeli,
Non timui mortem, Caelos quod libera adiret,
Sed dolui, fateor, consortia perdere vitae.
Nunc, veniente Deo, nostri reminiscere, Virgo,
Ut tua per Dominum praestet mihi facula lumen.

CARMEN XXXII.

Epitaphium Projectae.

QUid loquar, aut sileam? prohibet dolor ipse fateri.
Hic tumulus lacrimas retinet, cognoscis Parentum
Projectae, fuerat primo quae juncta marito.
Pulchra decore suo, solo contenta pudore,
Heu dilecta satis miserae Genitricis amore,
Accipe, quid multis? thalami post foedera prima
Erepta ex oculis Flori genitoris abivit,
Aetheriam cupiens Caeli conscendere lucem.
Haec Damasus praestat cunctis solatia fletus.

CARMEN XXXIII.

De Sepulcro suo.

HIc congesta jacet, quaeris si, turba Piorum,
Corpora Sanctorum retinent veneranda sepulcra,
Sublimes animas rapuit sibi regia Caeli.
Hic comites Christi portant qui ex hoste tropaea,
Hic numerus procerum servat qui altaria Christi,
Hic positus longa vixit qui in pace Sacerdos,
Hic Confessores sancti, quos Graecia misit,
Hic Juvenes, Puerique, Senes, castique Nepotes,
Queis magis virgineum placuit retinere pudorem.
Hic, fateor, Damasus volui mea condere membra,
Sed cineres timui sanctos vexare Piorum.

CARMEN XXXIV.

Epitaphium Papae Damasi, quod sibi edidit ipse.

QUi gradiens pelagi fluctus compressit amaros,
Vivere qui praestat morientia semina terrae,
Solvere qui potuit Lazaro sua vincula, mortis
Post tenebras, fratrem post tertia lumina Solis
Ad superos iterum Marthae donare Sorori,
Post cineres Damasum faciet quia surgere credo.

CARMEN XXXV.

De Templo S. Laurentii a Sancto Damaso instaurato.

HAc Pater, exceptor, Lector, Levita, Sacerdos
Creverat hinc meritis, quoniam melioribus actis:
Hinc mihi provecto Christus, cui summa potestas,
Sedis Apostolicae voluit concedere honorem.
Archivis, fateor, volui nova condere tecta,
Addere praeterea dextra, laevaque columnas,
Quae Damasi teneant proprium per saecula nomen.

CARMEN XXXVI.

De Fontibus Vaticanis.

Cingebant latices montem, teneroque meatu
Corpora multorum cineres atque ossa rigabant.
Non tulit hoc Damasus communi lege sepultos
Post requiem tristes iterum persolvere poenas.
Protinus aggressus magnum superare laborem
Aggeris immensi dejecit culmina montis.
Intima sollicite scrutatus viscera terrae
Siccavit totum quidquid madefecerat humor.
Invenit Fontem, praebet qui dona salutis.
Haec curavit Mercurius Levita Fidelis.

CARMEN XXXVII.

Ad Fontes.

NOn haec humanis opibus, non arte magistra;
Sed praestante Petro, cui tradita janua caeli est,
Antistes Christi composuit Damasus.
Una Petri Sedes, unum verumque lavacrum,
Vincula nulla tenent, Arbuchius versum solvit.

APPENDIX

Ex Grutero, & Palatino Codice.

I.

O Mea, quaeque vides, propriis quaesita labore,
Cum mihi gentilis jamdudum vita maneret,
Institui cultum capiens contemnere mundi.
Judicio post multa Dei meliora sequutus,
Contemptis opibus, didici cognoscere Christum:
Haec mihi cura fuit, nudos vestire petentes,
Fundere pauperibus quidquid concesserat annus;
Psallere & in populis volui modulamine Propheta:
Sic meruit plebem Christi retinere Sacerdos.

II.

Tempore, quo gladius secuit pia viscera Matris,
Sexaginta duo capti feritate Tyranni,
Extemplo ductores mundi sua colla dedere
Confessi Christum: superato principe mundi
Aetheriam petiere domum, regnumque Piorum.

III.

Discite, quid meriti praestet pro rege feriri.
Femina non timuit gladium, cum nata obivit,
Confessa Christum meruit per saecula nomen.

IV.

Stringe dolor lacrimas quaeris pietate sancta Redemptum
Levitam, subito rapuit sibi regia Caeli.
Dulcia nectareo promebat mella canore,
Prophetam celebrans sacro modulamine senem,
Haec fuit infantis vitae laudata juventus:
Invidia infelix tandem compressa quiescit:
Nunc Paradisus habet, sumpsit qui ex hoste tropaea.

V.

Ex Spon Itiner. Tom. I. pag. 317.

Amplificam sequitur vitam dum casta Afrodite,
Fecit ad astra viam, Christi modo gaudet in aula:
Restitit haec mundo semper caelestia quaerens,
Optima servatrix legis, fideique magistra,
Edidit egregiam Sanctis per saecula mentem,
Inter eximios Paradisi regnat odores,
Tempore continuo vernant ubi gramina rivis:
Exspectatque Deum, superas quo surgat ad auras.
Hoc posuit corpus tumulo mortalia linquens,
Fundavitque locum conjux Eva.....

DECII AUSONII GALLI BURDIGALENSIS POETAE CHRISTIANI.

OPERA.

PRAEFATIUNCULAE TRES.

THEODOSIO AUGUSTO AUSONIUS.

AGricolam si flava Ceres dare semina terrae,
Gradivus jubeat si capere arma ducem,
Solvere de portu classem Neptunus in altum,
Fidere non res est, quam dubitare vetat:
Insanum quamvis hiemet mare, crudaque tellus
Seminibus, bello nec satis apta manus.
Nil dubitare auctore bono. mortalia quaerunt
Consilium, certum jussa capessere Dei.
Scribere me Augustus jubet, & mea carmina poscit,
Paene rogans. blanda vis latet imperio.
Non habeo ingenium; Caesar sed jussit: habebo.
Cur me posse negem, posse quod ille putat?
Invalidas vires ipse excitat: & juvat idem,
Qui jubet: obsequium sufficit esse meum.
Non tutum renuisse deo. laudata pudoris

Saepe

Saepe mora est: quotiens contra parem dubites.
Quin etiam non jussa parant erumpere dudum
Carmina. quis nolit Caesaris esse liber?
Ne ferat indignum vatem, centumque lituras,
Mutandas semper deteriore nota.
Tu modo te jussisse, pater Romane, memento:
Inque meis culpis da tibi tu veniam.

Ausonius Syagrio suo S.

AUsonius genitor nobis, ego nomine eodem
Qui sim, qua secta, stirpe, lare, & patria,
Adscripsi, ut nosses, bone vir, quicumque fuisses,
Et notum memori me coleres animo.
Vasates patria est patri; gens Aedua matri
De patre: Tarbellis sed genitrix ab Aquis.
Ipse ego Burdigalae genitus: divisa per urbes
Quattuor antiquas stirpis origo meae.
Hinc late fusa est cognatio, nomina multis
Ex nostra, ut placitum, ducta domo veniant
Derivata aliis: nobis ab stemmate primo
Et non cognati, sed genitiva placent.
Sed redeo ad seriem: genitor studuit medicinae,
Disciplinarum quae dedit una Deum.
Nos ad Grammaticen studium convertimus, & mox
Rhetoricae etiam quod satis attigimus.
Nec fora non celebrata mihi: sed cura docendi
Cultior, & nomen Grammatici merui:
Non tam grande quidem, quo gloria nostra subiret
Aemilium aut Scaurum, Berytiumque Probum:
Sed quo nostrates, Aquitanica nomina, multos
Collatos, non & subditos, adspiceres.
Exactisque dehinc per trina decennia fastis
Asserui doctor municipalem operam.
Aurea & Augusti Palatia jussus adire
Augustam subolem Grammaticus docui:
Mox etiam Rhetor: nec enim fiducia nobis
Vana, aut non solidi gloria judicii.
Cedo tamen fuerint fama potiore magistri,
Dum nulli fuerit discipulus melior.
Alciden Atlans, & Aeaciden Chiron,
Paene Jove iste satum, filium ille Jovis,
Thessaliam, Thebasque suas habuere penates:
At meus hic toto regnat in orbe suo.
Cujus ego comes, & Quaestor, &, culmen honorum,
Praefectus Gallis, & Libyae, & Latio:
Et prior indeptus fasces, Latiamque curulem,
Consul, collega posteriore, fui.
Hic ego Ausonius: sed tu ne temne, quod ultro
Patronum nostris te paro carminibus.
Pectoris ut nostri sedem colis, alme Syagri,
Communemque habitas alter ego Ausonium:
Sic etiam nostro praefatus habebere libro,
Differat ut nihilo, sit tuus, anne meus.

Ausonius Latino Pacato Drepanio, Filio.

CUi dono lepidum novum libellum?
Veronensis ait poeta quondam:
Inventoque dedit statim Nepoti.
At nos illepidum, rudem libellum,
Burras, quisquilias, ineptiasque,
Credemus gremio cui fovendum?
Inveni, trepidae silete nugae,
Nec doctum minus, & magis benignum,
Quam quem Gallia praebuit Catullo.
Hoc nullus mihi carior meorum,
Quem pluris faciunt novem Sorores,
Quam cunctos alios, Marone dempto.
Pacatum haud dubie, Poeta, dicis.
Ipse est, intrepide volate versus:
Et nidum in gremio fovete tuto.
Hic vos diliget, hic volet tueri.
Ignoscenda teget, probanda tradet.
Post hunc judicium timete nullum.

EPIGRAMMATA.

I. *De Augusto.*

PHoebe potens numeris, praeses Tritonia bellis,
Tu quoque ab aerio praepes Victoria lapsu,
Come serenatam duplici diademate frontem,
Serta ferens, quae dona togae, quae praemia pugnae.
Bellandi fandique potens Augustus, honorem
Bis meruit: ut geminet titulos, qui proelia Musis
Temperat, & Geticum moderatur Apolline Martem.
Arma inter Chunosque truces, furtoque nocentes
Sauromatas, quantum cessat de tempore belli,
Indulget Clariis tantum inter castra Camoenis.
Vix posuit volucres stridentia tela sagittas,
Musarum ad calamos fertur manus, otia nescit,
Et commutata meditatur arundine carmen.
Sed carmen non molle modis, bella horrida Martis
Odrysii, Thraessaeque viraginis arma retractat.
Exsulta Aeacide, celebraris vate superbo
Rursum: Romanusque tibi contingit Homerus.

II. *De fera a Caesare interfecta.*

CEdere quae lato nescit fera saucia ferro,
Armorumque urget tela cruenta viri,
Quam grandes parvo patitur sub vulnere mortes,
Et solam leti vim probat esse manum!
Miramur casusque novos, subitasque ruinas:
Quaeritur, & fallit lumina plaga recens.
Nec contenta istos letaliter ire per artus,
Conjungit mortes una sagitta duas.
Plurima communi pereunt si fulminis ictu,
Haec quoque de caelo vulnera missa putes.

III. *Danubius Augg. alloquitur.*

ILlyricis regnator aquis, tibi, Nile, secundus
Danubius laetum profero fonte caput.
Salvere Augustos jubeo, natumque, patremque,
Armiferis alui quos ego Pannoniis.
Nuncius Euxinum jam nunc volo currere ponto,
Ut sciat hoc Superum cura secunda Valens,
Caede, fuga, flammis stratos periisse Suevos:

Nec

Nec Rhenum Gallis limitis esse loco.
Quod si lege maris refluus mihi curreret amnis,
Huc possem victos inde referre Getas.

IV. *Idem assistens alloquitur.*

DAnubius penitis caput occultatus in oris,
Totus sub vestra jam ditione fluo.
Qua gelidum sursum medio effundo Suevis,
Imperiis gravidas qua seco Pannonias,
Et qua dives aquis Scythico solvo ostia ponto:
Omnia sub vestrum flumina mitto jugum.
Augusto dabitur, sed prævia palma, Valenti.
Inveniet fontes hic quoque, Nile, tuos.

V. *Sub Valentiniani Junioris signo marmoreo.*

NUnc te marmoreum pro sumptu fecimus: at cum
Augustum fratrem remeaveris, aureus esto.

VI. *Pictura subdiali, ubi Leo uno a Gratiano sagitta occisus est.*

QUod leo tam tenui patitur sub arundine letum,
Non vires ferri, sed ferientis agunt.

VII. *De matre Augusti.*

ANte omnes alias felix tamen hoc ego dicar:
Sive deum peperi femina, sive virum.

VIII. *Exhortatio ad modestiam.*

FAma est fictilibus cœnasse Agathoclea regem,
Atque abacum Samio sæpe onerasse luto,
Fercula gemmatis cum poneret horrida vasis:
Et misceret opes pauperiemque simul.
Quærenti causam, respondit, Rex ego qui sum
Sicaniæ, figulo sum genitore satus.
Fortunam reverenter habe, quicumque repente
Dives ab exili progrediere loco.

IX. *De suis poematiis.*

ESt jocus in nostris, sunt seria multa, libellis:
Stoicus has partes, has Epicurus agit.
Salva mihi veterum maneat dum regula morum;
Ludat permissis sobria Musa jocis.

X. *In Eunapinam adulteram.*

TOxica zelotypo dedit uxor mœcha marito:
Nec satis ad mortem credidit esse datum.
Miscuit argenti letalia pondera vivi:
Cogeret ut celerem vis geminata necem.
Dividat hæc si quis, faciunt discreta venenum.
Antidotum sumet, qui sociata bibet.
Ergo inter sese dum noxia pocula certant,
Cessit letalis noxa salutiferæ.
Protinus & vacuos alvi petiere recessus,
Lubrica dejectis qua via nota cibis.
Quam pia cura deum? prodest crudelior uxor,
Et quum fata volunt, bina venena juvant.

XI. *Echo ad pictorem.*

VAne; quid affectas faciem mihi ponere, pictor,
Ignotamque oculis sollicitare deam?
Aeris & linguæ sum filia, mater inanis
Judicii, vocem quæ sine mente gero.
Extremos pereunte modos a fine reducens,
Ludificata sequor verba aliena meis.
Auribus in vestris habitat penetrabilis Echo:
Et si vis similem pingere, pinge sonum.

XII. *In simulacrum Occasionis & Pœnitentiæ.*

CUjus opus? Phidiæ, qui signum Pallados, ejus
Quique Jovem fecit, tertia palma ego sum.
Sum dea quæ rara, & paucis OCCASIO nota.
Quid rotulæ insistis? Stare loco nequeo.
Quid talaria habes? Volucris sum. Mercurius quæ
Fortunare solet, trado ego, quum volui.
Crine tegis faciem. Cognosci nolo. Sed heus tu
Occipiti calvo es. Ne tenear fugiens.
Quæ tibi juncta comes? Dicat tibi. Dic rogo quæ sis.
Sum dea, cui nomen nec Cicero ipse dedit.
Sum dea, quæ facti, non factique exigo pœnas.
Nempe ut pœniteat, sic METANOEA vocor.
Tu modo dic, quid agat tecum? Si quando volavi,
Hæc manet. Hanc retinent, quos ego præterii.
Tu quoque, dum rogitas, dum percontando moraris,
Elapsam dices me tibi de manibus.

XIII. *Ad Galliam puellam jam senescentem.*

DIcebam tibi: Galla, senescimus, effugit ætas.
Utere rene tuo; casta puella, anus est.
Sprevisti: obrepsit non intellecta senectus.
Nec revocare potes, qui periere, dies.
Nunc piget: & quereris, quod non aut ista voluntas
Tunc fuit: aut non est nunc ea forma tibi.
Da tamen amplexus, oblitaque gaudia junge:
Da, fruar, & si non quod volo, quod volui.

XIV. *De Lepore capto a cane marino.*

TRinacrii quondam currentem in littoris ora
Ante canes leporem cæruleus rapuit.
At lepus: In me omnis terræ, pelagique rapina est,
Forsitan & cæli: si canis astra tenet.

XV. *De Pergamo scriptore fugitivo, qui captus fuerat.*

TAm segnis scriptor, quam lentus Pergamus cursor,
Fugisti: & primo captus es in stadio.
Ergo notas scripto toleratas Pergame vultu:
Et quas neglexit dextera, frons patitur.

XVI. *In eundem Pergamum.*

PErgame, non recte punitus: fronte subisti
Supplicium, lenta quod meruere manus.
At tu, qui dominus, peccantia membra coerce,
Injustum falso excruciare reum.
Aut inscribe istam, quæ non vult scribere, dextram,
Aut profugum ferri pondere necte pedem.

XVII. *De Myrone & Laide.*

CAnus rogabat Laidis noctem Myron:
Tulit repulsam protinus.
Causamque sensit: & caput fuligine
Fucavit atra candidum.
Idemque vultu, crine non idem Myron,
Orabat oratum prius.
Sed illa formam cum capillo comparans,
Similemque non ipsum rata,
Fortasse & ipsum, sed volens ludo frui,

Sic est adorta callidus:
Inepte, quid me, quod recusavi, rogas?
Patri negavi jam tuo.

XVIII. *De se, & uxore.*

Laidas, & Glyceras, lascivæ nomina famæ,
Conjux in nostro carmine cum legeret;
Ludere me dixit, falsoque in amore jocari.
Tanta illi nostra est de probitate fides.

XIX. *Ad uxorem suam.*

Uxor, vivamus, quod viximus: & teneamus
Nomina, quæ primo sumpsimus in thalamo;
Nec ferat ulla dies, ut commutemur in ævo:
Quin tibi sim juvenis, tuque puella mihi.
Nestore sim quamvis provectior, æmulaque annis
Vincas Cumanam tu quoque Deïphoben;
Nos ignoremus, quid sit matura senectus.
Scire ævi meritum, non numerare decet.

XX. *In Meroen anum ebriosam.*

Qui primus, MEROE, nomen tibi condidit, ille
Thesidæ nomen condidit Hippolyto.
Nam divinare est, nomen componere, quod sit
Fortunæ, morum, vel necis indicium.
Protesilae, tibi nomen sic fata dederunt:
Victima quod Trojæ prima futurus eras.
Idmona quod vatem, medicum quod Iapyda dicunt:
Discendas artes nomina præveniunt.
Et tu sic, Meroe: non quod sis atra colore,
Ut quæ Niliaca nascitur in Meroe:
Infusum sed quod vinum non diluis undis,
Potare immixtum sueta merumque merum.

XXI. *Nemesis e Græco.*

Me lapidem quondam Persæ advexere, tropæum
Ut fierem bello: nunc ego sum NEMESIS.
At sicut Græcis victoribus asto tropæum,
Punio sic Persas vaniloquos Nemesis.

XXII. *De varietate fortunæ, e Græco.*

Thesauro invento, qui limina mortis inibat,
Liquit ovans laqueum, quo periturus erat.
At qui, quod terræ abdiderat, non repperit aurum,
Quem laqueum invenit, nexuit: & periit.

XXIII. *Idem aliter.*

Qui laqueum collo nectebat, repperit aurum:
Thesaurique loco deposuit laqueum.
At qui condiderat, postquam non repperit aurum,
Aptavit collo, quem reperit laqueum.

XXIV. *De Thrasybulo Lacedæmonio.*

Excipis adverso quod pectore vulnera septem:
Arma super veheris quod, Thrasybule, tua:
Non dolor hic patris: Pitana sed gloria major.
Rarum, tam pulchro funere posse frui.
Quem postquam everso socii posuere feretro,
Talia magnanimus edidit ore pater:
Flere alios. nostris lacrymis non indiget ullis,
Et meus, & talis, & Lacedæmonius.

XXV. *De Lacæna matre.*

Mater Lacæna clypeo obarmans filium,
Cum hoc, inquit, aut in hoc redi.

XXVI. *In divitem quendam.*

Quidam superbus opibus, & fastu tumens,
Tantoque vertis nobilis,
Spernit vigoris clara facti nomina,
Antiquos capitum stemmata,
Martem, Remumque, & conditorem Romulum,
Primos parentes nuncupans.
Hos ille Serum veste contexi jubet:
Hos cælat argento gravi,
Ceris inaurat januarum limina,
Et atriorum pegmata.
Credo, quod illi non pater certus fuit:
Et mater est vere lupa.

XXVII. *Antisthenes Cynicus Philosophus.*

Inventor primus Cynicus ego. quæ ratio istæc?
Alcides multo dicitur esse prior:
Alcida quondam fueram doctore secundus,
Nunc ego sum Cynicus primus, & ille deus.

XXVIII. *Idem.*

Discipulus mihi commodior, commodior magister,
Εἰς ἀρετὴν συνέβη, ϗ πονέειν σοφίην.
Dicere me verum merito, qui novit utrumque,
Καὶ θεὸν Ἀλκείδην, ϗ ἐμὲ Διογένην.

XXIX. *Libero patri.*

Αἰγύπτιοι μὲν Ὄσιρις ἐγώ, Μυσοῖς δὲ Φανάκης,
Βάκχος ἐνὶ ζωοῖσιν, ἐνὶ φθιμένοις Ἀϊδωνεύς,
Πυρογενής, δίκερως, τιτανολέτης, Διόνυσος.

XXX. *Mixobarbaron Liberi patris signo marmoreo in villa nostra omnium deorum argumenta habenti.*

Ogygia me Bacchum vocat:
Osirin Ægyptus putat.
Mysi Phanacem nominant.
Dionyson Indi existimant.
Romana sacra Liberum.
Arabica gens Adoneum.
Lucaniacus Pantheum.

XXXI. *In Corydonem mercenarium.*

Αἴξ, χίμαρος, πήρη, ποιμήν, ῥαβδοῦχος, ἐλαίη,
Εἰς Ἀΐδος. ἐκ πάντων λιτὸς ἐγὼ Κορύδων.

XXXII. *In simulacrum Sapphus.*

Lesbia Pieriis Sappho soror addita Musis,
Εἰμ' ἐνάτη λυρικῶν, Ἀονίδων δεκάτη.

XXXIII. *De Venere.*

Orta salo, suscepta solo, patre edita cælo,
Æneadum genitrix, hic habito alma Venus.

XXXIV. *Ad libellum suum de Proculo.*

Si tineas, cariemque pati te, charta, necesse est,
Incipe versiculis ante perire meis.

Ma-

Malo, inquis, tineis. Sapis, aerumnose Libelle,
  Perfungi mavis qui leviore malo.
Ast ego damnosis nolo mea perdere Musis,
  Jacturam somni quae paris, atque olei.
Utilius dormire fuit, quam perdere somnum,
  Atque oleum. bene ais. causa sed ista mihi est;
Irascor Proculo: cujus facundia tanta est,
  Quantum homo, scripsit plurima, quae cohibet.
Hunc studeo ulcisci: et promptum est haec ultio vati?
  Qui sua non edit carmina, nostra legat.
Hujus in arbitrio est, seu te juvenescere cedro,
  Seu jubeat duris vermibus esse cibum.
Huic ego, quod nobis superest ignobilis oti,
  Deputo: sive legat, quae dabo, sive teget.

XXXV. *De nomine cujusdam Lucii, sculpto in marmore.*

Lucius una quidem, geminis sed dissita punctis
  Littera: praenomen sic L. nota sola facit.
Post M incipiens est: puto sic M non tota videtur.
  Dissiluit saxi fragmine laesus apex.
Nec quisquam, Marius, seu Marcius, anne Metellus
  Hic jaceat, certis noverit indiciis.
Truncatis convulsa jacent elementa figuris,
  Omnia confusis interiere notis.
Miremur periisse homines? monumenta fatiscunt,
  Mors etiam saxis, nominibusque venit.

XXXVI. *De Sabina uxore.*

Sive probas Tyrio textam subtemine vestem;
  Seu placet inscripti commendatio tituli;
Ipsum hoc dominae concinnat utrumque venustas,
  Has geminas artes una Sabina colit.

XXXVII. *De eadem Sabina.*

Laudet Achaemenias orientis gloria telas:
  Molle aurum pallis Graecia texe tuis.
Non minus Ausoniam celebret dum fama Sabinam,
  Parcentem magnis sumptibus, arte parem.

XXXVIII. *De eadem Sabina.*

Licia qui texunt, et carmina; carmina Musis,
  Licia contribuunt, casta Minerva, tibi.
Ast ego rem sociam non dissociabo, Sabina:
  Versibus inscripsi quae mea texta manu.

XXXIX. *Qualem velit amicam.*

Hanc volo, quae non vult; illam quae vult, ego nolo.
  Vincere vult animos, non satiare Venus.
Oblatas sperno illecebras, detracta negarem.
  Nec satiare animum, nec cruciare volo.
Nec bis cincta Diana placet, nec nuda Cythere.
  Illa voluptatis nil habet, haec nimium.
Callida sed mediae Veneris mihi venditet artem
Femina, cui jungar: quod volo, nolo vocet.

XL. *De Chresto et Acindyno fratribus.*

Χρῆστος, Ἀκίνδυνος, εἰσὶν ἀδελφοί. [illegible]
  [illegible],
  Moribus ambo malis, nomina falsa gerunt.
Οὐδ' οὗτος χρηστὸς, οὐδ' οὗτος ἀκίνδυνός ἐστιν.
  Una potest ambos littera corrigere.
Αἴκεν Χρῆστος ἔλῃ, Ἀκίνδυνος ἄλφ' ἀπολείπῃ:
  Κίνδυνος hic fiet; frater Ἄχρηστος erit.

XLI. *De iisdem.*

Germani fratres sunt, Chrestus, Acindynus alter.
  Falsum nomen utrique: sed et verum sit utrique,
Alpha suum Chresto det Acindynus, ipse sine alpha
  Permaneat, verum nomen uterque geret.

XLII. *De Pallade, et Venere armata.*

Armatam vidit Venerem Lacedaemone Pallas.
  Nunc certemus, ait, judice vel Paride.
Cui Venus: Armatam tu me, temeraria, temnis,
  Quae, quo te vici tempore, nuda fui?

XLIII. *Idem aliter.*

Armatam Pallas Venerem Lacedaemone visam,
  Visne, ut judicium sic ineamus? ait.
Cui Venus arridens, Quid me galeata lacessis?
  Vincere si possum nuda, quid arma gerens?

XLIV. *Ad Philomusum grammaticum.*

Emptis quod libris tibi bibliotheca referta est;
  Doctum, et grammaticum te, Philomuse, putas?
Hoc genere et chordas, et plectra et barbita conde.
  Omnia mercatus, cras citharoedus eris.

XLV. *In statuam Rufi, rhetoris semiviri, et elinguis.*

Rhetoris haec Rufi statua est. nil verius. ipsa est.
  Ipsa adeo linguam non habet, et cerebrum.
Et riget, et surda est, et non videt. omnia Rufi.
  Unum dissimile est. mollior ille fuit.

XLVI. *In tabulam, ubi erat picta imago Rufi rhetoris.*

Elinguem quis te dixit imagine pictum?
  Dic mihi, Rufe. taces: nil tibi tam simile est.

XLVII. *De eadem tabula.*

HÆC Rufi tabula est, nil verius. Ipse ubi Rufus?
  In cathedra. Quid agit? Hoc, quod et in tabula.

XLVIII. *De eodem Rufo.*

REMINISCO Rufus dixit in versu suo:
  COR ergo versus, immo Rufus non habet.

XLIX. *Idem.*

QUI REMINISCO putat se dicere posse Latine:
  Hic ubi CO scriptum est, legeret COR, si cor haberet.

L. *De eodem Rufo.*

Rufus vocatus rhetor olim ad nuptias,
  Celebri (ut fit) convivio,
Grammaticae ut artis se peritum ostenderet,
  Haec vota dixit nuptiis:
Et masculini, et feminini gignite,
  Generisque neutri filios.

LI. *Imago Rufi rhetoris.*

ORE pulchro, et ore muto. scire vis quae sim? Volo.
  Imago Rufi rhetoris Pictavici.
Diceret sed ipse, vellem, Rhetor hoc mihi. Non potest.
  Cur? Ipse rhetor est imago imaginis.

LII. *De eodem Rufi ſtatua.*

Rhetoris hæc Rufi ſtatua eſt. Si ſaxea, Rufi.
Cur id ais? ſemper ſaxeus ipſe fuit.

LIII. *De Diogene Cynico philoſopho.*

Pera, polenta, tribon, baculus, ſcyphus, arcta ſupellex
Iſta fuit Cynici: ſed putat hanc nimiam.
Namque cavis manibus cernens potare bubulcum,
Cur, ſcyphe, te, dixit, geſto ſupervacuum?

LIV. *De Crœſo, & eodem Diogene.*

Effigiem, rex Crœſe, tuam, ditiſſime regum,
Vidit apud manes Diogenes Cynicus.
Conſtitit utque procul, ſolito majore cachinno
Concuſſus, dixit: Quid tibi divitiæ
Nunc proſunt, regum rex o ditiſſime, quum ſis
Sicut ego ſolus, nunc quoque pauperior?
Nam quæcumque habui, mecum fero: quum nihil ipſe
Ex tantis tecum, Crœſe, feras opibus.

LV. *Lais dicans Veneri ſpeculum ſuum.*

Lais anus Veneri ſpeculum dico: dignum habeat ſe
Æterna æternum forma miniſterium.
At mihi nullus in hoc uſus: quia cernere talem,
Qualis ſum, nolo: qualis eram, nequeo.

LVI. *De Caſtore, Polluce, & Helena.*

Iſtos, tergeminos naſci quos cernis ab ovo,
Patribus ambiguis & matribus aſſere natos.
Hos genuit Nemeſis: ſed Leda puerpera fovit.
Tyndareus pater his, & Jupiter. hic putat, hic ſcit.

LVII. *De imagine Veneris ſculpta a Praxitele.*

Vera Venus Gnidiam quum vidit Cyprida, dixit:
Vidiſti nudam me, puto, Praxitele.
Non vidi, nec fas: ſed ferro opus omne politum.
Ferrum Gradivi Martis in arbitrio.
Qualem igitur domino ſcierant placuiſſe Cythereen,
Talem fecerunt ferrea cæla deam.

LVIII. *In buculam æream Myronis.*

Bucula ſum, cælo genitoris facta Myronis
Ærea: nec factam me puto, ſed genitam.
Sic me taurus init: ſic proxima bucula mugit:
Sic vitulus ſitiens ubera noſtra petit.
Miraris, quod fallo gregem? gregis ipſe magiſter
Inter paſcentes me numerare ſolet.

LIX. *De eadem bucula.*

Ubera quid pulſas frigentia matris ahenæ,
O vitule, & ſuccum lactis ab ære petis?
Hunc quoque præſtarem: ſi me pro parte paraſſet
Exteriore Myron, interiore Deus.

LX. *Ad Dædalum de eadem bucula.*

Dædale, cur vacuam confectis in arte laboras?
Me potius clauſa fabrica Paſiphae.
Illecebras veræ ſi vis dare, Dædale, vaccæ,
Viva tibi ſpecies vacca Myronis erit.

LXI. *Eadem de ſe.*

Erraſti, attendens hæc ubera noſtra, juvence.
Non manus artificis lac dedit uberibus.

LXII. *Eadem.*

Paſce greges procul hinc, ne quæſo, bubulce, Myronis
Æs, veluti ſpirans cum bubus, exagites.

LXIII. *Eadem.*

Me vitulus cernens, ad me mugiet. Irruet in me
Taurus amans. paſtor cum grege mittet agro.

LXIV. *De eadem Myronis bucula.*

Ærea mugitum poterat dare vacca Myronis:
Sed timet artificis deterere ingenium.
Fingere nam ſimilem vivæ, quam vivere, plus eſt;
Nec ſunt facta Dei mira, ſed artificis.

LXV. *Eadem bucula de ſe.*

Æris bos ſteteram, mactata eſt vacca Minervæ,
Sed dea proflatam tranſtulit huc animam.
Et modo ſum duplex: pars ærea, pars animata.
Hæc manus artificis dicitur, illa Deæ.

LXVI. *Ad taurum eadem bucula.*

Quid me, taure, paras, ſpecie deceptus, inire?
Non ſum ego Minoæ machina Paſiphaæ.

LXVII. *De eadem Myronis bucula.*

Necdum caduco ſole, jam ſub veſpere,
Ageret juvencas quum domum paſtor ſuas,
Suam relinquens, me minabat, ut ſuam.

LXVIII. *De eadem bucula.*

Unam juvencam paſtor forte amiſerat,
Numerumque juſſus reddere,
Me defuiſſe conquerebatur, ſequi
Quæ noluiſſem cæteras.

LXIX. *Quæ ſexum mutarint.*

Vallebana (nova res, & vix credenda poetis:
Sed quæ de vera promitur hiſtoria)
Femineam in ſpeciem convertit maſculus ales:
Pavaque de pavo conſtitit ante oculos.
Cuncti admirantur monſtrum: ſed mollior agna
Adſtitit in teneram de grege verſa marem.
Quid ſtupidi ad ſpeciem nova tam miracula habetis?
An vos Naſonis carmina non legitis?
Cæneida convertit proles Saturnia Cæneus;
Ambiguuſque fuit corpore Tireſias.
Vidit ſemiviram fons Salmacis Hermaphroditum.
Vidit nubentem Plinius Androgynum.
Nec ſatis antiquum, quod Campana in Benevento
Unus epheborum virgo repente fuit.
Nolo tamen veteris documenta arceſſere famæ.
Ecce ego ſum factus fœmina de puero.

LXX. *Ad Pythagoram de Marco.*

Pythagora Euphorbi, reparas qui ſemina rerum,
Corporibuſque novis das reduces animas:
Dic,

Dic, quid erit Marcus jam-fato novissimo functus,
  Si redeat vitam rursus in aeriam?
Quis Marcus? Feles nuper Pullaria dictus,
  Corrupit totum qui puerile decus:
Perversae Veneris postico vulnere fossor,
  Lucilii vatis subpilo, pullipremo.
Non taurus, non mulus erit, non hippocamelus,
  Non caper, aut aries, sed scarabaeus erit.

LXXI. *Subscriptum picturae Crispae mulieris impudicae.*

Praeter legitimi genitalia foedera coetus,
  Repperit obscoenas veneres vitiosa libido.
Herculis heredi quam Lemnia suasit egestas,
Quam toga facundi scenis agitavit Afrani,
Et quam Nolanis capitalis luxus inussit.
Crispa tamen cunctas exercet corpore in uno,
Deglubit, fellat, molitur per utramque cavernam;
Ne quid inexpertum frustra moritura relinquat.

LXXII. *De Achille, qui deflevit calvitium.*

Abjecta in triviis inhumati glabra jacebat
  Testa hominis, nudum jam cute calvitium.
Fleverunt alii: fletu non motus Achilles,
  Insuper et silicis verbere dissecuit.
Eminus ergo icto rediit lapis ultor ab osse:
  Auctorisque sui frontem oculosque petit.
Sic utinam certos manus impia dirigat ictus,
  Auctorem ut feriant tela retorta suum.

LXXIII. *De Alcone medico, et Diodoro haruspice.*

Languenti Marco dixit Diodorus haruspex,
  Ad vitam non plus sex superesse dies.
Sed medicus dives fraudisque peritior Alcon:
  Falsum convicit illico haruspicium,
Tractavitque manum victuri, ut tetigisset.
  Illico tum Marco sex periere dies.

LXXIV. *De signo Jovis, et Alcone medico.*

Alcon hesterno signum Jovis attigit. Ille,
  Quamvis marmoreus, vim patitur medici.
Ecce hodie jussus transferri ex aede vetusta
  Effertur: quamvis sit Deus, atque lapis.

LXXV. *In Eunomum medicum.*

Languentem Caium moriturum dixerat olim
  Eunomus. evasit fati ope, non medici.
Paulo post ipsum videt, aut vidisse putavit
  Pallentem, et multa mortis in effigie.
Quis tu? Caius, ait. Vivisne? Hic abnuit. At quid
  Nunc agis hic? Missu Ditis, ait, venio.
Ut, quia notitiam rerumque hominumque tenerem,
  Accirem medicos. Eunomus obriguit.
Tum Caius: Metuas nihil, Eunome. dico ego et omnes,
  Nullum qui sapiat, dicere te medicum.

LXXVI. *In hominem vocis absonae.*

Latratus catulorum, hinnitus fingis equorum,
  Capriginumque pecus, lanigerosque greges
Balare assimilas: asinos quoque rudere dicas,
  Quum vis Arcadicum fingere, Marce, pecus.
Gallorum cantus, et ovantes gutture corvos,
  Et quidquid vocum bellua et ales habet.
Omnia quum simules ita vere, ut ficta negentur:
  Non potes humanae vocis habere sonum.

LXXVII. *Ad Crispam.*

Deformem quidam te dicunt, Crispa: sed ego istud
  Nescio. mi pulchra es. judice me satis est.
Quin etiam cupio, junctus quia zelus amori est,
  Ut videare aliis foeda, decora mihi.

LXXVIII. *Qualem velit habere amicam.*

Sit mihi talis amica, velim,
  Jurgia quae temere incipiat:
Nec studeat quasi casta loqui
Pulchra, procax, petulante manu.
Verbera quae ferat, et regerat,
Caesaque ad oscula confugiat.
Nam nisi moribus his fuerit,
Casta, modesta, pudenter agens;
Dicere abominor, uxor erit.

LXXIX. *Ad Cupidinem ex Graeco.*

Hoc, quod amare vocant, misce, aut dissolve, Cupido,
  Aut neutrum flammis ure, vel ure duos.

LXXX. *Ad Dianam de amante suo.*

Aut restingue ignem, quo torreor, alma Diana,
  Aut transire jube, vel face utrimque parem.

LXXXI. *Ex Graeco,* ἀρχὴ τὸ ἥμισυ παντός.

Incipe. dimidium facti est, coepisse. supersit
  Dimidium. rursum hoc incipe: et efficies.

LXXXII. *Ex Graeco.*

Α' χάρις ἡ βραδύπους ἄχαρις χάρις.

Gratia, quae tarda est, ingrata est. Gratia namque
  Cum fieri properat, gratia grata magis.

LXXXIII. *Idem.*

Si bene quid facias, facias cito. nam cito factum
  Gratum erit. ingratum gratia tarda facit.

LXXXIV. *In saltatorem turpem.*

Deceptae felix casus se miscuit arti.
  Histrio, saltavit qui Capanea, ruit.
Idem, qui Nioben saltavit saxeus, ut tunc
  Spectator verum crediderit Nioben.
In Canace, visus multo felicior ipse:
  Quod non hic gladio viscera diffecuit.

LXXXV. *De eodem.*

Daphnen et Nioben saltavit simius idem,
  Ligneus ut Daphne, saxeus ut Niobe.

LXXXVI. *Dodrantis pars.*

Dodra ex dodrante est, sic collige: jus, aqua, vinum,
  Sal, oleum, panis, mel, piper, herba, novem.

LXXXVII.

LXXXVII. *De eodem.*

DOdra vocor. Quae causa? Novem species gero. Quae sunt?
Jus, aqua, mel, vinum, panis, piper, herba, oleum, sal.

LXXXVIII. *De eadem dodra potione.*

Δῶρα ποτὸν καὶ ἀριθμός. ἔχω μέλι, οἶνον, ἔλαιον,
Ἄρτον, ἅλας, βοτάνην, ζωμόν, ὕδωρ, πέπερι.

LXXXIX. *De Jurisconsulto, qui uxorem habebat adulteram.*

JUris consulto, cui vivit adultera conjux,
Papia lex placuit; Julia displicuit.
Quaeritis, unde haec sit distantia? semivir ipse
Scantiniam metuens, non metuit Titiam.

XC. *Ad Zoilum, qui uxorem moecham duxerat.*

SEmivir uxorem duxisti, Zoile, moecham.
O quantus fiet quaestus utrimque domi!
Quum dabit uxori molitor tuus, & tibi adulter,
Quanti deprensi damna pudoris ement!
Sed modo quae vobis lucrosa libido videtur,
Infestam senio mox sustentare famem.
Incipient operas conducti vendere moechi,
Quos modo munificos lenta juventa dabat.

XCI. *Ad Venerem,* Εὔριπος.

HAnc amo, quae me odit: contra, hanc, quae me amat, odi.
Compone inter nos, si potes, alma Venus.
Perfacile id faciam, mores mutabo, & amores.
Oderit haec, amet haec. rursus idem patiar.
Vis ambas ut ames? si diligat utraque, vellem.
Hoc tibi tu praesta, Marce: ut ameris, ama.

XCII. *Ad eandem.*

SUasisti, Venus ecce, duas dyseros ut amarem.
Odit utraque: aliud da modo consilium.
Vince datis ambas. Cupio: verum arcta domi res.
Pollice promissis. Nulla fides inopi.
Attestare Deos. Nec fas mihi fallere divos.
Pervigila ante fores. Nocte capi metuo.
Scribe elegos. Nequeo, Musarum & Apollinis expers.
Frange fores. Poenas judicii metuo.
Stulte ab amore mori pateris: non vis ob amorem.
Malo miser dici, quam miser atque reus.
Suasi quod potui: tu alios modo consule. Dic quos?
Quod sibi suaserunt, Phaedra & Elissa dabunt.
Quod Canace, Phyllisque, & fastidita Phaoni.
Hoc das consilium? Tale datur miseris.

XCIII. *Pulchrum dei responsum.*

DOctus Hylas caestu, Phegeus catus arte palaestrae,
Clarus Olympiacis & Lycus in stadiis,
An possent omnes venientes vincere agone,
Hammonem Libyae consuluere deum.
Sed deus, ut sapiens, Dabitur victoria vobis
Indubitata quidem, si caveatis, ait,
Ne quis Hylam caestu, ne quis certamine luctae
Phegea, ne cursu te, Lyce, praeveniat.

XCIV. *De Hermiones zona.*

PUnica turgentes redimibat zona papillas
Hermiones: zonae textum elegeia erat.
Qui legis hunc titulum, Paphie tibi mandat, ames me:
Exemploque tuo neminem amare vetes.

XCV. *De Hylo, quem Naiades rapuerunt.*

ASpice quam blandis oculis ambitione fruatur,
Letifera experiens gaudia, pulcher Hylas!
Oscula & infestos inter moriturus amores,
Ancipites patitur Naiadas Eumenidas.

XCVI. *Ad Nymphas Narcissum persequentes.*

FUritis procaces Naides
Amore saevo, & irrito.
Ephebus iste flos erit.

XCVII. *De Narcisso, qui sui ipsius amore captus erat.*

SI cuperes alium, posses, Narcisse, potiri.
Nunc tibi amoris adest copia: fructus abest.

XCVIII. *De eodem.*

QUid non et hujus forma perureret amantes,
Ipse suam qui sic deperit effigiem!

XCIX. *In Echo dolentem propter amorem Narcissi.*

COmmoritur, Narcisse, tibi resonabilis Echo,
Vocis ad extremos exanimata modos.
Et pereuntis adhuc gemitum resecuta querelis,
Ultima nunc etiam verba loquentis amat.

C. *De Hermaphrodito.*

MErcurio genitore satus, genitrice Cythera,
Nominis ut mixti, sic corporis Hermaphroditus,
Concretus sexu, sed non perfectus, utroque:
Ambiguae Veneris, neutro potiundus amori.

CI. *De conjunctione Salmacis cum Hermaphrodito.*

SAlmacis optato concreta est nympha marito.
Felix virgo, sibi si scit inesse virum.
Et tu formosae juvenis permixte puellae,
Bis felix, unum si licet esse duos.

CII. *Ad Apollinem de Daphne puella fugiente.*

POne arcum Paean, celeresque reconde sagittas:
Non te virgo fugit, sed tua tela timet.

CIII. *Ad corticem, quo Daphne tegebatur.*

INvide cur properas cortex operire puellam?
Laurea debetur Phoebo, si virgo negatur.

CIV. *In duas sorores diversorum morum.*

DElia, vos miramur: & est mirabile, quod tam
Dissimiles estis, tuque sororque tua.
Haec habitu casto, quum non sit, casta videtur;
Tu praeter cultum nil meretricis habes.
Quum casti mores tibi sint, huic cultus honestus:
Te tamen & cultus damnant, & illam suus.

CV. Ad

CV. *Ad Gallam.*

Vado, sed sine me, quia te sine: nec mihi totum
Totus eo; pars nam quota sum altera, Galla, tui.
Vado tamen, sed dimidius, vado minor ipso
Dimidio: nec me jam locus unus habet.
Nam tecum fere totus ero, quocunque recedam.
Pars veniet mecum quantulacunque mei.
Separor unus ego, sed partem sumo minorem
Ipse mei, tecum pars mea major abit.
Si redeam, tibi totus ero: pars nulla vacabit,
Quæ mox non redeat in sua jura. Vale.

CVI. *In Venerem anadyomenen.*

Emersam pelagi nuper genitalibus undis
Cyprin Apellei cerne laboris opus:
Ut complexa manu madidos salis æquore crines
Humidulis spumas stringit utraque comis.
Jam tibi nos, Cypri, Juno inquit & innuba Pallas,
Cedimus, & formæ præmia deferimus.

CVII. *In puerum formosum.*

Dum dubitat natura, marem, faceretne puellam:
Factus es o pulcher pene puella puer.

CVIII. *In scabiosum Polygitonem.*

Thermarum in solio si quis Polygitona vidit
Ulcera membrorum scabie putrefacta foventem,
Præposuit cunctis spectacula talia ludis.
Principio tremulis gannitibus aera pulsat,
Verbaque lascivos meretricum imitantia coetus
Vibrat: & obscœnæ numeros pruriginis implet.
Brachia deinde rotat, velut enthea dæmone Mænas,
Pectus, crura, latus, ventrem, femora, inguina, suras,
Tergum, colla, humeros, luteæ Symplegadis antrum.
Tam diversa locis vaga carnificina pererrat,
Donec marcentem calidi fervore lavacri
Blandus letali solvat dulcedine morbus.
Desectos sic fama viros, ubi cassa libido
Femineos coetus, & non sua bella lacessit,
Irrita vexato consumere gaudia lecto,
Titillata brevi quum jam sub fine voluptas
Fervet, & ingesto peragit ludibria morsu:
Turpia non aliter Polygiton membra resolvit.
Et quia debentur suprema piacula vitæ,
Ad Phlegethontæas sese jam præparat undas.

CIX. *De quodam Silvio Bono, qui erat Brito.*

Silvius ille Bonus, qui carmina nostra lacessit,
Nostra magis meruit disticha Brito Bonus.

CX. *De eodem.*

Silvius hic Bonus est. Quis Silvius? Iste Britannus.
Aut Brito hic non est Silvius, aut malus est.

CXI. *De eodem.*

Silvius iste Bonus fertur, ferturque Britannus:
Quis credat civem degenerasse bonum?

CXII. *De eodem.*

Nemo bonus Brito est. Si simplex Silvius esse
Incipiat, simplex desinat esse bonus.

CXIII. *De eodem.*

Silvius hic Bonus est. Sed Brito est Silvius idem.
Simplicior res est, credite, Brito malus.

CXIV. *De eodem.*

Silvi, Brito, Bonus, quamvis homo non bonus esse
Ferris: nec se quit jungere Brito Bono.

CXV. *In Eurippum.*

Pars te Eurippum vocitat, pars vero Eurippum,
Altera producens, altera corripiens.
Elige utrum mavis: aut tende, aut corripe nomen.
Conveniet quodvis, sat curiose, tibi.

CXVI. *Epicuri opinio.*

Quod est beatum, morte & æternum carens,
Nec sibi parit negotium, nec alteri.

CXVII. *De homine pigro.*

Sanus piger febriente multo est nequior.
Potat duplum, duploque duplices devorat.

CXVIII. *In Didus imaginem.*

Illa ego sum Dido vultu, quem conspicis hospes,
Assimilata modis pulchraque mirificis.
Talis eram: sed non, Maro quam mihi finxit, erat mens;
Vita nec incestis læta cupidinibus.
Namque nec Æneas vidit me Troius unquam,
Nec Libyam advenit classibus Iliacis.
Sed furias fugiens atque arma procacis Iarbæ,
Servavi, fateor, morte pudicitiam,
Pectore transfixo: castus quod perculit ensis,
Non furor, aut læso crudus amore dolor.
Sic cecidisse juvat: vixi sine vulnere famæ,
Ulta virum, positis moenibus, oppetii.
Invida cur in me stimulasti Musa Maronem,
Fingeret ut nostræ damna pudicitiæ?
Vos magis historicis, lectores, credite de me,
Quam qui furta deum concubitusque canunt
Falsidici vates: temerant qui carmine verum,
Humanisque deos assimilant vitiis.

CXIX. *De tribus incestis.*

Tres uno in lecto. Stuprum duo perpetiuntur,
Et duo committunt. Quatuor esse reor.
Falleris; extremis da singula crimina; & illum
Bis numera medium, qui facit, & patitur.

CXX. *In Castorem.*

Lambere cum vellet mediorum membra virorum
Castor, nec posset vulgus habere domi:
Repperit, ut nullum fellator perderet inguen:
Uxoris coepit lingere membra suæ.

CXXI. *De amissa puella.*

Tres fuerant Charites: sed dum mea Lesbia vixit,
Quatuor. ut periit, tres numerantur item.

CXXII. *In Faustulum staturæ brevis Anicii Probini.*

Faustulus insidens formicæ, ut magno elephanto,
Decidit, & terræ terga supina dedit.

Moxque

Mox quae idem ad mortem est mulctatum calcibus ejus,
  Perdidit et pariter vis remeare animam.
Vis tamen est facti: Quid rides, improbe Livor,
  Quod cecidi? cecidit non aliter [illegible].

CXXIII. *In Eunum ligurritorem.*

EUne quid affectas vendentem Phyllida odores?
  Diceris hanc mediam lambere, non molere.
Perspice, ne mercis fallant te nomina: vel ne
  Aere Seplasiæ decipiare, cave.
Dum Casiam Costumque putas communis odoris,
  Et Nardum & Sardas esse sapore pari.

CXXIV. *In eundem.*

DIversa infestis & lambis, & olfacis Eune.
  Dissimilem olfactum naris & oris habet.

CXXV. *In eundem Eunum.*

SAlgama non hoc sunt, quod Balsama, cedite odores.
  Nec male olere mihi, nec bene olere placet.

CXXVI. *In eundem Eunum.*

ΛΑΐς, Ἔρως, & Ἴτυς, Χείρων, & Ἔρως,
  Ἴτυς alter;
  Nomina si scribis, prima elementa adime:
Ut facias verbum, quod tu facis, Eune magister.
  Dicere me Latium non decet opprobrium.

CXXVII. *In eundem.*

EUne, quod uxoris gravidæ putria inguina lambis:
  Festinas glossas non natis tradere natis.

CXXVIII. *Ad eundem pædagogum ligurritorem.*

EUnus Syriscus inguinum liguritor,
  Opicus magister (sic eum docet Phyllis)
Muliebre membrum quadriangulum cernit.
Triquetro coactu Δ litteram ducit.
De valle femorum altrinsecus pares rugas,
Mediumque fissi rima qua patet, callem,
Ψ dicit esse. nam trisulca forma est.
Cui ipse linguam quum dedit suam, Λ est,
Veramque in illis esse Φ notam sentit.
Quid imperite P putas ibi scriptum,
Ubi locari I convenit longum?
Miselle doctor, tu tibi sis obscœno,
Tuumque nomen Θ sectilis signet.

CXXIX. *In Medeæ imaginem.*

MEdeam vellet quum pingere Timomachi mens,
  Volventem in natos crudum animo facinus,
Immanem exhausit rerum in diversa laborem,
  Fingeret affectum matris ut ambiguum.
Ira subest lacrymis, miseratio non caret ira.
  Alterutrum videas, ut sit in alterutro.
Cunctantem satis est. nam digna est sanguine mater
  Natorum; tua non dextera, Timomache.

CXXX. *In eandem.*

QUis te pictorum formavit, perfida Colchis,
  In natos crudam volvere mente nefas?
Usque adeone sitis puerorum haurire cruorem,
  Ut ne picta quidem parcere cæde velis?
Num tamen te pellex stimulat? num nunc alter Iason,
  Altera vel Glauce fons tibi cædis erit?
Quin tu picta quidem sis barbara? namque vel ipsa
  Cera tenax odi consequitur immedicam.
Laudo Timomachum, matrem quod pinxit in ense
  Cunctantem, prolis sanguine ne maculet.

CXXXI. *In quendam, qui levia sibi inguina faciebat.*

INguina quod calido levas tibi dropace, causa est:
  Irritant vulsas levia membra lupas.
Sed quod & elixo plantaria podice vellis,
  Et teris inclusas pumice Clazomenas,
Causa latet: bimarem nisi quod patientia morbum
  Adpetit: & tergo femina, pube vir es.

CXXXII. *In cæcum & claudum.*

INsidens cæco graditur pede claudus utroque.
  Quo caret alternus, sumit ab alterutro.
Cæcus namque pedes claudo gressumque ministrat:
  At claudus cæco lumina pro pedibus.

CXXXIII. *Idem.*

AMbulat insidens cæco, pede captus utroque:
  Atque alienis subit mœnia debilitas.
Nam cæco claudo pede commodat: ille vicissim
  Mutua dat cæco lumina pro pedibus.

CXXXIV *De divite & paupere.*

NON est dives opum dives: nec pauper inopsque
  Infelix: alio nec magis alter eget.
Dives eget gemmis, cereali munere pauper.
  Sed quam egenus avido, pauper egens minus est.

CXXXV. *De Penelope.*

INtemeratam precis, & tot servata per annos
  Oscula vix ipsi cognita Telemacho.
Hinc tam virginitas facibus tibi juncta adultis:
  Ardor & invidia principe verus amor.
Sæpe ego nocturnis metuens nova femina somnis,
  Lapsaque non merito sunt mihi verba sono:
Et tamen ignotos sensi experrecta dolores,
  Strataque curtavi sicca parente manu.
Nam tibi anhelanti, superumque bella moventi,
  Paruit indulgens & sine voce dolor.
Dente nihil violare fero, nihil unguibus ausa:
  Fœdera non tacita pace peregit amor.
Denique cum aviam tremulo clamore vocivi:
  Nec prior obsequio serva cucurrit anus.
Ipsa verecundo tetigi pallore puellas,
  Impositum tenui lassa pudoris opus.

CXXXVI *In grammaticum.*

FElix Grammaticus non est: sed nec fuit umquam:
  Nec quisquam est felix nomine grammaticus.

At

At si quis felix praeter fatum extiterit unquam:
Is demum excessit grammaticum canonem.

CXXXVII. *De infausto matrimonio Grammatici.*

ARma virumque docens, atque arma virumque peritus
Non duxi uxorem, sed magis arma domum.
Namque dies totos, totasque ex ordine noctes
Litibus oppugnat meque, meumque larem:
Atque ut perpetuis dotata a Marte duellis,
Arma in me rodit, nec datur ulla quies.
Jamque repugnanti dedecet me; ut denique victum
Jurgat ob hoc solum, jurgia quod fugiam.

CXXXVIII. *De Auxilio Grammatico.*

EMendata potest quaenam vox esse magistri,
Nostro qui proprium cum vitio loquitur?
Auxilium te nempe vocas, inscite magister,
Da rectum casum: jam Soloecismus eris.

CXXXIX. *De fratribus Thebanis.*

NEc Stygiae lucis haerent sua foedera fratrum
Oedipodioniadae, de misero ah miseri.
Namque etiam ex uno surgentes aggere flammae
In diversa sui dissiliunt cuneis.
Infelices juvenes! quis nec discordia cassos
Luce, nec in fumo liquit atros animos.
Atque utinam & Thebas quissent partirier ipsis,
Regnorum & metas, ut cinerum tumulum!

CXL. *De ingratis ex Menandro.*

NIl homine terra pejus ingrato creat.
Vicinum, hospitem, notum, ignotum, civem,
Et si quae genera civium sunt hic geras,
Si quid petenti promptum opis impertias,
Ut misereatur, gratia adhaerens perit.

CXLI. *De Dromichone.*

DIscere si cupis, a doctis quam multa licebit.
Quae nescis, meditando velis indolescere menti.
Quae didicisti hactenus, discendo adsuescere tandem.

CXLII. *De uxore deformi.*

DEformis uxor cui sit, ancilla elegans;
Uxorem habere, subigere ancillam velit.

CXLIII. *De fortunae varietate.*

FOrtunam nunquam sistit in eodem statu.
Semper movetur: variat, & mutat vices,
Et summum in imum vertit, ac versa erigit.

CXLIV. *In Stellam.*

STella prius superis fulgebas Lucifer: at nunc
Extinctus, cassis lumine Vesper eris.

CXLV. *Ex Menandro.*

RE fruere, ut natus mortalis; dilige sed rem,
Tanquam immortalis. sors est in utroque verenda.

CXLVI. *Ad notarium velocissime excipientem.*

PUer notarum praepetum,
Sollers minister advola.
Bipatens pugillar expedi,
Cui multa fandi copia,
Punctis peracta singulis,
Ut una vox absolvitur.
Evolvo libros uberes,
Instarque densae grandinis
Torrente lingua perstrepo.
Tibi nec aures ambigunt,
Nec occupatur pagina.
Et mota parce dextera
Volat per aequor cereum.
Quum maxime nunc proloquor
Circumloquentis ambitu,
Tu sensa nostri pectoris
Ut dicta jam ceris tenes.
Sentire tam velox mihi
Vellem dedisset mens mea,
Quam praepetis dextrae fuga
Tu me loquentem praevenis.
Quis, quaeso, quis me prodidit?
Quis ista jam dixit tibi,
Quae cogitabam dicere?
Quae furta corde in intimo
Exercet ales dextera?
Qui ordo rerum tam novus,
Veniat in aures ut tuas,
Quod lingua nondum absolverit?
Doctrina non haec praestitit:
Nec ulla tam velox manus
Celeripedis compendii.
Natura munus hoc tibi,
Deusque donum tradidit:
Quae loquerer, ut scires prius:
Idemque velles, quod volo.

EPIGRAMMATA IV.

Quibus Fastorum a se digestorum meminit.

I. *Ausonius Hesperio filio salutem.*

IGnota aeternae ne sint tibi tempora Romae,
Regibus, & patrum ducta sub imperiis,
Digessi Fastos, & nomina perpetis aevi;
Sparsa jacent Latiam si qua per historiam.
Sit tuus hic fructus, vigilatas accipe noctes.
Obsequitur studio nostra lucerna tuo.
Tu quoque venturos per longum consere Janos,
Ut mea congessit pagina praeteritos.
Exemplum jam patris habes: ut protinus & te
Aggreget Ausoniis purpura consulibus.

II. *Supputatio ab urbe condita in consulatum nostrum.*

ANnis undecies centum conjunge quaternos,
Undecies unamque super trieteride necte.
Haec erit aeternae series ab origine Romae.

III. *De eodem ad Proculum.*

URbis ab æternæ deductam rege Quirino
Annorum seriem quum, Procule, accipias;
Mille annos centumque, & bis fluxisse novenos
Consulis Ausonii nomen adusque leges.
Fors erit, ut lustrum quum se cumulaverit illis,
Confectam Proculus signet Olympiadem.

IV. *In fine ejusdem libri additi.*

HActenus adscriptos Fastos, si sors volet, ultra
Adjiciam: si non, qui legis, adjicies.
Scire cupis, qui sim? titulum qui quartus ab imo est
Quære; leges nomen Consulis Ausonii.

EPHEMERIS

Id est, Totius diei Negotium.

MAne jam clarum reserat fenestras.
Jam strepit nidis vigilax hirundo.
Tu velut primam, mediamque noctem,
Parmeno, dormis.
Dormiunt glires hiemem perennem,
Sed cibo parcunt. tibi causa somni,
Multa quod potas, nimiaque tendis
Mole saginam.
Inde nec flexas sonus intrat aures:
Et locum mentis sopor altus urget,
Nec coruscantis oculos lacessunt
Fulgura lucis.
Annuam quondam juveni quietem,
Noctis & lucis vicibus manentem,
Fabulæ fingunt, cui Luna somnos
Continuarit.
Surge, nugator, lacerande virgis.
Surge: ne longus tibi somnus, unde
Non times, detur. rape membra molli,
Parmeno, lecto.
Fors & hæc somnum tibi cantilena
Sapphico suadet modulata versu.
Lesbiæ depelle modum quietis,
Acer Iambe.

Item Parecbasis.

PUer eia surge: & calceos,
Et linteam da sindonem.
Da, quidquid est, amictui,
Quod jam parasti, ut prodeam.
Da rore fontano abluam
Manus, & os, & lumina.
Pateatque, fac, sacrarium,
Nullo paratu extrinsecus.
Pia verba, vota innoxia,
Rei divinæ copia est.
Nec tus cremandum postulo,
Nec liba crusti mellei:
Foculumque vivi cespitis
Vanis relinquo altaribus.
Deus precandus est mihi,
Ac Filius summi Dei,
Majestas unius modi,
Sociata sacro Spiritu.
Et ecce jam vota ordior:
Et cogitatio Numinis
Præsentiam sentit pavens.
Pavetne quidquam spes, fides?

Oratio:

OMnipotens, solo mentis mihi cognite cultu,
Ignorate malis, & nulli ignote piorum,
Principio, extremoque carens: antiquior ævo,
Quod fuit, aut veniet: cujus formamque modumque
Nec mens complecti poterit, nec lingua profari:
Cernere quem solus, coramque audire jubentem
Fas habet, & patriam propter considere dextram:
Ipse opifex rerum, rebus causa ipse creandis,
Ipse Dei Verbum, Verbum Deus, anticipator
Mundi, quem facturus erat: generatus in illo
Tempore, quo tempus nondum fuit: editus ante,
Quam jubar, & rutilus cælum illustraret Eous:
Quo sine nil actum: per quem facta omnia: cujus
In cælo solium, cui subdita terra sedenti,
Et mare, & obscuræ chaos insuperabile noctis:
Irrequies, cuncta ipse movens, vegetator inertum:
Non genitus genitore Deo, qui fraude superbi
Offensus populi, gentes in regna vocavit,
Stirpis adoptivæ meliore propage colendas:
Cernere quem licuit proavis: quo numine viso,
Et patrem vidisse datum: contagia nostra
Qui tulit: & diri passus ludibria leti,
Esse iter æternæ docuit remeabile vitæ:
Nec solam remeare animam, sed corpore toto
Cælestes intrare plagas, & inane sepulchri
Arcanum vacuis adopertum linquere terris.
Nate patris summi, nostroque salutifer ævo,
Virtutes patrias genitor cui tradidit omnes,
Nil ex invidia retinens, plenusque datorum,
Pande viam precibus, patriasque has perfer ad aures.
Da, Pater, invictam contra omnia crimina mentem,
Vipereumque nefas nocituri averte veneni.
Sit satis, antiquam serpens quod perdidit Evam,
Deceptumque adjunxit Adam: nos sera nepotum
Semina, veridici qua prædicta prophetis,
Vitemus laqueos, quos letifer implicat anguis.
Pande viam, quæ me post vincula corporis ægri
In sublime ferat: puri qua lactea cæli
Semita ventosæ superat vaga nubila Lunæ,
Qua proceres abiere pii, quaque integer olim
Raptus quadrijugo penetrat super æthera curru
Helias, & solido cum corpore prævius Enoch.
Da, Pater, æterni speratam luminis auram:
Si lapides non juro deos, unumque verendi
Suspiciens altare sacri, libamina vitæ
Intemerata fero: si te Dominique, Deique
Unigenæ cognosco Patrem, mixtumque Duobus,
Qui super æquoreas volitabat Spiritus undas.

Da,

Da, Genitor, veniam, cruciataque pectora purga:
Si te non pecudum fibris, non sanguine fuso
Quaero: nec arcanis numen conjecto sub extis:
Si scelere abstineo, errori obnoxius: & si
Opto magis, quam fido, bonus, purusque probari.
Confessum dignare auditum: si membra caduca
Exercet, & tactum si perditur: aliaque sensus
Formido excruciat, tormentaque sera gehennae
Anticipat, patiturque suos mens saucia manes.
Da, Pater, haec nostro fieri rata vota precatu,
Nil metuam, cupiamque nihil, satis hoc rear esse,
Quod satis est. nil turpe velim, nec causa pudoris
Sim mihi. non faciam cuiquam, quae tempore eodem
Nolim facta mihi. nec vero crimine laedar,
Nec maculer dubio. paullum distare videtur
Suspectus, vereque reus. male posse facultas
Nulla sit; at bene posse adsit tranquilla potestas.
Sim tenui victu, atque habitu. sim carus amicis.
Et semper genitor, sine vulnere nominis hujus,
Non animo doleam, non corpore; cuncta quietis
Fungantur membra officiis: nec saucius ullis
Partibus amissum quidquam desideret usus.
Pace fruar. securus agam. miracula terrae
Nulla putem. suprema mihi quum venerit hora,
Nec timeat mortem bene conscia vita, nec optet.
Purus ab occultis quum te indulgente videbor,
Omnia despiciam, fuerit quum sola voluptas
Judicium sperare tuum. quod dum sua differt
Tempora, cunctaturque dies, procul exige saevum
Insidiatorem blandis erroribus anguem.
Haec pia, sed maesto trepidantia vota reatu,
Christe, apud aeternum placabilis adsere patrem.
Salvator, deus, ac dominus, mens, gloria, verbum,
Filius, ex vero verus, de lumine lumen,
Aeterno cum patre manens, in saecula regnans.
Consona quem celebrant modulati carmina David:
Et responsuris ferit aera vocibus, Amen.

Egressio.

SAtis precum datum Deo.
Quamvis satis numquam reis
Fiat precatu numinis.
Habitum forensem da puer.
Dicendum amicis est Ave,
Valeque: quod fit mutuum.
Quod quum per horas quatuor
Inclinet ad meridiem,
Monendus est jam Sosias.

Locus invitationis.

TEmpus vocandis namque amicis appetit;
Ne nos, vel illi, demoremur prandium.
Propere per aedes curre vicinas, puer.
Scis ipse, qui sint. jamque, dum loquor, redi.
Quinque advocavi. sex enim convivium
Cum rege justum: si super, convicium est.
Abiit, relicti nos sumus cum Sosia.

Locus ordinandi coqui.

SOsia, prandendum est. quartam jam totus in horam
Sol calet: ad quintam flectitur umbra notam.
An vergant salsa conditia, nam fallere suetis
(Fallere namque solent) experiendo proba.
Concute ferventes palmis volventibus ollas,
Tinge celer digitos jure calente tuos:
Vibranti lambat quos humida lingua recursu.
* * *

Desunt multa.
* * *

QUadrupedum, & volucrum, vel cum terrena marinis
Monstra admiscentur: donec purgantibus Euris
Difflatae liquidam tenuentur in aera nubes.
Nunc fora, nunc lites, lati modo pompa theatri
Visitur. & turmas equitum, caedesque latronum
Perpetior: lacerat nostros fera bellua vultus:
Aut in sanguineo gladio grassamur arena.
Per mare naufragum gradior pedes: & freta cursu
Transilio, & subitis volito super aera pinnis.
Infandas etiam veneres, incestaque noctis
Dedecora, & tragicos patimur per somnia coetus.
Perfugium tamen est, quoties portenta soporum
Solvit rupta pudore quies, & imagine foeda
Libera mens vigilat: totum hunc conscia lectum
Pertentat secura metus. probrosa recedit
Culpa tori, & profugi vanescunt crimine somni:
Cerno, triumphantes inter, me plaudere: rursum
Inter captivos trahor exarmatus Alanos.
Templa deum, sanctasque fores, palatiaque aurea
Specto, & Sarrano videor discumbere in ostro:
Et mox fumosis conviva accumbo popinis.
Divinum perhibent vatem, sub frondibus ulmi
Vana ignavorum simulacra locasse soporum,
Et geminas numero portas: quae fornice eburno
Semper fallaces glomerat super aera formas;
Altera, quae veros emittit cornea visus.
Quod si de dubiis conceditur optio nobis,
Desse fidem laetis melius, quam vana timeri.
Ecce ego jam malim falli. nam, dum modo semper
Tristia vanescant, potius caruisse fruendis,
Quam trepidare malis. satis est bene, si metus absit.
Sunt & qui fletus, & gaudia controversa
Conjectent: varioque trahant eventa relatu.
Ite per obliquum caeli mala somnia mundum,
Irrequieta vagi qua differt nubila nimbi.
Lunares habitate polos. quid nostra subitis
Limina, & angusti tenebrosa cubilia tecti?
Me sinite ignavam placidum traducere noctem,
Dum redeat roseo mihi Lucifer aureus ortu.
Quod si non nullis vacuum nocte figuris
Mollis tranquillo permulserit aere somnus;
Hunc lucum, nostro viridis qui frondet in agro
Ulmeus, excubiis habitandum dedico vestris.

PARENTALIA.

Praefatio versibus adnotata.

Nomina carorum jam condita funere justo,
Fleta prius lacrimis, nunc memorabo modis,
Nuda, sine ornatu, fandique carentia cultu.
Sufficit inferiis exsequialis honos.
Nenia funereis satis officiosa querelis,
Annua ne tacitus munera praeteream:
Quae Numa cognatis solemnia dedicat umbris:
Ut gradus aut mortis postulat, aut generis.
Hoc satis & tumulis, satis & telluris egenis.
Voce ciere animas funeris instar habet.
Gaudent compositi cineres sua nomina dici.
Frontibus hoc scriptis & monumenta jubent.
Ille etiam maesti cui defuit urna sepulchri,
Nomine ter dicto paene sepultus erit.
At tu quicumque es lector, qui fata meorum
Dignaris maestis commemorare elegis,
Inconcussa tuae percurras tempora vitae:
Et praeter justum funera nulla fleas.

I. Julius Ausonius, Pater.

Primus in his pater Ausonius, quem ponere primum,
Etsi cunctetur filius, ordo jubet.
Cura dei, placidae functus quod honore senectae,
Undecies binas vixit Olympiadas.
Omnia quae voluit, qui prospera vidit: & idem
Optavit quidquid, contigit, ut voluit.
Non quia fatorum nimia indulgentia: sed quod
Tam moderata illi vota fuere viro.
Quem sua contendit septem sapientibus aetas:
Quorum doctrinam moribus excoluit:
Viveret ut potius, quam diceret arte sophorum,
Quamquam & facundo non rudis ingenio.
Praeditus & vitas hominum ratione medendi
Porrigere, & fatis amplificare moras.
Inde & perfunctae manet haec reverentia vitae,
Aetas nostra illi quod dedit hunc titulum:
Ut nullum Ausonius, quem sectaretur, habebat:
Sic nullum, qui se nunc imitetur, habet.

II. Aemilia Aeonia, Mater.

Proxima tu genitrix Aeonia, sanguine mixto
Tarbellae matris, patris & Aedui.
Morigerae uxoris virtus cui contigit omnis:
Fama pudicitiae, lanificaeque manus,
Conjugiique fides, & natos cura regendi,
Et gravitas comis, laetaque serietas.
Aeternum placidos Manes complexa mariti,
Viva torum quondam, functa fove tumulum.

III. Aemilius Magnus Arborius avunculus.

Cura mihi est pietas, patre primum, & matre vocatis,
Dicere sed rea sit, tertius Arborius.
Quem primum memorare nefas mihi, patre secundo.
Rursum non primum ponere, paene nefas.
Temperies adhibenda .'.'.'.
Ante alios, quamquam patre secundus erit.
Tu frater genitricis, & unanimis genitori:
Et mihi qui fueris, quod pater, & genitrix.
Qui me lactantem, puerum, juvenemque, virumque
Artibus ornasti, quas didicisse juvat.
Te sibi Palladiae antetulit toga docta Tolosae:
Te Narbonensis Gallia praeposuit,
Ornasti cujus Latio sermone tribunal:
Et fora Hiberorum, quaeque Novempopulis.
Hinc tenus Europam, fama crescente, petitum
Constantinopolis rhetore te viguit.
Tu per mille modos, per mille oracula fandi
Doctus, facundus, tum celer, atque memor.
Tu, postquam primis placui tibi traditus annis,
Dixisti, nato me, satis esse tibi.
Me tibi, me patribus, clarum decus esse professus,
Dictasti fatis verba notanda meis.
Ergo vale, Elysiam sortite avuncule sedem.
Haec tibi de Musis carmina libo tuis.

IV. Caecilius Argicius Arborius, avus.

Officiosa pium ne desit pagina munus,
Maternum pariter commemoremus avum
Arborium, Aeduico ductum de stemmate nomen,
Complexum multas nobilitate domus:
Qua Lugdunensis provincia, quaque potentes
Aedues, Alpino quaque Vienna jugo.
Invida sed nimium generique opibusque superbis
Aerumna incubuit: namque avus & genitor
Proscripti, regnum quum Victorinus haberet
Victor: & in Tetricos reciderat imperium.
Tum profugum in terris, per quas erumpit Aturrus,
Tarbellique furor perfurit Oceani,
Grassantis dudum fortunae tela paventem
Pauperis Aemiliae conditio implicuit.
Mox tenuis multo quaesita pecunia nisu,
Solamen fessis, non & opes tribuit.
Tu caeli numeros, & conscia sidera fati
Callebas, studium dissimulanter agens.
Non ignota tibi nostrae quoque formula vitae:
Signata quam tu condideras tabula:
Prodita non umquam. sed matris cura retexit
Sedula, quam timidi cura tegebat avi.
Tu novies denos vitam quum duceris annos,
Expertus Fortis tela cavenda Deae,
Amissum flesti post trina decennia natum,
Saucius, atque uno lumine cassus eras.
Dicebas sed te solatia longa fovere:
Quod mea praecipuum fata manerent honorem.
Et modo conciliis animarum mixte piorum:
Fata tui certe nota nepotis habes.
Sentis quod quaestor, quod te praefectus, & idem
Consul, honorifico munere commemorem.

V. Aemilia Corinthia Maura, avia.

Aemiliam nunc fare aviam, pia cura nepotis:
Conjuge praedicto quae fuit Arborio.
Nomen huic joculare datum: cute fusca quod olim,
Aequalis inter Maura vocata fuit.
Sed non atra animo qui clarior esset olore,
Et non calcatam qui nive candidior.
Haec non deliciis ignoscere prompta pudendis,

Ad

Ad perpendiculum seque suosque habuit.
Haec me praetextatum cunis, & ab ubere matris,
 Blanda sub austeris imbuit imperiis.
Tranquillos aviae cineres praestate quieti
 Aeternum Manes, si pia verba loquor.

VI. *Aemilia Hilaria, matertera, virgo devota.*

TUque gradu generis matertera, sed vice matris,
 Affectu nati commemoranda pio,
Aemilia in cunis Hilari cognomen adepta,
 Quod laeta, & pueri comis ad effigiem,
Reddebas verum non dissimulanter ephebum,
 More virum medicis artibus experiens.
Feminei sexus odium tibi semper: & inde
 Crevit devotae virginitatis amor:
Quae tibi septenos novies est culta per annos,
 Quique aevi finis, ipse pudicitiae.
Haec, quia uti mater monitis & amore fovebas,
 Supremis reddo filius exsequiis.

VII. *Cl. Contemtus, & Julius Calippio, patrui.*

ET patruos Elegeia meos reminiscere cantu;
 Contemtum, tellus quem Rutupina tegit.
Magna cui & variae quaesita pecunia sortis,
 Heredis nullo nomine tuta perit.
Raptus enim laetis, & adhuc florentibus annis,
 Trans mare, & ignaris fratribus oppetiit.
Julius in longum produxit fata Calippio,
 Affectus damnis innumerabilibus.
Qui comis, blandusque, & mensa commodus uncta,
 Heredes solo nomine non habuit.
Ambo pii, vultu similes, joca seria mixti,
 Aevi fortunam non habuere parem.
Discreti quamquam tumulis, & honore jacentis:
 Commune hoc verbi munus habete, Vale.

VIII. *Attusius Lucanus Talisius, socer.*

QUi proceres, veteremque volet celebrare Senatum,
 Claraque ab exortu stemmata Burdigalae,
Teque, tuumque genus memoret, Lucane Talisi:
 Moribus ornasti qui veteres proavos.
Pulcher honore oris, tranquillae mentis, amicis,
 Facundo civis major ab ingenio.
Venatu, & ruris cultu, victuque nitente,
 Omne aevum peragens; publica despiciens.
Nosci inter primos cupiens, prior esse recusans.
 Ipse tuo vivens segregus arbitrio.
Optabas tu me generum florente juventa.
 Optare hoc tantum, non & habere datum.
Vota probant superi: meritisque faventia sanctis
 Implent fata, viri quod voluere boni.
Et nunc perpetui sentis sub honore sepulchri,
 Quam reverens natae, quamque tui maneam:
Caelebs namque gener nunc haec pia munera solvo.
 Nam & caelebs numquam desinet esse gener.

IX. *Attusia Lucana Sabina, uxor.*

HActenus ut caros, ita justo funere fletos
 Functa piis cecinit naenia nostra modis.
Nunc dolor, atque cruces, nec contrectabile fulmen,
 Conjugis ereptae mors memoranda mihi.
Nobilis a proavis, & origine clara senatus,
 Moribus usque bonis clara Sabina magis.
Te juvenis primis luxi deceptus in annis,
 Perque novem caelebs te fleo Olympiadas.
Nec licet obductum senio sopire dolorem.
 Semper crudescit nam mihi poena recens.
Admittunt alii solatia temporis aegri.
 Haec graviora facit vulnera longa dies.
Torqueo deceptos ego vita caelibe canos:
 Quoque magis solus, hoc mage maestus ago.
Vulnus alit, quod muta domus silet, & torus alget:
 Quod mala non cuiquam, non bona participo.
Maereo, si conjux alii bona: maereo contra,
 Si mala: ad exemplum tu mihi semper ades.
Tu mihi crux ab utraque venis: sive est mala, quod tu
 Dissimilis fueris: seu bona, quod similis.
Non ego opes cassas, & inania gaudia plango:
 Sed juvenis juveni quod mihi rapta viro.
Laeta, pudica, gravis, genus inclyta & inclyta forma,
 Et dolor, atque decus conjugis Ausonii.
Quae modo septenos quater implectura Decembres,
 Liquisti natos, pignora nostra, duos.
Illa favore Dei, sicut tua vota fuerunt,
 Florent, optatis accumulata bonis.
Et precor ut vigeant: tandemque superstite utroque
 Nuntiet hoc cineri nostra favilla tuo.

X. *Ausonius Parvulus Filius.*

NOn ego te infletum memori fraudabo querela,
 Primaeve nate meo nomine dicte puer.
Murmura quem primis meditantem absolvere verbis,
 Indolis et plenae, planximus exsequiis.
Tu gremio in proavi funus commune locatus,
 Invidiam tumuli ne paterere tui.

XI. *Pastor, nepos ex filio.*

TU quoque maerores, puer immature, doloris
 Irrumpis maesti luctibus acerbus avi,
Pastor chare nepos, spes cujus certa fuit res,
 Hesperii patris tertia progenies.
Nomine, quod casus dederat: quia filius primum
 Pastorale carus conciliavit genero.
Sero laudatum vitae brevis argumentum:
 Spiritus afflatus quod fugit e calamis.
Occidis emissi percussus pondere testae:
 Abjecit tecto quam manus artificis.
Non fuit artificis manus haec, manus illa cruenti
 Certa fuit fati, suppositura reum.
Heu quae vota mihi! quae magna gaudia, Pastor!
 Illa manus perdit tegula missa caput.
Dignior o, nostra gemeres qui fata senecta:
 Et quaerere meas maestus ad exsequias.

XII. *Julia Dryadia Soror.*

SI qua fuit virtus, cuperet quam femina prudens
 Esse suam, soror hac Dryadia enituit.
Quin etiam multas habuit, quas femina habere
 Fortior optaret, nobilitasque virum.
Docta satis vitamque colo, fusumque rotari:
 Docta domum curare ipsa, suosque docens.
Et verum vita cui carius: unaque cura,
 Nosse Deum, & fratrem diligere ante alios.
Conjuge adhuc juvenis caruit: sed seria vitam
 Moribus austeris aequiparavit anus.

Produxit

Prodesit celerem per fata decurrit vitam,
  Inque domo, ut tecta, quo pater, oppetiit.

XIII. *Avitianus, Frater.*

AVitianum, Musa, germanum meum
  Dona querela lugubri:
Minor ille natu me, sed ingenio prior
  Artes paternas imbibit.
Verum juventae flore laeto perfrui,
  Aevique supra pubertis
Exire metas, vetuit infesta Atropos.
  Heu quanta vitae decora!
Quem cultum spei, quem dolorem funeris
  Germano patri dedit!
Germana carnis lege & arte sanguinis,
  Amore prope filius.

XIV. *Val. Latinus Euromius gener.*

O generis clari decus, o mihi funus acerbum,
  Euromi, e juvenum lecte cohorte gener,
Occidis in primo raptus cum flore juventa,
  Lactantis nati vix bene certe pater.
Tu procerum de stirpe satus, progressus & ipsum,
  Unde genus clara nobilitate erat.
Ore decens, bonus ingenio, facundus, & omni
  Dexteritate vigens, praecipuusque fide.
Hoc praefecturae sedes, hoc Illyris ora
  Praeside te experta est, fiscus & ipse cliens.
Nil aevi brevitate tamen tibi laudis ademptum.
  Indole maturus, funere acerbus obis.

XV. *Pomponius Maximus, affinis.*

ET te germanum, non sanguine, sed vice fratris,
  Maxime, devinctum nostra camena canet.
Conjux namque meae te conjunctissima sorori
  Aevi fruge tui destituenda vidua est.
Non domus haec tantum sentit tua: sancia acerbum
  Saucia prole casum civica Burdigala.
Te primore vigens, te deficiente relabens!
  Inque Vabrensium te moriente cadunt.
Heu, quare nato, quem fruge & flore carpentem
  Ereptum nobis, Maxime, nunc fruerris!
Sed fruere: divina habeas si praemia Manes:
  Quaeque futura olim gaudia, cuncta dabat.
Longior hic etiam laterum fructus habetur,
  Anticipasse diu, quae modo participas.

XVI. *Veria Liceria, uxor Arborii sororis filii.*

TU quoque vel nurus mihi nomine, vel vice natae
  Veria supremi carmen honoris habe.
Cujus si probitas, si forma & fama, fidesque
  Morigerae uxoris, laudificanque manum,
Nunc laudanda forent: procul & de manibus imis
  Accersenda esset vox proavi Eusebii.
Qui quondam similis jam pridem conditus aevo,
  Transcripsit partem in nostra verba suam:
Accipe funereas neptis defleta querelas;
  Conjux Arborii commemoranda mei.
Cui parva ingenuis luctus solatia linquens
  Destituis natos: quo magis excrucias.
At tibi dilecti ne desit cura mariti,
  Juncta colis thalamo nunc monumenta tuo.

Hic, ubi primum hymen, sedes ibi moesta sepulcri;
  Nupta magis dici, quam remeare potes.

XVII. *Pomponius Maximus Herculanus, sororis filius.*

NEC Herculanum genitum germana mea
Modulamine nostro tristi
Tacitum sine honore relinquam:
Super indole cujus adultae
Magnae bona copia laudis.
Verum memorare magis, quam
Functum laudare decebit.
Decus hic matrisque, meumque,
In tempore pubertatis
Vix perculit invida sors.
Heu quem, Musae, fructum!
Facundia, & musica, & acer,
Mire est bonum, ingenio ingens,
Velocem pede, corpore pulcher,
Lingua catus, ore canorus,
Cape munus triste parentum,
Lacrymabile cris querela,
Quae fraternum modulamen
Tibi maestus avunculus offert.

XVIII. *Fl. Sanctus, Maritus Pudentillae, quae fuit Sabinae suae.*

QUI jam Lethaeosque colis, qui tristia damnas,
  Nec meritis quemquam, nec metuendus agis:
Qui nullum infestis cepisti, nec lite lacessis,
  Sed justam & clementem vitam agis, & sapiens:
Tranquillos Manes, supremaque mitia Sancti
  Ore pio, & verbis advenerare bonis:
Militiam nullo qui turbine sedulus egit?
  Praeside laetatus quo Rutupinus ager.
Octogenta annos cujus tranquilla senectus
  Nullo turbavit deteriore die.
Ergo precare favens: ut, qualia tempora vitae,
  Talia & ad manes otia Sanctus agat.

XIX. *Namia Pudentilla, affinis.*

TUque Pudentillam verbis adfare supremis,
  Quae fuerit curam, quae probitatis habet.
Nobilis haec, frugi, proba, laeta, pudica, decora,
  Conjugium Sancti jugiter haec habuit.
Invidiam tamen castae praeconia vitae,
  Rexit opes proprias, nota agente viro.
Non ideo exprobrans, aut fronte obducta, marito,
  Quod gereret totam femina sola domum.
Heu nimium juvenis, sed lata superstite nato,
  Atque viro, patiens fata suprema obiit.
Unanimis nostrae & quondam germana Sabinae,
  Et mihi jucundo nomine dicta soror.
Nunc etiam Manes placidos pia cura retractat:
  Atque Pudentillam sanctis honore colit.

XX *Lucanus Talisius * Cerum filii.*

NEc tantum matris spes unica, splendor Talisii,
  Consistere, meis immemoranter eris.
Ereptus primis aevi florentis in annis:
  Jam tamen & conjunx, jam properante pater.
Festinasse puto sortem: ne funus acerbum
  Duceret haec genitor, tam cito factus avus.

XXI.

XXI. *Attusia Lucana Talisia, Eremiasfoius Regulus, affines.*

NOricia cullis nobis, Attusia, terrarum,
  Cumque tuo plane conjuge nota fuit.
Verum tu nostra soror et germana Sabinae.
  Affinis quamquam, Regule, nomen habes.
Sortitus igitur tam cara vocabula nobis,
  Stringamus maesti carminis obsequio.
Quamvis Santonica procul in tellure jacentes
  Pervenit ad Manes exsequialis honos.

XXII. *Severus Censor Julianus, consocer.*

DEsinite, o veterum, Calpurnia nomina, Frugi,
  Ut proprium hoc vestrae gentis habere decus.
Nec solus semper Censor Cato, nec tibi solus
  Justus Aristides his placeant titulis.
Nam sapiens quicumque fuit, verusque fidemque
  Qui coluit, comitem se sibi, Censor, agat.
Te gravis et comis, cum justitiaque remissus,
  Austeris doctus jungere temperiem.
Te non adscito tibi me, nec sanguine juncto,
  Optasti nostras consociare domos.
Namque aliquam in nobis morum similem tuorum
  Effigiem nostri praebuit ingenii.
Aut jam fortunae sic se vertigo rotabat,
  Ut pondus fatis tam bona vota darent.
Si quid apud Manes sentis, fovet hoc tibi munus;
  Quod fieri optaram, id voluisse Deum.

XXIII. *Paulinus & Dryadia, filii Paulini, & Megentirae sororis filiae.*

QUi nomen vultumque patris, Pauline, gerebas,
  Amisti speciem qui genitoris eras:
Propter quem lacrimis miserae decedere matris
  Coeperat, offerret quem tua forma patrem:
Redderet et mores, et moribus adderet illud,
  Paulinum caruit quo pater, eloquium.
Eripuit letum, et pubescentibus annis:
  Crudaque adhuc matris pectora sollicitat.
Flemus enim raptam thalami de sede sororem,
  Heu non maturo funere, Dryadiam.
Flemus: ego in primis, qui matris avunculus, et vos
  Natorum tamquam diligo progeniem.
Illa manus inter genitricis, et oscula patris
  Occidit, Hispana tam regione procul.
Quam tener, et primo, nove flos, decerperis aevo,
  Nondum purpureas cinctus ephebe genas!
Quamquam ediderat nunc facta puerpera partus:
  Funera sed tumulis jam geminata dedit.
Sit satis hoc, Pauline pater. divisio facta est.
  Debetur matri cetera progenies.

XXIV. *Paulinus, Sororis gener.*

QUi laetum ingenium, mores qui diligis aequos,
  Quique fidem sancta cum pietate colis:
Paulini manes mecum venerare, amicis
  Irrorent lacrymis, munus libo feram.
Aequaevus, Pauline, mihi, natamque sororis
  Indeptus thalamo: sic mihi paene gener.
Stirpis Aquitanae mater tibi. nam genitori
  Cossio Vasates, municipale genus.
Scrinia praefecti meritus, rationibus inde
  Praepositus Libycis, praemia militiae capis.
Nam Correctoris tibi Tarraco Hiberica tribunal
  Praebuit, adscitam esse clienta tibi.
Tu socerum pro matre colens, adfinis haberi
  Non poteras, nati cum fruerere loco.
Inter concordes vixisti fidus amicos,
  Duodeviginti functus Olympiades.

XXV. *Aemilia Dryadia, Matertera.*

TE quoque Dryadiam materteram,
  Flebilibus modulis,
Germana genitus, prope filius,
  Ore pio venerer.
Quam thalamo, taedisque jugalibus
  Invida mors rapuit:
Mutavitque thoros feretri vice
  Exsequialis honor.
Dicebas in me, matertera,
  Mater uti fieres.
Unde modo hoc mutuum tibi defero
  Filius officium.

XXVI. *Julia Cataphronia, amita.*

QUin et funereis amitam impertire querelis
  Musa Cataphroniam.
Innuba devota quae virginitatis amorem,
  Parcaque anus coluit.
Et mihi quod potuit, quamvis de paupere summa,
  Mater uti, attribuit.
Ergo commemorata, Ave: maestamque vocata,
  Pro genitrice, Vale.

XXVII. *Julia Veneria, Amita.*

AT amita Veneria properiter obiit.
  Cui brevia melle modifica recino.
Cinis uti placidulus superet vigeat,
Celeripes et adeat loca tacita Erebi.

XXVIII. *Julia Idalia, Consobrina.*

PArva etiam fuit Idalia,
  Nomine praedita quae Paphia,
  Et speciem meruit Veneris.
  Quae genita est mihi patre soror.
  Filia nam fuit haec amitae,
  Quam celebrat sub honore pia
  Naenia, carmine funereo.

XXIX. *Aemilia Melania, Soror.*

AEMilia hoc, vix nota mihi soror, accipe questus,
  Debetur quem tibi maesta Elegea tuo.
Conjunxit nostras aequaeva infantia cunas:
  Uno quamvis tu consule major eras.
Invida sed nimium Lachesis properata peregit
  Tempora: et ad Manes funera acerba dedit.
Praemissa ergo vale: Manesque venere parentum,
  Qui maturo aevo, quoque maturo venis.

XXX. *Pomponia Urbica, Consocrus, uxor Juliani Censoris.*

UT generis clari, veterum sic femina morum
  Urbica, Censoris nobilitata thoro,

Inge-

Ingenuis pollens virtutibus, auctaque & illis,
Quas docuit conjux, quas pater, & genitrix:
Quas habuit Tanaquil, quas Pythagorea Theano,
Quæque sine exemplo est in voce sancta viri.
Et tibi si fatum sic permanere dedisset,
Viveret hoc nostro tempore Censor adhuc:
Sed neque tu viduo longum cruciata sub ævo,
Protinus optato fine secuta virum.
Annua nunc mœstis ferimus tibi justa querelis,
Cum genero & natis consocius Ausonius.

Commemoratio Professorum Burdigalensium.

PRÆFATIO.

Vos etiam, quos nulla mihi cognatio junxit,
Sed fama, & caræ religio patriæ,
Et studium in libris, & sedula cura docendi,
Commemorabo viros morte obita celebres.
Fors erit, ut nostros Manes sic adserat olim,
Exemplo cupiet qui pius esse meo.

I. *Tiberius Victor Minervius, Orator.*

Primus Burdigalæ columen dicere, Minervi,
Alter Rhetoricæ Quintiliane togæ.
Illustres quondam quo præceptore fuerunt
Constantinopolis, Roma, dehinc patria,
Non æquiparata tibi cum majestate duarum;
Sola sed potior nomine, quod patria.
Adserat usque licet Fabium Calagurris alumnum:
Non sit Burdigalæ dum cathedra inferior.
Mille foro dedit hæc juvenes, bis mille senatus
Adjecit numero, purpureisque togis:
Me quoque. sed quoniam multa est prætexta, silebo:
Teque canam de te, non ab honore meo.
Sive Panegyricos placeat contendere libros,
In Panathenaicis tu numerandus eris.
Seu libeat fictas ludorum evolvere lites,
Ancipitem palmam Quintilianus habet.
Dicendi torrens tibi copia: quæ tamen aurum,
Non etiam luteam volveret illuviem.
Et Demosthenicum, quod ter primum ille vocavit,
In te sic viguit, cedat ut ipse tibi.
Anne & divinæ bona naturalia doni
Adjiciam, memori quam fueris animo!
Audita ut, vel lecta semel, ceu fixa teneres:
Auribus & libris esset ut una fides!
Vidimus & quondam tabulæ certamine longo,
Omnes, qui fuerant, enumerasse bolos;
Alternis vicibus quos præcipitante rotatu
Fundunt excisi per cava buxa gradus:
Narrantem fido per singula puncta recursu,
Quæ data, per longas quæ revocata moras.
Nullo felle tibi mens livida, tum sale multo
Lingua dicax, blandis, & sine lite jocis.
Mensa nitens: quam non censoria regula culpet:
Nec nolit Frugi Piso vocare suam.
Nonnunquam pollens natalibus, & dape festa:
Non tamen angustas ut tenuaret opes.
Quamquam hæredis egens, bis sex quinquennia functus,
Fletus es a nobis, ut pater, & juvenis.
Et nunc, sive aliquid post fata extrema superfit,
Vivis adhuc, ævi quod periit meminens:
Sive nihil superest, nec habent longa otia sensus,
Tu tibi vixisti: nos tua fama juvat.

II. *Latinus Alcimus Alethius, Rhetor.*

Nec me nepotum impia silentia
Reum ciebunt, Alcime,
Minusque dignum, non & obitum frustra
Tuo ministrum memoriæ.
Opponit unum quem viris prioribus
Ætas recentis temporis.
Palmæ forensis, & Camœnarum decus,
Exemplar unum in litteris:
Quas aut Athenis docta coluit Græcia,
Aut Roma per Latium colit.
Moresne fabor, & tenorem regulæ,
Ad usque vitæ terminum?
Quod laude clarus, quod paratus lenibus,
Omnem refugisti ambitum?
Te nemo gravior, vel fuit comis magis,
Aut liberalis indigis,
Danda salute, si forent rei, poscerent;
Studio docendi, si scholam.
Vivent per omnem posterorum memoriam,
Quos tu sacrata fama dabas.
Et Julianum te magis famæ dabit,
Quam sceptra, quæ tenuit brevi.
Sallustio plus conferent libri tui,
Quam consulatus addidit.
Morum tuorum, decoris, & facundiæ
Formam dedisti filiis.
Ignosce, nostri sensus obsequio fuit.
Amoris hoc crimen tui est,
Quod digna nequeam promere, officium colo,
Injuriasque sedulus.
Quiesce placidus, & caduci corporis
Damnum repende gloria.

III. *Luciolus, Rhetor.*

Rhetora Luciolum condiscipulum, atque magistrum,
Collegamque dehinc, nænia mœsta refer:
Facundum, doctumque virum, seu lege metrorum
Condita, sive prosa solveret ora modis.
Eripuit patri Lachesis quem funere acerbo,
Linquentem natos sexu in utroque duos.
Nequaquam meritis cujus responderit hæres,
Obscurus quamvis nunc tua fama juvet.
Mitis amice, bonus frater, fidissime conjux,
Nate pius: genitor, permitis, ut soceris.
Comis convivis, numquam inclamare clientem,
Ad famulos numquam tristia verba loqui.
Ut placidos mores, tranquillos sic cole Manes,
Et cape ab Ausonio munus, amice, Vale.

IV.

IV. *Attius Patera Pater, Rhetor.*

Aetate quamquam viceris dictos prius,
Patera, fandi nobilis;
Tamen quod aevo floruisti proximo,
Juvenisque te vidi senem,
Honore maestae non carebis naeniae,
Doctor potentum Rhetorum.
Tu Bajocassis stirpe Druidarum satus,
Si fama non fallit fidem,
Beleni sacratum ducis e templo genus:
Et inde vobis nomina:
Tibi Paterae: sic ministros nuncupant
Apollinaris mystici.
Fratri, patrique nomen a Phoebo datum,
Natoque de Delphis tuo.
Doctrina cujus tanta in illo tempore,
Cursusque tam fandi & rotae.
Memor, disertus, lucida facundia,
Canorus, cultus, praedicus,
Salibus modestus felle nullo perlitis,
Vini, cibique abstemius,
Laetus, pudicus, pulcher, in senio quoque, ut
Aquilae senectus, aut equi.

V. *Attius Tiro Delphidius, Rhetor.*

Facunde, docte, lingua & ingenio celer,
Jocis amoene, Delphidi,
Subtextus esto flebili threno patris,
Laudi ut subibas carmine.
Tu paene ab ipsis orsus incunabulis
Dei poeta nobilis,
Sertum coronae praeferens Olympiae,
Puer celebrasti Jovem.
Mox inde cursim more torrentis freti,
Epos ligasti metricum:
Ut nullus aeque lege liber carminum
Orationem texeret.
Celebrata varie cujus eloquentia
Domi forisque claruit:
Seu tu cohortis Praesidum praeconio,
Provinciarum aut judicem
Coleres, tuendis addictus clientibus,
Famae, & salutis sumtibus.
Felix, quietis si maneres literis,
Opus Camenarum colens:
Nec odia magnis concitata litibus
Armaret ultor impetus:
Nec inquieto tempore tyrannici
Palatio te attolleres.
Dum spem remittis semper arcessis tibi,
Fastidiosus obvia,
Tuamque mavis esse, quam fati bonum,
Desiderasti plurima;
Vagus per omnes dignitatum formulas,
Meritusque plura, quam gerens.
Unde insecuto criminum motu gravi,
Donatus aerumnis patris:
Mox inde Rhetor, nec docendi pertinax,
Curam fefellisti patrum.
Minus malorum munere expertus Dei,
Medio quod aevi raptus es.
Errore quod non deviantis filiae,
Poenaque laesus conjugis.

VI. *Alcimo Minervio, filio, Rhetori.*

O Flos juvenum,
Spes laeta patris!
Nec certa tuae
Data res patriae;
Non mansuris
Ornate bonis:
Ostentatus,
Raptusque simul,
Solstitialis
Velut herba solet,
Rhetor Alcime.
Tu Burdigalae
Laetus patriae
Clara cohortis
Vexilla regens
Palmae in arvo.
. . . .
Positus Patrum,
Major utroque:
Tu primaevis
Doctor in annis,
Et praeceptor,
Tempore quo te
Discere adultum
Non turpe foret,
Cuncta habuisti
Commoda fati.
Praeventus
Jam gravitati
Conlatus eras.
Ille superbae
Mentis flatus,
Fama & meritis,
Non sine quaestu
Gravis invidiae,
Inclytus aevi.
Floris adulti
Vota tenens,
Et Rhetoricam
Frugem exercens,
Et conubium
Nobile sumsti,
Sine prole quidem:
Et divitias
Utriusque, sine
Herede suo
Deseruisti.
Omnia praeter
Fortuna tibi
Dedit, & rapuit,
Quam sententiam
Dicta probare
Versus Horatii:
NIHIL EST AB OMNI
PARTE BEATUM.

VII. *Leontius Grammaticus, cognomento Lascivus.*

Qui colis laetus, hilarosque mores,
Qui dies festos, joca, vota, ludos,
Annuum semper memora Leontii
Naeniae threno.
Iste LASCIVUS patiens vocari,
Nomen indignum probitate vitae

Abnuis numquam: quia, quidquid in te
Esset amicum.
Literis tantum titulum assecutus,
Quantum exili satis est cathedrae
Posset insertus numero ut videri
Grammaticorum.
Tu meae semper socius juventae,
Pluribus quamvis cumulatus annis,
Nunc quoque in nostris recolere cantis,
Blande Leonti:
Et juvat tristi celebrare cura
Flebilem cantu memoris querelae,
Munus ingratum, tibi debitumque
Carmine nostro.

VIII. *Grammaticis Graecis Burdigalensibus.*

ROmulum post hos, prius, an Corinthi,
An ne Sperchei, pariterque nati
Atticas Musas memorem Menesthei
Grammaticorum?
Sedulum cunctis studium docendi;
Fructus exilis, tenuisque sumptus.
Sed, quia nostro docuere in aevo,
Commemorandi.
Tertius horum mihi non magister;
Ceteri primis docuere in annis,
Ne forem vocum rudis, aut loquendi:
Sed sine cultu.
Obstitit nostrae quia, credo, mentis
Tardior sensus; neque disciplinis
Appulit Graecis puerilis aevi
Noxius error.
Vos levis caespes tegat, et sepulchri
Tecta defendant cineres opertos:
At meae vocis titulus supremum
Reddat honorem.

IX. *Jucundo, Grammatico Burdigalensi, fratri Leontii.*

ET te, quem cathedram temere usurpasse loquuntur,
Nomen Grammatici nec meruisse putant:
Voce ciebo tamen, simplex, bone, amice, sodalis;
Jucunde, hoc ipso care magis studio,
Quod quamvis impar nomen tam nobile amasti,
Et meritus inter commemorande viros.

X. *Grammaticis Latinis Burdigalensibus Philologis, Macrino, Phœbicio, Concordio, Sucuroni, Ammonio Anastasio Grammatico Pictavorum.*

NUnc ut quemque mihi
Flebilis officii
Religiosus honor
Suggeret, expediam.
Qui, quamvis humili
Stirpe, loco, ac merito,
Instituere tamen
Grammaticum studium
Ingenuis hominum
Burdigalae rudibus.
Perennem faciat.
Sit Macrinus in his,
Sobrius in pueris,
Et puerorum
Utilis ingeniis.
Huic mea principio
Credita puerities.
Nec reticendus eris
Nomine Phoebicius:
Qui Beleni aedituus
Nil opis inde tulit.
Sed tamen, ut placitum,
Stirpe satus Druidum
Gentis Aremoricae,
Burdigalae cathedram
Nati opera obtinuit.
Et tu Concordi
Qui profugus patria,
Mutasti sterilem
Urbe alia cathedram,
Et libertina
Sucuro progenie,
Qui rudibus pueris
Prima elementa dabas.
Pange et Anastasio
Flebile, Musa, melos:
Et memora tenuem
Naenia Grammaticum.
Burdigala hunc genitum,
Transtulit ambitio,
Pictonicaeque dedit.
Pauper ibi, et tenuem
Victum habitumque colens,
Gloriolam exilem
Et patriae, et cathedrae
Perdidit in senio:
Doctrina exiguus,
Moribus implacidis,
Proinde, ut erat meritum,
Famam habuit tenuem.
Sed tamen hunc noster
Commemoravit honos.
Religiosum etenim
Commemorare viros
Grammaticos patriae,
Ne pariter tumulus
Nomen et ossa tegat.

XI. *Herculano, Sororis filio, Grammatico Burdigalensi.*

HErculane, qui profectus gremio de nostro et schola
Spem magis quam rem fruendam praebuisti avunculo,
Particeps scholae, et cathedrae paene successor meae,
Lubrica nisi te juventae praecipitem flexus daret,
Pythagorei non tenentem tramitis rectam viam:
Esto placidus, et quietis manibus sedem fove;
Jam mihi cognata dudum inter memoranda nomina.

XII. *Thalasso, Grammatico Latino, Burdigalensi.*

OFficium, nomenque tuum, primaeve Thalasse,
Parvulus audivi: vix etiam memini,
Qua forma, aut merito fueris, qua stirpe parentum.
Aetas nil de te posterior celebrat.
Grammaticum juvenem tantum te fama ferebat,
Tum quoque tam tenuis, quam modo nullus manet.
Sed quicumque tamen, nostro quia doctor in aevo
Vixisti, hoc nostrum munus habeto, Vale.

XIII.

XIII. *Citario Siculo Syracusano, Grammatico Burdigalensi Graeco.*

Et Citari dilecte mihi memorabere, dignus
  Grammaticos inter qui celebrere bonos.
Esset Aristarchi tibi gloria, Zenodotique
  Grajorum, antiquus si sequeretur honos.
Carminibus, quae prima tuis sunt condita in annis,
  Concedit Cei Musa Simonidei.
Urbe satus Siculis, nostram peregrinus adisti:
  Excultam studiis quam prope reddideras.
Conjugium nactus cito nobile, & locuples,
  Invidia fati non genitor moreris.
At nos defunctum memori celebramus honore:
  Fovimus ut vivum munere amicitiae.

XIV. *Censorio Attico Agroecio, Rhetori.*

Eloquii merito primis aequande, fuisti
  Agroeci hic positus posteriore loco:
Aevo qui quoniam genitus functusque recenti,
  Dilatus nobis, non & omissus eras.
Quocumque in numero, tristi memorabere threno,
  Unum honorem tumuli servas, & ante datus.
Tam generis tibi celsus apex, quam gloria fandi,
  Gloria Athenaei cognita sede loci:
Nazario, & claro quondam delata Paterae,
  Egregie multos excoluit juvenes.
Conjuge nunc, natisque superstitibus, generoque,
  Majorum Manes & monumenta foves.

XV. *Nepotiano, Grammatico, eidem Rhetori.*

Facete, comis, animo juvenili senex,
  Cui felle nullo, melle multo mens madens,
Aevum per omne nil amarum miscuit:
Medela nostri, Nepotiane, pectoris,
Tam seriorum quam jocorum particeps,
Taciturne, Amyclas qui silendo viceris.
Te fabulantem non Ulixes linqueret,
Liquit canentes qui melodas virgines.
Probe, & pudice, parce, frugi, abstemie,
Facunde, nulli Rhetorum cedens stilo,
Et disputator ad Cleanthen Stoicum:
Scaurum Probumque corde callens intimo:
Et Epirote Cinea memor magis.
Sodalis, & convictor, hospes jugiter:
Parum quod hospes; mentis agitator meae.
Consilia nullus mente tam pura dedit,
Vel altiore condita texit fide.
Honore gesti praesidatus inclytus,
Decies novenos functus annorum vices,
Duos relinquens liberos, morte oppetis,
Dolore multo, tam tuorum, quam meo.

XVI. *Aemilius Magnus Arborius, Rhetor Tolosae.*

Inter cognatos jam fletus, avuncule, Manes,
  Inter Rhetoricos nunc memorandus eris.
Illud opus pietas, istud reverenda virorum
  Nomina pro patria religione habeant.
Bis meritum duplici celebremus honore parentem
  Arborium, Arborio patre, & avo Argicio.
Stemma tibi patris Aedui: Tarbellica Maura
  Matris origo fuit. ambo genus procerum.
Nobilis & dotata uxor, domus, & schola, cultae
  Principum amicitiae contigerunt juveni.
Dum Constantini fratrum opulenta Tolosa
  Exsilii specie sepositos cohibet:
Byzanti inde arces, Threiciaque Propontidis urbem
  Constantinopolin fama tui pepulit.
Illic dives opum, doctoque illi Caesare honorus
  Occumbis, patribus Magne superstitibus.
In patriam sed te sedem, ac monumenta tuorum,
  Principis Augusti restituit pietas.
Hinc renovat causam lacrimis, & flebile munus,
  Annuum ingrata religione dies.

XVII. *Exuperius, Rhetor Tolosae.*

Exuperi memorande mihi, facunde sine arte,
  Incessu gravis & verbis ingentibus, ore
Pulcher, & ad summam, motuque habituque venusto.
Copia cui fandi longe pulcherrima; quam si
Auditu tenus acciperes, deflata placeret:
Discussam scires solidi nihil edere sensus.
Palladiae primum toga te venerata Tolosae,
Mox pepulit levitate pari. Narbo inde recepit.
Illic Dalmatio genitos, fatalia regum
Nomina, tum pueros grandi mercede docendi
Formasti, Rhetor, metam prope puberis aevi.
Caesareum qui mox indepti nomen, honorem
Praesidis, Hispanumque tibi tribuere tribunal.
Decedens, placidos mores, tranquillaque vitae
Tempora praedives finisti sede Cadurca.
Sed patriae te jura vetant, & origo parentum,
Burdigalae ut rursum nomen de Rhetore reddas.

XVIII. *Marcello Marcelli filio Grammatico Narbonensi.*

Nec te Marcelle genitum, Marcelle, silebo:
  Aspera quem genitrix urbe, domo pepulit.
Sed fortuna potens cito reddidit omnia, & auxit.
  Amissam primum Narbo dedit patriam.
Nobilis hic hospes Clarentius indole motus,
  Egregiam natam conjugio attribuit.
Mox schola, & auditor multus, praetextaque pubes,
  Grammatici nomen, divitiasque dedit.
Sed numquam jugem cursum fortuna secundat,
  Praesertim pravi nacta virum ingenii.
Verum oneranda mihi non sunt, memoranda recepi
  Fata. sat est dictum, cuncta perisse simul.
Non tamen & nos, quo te non fraudo, receptum
  Inter Grammaticos praetenuis meriti.

XIX. *Sedatus, Rhetor Tolosanus.*

Religio est, tacitum si te, Sedate, relinquam,
  Quamvis docendi munus indeptus foris.
Communis patria est tecum mihi: sorte potentis
  Fati Tolosam nactus es sedem scholae.
Illic conjugium, natique, opulensque senectus,
  Et fama, magno qualis est par Rhetori.
Quamvis externa tamen a regione reducit
  Te patria, & civem morte obita repetit.
Cumque vagantem operam divisa impenderis urbi,
  Arbitrium de te sumit origo suum.
Est tua nunc soboles, moremque secuta paternis,
  Narbonem, ac Romam nobilitat studiis.
  . . . . Sed
  Fama velis nolis, Burdigalam referet.

Aevale quamquam : quia, quamquam ad aevum
Esset amicus.
Litteris tantum titulum adsecuto,
Quantum exili satis est cathedrae:
Posset insertum tenuare ut videri
Grammaticorum.
Tu meae semper socius juventae,
Pluribus quamvis cumulatus annis,
Nunc quoque in nostris recolende chartis,
Blande Leonti:
Et juvat tristi celebrare cura
Flebilem cantum memoris querelae:
Munus ingratum, tibi debitumque
Carmine nostro.

VIII. *Grammaticis Graecis Burdigalensibus.*

ROmulum post hos, prius, an Corinthi,
An ne Sperchei, pariterque nati
Atticas Musas memorem Menesthei
Grammaticorum?
Sedulum cunctis studium docendi,
Fructus exilis, tenuisque sermo:
Sed, quia nostro docuere in aevo,
Commemorandi.
Tertius horum mihi non magister;
Ceteri primis docuere in annis,
Ne forem vocum rudis, aut loquendi,
Sed sine cultu.
Obstitit nostrae quia, credo, menti
Tardior sensus: neque disciplinis
Appulit Graecis puerile aevum
Noxius error.
Vos levis caespes tegat, et sepulcri
Tecta defendant cineres opertos:
At meae vocis titulum supremum
Reddat honorem.

IX. *Jucundo, Grammatico Burdigalensi, fratri Leontii.*

ET te, quem cathedram temere usurpasse loquuntur,
Nomen Grammatici nec meruisse putant:
Voce ciebo tamen, simplex, bone, amice, sodalis;
Jucunde, hoc ipso care magis studio,
Quod quamvis impar, nomen tam nobile amasti,
Es meritus laudes commemorande vivus.

X. *Grammaticis Latinis Burdigalensibus Philologis, Macrino, Phoebicio, Concordio, Sucuro, Ammonio Anastasio Grammatico Pictaviorum.*

NUnc ut quemque mihi
Flebilis officii
Religiosus honor
Suggeret, expediam.
Qui, quamvis humili
Stirpe, loco, ac merito,
Intereriere tamen
Grammaticen studium
Ingeniis hominum
Burdigalae rudibus.
Pertenuem socius.
Sit Macrinus in his,
Sobrius in pueris,
Et puerorum
Mollis ingeniis.
Huic nostra principio
Credita puerities.
Nec reticebo senem
Nomine Phoebicium,
Qui Beleni aedituus
Nil opis inde tulit.
Sed tamen, ut placitum,
Stirpe satum Druidum,
Gentis Aremoricae,
Burdigalae cathedram
Nati opera obtinuit.
Et te Concordi
Qui profugus patria,
Mutasti sterilem
Urbe alia cathedram,
Et libertina
Sucuro progenie,
Qui rudibus pueris
Prima elementa dabas.
Pange & Anastasio
Flebile, Musa, melos:
Et memora tenuem
Naeniam Grammatici.
Burdigala hunc genitum,
Transtulit ambitio,
Pictonicaeque dedit.
Pauper ubi, & tenuem
Victum habitumque colens,
Gloriolam exilem
Et patriae, & cathedrae
Perdidit in senio:
Doctrina exiguus,
Moribus implacidis,
Proinde, ut erat meritum,
Famam habuit tenuem.
Sed tamen hunc noster
Commemoravit honos.
Religiosum etenim
Commemorare mei
Grammaticos patriis,
Ne pariter tumulus
Nomen & ossa tegat.

XI. *Herculano, Sororis filio, Grammatico Burdigalensi.*

HErculane, qui profectus gremio de nostro & schola
Spem magis quam rem fruendam praebuisti avunculo,
Particeps scholae, & cathedrae paene successor meae,
Lubrica nisi te juventae praecipitem flexu daret,
Pythagorei non tenentem tramitis rectam viam:
Esto placidus, & quietis manibus sedem fove:
Jam tibi cognata dudum inter memorata carmina.

XII. *Thalasso, Grammatico Latino, Burdigalensi.*

OFficium, nomenque tuum, primaeve Thalasse,
Parvulus audivi: vix etiam memini,
Qua forma, aut merito fueris, qua stirpe parentum.
Aetas nil de te posterior celebrat.
Grammaticum juvenem tantum te fama ferebat,
Tum quoque tam tenuis, quam modo nulla manet.
Sed quicumque tamen, nostro quia doctor in aevo
Vixisti, hoc nostrum munus habeto, Vale.

XIII.

XIII. *Citario Siculo Syracusano, Grammatico Burdigalensi Græco.*

ET Citari dilecte mihi memorabere, dignus
Grammaticos inter qui celebrere bonos.
Esset Aristarchi tibi gloria, Zenodotique
Graiorum, antiquus si sequeretur honos.
Carminibus, quæ prima tuis sunt condita in annis,
Concedit Cei Musa Simonidei.
Urbe satus Sicula, nostram peregrinus adisti:
Excultam studiis quam prope reddideras.
Conjugium nactus cito nobile, & locuplete,
Invidia fati non genitor moreris.
At nos defunctum memori celebramus honore:
Fovimus ut vivum munere amicitiæ.

XIV. *Censorio Attico Agricio, Rhetori.*

ELoquii merito primis æquande, fuisti
Agrici hic positus posterior loco:
Ævo qui quoniam genere fastuque recenti,
Dilatus nobis, non & omissus eris.
Quamquam in numero, tristi memorabere threno.
Unus honos tumuli serus, & unus erat.
Tam generis tibi celsus apex, quam gloria fandi.
Gloria Athenæi cognita sede loci;
Nazario, & claro quondam delata Patero,
Egregie multos excoluit juvenes.
Conjuge nunc, natisque superstitibus, generoque,
Majorum Manes & monumenta foves.

XV. *Nepotiano, Grammatico, eidem Rhetori.*

FAcete, comis, animo juvenili senex,
Cui felle nullo, melle multo mens madens,
Ævum per omne nil amarum miscuit:
Nostri medela Nepotiane pectoris,
Tam seriorum quam jocorum particeps,
Taciturne, Amyclas qui silendo viceris.
Te fabulantem non Ulixes linqueret,
Linquens canentes qui melodas virgines.
Probe, & pudice, parce, frugi, abstemie,
Facunde, nulli Rhetorum cedens stilo,
Et disputator ad Cleanthen Stoicon:
Scaurum Probumque corde callens litteras:
Et Epirote Cinea memor magis.
Sodalis, & convictor, hospes jugiter:
Parum quod hospes; mentis agitator meæ.
Consilia nullus mente tam pura dedit,
Vel altiore conditu texit data.
Honore gesti præsidatus inclytus,
Decies novenas functus annorum vices,
Duos relinquens liberos, mortem oppetis,
Dolore multo, tam tuorum, quam meo.

XVI. *Æmilius Magnus Arborius, Rhetor Tolosæ.*

INter cognatos jam fletus, avuncule, Manes,
Inter Rhetoricos nunc memorandus eris.
Illud opus pietas, istud reverenda virorum
Nomina pro patriæ religione habeant.
Bis meritum duplici celebrans honore parentem
Arborium, Arborio patre, & avo Argicio.
Stemma tibi patris Æduici: Tarbellica Mauræ
Matris origo fuit. ambo genus procerum.
Nobilis & dotata uxor, domus, & schola, cultæ
Principum amicitiæ contigerunt juveni.
Dum Constantini fratres opulenta Tolosa
Exilii specie sepositos cohibet:
Byzanti inde arcem, Thressæque Propontidis urbem
Constantinopolim fama tui pepulit.
Illic dives opum, doctoque ibi Cæsare honorus
Occumbis, patribus Magne superstitibus.
In patriam sed te sedem, ac monumenta tuorum
Principis Augusti restituit pietas.
Hinc renovat causam lacrimis, & flebile munus,
Annuum legem religionis dies.

XVII. *Exuperius, Rhetor Tolosæ.*

EXuperi memorande mihi, facunde sine arte,
Incessu gravis & verbis ingentibus, ore
Pulcher, & ad summam, motuque habituque venusto.
Copia cui fandi longe pulcherrima: quam si
Audire tenus acciperes, deflata placeret:
Discussam scires solidi nihil edere sensus.
Palladiæ primum toga te venerata Tolosæ,
Mox pepulit levitate pari. Narbo inde recepit.
Illic Dalmatio genitos, fatalia regum
Nomina, tum pueros grandi mercede docendi
Formasti, Rhetor, metam prope puberis ævi.
Cæsareum qui mox indepti nomen, honorem
Præsidis, Hispanumque tibi tribuere tribunal.
Decedens, placidos mores, tranquillaque vitæ
Tempora prædives finisti sede Cadurca.
Sed patriæ te jura vocant, & origo parentum,
Burdigalæ ut rursum nomen de Rhetore reddas.

XVIII. *Marcello Marcelli filio Grammatico Narbonensi.*

NEc te Marcello genitum, Marcelle, silebo:
Aspera quem genitrix urbe, domo pepulit.
Sed fortuna potens cito reddidit omnia, & auxit.
Amissam primum Narbo dedit patriam.
Nobilis hic hospes Clarentius indole motus,
Egregiam natam conjugio attribuit.
Mox schola, & auditor multus, prætextaque pubes,
Grammatici nomen, divitiasque dedit.
Sed numquam jugem cursum fortuna secundat,
Præsertim pravi nacta virum ingenii.
Verum omittenda mihi non sunt; memoranda recepi
Fata. sat est dictum, cuncta perisse simul.
Non tamen & nomen, quo te non fraude, receptum
Inter Grammaticos prætereunte meriti.

XIX. *Sedatus, Rhetor Tolosanus.*

REligio est, tacitum si te, Sedate, relinquam,
Quamvis docendi munus indeptum foris.
Communis patria est tecum mihi: sorte potentis
Fati Tolosam nactus es sedem scholæ.
Illic conjugium, natique, opulensque senectus,
Et fama, magna qualis est par Rhetori.
Quamvis externa tamen a regione reducit
Te patria, & civem morte obita repetit.
Quamque vagantem operam divisa impenderis urbi,
Arbitrium de te sumit origo suum.
Est tua nunc soboles, moremque secuta parentis,
Narbonem, ac Romam nobilitat studiis.
* * * * Sed
Fama velit nolit, Burdigalam referet.

XX. Staphylius, Rhetor, civis Auscius.

HActenus observata mihi lex commemorandi
 Cives, sive domi, seu docuere foris.
Externum sed fas conjungere civibus unum
 Te, *Staphyli*, genitum stirpe Novempopulis.
Te mihi quod genitor, quod avunculus: unus utrumque.
 Alter ut Ausonius, alter ut Arborius.
Grammatice ad Scaurum, atque Probum, promptissime (Rhetor,
 Historiam callens Livii & Herodoti.
Omnis doctrinae ratio tibi cognita: quantam
 Condit sescentis Varro voluminibus.
Aurea mens, vox suada tibi, tum sermo quietus.
 Nec cunctator eras, nec properator item.
Pulchra senecta, nitens habitus, procul ira, dolusque,
 At placidae vitae congrua meta fuit.

XXI. *Crispus & Urbicus, Grammat. Latini & Graeci.*

TU quoque in aevum, Crispe, futurus
 Maestis venies commemoratus
  Munere threni.
Qui primaevos, fandique rudes,
 Elementorum prima docebas
  Signa novorum.
Creditus olim fervere mero,
 Ut Virgilii Flaccique locis
  Aemula ferres.
Et tibi, Latiis posthabite orsis
 Urbice, Graiis celebris, carmen
  Sit θρηνητικόν.
Nam tu Crispo conjuncte tuo
 Prosa solebas, & versa loqui
  Impete eodem;
Priscos ut & heroas olim
 Carmine Homeri commemoratos
  Fando referres:
Dulcem in paucis ut Plisthenidam,
 Et torrentis ceu Dulichii
  Ningida dicta,
Et mellitae nectare vocis
 Dulcia fatu verba canentem
  Nestora regem.
Ambo loqui faciles, ambo omnia carmina docti,
 Callentes mython plasmata, & historiam.
Liberti ambo genus: sed quos meruisse deceret
 Nasci, ut cluerent patribus ingenuis.

XXII. *Victorio, Subdoctori, sive Proscholo.*

VIctori studiose, memor, celer, ignoratis
 Assidue in libris, nec nisi operta legens;
Exesas tineis, opicasque evolvere chartas,
 Major quam promptis cura tibi in studiis.
Quod jus Pontificum, quae foedera, stemma quod olim
 Ante Numam fuerat sacrifici Curibus:
Quid Castor cunctis de regibus ambiguis, quid
 Conjugis e libris ediderat Rhodope:
Quod jus Pontificum, veterum quae scita Quiritum,
 Quae consulta patrum; quid Draco, quidve Solon
Sanxerit; & Locris dederit quae jura Zaleucus;
 Sub Jove quae Minos, quid Themis ante Jovem;
Nota tibi potius, quam Tullius & Maro nostri,
 Et quidquid Latia conditur historia.
Fors istos etiam tibi lectio longa dedisset,
 Supremum Lachesis ni celerasset iter.
Exili nostrae fucatus honore cathedrae,
 Libato tenuis nomine Grammatici.
Longinquis posthac Romae defunctus in oris:
 Ad quas de Siculo litore transieras.
Sed modo nobilium memoratus in agmine, gaude:
 Pervenit ad Manes si pia cura tuos.

XXIII. *Dynamio, Burdigalensi, qui in Hispania docuit, & obiit.*

SEd neque te maesta, Dynami, fraudabo querela,
 Municipem patriae causidicumque meae.
Crimine adulterii quem saucia fama fugavit,
 Parvula quem latebris fovit Ilerda suis.
Quem locupletavit conjux Hispana latentem;
 Namque ibi mutato nomine, Rhetor eras.
Rhetor Flavini cognomine dissimulatus,
 Ne posset profugum prodere culpa suum.
Reddiderat quamvis patriae te sera voluptas,
 Mox residem rursum traxit Ilerda domum.
Qualiscumque tuae fuerit fuga, famaque vitae,
 Jungeris antiqua tu mihi amicitia.
Officiumque meum, sensus si manibus ullus,
 Accipe jam verum, morte obita, *Dynami*.
Diversis quamvis jaceas defunctus in oris:
 Commemorat maestis te pia cura elegis.

XXIV. *Acilio Glabrioni, Grammatico Jun. Burdig.*

DOctrinae, vitaeque pari brevitate caducum,
 Glabrio, te maestis commemorabo elegis.
Stemmate nobilium deductum nomen avorum,
 Glabrio Aquilini Dardana progenies.
Te quondam puero compar mihi discipulo: mox
 Me dehinc facto Rhetore, Grammaticus.
Inque foro tutela reis, & cultor in agris,
 Digne, diu partis qui fruerere bonis.
Commode, laete, benigne, abstemie, tam bone dandis
 Semper consiliis, quam taciturne datis.
Tam decus omne tuis, quam mox dolor, omnia acerbo
 Funere praereptus, Glabrio, destituis:
Uxore & natis, genitore & matre relictis,
 Eheu quam multis perdite nominibus!
Flete diu nobis, numquam satis, accipe acerbum,
 Glabrio in aeternum commemorate, VALE.

Carmen.

QUos legis a prima deductos menide libri,
 Doctores patriae scito fuisse meae.
Grammatici in studio, vel Rhetoris, aut in utroque,
 Quos memorasse mihi, morte obita, satis est.
Viventum illecebra est laudatio; nomina tantum
 Voce ciere, suis sufficiet tumulis.
Ergo qui nostrae leges ista tristia chartae,
 Eloquium ne tu quaere, sed officium;
Quo claris doctisque viris pia cura parentat,
 Dum decus egregiis commemorat patriae.

POETA.

VAlete manes inclytorum Rhetorum:
 Valete doctores probi.
Historia si quos, vel poeticus stilus,
 Forumve fecit nobiles:
Medicae vel artis, dogma vel Platonicum
 Dedit perenni gloriae;

Et si

Et si quae cunctis cum viventum placet:
 Iuvatque honor superstitum:
Accipite maestum carminis cultum mei,
 Textum querela flebili.
Sedem sepulchri servet immotus cinis.
 Memoria vivat nominum:
Dum remeat illud, iudicis dono dei,
 Commune cum dis saeculum.

EPITAPHIA HEROUM

Qui Bello Troico interfuerunt.

I. *Agamemnoni.*

Rex regum Atrides, fraternae coniugis ultor,
 Oppetii manibus coniugis ipse meae.
Quid prodest Helenae raptum punisse dolentem,
 Vindicem adulterii quum Clytemnestra necat?

II. *Menelao.*

Felix o Menelae, Deum cui debita sedes,
 Decretumque piis manibus Elysium.
Tyndareo dilecte gener, dilecte Tonanti:
 Coniugii vindex, ultor adulterii:
Aeterno pollens aevo, aeternaque iuventa,
 Nec leti passus tempora, nec senii.

III. *Ajaci.*

Ajacis tumulo pariter tegor obruta Virtus,
 Inlacrimans bustis funeris ipsa mei:
Incomptas lacerata comas, quod pravus Atrides
 Cedere me instructis compulit insidiis.
Jam dabo purpureum claro de sanguine florem,
 Testantem gemitu crimina iudicii.

IV. *Achilli.*

Non una Aeaciden tellus habet, ossa teguntur
 Litore Sigeo, crinem Larissa cremavit.
Pars tumuli .·.·.·.
Orbe sed in toto .·.·.· Homerus .·..·

V. *Ulixi.*

Conditur hoc tumulo Laerta natus Ulixes.
 Perlege Odysseam, omnia nosse volens.

VI. *Diomedi.*

Conditur hic genitore bono melior Diomedes;
 Crimen ob uxoris pulsus dotalibus Argis.
Argyripam, clarosque viris qui condidit Arpos:
Clarior urbe nova, patria quam sede vetusta.

VII. *Antilocho.*

Consilii, bellique bonus, quae copula rara est,
 Carus & Atridis, carus & Aeacidis:
Praemia virtutis simul & pietatis adeptus,
 Servato Antilochus Nestore patre, obii.
Non hic ordo fuit: sed iustius ille superstes,
 Troja capi sine quo perfida non poterat.

VIII. *Nestori.*

Hoc tegor in tumulo quarti jam prodigus aevi
 Nestor, consilio clarus, & eloquio,
Obiecit sese cuius pro morte peremptus
 Filius: & nati vulnere vivo pater.
Eheu! cur fatis disponere sic placet aevum,
 Tam longum ut nobis, tam breve ut Antilocho?

IX. *Pyrrho.*

Orbe tegor medio, major virtute paterna,
 Quod puer, & regis Pyrrhus opima tuli.
Impius ante aras quem fraude peremit Orestes.
 Quid mirum? caesa jam genitrice furens.

X. *Euryalo.*

Nec me non dignum titulo Pleuronia credit:
 Cui commune erat cum Diomede decus,
Euryalo, & Sthenelo. nam tertius hoc ego regnum
 Possedi: de quo nunc satis est tumulus.

XI. *Guneo.*

Guneum pontus habet, tumulus sine corpore nomen.
 Fama homines inter, caelum animus repetit.
Cuncta elementa duci tanto commune sepulchrum.
 Quae? caelum, & tellus, & mare, & ora virum.

XII. *Protesilao.*

Fatale adscriptum nomen mihi Protesilao.
 Nam primus Danaum bello obii Phrygio,
Audaci ingressus Sigeia litora saltu,
 Captus pellacis Laertiadae insidiis.
Qui ne Trojanae premeret pede litora terrae,
 Ipse super proprium desiluit clypeum.
Quid quereris? hoc letum jam tum mea fata canebant,
 Tale mihi nomen quum pater imposuit.

XIII. *Deiphobo.*

Proditus ad poenam, sceleratae fraude Lacaenae,
 Et deformato corpore Deiphobus,
Non habeo tumulum, nisi quem mihi voce vocantis
 Et pius Aeneas, & Maro composuit.

XIV.

XIV. *Hectori.*

HEctoris hic tumulus: cum quo ſua Troja ſepulta
Conduntur pariter, qui periere ſimul. (eſt.

XV. *Aſtyanacti.*

FLos Aſiæ, tantæ modo qui de gente ſuperſtes,
Parvulus, Argivis ſed jam de patre timendus,
Hic jaceo Aſtyanax, Scæis dejectus ab altis.
Pro dolor! Iliaci Neptunia mœnia muri
Viderunt aliquid crudelius Hectore tracto.

XVI. *Sarpedoni.*

SArpedon Lycius, genitus Jove, numine patris
Sperabam cælum; ſed tegor hoc tumulo,
Sanguineis fletus lacrimis. pro ferrea fata!
Et patitur luctum, qui prohibere poteſt!

XVII. *Naſti & Amphimacho.*

NAſtes, Amphimachuſque, Nomionis inclyta proles,
Ductores quondam, pulvis & umbra ſumus.

XVIII. *Troilo.*

HEctore proſtrato, nec dis, nec viribus æquis
Congreſſus ſævo Troilus Æacidæ,
Raptatus bigis fratris conjungor honori.
Cujus ob exemplum nec mihi pœna gravis.

XIX. *Polydoro.*

CEde procul, myrtumque iſtam fuge neſcius, hoſpes,
Telorum ſeges eſt ſanguine adulta meo.
Confixus jaculis, & ab ipſa cæde ſepultus,
Condor in hoc tumulo bis Polydorus ego.
Scit pius Æneas, & tu, rex impie, quod me
Thracia pœna premit, Troia cura tegit.

XX. *Euphemo.*

EUphemum Ciconum ductorem Troia tellus
Condidit haſtati Martis ad effigiem.
Nec ſatis eſt titulum ſaxo inciſiſſe ſepulchri:
Inſuper & fraxnum mole onerant ſtatuæ.
Ocyus iſta ruunt, quæ ſic cumulata locantur.
Major ubi eſt cultus, magna ruina ſubeſt.

XXI. *Hippothoo, & Pylæo, in horto ſepultis.*

HIppothoum, Pylæumque tenet gremio infima tellus.
Caulibus & malvis terga ſuperna virent.
Nec vexant cineres horti cultura quietos:
Dum parcente manu molle olus excolitur.

XXII. *Ennomo, & Chromio.*

ENnomus hic, Chromiuſque jacent, queis Myſia regnum,
Queis pater Alcinous, Oceanuſque atavus.
Nobilitas quid mors juvat? quo clarius iſtis
Eſt genus, hoc mortis conditio gravior.

XXIII. *Priamo.*

HIc Priami non eſt tumulus, nec condor in iſta
Sede: caput Danai diripuere meum.
Aſt ego quum lacerum ſine nomine funus haberem,
Confugi ad cineres Hectoreos genitor.
Illic & natos, Trojamque, Aſiamque ſepultam
Inveni, & noſtrum quidquid ubique jacet.

XXIV. *Item Priamo.*

QUi tumulum Priami quæris, legas Hectoris ante.
Ille meus, nato quem prius ipſe dedi.
Hectoris, & patris ſimul eſt commune ſepulchrum.
Amborum quoniam juncta ruina fuit.

XXV. *Hecubæ.*

QUæ regina fui, quæ claro nata Dymante,
Quæ Priami conjunx, Hectora quæ genui.
Hic Hecuba injectis perii ſuperobruta ſaxis.
Sed rabie linguæ me tamen ulta prius.
Fidite ne regnis, & prole, & ſtirpe parentum
Quicumque hoc noſtrum σῆμα κυνὸς legitis.

XXI. *Polyxenæ.*

TRoas Achilleo conjuncta Polyxena buſto
Malueram nullo cæſpite functa tegi.
Non bene diſcordes tumulos miſcetis, Achivi:
Hoc violare magis, quam ſepelire fuit.

ALIQUOT ALIORUM EPITAPHIA.

XXVII. *Niobæ, in Sipylo monte juxta fontem ſepultæ.*

THebarum regina fui. Sipyleia cautes
Quæ modo ſum; læſi numina Latoidum.
Bis ſeptem natis genitrix læta atque ſuperba,
Tot duxi mortes funera, quot genui.
Nec ſatis hoc divis. duro circumdata ſaxo
Amiſi humani corporis effigiem.
Sed dolor, obſtructis quamquam vitalibus, hæret:
Perpetuaſque rigat fonte pio lacrimas.
Pro facinus! tantæne animis cæleſtibus iræ?
Durat adhuc luctus, matris imago perit.

XXVIII. *Eidem.*

VIvebam. ſum facta ſilex, quæ deinde polita
Praxitelis manibus, vivo iterum Niobe.
Reddidit artificis manus omnia, ſed ſine ſenſu.
Hunc ego, quum læſi numina, non habui.

XXIX. *Eidem.*

HAbet ſepulchrum non id intus mortuum.
Habet nec ipſe mortuus buſtum ſuper.
Sibi ſed eſt ipſe hic ſepulchrum, & mortuus.

XXX. *Didoni.*

INfelix Dido, nulli bene nupta marito:
Hoc pereunte fugis, hoc fugiente peris.

XXXI.

XXXI. *Diogeni Cynico, in cujus sepulchro, pro titulo, Canis signum est.*

DIc, canis, hic cujus tumulus? Canis. At canis hic quis?
Diogenes. Obiit? Non obiit, sed abiit.
Diogenes, cui pera penus, cui dolia sedes,
Ad manes abiit? Cerberus ire vetat.
Quonam igitur? Clari flagrat qua stella Leonis,
Additus est justæ nunc canis Erigonæ.

XXXII. *In tumulum fœminæ [illegible].*

OMnia quæ longa vitæ cupiuntur in ævo,
Ante quater plenum consecuta Anicia lustrum.
Infans lascivit, pubes & virgo adolevit.
Nupsit, concepit, peperit, jam mater obivit.
Quis mortem accuset? quis non accuset in ista
Ætate? meritis anus est, ætate puella.

XXXIII. *Glauciæ, immatura morte prævento.*

LÆta bis octono tibi jam sub consule pubes
Cingebat teneras, Glaucia adulte, genas.
Et jam desieras puer, anne puella, videri;
Quum properata dies abstulit omne decus.
Sed neque functorum socius miscebere vulgo;
Nec metues Stygios flebilis umbra lacus.
Verum aut Persephonæ Cinyreius ibis Adonis:
Aut Jovis Elysii tu catamitus eris.

XXXIV. *Callicrateæ.*

VIginti atque novem genitrici Callicrateæ
Nullius sexus mors mihi visa fuit.
Sed centum & quinque explevi bene sospes annos,
[illegible] baculo non subeunte manum.

XXXV. *Equo Admirabili, jussu Augusti.*

PHosphore, clamosi spatiosa per æquora Circi
Septenas solitus victor obire vias;
Improperanter agens primos a carcere cursus,
Fortis prægressis ut [illegible] equis.
Promptum & velocem erat anticipare quadrigas;
Victores etiam vincere, laus potior.
Hunc titulum vani solatia fert sepulchri,
Et gradere Elysios præpes ad alipedes.
Pegasus hinc dexter currus tibi, lævus Arion
Funis eat: quartum det tibi Castor equum.

XXXVI. *In tumulo hominis felicis.*

SParge mero cineres, bene olentis & unguine nardi,
Hospes, & adde rosis balsama puniceis.
Perpetuum mihi ver agit illacrimabilis urna,
Et commutavi sæcula, non obii.
Nulla mihi veteris perierunt gaudia vitæ:
Seu meminisse putes omnia, sive nihil.

XXXVII. *Sepulchrum Cari [illegible].*

ME sibi, & uxori, & natis commune sepulcrum
Constituit seras Carus ad exsequias.
Jamque diu monumenta vacant, sitque ista querela
Longa: & veniat ordine quisque suo,
Nascendi qui lege datur: placidumque per ævum
Condatur, natu qui prior, ille prior.

XXXVIII. *Ex sepulchro Latinæ viæ.*

NOn nomen, non quo genitus, non unde, quid egi.
Mutus in æternum sum, cinis, ossa, nihil.
Non sum, nec fueram: genitus tamen e nihilo sum.
Mitte, nec exprobres singula, talis eris.

AUSONII DE DUODECIM CÆSARIBUS

Per Suetonium Tranquillum scriptis.

Ausonius Hesperio filio. S. D.

CÆSAREOS proceres, in quorum regna secundis
Consulibus dudum Romana potentia cessit,
Accipe bis senos. sua quemque monosticha signant,
Quorum per plenam seriem Suetonius olim
Nomina, res gestas, vitamque obitumque peregit.

Monosticha de ordine XII. Imperatorum.

PRimus regalem patefecit JULIUS aulam
Cæsar, & AUGUSTO nomen transcripsit, & arces.
Privignus post hunc regnat NERO CLAUDIUS, a quo
CÆSAR, cognomen Caligæ cui castra dederunt.
CLAUDIUS hinc potitur regno. post quem NERO sævus
Ultimus & Æneadum. post hunc tres, nec tribus annis;
GALBA senex, frustra socium conscitus laurea:
Mollis OTHO, infami per luxum degener ævo;
Nec regno dignus, nec morte VITELLIUS ut vir.
His decimus, fatoque accitus VESPASIANUS.
Et TITUS imperii felix brevitate. secutus
Frater, quem CALVUM dixit sua Roma NERONEM.

Tempus imperii XII Cæsarum.

JULIUS, ut perhibent, divus trieteride regnat.
AUGUSTUS post lustra decem, sex prorogat annos.
Et ter septenis geminos NERO CLAUDIUS addit.
Tertia finis hiems grassantia tempora CAII.
CLAUDIUS hebdomadem duplicem trahit: & NERO dirus
Tan-

Tantundem: summæ consul sed defuit annus.
GALBA senex, OTHO lascive, & famose VITELLI,
Tertia vos Latii regnantes nescit æstas,
Interitus dignos vita properante probavit.
Implet fatalem decadem sibi VESPASIANUS.
Ter, dominante TITO, cingit nova laurea Janum:
Quindecies, sævis potitur dum FRATER habenis.

De mortibus eorum.

JULIUS interiit CÆSAR grassante senatu.
Addidit AUGUSTUM divis matura senectus.
Sera senem Capreis exsul NERO fata peremit.
Expetiit pœnas de CÆSARE Chærea mollis.
CLAUDIUS ambiguo conclusit fata veneno.
Matricida NERO proprii vim pertulit ensis.
GALBA senex periit sævo prostratus OTHONE.
Mox Otho famosus, clara sed morte potitus.
Prodiga succedunt perimendi sceptra VITELLI.
Laudatum imperium, mors lenis VESPASIANO.
At TITUS, orbis amor, rapitur florentibus annis.
Sera gravem perimunt, sed justa piacula, FRATREM.

EJUSDEM AUSONII TETRASTICHA.

A Julio Cæsare usque ad tempora sua.

NUnc & prædictos, & regni sorte sequentes
Expediam, series quos tenet imperii.
Incipiam ab Divo, percurramque ordine cunctos,
Novit Romanæ quos memor historiæ.

I. *Julius Cæsar.*

IMperium, binis fuerat solemne quod olim
Consulibus, Cæsar Julius obtinuit.
Sed breve jus regni, sola trieteride gestum,
Perculit armata factio sæva toga.

II. *Octavianus Augustus.*

ULtor, successorque dehinc Octavius, idem
Cæsar; et Augusti nomine nobilior.
Longæva, & numquam dubiis violata potestas,
In terris positum credidit esse deum.

III. *Tiberius Nero.*

PRænomen Tiberi nactus Nero prima juventa
Tempora laudato gessit in imperio.
Frustra dehinc solo Caprearum clausus in antro,
Quæ prodit vitiis, credit operta locis.

IV. *Cæsar Caligula.*

POst hunc castrensis caligæ cognomine Cæsar
Successit sævo sævior ingenio:
Cædibus, incestisque dehinc maculosus, & omni
Crimine pollutum qui superavit avum.

V. *Claudius Cæsar.*

CLaudius irrisæ privato in tempore vitæ,
In regno specimen prodidit ingenii.
Libertina tamen, nuptarum & crimina passus,
Non faciendo nocens, sed patiendo fuit.

VI. *Nero.*

ÆNeadum generis qui sextus & ultimus heres,
Polluit, & clausit Julia sacra Nero.
Nomina quot pietas, tot habet quoque crimina vitæ,
Disce ex Tranquillo: me meminisse piget.

VII. *Sergius Galba.*

SPem frustrate senex, privatus sceptra mereri
Visus; at imperio proditus inferior;
Fama tibi melior juveni: sed justior ordo est,
Complacuisse dehinc, displicuisse prius.

VIII. *Marcus Otho.*

ÆMula polluto gestavit sceptra Neroni,
Obtruncat celeri raptor Otho solio.
Fine tamen laudandus erit: qui morte decora
Hoc solum fecit nobile, quod periit.

IX. *Aulus Vitellius.*

VIta sera fœda tibi, nec digna, Vitelli,
Qui fieres Cæsar. sic sibi fata placent.
Umbra tamen brevis imperii: quia præmia regni
Sæpe indignus adit, non nisi dignus habet.

X. *Divus Vespasianus.*

QUærendi attentus, moderato commodus usu,
Auget nec reprimit Vespasianus opes.
Olim qui dubiam privato in tempore famam,
Rarum aliis, princeps transtulit in melius.

XI. *Titus Vespasianus.*

FElix imperio, felix brevitate regendi,
Expers civilis sanguinis, orbis amor;
Unum dixisti moriens te crimen habere.
Sed nulli de te, nec tibi credidimus.

XII. *Domitianus.*

HActenus edideras dominos gens Flavia justos.
Cur duo quæ dederant, tertius eripuit?
Vix tanti est habuisse illos, quia dona bonorum
Sunt brevia, æternum, quæ nocuere, dolent.

XIII. *Nerva Tetrarcha.*

PRoximus extincto moderatur sceptra tyranno
Nerva senex, princeps nomine, mente parens.
Nulla viro suboles. imitatur adoptio prolem,
Quam legisse juvet, quam genuisse velit.

XIV. *Trajanus.*

AGgreditur regimen viridi Trajanus in ævo,
Belli laude prior, cetera patris habens.
Hic quoque prole carens, sociat sibi sorte legendi,
Quem fateare bonum, diffiteare parem.

XV. *Ælius Hadrianus.*

ÆLius hinc subiit mediis præclarus in actis:
Principia & finem fama notat gravior.

Orbem

Orbus & hic: sociatque virum documenta daturus,
Adsciti quantum praemineant genitis.

XVI. *Antoninus Pius.*

ANtoninum abhinc regimen capit: ille vocatu
Consultisque PIUS, nomen habens meriti.
Filius huic fato nullus: sed lege suorum
A patria sumsit, qui regeret patriam.

XVII. *Marcus Antoninus.*

POst Marco tutela datur; qui scita Platonis
Flexit ad imperium, patre PIO melior.
Successore suo moriens, sed principe pravo,
Hoc solo patriae, quod genuit, nocuit.

XVIII. *Commodus.*

COmmodus insequitur, pugnis maculosus arenae,
Thraecidico princeps bella movens gladio.
Eliso tandem persolvens gutture poenas;
Criminibus fassus matris adulterium.

XIX. *Helvius Pertinax.*

HElvi, judicio & consilio lecte senatus,
Princeps decretis prodite, non studiis.
Quod doluit malesida cohors; errore probato,
Curia quod castris cesserat imperium.

XX. *Didius Julianus.*

DIi bene, quod spoliis Didius non gaudet opimis:
Et cito perjuro praemia adempta seni.
Tuque Severe pater, titulum ne horresce novantis,
Non rapis imperium vis tua, sed recipis.

XXI. *Severus Pertinax.*

IMpiger egelido movet arma Severus ab Histro,
Ut parricidae regna adimat Didio.
Punica origo illi: sed qui virtute probaret
Non obstare locum, quum valet ingenium.

XXII. *Bassianus Antoninus Caracalla.*

DIssimilis virtute patri, & multo magis illi,
Cujus adoptivo nomine te perhibes.
Fratris morte nocens, punitus fine cruento,
Irrisu populi tu Caracalla magis.

XXIII. *Opilius Macrinus.*

PRincipis hic custos, sumptum pro Caesare ferrum
Vertis in auctorem caede Macrinus iners.
Mox cum prole ruis. gravibus pollute querelis
Caesar perfidiam. quae patrat, meruit.

XXIV. *Antoninus Heliogabalus.*

TUne etiam Augustae sedis penetralia foedas
Antoninorum nomina falsa gerens?

* * * *

Reliqua desiderantur.

AUSONII Ordo nobilium Urbium.

I. *Roma.*

PRima urbes inter, divum domus, aurea Roma.

II. *Constantinopolis, & Carthago.*

COnstantinopoli assurgit Carthago priori,
Non toto cessura gradu: quia tertia dici
Fastidit, non ausa locum sperare secundum,
Qui fuit ambarum. vetus hanc opulentia praefert,
Hanc fortuna recens. fuit haec, subit ista; novisque
Excellens meritis, veterem praestringit honorem:
Et Constantino concedere cogit Elissam.
Accusat Carthago deos jam plena pudoris,
Nunc quoque si cedat, Romam vix passa priorem.
Componat vestros fortuna antiqua tumores.
Ite pares, tandem memores, quod numine divum
Angustas mutastis opes & nomina: tu quum
Byzantina Lygos, tu Punica Byrsa fuisti.

III. *Antiochia, & Alexandria.*

TErtia Phoebeae lauri domus Antiochia,
Vellet Alexandri si quarta colonia poni.
Ambarum locus unus: & has furor ambitionis
In certamen agit. vitiorum turbida vulgo
Utraque, & amentis populi male sana tumultu.
Haec Nilo munita quod est, penitusque repostis
Insinuata locis, fecunda & tuta, superbit.
Illa quod infidis opponitur aemula Persis.
Et vos ite pares: Macetumque attollite nomen.
Magnus Alexander te condidit: illa Seleucum
Nuncupat, ingenuum cujus fuit anchora signum,
(Qualis inusta solet) generis nota certa. per omnem
Nam subolis seriem nativa cucurrit imago.

IV. *Treveri.*

ARmipotens dudum celebrari Gallia gestit:
Trevericaeque urbis solium, quae proxima Rheno,
Pacis ut in mediae gremio secura quiescit;
Imperii vires quod alit, quod vestit & armat.
Lata per extentum procurrunt moenia collem.
Largus tranquillo praelabitur amne Mosella,
Longinqua omnigenae vectans commercia terrae.

V. *Mediolanum.*

ET Mediolani mira omnia, copia rerum,
Innumerae cultaeque domus, facunda virorum

Ingenia & mores læti. tum duplice muro
Amplificata loci species, populique voluptas
Circus, & inclusi moles cuneata theatri:
Templa, Palatinæque arces, opulensque Moneta,
Et regio Herculei celebris sub honore lavacri,
Cunctaque marmoreis ornata peristyla signis,
Mœniaque in valli formam circumdata labro,
Omnia quæ magnis operum velut æmula formis
Excellunt: nec juncta premit vicinia Romæ.

VI. *Capua.*

NEc Capuam pelago, cultuque, penuque potentem,
Deliciis, opibus, famaque priore silebo,
Fortuna variante vices: quæ freta secundis,
Nescivit servare modum. nunc subdita Romæ,
Æmula tunc. fidei memor, ante infida, senatum
Sperneret, an coleret, dubitans, sperare curules
Campanis ausa auspiciis, unoque suorum
Consule: ut imperium divisi attolleret orbis.
Quin etiam rerum dominam, Latiique parentem
Appetiit bello, ducibus non freta togatis,
Annibalis jurata armis: deceptaque in hostis
Servitium demens specie transivit herili.
Mox ut in occasum vitiis communibus acti
Corruerunt, Pœni luxu, Campania fastu,
(Heu nunquam stabilem sortita superbia sedem!)
Illa potens, opibusque valens, Roma altera quondam,
Comere quæ paribus potuit fastigia conis,
Octavum rejecta locum vix pene tenet.

VII. *Aquileia.*

NOn erat iste locus: merito tamen aucta recenti,
Nona inter claras Aquileja cieberis urbes,
Itala ad Illyricos objecta colonia montes,
Mœnibus & portu celeberrima: sed magis illud
Eminet, extremo quod te sub tempore legit,
Solveret exacto cui sera piacula lustro
Maximus, armigeri quondam sub nomine lixa.
Felix, quæ tanti spectatrix læta triumphi
Punisti Ausonio Rutupinum Marte latronem.

VIII. *Arelas.*

PAnde, duplex Arelate, tuos blanda hospita portus,
Gallula Roma Arelas: quam Narbo Martius, & quam
Accolit Alpinis opulenta Vienna colonis.
Præcipitis Rhodani sic intercisa fluentis,
Ut mediam facias navali ponte plateam,
Per quem Romani commercia suscipis orbis,
Nec cohibes: populosque alios, & mœnia ditas;
Gallia quis fruitur, gremioque Aquitania lato.

IX. *Emerita.*

CLara mihi post has memorabere nomen Iberum
Emerita, æquoreus quam præterlabitur amnis,
Submittit cui tota suos Hispania fasces.
Corduba non, non arce potens tibi Tarraco certat,
Quæque sinu pelagi jactat se Bracara dives.

X. *Athenæ.*

NUnc & terrigenis patribus memoremus Athenas,
Palladis & Consi quondam certaminis arcem.
Paciferæ primum cui contigit arbor olivæ.
Attica facundæ cujus mera gloria linguæ.
Unde per Ionias populos, & nomen Achæum,
Versa Graja manus, centum se effudit in urbes.

XI. *Catina, & Syracusæ.*

QUis Catinam sileat? quis quadruplices Syracusas?
Hanc ambustorum fratrum pietate celebrem,
Illam complexam miracula fontis & amnis.
Qua maris Ionii subeunt vada salsa meatum
Consocient dulces placita sibi sede liquores,
Incorruptarum miscentes oscula aquarum.

XII. *Tolosa.*

NOn unquam altricem nostri reticebo Tolosam,
Coctilibus muris quam circuit ambitus ingens,
Perque latus pulchro prælabitur amne Garumna;
Innumeris cultam populis, confinia propter
Ninguida Pyrenes, & pinea Cebennarum,
Inter Aquitanas gentes & nomen Iberum.
Quæ modo quadruplices ex se cum effuderit urbes,
Non ulla exhaustæ sentit dispendia plebis:
Quos genuit cunctos gremio complexa colonos.

XIII. *Narbo.*

NEc tu Martie Narbo silebere: nomine cujus
Fusa per immensum quondam provincia regnum,
Obtinuit multos dominandi jure colonos.
Insinuant qua se Sequanis Allobroges oris;
Excluduntque Italos Alpina cacumina fines;
Qua Pyrenaicis nivibus dirimuntur Iberi:
Qua rapitur præceps Rhodanus genitore Lemanno,
Interiusque premunt Aquitanica rura Cebennæ,
Usque in Tectosagos paganica nomina Volcas,
Totum Narbo fuit. tu Gallia prima togati
Nominis attollis Latio proconsule fasces.
Quis memoret portusque tuos, montesque lacusque?
Quis populos vario discrimine vestis, & oris?
Quodque tibi quondam Pario de marmore templum
Tantæ molis erat, quantum non sperneret olim
Tarquinius, Catulusque iterum, postremus & ille,
Aurea qui statuit Capitoli culmina Cæsar?
Te maris Eoi merces, & Iberica ditant
Æquora: te classes Libyci, Siculique Profundi:
Et quidquid vario per flumina, per freta cursu
Advehitur, toto tibi navigat orbe κατάπλους.

XIV. *Burdigala.*

IMpia jam dudum condemno silentia, quod te,
O patria, insignem Baccho, fluviisque, virisque,
Moribus, ingeniisque hominum, procerumque senatu,
Non inter primas memorem; quasi conscius urbis
Exiguæ immeritas dubitem contingere laudes.
Nec pudor hinc nobis. nec enim mihi barbara Rheni
Ora, nec Arctoo domus est glacialis in Hæmo.
Burdigala est natale solum: clementia cœli
Mitis ubi, & rigui larga indulgentia terræ;
Ver longum, brumæque breves, juga frondea subsunt.
Fervent æquoreos imitata fluenta meatus.
Quadrua murorum species, sic turribus altis
Ardua, ut aerias intrent fastigia nubes.
Distinctas interne vias mirere, domorum

Dispo-

Dispositum, & latas nomen servare plateas;
Tum respondentes directa in compita portas.
Per mediumque urbis fontani fluminis alveum,
Quem pater Oceanus refluo quum impleverit æstu,
Adlabi totum spectabis classibus æquor.
Quid memorem Pario contectum marmore fontem
Euripi fervere freto? quanta unda profundi!
Quantus in amne tumor! quanto ruit agmine præceps
Marginis extenti bis sena per ostia cursus,
Innumeris populi non umquam exhaustus ad usus!
Hunc cuperes, Rex Mede, tuis contingere castris,
Flumina consumpto quum defecere meatu:
Hujus fontis aquas peregrinas ferre per urbes,
Unum per cunctas solitus potare Choaspen.
Salve fons ignote ortu, sacer, alme, perennis,
Vitree, glauce, profunde, sonore, illimis, opace.
Salve urbis genius, medico potabilis haustu,
DIVONA Celtarum lingua, fons addite Divis.
Non Aponus potu, vitrea non luce Nemausus
Purior, æquoreo non plenior amne Timavus.
Hic labor extremus celebres collegerit urbes.
Utque caput mundi Roma inclyta, sic caput iste
Bordigala ancipiti confirmet vertice finem.
Hæc patria est: patrias sed Roma supervenit omnes.
Diligo Bordigalam; Romam colo. civis in hac sum,
Consul in ambabus. cunæ hic, ibi sella curulis.

LUDUS SEPTEM SAPIENTUM.

Ausonius Consul Latino Drepanio Pacato Proconsuli.

IGnoscenda istaec, an cognoscenda rearis;
Attento, Drepani, perlege judicio.
Æquanimus fiam te judice: sive legenda,
Sive tegenda putes carmina, quæ dedimus.
Nam primum est meruisse tuum, Pacate, favorem:
Proximum deinde cura pudoris erit.
Possum ego censorem lectoris ferre severi;
Et possum modica laude placere mihi.
Novit equus plausæ sonitum cervicis amare:
Novit & intrepidum verbera lenta pati.
Mæonio qualem cultum quæsivit Homero
Censor Aristarchus, normaque Zenodoti.
Pone obelos igitur spuriorum stigmata vatum.
Palmas, non culpas esse putabo meas.
Et correcta magis, quam condemnata vocabo,
Apparet docti quæ mihi lima viri.
Interea arbitrii subiturus pondera tanti,
Optabo, ut placeant: sin minus, ut lateant.

PROLOGUS.

SEptem sapientes, nomine quibus istud dedit
Superior ætas, nec secuta sustulit,
Hodie in orchestram palliati prodeunt.
Quid erubescis tu togate Romule,
Scenam quod introibunt tam clari viri?
Nobis pudendum hoc, non & Atticis quoque,
Quibus theatrum curiæ præbet vicem.
Nostris negotiis sua loca sortito data:
Campus comitiis, ut Conscriptis curia:
Forum, atque Rostra separatis civium.
Una est Athenis, atque in omni Græcia,
Ad consulendum publici sedes loci:
Quam in urbe nostra sero luxus condidit.
Ædilis olim scenam tabulatam dabat
Subito excitatam nulla mole saxea.
Murena sic, & Gallius, nota eloquar.
Postquam potentes, nec verentes sumptuum,
Nomen perenne crediderunt, si semel
Constructa moles saxo fundamine
In omne tempus conderent ludis locum:
Cuneata crevit hæc theatri immanitas.
Pompeius hanc, & Balbus, & Cæsar dedit
Octavianus, concertantes sumptibus.
Sed ego quid istuc? non hac causa huc prodii,
Ut expedirem, quis theatra, quis forum,
Quis condidisset privas partes mœnium:
Sed ut veteres, disque laudatos viros
Progredientes, ac referentes, quid velint sibi.
Pronunciare suas solent sententias,
Quas quisque providentium antevorterit.
Scitis profecto quæ sint: sed si memoria
Rebus vetustis claudit, veniet Ludius
Edissertator harum, quas teneo minus.

LUDIUS.

DElphis Solonem scripsisse fama est Atticum,
Γνῶθι σεαυτόν, quod Latinum est, Nosce te.
Multi hoc Laconis esse Chilonis putant.
Spartanus Chilon sit tamen, necne, ambiguum,
Quod interfertur, ὅρα τέλος μακροῦ βίου,
Finem intueri longæ vitæ qui jubet.
Multi hoc Solonem dixe Crœso existimant.
Et Pittacum dixisse fama est Lesbium,
Γίγνωσκε καιρόν. Tempus ut noris, jubet.
Sed καιρὸς iste, tempestivum tempus est.
Bias Prieneus dixit, οἱ πλεῖστοι κακοί;
Quod est Latinum, Plures hominum sunt mali:
Sed imperitos scito, quos dixit malos.
Μελέτη τὸ πᾶν, Periandri est Corinthii;
Esse meditationem totum qui putat.
Ἄριστον μέτρον esse dixit Lindius
Cleobulus. hoc est, Optimus cunctis modus.
Thales, ἐγγύα, πάρα δ' ἄτα protulit.
Spondere qui nos, noxa quod præsto est, vetat.
Hoc nos monere, faenerari non placet.
Dixi. recedam. legifer venit Solon.

SOLON.

DE more Græco prodeo in scenam Solon,
Septem Sapientum fama cui palmam dedit.

Sed fama non est judicii severitas.
Neque me esse primum, vestrum aut imum existimo,
Æqualitas quam ordinem nostri parit.
Recte olim ineptum Delphicus suppressit Deus
Quærentem, quisnam primus sapientum foret,
Ut in orbe tereti nomina eorum incideret:
Ne primus esset, ne vel imus quispiam.
Eorum e medio prodeo gyro Solon;
Ut quod dixisse Crœso regi existimant,
Id omnis hominum secta sibi dictum putet.
Græce coactum ὅρα τέλος μακροῦ βίου:
Quod longius fit, si Latine edisseras:
Spectare vitæ jubeo cunctos terminum.
Proinde miserum, aut beatum dicere
Evita: quod sunt semper ancipiti sita.
Id adeo sic est. si queam, paucis loquar.
Rex, an tyrannus, Lydiæ Crœsus fuit
His in beatis, dives insanum in modum,
Lateribus aureis templa qui divis dabat.
Is me evocavit. venio dicto obediens,
Meliore ut uti rege possint Lydii.
Rogat, beatum prodam, si quem noverim;
Tellene dico civem non ignobilem.
Pro patria pugnans ille vitam objecerat.
Despexit, alium quærit. inveni Aglaum:
Fines qui agelli proprii nunquam excesserat.
At ille ridens, Quo deinde me ponis loco,
Beatus orbe toto qui solus vocor?
Spectandum dico terminum vitæ prius:
Tum judicandum, si manet felicitas.
Dictum moleste Crœsus accepit. at ego
Relinquo regem. bellum ille in Persas parat.
Profectus. victus. vinctus. regi deditur.

* * *

At ille captus, funeris ipse instar sui.

* * *

Quæ flamma totam se per ambitum dabat,
Volvens in altum fumidos æstu globos.
At pene sero Crœsus ingemit sono,
O vere vates, inquit: o Solon, Solon.
Clamore magno ter Solonem nuncupat.
Qua voce Cyrus motus, extingui jubet
Gyrum per omnem, & destrui ardentem pyram.
Et commodum profusus imber nubibus
Repressit ignem. Crœsus ad regem illico
Deducitur stipatus per ministrorum manum.
Interrogatus, quem Solonem diceret:
Et quam ciendi causam haberet nominis,
Seriem per omnem cuncta regi edisserit.
Miseratur ille: vimque fortunæ videns,
Laudat Solonem: Crœsum in amicis habet.
Vinctumque pedicis aureis secum jubet
Reliquum, quod esset vitæ, totum degere.
Ego duorum regum testimonio
Laudatus, & probatus amborum fui.
Quodque uni dictum est, quisque sibi dictum putet.
Ego jam peregi, qua de causa huc prodii.
Venit ecce Chilon. vos valete, & plaudite.

CHILON.

Lumbi sedendo, oculique spectando dolent,
Manendo Solonem quoad sese recipiat.
Hui, quam pauca quam diu loquuntur Attici!
Unam trecentis versibus sententiam
Tandem peregit: meque respectans abit.
Spartanus ego sum Chilo, qui nunc prodeo.
Brevitate nota, quæ Laconum est, utar.
Commendo nostrum γνῶθι σεαυτόν, *Nosce te*,
Quod in columna jam tenetur Delphica.
Labor molestus iste, fructu est optimo,
Quid ferre possis, quidve non, dignoscere;
Noscere, diuque quæ geras, quæ gesseris,
Admoque paucis tenuis instar quærere.
Officia cuncta, pudor, honor, constantia,
In hoc: & illa spreta nobis gloria.
Dixi. valete memores. plausum non moror.

CLEOBULUS.

Cleobulus ego sum, parvæ civis insulæ,
Magnæ sed auctor, qua cluo, sententiæ:
Ἄριστον μέτρον quam dixisse existimant.
Interpretare tu, qui orchestra proximus,
Gradibus propinquis in quatuordecim sedes:
Ἄριστον μέτρον an sit *optimus modus*.
Dic. annuisti. gratum habeo. persequar
Per ordinem. poeta dixe istuc lepe
Afer videtur velle, UT NE QUID NIMIS.
Et noster quidam, μηδὲν ἄγαν. huc pertinet
Uterque sensus, Italus, seu Dorius:
Fandi, tacendi, somni, vigiliæ est modus,
Beneficiorum, gratiarum, injuriæ,
Studii, laborum. vita in omni quidquid est,
Istum requirit optimæ pausa modum.
Dixi. recedam, ut in modum. venit Thales.

THALES.

Milesius Thales sum: AQUAM qui principem
Rebus creandis dixi, ut vates Pindarus.

* * * *

Dedere piscatores extractum mari.
Namque hi jubente Delio eum legerant:
Quod ille mensæ huc sapienti emiserat.
Ego recusans non recepi: ac reddidi
Ferendum ad alium, quem priorem crederem.
Dein per omnes septem sapientes viros
Missum, ac remissum rursus ad me refertur.
Ego receptum consecravi Apollini.
Nam, si sapientem deligi Phœbus jubet,
Non hominem quemquam, sed deum credi decet.
Is igitur ego sum. causa sed tu sponsum fuit
Mihi prodeundi, quæ duobus ante me:
Afferunt ut sententiam ferrem meam.
Ea displicebit; non tamen prudentibus,
Quos docuit usus, & periclum reddidit.
Non ἐγγύα, πάρα δ' ἄτα, dicimus:
Latinum est, *Sponde: noxia est presto tibi.*
Per mille possum currere exempla, ut probem
Prædes vadesque pœnitudinis reos.
Sed nolo quemquam nominatim dicere.
Sibi quisque vestrum dicat, & secum putet,
Spondere quantis damno fuerit & malo.
Gratum hoc officium maneat ambobus tamen.
Pars plaudite ergo: pars offensi explodite.

Bias.

Bias Prienæus dixi, οἱ πλεῖστοι κακοί.
Latine dictum suspicor, *Plures mali.*

Dialle

Dixisse nollem, VERITAS ODIUM PARIT.
Malos sed imperitos dixi, & barbaros:
Qui jus, & aequum, & sacra numina negligunt.
Nam populus iste, quo theatrum cingitur,
Totus bonorum est. hostium tellus habet,
Dixisse quos me creditis, Plures malos.
Sed nemo quisquam tam malus judex sui,
Qui non bonorum partibus se computet.
Sive ille vere bonus est, seu dici studet,
Jam fugit illud nomen invisum mali.
Abeo. valete, & plaudite. plures boni.

Pittacus.

Mitylenis oriundus Pittacus sum Lesbius,
Γίγνωσκε καιρόν, qui docui sententiam.
Sed iste καιρός, tempus ut noris, monet:
Et esse καιρόν, tempestivum quod vocant.
Romana sic est vox, *Venito in tempore:*
Vester quoque ille comicus Terentius,
Rerum omnium primum esse tempus autumat,
Ad Antiphilam quo venerat servus Dromo
Nullo impeditam, temporis servans vicem.
Reperiant cuncti, quoniam offensam incidat,
Spectata cui non fuerit opportunitas.
Tempus me abire, ut monitus. plaudite.

Periander.

Ephyra creatus hic Periander prodeo,
Μελέτη τὸ πᾶν qui dixi: & qui dictum probo,
Meditationem id esse totum, quod geras.
Is quoque solus rei gerendae est efficax,
Meditatur omne qui prius negotium.
Adversa rerum, vel secunda praedicat
Meditanda cunctis comicus Terentius.
Locare sedes, bellum gerere, aut ponere:
Magnas, modicasque res etiam, parvas quoque
Agere volentem, semper meditari decet.
Nam segniorem omnes in coeptis novis,
Meditatio si rei gerendae defuit.
Nihil est, quod ampliorem curam postulet,
Quam cogitare, quid gerendum sit. dehinc
Incogitantes fors, non consilium regit.
Sed ego me ad partes jam recipio. plaudite,
Meditati, ut vestram rem curetis publicam.

Eorumdem septem Sapientum Sententiae,

Septenis versibus ab eodem Ausonio explicatae.

Bias Prienaeus.

Quodnam summum boni? Mens, quae sibi conscia recti.
Pernicies homini quae maxima? Solus homo alter.
Quis dives? Qui nil cupiat. Quis pauper? Avarus.
Quae dos matronis pulcherrima? Vita pudica.
Quae casta est? De qua mentiri fama veretur.
Quod prudentis opus? Quum possis, nolle nocere.
Quid stulti proprium? Non posse, & velle nocere.

Pittacus Mitylenaeus.

Loqui ignorabit, qui tacere nesciet.
Bono probari malo, quam multis malis.
Demens superbis invidet felicibus.
Demens dolorem ridet infelicium.
Pareto legi, quisquis legem sanxeris.
Plures amicos re secunda compara.
Paucos amicos rebus adversis proba.

Cleobulus Lindius.

Quanto plus liceat, tam libeat minus.
Fortunae invidia est immeritus miser.
Felix criminibus nullus erit diu.
Ignoscas aliis multa: nihil tibi.
Parcit quisque malis, perdere vult bonos.
Majorum meritis gloria non datur.
Turpis saepe datur fama minoribus.

Periander Corinthius.

Numquam discrepat utile a decoro.
Plus est sollicitus magis beatus.
Mortem optare malum, timere pejus.
Faxis ut libeat, quod est necesse.
Multis terribilis, caveto multos.
Si fortuna juvat, caveto tolli.
Si fortuna tonat, caveto mergi.

Solon Atheniensis.

Dico tunc beatam vitam, quum peracta fata sunt.
Par pari jugator conjux. quidquid impar, dissidet.
Non erunt honores umquam fortuiti muneris.
Clam coarguas propinquum, propalam laudaveris.
Pulchrius multo parari, quam creari nobilem.
Certa si decreta sors est, quid cavere proderit?
Sive sunt incerta cuncta, quid timere convenit?

Chilo Lacedaemonius.

Nolo minor me timeat, despiciatque major.
Vive memor mortis, uti sis memor & salutis.
Tristia cuncta exsuperans aut animo, aut amico.
Tu bene si quid facias, non meminisse fas est.
Quae bene facta accipias, perpetuo memento.
Grata senectus homini, quae parilis juventae,
Illa juventa est gravior, quae similis senectae.

Thales Milesius.

Turpe quid ausurus, te sine teste time.
Vita perit, mortis gloria non moritur.

Quod

Quod facturus eris, dicere sustuleris.
Crux est, si metuas, vincere quod nequeas.
Quem vere objurges, sic inimice juvas.
Quem falso laudas, sic & amice noces.
Nil nimium satis est. ne sit & hoc nimium.

De iisdem septem Sapientibus, e Graeco.

SEptenis patriam sapientum, nomina, voces,
Versibus expediam: sua quemque monosticha dicent:
Chilo, cui patria est Lacedaemon, Nosce teipsum.
Periander, Trepidam moderare, Corinthius, iram.
Ex Mitylenaeis, Nimium nil, Pittacus oris.
Mensuram optimam, ait Cleobulus Lindius, in re.
Exspectare Solon finem docet, ortus Athenis.
Plures esse Bias pravos, quem clara Priene.
Mileti, Fugito, Thales, vadimonia, alumnus.

E D Y L L I A.

VERSUS PASCHALES PROCO DICTI.

EDYLLIUM I.

SAncta salutiferi redeunt solemnia CHRISTI,
Et devota pii celebrant jejunia mystae.
At nos aeternum cohibentes pectore cultum,
Intemeratorum vim continuamus honorum.
Annua cura sacris, jugis reverentia nobis.
Magne Pater rerum, cui terra, & pontus, & aer,
Tartaraque & picti servit plaga lactea coeli:
Noxia quem scelerum plebes tremit, almaque rursum
Concelebrat votis animarum turba piarum:
Tu brevis hunc aevi cursum, celeremque caducae
Finem aetatis donas aeternae munere vitae.
Tu mitem legem mundo, sacrosque prophetas
Humano impertis generi, servasque nepotes,
Deceptum miseratus Adam: quem capta venenis
Implicuit socium blandis erroribus Eva.
Tu Verbum, Pater alme, tuum, natumque, deumque,
Concessum terris totum, similemque, paremque,
Ex vero verum, vivumque ab origine vivum.
Ille tuis doctus monitis hoc addidit unum:
Ut super aequoreas nabat qui spiritus undas,
Pigra immortali vegetaret membra lavacro.
Trina fides, auctore uno; spes certa salutis
Hunc numerum junctis virtutibus amplectenti.
Tale & terrenis specimen spectatur in oris
Augustus genitor, geminum sator Augustorum.
Qui fratrem, natumque, pio complexus utrumque
Numine, partitur regnum, neque dividit unum,
Omnia solus habens, atque omnia dilargitus.
Hos igitur nobis trina pietate vigentes,
Rectores terrae placidos, caelique ministros,
Christe, apud aeternum placabilis assere patrem.

EPICEDION in patrem suum Julium Ausonium.

EDYLLIUM II.

NOmen ego Ausonius, non ultimus arte medendi:
  Et mea si nosses tempora, primus eram.
Vicinas urbes colui patriaque domoque,
  Vasates patria, sed lare Burdigalam.
Curia me duplex, & uterque senatus habebat
  Muneris exsortem, nomine participem.
Non opulens, nec egens, parcus sine sordibus egi.
  Victum, habitum, mores semper eosdem habui.
Sermone impromptus Latio: verum Attica lingua
  Suffecit culti vocibus eloquii.
Obtuli opem cunctis poscentibus artis inemptae:
  Officiumque meum cum pietate fuit.
Judicium de me studui praestare bonorum:
  Ipse mihi numquam, judice me, placui.
Officia in multos diverso debita cultu,
  Personis, meritis, tempore distribui.
Litibus abstinui: non auxi, non minui rem.
  Indice me nullus, sed neque teste perit.
Invidi numquam: cupere atque ambire refugi.
  Jurare, aut falsum dicere, par habui.
Factio me sibi non, non conjuratio junxit.
  Sincero colui foedere amicitias.
Felicem scivi, non qui, quod vellet, haberet:
  Sed qui per fatum non data non cuperet.
Non occursator, non garrulus, obvia cernens,
  Valvis & velo condita non adii.
Famam, quae posset vitam lacerare bonorum,
  Non finxi: & verum si scierim, tacui.
Ira procul: spes vana procul: procul anxia cura:
  Inque bonis hominum gaudia falsa procul.
Vitavi cœtus, [illegible],
  Et semper ficta principum amicitia.
Deliquisse nihil numquam laudem esse putavi,
  Atque bonos mores legibus antetuli.
Irasci promptus, properavi condere motum,
  Atque mihi poenas pro levitate dedi.
Conjugium per lustra novem, sine crimine, concors
  Unum habui: gnatos quatuor edidimus.
Prima obiit lactans, at qui fuit ultimus aevi,
  Pubertate rudi non rudis interiit.
Maximus ad summum culmen pervenit honorem,
  Praefectus Gallis, & Libyae, & Latio,
Tranquillus, clemens, oculis, voce, ore serenus,
  In genitore suo mente animoque pater.
Hujus ego & natum, & generum pro Consule vidi.
  Consul ut ipse foret, spes mihi certa fuit.
Matronale decus possedit filia, cujus
  Egregia & nuptae laus erat, & viduae:
Quae nati, generique & progeneri, simul omnes
  Multiplici illustres vidit honore domos.
Ipse nec affectans, nec detrectator honorum,
  Praefectus magni nuncupor Illyrici.
Haec me fortunae larga indulgentia suasit,

Numi-

Numine adorato, vitae obitum precare.
Ne fortunatum spatium inviolabile vitae
Fatali admorsu laederet ulla dies.
Obtigit: exauditaque prece: spem, vota, timorem,
Sopitus placido fine, relinquo aliis.
Inter maerentes, sed non ego maestus, amicos
Dispositis jacui funeris arbitriis.
Nonaginta annos baculo sine, corpore toto
Exegi, cunctis integer officiis.
Haec quicumque leges, non aspernabere fari:
Talis vita tibi, qualia vota mihi.

Ausonii VILLULA.

EDYLLIUM III.

SAlve herediolum majorum regna meorum,
Quod proavus, quod avus, quod pater excoluit.
Quod mihi jam senior, properata morte, reliquit.
Eheu nolueram tam cito posse frui.
Justa quidem series patri succedere: verum
Esse simul dominos, gratior ordo piis.
Nunc labor, & curae mea sunt. sola ante voluptas
Partibus in nostris. cetera patris erant.
Parvum herediolum, fateor. sed nulla fuit res
Parva unquam aequanimis: adde etiam unanimis.
Ex animo rem stare aequum puto, non animum ex re.
Cuncta cupit Croesus, Diogenes nihilum:
Spargit Aristippus mediis in Syrtibus aurum;
Aurea non satis est Lydia tota Midae.
Cui nullus finis cupiendi, est nullus habendi.
Ille opibus modus est, quem statuas animo.
Verum age nostri census quantus sit, nosce: etiam me
Noveris, & noris te quoque, si potis es.
Quanquam difficile est se noscere. γνῶθι σεαυτόν,
Quam propere legimus, tam cito negligimus.
Agri bis centum colo jugera. vinea centum
Jugeribus colitur, prataque dimidium.
Silva supra duplum quam prata, & vinea, & arvum.
Cultor agri nobis nec superest, nec abest.
Fons propter, puteusque brevis, tum purus & amnis.
Naviger hic refluus me vehit, ac revehit.
Conduntur fructus geminum mihi semper in annum.
Cui non longa penus, huic quoque prompta fames.
Haec mihi nec procul urbe sita est, nec prorsus ad urbem:
Ne patiar turbas, utque bonis potiar.
Et quoties mutare locum fastidia cogunt,
Transeo: & alternis rure, vel urbe fruor.

Ad nepotem Ausonium PROTREPTICON *de studio puerili.*

EDYLLIUM IV.

SUnt etiam Musis sua ludicra. mista Camenis
Otia sunt, mollite operas: nec semper acerbi
Exercet pueros vox imperiosa magistri.
Sed requies studiique vices rata tempora servant.
Et satis est puero memori legisse libenter.
Et cessare licet. Graio Schola nomine dicta est,
Justa laboriferis tribuantur ut otia Musis.
Quo magis alternum curas succedere ludum,
Disce libens. longum delectant saepe laborem
Intervalla datum. studium puerile fatiscit,
Laeta nisi austeris varientur festa profestis.
Disce libens, tetrici nec praesentia habentis
Detestare tempus. quamquam horrida forma magistri.
Ille licet tristis senio, nec vere serenus,
Aspera contractae minitetur jurgia frontis,
Numquam immanis erit placidae assuetudine vultus.
Qui semel induerit. regum nutricis amabit,
Qui refugit matrem. pappos, avisque renatos
Auctoremque patribus leni cura curant.
Sic neque Peliden terruit Achillea Chiron
Thessalico permixtus equo: nec pinifer Atlas
Amphitryoniaden puerum: sed blandus uterque
Mitibus alloquiis teneros mulcebat alumnos.
Tu quoque ne metuas: quamvis schola verbere multo
Increpet, & truculenta senex geret ora magister.
Degeneres animos timor arguit: at tibi consta
Intrepidus. nec te clamor, plagaeque sonantes,
Nec matutinis agitet formido sub horis:
Quod sceptrum vibrat ferulae, quod multa supellex
Virgea, quod fallax scuticam praetexit aluta:
Quod fervent trepido subsellia vestra tumultu.
Pompa loci, & vani fugiatur scena timoris.
Haec olim genitorque tuus, genitrixque secuti
Securam placido mihi permulsere senectam.
Te sequimur, quondamque super labentibus annis
Fata dabunt, qui nomen avi geris indole prima,
Primus nepos, vel te vel spe mihi porge fruendum.
Nunc ego te pereo: mox in juvenilibus annis,
Jamque virum cernam, si fors ita jusserit; aut si
Invidia est, sperabo tamen, nec vota fatiscent.
Ut patris, atque mei non immemor, ardua semper
Praemia Musarum cupias: facundus & olim
Hac gradiere via, qua nos praecessimus: & cui
Proconsul genitor, praefectus avunculus instant.
Perlege quodcumque est memorabile. prima monebo.
Conditor Iliados, & amabilis orsa Menandri
Evolvenda tibi. tu flexu & acumine vocis
Innumeros numeros doctis accentibus effer,
Affectusque impone legens. distinctio sensum
Auget, & ignava dant intervalla vigorem.
Ecquando ista meae contingent dona senectae?
Quando oblita mihi tot carmina, totque per aevum
Connexa historiae, soccos aulaeaque regum,
Et melicos, lyricosque modos profando, novabis,
Obductosque seni facies puerescere sensus?
Te praeunte, nepos, modulata poemata Flacci,
Altisonumque iterum fas est didicisse Maronem.
Tu quoque, qui Latium lecto sermone Terenti
Comis, & adstricto percurris pulpita socco,
Ad nova vix memorem diverbia coge senectam.
Jam facinus, Catilina, tuum, Lepidique tumultum,
Ab Lepido & Catulo jam res & tempora Romae
Orsus, bis senos seriem connexo per annos.
Jam lego civili mistum Mavorte duellum.
Movit quod socio Sertorius exul Ibero.
Nec rudis haec avus admoneo, sed mille docendo
Ingenia expertus. multos lactentibus annis
Ipse alui, gremioque fovens, & murmura solvens,
Eripui tenerum blandis nutricibus aevum.
Mox pueros molli monitu, & formidine leni
Pellexi, ut mitem peterent per acerba profectum,
Carperent dulcem fructum radicis amarae.
Idem vesticipes motu jam puberis aevi,
Ad mores, artesque bonas, fandique vigorem
Produxi: quamquam imperium cervice negarent
Ferre, nec insertis praeberent ora lupatis.
Ardua compertis, dare experientia, raras
Eventum, longo rerum spectatus ab usu,

Ut regat indocilem mitis censura juventam.
Quae tolerata mihi, dederit pro aerumna juvaret,
Leniretque usu longo consuetudo laborem.
Donec ad Augustae pia munera disciplinae
Accirer, varioque attollerer auctus honore:
Aurea quem parere mihi palatia jussum.
Absistas Nemesis: semel & fortuna jacentem,
Praefecti imperio, dum praetextatus in ostro,
Et sceptro, & solio, ubi praeteritum jura magistri,
Majoresque putat nostros Augustus honores.
Quos mox sublimi maturum proveli actu:
Quaestor ut Augustis, patri, natoque creatus:
Ut praefecturam duplicem, sellasque curules,
Ut trabeam, pictamque togam, mea praemia, consul
Induerem: fastisque meis praelatus haberer.
His ego quaesivi meritum quam grande nepoti
Consul avus: lumenque tuae praelucere vitae.
Quamvis & patrio jamdudum nomine clarus,
Posses ornatum, posses honoratum haberi:
Accessit tamen ex nobis honor inclytus. hunc tu
Effice, ne sit onus: per te ut cumulum in altum
Conscendas: speresque tuos, te consule, fasces.

GENETHLIACON ad eundem Ausonium nepotem.

Edyllium V.

CArmina prima tibi quum jam puerilibus annis
Traderet assidui puerilis cura magistri,
Imbueretque novas aures, sensusque sequaces,
Ut respondendas docili quoque attenuare voces
Emendare rudi proferret lingua palato,
Addidimus nil triste senes: ne cura morandi
Laederet, aut dulces gustus vitiaret amaris.
At modo, quem mores vigens jam puberis aevi,
Fortiaque a teneris possis secernere; & ipse
Admoneor, censorque tibi, studiique videri:
Accipe non praecepta quidem, sed vota precantis
Et gratantis avi, festum ad sollemne nepotis.

* * * *

Adnuo, ut reducem sanum a fine senectam
Sospes agam: festumque diem, dubitataque curans
Sidera, deposito prope conclamatum in aevo.
Hac, mollitie usque, duplicato foenore parcum
Natali accedente tuo: omnesque salutis
Plenius hoc nostrae, quod jam tibi puberis aevi
Crescit honos, juvenemque senex jam cerno nepotem.
Sexta tibi haec gelido recurrat trieteris ab anno,
Septembres notis referens natalibus Idus,
Idus alma dies, geniis quoque culta deorum.
Sextiles Hecate Latonia vindicat Idus;
Mercurius Maias superorum adjunctus honori.
Octobres olim genitus Maro dedicat Idus.
Idus saepe colas bissenis mensibus omnes,
Ausonii quicumque tui celebraveris Idus.
Vale, nepos dulcissime.

CUPIDO CRUCI AFFIXUS.

Edyllium VI.

AEris in campis, memorat quos Musa Maronis,
Myrteus amentes ubi lucus opacat amantes,
Orgia ducebant Heroides, & sua quaeque,
Ut quondam occiderant, leti argumenta gerebant,
Errantes silva in magna, & sub luce maligna
Inter arundineasque comas, gravidumque papaver,
Et tacitum sine labe lacum, sine murmure rivos:
Quorum per ripas nebuloso lumine marcent
Fleti olim regum & puerorum nomina flores,
Mirator Narcissus, & Oebalides Hyacinthus,
Et Crocus auricomans, & murice pictus Adonis,
Et tragico scriptus gemitu Salaminius Aeas.
Omnia quae lacrimis & amoribus anxia maestis
Exercent memores obita jam morte dolores,
Rursus in amissum revocant Heroidas aevum.
Fulmineum Semele decepta puerpera partum
Deflet, & ambustas lacerans per inania cunas
Ventilat ignavum simulati fulminis ignem.
Irrita dona querens, sexu gavisa virili,
Maeret in antiquam Caenis revocata figuram.
Vulnera siccat adhuc Procris: Cephalique cruentam
Diligit & percussa manum. fert fumida testa
Lumina Sestiaca praeceps de turre puella.
Et de nimbosa saltum Leucate minatur
Mascula Lesbiacis Sappho peritura sagittis.
Harmoniae cultus Eriphyle maesta recusat,
Infelix nato, nec fortunata marito.
Tota quoque aeriis Minoia fabula Cretae,
Picturarum instar tenui sub imagine vibrat.
Pasiphae nivei sequitur vestigia tauri.
Licia fert glomerata manu deserta Ariadne.
Respicit abjectas desperans Phaedra tabellas.
Haec laqueum gerit: haec vanae simulacra coronae:
Daedaliae pudet hanc latebrae subiisse juvencae.
Praereptos queritur per inania gaudia noctis
Laodamia duos, vivi functique mariti.
Parte truces alia strictis mucronibus omnes
Et Thisbe, & Canace, & Sidonis horret Elissa.
Conjugis haec, haec patris, & haec gerit hospitis ensem.
Errat & ipsa olim, qualis per Latmia saxa
Endymioneos solita affectare sopores,
Cum face, & astrigero diademate Luna bicornis.
Centum aliae veterum recolentes vulnera amorum,
Dulcibus & maestis refovent tormenta querelis.
Quas inter medias furvae caliginis umbram
Dispulit inconsultus Amor stridentibus alis.
Agnovere omnes puerum: memorique recursu
Communem sensere reum, quamquam humida circum
Nubila, & auratis fulgentia cingula bullis,
Et pharetram, & rutilae fuscarent lampadis ignem:
Agnoscunt tamen: & vanum vibrare vigorem
Occipiunt: hostemque unum loca non sua nactum,
Quum pigros ageret densa sub nocte volatus,
Facta nube premunt. trepidantem & cassa parantem
Suffugia, in coetum mediae traxere catervae.
Eligitur maesto myrtus notissima luco,
Invidiosa deum poenis. cruciaverat illic
Spreta olim memorem Veneris Proserpina Adonin.
Hujus in excelso suspensum stipite Amorem,
Devinctum post terga manus, substrictaque plantis
Vincula maerentem, nullo moderamine poenae
Affigunt: reus est sine crimine, judice nullo
Accusatus Amor. se quisque absolvere gestit,
Transferat ut proprias aliena in crimina culpas.
Cunctae exprobrantes tolerati insignia leti
Expediunt. haec arma putant, haec ultio dulcis,
Ut quo quaeque perit, studeat punire dolore.
Haec laqueum tenet, haec speciem mucronis inanem
Ingerit: illa cavos amnes, rupemque fragosam,
Insanique metum pelagi, & sine fluctibus aequor.
Nonnullae flammas quatiunt, trepidaeque minantur
Stridentes nullo igne faces. rescindit adultum
Myrrha

Myrrha aeternis lacrimis ingentibus; atque paventem
Gemmea fulgiferi jaculatur fragmina trunci.
Quodam ignoscentum spatio ludibria tantum
Sola volunt: stilum et tenuis sub acumine puncti
Eliciat tenuem, de quo Rosa nata, cruorem.
Aut pubi admoveant petulantia lumina lychni.
Ipsa etiam simili genetrix obnoxia culpa
Alma Venus tantos penetrat secura tumultus.
Nec circumventum properans suffragia nato
Terrorem ingeminat, stimulisque accendit amaris
Ancipites furias: natique in crimina confert
Dedecus ipsa suum: quod vincula caeca mariti
Deprensa Mavorte tulit: quod pube pudenda
Hellespontiaci ridetur forma Priapi.
Quod crudelis Eryx; quod semivir Hermaphroditus.
Nec satis in verbis, roseo Venus aurea serto
Maerentem pulsat puerum, & graviora paventem.
Olli purpureum mulcato corpore rorem
Sutilis expressit crebro rosa verbere: quae, jam
Tincta prius, traxit rutilum magis ignea fucum.
Inde truces cecidere minae: vindictaque major
Crimine visa suo, Venerem factura nocentem.
Ipsae intercedunt Heroides, & sua quaeque
Funera crudeli malunt adscribere fato.
Tum grates pia mater agit cessisse dolentes,
Et condonatas puero dissolvere culpas.
  Talia nocturnis olim simulacra figuris
Exercent trepidam casso terrore quietem,
Quae postquam multa perpessus nocte Cupido
Effugit; pulsa tandem caligine somni
Evolat ad superos, portaque evadit eburna.

AUSONIUS PAULO SUO S. P. D.

UT voluisti, Paule, cuncta Bissulae versu habes:
  Lusimus quae in Suevae gratiam virgunculae,
Otium magis foventes, quam studentes gloriae.
Tu molestus flagitator lege molesta carmina.
Tibi, quod intrivisti, exedendum est; sic vetus verbum jubet;
Compedes, quas ipse fecit, ipsum ut gestet faber.

Ad lectorem hujus libelli.

CArminis incompti tenerum lecture libellum,
  Pone supercilium.
Seria contractis expende poemata rugis.
  Nos Thymelen sequimur.
Bissula in hoc schedio cantabitur, aut Erasinus.
  Admoneo, ante bibas.
Jejunis nil scribo. meum post pocula si quis
  Legerit, hic sapiat.
Sed magis hic sapiet, si dormiet: & putet ista
  Somnia missa sibi.

BISSULA. EDYLL. VII.

Ubi nata sit Bissula, & quomodo in manus domini venerit.

BIssula trans gelidum stirpe & lare prosata Rhenum,
  Conscia nascentis Bissula Danubii,
Capta manu, sed missa manu, dominatur in ejus
  Deliciis, cujus bellica praeda fuit.
Matre carens, nutricis egens, nescivit herae
  Imperium. * *
Fortunae ac patriae quae nulla opprobria sensit,
  Illico inexperto libera servitio.

Sic Latiis mutata bonis, Germana maneret
  Ut facies, oculos caerula, flava comas.
Ambiguam modo lingua facit, modo forma puellam,
  Haec Rheno genitam praedicat, haec Latio.

De eadem Bissula.

DElicium, blanditiae, ludus, amor, voluptas,
  Barbara, sed quae Latias vincis alumna pupas;
Bissula nomen tenerae rusticulum puellae,
Horridulum non solitis, sed domino venustum.

Ad pictorem, de Bissulae imagine.

BIssula nec ceris, nec fuco imitabilis ullo,
  Naturale decus fictae non commodat arti.
Sandyx, & cerussa, alias simulate puellas,
Temperiem hanc vultus nescit manus. ergo age pictor,
Puniceas confunde rosas, & lilia misce.
Quique erit ex illis color aeris, ipse sit oris.

Ad eumdem.

PIngere si nostram pictor meditaris alumnam,
  Aemula Cecropias ars imitetur apes.

PRECATIO Ausonii consulis designati, pridie Kalendas Januarii fascibus sumtis.

EDYLLIUM VIII.

JAne, veni: novus anne, veni: renovate veni Sol,
  Consulis Ausonii Latiam visure curulem.
Ecquid ab Augusta nunc majestate secundum,
Quod mireris, habes? Roma illa, domusque Quirini,
Et toga purpurei rutilans praetexta senatus,
Hoc capite aeternis signant sua tempora Fastis.
Anne, bonis coepte auspiciis, da vere salubri
Apricam ventorum animam, da roscida Cancro
Solstitia, & gelidum Boream Septembribus horis.
Mordeat Autumnus frigus subtile pruinas:
Et tepeant modis cesset mordacibus Aestas.
Sementem nimbus humificet, sit Bruma nivalis,
Dum pater antiqui renovatur Martius anni.
Spiret odorato florum nova gratia Maio,
Julius & segetes coquat, & mare temperet Euris.
Sirius ardentem non augeat igne Leonem.
Discolor arboreos variet Pomona sapores.
Mitiget autumnum, quod maturaverit aestas,
Et genialis hiems parta sibi dona fruatur.
Pacem mundus agat: nec turbida sidera regnent.
Nulla tuum, Gradive, offendat stella penatis,
Quae non aequa tibi. non Cynthia: non celer Arcas
Frigidus terris: non te Saturne supremo
Ultimus circuitu. procul a Pyroente remotus
Tranquillum peragabis iter. vos cominus ite
Stella salutigeri Jovis, & Cytherea Vesper.
Nonnumquamque hospitibus facilis Cyllenius adsit.
  Jane, veni: novus anne, veni: renovate veni Sol.
Hostibus edomitis qua Francia mixta Suevis
Certat ad obsequium, Latiis ut militet armis:
Qua vaga Sauromatum sibi junxerat agmina Chunis,
Quaque Getes sociis Histrum adsultabat Alanis.
Hoc mihi propitiis victoria nuntiat alis.
Jam venit Augustus, nostros ut comat honores,
Officio exornans, quem participare cupisset.

Jane, veni: novus anne, veni: renovate veni Sol.
Aurea venturo Sol porrige gaudia Jano:
Fascibus Ausonii succedit Cæsar in annum,
Quintum Romulei prætextam habiturus honoris.
Ecce ubi se cumulat mea purpura (mitibus audi
Auribus hoc Nemesis) post me dignatur oriri
Augustus consul, plus quam conferre videtur
Me sibi: qui jussit nostrum procedere fasces.
Jane, veni, novus anne veni: renovate veni Sol;
Coge securorum bis sena per atria mensem,
Te tropicum soli da cedere; rursus & illum
Terga dare, ut duplex tropicus varietur ab astro,
Et quater a tereti properent momenta signis.
Æstivos impelle dies, brumamque morantem
Noctibus accelera: promissus Cæsaris annus.
Illum ego si carpam, tum terque quaterque beatus,
Tunc ero bis consul, tunc tangam vertice cœlum.

Item PRECATIO calendis Januariis.

EDYLLIUM IX.

ANne, bonis coepte auspiciis, felicia tecum
Consulis Ausonii primordia. prome coruscum
Sol æterne caput: solitoque illustrior, almo
Lumine purpureum jubar exsere lucis eoæ.
Anne, pater rerum, quem Jani mensis bifrontis
Volvis in hibernum glaciali fine Decembrem,
Anne, veni, & festum veteris novus aspice Jani.
Solennes pervade vias, bissenaque mundo
Curricula æqualis varians per tempora signis,
Præcipitem æterna perfer vertigine cursum:
Sic prono rapiare polo, contraria Phœbus
Ut moderata ferat servata parte dierum,
Et novus hiberno reparet sua lumina pulso.
Menstrua ter decies redeunt dum cornua Lunæ,
Exortus, obitusque suos volvente rotabis,
Legitimum Phœbi cohibens per signa meatum.

MOSELLA. EDYLL. X.

TRansieram celerem nebuloso lumine Navam,
Addita miratus veteri nova mœnia vico:
Æquavit Latias ubi quondam Gallia Cannas:
Infletæque jacent inopes super arva catervæ.
Unde iter ingrediens nemorosa per avia solum,
Et nulla humani spectans vestigia cultus,
Prætereo arentem sitientibus undique terris
Dumnissum, riguasque perenni fonte Tabernas,
Arvaque Sauromatum nuper metata colonis:
Et tandem primis Belgarum conspicor oris
Nivomagum, divi castra inclyta Constantini.
Purior hic campis aer: Phœbusque sereno
Lumine purpureum reserat jam lucidus Olympum.
Nec jam consertis per mutua vincula ramis
Quæritur exclusum viridi caligine cœlum:
Sed liquidum jubar, & rutilam visentibus æthram
Libera perspicui non invidet aura diei.
In speciem quin me patriæ, cultumque nitentis
Burdigalæ, blando pepulerunt omnia visu,
Culmina villarum, pendentibus edita ripis,
Et virides Baccho colles, & amœna fluenta
Subterlabentis tacito rumore Mosellæ.
Salve amnis laudate agris, laudate colonis,
Dignata imperio debent cui mœnia Belgæ:
Amnis odorifero juga vitea consite Baccho,
Consite gramineas amnis viridissime ripas:
Naviger, ut pelagus; devexas pronus in undas,
Ut fluvius; vitreoque lacus imitate profundo;
Et rivos trepido potis æquiperare meatu,
Et liquido gelidos fontes præcellere potu,
Omnia solus habes, quæ fons, quæ rivus, & amnis,
Et lacus, & bivio refluus manamine pontus.
Tu placidis prolapsus aquis, nec murmura venti
Ulla, nec occulti pateris luctamina saxi.
Non superante vado rapidos reparare meatus
Cogeris, exstantes medio non æquore terras
Interceptus habes: justi ne demat honorem
Nominis, exclusum si dividat insula flumen.
Tu duplices sortite vias, & quum amne secundo
Defluis, ut celeres feriunt vada concita remi:
Et quum per ripas nusquam cessante remulco
Intendunt collo malorum vincula nautæ.
Ipse tuos quoties miraris in amne recursus,
Legitimosque putas prope segnius ire meatus!
Tu neque limigenis ripam prætexeris ulvis,
Nec piger immundo perfundis litora cœno,
Sicca sed in primas aspergis vestigia lymphas.
I nunc, & Phrygiis sola levia consere crustis,
Tendens marmoreum laqueata per atria campum.
Ast ego despectis, quæ census opesque dederunt,
Naturæ mirabor opus, non, cura nepotum,
Lætaque jacturis ubi luxuriatur egestas.
Hic solidæ sternunt humentia litora arenæ,
Nec retinent memores vestigia pressa figuras.
Spectaris vitreo per levia terga profundo,
Secreti nihil amnis habens. utque almus apertis
Panditur intuitu liquidis obtutibus aer,
Nec placidi prohibent oculos per inania venti:
Sic demersa procul durante per intima visu
Cernimus, arcanique patet penetrale fluenti:
Quum vada lene meant, liquidarum & lapsus aquarum
Prodit cærulea dispersas luce figuras:
Quod sulcata levi crispatur arena meatu:
Inclinata tremunt viridi quod gramina fundo.
Usque sub ingenuis agitatæ fontibus herbæ
Vibrantes patiuntur aquas: lucetque, latetque
Calculus: & viridem distinguit glarea muscum.
Nota Caledoniis talis pictura Britannis,
Quum virides algas, & rubra corallia nudat
Æstus, & albentes concharum germina baccas,
Delicias hominum locupletes, quæque sub undis
Assimulant nostros imitata monilia cultus.
Haud aliter placidæ subter vada læta Mosellæ
Detegit admixtos non concolor herba lapillos.
Intentos tamen usque oculos errore fatigant
Interludentes examina lubrica pisces.
Sed neque tot species, obliquatosque natatus,
Quæque per adversum succedunt agmina flumen,
Nominaque, & cunctos numerosæ stirpis alumnos,
Edere fas. haud ille sinit, cui cura secundæ
Sortis, & æquorei cessit tutela tridentis.
Tu mihi flumineis habitatrix Nais in oris,
Squamigeri gregis ede choros, liquidoque sub alveo
Differe cæruleo fluitantes amne catervas.
Squameus herbosas Capito inter lucet arenas,
Viscere præ tenero fartim congestus aristis,
Nec duraturus post bina trihoria mensis.
Purpureisque Salar stellatus tergora guttis,
Et nullo spinæ nociturus acumine Redo,
Effugiensque oculos celeri levis Umbra natatu.
Tuque per obliqui fauces vexate Saravi,

Qua

Qua bis terna fremunt scopulosis ostia pilis,
Quum defluxisti famae melioris in amnem,
Liberior laxos exerces barbe natatus.
Tu melior pejore aevo, tibi contigit uni
Spirantum ex numero non inlaudata senectus.
Nec te puniceo rutilantem viscere Salmo
Transierim, latae cujus vaga verbera caudae
Gurgite de medio summas referuntur in undas,
Occultus placido cum proditur aequore pulsus.
Tu loricato squamosus pectore, frontem
Lubricus, & dubiae facturus fercula coenae,
Tempora longarum fers incorrupta morarum,
Praesignis maculis capitis: cui prodiga nutat
Alvus, opimatoque fluens abdomine venter.
Quaeque per Illyricum, per stagna binominis Istri,
Spumarum indiciis caperis Mustela natantum,
In nostrum subvecta fretum, ne lata Mosellae
Flumina tam celebri defraudarentur alumno.
Quis te naturae pinxit color? atra superne
Puncta notant tergum, qua lutea circuit Iris.
Lubrica caeruleus perducit tergora fucus.
Corporis ad medium fartim pinguescis: at illinc
Usque sub extremam squalet cutis arida caudam.
Nec te delicias mensarum Perca silebo,
Amnigenos inter pisces dignande marinis,
Solus puniceis facilis contendere mullis:
Nam neque gustus iners; solidoque in corpore partes
Segmentis coeunt, sed dissociantur aristis.
Hic etiam Latio risus praenomine, cultor
Stagnorum, querulis vis infestissima ranis,
Lucius, obscuras ulva caenoque lacunas
Obsidet. hic nullos mensarum lectus ad usus,
Fervet fumosis olido nidore popinis.
Quis non & virides vulgi solatia Tincas
Norit, & Alburnos praedam puerilibus hamis,
Stridentesque focis opsonia plebis Alausas?
Teque inter species geminam, neutrumque, & utrumque,
Qui necdum Salmo, nec jam Salar, ambiguusque
Amborum medio Fario intercepte sub aevo?
Tu quoque flumineas inter memorande cohortes
Gobio, non major geminis sine pollice palmis,
Praepinguis, teres, ovipara congestior alvo:
Propexique jubas imitatus Gobio Barbi.
Nunc pecus aequoreum celebrabere magne Silure:
Quem velut Actaeo perductum tergora olivo
Amnicolam Delphina reor, sic per freta magnum
Laberis, & longi vix corporis agmina solvis,
Aut brevibus defensa vadis, aut fluminis ulvis.
At quum tranquillos moliris in amne meatus,
Te virides ripae, te caerula turba natantum,
Te liquidae mirantur aquae: diffunditur alveo
Aestus, & extremi procurrunt margine fluctus.
Talis Atlantiaco quondam balaena profundo,
Quum vento motuve suo telluris ad oras
Pellitur, exclusum fundit mare: magnaque surgunt
Aequora, vicinique timent decrescere montes.
Hic tamen, hic nostrae mitis Ballena Mosellae,
Exitio procul est, magnoque honor additus amni.
Jam liquidas spectasse vias, & lubrica pisces
Agmina: multiplicesque satis numerasse catervas.
Inducant aliam spectacula vitea pompam:
Sollicitentque vagos Baccheia munera visus;
Qua sublimis apex longo super ardua tractu
Et rupes, & aprica jugi, flexusque, sinusque
Vitibus adsurgunt, naturalique theatro.
Gauranum sic alma jugum vindemia vestit,
Et Rhodopen: propriique nitent Pangaea Lyaeo.
Sic viret Ismarius super aequora Thracia collis.
Sic mea flaventem pingunt vineta Garumnam.
Summis quippe jugis tendentis in ultima clivi,
Conseritur viridi fluvialis margo Lyaeo.
Laeta operum plebes, festinantesque coloni
Vertice nunc summo properant, nunc dejuge dorso,
Certantes stolidis clamoribus. inde viator
Riparum subjecta terens, hinc navita labens,
Probra canunt seris cultoribus. adstrepit ollis
Et rupes, & silva tremens, & concavus amnis.
Nec solos homines delectat scena locorum.
Hic ego & agrestes Satyros, & glauca tuentes
Naidas, extremis credam concurrere ripis,
Capripedes agitat cum laeta protervia Panas,
Insultantque vadis, trepidasque sub amne sorores
Terrent, indocili pulsantes verbere fluctum.
Saepe etiam mediis furata e collibus uvas
Inter Oreiadas Panope fluvialis amicas,
Fugit lascivos paganica numina Faunos.
Dicitur & medio quum sol stetit igneus orbe,
Ad commune fretum, Satyros, vitreasque sorores
Consortes celebrare choros: quum praebuit horas
Secretas hominum coetu flagrantior aestus.
Tunc insultantes sua per freta ludere Nymphas,
Et Satyros mersare vadis, rudibusque natandi
Per medias exire manus; dum lubrica falsi
Membra petunt, liquidosque fovent pro corpore fluctus.
Sed non haec spectata ulli, nec cognita visu,
Fas mihi sit pro parte loqui: secreta tegatur,
Et commissa suis lateat reverentia rivis.
Illa fruenda palam species, quum glaucus opaco
Respondet colli fluvius: frondere videntur
Fluminei latices, & palmite consitus amnis.
Quis color ille vadis, seras quum protulit umbras
Hesperus, & viridi perfundit monte Mosellam?
Tota natant crispis juga motibus, & tremit absens
Pampinus, & vitreis vindemia turget in undis:
Adnumerat virides derisus navita vites,
Navita caudiceo fluitans super aequora lembo,
Per medium, qua sese amni confundit imago
Collis, & umbrarum confinia conserit amnis.
Haec quoque quam dulces celebrant spectacula pompas,
Remipedes medio certant quum flumine lembi,
Et varios ineunt flexus, viridesque per oras
Stringunt attonsis pubentia germina pratis?
Puppibus, & proris alacres gestire magistros,
Impubemque manum super amnica terga vagantem
Dum spectat transire diem, dum sua seria ludo
Posthabet: excludit veteres nova gratia curas.
Tales Cumano despectat in aequore ludos
Liber, sulphurei quum per juga consita Gauri,
Perque vaporiferi graditur vineta Vesevi:
Quum Venus, Actiacis Augusti laeta triumphis,
Ludere lascivos fera praelia jussit Amores,
Qualis Niliacae classes, Latiasque triremes
Subter Apollineae gesserunt Leucados arces,
Aut Pompejani Mylasena pericula belli
Euboicae referunt per Averna sonantia cymbae,
Innocuos ratium pulsus, pugnasque jocantes
Naumachiae, Siculo quales spectante Peloro
Caeruleus viridi reparat sub imagine pontus.
Non aliam speciem petulantibus addit ephebis
Pubertasque, amnisque, & picti rostra phaseli.
Hos Hyperionio quum sol perfuderit aestu,
Reddit nautales vitreo sub gurgite formas,

Et redigit pandas inversi corporis umbras.
Utque agiles motus dextra lævaque frequentant,
Et commutatis alternant pondera remis,
Unda refert alios simulacra humentia nautas.
Ipsa suo gaudet simulamine nautica pubes,
Fallaces fluvio mirata redire figuras.
Sic ubi compositos ostentatura capillos,
Candentem late speculi explorantis honorem
Quum primum caram nutrix admovit alumnam,
Læta ignorato fruitur virguncula ludo,
Germanæque putat formam spectare puellæ:
Oscula fulgenti dat non referenda metallo:
Aut fixas prætentat acus; aut frontis ad oram
Vibratos captat digitis extendere crines:
Talis ad umbrarum ludibria nautica pubes
Ambiguis fruitur veri falsique figuris.
Jam vero accessus faciles qua ripa ministrat,
Scrutatur toto populatrix turba profundo
Heu male defensos penetrali flumine pisces!
Hic medio procul amne trahens humentia lina,
Nodosis decepta plagis examina verrit;
Ast hic tranquillo qua labitur agmine flumen,
Ducit corticeis fluitantia retia signis.
Ille autem scopulis subjectas pronus in undas,
Inclinat lentæ convexa cacumina virgæ,
Indutos escis jaciens letalibus hamos.
Quos ignara doli postquam vaga turba natantum
Rictibus invasit, patulæque per intima fauces
Sera occultati senserunt vulnera ferri,
Dum trepidant, subit indicium: crispoque tremori
Vibrantis setæ nutans consentit harundo.
Nec mora: & excussam stridenti verbere prædam
Dextera in obliquum raptat puer. excipit ictum
Spiritus, ut fractis quondam per inane flagellis
Aura crepat, motoque adsibilat aere ventus.
Exsultant udæ super arida saxa rapinæ,
Luciferique pavent letalia tela diei.
Quique sub amne suo mansit vigor, aere nostro
Segnis anhelatis vitam consumit in auris.
Jam piger invalido vibratur corpore plausus;
Torpida supremos patitur jam cauda tremores,
Nec coeunt rictus: haustas sed hiatibus auras
Reddit mortiferos expirans branchia flatus.
Sic ubi fabriles exercet spiritus ignes,
Accipit alterno cohibetque foramine ventos
Lanea fagineis alludens parma cavernis.
Vidi egomet quosdam leti sub fine trementes
Collegisse animas: mox in sublime citatos,
Cernua subjectum præceps dare corpora in amnem,
Desperatarum potientes rursus aquarum.
Quos impos damni puer inconsultus ab alto
Impetit, & stolido captat prensare natatu.
Sic Anthedonius Bœotia per freta Glaucus,
Gramina gustatu postquam exitialia Circes
Expertus, carptas moribundis piscibus herbas
Sumsit, Carpathium subiit novus accola pontum.
Ille hamis & rete potens, scrutator operti
Nereos, æquoream solitus convertere Tethyn,
Inter captivas fluitavit prædo catervas.
Talia despectant longo per cærula tractu
Pendentes saxis instanti culmine villæ.
Quas medius dirimit sinuosis flexibus errans
Amnis: & alternas comunt prætoria ripas.
Quis modo Sestiacum pelagus, Nephelëidos Helles
Æquor: Abydeni freta quis miretur ephebi?
Quis Chalcedonio constratum ab litore pontum,
Regis opus Magni, mediis euripus ubi undis
Europæque Asiæque vetat concurrere terras?
Non hic dira freti rabies, non sæva furentum
Prælia Caurorum. licet hic commercia linguæ
Jungere, & alterno sermonem texere pulsu.
Blanda salutiferas permiscent litora voces,
Et voces, & pene manus. resonantia utrimque
Verba refert, mediis concurrit fluctibus Echo.
Qui potis, innumeros cultusque habitusque retexens,
Pandere tectonicas per singula prædia formas?
Non hoc spernat opus Gortynius aliger, ædis
Conditor Euboicæ, casus quem fingere in auro
Conantem Icarios, patrii pepulere dolores.
Non Philo Cecropides: non qui laudatus ab hoste
Clara Syracosii traxit certamina belli.
Forsan & insignes hominumque operumque labores
Hic habuit decimo celebrata volumine Marci
Hebdomas. hic clari viguere Menecratis artes,
Atque Ephesi spectata manus: vel in arce Minervæ
Ictinus; magico cui noctua perlita fuco
Allicit omne genus volucres, perimitque tuendo.
Conditor hic forsan fuerit Ptolemaidos aulæ
Dinochares: quadro cui in fastigia cono
Surgit, & ipsa suas consumit Pyramis umbras,
Jussus ob incesti qui quondam fœdus amoris
Arsinoen Pharii suspendit in aere templi.
Spirat enim tecti testudine vera Magnetis,
Afflatamque trahit ferrato crine puellam.
Hos ergo aut horum similes est credere dignum
Belgarum in terris scenas posuisse domorum,
Molitos celsas fluvii decoramina villas.
Hæc est nativi sublimis in aggere saxi.
Hæc procurrentis fundata crepidine ripæ.
Hæc refugit, captumque sinu sibi vendicat amnem.
Illa tenens collem, qui plurimus imminet amni,
Usurpat faciles per culta, per aspera, visus:
Utque suis fruitur dives speculatio terris.
Quin etiam riguis humili pede condita pratis
Compensat celsi bona naturalia montis,
Sublimique minans irrumpit in æthera tecto,
Ostentans altam, Pharos ut Memphitica, turrim.
Huic proprium est clausos consepto gurgite pisces
Apricas scopulorum inter captare novales.
Hæc summis innixa jugis labentia subter
Flumina despectu jam caligante tuetur.
Atria quid memorem viridantibus adsita pratis?
Innumerisque super nutantia tecta columnis?
Quid quæ sulphurea substructa crepidine fumant
Balnea, ferventi cum Mulciber haustus operto
Volvit anhelatas tectoria per cava flammas,
Inclusum glomerans æstu exspirante vaporem?
Vidi ego defessos multo sudore lavacri
Fastidisse lacus, & frigora piscinarum,
Ut vivis fruerentur aquis; mox amne refotos
Plaudenti gelidum flumen pepulisse natatu.
Quod si Cumanis huc afforet hospes ab oris,
Crederet Euboicas simulacra exilia Baias
His donasse locis: tantus cultusque nitorque
Allicit, & nullum parit oblectatio luxum.
Sed mihi qui tandem finis tua glauca fluenta
Dicere? dignandumque mari memorare Mosellam?
Innumeri quod te diversa per ostia late
Incurrunt amnes? quamquam differre meatus
Possent: sed celerant in te consumere nomen.
Namque & Pronæa Nemesaque adjuta meatu
Sura tuas properat non degenerare sub undas,

Sura

Ecce intervenis tibi gratificata fluentis:
Nobilius permixta tuo sub nomine, quam si
Ignoranda patri confunderet ostia ponto:
Te rapidus Gelbis, te marmore clarus Erubrus
Festinant famulis quamprimum allambere lymphis.
Nobilibus Gelbis celebratus piscibus: ille
Praecipiti torquens cerealia saxa rotatu,
Stridentesque trahens per levia marmora serras
Audit perpetuos ripa ex utraque tumultus.
Praetereo exilem Lesuram, tenuemque Drahonum,
Nec fastiditum Salmonae usurpo fluentum.
Naviger undisona dudum me mole Saravus
Tota veste vocat: longum qui distulit amnem,
Fessa sub Augustis ut volveret ostia muris.
Nec minor hoc, tacitum qui per sola pinguia labens
Stringit frugiferas felix Alisontia ripas,
Mille alii, prout quemque suus magis impetus urget,
Esse tui cupiunt. tantus properantibus undis
Ambitus, aut mos est. quod si tibi, dia Mosella,
Smyrna suum vatem, vel Mantua clara dedisset;
Cederet Iliacis Simois memoratus in oris,
Nec praeferre suos auderet Tibris honores.
Da veniam mihi, Roma potens. pulsa, oro, facessat
Invidia. & Latiae Nemesis non cognita linguae,
Imperii sedem, Romanaque terra parentes.
Salve magne parens frugumque virumque Mosella.
Te clari proceres, te bello exercita pubes,
Aemula te Latiae decorat facundia linguae.
Quin etiam mores, & laetum fronte severa
Ingenium, natura tuis concessit alumnis.
Nec sola antiquos ostentat Roma Catones:
Aut unus tantum justi spectator & aequi
Pollet Aristides, veteresque illustrat Athenas.
Verum ego quid laxis nimium spatiatus habenis
Victus amore tui praeconia detero? conde
Musa chelyn, pulsis extremum carmine nervis.
Tempus erit, quum me studiis ignobilis oti
Mulcentem curas, seniique aprica foventem,
Materiae commendet honos: quum facta virorum
Belgarum, patriosque canam decora inclyta mores.
Mollia subtili nebant mihi carmina filo
Pierides, tenuisque aptas subtegmine telas
Percurrent: dabitur nostris quoque purpura fusis.
Quis mihi tum non dictus erit? memorabo quietos
Agricolas; legumque catos, fandique potentes,
Praesidium sublime reis; quos curia summos
Municipum vidit proceres, propriumque senatum:
Quos praetextati celebris facundia ludi
Contulit ad veteris praeconia Quintiliani.
Quique suas rexere urbes, purumque tribunal
Sanguine, & innocuas illustravere secures:
Aut Italum populos, aquilonigenasque Britannos
Praefecturarum titulo tenuere secundo.
Quique caput rerum Romam, populumque patresque
Tantum non primo rexit sub nomine: quamvis
Praefuerit primis. festinat solvere tandem
Errorem fortuna suum: libataque supplens
Praemia, jam veri fastigia reddet honoris
Nobilibus repetenda nepotibus. at modo coeptum
Detexatur opus: dilata & laude virorum,
Dicamus laeta per rura virentia tractu
Felicem fluvium, Rhenique sacremus in undis.
Caeruleos nunc Rhene sinus, hyaloque virentem
Pande peplum, spatiumque novi metare fluenti,
Fraternis cumulandus aquis. nec praemia in undis
Sola, sed Augustae veniens quod moenibus urbis
Spectavit junctos Natique Patrisque triumphos,
Hostibus exactis Nicrum super, & Lupodunum,
Et fontem Latiis ignotum annalibus Histri.
Haec profligati venit modo laurea belli:
Mox alias aliasque feret. vos pergite juncti,
Et mare purpureum gemino propellite tractu.
Neu vereare minor pulcherrime Rhene videri:
Invidiae nil hospes habet. potiere perenni
Nomine. tu fratrem, famae securus, adopta.
Dives aquis, dives nymphis, largitor utrique
Alveus extendet geminis divortia ripis,
Communesque vias diversa per ostia pandet.
Accedent vires, quas Francia, quasque Chamaves,
Germanique tremant: tunc verus habebere limes.
Accedet tanto geminum tibi nomen ab amni.
Quumque unus de fonte fluas, dicere bicornis.
Haec ego, VIVISCA ducens ab origine gentem,
Belgarum hospitiis nunc per nova foedera notus,
Ausonius, nomen Latium, patriaque, domoque
Gallorum extremos inter, celsamque Pyrenen,
Temperat ingenuos qua laeta Aquitania mores,
Audax exigua fide concino. fas mihi sacrum
Perstrinxisse amnem tenui libamine Musae.
Nec laudem affecto. veniam peto. sunt tibi multi,
Alme amnis, sacros qui sollicitare fluentes
Aonidum, totamque solent haurire Aganippen.
Ast ego, quanta mei dederit se vena liquoris,
Burdigalam quum me in patriam, nidumque senectae
Augustus pater, & natus, mea maxima cura,
Fascibus Ausoniis decoratum & honore curuli
Mittent, emeritae post tempora disciplinae,
Latius Arctoi praeconia persequar amnis.
Addam urbes, tacito quas subterlaberis alveo,
Moeniaque antiquis te prospectantia muris:
Addam, praesidiis dubiarum condita rerum,
Sed modo securis non castra, sed horrea Belgis.
Addam felices ripa ex utraque colonos,
Teque inter medios hominumque boumque labores,
Stringentem ripas, & pinguia culta secantem.
Non tibi se Liger anteferet, non Axona praeceps;
Matrona non, Gallos Belgasque intersita fines;
Santonico refluus non ipse Carantonus aestu.
Concedet gelido Durani de monte volutus
Amnis: & auriferum postponet Gallia Tarnem.
Insanumque ruens per saxa rotantia late
In mare purpureum, dominae tamen ante Mosellae
Nomine adorato, Tarbellicus ibit Aturrus.
Caerulei excursus celebrande Mosella per oras,
Nec solis celebrande locis, ubi fonte supremo
Exseris auratum taurinae frontis honorem:
Quaque trahis placidos sinuosa per arva meatus;
Vel qua Germanis sub portubus ostia solvis:
Si quis honos tenui volet aspirare camoenae,
Perdere si quis in his dignabitur otia musis,
Ibis in ora hominum, laetoque fovebere cantu.
Te fontes, vivique lacus, te caerula noscent
Flumina: te veteres pagorum gloria luci;
Te Druna, te sparsis incerta Druentia ripis,
Alpinique colent fluvii, duplicemque per urbem
Qui meat, & dextrae Rhodanum dat nomina ripae.
Te stagnis ego caeruleis, magnumque sonoris
Amnibus, aequoreae te commendabo Garumnae.

GRI.

GRIPHUS *Ternarii numeri.*

EDYLLIUM XI.

Ter bibe, vel toties ternos; sic mystica lex est,
Vel tria potanti, vel ter tria multiplicanti,
Imparibus novies ternis contexere coebum.
Iuris idem tribus est, quod ter tribus. omnia in istis:
Forma hominis coepti, plenaeque exactio partus,
Quique novem novies fati tenet ultima finis.
Tres Opis progeniti fratres, tres ordine partae
Vesta, Ceres, & Iuno, secus muliebre sorores.
Inde trisulca Iovis sunt fulmina. Cerberus inde.
Inde Tridens: triplexque Hekaten cum fratribus Orcus.
Ter nova Nestoreos implevit purpura fusos.
Et toties ternos cornix vivacior aevos.
Quam novies terni glomerantem saecula tractus
Vincunt aeripedes ter terno Nestore cervi,
Tres quorum aetates superat Phoebeius oscen.
Quem novies senior Gangeticus anteit ales,
Ales cinnameo radiatus tempora nido.
Tergemina est Hecate, tria virginis ora Dianae.
Tres Charites, tria Fata, triplex vox, trina elementa.
Tres in Trinacria Sirenes; omnia terna:
Tres volucres, tres semideae, tres semipuellae.
Ter tribus ad palmam iussae certare Camoenis,
Ore, manu, flatu, buxo, fide, voce canentes.
Tres sophiae partes. tria Punica bella. trimestres
Annorum caligae vices: noctisque per umbram
Tergemini vigiles. ter clara instante eoo
Signa canit serus deprensus Marte satelles.
Et qui conceptus triplicata vespere noctis,
Iussa quater ternis adfixit opima tropaeis.
Et lyrici vates numero sunt Mnemonidarum.
Tres solos quondam tenuit quos dextera Numae:
Sed Cithaeron totiens ternas ex arte lacessit
Religione patrum, qui sex sprevisse timentes.
Trina Tarentino celebrata trinoctia ludo:
Qualia bis genito Thebis trieterica Baccho.
Tres primae Thracum pugnae tribus ordine bellis,
Iuniadae patrio inferias misere sepulcro.
Illa etiam thalamos per trina aenigmata quaerens,
Qui bipes, & quadrupes foret, & tripes omnia solus,
Terruit Aoniam volucris, leo, virgo, triformis
Sphinx, volucris pennis, pedibus fera, fronte puella.
Trina in Tarpeio fulgent consortia templo.
Humanas efficiunt habitacula ter genus artis,
Parietibus qui saxa locat, qui culmine tigna,
Et quae supremo comit tectoria cultu.
Hinc Bromii quadrantal, & hinc Sicana medimna.
Hoc tribus, hoc geminis tribus explicat usus agendi.
In Physicis tria prima, Deus, mundus, data forma.
Tot genera ambiguorum, genitor, genitrix, generatum.
Per trinas species trigonorum regula currit,
Aequilaterum, vel crure pari, vel in omnibus impar.
Tres coit in partes numerus perfectus: ut idem
Congrege ter trino per ter tria dissolvatur.
Tres primus, par, impar habet, mediumque: sed ipse
Ut tres, sic quinque, & septem quoque dividit unus.
Et numero in ipso perfectus sub acumine centri,
Distinguit solidos cubo pergente trientes,
Aequiparem dirimens partem ex impare terno,
Et paribus triplex medium: quem quattuor & sex
Bisque quaternorum servatur omphalos idem.
Ius triplex, tabulae quod ter sanxere quaternae,
Sacrum, privatum, & populi commune quod usquam est.
Interdictorum trinum genus: unde repulsus
Vi fuero, aut Utrubi fuerit, Quorumve bonorum.
Triplex libertas, capitisque minutio triplex.
Trinum dicendi genus est, sublime, modestum,
Et tenue hoc. triplex quoque forma medendi,
Cui logos, aut methodos, cuique experientia nomen.
Et medicina triplex, servare, cavere, mederi.
Tres oratorum coetus, regnata Colosso
Quem Rhodos, Actaea quem dilexistis Athenae,
Et quem de scenis tetrica ad subsellia traxit
Prisca Asia, in eadem numerum imitata chororum.
Orpheus hinc tripodes, quos fert tria, terra, aqua, flamma.
Triplex sidereis positus, distantia, forma.
Et modos, & genetrix modulorum musica triplex,
Mixta libris, servata astris, vulgata theatris.
Martia Roma triplex; equitatu, plebe, senatu.
Hoc numero tribus, & sacro de nomine Tribuni.
Tres equitum turmae: tria nomina nobiliorum.
Nomina sunt chordis tria: sunt tria tempora mundi.
Geryones triplex: triplex compago Chimaerae.
Scylla triplex commissa tribus, cane, virgine, pisce.
Gorgones, Harpyiaeque, & Erynnies agmina terna.
Et tres fatidicae nomen commune Sibyllae:
Quarum tergemini fatalia carmina libri:
Quos ter quinorum servat cultura virorum.
Ter bibe. tres numerus super omnia, tres Deus unus.
Hic quoque ne ludus numero transcurrat inerti,
Ter decies ternos habeat, deciesque novenos.

TECHNOPAEGNION. EDYLL. XII.

Versus monosyllabis coepti, & finiti, ita ut e fine versus ad principium recurratur.

Res hominum fragiles alit, & regit, & perimit fors.
Fors dubia, aeternumque labans: quam blanda fovet spes.
Spes nullo finita aevo: cui terminus est mors.
Mors avida, inferna mergit caligine quam nox.
Nox obitura vicem: remeaverit aurea quum lux.
Lux dono concessa deum: cui praevius est sol.
Sol, cui nec furto Veneris latet armipotens Mars.
Mars nullo de patre satus: quem Thressa colit gens.
Gens infrena virum: quibus in scelus omne ruit fas.
Fas hominem mactare sacris: ferus iste loci mos.
Mos ferus audacis populi: quem nulla tenet lex.
Lex naturali quam condidit imperio ius.
Ius genitum placare hominem, per certa dei mens.
Mens, quae caelesti sensu rigat emeritum cor.
Cor vegetum mundi instar habens, animae vigor, ac vis.
Vis tamen hoc nulla est: verum est iocus & nihil res.

MONOSYLLABI tantum in fine positi.

Aemula dis, naturae imitatrix, omniparens ars.
Pacato ut studeas ludo, mea cura operi das.
Arta, inamoena licet, nec congrua carminibus lex.
Iudice sub tanto fandi tamen accipiet ius.
Quippe & ridiculis dat gloria, ni prohibet sors.

De membris.

Indicat in pueris septennia prima novus dens.
Pubertatis annos robustior auspicat vox.
Invicta & crudis, & solida, est hominum frons.
Edurum nervi cum viscere consociant os.

Pal-

Pulsique irrequieta, vegetum, trux, acre, calens cor.
Unde vigens sensus, dominatrix quam vegetat mens.
Atque in verba refert modulante lege loquens os.
Quam validum est, hominis quanta portio, cerebrum fel!
Quam tener, & modicus quantum fert corporeum cor!
Pondere sub quanto nostrum toleratur iter pes!

Inconnexa.

SÆpe in conjugiis fit noxia, si nimia est dos.
Sexus uterque potens, sed prævalet imperio mas.
Qui recte faciat, non qui dominatur, erit rex.
Vexat amicitias, & fœdera dissociat lis.
Incipe, quidquid agas: pro toto est prima operis pars.
Insinuat cælo, disque inferis imperitat fraus.
Et disciplinis constructa est, & vitiis ars.
Urbibus in mediis munitior urbibus est arx.
Auro magnum pretium, auri pretium tamen est æs.
Longa diu operosa viro, sed temporis nox.
Quæ terret Æthiopum plaga, pervigil, irrequies gens,
Semper ubi æterno vertigine clara micat lux.

De Deis.

SUnt & cælicolum monosyllaba. prima deum Fas,
Quæ bruma est Grajis. post hanc Rhea, quæ Latiis Ops.
Tum Jovis & Cereris germanus, Tartareus Dis.
Et soror & conjux fratris, regina deum, Vis.
Et qui quadrijugo curru pater invehitur Sol.
Quique truces belli motus ciet armipotens Mars:
Quam nunquam pietas, nunquam bona sollicitat Pax,
Nec cultor nemorum reticebitur, Mænalide Pan,
Nec Genius domuum, Larunda progenitus Lar,
Fluminibusque Italis præpollens Sollertis Nar.
Quæque piat divum perjuria, noctiluca Styx.
Velivolique maris constrator Leucothoes Lib.
Et nunquam in dubiis hominum bona destituens Spes.

De Cibis.

NEc nostros reticebo cibos, quos priscus habet mos,
Irritamenta quibus additur æquoreum sal.
Olim communis pecori cibus, atque hominis glans.
Aut equidem campis quam spicas supprimere frux.
Mox ador, atque adoris de pollice pulvisculum far.
Instruxit mensas quo quondam Romulidum plebs.
Hinc cibus, hinc potus, cum diluitur aqua puls.
Est inter fruges morsu piper æquiparans git.
Et Pelusiaco de semine plana, teres lens.
Et duplici desecta parumine quinquegenum uva.
Quodque cibo & potu placitum, labor ater apum, mel.
Natura liquor iste novæ: cui semina nutat fru.

De Historiis.

SOlamen tibi, Phœbe, novum dedit Oebalius flos.
Flore alio tuus est Narcissi morte sacer fons.
Cædis Adonææ mala gloria fulminea sus.
Perjurum Lapithum somnia ludificat nubs.
Ludis & Æacidum Parnassia Delphicolis sors.
Trojugenum Libycum freta Cimmeriumque secat bos.
Non sine Hamadryadis fato cadit arborea trabs.
Quæ generata Venus Saturnia defecta falx.
Sicca inter rupes Scythicas stetit alitibus crux.
Unde Prometheo de corpore sanguineus ros.
Adspergit caules, & dum nomina creat cos.
Ibycus ut periit, vindex fuit altivolans grus.
Æacidæ ad tumulum mactata est Andromachus glos.
Cæterum in Argivo Philopœmena luxu adiit mors.
Tertia opima dedit spoliatus Aremoricus Lars.
Sera vorantur pœna obstruxit Annibalem sors.
Res Asiæ quantas laeta dedit Ismaricas fraus?
Ultrix flagravit de raptibus Eubœicis fax.
Stat Jovis ad cyathum, gratus quem Dardanus Tros.
Propertibus gravis fugere acta vocibus bene Crex.
Intulit incestam tibi vim Philomela ferus Thrax.
Barbarus est Lydus, servus Geta, famulatur Phryx.
Fallaces Ligures: nullo sine in prœlio Car.
Vellera depositis nemoralia vestibus Ser.
Nam in portentis Thebana tricorporibus Sphinx.
Nam & perversum canis muliebre secus Strix.

De vere primo.

ANnus ab aeterno cum sustiparum refert ver,
Cuncta vigent: mutant omnia vires: aliter antea non.
Et infera umbras mulcens exigitur stirps.
Nec densa ad terram lapsu glomeratur stilis aër.
Florum spirat odor, libari cæ comitis humor thus,

Per interrogationem & responsionem.

QUis subiit in pœnam capitali judicio? vas.
Quid si lis fuerit nummaria, quis dabitur? præs.
Quis Mirmilloni contrarius? æquimanus Thrax.
Inter virtutes quod nomen Mercurio? fur.
Thuribula, & pateræ, quæ tertia vasa deum? lanx.
Cistis muri quem umbrum talos terras Hippocratem? Cos.
Grex magis, an regnum Minoida sollicitat? grex.
Quid præter oculum Phœacibus imposuere? mens.
Dic, cessante cibo, somno quis opimior est? glis.
Tergora dic clypeis nocturna quæ faciat? glis.
Sponte ablativi casus quis testis erit? sponte.
Quadrupes educibus quis jungitur auspicibus? mus.
Quid fuit in pelago, quod non natat in fluvio? pix.
Bisternas partes quæ continet æquiparans? as.
Tertia deserit si portio, quid reliquum? bes.

De litteris monosyllabis Græcis ac Latinis.

DUx elementorum studiis viget in Latiis A.
Et suprema notis adscribitur Argolicis Ω.
Ita quod Æolidum, quodque ε, valet hoc Latiare E.
Præsto, quod B Latinis semper brevis, Dorica vox E.
Hoc verti argumque sono negat Attica gens O.
Ω quod & O Græcum compensat Romula vox O.
Littera sum ioca similis, vox plena jubarum, I.
Cecropiis ignota notis ferale sonans U.
Pythagoræ bivium ramis pateo ambiguis Y.
Vocibus in Grajis nunquam ultima conspicior M.
Zeta jacens, si surgat, erit nota, quæ legitur N.
Mæandrum, flexusque vagos imitata vagor Ξ.
Dividuum Beta monosyllabon Italicum B.
Non formam, at vocem Delta gero Romuleam D.
Hostilis quæ forma jugi est, hanc efficit Π.
Ausonium si P scribas, ero Cecropium P.
Et Rho quod Græcum, mutabitur in Latium P.
Malus ut antemnam fert vertice, sic ego sum T.

Spiritus hic, Graecis tenuissima vivificans H.
Hoc tribus in Latio tantum addita nominibus K.
Praevaluit postquam Gammae vice functa prius C.
Atque aliam pro se simile replicata dedit. Q.
Anguis ciecta dentibus erit quam lana, lege Θ.
In Latio numerus denarius, Argolicum X.
Hac gruis effigies Palamedica pingitur Φ.
Cappa sui quondam Boeotia, nunc Latium X.
Furca, tricornigera specie, pone ultima lege Ψ.

Grammaticomastix.

ELogodaedalia stridat modo qui elaborat trux,
Frivola contemnam? nequaquam. cum patria est
morte,
Ennius ut memorat, replet te laetificum gau.
Livida mens hominum concretum felle coquit pus.
Dic, quid significent catalepta Maronis? in his al
Celtarum posuit, sequitur non lucidius tau.
Et quod germano mistum male letiferum min?
Imperium, litem, Venerem, cur una notat res?
Sitne peregrinum vox nominis, an Latii hil?
Literibus in geminis constituens posito sit, an pone?
Bucolica saepe dixit Maro, cur Cicero lepe?
Vox solita, & cunctis notissima, si numeres, lac,
Cur condemnetur malo, magis ut facias lact?
An Libyae ferale malum, sit Romula vox sepa?
Si bonus est insons, contrarius, & reus est sons.
Dives opum cur nunc habet Jove de Stygio Dis?
Unde Rudinus ait, divum domus altisonum cael?
Et cujus de more, quod adstruit, ende suam do?
Aut de Stoicis loquens, cur dicit populus frus?
Sed quo progredior? quae finis, quem modus & calx?
Indulge Pacate, bonus, doctus, facilis vir.
Totum opus hoc sparsum, crimen volet Antiphilus. pax.

CENTO NUPTIALIS.

EDYLLIUM XIII.

A. 5. ACcipite haec animis: laetasque advertite mentes,
A. 11. Ambo animis, ambo insignes praestantibus armis:
B. 7. Ambo florentes, * genus insuperabile bello. A. 4
A. 6. Tuque, prior. * nam te majoribus ire per altum A. 3
A. 3. Auspiciis manifesta fides. * quo justior alter A. 1
A. 1. Nec pietate fuit, nec bello major & armis.
A. 4. Tuque puerque tuus, * magnae spes altera Romae, A. 12
A. 8. Flos veterum, virtusque virum, * mea maxima cura, A. 1
A. 12. Nomen avi referens, animo, manibusque parentem.
A. 6. Non injussa cano. * sua cuique exorsa laborem, A. 10
A. 10. Fortunamque ferunt. * mihi jussa capessere fas est. A. 1

Cena nuptialis.

A. 5. EXpectata dies aderat. * dignisque hymenaeis A. 11
A. 4. Matres atque viri, * juvenesque ante ora parentum G. 4
A. 1. Conveniunt: stratoque super discumbitur ostro.
Dant famuli manibus lymphas, * oneratque canistris A. 8
Dona laboratae Cereris: * pinguisque ferinae A. 1
A. 8. Viscera tosta ferunt * series longissima rerum: A. 1
A. 8. Alituum, pecudumque genus, * capreaeque sequaces G. 1
G. 3. Non absunt illic, * neque oves, haedique petulci, G. 4
G. 3. Et genus aequoreum, damae, * cervique fugaces. G. 3
A. 11 Ante oculos, interque manus sunt * mitia B. 1
poma.
A. 8. Postquam exempta fames, & amor compressus edendi:
A. 1. Crateras magnos statuunt, * Bacchumque A. 8
ministrant.
A. 2. Sacra canunt. * plaudunt choreas: & carmina dicunt. A. 6
A. 6. Nec non Threicius longa cum veste sacerdos
Obloquitur numeris septem discrimina vocum. A. 9
A. 9. At parte ex alia, * biforem dat tibia cantum, A. 10
A. 4. Omnibus una quies operum; * cunctique A. 2
relictis
Consurgunt mensis. * per limina laeta frequentes A. 1
A. 2. Discurrunt, variantque vices * populusque A. 9
patresque,
A. 11 Matronae, pueri, * vocemque per ampla A. 1
volutant
Atria, dependent lychni laquearibus aureis.

Descriptio egredientis sponsae.

A. 4. TAndem progreditur * Veneris justissima cura, A. 10
A. 7. Jam matura viro, jam plenis nubilis annis:
A. 1. Virginis os, habitumque gerens. * cui plurimus ignem A. 12
Subjecit rubor, & calefacta per ora cucurrit,
A. 7. Intentos volvens oculos: * uritque videndo. G. 3
A. 7. Illam omnis tectis, agrisque effusa juventus,
Turbaque miratur matrum, * vestigia primi A. 5
Alba pedis, * dederatque comam diffundere A. 1
ventis.
A. 3. Fert picturatas auri subtegmine vestes,
A. 1. Ornatus Argivae Helenae: * qualisque videri A. 2
A. 2. Caelicolis, & quanta solet * Venus aurea A. 10
contra:
A. 4. Talis erat species. * talem se laeta ferebat A. 1
A. 2. Ad soceros; * solioque alte subnixa resedit. A. 1

Descriptio egredientis sponsi.

A. 9. AT parte ex alia * foribus sese intulit A. 11
altis
A. 9. Ora puer prima signans intonsa juventa,
Pictus acu chlamydem auratam, * quam plurima A. 5
circum
Purpura Maeandro duplici Meliboea cucurrit,
A. 10. Et tunicam molli mater quam neverat auro:
A. 1. Os, humerosque deo similis, * lumenque A. 2
juventae.
A. 8. Qualis ubi Oceani perfusus Lucifer unda
Extulit os sacrum caelo, * sic ora ferebat, A. 5
Sic oculos. * cursuque amens ad limina tendit. A. 2
A. 2. Illum turbat amor, figitque in virgine vultus.
A. 1. Oscula libavit. * dextramque amplexus in- A. 8
haesit.

Oscu-

Oblatio munerum.

A. 1. INcedunt pueri, pariterque ante ora parentum
Dona ferunt, * pallam signis auroque rigentem, A. 1
A. 11. Munera portantes, aurique eborisque talenta,
Et sellam, * & pictum croceo velamen acantho. A. 1
A. 1. Ingens argentum mensis, * colloque monile A. 1
Baccatum, & duplicem gemmis auroque coronam.
A. 5. Olli serva datur, * geminique sub ubere nati. A. 5
A. 10. Quatuor hic juvenes, * totidem innuptæque puellæ: A. 8
A. 5. Omnibus in morem tonsa coma. * pectore A. 5 summo
Flexilis obtorti per collum circulus auri.

Epithalamium utrique.

A. 12. TUm studio effusæ matres * ad limina A. 10 ducunt.
G. 4. At chorus æqualis, pueri innuptæque A. 2 puellæ
G. 1. Versibus incomptis ludunt: * & carmina A. 6 dicunt.
B. 8. O digno conjuncta viro, * gratissima con- A. 10 junx,
A. 1. Sis felix, * primos Lucinæ experta labores. G. 4
G. 4. Et mater, Cape Mæonii carchesia Bacchi.
B. 8. Sparge marite nuces. * cinge hæc altaria B. 8 vitta,
A. 8. Flos veterum, virtusque virum. * tibi duci- B. 8 tur uxor,
A. 1. Omnes ut tecum meritis pro talibus annos
Exigat: & pulchra faciat te prole parentem.
A. 9. Fortunati ambo: * si quid pia numina pos- A. 4 sunt.
A. 3. Vivite felices, * dixerunt, currite, fusis, B. 4
Concordes stabili fatorum numine Parcæ.

Ingressus in cubiculum.

G. 4. POstquam est in thalami pendentia pumice tecta
Perventum, * licito tandem sermone A. 8 fruuntur.
A. 8. Congressi jungunt dextras: stratisque re- A. 4 ponunt.
A. 1. At Cytherea novas artes, * & pronuba Juno A. 4
A. 11. Sollicitat: suadetque ignota lacessere bella.
A. 1. Ille ubi complexu * molli fovet, atque re- A. 8 pente
Accepit solitam flammam, * lectumque juga- A. 4 lem:
A. 4. O virgo nova mi facies, * gratissima con- A. 10 junx:
A. 6. Venisti tandem, mea sola, & sera voluptas. A. 8
A. 2. O dulcis conjunx, non hæc sine numine divum
A. 12. Proveniunt. * placitone etiam pugnabis A. 4 amori?
A. 4. Talia dicentem jam dudum aversa tuetur:
A. 12. Cunctaturque metu, telumque instare tremiscit,
A. 1. Spemque metumque inter. * funditque has A. 7 ore loquelas:
A. 10. Per te, per, qui te talem genuere, parentes,
B. 2. O formose puer, * noctem non amplius A. 1 unam
A. 9. Hæc tu, oro, solare inopem, * & miserere A. 10 precantis.
A. 12. Succidimus. non lingua valet, non corpore notæ
Sufficiunt vires; nec vox aut verba sequuntur.
A. 9. Ille autem, causas nequicquam nectis inanes.
A. 12. Præcipitatque moras omnes, * solvitque A. 4 pudorem.

Imminutio.

A. 11. POstquam congressi * sola sub nocte per A. 6 umbram,
G. 3. Et mentem Venus ipsa dedit, * nova prælia A. 3 tentant.
A. 10. Tollit se arrectum; * conantem plurima A. 9 frustra,
A. 10. Occupat os, faciemque; * pedem pede A. 12 fervidus urget.
A. 7. Perfidus alta petens, * ramum qui veste A. 6 latebat
B. 10. Sanguineis ebuli baccis, minioque rubentem,
A. 11. Nudato capite, * & pedibus per mutua nexis, A. 7
A. 3. Monstrum horrendum, informe, ingens, cui lumen ademptum,
A. 10. Eripit a femore, & trepidanti fervidus instat.
A. 1. Est in secessu, * tenuis quo semita ducit, A. 11
A. 8. Ignea rima micans. * exhalat opaca me- A. 7 phitim.
A. 6. Nulli fas casto sceleratum insistere limen.
A. 7. Hic specus horrendum. * talis sese halitus A. 6 atris
A. 6. Faucibus effundens, * nares contingit odore. A. 9
A. 11. Huc juvenis nota fertur regione viarum,
A. 5. Et super incumbens * nodis & cortice crudo A. 9
A. 9. Intorquet summis adnixus viribus hastam.
A. 11. Hæsit; * virgineumque alte bibit acta cruorem.
A. 2. Insonuere cavæ, gemitumque dedere cavernæ.
A. 11. Illa manu moriens telum trahit: ossa sed inter
G. 3. Altius ad vivum persedit * vulnere mucro. A. 11
A. 4. Ter sese attollens, cubitoque innixa levavit.
Ter revoluta toro est. * manet imperterritus A. 10 ille.
A. 5. Nec mora, nec requies. * clavumque af- A. 5 fixus, & hærens
Nusquam amittebat: oculosque sub astra tenebat.
A. 2. Itque, reditque viam toties. * uteroque A. 2 recusso
A. 9. Transadigit costas. * & pectine pulsat e- A. 6 burno.
A. 5. Jamque fere spatio extremo, fessique sub ipsam
Finem adventabant. * tum creber anhelitus ar- A. 5 tus,
Aridaque ora quatit. sudor fluit undique rivis.
A. 11. Labitur exsanguis, * destillat ab inguine G. 3 virus.

Contentus esto, Paule mi,
Lasciva, Paule, pagina.
Ridere nil ultra expeto.

ROSÆ.

EDYLLIUM XIV.

VEr erat: & blando mordentia frigora sensu
Spirabat croceo mane revecta dies.
Strictior Eoos præcesserat aura jugales,
Æstiferum suadens anticipare diem.
Errabam riguis per quadrua compita in hortis,

Maturo cupiens me vegetare die.
Vidi concretas per gramina flexa pruinas
Pendere, aut olerum stare cacuminibus;
Caulibus & patulis teretes colludere guttas,
Et cælestis aquæ pondere tunc gravidas.
Vidi Pæstano gaudere rosaria cultu,
Exoriente novo roscida lucifero.
Rara pruinosis canebat gemma frutectis,
Ad primi radios interitura die.
Ambigeres, raperetne rosis aurora ruborem,
An daret, & flores tingeret orta dies.
Ros unus, color unus, & unum mane duorum.
Sideris, & floris nam domina una Venus.
Forsan & unus odor: sed celsior ille per auras
Difflatur: spirat proximus iste magis.
Communis Paphie dea sideris, & dea floris,
Præcipit unius muricis esse habitum.
Momentum intererat: quo se nascentia florum
Germina comparibus dividerent spatiis.
Hæc viret angusto foliorum tecta galero:
Hanc tenui folio purpura rubra notat.
Hæc aperit primi fastigia celsa obelisci,
Mucronem absolvens purpurei capitis.
Vertice collectos illa exsinuabat amictus,
Jam meditans foliis se numerare suis.
Nec mora: ridentis calathi patefecit honorem,
Prodens inclusi semina densa croci.
Hæc modo, quæ toto rutilaverat igne comarum,
Pallida collapsis deseritur foliis.
Mirabar celerem fugitiva ætate rapinam,
Et dum nascuntur, consenuisse rosas.
Ecce & defluxit rutili coma punica floris,
Dum loquor: & tellus tecta rubore micat.
Tot species, tantosque ortus, variosque novatus
Una dies aperit: conficit una dies.
Conquerimur, Natura, brevis quod gratia florum est,
Ostentata oculis illico dona rapis.
Quam longa una dies, ætas tam longa rosarum,
Quas pubescentes juncta senecta premit.
Quam modo nascentem rutilus conspexit Eous,
Hanc rediens sero vespere vidit anum.
Sed bene, quod paucis licet interitura diebus,
Succedens ævum prorogat ipsa suum.
Collige virgo rosas, dum flos novus, & nova pubes,
Et memor esto ævum sic properare tuum.

Ex Græco, Pythagoricon DE AMBIGUITATE ELIGENDÆ VITÆ.

EDYLLIUM XV.

QUod vitæ sectabor iter? si plena tumultu
Sunt fora: si curis domus anxia: si peregrinos
Cura domus sequitur: mercantem si nova semper
Damna manent: cessare vetat si turpis egestas:
Si vexat labor agricolam, mare naufragus horror
Infamat: pœnæque graves in cœlibe vita,
Et gravior cautis custodia vana maritis.
Sanguineum si Martis opus: si turpia lucra
Fœnoris, & velox inopes usura trucidat?
Omne ævum curæ: cunctis sua displicet ætas.
Sensus abest parvis lactantibus: & puerorum
Dura rudimenta, & juvenum temeraria pubes.
Afflictat fortuna viros per bella, per æquor,
Irasque, insidiasque, catenatosque labores
Mutandos semper gravioribus. ipsa senectus
Exspectata diu, votisque optata malignis,
Objicit innumeris corpus lacerabile morbis.
Spernimus in commune omnes præsentia. quosdam
Constat nolle deos fieri. Juturna reclamat,
Quo vitam dedit æternam? cur mortis adempta est
Conditio? sic Caucasea sub rupe Prometheus
Testatur Saturnigenam, nec nomine cessat
Incusare Jovem, data sit quod vita perennis.
Respice & ad cultus animi. sic nempe pudicum
Perdidit Hippolytum non felix cura pudoris.
At contra illecebris maculatam ducere vitam
Quem juvat, adspice & ad pœnas, & crimina regum,
Tereos incesti, vel mollis Sardanapali.
Perfidiam vitato: tenent tria Punica bella:
Sed prohibet servare fidem deleta Saguntus.
Vive, & amicitias semper cole. crimen ob istud
Pythagoreorum periit schola docta sophorum.
Hoc metuens igitur, nullas cole. crimen ob istud
Timon Palladiis olim lapidatus Athenis.
Dissidet ambiguis semper mens obvia votis.
Nec voluisse homini satis est. optata recusat.
Esse in honore placet. mox pœnitet. & dominari
Ut possit, servire volet. idem auctus honore,
Invidiæ objicitur. pernox est cura disertis:
Sed rudis ornatu vitæ caret. esto patronus,
Et defende reos: sed gratia rara clientis.
Esto cliens: gravis imperii persona patroni.
Exercent hunc vota patrum. mox aspera curis
Sollicitudo subit. contemnitur orba senectus,
Et captatoris præda est hæredis egenus.
Vitam parcus agis: avidi lacerabere fama.
At largitorem gravior censura notabit.
Cuncta tibi adversis contraria casibus. ergo
Optima Graiorum sententia. quippe homini aiunt
Non nasci esse bonum, natum aut cito morte potiri.

DE VIRO BONO. Πυθαγορικὴ ἀπόφασις.

EDYLLIUM XVI.

VIr bonus, & sapiens, qualem vix repperit unum
Millibus e multis hominum consultus Apollo,
Judex ipse sui, totum se explorat ad unguem.
Quid proceres, vanique ferat quid opinio vulgi,
Securus, mundi instar habens, teres, atque rotundus,
Externæ ne quid labis per levia sidat.
Ille, dies quam longus erit sub sidere Cancri,
Quantaque nox tropico se porrigit in Capricorno,
Cogitat, & justo trutinæ se examine pendit,
Ne quid hiet, ne quid protuberet, angulus æquis
Partibus ut coeat, nil ut deliret amussis.
Sit solidum quodcumque subest: nec inania subter
Indicet admotus digitis pellentibus ictus.
Non prius in dulcem declinat lumina somnum,
Omnia quam longi reputaverit acta diei.
Quæ prætergressus? quid gestum in tempore? quid non?
Cur isti facto decus afuit; aut ratio illi?
Quid mihi præteritum? cur hæc sententia sedit,
Quam melius mutare fuit? miseratus egentem,
Cur aliquem fracta persensi mente dolorem?
Quid volui, quod nolle bonum foret? utile honesto
Cur malus antetuli? num dicto, aut denique vultu
Perstrictus quisquam? cur me natura magis, quam
Disciplina trahit? Sic dicta & facta per omnia
Ingrediens, ortoque a vespere cuncta revolvens,
Offensus pravis, dat palmam & præmia rectis.

NAI

ΝΑΙ ϗ ΟΥ Πυθαγορικόν.

Edyllium XVII.

Est & Non, cuncti monosyllaba nota frequentant.
His demtis, nihil est, hominum quod sermo volutet.
Omnia in his, & ab his sunt omnia, sive negoti
Sive oti quidquam est, seu turbae, sive quietis.
Alterutro pariter nonnunquam, saepe seorsis
Obsistunt studiis: ut mores, ingeniumque
Vel faciles, vel difficiles contentio nacta est.
Sin consentitur, mora nulla, intervenit, Est, Est.
Sin controversum, dissensio subjicit, Non.
Hinc fora dissultant clamoribus. hinc furiosi
Jurgia sunt Circi. cuneati hinc laeta theatri
Seditio: & tales agitat quoque curia lites.
Conjugia, & nati cum patribus, ista quietis
Verba serunt studiis, salva pietate loquentes.
Hinc etiam placitis schola consona disciplinis
Dogmaticas agitat placido certamine lites.
Hinc omnis certat dialectica turba sophorum,
Est lux, estne dies ergo? non convenit istuc.
Nam facibus multis, aut fulgoribus quando lux
Est nocturnis homini, non est lux ista diei.
Est & Non igitur, quotiens lucem esse fatendum est,
Sed non esse diem, mille hinc certamina surgunt.
Hinc pauci, multi quoque talia commeditantes
Murmure concluso rabiosa silentia rodunt.
Qualis vita hominum, duo quam monosyllaba versant!

DE ÆTATIBUS animantium Hesiodion.

Edyllium XVIII.

Ter binos deciesque novem superexit in annos,
Justa senescentum quos implet vita virorum.
Hos novies superat vivendo garrula cornix:
Et quater egreditur cornicis secula cervus.
Alipedem cervum ter vincit corvus: & illum
Multiplicat novies Phoenix, reparabilis ales.
Quam vos perpetuo decies praevertitis aevo
Nymphae Hamadryades: quarum longissima vita est.
Hi cohibent fines vivacia fata animantum.
Cetera secreti novit deus arbiter aevi
Tempora: quae Stilbon volvat, quae secula Phaenon,
Quos Pyrois habeant, quos Jupiter igne benigno
Circuitus: quali properet Venus alma recursu:
Qui Phoeben, quanti maneant Titana labores.
Donec consummato, Magnus qui dicitur, anno
Rursus in antiquum veniant vaga sidera cursum:
Qualia dispositi steterant ab origine mundi.

Monosticha DE ÆRUMNIS HERCULIS.

Edyllium XIX.

Prima Cleonaei tolerata aerumna Leonis.
Proxima Lernaeam ferro & face contudit hydram.
Mox Erymanthaeum vis tertia perculit aprum.
Aeripedis quarto tulit aurea cornua cervi.
Stymphalidas pepulit volucres discrimine quinto.
Threiciam sexto spoliavit Amazona balteo.
Septima in Augeae stabulis impensa laboris.
Octava expulso numeratur adorea tauro.
In Diomedeis victoria nona quadrigis.
Geryone extincto decimam dat Hiberia palmam.
Undecimo mala Hesperidum districta triumpho.
Cerberus extremi suprema est meta laboris.

MUSARUM INVENTA, & munera.

Edyllium XX.

CLIO gesta canens, transactis tempora reddit.
MELPOMENE tragico proclamat maesta boatu.
Comica lascivo gaudet sermone THALIA.
Dulciloquos calamos EUTERPE flatibus urget.
TERPSICHORE affectus citharis movet, imperat, auget.
Plectra gerens ERATO, saltat pede, carmine, vultu.
Carmina CALLIOPE libris heroica mandat.
URANIE caeli motus scrutatur, & astra.
Signat cuncta manu, loquitur POLYHYMNIA gestu.
Mentis Apollineae vis has movet undique Musas.
In medio residens complectitur omnia Phoebus.

ECLOGARIUM.

De ratione Librae.

Miraris quicumque manere jugalia mundi
Corpora, sublimi caeli circumdata gyro,
Et tantae nullam moli intercedere labem:
Accipe quod mirere magis. tenuissima tantis
Principia, & nostro non admittentia visu,
Parvarum serie constant compage atomorum.
Sed soliditas in parvis, nullique secabile segmen,
Vera vigor viresque manent, aeternaque rerum
Stabilitas: nullique umquam superabilis aevo.
Dividuis hominum sunt composita. sic est
As solidus, quoniam bis sex de partibus aequis
Constat: & in minimis partibus tamen una manet vis.
Nam si quid numero minuatur, summa vacillat,
Convulsasque ruunt labefacto corpore partes.
Ut medium si quis vellat de fornice saxum,
Incumbunt cui cuncta, simul devexa sequentur
Cetera, communemque trahent a vertice lapsum.
Non aliter libra est. si defuit uncia, totus
Non erit as: nomenque deunx jam cassum habebit.
Nec dextans retinet nomen, sextante revulso.
Et dodrans, quadrante satis, auctore carebit.
Bessalisque triens prohibebit persistere bessem.
Jam quincunx tibi nullus erit, si prima revellas.

Et famulis, cui semis erit pereuntibus assis
Partibus, & cujus libra pars septima, septunx?
Libra igitur, totum si nulla in parte vacillet.
Ponderis, & census, numerique, operumque, & aquarum
Libra: nec est modulus, quem non hoc nomine signes.
Telluris, medio quae pendet in aere, libra est.
Et Solis, Lunaeque vias sua libra coercet.
Libra dei, somnique pares determinat horas.
Libra Caledonios sine litore continet aestus.
Tu quoque certa mone morum mihi libra Theon es.

De ratione PUERPERII maturi.

OMnia, quae vario rerum metimur in actu,
Astrorum dominatus agit. terrenaque tantum
Membra homini, e superis fortuna, & spiritus auris,
Septeno moderanda choro: sed praesidet olli
Sortitus regimen nitidus Sol aureus orbe.
Nec sola in nobis moderantur tempora vitae,
Dum breve fallaci spatium producimus aevi:
Creditur occultosque satus, & tempora vitae
Materno digesta utero, formare videndo,
Et eandem exortae leges componere vitae.
Namque ubi conceptus genitali insederit alvo,
Haud dubium solem cujuscumque insistere signo.
Qui quum vicini stationem ceperit astri,
Contiguum nullum transfundit lumen in ortus.
Ast ubi conversis post menstrua tempora habenis,
Scandit purpureo jam tertia sidera curru:
Obliqua exilem dimittit linea lucem,
Adspirans tenues per inertia pondera motus.
Quarta in sede vigor primi indulgentia solis.
Suadet & infuso teneros coalescere fetus.
Fulgor tetragono adspectu vitale coruscat,
Clarum, & leve micans: quinti qui cardine signi
Incutit attonitam vegetato infante parentem.
Nam sexto vix mota loco: quia nulla teretis
Aequati lateris signatur regula Phoebo.
Ast ubi signiferae media in regione cohortis
Septimus accepit lumen radiantia flammis
Recta castra sero: turgentis foedera partus
Jam plena sub luce videt. nec fulgura parci
Luminis intendens, toto favet igne coronam.
Hinc illud, quod legitimos Lucina labores
Praevenit: & gravidae fraudis subrepere mensem
Ante exspectatum solitum puerpera votum.
Quod nisi, septeno genitum lumine sedis ab astro,
Impulerit tardi claustra obluctantia partus;
Pallidior sequens, possit prior: an quia sexto
Aemulus octavi conspectus inutilis astri
Nescit compariles laterum formare figuras?
Sed nono incumbens signo, constantia matrum
Vota levat, trigono vires sociante sequenti.
At si difficilis trahit Ilythyia
Tetragono absolvet dubiatum vincla morarum.

Signa caelestia.

AD Boreae partes Arcti junguntur, & Anguis.
Post has Arctophylax, pariterque Corona, Genuque
Prolapsus, Lyra, Avis, Cepheus, & Cassiope,
Auriga, & Perseus, Deltoton, & Andromedae astrum,
Pegasus, & Delphinus, Telum, Aquila, Anguitenensque.
Signifer inde subest. bis sex & sidera complexus.
Hic Aries, Taurus, Gemini, Cancer, Leo, Virgo,
Libra, Scorpius, Arcitenens, Capricornus, & Urnam
Qui tenet, & Pisces. post hos in partibus Austri
Orion, Procyon, Lepus, ardens Sirius, Argo,
Hydrus, Chiron, Turibulum quoque, Piscis & ingens.
Hunc sequitur Pistrix, simul Eridanusque sinuatus.
Sed vaga praeterea dicuntur lumina septem,
Luna & Mercurius, Venus, ac Sol, Mars quoque fulgens.
Hic Jovis & sidus super omnia sidera lucens.
Celsior his Saturnus, tardior omnibus astris.

Ratio dierum anni vertentis.

NOnaginta dies & quatuor, ac medium Sol
Conficit, a tropico in tropicum dum permeat astrum,
Octipedem in Cancrum Phryxeo ab Ariete pergens.
Hoc spatio aestivi pulsusque, & verna diei.
Semidiemque, denique dies, decimque novenos,
A Cancro in Chelas, aequata tempora noctis
Atque dii, cursu peragit Sol aureus altero,
Autumni aestatisque simul confinia miscens.
Unde autumnales transcurrens ordine menses,
Ad tropicum pergit signum gelidi Capricorni,
Octo dies decies octonis insuper addens,
Quadrantemque dii: quinto qui protinus anno
Mense Numae extremo nomen capit embolimaei.
Inde ad Agenorei festinans cornua tauri,
Scandit Lanigeri tropicum Sol aureus astrum,
Nonaginta dies decreto fine cumerens.
Hic tibi circus erit semper vertentibus annis,
Tercentum, ac terdecies & quinque diebus.

De nominibus septem dierum.

NOmina, quae septem vertentibus apta diebus
Annus habet, totidem errantes fecere planetae.
Quos indefessa volvens vertigine mundus
Signorum obliqua jubet in statione vagari.
Primum, supremumque diem radiatus habet Sol.
Proxima fraternae succedit Luna coronae.
Tertius assequitur Titania lumina Mavors.
Mercurius quarti sibi vendicat astra diei.
Inlustrant quintam Jovis aurea sidera zonam.
Sexta salutigerum sequitur Venus alma parentem.
Cuncta supergrediens Saturni septima lux est.
Octavum instaurat revolubilis orbita Solem.

Hic versus sine auctore est. Quid quoque die demi de corpore oporteat.

UNgues Mercurio, barbam Jove, Cypride crines.

Hoc sic refellendum.

MErcurius furti probat ungues semper acutos,
Articulisque aciem non sinit imminui.
Barba Jovi, crines Veneri decor: ergo necesse est,
Ut neutrum demi, quod sibi uterque placet.
Mavors imberbis, & calvus Luna adamarit,
Non prohibent cuiquam caput atque genas.
Sol & Saturnus nihil obstant unguibus, ergo
Non placitum Divis tolle monostichium.

De mensibus, & quatuor anni temporibus.

AEternos menses, & tempora quatuor anni,
Quaeris ista tibi subjecta monosticha dicent.
Martius, Aprilis, Majus sunt tempora veris.

Julius,

Julius, Augustus, nec non & Junius, æstas.
Septembri, Octobri autumnus, totoque Novembri.
Brumalis, Janus, Februarius, atque December.

De mensibus monosticha.

Primus Romanas ordiris Jane Kalendas.
Februa vicino mense Numa instituit.
Martius antiqui primordia protulit anni.
Fetiferum Aprilem vindicat alma Venus.
Majorum dictus patrum de nomine Maius.
Junius ætatis proximus est titulo.
Nomine Cæsareo Quinctilem Julius auget.
Augustus nomen Cæsareum sequitur.
Autumnum Pomona tenet, September, opimum.
Triticeo October fœnore ditat agros.
Sidera præcipitans pelago intempestus November.
Tu genialem hiemem feste December agis.

Disticha de iisdem mensibus.

Jane nove, primo qui das tua nomina mensi,
Jane bifrons, spectas tempora bina simul.
Post superum cultus, vicino Februa mense
Dat Numa cognatis Manibus inferias.
Martius & generis Romani præsul, & anni,
Prima dabas Latiis tempora consulibus.
Æneadum genetrix vicino nomine Aprili
Dat Venus, est Marti namque Aphrodita comes.
Maja dea, an major, Maii, te fecerit ætas,
Ambigo: sed mensi est auctor uterque bonus.
Junius hunc sequitur duplici celebrandus honore,
Seu nomen Juno, sive Juventa dedit.
Inde Dionæo præfulgens Julius astro,
Æstatis mediæ tempora certa tenet.
Augustus sequitur cognatum a Cæsare nomen:
Ordine sic anni proximus, ut generis.
Nectuntur post hos, numerumque ex ordine signant:
September, Bacchi munere prela rigans:
Et qui sementis per tempora, fœnore lætus,
October, cupidi spem fovet agricolæ:
Quique salo mergens solemnia signa November
Præcipitat, cælo mox redeunte suo.
Concludens numerum genialia festa December
Finit, ut a bruma mox novus annus eat.

Quot dies sint mensium singulorum.

Implent tricenas per singula menstrua luces
Junius, Aprilisque, & cum Septembre November.
Unum ter deni cumulatius adde dierum
Per septem menses, Jani Martisque Kalendis,
Et quos Maius agit, quos Julius, Augustusque,
Et quos October, postremusque in fine December.
Unus erit tantum duodetriginta dierum,
Quem Numa præposito voluit succedere Jano.
Sic tercentenis decies accedere senos,
Quadrantemque, & quinque dies sibi computat annus.

De tribus menstruis mensium.

Bis senos anno reparat Latium Kalendas:
Et totidem medias dat currere Jupiter Idus.
Nonarumque diem faciunt infra octo secundi.
Hæc sunt Romani tantum tria nomina mensis,
Cetera per numerum sunt cognomenta dierum.

Quo mense quotæ Nonæ, vel Idus sint.

At Nonas modo quarta aperit, modo sexta refert lux.
Sexta refert Maii, Octobris, Martisque recursu,
Et qui solstitio sua tempora Julius infert.
Cetera pars mensium quartis est prædita Nonis.
Omnes vero Idus octava luce recurrunt.

Quotæ Kalendæ sint mensium singulorum.

Post Idus, quas quisque suas habet ordine mensis,
Diverso numero redeunt variantque Kalendæ,
** Dum revocantque iterumque vocantur,
Ut tandem apto procedant temporis ortu.
Ter senis, unoque die genialia festa
Porrigit, et Janum arcessit nova bruma morantem.
Hoc numero mensisque Numæ redit, autumnique
Principium referens Bacchi September alumnum.
Julius, & Maius, postremusque in fine December,
Octoberque die revocantur tardius uno.
Inde die redeunt minus uno quatuor altri,
Quos numero adjiciam, Sextilis, Junius atque
Aprilis, post quos penultima meta November.
Ter quinis, unoque die Januarie Mavors,
Ut redeas, referasque exordia prima, cieris.
Hoc numero, ad plenum veteris separabitur annus.

In quo mense quod Signum sit ad cursum solis.

Principium Jani sancit tropicus Capricornus.
Mense Numæ in medio solidi stat sidus Aquari.
Procedunt duplices in Martia tempora Pisces.
Respicis Aprilis, Aries Phryxee, Kalendas.
Maius Agenorei miratur cornua Tauri.
Junius æquatos cælo videt ire Laconas.
Solstitio ardentis Cancri fert Julius astrum.
Augustum mensem Leo fervidus igne perurit.
Sidere Virgo tuo Bacchum September opimat.
Æquat & October sementis tempore Libram.
Scorpius hibernum præceps jubet ire Novembrem.
Terminat Arcitenens medio sua signa Decembri.

Q. Ciceronis versus eo pertinent, ut quod signum quo tempore illustre sit, noverimus, quod superius quoque nostri versibus expedivimus.

Flumina verna cient obscuro lumine Pisces.
Curriculumque Aries æquat noctisque diique.
Cornua quem comunt florum prænuntia Tauri,
Aridaque æstatis Gemini primordia pandunt.
Longaque jam minuit præclarum lumina Cancer.
Languificosque Leo proflat ferus ore calores.
Post, medicum quatiens Virgo fugat orta vaporem.
Autumni reserat portas æquatque diurna
Tempora nocturnis dispenso sidere Libra.
Et fœtos ramos denudat flamma Nepai.
Pigra Sagittipotens jaculatur frigora terris.
Bruma gelu glacians jubare spirat Capricorni.
Quam sequitur nebulas rorans liquor altus Aquari:
Tanta supra, circaque vigent ubi flumina mundi.
At dextra, lævaque ciet rota fulgida Solis
Mobile curriculum, & Lunæ simulacra feruntur.
Squama sub æterno conspectu torta Draconis
Eminet. hunc inter fulgentes sidera septem
Magna quatit stellans: quam servans serus in alta
Conditur Oceani ripa cum luce Bootes.

A Solsti-

A Solstitio in æquinoctium verno.

Sol profectus a tepore veris æquinoctio,
Post semidiem postque rursus mensem & quartum,
Fervidus flagrans habebit solstitium æstivum canicula.
Inde Autumnum noctis horis libram æquo lumine,
Octo & octoginta gradus, & super triduo.
* * * *
Inde floridum redeunte ver revisit ordinem
Additis ad hæc priores gerens geminis orbibus.

De Feriis Romanis.

Nunc & Apollineos Tiberina per ostia ludos,
Et Megalesiaca matris operta loquar.
Vulcaniasque dies autumni exordia primi,
Quinquatrusque Deæ Palladis expediam:
Et medias Idus, Maii, Augustique recursus,
Quas sibi Mercurius, quasque Diana dicat.
Matronæ quæ sacra colant pro laude virorum,
Mavortis primi quum rediere dies.
Festa Caprotinis memorabo celebria nonis,
Quum stola matronis dempta teget famulas.
Quatuor illa etiam discretis partibus anni
Solstitia, & luces nocte, dieque pares.
Nec Regifugium pulsis ex urbe tyrannis,
Lætum Romanis sic reticere diem.
Visne Opis ante sacrum, vel Saturnalia dicam,
Festaque servorum, quum famulantur heri?
Et nunquam certis redeuntia festa diebus,
Compita per vicos quum sua quisque colit?
Aut duplicem cultum, quem Neptunalia dicunt,
Et quem de Conso consiliisque vocant?
Festa hæc, navigiis, aut quæ celebrata quadrigis,
Jungunt Romanos finitimosque duces?
Adjiciam cultus, peregrinaque sacra deorum,
Natalem Herculeum, vel ratis Isiacæ:
Nec non lascivi Floralia læta theatri,
Quæ spectare volunt, qui voluisse negant.
Nunc etiam veteres celebrantur Equiria ludi.
Prima hæc Romanus nomina Circus habet.
Et Dionysiacos Latio cognomine ludos
Roma colit, Liber quos sibi vota dicat.
Ædiles plebeii etiam, ædilesque curules
Sacra Sigillorum nomine dicta colunt.
Et gladiatores funebria prælia notum
Decertasse foro: nunc sibi arena suum
Vendicat: extremo qui jam sub fine Decembris
Falcigerum placant sanguine Caligenam.

De lustralibus agonibus.

Quatuor antiquos celebravit Achaia ludos,
Cælicolum duo sunt, & duo festa hominum.
Sacra Jovis, Phœbique, Palæmonis, Archemorique:
Serta quibus pinus, malus, oliva, apium.

De locis agonum.

Prima Jovi magno celebrantur Olympia Pisæ,
Parnassus Clario sacravit Pythia Phœbo.
Isthmia Portuno bimaris dicat acta Corinthi.
Archemori Nemeæa colunt funebria Thebæ.

De auctoribus agonum.

Primus Olympiacæ sacravit festa coronæ
Jupiter Argivi stadia ad longissima Circi.
Proximus Alcides Nemeæ sacravit honorem.
Hæc quoque temporibus quinquennia sacra notandis.
Isthmia Neptuno data sunt, & Pythia Phœbo,
Ancipiti cultu divorum hominumque sepultis.

Quod iidem, qui sacri agones sunt, & funebres ludi habeantur.

Tantalidæ Pelopi mæstum dicat Elis honorem.
Archemori Nemeæa colunt quinquennia Thebæ.
Isthmia defuncto celebrata Palæmoni, notum.
Pythia placando Delphi statuere Draconi.

EPISTOLARUM LIBER.

EPISTOLA I.

AUSONIUS ad PATREM de suscepto filio.

Crediderat nil posse meis affectibus addi,
Quo, venerande pater, diligerere magis.
Accessit (gratum superis, medioque tempori,
Bina dedit nobis qui juga communibus.
Ipse nepos te fecit avum: mihi filius idem,
Et tibi ego. hoc nato nos sumus ambo patres.
Nec jam sola mihi pietas mea suadet amorem;
Nomine te gemini jam genitoris amo.)
Accessit titulus, tua quo reverentia crescat:
Quo doceam natum, quid sit amare patrem.
Quippe tibi æquatus videor, quod parvulus iste
Nominis honoratum me quoque nobilitat:
Atque ætas quia nostra eadem. nam supparis ævi
Sum tibi ego, & possem fratris habere vicem.
Nec tantum nostris spatium interponitur annis,
Quantum solent aliis tempora dividere.
Vidi ego natales fratrum distare tot annis,
Quot nostros. quorum nomina non onerant.
Pulchra juventa tibi senium sic jungit, ut ævum,
Quod prius est, maneat: quod modo, ut incipiat.
Et placuisse reor geminis ætatibus, ut se
Non festinato tempore utraque daret.
Lætitiæ hic flueret, hæc non properata veniret,
Maturam frugem flore manente ferens.
Annos me nescire tuos, pater optime, testor:
Totque putare tuos, quot reor esse meos.
Nesciat hoc ævum, numeret properantior hæres,
Testamenta magis, quam pia vota, ferens:
Exemplique docens pravo juvenescere natos,

Ut

Ut nollet partem se quoque habere senex.
Verum ego primaevo genitus genitore, ferebar
  Supparis hoc aevi tempora grata mihi.
Debeo, quod careo. suadet pia cura nepotis,
  Addideram patri, quo venerarer avum.
Tu quoque, mi genitor, geminato vocabula gaude,
  Nati primaevi nomine factus avus.
Exiguum, quod avus. faveant pia numina divum,
  Deque nepote suo fiat avus proavus.
Largius & poteram producere fata senectam;
  Sed rata vota reor, quae moderata magis.

EPISTOLA II.

Pater ad filium, quum temporibus tyrannicis ipse Treveris remansisset, & filius a patre profectus esset. Hoc inchoatum neque impletum sic de lituraris scriptum.

DEbeo & hanc notis, fili dulcissime, curis
  Historiam: quamquam titulo non digna sereno
Anxia maestarum fovit querimonia rerum.
Jam super egelidae stagnantia terga Mosellae
Protuleras te, nate, ratem: maestusque parentis
Oscula & amplexum discriveras invidus amnis.
Solus ego; & quamvis coram celebrarer amicis,
Solus eram: profugusque dehinc pia vota carinae,
Solus adhuc te, nate, videns: celerisque remulci
Culpabam properos adverso flumine cursus.
Quis fuit ille dies? non annus longior ille est,
Attica quem docti collegit cura Metonis.
Defertur, vacuis lentisque exercetur Atris.
Nunc ego pubentes salicum deverto frondes:
Gramineum nunc frango torum; viridesque per ulvas
Lubrica substratis vestigia libro lapillis.
Sic lux prima abiit: sic altera meta diei.
Sic geminas alterna rotat vertigo tenebras,
Sic alias: eademque mihi sic tempora abibit,
Restituant donec tem me tibi fata parentem.
Haec ego conditione licet, vel morte pacisci:
Dum decursum superstes patris, tu nate, superstes.

EPISTOLA III.

AUSONIUS HESPERIO.

QUalis Picenae populator turdus olivae
  Clunes opimas ceteas:
Vel qui lucentes rapuit de vitibus uvas,
  Pendetque nexus retibus:
Quae vespertinis fluitans nebulata sub horis
  Vel mane tenta rosculo:
Tales hibernis ad te de sepibus, ipsos
  Capi volentes, misimus,
Bis denos. tot enim crepero sub lucis eoae
  Praeceps volatus intulit.
Tum quas vicinae suggessit praeda lacunae,
  Anites maritas junximus,
Remipedes, lato populantes caerula rostro,
  Et crure rubras punico.
Iricolor vario pictis quas pluma colore,
  Collum columbis aemulas.
Defrudata rogo non sunt haec fercula mensae.
  Vescente te, fruemur magis.
    Vale bene, ut valeam.

EPISTOLA IV.

AUSONIUS, cujus ferulam nunc sceptra verentur, PAGANUM MEDULIS JUBEO SALVERE THEONEM.

QUid geris, extremis positus telluris in oris,
  Cultor arenarum vates? cui litus arandum,
Oceani finem juxta, solemque cadentem:
Vilis arundineis cohibet quem pergula tectis:
Et tinguit piceo lacrimosa colonica fumo.
Quid rerum Musaeque gerunt, & cantor Apollo?
Musa non Heliconis sata, nec fonte caballi:
Sed quas fecundo de pastore Clementini
Inspirant vacuas aliena mente partes.
Jure quidem: nam quis malit sua carmina dici,
Qui te securo possit proscindere risu?
Haec quoque ne nostrum possint urgere pudorem,
Tu recita: & vere poterunt tua dicta videri.
Quam tamen exerces Medulorum in litore vitam?
Mercatusne agitas, leviore nomismate captans,
Insanis quod mox pretiis gravis auctio vendat?
Albentes sevi globulos, & pinguia cerae
Pondera, Naryciamque picem, scissamque papyrum,
Fumantesque olim paganica lumina taedas?
An majore gerens cura regione vagantes
Persequeris fures? qui te, postrema timentes,
In partem, praedamque vocant. tu mitis, & osor
Sanguinis humani condonas crimina nummis,
Erroremque vocas, pretiumque imponis abactis
Bubus, & in partem scelerum de judice transis?
An cum fratre vagos dumeta per avia cervos
Circumdas maculis, & multa indagine pinnae?
Aut spumantis apri cursum clamoribus urges,
Subsidisque fero? mentito tamen, atque recursu
Stringere fulmineum venabula cominus hosti.
Exemplum de fratre times, qui veste reducta
Ostentat foedas prope turpia membra lacunas,
Perfossasque nates vicino podice nudas.
Inde ostentatus volitat: miretur ut ipsum
Gedippa, Ursiumque suum, prolemque Jovini,
Taurinusque, ipsum priscis heroibus aequans:
Qualis in Oetaeo victor Calydonius apro,
Aut Erymantheo pubes fuit Attica monstro.
Sed tu parce, ferox, venatibus, & fuge tanta
Crimina silvarum: ne sis Cinyreia proles,
Accedasque iterum Veneri plorandus Adonis.
Sic certe crinitus flavos, niveusque lacertos,
Caesariem rutilam per candida colla refundis:
Pectore sic tenero, plana sic [illegible] alvo,
Per teretes feminum gyros, suraque nitentem
Descendis, talos a vertice pulcher ad imos.
Qualis floricoma quondam populator in Aetna,
Virgineas inter choreas Deoida raptam
Sustulit emeritis stygiis fornacibus Orcus.
An quia venatus ob tanta pericula vitas,
Piscandi traheris studio? nam sera supellex
Dumnotini tales solita est ostendere gazas:
Nodosas vestes animantum Neritinorum,
Et jacula, & fundas, & nomina villica lini,
Colaque, & insidias tereti vermibus hamos.
His opibus confise times? domus omnis abundat
Litorea dives spolio, referuntur ab unda
Corroco, lentis trygon, mollesque platessae,
Urentes thynni, & male tecti spina elopes,
Nec duraturi post bina trihoria corvi,

An

An te carminibus juvat lacessere canoras
Mnemosynen natas, aut tres, aut octo sorores?
Et quoniam hunc versum, si vis cognoscere, quid sit
Inter doctrinam, deridendasque camenas:
Accipe congestas mysteria frivola nugas,
Quas tamen explicitis nequeas deprendere chartis,
Scilicet decies non si purgeris aceto,
Anticipesque tuo Sacrai Lucumonis acumen:
Aut adsit interpres tuus,
Ænigmatum qui cognitor
Fuit meorum: quem tibi
Cadmi nigellas filias,
Melonis albam filiam,
Notasque furvæ sepiæ,
Cnidiosque nodos prodidit.
Nunc adsit: & certe modo
Præsul creatus literis,
Enodabit protinus,
Quod millitares scribimus.
Non ego fingo tibi poeta versus:
Quos scis hendecasyllabos vocari?
Sed nescio modulis tribus moveri.
Istos composuit Phalæcus olim,
Qui penthemimerin habent priorem:
Et post semipedem duos iambos.
Sunt quos hexametri creant revulsi:
Ut penthemimeris prior locetur.
Tum quod bucolice tome relinquit.
Sunt & quos generat puella Sappho:
Quos primus regit Hippius secundus:
Ut claudat Choriambum Antibacchus.
Sed jam non poteris, Theon, doceri:
Nec fas est mihi regio magistro
Plebeiam numeros docere pulpam.
Verum protinus edo, quod requiro.
Nil quæro, nisi quod libris tenetur:
Et quod non apicæ regunt papyri.
Quæ si solveris, o poeta, magus,
Totam trado tibi simul Vacunam,
Nec jam post metuam ubique dictum,
Hic est ille Theon poeta falsus,
Bonorum mala carminum Laverna.

EPISTOLA V.

AUSONIUS Salve caro mihi dico THEONI,
Versibus experiens quid vale, quandoque queror.

TErtia fissipedes renovavit Luna juvencos,
  Ut fugitas nostram dulcis amice domum.
Nonaginta dies sine te, charissime, traxi:
  Huc adde æstivum. hoc mihi pæne duplum est.
Vis noctes demum dicam, decimasque novenas
  Iste dies? anni portio quarta abiit.
Sexagies horas super & duo millia crevere
  Te sine consumsi: quo sine & hora gravis.
Millia bis nongenta jubet decurrere leugam
  Adnumerata tuos per tot abire dies.
Jam potui Romam pedes ire, pedesque reverti,
  Et quo te dirimunt millia pauca mihi.
Scirpus Domnotoni tanti est habitatio vatis?
  Pauliacus tanti non mihi villa foret.
An quia per tabulam medico pugnante notatam,
  Debita summa mihi est; ne repetamus, abes?
Bis septem rutilos regale nomisma Philippos,
  Ne tanti fuerint, perdere malo, Theon:
Implicitum quam te nostris interne medullis
  Deferre tam longi temporis in spatio.
Ergo aut prædictos jam nunc rescribe Darios;
  Et redeme, ut mora sit libera desidia:
Aut alios a me totidem dabo: dummodo cari
  Conspicer ora viri, pauperis atque licet.
Puppe citus propera, sinuosaque lintea veli
  Pande. Medullino te ferat aura noti
Expositum subter paradas, lectoque jacentem:
  Corporis et tanti una moveatur onus.
Unum Domnotoni te litore perferet æstus
  Condatem ad portum: si modo deproperes.
Inque vicem veniat, quotiens tua flamina cessant,
  Remipedem jubeas protinus ire ratem:
Invenies præsto subjuncta veredia mulis.
  Villa Lucani-mox potieris-aco.
Rescisso dulce componere nomine versus.
  Lucili vatis sic imitator eris.

EPISTOLA VI.

AUSONIUS Consul vatem resalutat THEONEM.

AUrea mala, Theo, sed plumbea carmina mittis.
  Unius massæ quis putet has species?
Unum nomen utrisque: sed est discrimen utrisque:
  Poma ut mala vocem, carmina vero mala.
    Vale beatis nomen a divis Theon.
    Metatha sed ista sæpe currentem indicat.

EPISTOLA VII.

AUSONIUS THEONI, quum ei triginta ostrea, grandia quidem, sed tam pauca misisset.

OStrea Baianis certantia, quæ Medulorum
  Dulcibus in stagnis reflui maris æstus opimat,
Accepi, dilecte Theon, numerabile munus.
Verum quæ ferrent, subjecta monosticha signant.
Quæ tot lectorum cum pollice computat index.
Geryones quot erant, decies si multiplicentur.
Ter quot erant Phrygii numerata decennia belli.
Aut ter in Æolidis mensis tenet igniferum Sol.
Cornibus a primis quot habet vaga Cynthia noctes.
Singula percurrit Titan quot signa diebus.
Quotque annis sublimis agit sua sæcula Phœnix.
Quot numerum annorum Vestalis virgo ministrat,
Dardaniique nepos regno quot præfuit annos.
Priamidæ quot erant, si bis deni retrahantur.
Bisque viros numeres, qui fata Amphrysia servant.
Quot genuit fœtus Albana sub ilicibus sus.
Et quot sunt asses, ubi nonaginta trientes.
Vel quot habet junctos Vasatica rheda caballos.
    Quod si figuras fabulis adumbratas,
    Numerumque doctis involutum ambagibus
    Ignoras alio mens obesa viscere:
    Numerare saltem more vulgi et noveris.
    In se reversas explicabo summulas.
  Ter denas, puto, quinquiesque senas.
  Vel bis quinque, dehinc, decem decemque.
  Vel senas quater, & bis adde ternas.
  Septenas quater, adde unum & unam.
  Dec binas decies, semelque denas.
  Aut ter quaternas adde bis novenis.
  Octonas quater, hinc duas recedant.
  Binas undecies, semel quaternas.

Et

Et sex adde novem vel octo septem.
Aut septem geminis bis octo junge.
Aut se sume tibi pluribus modestus,
Triginta numero facere conficis.
Junctus limitibus ambitiosus ostreis
Primo composuit ferculo prandium,
Gratum deliciis nobilium cibum,
Et sumtu modicum pauperibus focis.
Non hic naufrago quaeritur aequore,
Ut crescat pretium grande periculis:
Sed primore vado, post refugum mare,
Algoso legitur litore concolor.
Nam mitis duplicis conditur in specu,
Quae ferventis aquae fota vaporibus,
Carnem lacteoli visceris indicat.
Sed damnosa nimis panditur area.
Fac campum replicet Musa papyrinum:
Nam jam fissipedis per calami vias
Grassetur Cnidiae sulcus arundinis,
Pingens aridulae subdita paginae,
Cadmi filiolis atricoloribus.
Aut cunctis pariter versibus oblinat
Furvam lacticolor spongia sepiam.
Parcamus vitio Dumnotoni domus:
Ne sit charta mihi carior ostreis.

EPISTOLA VIII.

AUSONIUS AXIO PAULO RHETORI S.

Tandem eluctati retinacula blanda morarum,
Burdigalae molles liquimus illecebras.
Santonicamque urbem vicino accessimus agro.
Quod tibi si gratum est, optime Paule, proba.
Cornipedes rapiant imposta petorrita mulae:
Vel cisio trijugi, si placet, insilias:
Vel celerem mannum, vel rupeam terga veredum
Conscendas, propere dummodo jam venias.
Instantis revocent quia nos sollemnia Paschae:
Libera nec nobis est mora desidiae.
Perfer in excursu vel trijuga millia quadam,
Vel falsas lites, quas schola vestra serit.
Nobiscum invenies nullam, quia liquimus illic
Nugarum veteres cum sale relliquias.

EPISTOLA IX.

AUSONIUS PAULO.

Ostrea nobilium cenis, sumptuque nepotum
Cognita, diversique maris deterta profundo,
Aut refugis nudata vadis, aut scrupea subter
Antra, et muricei scopulorum mersa lacunis,
Quae viridis muscus, quae dedecor alga recondit,
Quae testis concreta suis, ceu saxa cohaerent,
Quae mersata luto, pingui mox condita limo,
Nutrit secretus conclusa uliginis humor,
Enumerare jubes, veteri o mihi Paule sodalis,
Assueto mihi jaculari carmine nugis.
Aggredior; quamvis curam non ista senilem
Sollicitent, frugique viro dignanda putentur.
Nam mihi non Saliare epulum, non cena dapalis,
Qualem Pontifices cultorum mensa procerum,
Alcinoique habeat nitidae cultu mensa juventae.
Enumerabo tamen, famam testesque secutus,
Pro studiis hominum semper diversa probantum.
Sed mihi prae cunctis ditissima, quae Medulorum
Educat Oceanus, quae Burdigalensia nomen
Usque ad Caesareas tulit admiratio mensas,
Non laudata minus nostri quam gloria vini.
Haec inter cunctas palmam meruere priorem
Omnibus ex longo cedentibus. ista et opimi
Visceris, et nivei, dulcique tenerrima succo,
Miscent aequoreum tenui sale tincta saporem.
Proxima sint quamvis, sed longe proxima multo
Ex intervallo: quae Massiliensia portu,
Quae Narbo ad Veneris nutrit; cultuque carentia
Hellespontiaci quae protegit aequor Abydi:
Vel quae Baianis pendent fluitantia palis:
Santonico quae tecta salo: quae nota Genonis:
Aut Eborum mixtus pelago quae protegit amnis,
Ut multo jaceant algarum obducta recessu;
Aspera quae testis, et dulcia farris opimi.
Sunt et Armorici qui laudent ostrea ponti:
Et quae Pictonici legit accola litoris: et quae
Mira Caledonius nonnumquam detegit aestus.
Accedunt, quae (fama recens) Byzantia subter
Litora, et insanae generata Propontidis acta,
Promotii celebrata ducis de nomine, laudant.
Haec tibi non vates, non historicus, neque toto
Orbe vagus conviva loquor, sed tradita multis:
Ut solitum, quotiens dextra invitatio mensae
Sollicitat lentum comi sermone Lyaeum.
Haec non per vulgum mihi cognita, perque popinas,
Aut parasitorum collegia Plautinorum:
Sed, festos quia saepe dies partitus ipse meorum
Excolui, inque vicem conviva vocatus adivi.
Natalis si forte fuit sollemnis amici,
Conjugioque dapes, aut sacra repotia patrum,
Audivi meminique bonos laudare frequenter.

EPISTOLA X.

AUSONIUS PAULO.

Si qua fides falsis umquam est adhibenda poetis,
Nec plasma semper allinunt,
Paule, Camenarum celeberrime Castaliarum
Alumne quondam, nunc pater,
Aut avus, aut proavis antiquior, ut fuit olim
Tartessiorum regulus:
Intemerata tibi maneant promissa memento.
Phoebum jubet verum loqui.
Et si Pierias patitur lirare sorores,
Numquam ipse torquet αὔλακα.
Te quoque ne pigeat consponsi foederis: et jam
Citus veni remo, aut rota,
Aequoris undosi qua multiplicata recursu
Garumna pontum provocat,
Aut iteratarum qua glarea trita viarum
Fert militarem ad Blaviam.
Nos etenim primis sanctum post Pascha diebus
Avemus agrum visere.
Nam populi coetus, et compita sordida rixis
Fastidientes, cernimus
Angustas fervere vias, et congrege vulgo
Nomen plateas perdere.
Turbida congestis referitur vocibus Echo,
Tene, feri, duc, da, cave:
Sus lutulenta fugit, rabidus canis impete saevo,
Et impares plaustro boves.
Nec prodest penetrale domus et operta subire:

Per tecta clamorem movens.
Hæc, & quæ possunt placidam offendere mentem,
Congesta relinqui mœnia:
Dulcia secreti repetantur ut otia ruris
Nugis amœna seriis.
Tempora disponas tibi tu tua: jusque tuum sit,
Ut nil agas, vel quod voles.
Ad quæ si properas, tota cum merce tuarum
Veni camenarum citus.
Dactylicos, elegos, choriambum carmen, epodos,
Socci & cothurni musicam,
Carpento impone tuo. nam tota supellex
Vatum piorum chartea est.
Nobiscum invenies cornucopia, si libet uti,
Non Pœna, sed Græca fide.

EPISTOLA XI.

AUSONIUS PAULO S.

Vinum quum bijugo parabo plaustro
Primo tempore Santonum vehendum,
Ovum tu quoque passeris marini,
Quod nunc promus ait procul relictum
In fundo patriæ Bigerritanæ.

EPISTOLA XII.

ΑΥΣΟΝΙΟΣ ΠΑΥΛΩ.

Ἑλλαδικῆς μετέχων μούσης, Latiæque camœnæ,
Ἄξιον Αὐσόνιος sermone alludo bilingui.
Musæ, quid facimus? τί κενοῖσιν ἐπ' ἐλπίσιν αὔτως
Ludimus ἀφραδίῃσιν ἐν ἤματι γηράσκοντες;
Σκαμβοῖσι campoισιν ὅτε κρύος ἄσπετόν ἐστιν,
Erramus gelido-τρομεροὶ rigidique poetæ.
Πιερίδων τεμένεσσι θεράποντες inertes.
Πάντα δ' ἔχει παγετός τε pedum καὶ χειρὸς ὀδόντων,
Θαλπωρὴ quia nulla τόθι χιόνεσσι χαρίεν,
Et duplicant frigus ψυχρὰ carmina μετιόντες.
Ἀρχαῖος δ' ἄρα μῦθον ἐοίκ.·.·
Primitias Παύλῳ nostro πέμψαι μελιηδεῖς.
Μνημοσύνης κραδιαμεναί πολὺ inclyta τέκνα
Ἐννέα verbosæ, κεροστίφραι τε puellæ.
Εὖτ' ἄγε μοι πολύτιμον ἐπῶν, κεραίων μελιηδῆ
Φρέσιν ὑμετέραις πέμψαι præsertim libellum
Τυκταρ.·. σίχον.·.·
Παύλῳ ἐξαρχίζοντι μανιγρμεῖ.·.· ψυδίοι.
Οὐ γὰρ μοι θέμις ἐστὶν in hac regione μένοντι
Ἄξιον ab nostris ἐπιδεύεα esse καμόντα.
Κοινὸς ἐμοὶ πάντων μέτοχος, qui seria nostra,
Qui joca παντοδαπὰ novit tractare παλαίστρῃ.
Καὶ νῦν sepositus μοναχῷ ἐνὶ rure πραθίνῳ,
Ἀγκαρόλῃ ἐνὶ χώρῃ, habet δουλαγέα λίτχον.
Ὅττι φίλοις ἑτάροις, nec mensæ accommodus ulli.
Ὅττι ἀθελξίοις.·.· μὴν φαίτο μάταις.
Jam satis, ὦ φίλε Παῦλε, πόνου ἐπετρφεσθειν
Ἐν τε foro causαις τε καὶ ingratοῖσι καθέδραις,
Ῥητορικοῖς ludοισι. καὶ ἔπλετο οὐδὲν ὄνειαρ.
Ἀλλ' ἤδη κεῖνος μὲν ἅπας juvenalis ἱδρὼς
Ἐκκέχυται μελέων. τρομερῇ λαίβε senectus.
Καὶ mihi sum in sumtum δαπανῆς levis arca ministrat.
Οὐ γὰρ ἔχει ἀπάλαμνος ἀνήρ.·.·
Καπνικὸς ἐσθ' ὁ γέρων.·.·.
Æquanimus si quæ fuerit, ἐς πάντα μάλ' ἴσθι
Malueris, λάθε δὲ τόν ἴτιν', οὐδὲ πενίης.
Κἀν δὲ παγκάλλιστον, ut omnibus undique mensis
Σοὶ φίλῳ ἢ σοὶ δέχαι πιντάσιν μετέων
Θυμῷ ἀπαγχομένῳ solatia blanda requiras.
Hic erit & fructus Δωμέστερος ἄγλαον ἐπὶ τὸν.
Ἔνθα σοι ἔξεστι, πολυχανδέα pocula θέντι
Κιρνᾶν, ὅσα θέλοις, νέκταρ vinumque bonum.
Ambo igitur nostræ παραλέξομεν otia vitæ,
Dum res, & ætas, & sororum
Νήματα πορφύρεα τέλεθει.

EPISTOLA XIII.

ΑΥΣΟΝΙΟΣ ΠΑΥΛΩ.

Ῥωμαίων ὕπατος ἀρετῇ λόγῳ ἠδὲ ποιητὴς
Αὐσόνιος Παύλῳ σπεῦδε φίλος ἰδέειν.

EPISTOLA XIV.

AUSONIUS PAULO.

Æquoream liqui te propter, amice, Garumnam,
Te propter campos incolo Santonicos.
Congressus igitur nostros pete. si tibi cura,
Quæ mihi, conspectu jam poteris frui.
Sed tamen adpropera, quantum pote corpore, & ævo
Ut salvum videam, sat cito te video.
Si post infestas vigor integratus habenas,
Et redit membris jam sua mobilitas:
Si rigidam lentis recalfit Pimpleïda Musis,
Jam vates, & nunc flagitat Ausonius:
Pelle soporiferi senium, nebulamque veterni:
Atque alacri mecum carpe vigore viam.
Sed cisium, aut pigrum cauti conscende veredum.
Non tibi sit rheda, non amor acris equi.
Cameri mannum mule sacra perostia viret.
Nec celeres mulas ipse Medicus agat.
Sic tibi sint mulæ faciles, meditatio promta,
Et carmen: & liquidi mel fluat eloquii.
Sic, qui venalis tam longa ætate Crucennos
Non habet emtorem, sit tibi pro pretio.
Attamen ut citius venias, leviusque vehare,
Historiam, mimos, carmina, linque domi.
Grande onus in musis. tot secula condita chartis,
Quæ sua vix tolerant tempora, nostra gravant.
Nobiscum invenies ἐπέων πολυμορφέα πλῆθος,
Γραμματικῶν τε πλοκὰς καὶ λογοδαιδαλίην,
Δάκτυλον ἡρώων, καὶ ἀμοιβαῖον χαρίεντα,
Σὺν Θαλίης τε χορῷ σύρματα Τερψιχόρης.
Σωτάδειόν τε κίναιδον, ἰαμβικὸν ἀμφοτέρωθεν,
Ῥυθμὸν Πινδαρικῶν ἐννέα ἐοντίων
Εἰλιπόδην σκάζοντα, καὶ οὐ σκάζοντα τέτραμετρον.
Ὀπτοὶ Θουκυδίδου, ἔργα Ἡροδότου.
Ῥητορικῶν θαυμαστὰ σοφῶν ἀγρεύματα φύλλα
Πάντα μάλ', ὅσα θέλεις, καὶ πλεῖον, ὅσα θέλεις.
Hoc tibi de nostris ἀκροχειρίδιον offero libris.
Vale. valere si voles me, jam veni.

EPISTOLA XV.

AUSONIUS TETRADIO SALUTEM.

O Qui venustæ uberi facundiæ
  Salve optimæ, Tetradi:
Cuique, ne sit tristis & dulci carens
  Amara contemperatio:
Qui felle carmen atque melle temperans,
  Torpere musas non sinis;
Pariterque suave, quæque gustu ignava sunt,
  Et quæ sapore tristia:
Rudes camœnas qui Suessæ prævenis:
  Ævoque cedis, non stylo.
Cur me propinquum Santonorum mœnibus
  Declinas, ut Lucas boves
Olim resumpto præferoces prælio
  Fugit juventus Romula?
Non ut tigrin te, non leonis impetu,
  Amore sed caro expeto.
Videre alumni gestio vultus mei,
  Et indole optata frui.
Invitus olim devoravi absentiæ
  Necessitatem pristinæ,
Quondam docendi munere adstrictum gravi
  Iculisma quum te absconderet.
Et invidebam devio, ac solo loco
  Opus camœnarum tegi.
At nunc frequentes, atque claros, nec procul,
  Quum floreas inter viros:
Tibique nostras ventus auras deferat,
  Auresque sermo verberet;
Cur me supinum pectoris fastu tumens
  Spernis poetam consulem?
Tuique amantem, teque mirantem, ac tua
  Desideratum carmina,
Oblitus æque negligis fastidio?
  Plectendus exemplo tuo:
Ni stabilis ævo pectoris nostri fides
  Quamvisque recusantem amet.
Vale: valere si voles me: pervola
  Cum scrinio, & musis tuis.

EPISTOLA XVI.

AUSONIUS PROBO PRÆFECTO PRÆTORIO S.

Ad Librum: ut eat ad Probum.

PErge, o libelle, Sirmium,
  Et dic hero meo, ac tuo,
Ave atque salve plurimum.
Quis iste sit nobis herus,
Nescis, libelle? an, quem scias,
Libenter audis, quod juvat?
Possum absolute dicere:
Sed dulcius circumloquar,
Diuque fando, perfruar.
Hunc dico, qui lingua potens,
Minorem Atridarum præterit,
Orando parca, & dulcia.
Qui grandinem Ulixei,
Mellitiorem Nestora,
Concinnatorem & Tullium,
Qui solus, exceptis tribus
Meritis, honorum primus est,
Prætoriisque omnibus.
Dico hunc senatus præsulem,
Præfectum eundem, & consulem,
(Nam consul æternum clues)
Collegam Augusti consulis,
Columen curulis Romulæ,
Primum in secundis fascibus.
Nam primus e cunctis erit
Consul, secundus principi.
Generis hic superstes aurei,
Satusque prolis aureæ,
Convincit Ascræum senem.
Quod sæculorum omne ferreum ait
Qui vincit ævi injuriam,
Stirpis novator Anniæ:
Paribusque comit infulis
Aniciorum stemmata.
Probum loquor. scis optime,
Quem nemo fando dixerit,
Qui non prius laudaverit.
Perge, o libelle, & utere
Felicitate interim.
Quis & requirit, si sinet
Tempus fari obnoxio:
  Age vero proles Romuli,
Effare causam nominis.
Utrumne mores hoc tui
Nomen dedere: an nomen hoc
Secuta morum regula?
An ille venturi sciens
Mundi supremus arbiter,
Qualem creavit moribus,
Jussit vocari nomine?
Nomen datum præsagiis,
Vitæque testimonio.
  Libelle felix: quem sinu
Vir tantus evolvet suo,
Nec occupari tempora
Grata quæreret otio.
Quem mille curis variis anxium,
Laxi tot suscepto imperii:
Cuique vigiles luminum
Vacare dignabunt curæ.
Quem mores, & aure consiliis,
Quibusdam omissis, perleget.
Quæcumque fortuna est tibi,
Perge, o libelle, & utere
Felicitate interim.
Dic me valere, & vivere.
Dic vivere ut vere pio,
Sanctis precantem vocibus,
Ut quem curulis proxima
Collegio anni dedit;
Hunc curiæ Augustus prior
Suis præponat fascibus.
Submitte & illud leniter:
Apologos, en, misit tibi
Ab usque Rheni limite
Ausonius, nomen Italum,
Præceptor Augusti tui,
Æsopiam trimetriam:
Quam vertit exili stilo,
Pedestre concinnans opus,
Fandi Titianus artifex.
Ut hic avi ac patris decus
Muto refulgens sanguine,

Probianumque, ac Anicio;
(Ut quondam in Albae moenibus
Supremus Aeneae satus,
Silvius Iulus miscuit:)
Sic iste, qui nunc est meus,
Flos delicatorum Romuli
Nutricis inter lemmata,
Lallique somniferos modos,
Suescat peritis fabulis
Simul jocari, & discere.
Et adde votum, quod pio
Conceperimus rei Deo:
Ut genitor Augustus dedit
Collegio nati Probum:
Sic Gratianus hunc novum
Stirpi futurae copulet.
Rata sunt futura, quae loquor.
Sic mentita, sic fatum jubet.
Sed jam et loquarer Julios,
Fandi modum invita accipe
Volucripes dimetria.
Avoque dicto, dic, Vale.

EPISTOLA XVII.

Ad URSULUM Grammaticum Treverorum: cui strenas Kalendis Januariis ab Imperatore non datas reddi fecit.

PRimus renovandi fuit hic tibi fructus honoris,
Augusto faustum nummum habere manu.
Praelatum ut longo gradus est, Quaestoris amici
Curam pro strenis excubuisse tuis.
Ergo, interceptos regale nomisma Philippos
Accipe tot numero, quot duo Geryones.
Quot terni bijuges: denique triente Camenae:
Quotque dies horis, quotque domi resides.
Ostia quot pro parte aperit stridentia Circus:
Excepto, medium quod patet ad stadium.
Quot pedibus gradiuntur apes, & versus Homeri:
Quotque horis pelagus profluit, aut refluit.
Provehit in scenam quot dramata fabellarum
Arcadiae medio qui jacet in gremio.
Vel quot junctiras geometrica forma laterum
Conferit extremis omnibus, & mediis.
Quos solidos primum numeris, solidosque probatus;
Quem par, atque impar partibus aequiparant.
Bis ternum, & ter binos qui conferit unus:
Qui solus unciam congeminatque habet.
Quot faciunt juncti subterque supraque locati,
Qui numerant Hyadas, Pleiadasque simul.
* * * *

Ursule collega nobilis Harmonio.
Harmonio; quem Cherunus, quem Scaurus, & Asper,
Quem sibi conferret Varro, priorque Crates,
Quique sacri lacerum collegit corpus Homeri,
Quique notas spuriis versibus apposuit:
Cecropiae commissa ducens, Latiaeque camoenae,
Solus qui Chium miscet, & Amminaeum.

EPISTOLA XVIII.

AUSONIUS PONTIO PAULINO.

COnsiderat jam fessis equum Tartessia Calpe:
Stridebatque freto Titan insignis Ibero:
Jam succedentes quatiebat Luna juvencas:
Vinceret ut tenebras radiis, velut aemula fratris.
Jam volucres, hominumque genus separabile curis,
Mulcebant placidi tranquilla oblivia somni.
Transierant idus, medium suprema decembres
Tempora venturo properabant jungere Jano.
Et nonas decimas ab se nox longa kalendas
Jugiter acciri celebranda ad festa jubebat.

Nescis, puto, quid velim ut versibus dicere. Medius fidius neque ipse bene intelligo: tamen suspicor. Jam prima non erat ante diem quartumdecimum Kalendarum Januariarum, cum tradita sunt mihi litterae tuae oppido quam litteratae. His longe jucundissimum poema subdideras, quod de tribus Suetonii libris, quos ille de regibus dedit, in epitomen coegisti, tanta elegantia, solus ut mihi videare assecutus, quod contra rerum naturam est, brevitas ut obscura non esset. In hos versibus ego ista cognovi.

Europamque Asiamque duo vel maxima terrae
Membra: quibus Libyam dubie Sallustius addit
Europae adjunctam: possit quum tertia dici:
Regnatas multis, quos fama oblitterat: & quos
Barbara Romanae non tradunt nomina linguae,
Illibanum, Numidamque Avelim, Parthumque Vonon
Et Caranum, Pellaea dedit qui nomina regum. (nam,
Quique magos docuit mysteria vana Nechepsos:
Et qui regnavit sine nomine mox Sesostris.

Haec tu quam polite, & concinne, quam modulate, & dulciter, ita juncta materia Romanorum nominum coartasti, ut tamen versu, ac primigeniis vocibus sua fastigia non perirent. Jam quid de eloquentia dicam? liquido adjurare possum, nullum tibi ad poeticam facundiam Romanae juventutis aequari. Certe ita mihi videris. si erro, pater sum, fer me: & noli exigere judicium, obstante pietate. Verum quam pie diligam, sincere ut severe judico. Aspice me, tu, tali munere frequenter: quo & oblecter, & honorer. Accessit tibi ad poeticam facultatem nostra modulatio. Quid enim aliud agunt,

Audax Icario qui fecit nomina ponto,
Et qui Chalcidicas moderate enavit ad arces,

nisi ut & ingenium, & sublimem alacritatem tuam, temeritatem vitent: nec vero, & consultum, & quem filius debeat imitari, solertia prudentia praeditum dicas? Quod equidem contra est. Nam tu sensum sic aperis, ut non decidas: sententias tuas satis habes, si consistat. Haec ad te breviter, & illico, versibus illius sermone mutuo dictavi. Ita enim tabellarius tuus, ut epistolam referret, instabat. Nam si mihi otium fuerit, obstinabilis urgentiam erit ad te prolixius delirare, ut et eliciam, mihi ut satisfacias, Vale.

EPISTOLA XIX.

PAULINO AUSONIUS. Metrum sic sumsit, ut esset
Tu prior, & nomen praegrederere meum.
Quamquam & fastorum titulo prior, & tua Roma
Praetulit nostrum sella curulis ebur.
Et quae jamdudum tibi palma poetica pollet,
Lemnisco ornata est, quo mea palma caret.
Longaeva tantum superamus honore senectae.
Quid refert? cornix non ideo ante cycnum,
Nec quia mille annos vivit Gangeticus ales,
Vincit odorum oculos, tegit parte, rosa.

Cultorum ingenio, quantum præcedimus ævo.
  Assurgit Musæ nostra Camena tuæ.
Vive, vale: & totidem venturos congere Janos,
  Quot tuus, aut noster conseruere pater.

EPISTOLA XX.

AUSONIUS PAULINO SUO S. D.

QUanto me afficis beneficio, non dolata quidem, sed fabrefacta querimonia mea, Pauline fili! muriam dulcissimo oleo, quod misisti, munus intexuisti. addito etiam Barcinonensis muriæ condimento munificentius præstitisti. Scis autem me id nomen MURIÆ, *quod in usu vulgi est, nec solere, nec posse dicere; quum scientissimi veterum, & Græca vocabula fastidiantur, Latinum in* GARI *appellatione non habeant. Sed ego quocumque nomine loquar, liquor iste* SOCIORUM *vocatur. Vale.*

Jam patinas implebo meas, ut parcior ille
Majorum mensas appularia lurcon inundet.

Quid autem tam amabile, tamque hospitale, quam quod tu, ut me participes, delicias tuas in ipso primitiarum honore defrondas? o mellite dulcior, o gratia venustate festivior, o ab omnibus partibus stringendo complexu! Sed hæc, atque alia hujusmodi documenta liberalis animi, alteri fortasse, & aliquando, quamvis rarius: illud vero epistolarum tuarum eruditionem, de poematis jucunditatem, de inventionem, & continuationem, jure omnia, nulli unquam imitabile futurum, nisi fateatur imitandum. De quo epistola, ut jubes, faciam. Exsupplicans amoena limabo: & quamvis per te manus summam consigerit, saltem superflua expolitionis adhibebo: magis ut tibi paream, quam ut perfectis aliquid adjiciam. Interea tamen, ne sine corollario poetico tabellarius tuus rediret, paucis iambicis præludendum putavi: dum illud, quod a me heroico metro desideras, incubatur. Isti autem, ita te & Hesperium salvos habeam, quod spatio lucubratiunculæ unius effusi, quamquam hæc ipsi de se probabunt, tamen nihil diligentiæ arbitrii habuerunt. Vale.

Iambe Parthis, & Cydonum spiculis,
Iambe pinnis alitum velocior,
Padi ruentis impetu torrentior,
Magno sonore grandinis vi densior,
Flammis corusci fulminis vibratior,
Jam nunc per auras Persei talaribus,
Petasoque ditis Arcadis vectus, vola.
Si vera fama est Hippocrenen, quam pedis
Pulsu citatam cornipes fodit, fluere:
Te fonte in ipso procreatum Pegasi,
Primum novorum metra junxisti pedum:
Illicque musis concinentibus novem,
Cadum in dracunis concinasti Delium.
Fer hunc salutem præpes & volucripes
Paulini ad usque mœnia, Hebromagum loquor.
Et protinus, jam si reformatis viribus
Alacri refecti corporis motu viget,
Salvere jussum mox reposce mutuum.
Nihil moreris: jamque dum loquor, redi,
Imitatus illum stirpis auctorem tuæ,
Triplici furentem qui Chimæram incendio
Supervolavit, tutus igne proximo.
Dic & Valere: dic, Avere te jubet
Amicus, & vicinus, & fautor tuus,
Honoris auctor, alter ingenii tui.
Dic & magister, dic parens, dic omnia
Blanda atque sancta caritatis nomina.
Avere dicto, dic Vale, & actutum redi.
Quod si rogabit, quid super scriptis novis
Maturus avi, nec rudis dijudicem:
Nescire dicas, sed paratum jam fore
Heroicorum versuum plurimum effectum.
Cui subjugabo de molarum ambagibus,
Qui machinali saxa volvunt pondere,
Tripedes caballos triga vegetos verbere.
His ut vehantur tam sodales mutuli.
Fors & rogabit, quos sodales dixeris
Simul venire: dic, Trimetrum dactylum
Vidi paratum cruciant canterio:
Spondeum illi lentipes ibat comes,
Paribus moratur qui locis cursum meum:
Mihique similis, semper adversus tamen,
Nec par, nec impar, qui Trochæus dicitur.
Hæc fare cursim, nec moratus pervola,
Aliquid reportans interim munusculi
De largitate musici promptuarii.

EPISTOLA XXI.

AUSONIUS PAULINO SUO.

PHilon, meis qui vilicatum prædiis,
    Ut ipse vult, epitropus;
(Nam gloriosum Græculus nomen putat,
  Quod sermo fucat Doricus)
Suis querelis asserit nostras preces:
  Quas ipse coram prosequar.
Videbis ipsum, qualis adstet cominus,
  Imago fortunæ suæ,
Canus, comosus, hispidus, trux, atribux,
  Terentianus Phormio.
Horrens capillis ut marinus asperis
  Echinus, aut versus mei.
Hic sæpe falsus messibus vegrandibus,
  Nomen perosus villici,
Semente sera, sive maturam præcoquis,
  Et sideralis inscitia,
Cælum lacessit, seque culpa liberans,
  Reum peregit cælitum.
Non cultor instans, non arator gnaviter,
  Promusque, quam condus magis,
Terram infidelem, nec feracem criminans,
  Negotiari maluit.
Mercator quoque fore venalium.
  Mutatur ad Græcam fidem,
Sapientesque supra Græciæ septem viros,
  Octavus accessit sophus.
Et nunc paravit triticum casco sale,
  Novusque pollet emporus.
Adit inquilinos, rura, vicos, oppida,
  Soli & sali commercio.
Acatis, phaselis, lintribus, stlattis, ratis,
  Tarnim & Garumnam permeat.
Ac lucra damnis, damna mutans fraudibus,
  Se ditat, & me pauperat.
Is nunc ad usque vestrum Hebromagum tenus,
  Sedem locavit mercibus.

* * *

  Ut inde massa devehat

* * *

No-

Nostrum in usum, ut referri,
Hunc ego pascis, ut graveris bos pinguem.

* * *

Adjutus ut meas novis consilio tuo,
Ad usque partes oppidi,
Jam jam Perusina, & Saguntina fame,
Lucaniacum liberet.
Hoc si impetraro, magnum ut te accepero,
Prior colere, quam Ceres.
Triptolemum olim, sive Epimeniden vocant,
Aut Bulianum Buzygen,
Tuo locabo postferendos nomini.
Nam munus hoc sit tuum.

EPISTOLA XXII.

AUSONIUS PAULINO.

Proxima quae nostrae fuerat querimonia chartae,
Credideram, quod te, Pauline, injungere posset,
Eliceretque tuam blanda objurgatio vocem.
Sed tu juratis velut alta silentia sacris
Devotus teneas, perstas in lege tacendi.
Non licet: anne pudet, si quis tibi jure paterno
Vivat amicus adhuc, maneatque obnoxius heres?
Ignavos agitet talis timor. at tibi cautus
Sit metus: & nostrae missa, accipiasque salutis
Audacter retine. vel si tibi proditor instat,
Aut quaesitoris gravior censura timetur,
Occurre ingenio, quo saepe occulta teguntur.
Threicii quondam quam saeva licentia regis
Fecerat elinguem, per licia texta querelas
Edidit, & tacitis mandavit crimina telis.
Et pudibunda suos male commisit amores
Virgo, nec erubuit tacituro conscia pomo.
Depressis scrobibus vitium regale minister
Credidit, idque diu texit fidissima tellus:
Inspirata dehinc vocem cantavit arundo.
Lacte incide notas: arescens charta tenebit
Semper inaspicuas: prodentur scripta favillis.
Vel Lacedaemonios scytalen imitare, libelli
Segmina Pergamei tereti circumdata ligno
Perpetuo inscribens versu; qui deinde solutus
Non respondentes sparso dabit ordine formas,
Donec consimilis ligni replicetur in orbem.
Innumeras possum celandi ostendere formas,
Et clandestinas veterum reserare loquelas,
Si prodi, Pauline, times, nostraeque vereris
Crimen amicitiae. Tanaquil tua nesciat istud.
Tu contemne alios; nec dedignare parentem
Adfari verbis. ego sum tuus altor, & ille
Praeceptor primus, primus largitor honorum,
Primus in Aonidum qui te collegia duxi.

EPISTOLA XXIII.

AUSONIUS PAULINO S.

Discutimus, Pauline, jugum, quod certa fovebat
Temperies: leve quod positu, & tolerabile junctis,
Tractabat paribus concordia mitis habenis,
Quod per tam longam seriem volventibus annis
Fabula non unquam, non unquam querimonia movit,
Nulla querela loco pepulit, non ira, nec error,
Nec quae comperta est malesuada credula causa,
Concinnans verisimilis suspicio culpas.
Tam placidum, tam mite jugum; quod uterque parentes
Ad senium nostri traxere ab origine vitae:
Impositumque piis heredibus, usque manere
Optarunt, dum longa dies dissolveret aevum.
Et mansit, dum laeta fides, nec cura laborat
Officii servare vices: sed sponte feruntur
Inculpatumque sibi continuantia cursum.
Hoc tam mite jugum docili cervice subirent
Martis equi, Ebalique feri Diomedis abacti:
Et qui mutatis ignotum Solis habenis
Fulminatum Phaethonta Pado torsere jugales.
Discutimus, Pauline, tamen: nec culpa duorum
Ista, sed unius tamen tua. namque ego semper
Contenta cervice feram. consorte laborum
Destituor. nec tam promptum gestare duobus
Unum deficiente pari perferre sodalem.
Nos animum, vitaque labans: sed iniqua ferendo
Conditio est oneri, quum pondus utrumque relictum
Ingruit, accumulatque alterna pondera librae.
Sic pars aegra hominis trahit ad contagia sanum
Corpus: & exigui quamvis discrimine membri,
Tota per innumeros artus compago vacillat.
Obruat usque tamen, veteris ne desit amici
Me durante fides: memorique et sera sub aevo
Restituant profugum solatia casta sodalem.
Impie, Pirithoo disjungere Thesea posses,
Euryalumque suo socium secernere Niso.
Te suadente fugam, Pylades liquisset Oresten;
Nec custodisset Siculus vadimonia Damon.
Quantorum obtestanda populi, quae vota honorum
Spernant fraudata bono? gratantia concili
Verba loquebantur. jam nomina nostra parabant
Inserere antiquis aevi melioris amicis.
Cederet Pylades: Phrygii quoque gloria Nisi
Jam minor, & praemissa obiens vadimonia Damon,
Nos documenta magis fidei: qualis magnum
Scipio, longaevique dedit sapientia Laeli.
Non studiis animisque iisdem, concordia consilia:
Hoc majora, pares fuimus quod dispare in aevo.
Ocyus illa jugi fatalis solvere lora
Pelleum potuisse ducem reor, abdita sperte
Principia, & utrumque caput celantis nodi.
Grande aliquid verbum nimium diximus, ut se
Inferret cunctis viridans Rhamnusia verbis;
Aeacidae ut quondam Scyro cum lyra triumphis
Grandia verba premens ultrix dea Medica belli
Sistere Cecropidum in terris monumenta parantes
Obstitit: & Graio jam jam signanda tropaeo,
Ultra orbem victis Nemesis sinit Attica Persis.
Quae tibi Romulidas praeterire venare libido est?
In Martem, Arabesque tuos per cubila, & atrum
Perge chaos. Romana procul tibi nomina sunto.
Illic quaere alios oppugnatura sodales:
Livor ubi iste tuus, stragiferumque venenum
Opportuna tuis inimicis pectora fecit.
Paulinum, Ausoniumque, viros, quos sacra Quirini
Purpura, & auratus trabeae velavit amictus,
Non decet insidiis peregrinae cedere divae.
Quid querar, Eniquo infestum crimina monstri?
Occidat nec ripa Tagi, nec Punica laedit
Barcino, nec bimaris juga ninguida Pyrenaei.
Moenibus e patriis forsan quoque vestis & oris,
Quamquam sit longe distans provincia tractu
Trans montes, solemque alium, trans flumina & urbes,
Et quod terrarum, caique extenditur inter
Emeritensis Anas, lataque fluenta Garumnae.
Quod si intervallis spatium tolerabile limes
Poneret exiguum, (quamvis longa omnia credant,
Qui simul esse volunt) facerent tamen ipsa propinqua
Cura

Cum locus, medii jungant distantia verbis.
Senonum ut sibi Burdigalam, cum junget Aginnum
Illa sibi & populos Aquitanica rura culmen:
Usque duplex Arelas, Alpinae tecta Viennae,
Narbonemque pari spatio sibi consociant: & cum
Quinquepleu faciat sibi Martie Narbo Tolosam.
Hoc mihi si spatium vicinis moenibus esset,
Tunc ego te ut nostris aptum complecterer ulnis:
Adsiduusque tuas aures nostra aera loquela.
Nunc tibi trans Alpes, & marmoream Pyrenen
Caesareae Augustae domus est. Tyrrhenica propter
Tarraco, & ostrifero superaddita Barcino ponto.
Me juga Burdigalae, trino me flumine coetu
Secernunt turbis popularibus: otiaque inter
Vitiferi exercent colles, laetumque colonis
Uber agri, tum prata virentia, tum nemus umbris
Mobilibus, celebrique frequens ecclesia vico:
Totque mea in Novaro sibi proxima praedia pago,
Dispositis totum vicibus variata per annum;
Egelidae ut spirent hiemes, rabidosque per aestus
Adspirent tenues frigus subtile aquilones.
Te sine sed nullus grata vice provenit annus.
Ver pluvium sine flore fugit, canis aestifer ardet.
Nulla autumnales variat Pomona figuras.
Effusaque hiemem contristat Aquarius unda.
Agnoscisne tuam, Pauli dulcissime, culpam?
Nam mihi certa fides, nec commutabilis umquam
Paulini illius veteris reverentia durat:
Quaeque meo, atque tuo fuerat concordia patri.
Si tamen facilis cuiquam fuit arcus Ulixei,
Aut praeter dominum vibrabilis ornus Achillei,
Nos quoque tam longo Rhamnusia foedere solvet.
Sed cur tam moesto fero tristia carmina versu?
Et non in melius animum se vota propinquant?
Sit procul iste metus, certa est fiducia nobis,
Si genitor natusque Dei pia verba volentum
Accipiat, nostro reddi te posse precatu:
Ne spernas tuumque domum, laceramque cruentum
Per dominos, veteris Paullini regna fluentum.
Teque vagum toto quam longa Hispania tractu,
Immemorem veterum, peregrinis fidere amicis.
Accurre o nostrum decus, o mea maxima cura,
Votis, ominibusque bonis, precibusque vocatus,
Adpropera: dum te juvenis, dum nostra senectus
Servat inexhaustum tibi gratificata vigorem.
Et quando iste meas impellet nuntius aures?
Ecce tuus Paulinus adest, jam ninguida linquit
Oppida Hiberorum, Tarbellica jam tenet arva,
Hebromagi jam tecta subit: jam praedia fratris
Vicina ingreditur; jam labitur amne secundo;
Jamque in conspectu est; jam prora obvertitur amni;
Ingressusque sui celebrata per ostia portus
Totum occursantis populi praevertitur agmen:
Et sua praeteriens, jam jam tua limina pulsat.
Credimus, an qui amant, ipsi sibi somnia fingunt?

EPISTOLA XXIV.

AUSONIUS PAULINO SUO S.

Quarta tibi haec notos detexit epistola questus,
Pauline: & blando mitem sermone lacessit.
Officium sed nulla pium mihi pagina reddit,
Fassa salutigeris adscribere ora libellis.
Unde istam meruit non felix charta repulsam,
Spernit tam longo cessatio quam tua fastu?
Hostis ab hoste tamen per barbara verba salutem
Accipit: & Salve mediis intervenit armis.
Respondent & saxa homini, percussus ab antris
Sermo redit, redit & nemorum vocalis imago:
Litorei clamant scopuli, dant murmura rivi,
Hyblaeis apibus saepes depasta susurrat.
Est & arundineis modulatio musica ripis:
Cumque suis loquitur tremulum coma pinea ventis.
Incubuit foliis quoties levis eurus acutis,
Dindyma Gargarico respondent cantica luco.
Nil mutum natura dedit, non aeris ales,
Quadrupedesve silent, habet & sua sibila serpens,
Et pecus aequoreum tenui vice vocis anhelat.
Cymbala dant flictu sonitum, dant pulpita saltu
Icta pedum, tenuis reboant cava tympana tergis.
Isiacos agitant Mareotica sistra tumultus.
Nec Dodonaei cessat tinnitus aheni,
In numerum quoties radiis ferientibus ista
Respondent dociles moderato verbere pelves.
Tu velut Oebaliis habites taciturnus Amyclis,
Aut tua Sigalion Aegyptius oscula signet,
Obnixum Pauline taces. agnosco pudorem:
Quod vitium fovet ipsa suum cessatio jugis.
Dumque pudet tacuisse diu, placet officiorum
Non servare vicem: & amant longa otia culpam.
Quis prohibet Salve atque Vale brevitate parata
Scribere? felicemque notas mandare libellis?
Non ego longinquas ut texat pagina versus
Postulo: multiplicique onerent sermone tabellae.
Una fuit tantum, qua respondere Lacones,
Litera: & irato regi placuere negantes.
Est etiam comis brevitas: sic fama renatum
Pythagoram docuisse refert, quum multa loquaces
Ambigui ferrent verbis, contra omnia solum
Est, respondebat, vel non. O certa loquendi
Regula! nam brevius nihil est, nec plenius istis:
Quae firmata probant, aut infirmata relidunt.
Nemo silens placuit: multi brevitate loquendi.
Verum ego quo stulte dudum spatiosa locutus
Provehor? ut diversa sibi vicinaque culpa est;
Multa loquens, & cuncta silens! non ambo placemus:
Nec possum reticere, jugum quod libera numquam
Fert pietas, nec amat blandis praeponere verum.
Vertisti Pauline tuos dulcissime mores?
Vasconiae hoc saltus, & ninguida Pyrenaei
Hospitia, & nostri facit hoc oblivio caeli?
Imprecer ex merito quid non tibi, Hiberia tellus?
Te populent Poeni: te perfidus Annibal urat:
Te belli sedem repetat Sertorius exsul.
Ergo meum, patriaeque decus, columenque senatus,
Bilbilis, aut haerens scopulis Calagurris habebit?
Aut quae dejectis juga per scrupulosa ruinis
Arida torrentem Sicorim despectat Ilerda?
Hic trabeam Pauline tuam, Latiamque curulem
Constituis, patriosque istic sepelibis honores?
Quis tamen iste tibi tam longa silentia suasit?
Impius ut nullus hic vocem vertat in usus:
Gaudia non illum vegetent: non dulcia vatum
Carmina, non blanda modulatio flexa querela;
Non fera, non illum pecudes, non mulceat ales,
Non quae pastorum nemoralibus abdita lucis
Solatur miseras Echo resecuta loquelas.
Tristis, egens, deserta colat: tacitusque pererret
Alpini convexa jugi: ceu dicitur olim
Mentis inops, coetus hominum, & vestigia vitans,
Avia perlustrasse vagus loca Bellerophontes.
Haec precor, hanc vocem Boeotia numina mecum
Accipite: & Latiis vatem revocate Camoenis.

PERIO-

PERIOCHÆ IN HOMERI ILIADEM
E T O D Y S S E A M.

Periocha libri I. Iliados.

IRam diva refer nati Peleos Achillei
Pestiferam: quæ mille dedit discrimina Achivis.

Periocha II. Iliados.

Cælestes, hominumque genus superabile curis,
Tranquilla obscuri carpebant munera somni.
At non pervigilem mens irrequieta Tonantem
Lenit, immodicum volventem corde paratum,
Cædibus ut Grajum laesum ulcisceret Achillem.

Periocha III. Iliados.

Argivos sua quemque acies in bella sequuntur.
Dispositi in turmas equitum, cuneisque pedestrem,
Turbida clangorem confundunt agmina Troes.

Periocha IV. Iliados.

Jupiter interea cum Diis genitalibus una
Concilium cogit Superum, de rebus Achivis.

Periocha V. Iliados.

Hic & Tydiden monitum Tritonis Pallas
Audaci virtute replet, vomit aurea flammam
Cassis, & ardentem clypeus detulgurat ignem.
Ipse autumnali clarum micat æmulus astro.

Periocha VI. Iliados.

Sola decertant acies sine numine divum,
Cessante auxilio; sua cuique exorta laborem,
Fortunamque ferunt, proprii discrimine fati.

Periocha VII. Iliados.

Hæc ubi dicta dedit, portis sese extulit Hector.

Periocha VIII. Iliados.

Aurora in croceis fulgebat lutea bigis.

Periocha IX. Iliados.

Interea vigiles excubiis cohibentur Achivi.

Periocha X. Iliados.

Cætera per naves somno sopita manebat
Turba ducum, solum cura anxia venat Atriden.

Periocha XI. Iliados.

Tithoni croceum linquens aurora cubile
Spargebat terras, referens opera, atque labores.

Periocha XII. Iliados.

Actorides fovet Eurypylum dum vulnere lassum.

Periocha XIII. Iliados.

Jupiter admovit Troas, atque Hectora classi.

Periocha XIV. Iliados.

Concussit, quamvis potantem, Nestora clamor,
Attonitasque aures pepulit gravitate tumultus.

Periocha XV. Iliados.

Jam vallum fossamque super Troiana juventus
Institerat, capta cumulans incendia classi.

Periocha XVI. Iliados.

Dum face, dum ferro cessant oppugnare carinas
Troes, & Argolici pergunt defendere reges.

Periocha XVII. Iliados.

Actoridem cæsum nec te Menelae fefellit.

Periocha XVIII. Iliados.

Dum furit in medio belli vis ignea Martis.

Periocha XIX. Iliados.

Oceanum interea linquens aurora reliquit.

Periocha XX. Iliados.

Jamque adeo cuncti armati e navibus ibant,
Millia quot magnis unquam venere Mycenis.

Periocha XXI. Iliados.

Intulerat fluvio trepidas fuga fœda catervas.

Periocha XXII. Iliados.

Pulsa metu Phrygum subibant agmina muros.

Periocha XXIII. Iliados.

Troja vacat lacrimis, ludis Argiva juventus.

Periocha XXIV. Iliados.

Quisque suas repetunt misso certamine naves.

P E R I O C H A.

Libri I. Odysseæ.

DIc mihi musa virum, captæ post tempora Trojæ
Qui mores hominum multorum vidit & urbes.

Periocha II. Odysseæ.

Oceano extulerat roseam aurora jugales.

Periocha III. Odysseæ.

Jam Sol Oceano radiatos protulerat ortus.

Periocha IV. Odysseæ.

Jamque adeo ventum valida Lacedæmonis arces.

Periocha V. Odysseæ.

Liquerat in tepido Tithonum Aurora cubili.

Periocha VI. Odysseæ.

Carpebat somnum cunctum ærumnosus Ulixes.

Periocha VII. Odysseæ.

Orabat superos dudum Laertia proles.

Periocha VIII. Odysseæ.

Jam cælum rutilat roseis aurora quadrigis.

Periocha IX. Odysseæ.

Tum vice sermonis satur Laertius heros.

Periocha X. Odysseæ.

Æoliam venerum agimur patriamque domumque.

Periocha XI. Odysseæ.

At postquam ventum ad naves & litora ponti.

Periocha XII. Odysseæ.

Jamque adeo Oceani liquidos pede liquerat amnes,

Periocha XIII. Odysseæ.

Conticuere omnes, intentique ora tenebant.

Periocha XIV. Odysseæ.

Egreditur portu, trames quo semita ducit.

Periocha XV. Odysseæ.

It Lacedæmonias arces Tritonis Pallas.

Periocha XVI. Odysseæ.

Consurgunt Eumæus mapale & divus Ulixes.

Periocha XVII. Odysseæ.

Jam cælum roseis rutilat Tritonia bigis.

Periocha XVIII. Odysseæ.

Irus adest populi per mendicabula notus.

Periocha XIX. Odysseæ.

At parte interiore domus secretus Ulixes.

Periocha XX. Odysseæ.

Jamque procos gnatum amplectitur orabat Ulixes.

Periocha XXI. Odysseæ.

Hic animum dedit Icariæ Tritonia Pallas.

Periocha XXII. Odysseæ.

Squalentes humeris habitus rejecit Ulixes.

Periocha XXIII. Odysseæ.

Chalcidicam gressu nutrix superabat anili.

Periocha XXIV. Odysseæ.

Tartareas vocat in sedes Cyllenius umbras.

AMBRO-

S. AMBROSII HYMNI.

DE OPERE CREATIONIS

HYMNI VII.

Dies I.

Lucis creator optime,
Lucem dierum proferens,
Primordiis lucis novæ
Mundi parans originem.
Qui mane junctum vesperi
Diem vocari præcipis,
Tetrum chaos illabitur,
Audi preces cum fletibus.
Ne mens gravata crimine,
Vitæ sit exul munere:
Dum nil perenne cogitat,
Seseque culpis illigat.
Cælorum pulset intimum,
Vitale tollat præmium:
Vitemus omne noxium,
Purgemus omne pessimum.

Dies II.

Immense Cæli Conditor,
Qui mixta ne confunderent,
Aquæ fluenta dividens,
Cælum dedisti limitem.
Firmans locum cælestibus,
Simulque terræ rivulis,
Ut unda flammas temperet,
Terræ solum ne dissipet.
Infunde nunc, piissime,
Donum perennis gratiæ:
Fraudis novæ ne casibus
Nos error atterat vetus.
Lucem fides inveniat,
Sic luminis jubar ferat:
Hæc vana cuncta terreat,
Hanc falsa nulla comprimant.

Dies III.

Telluris ingens Conditor,
Mundi solum qui deregens,
Pulsis aquæ molestiis,
Terram dedisti immobilem.
Ut germen aptum proferens,
Fulvis decora floribus
Fœcunda fructu sisteret,
Pastumque gratum redderet.
Mentis perustæ vulnera
Munda viroris gratia,
Ut facta fletu diluat,
Motusque pravos atterat.
Jussis tuis obtemperet,
Nullis malis approximet:
Bonis repleri gaudeat,
Et mortis ictum nesciat.

Dies IV.

Cæli Deus sanctissime,
Qui lucidum centrum Poli
Candore pingis igneo,
Augens decoro lumine.
Quarto die, qui flammeam
Solis rotam constituens,
Lunæ ministras ordini
Vagos recursus siderum.
Ut noctibus, vel lumini
Diremptionis terminum,
Primordiis & mensium
Signum dares notissimum.
Illumina cor hominum,
Absterge sordes mentium,
Resolve culpæ vinculum,
Everte moles criminum.

Dies V.

Magnæ Deus potentiæ,
Qui ex aquis ortum genus
Partim remittis gurgiti,
Partim levas in aera.
Demersa lymphis imprimens,
Subvecta cælis erigens,
Ut stirpe ab una prodita
Diversa rapiant loca.
Largire cunctis servulis,
Quos mundat unda sanguinis,
Nescire lapsus criminum,
Nec ferre mortis tædium.
Ut culpa nullum deprimat,
Nullum levet jactantia:
Elisa mens ne concidat,
Elata mens ne corruat.

Dies VI.

Plasmator hominis Deus,
Qui cuncta solus ordinans,
Humum jubes producere
Reptantis & feræ genus.
Qui magna rerum corpora
Dicto jubentis vivida,
Ut serviant per ordinem
Subdens dedisti homini.
Repelle servis a tuis
Quidquid per immunditiam,
Aut moribus se suggerit,
Aut actibus se interserit.
Da gaudiorum præmia,
Da gratiarum munera:
Dissolve litis vincula,
Astringe pacis fœdera.

Die VII. seu Sabbathi.

Deus creator omnium,
Polique rector, vestiens
Diem decoro lumine,
Noctem soporis gratia.
Artus solutos ut quies
Reddat laboris usui,
Mentesque fessas allevet,
Luctusque solvat anxios.
Grates, peracto jam die,
Et noctis exortu preces
Voti (reos ut adjuves)
Hymnum canentes solvimus.
Te cordis ima concinant,
Te vox canora concrepet:
Te diligat castus amor,
Te mens adoret sobria.
Ut cum profunda clauserit
Diem caligo noctium,
Fides tenebras nesciat,
Et nox fideli luceat.
Dormire mentem ne sinas,
Dormire culpa noverit:
Castos fides refrigerans
Somni vaporem temperet.
Exuta sensu lubrico
Te cordis alta somnient:
Nec hostis invidi dolo
Pavor quietos suscitet.
Christum rogamus, & Patrem,
Christi, Patrisque Spiritum:
Unum potens per omnia
Fove precantes Trinitas.

Hymnus ad nocturnum officium concinendus.

Æterne rerum conditor,
Noctem diemque qui regis,
Et temporum das tempora,
Ut alleves fastidium.
Praeco diei jam sonat,
Noctis profundae pervigil:
Nocturna lux viantibus
A nocte noctem segregans.
Hoc excitatus Lucifer
Solvit polum caligine,
Hoc omnis erronum chorus
Viam nocendi deserit.
Hoc nauta vires colligit,
Pontique mitescunt freta.
Hoc ipsa petra Ecclesiae
Canente, culpam diluit.
Surgamus ergo strenue,
Gallus jacentes excitat,
Et somnolentos increpat,
Gallus negantes arguit.
Gallo canente spes redit,
Ægris salus refunditur,
Mucro latronis conditur,
Lapsis fides revertitur.
Jesu labentes respice,
Et nos videndo corrige:
Si respicis, lapsus cadunt,
Fletuque culpa solvitur.
Tu lux refulge sensibus,
Mentisque somnum discute:
Te nostra vox primum sonet,
Et vota solvamus tibi. Amen.
Deo Patri sit gloria,
Ejusque soli Filio,
Cum Spiritu Paraclito,
Et nunc & in perpetuum.

Hymnus sub finem laudum dicendus.

Splendor paternae gloriae,
De luce lucem proferens,
Lux lucis, & fons luminis,
Diem dies illuminans.
Verusque sol illabere,
Micans nitore perpeti:
Jubarque Sancti Spiritus
Infunde nostris sensibus.
Votis vocemus & Patrem,
Patrem perennis gloriae:
Patrem potentis gratiae
Culpam releget lubricam.
Confirmet actus strenuos,
Dentem retundat invidi,
Casus secundet asperos,
Donet gerendi gratiam.
Mentem gubernet & regat
Casto, fideli corpore:
Fides calore ferveat,
Fraudis venena nesciat.
Christusque nobis sit cibus,
Potusque noster sit fides:
Laeti bibamus sobriam
Ebrietatem spiritus.
Laetus dies hic transeat:
Pudor sit ut diluculum:
Fides velut meridies:
Crepusculum mens nesciat.
Aurora cursus provehit;
Aurora totus prodeat:
In Patre totus Filius,
Et totus in Verbo Pater.
Deo Patri sit gloria.

Ad primam diei horam.

Jam lucis orto sidere
Deum precemur supplices,
Ut in diurnis actibus
Nos servet a nocentibus.
Linguam refraenans temperet,
Ne litis horror insonet:
Visum fovendo contegat,
Ne vanitates hauriat.
Sint pura cordis intima,
Absistat & vecordia;
Carnis terat superbiam
Potus cibique parcitas.
Ut cum dies abscesserit,
Noctemque sors reduxerit,
Mundi per abstinentiam
Ipsi canamus gloriam.
Deo Patri sit gloria,
Ejusque soli Filio,
Cum Spiritu Paraclito,
Et nunc & in perpetuum. Amen.

Ad

Ad tertiam diei horam.

NUnc sancte nobis Spiritus
  Unum Patri cum Filio,
Dignare promptus ingeri
Nostro refusus pectori.
  Os, lingua, mens, sensus, vigor
Confessionem personent:
Flammescat igne charitas,
Accendat ardor proximos.
  Præsta, Pater piissime,
Patrique compar Unice,
Cum Spiritu Paraclito,
Et nunc & in perpetuum. Amen.

Ad sextam diei horam.

REctor potens verax Deus,
  Qui temperas rerum vices,
Splendore qui mane instruis,
Et ignibus meridiem.
  Extingue flammas litium,
Aufer calorem noxium,
Confer salutem corporum,
Veramque pacem cordium.
  Præsta Pater, &c.

Ad nonam diei horam.

RErum Deus tenax vigor,
  Immotus in te permanens,
Lucis diurnæ tempora
Successibus determinans:
  Largire clarum vespere,
Quo vita nusquam decidat:
Sed præmium mortis sacræ
Perennis instet gloria.
  Præsta Pater, &c.

Hymnus per adventum Domini dicendus ad vesperas.

COnditor alme siderum,
  Æterna lux credentium,
Christe Redemptor omnium,
Exaudi preces supplicum.
  Qui condolens interitu
Mortis perire sæculum,
Salvasti mundum languidum
Donans reis remedium.
  Vergente mundi vespere,
Uti sponsus de thalamo,
Egressus honestissima
Virginis matris clausula.
  Cujus forti potentiæ
Genu curvantur omnia,
Cælestia, terrestria,
Fatentur nutu subdita.
  Occasum sol custodiens,
Luna pallorem retinens,
Candor in astris relucens,
Certos observat limites.
  Te deprecamur, hagie,
Venture judex sæculi,
Conserva nos in tempore
Hostis a telo perfidi.
  Laus, honor, virtus, gloria,
Deo Patri cum Filio,
Sancto simul Paraclito
In sempiterna sæcula. Amen.

Hymnus die Dominici natalis concinendus.

VEni, Redemptor gentium,
  Ostende partum Virginis:
Miretur omne sæculum,
Talis decet partus Deum.
  Non ex virili semine,
Sed mystico spiramine
Verbum Dei factum est caro,
Fructusque ventris floruit.
  Alvus tumescit Virginis,
Claustra pudoris permanent:
Vexilla virtutum micant:
Versatur in templo Deus.
  Procedens e thalamo suo,
Pudoris aula regia,
Geminæ gigas substantiæ,
Alacris ut currat viam.
  Egressus ejus a Patre,
Regressus ejus ad Patrem:
Excursus usque ad inferos,
Recursus ad sedem Dei.
  Æqualis æterno Patri
Carnis tropæo accingere:
Infirma nostri corporis
Virtute firma perpeti.
  Præsepe jam fulget tuum,
Lumenque nox spirat novum,
Quod nulla nox interpolet,
Fideque jugi luceat.
  Gloria tibi, Domine,
Qui natus es de Virgine,
Cum Patre & Sancto Spiritu,
In sempiterna sæcula. Amen.

Hymnus quadragesimali jejunio conferente.

AUdi, benigne conditor,
  Nostras preces cum fletibus,
In hoc sacro jejunio
Fusas quadragenario.
  Scrutator alme cordium
Infirma tu scis virium:
Ad te reversis exhibe
Remissionis gratiam.
  Multum quidem peccavimus,
Sed parce confitentibus,
Ad laudem tui nominis
Confer medelam languidis.
  Sic corpus extra conteri
Dona per abstinentiam,
Jejunet ut mens sobria
A labe prorsus criminum.
  Præsta, beata Trinitas,
Concede simplex Unitas,
Ut fructuosa sint tuis
Jejuniorum munera. Amen.

Hymnus Dominica in passione concinendus.

VExilla regis prodeunt,
  Fulget crucis mysterium,

Quo carne carnis conditor
Suspensus est patibulo.
  Confixa clavis viscera,
Tendens manus, vestigia,
Redemptionis gratia
Hic immolata est hostia.
  Quo vulneratus insuper
Mucrone diro lanceæ,
Ut nos lavaret crimine,
Manavit unda sanguine.
  Impleta sunt quæ concinit
David fideli carmine,
Dicens, In nationibus
Regnavit a ligno Deus.
  Arbor decora & fulgida,
Ornata regis purpura,
Electa digno stipite
Tam sancta membra tangere.
  Beata, cujus brachiis
Secli pependit pretium,
Statera facta est corporis,
Prædamque tulit tartaris.

Quidam a fronte unum versum subtrahunt & interserunt duos hosce quaternarios nihil indignos cæteris.

A Roma fundis cortice,
  Vincis saporem nectaris,
Jucunda fructu fertili,
Plaudis triumpho nobili.
  Salve ara, salve victima,
De passionis hostia,
Qua vita mortem pertulit,
Et morte vitam reddidit.
  O crux ave spes unica,
Hoc passionis tempore
Auge piis justitiam,
Reisque dona veniam.
  Te summa Deus Trinitas
Collaudet omnis spiritus:
Quos per crucis mysterium
Salvas, rege per secula. Amen.

Hymnus tempore Paschali dicendus.

CHorus nova Jerusalem
  Novam meli dulcedinem
Promat, colens cum sobriis
Paschale festum gaudiis.
  Quo Christus invictus leo
Dracone surgens obruto,
Dum voce viva personat,
A morte functos excitat.
  Quam devorarat improbus
Prædam refundit tartarus,
Captivitate libera
Jesum sequuntur agmina.
  Triumphat ille splendide,
Et dignus amplitudine,
Soli polique patriam
Unam facit rempublicam.
  Ipsum canendo supplices
Regem precemur milites,
Ut in suo clarissimo
Nos ordinet palatio.

  Per secla metam nescia
Patri supremo gloria,
Honorque sit cum Filio
Spiritui Paraclito.

Hymnus alter prædictæ celebritati conformatus.

HIc est dies verus Dei
  Sancto serenus lumine,
Quo diluit sanguis sacer
Probrosa mundi crimina.
  Fidem refundens perditis,
Cæcosque visu illuminans.
Quem non gravi solvit metu
Latronis absolutio?
  Qui præmium mutans cruce,
Jesum brevi quærit fide,
Justosque prævio gradu
Prævenit in regnum Dei.
  Opus stupent & angeli
Pœnam videntes corporis,
Christoque adhærentem reum
Vitam beatam carpere.
  Mysterium mirabile,
Ut abluat mundi luem,
Peccata tollat omnium
Carnis vitia mundans caro.
  Quid hoc potest sublimius,
Ut culpa quærat gratiam?
Metumque solvat charitas,
Reddatque mors vitam novam?
  Hamum sibi mors devoret,
Suisque se nodis liget?
Moriatur vita omnium,
Resurgat vita omnium?
  Cum mors per omnes transeat,
Omnes resurgunt mortui?
Consumpta mors ictu suo,
Perisse se solam gemat?
  Gloria tibi Domine,
Qui surrexisti a mortuis,
Cum Patre & sancto Spiritu,
In sempiterna secula.

Hymnus in celebritate Dominicæ Ascensionis decantandus.

OPtatus votis omnium
  Sacratus illuxit dies,
Quo Christus, mundi spes Deus
Conscendit cælos arduos.
  Ascendens in altum Dominus
Propriam sedem remeans,
Gavisa sunt cæli regna,
Reditu Unigeniti.
  Magni triumphum prælii,
Mundi perempto principe,
Patris præsentans vultibus
Victricis carnis gloriam.
  Est elevatus nubibus,
Et spem fecit credentibus,
Aperiens paradisum
Quem protoplastus clauserat.
  O grande cunctis gaudium,
Quod partus nostræ Virginis
Post sputa, flagra, post crucem,

Pater-

Paternæ sedi jungitur.
Agamus ergo gratias
Nostræ salutis vindici,
Nostrum quod corpus vexerit,
Sublime ad Cœli regiam.
Sit nobis cum cœlestibus
Commune manens gaudium:
Illis, quod se præsentavit:
Nobis, quod se non abstulit.
Nunc provocatis actibus,
Christum exspectare nos decet,
Vitaque tali vivere,
Quæ possit cœlos scandere.
Gloria tibi, Domine,
Qui scandis supra sidera
Cum Patre & Sancto Spiritu
In sempiterna secula. Amen.

Hymnus ad horam completorii recitandus.

CHriste, qui lux es & dies,
Noctis tenebras detegis,
Lucisque lumen crederis,
Lumen beatum prædicans.
Precamur, sancte Domine,
Defende nos in hac nocte:
Sit nobis in te requies,
Quietam noctem tribue.
Ne gravis somnus irruat,
Nec hostis nos surripiat:
Nec caro illi consentiens
Nos tibi reos statuat.
Oculi somnum capiant,
Cor ad te semper vigilet:
Dextera tua protegat
Famulos, qui te diligunt.
Defensor noster aspice,
Insidiantes reprime.
Guberna tuos famulos,
Quos sanguine mercatus es:
Memento nostri, Domine
In gravi isto corpore:
Qui es defensor animæ,
Adesto nobis, Domine.

Hymnus.

JAm surgit hora tertia,
Qua Christus ascendit Crucem,
Nil insolens mens cogitet,
Intendat affectum precis.
Qui corde Christum suscipit,
Innoxium sensum gerit:
Votisque præstat sedulis,
Sanctum mereri Spiritum.
Hæc hora, quæ finem dedit
Diri veterno criminis,
Mortisque regnum diluit,
Culpamque ab ævo sustulit.
Hinc jam beata tempora
Cœpere Christi gratia:
Fide replevit veritas
Totam per Orbem Ecclesiam.
Celso triumphi vertice
Matri loquebatur suæ:
En Filius, Mater, tuus:
Apostole, en Mater tua.
Prætenta nuptæ fœdera
Alto decore mysterio;
Ne Virginis partum sacer
Matris pudorem læderet.
Cui fidem Cœlestibus
Jesus dedit miraculis:
Nec credidit plebs impia,
Qui credidit salvus erit.
Nos credimus natum Deum,
Partumque Virginis sacræ,
Peccata qui Mundi tulit,
Ad dexteram sedens Patris.

Hymnus.

ILluminans Altissimus
Micantium Astrorum globos,
Pax, vita, lumen, veritas,
Jesu fave precantibus.
Seu mystico baptismate
Fluenta Jordanis retro
Conversa quondam tertio
Præsente sacraris die.
Seu stella partum Virginis
Cœlo micans signaveris;
Et hac adoratum die
Præsepe Magos duxeris.
Vel hydriis plenis aquæ
Vini saporem infuderis:
Hausit minister conscius,
Quod ipse non impleverat.
Aquas colorari videns,
Inebriare flumina,
Mutata elementa stupent
Transire in usus alteros.
Sic quinque millibus virûm
Dum quinque panes dividis,
Edentium sub dentibus,
In ore crescebat cibus.
Multiplicabatur magis
Dispendio panis suo:
Quis hæc videns mirabitur
Juges meatus fontium.
Inter manus frangentium
Panis rigatur profluus:
Intacta quæ non fregerant,
Fragmenta subrepunt viris.

Hymnus.

ORabo mente Dominum,
Orabo simul spiritu,
Ne vox sola Deo canat,
Sensusque noster alibi
Ductus aberret fluctuans,
Vanis preventus casibus.

Hymnus.

ÆTerna Christi munera,
Et Martyrum victorias,
Laudes ferentes debitas,
Lætis canamus mentibus.
Ecclesiarum principes,
Belli triumphales duces,

Cælestis Aulæ milites,
Et vera mundi lumina.
Terrore victo sæculi,
Spretisque pœnis corporis,
Mortis sacræ compendio,
Vitam beatam possident.
Traduntur igni Martyres,
Et bestiarum dentibus,
Armata sævit ungulis
Tortoris insani manus.
Nudata pendent viscera,
Sanguis sacratus funditur,
Sed permanent immobiles
Vitæ perennis gratia.
Devota Sanctorum fides,
Invicta spes credentium,
Perfecta Christi charitas
Mundi triumphat principem.
In his Paterna gloria,
In his voluntas Filii,
Exsultat in his Spiritus,
Cælum repletur gaudiis.
Te nunc, Redemptor, quæsumus,
Ut ipsorum consortio
Jungas precantes servulos
In sempiterna sæcula. Amen.

Hymnus.

Somno refectis artubus,
Spreto cubili, surgimus,
Nobis, Pater, canentibus
Adesse te deposcimus.
Te lingua primum concinat,
Te mentis ardor ambiat,
Ut actuum sequentium
Tu, Sancte, sis exordium.
Cedant tenebræ lumini,
Et nox diurno sideri,
Ut culpa, quam nox intulit,
Lucis labascat munere.
Precamur idem supplices,
Noxas ut omnes amputes,
Et ore te canentium
Lauderis in perpetuum.
Præsta, Pater piissime,
Patrique compar Unice
Cum Spiritu Paraclito,
Regnans per omne sæculum.

Hymnus.

Consors paterni luminis,
Lux ipse lucis, & dies,
Noctem canendo rumpimus,
Assiste postulantibus.
Aufer tenebras mentium,
Fuga catervas Dæmonum,
Expelle somnolentiam,
Ne pigritantes obruat.
Sic, Christe, nobis omnibus
Indulgeas credentibus,
Ut prosit exorantibus,
Quod præcinentes psallimus.

Hymnus.

O Lux beata Trinitas,
Et principalis Unitas,
Jam sol recedit igneus,
Infunde lumen cordibus.
Te mane laudum carmine,
Te deprecamur vespere,
Te nostra supplex gloria
Per cuncta laudet sæcula.

Hymnus.

Fit porta Christi pervia,
Referta plena gratia,
Transitque Rex, & permanet
Clausa, ut fuit per sæcula.
Genus superni luminis
Processit Aula Virginis,
Sponsus, Redemptor, Conditor,
Suæ Gigas Ecclesiæ.
Honor Matris & gaudium,
Immensa spes credentium,
Per atra mortis pocula
Resolvit nostra crimina.

ORATIO.

Spes mea, Christe Deus, hominum tu dulcis amator:
Lux, via, vita, salus, pax, & decus omne tuorum:
Omnia pro quorum voluisti ferre salute,
Carnem, vincla, crucem, vulnus, mortemque, sepulchrum.
Post tres inde dies (devicta morte) resurgens,
Discipulis visus mœstis corda reformans,
Luce quaterdena cælorum regna petisti
Vivens in æternum nunc & per sæcula regnans.

Dissice terrenas nebulas & pondera mentis,
Siste vagam mentem per devia multa ruentem,
Et da cælestem mentem consurgere sedem.

Disticha de diversis rebus, quæ Basilica Ambrosiana scripta sunt.

Majestate sua rutilans sapientia vibrat,
Discipulisque Deum, si pulsent, cernere monstrat.

Aspice Joannem recubantem in pectore Christi,
Unde Deum Verbum assumpsit pectore fateri.

Angelus affatur Mariam, quæ pavet loquendi,
Ora verecundo solvit suffusa rubore.

Præstolatur ovans sponsam de gentibus Isaac,
Ecce Rebecca venit sublimi vecta camelo.

Jacob fraude bona, patri dum suggerit escam,
Præcipit eulogiam: sed dulcia furta lucratur.

Ecce sibi uterum fratris deferre Lecum,
Atque famem cohibere metu, vatemque vereri.

Joseph manipulos Christi Crux, stellaque Christum,
Quem Sol, Luna Deum, stellæ cæli quoque adorant.

Filii quidem Jacob mali, sed vera loquentes:
Bestia

Bella Gerarum quod fit unum invida fratri.

Praelati invidia fratrum quoque pastora novit:
Servitioque datus patrio dilectus amore.

Nil flatus inferior praeclaris moribus obstat,
Deformem Dominae condemnat servus amorem.

Aetherium spectare Polum Patriarcha jubetur,
Stellarumque modo sobolem sperare micantum.

Offert progeniem sanctis altaribus Habram,
Patris ni est pietas, caro non parcere nato.

Hospitio largus Christum quoque suscipit Habram:
Sarra pudore laris, sida pietate ministrat.

Pascit oves Jacob varias, vas dicite, vates,
Diversos populos virtutum adsciscere cultu.

Zachaeus in ramo est rapti tam prodigus auri,
Fructumque incumbens miratur ficus crescentem.

Disparibus victum populis praecantibus omen
Isaac vates, faciens [illegible] Laudi.

Hic est Hieremias lacertus mersis in alvo,
Hostia cui Dominus saepe manifestatur ut agnus.

Helias ascendit equos currusque volantes
Raptus in aetherium, meritis caelestibus, axem.

Arca Noe nostri typus est, & spiritus, alma
Qui pacem populis ramo praetendit olivae.

Pendet Absalom adstrictus in arbore gutture,
Ne cultum parricida terra macularet humumque.

Excipit immanem viventem bellua mersum
Cetus, & ad terras Jonam gravis edidit alvo.

SEVERI SANCTI,
IDEST ENDELECHII,
RHETORIS, ET POETÆ CHRISTIANI,
CARMEN BUCOLICUM,
DE MORTIBUS BOUM.

Ægon, Buculus, Tityrus.

Æg. Quidnam solivagus, Bucule, tristia
Demissis graviter luminibus gemis?
Cur manant lacrymis largifluis genae?
Fac, ut norit amans tui.
Buc. Ægon, quaeso, sinas alta silentia
Ægris me penitus condere sensibus.
Nam vulnus reserat, qui mala publicat,
Claudit, qui tacitum premit.
Æg. Contra est, quam loqueris: recte nec abnuo.
Nam divisa, minus sarcina fit gravis:
Et quidquid tegitur, saevius incoquit.
Prodest sermo doloribus.
Buc. Scis, Ægon, gregibus quam fuerim potens:
Ut totis pecudes fluminibus vagae
Complerent etiam concava vallium,
Campos, & juga montium.
Nunc lapsa penitus spes omnis est mea:
Et longi peperit quae labor omnibus
Vitae temporibus, perdita biduo.
Cursus tam citus est malis.
Æg. Hanc jam dira luem serpere dicitur.
Pridem Pannonios, Illyricos quoque,
Et Belgas graviter stravit: & impio
Cursu nos quoque nunc petit.
Sed tu qui solitus nosse salubribus
Succis, perniciem pellere noxiam:
Cur non, anticipas quae metuenda sunt,
Admotis medicus manu?
Buc. Tanti nulla metus praevia signa sunt,
Sed quod corripuit, id morbus & opprimit:
Nec languere sinit, nec patitur moras.
Sic mors ante luem venit.
Plaustris subdideram fortia corpora
Lectorum studio quos pinxi boum,
Quis vectis gemitus consona tinnulo
Concentu crepitacula:
Ecce consimilis, lusuque consolor,
Mansuetudo eadem, robur idem fuit,
Et fatum: medio mox ruit aggere
Par victum pariti nece.
Mollito prorsus terra dabam solo:
Largis patris erat gleba liquoribus:
Sulcos perfacilis stiva retraxerat:
Nusquam vomer luserat:
Laevus bos subito labitur impetu,
Æstus quem domitum videras alterum.
Tristem continuo desere conjugem
Nil jam plus metuens mali:
Dicto sed citius consequitur eum
Semper qui fuerat socius & jugum:

Tunc

Tunc longis quatiens ilia pulsibus,
Victum deposuit caput.
Æg. Angor, discrucior, mæreo, langueo.
Damnis quippe tuis non secus, ac meis
Fletus conficior, sed ratione arbitror,
Salvum esse gregem tibi.
Illuc credo miser, quo gravior accidit.
Nam solamen erat vel minimum mali,
Si fortuna daret posterior mihi,
Quod præsens rapuit lues.
Sed quis vera putet? progeniem quoque
Extinctam pariter, vidi ego conjugum
Juvencam gravidam, vidi animas duas
Uno in corpore perditas.
Hic fontis renuens, graminis immemor,
Errat succiduo bucula poplite,
Nec longum refugit: sed graviter ruit
Leti compede claudicans.
At parte ex alia, qui vitulus modo
Lascivas saliens temnerat vias,
Ut matrem subiit: mox ibi morbida
Pestem traxit ab ubere.
Mater tristifico vulnere saucia,
Ut vidit vituli condita lumina,
Mugitus iterans, ac misere gemens,
Lapsa est, & voluit mori.
Tunc tamquam moriens, ne sitis aridas
Fauces opprimeret, sic quoque dum jacet
Admovit ubera mortuo.
Post mortem pietas viget.
Hinc taurus solidi vir gregis, & pater,
Cervicis validæ, frontis & arduæ,
Lætus dum sibimet plus nimio placet,
Prato concidit herbido.
Quam multis foliis silva cadentibus
Nudatur gelidis tacta aquilonibus,
Quam densis fluitant velleribus nives,
Tam crebræ pecudum neces.
Nunc totum regitur funeribus solum,
Inflantur tumidis corpora ventribus,
Albent lividulis lumina nubibus,
Tenso crura rigent pede.
Jam circum volitant agmina tristium,
Dirarumque avium, jamque canum greges
Insultant laceris visceribus frui,
Heu cur non etiam meis.
Quidnam, quæso, quid est, quod vario modo
Fatum triste necis transsilit alterum,
Affligitque alium? en tibi Tityre
Salvo lætus agis grege.
Ipsum contueor. dic age, Tityre,
Quis te fuperis cladibus his Deus,
Ut pestis periculum, quæ populata sit
Vicinos, tibi nulla sit?
Signum quod perhibent esse Crucis Dei,
Magnis qui colitur solus in urbibus
Christus, perpetui gloria Numinis,
Cujus Filius unicus.
Hoc signum mediis frontibus additum,
Cunctarum pecudum certa salus fuit.
Sic vero Deus hoc nomine præpotens
Salvator vocitatus est.
Fugit continuo sæva lues greges,
Morbis nil licuit. si tamen hunc Deum
Exorare velis, credere sufficit.
Votum sola fides juvat.
Non ullis madida est ara cruoribus,
Nec morbus pecudum cæde repellitur,
Sed simplex animi purificatio
Optatis fruitur bonis.
Hæc si certa probas, Tityre, nil moror,
Quin veris famuler religionibus.
Errorem veterem diffugiam libens.
Nam fallax, & inanis est.
Atqui jam properat mens mea visere
Summi templa Dei. quin age, Bucule,
Non longum pariter congredimur viam,
Christi & Numen agnoscimus?
Et me consiliis jungere prosperis.
Nam cur addubitem, quin homini quoque
Signum prosit idem perpete sæculo,
Quo vis morbida vincitur?

PROBÆ FALCONIÆ

Feminæ Clarissimæ, Excerptum e Virgilii Carminibus, ad Testimonium Veteris & Novi Testamenti, Opusculum.

Jam dudum temerasse duces pia fœdera pacis,
Regnandi miseros tenuit quos dira cupido:
Diversasque neces, regum crudelia bella,
Cognatasque acies pollutos cæde parentum:
Insignes clypeos, nulloque ex hoste tropæa,
Sanguine conspersos tulerat quos fama triumphos
In numeris toties viduatas civibus urbes,
Confiteor, scripsi, satis est meminisse malorum.
Nunc Deus omnipotens, sacrum precor accipe carmen,
Æternumque tui septemplicis ora resolve
Spiritus, atque mei tu sera penetralia cordis;
Arcana ut possim vatis Proba cuncta referre.
Non nunc Ambrosium cura est mihi quærere nectar,
Nec libet Aonio de vertice ducere musas,
Non mihi saxa loqui vanum persuadeat error,
Laurigerosque sequi tripodas, & inania vota,
Jurgantesque deos procerum, victosque penates?
Nullus enim labor est verbis extendere famam,
Atque hominum studiis parvam disquirere laudem.
Castalio sed fonte madens imitata beatos,
Quos sitiens hausi sancta libamina pacis,
Hinc canere incipiam. præsens Deus exige mentem.
Virgilium cecinisse loquar pia munera Christi:
Rem nulli obscuram repetens ab origine pandam,
Si qua fides animo, si vera infusa per artus

Mens

A. 6. Mens agitat molem, & toto se corpore miscet
A. 6. Spiritus, & quantum non noxia corpora tardant,
A. 6. Terrenique hebetant artus, moribundaque membra.

Deprecatio ad Deum.

A. 10. O Pater, o hominum, rerumque æterna potestas,
G. 1. A. 3. Da facilem cursum, atque animis illabere nostris:
G. 2. Tuque ades, inceptumque una decurre laborem,
A. 4. Nate Patris summi, vigor & cælestis origo:
A. 11. A. 8. Quem primum colimus, meritosque novamus honores,
E. 4. A. 7. Jam nova progenies, omnis quem credidit ætas.
G. 1. E. 6. Monstra vate cano, facile est patuisse videri.
A. 3. Jampridem memini veterum monumenta virorum
A. 6. Monstrum ante omnes terram cecinisse per orbem
G. 4. Quæ sint, quæ fuerint, & quæ ventura trahantur
E. 6. Omnia, ut ipse rerum mundi concreverit orbis.
G. 2. Felix qui potuit rerum cognoscere causas,
A. 6. Unde hominum, pecudumque genus, vitæque volantum,
A. 6. Et quæ marmoreo fert monstra sub æquore pontus,
G. 1. Et si quid semel ignis habet, vel mobilis humor,
G. 2. Haud aliter prima crescentis origine mundi
G. 4. Illuxisse dies, aliumve habuisse tenorem
A. 7. Crediderim, major rerum mihi nascitur ordo,
A. 10. Si qua fidem tanto est operi latura vetustas.
E. 1. G. 4. Namque (fatebor enim) levium spectacula rerum
A. 9. Semper equos, atque arma virum, pugnasque canebam,
G. 1. A. 9. Et studio incassum volui exercere laborem,
G. 4. A. 4. Omnia tentanti potior sententia visa est
Pandere res alta terra & caligine mersas.
Jamque diu aliquid jamdudum invadere magnum
Mens agitat mihi, nec placida contenta quiete est.
Ore favete omnes, lætasque advertite mentes,
Matres, atque viri, pueri, innuptæque puellæ.

De creatione Mundi.

A. 6. Principio cælum, ac terras, camposque liquentes
Lucentemque globum Lunæ, Solisque labores
G. 1. Ipse Pater statuit: vos, o clarissima mundi
Lumina, labentem cælo quæ ducitis annum.
A. 3. Nam neque erant astrorum ignes, nec lucidus æther,
A. 5. Sed nox atra polum bigis subvecta tenebat,
Et chaos in præceps tantum tendebat ad umbras,
A. 6. Quantus ad æthereum Cæli suspectus Olympum.

De divisione lucis a tenebris.

Tum Pater omnipotens, rerum cui summa potestas, A. 10.
Aera dimovit tenebrosum, & dispulit umbras, A. 5.
Et medium luci atque umbris jam dividit orbem. G. 1.
Sidera cuncta notat, tacito labentia Cælo, A. 3.
Invertens volvens oculos, qua parte calores A. 7.
Austrinos tulerit, qua terga obverterit axi, G. 2.
Obliquus qua se signorum verteret ordo. G. 1.

De quatuor temporibus anni.

Postquam cuncta videt Cælo constare sereno A. 3.
Omnipotens, stellis numerum & nomina fecit, G. 1.
Temporibusque parem diversis quatuor annum, G. 1.
Æstatemque, & pluvias, & agentes frigora ventos. G. 1.
Atque hæc ut certis possemus discere signis. G. 1.
Vere tument terræ, & genitalia semina poscunt: G. 2.
Ac medio tostas æstu terit area fruges, G. 1.
Et varios ponit fœtus autumnus, & alte G. 2.
Venit hiems, teritur Sicyonia bacca trapetis, G. 2.
Atque in se sua per vestigia volvitur annus. G. 2.
Tempore jam ex illo fœcundis imbribus æther G. 2.
Magnus alit magno commixtus corpore fœtus. G. 2.

Dies Primus.

Et jam prima novo spargebat lumine terras, A. 4.
Ducebatque diem stellis aurora fugatis. A. 3.
Tunc durare solum, & discludere Nerea ponto E. 6.
Incipit, & rerum paulatim sumere formas,
Et varias pelagi facies, immania cete A. 5.
Æquora verrebant caudis, æstumque secabant, A. 8.
Nec non & vasti circumdant æquora ponti.
Jam sole infuso, jam rebus luce retectis A. 9.
Exoritur, roremque simul dispergit amarum. G. 4.

Dies Secundus.

Postera jamque dies primo surgebat Eoo, A. 3.
Fundit humus flores, & frondes explicat omnes, E. 9. G. 2.
Sanguineisque inculta rubent aviaria baccis, E. 9. G. 2.
Nec rastris hominum, non ulli obnoxia curæ. G. 2.

Dies Tertius.

Tertia lux gelidam Cælo dimoverat umbram, A. 11.
Avia tum resonant avibus virgulta canoris, G. 2.
Et liquidas corvi presso dant gutture voces, G. 1.
Nec gemere aeria cessabat turtur ab ulmo. E. 1.

Dies Quartus.

Quarto terra die variarum monstra ferarum,
A. 3. Omnigenumque pecus, nullo custode per herbas,
A. 7. Edidit fœtu: subitoque (mirabile visu)
A. 12. Tum demum movet arma leo, tum pessima tigris
G. 4. Squamosusque draco, & fulva cervice leæna
A. 7. Sævire, ac formæ magnorum ululare luporum.
G. 3. Cetera pascuntur virides armenta per herbas,
G. 2. Nec gregibus liquidi fontes, nec gramina desunt.

Dies Quintus & Sextus.

A. 5. Jamque dies, alterque dies processit, & omnes
A. 10. Hæc virtutis opus divinæ mentis & artis
A. 11. Prospiciens Genitor, perfectis ordine rebus,
A. 1. Explevit cunctum æquor, ardentique recessu
E. 4. Terrarum, tractusque maris, cælumque profundum,
A. 8. Alituum, pecudumque genus, [illegible]que volucrum
A. 1. Qui mare, qui terras omni ditione tenerent,
G. 1. Nec longum patuit terra, juvat usque morari.

De formatione primi hominis.

A. 13. Talia versanti subito [illegible] fulsit,
G. 2. Felicemque trahit limum, fingitque premendo
G. 1. Pingue solum primis extemplo a mensibus anni,
A. 10. Jamque improviso major pietatis imago
G. 2. Processit, nova forma viri pulcherrima rerum,
A. 1. Os humerosque Deo similis, cui mentem, animumque
A. 10. Major agit Deus, atque opera ad majora remittit.

De formatione Evæ.

A. 5. Quæritur huic alius, nec quisquam ex agmine tanto
A. 7. Audet adire virum, sociisque in regna vocari.
A. 1. Haud mora, continuo placidam per membra quietem
A. 4. Dat juveni, & dulci declinat lumina somno.
A. 8. Atque illi medio in spatio jam noctis opacæ
A. 2. Omnipotens Genitor costas & viscera nudat.
A. 2. Harum unam juveni, laterum compagibus arctis,
A. 1. Eripuit, subitoque oritur mirabile donum,
A. 7. Argumentum ingens clara cum luce refulsit
A. 5. Insignis facie, & pulchro pectore virgo
A. 7. Jam matura viro, jam plenis nubilis annis.
A. 7. Olli somnum ingens rupit pavor, ossaque & artus
A. 4. Conjugium vocat, & stupefactus numine pressit,
A. 8. Excepitque manu, dextramque amplexus adhæsit.

Deum protoplaston & Evam benedixisse.

A. 6. Hic demum exactis, torquet qui sidera mundi
Jussit: eo dicente premit placida æquora pontus, A. 10.
Et tremefacta solo est tellus, silet arduus æther. A. 10.
Vivite felices, interque virentia culta A. 3.
Fortunatorum nemorum sedesque beatas. A. 6.
Hæc domus, hæc patria est, requies hæc certa laborum. A. 8.
His ego nec metas rerum, nec tempora pono. A. 1.
Imperium sine fine dedi, mortalesque per annos A. 1.
Non rastros patietur humus, non vinea falcem. E. 4.
At genus immortale manet, nec tarda senectus G. 4.
Debilitat vires animi, mutatque vigorem. A. 9.

Quid prohibitum primis parentibus.

Vos contra quæ dicam animis advertite vestris; A. 2.
In medio ramos, annosaque brachia pandens A. 6.
Est in conspectu ramis felicibus arbos, A. 2. G. 2.
Quam neque fas igni cuiquam, nec sternere ferro, A. 7.
Religione sacra numquam concessa moveri. A. 2. A. 3.
Hac quicumque sacros decerpserit arbore fœtus, A. 6.
Morte luet merita: nec me sententia vertit: A. 11. A. 1.
Nec tibi tam prudens quisquam persuadeat auctor G. 2.
Commaculare manus, liceat te voce moveri E. 8. A. 3.
Femineæ, nec te ullius violentia vincat, A. 11.
Si te digna manet divini gloria ruris. G. 1.

De deliciis Paradisi.

Postquam cuncta pater, Cœli cui sidera parent, A. 5. A. 10.
Composuit, legesque dedit, camposque nitentes A. 8. A. 8.
Desuper ostentat, tantarum gloria rerum: A. 8. A. 4.
Ecce autem primi sub lumina solis & ortus A. 6.
Devenere locum, ubi mollis amaracus illum A. 1.
Floribus, & dulci aspirans complectitur umbra. A. 1.
Hic ver purpureum, atque alienis mensibus æstas, E. 9. G. 3.
Hic liquidi fontes, hic cœli tempore certo G. 2.
Dulcia mella premunt, hic candida populus antro G. 4.
Imminet, & lentæ texunt umbracula vites: E. 9.
Invitant croceis halantes floribus horti G. 4.
Inter odoratum lauri nemus, ipsaque tellus A. 6.
Omnia liberius nullo poscente ferebat. G. 1.
Fortunati ambo, si mens non læva fuisset A. 9. E. 1.
Conjugis infandæ, docuit post exitus ingens. A. 11. A. 5.

Tentatio per Serpentem.

Jamque dies infanda aderat per florea rura: A. 2.
Ecce inimicus atrox immensis orbibus anguis G. 2. A. 2.
Septem ingens gyros, septena volumina versat, A. 5.
Nec visu facilis, nec dictu affabilis ulli, A. 3.
[illegible] invidia ramo frondentibus [illegible], A. 7.
Vipeream inspirans animam, cui tristia bella A. 7.
Iræque insidiæque, & noxia crimina cordi. A. 7.
Odit & ipse pater, tot sese vertit in ora, A. 7.

Arro-

A. 12. Arrectisque horrore comis, & ne quid inexpertum
A. 8. Aut ignotarum scelerisve dolive relinquens,
A. 6. Sic prior aggreditur dictis, seque obtulit ultro.
A. 6. Dic, ait, o virgo, (lucis habitamus opacis,
A. 6. Riparumque toros, & prata recentia rivis
A. 11. Incolimus) quae tanta animis ignavia venit?
E. 7. Strata jacent passim sua quaeque sub arbore poma.
A. 5. Pocula sunt liquidi fontes, caelestia dona.
A. 3. A. 12. Attrectare nefas, id rebus defuit unum.
A. 5. Quis prohibet causas penitus tentare latentes?
A. 8. A. 9. Vana superstitio, rerum pars altera adempta est.
A. 12. A. 10. Condidit, una & una brevis dicta parentis,
A. 11. A. 2. Auctor ero audendi sacrata resolvere jura.
A. 4. Tu conjux, tibi fas animum tentare precando.
E. 8. A. 4. Dux ego vester ero, tua si mihi certa voluntas,
A. 3. Extremasque manus, dapibusque epulamur opimis.

Eva seducta seducit virum.

A. 7. A. 12. Sic ait, & dicto citius, quod lege tenetur
A. 7. A. 12. Subjiciunt epulis oculi venerabile lignum,
A. 3. Instituuntque dapes, contactuque omnia foedant.
A. 1. Praecipue infelix pesti devota futurae,
G. 2. Miraturque novas frondes, & non sua poma.
A. 4. A. 1. Causa mali tanti, femineo tenus attigit ore,
A. 7. Majus adorta nefas, majoremque orsa furorem.
G. 2. Heu misero conjux donum ex arbore germen
A. 11. Objicit, atque animum subita dulcedine movit.

Vident se nudos, & faciunt sibi perizomata.

A. 9. Continuo nova lux oculis effulsit, at illi
A. 8. Terrentur visu subito, nec plura morati,
A. 11. Corpora sub ramis obtentu frondis inumbrant,
A. 3. A. 2. Consertum tegmen, nec spes opis ulla dabatur.
A. 11. At non haec nullis hominum Sator atque deorum
A. 8. Observans oculis, caelo & facta tyranni
A. 5. Praesensit, notumque furens quid femina possit.
A. 4. Continuo invadit, Procul o procul este profani,
A. 12. Conclamat, caelum ac terras qui numine firmat.

Adam abscondit se.

A. 10. Atque illi longe gradientem, & dira frementem
A. 10. Ut videre, metu versi retroque ruentes
A. 5. Diffugiunt, silvasque & sicubi concava furtim
A. 5. Saxa petunt, piget incepti, lucisque nec auras
A. 4. Aspiciunt, taedet caeli convexa tueri.

Increpat Adam Dominus.

A. 9. Nec longum in medio tempus, cum clamor ad auras
A. 2. Visus adesse pedum sonitus, Genitorque per umbram

Talibus adfatur dictis, atque increpat ultro: A. 6.
Infelix, quae tanta animum dementia cepit? A. 5.
Quis furor iste novus? quo nunc, quo tenditis? inquit. A. 5.
Regnorum immemores, quae mutatio latebra mutat? A. 4. A. 12.
Dicite, quae lucis miseris tam dira cupido? A. 6.
Monstravi fugam, vetuique abstinere luco, A. 1. A. 6.
Nec revocare gradum, si quando adversa vocarint, A. 6. A. 9.
Est iter in: flammis ambit torrentibus amnis A. 6.
Per medium stridens, torquetque sonantia saxa, A. 12. A. 6.
Attollitque globos flammarum, & sidera lambit. A. 3.

Adam se excusat.

Ille sub haec: Tua me, genitor, tua tristis imago A. 6.
His potuere locis servari, nec deprecor, inquit, A. 12.
Omnipotens, fateorque pudens, verumque tremisco A. 3.
Conscius audacis facti, monitique sinistri. A. 10. A. 10.
Femina fert tristes succos, tardumque saporem, G. 2.
Illa dolos, dirumque nefas sub pectore versans, A. 4.
Infaustum interfata infelix, moritura puella A. 2. G. 4.
Dum furit, incautum crudeli morte peremit. A. 10.
Sensi enim, scis ipse, nec est te fallere cuiquam, G. 4.
Ut vidi, ut perii, ut me malus abstulit error, E. 8.
Consignavitque manu quod non sua seminat arbor. A. 6.

Maledictum Serpenti.

Tunc pater omnipotens solio sic infit ab alto: G. 2. A. 10.
Accipite ergo, animis atque haec mea figite dicta: A. 3.
Tuque prior, scelere ante alios immanior omnes, A. 1.
Quem nec longa dies, pietas nec mitigat ulla, A. 5.
Horrendum sceleris celeber, mala gramina pastus A. 6. A. 2.
Desidia, latumque trahens inglorius alvum. G. 4.
Caelo lectis, nullis hominum cognitibus, ipse G. 2.
Terris ubi argilla, & dumosis calculus arvis. G. 2.

Maledictum Adam.

At tibi pro scelere (exclamat) pro talibus ausis, A. 2.
Omne aevum ferro teritur, primusque per artem A. 9.
(Heu miserande puer) terram insectabere rastris, A. 6. G. 1.
Et sonitu terrebis aves: horrebit in arvis G. 1. G. 1.
Carduus, & spinis surgens paliurus acutis, E. 5.
Lappaeque, tribulique, & fallax herba veneni. G. 1. E. 4.
At si triticeam in messem, robustaque farra G. 1.
Exercebis humum, frustra spectabis acervum, G. 1. G. 1.
Concussaque famem in silvis solabere quercu. G. 1.
Insuper his subeunt morbi, tristisque senectus, G. 3.
Et labor, & durae rapit inclementia mortis. G. 3.

Maledicit Evam.

E. 3. Hæc tibi semper erunt, conjux o sævissima conjunx

A. 1. A. 11. Non ignara mali, caput horum & causa malorum,

G. 4. A. 4. Magna tuum commissa tibi. heu perfida verbis,

A. 4. Nec quæ circumstant te deinde pericula cernis.

A. 4. A. 4. Nunc morere, ut merita es, quod tota mente peristi.

A. 9. Nec mora jam mortalia loco sententia cedit.

Expulsos Adam & Evam e paradiso.

A. 2. At juvenum primum sævus circumstetit horror,

A. 7. A. 9. Diriguere oculi, nec se celare tenebris

A. 1. Amplius, aut notas audire & reddere voces.

A. 7. Haud mora, festinant, rapidis jussique feruntur

A. 6. Passibus, & pariter gressi per opaca viarum

A. 6. A. 3. Corripiunt spatium medium limenque relinquunt

A. 6. Flentes, & paribus curis vestigia figunt.

A. 3. Tum victum in silvis baccas, lapidosaque corna

A. 3. Dant rami, & vulsis pascunt radicibus herbæ.

Evam peperisse duos filios.

A. 3. Interea magnum sol circumvolvitur annum,

E. 4. Matri longa decem tulerunt fastidia menses,

G. 1. Unde homines nati, durum genus. inde per arvum

G. 3. Haud herbæ campo apparent, haud arbore frondes,

G. 2. Inque novum solum audent se gramina tuto

G. 4. Credere, & in teneris ovum demittere ramis

G. 2. Insinuant, udoque docent inolescere succo.

Abel a fratre occiditur.

A. 7. A. 7. Tunc gemini fratres adolent dum altaria tædis,

A. 3. Alter & alterius prælato invidit honori,

A. 2. A. 2. (Horresco referens) consanguinitate propinquum

A. 3. Excipit incautum, patriasque obtruncat ad aras

A. 1. Sanguine fœdantem quos ipse sacraverat ignes.

Post occisum Abel Deus irascitur humano generi.

G. 1. Tunc Genitor virus serpentibus addidit atris,

G. 1. Mellaque decussit foliis, ignemque removit,

G. 1. Prædarique lupos jussit, pontumque moveri.

G. 1. Et passim rivis currentia vina repressit.

G. 1. Mox & frumentis labor additus, ut mala culmos

G. 1. Esset rubigo, & victum seges ægra negaret.

G. 1. Tunc laqueis captare feras, & fallere visco

Inventum, & duris urgens in rebus egestas G. 1.

Movit agros, curis acuens mortalia corda, G. 1.

Deterior donec paulatim decolor ætas, A. 8.

Ferrea progenies duram caput extulit arvis, G. 2.

Et belli rabies, & amor successit habendi. A. 8.

Justitia excedens terris vestigia fecit. G. 2.

Nec longum in medio tempus: furor iraque mentem A. 2.

Præcipitant, gaudent perfusi sanguine fratrum. G. 2.

Condit opes alius, defossoque incubat auro, G. 2.

Nec dolor miserans unquam, desistitque tenendis. A. 10.

De Diluvio.

Tunc pater omnipotens graviter commotus ab alto A. 5.

Æthere se mittit, tellurem effundit in undas A. 12.

Diluvio miscens, cæloque in tartara solvit. A. 12.

Sternit agros, sternit sata læta, boumque labores A. 2.

Diluit, implentur fossæ, & cava flumina crescunt. G. 1.

Et genus omne viri pecudum dedit, amor ferarum. G. 3.

Noe servatur.

Tum pietate gravem, ac meritis, mirabile dictu, A. 1.

Qui fuit in terris & servantissimus æqui, A. 2.

Eripuit leto, tantis surgentibus undis, A. 6.

Ut genus unde novum stirpis revocaret, haberet. G. 4.

Post diluvium Deus legem dat hominibus: Judæi bello agitantur.

Diluvio ex illo, patribus dat jura vocatis A. 7. A. 5.

Omnipotens, magnisque agitat sub legibus ævum, G. 4.

Quid memorem infandas cædes? quid facta tyranni? A. 8.

Nasciturque humanis precibus mansuescere corda? G. 4.

Ægyptum, viresque orientis, & ultima bella, A. 8.

Magnanimosque duces, totiusque ex ordine gentes, G. 4.

Quo cursu deserta petiverit & quibus & qua E. 6.

Magna virum meriti tanti non immemor unquam. A. 9.

Quique sacerdotes adsunt altaria juxta, A. 6. A. 4.

Quique pii vates pro libertate ruebant. A. 6. A. 8.

Qui bello exciti reges, quo terrore rubro A. 7.

Compleverint campos acies, quibus asserit arma A. 7.

Rex genus egregium magno inflammante furore A. 7.

Agmen agens equitum, & florentes ære catervas. A. 11.

Cætera facta patrum, pugnataque in ordine bella A. 8.

Prætereo, atque aliis post me memoranda relinquo. G. 4.

DE

DE NOVO TESTAMENTO,

Et de Salvatoris Nativitate.

A. 11. Nunc ad te, & tua, magne pater, consulta revertor.
A. 7. A. 4. Majus opus moveo, vatum prædicta priorum
G. 4. Aggredior, quamvis angusti terminus ævi
G. 3. Accipiet, tentanda via est, qua me quoque possim
G. 3. Tollere humo, & nostram famam tot ferre per annos,
E. 4. Quod tua progenies cælo descendit ab alto,
A. 8. Attulit & nobis aliquando optantibus ætas
A. 3. Auxilium adventumque Dei: quem femina primum
A. 1. G. 2. Virginis os habitumque gerens, mirabile dictu,
E. 8. Nec generis nostri puerum, nec sanguinis edit.
A. 5. Sed quia terrifico cecinerunt omine vates
A. 7. A. 2. Adventare virum populis terrisque superbum
A. 7. Sidere ab æthereo, qui viribus occupet orbem,
A. 1. Imperium oceano, famam qui terminet astris.

De nativitate Jesu Christi.

A. 9. Jamque aderat promissa dies, quo tempore primum
A. 8. A. 9. Extulit os sacrum divinæ stirpis origo
A. 5. Missa sub imperio, veniensque in corpore virtus
A. 7. A. 2. Mista Deo, subolis cari genitoris imago.

De stella & magis.

Haud mora, continuo cæli regione serena
A. 2. Stella facem ducens multa cum luce refulsit,
A. 9. Agnovere Deum proceres, cunctique repente
A. 2. Muneribus cumulant, & sanctum sidus adorant.
A. 2. Tum vero manifesta fides, claramque parentum
A. 3. Noscunt virtutem, Christique agnoscere vultum
A. 5. Flagrantes, & quæ dat divini signa decoris.

Metuisse Herodem nato Christo.

A. 4. A. 11. Protinus ad regem magno clamore ferentem
A. 3. A. 9. Fama volat, magnasque acuit rumoribus iras,
A. 6. A. 9. Incenditque animum, matrisque allabitur aures.
A. 4. A. 5. Illa dolos, dirumque nefas haud inscia rerum
A. 4. Præsensit, motusque excepit prima futuros
A. 6. A. 3. Præscia venturi, letum mandavit alendum,
A. 8. A. 9. Dum certe ambigitur, dum mens exæstuat ira.

Herodes jubet occidi infantes.

A. 7. A. 4. At rex sollicitus, stirpem & genus omne futurum
A. 2. Præcipitare jubet, subjectisque urere flammis,
A. 3. A. 9. Multa movens, mittitque viros qui certa reportent.
A. 3. A. 7. Haud secus ac jussi faciunt, rapidisque feruntur
A. 12. Passibus, & magnis urbem terroribus implent.
A. 6. Continuo auditæ voces, vagitus & ingens,
A. 6. G. 4. Infantumque animæ flentes, ante ora parentum
A. 2. A. 11. Corpora natorum sternuntur limine primo.

Fugit Virgo cum filio in Ægyptum.

At mater gemitu non frustra exterrita tanto, G. 4.
Ipsa manu puerum sese portans, turbante tumultu, A. 11. A. 6.
Infantem, fugiens plena et præsepia reddit. A. 11. G. 3.
Hic natum angusti subter fastigia tecti A. 8.
Nutribat, teneris immulgens ubera labris. A. 11.
Hæc tibi prima, puer, fundent cunabula flores, E. 4.
Mistaque ridenti passim cum baccare tellus E. 4.
Molli paulatim colocasia fundet acantho. E. 4.

Christus disputat in templo in medio seniorum.

Et jam finis erat, perfecto temporis orbe, A. 6.
Ut primum cessit furor, & rabida ora quierunt, A. 6.
Ante annos animumque gerens cælestis origo. A. 9.

Mirantur omnes Christum.

Per medias urbes graditur, populosque propinquos. A. 3.
Illum omnis tectis, agrisque effusa juventus A. 7.
Attonitis inhians animis prospectat euntem, A. 7. A. 7.
Turbaque miratur matrum, quis spiritus illi, A. 7.
Qui vultus, vocisve sonus, vel gressus eunti est. A. 5.

Testimonium Joannis de Christo.

Continuo vates, nunquam hic certissimus auctor, G. 1.
Ut procul e gelido secretum flumine vidit,
Tempus, ait, Deus, ecce Deus, cui maxima rerum A. 8.
Verborumque fides: tu non eris alter ab illo, A. 9.
Fortunate puer, cæli cui sidera parent. E. 5. A. 10.
Sic equidem ducebam animo, rebarque futurum, A. 6.
Expectate venis, spes & solatia nostri. A. 2.

Christus baptizatur a Joanne, & Spiritus Sanctus descendit de cælo.

Hæc ubi dicta dedit, fluvio mersare salubri A. 2. G. 1.
Accepit venientem, ac mollibus extulit undis, A. 9.
Exultantque vada, & subito commota columba A. 5.
Devolat, atque super caput adstitit, inde repente A. 4.
Radit iter liquidum, celeres neque commovet alas. A. 5.

Multi baptizantur cum Christo.

Huc omnis turba ad ripas effusa ruebat, A. 6.
Certatim largos humeris infundere rores. G. 1.

Vox de cælo audita est, hic est &c.

Tunc Genitor natum dictis compellat amicis: A. 2.
Nate, meæ vires, mea magna potentia solus, A. 1.
Et prædulce decus magnum rediture parenti, A. 10.
A te principium, tibi desinet, accipe, testor, E. 8.
O mea progenies: quem sol utrumque recurrens A. 7.
Aspicit oceanum, perfecto lætus honore A. 5.
Omnia sub pedibus vertique regique videbis. A. 7.
Tu regere imperio populos, matresque virosque A. 6.

Jamjam

A. 1. Jampridem resides animos, desuetaque corda,
G. 1. Ignarosque viæ mecum miseratus inertes
G. 1. Aggredere, & votis jam nunc assuesce vocari.
A. 4. Dixerat, ille patris magni parere parabat
A. 1. Imperiis, infans equi, regnisque futuris.
A. 6. A. 11. Heu pietas, heu prisca fides, quas dicere grates
G. 4. Incipiam? si parva licet componere magnis.
A. 2. Nec mihi jam patriam antiquam spes ulla videndi,
E. 1. Nec spes libertatis erat, nec cura salutis.

Omnia videre, adveniente Domino.

E. 1. Hic mihi responsum primus dedit ille petenti,
A. 6. Concretam exemit labem, purumque reliquit
A. 6. A. 2. Æthereum sensum, atque in mea regna remisit.
A. 6. A. 5. Illum ego per flammas, agerem si Syrtibus exul,
A. 5. A. 6. Per varios casus, per mille sequentia tela.
A. 12. Quæ res cumque cadent, unam pro meritis tamen
A. 5. Exsequerer, strueremque suis altaria donis.
A. 6. A. 8. Hujus in adventum tantarum in munere laudum
E. 5. Ipsi lætitia voces ad sidera jactant
E. 5. E. 10. Intonsi montes, respondent omnia valles.

Tentatur Christus.

G. 3. A. 4. Tempore non alio magnum & memorabile numen
A. 7. A. 6. Serpentis furiale malum mortalibus ausis est.
A. 1. A. 7. Ausus quin etiam, fama est obscurior annis,
A. 2. A. 1. Compellare virum, & veniendi poscere causas.
A. 6. Hunc ubi tendentem adversum per gramina vidit,
A. 10. Substitit, infremuitque ferox, dictisque protervum
A. 7. A. 7. Sanctius ac longum affatur voce superba:
A. 6. Verane te facies? verus mihi nuncius affers?
A. 8. A. 6. Qui genus? unde domo? quæ contra ad limina tendis?
A. 6. A. 1. Fare age quid venias, nam te dare jura loquentur.
G. 4. Aut quis te juvenum, confidentissime, nostras
A. 6. Jussit adire domos? pacique imponere morem?
E. 1. Non equidem invideo, miror magis, accipe porro,
A. 9. Quid dubitem, & quæ nunc animo sententia surgat.
A. 4. Est domus alta, voca Zephyros, & labere pennis
A. 6. Ardua tecta petens ausus te credere cælo,
A. 4. A. 10. Si modo, quem memoras, pater est, cui sidera parent.

Christus diabolum alloquitur.

A. 9. Olli subridens sedato pectore fatur,
A. 8. Haud vatum ignarus, venturique inscius ævi:
A. 4. Dissimulare etiam sperasti, perfide serpens?
Nec dubitem, nam vera vides: opta ardua pennis A. 5.
Astra sequi, clausumque cava te condere terra. A. 10.
Quo peritura ruis? majoraque viribus audes? A. 10.
Cede Deo, nam præceptis carpere terras! A. 11.

Diabolus fugit audito Christo.

Nec plura his: ille admirans venerabile donum A. 6.
Fronte premit terram, & spumas agit ore cruentas, G. 3.
Contorsitque fuga cæcis se condidit umbris. A. 7.

Dominum elegisse discipulos, & statim fremere populos.

Interea magnas volitans it fama per urbes, A. 7.
Conveniunt viri, quis omnibus una loquendi A. 5.
In quæcumque velis pelago deducere terras. A. 2.
Multi præterea, quos fama obscura recondit, A. 5.
Concurrunt fremitu denso, stipantque frequentes, A. 4.
Exultantque animis: medium nam plurima turba A. 6.
Hunc habet, atque humeris extantem suspicit altis. A. 6.
Quem ubi confertos audere in prælia vidit, A. 2.
Incipit, & dictis divinum aspirat amorem: A. 8.
Discite justitiam moniti, & [illegible] A. 6.
Pro se quisque, viri, quæ cuique est copia, læti, A. 5. A. 5.
Communemque vocate Deum, meliora sequamur, A. 8. A. 5.
Qua vocat, vertamus iter, via prima salutis A. 5. A. 6.
Intemerata fides, & mens sibi conscia recti: A. 2. A. 1.
Vobis parta quies perfecto temporis orbe. A. 3. A. 6.
Nam qui divitiis soli incubuere repertis, A. 6.
Nec partem posuere suis, dum vita manebat, A. 6.
Pulsatusve parens, & fraus innexa clienti, A. 6.
Tum cum frigida mors anima seduxerit artus, A. 4.
Inclusi pœnam expectant, quæ maxima turba est, A. 6.
Infernisque ciet tenebris, veterumque malorum A. 7.
Supplicia expendunt, aliis sub gurgite vasto A. 6.
Infectum eluitur scelus, aut exuritur igni. A. 6.
Turbidus hic cœno, vastaque voragine gurges A. 6.
Æstuat, atque omnem Cocyto eructat arenam. A. 6.
Hinc exaudiri gemitus, & sæva sonare A. 6.
Verbera, tum stridor ferri, tractæque catenæ. A. 6.
Semper, & obtenta densentur nocte tenebræ. G. 1.

Præcipitur, ne colantur idola.

Præterea quæ dicam animis advertite vestris: A. 2.
Non ego vos posthac, casti de more juvencis E. 1. A. 5.
Religione patrum, truncis & robore natas, A. 2.

Ido-

A. 9. Mortalive manu effigies, aut templa deorum
A. 5. Audite, & repetens iterumque iterumque monebo:
A. 9. Sed periisse semel satis est, utrumque pariterque
G. 1. G. 3. Profuerit meminisse magis, & credere dignum est.
A. 5. Sed fugit interea, fugit irrevocabile tempus,
A. 12. Flammarumque dies, & vis inimica propinqua.

De judicio venturo.

A. 5. A. 12. Attonitis haesere animis: nec plura moratus
A. 12. Hic aliud majus miseris multoque tremendum
A. 4. Judicium canit, & tristes denuntiat iras,
A. 3. Venturum excidium, vastis convulsa ruinis
G. 1. Omnia tunc pariter rutilo miscerier igni,
A. 9. A. 1. Palantesque polo stellas, caelique ruinam.
A. 2. Tunc vero tremefacta novus per pectora cunctis
A. 2. Insinuat pavor, & caeli ventura videbant.

Quid sibi faciendum foret, ut vitam aeternam possideret, petiit quidam a Domino.

A. 5. Hac super advenit cum dicta horrenda moveret,
A. 9. Ora puer prima signans intonsa juventa,
G. 4. Dives opum, studiis florens ignobilis oti.
A. 7. Quinque greges illi balantum, & bina redibant
A. 8. Armenta & dapibus mensas onerabat opimis.
A. 6. Continuo palmas alacres utrasque tetendit,
A. 10. A. 5. Et genua amplectens, sic ore effatus amico est.
G. 2. O Decus, o famae merito pars maxima nostrae,
A. 1. Ad te confugio, & supplex tua numina posco:
A. 6. Omnia percepi atque animo mecum ante peregi.
A. 6. Eripe me his invicte malis. quid denique restat,
A. 5. Quidve sequens tantum possim superare laborem?
A. 1. Accipe daque fidem, mihi jussa capessere fas est.

Respondit ei Dominus.

A. 6. Atque huic responsum paucis ita reddidit heros:
A. 12. A. 8. O praestans animi juvenis, absiste precando,
E. 2. A. 6. Nec te paeniteat, nihil o tibi amice relictum est.
A. 4. Hoc etiam his addam, tua si mihi certa voluntas,
A. 8. Disce puer contemnere opes, & te quoque dignum
E. 4. Finge Deo, & quae sit poteris cognoscere virtus.
A. 6. A. 10. Da dextram misero, & fratrem ne desere frater,
A. 7. A. 5. Si jungi hospitio properet, conjuge valentem,
G. 2. G. 3. Casta pudicitiam servet domus, en age segnes
A. 8. Rumpe moras, rebusque veni non asper egenis.

Dixerat haec, ille in verbo vestigia torsit A. 6.
Tristior, ora modis attollens pallida miris A. 1.
Multa gemens, seseque ferens avertit, & amens. A. 4.

Christus insidet asello.

Tunc etiam tardi costas agitator aselli G. 1.
Insedit albo effulgens, tum plurima circum A. 2.
Matres atque viri, pueri velamina nota G. 4. A. 6.
Subjiciunt, funemque manu contingere gaudent. A. 2.
Jamque propinquabat portis, templumque vetustum A. 11.
Antiquum ex cedro centum sublime columnis A. 7. A. 7.
Ingreditur, magna medius comitante caterva. A. 5.

Christum emptores & venditores flagello e templo expulisse.

Horrendum silvis, hoc illis curia templum, A. 7. A. 7.
Hae sacris sedes, miro quod honore colebant. A. 7. A. 4.
Namque sub ingenti lustrat dum singula templo, A. 1.
Horrescit visu subito: insonuitque flagello, A. 4. A. 5.
Significatque manu, & magno simul intonat ore: A. 12. A. 6.
Quae scelerum facies, quaeve ista insania cerno, A. 6. A. 2.
Caesaris & nomen? quae mentem insania mutat? A. 4.
Hae nobis propriae sedes, hic tempore certo A. 5. A. 4.
Perpetuis soliti patres considere mensis. A. 7.
Obstupuere animi, gelidusque per ima cucurrit A. 2.
Ossa tremor, cunctisque metu liquere priores. A. 3.

Discipuli periclitantur in mari.

Inde ubi prima fides pelago, tranquilla per alta A. 2.
Deducunt socii naves, atque arte magistra, A. 3. A. 8.
Hic alius funda latum jam verberat amnem G. 1.
Alta petens, pelagoque alius trahit humida lina. G. 1.
Postquam altum tenuere rates, nec jam amplius ulla A. 5.
Occurrunt terrae, crebris micat ignibus aether, A. 1.
Eripiunt subito nubes caelumque diemque: A. 1.
Consurgunt venti, & fluctus ad sidera tollunt. A. 5. A. 1.
At sociis subita gelidus formidine sanguis A. 3.
Diriguit, cecidere animi, cunctique repente A. 3.
Pontum aspectabant flentes, vox omnibus una, A. 5. A. 5.
Spemque metumque inter dubii, seu vivere credant, A. 1.
Sive extrema pati, leti discrimine parvo, A. 1. A. 3.
Qualia multa mari nautae patiuntur in alto. A. 7.

Christum ambulasse super aquas.

Ecce Deus magno misceri murmure pontum, A. 1.
Emissamque hiemem sensit, cui summa potestas A. 1.

A. 2. A. 5. Par levibus ventis, & fluminis ocyor undis,
A. 5. Prona petit maria, & pelago decurrit aperto,
A. 3. A. 5. Nec longo distant cursu praevertere carinam.
A. 10. A. 7. Agnoscunt longe regem, dextramque poten-tem
A. 3. A. 3. Nudati socii, & magno clamore salutant.
A. 3. Postquam altos tetigit fluctus, & ad aequo-ra venit,
A. 3. Ille vero horrendum, ac visu mirabile, fertur
A. 8. Subsidunt undae, tremor et insultans aequore,
A. 1. Collectasque fugat nubes, graditurque per aequor
A. 3. Jam medium, nec dum fluctus latera ar-dua tingit.
A. 5. At media socios incedens nave per ipsos,
A. 5. Ecce gubernaclo rector subit ipse magister,
A. 5. A. 6. Intremuit malus, gemuit sub pondere cymba.
A. 3. A. 5. Vela cadunt, puppique Deus consedit in alta,
A. 3. Et tandem laeti notae advertuntur arenae.

De coena Domini.

A. 8. Devexo interea propior fit vesper olympo.
A. 1. Tunc victu revocant vires, fusique per her-bam,
G. 4. Et dapibus mensas onerant, & pocula ponunt.

Dant Sacramentum.

A. 1. Postquam prima quies epulis, mensaeque remotae,
A. 2. A. 5. Ipse inter primos genitori instaurat honores
A. 2. A. 5. Suspiciens caelum, tunc facta silentia linguis.
A. 12. A. 11. Dat manibus fruges, dulcesque a fontibus un-das;
A. 1. A. 12. Implevitque mero pateram, ritusque sacro-rum
A. 10. Edocet, humilesque preces, ac talia fatur:

Praedicit ab uno se traditum iri.

A. 3. Audite o proceres, ait, & spes discite vestras:
A. 5. Nemo ex hoc numero mihi non donatus abi-bit,
A. 5. Promissisque patris, vestra, inquit, munera vo-bis
A. 5. Certa manent, pueri, & palmam movet or-dine nemo:
A. 8. Et lux cum primum terris se crastina reddet,
A. 8. Unum erit tantum in merces, animaque mere-tem,
A. 7. Dux medium pacis se offert de corpore nostro.
A. 1. Namque dies (ni fallor) adest, secludite curas.
A. 4. A. 10. Mecum erit iste labor, nec me sententia fallit.
A. 5. Unum pro multis dabitur caput. haec ita fa-tus,
A. 8. Conticuit, soporemque datis per membra quie-tem.

Apostolos fugisse.

A. 4. Diffugiunt comites, & nusquam tegmine o-pace;
A. 4. Multaque dura suo tristi cum corde volutant.
A. 4. Quid faciant? heu rerum insani pectora volvunt,
A. 4. Verbaque, nec placidam membris dat cura quietem.

Conquestio Petri ad condiscipulos.

Tunc senior tales referebat pectore voces, A. 5.
Multa putans: ubi nunc nobis Deus ille magi-ster? A. 5.
Quem sequimur? quove ire jubes? ubi ponere sedem? A. 3.
O dolor, atque decus tantorum gloria rerum! A. 4.
Jamjam nulla mora est, & nunc super omnia tecum, A. 2. A. 10.
Omnes, teque aspectu ne subtrahe nostro. A. 6.

Sacerdotes cum populo contra Christum.

Oceanum interea surgens aurora reliquit, A. 4.
Jamque sacerdotes lata loca questibus im-plent, G. 4.
Cum populo & Patribus, saevitque per agmi-na murmur; A. 8. A. 12.
Quod genus hoc hominum? quaeve hunc tam barbara morem A. 1.
Permittit patria? poenas cum sanguine po-scent A. 2.
Undique collecti, & magno clamore se-quuntur A. 7. A. 10.
Infensum, saevitque animis ignobile vulgus. A. 1.

Christus hora sexta deducitur, ut crucifigatur.

Sol medium caeli conscenderat igneus or-bem, A. 8.
Tunc subito hunc aciit omnem populusque Patresque A. 9.
Exposcunt, farique jubent, quo sanguine cre-tus, A. 2.
Quidve petat, quidve ipse ferat: pendentque tuentem A. 2.
Facta viri, mistus dolor & stupor urget tuen-tes. G. 4.
Nescia mens hominum! certant illudere ca-pto. A. 10. A. 2.
Tum vero capiti concurrunt undique telis: A. 7.
Tollitur in caelum clamor, cunctique repente A. 11. A. 2.
Corripuere sacram effigiem, manibusque cru-entis A. 2.
Ingentem quercum decisis undique ramis A. 11.
Constituunt, spinisque ligant ingentibus il-lum, A. 2.
Tendebatque manus, pedibus per mutua ne-xis, A. 6. A. 7.
Triste ministerium! sequitur quos caetera pu-bes, A. 5.
Ausi omnes immane nefas, ausoque potiti. A. 6.
Ille autem impavidus, Quo vincula nectitis? inquit. A. 10. E. 6.
Tantane vos generis tenuit fiducia vestri? A. 1.
Post mihi non simili poena commissa luetis. A. 1.
Talia perstabat memorans, fixusque manebat. A. 2.

Fit terrae motus, & sol obscuratur.

Interea magno misceri murmure caelum A. 1.
Incipit, & rebus nox abstulit atra colorem, A. 6.
Impiaque aeternam timuerunt saecula no-ctem. G. 1.
Terra tremit, fugere ferae, & mortalia corda G. 1.

Per

G. 1. Per gentes humilis stravit pavor: inde repente
A. 9. Dat tellus gemitum, & cœlum tonat omne fragore.

Christum descendisse ad inferos.

G. 4. Extemplo commotæ Erebi de sedibus imis
G. 4. G. 1. Umbræ ibant tenues: tellus quoque & æquora ponti
G. 1. Signa dabant, fugere feræ, terræque dehiscunt.
G. 4. Quin ipsæ stupuere domus, atque intima lethi
A. 8. Tartara, & umbrosæ penitus patuere cavernæ.
G. 1. A. 11. Sol quoque & exoriens (cunctis se scire fatentur)
G. 1. Tum caput obscura nitidum ferrugine texit.

Christum tertia die resurrexisse.

Hasque inter voces, media inter talia verba
A. 12. Tertia lux gelidam cœlo dimoverat umbram.
A. 11. Jamque pudens referens superas veniebat ad auras,
G. 4. 6. 4. Cum subito ante oculos ingens mole sepulchrum,
A. 6. Corpus ubi exanimum positum, nec claustra, nec ipsi
Custodes sufferre valent, avulsaque saxis
A. 2. Saxa vident, laxis laterum compagibus arctis.
A. 2. Fit sonus, ingenti concussa est pondere tellus,
A. 9. Horror ubique animos, simul ipsa silentia terrent.

Foribus clausis apparuisse Christum Discipulis.

A. 9. Ecce autem primi volucrum sub culmine cantus:
A. 11. Ingreditur, linquens antrum, spoliisque superbus
A. 7. Ibat ovans, pulsuque pedum tremit excita tellus,
A. 8. Vulneraque illa gerens foribus sese ingerit arctis.
A. 2. Atque hic ingentem comitum affluxisse novorum
A. 2. Invenit admirans numerum, cunctisque repente
A. 1. Improvisus ait: Coram quem quæritis adsum:
A. 9. A. 5. Vicit iter durum pietas, & vivida virtus.
A. 6. A. 12. Præcipitem vigilate viri, timor omnis abesto.

Instruit Apostolos.

Hi nostri reditus, expectatique triumphi, A. 11.
Hæc mea magna fides, o terque quaterque beati, A. 1.
Quæ vobis, quæ digna, viri, pro laudibus istis A. 9.
Præmia posse rear solvi? quæ dona parari? A. 9.
Accipite ergo animis: quæ vos a stirpe parentum A. 3.
Prima tulit tellus, eadem vos ubere læto A. 3.
Accipiet. revocate animos, mœstumque timorem A. 1.
Mittite, jam vestrum cœlum servate secundis. A. 1.

Christum Apostolis pacem reliquisse.

Quod superest, læti bene gestis ordine rebus, A. 8.
Pacem orate manu, pacem laudate sedentes A. 6. A. 8.
Magnanimi: pacis solum inviolabile pignus. A. 11.
Et simul his dictis faciem ostendebat & ora, A. 5.
Ora manusque ambas, populataque pectora ferro: A. 6.
Innotescuntque manus omnibus, gaudentque tuentes, A. 5. A. 5.
Nec vidisse semel satis est, juvat usque morari, A. 6.
Et conferre gradum, & dextræ conjungere dextram. A. 6. A. 8.

De Ascensione Christi.

His demum exactis, spirantes dimovet auras A. 9.
Aera per tenerum, cœloque invectus aperto G. 3. A. 1.
Mortales visus medio in sermone reliquit. A. 4.
Infert se septus nebula, mirabile dictu. A. 1.
Ast illum solio stellantis gloria cœli A. 7.
Accipit, æternumque tenet per sæcula nomen. A. 6.
Ex illo celebratus honos, lætique minores A. 8.
Servavere diem, ter jam labentibus annis. A. 2.
I decus, I nostrum, tantarum gloria rerum, A. 6. A. 4.
Semper honos, nomenque tuum, laudesque manebunt. A. 1.
Et nos & tua, dexter, adi pede sacra secundo, A. 8.
Annua quæ differre nefas: celebrate faventes A. 8.
Hunc socii morem sacrorum, hunc ipse teneto, A. 3.
O dulcis conjux, & si pietate meremur, A. 2. A. 1.
Hac casti maneant in religione nepotes. A. 3.

AURELII PRUDENTII CLEMENTIS
VIRI CONSULARIS,
O P E R A.

PSYCOMACHIA.

Id est de Compugnantia Animi.

PRÆFATIO.

Senex fidelis, prima credendi via est
Abram, beati seminis serus pater:
Adjecta cujus nomen auxit syllaba,
Abram parenti dictus, Abraham Deo.
Senile pignus qui dicavit victimæ,
Docens, ad aram cum litare quis velit,
Quod dulce cordi est, quod pium, quod unicum,
Deo libenter offerendum credito.
Pugnare nosmet cum profanis gentibus
Suasit, suumque suasor exemplum dedit,
Nec ante prolem conjugalem gignere
Deo placentem, matre virtute editam,
Quam strage multa bellicosus spiritus
Portenta cordis servientis vicerit.
Victum feroces forte reges ceperant
Loth, immorantem criminosis urbibus
Sodomæ & Gomorrhæ, quas fovebat advena
Pollens honore patruelis gloriæ.
Abraham sinistris excitatus nunciis
Audit propinquum sorte captum bellica
Servire duris barbarorum vinculis:
Armat trecentos terque senos vernulas,
Pergant ut hostis terga euntis cædere,
Quem gaza dives, ac triumphus nobilis
Captis tenebat impeditum copiis.
Quin ipse ferrum stringit, & plenus Deo
Reges superbos mole prædarum graves
Pellit fugatos, sauciatos proterit,
Frangit catenas, & rapinam liberat,
Aurum, puellas, parvulos, monilia,
Gregem equarum, vasa, vestem, buculas.
Loth ipse ruptis expeditus nexibus
Attrita baccis colla liber erigit.
Abraham triumphi dissipator hostici
Redit, recepta prole fratris inclytus.
Ne quam fidelis sanguinis prosapiam
Vis pessimorum possideret principum.
Adhuc recentem cæde de tanta virum
Donat sacerdos ferculis cælestibus,
Dei sacerdos, & Rex & idem præpotens,
Origo cujus fonte inenarrabili
Secreta, nullum prodit auctorem sui,
Melchisedech, qua stirpe, quis majoribus
Ignotus, uni cognitus tantum Deo.
Mox & triformis Angelorum trinitas
Senis revisit hospitis mapalia.
Et jam vieta Sarra in alvo fertilis
Munus juventæ mater exsanguis stupet,
Hærede gaudens, & cachinni pænitens.
Hæc ad figuram prænotata est linea,
Quam nostra recte vita resculpat pede,
Vigilandum in armis pectorum fidelium,
Omnemque nostri portionem corporis,
Quæ capta fœde serviat libidini,
Domi coactis liberandam viribus.
Nos esse large vernularum divites,
Si quid trecenti, bis novenis additis
Possint, figura noverimus mystica.
Mox ipse Christus, qui sacerdos verus est,
Parente natus alto & ineffabili,
Cibum beatis offerens victoribus,
Parvam pudici cordis intrabit casam,
Monstrans honorem trinitatis hospitæ.
Animam deinde spiritus complexibus
Pie maritam, prolis expertem diu,
Faciet perenni fertilem de semine.
Tum sera dotem possidens puerpera,
Hærede digno patris implebit domum.

PSYCHOMACHIÆ LIBER.

Christe graves hominum semper miserate labores,
Qui patria virtute cluis, propriaque, sed una;
Unum namque Deum colimus de nomine utroque,
Non tamen & solum, quia tu Deus ex patre Christe.
Dissere rex noster, quo milite pellere culpas
Mens armata queat nostri de pectoris antro,
Exoritur quoties turbatis sensibus intus
Seditio, atque animam morborum rixa fatigat,
Quod tunc præsidium pro libertate tuenda,
Quæve acies furiis inter præcordia mixtis
Obsistat meliore manu: nec enim bone doctor
Magnarum virtutum inopes, nervisque carentes
Christicolas vitiis populantibus exposuisti.
Ipse salutiferas obsesso in corpore turmas
Depugnare jubes, ipse excellentibus armas
Artibus ingenium, quibus ad ludibria cordis
Oppugnanda potens tibi dimicet, & tibi vincat.
Vincendi præsens ratio est, si comminus ipsas
Virtutum facies, & colluctantia contra
Viribus infestis liceat portenta notare.

Fidei & idololatriæ pugna.

Prima petit campum dubia sub sorte duelli
Pugnatura Fides, agresti turbida cultu,
Nuda humeros, intonsa comas, exerta lacertos.
Namque repentinus laudis calor ad nova fervens
Prælia, nec telis meminit, nec tegmine cingi;
Pectore sed fidens valido, membrisque rejectis
Provocat insani frangenda pericula belli.
Ecce lacessentem collatis viribus audet
Prima ferire Fidem, veterum cultura deorum.
Illa hostile caput, phaleratque tempora vittis

Altior

Altior insurgens labefactat, & ora cruenta
De pecudum satiata solo applicat, & pede calcat.
Elisos in morte oculos, animamque malignam
Fracta intercepti commercia gutturis artant,
Difficilemque obitum suspiria longa fatigant.
Exultat victrix legio, quam mille coactam
Martyribus regina Fides animarat in hostem:
Tunc fortes socios parta pro laude coronat
Floribus, ardentique jubet vestirier ostro.

Pudicitiæ & Libidinis pugna.

Exin gramineo in campo concurrere prompta
Virgo Pudicitia, speciosis fulget in armis.
Quam patrias succincta faces Sodomita libido
Aggreditur, piceamque ardenti sulphure pinum
Ingerit in faciem, pudibundaque lumina flammis
Appetit, & tetro tentat suffundere fumo.
Sed dextram furiæ flagrantis, & ignea diræ
Tela lupæ saxo ferit imperterrita virgo,
Excussasque sacro tædas depellit ab ore.
Tunc exarmatæ jugulum meretricis adacto
Transfigit gladio: calidos vomit illa vapores,
Sanguine concretos cœno: spiritus inde
Sordidus exhalans vicinas polluit auras.
Hoc tibi habe, exclamat victrix regina, supremus
Hic tibi finis erit, semper prostrata jacebis,
Nec jam mortiferas audebis spargere flammas
In famulos famulasve Dei, quibus intima casti
Vena animi sola fervet de lampade Christi.
Tene, o vexatrix hominum, potuisse resumptis
Viribus extincti capitis recalescere flatu?
Assyrium postquam thalamum cervix Olophernis
Cæsa, Cupidineo madefactum sanguine lavit:
Gemmantemque torum mœchi ducis aspera Judith
Sprevit, & incestos compescuit ense furores:
Famosum mulier referens ex hoste tropæum
Non trepidante manu vindex mea cælitus audax.
At fortasse parum fortis matrona sub umbra
Legis adhuc pugnans, dum tempora nostra figurat,
Vera quibus virtus terrena in corpora fluxit,
Grande per infirmos caput excisura ministros.
Numquid & intactæ post partum Virginis ullum
Fas tibi jam superest? post partum Virginis, ex quo
Corporis humani naturam prisca propago
Deseruit, carnemque novam vis ardua sevit,
Atque innupta Deum concepit fœmina Christum,
Mortali de matre hominem, sed cum patre Numen.
Inde omnis jam diva caro est, quæ concipit illum,
Naturamque Dei consorti fœdere sumit:
Verbum quippe caro factum, non destitit esse
Quod fuerat verbum, carnis dum glutinat usum,
Majestate quidem non degenerante per usum
Carnis, sed miseros ad nobiliora trahente.
Ille manet quod semper erat, quod non erat esse
Incipiens. nos, quod fuimus, jam non sumus, aucti
Nascendo in melius: mihi contulit, & sibi mansit.
Nec Deus ex nostris minuit sua, sed sua nostris
Dum tribuit, nos dona ad cælestia vexit.
Dona hæc sunt, quod victa jaces lutulenta libido,
Nec mea post Mariam potis es perfringere jura.
Tu princeps ad mortis iter, tu janua leti,
Corpora commaculans, animas in tartara mergis.
Abde caput tristis jam frigida pestis abyssis,
Occide prostibulum, manes pete, claudere averno,
Inque tenebrosum noctis detrudere fundum.
Te volvant subter vada flammea, te vada nigra,
Sulphureique rotent per stagna sonantia vortices!
Nec jam Christicolas furiarum maxima tentes,
Ut purgata suo serventur corpora Regi.
Dixerat hæc, & læta libidinis interfectæ
Morte Pudicitia, gladium Jordanis in undis
Abluit infectum, sanies cui rore rubenti
Hæserat, & nitidum maculaverat ulcere ferrum.
Expiat ergo aciem fluviali docta lavacro
Victricem victrix, abolens baptismate labem
Hostilis juguli, nec jam contenta piatum
Condere vagina gladium, ne tecta rubigo
Occupet ablutum scabrosa sorde nitorem,
Catholico in templo divini fontis ad aram
Consecrat, æterna splendens ubi luce coruscet.

Patientiæ & Iræ congressus.

Ecce modesta gravi stabat Patientia vultu,
Per medias immota acies, variosque tumultus,
Vulneraque, & rigidis vitalia pervia pilis
Spectabat defixa oculos, & lenta manebat.
Hanc procul Ira tumens, spumanti fervida rictu,
Sanguinea intorquens suffuso lumina felle,
Ut belli exsortem, teloque & voce lacessit,
Impatiensque moræ conto petit, increpat ore,
Hirsutam quatiens galeam in vertice cristam.
En tibi Martis, ait, spectatrix libera nostri,
Excipe mortiferum securo pectore ferrum:
Nec doleas, quia turpe tibi gemuisse dolorem.
Sic ait, & stridens sequitur convicia pinus
Per teneros crispata notos, & certa sub ipsum
Defertur stomachum, rectoque illiditur ictu,
Sed resilit duro loricæ excussa repulsu.
Provida nam Virtus conserto adamante trilicem
Induerat thoraca humeris, squamosaque ferri
Texta per intortos commiserat undique nervos.
Inde quieta manet Patientia fortis ad omnes
Telorum nimbos, & non penetrabile durans.
Nec mota est jaculo monstri sine more furentis,
Opperiens propriis perituram viribus Iram.
Scilicet indomitos postquam stomachando lacertos
Barbara bellatrix impenderat, & jaculorum
Nube supervacuam lassaverat irrita dextram,
Cum ventosa levi cecidissent tela volatu,
Iactibus & vacuis hastilia fracta jacerent;
Vertitur ad capulum manus improba, & ense corusco
Conisa in plagam, dextra sublimis ab aure
Erigitur, mediumque ferit librata cerebrum.
Ærea sed cocto cassis formata metallo
Tinnitum percussa refert, aciemque retundit
Dura resultantem, frangit quoque vena rebellis
Illisum chalybem, dum cedere nescia cassis
Excipit assultus, ferienti & tuta resistit.
Ira, ubi truncati mucronis fragmina vidit,
Et procul in partes ensem crepuisse minutas,
Jam capulum retinente manu sine pondere ferri,
Mentis inops, ebur infelix, decorisque pudendi
Perfida signa abjicit, monumentaque tristia longe
Spernit, & ad proprium succenditur effera letum.
Missile de multis, quæ frustra sparserat, unum
Pulvere de campi perversum sumit in usum,
Rasile figit humi lignum, ac se cuspide versa
Perfodit, & calido pulmonem vulnere transit.
Quam super assistens Patientia; Vicimus, inquit,
Exultans vitium solita virtute sine ullo

Sanguinis ac vitae discrimine: lex habet istud
Nostra, graves belli furias, omnemque malorum
Militiam & rabidas tolerando extinguere vires.
Ipsa sibi est hostis Vesania, seque furendo
Interimit, moriturque suis Ira ignea telis.
Haec effata, secat medias impune cohortes
Egregio comitata viro. nam proximus Iob
Haeserat invictae dura inter bella magistrae,
Fronte severus adhuc, & multo funere anhelus:
Sed jam clausa truci subridens ulcera vultu,
Perque cicatricum numerum sudata recensens
Millia pugnarum, sua praemia, dedecus hostis.
Illum Diva jubet tandem requiescere ab omni
Armorum strepitu, captis & perdita quaeque
Multiplicare opibus, nec jam peritura referre.
Ipsa globos legionum, & concurrentia rumpit
Agmina, vulniferos gradiens intacta per imbres,
Omnibus una comes virtutibus associatur,
Auxiliumque suum fortis Patientia miscet.
Nulla anceps luctamen init Virtute sine ista
Virtus: nam vidua est, quam non patientia firmat.

Superbiae & Humilitatis pugna.

Forte per effusas inflata Superbia turmas,
Effreni volitabat equo, quem pelle leonis
Texerat, & validos villis oneraverat armos.
Quo se fulta jubis jactantius illa ferinis
Inferret, tumido despectans agmina fastu,
Turritum tortis caput accumularat in altum
Crinibus, extructos augeret ut addita cirros
Congeries, celsumque apicem frons ardua ferret.
Carbasea ex humeris summo collecta coibat
Palla sinu, teretem nectens a pectore nodum.
A cervice fluens tenui velamine limbus
Concipit infestas textis turgentibus auras.
Nec minus instabili sonipes feritate superbit,
Impatiens madidis frenarier ora lupatis.
Huc illuc frendens obvertit terga, negata
Libertate fugae, pressisque tumescit habenis.
Hoc sese ostentans habitu ventosa virago
Inter utramque aciem supereminet & phaleratum
Circumflectit equum, vultuque & voce minatur,
Adversum spectans cuneum, quem milite raro,
Et paupertinis ad bella coegerat armis
Mens humilis: Regina quidem, sed egens alieni
Auxilii, proprio nec sat confisa paratu.
Spem sibi collegam conjunxerat, edita cujus
Et suspensa ab humo est Opulentia divite regno.
Ergo Humilem postquam malesana Superbia Mentem
Vilibus instructam nullo ostentamine telis
Aspicit, in vocem dictis se fundit amaris:
Non pudet, o miseri, plebeio milite claros
Attentare duces? ferroque lacessere gentem
Insignem titulis? veteres cui bellica virtus
Divitias peperit? laetos & gramine colles
Imperio calcare dedit? nunc advena nudus
Nititur antiquos (si fas est) pellere reges.
En, qui nostra suis in praedam cedere dextris
Sceptra velint! en qui nostros sulcare novales,
Arvaque capta manu popularier hospite aratro
Contendant, duros & pellere marte colonos!
Nempe o ridiculum vulgus, natalibus horis
Totum hominem, & calidos a matre amplectimur artus,
Vimque potestatum per membra recentia fusam
Spargimus, & rudibus dominamur in ossibus omnes.
Quis locus in nostra tunc vobis sede dabatur,
Congenitis cum regna simul ditionibus aequo
Robore crescebant? nati nam luce sub una
Et domus, & domini paribus adolevimus annis,
Ex quo plasma novum de consepto paradisi
Limite progrediens amplum transfugit in orbem,
Pellitusque habitum sumpsit venerabilis Adam,
Nudus adhuc, ni nostra foret praecepta secutus.
Quisnam iste ignotis nunc hostis surgit ab oris
Importunus, iners, infelix, degener, amens?
Qui sibi tam serum jus vindicat, hactenus exul.
Nimirum vacuae credentur frivola famae.
Quae miseros optare jubent quandoque futuri*
Spem fortasse boni, lenta ut solatia mollem
Desidiam pigro rerum medicamine palpant.
Quidni illos spes palpet inanis, quos pulvere in isto
Tirones Bellona truci non exciet aere,
Imbellesque animos virtus tepefacta resolvit?
Anne pudicitia gelidum jecur utile bello est?
An tenerum pietatis opus sudare in armis?
Quam pudet, o Mavors & virtus conscia, talem
Contra ferre aciem, ferroque lacessere nugas,
Et cum virgineis dextram conserere choreis!
Justitia est ubi semper egens, & pauper Honestas,
Arida Sobrietas, albo Jejunia vultu,
Sanguine vix tenui Pudor interfusus, aperta
Simplicitas, & ad omne patens sine tegmine vulnus,
Et prostrata in humum, nec libera judice sese
Mens humilis, quam degeneres trepidatio prodit.
Faxo ego sub pedibus stipularum more teratur
Invalida ista manus: neque enim perstringere dextram
Dignamur gladiis, algenti & sanguine ferrum
Imbuere, & fragili virtus foedare triumpho.
Talia vociferans rapidum calcaribus urget
Cornipedem, laxisque volat temeraria frenis,
Hostem humilem cupiens impulsu umbonis equini
Sternere, dejectamque super calcare ruinam.
Sed cadit in foveam praeceps, quam callida forte
Fraus interciso suffoderat aequore terram.
Fraus detestandis vitiorum e pestibus una,
Fallendi versuta opifex, quae praescia belli
Planitiem scrobibus violaverat insidiosis,
Hostili de parte latens, ut fossa ruentes
Exciperet cuneos, atque agmina mersa voraret.
Ac ne fallacem puteum deprendere posset
Clara acies, virgis adopertas texerat oras,
Et superimposito simularat cespite campum.
At regina humilis, quamvis ignara manebat
Ulterioris doli, nec adhuc ad spatia opertum
Venerat, aut foveae calcarat furta maligna:
Hunc eques illa dolum, dum fertur praepete cursu,
Incidit, & caecum subito patefecit hiatum.
Prona ruentis equi cervice involvitur, ac sub
Pectoris impressu fracta inter crura rotatur.
At Virtus placidi moderaminis, ut levitatem
Prospicit obtritam monstri sub morte jacentis,
Intendit gressum mediocriter, os quoque parce
Erigit, & comi moderatur gaudia vultu.
Cunctanti Spes fida comes succurrit, & offert
Ultorem gladium, laudisque inspirat amorem.
Illa cruentatam correptis crinibus hostem
Protrahit, & faciem laeva revocante supinat.
Tunc caput orantis flexa cervice resectum
Eripit, ac madido suspendit colla capillo.
Extinctum vitium sancto Spes increpat ore:
Desine grande loqui, frangit Deus omne superbum.

Ma-

Magna cadunt, inflata crepant, tumefacta premuntur.
Disce supercilium deponere, disce cavere
Ante pedes foveam, quisquis sublime minaris.
Pervulgata viget nostri sententia Christi:
Scandere celsa humiles, & ad ima redire feroces.
Vidimus horrendum membris animisque Goliam
Invalidum cecidisse manu, puerilis in illum
Dextera fundali torsit stridore lapillum,
Trajectamque cavo penetravit vulnere frontem.
Ille minax, rigidus, jactans, truculentus, amarus,
Dum tumet indomitum, dum formidabile fervet,
Dum sese ostentat clypeo, dum territat auras,
Expertus pueri quid possint ludicra parvi,
Succubuit teneris bellator turbidus armis.
Me tunc ille puer virtutis pube secutus,
Florentes animos sursum in mea regna tetendit,
Servatur quos certa mihi domus omnipotentis
Sub pedibus Domini, meque ad sublime vocantem
Victorem casso culparum labe capessunt.
Dixit, & auratis perstringens aera pennis
In cælum se virgo rapit: mirantur euntem
Virtutes, tolluntque animos in vota volentes
Ire simul, ni bella duces terrena retardent.
Confligunt vitiis, seque ad sua præmia servant.

Luxuriæ & Sobrietatis pugna.

Venerat occiduis mundi de finibus hostis
Luxuria, extinctæ jamdudum prodiga famæ,
Delibuta comas, oculis vaga, languida voce,
Perdita deliciis, vitæ cui causa voluptas,
Elumbem mollire animum, petulanter amœnas
Haurire illecebras, & fractos solvere sensus.
Et tunc pervigilem ructabat marcida cœnam,
Sub lucem quia forte jacens ad fercula raucos
Audierat lituos, atque inde tepentia linquens
Pocula, lapsanti per vina & balsama gressu
Ebria calcatis ad bellum floribus ibat.
Non tamen illa pedes, sed curru invecta venusto
Saucia mirantum capiebat corda virorum.
O nova pugnandi species, non ales arundo
Nervo pulsa fugit, nec stridula lancea torto
Emicat amentu, frameam nec dextra minatur,
Sed violas lasciva jacit, foliisque rosarum
Dimicat, & calathos inimica per agmina fundit.
Inde eblanditis virtutibus, halitus illex
Inspirat tenerum labefacta per ossa venenum,
Et mala dulcis odor domat ora, & pectora, & arma,
Ferratosque toros obliso robore mulcet.
Dejiciunt animos ceu victi, spicula ponunt
Turpiter: heu dextris languentibus obstupefacti,
Dum currum varia gemmarum luce micantem
Mirantur, dum bracteolis crepitantia lora,
Et solido ex auro pretiosi ponderis axem
Defixis inhiant obtutibus, & radiorum
Argento albentem seriem, quam summa rotarum
Flexura electri pallentis continet orbe.
Et jam cuncta acies in deditionis amorem
Sponte sua versis transibat perfida signis,
Luxuriæ servire volens, dominæque fluentis
Jura pati, & laxa ganearum lege teneri.
Ingemuit tam triste nefas fortissima virtus,
Sobrietas, dextro socios decedere cornu,
Invictamque manum quondam sine cæde perire.
Vexillum sublime Crucis, quod in agmine primo
Dux bona prætulerat, defixa cuspide sistit,
Instauratque levem dictis mordacibus alam,
Exstimulans animos nunc probris, nunc prece mixta:
Quis furor insanas agitat caligine mentes?
Quo ruitis? cui colla datis? quæ vincula tandem,
Proh pudor, armigeris amor est perferre lacertis?
Lilia luteolis interlucentia sertis,
Et ferrugineo vernantes flore coronas,
His placet assuetas bello jam tradere palmas?
Nectitis his rigidas nodis innectier ulnas?
Ut mitra cæsariem cohibens aurata virilem
Combibat infusum croceo religamine nardum,
Post inscripta oleo frontis signacula, per quæ
Unguentum regale datum est, & chrisma perenne,
Ut tener incessus vestigia syrmate verrat,
Sericaque infractis fluitent ut pallia membris
Post immortalem tunicam, quam pollice docto
Texuit alma Fides, dans impenetrabile tegmen
Pectoribus lotis, dederat quibus ipsa renasci.
Ite ad nocturnas epulas, ubi cantharus ingens
Despuit effusi spumantia damna Falerni,
In mensam cyathis stillantibus, uda ubi multo
Fulcra mero, veterique toreumata rore rigantur.
Excidit ergo animis eremi sitis, excidit ille
Fons patribus de rupe datus, quem mystica virga
Elicuit scissi salientem e vertice saxi?
Angelicusve cibus prima in tentoria vestris
Fluxit avis, quem nunc sero feliciter ævo
Vespertinus edit populus de corpore Christi?
His vos imbutos dapibus jam crapula turpis
Luxuriæ ad madidam rapit importuna lupanar,
Quosque viros non ira fremens, idolaque bello
Cedere compulerant, saturatis ebria fastu?
State precor vestri memores, memores quoque Christi,
Quæ sit vestra tribus, quæ gloria, quis Deus, & rex,
Quis dominus, meminisse decet. vos nobile Juda
Germen ad usque Dei genitricem, qua Deus ipse
Esset homo, procerum venistis sanguine longo.
Excitet egregias mentes celeberrima David
Gloria, continuis bellorum exercita curis.
Excitet & Samuel, spolium qui divite ab hoste
Attrectare vetat, nec victum vivere regem
Incircumcisum patitur, ne præda superstes
Victorem placidum rediviva in prælia poscat.
Parcere jam capto crimen putat ille tyranno:
At nobis contra vinci & succumbere votum est.
Pœniteat per si qua movet reverentia summi
Nominis, hoc tam dulce malum voluisse nefanda
Prælatione sequi: si pœnitet, haud nocet error.
Pœnituit Jonathan jejunia sobria dulci
Convioliasse favo sceptro, mellisque sapore
Hoc male gustato, regni dum blanda voluptas
Oblectat juvenem, jurataque sacra resolvit.
Sed quia pœnituit, non sors lacrimabilis illa est,
Nec rivis patrium temerata sæva securis:
En ego Sobrietas (si conspirare paratis)
Pando viam cunctis virtutibus, ut male suada
Luxuries multo stipata satellite pœnas
Cum legione sua Christo sub judice pendat.
Sic effata, crucem Domini ferventibus offert
Obvia quadrijugis, lignum venerabile in ipsos
Intentans frenos: quod ut expavere feroces
Cornibus expansis & summa fronte coruscum,
Vertunt præcipitem cæca formidine fusi
Per prærupta fugam, fertur resupina reductis
Nequidquam loris auriga, comamque madentem
Pulvere fœdat humi. tunc & vertigo rotarum
Impli-

Implicat excussos dominos: cum prona sub axe
Labitur, & lacero tardat sufflamine currum.
Addit Sobrietas vulnus letale jacenti,
Conjiciens silicem rupis de parte molarem.
Hunc vexillifera, quoniam fors obtulit, ictum
Spicula nulla manu, sed belli insigne gerendi
Casus agit saxum, medii spiramen ut oris
Frangeret, & recavo misceret labra palato.
Dentibus introrsum resolutis lingua resectam
Dilaniata gulam frustis cum sanguinis implet.
Insolitis dapibus crudescit guttur, & ossa
Colliquefacta vorans revomit, quas hauserat offas.
Ebibe jam proprium post pocula multa cruorem,
Virgo ait increpitans: sint haec tibi fercula tandem
Tristia praeteriti nimiis sub luxibus aevi.
Lascivas vitae illecebras gustatus amarae
Mortis, & horrifico sapor obitum asperat haustu.
Caede ducis dispersa fugit trepidante pavore
Nugatrix acies. Jocus & Petulantia primi
Cymbala projiciunt: bellum nam talibus armis
Ludebant, resono meditantes vulnera sistro.
Dat tergum fugitivus Amor, lita tela venenis,
Et lapsum ex humeris arcum, pharetramque cadentem
Pallidus ipse metu sua post vestigia linquit.
Pompa ostentatrix vani splendoris, inani
Exuitur nudata peplo, discissa trahuntur
Serta venustatis, collique ac verticis aurum
Solvitur, & gemmas discordia dissona turbat.
Non piget attritis pedibus per acuta fruteta
Ire voluptatem: quoniam vis major acerbam
Compulit selegere fugam, formido pericli
Praedurat teneras iter ad cruciabile plantas.
Qua se cumque fugax trepidis fert cursibus agmen,
Damna jacent, crinalis acus, redimicula, vittae,
Fibula, flammeolum, strophium, diadema, monile.
His se Sobrietas, & totus Sobrietatis
Abstinet exercitus miles, damnataque castis
Scandala proculcat pedibus, nec fronte severos
Conivente oculos praedarum ad gaudia flectit.

Avaritiae & Largitatis pugna.

Fertur Avaritia gremio praecincta capaci,
Quidquid odax luxus pretiosum liquerat, unca
Corripuisse manu, pulchra in ludibria vasto
Ore inhians, aurique legens fragmenta caduci
Inter arenarum cumulos: nec sufficit amplos
Implevisse sinus, juvat infarcire crumenis
Turpe lucrum, & gravidos furtis distendere fiscos,
Quos laeva celante tegit, laterisque sinistri
Velat operimento. velox nam dextra rapinas
Abradit, spoliisque ungues exercet ahenos.
Cura, fames, metus, anxietas, perjuria, pallor,
Corruptela, dolus, commenta, insomnia, sordes,
Eumenides, variae monstri comitatus aguntur.
Nec minus interea rabidorum more luporum
Crimina persultant toto grassantia campo,
Matris Avaritiae nigro de lacte creata.
Si fratris galeam fulvis radiare ceraunis
Germanus vidit commilito: non timet ensem
Exerere, atque caput socio mucrone ferire,
De consanguineo rapturus vertice gemmas.
Filius extinctum belli sub sorte cadaver
Aspexit si forte patris, fulgentia bullis
Cingula, & exuvias gaudet rapuisse cruentas.
Cognatam civilis agit discordia praedam,
Nec parcit propriis amor insatiatus habendi
Pignoribus, spoliatque suos fames impia natos.
Talia per populos edebat funera victrix
Orbis Avaritia, sternens centena virorum
Millia vulneribus variis: hunc lumine adempto
Effossisque oculis velut in caligine noctis
Caecum errare sinit, perque offendicula multa
Ire, nec oppositum baculo temptare periclum.
Porro alium capit intuitu, fallitque videntem,
Insigne ostentans aliquid, quod dum petit ille,
Excipitur telo incautus, cordisque sub ipso
Saucius excusso ferrum suspirat adactum.
Multos praecipitans in aperta incendia cogit,
Nec patitur vitare focos, quibus aestuat aurum,
Quod petit arsurus pariter speculator avarus.
Omne hominum rapit illa genus, mortalia cuncta
Occupat interitu: neque enim est violentius ullum
Terrarum vitium, quod tantis cladibus aevum
Mundani involvat populi, damnetque gehennae.
Quin ipsos tentare manu (si credere dignum est)
Ausa sacerdotes Domini, qui praelia forte
Ductores primam ante aciem pro laude gerebant
Virtutum, magnoque implebant classica flatu.
Et fors intinctum tinxisset sanguine ferrum,
Ni Ratio armipotens gentis Levitidis una
Semper fida comes, clypeum objectasset, & atrae
Hostis ab incursu claros texisset alumnos.
Stant tuti Rationis ope, stant turbine ab omni
Immunes, fortesque animi: vix in cute summa
Perstringens paucos tenui de vulnere laedit
Cuspis Avaritiae. stupuit lues improba, castis
Heroum jugulis longe sua tela repelli.
Ingemit, & dictis ardens furialibus infit:
Vincimur, heu segnes, nec nostra potentia perfert
Vim solitam, languet violentia saeva nocendi,
Sueverat invictis quae viribus omnia ubique
Rumpere corda hominum: nec enim tam ferrea quemquam
Formavit natura virum, cujus rigor aera
Sperneret, aut nostro foret impenetrabilis auro.
Ingenium omne neci dedimus, tenera, aspera, dura,
Docta, indocta simul, bruta, & sapientia, necnon
Casta, incesta meae patuerunt pectora dextrae.
Sola igitur rapui quidquid Styx abdit avaris
Gurgitibus. nobis ditissima tartara debent
Quos retinent populos: quod volvunt secula nostrum est,
Quod miscet mundus vesana negotia, nostrum est.
Qui fit praevalidas quod pollens gloria vires
Deterit, & cassos ludit fortuna lacertos?
Sordet Christicolis rutilantis fulva monetae
Effigies, sordent argenti emblemata, & omnis
Thesaurus nigrante oculis vilescit honore.
Quid sibi docta volunt fastidia? nonne triumphum
Egimus e Scarioth? magnus qui discipulorum,
Et conviva Dei, dum fallit fallere molitur
Haud quaquam ignarum, dextramque parapside tingit,
Incidit in nostrum flammante cupidine telum,
Infamem mercatus agrum de sanguine amici
Numinis, obliso luiturus jugera collo.
Viderat & Jericho propria inter funera, quantum
Posset nostra manus, cum victus concidit Achan,
Caedibus insignis, murali & strage superbus,
Succubuit capto victis ex hostibus auro,
Dum vetitis insigne legens anathema favillis,
Maesta ruinarum spolia insatiabilis hausit.
Non illum generosa tribus, non plebis avitae
Juvit Juda parens, Christo quandoque propinquo
Nobilis

Nobilis, & tali felix Patriarcha nepote.
Cui placet exemplum generis, placeat quoque forma,
Exitii sit poena eadem, quibus & genus unum est.
Quid memor aut Judae populares, aut populares
Sacricolae summi (summus nam serviat Aaron)
Fallere fraude aliqua Martis congressibus impar?
Nil refert, armis contingat palma, dolisve.
Dixerat, & torvam faciem, furialiaque arma
Exuit, inque habitum sese transformat honestum,
Fit Virtus specie, vultuque & veste severa,
Quam memorant frugi, parce cui vivere cordi est:
Et servare suum, tanquam nil raptet avare,
Artis adumbratae meruit ceu sedula laudem.
Hujus se specie mendax Bellona coaptat,
Non ut avara lues, sed virtus parca putetur:
Nec non & tenero pietatis tegmine crines
Obtegit anguineos, ut candida palla latentem
Dissimulet rabiem, diroque obtentu feratur,
Quod rapere & clepere est, avideque abscondere parta,
Natorum curam dulci sub nomine jactet.
Talibus illudens, male credula corda virorum
Fallit imaginibus, monstrumque ferale sequuntur,
Dum credunt virtutis opus, capit impia Erinnys
Consensu faciles, manicisque tenacibus artat.
Attonitis ducibus, perturbatisque maniplis
Nutabat virtutum acies errore biformis
Portenti, ignorans quid amicum credat in illa,
Quidve hostile vocet letum, versatile & anceps
Lubricat incertos dubia sub imagine visus.
Cum subito in medium frendens Operatio campum
Prosilit auxilio sociis, pugnamque capessit
Militiae postrema gradu, sed sola duello
Impositura manum, ne quid jam triste supersit.
Omne onus ex humeris rejecerat, omnibus ibat
Nudata exuviis, multo se fasce levarat,
Olim divitiis, gravibusque oppressa talentis,
Libera nunc miserando inopum, quos larga benigne
Foverat, effundens patrium bona prodiga censum:
Jam loculos ditante Fide spectabat inanes,
Æternam numerans cumulato foenore summam.
Horruit invictae Virtutis fulmen, & ipsa
Mentis Avaritia stupefactis sensibus haesit,
Certa mori: nam quae fraudis via restat, ut ipsa
Calcatrix mundi mundanis victa fatiscat
Illecebris, spretoque iterum sese implicet auro?
Invadit trepidam virtus fortissima duris
Ulnarum nodis, obliso & gutture frangit
Exsanguem siccamque gulam: compressa ligantur
Vincla lacertorum sub mentum, & faucibus artis
Extorquent animam, nullo quae vulnere rupta
Palpitat, atque aditu spiramenti intercepto
Inclusam patitur venarum carcere mortem.
Illa reluctanti genibusque & calcibus instans
Perfodit & costas, atque ilia rumpit anhela.
Mox spolia extincto de corpore diripit, auri
Sordida frusta rudis, nec adhuc fornace recoctam
Materiem, tineis etiam marsupia crebris
Exesa, & virides obducta aerugine nummos
Dispergit servata diu victrix, & egenis
Dissipat, ac tenuem captivo munere donat.
Tum circumfusam vultu exhilarata coronam
Respiciens, alacris media inter millia clamat,
Solvite procinctum justi, & discedite ab armis,
Causa mali tanti jacet interfecta, lucrandi
Ingluvies: pereunte licet requiescere sanctis.
Summa quies, nil velle super quam postulet usus
Debitus, ut simplex alimonia, vestis & una
Infirmos tegat, ac tueatur mollior artus,
Expleatque modum, fines ne transeat aequos.
Ingressurus iter peram ne tollito, neve
De tunica alterius gestamine provida cures.
Nec te sollicitet res crastina, ne cibus alvo
Defuerit, redeunt escae cum sole diurnae.
Nonne vides, ut nulla avium cras cogitet? ut se
Pascendam, praestante Deo, non anxia credat?
Confisae volucres victum non defore vilem,
Passeribusque istis modico venalibus asse
Indubitata fides, Dominum curare paratum
Ne pereant. tu cura Dei, facies quoque Christi,
An dubitas, ne te tuus umquam deserat auctor?
Ne trepidate homines: vitae dator, est dator escae,
Quaerite luciferum caelesti dogmate pastum,
Qui spem multiplicans alat inviolabilis aevi
Corporis immemores: memor est, qui condidit illud,
Suppeditare cibos, atque indiga membra fovere.
His dictis curae emotae, metus, & labor, & vis,
Et scelus, & placitae fidei fraus infitiatrix
Depulsa vertere solum. Pax inde fugatis
Hostibus alma abigit bellum: discingitur omnis
Terror, & avulsis exsultant ilia zonis.
Vestis odora pedes decurrens defluit imos,
Temperat & rapidum privata modestia gressum,
Cornicinum curva aera silent, placabilis implet
Vaginam gladius, sedato & pulvere campi
Suda redit facies, liquidae sine nube diei.
Purpureum videas caeli clarescere lumen.
Agmina casta super vultum sensere Tonantis
Arridere hilarem pulso certamine turmae,
Et Christum gaudere suis victoribus, arcem
Aetheris, ac patrem famulis aperire paratum.
Dat signum felix Concordia, reddere castris
Victrices aquilas, atque in tentoria cogi.
Numquam tanta fuit species, nec par fuit ulli
Militiae, cum dispositis bifida agmina longe
Duceret ordinibus, peditum psallente caterva,
Ast alia de parte equitum resonantibus hymnis.
Non aliter cecinit respectans victor hiantem
Israel rabiem ponti post terga minacis,
Cum jam progrediens calcaret littora sicco
Ulteriora pede, stridensque per extima calcis
Mons tremeret pendentis aquae, nigrosque relapso
Gurgite Nilicolas fundo deprenderet imo,
Ac refluente sono jam redderet unda natantes
Piscibus, & nudas praeceps operiret arenas.
Pulsavit resonum modulamine tympana plectro
Turba Dei, celebrans mirum ac memorabile saeclis
Omnipotentis opus, liquidas inter freta ripas
Fluctibus incisis, & subsistente procella
Crescere, suspensasque glebas potuisse teneri.
Sic expugnata vitiorum gente, resultant
Mystica dulcimodis virtutum carmina psalmis.
Ventum erat ad fauces portae castrensis, ubi artum
Liminis introitum bifori dant cardine claustra.
Nascitur hic inopina mali lacrimabilis astu
Tempestas, placidae turbatrix invida Pacis,
Quae tantum subita vexavit clade triumphum.

Concordiae & Discordiae pugna.

Inter confertos cuneos Concordia forte,
Dum stipata pedem jam tutis moenibus infert,
Excipit occultum vitii latitantis ab ictu
Mucronem

Mucronem laevo in latere, squalentia quamvis
Texta catenato ferri sub tegmine corpus
Ambirent, sed & acumen vulneris hamis
Respuerint, rigido nec sila tenacia nexu
Impactum ferrum penetrare in viscera telum.
Rara tamen chalybem tenui transmittere punctu
Commissura dedit, qua sese extrema politae
Squama ligat tunicae, sinus & sibi conserit oras.
Intulit hoc vulnus pugnatrix subdola victis
Partis, & insanis victoribus insidiata est.
Nam pulsis vitiorum aciis Discordia nostros
Intrarat cuneos, sociam mentita figuram.
Scissa procul palla, & structum serpente flagellum
Multiplici, media camporum in strage jacebant.
Ipsa redimitos olea frondente capillos
Ostentans, festis respondit laeta choreis.
Sed sicam sub veste tegit, te maxima Virtus,
Te solam tanto e numero, Concordia, tristi
Fraude petens. sed non vitalia rumpere sacri
Corporis est licitum, summo tenus extima tactu
Laesa cutis, tenuem signavit sanguine rivum.
Exclamat Virtus subito turbata: Quid hoc est!
Quae manus hic inimica latet? quae pectora nostra
Vulnerat, & ferrum tanta inter gaudia vibrat?
Quid juvat indomitum bello sedasse furorem,
Et sanctum vitiis pereuntibus omne receptum,
Si Virtus sub pace cadit? Trepida agmina mentes
Convertunt acies: stillabat vulneris index
Ferrata de veste cruor, mox & pavor hostem
Comminus astantem prodit: nam pallor in ore
Conscius audacis facti, dat signa reatus,
Et deprensa tremit languente manus, & color albus.
Circumstat propere strictis mucronibus omnis
Virtutum legio, exquirens fervente tumultu
Et genus, & nomen, patriam, sectamque, deumque,
Quem colat, & jussu cujatis venerit. illa
Exsanguis, turbante metu, Discordia dicor,
Cognomento Haeresis. Deus est mihi discolor, inquit.
Nunc minor, aut major, modo duplex, & modo simplex;
Cum placet, aereus & de phantasmate visus,
Aut innata anima est: quoties volo ludere numen.
Praeceptor Belial mihi sit, domus est plaga mundi.
Non tulit ulterius capti blasphemia monstri
Virtutum regina Fides, sed verba loquentis
Impedit, & vocis claudit spiramina palo,
Pollutam rigida transfigens cuspide linguam.
Carpitur innumeris feralis bestia dextris;
Frustatim sibi quisque rapit quod spargat in auras,
Quod canibus donet, corvis quod edacibus ultro
Offerat, immundis coeno exhalante cloacis
Quod tradat, monstris quod mandet habere marinis.
Discissum foedis animalibus omne cadaver
Dividitur, ruptis perit Haeresis horrida membris.
Compositis igitur rerum morumque secundis
In commune bonis, postquam intra tuta moveri
Coeperat, ac statione frui, vallumque severi
Pacificos fasces, & in ocia solvere curas;
Extruitur media castrorum sede tribunal
Editiore loco, tumulus quem vertice acuto
Excitat in speculam, subjecta unde omnia late
Liber inoffensis circumspicit aere visus.
Hunc super erecta Fides, simul & Concordia sacro
Foedere juncta Christi sub amore sorores
Conscendunt apicem, mox & sublime tribunal
Par sanctum, carumque sibi, supereminet aequo
Jure potestatis, consistunt aggere summo
Conspicuae, populosque jubent astare frequentes.
Concurrunt alacres castris ex omnibus omnes,
Nulla latet pars mente intra, quae corporis ullo
Intercepta sinu per conspicacula sese
Degeneri languore teget, tentoria apertis
Cuncta patent velis, reseruntur carbasa, ne quis
Marceat obscuro stertens habitator operto.
Auribus intentis expectat contio, quidnam
Victores post bella velit Concordia princeps,
Quam velit atque Fides virtutibus addere leges.
Erumpit primam in vocem Concordia, tali
Alloquio. Cumulata quidem jam gloria vobis
O patris, o Domini fidissima pignora Christi,
Contigit: extincta est multo certamine saeva
Barbaries, sanctae quae circumsepserat urbis
Indigenas, ferroque viros, flammaque premebat.
Publica sed requies privatis rure, foroque
Constat amicitiis: scissura domestica turbat
Rem populi, titubatque foris, quod dissidet intus.
Ergo cavete viri, ne sit sententia discors
Sensibus in vestris, ne tecta exorta tectis
Nascatur conflata odiis, quia scissa voluntas
Confundit variis arcana latentia fibris.
Quod sapimus conjungat amor: quod vivimus, uno
Conspiret studio, nil dissociabile firmum est.
Utque homini atque Deo medius intervenit Jesus
Qui sociat mortale patri, ne carnea distent
Spiritui aeterno, sitque ut Deus unus utrumque;
Sic quidquid gerimus, mentisque & corporis actu,
Spiritus unimodis texat compagibus unum.
Pax plenum virtutis opus, Pax summa laborum,
Pax belli exacti pretium est, pretiumque pericli.
Sidera pace vigent, consistunt terrea pace.
Nil placitum sine pace Deo: non munus ad aram
Cum cupias offerre, probat, si turbida fratrem
Mens impacati sub pectoris oderit aegro:
Nec si flammivomis Christi pro nomine martyr
Ignibus insilias, servans inamabile votum
Bile sub obliqua, pretiosam prodis ipse
Impendisse animam, meriti quia clausula pax est.
Non inflata tumet, non invidet aemula fratri.
Omnia perpetitur patiens, atque omnia credit,
Nunquam laesa dolet, cuncta offendicula donat,
Occasum lucis venia praevertere gestit
Anxia, ne stabilem linquat sol conscius iram.
Quisquis litare Deo mactatis vult holocaustis,
Offerat in primis pacem: nulla hostia Christo
Dulcior, hoc solo sanctis ad donaria vultum
Munera convertens, liquido oblectatur odore.
Sed tamen & niveis tradit Deus ipse columbis
Pennarum tenera plumarum veste colubrum
Rimante ingenio docte intermiscere mitem
Innocuis avibus: latet & lupus ore cruento
Lacteolam mentitus ovem sub vellere molli,
Cruda per agninas exercens funera rictus.
Hac sese occultant Photinus & Arrius arte,
Immanes feritate lupi: discrimina produnt
Nostra, recensque cruor, quamvis de corpore summo,
Quod possit furtiva manus, gemitum dedit omnis
Virtutum populus, casu concussus acerbo.
Tum veneranda Fides hac subdidit: imo secundis
In rebus [illegible] gemitus: Concordia laesa est.
Sed defensa [illegible] & Concordia sospes
Germanam comitata [illegible] sua vulnera ridet.
Haec mea sola salus, nihil [illegible] pergunt.
Unum opus egregium restat post bella [illegible],

O pro-

[illegible]

KAΘHMEPINΩN LIBER.

PRÆFATIO.

Per quinquennia iam decem,
Ni fallor, fuimus, septimus insuper
Annum cardo rotat, dum fruimur sole volubili.
Instat terminus, & diem
Vicinum senio iam Deus applicat.
Quid nos utile tanti spatii tempore egimus?
Ætas prima crepantibus
Flevit sub ferulis, mox docuit toga
Infectum vitiis falsa loqui, non sine crimine.
Tum lasciva protervitas,
Et luxus petulans, heu pudet, ac piget,
Fœdavit iuvenem nequitiæ sordibus, ac luto.
Exin iurgia turbidos
Armarunt animos, & male pertinax
Vincendi studium subiacuit casibus asperis.
Bis legum moderamine

Frenos nobilium reximus urbium,
Jus civile bonis reddidimus, terruimus reos.
  Tandem militiæ gradu
Evectum pietas principis extulit,
Assumptum propius stare jubens ordine proximo.
  Hæc dum vita volans agit,
Irrepsit subito canities seni
Oblitum veteris me Saliæ consulis arguens.
  Sub quo prima dies mihi,
Quam multas hyemes volverit, & rosas
Pratis post glaciem reddiderit, nix capitis probat.
  Numquid talia proderunt
Carnis post obitum vel bona, vel mala;
Cum jam quidquid id est quod fueram, mors aboleverit?
  Dicendum mihi, quisquis es,
Mundum quem colui, mens tua perdidit,
Non sunt illa Dei, quæ studuit, cujus habeberis.
  Atqui fine sub ultimo
Peccatrix anima stultitiam exuat:
Saltem voce Deum concelebret, si meritis nequit.
  Hymnis continuet dies,
Nec nox ulla vacet, quin Dominum canat,
Pugnet contra hæreses, catholicam discutiat fidem.
  Conculcet sacra gentium,
Labem Roma tuis inferat idolis,
Carmen martyribus devoveat, laudet Apostolos.
  Hæc dum scribo, vel eloquor,
Vinclis o utinam corporis emicem
Liber, quo tulerit lingua sono mobilis ultimo.

Hymnus ad Galli cantum.

Ales diei nuntius
  Lucem propinquam præcinit,
Nos excitator mentium
Jam Christus ad vitam vocat.
  Auferte clamat lectulos,
Ægros soporos, desides,
Castique, recti, ac sobrii
Vigilate, jam sum proximus.
  Post solis ortum fulgidi
Serum est cubile spernere,
Ni parte noctis addita
Tempus labori adjeceris.
  Vox ista, qua strepunt aves
Stantes sub ipso culmine
Paulo ante quam lux emicet,
Nostri figura est Judicis.
  Tectos tenebris horridis,
Stratisque opertos segnibus,
Suadet quietem linquere
Jam jamque venturo die.
  Ut cum coruscis flatibus
Aurora cælum sparserit,
Omnes labore exercitos
Confirmet ad spem luminis.
  Hic somnus ad tempus datus
Est forma mortis perpetis:
Peccata ceu nox horrida
Cogunt jacere, ac stertere.
  Sed vox ab alto culmine
Christi docentis præmonet,
Adesse jam lucem prope,
Ne mens sopori serviat.
  Ne somnus usque ad terminos
Vitæ socordis opprimat
Pectus sepultum crimine,
Et lucis oblitum suæ.
  Ferunt vagantes dæmonas
Lætos tenebris noctium,
Gallo canente exterritos
Sparsim timere, & cedere.
  Invisa nam vicinitas
Lucis, salutis, numinis,
Rupto tenebrarum situ
Noctis fugat satellites.
  Hoc esse signum præscii
Norunt repromissæ spei,
Qua nos soporis liberi
Speramus adventum Dei.
  Quæ vis sit hujus alitis,
Salvator ostendit Petro,
Ter ante quam gallus canat,
Sese negandum prædicans.
  Fit namque peccator prius
Quam præco lucis proximæ
Illustret humanum genus,
Finemque peccandi ferat.
  Flevit negator denique
Ex ore prolapsum nefas:
Cum mens maneret innocens,
Animusque servaret fidem.
  Nec tale quidquam postea
Linguæ locutus lubrica est:
Cantuque galli cognito,
Peccare justus destitit.
  Inde est quod omnes credimus,
Illo quietis tempore,
Quo gallus exsultans canit,
Christum redisse ex inferis.
  Tunc mortis oppressus vigor,
Tunc lex subacta est tartari,
Tunc vis diei fortior
Noctem coegit cedere.
  Jam jam quiescant improba,
Jam culpa furva obdormiat,
Jam noxa letalis suum
Perpessa somnum marceat.
  Vigil vicissim spiritus
Quodcumque restat temporis,
Dum meta noctis clauditur,
Stans ac laborans excubet.
  Jesum ciamus vocibus,
Flentes, precantes, sobrii:
Intenta supplicatio
Dormire cor mundum vetat.
  Sat convolutis artubus
Sensum profunda oblivio
Pressit, gravavit, obruit
Vanis vagantem somniis.
  Sunt nempe falsa & frivola,
Quæ mundiali gloria
Ceu dormientes egimus:
Vigilemus, hic est veritas.
  Aurum, voluptas, gaudium,
Opes, honores, prospera,
Quæcumque nos inflant mala,
Fit mane, nil sunt omnia.
  Tu Christe somnum disjice,
Tu rumpe noctis vincula:
Tu solve peccatum vetus,
Novumque lumen ingere.

Hymnus Matutinus.

NOx, & tenebrae, & nubila
Confusa mundi, & turbida,
Lux intrat, albescit polus,
Christus venit, discedite:
Caligo terrae scinditur
Percussa solis spiculo:
Rebusque jam color redit,
Vultu nitentis sideris.
Sic nostra mox obscuritas,
Fraudisque pectus conscium,
Ruptis retectum nubibus
Regnante pallescit Deo.
Tunc non licebit claudere,
Quod quisque fuscum cogitat,
Sed mane clarescent novo
Secreta mentis prodita.
Fur ante lucem squalido
Impune peccat tempore,
Sed lux dolis contraria
Latere furtum non sinit.
Versuta fraus, & callida
Amat tenebris obtegi,
Aptamque noctem turpibus
Adulter occultus fovet.
Sol ecce surgit igneus,
Piget, pudescit, poenitet:
Nec teste quisquam lumine
Peccare constanter potest.
Quis mane sumptis nequiter
Non erubescit poculis,
Cum fit libido temperans,
Castumque nugator sapit?
Nunc, nunc severum vivitur,
Nunc nemo tentat ludicrum,
Inepta nunc omnes sua
Vultu colorant serio.
Haec hora cunctis utilis,
Qua quisque, quod studet, gerat,
Miles, togatus, navita,
Opifex, arator, institor.
Illum forensis gloria,
Hunc triste raptat classicum,
Mercator hinc, ac rusticus
Avara suspirant lucra.
At nos lucelli ac foenoris,
Fandique prorsus nescii,
Nec arte fortes bellica,
Te, Christe, solum novimus.
Te mente pura & simplici,
Te voce, te cantu pio,
Rogare curvato genu
Flendo & canendo discimus.
His nos lucramur quaestibus,
Hac arte tantum vivimus,
Haec inchoamus munera,
Cum sol resurgens emicat.
Intende nostris sensibus,
Vitamque totam dispice:
Sunt multa fucis illita,
Quae luce purgentur tua.
Durare nos tales jube,
Quales, remotis sordibus,
Nitere pridem jusseras,
Jordane tinctos flumine.
Quaecumque nox mundi dedit
Infecit atris nubibus,
Tu rex Eoi sideris
Vultu sereno illumina.
Tu sancte, qui taetram picem
Candore tingis lacteo,
Ebenoque crystallum facis,
Delicta terge livida.
Sub nocte Jacob caerula
Luctatus audax Angelo
Eo usque dum lux surgeret
Sudavit impar praelio.
Sed cum jubar clarescerет,
Lapsante claudus poplite,
Femurque victum debile
Culpae vigorem perdidit.
Nutabat inguen saucium,
Quae corporis pars vilior,
Longeque sub cordis loco,
Diram fovet libidinem.
Hae nos docent imagines
Hominem tenebris obsitum,
Si forte non cedat Deo,
Vires rebelles perdere.
Erit tamen beatior,
Intemperans membrum cui
Luctando claudum, & tabidum
Dies oborta invenerit.
Tandem facessat caecitas,
Quae nosmet in praeceps diu
Lapsos sinistris gressibus
Errore traxit devio.
Haec lux serenum conferat,
Purosque nos praestet sibi.
Nihil loquamur subdolum:
Volvamus obscurum nihil.
Sic tota decurrat dies.
Ne lingua mendax, nec manus,
Oculive peccent lubrici,
Ne noxa corpus inquinet.
Speculator adstat desuper,
Qui nos diebus omnibus,
Actusque nostros prospicit
A luce prima in vesperum.
Hic testis, hic est arbiter,
Hic intuetur quidquid est,
Humana quod mens concipit,
Hunc nemo fallit judicem.

Hymnus ante cibum.

O Crucifer bone, lucisator,
Omniparens pie, verbigena,
Edite corpore virgineo,
Sed prius in genitore potens,
Astra, solum, mare quam fieret.
Huc nitido, precor, intuitu
Flecte salutiferam faciem,
Fronte serenus, & inradia,
Nominis ut sub honore tui
Has epulas liceat capere.
Te sine dulce nihil, Domine,
Nec juvat ore quid appetere,
Pocula ni prius, atque cibos,
Christe, tuus favor imbuerit,
Omnia sanctificante fide.

Fercula nostra Deum sapiant,
Christus & influat in pateras:
Seria, ludicra, verba, jocos,
Denique quod sumus, aut agimus,
Trina superna regat pietas.
  Hic mihi nulla rosæ spolia,
Nullus aromate fragrat odor,
Sed liquor influit ambrosius,
Nectareamque fidem redolet
Fusus ab usque patris gremio.
  Sperne camena leves hederas,
Cingere tempora queis solita es,
Sertaque mystica dactylico
Texere docta, liga strophio,
Laude Dei redimita comas.
  Quod generosa potest anima,
Lucis & ætheris indigena,
Solvere dignius obsequium,
Quam data munera si recinat
Artificem modulata suum?
  Ipse homini quia cuncta dedit,
Quæ capimus, dominante manu,
Quæ polus, aut humus, aut pelagus,
Aere, gurgite, rure creant,
Hæc mihi subdidit, & sibi me.
  Callidus illaqueat volucres
Aut pedicis dolus, aut maculis,
Illita glutine corticeo
Vimina plumigeram seriem
Impediunt, & abire vetant.
  Ecce per æquora fluctivagos
Texta greges sinuosa trahunt:
Piscis item sequitur calamum,
Raptus acumine vulnifico
Credula saucius ore cibo.
  Fundit opes ager ingenuas,
Dives aristiferæ segetis,
Hic ubi vitea pampineo
Brachia palmite luxuriant,
Pacis alumna ubi bacca viret.
  Hæc opulentia Christicolis
Servit, & omnia suppeditat.
Absit enim procul illa fames,
Cædibus ut pecudum libeat
Sanguineas lacerare dapes.
  Sint fera gentibus indomitis
Prandia de nece quadrupedum:
Nos oleris coma, nos siliqua
Fœta legumine multimodo
Paverit innocuis epulis.
  Spumea mulctra gerunt niveum
Ubere de gemino laticem,
Perque coagula densa liquor
In solidum coit, & fragili
Lac tenerum premitur calatho.
  Mella recens mihi Cecropia
Nectare sudat olente favus,
Hæc opifex apis aerio
Rore liquat, tenuique thymo,
Nescia lascia connubii.
  Hinc quoque pomiferi nemoris
Munera mixta proveniunt,
Arbor onus tremefacta suum
Deciduo gravis imbre pluit,
Puniceosque jacit cumulos.
  Quæ veterum tuba, quæve lyra
Flatibus inclita, vel fidibus,
Divitis omnipotentis opus,
Quæque fruenda patent homini,
Laudibus æquiparare queat?
  Te, pater optime, mane novo,
Solis & orbita cum media est,
Te quoque luce sub occidua,
Sumere cum monet hora cibum,
Nostra Deus canit harmonia.
  Quod calet halitus interior,
Corde quod abdita vena tremit,
Pulsat & incita quod resonam
Lingua sub ore latens caveam,
Laus superi patris esto mihi.
  Os igitur tua sancta manus
Cespite composuit madido,
Effigiem meditata suam:
Utque foret rata materies,
Flavit & indidit ore animam.
  Tunc per amœna vireta jubet
Frondicomis habitare locis:
Ver ubi perpetuum redolet,
Prataque multicolora latex
Quadrifluo celer amne rigat.
  Hæc tibi nunc famulentur, ait,
Usibus omnia dedo tuis.
Sed tamen aspera mortifero
Stipite carpere poma veto,
Qui medio viret in nemore.
  Hic draco perfidus indocile
Virginis illicit ingenium,
Ut socium malesuada virum
Mandere cogeret ex vetitis,
Ipsa pari peritura modo.
  Corpora cernens, nosse nefas,
Post epulas inoperta videns,
Lubricus error & erubuit,
Tegmina sera parant foliis,
Dedecus ut pudor occuleret.
  Conscia culpa Deum pavitans
Sede pia procul exigitur:
Jussaque femina quod fuerat,
Conjugis accipit imperium,
Fœdera tristia jussa pati.
  Auctor & ipse doli coluber
Plectitur improbus, ut mulier
Colla trilinguia calce terat:
Sic coluber muliebre solum
Suspicit, atque virum mulier.
  His docibus vitiosa debitae
Posteritas ruit in facinus:
Dumque rudes imitatur avos,
Fasque nefasque simul glomerans
Impia crimina morte luit.
  Ecce venit nova progenies,
Æthere proditus alter homo,
Non luteus, velut ille prior:
Sed Deus ipse gerens hominem,
Corporeisque carens vitiis.
  Fit caro vivida Sermo patris,
Numine quem rutilante gravis
Non thalamo, neque jure tori,
Nec genialibus illecebris
Intemerata puella parit.
  Hoc odium vetus illud erat,
Hoc erat aspidis atque hominis

Digladiabile dissidium,
Quod studio cernua feminis
Vipera proteritur pedibus.
Edere namque Deum merita
Omnia virgo venena domat,
Tractibus anguis inexplicitis
Virus inerme piger revomit,
Gramine concolor in viridi.
Quae feritas modo non trepidat,
Territa de grege candido?
Impavidus lupus inter oves
Tristis obambulat, & rabidum
Sanguinis immemor os cohibet.
Agnus enim vice mirifica
Ecce leonibus imperitat,
Exanimesque tremunt aquilae
Per vaga nubila, perque notos
Sidere lapsa columba fugat.
Tu mihi Christe columba potens,
Sanguine pasta cui cedit avis:
Tu niveus per ovile tuum
Agnus hiare lupum prohibes,
Sub juga tigridis ora premens.
Da locuples Deus hoc famulis
Rite precantibus, ut tenui
Membra cibo recreata levent:
Neu piger immodicis dapibus
Viscera tenta gravet stomachus.
Haustus amarus abesto procul,
Nec libeat tetigisse manu
Exitiale quid, aut vetitum,
Gustus & ipse modum teneat,
Sospitet ut jecur incolume.
Sit satis anguibus horrificis,
Liba quod impia corporibus
Ad miseram pepulere necem,
Sufficiat semel ob facinus
Plasma Dei potuisse mori.
Oris opus, vigor igneolus
Non moritur, quia flante Deo
Compositus, superoque fluens
De solio patris artificis,
Vim liquidae rationis habet.
Viscera mortua quin etiam
Post obitum reparare datur,
Eque suis iterum tumulis
Prisca resuscitur effigies,
Pulvereo coeunte situ.
Credo equidem, neque vana fides,
Corpora vivere more animae:
Nam modo corporeum memini
De Phlegethonte gradu facili
Ad superos remeasse Deum.
Spes eadem mea membra manet,
Quae redolentia funereo
Jussa quiescere sarcophago,
Dux parili redivivus humo
Ignea Christus ad astra vocat.

Hymnus post cibum.

PAstis visceribus, ciboque sumpto,
Quem lex corporis imbecilla poscit,
Laudem lingua Deo patri rependat:
Patri, qui Cherubin sedile sacrum,
Necnon & Seraphin suum supremo
Sublimis solio tenet, regitque.
Hic est, quem Sabaoth Deum vocamus,
Expers principii, carensque fine,
Rerum conditor, & repertor orbis.
Fons vitae liquida fluens ab arce,
Infusor fidei, sator pudoris,
Mortis perdomitor, salutis auctor.
Omne quod sumus, aut vigemus, inde est.
Regnat spiritus ille sempiternus,
A Christo simul & parente missus.
Intras pectora candida, pudica,
Quae templi vice consecrata rident,
Postquam combiberint Deum medullis.
Sed si quid vitii, dolive nasci
Inter viscera jam dicata sensit,
Ceu spurcum, refugit celer sacellum.
Tetrum flagrat enim vapore crasso
Horror conscius aestuante culpa,
Offensumque hominem niger repellit.
Nec solus pudor, innocensque votum
Templum constituunt perenne Christo
In cordis medii sinu ac recessu:
Sed ne crapula fervens cavendum est,
Quae sedem fidei cibis refertam
Usque ad congeriem coarctet intus.
Parcis victibus expedita corda
Infusum melius Deum receptant:
Hic pastus animae est, saporque verus.
Sed nos tu gemino favens parare,
Artus atque animas utroque pastu
Confirmas pater, ac vigore comples.
Sic olim tua praeditum potestas,
Inter raucisonos situm leones
Illapsis dapibus virum refovit.
Illum fictile numen execrantem,
Et curvare caput sub expolita
Aeris materia nefas putantem:
Plebs dirae Babylonis ac tyrannus
Morti subdiderant, feris dicarant,
Saevis protinus haustibus vorandum.
O semper pietas, fidesque tuta:
Lambunt indomiti virum leones,
Intactumque Dei tremunt alumnum.
Astant comminus, & jubas reponunt,
Mansuescit rabies, fameque blanda
Praedam rictibus lambit incruentam.
Sed cum tenderet ad superna palmas,
Expertemque sibi Deum rogaret,
Clausus jugiter, indigensque victu,
Jussus nuncius advolare terris,
Qui pastum famulo daret probato,
Raptim desilit, obsequente mundo.
Cernit forte procul dapes inemptas,
Quas messoribus Abacuc propheta
Agresti bonus exhibebat arte.
Hujus caesarie manu prehensa,
Plenis sicut erat gravem canistris
Suspensum rapit & vehit per auras.
Tum raptim simul ipse, prandiumque
Sensim labitur in lacum leonum,
Et quas tunc epulas gerebat, offert.
Sumas laetus, ait, liberisque carpas
Quae summus pater, angelusque Christi
Misit liba tibi sub hoc periclo.
His sumptis, Danielus excitavit
In coelum faciem, ciboque fortis

Amen

Aetere reddidit, Alleluia dixit.
Sic nos muneribus tuis refecti,
Largitor Deus omnium bonorum,
Grates reddimus, & sacramus hymnum.
Tu nos tristifico velut tyranno,
Mundi scilicet impotentis actu
Conclusos, regis, & feram repellis.
Quae circumfremens, ac vorare tentans,
Infames acuens furore dentes,
Cum te, summe Deus, precamur, errat.
Vexamur, premimur, malis rotamur,
Oderunt, lacerant, trahunt, lacessunt,
Juncta est suppliciis fides nequam.
Nec deest tamen anxiis medela:
Nam languentis trucis leonis ira,
Illapsae superingeruntur escae.
Quas si quis studeat hauriendo
Non gustu tenui, sed ore pleno,
Internis velit implicare venis:
Hic sancto satiatus ac propheta,
Justorum capiet cibos virorum,
Qui fructum Domino merent perenni.
Nil est dulcius ac magis saporum,
Nil quod plus hominem juvare possit,
Quam vatis pia praecinentis orsa.
His semper licet insolens procellas
Pravum judicem, saevumque mortem:
Impasti licet ingruant leones,
Nos semper Dominum patrem fatentes,
In te, Christe Deus, loquemur unum,
Constanterque tuam crucem feremus.

Hymnus ad incensum cerei Paschalis.

INventor rutili dux bone luminis,
Qui certis vicibus tempora dividis,
Merso sole chaos ingruit horridum,
Lucem Christe tuis redde fidelibus.
Quamvis innumero sidere regiam,
Lunarique polum lampade pinxeris,
Incussu silicis lumina nos tamen
Monstras saxigeno semine quaerere.
Hoc signat opere conditor inclytus,
Lucem veridicum moneret omnium
In Christo Domino quaerere jugiter,
Quem petram loquitur doctor egregius.
Ne nesciret homo spem sibi luminis
In Christi solido corpore conditam,
Qui dici stabilem se voluit petram;
Nostris igniculis unde genus venit.
Pinguis quem olei rore madentibus
Lychnis, aut facibus pascimus aridis,
Quin & fila favis scirpea floreis,
Presso melle prius collita fingimus.
Vivax flamma viget, seu cava testula
Succum linteolo suggerit ebrio,
Seu pinus piceam fert alimoniam,
Seu ceram teretem stuppa calens bibit.
Nectar de liquido vertice fervidum
Guttatim lachrimis stillat olentibus,
Ambustum quoniam vis facit ignea
Imbrem de madido flere cacumine.
Splendent ergo tuis muneribus, pater,
Flammis mobilibus scilicet atria,
Absentemque diem lux agit aemula,
Quam nox cum lacero victa fugit peplo.

Sed quis non rapidi luminis arduam,
Manantemque Deo cernat originem?
Moses nempe Deum spinifero in rubo
Vidit conspicuo lumine flammeum.
Felix, qui meruit sentibus in sacris
Caelestis solii visere principem,
Jussus nexa pedum vincula solvere,
Ne sanctum involucris pollueret locum.
Hunc ignem populus sanguinis inclyti
Majorum meritis tutus, & impiger,
Saevum sub Dominis vivere barbaris,
Jam liber sequitur longa per avia.
Qua gressum tulerant, castraque caerula
Noctis per medium concita moverant,
Plebem pervigilem fulgure praevio
Ducebat radius sole micantior.
Sed rex Niliaci litoris invido
Fervens felle, jubet praevalidam manum
In bellum rapidis ire cohortibus,
Ferratasque acies clangere classicum.
Sumunt arma viri, seque minacibus
Accingunt gladiis: triste canit tuba:
Hic fidit jaculis, ille volantia
Praefigit calamis spicula Gnosiis.
Densentur cuneis turba pedestribus,
Currus pars, & equos & volucres rotas
Conscendunt celeres, signaque bellica
Praetendunt tumidis clara draconibus.
Illinc jam servitii nescia pristini
Gens Pelusiacis usta vaporibus,
Tandem purpurei gurgitis hospita
Rubris litoribus fessa sederat.
Hostis dirus adest cum duce perfido,
Infert & validis praelia viribus.
Moses porro suos in mare praecipit
Constans intrepidis credere gressibus.
Praestant rupta locum stagna viantibus,
Riparum in faciem pervia sistitur
Circumstans vitreis unda liquoribus,
Dum plebs sub bifido permeat aequore.
Pubes quin etiam decolor asperis
Irritata odiis, tuta sub impio,
Hebraeum sitiens fundere sanguinem
Audet se pelago credere concavo.
Ibant praecipiti turbine percita
Fluctus per medios agmina regia.
Sed conclusa dehinc unda revolvitur
In semet revolans gurgite confluo.
Currus tunc, & equos, telaque naufraga,
Ipsos & proceres, & vaga corpora
Nigrorum videas nare satellitum,
Arcis judicium triste tyrannicae.
Quae tandem poterit lingua retexere
Laudes, Christe, tuas? qui domitam Pharon
Plagis multimodis cedere praesuli
Cogis justitiae, vindice dextera.
Qui pontum rabidis aestibus invium
Perfodere vetas, ut refluo in salo
Securum pateat te duce transitum,
Et nunc unda rapax ut muri templum.
Cui siccam via lata madentibus
Exundat scatebris, & latices novos
Fontis scissa silex, quae sitientibus
Dat potum populis axe sub igneo.
Instar fellis aquae tristifico in lacu
Fit, ligni venia, mel velut Atticum,

Lignum

Lignum est, quo sapiens aspera dulcia,
Nam praefixa cruci spes hominum viget.
Implet castra cibus tunc quoque ninguidus,
Illabens gelida grandine densius,
His mensas epulis, hac dape construunt,
Quam dat sidereo Christus ab aethere.
Nec non imbrifero ventus anhelitu
Crassa nube leves invehit alites,
Quae distillata in humum, cum semel agmina
Fluxerant, reduci non revolant fuga.
Haec olim patribus praemia contulit
Insignis pietas Numinis almi,
Cujus subsidio nos quoque vescimur,
Pascentes dapibus pectora mysticis.
Fessos ille vocat per freta seculi,
Discissi populum turbinibus regens:
Jactatasque animas mille laboribus
Justorum in patriam scandere praecipit.
Illic purpureis tecta rosariis,
Omnis fragrat humus, caltaque pinguia
Et molles violas, & tenues crocos
Fundit fonticulis uda fugacibus.
Illic & gracili balsama surculo
Desudata fluunt, raraque cinnama
Spirant, & folium fonte quod abdito
Praelambens fluvius portat in exitum.
Felices animae prata per herbida
Concentu pari suave sonantibus
Hymnorum modulis dulce canunt melos,
Calcant & pedibus lilia candidis.
Sunt & spiritibus saepe nocentibus
Poenarum celebres sub Styge feriae,
Illa nocte sacer qua rediit Deus
Stagnis ad superos ex Acheronticis.
Non sicut tenebras de face fulgida
Surgens Oceano lucifer imbuit,
Sed terris Domini de cruce tristibus
Majore sole novum restituens diem.
Marcent suppliciis tartara mitibus,
Exultatque sui carceris otio
Umbrarum populus, liber ab ignibus,
Nec fervent solito flumina sulphure.
Nos festis trahimus per pia gaudia
Noctem conciliis, votaque prospera
Certatim vigili congerimus prece,
Extructoque agimus liba sacrario.
Pendent mobilibus lumina funibus,
Quae suffixa micant per laquearia,
Et de languidulis fota natatibus
Lucem perspicuo flamma jacit vitro.
Credas stelligeram desuper aream
Ornatam geminis stare trionibus,
Et qua Bosphoreum temo regit jugum,
Passim purpureos spargier hesperos.
O res digna, Deus, quam tibi roscido
Noctis principio grex tuus offerat,
Lucem, qua tribuis nil pretiosius;
Lucem, qua reliqua praemia cernimus.
Tu lux vera oculis, lux quoque sensibus,
Intus tu speculum, tu speculum foris:
Lumen quod famulans offero, suscipe,
Tinctum pacifici chrismatis unguine.
Per Christum genitum, summe Pater, tuum,
In quo visibilis stat tibi gloria,
Qui noster Dominus, qui tuus unicus
Spirat de patrio corde Paraclitum.
Per quem splendor, honor, laus, sapientia,
Majestas, bonitas, & pietas tua
Regnum continuat numine triplici,
Texens perpetuis secula seculis.

Hymnus ante somnum.

Ades, Pater supreme,
Quem nemo vidit unquam:
Patrisque Sermo Christe,
Et Spiritus benigne.
O Trinitatis hujus
Vis una, lumen unum,
Deus ex Deo perennis,
Deus ex utroque missus.
Fluxit labor diei,
Redit quietis hora:
Blandus sopor vicissim
Fessos relaxat artus.
Mens aestuans procellis,
Curisque sauciata,
Totis bibit medullis
Obliviale poculum.
Serpit per omne corpus
Lethaea vis, nec ullum
Miseris doloris aegri
Patitur manere sensum.
Lex haec data est caducis
Deo jubente membris,
Ut temperet laborem
Medicabilis voluptas.
Sed dum pererrat omnes
Quies amica venas,
Pectusque feriatum
Placat rigante somno:
Liber vagatur per auras
Rapido vigore sensus,
Variasque per figuras
Quae sunt operta cernit.
Quia mens soluta curis,
Cui est origo Coelum,
Purusque fons ab aethra
Iners jacere nescit.
Imitata multiformes
Facies sibi ipsa fingit,
Per quas repente currens
Tenui fruatur actu.
Sed sensa somniantum
Dispar fatigat horror,
Nunc splendor intervenit,
Qui dat futura nosse.
Plerumque dissipatis
Mendax imago veris,
Animos pavore maestos
Ambage fallit atra.
Quem rara culpa morum
Non polluit frequenter,
Hunc lux serena vibrans
Res edocet latentes.
At qui coinquinatum
Vitiis cor impiavit,
Lusus pavore multo
Species videt tremendas.
Hoc Patriarcha noster
Sub carceris catena
Geminis simul ministris

Interpres

Interpres approbavit.
Quorum [illegible] [illegible]
Dat [illegible] tyranno:
At alterum [illegible]
[illegible] [illegible] videret.
Ipsum deinde regem
Perplexa somniantem,
Monuit famem futuram
Clausis cavere horreis.
Mox praesul ac minister
Regum per omne jussus
Regnum tenere virgam,
Dominus relegit aulae.
O quanta pervolantis
Arcana per figuras
Aperit tuenda Christus,
Quam clara, quam tremenda!
Evangelista summi
Fidissimus magistri,
Signata quae latebant
Nebulis videt remotis.
Ipsum tonantis agnum
De caede purpurantem,
Qui consignatum [illegible]
Librum resignat unus.
Hujus manum potentem
Gladius perarmat anceps,
Et fulgurans utrimque
Duplicem minatur ictum.
Quaesitor ille solus
Animaeque corporisque,
Ensisque bis timendus
Prima ac secunda mors est.
Idem tamen benignus
Ultor retundit iram,
Paucosque non piorum
Patitur perire in aevum.
Huic inclitus perennem
Tribuit parens tribunal:
Hunc [illegible] jussit
[illegible] [illegible] [illegible] [illegible].
Hic praepotens cruenti
Extinctor Antichristi,
Qui de furore [illegible]
[illegible] [illegible] [illegible].
Quem testibus [illegible],
[illegible] [illegible],
Quem [illegible] Christi,
[illegible] [illegible].
Haec [illegible] quae [illegible]
[illegible] [illegible] [illegible].
[illegible] [illegible] [illegible],
[illegible] [illegible] [illegible].
Tali sopore [illegible]
[illegible] [illegible] [illegible],
[illegible] [illegible] [illegible]
[illegible] [illegible] [illegible].
[illegible] [illegible] [illegible] [illegible].
Quos [illegible] [illegible] [illegible].
[illegible] [illegible] [illegible]
[illegible] [illegible] [illegible].
Sat est quiete dulci
Fessum fovere corpus,
[illegible] si nihil [illegible]
[illegible] [illegible] [illegible].
Cultor Dei memento
Te fontis & lavacri
Rorem subisse sanctum,
Te chrismate innotatum.
Fac, cum vocante somno
Castum petis cubile,
Frontem locumque cordis
Crucis figura signet.
Crux pellit omne crimen,
Fugiunt crucem tenebrae:
Tali dicata signo
Mens fluctuare nescit.
Procul o procul vagantum
Portenta somniorum,
Procul esto pervicaci
Praestigiator astu.
O tortuose serpens,
Qui mille per maeandros
Fraudesque flexuosas
Agitas quieta corda,
Discede, Christus hic est,
Hic Christus est, liquesce:
Signum quod ipse nosti
Damnat tuam catervam.
Corpus licet fatiscens
Jaceat recline paulum,
Christum tamen sub ipso
Meditabimur sopore.

Hymnus Jejunantium.

O Nazarene Dux Bethlem, verbum patris,
Quem partus alvi virginalis protulit,
Adesto castis Christe parsimoniis,
Festumque nostrum rex serenus aspice,
Jejunium dum [illegible] victimam.
Nil hoc profecto purius mysterio,
Quo fibra cordis expiatur vivida,
Intemperata quo domantur viscera,
Arvina putrem ne resudans crapulam
Obstrangulatae mentis ingenium premat.
Hinc subjugatur luxus, & turpis gula,
Vini atque somni degener socordia,
Libido sordens, [illegible] [illegible],
Variaeque pestes languidorum sensuum,
Parent [illegible] [illegible] [illegible].
Nam si licenter diffluens potu & cibo,
Jejuna non [illegible] [illegible];
[illegible] [illegible] [illegible] [illegible],
[illegible] [illegible] [illegible] [illegible],
[illegible] [illegible] [illegible] [illegible].
Frenentur ergo corporum cupidines,
Detersa et intus eminet prudentia:
Sic exacuta perspicax acies,
Liberque flatu laxiore spiritus,
Rerum parentem rectius precabitur.
Helias tali crevit observantia
Vetus sacerdos, ruris hospes aridi;
Fragore ab omni quem remotum & segregem
Sprevisse tradunt criminum frequentiam,
Casto fruentem syrtium silentio.
Sed mox in auras igneis jugalibus,
Curruque raptus evolavit praepeti,
Ne de propinquo sordidus contagio
[illegible] [illegible] [illegible] [illegible]
Olim probatum inclytum jejuniis.
Non ante caeli principem septemplicis

Moses

Moses tremendi fidus interpres throni
Potuit videre, quam decem vertentibus
Quater volutis sol peragrat sideribus,
Omni carentem cernere substantia.
  Victum precantis solus in lacrymis fuit,
Nam fronde prostratus, irrigatum pulverem
Humi madentis ore pressit cernuo,
Donec loquentis voce perstrictus Dei,
Expavit ignem non ferendum visibus.
  Joannes hujus artis haud minus potens,
Dei perennis praecucurrit Filium,
Curvos viarum qui retorsit tramites,
Et flexuosa corrigens dispendia,
Dedit sequendam calle recto lineam.
  Hanc obsequelam praeparabat nuncius
Mox adfuturo construens iter Deo,
Clivosa planis, confragosa ut levibus
Converterentur, neve quidquam devium
Illapsa terris inveniret veritas.
  Non usitatis ortus hic natalibus,
Oblita lactis jam vieto in pectore
Matris tetendit serum infans ubera:
Nec ante partu de senili effusus est,
Quam praedicaret Virginem plenam Deo.
  Post in patentes ille solitudines,
Amictus hirtis bestiarum pellibus,
Setisve tectus, hispida & lanugine,
Secessit, horrens inquinari & pollui
Contaminatis oppidorum moribus.
  Illic dicata parcus abstinentia
Potum cibumque vir severae industriae
In usque serum respuebat vesperum,
Parvam locustis & favorum agrestium
Liquore pastum corpori sumtus dare.
  Hortator ille primus, & doctor novae
Fuit salutis; nam sacrato in flumine
Veterum piatas lavit errorum notas:
Sed tincta postquam membra defaecaverat,
Caelo refulgens influebat spiritus.
  Hoc ex lavacro labe dempta criminum,
Ibant renati, non secus quam & rudis
Auri recocta vena pulchrum splendicat,
Micat metalli sive lux argentei,
Sudum polita praenitens purgamine.
  Referre prisci stemma nunc jejunii
Libet, fideli proditum volumine,
Ut dirutae civitatis incolis
Fulmen benigni mansuefactum patris
Pie repressis ignibus pepercerit.
  Gens insolenti praepotens jactantia
Pollebat olim, quam fluentem nequiter
Corrupta vulgo solverat lascivia,
Et inde brutum contumax fastidio,
Cultum superni negligebat Numinis.
  Offensa tandem jugis indulgentiae
Censura, justis excitatur motibus,
Dextram perarmat triumphali incendio,
Nimbos crepantes & fragosos turbines
Vibrans, tonantum nube flammarum quatit.
  Sed parcendi dum datur diecula,
Si forte vellent improbam libidinem
Veteresque nugas condemnare ac frangere,
Suspendit ictum terror exorabilis,
Paulumque dicta subsistit sententia.
  Jonam prophetam mitis ultor excitat,
Poenae imminentis iret ut praenuntius:
Sed noverat ille tam minacem judicem
Servare malle, quam ferire ac plectere,
Tectam latenter vertit in Tharsos fugam.
  Celsam paratis pontibus scandit ratem,
Udo revincta fune puppis solvitur,
Itur per altum, fit procellosum mare.
Tum causa tanti quaeritur periculi,
Sors in fugacem missa vatem decidit.
  Jussus perire solus e cunctis reus,
Cujus voluta crimen urna expresserat,
Praeceps rotatur, & profundo immergitur.
Exceptus inde belluinis faucibus,
Alvi capacis vivus hauritur specu.
  Transmissa raptim praeda cassos dentium
Eludit ictus, intemeratam transvolans
Impune linguam, ne retentam mordicus
Offam molares dissecarent vividi,
Os omne transit, & palatum praeterit.
  Ternis dierum ac noctium processibus
Mansit ferino devoratus gutture.
Errabat illic per latebras viscerum,
Ventris recessus circumibat tortiles
Anhelus, extis intus aestuantibus.
  Inactus enim tertiae noctis vice,
Monstri vomentis pellitur singultibus,
Qua murmuranti sine fluctus frangitur,
Salsosque candens spuma tundit pumices,
Ructatus exit, seque servatum stupet.
  In Ninivitas se coactus percito
Gressu reflectit, quos ut increpaverat
Pudenda censor imputans opprobria:
Impendet, inquit, ira summi vindicis,
Urbemque flamma mox cremabit, credite.
  Apicem deinceps ardui montis petit,
Visurus inde conglobatam turbide
Fumum ruinae, cladis & dirae struem,
Tectus flagelli mollioris germine,
Nato & repente perfruens umbraculo.
  Sed moesta postquam civitas vulnus novi
Hausit doloris, jam supremum palpitat:
Currunt per ampla congregatim moenia
Plebs, & senatus, omnis aetas civium,
Pallens juventus, ejulantes foeminae.
  Placet frementem publicis jejuniis
Placare Christum, mox edendi spernitur.
Glaucum amictum induit monilibus
Matrona demptis, proque gemmis & serico
Crinem fluentem sordidus spargit cinis.
  Squalent recincta veste pullati patres,
Setasque plangens turba sumit textiles,
Impexa villis virgo bestialibus,
Nigrante vultum contegit velamine,
Jacens arenis & puer provolvitur.
  Rex ipse, Coos aestuantem muricem
Laevam revulsa dissipabat fibula,
Gemmas virentes, & lapillos sutiles,
Insigne frontis exuebat vinculum,
Turpi capillos impeditus pulvere.
  Nullus bibendi, nemo vescendi memor,
Jejuna mensas pubes omnes liquerat:
Quin & negato lacte vagientium
Fletu madescunt parvulorum cunulae,
Succum papillae parca nutrix denegat.
  Greges & ipsos claudit armentalium
Solers virorum cura, ne vagum pecus
Contingat ore rorulenta gramina,

Potum strepentis neve fontis hauriat,
Vacuis querelis personent praesepibus.
Mollitus his, et talibus, brevem Deus
Iram refrenat, temperans oraculum
Prosper sinistrum: prona nam clementia
Haud difficulter supplicum mortalium
Solvit reatum, fitque fautrix flentium.
Sed cur vetusta gentis exemplum loquar?
Pridem tabescens cum gravaret artubus
Jesus, dicato corde jejunaverit,
Praenunciatus ore qui prophetico
Emmanuel est, sive nobiscum Deus?
Qui corpus istud molle naturaliter,
Captumque lenis sub voluptatum jugo,
Virtutis arcta lege fecit liberum,
Emancipator servientis plasmatis,
Regnantis ante victor et cupidinis.
Inhospitali namque secretus loco
Quinis diebus octies labentibus,
Nullam ciborum vindicavit gratiam,
Firmans salubri scilicet jejunio
Vas apprendit imbecillem gaudiis.
Miratus hostis posse limum cohibitum
Tantum laboris sustinere ac perpeti,
Explorat arte sciscitator callida
Deumne membris sit receptum terreis:
Sed increpata fraude, post tergum ruit.
Hunc nos sequamur quisque nunc pro viribus,
Quod consecravit ipse magister dogmatis
Tuis dedisti Christe sectatoribus,
Ut cum vorandi vicerint libidinem,
Late triumphent imperantes spiritus.
Hoc est quod atri livor hostis invidet,
Mundi polique quod gubernator probat,
Altaris aram quod facit placabilem,
Quod dormientis excitat cordis fibram,
Quod limat aegram pestilentem robiginem.
Perfusa non sic amne flamma extinguitur,
Nec sic calentem sole tabescunt nives,
Ut turbidarum scabra culparum seges
Vanescit almo trita sub jejunio,
Si blanda semper misceatur largitas.
Est quippe et illud grande virtutis genus,
Operire nudos, indigentes pascere,
Opem benignam ferre supplicantibus,
Unam, paremque sortis humanae vicem
Inter potentes atque egenos ducere.
Satis beatus, quisquis dextram porrigit,
Laudis rapacem, prodigam pecuniae,
Cujus sinistra dulce factum nesciat:
Illum perennes protinus complent opes,
Ditatque fructus foenerantem centuplex.

Hymnus post Jejunium.

Christe servorum regimen tuorum,
Mollibus qui nos moderans habenis,
Leniter frenas, facilique saeptos
Lege coerces.
Ipse cum portans onus impeditum
Corporis, duros toleres labores,
Major exemplis, famulos remisso
Dogmate palpas.
Nona submissum rotat hora solem,
Partibus vixdum tribus evolutis,
Quarta devexo superest in axe
Portio lucis.
Nos brevis voti dape vindicatam
Solvimus festum, fruimurque mensis
Affatim plenis, quibus imminetur
Prona voluptas.
Tantus aeterni favor est magistri,
Doctor indulgens ita nos amico
Lactat hortatu, levis obsequela ut
Mulceat artus.
Addit, et ne quis velit invenusto
Sordidus cultu lacerare frontem,
Sed decus vultus capitisque pexum
Comat honestum.
Terge jejunans, ait, omne corpus,
Neve subducto facies rubore
Luteum tingat color, aut notetur
Pallor in ore.
Rectius laeto tegimus pudore
Quidquid ad cultum patris exhibemus,
Cernit occultum Deus, et latentem
Munere donat.
Ille ovem morbo residem, gregique
Perditam sanis male dissipantem
Vellere adhaesit, vepribus per hirta
Devia silvae.
Impiger pastor revocat, lupisque
Gestat exclusis humeros gravatus,
Inde purgatam revehens aprico
Reddit ovili.
Reddit et pratis viridique campo,
Vibrat impexus ubi nulla lappis
Spina, nec germen sudibus perarmat
Carduus horrens.
Sed frequens palmis nemus, et reflexa
Vernat herbarum coma, tum perennis
Gurgitem vivis vitreum fluentis
Laurus obumbrat.
Hisce pro donis tibi, fide pastor,
Servitus quaenam poterit rependi?
Nulla compensant pretium salutis
Vota precantum.
Quamlibet spreto sese more pastu
Sponte confectus tenuetur artus,
Teque contemptis epulis rogamus
Noctis, diesque.
Vincitur semper minor obsequentum
Cura, nec munus genitoris aequat,
Frangit et cratem tenuem laboris
Gravior usus.
Ergo ne limum fragilem solutum
Deserant vires, et aquosus albis
Humor in venis dominetur, aegrum
Corpus enervans:
Laxus ac liber modus abstinendi
Ponitur cunctis, neque nos severus
Terror impellit, sua quemque cogit
Velle potestas.
Sufficit quidquid facias vocato
Numinis nutu prius inchoare;
Sive te escarum tenuas, cibumve
Sumere tentes.
Annuit dexter Deus, et secundo
Prosperat vultu, velut hoc salubre
Fidimus nobis fore, quod dicatas
Carpimus escas.
Sit bonum, supplex precor, et medelam
Conferat membris, animumque pascat

Sparsus in venas cibus obsoletum
Christicolarum.

Hymnus omni hora.

DA puer plectrum, choreis
Ut canam fidelibus,
Dulce carmen, & melodum,
Gesta Christi insignia.
Hunc camena nostra solum
Pangat, hunc laudet lyra.
Christus est, quem rex sacerdos
Adfuturum protinus
Infulatus concinebat
Voce, chorda, & tympano,
Spiritum caelo influentem
Per medullas hauriens.
Facta nos et iam probata
Pangimus miracula.
Testis est orbis, nec ipsa
Terra quod vidit negat,
Comminus Deum docentis
Proditum mortalibus.
Corde natus ex parentis,
Ante mundi exordium,
Alpha & ω cognominatus,
Ipse fons, & clausula
Omnium quae sunt, fuerunt,
Quaeque post futura sunt.
Ipse jussit, & creata:
Dixit ipse, & facta sunt,
Terra, caelum, fossa ponti,
Trina rerum machina,
Quaeque in his vigent sub alto
Solis & lunae globo.
Corporis formam caduci,
Membra morti obnoxia
Induit, ne gens periret
Primoplasti ex germine,
Merserat quam lex profundo
Noxialis tartaro.
O beatus ortus ille,
Virgo cum puerpera
Edidit nostram salutem
Feta sancto Spiritu,
Et puer redemptor orbis
Os sacratum protulit.
Psallat altitudo caeli,
Psallant omnes angeli,
Quidquid est virtutis usquam
Psallat in laudem Dei:
Nulla linguarum silescat,
Vox & omnis consonet.
Ecce quem vates vetustis
Concinebant saeculis,
Quem prophetarum fideles
Paginae spoponderant,
Emicat, promissus olim,
Cuncta collaudent eum.
Cantharis infusa lympha
Fit Falernum nobile,
Nuntiat vinum minister
Esse promptum ex hydria,
Ipse rex, sapore tinctis
Obstupescit poculis.
Membra morbis ulcerosa,
Viscerum putredines
Mando ut abluantur, inquit:
Fit ratum quod jusserat.
Turgidam cutem repurgant
Vulnerum piamina.
Tu perennibus tenebris
Jam sepulta lumina
Illitis limo salubri,
Sacri & oris nectare;
Mox apertis hac medela
Lux reducta est orbibus.
Increpas ventum furentem,
Quod procellis tristibus
Vertat aequor fundo ab imo,
Vexet & vagam ratem.
Ille jussis obsecundat,
Mitis unda sternitur.
Extimum vestis sacratae
Furtim mulier attigit:
Protinus salus secuta est,
Ora pallor deserit:
Sistitur rivus cruoris
Qui fluebat perpeti.
Exitu dulcis juventae
Raptum ephebum viderat,
Orba quem mater supremis
Funerabat fletibus:
Surge, dixit: ille surgit,
Matri & adstans redditur.
Sole jam quarto carentem,
Jam sepulchro absconditum
Lazarum jubet vigore
Reddito spirarier.
Foetidum jecur redactum
Rursus intrat halitus.
Ambulat per stagna ponti,
Summa calcat fluctuum,
Mobilis liquor profundi
Pendulam praestat viam,
Nec fatiscit unda sanctis
Pressa sub vestigiis.
Suetus antro bustuali
Sub catenis frendere,
Mentis impos efferatis
Percitus furoribus
Prosilit, ruitque supplex,
Christum adesse ut senserat.
Pulsa pestis lubricorum
Milliformis daemonum,
Corripit gregis suilli
Sordida spurcamina,
Seque nigris mergit undis,
Ut pecus lymphaticum.
Fertque qualos ter quaternos
Ferculorum fragmina,
Affatim refecta jam sunt
Accubantum millia,
Quinque panibus peresis
Et gemellis piscibus.
Tu cibus, panisque noster,
Tu perennis suavitas,
Nescit esurire in aevum
Qui tuam sumit dapem,
Nec lacunam ventris implet,
Sed fovet vitalia.
Clausus aurium meatus

Et

Et lanorum auricias,
Pergunt ad præcepta Christi
Crassa quæque obstacula,
Vocibus capax serendis
Ac sonoris pervium.
Omnis ægritudo cedit,
Languor omnis pellitur:
Lingua fatur, quam veternus
Vinxerat silentio:
Gestat & suum per urbem
Lætus æger lectulum.
Quin & ipsum, ne salutis
Inferi expertes forent,
Tartarum benignus intrat,
Fracta cedit janua,
Vectibus cadit revulsis
Cardo dissolubilis.
Illa prompta ad introeuntes,
Ad revertentes tenax,
Obice extrorsum repulso
Porta reddit mortuos
Lege versa, & limen atrum
Jam recalcandum patet.
Sed Deus dum luce fulva
Mortis antra illuminat,
Dum stupentibus tenebris
Candidum præstat diem,
Tristia squalentis æthræ
Palluerunt sidera.
Sol refugit, & lugubri
Sordidus ferrugine
Igneum reliquit axem,
Seque mœrens abdidit.
Fertur horruisse mundus
Noctis æternæ chaos.
Solve vocem mens sonoram,
Solve linguam mobilem:
Dic tropæum passionis,
Dic triumphalem crucem:
Pange vexillum, notatis
Quod refulget frontibus.
O novum cædis stupendæ
Vulneris miraculum!
Hinc cruoris fluxit unda,
Lympha parte ex altera:
Lympha nempe dat lavacrum,
Tum corona ex sanguine est.
Vidit anguis immolatam
Corporis sacri hostiam,
Vidit, & fellis perusti
Mox venenum perdidit,
Saucius dolore multo
Colla fractus sibilat.
Quid tibi, profane serpens,
Profuit rebus novis
Plasma primum perculisse
Versipelli astutia?
Diluit culpam recepto
Forma mortalis Deo.
Ad brevem se mortis usum
Dux salutis dedidit,
Mortuosque olim sepultos
Ut redire suscitaret,
Dissolutis pristinorum
Vinculis peccaminum.
Hinc patrum, sanctique multi

Conditorem prævium
Jam revertentem secuti,
Tertio demum die
Carnis indumenta sumunt,
Eque bustis prodeunt.
Cernere est coire membra
De favillis aridis,
Frigidum venis resumptis
Pulverem tepescere:
Ossa, nervos, ac medullas
Glutine cutis tegi.
Post ut occasum resolvit,
Vitæ & hominem reddidit,
Arduum tribunal alti
Victor ascendit Patris,
Inclytam Cælo reportans
Passionis gloriam.
Macte judex mortuorum,
Macte rex viventium:
Dexter in Parentis arce
Qui cluis virtutibus,
Omnium venturus inde
Justus ultor criminum.
Te senes, & te juventus,
Parvulorum te chorus,
Turba matrum, virginumque,
Simplices puellulæ,
Voce concordes pudicis
Perstrepant concentibus.
Fluminum lapsus & undæ,
Litorum crepidines,
Imber, æstus, nix, pruina,
Silva, & aura, nox, dies,
Omnibus te concelebrent
Sæculorum sæculis.

Hymnus in Exequiis Defunctorum.

DEus ignee fons animarum,
Duo qui socians elementa,
Vivum simul ac moribundum
Hominem Pater effigiasti.
Tua sunt, tua, rector, utraque:
Tibi copula jungitur horum,
Tibi dum vegetata cohærent,
Spiritus simul & caro vivit.
Rescissa sed ista seorsum
Proprios revocantur in ortus,
Petit halitus æthera fervens,
Humus excipit arida corpus.
Quia cuncta creata necesse est
Labefacta senescere tandem,
Compactaque dissociari,
Et dissona texta retexi.
Hanc tu, Deus optime, mortem
Famulis abolere paratus,
Iter inviolabile monstras,
Quo perdita membra resurgant.
Ut dum generosa caducis
Ceu carcere clausa ligantur,
Pars illa potentior extet,
Quæ germen ab æthere traxit:
Si terrea forte voluntas
Lutum sapit, & grave captat,
Animus quoque pondere victus
Sequitur sua membra deorsum.

Ac

Ac si generis memor ignis
Contagia nigra recuset,
Vehit hospita viscera secum,
Pariterque reportat ad astra.
Nam quod requiescere corpus
Vacuum sine mente videmus,
Spatium breve restat, ut alti
Repetat collegia sensus.
Venient cito sæcula, cum jam
Socius calor ossa revisat,
Animataque sanguine vivo
Habitacula pristina gestet.
Quæ pigra cadavera pridem
Tumulis putrefacta jacebant,
Volucres rapientur in auras,
Animas comitata priores.
Hinc maxima cura sepulchris
Impenditur: hinc resolutos
Honor ultimus accipit artus,
Et funeris ambitus ornat.
Candore nitentia claro
Prætendere lintea mos est,
Aspersaque myrrha Sabæo
Corpus medicamine servat.
Quid nam sibi saxa cavata?
Quid pulchra volunt monumenta?
Res quod nisi creditur illis
Non mortua, sed data somno?
Hoc provida Christicolarum
Pietas studet, utpote credens
Fore protinus omnia viva,
Quæ nunc gelidus sopor urget.
Qui jacta cadavera passim
Miserans tegit aggere terræ,
Opus exhibet ille benignum
Christo pius omnipotenti.
Quia lex admonet universos
Gemitum dare sorte sub una,
Cognataque funera nobis
Aliena in morte dolere.
Sancti sator ille Tobiæ,
Sacer ac venerabilis heros,
Dapibus jam rite paratis,
Jus prætulit exequiarum.
Jam stantibus ille ministris,
Cyathos & fercula liquit,
Studiumque accinctus humandi,
Fletu dedit ossa sepulchro.
Veniunt mox præmia Cœlo,
Pretiumque rependitur ingens:
Nam lumina nescia solis
Deus illita felle serenat.
Jam tunc docuit pater orbis
Quam si rationis egena,
Mordax & amara medela,
Cum lux animum nova vexat.
Docuit quoque non prius ullum
Cœlestia cernere regna,
Quam nocte & vulnere tristi
Toleraverit aspera mundi.
Mors ipsa beatior inde est,
Quod per cruciamina lethi
Via panditur ardua justis,
Et ad astra doloribus itur.
Sic corpora mortificata
Redeunt melioribus annis,
Nec post obitum recalescens
Compago fatiscere novit.
Hæc, quæ modo pallida tabo,
Color albidus inficit ora,
Tunc flore venustior omni
Sanguis cute tinguet amœnam.
Nam nulla deinde senectus
Frontis decus invida carpet,
Macies neque sicca lacertos
Succo tenuabit adeso.
Morbus quoque pestifer, artus
Qui nunc populatur anhelos,
Sua tunc tormenta resudans,
Luet inter vincula mille.
Hunc eminus aëra ab alto
Victrix caro, jamque perennis
Cernet sine fine gementem,
Quos moverat ipse dolores.
Quid turba superstes inepta
Plangens ululamina miscet?
Cur tam bene condita jura,
Luctu dolor arguit amens?
Jam mœsta quiesce querela,
Lachrymas suspendite matres,
Nullus sua pignora plangat:
Mors hæc, reparatio vitæ est.
Sic semina sicca virescunt,
Jam mortua jamque sepulta,
Quæ reddita cespite ab imo
Veteres meditantur aristas.
Nunc suscipe terra fovendum,
Gremioque hunc concipe molli,
Hominis tibi membra sequestro,
Generosa & fragmina credo.
Animæ fuit hæc domus olim
Factoris ab ore creatæ,
Fervens habitavit in istis
Sapientia principe Christo.
Tu depositum tege corpus,
Non immemor ille requiret
Sua munera factor & auctor,
Propriique ænigmata vultus.
Veniant modo tempora justa,
Cum spem Deus impleat omnem,
Reddas patefacta necesse est,
Qualem tibi trado figuram.
Non si cariosa vetustas
Dissolverit ossa favillis,
Fueritque cinisculus arens,
Minimi mensura pugilli;
Nec si vaga flamina, & auræ
Vacuum per inane volantes,
Tulerint cum pulvere nervos,
Hominem periisse licebit.
Sed dum resolubile corpus
Revocas, Deus, atque reformas,
Quanam regione jubebis
Animam requiescere puram?
Gremio senis addita sancti
Recubabit, ut illa Lazari,
Quem floribus undique septum
Dives procul aspicit ardens.
Sequimur tua dicta, Redemptor,
Quibus atra e morte triumphans,
Tua per vestigia mandas
Socium crucis ire latronem.

Patet

Patet ecce fidelibus ampli
Via lucida jam paradisi,
Licet & nemus illud adire,
Homini quod ademerat anguis.
Illic, precor, optime ductor,
Famulam tibi præcipe mentem
Genitali in sede sacrari,
Quam liquerat exul, & errans.
Nos tecta fovebimus ossa
Violis, & fronde frequenti,
Titulumque & frigida saxa
Liquido spargemus odore.

Hymnus octavo Calendas Januarias.

Quid est quod arctum circulum
Sol jam recurrens deserit?
Christusne terris nascitur,
Qui lucis auget tramitem?
Heu quam fugacem gratiam
Festina volvebat dies,
Quam pene subductam facem
Sensim recisa extinxerat!
Cœlum nitescat lætius,
Gratetur & gaudens humus,
Scandit gradatim denuo
Jubar priores lineas.
Emerge dulcis pusio,
Quem mater edit castitas,
Parens & expers conjugis,
Mediator & duplex genus.
Ex ore quamlibet patris
Sis ortus, & verbo editus,
Tamen paterno in pectore
Sophia callebas prius.
Quæ prompta cœlum condidit,
Cœlum, diemque, & cætera:
Virtute verbi effecta sunt
Hæc cuncta: nam verbum Deus.
Sed ordinatis sæculis,
Rerumque digesto statu,
Fundator ipse & artifex
Permansit in patris sinu.
Donec rotata annalium
Transvolverentur millia,
Atque ipse peccantem diu
Dignatus orbem viseret.
Nam cæca vis mortalium
Venerans inanes nænias,
Vel æra, vel saxa algida,
Vel ligna credebat Deum.
Hæc dum sequuntur, perfidi
Prædonis in jus venerant,
Et mancipatam fumido
Vitam barathro immerserant.
Stragem sed istam non tulit
Christus cadentum gentium,
Impune ne forsan sui
Patris periret fabrica.
Mortale corpus induit,
Ut excitato corpore
Mortis catenam frangeret,
Hominemque portaret patri.
Hic ille natalis dies,
Quo te creator arduus
Spiravit, & limo indidit,
Sermone carnem glutinans.
Sentisne virgo nobilis,
Matura per fastidia
Pudoris intactum decus
Honore partus crescere?
O quanta rerum gaudia
Alvus pudica continet,
Ex qua novellum sæculum
Procedit, & lux aurea.
Vagitus ille exordium
Vernantis orbis prodidit,
Nam tunc renatus sordidum
Mundus veternum depulit.
Sparsisse tellurem reor
Rus omne densis floribus,
Ipsasque arenas Syrtium
Fragrasse nardo & nectare.
Te cuncta nascentem, puer,
Sensere dura & barbara,
Victusque saxorum rigor
Obduxit herbam cotibus.
Jam mella de scopulis fluunt,
Jam stillat ilex arido
Sudans amomum stipite,
Jam sunt myricis balsama.
O sancta præsepis tui,
Æterne rex, cunabula,
Populisque per seclum sacra,
Mutis & ipsa credita!
Adorat hæc brutum pecus,
Indocta turba scilicet,
Adorat excors natio,
Vis cujus in pastu sita est.
Sed cum fideli spiritu
Concurrat ad præsepia
Pagana gens, & quadrupes,
Sapiatque quod brutum fuit:
Negat patrum prosapia
Perosa præsentem Deum,
Credas venenis ebriam,
Furiisve lymphatam rapi.
Quid prona per scelus ruis?
Agnosce, o quicquid tibi
Mentis rebellis integrum,
Ducem tuorum principum.
Hunc quem latebra & obstetrix,
Et virgo fœta, & cunulæ,
Et imbecilla infantia
Regem dederunt gentibus,
Peccator intuebere
Celsum coruscis nubibus,
Dejectus ipse & irritus
Plangens reatum fletibus.
Cum vasta signum buccina
Terris cremandis miserit,
Et scissus axis cardinem
Mundi ruentis solverit:
Insignis ipse, & præminens
Meritis rependet congrua,
His lucis usum perpetis,
Illis gehennam & tartarum.
Judæa, tunc fulmen crucis
Experta qui sit, senties,
Quem te furoris præsule
Mors hausit, & mox reddidit.

Hymnus Epiphaniae.

Quicumque Christum quaeritis,
Oculos in altum tollite,
Illic licebit visere
Signum perennis gloriae.
Haec stella, quae solis rotam
Vincit decore ac lumine,
Venisse terris nunciat
Cum carne terrestri Deum.
Non illa servit noctibus,
Secuta lunam menstruam:
Sed sola caelum possidens,
Cursum dierum temperat.
Arctoa quamvis sidera
In se retortis motibus
Obire nolint, attamen
Plerumque sub nimbis latent.
Hoc sidus aeternum manet,
Haec stella numquam mergitur,
Nec nubis occursu abdita
Obumbrat obductam facem.
Tristis cometa intercidat,
Et si quod astrum Sirio
Fervet vapore, jam Dei
Sub luce destructum cadat.
En Persici ex orbis sinu,
Sol unde sumit januam,
Cernunt periti interpretes
Regale vexillum Magi.
Quod ut refulsit, ceteri
Cessere signorum globi,
Nec pulcher est ausus suam
Conferre formam lucifer.
Quis iste tantus, inquiunt,
Regnator, astris imperans,
Quem sic tremunt caelestia,
Cui lux, & aethra inserviunt?
Illustre quiddam cernimus,
Quod nesciat finem pati,
Sublime, celsum, interminum,
Antiquius caelo & Chao.
Hic ille rex est gentium,
Populique rex Judaici,
Promissus Abrahae patri,
Ejusque in aevum semini.
Aequanda nam stellis sua
Cognovit olim germina,
Primus sator credentium,
Nati immolator unici.
Jam flos subit Davidicus
Radice Jessae editus,
Sceptrique per virgam virens
Rerum cacumen occupat.
Exin sequuntur perciti
Fixis in altum vultibus,
Qua stella sulcum traxerat,
Claramque signabat viam.
Sed verticem pueri supra
Signum pependit imminens,
Pronaque submissam face
Caput sacratum prodidit.
Videre postquam Magi,
Eoa promunt munera,
Stratique votis offerunt
Thus, myrrham, & aurum regium.
Agnosce clara insignia
Virtutis ac regni tui,
Puer, o cui trinam pater
Praedestinavit indolem.
Regem, Deumque adnunciant,
Thesaurus & fragrans odor
Thuris Sabaei, ac myrrheus
Pulvis sepulcrum praedocet.
Hoc, hoc sepulcrum, quo Deus,
Dum corpus extingui sinit,
Atque id sepultum suscitat,
Mortis refregit carcerem.
O sola magnarum urbium
Major Bethlem, cui contigit
Ducem salutis caelitus
Incorporatum gignere!
Altrice te summo Patri
Haeres creatur unicus,
Homo ex Tonantis spiritu,
Idemque sub membris Deus.
Hunc & prophetis testibus,
Iisdemque signatoribus,
Testator & sator jubet
Adire regnum, & cernere.
Regnum quod ambit omnia
Dia, & marina, & terrea,
A solis ortu ad exitum,
Et tartara, & caelum supra.
Audit tyrannus anxius
Adesse regum principem,
Qui nomen Israel regat,
Teneatque David regiam.
Exclamat amens nuntio,
Successor instat, pellimur,
Satelles i, ferrum rape,
Perfunde cunas sanguine.
Mas omnis infans occidat,
Scrutare nutricum sinus,
Interque materna ubera
Ensem cruentet pusio.
Suspecta per Bethlem mihi
Puerperarum est omnium
Fraus, ne qua furtim subtrahat
Prolem virilis indolis.
Transfigit ergo carnifex
Mucrone districto furens
Effusa nuper corpora,
Animasque rimatur novas.
Locum minutis artubus
Vix interemptor invenit,
Quo plaga descendat patens,
Juguloque major pugio est.
O barbarum spectaculum!
Illisa cervix cautibus
Spargit cerebrum lacteum,
Oculosque per vulnus vomit.
Aut in profundum palpitans
Mersatur infans gurgitem,
Cui subter artis faucibus
Singultat unda & halitus.
Salvete flores martyrum,
Quos lucis ipso in limine
Christi insecutor sustulit,
Ceu turbo nascentes rosas.
Vos prima Christi victima,
Grex immolatorum tener,

Aram

Aram ante ipsam simplices
Palma & coronis luditis.
  Quid proficit tantum nefas?
Quid crimen Herodem juvat?
Unus tot inter funera
Impune Christus tollitur:
  Inter coaevi sanguinis
Fluenta solus integer:
Ferrum, quod orbabat nurus,
Partus fefellit virginis.
  Sic stulta Pharaonis mali
Edicta quondam fugerat,
Christi figuram praeferens
Moses, receptor civium.
  Cautum & statutum jus erat,
Quo non liceret matribus,
Cum pondus alvi absolverent,
Puerile pignus tollere.
  Mens obstetricis sedulae
Pie in tyrannum contumax
Ad spem potentis gloriae
Furata servat parvulum.
  Quem mox sacerdotem sibi
Assumpsit orbis conditor,
Per quem notatam saxeis
Legem tabellis traderet.
  Licetne Christum noscere
Tanti per exemplum viri?
Dux ille caeso Ægyptio
Absolvit Israel jugo.
  At nos subactos jugiter
Erroris imperio gravi,
Dux noster hoste saucio
Mortis tenebris liberat.
  Hic expiatam fluctibus
Plebem marino in transitu
Repurgat undis dulcibus,
Lucis columnam praeferens.
  Hic praeliante exercitu,
Passis in altum brachiis,
Sublimis Amalech premit,
Crucis quod instar tunc fuit.
  Hic nempe Jesus verior,
Qui longa post dispendia,
Victor suis tribulibus
Promissa solvit jugera.
  Qui ter quaternas denique
Refluentis amnis alveo
Fundavit, & fixit petras,
Apostolorum stemmata.
  Jure ergo se Judae ducem
Vidisse testantur Magi,
Cum facta priscorum ducum
Christi figuram pinxerint.
  Hic rex priorum judicum,
Rexere qui Jacob genus,
Dominaeque rex ecclesiae,
Templi, & novelli & pristini.
  Hunc posteri Ephraim colunt,
Hunc sancta Manassae domus,
Omnesque suspiciunt tribus
Bissena fratrum semina.
  Quin & propago degener
Ritum secuta incestum,
Quaecumque dirum fervidis
Baal caminis coxerat:
  Fumosa avorum numina,
Saxum, metallum, stipitem,
Rasum, dolatum, sectile,
In Christi honorem deserit.
  Gaudete quidquid gentium est,
Judaea, Roma, & Graecia,
Ægypte, Thrax, Persa, & Scytha,
Rex unus omnes possidet.
  Laudate vestrum principem
Omnes beati, ac perditi,
Vivi, imbecilli, ac mortui:
Jam nemo posthac mortuus.

ΠΕΡΙ ΣΤΕΦΑΝΩΝ, id est, De CORONIS.

PRÆFATIO.

IMMOLAT Deo Patri
  Pius, fidelis, innocens, pudicus,
Dona conscientiae,
  Quibus beata mens abundat intus:
Alter & pecuniam
  Recidit, unde victitent egeni.
Nos citos jambicos
  Sternimus, & rotatiles trochaeos
Sanctitatis indigi,
  Nec ad levamen pauperum potentes:
Adprobat tamen Deus
  Pedestre carmen, & benignus audit.
Multa divitis domo
  Sita est per omnes angulos supellex.
Fulget aureus scyphus,
  Nec aere dees expolita pelvis:
Est & olla fictilis,
  Gravisque & ampla argentea est paropsis,
Sunt eburna quaepiam,
  Nonnulla quercu sunt cavata & ulmo:
Omne vas fit utile,
  Quod est ad usum congruens herilem:
Instruunt enim domum,
  Ut empta magno, sic parata ligno.
Me paterno in atrio,
  Ut obsoletum vasculum, caducis
Christus aptat usibus,
  Sinitque parte in anguli manere.
Munus ecce fictile
  Inimus intra regiam salutis:
Attamen vel infimam
  Deo obsequelam praestitisse prodest.
Quidquid illud accidit,
  Juvabit ore personasse Christum.

Hymnus in honorem Sanctorum Martyrum, Hemiterii & Chelidonii Calagurritanorum.

SCRIPTA sunt Caelo duorum
  Martyrum vocabula,
Aureis quae Christus illic
  Annotavit litteris.
Sanguinis notis eadem
  Scripta terris tradidit.
Pollet hoc felix per orbem

Terra

Terra Hibera stemmate.
  Hic locum dignum tenendis
Ossibus visum Deo,
Qui beatorum pudicus
Esset hospes corporum.
  Hic calentes hausit undas
Cæde tinctos duplici;
Illitas cruore sancto
Nunc arenas incolæ
  Confrequentant obsecrantes
Voce, votis, munere.
Exteri nec non & orbis
Huc colonus advenit.
  Fama nam terras in omnes
Percucurrit proditrix,
Hic patronos esse mundi
Quos precantes ambiant.
  Nemo puras hic rogando
Frustra congessit preces,
Lætus hinc tersis revertit
Supplicator fletibus,
  Omne quod justum poposcit
Impetratum sentiens:
Tanta pro nostris periclis
Cura suffragantium est.
  Non sinunt, inane ut ullus
Voce murmur fuderit,
Audiunt, statimque ad aurem
Regis æterni ferunt.
  Inde larga fonte ab ipso
Dona terris influunt,
Supplicum causas petitis
Quæ medelis irrigant.
  Nil suis bonus negavit
Christus unquam testibus;
Testibus, quos nec catena,
Dira nec mors terruit,
  Unicum Deum fateri
Sanguinis dispendio.
Sanguinis sed tale damnum
Lux rependit longior.
  Hoc genus mortis decorum est,
Hoc probis dignum viris,
Membra morbis exedenda,
Texta venis languidis,
  Hostico donare ferro,
Morte & hostem vincere.
Pulchra res, ictum sub ense
Persecutoris pati.
  Nobilis per vulnus amplum
Porta justis panditur.
Lota mens in fonte rubro
Sede cordis exilit.
  Nec rudem crudi laboris
Ante vitam duxerant
Militum, quos ad perenne
Cingulum Christus vocat.
  Sueta virtus bello & armis
Militat sacrariis,
Cæsaris vexilla linquunt,
Eligunt signum crucis.
  Proque ventosis draconum
Quos gerebant palliis,
Præferunt insigne lignum,
Quod draconem subdidit.
  Vile censent expeditis
Ferre dextris spicula,
Machinis murum ferire,
Castra fossis cingere,
  Impias manus cruentis
Inquinare stragibus.
Forte tunc atrox secundos
Israelis posteros
  Ductor aulæ mundialis
Ire ad aras jusserat,
Idola litare nigris,
Esse Christi defugas.
  Liberam succincta ferro
Pestis urgebat fidem;
Illa virgas & secures
Et bisulcas ungulas
  Ultro fortis expetebat,
Christi amore interrita.
Carcer illigata duris
Colla boiis impedit.
  Barbaras forum per omne
Tortor exercet manus,
Veritas crimen putatur,
Vox fidelis plectitur.
  Tunc & ante cæsa virtus
Triste percussit solum,
Et rogis ingesta mœstis
Ore flammas sorbuit.
  Dulce tunc justis cremari,
Dulce ferrum perpeti.
Hic duorum chara fratrum
Concalescunt pectora;
  Fida quos per omne tempus
Junxerat sodalitas,
Stant parati ferre, quidquid
Sors tulisset ultima.
  Seu foret præbenda cervix
Ad bipennem publicam,
Verberum post vim crepantum,
Post catastas igneas.
  Sive pardis offerendum
Pectus, aut leonibus.
Nosne Christo procreati
Mammonæ dicabimur?
  Et Dei formam gerentes
Serviemus sæculo?
Absit, ut cælestis ignis
Se tenebris misceat.
  Sit satis, quod capta primo
Vita sub chirographo,
Debitum persolvit omne,
Functa rebus Cæsaris.
  Tempus est Deo rependi,
Quidquid est proprium Dei.
Ite signorum magistri,
Et vos tribuni absistite.
  Aureos auferte torques,
Sauciorum præmia,
Clara nos hinc angelorum
Jam vocant stipendia.
  Christus illic candidatis
Præsidet cohortibus,
Et throno regnans ab alto,
Damnat infames Deos.
  Vosque qui ridenda vobis
Monstra divos fingitis.
Hæc loquentes obruuntur

Mille pœnis martyrum.
  Nexibus manus utrasque
Flexus involvit rigor,
Et chalybs attrita colla
Gravibus ambit circulis.
  O vetustatis silentum
Obsoleta oblivio!
Invidentur ista nobis,
Fama & ipsa extinguitur.
  Chartulas blasphemus olim
Nam satelles abstulit,
Ne tenacibus libellis
Erudita sæcula,
  Ordinem, tempus, modumque
Passionis proditum
Dulcibus linguis per aures
Posterorum spargerent.
  Hoc tamen solum vetusta
Subtrahunt silentia,
Jugibus longum catenis
An capillum paverint.
  Quo viros dolore tortor,
Quave pœna ornaverit.
Illa laus occulta non est,
Nec senescit tempore.
  Missa quod sursum per auras
Evolarunt munera,
Quæ viam patere Cœli
Prœmicando ostenderent.
  Illius fidem figurans
Nube fertur anulus:
Hic sui dat pignus oris,
Ut ferunt, orarium:
  Quæ superno rapta flatu
Lucis intrant intimum.
Per poli liquentis axem
Fulgor auri absconditur.
  Ac diu visum sequentum
Tenuitas candor fugit:
Subvehuntur usque in astra,
Nec videntur amplius.
  Vidit hoc conventus adstans,
Ipse vidit carnifex:
Et manum repressit hærens,
Ac stupore pallidus.
  Sed tamen peregit ictum,
Ne periret gloria.
Jamne credis bruta quondam
Vasconum gentilitas,
  Quem sacrum crudelis error
Immolarit sanguinem?
Credis in Deum relatos
Hostiarum spiritus?
  Cerne quam palam feroces
Hic domentur dæmones,
Qui lupino rapta ritu
Devorant præcordia.
  Strangulant mentem & ipsam,
Seque miscent sensibus.
Tunc suo jam plenus hoste
Sistitur furens homo,
  Spumeas efflans salivas,
Cruda torquens lumina,
Expiandus quæstione
Non suorum criminum.
  Audias, nec tortor adstat,
Ejulatus flebiles:
Scinditur per flagra corpus,
Nec flagellum cernitur.
  Crescit & suspensus ipse
Vinculis latentibus,
Hic modis sparsum latronem
Martyrum virtus quatit.
  Hæc coercet, torquet, urit,
Hæc catenas inserit:
Præda vexatus relicta
Se vandalis exuit.
  Linquit illæsam rapinam,
Frontibus sectis fugit,
Usque ab imo usque ad capillum
Salva reddit omnia.
  Confitemur ardere sese,
Nam gehennæ est incola.
Quid loquar purgata longis
Alba morbis corpora?
  Algidus cum decolorem
Horror artus concutit,
Hic tumor vultum relinquit,
Hic color verus redit.
  Hoc bonum Salvator ipse,
Quo fruamur, præstitit,
Martyrum cum membra nostro
Consecravit oppido.
  Sospitant quæ nunc colonos,
Quos Hiberus alluit:
Stare nunc hymnista marcas
Pro receptis parvulis.
  Conjugem salute læta
Vox maritorum strepat:
Sit dies hæc festa nobis,
Sit sacratum gaudium.

Hymnus in honorem Divi Laurentii, amplissimi martyris.

ANtiqua Fanorum parens
Jam Roma Christo dedita,
Laurentio victrix duce
Ritum triumphas barbarum.
  Reges superbos viceras,
Populosque frænis presseras:
Nunc monstruosis idolis
Imponis imperii jugum.
  Hæc sola derat gloria
Urbis togatæ insignibus,
Feritate capta gentium
Domaret ut spurcum Jovem.
  Non turbulentis viribus
Cossi, Camilli, aut Cæsaris,
Sed martyris Laurentii
Non incruento prælio.
  Armata pugnavit fides,
Proprii cruoris prodiga:
Nam morte mortem diruit,
Ac semet impendit sibi.
  Fore hoc sacerdos dixerat
Jam Christum, adfixus cruci,
Laurentium flentem videns
Crucis sub ipso stipite:
  Desiste discessu meo
Fletum dolenter fundere:
Præcedo, frater, tu quoque

Post

Post hæc sequeris triduum.
Extrema vox episcopi
Prænuntiatrix gloriæ
Nihil fefellit, nam dies
Prædicta palmam præstitit.

Qua voce, quantis laudibus
Celebrabo mortis ordinem!
Quo passionem carmine
Digne retexam concinam!

Hic primus e septem viris,
Qui stant ad aram proximi,
Levita sublimis gradu,
Et ceteris præstantior:

Claustris sacrorum præerat,
Cœlestis arcanum domus
Fidis gubernans clavibus,
Votasque dispensans opes.

Versat famem pecuniæ
Præfectus urbis regiæ,
Minister insani ducis,
Exactor auri & sanguinis.

Qua vi latentes eruat
Nummos, operta existimans
Talenta sub sacrariis,
Cumulosque congestos tegi,

Laurentium sisti jubet,
Exquirit arcam ditibus
Massis refertam, & fulgida
Montes monetæ conditos:

Soletis, inquit, conqueri,
Sævire nos justo amplius,
Cum Christiana corpora
Plus quam cruente scindimus.

Abest atrocioribus
Censura fervens motibus:
Blande & quiete efflagito,
Quod sponte obire debeas.

Hunc esse vestris orgiis
Moremque & artem proditum est,
Hanc disciplinam fœderis,
Libent ut auro antistites.

Argenteis scyphis ferunt
Fumare sacrum sanguinem,
Auroque nocturnis sacris
Adstare fixos cereos.

Tunc summa est cura fratribus,
Ut sermo testatur loquax,
Offerre fundis venditis
Sestertiorum millia.

Addicta avorum prædia
Fœdis sub auctionibus
Successor exheres gemit
Sanctis egens parentibus.

Hæc occuluntur abditis
Ecclesiarum in angulis,
Et summa pietas creditur
Nudare dulces liberos.

Deprome thesauros, malis
Suadendo quos præstigiis
Exaggeratos obtines,
Nigrante quos claudis specu.

Hoc poscit usus publicus,
Hoc fiscus, hoc ærarium,
Ut dedita stipendiis
Ducem juvet pecunia.

Sic dogma vestrum est, audio,
Suum quibusque reddito.
En Cæsar agnoscit suum
Numisma nummis inditum.

Quod Cæsaris scis, Cæsari
Da: nempe justum postulo:
Ni fallor, haud ullam tuus
Signat Deus pecuniam.

Nec cum veniret, aureos
Secum Philippos detulit,
Præcepta sed verbis dedit
Inanis a marsupio.

Implete dictorum fidem,
Quam vos per orbem venditis:
Nummos libenter reddite,
Estote verbis divites.

Nil asperum Laurentius
Refert ad ista, aut turbidum:
Sed ut paratus obsequi,
Obtemperanter annuit.

Est dives, inquit, non nego,
Habetque nostra ecclesia
Opumque & auri plurimum,
Nec quisquam in orbe ditior.

Is ipse tantum non habet
Argenteorum ænigmatum
Augustus, arcem possidens,
Cui nummus omnis scribitur.

Sed nec recuso prodere
Locupletis arcam Numinis,
Vulgabo cuncta, & proferam
Pretiosa quæ Christus tenet.

Unum sed oram flagito,
Induciarum paululum,
Quo fungar efficacius
Promissionis munere.

Dum tota digestim mihi
Christi supellex scribitur:
Nam calculanda primitus,
Tunc subnotanda est summula.

Lætus tumescit gaudio
Præfectus, ac spem devorat:
Aurum velut jam conditum
Domi maneret, gestiens.

Pepigere tempus tridui:
Laudatus inde absolvitur
Laurentius sponsor sui,
Et sponsor ingentis lucri.

Tribus per urbem cursitat
Diebus, infirma agmina,
Omnesque qui poscunt stipem,
Cogens in unum, & congregans.

Illic utrisque obtutibus
Orbus cavatos præferens
Baculo regebat prævio
Errore nutantem gradum.

Et claudus infracto genu,
Vel crure trunco semipes,
Breviorve planta ex altera,
Gressum trahebat imparem.

Est ulcerosis artubus,
Qui tabe corrupta fluat:
Est cujus arens dextera
Nervos in ulnam contrahat.

Tales plateis omnibus
Exquirit, assuetos ali
Ecclesiæ matris penu,

 Quos

Quam ipse pridem noverat.
Recensens exin singulos,
Scribens viritim nomina,
Longo & locatos ordine
Adstare pro templo jubet.
Praescriptus & jam fluxerat
Dies, fremebat fervido
Judex avarus spiritu,
Promissa solvi efflagitans.
Tum martyr: Adsistas velim,
Coramque dispositas opes
Mirere, quas noster Deus
Praedives in sanctis habet.
Videbis ingens atrium
Fulgere vasis aureis,
Et per patentes porticus
Structos talentis ordines.
It ille, nos jubet sequi.
Ventum ad sacratam januam,
Stabant catervae pauperum,
Inculta visu examina.
Fragor rogantum tollitur:
Praefectus horrescit stupens,
Conversus in Laurentium,
Oculisque torvis minax.
Contra ille: Quid frendes, ait,
Minitaris? aut quid displicet?
Num sordida haec, aut vilia?
Num despuenda existimas?
Aurum, quod ardenter sitis,
Effossa gignunt rudera,
Et de metallis squalidis
Poenalis excudit labor.
Torrens vel amnis turbidis
Volvens arenis implicat:
Quod terrulentum ac sordidum,
Flammis necesse est decoqui.
Pudor per aurum solvitur,
Violatur auro integritas,
Pax occidit, fides perit,
Leges & ipsae intercidunt.
Quid tu venenum gloriae
Extollis, & magni putas?
Si quaeris aurum verius,
Lux est, & humanum genus.
Hi sunt alumni luminis,
Quos corpus arctat debile,
Ne per salutem viscerum
Mens insolescat turgida.
Quum membra morbus dissecat,
Animus viget robustior:
Membris vicissim fortibus
Vis sauciatur sontium.
Nam sanguis in culpam calens
Minus ministrat virium,
Si fervor effetus mali
Elumbe virus enervabit.
Si forte detur optio,
Mallem dolore asperrimo
Fragmenta membrorum pati,
Et pulcher intus vivere.
Committe formas pestium,
Et confer alternas vices,
Carnisne morbus foedior
An mentis, & morum ulcera.
Nostri per artus debiles,
Intus decoris integri,
Sensum veneni nescium
Languentis exterius gemunt.
Vestros valentes corpore
Interna corrumpit lepra,
Errorque mancum claudicat,
Et caeca fraus nihil videt.
Quemvis tuorum divitum,
Qui veste & ore praenitent,
Magis probabo debilem,
Quam quis meorum est pauperum.
Hunc, qui superbit serico,
Quem currus inflatum vehit,
Hydrops aquosus lurido
Tendit veneno interius.
Ast hic avarus contrahit
Manus recurvas, & volam
Plicans aduncis unguibus
Laxare nervos non valet.
Istum libido fetida
Per scorta tractum publica
Luto & cloacis inquinat,
Dum spurca mendicat stupra.
Quid ille fervens ambitu,
Sitimque honoris aestuans,
Morbone anhelat febribus,
Atque igne venarum furit?
Quisquis tacendi intemperans
Silenda prurit prodere,
Vexatur, & scalpit jecur,
Scabiemque cordis sustinet.
Quid invidorum pectorum
Strumas retexam turgidas?
Quid purulenta & livida
Malignitatum vulnera?
Tute ipse, qui Romam regis,
Contemptor aeterni Dei,
Dum daemonum sordes colis,
Morbo laboras regio.
Hi, quos superbus despicis,
Quos execrandos judicas,
Brevi ulcerosos exuent
Artus, & incolumes erunt.
Quum carne corruptissima
Tandem soluti ac liberi,
Pulcherrimo vitae statu
In arce lucebunt patris.
Non sordidati aut debiles,
Sicut videntur interim,
Sed purpuratis fulgidi
Stolis, & coronis aureis.
Tunc si facultas suppetat,
Coram tuis obtutibus
Istos potentes saeculi
Velim recensendos dari.
Pannis videres obsitos,
Et mucculentis naribus,
Mentum salivis uvidum,
Lipposque palpebra putri.
Peccante nil est taetrius,
Nil tam leprosum aut putridum,
Cruda est cicatrix criminum,
Oletque ut antrum tartari.
Animabus inversa vice
Corrupta forma infligitur,
Quas pulcher aspectus prius

Te corpore oblectaverat.
En ergo nummos aureos,
Quos pridem spoponderam,
Quos nec favillis obruat
Ruina, nec fur subtrahat.
Nunc addo gemmas nobiles,
Ne pauperem Christum putes,
Gemmas corusci luminis,
Ornatur hoc templum quibus.
Cernis sacratas virgines,
Miraris intactas anus,
Primique post damnum thori
Ignis secundi nescias.
Hoc est monile Ecclesiae,
His illa gemmis comitur:
Dotata sic Christo placet,
Sic ornat altum verticem.
Eccum talenta, suscipe,
Ornabis urbem Romuli,
Ditabis & rem principis,
Fiet & ipse ditior.
Ridemur, exclamat fremens
Praefectus, ac miris modis
Per tot figuras ludimur,
Et vivit infandum caput?
Impune tantas, furcifer,
Strophas cavillo mimico
Te nexuisse existimas,
Dum scurra saltas fabulam?
Concinna visa urbanitas
Tractare nostros ludicris?
Ergon' cachinnis venditus
Acroama festivum fui?
Adeon' nulla austeritas,
Censura nulla est fascibus?
Adeon' securim publicam
Mollis retundit lenitas?
Dicis, libenter oppetam,
Votiva mors est martyri.
Est ista vobis, novimus,
Persuasionis vanitas.
Sed non volenti impertiam,
Praestetur ut mortis citae
Compendiosus exitus:
Perire raptim non dabo.
Vitam tenebo, & differam
Poenis morarum jugibus,
Et mors inextricabilis
Longos dolores protrahet.
Prunas tepentes sternite,
Ne fervor ignitus nimis
Os contumacis occupet,
Et cordis intret abdita.
Vapor senescens langueat,
Qui fusus afflatu levi
Tormenta sensim temperet,
Semiustulati corporis.
Bene est quod ipse ex omnibus
Mysteriarches incidit,
Hic solus exemplum dabit,
Quid mox timere debeant.
Conscende constratum rogum,
Decumbe digno lectulo:
Tunc, si libebit, disputa
Nil esse Vulcanum meum.
Haec fante Praefecto, truces
Hinc inde tortores parant
Nudare amictu martyrem,
Vincire membra, & tendere.
Illi os decore splenduit,
Fulgorque circumfusus est.
Talem revertens legifer
De monte vultum detulit:
Judaea quem plebs aureo
Bove inquinata, & decolor
Expavit, & faciem retro
Detorsit impatiens Dei.
Talemque & ille praetulit
Oris corusci gloriam
Stephanus per imbrem saxeum
Caelos apertos intuens.
Illuminatum hoc eminus
Recens piatis fratribus,
Baptisma quos nuper datum
Christi capaces fecerat.
Ast impiorum caecitas,
Os obditorum noctis situ
Nigrante sub velamine
Obtecta, clarum non videt.
Aegyptiae plagae in modum,
Quae tum tenebris barbaros
Damnavit, Hebraeis diem
Sudo exhibebat lumine.
Quin ipsa odoris qualitas,
Adusta quam reddit cutis,
Diversa utrosque permovet,
His nidor, illis nectar est.
Idemque sensus dispari
Variatur aura, aut afficit
Horrore tetro vindices,
Aut mulcet oblectamine.
Sic ignis aeternus Deus:
Nam Christus ignis verus est,
Is ipse complet lumine
Justos, & urit noxios.
Postquam vapor diutinus
Decoxit exustum latus,
Ultro e catasta judicem
Compellat affatu brevi:
Converte partem corporis
Satis crematam jugiter,
Et fac periclum, quid tuus
Vulcanus ardens egerit.
Praefectus inverti jubet.
Tunc ille: Coctum est, devora,
Et experimentum cape,
Sit crudum an assum suavius.
Haec ludibundus dixerat,
Caelum deinde suspicit,
Et congemiscens obsecrat
Miseratus urbem Romuli.
O Christe numen unicum,
O splendor, o virtus Patris,
O factor orbis, & poli,
Atque auctor horum moenium:
Qui sceptra Romae in vertice
Rerum locasti, sanciens
Mundum Quirinali togae
Servire, & armis cedere,
Ut discrepantum gentium
Mores & observantiam,
Linguasque, & ingenia, & sacra

Unis

Unis domaret legibus.
En omne sub regnum Remi
Mortale concessit genus,
Idem loquuntur dissoni
Ritus, id ipsum sentiunt.
Hoc destinatum quo magis
Jus Christiani nominis
Quodcumque terrarum jacet
Uno illigaret vinculo.
Da, Christe, Romanis tuis,
Sit Christiana ut civitas,
Per quam dedisti, ut caetera
Mens una sacrorum foret.
Confoederentur omnia
Hinc inde membra in symbolum:
Mansuescat orbis subditus,
Mansuescat & summum caput.
Advertat abjunctas plagas
Coire in unam gratiam,
Fiat fidelis Romulus,
Et ipse jam credat Numa.
Confundit error Troicus
Adhuc Catonum curiam:
Veneratur occultis focis
Phrygum Penates exules.
Janum bifrontem & Sterculum
Colit senatus, horreo
Tot monstra patrum dicere,
Et festa Saturni senis.
Absterge, Christe, hoc dedecus,
Emitte Gabriel tuum,
Agnoscat ut verum Deum
Errans Julia caecitas.
Et jam tenemus obsides
Fidissimos hujus spei:
Hic nempe jam regnant duo
Apostolorum Principes.
Alter vocator gentium,
Alter cathedram possidens
Primam, recludit creditas
Aeternitatis januas.
Discede, adulter Jupiter,
Stupro sororis oblite,
Relinque Romam liberam,
Plebemque jam Christi fuge.
Te Paulus hinc exterminat,
Te sanguis exturbat Petri,
Tibi id, quod ipse armaveras,
Factum Neronis officit.
Video futurum principem
Quandoque, qui servus Dei
Taetris sacrorum sordibus
Servire Romam non sinat.
Qui templa claudat vectibus,
Valvas eburnas obstruat,
Nefasta damnet limina,
Obdens ahenos pessulos.
Tunc pura ab omni sanguine
Tandem nitebunt marmora:
Stabunt & aera innoxia,
Quae nunc habentur idola.
Hic finis orandi fuit,
Et finis idem vinculi
Carnalis; erupit volens
Vocem secutus spiritus.
Vexere corpus subditis
Cervicibus quidam patres,
Quos mira libertas viri
Ambire Christum suaserat.
Repens medullas indoles
Afflarat, & coegerat
Amore sublimis Dei
Odisse nugas pristinas.
Refrixit ex illo die
Cultus Deorum turpium,
Plebs in sacellis rarior,
Christi ad tribunal curritur.
Sic dimicans Laurentius
Non ense praecinxit latus:
Hostile sed ferrum retro
Torquens in auctorem tulit.
Dum daemon invictum Dei
Testem lacessit praelio,
Perfossus ipse concidit,
Et stratus aeternum jacet.
Mors illa sancti martyris,
Mors vera templorum fuit:
Tunc Vesta Palladios lares
Impune sensit deseri:
Quidquid Quiritum sueverat
Orare simpuvium Numae,
Christi frequentans atria,
Hymnis resultat martyrem.
Ipsa & senatus lumina,
Quondam Luperci, aut Flamines,
Apostolorum & martyrum
Exosculantur limina.
Videmus illustres domos,
Sexu ex utroque nobiles,
Offerre votis pignora
Clarissimorum liberum.
Vittatus olim pontifex
Adscitur in signum crucis,
Aedemque, Laurenti, tuam
Vestalis intrat Claudia.
O ter, quaterque, & septies
Beatus urbis incola,
Qui te ac tuorum comminus
Sedem celebrat ossium!
Cui propter advolvi licet,
Qui fletibus spargit locum,
Qui pectus in terram premit,
Qui vota fundit murmure.
Nos Vasco Hiberus dividit,
Binis remotos Alpibus,
Trans Cottianorum juga,
Trans & Pyrenas ninguidos.
Vix fama nota est abditis,
Quam plena sanctis Roma sit,
Quam dives urbanum solum
Sacris sepulchris floreat.
Sed qui caremus his bonis,
Nec sanguinis vestigia
Videre coram possumus,
Caelum intuemur eminus.
Sic, sancte Laurenti, tuam
Nos passionem quaerimus;
Est aula nam duplex tibi,
Hic corporis, mentis polo.
Illic inenarrabili
Allectus urbi municeps,
Aeterna in arce curiae

Gestas coronam civicam.
Videor videre illustribus
Gemmis coruscantem virum,
Quem Roma cælestis sibi
Legit perennem consulem.
Quæ sit potestas credita,
Et muneris quantum datum,
Probant Quiritum gaudia,
Quibus rogata annuis.
Quod quisque supplex postulat,
Fert impetratum prosperè,
Poscunt, licentur, indicant,
Et tristis haud ullus redit.
Ceu præsto semper adsies,
Tuisque alumnis urbicis
Lactante complexus sinu
Paterno amore nutrias.
Hos inter, o Christi decus,
Audi & poetam rusticum
Cordis fatentem crimina,
Et facta prodentem sua.
Indignus agnosco & scio,
Quem Christus ipse exaudiat,
Sed per patronos martyres
Potest medelam consequi.
Audi benignus supplicem
Christi reum Prudentium,
Et servientem corpori
Absolve vinclis sæculi.

Hymnus in laudem Eulaliæ virginis.

GErmine nobilis Eulalia,
Mortis & indole nobilior,
Emeritam sacra virgo suam,
Cujus ab ubere progenita est,
Ossibus ornat, amore colit.
Proximus occiduo locus est,
Qui tulit hoc decus egregium,
Urbe potens, populis locuples,
Sed mage sanguine martyrii,
Virgineoque potens titulo.
Curriculis tribus atque novem
Tres hiemes quater attigerat,
Cum crepitante pyra trepidos
Terruit aspera carnifices,
Supplicium sibi dulce rata.
Jam dederat prius indicium,
Tendere se patris ad solium,
Nec sua membra dicata toro:
Ipsa crepundia reppulerat,
Ludere nescia pusiola,
Spernere succina, flare rosas,
Fulva monilia respuere:
Ore severa, modesta gradu,
Moribus & nimium teneris
Canitiem meditata senum.
Ast ubi se furiis sceleram
Excitat in famulos Domini,
Christicolasque cruenta jubet
Thura cremare, jecur pecudis
Mortiferis adolere Diis,
Infremuit sacer Eulaliæ
Spiritus, ingeniique ferox
Turbida frangere bella parat;
Et rude pectus anhela Deo
Femina provocat arma virum.
Sed pia cura parentis agit,
Virgo animosa domi ut lateat,
Abdita rure & ab urbe procul,
Ne fera sanguinis in pretium
Mortis amore puella ruat.
Illa perosa quietis opem
Degeneri tolerare mora,
Nocte fores sine teste movet,
Septaque claustra fugax aperit,
Inde per invia carpit iter.
Ingreditur pedibus laceris,
Per loca senta situ & vepribus,
Angelico comitata choro:
Et licet horrida nox sileat,
Lucis habet tamen illa ducem.
Sic habuit generosa patrum
Turba columniferum radium,
Scindere qui tenebrosa potens,
Nocte viam face perspicua
Præstitit, intereunte Chao.
Non aliter pia virgo viam
Nocte sequuta diem meruit,
Nec tenebris adoperta fuit,
Regna Canopica cum fugeret,
Et super astra pararet iter.
Illa gradu cita pervigili
Millia multa prius peragit,
Quam plaga pandat Eoa polum,
Mane superba tribunal adit,
Fascibus adstat & in mediis.
Vociferans, rogo, quis furor est
Perdere præcipites animas,
Et male prodiga corda sui
Sternere rasilibus scopulis,
Omnipatremque negare Deum?
Quæritis, o miseranda manus,
Christicolum genus? En ego sum
Dæmonicis inimica sacris,
Idola protero sub pedibus,
Pectore & ore Deum fateor.
Isis, Apollo, Venus nihil est,
Maximianus & ipse nihil.
Illa nihil, quia facta manu;
Hic, manuum quia facta colit:
Frivola utraque, & utraque nihil.
Maximianus opum Dominus,
Et tamen ipse cliens lapidum,
Prostituat, voveatque suis
Numinibus caput ipse suum.
Pectora cur generosa quatit?
Dux bonus, arbiter egregius
Sanguine pascitur innocuo:
Corporibusque piis inhians,
Viscera sobria dilacerat,
Gaudet & excruciare fidem.
Ergo age, tortor, adure, seca,
Divide membra coacta luto.
Solvere rem fragilem facile est,
Non penetrabitur interior
Exagitante dolore animus.
Talibus excitus in furias
Prætor, ait: Rape præcipitem,
Lictor, & obrue suppliciis:
Sentiat esse Deos patrios,
Nec leve principis imperium.

Quam

Quam cuperem tamen, ante necem,
Si potis es revocare tuam,
Torva puellula, nequitiam!
Respice gaudia quanta metas,
Quæ tibi fert genialis honor.
Te lachrymis labefacta domus
Prosequitur, generisque tui
Ingemit anxia nobilitas,
Flore quod occidis in tenero,
Proxima dotibus & thalamo.
Non movet aurea pompa tori?
Non pietas veneranda senum,
Quos temeraria debilitas!
Ecce parata ministeria
Excruciabilis exitii.
Aut gladio feriere caput,
Aut laniabere membra feris,
Aut facibus data fumificis,
Flebiliterque ululanda tuis
In cineres resoluta flues.
Hæc, rogo, quis labor est fugere?
Si modicum salis eminulis
Thuris & exiguum digitis
Tangere virgo benigna velis,
Pœna gravis procul abfuerit.
Martyr ad ista nihil: sed enim
Infremit, inque tyranni oculos
Sputa jacit: simulachra dehinc
Dissipat, impositamque molam
Thuribulis pede projicit.
Nec mora, carnifices gemini
Juncea pectora dilacerant,
Et latus ungula virgineum
Pulsat utrinque, & ad ossa secat,
Eulalia numerante notas.
Scriberis ecce mihi domine,
Quam juvat hos apices legere,
Qui tua, Christe, tropæa notant,
Nomen & ipsa sacrum loquitur
Purpura sanguinis eliciti.
Hæc sine fletibus & gemitu
Læta canebat & intrepida,
Dirus abest dolor ex animo,
Membraque picta cruore novo
Fonte cutem recalente lavant.
Ultima carnificina dehinc,
Non laceratio vulnifica
Crate tenus, nec arata cutis,
Flamma sed undique lampadibus
In latera stomachumque furit.
Crinis odorus ut in jugulos
Fluxerat, involitans humeris,
Quo pudibunda pudicitia,
Virgineusque lateret honos,
Tegmine verticis opposito.
Flamma crepans volat in faciem,
Perque comas vegetata caput
Occupat, exsuperatque apicem;
Virgo citum cupiens obitum,
Appetit & bibit ore rogum.
Emicat inde columba repens,
Martyris os nive candidior
Visa relinquere, & astra sequi:
Spiritus hic erat Eulaliæ
Lacteolus, celer, innocuus.
Colla fluunt abeunte anima,
Et rogus igneus emoritur,
Pax datur artubus exanimis,
Flatus in æthere plaudit ovans,
Templaque celsa petit volucer.
Vidit & ipse satelles avem
Feminæ ab ore meare palam,
Obstupefactus, & attonitus
Prosilit, & sua gesta fugit,
Lictor & ipse fugit pavidus.
Ecce nivem glacialis hyems
Ingerit, & tegit omne forum:
Membra tegit simul Eulaliæ
Axe jacentia sub gelido,
Pallioli vice linteoli.
Cedat amor lachrymantum hominum,
Qui celebrare suprema solent,
Flebile cedat & officium:
Ipsa elementa, jubente Deo,
Exequias tibi, virgo, ferunt.
Nunc locus Emerita est tumulo,
Clara Colonia Vettoniæ,
Quam memorabilis amnis Ana
Præterit, & viridante rapax
Gurgite mœnia pulchra lavat.
Hic ubi marmore perspicuo
Atria luminat alma nitor,
Et peregrinus, & indigena
Reliquias cineresque sacros
Servat humus veneranda sinu.
Tecta corusca super rutilant
De laquearibus aureolis,
Saxaque cæsa solum variant;
Floribus ut rosulenta putes
Prata rubescere multimodis.
Carpite purpureas violas,
Sanguineosque crocos metite!
Non caret his genialis hyems,
Laxat & arva tepens glacies,
Floribus ut cumulet calathos.
Ista comantibus e foliis
Munera, virgo puerque, date:
Ast ego serta choro in medio
Texta feram pede dactylico,
Vilia, marcida, festa tamen.
Sic venerarier ossa libet:
Ossibus altar & impositum:
Illa Dei sita sub pedibus
Prospicit hæc, populosque suos
Carmine propitiata fovet.

Hymnus in laudem decem & octo martyrum Cæsaraugustanorum.

BIS novem noster populus sub uno
Martyrum servat cineres sepulchro,
Cæsaraugustam vocitamus urbem,
Res cui tanta est.
Plena magnorum domus angelorum
Non timet mundi fragilis ruinam,
Tot sinu gestans simul offerenda
Munera Christo.
Quem Deus dextram quatiens coruscam
Nube subnixus veniet rubente,
Gentibus justam positurus æquo
Pondere libram;
Orbe de magno caput excitata

Obviam

Obvium Christo properanter ibit
Civium cunctis gravida piorum
Dona canistris.
Afra Carthago tua promet ossa,
Ore facundo Cypriane doctor:
Corduba Acisclum dabit, & Zoellum,
Tresque coronas.
Tu tribus gemmis diadema pulchrum
Offeres Christo genitrix piorum
Tarraco, intexit cui Fructuosus
Sutile vinclum.
Nomen hoc gemmae strophio illigatum est,
Emicant juxta lapides gemelli,
Ardet & splendor parilis duarum
Igne corusco.
Parva Felicis decus exhibebit
Artubus sanctis locuples Gerunda,
Nostra gestabit Calagurris ambos,
Quos veneramur.
Barcinon claro Cucufate freta
Surget, & Paulo speciosa Narbo,
Teque praepollens Arelas habebit,
Sancte Genesi.
Lusitanorum caput oppidorum
Urbs, adoratae cineres puellae
Obvium Christo rapiens, ad aram
Porriget ipsam.
Sanguinem Justi, cui Pastor haeret,
Ferculum duplex, geminumque donum
Ferre Complutum gremio juvabit
Membra duorum.
Ingeret Tingis sua Cassianum,
Festa Massylum monumenta regum,
Qui cinis gentes domitas coegit
Ad juga Christi.
Singulis paucae, tribus aut duabus
Forsan, & quinis aliquae placebunt
Testibus Christi, prius hostiarum
Pignore fultae.
Tu decem sanctos revehes, & octo
Caesaraugusta studiosa Christi,
Verticem flavis oleis revincta
Pacis honore.
Sola in occursum numerosiores
Martyrum turbas Domino parasti,
Sola, praedives pietate, multa
Luce frueris.
Vix parens orbis populosa Poeni,
Ipsa vix Roma in solio locata,
Te, decus nostrum, superare in isto
Munere digna est.
Omnibus portis sacer immolatus
Sanguis exclusit genus invidorum
Daemonum, & nigras pepulit tenebras
Urbe piata.
Nullus umbrarum latet intus horror;
Pulsa nam pestis populum refugit.
Christus in totis habitat plateis,
Christus ubique est.
Martyrum credas patriam coronis
Debitam sacris: chorus unde surgens
Tendit in caelum niveus togatae
Nobilitatis.
Inde, Vincenti, tua palma nata est,
Clerus hic tantum peperit triumphum:
Hic sacerdotum domus infulata
Valeriorum.
Saevus antiquis quoties procellis
Turbo, vexatum tremefecit orbem,
Tristior templum rabies in istud
Intulit iras.
Nec furor quisquam sine laude nostrum
Cessit, aut clari vacuus cruoris
Martyrum semper numerus sub omni
Grandine crevit.
Nonne, Vincenti, peregre necandus
Martyr, his terris tenui notasti
Sanguinis rore speciem futuri
Morte propinqua?
Hoc colunt cives, velut ipsa membra
Caespes includat tua, & paterno
Servet amplexu tumulus beati
Martyris ossa.
Noster est quamvis procul hinc in urbe
Passus ignota, & dederit sepulchri
Gloriam victor, prope litus altae
Forte Sagunti.
Noster, & nostra puer in palaestra
Arte virtutis, fideique olivo
Unctus, horrendum didicit domare
Viribus hostem.
Noverat templo celebres in isto
Octies partas, deciesque palmas,
Laureis doctus patriis eadem
Laude cucurrit.
Hic &, Encrati, recubant tuarum
Ossa virtutum, quibus efferati
Spiritum mundi violenta virgo
Dedecorasti.
Martyrum nulli remanente vita
Contigit terris habitare nostris,
Sola tu morti propriae superstes
Vivis in orbe.
Vivis, ac poenae seriem retexis,
Carnis & caesae spolium retentans,
Tetra quam sulcos habeant amaros
Vulnera narras.
Barbarus tortor latus omne carpsit,
Sanguis impensus, lacerata membra,
Pectus abscissis patuit papillis
Corde sub ipso.
Jam minus mortis pretium peractum est,
Quae veternosos abolens dolores
Concitam membris tribuit quietem
Fine supremo.
Cruda te longum tenuit cicatrix,
Et diu venis dolor hausit ardens,
Dum putrescentes tenuat medullas
Tabidus humor.
Invidus quamvis obitum supremum
Persecutoris gladius negarit,
Plena te, martyr, tamen ut peremptam
Poena coronat.
Vidimus partem jecoris revulsam
Ungulis longe jacuisse pressis,
Mors habet pallens aliquid tuorum,
Te quoque viva.
Hunc novum nostrae titulum fruendum
Caesaraugustae dedit ipse Christus,
Juge viventis domus ut dicata
Martyris esset.
Ergo ter senis sacra candidatis,

Divum Optatum, simul & Lupercum,
Perge conscriptum tibimet senatum
Pangere psalmis.
Ede Successum, cane Martialem,
Mors & Urbani tibi concinatur,
Julium cantus resonent, simulque
Quintilianum.
Publium pandat chorus, & revolvat
Quale Frontonis fuerit tropæum,
Quid bonus Felix tulerit, quid acer
Cæcilianus.
Quantus, Evoti, tuo bello sanguis
Tinxerit, quamvis tua, Primitive,
Tam fera vivax recolat triumphos
Laus, Apodemi.
Quatuor posthinc superest virorum
Nomen extolli, renuente metro,
Quos Saturninos memorat vocatos
Prisca vetustas.
Carminis leges amor aureorum
Nominum parvi facit, & loquendi
Cura de sanctis vitiosa non est,
Nec rudis unquam.
Plenus est artis modus, adnotare
Nominum formas recitare Christo,
Quas tenet cœli liber explicandas
Tempore justo.
Octo tunc sanctos recolet decemque
Angelus, coram patre, filioque:
Urbis unius regimen tenentes
Jure sepulcri.
Quin ad antiquum numerum trahuntur
Viva post pœnas spacium puella,
Morsque Vincenti, cui sanguis hinc est,
Fons & honoris.
Addito Cajo, (nec enim silendi,)
Teque, Crementi, quibus incruentum
Ferre provenit decus ex secundo
Laudis agone.
Ambo confessi Dominum, steterunt
Acriter contra fremitum latrantem,
Ambo gustarunt leviter saporem
Martyriorum.
Hæc sub altari sita sempiterno,
Lapsibus nostris veniam precatur
Turba, quam servat procerum creatrix
Purpureorum.
Nos pio fletu, date, perluamus
Marmorum sulcos, quibus est operta
Spes, ut absolvam retinaculorum
Vincla meorum.
Sterne te totam generosa sanctis
Civitas mecum tumulis, deinde
Mox resurgentes animas & artus
Tota sequeris.

Hymnus in laudem Vincentii martyris.

Beate martyr, prospera
Diem triumphalem tuum
Quo sanguinis merces tibi,
Corona, Vincenti, datur.
Hic te ex tenebris sæculi,
Tortore victo & judice,
Evexit ad cælum dies,
Christoque ovantem reddidit.
Nunc angelorum particeps
Collucis insigni stola,
Quam testis indomabilis
Rivis cruoris laveras.
Quum te satelles idoli
Præcinctus atris legibus,
Litare divis gentium
Ferro & catenis cogeret.
Ac verba primum mollia
Suadendo blande effuderat;
Captator ut vitulum lupus
Rapturus, alludit prius.
Rex, inquit, orbis maximus,
Qui sceptra gestat Romula,
Servire sancit omnia
Priscis deorum cultibus.
Vos Nazareni assistite,
Rudemque ritum spernite.
Hæc saxa, quæ princeps colit,
Placate fumo & victima.
Exclamat hic Vincentius,
Levita de tribu sacra,
Minister altaris Dei,
Septem ex columnis lacteis.
Tibi ista præsint numina,
Tu saxa, tu lignum colas,
Tu mortuorum mortuus
Fias deorum pontifex.
Nos lucis auctorem patrem,
Ejusque Christum filium,
Qui solus ac verus Deus,
Datiane, confitebimur.
Hic ille jam commotior;
Audesne nos felix, ait,
Jus hoc deorum & principum,
Violare verbis asperis?
Jus & sacratum & publicum,
Cui cedit humanum genus,
Nec te juventæ fervida
Instans periclum permovet?
Hæc namque decretum cape,
Aut ara, thure, & cespite
Precanda jam nunc est tibi,
Aut mors luenda est sanguine.
Respondit ille alacrius:
Age ergo, quidquid virium,
Quidquid potestatis tibi est,
Palam reluctor, exere.
Vox nostra quæ sit, accipe:
Est Christus & pater Deus:
Servi hujus & testes sumus.
Extorque si potes fidem.
Tormenta, carcer, ungulæ,
Stridensque flammis lamina,
Atque ipsa pœnarum ultima
Mors Christianis ludus est.
O vestra inanis vanitas,
Scitumque brutum Cæsaris!
Condigna vestris sensibus
Coli jubetis numina,
Excisa fabrili manu,
Cavis recocta & follibus,
Quæ voce, quæ gressu carent,
Immota, cæca, elinguia.
His sumptuosa splendide
Delubra crescunt marmore.

His colla compagibus
Percussa mœrorem cadunt.
At ſunt & illis ſpiritus.
Sancti ſere magiſtri criminum,
Veſtra & talentis aureum,
Vagi, imperantes, fortiter:
Qui vos hortatur invicem
In omne compellunt nefas,
Vaſtare juſtos cædibus,
Plebem piorum carpere.
Norunt & ipſi ac ſentiunt
Pollere Chriſtum, & vivere,
Ejuſque jam jamque adfore
Regnum tremendum perfidis.
Clamant furentes denique
Pulſi e latebris viſcerum,
Virtute Chriſti & nomine;
Divique & iidem dæmones.
His innocentem martyrem
Judex profanus cum talis,
Conclamat: Os obturate,
Ne plura jactet improbus.
Vocem loquendi claudite,
Rapidoque lictores date,
Illos reorum carnibus
Paſtos, manuque exercitos.
Jam faxo jus prætorium
Conviciator ſentiat,
Ne ſuppetat, ne ſubdolis
Diis deſignatis inſoleat.
Tibi ergo ſoli, contumax,
Tarpeia calcantur ſacra?
Te parum ſolus abnuere
Romam, Senatum, Cæſarem?
Vinctum retortis brachiis,
Surſum ac deorſum extendite:
Compago donec oſſium
Divulſa membratim crepet.
Poſt hinc biſulcis ictibus
Nudate coſtarum abdita,
Ut per lacunas vulnerum
Jecur retectum palpitet.
Ridebat hæc miles Dei,
Manus cruentas increpans,
Quod fixa non profundius
Intraret artus ungula.
Ac jam pavore robur ſordium
Eviſcerando ceſſerat,
Niſuſque anhelus ſolverat
Foſſos lacertorum toros.
At ille tanto lætior,
Omni vacantem nubilo
Frontem ſerenam luminat,
Te, Chriſte, præſentem videns.
Quis vultus iſte, proh pudor!
Dacianus ajebat furens,
Gaudet, renidet, provocat,
Tortore tortus acrior.
Nil illa vis exercita
Tot ſuppliciorum artibus,
Agens in iſto proficit,
Ars & dolorum vincitur.
Sed vos alumni carceris,
Par ſemper invictum mihi,
Cohibete paulum dexteras,
Reſpiret ut ſeſſus vigor.
Perfecta rurſus ulcera,
Dum ſe cicatrix colligit,
Refrigerati ſanguinis,
Manus refreſcens diruat.
His contra Levita refert:
Si jam reorum perſpicis
Languere virtutem tuam,
Age ipſe major carnifex,
Oſtende quo pacto queant
Imos receſſus ſcindere,
Manus & ipſe inſerere,
Rivoſque ferventes bibe.
Erras, cruente, ſi meam
Te rere pœnam ſumere,
Quum membra morti obnoxia
Dilancinata interficis.
Eſt alter homo intrinſecus,
Violare quem nullus poteſt,
Liber, quietus, integer,
Exors dolorum triſtium.
Hoc, quod laboras perdere
Tantis furoris viribus,
Vas eſt ſolutum ac fictile,
Quocumque frangendum modo.
Quin immo nunc enitere
Illum ſecare ac plectere,
Qui perſtat intus, qui tuam
Calcat, tyranne, inſaniam.
Hunc laceſſe, hunc diſcute
Invictum, inſuperabilem,
Nullis procellis ſubditum,
Solique ſubjectum Deo.
Hæc ſanctus, & ſtridentibus
Laniatur uncis denuo.
Cui prætor ore ſubdolo
Anguina verba exſibilat:
Si tanta callum pectoris
Prædurat obſtinatio,
Pulvinar ut noſtrum manu
Abominaris tangere:
Saltem latentes paginas,
Libroſque opertos detege,
Quo ſecta pravum ſeminat
Juſtis cremandos ignibus.
His martyr auditis ait:
Quem tu, maligne, myſticis
Minitaris ignem litteris,
Flagrabis ipſe hoc juſtius.
Romphæa nam cœleſtium
Vindex erit voluminum,
Tanti veneni interpretem
Linguam perurens fulmine.
Vides favillas judicum
Gomorrhæorum criminum,
Sodomita quæ leges cinis
Teſtis perennis funeris.
Exemplar hoc, ſerpens, tuum eſt,
Fuligo quem mox ſulphuris,
Bitumen & miſtum pice,
Imo implicabunt tartaro.
His perſecutor ſaucius
Pallet, rubeſcit, æſtuat,
Inſana torquens lumina,
Spumaſque frendens egerit.
Tum deinde cunctatus diu,
Decernit extrema omnium

Igni, grabato, & lamminis
Exerceatur quæstio.
Hæc ille sese ad munera
Gradu citato proripit,
Ipsosque pernix gaudio
Pœnæ ministros prævenit.
Ventum ad palæstram gloriæ;
Spes certat, & crudelitas:
Luctamen anceps conserunt,
Hinc martyr, illinc carnifex.
Serrata lectum regula
Dente frequenti exasperat,
Cui multa carbonum strues
Vivum vaporat halitum.
Hunc sponte conscendit rogum
Vir sanctus ore interrito:
Ceu jam corona conscius
Celsum tribunal scanderet.
Subter crepante aspergine
Scintillat excussus salis,
Punctisque fervens stridulis
Sparsim per artus figitur.
Arvina posthinc ignea
Impressa cauterem levit,
Vis unde roris fumidi
In membra sensim liquitur.
Hæc inter immotus manet
Tamquam dolorum nescius,
Tenditque in altum lumina,
Nam vincla palmas presserant:
Sublatus inde fortior,
Lugubre in antrum truditur,
Ne liber usus luminis
Animaret almum spiritum.
Est intus imo ergastulo
Locus tenebris nigrior,
Quem saxa mersi fornicis
Angusta clausum strangulant.
Æterna nox illic latet,
Expers diurni sideris:
Hic carcer horrendus suos
Habere fertur inferos.
In hoc barathrum conditum
Truculentus hostis martyrem,
Lignoque plantas inserit
Divaricatis cruribus.
Quin addit & pœnam novam
Crucis peritus artifex,
Nulli tyranno cognitam
Nec fando compertam retro.
Fragmenta testarum jubet
Hirta impolitis angulis,
Acuminata, informia,
Tergo jacentis sternerent.
Totum cubile spiculis
Armant dolores anxii,
Insomne qui subter latus
Mucrone pulsent obvio.
Hæc ille versutus vafer
Molitus arte struxerat:
Sed Belzebulis callida
Commenta Christus destruit.
Nam carceralis cæcitas
Splendore lucis fulgurat,
Duplexque morsus stipitis
Ruptis cavernis dissilit.
Agnoscit hic Vincentius
Adesse quod speraverat,
Tanti laboris præmium,
Christum datorem luminis.
Cernit deinde fragmina
Jam testularum, mollibus
Vestire sese floribus,
Redolente nectar carcere.
Quin & frequentes angeli
Stant, ac loquuntur comminus,
Quorum unus ore augustior
Compellat his dictis virum:
Exsurge, martyr inclyte,
Exsurge securus tui:
Exsurge, & almis cœtibus
Noster sodalis addere.
Decursa jam sunt tristia
Pœnæ minacis munia,
Pulchraque mortis exitu
Omnis peracta est passio.
O miles invictissime,
Fortissimisque fortior,
Jam te ipsa sæva & aspera
Tormenta victorem tremunt.
Spectavit hæc Christus Deus
Compensat ævo interminus,
Propriæque collegam crucis
Larga coronat dextera.
Pone hoc caducum vasculum
Compage textum terrea,
Quod dissipatum solvitur,
Et liber in cælum veni.
Hæc ille, sed claustris foras
Interna rumpunt lumina,
Tectumque per rimas micat
Lucis latentis proditor.
Hoc cum stuperet territus
Observitor atri liminis,
Quem cura parvum mancipem
Servare sontium domum:
Psallentis audit insuper
Prædulce carmen martyris,
Cui vocis instar æmulæ
Conclave reddit concavum.
Pavens deinde introspicit,
Adversa quanquam postibus
Acies per artas cardinum
Intrare juncturas potest.
Vernare multis floribus
Stramenta testarum videt,
Ipsumque vulsis nexibus
Obambulantem pangere.
Implentur aures turbidi
Prætoris hoc miraculo:
Flet victus, & volvit pectore
Iram, dolorem, dedecus.
Exemptus, inquit, carcere,
Paulum benignis fotibus
Recreetur, ut pastum novum
Pœnis refectus præbeat.
Coire toto ex oppido
Turbam fidelem cerneres,
Mollire præfultum torum,
Siccare cruda vulnera.
Ille ungularum duplices
Sulcos pererrat osculis:

Hic purpurantem corporis
Gaudent cruorem lambere.
Plerique vestem lineam
Stillante tingunt sanguine,
Tutamen ut sacrum suis
Domi reservent posteris.
Tunc ipse custos carceris,
Et vinculorum janitor,
Ut fert vetusta conditio,
Repente Christum credidit.
Hic obseratis vestibus
Densa specum caliginis
Splendore lucis advenae
Micuisse clausum viderat.
At vero postquam lectulo
Martyr quietem contigit,
Aeger moratum taedium,
Et mortis incensus siti:
Si mors habenda hujusmodi est,
Quae corporali ergastulo
Mentem resolvit liberam,
Et reddit auctori Deo:
Mentem piatam sanguine,
Mortis lavacro elotam,
Quae semet ac vitam suam
Christo immolandam praebuit.
Ergo ut reclinis mollibus
Rejecit aulaeis caput,
Victor relictis artubus
Caelum capessit spiritus.
Cui recta celsis tramite
Referetur ad patrem via,
Quam fratre caesus impio
Abel beatus scanderat.
Stipant euntem candidi
Hinc inde sanctorum chori,
Parique quondam carcere
Baptista Joannes vocat.
At Christiani nominis
Hostem coquebant irrita
Fellis tumentis, & lividum
Cor efferata exusserant.
Saevire inermem crederes
Fractis draconem dentibus.
Evasit exultans, ait,
Rebellis, & palmam tulit?
Sed restat illud ultimum,
Inferre poenam mortuo,
Feris cadaver tradere,
Canibusque carpendum dare.
Jam nunc & ossa extinxero,
Ne sit sepulchrum funeris,
Quod plebs gregalis excolat,
Titulumque figat martyris.
Sic fremit, & corpus sacrum
Profanus, (oh dirum nefas!)
Nudum negato tegmine
Exponit inter carices.
Sed nulla dirarum famis,
Aut bestiarum aut alitum,
Audet tropaeum gloriae
Foedare tactu squalido.
Quin si qua clangens improbe
Circumvolarat eminus,
Trucis volucris impetu
Depulsa vertebat fugam.

Nam corvus Heliae dapes
Olim, ciborum portitor,
Hoc munus implet sedulo,
Et inviolatum excubat.
Hic ex frutetis proximis
Infestum alarum fuga,
Oculosque pennis verberans
Exegit immanem lupum.
Quis perfidorum crederet
Ales, rapacem bestiam
Tauris pavendam congredi,
Cessisse plumis mollibus!
Iam caliginem ingruerant,
Levi volatu everterat,
Praedamque visam fugerat
Custodis imbellis minis.
Quis audienti talia,
Daciane, tunc sensus tibi?
Quantis gementem spiculis
Figebat occultus dolor!
Quum te peremptori corporis
Virtute victum cerneres,
Ipsis & impar ossibus,
Variumque jam mutaveris colorem.
Sed quid, tyranne, perfurens,
Hunc impotentem spiritum
Determinabit exitus?
Nullusne te franget modus?
Nullus, nec umquam desinam:
Nam si ferina immanitas
Mansuescit, & clementia
Corvus voracem mitigat,
Mergam cadaver fluctibus,
Infame campum naufragis,
Ignobile undis, & spumeum
Nescit profundum parcere.
Aut semper illic ambitus
Incerta per ludibria
Vaga feretur fluctibus,
Squamosa pascens agmina:
Aut sub fragosis rupibus
Scabri petrarum murices
Inter recessus scrupeos
Discissa rumpant viscera.
Ecquis virorum, strenue
Cymbam peritus pellere
Remo, rudente, & carbaso,
Secare qui pontum queat?
Rapiat palustri e cespite
Corpus, quod insepultum jacet,
Levemque vectum lembulo
Amplum per aequor efferat.
Sed complicatum sparteo
Claudat cadaver culleo,
Quem saxo connexum ligis
Praeceps in altum deprimat.
At tu per undas eminus
Revectus puppim palmulis,
Donec relictum longius
Abscondat aspectu solum.
Haec jussa quidam militum,
(Exemplo nomen sit)
Violentus, audax, barbarus,
Furore fervens arripit.
Funale textum conserit,
Suo quod implet corpore,

Etiam

Exemptus & mersus freti,
Inter procellas exterit.
O præpotens virtus Dei,
Virtus creatrix omnium!
Quæ turgidum quondam mare
Gradiente Christo straveras,
Ut terga calcans æquoris
Siccis mearet passibus,
Plantas nec undis tingeret
Vasti viator gurgitis.
Hæc ipsa virtus jusserat
Rubrum salum dehiscere,
Per quem profundo aridum
Secura plebs incesserit.
Nec non & ipsa nunc jubet
Servire sancto corpori
Pontum quietis lapsibus
Ad curva promens litora.
Saxum molaris ponderis,
Ut spuma candens, innatat,
Tantique custos pignoris
Fiscella fertur fluctibus.
Cernunt stupentes navitæ
Vectam remenso marmore,
Labi retrorsum leniter
Æstu secundo & flamine.
Certant & ipsi concito
Pontum phaselo scindere,
Longe sed ante prævolans
Telluris ad mollem sinum.
Prius relatum denique
Humus quieta suscipit,
Quam pulsa spumosis æstibus
Carina portum tangeret.
Felix amœni littoris
Secessus ille, qui sacra
Fovens arenis viscera
Vicem sepulchri præbuit!
Dum cura sanctorum pia
Delubri adornat aggerem,
Tumuloque corpus creditum
Vices reservat pulvere,
Sed mox sedatis hostibus,
Jam pace justis reddita,
Altar quietem debitam
Præstat beatis ossibus.
Subjecta nam sacrario,
Imamque ad aram condita,
Cælestis auram muneris
Perfusa subtus hauriunt.
Sic corpus: ast ipsum Dei
Sedes receptum continent,
Cum Maccabæis fratribus
Sectoque Isaiæ proximum.
Simplex sed illis contigit
Corona pœnarum, quibus
Finem malorum præstitit
Mortis supremus exitus.
Quid tale sectus ustus est?
Truncata numquid corporis
Segmenta post ferrum feris
Objecit, aut undis dedit?
Num Maccabæi martyris
Linguam tyrannus crutam,
Raptamve pellem verticis
Avibus cruentis obtulit?
Te solum, o bis inclyte,
Solus laborum duplicium
Palmam tulisti: tu duas
Simul parasti laureas.
In morte victor aspera,
Tum deinde post mortem pari
Victor triumpho proteris
Solo latronem corpore.
Adesto nunc, & percipe
Voces precantum supplices,
Nostri reatus efficax
Orator ad thronum patris.
Per te, per illum carcerem,
Honoris augmentum tui,
Per vincla, flammas, ungulas,
Per carceralem stipitem,
Per fragmen illud testeum,
Quo parta crevit gloria,
Per, quem tremens posteri
Exosculamur, lectulum:
Miserere nostrarum precum,
Placatus ut Christus suis
Inclinet aurem prosperam,
Noxas nec omnes imputet.
Si rite solemnem diem
Veneramur ore & pectore:
Si sub tuorum gaudio
Vestigiorum sternimur;
Paulisper huc illabere,
Christi favorem deferens,
Sensus gravati ut sentiant
Levamen indulgentiæ.
Sic nulla jam restet mora,
Quin excitatam nobilis
Carnem resumat spiritus,
Virtute perfunctam pari.
Ut quæ laborum particeps
Commune discrimen tulit,
Sit & coheres gloriæ
Cunctis in ævum sæculis.

In honorem Beatissimorum Martyrum, Fructuosi Episcopi Ecclesiæ Tarraconensis, & Augurii, & Eulogii diaconorum.

FElix Tarraco, Fructuose, vestris
Attollit caput ignibus coruscum,
Levitis geminis procul relucens.
Hispanos Deus aspicit benignus,
Arcem quandoquidem potens Hiberam
Trino martyre Trinitas coronat.
Ardens Augurius capessit astrum,
Necnon Eulogius simul supremum
Christi lucidus ad solium tendit.
Dux & prævius & magister illis
Ad tantum decus, ex Episcopali
Clarus nomine Fructuosus ibat.
Accitus quia præsidis repente
Jussu, venerat ad forum sacerdos
Levitis comitantibus duobus.
Inde ad carceream viros catenam
Pastus sanguine carnifex trahebat.
Gaudet cernere Fructuosus illos;
Ac, ne quis socios timor feriret,
Præceptor vehemens tonando firmat,
Incenditque fidem calore Christi.

Macros

Mecum state, viri: vocat cruentum
Ad pastum coluber Dei ministros.
Ne mors terreat, est parata palma.
Carcer Christicolis gradus coronæ est,
Carcer provehit ad superna cæli,
Carcer conciliat Deum beatis.
His dictis, adeunt specum reorum,
Exercent ibi mysticum lavacrum,
Et perguntur aquæ stupent tenebræ.
Sex hic continuis latent diebus.
Tandem stant trucis ad tribunal hostis.
Fratrem tergeminum tremunt catastæ.
Judex Æmilianus imminebat,
Atrox, turbidus, insolens, profanus,
Aras dæmonicas coli jubebat.
Tu qui doctor, ait, seris novellum
Commenti genus, ut leves puellæ
Lucos destituant, Jovem relinquant:
Damnes, si sapias, anile dogma.
Jussum est Cæsaris ore Gallieni,
Quod princeps colit, ut colamus omnes.
Hæc sancti placidus refert sacerdos:
Æternum colo principem, dierum
Factorem, dominumque Gallieni:
Et Christum patre prosatum paterni,
Cujus sum famulus, gregisque pastor.
Subridens ait ille: Jam fuisti.
Nec differt furor aut refrenat iram,
Sævis destinat ignibus cremandos.
Exultant, prohibentque flere vulgum.
Quendam de populo videt sacerdos
Libandum sibi poculum offerentem:
Jejunamus, ait; recuso potum.
Nondum nona diem resignat hora:
Numquam conviolabo jus dicatum,
Nec mors ipsa meum sacrum resolvet.
Sic Christus sitiens crucis sub hora
Oblatum sibi poculum recusans,
Nec libare volens, sitim peregit.
Intrant interea locum rotunda
Conclusum cavea, madens ferarum
Multo sanguine quem furor frequentat,
Quum spectacula perstrepunt cruenta,
Ac vilis gladiator ense duro
Percussus cadit, & fremit voluptas.
Hic flammante pyra, niger minister
Ardens supplicium parare jussus,
Construxit facibus rogum supremis.
Qui dum corpora concremata solvit,
Ferventes animas amore lucis
Fracto carceris expediret antro.
Certant officiis pii sodales:
Plantis calceamenta dissolutis
Pronus detrahere studebat unus.
Sed sanctus vetat ora Fructuosus
Inclinata premi. Facessite, inquit,
Ne nostram graves obsequela mortem.
At quin ipse meos pedes resolvam,
Ne vestigia præpedita vinclis
Tardis gressibus intrent in ignem.
Cur lamenta rigant genas madentes?
Cur vestri memor ut siem rogatis?
Cunctis oro populis rogabo Christum.
Vix hæc ediderat, relaxat ipse
Indumenta pedum, velut Moyses
Quondam fecerat ad rubum propinquans.

Non calcare sacrum cothurnatum,
Aut adstare Deo prius licebat,
Quam vestigia pura figerentur.
Stabat calce mera, resultat ecce
Cælo spiritus, & sonis loquentum,
Qui cunctos tremefecit audientes.
Non est, credite, pœna, quam videtis,
Quæ puncto tenui citata transit:
Nec vitam rapit illa, sed reformat.
Felices animæ, quibus per ignem
Celsa scandere contigit Tonantis!
Quas olim fugiet perennis ignis.
Hæc inter, rapidis focus crepantes
Intrans pellibus, & minatur ipse
Flammarum trepidantibus caminis.
Nexus denique, qui manus retrorsum
In tergum revocaverant revinctas,
Intacta cute decidunt adusti.
Non ausa est cohibere pœna palmas
In morem crucis ad patrem levandas:
Solvit brachia quæ Deum precentur.
Priscorum specimen trium putares,
Quos olim Babylonicum per ignem
Cantantes stupuit tremens tyrannus.
Illis sed pia flamma tum pepercit,
Nondum tempore passionis apto,
Nec mortis decus inchoante Christo.
Hos quum deficeret vapore ardor,
Orant, ut celer ignis advolaret,
Et finem daret anxiis periclis.
Exorata suos abire tandem
Majestas famulos jubet caducis
Missos corporibus, sibique reddi.
Vidit Præsidis ex domo satelles
Cælum martyribus patere apertum,
Insignesque viros per astra ferri.
Quin & filiolæ monstrat herili
Ostendit sceleris notam paterni,
Cælo vivere, quos forum peremit.
Hoc tum virginitas palam videre
Per sudum meruit, patente cælo,
Ut crimen domini domus timeret.
Tum de corporibus sacris favillas,
Et perfusa mero leguntur ossa,
Quæ raptim sibi quisque vindicabat.
Fratrum tantus amor, domum referre
Sanctorum cinerum dicata dona,
Aut gestare sinu fidele pignus.
Sed ne reliquiis resuscitandis,
Et mox cum Domino simul futuris,
Discretis loca dividantur sepulchris:
Cernuntur nivei stolis amicti,
Mandant restitui, cavoque clausum
Mixtim marmore pulverem sacrandum.
O triplex honor, o triforme culmen,
Quo nostræ caput excitatur urbis,
Cunctis urbibus eminens Hiberis!
Exultare tribus libet patronis,
Quorum præsidio fovemur omnes
Terrarum populi Pyrenæarum.
Circumstet chorus ex utroque sexu,
Heros, virgo, puer, senex, anicula,
Vestrum psallite rite Fructuosum.
Laudans Augurium resultet hymnus,
Mixtis Eulogium modis coæquans,
Reddamus paribus pares camœnas.

Hæc

Hinc aurata sonent in arce tecta,
Blandum litoris extet inde murmur,
Et carmen freta feriata pangant.
Olim tempus erit ruente mundo,
Quum te, Tarraco, Fructuosus acri
Solvet supplicio, tegens ab igni.
Fors dignabitur & meis medelam
Tormentis dare, prosperante Christo,
Dulces Hendecasyllabos revolvens.

In honorem Quirini Martyris, Episcopi Ecclesiæ Siscian.

INsignem meriti virum,
Quirinum placitum Deo
Urbis mœnia Sisciæ
Concessum sibi martyrem
Complexu patrio fovent.
Hic sub Galerio duce,
Qui tunc Illyricos sinus
Urgebat dicionibus,
Fertur catholicam fidem
Illustrasse per exitum.
Non illum gladii rigor,
Non incendia, non feræ
Crudeli interitu necant,
Sed lymphis fluvialibus
Gurges dum rapit, abluit.
Nil refert vitreo æquore,
An de flumine sanguinis
Tingat passio martyrem:
Æque gloria provenit
Fluctu quolibet uvida.
Summo pontis ab ardui
Sanctæ plebis Episcopus
In præceps fluvio datur,
Suspensum laqueo gerens
Ingentis lapidem molæ.
Dejectum placidissimo
Amnis vertice suscipit,
Nec mergi patitur sibi,
Miris vasta natatibus
Saxi pondera sustinens.
Spectant eminus e solo
Doctorem pavidi greges:
Nam Christi populus frequens
Riparum sinuamina
Stipato agmine sepserat.
Sed Quirinus ut eminens
Os circumtulit, hanc suam
Exemplo trepidam videt,
Nil ipse proprii metuens
Inter stagna periculi.
Confirmat pia pectora,
Verbis mirifice rogans,
Ne quem talia terreant,
Neu constans titubet fides,
Aut pœnam putet emori.
Dicentem fluitantibus
Amnis terga vehunt vadis,
Nec substrata profunditas
Saxoque & laqueo & viro
Audet sponte dehiscere.
Sensit martyr Episcopus
Jam partam sibi præripi
Palmam mortis & exitus,
Ascensumque negarier
Æterni ad solium patris.
Jesu cunctipotens, ait,
Haudquaquam tibi gloriæ
Hæc est insolita, aut nova,
Calcare frementem maris,
Prona & flumina sistere.
Scimus discipulum Petrum,
Quum vestigia tingeret,
Mortali trepidus pede,
Dextræ subsidio tuæ
Subjecisse salum solo.
Jordanem quoque novimus
Tortis vorticibus vagum,
Dum ferret rabido impetu,
Ad fontem refluis retro
Confugisse meatibus.
Hæc miracula sunt tuæ
Virtutis, Domine; ut modo
Suspendor, leve prænatans
Summo gurgite fluminis,
Cum collo scopulum traham.
Jam plenus titulus mei est,
Et vis prodita numinis,
Quam gentilis habet stupor:
Absolvas, precor, optime,
Hujus nunc animæ moras.
Quid possis, probat amnicus,
Qui vectat silicem, liquor.
Hoc jam, quod superest, cedo,
Quo nil est pretiosius
Pro te, Christe Deus, mori.
Orantem simul halitus
Et vox deserit, & calor:
Scandit spiritus arduum:
Fit pondus grave saxeum,
Corpus suscipiunt aquæ.

Locus, ubi Martyres passi sunt, quod nunc Baptisterium appellatur.

ELectus Christo locus est, ubi corda probata
Provehat ad cœlum sanguine, purget aqua.
Hic duo purpureum, Domini pro nomine cæsi,
Martyrium pulchra morte tulere viri.
Hic etiam liquido fluit indulgentia fonte,
Ac veteres maculas diluit amne novo.
Qui cupit æternum cæli conscendere regnum,
Huc veniat sitiens, ecce parata via est.
Ante coronati scandebant ardua testes
Atria, nunc lotæ celsa petunt animæ.
Spiritus æterno solitus descendere lapsu,
Ut dederat palmam, sic tribuit veniam.
Haurit terra sacros aut fonte, aut sanguine rores,
Exundatque suo jugiter uda Deo.
Ipse loci est dominus, laterum cui vulnere utroque
Hinc cruor effusus fluxit, & inde latex.
Ibitis hinc, ut quisque potest, per vulnera Christi,
Evectus gladiis alter, & alter aquis.

Passio Cassiani Martyris in foro Corneliano.

SYlla forum statuit Cornelius, hunc Itali urbem
Vocitant ab ipso conditoris nomine.
Hic mihi, quum peterem te, rerum maxima Roma,
Spes est oborta prosperum Christum fore.
Stratus humi tumulo advolvebar, quem sacer ornat

Martyr,

Martyr, dicatum Cassiani corpore.
Dum lacrimans mecum reputo mea vulnera, & omnes
Vitæ labores, ac dolorum acumina:
Erexi ad cælum faciem, stetit obvia contra
Fucis colorum picta imago martyris,
Plagas mille gerens, totos lacerata per artus,
Ruptam minutis præferens punctis cutem.
Innumeri circum pueri, miserabile visu,
Confossa parvis membra figebant stylis,
Unde pugillares soliti percurrere ceris
Scholare murmur adnotantes scripserant.
Ædituus consultus, ait: Quod prospicis hospes,
Non est inanis aut anilis fabula.
Historiam pictura refert, quæ tradita libris,
Veram vetusti temporis monstrat fidem.
Præfuerat studiis puerilibus, & grege multo
Septus, magister literarum sederat.
Verba notis brevibus comprendere cuncta peritus,
Raptimque punctis dicta præpetibus sequi.
Aspera nonnunquam præcepta, & tristia visa
Impube vulgus moverant iræ & metus:
Doctor amarus enim discenti semper ephebo,
Nec dulcis ulli disciplina infantiæ est.
Ecce, fidem quatiens tempestas sæva, premebat
Plebem dicatam Christianæ gloriæ.
Extrahitur cœtu e medio moderator alumni
Gregis, quod aris supplicare spreverat.
Pœnarum artifici quæsitum, quod genus artis
Vir nosset, alto tam rebellis spiritu;
Respondent, agmen tenerum ac puerile gubernans,
Fictis notare verba signis imbuens:
Docile, contemnens, captivum ducite, & ultro
Donetur ipsis verberator parvulis.
Ut libet illudant, lacerent impune, manusque
Tingant magistri feriatas sanguine.
Ludum discipulis volupe est ut præbeat ipse
Doctor severus, quos nimis coercuit.
Vincitur post terga manus, spoliatur amictu,
Adest acutis agmen armatum stylis.
Quantum quisque odii tacita conceperat ira,
Effundit ardens felle tandem libero.
Conjiciunt alii lapides, inque ora tabellas
Frangunt, relisa fronte lignum dissilit.
Buxa crepant cerata, genis impacta cruentis,
Rubetque ab ictu cera & humens pagina.
Inde alii stimulos, & acumina ferrea vibrant,
Qua parte aratis cera sulcis scribitur.
Et qua secti apices abolentur, & æquoris hirti
Rursus nitescens innovatur area.
Hinc foditur Christi confessor, & inde secatur,
Pars viscus intrat molle, pars scindit cutem.
Omnia membra manus pariter fixere ducentæ,
Totidemque guttæ vulnerum stillant simul.
Major tortor erat, qui summa pupugerat infans,
Quam qui profunda perforarat viscera.
Ille levis, quoniam percussor morte negata
Sævire solis scit dolorum spiculis.
Hic quanto interius vitalia condita pulsat,
Plus dat medelæ, dum necem prope applicat.
Este precor fortes, & vincite viribus annos;
Quod desit ævo, suppleat crudelitas.
Sed male conatus tener, infirmusque laborat,
Tormenta crescunt, dum fatiscit carnifex.
Quid gemis? exclamat quidam: tute ipse magister
Istud dedisti ferrum, & armasti manus.
Reddimus ecce tibi tam millia multa notarum,
Quam stando, flendo, te docente, excepimus.
Non potes irasci quod scribimus, ipse jubebas,
Nunquam quietum dextera ut ferret stilum.
Non petimus toties te præceptore negatas,
Avare doctor, jam scholarum ferias.
Pangere puncta libet, sulcisque intexere sulcos,
Flexas catenis impedire virgulas.
Emendes licet inspectos longo ordine versus,
Mendosa forte si quid erravit manus.
Exerce imperium: jus est tibi plectere culpam,
Si quis tuorum te notavit segnius.
Talia ludebant pueri per membra magistri,
Nec longa fessum pœna solvebat virum.
Tandem luctantis miseratus ab æthere Christus,
Jubet resolvi pectoris ligamina.
Difficilesque moras animæ, ac retinacula vitæ
Relaxat, artas & latebras expedit.
Sanguis ab interno venarum fonte patescens
Vias sequutus, deserit præcordia.
Totque foraminibus penetrati corporis exit
Fibrarum opertus ille vitalis calor.
Hæc sunt quæ liquidis expressa coloribus, hospes,
Miraris, ista est Cassiani gloria.
Suggere si quod habes justum vel amabile votum,
Spes si qua tibi est, si quid intus æstuas.
Audit, crede, preces martyr prosperrimus omnes,
Ratasque reddit, quas videt probabiles.
Pareo, complector tumulum, lacrimas quoque fundo,
Altar tepescit ore, saxum pectore.
Tunc arcana mei percenseo cuncta laboris,
Tunc quod petebam, quod timebam murmuro.
Et post terga domum dubia sub sorte relictam,
Et spem futuri forte nutantem boni.
Audior, urbem adeo, dextris successibus utor:
Domum revertor, Cassianum prædico.

Romani Martyris Supplicium.

ROmane, Christi fortis adsertor Dei,
Elinguis oris organum fautor move,
Largire comptum carmen infantissimo.
Fac ut tuarum mira laudum concinam:
Nam scis & ipse posse mutos eloqui.
Plectrum palati, & faucium sævus tibi
Tortor revulsit: nec tamen silentium
Indixit ori, quo sonabaris Deum,
Vox veritatis extingui nequit,
Nec si recisis palpitet meatibus.
Hic noster hærens sermo lingua debilis
Balbutit, & modis laborat absonis:
Sed si superno rore respergas jecur,
Et spiritali lacte pectus irriges,
Vox impeditos rupta laxabit sonos.
Evangelista scripsit, ipsum talia
Præcepta Messiam dedisse Apostolis:
Nolite verba, quando sacramentum meum
Erit canendum, providenter quærere;
Ego imparatis, quæ loquantur, suggeram.
Sum mutus ipse, sed potens facundiæ
Mea lingua Christus luculenter disseret,
Ipse explicabit quem supremo spiritu
Deum tenebat, dum doceret, moverit,
Furore pulsus pejor in sævissimo.
Sic vulneratus armis ictu spiculi
Ferrum retundit, & dolore fortior,
Quassando pressis incumberet dentibus:

Hastile fixum, sed manet profundius,
Nec ulla sentit morsuum pericula.
Galerius orbis forte Romani statum
Ductor regebat, ut refert antiquitas,
Immitis, atrox, asper, implacabilis:
Edicta late mundum in omnem miserat,
Christum negaret, quisque mallet vivere.
Haec ille serpens ore dictabat regio,
Qui mortuorum de sepulchris exitum
Clamat: Quid ante tempus advenis cito?
Mea regna solvis? parce, Fili altissimi,
Vel pulsa ab ore corda porcorum jube.
Praefectus illis imminens ergastulis
Asclepiades, ire mandat milites
Ecclesiasten atque de sacrariis
Raptare plebem, mancipandam vinculis,
Ni disciplinam Nazaream respuat.
Mox ipse templum cogitans irrumpere,
Et dissipare Sanctis Sanctorum fores,
Armis profanus praeparabat impiis
Altaris aram funditus pessumdare,
Foresque & ipsas in ruinam solvere.
Praesentit index his repente cognitis
Romanus, sacrae heros excellentiae,
Venire in armis perduelles nuntiat,
Animosque paventum praestruxit hortatibus,
Stent ut parati, neve cedant turbini.
Conspirat uno foederatum spiritu
Grex Christianus, agmen imperterritum,
Matrum, virorum, parvulorum, virginum:
Fixa & sancita est omnium sententia
Fidem tueri, vel libenter emori.
Refert repulsus miles ad subsellia,
Plebis rebellis esse Romanum ducem,
Flagrare cunctos pervicaci audacia,
Jugulos retectos obstinate opponere,
Quo gloriosa morte ferrum appetant.
Praeceps jubetur inde Romanus capi,
Solusque, ut luiturus & sua omnium,
Pro contumaci plebe causam dicere.
It non rebellis, seque vinciri petit,
Flexas & ultro torquet in tergum manus.
Amor coronae paene praevenit trucem
Lictoris artem, sponte nudans offerens
Costas bisulcis exsecandas ungulis:
Irrumpit altum limen, & praeconibus
Stipante turba, ipse tortorem trahit.
Adstanti ab ore sic tyrannus incipit:
Infame monstrum, vilis, insectabilis,
Tu ventilator urbis, & vulgi levis
Procella, mentes inquietas mobiles,
Ne se imperita turba dedat legibus.
Populare quiddam sub colore gloriae
Illiteratis credidit frequentiae,
Ut se per aevum consecrandum autumet,
Si bella divis ceu gigantes inferat,
Victusque flammis obruatur montium.
Hoc te paravi, perdite, spectaculum
Cladis cruentae de tuendis civibus,
Quos ut profanos, impios & feralis
Reos, necesse est te magistro interfici:
Tu causa mortis, tu malorum signifer.
Ni fallor, aequum est, ut quod omnes impetus
Tolerare multos compulisti, carnifex,
In te recurrat, primus tantis cruciatibus,
Qua mox suorum, primus exitium luas,
Feras & ipse quod sequentes senseris.
His ille contra reddit ore libero:
Amplector, o Praefecte, nec me subtraho,
Ut pro sodali plebe solus immoler,
Dignum luisse cuncta, si non cesserit,
Quaecumque vestra jusserit crudelitas.
Intrare servis idolorum ac daemonum
Sanctam satelles non licet nostrae domum,
Ne polluantur dona grandis liminis:
Contacta sancto in spiritu nunquam tibi
Damnata, ut hostem, limen attinget pede.
Ni tute noster fias, ne miserrimo gregi
Mereare sortem: quam Pater sanit Deus.
Incensus his Asclepiades, jusserat
Eviscerandum corpus eculeo eminens
Pendere, & unci, vinculisque crescere.
Apparitores sed tacenti suggerunt
Illum vetusta nobilem prosapia,
Meritisque multis esse primum civium.
Jubet amoveri nobilem supplicio,
Plebeja clarum poena ne damnet virum.
Tundatur, inquit, terga crebris ictibus,
Plumboque cervix verberata extuberet:
Persona quaeque competenter plectitur,
Magnique refert vilis, an sit nobilis.
Gradu secundum formas tormentis datur.
Pulsatus ergo martyr illa grandine,
Postquam inter ictus dixit hymnum plumbeos,
Erectus infit: Absit, ut me nobilem
Sanguis parentum praestet, aut lex curiae.
Generosa Christi secta nobilitat virum.
Si prima nostris quae sit incunabulis
Origo texta stemmatis recenseas:
Dei Parentis esse ab ore coepimus.
Cui quisque servit, ille vere est nobilis,
Patri rebellis, invenitur degener.
Honos deinde stemmati accedit novus
Et splendor ingens, ut magistratus volet;
Si confitendi nominis tulerim probam
Signum inusta ferri & ignis vulnera,
Et vim dolorum mors sequatur inclyta.
Cave benignus esse perversa velis,
Nec mi remissis ictibus peperceris,
Insignia memoris, tortor, ut sim nobilis:
His ampliatus si fruar successibus,
Genus patris matrisque flocci fecero.
Haec ipsa vestra dignitatum culmina
Quid esse censes? nonne cursus transitus?
Fasces, secures, sella, praetexta, toga,
Lictor, tribunal, & trecenta insignia,
Quibus tumetis, moxque detumescitis?
Quum consulatum initis, ut vestrum solet,
(Pudet fateri) sorte pullus pascitur,
Aquila ex eburna sumit arrogantiam
Gestator ejus, ac superbit belluae
Inflatus ossa, cui figura est alitis.
Jam si sub aris ad sigillorum pedes
Jacentis, infra sordidam quercum sui,
Quid esse vobis aestimem propitium?
Nudare plantas ante carpentum scio
Proceres togatos, matris Idaeae sacris.
Lapis nigellus evehendus essedo,
Muliebris oris clausus argento sedet;
Quem dum ad lavacrum praeeundo ducitis,
Pedes remotis atterentes calceis
Almonis usque pervenitis rivulum.

Quid

Quid ille turpis pompa? nonne ignobiles
Vos esse monstrat, quum Luperci curritis?
Quem servulorum non putet vilissimum,
Nudus plateas si per omnes cursitans
Pulset puellas verbere ictu lubrico?
Miseret tuorum me sacrorum, & principum,
Morumque, Roma, saeculi summum caput.
Age explicemus, si placet, mysteria,
Praefecte, vestra: jam necesse est audias,
Nolis velis, quicquid colatis sordidum.
Nec terret iste qua tumes vesania,
Quod vulneratus, quod supinus, quod rigens,
Tormenta laeti commineris asperi:
Si me movere talem ullis alearis,
Ratione namque, non furore dimica.
Jubes, relictis patris & Christi sacris,
Ut rursum adorem feminas, ac mille mares,
Deas, deosque, deque sexu duplici
Natos, nepotes, abnepotesque editos,
Ac tot stuprorum sordidam prosapiam.
Nubunt puellae, saepe luduntur dolis,
Amatorum comprimuntur fraudibus:
Incesta fervent, furta moechorum calent,
Fallit maritus, astu amor palliatur,
Deum catenis colligant adulterum.
Ostende quaeso, quae sit ara principis
Vervece caeso servet ut cuspis notam:
Delphosne purpuras? sed vetus palaestrici
Corrupta ephebi fama, quem vester Deus
Effeminavit Gymnadis licentia.
Mox flevit impuratus occisum gravi
Disco, & dicavit florulentum hyacinthum.
Contactus idem patris afflatum pecus,
Furum deinde perditi pastor gregis
Segnis bubulcus, inde & ipse perdidit.
An ad Cybelen ibo lucum pinguem?
Puer sed obstat Gallus ob libidinem,
Per triste vulnus, perque sectum dedecus
Ab impudicae tutus amplexu deae
Per multa matri sacra plorantes spado.
Sed credo magni limen amplector Jovis,
Qui si citetur legibus vestris reus,
Laqueis tenebit implicatum Julia,
Lex severa vindicet & Scantinia,
Te cognitore dignus ire in carcerem.
Quid severum candidatum temperas
Coelo relatum? quem lugentem non negas
Latuisse terris, dum reformidat minas.
Quem si beate vivere audit Jupiter,
Plectar necesse est excubanti conscius.
Quid inter aras distinctorum numinum
Patres agnosco? Martis indigenae
Offensa victum, si colatur Lemnius.
Junonis iram senciet, quaeque et Deum
Signo, ac lacrimis consecraris Herculem.
Dicis, licetur hoc Poetas fingere,
Sed sunt & ipsi talibus mysteriis
Turpes sibimet: quaeque describunt, colunt.
Tu cur piacula tam libenter lectitas?
Cur in theatris te vidente id plauditur?
Cycnus stuprator pumex ? pulpito,
Saltat Tonantem tauricornem Ludius,
Spectator horret pauperem feminam feri,
Ridetque & ipse, nec negando diluis,
Quum fama tauri palliatur marmoris.
Cur te sacratum per cubiculum solveris
Quum se maritali stupro Alcmenae libet?
Meretrix Adonis vulneratum fornica
Libidinoso plangit affectu palam,
Nec te lupanar Cypridis sanctae movet?
Quid quod sub ipsis veritas signis patet,
Formata in aere criminum vestigia?
Quid vult sigillum semper affixum Jovi
Avis ministrae? nempe vultur armiger
Leno, satelles qui tyranno paruit.
Facem recincta veste praetendit Ceres.
Cur, si deorum nemo rapuit virginem,
Quam nocte quaerens mater errat pervigil?
Fusos rotantem cernimus Tirynthium?
Cur si Nearae non fuit lascivia?
Quid rusticorum monstra detester Deum?
Faunos, Priapos, fistularum praesides,
Nymphas natantes, incolasque aquatiles,
Sitas sub alto more ranarum lacu,
Divinitatis jus in algis vilibus?
Ad haec colenda me vocas, errans homo?
Potesne quicquam tale, si sanum sapis,
Sanctum putare? nonne palmarem tuam
Derides, istas intuens ineptias,
Quas vinolentae somniis fingunt anus?
At, si quid usquam vernacula mysticae
Nobis colendum est, ipse primus incipe;
Promiscue adora quicquid in terris sacri est,
Deos Latinos, & deos Aegyptios,
Quos Roma libat, quos Canopus supplicat.
Venerem precaris? comprecare & simiam.
Placet sacratus aspis Aesculapii?
Crocodilus, Ibis, & canes cur displicent?
Appone porris religiosas arulas,
Venerare acerbum cepe, mordax allium.
Fuliginosi thure placantur Lares,
Et respuuntur consecrata olusculae:
Aut unde major esse majestas focis,
Quam nata in hortis sarculatis creditur;
Si numen olus, numen & porris inest?
Sed pulchra res est forma in aere sculptilis.
Quid imprecabor officinis Graeciae,
Quae condiderunt gentibus stultos deos?
Forceps Myronis, malleus Polycleti
Natura vestrum est atque origo caelitum:
Ars seminandis efficax erroribus,
Barbam rigentem dum Jovis circumplicat,
Dum defluentem leniter flexus comam
Limat capillis, & corymbis Liberi,
Et dum Minervae pectus hydris asperat,
Injecit atram terriculis formidinem,
Ut fulmen ejus, aut Tonantis horreant:
Tremunt verentum sibilantis Gorgonae,
Puerum ephebum post triumphos Indicos
Ferire thyrso posse, quum sit ebrius.
Tum quod Dianae molle succinctae vident,
Venantis arcum pertimescunt virginis;
Si forte vestrum tristioris Herculis
Liquore crispo massa fluxit fusilis,
Clavam minari, id rebus, creditur.
Jam quis pavorem cordis error excutit,
Juvenis iram si polit artifex?
Vultus reversis intuens obtutibus,
Avertat ora de Mercurii hostiis,
Lapis severa fronte mentitur minas.
Miror quod ipsum non sacrarit Mentorem,
Nec templum & aras ipsi Phidiae habet,

Fabri deorum, vel parentes numinum:
Qui si caminis institissent segnius,
Non esset ullus Jupiter conflatilis.
Nam trutinatis stulte, pago dedite,
Te tanta semper perdidisse obsonia,
Quae diis impertis obsoleti cultibus,
Quot strues, pultis, cumbarum, farraginem,
Fracta & liquata contulerunt vascula?
Ignosco fatuis haec tamen vulgaribus,
Quos lana terret discolor in stipite,
Quos saepe falsus circulator decipit:
Quibus omne sanctum est, quod pavendum rancidae
Edentularum cantilena sanxerint.
Vos eruditos miror, & doctos viros,
Perpensa vitae quos gubernant regula,
Nescire vel divina vel mortalia
Quo jure constent: quanta majestas regat,
Quidquid creatum est, quae creavit omnia.
Deus perennis, res inaestimabilis,
Non cogitando, non videndo clauditur.
Excedit omnem mentis humanae modum:
Nec comprehendi visibus nostris valet,
Extraque & intus implet ac superfluit.
Intemporalis ante quam primus dies
Esse & fuisse semper unus obtinet.
Lux ipse vera, veri & auctor luminis:
Quo lumen esset, lumen effudit suum:
Ex luce fulgor natus hic est Filius.
Vis una Patris, vis & una est Filii,
Unusque ab uno lumine splendor satus,
Plenam refulsit claritatis lumine,
Natura simplex pollet unius Dei:
Et quidquid usquam est, una virtus condidit.
Caelum solumque, vim marini gurgitis,
Globos dierum noctiumque praesides,
Ventos, procellas, fulgura, imbres, nubila,
Septentriones, hesperos, aestus, nives,
Fontes, pruinas, & metalla, & flumina.
Praerupta, plana, montium convallia,
Feras, volucres, reptiles, natatiles,
Jumenta, pecus, subjugales belluas:
Flores, frutecta, germina, herbas, arbores,
Quae sunt odori, quaeque vernant esui.
Haec non labore & arte molitus Deus,
Sed jussione quam potestas protulit.
Mandavit esse, facta sunt quae non erant,
Verbo creavit omniformem machinam,
Virtus paterna semper in Verbo fuit.
Cognoscis ipsum, nunc colendi agnoscito
Ritum, modumque, quale sit templi genus,
Quae dedicari sanxerit donaria,
Quae vota poscat, quos sacerdotes velit,
Quod mandet illic nectar immolarier.
Aedem sibi ipse mente in hominis condidit
Vivam, serenam, sensualem, flabilem,
Solvi incapacem posse, nec destructilem,
Pulchram, venustam, praeminentem culmine,
Discriminatis illitam coloribus.
Illic sacerdos stat sacrato in limine,
Foresque primas virgo custodit Fides,
Innexa crines vinculis regalibus,
Poscit litari victimas Christo, & patri
Quas scit placere, candidatam, simplicem:
Frontis pudorem, cordis innocentiam,
Pacis quietem, castitatem corporis,
Dei timorem, regulam scientiae,
Jejuniorum parcitatem sobriam,
Spem non jacentem, semper & largam manum.
Ex his amoenum hostiis surgit vapor
Vincens odorem balsami, stactis, croci,
Auras madentes Persicorum aromatum:
Sublatus inde, caelum adusque tollitur,
Et prosperatum dulce delectat Deum.
Hanc disciplinam quisquis infestus vetat,
Vetat probatam vivere, & sanctam sequi,
Vetat vigorem mentis alte intendere:
Nostrique sensum ingenii ad terram vocat,
Nec excitari vim sinit prudentiae.
O nigra fumo caecitas gravissimo,
O carnulenta rusticorum pectora,
O spissus error, o tenebrosum genus!
Terris amicum, deditum cadaveri,
Subjecta semper intuens, nunquam supra.
Furorne summus, ultima & dementia est
Deos putare, qui creantur supplices?
Rem spiritalem terrulente quaerere,
Elementa mundi consecrare altaribus,
Id quod creatum est conditorem credere!
Dolatiato supplicare stipiti;
Vernis cruore scripta saxa spargere,
Aras ovillis obsecrare bubulis:
Hominem fuisse quem scias, quem consecras,
Urnas marmoreas municipas lambere?
Desiste judex saeculi, tandem nefas
Viris jubere, fortibusque & liberis:
Nil est amore veritatis celsius,
Dei perennis nomen asserentibus:
Nihil est pavori, mors & ipsa subjacet.
Dudum coquebat differente martyre
Asclepiades intus iram subdolam,
Stomachabatur alto bile, dum longum silet,
Bilemque tectis concipit praecordiis,
Tandem latentis vim furoris evomit:
Pro Jupiter! quid est, quod ex hoc audio?
Stat inter aras & deorum imagines,
Et quod fateri cogor in medio foro,
Tacere nomen hic paternum perditus,
Quidquid sacrorum est ore foedans impio.
O tu priorum moris o prisci status!
Inventa regum pro salute publica
Pompiliorum mystica carpunt secula:
Quis hos sophistas error invexit novus,
Qui non colendos esse divos disputent?
Nunc dogma nobis Christianum nascitur,
Post evolutos mille demum consules
Ab urbe Roma: en veterum Nestorem.
Quidquid novellum surgit, olim non fuit.
Vis summam verum nosse? Pyrrhum consule.
Ubi iste vester tunc erat summus Deus,
Divum favore quum puer Mavortius
Fundaret arcem septicollem Romulus?
Quod Roma pollet auspicato condita,
Jovi Statori debet, & diis caeteris.
Hoc sanctum ab avo est, hoc ab avis traditum,
Placanda nobis pro triumphis principis
Delubra, faustus ut secundet gloriam
Procinctus, utque subjugatis hostibus
Ductor quietum frenet orbem legibus.
Accingere ergo, quisquis es nequissime,
Pro principali rite nobiscum deos
Orare vita: vel, quod hostem publicum
Pati necesse est, solve poenam sanguine.

Spre-

Sprevisse templa, respuisse est principem.
Tum ille: Numquam per salutem, ut maximis
Fortissimisque principum cohortibus
Aliter precabor, quam fidele ut militent,
Christique lymphis ut renascantur Patri,
Capiant & ipsum caelitum Paraclitum.
Ut idolorum respuant caliginem,
Cernantque ut illud lumen aeternum Dei,
Non sensualis inferens obtutibus,
Nec corporales per fenestras cernitur,
Patris sed lucem quod relucet mentibus.
Pupilla carnis crassa crassum perspicit,
Et res caducas quod resolvendum est videt.
Liquidus videndis aptus est animae liquor,
Natura fervens sola ferventissimam
Divinitatis vim coruscantem capit.
Hoc opto summo Imperatori noveris
Tuo, tuisque, si velit fieri meus:
Nam si resistit Christiano nomini,
Meus ille talis Imperator non erit.
Scelus jubenti, crede, numquam serviam.
Statis, ministri, clamitans judex ait,
Statis, manusque continetis vindices?
Non rupta sulcis dissecatis viscera?
Animamne nec latens abdita rimamini,
Erumpit unde vox profana in principem?
Scindunt utrimque milites teterrimi
Mucrone hamato pensilis latus viri,
Sulcant per artus longa tractim vulnera,
Obliqua rectis, recta transversis secant,
Et jam retectis pectoris albet ossibus.
Nitendo anhelat, [illegible] lateribus:
Quem sic quietus heros, in quem saeviunt.
Hoc inter addit spumeus Romanus loqui:
Si quaeris, o Praefecte, verum noscere,
Hoc omne quidquid lancinatur, non dolet.
Dolet, quod error pessimi insidet tuus,
Populos quod istos tecum trahis perditum.
Currunt frequentes undique ad spectaculum
Gentile vulgus, heu gementia corpora,
Crudumque nostrae sortis exemplum tremunt.
Audite cuncti, clamo longe, ac praedico,
Emitto vocem de catasta celsior:
Christum paternae gloriae splendor, Deum
Rerum creator, nostrae idem particeps
Spondet salutem perpetem credentibus:
Aeternam salutem, sola quae non excidit,
Sed juge durat, dispares casus subit,
Aut luce fulget, aut tenebris mergitur.
Christum sequentes Patris intrant gloriam;
Disjuncta Christo mancipantur tartaro.
Concordia mecum qualitas quarum mihi
Contingat olim perpetis felicitas:
Non membra parvi penda quae pessum cadunt,
Casura certe lege naturae sua.
Instat ruina, quod resolvendum est ruit.
Nec distat, ignis an fidiculae saeviant,
An corpus aegrum langor asper torqueat,
Quam saepe morbus major armat saevitiam.
Non ungularum tanta vis latus fodit
Mucrone, quanto dira pulsat pleuritis.
Nec sic inustis laminis ardet cutis,
Ut febris atro felle venas excitat,
Vel summa pellis ignis obdurata coquit,
Papulasque fervor aestuosa excitat,
Grudas cremant stridulis cauteribus.
Miserum putatis, quod renodis pendeo
Extentus alte, quod revellimur pedes,
Compago nervis quod sonat crepantibus:
Sic ejulantes esse clamant dividi,
Nodosa torquet quos podagra & arthritis.
Horretis omnes hasce carnificum manus:
Num mitiorem secat manus medentium?
Laniena quando saevit Hippocratica?
Vivum secatur viscus, & recens cruor
Scalpella tingit, dum putredo abraditur.
Putaret ferrum triste chirurgi male
Inferre costis, quod secat salubriter:
Non est amarum, quo reformatur salus:
Videntur isti carpere artus tabidos,
Sed dant medelam rebus intus vividis.
Quis nescit autem quanta corruptela sit
Contaminatae carnis ac solubilis?
Sordet, tumescit, liquitur, foetet, dolet,
Inflatur ira, solvitur libidine:
Plerumque felle tincta livorem trahit.
Aurum repositum nonne carni adquiritur?
Insula vestit gemma, bombyx, purpura,
In carnis usum mille quaeruntur doli,
Luxum vorandi carnis arvinam fovet,
Carnis voluptas omne per orbes ruit.
Mordere quaeso carnifex saevis malis,
Concide, carpe fomitem peccaminum,
Fac ut refecta debilis carnis fera
Dolore ab omni mens supersit libera,
Ne gestet ultra quod tyrannus amputet.
Nec terreantur turba circumstantium,
Hoc perdo solum quod peribit omnibus
Regi, clienti, pauperique & diviti:
Sic vernularum, sic senatorum caro
Tabescit, imo cum sepulchro condita est.
Jactura vilis mordet & damnum leve,
Si quod carendum est, perdere aestimescimus?
Cur quod necesse est non voluntas occupat?
Natura cur non vertit in rem gloriae?
Legale damnum deputemus praemiis.
Sed praemiorum forma quae sit fortibus
Videamus: illa nempe quae numquam perit.
Caelo refusus subvolabit spiritus,
Dei parentis perfruetur lumine,
Regnante Christo stans in arce regia.
Quandoque caelum cum liber plicabitur,
Cadet rotati solis in terram globus,
Sphaeram ruina menstrualem destruet,
Deus superstes solus, & justi simul
Cum sempiternis permanebunt angelis.
Contemne praesens utile o prudens homo,
Quod terminandum, quod relinquendum est tibi
Omitte corpus, rem sepulchri & funeris:
Tende ad futuram gloriam: perge ad Deum:
Agnosce qui sis, vince mundum & saeculum.
Vix dum eloquentem martyr hunc peregerat
Orationem, quam ferens interserit
Asclepiades, Verrat ictum carnifex
In os loquentis, torvae maxillas manum,
Sulcosque acutos & fidiculas transferat:
Verbositatis ipse rumpatur locus,
Scaturientem perdat ut loquentiam
Sermonum aream, perforatis follibus,
Quibus sonandi nulla sit penitus mora.
Ipsa & loquentis verba torqueri volo.
Implent jubentis dicta lictor improbus.

Cha-

Charaxat ambas ungulis scribentibus
Genas, cruentis & secatur faciem notis,
Hirsuta barbis solvitur carptim cutis,
Et mentum adusque vultus omnis scinditur.
Martyr supremum fatur inter supplicium:
Grates tibi, o praefecte, magnas debeo,
Quod multa pandens ora, jam Christum loquor:
Artabat ampli nominis praeconium
Meatus unus, impar ad laudes Dei.
Rimas patentes invenit vox edita,
Multisque sese vindicat vocis foras
Hinc inde plenum, & profusum undique
Christi Patrisque semperennem gloriam:
Tot ecce laudant ora, quot sunt vulnera.
Tali repressus cognitor constantia,
Cessare poenam praecipit. Tum sic ait:
Per Solis ignes juro, qui nobis diem
Reciprocatis administrat circulis,
Cujus recursu lux & annus ducitur;
Ignis parandus jam tibi tristis rogi,
Qui fine digno corpus istud devoret,
Quod perseverans tam rebelle nequiter
Sacris venustis, nec dolorum spiculis
Victum fatiscit, fitque parvo fortius.
Quis hunc rigorem pectori injecit stupor?
Mors obstinata est, corpus omne obsidens,
Tamen novelli dogmatis regnat furor:
Hic nempe vester Christus haud olim fuit,
Quem tu fateris ipse suffixum cruci.
Haec illa crux est omnium nostrum salus,
Romanus inquit, hominis haec redemptio est,
Scio incapacem te sacramenti, impie,
Non posse caecis faucibus mysterium
Haurire nostrum: nil diurnum nox capit.
Tamen in tenebris proferam claram facem.
Sanus videbit, lippus oculos obteget.
Removere tenebras, dixit insanabilis:
Injuriosa est nil videnti claritas.
Audi profane quod gravaris ederis.
Regem perennem Rex perennis protulit,
In se manentem, nec minorem tempore,
Quia tempus illum non tenet: nam fons retro
Exordium est, & dierum & temporum,
Ex Patre Christus, hoc Pater quod Filius.
Hic se videndum praestitit mortalibus,
Mortale corpus sumpsit immortalitas:
Ut dum caducum portat aeternus Deus,
Transire nostrum posset ad caelestia:
Homo est peremptus, & resurrexit Deus.
Congressa mors est membra gestanti Deo,
Dum nostra curat, cessit immortalibus.
Stultum putatis hoc sophistae saeculi:
Sed stulta mundi summus elegit Pater,
Ut stultum esset saeculi, prudens Dei.
Antiquitatem Romuli, & Mavortiam
Lupam renarras, primum & omen vulturum.
Si res novellas respuis, nil tam recens:
Vix mille fastis implet hanc aetatulam
Cursus dierum, conditore ab augure.
Sexcenta possum regna pridem condita
Proferre toto in orbe, si sit otium,
Multo ante clara, quam capellam Gnosiam
Suxisse fertur Jupiter, Martis pater.
Sed illa non sunt, haec & alias non erunt.
Crux ista Christi, quam novellam dicitis,
Nascente mundo factum ut primum est homo,
Expressa signis, expedita est literis,
Adventus ejus mille per volumina
Praenuntiatus ore vatum consono.
Reges, prophetae, judicesque & principes
Virtute, bellis, cultibus, sacris, stilo,
Non destiterunt formam pingere crucis.
Crux praenotata, crux adumbrata est prius,
Crucem vetusta concinuerunt saecula.
Tandem retectis vocibus propheticis,
Aetate nostra comprobatam cominus,
Coram refulsit ut conspicabilis,
Ne destituta veritas dubia fide,
Si non pateret tactu visa cominus.
Hinc non & ipsum nunc perire credimus
Corpus sepulcro quod voranduum traditur:
Quia Christus in se mortuum corpus cruci
Secum excitatum vexit ad solium Patris,
Viamque cunctis ad resurgendum dedit.
Crux illa nostra est, nos patibulum ascendimus,
Nobis peremptus Christus, & nobis Deus
Christus revertit, ipse qui mortuus homo est:
Natura duplex: moritur, & mortem domat,
Reditque in illud quod perire nesciat.
Dixisse pauca sit satis de mysteriis
Nostrae salutis, denique praesulis spei:
Jamjam tacebo, margaritam spargere
Christi vetamur haud immundos sues,
Lutulenta lambens ne terant animalia.
Sed quia profunda non licet jactarier,
Rationem tecum comminabor proximam:
Interrogetur ipsa naturalium
Simplex sine arte sensuum sententia,
Fiet imperitus sic ut aequus arbiter.
Da septennem circiter puerum, aut minus,
Qui sit favoris liber, & non oderit
Quemquam, nec ullam mentis in vitium cadat,
Perscrutemur quid recens infantia
Dicat sequendum, quid novus sapiat vigor.
Haec ille sancti martyris verum libere
Amplexus, unum de caterva infantium
Parvum, nec olim lacte depulsum, capi,
Captumque adesse praecipit: quid vis roga,
Inquit, sequamur quod probavit pusio.
Romanus ardens asperum [illegible]
Lactantem [illegible]: Filiole, ait,
Dic quid videtur esse verum, & congruens,
Unumne Christum colere, & in Christo patrem,
An comprecari mille formarum Deos?
Arrisit infans, nec moratus retulit:
Est quidquid illud quod ferunt homines Deum,
Unum esse oportet, quod tamen est unicum.
Quem Christus hoc sit, Christus est verus Deus,
Genera deorum multa nec pueri putant.
Stupuit tyrannus, sub pudore fluctuans,
Nec jam decebat innocenti aetatulae
Inferre legis, nec loqueri talia
Furor sinebat efferatum parcere:
Quis auctor, inquit, vocis est hujus tibi?
Respondit ille: Mater, & matri Deus
Illa ex parente spiritu docta imbibit,
Quae me inter ipsa palpitans cunabula:
Ergo ut gemellis uberum de fontibus
Lac parvus hausi, Christum & hausi credere.
Ergo ipsa mater adsit, exclamat, cito.
Asclepiades, disciplinae & [illegible]
Tristem suae magistra spectet impie,

Male

Male erudiri torquentur fere
Infantis ortu: quandocumque corrupit, fiunt.
  Abite, ministri, vilis ut molimine
Nostrum fatiget: quaerendus nunc dolor
Vexabit artus, cunctis exitio horridus?
Oculi parentis pandantur tenere,
Quam si trementis membra corporis coquat.
  Vix haec profatus, pusionem praecipit
Sublime tolli, & terga pulsari nudi,
Mox & remota veste virgis verberant,
Eorumque duris ictibus sanguis fluunt,
Plus unde lactis quam cruoris defluat.
  Quae cautes illud perpeti spectaculum,
Quis ferre possit vel cui ferri rigor?
Impacta quoties corpus attigerat salix,
Tenui rubebant sanguine cutis vimina,
Quam plaga ferat rescidit tenerrimam.
  Ferunt, ministros carnificum quamvis
Inlachrimasse, sanguine demanantibus
Genis per ora barbarum feroceria,
Scribas & ipsos & coronam plebium,
Procerosque fascis arce fluxisse visibus:
  At sola mater hilari semper caelo,
Soli serena fronte mutabat gaudio,
Stat in piorum cordis pietate fortior,
Amore Christi contemnens doloribus,
Firmatque sensum mollis indulgentiae.
  Sitire sese parvus exclamaverat,
Animae aestuantis ardor in cruciatibus
Hac exigebat, lympha ut haustum poculi,
Quem torva mater ut videt tristis intuens
Vultu, & severis vocibus sic increpat:
  Puto imbecilla, nec vertaris mora,
Et te doloris horror afflictum domat?
Non hunc recentem viscerum stirpem fore
Deo spopondi, non in hanc spem gloriae
Te procreavi, credere ut hoc scias.
  Aquam bibendam postulas, quum sit tibi
Fons ille vivus praesto, qui semper fluit,
Et cuncta solus irrigat viventia,
Intus forisque spiritum & corpus simul,
Aeternitatem largiens potantibus.
  Venies ad illud mox fluentum, si modo
Animo ac medullis solum ardor aestuet
Videre Christum, quod semel potum affatim
Sic sedat omnem pectoris flagrantiam,
Vita ut beata jam sitire nesciat.
  Hic te bibendus, nate, nunc tibi est calix,
Mille in Bethleem quem biberunt parvuli,
Oblita lactis, & papillarum immemor
Aetas, amaris mox deinde dulcibus
Refusa poclis, mella sumpsit sanguinis.
  Exemplum ad istud nitere, o fortis puer,
Generosa proles matris, & potentiae,
Omnes capaces esse virtutum pater
Mandavit annos, neminem excepit diem,
Ipsis triumphis annuens vagitibus.
  Scis, saepe dixi, quum docerem adlubens,
Et garrulorum signa verborum dares,
Isaac fuisse parvulum patri unicum,
Qui quum immolandus aram & ensem cerneret,
Ultro sacranti colla praebuerit seni.
  Narravi & illud nobile ac memorabile
Certamen, una mater quod septem edidit
Gestare partu, sed tamen facta viri,
Hortante eadem matre, in antiqui cultum
Poenas & cremari, sanguini ne parceret.
  Videbat ipsos approbare funera
Praesens favorem, nec movebatur parens,
Laetata quoties aut olivo stridula
Sartago frixum torruisset puberem,
Dira aut cremasset laminarum impressio.
  Comam, cutemque verticis revulserat
A fronte tortor, nuda testa ut cognitae
Cervicem adusque dehonestaret caput.
Clamabat illa: Patere, germanis vester
Apicem coronae regiae ex diademate.
  Linguam tyrannus amputari jusserat
Uni ex septenis: mater exultans ait:
Jam parta nobis gloria est, pars optima
Deo immolatur, nostri corporis
Digna est fidelis lingua quae sit hostia.
  Interpres animi, nuntiatrix sensuum,
Cordis ministra, prima operi pectoris,
Prima offeratur in sacramentum necis,
Et sit redemptrix prima redemptorum membrorum,
Decem dicatam mox sequentur caetera.
  His Maccabaeum inclitum stemmate parens,
Hostem subegit subjugatum septies,
Quae sexta martyr, aut triumphis inclyta.
Me parvus unus ut sequatur gloria
Mea vita praestet, in qua est summa meritae.
  Per hujus alvi fida conceptacula,
Per hospitalem mensis his quinos larem?
Si dulce nostri pectoris nectar tibi,
Si molle gremium, grata si crepundia,
Persiste, & horum semetipsum auctorem adsere.
  Quamquam arte nobis vivere intus coeperis,
Nihilumque & illud, unde corpus, nescio,
Novit animator solus, & factor tui:
Impendere ipsi, cujus extas munere et
Bene in datorem quod dedit, refuderis.
  Talia canente matre, jam lentus puer
Virgas strepentes, & dolores verberum
Ridebat: hic tum cogitur praenuntiat:
Claudatur infans carcere, & tamen mali
Romanus actus torqueatur acrius.
  Illum recentes per cicatricum vias
Denuo exarabant, quoque acutum traxerat
Paulo ante ferrum, nunc recrudescentibus
Plagis apertas persequebantur notas,
Quas jam superbus victor ignavas vocat.
  O non virile robur, o molles manus,
Unum labantis dissipare tandiu
Vos non potuisse fabricam corpusculi!
Vir jam cohaeret, nec tamen penitus cadit,
Vincens lacertos destinatum lanienam.
  Civium cadaver dentibus carpunt canes,
Longeque morsus vulturum efficacior
Ad devorandas carnis escas mortuae.
Languentis imbelli fame, ac sufficiens
Gula est ferina, saevior est edacitas.
  Exarsit istis turbida ira judicis,
Seque in supremam concitat sententiam:
Si tu moraturum putaret, summa citius
Subeas licebit, ignibus voratum
Damnatum, & favilla jam tenuis fiet.
  Abiens at ille, quum foro abriperetur vinctus
Traheret ministri, paene respectum ait:
Appello ab ista, perfide, ad Christum meum
Crudelitate, non mortis metuens tremorem,
Sed ut probatus esse nil quod judicas,

Quid

Quid differo, inquit ille, crudelis puer,
Puerum ac magistrum, complices sectæ impiæ?
Gladius recidat vile vix tenerum caput
Infantis, illum flamma viventem cremet.
Sit his sub uno fine dispar exitus.
Pervenerunt ad ipsum cædis implendæ locum,
Natum gerebat mater amplexu & sinu,
Ut primitivum crederes fœtum geri,
Deo offerendum sancti Abelis ferculo,
Lectum ex ovili puriorem ceteris.
Puerum poposcit carnifex, mater dedit,
Nec immorata est fletibus, tantum osculum
Impressit unum. Vale, ait, dulcissime,
Et quum beatus regna Christi intraveris,
Memento matris jam patronus ex filio.
Dixit: deinde dum ferit cervicula
Percussor ense, docta mulier psallere
Hymnum canebat carminis Davidici:
Pretiosa sancti mors sub aspectu Dei,
Tuus ille servus, prolis ancillæ tuæ.
Talia retexens explicabat pallium:
Manusque tendebat sub ictu & sanguine,
Venarum ut undam profluam manantium,
Et palpitantis oris exciperet globum:
Excepit, & charo applicavit pectori.
At parte campi ex altera, immanem pyram
Texebat ustor fomitem pinu arida,
Sarmenta cristim subdita & fœni struem
Spargens, liquato rore ferventis picis,
Quo flamma pastu cresceret ferocior.
Extinde retortis brachiis sacra caminum
Romanum actes ingerebantur rogo:
Scio, inquit ille, non futurum ut concremer,
Nec passionis hoc genus datum est mihi,
Sed restat ingens quod fiat miraculum.
Hæc eum orsa sequitur immensus fragor
Nubis ruentis nimbus undatim nigro
Præceps aquarum flumine ignes obruit.
Alunt olivo fomitem bullas faces;
Sed vincit imber jam madentem fomitem,
Trepidare tetter carnifex, rebus novis
Turbatus, & qua posset arte insistere,
Versare torres cum favillis humidus,
Pronas manipulis confovere stupeis,
Et semen ignis intus udo quærere.
Quod quum tyranno nunciatum est judici,
Commovit iram fellis implacabilis:
Quousque tandem fremuit hic nobis magus
Illudit, inquit, Thessalorum carmine
Pœnam peritus vertere in ludibrium?
Fortasse cervix, si secandam jussero,
Flectit sub ensem, non patebit vulneri:
Vel amputatam plaga collum dividens,
Rursum coibit, ac reglutinabitur,
Humerisque vertex cardinabit additus?
Temnenti igitur ante partem quampiam
Truncare ferro corporis superstitis,
Ne morte simpla criminis multiplex
Cadat, vel una perfidus cæde oppetat:
Quot membra gestat, tot modis pereat volo.
Labor capessit, Lerna, sicut traditur,
Utrum renatis pullulescat artubus,
Ac se imminuti corporis damnis novum
Instauret: ipse præsto tunc erit Hercules,
Hydrina furias usque ire vulnera.
Jam nunc secandi doctus adsit artifex,

Qui cuncta noris viscerum conclavia,
Vel quæ nervis dissipanda vincula.
Date hunc revulsis qui moveatur ossibus,
Aut fracta nodis sarciant compagines,
Linguam priorem detrahat medicus,
Quæ corpore omni sola vivit nequior:
Illa & procaci persona in nostrum deos
Invecta motu, sua profanavit vetus,
Audax & ipsi non pepercit principi.
Aristo quidam medicus accitus venit,
Proferre linguam præcipit: profert statim
Martyr revinctam, & pandit ima faucium:
Ille & palatum tractat, & digito exitum
Vocis pererrans, vulneri aptavit locum.
Linguam deinde longe ab ore protrahens,
Scalpellum in usque guttur interius agit.
Illo secatam fila sensim singula,
Nunquam momordit martyr, aut ex dentibus
Compressit arctis, nec cruorem sorbuit,
Immunis & potentis ridet consilii,
Dum sanguis extra dulcis scaturiens,
Perfusa pulchre menta rufo flammare
Fert, & cruenti pectoris spectat decus,
Fruiturque & ostro vestis ut jam regia.
Præfectus ergo tacere elinguem virum
Cogi ad sacrandum posse, quem verbis carens
Nil in Deorum oblatraret dedecus,
Jubet reduci jam tacentem & debilem,
Multo loquentis turbine olim territus.
Reponit aras ad tribunal denuo,
Et thus, & ignem vividum in carbonibus,
Taurina & exta, vel suilla abdomina:
Ingressus ille, ut hos paratus perspicit,
Insufflat, ipsos ceu videret dæmones.
Irridet hæc Asclepiades levius:
Addit deinde: Numquid inclementiam,
Sicut solebas, ex parasse dicere?
Efflare quodvis, ac per os edissere,
Permitto tecum libere ut mutias.
Romanus alto corde suspirans diu,
Gemitus querelam traxit, & sic orsus est:
Christum loquenti lingua nunquam defuit,
Nec verba quærunt quo regantur organo,
Quum prædicatur ipse verborum dator.
Qui fecit ut vis vocis expressa intimo
Pulmone, & oris tecta sub testudine,
Nunc in palato det repercussos sonos,
Nunc temperetur dentium de pectine,
Sitque his agendis lingua plectrum mobile.
Si mandet idem, faucium sic fistulas
Spirare flatu concinentes consono,
Ut verba in ipsis explicent meatibus,
Vel exita oris cymbalis prolatior,
Nunc pressa parce labra, nunc hiantia:
Dubitatne verti posse naturæ statum?
Cui facta forma est, qualis esset primitus,
Hanc utique factor vertere, ut libet, potest,
Positasque leges texere ac retexere,
Linguam loquela ut ministram postulet.
Vis scire nostri Numinis potentiam?
Fluctus liquentis æquoris pressis pede,
Natura fluxa ac tenuis in solidum coit.
Quam dispar illis legibus quis condita est?
Solet aratum ferre, fert vestigia.
Habet aratorum manus hoc divisitum,
Quæ vera nobis cuilibet in Christo & Patre,

Mitis

Mutis loquendi praebuit clausis gradum,
Surdis fruendam reddidit audientiam,
Donavit caecis lucis insuetae diem.
Haec si quis amens fabulosa existimat,
Vel ipse vivat, si parum fidelia
Rebatur pridem, vera cognoscas licet:
Habes loquentem, cujus amputaverat
Linguam, probatis credis jam miraculis.
Horror stupentem persequentum subit,
Timorque & ira pectus in caliginem
Vertere: nescit vigilet anne somniet,
Miratur haerens quod sit ostenti genus.
Formido frangit, armat indignatio.
Nec vim domare mentis aestuans potest,
Nec quo furoris tela vertat invenit.
Postremo medicum saevus insontem jubet
Reum citari, sordidatum hunc arguit,
Mercede certa pactus ut colluderet.
Aut ferrum in ore nil agens, & irritum
Versasse frustra, seu retusis ictibus,
Aut arte quadam vulnus illatum breve,
Quod sauciata parte linguam laederet,
Nervos nec omnes usquequaque abscinderet:
Manere salvam vocis harmoniam probat,
Non posse inani concavo verba exprimi,
Quae concrepare lingua moderatrix facit:
Esto ut resultet spiritus vacuo specu,
Echo sed exit inde, non oratio.
Veris refutat medicus hanc calumniam,
Scrutare vel tu nunc latebras faucium,
Intraque dentes curiosum pollicem
Circumfer, haustus vel patentem inspice,
Lateatne quidquam quod regat spiramina.
Quamquam secassem forte si puncto levi,
Tenuive linguam contigissem vulnere,
Titubante plectro sonus esset debilis.
Nam quum magistra vocis in vitium cadit,
Usus necesse est eloquendi intercidat.
Fiat periculum, si placet, cujusmodi
Edat querelam quadrupes, lingua eruta,
Elinguis: & quem porca grunnitu strepat,
Cui vox fragosa, clamor est inconditus;
Probabo mutum nil sonare stridulum.
Testor salutem principis, me simplici
Functum secantis arte, judex optime,
Servisse jussis absque fraude publicis.
Sciat hic quis illi verba suggillet Deus:
Ego unde mutus sic disertus nescio.
His fatus Aristo pergit. at contra impiger
Nil hoc latronem Christianorum movens,
Magis magisque fervet in violentiam,
Quaerit num aliunde sanguis illum asperserit
Virum, suone fluxerit de vulnere.
Respondit his Romanus: Ecce praesto sum,
Meus iste sanguis verus est, non bubulus:
Agnoscis illum, quem loquor, miserrime
Pagane, vestri sanguinem sacrum bovis,
Cujus litata caede permadescitis.
Summus sacerdos nempe sub terram scrobe
Acta in profundum consecrandus mergitur,
Mire infulatus, festa vittis tempora
Nectens, corona tum repexus aurea,
Cinctu Gabino sericam fultus togam.
Tabulis superne strata texunt pulpita,
Rimosa rari pegmatis compagibus,
Scindunt subinde vel terebrant aream,
Crebroque lignum perforant acumine,
Pateat minutis ut frequens hiatibus.
Huc taurus ingens fronte torva & hispida,
Sertis revinctus, aut per armos floreis,
Aut impeditis cornibus deducitur:
Nec non & auro frons coruscat hostiae,
Setasque fulgor bractealis inficit.
Hic ut statuta est immolanda bellua,
Pectus sacrato dividunt venabulo,
Eructat amplum vulnus undam sanguinis
Ferventis, inque texta pontis subditi
Fundit vaporum flumen, & late aestuat.
Tum per frequentes mille rimarum vias
Illapsus imber, tabidum rorem pluit,
Defossus intus quem sacerdos excipit,
Guttas ad omnes turpe subjectans caput,
Et veste & omni putrefactus corpore.
Quin os supinat, obvias offert genas,
Supponit aures, labra, nares objicit,
Oculos & ipsos perluit liquoribus,
Nec jam palato parcit, & linguam rigat,
Donec cruorem totus atrum combibat.
Postquam cadaver sanguine egesto rigens
Compage ab illa flamines retraxerint,
Procedit inde pontifex visu horridus,
Ostentat udum verticem, barbam gravem,
Vittas madentes, atque amictus ebrios.
Hunc inquinatum talibus contagiis,
Tabo recentis sordidum piaculi,
Omnes salutant atque adorant eminus,
Vilis quod illum sanguis, & bos mortuus
Foedis latentem sub cavernis laverint.
Addamus illam, vis, hecatomben tuam?
Centena ferro quum cadunt animalia,
Variisque abundans caede instagnat cruor,
Vix ut cruentis augurum natatibus
Possint natare per profundum sanguinem.
Sed quid taurorum pingue pulvinarium,
Quid maximorum laniatores gregum,
Eviscerata carne crudos criminor?
Sunt sacra, quando vosmetipsi exciditis,
Votivum & quum membra detruncat dolor.
Cultrum in lacertos exerit fanaticus,
Sectisque Matrem brachiis placat deam,
Furere ac rotari jus putatur mysticum,
Parca ad secandum dextra fertur impia,
Caelum meretur vulnerum crudelitas.
Ast hic metenda dedicat genitalia,
Numen reciso mitigans ab inguine,
Offert pudendum semivir donum deae:
Illam revulsi masculini germinis
Vena effluenti pascit auctam sanguine.
Uterque sexus sanctitati displicet,
Medium retentat inter alterum genus,
Mas esse cessat ille, nec fit femina.
Felix deorum Mater imberbes sibi
Parat ministros levibus novaculis.
Quid quum sacrandus accipit sphragitidas?
Acus minutas ingerunt fornacibus,
His membra pergunt urere, ut igniverint:
Quamcumque partem corporis fervens nota
Stigmarit, hanc sic consecratam praedicant.
Functum deinde quum reliquerit spiritus,
Et ad sepulcrum pompa fertur funeris,
Partes per ipsas imprimuntur bracteae,
Insigne auri lamina obducit cutem,

Tingitur metallo quod perustum est ignibus.
Has ferre poenas cogitur gentilitas,
Hos dii coercent lege cultores suos:
Sic daemon ipse ludit hos, quos ceperit,
Docet execrandas ferre contumelias,
Tormenta inerti mandat infelicibus.
At noster iste sanguis ex vestra fluit
Crudelitate, vos tyrannide impia
Exulceratis innocentum corpora.
Si vos feramus, laceramur, vivimus:
At si cruente puniamur, vincimus.
Sed jam silebo, finis instat debitus.
Finis malorum, passionis gloria:
Jam non licebit improbe, ut licuit modo,
Torquere membra, vel secare viscera:
Caedes necesse est victus, & jam desinas.
Cessabit equidem tortor & lector dehinc,
Judex minatur, sed peremptoris manus
Succedet illis strangulatrix faucium:
Aliter silere nescit oris garruli
Vox inquieta, quam tumens si fregero.
Dixit, foroque protrahi jussit virum,
Tradi in tenebras noxialis carceris,
Elidit illic fune collum martyris
Lictor nefandus. Sic peracta est passio:
Anima absoluta vinculis, caelum petit.
Gesta intimasse cuncta fertur principi
Praefectus, addens ordinem volumine,
Seriemque tantae digerens tragoediae:
Laetatus, omne crimen in fastos refert
Suum tyrannus, chartulis vivacibus.
Illas sed aetas conficit diutina,
Fuligo fuscat, pulvis obducit situ,
Carpit senectus, aut ruinis obruit:
Inscripta Christo pagina immortalis est,
Nec obsolescit ullus in coelis apex.
Excepit adstans angelus coram Deo,
Et quae loquutus martyr, & quae pertulit:
Nec verba solum disserentis condidit,
Sed ipsa pingens vulnera expressit stylo,
Laterum, genarum, pectoris, & faucium.
Omnis notata est sanguinis dimensio,
Ut quamque plagam sulcus exaraverit,
Altam, patentem, proximam, longam, brevem,
Quae vis doloris, quive segmenti modus,
Guttam cruoris ille nullam perdidit.
Hic in regestis liber est caelestibus,
Monimenta servans laudis indelebilis,
Relegendus olim sempiterno judici
Libramine aequo, qui malorum pondera,
Et praemiorum comparabit copias.
Vellem sinister inter haedorum greges,
Ut sum futurus, eminus dignoscerer:
Atque hoc precante diceret rex optimus,
Romanus orat, transfer hunc haedum mihi,
Sit dexter agnus, induatur vellere.

Passio Hippolyti Martyris ad Valerianum Episcopum.

Innumeros cineres sanctorum Romula in urbe
Vidimus, o Christi Valeriane sacer.
Incisos tumulis titulos, & singula quaeris
Nomina, difficile est ut replicare queam.
Tantos justorum populos furor impius hausit,
Quum coleret patrios Troja Romana deos.
Plurima litterulis signata sepulchra loquuntur,
Martyris aut nomen, aut epigramma aliquod.
Sunt & muta tamen tacitas claudentia tumbas
Marmora, quae solum significant numerum.
Quanta virum jaceant congestis corpora acervis
Nosse licet, quorum nomina nulla legas.
Sexaginta illic defossas mole sub una
Reliquias memini me didicisse hominum.
Quorum solus habet comperta vocabula Christus,
Utpote quos propriae junxit amicitiae.
Haec dum lustro oculis, & sicubi forte latentes
Rerum apices veterum per monumenta sequor:
Invenio Hippolytum, qui quondam schisma Novati
Presbyter attigerat, nostra sequenda negans:
Usque ad martyrii provectum insigne tulisse
Lucida sanguinei praemia supplicii.
Nec mirere senem perversi dogmatis olim
Munere ditatum catholicae fidei.
Quum jam vesano victor raperetur ab hoste
Exsultante anima carnis ad exitium,
Plebis amore suae multis comitantibus ibat,
Consultus, quaenam secta foret melior,
Respondit: Fugite o miseri execranda Novati
Schismata, catholicis reddite vos populis.
Una fides vigeat, prisco quae condita templo est,
Quam Paulus retinet, quamque cathedra Petri.
Quae docui, docuisse piget: venerabile martyr
Cerno, quod a cultu rebar abesse Dei.
His ubi detorsit laevo de tramite plebem,
Monstravitque sequi qua via dextra vocat:
Seque ducem recti spretis anfractibus idem
Praebuit, erroris qui prius auctor erat:
Sistitur insano rectori, Christicolas tunc
Ostia vexanti per Tyberina viros.
Illo namque die Roma secesserat, ipsos
Peste suburbanos ut quateret populos.
Non contentus humum celsa intra moenia Romae
Tingere justorum caedibus assiduis:
Janiculum quum jam madidum, fora, rostra, Suburram
Cerneret eluvie sanguinis affluere:
Protulerat rabiem Tyrrheni ad litoris oram,
Quaeque loca aequoreus proxima portus habet.
Inter carnifices, & constipata sedilia
Officia, extructo celsior in solio,
Discipulos fidei, detestandique rebelles
Idolii, ardebat dedere perfidiae:
Carcereo crinita situ stare agmina contra
Jusserat horrendis excrucianda modis.
Inde catenarum tractus, hinc lorea flagra
Stridere, virgarum concrepitare fragor.
Ungula fixa cavis costarum cratibus altos
Pandere secessus, & lacerare jecur.
Ac jam lassatis judex tortoribus ibat
In furias, cassa cognitione fremens.
Nullus enim Christi ex famulis per tanta repertus
Supplicia, auderet qui violare animam.
Inde furens quaestor ait: Jam tortor ab uno
Desine: si vana est quaestio, morte agite.
Huic abscinde caput, crux istum tollat in auras,
Viventesque oculos offerat alitibus.
Hos rape praecipites, & vinctos conjice in ignes,
Sit pyra quae multos devoret una reos.
En tibi quos properes rimosae imponere cymbae,
Pellere & in medii stagna profunda freti.
Quos ubi susceptos rapidum malesana per aequor
Vexerit, & tumidis cassa labarit aquis,
Dissociata putrem laxent tabulata carinam,

Con-

Concreptoque bibant undique naufragium.
Squamea cetario prestabit ventre sepulcrum
Bellua consumptis cruda cadaveribus.
Haec persultanti, celsum subito ante tribunal
Offertur senior nexibus implicitus.
Stipati circum juvenes clamore ferebant,
Ipsum Christicolis esse caput populis.
Si foret extinctum propere caput, omnia vulgi
Pectora Romanis sponte sacranda deis.
Insolitum leti poscunt genus, & nova poenae
Inventa, exemplo quo trepident alii.
Ille supinata residens cervice: Quis, inquit,
Dicitur? affirmant, dicier Hippolytum.
Ergo sit Hippolytus, quatiat, turbetque jugales,
Intereatque feris dilaceratus equis.
Vix haec ille: duo cogunt animalia freni
Ignara insueto subdere colla jugo,
Non stabulis, blandive manu palpata magistri,
Imperiumque equitis ante subacta pati:
Sed campestre vago nuper pecus e grege captum,
Quod pavor indomito corde ferinus agit.
Jamque relectantes sociarant vincula bigas,
Oraque discordi foedere nexuerant.
Temonis vice funis inest, qui terga duorum
Dividit, & medius tangit utrumque latus.
Deque jugo in longum se post vestigia retro
Protendens trahitur, transit & ima pedum.
Hujus ad extremum, sequitur qua pulvere summo
Cornipedum refugas orbita trita vias,
Crura viri innectit laqueus, nodoque tenaci
Astringit plantas, cumque rudente ligat.
Postquam composito satis instruxere paratu
Martyrie ad poenam, verbera, vincla, feras:
Instigant subitis clamoribus, atque flagellis,
Iliaque infestis perfodiunt stimulis.
Ultima vox audita senis venerabilis haec est:
Hi rapiant artus, tu rape Christe animam.
Prorumpunt alacres, caeco & terrore feruntur,
Qua sonus atque tremor, qua furor exagitant.
Incendit feritas, rapit impetus, & fragor urget,
Nec cursus volucer mobile sentit onus.
Per sylvas, per saxa ruunt, non ripa retardat
Fluminis, aut torrens oppositus cohibet.
Prosternunt sepes, & cuncta obstacula rumpunt,
Prona, fragosa petunt, ardua transiliunt.
Scissa minutatim labefacto corpore frusta
Carpit spinigeris stirpibus hirtus ager.
Pars summis pendet scopulis, pars sentibus haeret:
Parte rubent frondes, parte madescit humus.
Exemplar sceleris paries habet illitus, in quo
Multicolor fucus digerit omne nefas.
Picta super tumulum species liquidis viget umbris,
Effigians tracti membra cruenta viri.
Rorantes saxorum apices vidi, optime Papa,
Purpureasque notas vepribus impositas.
Docta manus virides imitando effingere dumos,
Luserat e minio russeolam saniem.
Cernere erat, ruptis compagibus, ordine nullo
Membra per incertos sparsa jacere situs.
Addiderat charos gressu lachrymisque sequentes,
Devia qua fractum semita monstrat iter.
Moerore attoniti, atque oculis rimantibus ibant,
Implebantque sinus visceribus laceris.
Ille caput niveum complectitur, ac reverendam
Canitiem molli confovet in gremio.
Hic humeros, truncasque manus, & brachia, & ulnas,
Et genua, & crurum fragmina nuda legit.
Palliolis etiam bibulae siccantur arenae,
Ne quis in infecto pulvere ros maneat.
Si quis & in sudibus recalenti aspergine sanguis
Insidet, hunc omnem spongia pressa rapit.
Nec jam densa sacro quidquam de corpore silva
Obtinet, aut plenis fraudat ab exequiis.
Cumque recensitis constaret partibus, ille
Corporis integri qui fuerat, numerus:
Nec purgata aliquid deberent avia toto
Ex homine, extersis frondibus & scopulis:
Metando eligitur tumulo locus, Ostia linquunt:
Roma placet, sanctos quae teneat cineres.
Haud procul extremo culta ad pomoeria vallo
Mersa latebrosis crypta patet foveis.
Hujus in occultum gradibus via prona reflexis
Ire per anfractus luce latente docet.
Primas namque fores summo tenus intrat hiatu,
Illustratque dies limina vestibuli.
Inde ubi progressu facili nigrescere visa est
Nox obscura, loci per specus ambiguum,
Occurrunt celsis immissa foramina tectis,
Quae jaciunt claros antra super radios.
Quamlibet ancipites texant hinc inde recessus,
Arcta sub umbrosis atria porticibus:
Attamen excisi subter cava viscera montis
Crebra terebrato fornice lux penetrat.
Sic datur absentis per subterranea solis
Cernere fulgorem, luminibusque frui.
Talibus Hippolyti corpus mandatur opertis,
Propter ubi apposita est ara dicata Deo.
Illa sacramenti donatrix mensa, eademque
Custos fida sui martyris apposita,
Servat ad aeterni spem Judicis ossa sepulchro,
Pascit item sanctis Tybricolas dapibus.
Mira loci pietas, & prompta precantibus ara,
Spes hominum placida prosperitate juvat.
Hic corruptelis animique & corporis aeger
Oravi quoties stratus, opem merui.
Quod laetor reditu, quod te, venerande sacerdos,
Complecti licitum est, scribo quod haec eadem,
Hippolyto scio me debere, Deus cui Christus
Posse dedit, quod quis postulet, annuere.
Ipsa, illas animae exuvias quae continet intus,
Aedicula, argento fulgurat ex solido.
Praefixit tabulas dives manus aequore levi,
Candentes, recavum quale nitet speculum.
Nec Pariis contenta aditus obducere saxis,
Addidit ornando clara talenta operi.
Mane salutatum concurritur: omnis adorat
Pubes: eunt, redeunt, solis adusque obitum.
Conglobat in cuneum Latios simul, ac peregrinos
Permixtim populos religionis amor.
Oscula perspicuo figunt impressa metallo,
Balsama diffundunt, fletibus ora rigant.
Jam cum se renovat decursis mensibus annus,
Natalemque diem passio festa refert:
Quanta putas studiis certantibus agmina cogi,
Quaeve celebrando vota coire Deo!
Urbs Augusta suos vomit effunditque Quirites,
Una & Patricios ambitione pari.
Confundit plebeia phalanx umbonibus aequis
Discrimen procerum, praecipitante fide.
Nec minus Albanis acies se candida portis
Explicat, & longis ducitur ordinibus.
Exultant fremitus variarum hinc inde viarum,

Indigenae & Picens, plebs & Etrusca venit.
Concurrit Samnitis atrox habitator, & altae
  Campanus Capuae, jamque Nolanus adest.
Quisque sua laetus cum conjuge, dulcibus & cum
  Pignoribus, rapidum carpere gestit iter.
Vix capiunt patuli populorum gaudia campi,
  Haeret & in magnis densa cohors spatiis.
Angustum tantis illud specus esse catervis,
  Haud dubium est, ampla fauce licet pateat.
Stat sed juxta aliud, quod tanta frequentia templum
  Tunc adeat; cultu nobile regifico,
Parietibus celsum sublimibus, atque superba
  Majestate potens, muneribusque opulens.
Ordo columnarum geminus laquearia tecti
  Sustinet, auratis suppositus trabibus.
Adduntur graciles tecto breviore recessus,
  Qui laterum seriem jugiter exsinuent.
At medios aperit tractus via latior alti
  Culminis, exurgens editiore apice.
Fronte sub adversa gradibus sublime tribunal
  Tollitur, antistes praedicat unde Deum.
Plena laborantes aegre domus accipit undas,
  Arctaque confertis aestuat in foribus,
Maternum pandens gremium, quo condat alumnos,
  Ac foveat fetus accumulata sinu.
Si bene commemini, colit hunc pulcherrima Roma
  Idibus Augusti mensis, ut ipsa vocat,
Prisco more diem: quem te quoque, sancte magister,
  Annua festa inter dinumerare velim.
Crede, salutigeros feret hic venerantibus artus,
  Lucis honoratae praemia restituens.
Inter solennes Cypriani, vel Chelidoni,
  Eulaliaeque dies, currat & iste tibi.
Sic te pro populo, cujus tibi tradita vita est,
  Orantem Christus audiat omnipotens.
Sic tibi de pleno lupus excludatur ovili,
  Agna nec ulla tuum capta gregem minuat.
Sic me gramineo remanentem denique campo
  Sedulus aegrotam pastor ovem referas.
Sic cum lactentis caulas compleveris agnis,
  Raptus & ipse sacro sis comes Hippolyto.

Passio beatorum Apostolorum Petri & Pauli.

PLus solito coeunt ad gaudia: dic amice quid sit?
  Romam per omnem cursitant, ovantque?
Festus Apostolici nobis redit hic dies triumphi,
  Pauli atque Petri nobilis cruore.
Unus utrumque dies, pleno tamen innovatus anno
  Vidit superba morte laureatum.
Scit Tyberina palus, quae flumine lambitur propinquo
  Binis dicatum cespitem tropaeis.
Et crucis & gladii testis, quibus irrigans easdem
  Bis fluxit imber sanguinis per herbas.
Prima Petrum rapuit sententia legibus Neronis,
  Pendere jussum praeminente ligno.
Ille tamen veritus celsae decus aemulando mortis
  Ambire tanti gloriam magistri;
Exigit ut pedibus mersum caput imprimant supinis,
  Quo spectet imum stipitem cerebro.
Figitur ergo manus subter, sola versus in cacumen,
  Hoc mente major, quo minor figura.
Noverat ex humili caelum citius solere adiri,
  Dejecit ora, spiritum daturus.
Ut teres orbis iter flexi rota percucurrit anni,
  Diemque eundem sol reduxit ortus:
Evomit in jugulum Pauli Nero fervidus furorem,
  Jubet feriri gentium magistrum.
Ipse prius sibimet finem cito dixerat futurum:
  Ad Christum eundum est, jam resolvor, inquit.
Nec mora protrahitur, poenae datur, immolatur ense,
  Non hora vatem, non dies fefellit.
Dividit ossa duum Tybris, sacer ex utraque ripa,
  Inter sacrata dum fluit sepulchra.
Dextra Petrum regio tectis tenet aureis receptum,
  Canens oliva, & murmurans fluento.
Namque supercilio saxi liquor ortus, excitavit
  Fontem perennem chrismatis feracem.
Nunc pretiosa ruit per marmora, lubricatque clivum,
  Donec virenti fluctuet colymbo.
Interior tumuli pars est ubi, lapsibus sonoris
  Stagnum nivali volvitur profundo.
Omnicolor vitreas pictura superne tingit undas,
  Musci relucent, & virescit aurum.
Cyaneusque latex umbram trahit imminentis ostri,
  Credas moveri fluctibus lacunar.
Pastor oves alit ipse illic gelidi rigore fontis
  Videt sitire quas fluenta Christi.
Parte alia titulum Pauli via servat Ostiensis,
  Qua stringit amnis cespitem sinistrum.
Regia pompa loci est: princeps bonus has sacravit arces,
  Lusitque magnis ambitum talentis.
Bracteolas trabibus sublevit, ut omnis aurulenta
  Lux esset intus, ceu jubar sub ortu.
Subdidit & Parias fulvis laquearibus columnas,
  Distinguit illic quas quaternus ordo.
Tum camuros hyalo insigni varie cucurrit arcus,
  Sic prata vernis floribus renident.
Ecce duas fidei summo patre conferente dotes,
  Urbi colendas quas dedit togatae:
Aspice, per bifidas plebs Romula funditur plateas,
  Lux in duobus fervet una festis.
Nos ad utrumque tamen gressu properemus incitato.
  Et his & illis perfruamur hymnis.
Ibimus ulterius, qua fert via pontis Hadriani,
  Laevam deinde fluminis petemus.
Transtyberina prius solvit sacra pervigil sacerdos,
  Mox huc recurrit, duplicatque vota.
Haec didicisse sat est Romae tibi: tu domum reversus
  Diem bis festum sic colas, memento.

Passio Cypriani martyris & Episcopi Carthaginensis.

PUnica terra tulit, quo splendeat omne quidquid
  usquam est,
Inde domo Cyprianum, sed decus orbis & magistrum.
Est proprius patriae martyr, sed amore & ore noster.
Incubat in Libya sanguis, sed ubique lingua pollet:
Sola superstes agit de corpore, sola obire nescit.
Dum genus esse hominum Christus sinet, & vigere mundum.
Dum liber ullus erit, dum scrinia sacra literarum, (dum.
Te leget omnis amans Christum, tua, Cypriane, discet.
Spiritus ille Dei, qui fluxerat auctor in prophetas,
Fontibus eloquii te caelitus actus irrigavit.
O nive candidius linguae genus o novum saporem,
Ut liquor Ambrosius, cor mitigat, imbuit palatum.
Sedem animae penetrat, mentem fovet, & pererrat artus.
Sic Deus interius sentitur, & induitur medullis.
Unde bonum subitum terris dederis, pater, revela.
[illegible] Apostolicis scriptis opulentes excuteret,
Eligitur locuples facundia, quae doceret orbem,
Quaeque voluminibus Pauli famulata dispararet,

Quo

Quo mage cruda hominum praecordia perpolita credant,
Sive eloquentis opus, seu mystica vel profunda Christi:
Unus erat juvenum doctissimus, artibus sinistris,
Fraude pudicitiam perfringere, nil sacrum putare:
Saepe etiam magicum cantamen inire per sepulchra,
Quo geniale tori jus solveret aestuante nupta.
Luxuriae rabiem tantae cohibet repente Christus,
Discutit & tenebras de pectore, pellit & furorem,
Implet amore sui, dat credere, dat pudere facti.
Jamque figura alia est, quam quae fuit oris & nitoris:
Exuitur tenui vultus cute, nascitur severus,
Defluus caesaries compescitur ad breves capillos:
Ipsa modestia loqui, spem quaerere, & regulam tenere,
Vivere justitiam Christi, & penetrare dogma nostrum.
His igitur meritis dignissimus usque episcopale
Provehitur solium doctor, capit & sedile summum.
Valerianus opum princeps erat, atque Gallienus.
Constituere simul poenam capitis Deum fateri.
Millia terrigenum spurcissima jusserant sacrari.
Contra animos populi doctus Cyprianus incitabat,
Ne quis ab egregiae virtutis honore discreparet,
Neu fidei pretium quis sumere degener timeret:
Esse levem cruciatum, si modo conferas futura,
Quae Deus ipse viris intermina fortibus spopondit:
Merce doloris mali spem luminis, & diem perennem.
Omne malum volucri cum tempore transvolare cursim,
Nil grave quod peragi finis facit, & quies donat:
Se fore principium pulchrae necis, & decus cruoris,
Seque caput gladio submittere, sanguinem dicare;
Qui sociare animam Christo velit, ut comes sequatur.
His ubi corda virum Christo calefacta praeparavit,
Ducitur ante alios, Proconsule persequente, vinctus.
Antra latent Tyriae Carthaginis, altius reposta,
Conscia tartareae caliginis, abdicata soli.
Clausus in his specubus sanctus Cyprianus, & catenas
Nexus utraque manu, aeterni patris invocat supremi:
Omnipotens genitor, Christi decus, & creator orbis,
Christe parens hominis, quem diligis & vetas perire:
Ille ego, vipereis quem tu bonus abditum venenis,
Criminibus variis tinctum miseratus abluisti.
Jamque tuum fieri mandas, fio Cyprianus alter,
Et novus ex veteri, nec jam reus, aut nocens, ut ante,
Si latebram facili charismate pectus expiasti:
Vise liberans tenebris ergastula caeca dissipatis,
Eripe corporeo de carcere, vinculisque mundi
Hanc animam: liceat saevo tibi sanguine immolari,
Ne qua favens reprimat clementia judicem tyranni.
Non sciat invidia miserescere, gloriam negare.
Da quoque ne quis iners sit de grege, quem tuum regebam:
Ne cadat impatiens poenae, titubetve quis reorum,
Incolumem et numerum reddam tibi, debitumque solvam.
Vocibus his Dominum permoverat; influebat inde
Spiritus in populum Carthaginis, auctor acrioris
Ingenii, stimulis et pectora subditis calerent
Ad decus egregium discrimine sanguinis petendum,
Non trepidare duras, nec cedere, nec dolore vinci,
Laudis amore rapi, Christum sapere, & fidem tueri.
Fama refert, foveam campi in medio patere jussam,
Calce vaporiferae summam prope margines refertam:
Saxa recocta vomunt ignem, niveusque pulvis ardet,
Urere tactu potens, & mortifer ex odore flatus,
Appositam memorant aram foveae stetisse summa
Lege sub hac, salis aut micam, jecur & suis litarent
Christicolae, aut media sponte irruerent in ima fossa.
Prosiluere alacres cursu rapido simul trecenti,
Gurgite pulvereum mersos liquor aridus voravit,
Praecipitemque globum fundo tenus implicavit imo.
Corpora candor habet, candor vehit ad superna mentes
Candida massa dehinc dici meruit per omne seclum:
Latior interea jam Thascius ob diem suorum,
Sistitur indomiti Proconsulis aemulus furori.
Edere jussus erat, quid viveret: Unicultor, inquit,
Servo salutiferi mysteria consecrata Christi.
Ille sub haec: Satis est jam criminis, ipse confitetur
Thascius, ipse Jovis fulmen negat. expedite ferrum,
Carnifices gladio poenam luat hostis idolorum.
Ille Deo meritas grates agit, & canit triumphum.
Flevit abire virum moesta Africa, quo docente facta est
Cultior, eloquio cujus sibi docta gloriatur.
Mox tumulum lacrimans struxit, cineresque consecravit.
Desine flere bonum textum: tenet ille regna caeli,
Nec minus involitat terris, nec ab hoc recedit orbe,
Disserit, eloquitur, tractat, docet, instruit, prophetat.
Nec Libyae populos tantum regit, exit usque in ortum
Solis, & usque obitum, Gallos fovet, imbuit Britannos,
Praesidet Hesperiae, Christum serit ultimis Hiberis.
Denique doctor humi est, idem quoque martyr in supernis,
Instruit hic homines, illinc pie dona dat patronus.

Passio Agnetis martyris.

Agnis sepulchrum est Romulea in domo
Fortis puellae, martyris inclytae.
Conspecta in ipso condita turrium
Servat salutem virgo Quiritium:
Nec non & ipsos protegit advenas,
Puro ac fideli pectore supplices.
Duplex corona est praestita martyri,
Intactum ab omni crimine virginal,
Mortis deinde gloria liberae.
Ajunt jugali vix habilem toro
Primis in annis forte puellulam
Christo calentem, fortiter impiis
Jussis renisam, quo minus idolis
Addicta, sacram desereret fidem.
Tentata multis nam prius artibus,
Nunc ore blandi judicis illice,
Nunc saevientis carnificis minis,
Stabat feroci robore pertinax,
Corpusque duris excruciatibus
Ultro offerebat, non renuens mori.
Tum trux tyrannus, si facile est, ait,
Poenam subactis ferre doloribus,
Et vita vilis spernitur, at pudor
Charus dicatae virginitatis est.
Hanc in lupanar trudere publicum
Certum est, ad aram ni caput applicet,
Ac de Minerva jam veniam rogat,
Quam virgo pergit temnere virginem.
Omnis juventus irruet, & novum
Ludibriorum mancipium petet.
Haud, inquit Agnes, immemor est ita
Christus suorum, perdat ut aureum
Nobis pudorem, nos quoque deserat.
Praesto est pudicis, nec patitur sacrae
Integritatis munera polli.
Ferrum impiabis sanguine, si voles,
Non inquinabis membra libidine.
Sic elocutam publicitus jubet
Flexa in platea sistere virginem.
Stantem refugit maesta frequentia,
Aversa vultus, ne petulantius

Quis

Quisquam verendum conspiceretur locum.
Intendit unus forte procaciter
Os in puellam, nec trepidat sacram
Spectare formam lumine lubrico:
En ales ignis, fulminis in modum
Vibratur ardens, atque oculos ferit:
Caecus corusco lumine corruit,
Atque in plateae pulvere palpitat.
Tollunt sodales seminecem solo,
Verbisque deflent exequialibus.
Ibat triumphans virgo, Deum patrem
Christumque sacro carmine concinens,
Quod sub profani labe periculi
Castum lupanar nec violabile
Experta victrix virginitas foret.
Sunt qui rogatam rettulerint preces
Fudisse Christo, redderet ut reo
Lucem jacenti: tum juveni halitum
Vitae innovatum visibus integris.
Primum sed Agnes hunc habuit gradum
Caelestis aulae; mox alius datur.
Accendit iram nam furor incitat
Hostis cruenti: Vincor, ait gemens,
I, stringe ferrum, miles, & exere
Praecepta summi regia principis.
Ut vidit Agnes stare trucem virum
Mucrone nudo, laetior haec ait:
Exulto, talis quod potius venit
Vesanus, atrox, turbidus, armiger,
Quam si veniret languidus, ac tener,
Mollisque ephebus tinctus aromate,
Qui me pudoris funere perderet.
Hic, hic amator jam fateor placet:
Ibo irruentis gressibus obviam,
Nec demorabor vota calentia:
Ferrum in papillas omne recepero,
Pectusque ad imum vim gladii traham.
Sic nupta Christo transiliam poli
Omnes tenebras, aethere celsior.
Aeterne rector, divide januas
Caeli obseratas terrigenis prius,
Ac te sequentem Christe animam voca,
Quam virginalem, tum patris hostiam.
Sic fata, Christum vertice cernuo
Supplex adorat, vulnus ut imminens
Cervix subiret prona paratior.
Ast ille tantam spem peragit manu,
Uno sub ictu nam caput amputat.
Sensum doloris mors cita praevenit.
Exutus inde spiritus emicat,
Liberque in auras exilit. Angeli
Saepsere euntem tramite candido.
Miratur orbem sub pedibus situm,
Spectat tenebras ardua subditas,
Ridetque solis quod rota circuit,
Quod mundus omnis volvit & implicat,
Rerum quod atro turbine vivitur,
Quod vana saecli mobilitas rapit:
Reges, tyrannos, imperia, & gradus,
Pompasque honorum stulta tumentium,
Argenti & auri vim rabida siti
Cunctis petitam per varium nefas,
Splendore multo structa habitacula,
Illusa pictae vestis inania,
Iram, timorem, vota, pericula:
Nunc triste longum, nunc breve gaudium,
Livoris atri fumificas faces,
Nigrescit unde spes hominum & decus;
Et quod malorum taeterrimum omnium est,
Gentilitatis sordida nubila.
Haec calcat Agnes, ac pede proterit,
Stans, & draconis calce premens caput,
Terrena mundi qui ferus omnia
Spargit venenis, mergit & inferis.
Nunc virginali perdomitus solo,
Cristas cerebri deprimit ignei,
Nec victus audet tollere verticem.
Cingit coronis interea Deus
Frontem duabus Martyris innubae,
Unam decemplex edita sexies
Merces perenni lumine conficit:
Centenus extat fructus in altera.
O virgo felix, o nova gloria,
Caelestis arcis nobilis incola,
Intende nostris colluvionibus
Vultum gemello cum diademate,
Cui posse soli cunctiparens dedit
Castum vel ipsum reddere fornicem.
Purgabor oris propitiabilis
Fulgore, nostrum si jecur impleas,
Nil non pudicum est, quod pia visere
Dignaris, almo vel pede tangere.

ΑΠΟΘΕΩΣΙΣ, id est,

DE DIVINITATE.

Est tria summa Deus, trinum specimen, vigor unus.
Corde patris genita est Sapientia, Filius ipse est.
Sanctus ab aeterno subsistit Spiritus ore,
Tempore nec senior Pater est, nec numine major:
Nam sapiens retro semper Deus, edidit ex se
Per quod semper erat gignenda ad saecula Verbum.
Edere sed verbum Patris est: at caetera Verbi,
Adsumptum gestare hominem, reparare peremptum,
Conciliare Patri, dextraque in sede locare.
Spiritus ista Dei complet, Deus ipse fideles
In populos charisma suum diffundere promptus,
Et Patris & Christi virtutem in corpora transfert.

Hymnus in infideles.

Est vera secta? te, magister, consulo,
Rectamne servamus fidem?
An viperina non cavemus dogmata?
Et nescientes labimur?
Arctam salutis vix viam discernere est
Inter reflexas semitas.
Tam multa surgunt perfidorum compita,
Tortis polita erroribus,
Obliqua quae se conferunt diverticula,
Hinc inde textis orbitis.
Quas si quis errans ac vagus sectabitur
Rectum relinquens tramitem,
Scrobis latentis pronus in foveam ruet,
Quam fodit hostilis manus,
Manus latronum, quae viantis obsidet
Iter, sequentis devium.

Quid

Quid nunc libido mentis humanae struat?
 Quid non malorum pruriat?
Statum lacessunt omnipollentis Dei
 Calumniosis litibus,
Fidem minutis dissecant ambagibus,
 Ut quisque lingua nequior.
Solvunt, ligantque quaestionum vincula
 Per syllogismos plectiles.
Vae captiosis sycophantarum strophis,
 Vae versipelli astutiae.
Nodos tenaces recta rumpit regula,
 Infesta dissertantibus.
Idcirco mundi stulta delegit Deus,
 Ut concidant sophistica.
Deque imbecillis subjugavit fortia,
 Simplex ut esset credere.
Lapis ecce nostro fixus offendiculo est,
 Impingat in quem vanitas.
Signum cavendi, non cavendi scandalum:
 Hunc sternit, illum dirigit.
Dum plura temtat caecus incerto gradu,
 Incurrit id quod obvium est.
Fax sola fidei est praeferenda gressibus,
 Ut recta sint vestigia.
Quis in tenebris hostis errantes tamen
 Pulsat, trahitque & proterit.
Qui sparsa ad ipsum commeantem transitum
 Frumenta furvus devorat.
Qui laeta Christi culta fur interpolat,
 Addens avenas steriles,
Quas de veneni iacte in herbam fertilem
 Pavitat colonus crescere:
Ne forte culmum fibra inanis spicarum
 Simul revulsa interimat.
Expectet ergo dum dolosa & fertilis
 Fervens coquat maturitas.
Dat ventilabro lecta quaeque ut horreis
 Urat recrementum focis.
Refert sed ipsa messis, quae messem necant,
 Zizaniorum semina.

Contra haeresin, quae Patrem passum affirmat.

Plurima sunt, sed pauca loquar, ne dira relatu
Dogmata catholicam maculent male prodita linguam.
Ille patrem passum solio detrudit in artum
Corporis humani gestamen, nec pavet ipsum
Objectare neci, dextroque adfigere ligno.
Passibilisne Deus? cujus species, & imago
Nulli visa umquam: nec enim comprendier illa
Majestas facilis sensuve, oculisve, manuve.
Joannis magni celebris sententia parta est,
Nullum unquam testata Deum potuisse videri.
Ille Pater, quem nulla acies violenta tuendo
Eminus, ardentis penetravit acumine visus,
Qui se forma hominis non induit, & deitatis
Incolumem adsumpto non temperat ore, modove.
Aut Evangelici pietas spernenda libelli
Jam, blaspheme, tibi est: nam numquam visa beati
Vis intacta patris, non admiscenda caducis:
Sed tamen & patris est specimen, quod cernere sese
Humanis aliquando oculis concurrere promptum.
Quod quamvis hebes lentis speculamine glauco,
Hesternaque acie poterit nebulosus adire,
Quisque hominum vidisse Deum memoratur, ab ipso
Illustrem vidit gnatum: nam filius hoc est,
Quod de patre micans se praestitit inspiciendum
Per species, quas possit homo comprendere visu.
Nam mera majestas est infinita, nec intrat
Obtutus, aliquo ni se moderamine formet.
Hunc vidit princeps generosi seminis Abram,
Jam tunc dignati terras invisere Christi
Hospes homo, in triplicem numen radiasse figuram:
Hunc conluctantis tractarunt brachia Jacob.
Ipse dator legis divinae accedere coram
Jussus, amicitiae contacto qui fretus ore
Comminus, & sacris conjunxit verba loquelis,
Carnis in effigie Christum se cernere sensit.
Sed majora petens, animum per vota tetendit
Incomperta homini, plus quam mortale laborans,
Ipsum quaerens erat sine corpore visere Christum.
Denique post multi sermonis munera, postque
Conspectum per tempus heri, & consortia longa,
Quaero, ait, ut liceat te nunc, Deus optime, nosse.
Respondit Dominus: Mea, non me cernere, justis
Posteriora dabo: quid apertius, absque aliena
Quam forma faciem Verbum non posse videri?
Posse tamen, quam mallet idem, numquam patre viso
Terrenis oculis, habitu se ostendere nostro:
Saepe & in angelicam vel mortales moderatum
Induci speciem, queat ut sub imagine cerni.
Hoc Verbum est, quod vibratum patris ore benigno
Sumpsit virgineo fragilem de corpore formam.
Inde figura hominis, nondum sub carne Moysi
Objecta, effigiem nostri signaverat oris:
Quod quandoque Deus verbi virtute coactum
Sumpturus corpus, faciem referebat eamdem.
Sed tamen & tenerum visa est excita cremare
Flamma rubum. Deus in spinis volitabat acutis,
Vulnificasque comas innoxius ignis agebat,
Esset ut exemplo, Deus inlapsurum in artus
Spiniferos, sentibus quos texunt crimina densis,
Et peccata malis hirsuta doloribus implent.
Incultos nam stirpe fera vitiosus iniquis
Luxuries virgis inhonesto effundere succo
Coeperat, & nodos per germina crebra ligabat.
Cernere erat steriles subito splendescere frondes,
Accensisque circum foliis magno impete late
Coalescere Deum, nec spinas laedere tosta,
Lambere sanguineos fructus, & poma cruenta,
Stringere mortiferi vitalia germina ligni.
Quandoquidem tristes purgantur sanguine culpae,
Quas commota rubus densis cruciatibus edit.
Ergo nihil visum, nisi quod sub carne videndum
Lumen, imago Dei, Verbum Deus, & Deus ignis,
Qui frontem nostri peccatum corporis implet:
Nam lucis genitor, Verbi sator, auctor, & ignis
Creditur extra oculos, ut Apostolus edocet auctor,
Qui negat internum fontem Deitatis adiri:
Credite, nemo Deum vidit, mihi credite, nemo.
Visibilis de fonte Deus, non ipse Dei fons
Visibilis. tenui potis est qui amicitur, at non
Innatum tenui potis est: latet os patris illud,
Unde Deus, qui visibilem se praestitit olim,
Tale aliquid formans in sese, quale sequutum est
Passio, quae corpus sibi vendicat: ardua nam vis
Est impassibilis, quoniam natura superni
Ignis ad horrificas nescit descendere poenas,
Nec capit humanis angoribus excruciari,
Pura, serena, micans, liquido praelibera motu,
Subdita nec cuiquam, dominatrix utpote rerum:
Cui non principium de tempore, sed super omne

Tempus

Tempus, & ante diem majestas cum patre summo,
Imo animus patris, & ratio, & via consiliorum,
Quae non facta manu, nec voce creata jubentis,
Protulit imperium patrio ructata profundo.
Hunc igitur non flagra secant, non sputa salivis
Aspergunt, alapis non vexat palma relisa,
Nec perfossa cruci clavorum vulnera figunt.
His affecta caro est hominis, quam foemina praegnans
Enixa est sub lege meri sine lege mariti.
Ille famem patitur, fel potat, & haurit acetum,
Ille pavet mortis faciem, tremit ille dolorem.
Dicite sacrilegi doctores, qui patre summo
Desertum jacuisse thronum contenditis, illo
Tempore quo fragiles Deus est inlapsus in artus:
Ergo pater passus? quid non malus audeat error?
Ille puellari conceptus sanguine crevit,
Ipse verecundae distendit virginis alvum;
Et jam falsiloqua est divini pagina libri,
Quae Verbum in carnis loquitur fluxisse figuram?
At non, qui verbi pater est, caro factus habetur:
Fige gradum scriptura tenus, nil mobile & anceps
Affirmasse decet: pater est, quem cernere nulli
Est licitum; pater est, qui nunquam visus in orbe est.
Nec mundana inter radiavit lumina coram.
Verbum conspicuum misit, missumque recepit
Quem voluit, verbo praestrinxit viscera pura
Virginis, & verbo struxit puerilia membra.
Ipse quidem in terris virtute & numine praesens
Semper adest quocumque loci, nec pars vacat ulla
Majestate patris, nusquam est genitor Deus absens,
Per Verbum sed semper adest: atque inde Philippo
Christus ait: Tanto tecum jam tempore versor,
Et patrem te nosse negas, quem prospicis in me?
Est invisibilis dominus pater, edere natum
Visibilem, per quem valeat pater ipse videri.
Nec solis sanctorum oculis, sed lumine cassis,
Caecorum caecus loquor, atra socordia quorum
Corde tenebroso verum perpendere nescit,
Quem si perspicuum mortalibus inficiaris,
Fare age, quem videat Babylonis ab arce tyrannus
Immixtum inter flammas procul suspicientem,
Calcantem rapidos inadustis frontibus ignes:
Nempe ait, o proceres, tres vasta incendia anhelis
Accepere viros fornacibus: additus unus
Ecce vaporiferos ridens interlucet ignes,
Filius ille Dei est, fateor, quem vultus adoro:
Irritas removete faces, taedasque repente
Subtrahite, en friget succensi sulphuris ardor.
Filius, haud dubium est, agit haec miracula rerum,
Quem video: Deus ipse, Dei certissima proles,
Imperat innocuis ardoribus, & domat ilos,
Infestare famulante rogo, piceosque furores
Comprimit, & rabiem flammarum algescere cogit:
Barbaricos callida aura sinus non tangere jussa
Praeterit, & teneros stridens transcurrit amictus.
Ipse per Assyrias mersus vapor ire tiaras,
Ne coma sola humeris fumo absorbeat amaro.
Haec ait, & varios jubet obmutescere cantus,
Organa, sambucas, citharas, calamosque, tubasque.
Stulta superstitio tacuit, vox festa quievit,
Quae male conspicuae celebrabat imaginis aurum.
Carmina sanctorum resonant jam sola virorum,
Concentu triplici regem laudantia caeli:
Qui mare, qui terras, qui lucida sidera fecit,
Ignibus & mediis securos texit alumnos.
Semper in amplexu summo patris ex [illegible]
Descendit servando homini, mortalia semper
Admiscenda sibi proprio curavit amore,
Ut socianda caro, dominoque implenda perenni,
Degenerem vitam, quam tunc animalis agebat,
Exemplo mutaret heri, similisque per artus
Cernere consortem terreni adsuesceret oris,
Participemque suum visa velut obside nosse,
Et consanguineo paulatim accedere Christo.
Ergo animalis homo quondam, nunc spiritus illum
Transtulit ad superi naturam seminis, ipsum
Infundendo Deum, mortalia vivificantem.
Nunc nova materies solidata intercute fluxo,
Materies sed prisca tamen de virgine tracta,
Exuit antiquae corrupta exordia vitae,
Immortale homini proprio spiramine semen.
Filius ille hominis, sed filius ille Tonantis,
Jam solus vultum patris aspicit, & videt ipsum.
Nemo patrem novit nisi filius, & cui monstrat
Filius, & nostri mediator, & omnipotentis.
Denique concludam brevis ut compendia summae:
Non puer in carnem descendit, sed patris arcem
Sumpta caro ascendit: natus per utrumque cucurrit.

Contra Unionitas, id est, Sabellianos haereticos.

CEde profanator Christi, jam cede Sabelli,
Degeneremque Patris, natique infame negator.
Num Patrem violas, dum natum scire recusas?
Quandoquidem non est genitor, nisi filius extet:
Nec vocitare patrem poteris, quem germine fraudas.
Sed fortasse velis patriae pietatis honore
Despoliare Deum, contentus nomine nudo,
Quod Deus est, adimasque decus patris, & generis vim.
Et quis in idolio recubans inter sacra mille,
Ridiculosque Deos venerans sale, caespite, thure,
Non putat esse Deum summum, & super omnia solum?
Quamvis Saturnum, Junonem, & Cythereen,
Portentaque alia fumantes consecret aras:
Attamen in caelum quoties suspexit, in uno
Constituit jus omne Deo, cui serviat ingens
Virtutum ratio variis instructa ministris.
Quae gens tam stolide est animis, tam barbara linguis?
Quaeve superstitio tam sordida, quae caniformem,
Latrantemque deum nulli praeponat Anubim?
Nemo Cloacinae, aut Eponae super astra deabus
Dat solium, quamvis olidum persolvat acervum,
Sacrilegisque molam manibus firmet & exta.
Consule barbari deliramenta Platonis,
Consule & hircosus Cynicus quod somniat, & quae
Texit Aristoteles torta vertigine nervos:
Hos omnes quamvis anceps labyrinthus & error
Circumflexus agat, quamvis promittere & ipsi
Gallinam soleant, aut gallum, clinicus ut se
Dignetur praestare Deus morientibus aequum,
Quem verum tamen ad normam rationis & artis,
Turbidulos sensus & litigiosa fragosis
Argumenta modis concludunt numen in unum,
Cujus ad arbitrium sphaera mobilis atque rotunda
Volvatur, servetque suos vaga sidera cursus.
Non recipit natura hominis, modo quadrupes ille
Non sit, & erecto spectet caelestia vultu:
Non recipit, nempe ut regimen pollere supremum.
Istud & ipse Numa tacitus sibi sensit aruspex,
Semifer & Scaurus sentit cum milite pejor.
Sed nos qui Dominum libris, & corpore jam bis
Vidimus, ante sole, nunc carne, & sanguine eunti,
Quin-

Quisque volumina vatum, crucis ante probatis,
Rimatus digitos confertum in vulnera cruda
Mersisset, & manuum visa dubitante lacunas
Scrutari, aeternum regem cognoverit, Iesum.
Abjurata Deo thalami connexaque puerum
Credimus esse satum, qui regem protulit ex se:
Non regem populi Parthorum nec Romulidarum,
Sed regem summi & medii terrenis & imi,
Atque ideo rerum dominum, & super omnia regem.
Carnis habet medium, summumque patris, & Stygis imum,
Deficit his gradibus, rursusque revolvitur in se.
Est Deus, est & homo: sic mortuus, & Deus idem est,
Omnis percurrit naturae munia praeses.
Ut rursum patris in gremium replicata reportet
Munera quae sumsit, ipsos quoque subvehat artus.
Haec sunt quae veterum cecinissent organa vatum,
Non oculis, manibus, congressu, voce, loquela
Experti, haec tamdem intelleximus orsa
Priscorum, & visu patefacta oracula Christo.
Haec est nostra salus, hinc vivimus, hinc animamur.
Hoc sequimur, nunquam detracto nomine nati
Appellare patrem, patris & sine nomine nunquam
Natum nosse Deum, nunquam nisi sanctus & unus
Spiritus intersit, natumque patremque vocare:
Sic tamen haec constare tria, ut ne separe dicto
Tres faciam, tribus his subsistat sed Deus unus.
Nec pater ipse manens qui filius, ut quia natum
Scimus ab innato, vere Pater, & fata vera
Sit soboles, nec sit genitor sibi filius ipse.
Perquam ridiculum est & futile, natus ut ex se;
Sive supernatus fuerit sibi, ipse repente
Nascendi nova materies, ut se Deus ultro
Ediderit, natumque sibi se fecerit ipsum.
Nil falsum aut mendax divina vocabula fingunt.
Qui pater est, gignendo Pater: tum filius ex hoc
Filius, auctore ut genitus qui sit patre summo,
Summus & ipse tamen: nec enim minor aut patre dispar.
Unde in utroque operis forma indifferna, nisi unum
Vim majestatis patriae generatus haberet
Filius, idque Deus genitor, quod filius, esset?
Pergamus altarius scrutarier, quid sit idipsum
Gignere, si fas est humanis tendere sensus
Usque ad secretum, quod tempora cuncta, diesque
Praevenit antiquos, & principium super ipsum
Eminet, & quodcumque potest homo quaerere, transit.
Quam sit difficilis via, nosse principiorum
Semina, cui debitur mortali exquirere, quodnam
Ultra principium Deus egerit? aut quo pacto
Ediderit verbum, quod principio caret omni?
Hoc solum scimus, quod traditur esse Deus, quem
Non genitus genitor generaverit, unus & unum,
Integer integrum: non tempore, sed tamen ortum,
Et compraeteritum toto Patris, & Patre natum.
Sed nec decisus Pater est, ut pars patris esset
Filius, aut eadem nec se substantia truncum
Prodidit, minuitve aliquid de numine pleno:
Dum totum novum procedit patris natus.
Non convertibilis, nec demutabilis unquam
Est Deus, aut gignendo aliquid sibi detrahit: atqui
Totus & ex toto Deus est, de lumine lumen.
Quando autem lumen sine lumine? quando refulgens
Lux fulgore caret? quando est ut praeditus ignis
Ignem deminuat? quando Pater & Deus & lux,
Non lucis Deus & Pater est? qui si Pater olim
Non fuit, & serum genuit post tempora natum,
Fit novus, atque aevum jus proficit: absit ut unquam
Plenus proficiat, qui non eget augmentio.
Et Deus, & genitor, lumenque & gloria semper
Ille fuit, nec post sibi contulit, ut Pater esset.
Sic fit ut aeternum credamus cum Patre Christum,
Illo auctore satum, cui nullus praefuit auctor.
Haec tu si dubitas nosse mysteria Christi,
Perdite, catholica non es de plebe, sed unus
De grege Iberifero venerator, Deucalionum
Devotus cippo, saxi & stipitis auctor.
Quin potius scrutare Dei signacula in ipso
Fonte veracibus, patrum & scrinia prisci
Scriptoris, quem non bardus pater, aut avus augur,
Fabula nec veteris famae, nec garrula metris,
Nec fuso clangore loquax & stridula cornu
Rem docuere Dei: sed coram praeditus ipse,
Ipse Deus trepidum mortalem mitis amico
Imbuit alloquio: sequere ut lux summa revelat.
Nimirum meminit scriptor doctissimus illo
Orbis principio non solum, nec sine Christo
Informasse Patrem facturae plasma novellae:
Fecit, ait, eundem hominem Deus, & dedit olli
Ora Dei. quidnam est aliud, quam dicere, solus
Non erat? atque Deo Deus adsistebat agenti,
Quem Dominum facerent Domini sub imagine plasma?
Christus forma Patris, nos Christi forma & imago,
Condimur in faciem Domini bonitate paterna,
Venturo in nostram faciem post saecula Christo.
Possum multa sacris exempla excerpere libris,
Ni refugis, quae te doceant, non in patre solo
Vim majestatis positam, sed cum Patre Christum
Esse Deum, velut illa ait praeloquium idem:
A Domino Dominus flammas pluit in Sodomitas.
Quis Dominus? de quo Domino? si solus ab arce
Siderea spectat Pater, aut ardescit in iram?
Filius armatam Domini Patris ignibus iram
Spargebat Dominus: sunt ergo domini utrique.

Adversus Judaeos.

HAec si Judaicum sic intellecta rigassent
Auditus, stupidas ut possent tangere fibras,
Audissent Dominum virtutum, qui primitus
Venerat ut servaret oves: sed ab auribus omnis
Fluxerat oratus, caput & jam cuspide Babel
Finxerat, auriculasque suas spoliarat honore.
Dux populi patronus adest de monte corusci
Luminis, alloquiisque Dei, tabulasque tremendo
Inscisas digito circa ad tentoria defert.
Sed cadit in faciem plebs, non visura profunda
Legis in effigie scriptum per aenigmata Christum:
Infelix, quae lata oculos perstricta paventes
Texerit, & pulso faciem velarit amictu.
At nos rejecto Christum velamine coram
Cernimus, atque Deum vultu speculamur aperto:
Nec sub lege gravi depressa fronte jacemus,
Sed legis radium sublimi agnoscimus ore.
Heu frondosa prius ramis felicibus arbor,
Pinguibus heu quondam radix oleagina baccis!
Ecce tibi infesto revirescit nunc oleastro
Truncus, & externi vestitur cortice libri.
Jam miserere tui, non se silvestris olivi
Surculus, exultans alieno sugmine jactat;
Sed manet, ut generis proprii memor, angulus amara
Contristare comas desuescas, stirpe nec ima
Invideas mitis in cassa cacumina virgis,
Blasphemas Dominum gens ingratissima Christum.

Pascha tuum dic, dic cujus de sanguine festum
Tam solemne tibi est? quis tandem caeditur agnus
Anniculus, lacer ille tibi redeuntibus annis,
Sed lacer in pecude. stultum est sic credere sacrum
Sanguine balantis summum contingere pascha,
Lascivire choris, similagine azymon esse,
Quem fermentati turpicant crimine mores.
Non sapis imprudens nostrum te effingere pascha?
Legis ab antiquae praeductis pingere sulcis,
Omne sacramentum, retinet quod passio vera,
Passio quae nostram defendit sanguine frontem,
Corporeamque domum signato collinit ore.
Hanc fugit exclusa Ægyptia plaga flagellis,
Haec regis Pharii regnum ferale resolvit,
Deque catervatis manibus grandine densa
Eripit Abraham cum stirpe & gente fideli.
Abrahae genus est verum, cui sanguis in ore
Creditur, inscriptusque rubet: cui visus in orbe
Haud dubitante fide Deus est, Deus ex Patre verus.
Ille Deum vidit, visum mox credidit. at te
Posteritas carnis, carnaliter omnia cernens,
Carnis opus sub lege geris, quam spiritus implet
Interior: nec enim lex Coelo carnea fluxit,
Quam tu carne colis: sed Christo lux, eventumque
Spem paritura aevo. quam spem? nisi Numinis almum
Lumen, & adventum Domini, quem videras Abra
Prima fide, nostrisque pater promiserat olim
Perspiciendum oculis, & legis voce probandum:
Nec solum legis: nam quae jam litera Christum
Non habet, aut quae non scriptorum armaria Christi
Laude referta, novis celebrant miracula litteris?
Hebraeum pangit stilus, Attica copia pangit,
Pangit & Ausoniae facundia tertia linguae.
Pilatum jubet ignorans: I, scriba, triplicis
Digere versiculis, quae sit sententia praefixa,
Fronte crucis: titulus sit triplex triplice lingua.
Agnoscat Judaea legens, & Graecia norit,
Et venerata Deum percenseat aurea Roma.
Quidquid in aere cavo reboans tuba curva remugit,
Quidquid in arcano vomit ingens spiritus haustu,
Quidquid casta chelys, quidquid testudo resultat,
Organa disparibus calamis quod consona miscent,
Æmula pastorum quod reddunt vocibus antra,
Christum concelebrant, Christum sonat, omnia Christum
Muta etiam, fidibus sanctis animata, loquuntur.
O nomen praedulce mihi, lux, & decus, & spes,
Praesidiumque meum, requies o certa laborum,
Blandus in ore sapor, fragrans odor, irriguus fons,
Castus amor, pulchra species, sincera voluptas.
Si quos surda negat sibi tot praeconia de te,
Tam multas rerum voces, elementaque tanta
Nomina laetitiae fluidas intrare per auras,
Audiat insanum bacchantis energima monstri,
Quod rabidos clamat capta inter viscera daemon,
Et credat miseranda suis. torquetur Apollo
Nomine percussus Christi, nec fulmina Verbi
Ferre potest: agitant miserum tot verbera linguae,
Quot laudata Dei resonant miracula Christi.
Intonat antistes Domini: Fuge callide serpens,
Exue te membris, & spiras solve latentes.
Mancipium Christi fur corruptissime vexas?
Desine, Christus adest humani corporis ultor?
Non licet ut spolium rapias, cui Christus inhaesit.
Pulsus abi ventose liquor, Christus jubet, exi.
Has inter voces medias Cyllenius ardens
Exulat, & notos suspirat Jupiter ignes.

Ecce Gerasenum legio ruit effera porcos,
Et post multiplices hausta sub rupe catenas,
Parnarum gemitus longis gemitibus edit.
Clamarat, sed ab ore hominis: Cognoscimus, Jesu
Nate Deo, nate e sceptris & germine David,
Quis sis, quid venias: qua nos virtute repellas
Novimus, adventusque tui terrore jacemus.
Haec, Judaea, tuas vox non pervenit ad aures?
Pervenit: auditum sed non penetravit apertum
Lucis, & a primis foribus difficile refugit.
Audiit adventum domini, quem solis Hiberi
Vesper habet colonus, & quem novus excipit ortus.
Laxavit Scythicas verbo penetrante pruinas
Vox Evangelica, Hyrcanas quoque fervida brumas
Solvit, ut exutus glacie jam mollior amnis
Caucasea de cote fluat Rhodopeius Hebrus.
Mansuevere Getae, feritasque cruenta Geloni
Lacte mero fratrum exsanguia pocula miscet,
Libatura sacros Christi de sanguine potus.
Novit & Atlantis pridem plaga perfida Mauri,
Dedere criniten ad Christi altaria reges.
Et quae mortalem praestringit spiritus alvum,
Spiritus ille Dei; Deus & se corpore matris
Induit, atque hominem de virginitate creavit?
Delphica damnatis tacuerunt sortibus antra,
Non tripodas Cortina regit, non spumat anhelus
Fata Sibyllinis fanaticus edita libris:
Perdidit insanos mendax Dodona vapores,
Mortua jam mutae lugent oracula Cumae,
Nec responsa refert Libycis in Syrtibus Ammon:
Ipsa suis Christum Capitolia Romula moerent
Principibus lucere Deum, destructaque templa
Imperio cecidisse ducum. jam purpura supplex
Sternitur Æneadae rectoris ad atria Christi,
Vexillumque crucis summus dominator adorat.
Principibus tamen e cunctis non defuit unus
Me puero, ut memini, ductor fortissimus armis,
Conditor & legum, celeberrimus ore manuque,
Consultor patriae, sed non consultor habendae
Religionis, amans tercentum millia divum.
Perfidus ille Deo, quamvis non perfidus orbi,
Augustum caput ante pedes curvare Minervae
Fictilis, & soleas Junonis lambere, plantis
Herculis advolvi, genua incurvare Dianae.
Quin & Apollineo frontem submittere gypso,
Aut Pollucis equum festis undantibus extis.
Forte litans Hecaten placabat sanguine multo:
Pontificum festa feriendo securibus illic
Agmina vaccarum straverant, vittataque revincta
Fronte coronatam arbustis terra cupressu.
Jamque infantata resecabat viscera culter
Visceris de more senis, manibusque cruentis
Tractabat trepidas brevi frigore fibras,
Pollutamque animae pulsus in corde repressi
Callidus interpres numeris & fine notabat;
Quum subito exclamat media inter sacra sacerdos
Pallidus: En quid ago? majus, rex optime, majus
Nescio quod numen nostris intervenit aris,
Quam sufferre queant spumantia cymbia lacte,
Caesarum sanguis peradam, verbena, coronae.
Accitas video longe dispergier umbras,
Territa Persephone vertit vestigia retro,
Excitatis faciem, fracto fugitiva flagello.
Nil agit arcanum murmur, nil Thessala prosunt
Carmina, turbatos revocat nulla hostia manes.
Nomen video ut thuribulis frigentibus ignis

Marceat?

Marmora? ut canis pigrescunt prunae favillis?
Ecce Palatinum quaerunt revocare ministrum:
Non valet, elisa destillans balsama dextra.
Flamen & ipse suas miratur vertice laurus
Cadere, & incertum lustratur victima ferrum.
Nescio quis certe subrepsit Christicolarum
Hic juvenum, genus hoc hominum tremit infula & omne
Pulvinar divum: sacras procul abdite, & ansas.
Pulchra reformatis redeat Proserpina sacris.
Dixit, & exsanguis conlabitur: ac velut ipsum
Cerneret exerto minitantem fulmine Christum,
Ipse quoque attonitus pavido diademate princeps
Pallet, & adstantes circumspicit: ecquis alumnus
Chrismatis inscripto signaret tempora ligno,
Qui Zoroastreos turbasset fronte lepores.
Armiger e cuneo puerorum flavicomantum
Purpurei custos lateris deprenditur unus.
Nec negat, & gemmis gemmata hastilia ferre
Projicit, ac signum Christi se ferre fatetur.
Prosilit pavidus dejecto antistite princeps,
Marmoreum fugiens nullo comitante sacellum.
Dum tremefacta colunt, dominique oblitus, supinam
Erigit ad caelum faciem, atque revocat ipsum,
Jamne piget facti? jam paenitet? en tibi Christum,
Infelix Judaee, Deum, qui sabbata solvens
Terras, mortales aeterna in sabbata tempsit.
Gentibus emicuit, profligat regibus, orbem
Possidet, imperii dominam sibi cedere Romam
Compulit, & simulacra deum Tarpeia subegit.
Disce tuis miseranda malis, quo victa tandem
Vana superstitio, lex & carnaliter ista
Plectatur, cujus virtus te prorsus aliena.
Destructione jacent Salomonia saxa metallo
Aedificata manu? jacet illud nobile templum.
Cur jacet? artificis quia dextra solubilis illud,
Caementum struxit solubile. jure solutum est,
Et jacet, in nihilum quoniam tenet omne politum.
Quod fieri recipit, recipit quandoque perire.
Si nostrum contra, quod sit, vis discere templum;
Est illud, quod nemo opifex fabricavit: aquarum
Compulit, quod nulla secans securis dolata
Texuit, et cujus quod numquam marmore crevit.
Cujus enim nullis fulcum sublimia columnis
Fornice curvato tenui super arte pependit?
Sed verbo factum Domini, non voce fabrorum;
Sed verbo, quod semper erat, verbum caro factum est.
Hoc templum aeternum Dei, hunc frontem tunc habet, hoc in
Expugnare volens, flagris, cruce, felle petisti.
Destructum jacuit paucis vexantibus: esto.
Matris enim ex utero, quod destrueretur, habebat.
Sed quod morte brevi macerum est, post solutum est,
Majestate patris vivum jam tertia reddit.
Visisti angelicis comitatum coetibus alte
Ire tuum, cujus fervor minimus, templum?
Illius aeterna suspendunt culmine portae,
Ac per inaccessas stellarum gloria turmas
Tollitur, & gradibus lucet via candida summis.
At tua congestis tumulant holocausta ruinas;
Quod meruere, Titus docuit, docuere rapinis
Pompeianae acies, quibus exstirpata per omnes
Terrarum pelagique plagas tua membra feruntur.
Exilio vagus hoc illuc dubitantibus errat
Judaeus, postquam patria de sede revulsus,
Supplicium pro caede luit, Christique negati
Sanguine respersus commissa piacula solvit.
En quo priscorum virtus defluxit avorum?
Servit ab antiquis dilapsa fidelibus haeres
Nobilitas, sed jam non nobilis: illa meorum
Suspectas captiva fidem: nec tamen novella
Crudelitatis inest. Christum confessa triumphat
Gens insida prius; Christi sed vicla negavit o
Subditur imperio, dominum servitute fidelem.

Contra Homuncionitas.

SUnt qui Judaico cognatum dogma furori
Instituunt, jurantque Christum ratione sequuntur.
Hoc tantum quod verus homo est, et caetera illum
Addiderunt non esse Deum, plenate fatentur,
Majestate negant. nostrum pro laude factorum
Concelebrant, adimunt naturae summa supernae.
Omne opus egregium, per quod solertia pollens
Emicat, ingenii est, aut roboris: illud acuto
Corde viget, duris excellit viribus istud.
Mortale est sed utrumque hominis: nam cana senescunt
Ingenia, & validos consumunt secla lacertos.
Hac nos in Domini virtute & laude perenni
Non sequimur: sequimur, nullo quod semine terra
Germinat: incorruptum quod non de labe virili
Sumit principium, tenet illum femina ignis:
Non caro, nec sanguis patrius, nec foeda voluptas.
Intactum thalami virtus divina puellam
Sincero afflatu per viscera casta maritat:
Incorrupta ante novitas jubet, ut Deus esse
Crederer Christus sic conditus. Innuba virgo
Nubit spiranti, vitium nec sentit amoris.
Pubertas signata manet, gravis intus, & extra
Incolumis, florens de fertilitate pudica.
Jam mater, sed virgo tamen, maris inscia mater.
Quid renuis? quid inane caput, non credule, quassas?
Angelus hoc sancto pronunciat ore: placetne
Credere, & angelicis aurem referare loquelis?
Ipsa coruscantis monitum sacra virgo ministri
Credidit, atque ideo concepit credula Christum:
Credentem nam Christus adit, dubitabile pectus
Sub titubante fide, refugo contemnit honore.
Virginitas & prompta fides Christum bibit alvo
Cordis, & intactis condit paritura latebris.
Crede quod emissus solio patris angelus infit.
Vel si concretam liquidam de sidere vocem
Non capis auditu, mulier quid conjuge pregnans
Clamet anus, credens & tandem sobrius audi.
Mira fides! utero puer intercaptus anili,
Virgineum Dominum matrem ex ore salutat,
Primus & infantem non natus nunciat infans.
Jam nostram vagire sibi: nam posse tendere
Norat, & ora Deo reserabat garrula Christo.
Promite secretum fetum: date, pandite librum,
Evomuit spirans Deo quem sanctus Esaias,
Percensere liber, calamique resolvere sulcos,
Sidereis quos illa manus manus aurea duxit.
Ite hinc dum rutilos apices sublimibus adoro,
Dum lacrimas vocetur, demque oscula dulcia figo,
Gaudia concipiunt lacrymas, dant gaudia fletum.
Advenit promissa dies, quam dixerat ille
Adflatu versiculus, quem virgo puerpera rufis
Haud dubie sponsa, pacti cui cura pudoris,
Edidit, Emanuelque meum me cernere fecit.
Estne Deus jam noster homo? verfatur & adstat
Nobiscum, avemque probat, verfumque vetustis
Obscurum saeclis praesenti inluminat ore.
Estne Deus, cujus cunas veneratus Eous

Laudibus auratis regalis fercula supplex
Virginis ad gremium pannis puerilibus offert?
Quis tam pernotus, rapidoque simillimus austro
Nuncius, Aurorae populos atque ultima Bactra
Attigit, illuxisse diem lactantibus horis,
Qua tener incepto penderet ab ubere Christus?
Vidimus hunc, aiunt, puerum per sidera ferri,
Et super antiquum figurarum ardescere tractus.
Diriguit trepidans Chaldaeo in vertice pernox
Astrologus, cessisse Anguem, fugisse Leonem,
Contraxisse pedes lateris manco ordine Cancrum;
Cornibus infractis domitum mugire Juvencum,
Sidus & hirsutum laceris marcescere villis.
Labitur hinc pulsus puer Hydrius, inde Sagitta,
Palantes Geminos fuga separat, improba Virgo
Prodit amatores tacitos in fornice mundi,
Quique alii horrificis pendent in nubibus ignes,
Luciferum timuere novum: rota fervida solis
Haeret, & excidium sentit jam jamque futurum,
Seque die medio velandam tegmine glauco,
Splendoremque poli periturum nocte diurna
Orbe repentinis caput obnubente tenebris.
Hunc ego non cumulem myrrhaque & thuris & auri
Muneribus? scio quem videam, quae dona reponam.
Hunc ego non venerer, qui caelo vivus, herusque
Inventus rex atque Deus moderatur utrumque
Naturae specimen, tumulosque inferna refringens
Regna, resurgentes secum jubet ire sepultos?
Caelum habitat, terris intervenit, abdita tangit
Tartara? vera fides; Deus est, qui totus ubique est.
Numquid vana viros non mens, aut lingua fefellit?
Numquid fortuitis frustrantia dona dederunt
Caelicolis? aut caeco totum sub honore dicarunt?
Quae porro causa aut ratio submittere colla
Ante pedes Mariae, pueriquae crepundia parvi,
Si tantum mortalis erat, nec summa potestas
Impletos ventres divinis finibus artus?
Sed jam tolle Magos, thus, aurum, myrrham dona,
Quae verum docuere Deum: praesepia, pannos,
Matris adoratum gremium, face sideris ardens
Ipsa Deum virtus, factorum & mira loquuntur.
Infanda video subito marcescere vento,
Quem jubeat Christus; video luctantia magnis
Aequora turbinibus tranquillo marmore sterni
Imperio Christi: video, calcatque tumentem
Quem pariter gurges tergum solidante liquore,
Ipse super fluidas plantis nitentibus undas
Ambulat, & presso firmat vestigia fluctu.
Increpat ipse notos, & flatibus ora maculat.
Quis jubeat saevis Aquilonibus, Ite, silete,
Carceribus vestris, amplaque facessite portu:
Sit nisi caelipotens Aquilonum conditor idem?
Ninguidus agnoscit Boreas, atque imbrifer Eurus
Nimborum Dominum tempestatumque potentem,
Exclusamque hiemem vertunt ridente sereno.
Quis pelagi calcarit aquas? quis per vada glauca
Gressibus impressis spatiatus triverit udum
Non submersus iter, sola pendulus, & pede sicco,
Aequoreae nisi factor aquae? qui spiritus olim
Ore superfusus patrio volitabat in undis
Nondum discretis, nec certo litore clausis.
Sustinuit gressum domini famulata liquor, ac se
Mobilitate carens solidos substravit ad usus.
Quid diversa Dei memorem facta inclyta Christi?
Aliter inspecta quem majestate negarit
Haud dubitans hominem, tute ipse fatebere numen.

Illevit caecos oculos, & lumina limo
Reddidit, humectans sacro spiramine terram
Contrectatam digitis. lucem medicamen operta
Nox habuit, tenebras obducta caligo removit.
Insuper ostendit quoniam caligo lavacro
Expurganda foret, vatis Siloe refundit
Momentis latices, nec fluctum semper anhelat;
Sed vice distincta largos lacus accipit haustus.
Agmina languentum sileant spem fontis avari,
Membrorum maculas puro abluitura natatu.
Certatim ingressu rorant pumice fucas
Exspectant scatebras, & sicco margine pendent.
Hoc limum jubet impositum de fonte lavari
Christus, & infusa vultum splendescere luce.
Norat enim limo sese informasse figuram
Ante tenebrosam, proprii medicaminis & oris
Adjecisse novo, quem primum finxerat, Adae.
Nam sine divino Domini perflamine limus
Arida terra fuit, nulli prius apta medelae.
Sed postquam liquido caelestis spiritus ore
Virgineam respersit humum, medicabilis illa est.
Inde trahit sanctum, tantoque humore salutem
Induit, infunditque diem baptismate lota.
Caecus adest oculis jam Christi ex ore refectis,
Seque leto & nitidis lucem sumpsisse fenestris
Clamat, & attonitum stupefacta per oppida monstrat;
Auctorem lucis, largitoremque dierum,
Non dedignatum medice purgamen aquai
Corpore sub proprio monstrare errantibus aegris.
Millibus ex modicis parcissima quaeque remansit,
Summarim relegens, totus quae non capit orbis.
Quinque in deserto panes jubet, & duo pisces
Adponi in pastum populis, quos longa magistrum
Non revocante fame stipabant undique septum,
Innumerisque cibi, vicos, castella, macellum,
Oppida, mercatus, & conciliabula & urbes
Respuerant, largo contenti dogmate verbi.
Multa virum strato fervent convivia foeno.
Centenos simul accubitus iniere sodales,
Seque per innumeras infundunt agmina mensas,
Pisciculis (jam crede Deum) saturanda duobus,
Et panis crescente cibo per fragmina crustis.
Ambesis dapibus cumulatim aggesta redundant
Fercula, bis senos calatorum molibus implent
Post coenam cophinos: crudos conviva relidat
Congeriem ventris, gemit & sub fasce minister.
Quis cumulare potest epulas in prandia parvas?
Quis, nisi qui corpus, pastumque & corporis omnem
Condidit ex nihilo nulla exsistente creavit
Mundum materia? non sicut sculptor ab arte
Rudere decoctam consuescit fingere massam.
Sed Deus omnipotens orbem sine semine finxit.
Nil erat, omne quod est: nil id, procedere & esse,
Atque novum fieri, mox & grandescere jussum est.
Parvum de nihilo primum fuit, addita parvo
Incrementa modis auxerunt omnia plenis.
Ergo ego quum videam manibus sic crescere Christi
Parva alimenta hominum, possem dubitare per ipsum
Exiguum rerum specimen, elementaque mundi
Ex nihilo primum modica, & mox grandia summa
Crevisse ex modicis quae consummata videmus?
Ac ne post hominum pastus calcata perirent,
Neve relicta lupis, aut vulpibus, exiguisve
Muribus in praedam nullo custode jacerent:
Bis sex apposuit, cumularim qui bona Christi
Servarent gravidis procul ostentata canistris.

Sed

Sed quid ego haec autem titubanti voce retexo,
Indignus qui sancta canam? Procede sepulchro
Lazare, dic cujus vocem tellure sub ima
Audieris, quae vis penetraverit intima Lethi:
Quod quum te Christus pronuntiat migrante profundo
Immersum vocat, ut redeas, cur praestitus exis,
Nec remoratus ades? qua tam vicina Charybdis
Regna tenebrarum tenui distantia fine
Conjungit superis? ubi Taenara tristia vasto
In praeceps dejecta Chao? lambentes & ille
Amnis lenspiritis volvens incendia ripis?
Ante fores tumuli, quas saxa immania duro
Obice damnarant, scopulis substructa cavatis,
Stat Dominus, nomenque ciet, frigentis amici.
Nec mora, funereas revolutis rupibus horret
Evomit exequias gradiente cadavere vivas.
Solvitur jam laeta redolentia vincla sororum,
Salus odor sparsi spiramen aromatis efflat,
Nec de corporeo nidorem sordide tabo
Aura refert, oculos fuscis stillante solutos
Pristinus in speculum decor excitat, & putrefactas
Tincta rubore genas paulatim purpura vestit.
Quis potuit foedis animam infundere membris?
Nimirum qui membra dedit, qui fictile vivo
Perflavit venam madidam, cui tabida gleba
Traxit sanguineum infecto humore colorem.
O mors, audistis jam miris legibus! o mors
Surda prius, jam dicta sequi quaecumque jubetur,
Cui tantum de te licuit? convicta fateris
Esse Deum, solus qui me tibi praeripit, Iesum.
Abde negatores Christi: nemo invidet, abde,
Utere sorte tua. blasphemis noxia [illegible]
Perpetuo, plebem Judaeam capta resolve,
Qui renuunt hominem atque Deum sic dicere Christum,
Ut verum semotque Deum mortalia gestet.
Ipse gerit quod struxit opus, nec sorte pudescit
Factor quod peperit: corpus loquor, atque animae vim.
Finxerat hoc digitis, animam sufflaverat ore:
Totum hominem Deus adsumit, quia totus ab ipso est,
Et totum redimit quem sumpserat omne redemtor
Quidquid homo est, istud recipit, ast illud abyssus.

De natura Animae.

Occurris dubitans hic disputator, & illud
Objicis: unde fidem capit, ut substantia flatu
Inspirata Dei cruciatum sentiat, atque
Inferni patiatur ima poli, tenebrisque coquatur?
Crede animam non esse Deum, sed crede creantis
Majorem consilio, ipsam quoque crede creatam:
Formata est namque ore Dei, quae non erat ante,
Sed formata habitu pulcherrima pictaque rebus
Divinis, & plena Deo, similisque creanti:
Non tamen ipsa Deus, quoniam generatio non est,
Sed factura Dei est: solus de corde parentis
Filius emicuit, verus, verus Deus ille.
Condita est anima subito, et quae non erat, esset.
Ille coaeternus patri est, & semper in ipso est,
Nec factus, sed natus, habet quodcumque paternum est.
Haec similis, velut umbra Dei est. sic ipse loquentem
Factor, utrumque hominem meditans de fingere junctum
Aedificare sui similem. sed non habet umbra
Quod corpus solidum, cujus imitatio in umbra est,
Atque aliud verum est, aliud simulatio veri.
Est similis, fecit quod non consimilis illis,
Quod sapiens, justique capax, regimenque rerum
Imperat, astra videt, perpendit, praevenit, instat,
Vertit humum, terramque aperit, instructaque mille
Artibus, & caelum sensu percurrere docta.
His animam similem sibi conditor effigiavit,
Cetera dissimilem: quippe hanc comprendere promptum
Quam modus & species determinat: at Deus ingens est,
Atque superficiem transit omnia, nil habet in se
Extremum, ut claudi valeat, sensuve teneri.
Incomprensa manet virtus, cui linea desit
Ultima, quam spatium non mensurabile tendit.
Ergo animam factam, magno & factore minorem,
Imparemque aliis, atque omnibus imperitantem,
Corruptela patris nascentem turbida carnis
Concipit, ac membris tabentibus interfusam
Participat de faece sua, fit mixta deinde
Peccandi natura luto cum simplice flatu.
Sed fortasse animam, Domini quia flavit ab ore
Compositam, sanctamque negent, velut ipsa Dei pars,
Quod dictu scelus est, terras trahat obliti culpas,
Et pressura damnata nova chaos intret apertum.
Sit res illa Dei, non abnuo: pars tamen illa
Haudquaquam dicenda Dei est, quae tempore coepit,
Nec prior aut senior, quam primum plasma, putanda est.
Tunc etenim factam video, quum cordis amici
Intravit gemmata domum, limine recentis
Hospita, & ipsa recens fraternam sedit in aula.
Illa quidem flatus Domini est, sed spiritus & vis
Non est plena Dei, tanto moderamine missa,
Quanto flans voluit flandi servare tenorem.
Est impossibile spectare profunda Sabaoth:
Sed speculum deitatis homo est, in corpore discas
Rem non corpoream, solers interprete Christo,
Qui patrem proprium mortali in corpore monstrat.
Perspice quam varios fundamus ab ore vapores,
Spiramen quoties animae sufflabile nectis.
Nunc flatum tepidum calor exhalatus anhelat,
Rursum nebulas oris de foribus efflans?
Quem liber, in gelidum flabrali frigore ventum
Spiritus exiliis tenuis, & sibilus exit.
Adde & distinctum quem musica tibia flatum
Concipit: aut illa est presso modulamine parcus,
Aut tumidum largo sublimat flamine bombum,
Aut raucus frangit modulos, aut leve susurrat,
Aut exile trahens sonitum producit acutum,
Aut murmur teneram sublidit voce minuta.
Haec quum te videas mortali in corpore posse,
Cur non aeternum potuisse infundere credas
Qualem animam voluit? praescriptis quam quia condens
Efflavit seditque modis, sic facta necesse est.
Denique multa sapit, sed non sapit omnia nostrae
Vis animae, certum sapere ac praenoscere jussa.
Jam cui certus inest modus, & cui nosse negatum est
Omnia, factura est: non condita & acta probatur.
Collige de simili, simile hoc factura. creavit
Nempe manus Domini corpus mortale, lutumque
Composuit digitis. numquid manus articulata
Est digitis Dei? numquid vola? numquid & ungues
Claudere flexibiles? gemine seu tendere palmas?
Ista figura manus nostra est, quam non habet in se
Incircumscriptus Dominus: sed tradita forma est,
Humanis quae vana animis daret intellectum:
Ut per corpoream speciem plasmasse feratur
Corporis effigiem: sic est plasmata vicissim
Flatu incorporeo res flabilis, oris & esse
Fertur opus, tenuis per quod constricta refudit
Forma animae, atque rudi lutum se miscere fecit.

Si

Si non est factura umquam non ortum, nec orta
Est factura animae, flare & spiramine coepta,
Inque locum deducta aliquem: namque omne, quod hunc
Natalis profert, locum accipit: & locus ullus
Quod concludere possit, mediocre est, nec in omnia fusum:
Et quod tam mediocre est, ut certa sede locatur,
Jam fingebat pressit: & quod circumvenit, intra
Naturam vitii est: vitiisque deinceps caducum
Recidit in poenam: Deus haec, mihi credite, non est.
Aut si corporea animae est, ostendite quid sit,
Quod lapsam Christique lavacro nova gratia mundat.
Spiritus & sanctus baptismate justificatam
Nobilitat, sancteque docet quod defuit, addit.
Quod quia praestaret meritis, meritisque negaret,
Ablatum ferret Deus, aut pars esse Dei, qua
Divinum semenque hominum de fonte perenni
Nunc bibit obsequio, nunc culpa aut crimine perdit,
Et modo supplicium recipit, modo libera calcat.
Miraris peccare animam, quae carne conditur
Sortita est habitare domum, quum peccet & ipse
Angelus, hospitium qui nescit adire cadaver
Carnis solidum. peccet quia factus & ipse est,
Non genitus: quaecumque modo sit factus, id unum
Scit factor Dominus, factum mihi credere sat sit.
Solus labe caret peccati conditor orbis,
Ingenitus, genitusque Deus, pater, & patre natus,
Solus & excepit tenerumque admittere tristis,
Inviolatus agit, nec quidquam lenit acerba.
Expertem dic esse animam crucis atque doloris,
Si culpae immunem, vacuamque a crimine dixi,
Quae peccare valet, valet & succumbere poenae.
Ipsa quidem sincera fuit, dum conderet olim,
Qua conflata rudem fecit vivescere limum:
Utpote de liquido naturae fonte primam
Acciperet habitum, superisque expressa serenum.
Sed mox ut gravido jussa est insidere atro,
Suavibus illecebris nimium blandita refrixit,
Deque volutabris praecinctum polluit igneum,
Dum transgressa Dei praeceptum sic impia calcat.
Haec prima est natura animae: sic condita simplex
Decidit in vitium per sordida foedera carnis.
Exin tincta malo peccamine principis Adae,
Inficit genus omne hominum quod pullulat inde,
Et tenet ingenitas animarum semina in ortu
Primi hominis maculam, nec quisquam nascitur infons.
Vitandus tamen error erit, ne traduce carnis
Transfundi in sobolem credatur fons animarum
Sanguinis exemplo, qui fons propaginis unus est.
Non animas anima parient, sed lege latenti
Fundit opus naturae suum, quod parvula anhelans
Vascula, vitalique addit scintilla camini:
Quae quamvis infusa novum praestet nova semper
Figmentum, vetus illa tamen de crimine avorum
Dicitur, illius quoniam concreta veterno est.
Inde secunda redit generatio, & inde lavacri
Natura eluvies, iterumque renascimur intus
Perfecti, ut veterem splendorem atque erat Adam.
Quae quia materiem peccati ex fomite carnis
Consociata trahit, nec non simul ipsa sodali
Est incentivum peccaminis, implicat ambas
Vindex poena reas, peccantes mente sub una,
Peccandique pares sociis cruciatibus aequat.
His cruciatibus Christus nos liberat, intemerata
Matris, & innocui gestator corporis, unus
Naturam patris acceptam, sed non vitiorum
Naturam capitalis in contactibus induit Jesus.

Atque idem poenae nil debuit innumeratus,
Fraude carens, omni culparum aspergine liber.
Quid peccatorum prolapsae corpore in illo,
Quid Christi in membris peccati sera facultas
Poena ageret? quid mors hominis sine crimine posset?
Numquam casta conceptum, & sine mortis
Concideret sterilis peccati semine nullo.
Mors alitur culpa: culpam qui non habet, ipse
Pellit delictis mortemque cumulatis humanam.
Sic mors in dominum consurgens est corpore Christi,
Nec perdit subiectum dum non habet unde potiatur.
Solvitque quamquam totam inculpabilis agnus,
Virtutem patris, & Christi & nato debere matrem
Sensimus consociare animam, quod sit Deus, aut quod
Patris parva Dei, quum Christo abscinderet quicquam,
Et relegare Deo partem, vel corpore tantum
Nomen non licitum, plenum sibi semper, & in se.

Adversus Phantasmaticos, qui Christum negant verum hominis corpus habuisse.

EST operae pretium nebulosi dogmatis umbras
Prodere, quam tenero atque inani compage animata
Instituerunt: sed cassa cadit, ventusque liquescit
Assimilis, dum nec se sustentat inani.
Aerium Manichaeus ait sine corpore vero
Pervolitasse Deum, mendax phantasma, cavumque
Corporis effigiem, nil contrectabile habentem.
Ac primum specie an deceat quidquam simulatum
Adsignare Deo, cujus mera gloria falsi
Nil recipit. mentitur hoc se fallacibus aptans
Fingeret esse hominem vultuque fabulosus erat!
Mentitus terris, quum diceret: aeternitatis
De veniam mortis, simul & peccata remitto.
Filius est hominis, potens qui pellere carnis,
Et scelerum nexus laxare, & solvere possit.
Surge valens, surge humerum, jam tolle grabatum,
Falsus hoc hominis judex dignumne videtur
Qui vultus sibi sit, seque ac sua carne errat!
Quid? quum discipulos, hominis quid filius esse
Pastorem, hic jam praecipuos ore docebat,
Nonne fatebatur se cum virtute paterna
Esse hominem verum? quod si non, credo fefellit.
Si natura Dei quae sit, Manichaee, requiris,
Omne quod est, verum est. nam si mendacia agit quid,
Nec Deus est, mendax divinum non capit illum:
Objicis aeterno Domino, quod labitur ad non
Venerit, adsimulans aliud quam verus habebat.
Obnatalem fero, fugiamus, canis improbe, morde
Ipse tuam, lacero consumens verba palato.
Latranti obsistat Matthaeus, seriemque retexens,
Qui numerat omne genus carnalis stirpis, avitque
Corporeum Christum, per ter septena virorum
Nomina descendens, & vanam sanguinis alti
Et atavis longo texens per stemmata filo.
Septimus hebdomadi venit superaddere sacro
Hunc numerum Christus, placidum qui conficit annum
Cuncta reluctantem contradictoribus illaqueata
Multimodis, hominemque hominis de morte levantem:
Imperfectus enim limus mortalis erat tunc:
Vir solus perfectus adest, atque integer Jesus,
Cui nihil ex septem spiritali defuit, ex quo
Perficeret mortale genus virtute paterna.
Hic ille est, nobis qui septima sabbata complet,
Ut caro nostra Deo tandem sociata quiescat,
Quam bis terna malis vexabant sabbata anni.

Cum-

Currentes sacris gradibus, regumque supernam
Progeniem: Christum invenies de carne parentum
Effulsisse hominem, qui sit de semine David,
Stirpe recensita numerandus sanguinis heres.
Quid quod sanctiloquus revoluto sanguine Lucas
Seriem versus agit retro, scandensque recenset
Corpora, perque atavos cursum relegente volumen,
Septuaginta decies conscendit Christus in ortum,
Et duo: nam tandem desistens mittit in ortum?
Descensus nascendo gradus, redeundo retexit
Usque adusque apicem terreni corporis Adam.
Inde parens Deum recipit sua, nostraque, nobilis,
Fitque Dei summi per Christum filius Adam.
Restat, ut aeriam plagam ab origine generum,
Aeriam praeter Levin, Judam, Simeonem,
Aeriam David, magnorum corpora regum
Aeris, atque ipsam fecundae Virginis alvum
Aere fallaci, nebulisque & nube tumentem.
Vanescat sanguis perflabilis, ossa liquescant
Mollia, mutentur gerens textura volantum.
Omne quod est gestum Notus auferat irritus, aura
Dispergant ventus, sit fabula quod sumus omnes.
Et quid agit Christus, si me non suscipit? aut quem
Liberat infirmum, si dedignatur adire
Carnis onus, manumque horret mortalem sumere?
Indignumne putat laterum consciscere corpus?
Qui non indignum quondam sibi credidit ipsum
Pertractare lutum, quem vas componeret artus,
Nondum visceribus, sed inertis glebula limi,
Impressaque putris sub pollice duceret artus.
Tantus amor terrae, tanta est dilectio nostri.
Dignatur propriis humi comprendere molem
Divinis glebam digitis, nec sordida credit
Haerentis massae contagia, jusserat, ut lux
Consurget, facta est, ut jusserat, omnia jussa
Imperitante novas traxerunt edita formas:
Solus homo emeruit Domini formabile donum
Os capere, & fabro deitatis figmine nasci.
Quaeso igitur limo tanta indulgentia nostro
Contigit, ut Domini manibus tractarer humanis
Arte sacer ferret, tactu jam nobilis ipso?
Decernat quamvis Christum Deus incorrupto
Adsciscere solo, sanctis quod fingere vellet
Dignum habuit digitis, & charum condere pignus.
Defficiat autem quidem, dextraeque coacta
Telluris formam, mortique obnoxia cessit:
Sed natura Dei numquam solvenda, caducam
Tellurem nostro virtutem primitus ejus
Esse suam voluit, ne jam vitiabilis esset.
Christus nostra caro est, mihi solvitur, & mihi surgit:
Solvor morte mea, Christi virtute resurgo.
Quam moritur Christus, quem flebiliter tumulatur,
Me video: e tumulo quum jam remeabilis adstat,
Cerno Deum: si membrorum phantasma meorum est,
Et phantasma Dei est: mendax in utroque necesse est,
Sit Christus species, si Christus fallere novit.
Si non verus homo est quem mors humanum probat ipsa,
Nec verus Deus est, operis quem gloria prodit
Esse Deum, vel crede utrumque, vel adusse refelle,
Et geminum verum Christum ratione negato.
Nam quid magnificum, si non est mortuus ipse?
Et redit? illa Dei virtus memorabilis est, ut
Occisus redeat superis, longaque sepultum.
Quisquis Deum Christum vult dicere, dicat eundem
Esse hominem, ne majestas sua sortis perdat.

De Resurrectione Carnis humanae.

Nosco meum in Christo corpus consurgere, quid me
Desperare jubes? veniam, quibus ille revenit
Calcata de morte viis. quod credimus hoc est:
Et totus veniam, nec enim minor, aut alius quam
Nunc sum restituar, vultus, vigor & color idem,
Qui modo vivit, erit: nec me vel dente vel ungue
Fraudatum revomet patefacti fossa sepulchri.
Qui jubet ut redeam, non reddet debile quidquam:
Nam si debilitum redit, instauratio non est.
Quod casus rapuit, quod morbus, quod dolor hausit,
Quod truncavit edax senium populante veterno,
Omne revertenti reparata in membra redibit.
Debet enim motu victa fidem, ut fraude sepulchri
Reddat emeritum aliquid, quamvis jam cerea vetusta
Corpora: debilitas tamen & violentia morbi
Vitium mortale erat: reddet quod particulatim
Sorbuerat, quocumque modo: ut mortuus omnis
Non redeat, si quid plenum de corpore desit.
Pellite corde metum mea membra, & credite vosmet
Cum Christo reditura Deo. nam vos gerit ille,
Et secum revocat. morbos ridete minaces:
Inflictos casus contemnite, & atra sepulchra
Despuite: exurgens quo Christus provocat, ite.

'AMAPTIΓENEIA, id est,

DE ORIGINE PECCATORUM.

Fratres ephebi fetus & partus duo,
Quos feminarum prima primos protulit,
Sistunt ad aram de laborum fructibus
Dona scrutanda munerum primordiis:
Hic ruralis, ille vivis fungitur,
Certamen uno discrepante innocuum,
Fumum bidentis alter, ast alter gregis.
Deus minoris comprobavit hostiam,
Rejecit illam quam paravit grandior.
Vos nunc sacrum missa perfidiae throno;
Cain quiesce, namque si recte offeras,
Oblata nec tu lege recta dividas,
Perversa nigrum vota culpam traxerint.
Arma deinde parricidalem movent
Frater, probata sanctitatis aemulus,
Germana curvo colla frangit sarculo,
Manaque rusticum caede tingit impia.
Sero expiandum jam fratricidam sacro
Cruore Christi, quo pavimentum concidit.
Mors prima cepit innocentis valere,
Cessu dolabro vulnerato in rasulo,
Per crimen orta, dissoluta est criminis:
Abel quod ante perculit, Christum dehinc,
Finita & ipsa est, finis auctorem petens.
Ergo ex futuris prisca coepit fabula,
Factisque primo res notata est aliena,
Ut ille moris inclinator rustica
Infulsa terra deserens libamina,
Divumque rerum contrectaret despicans
Rastris redacta digna sacris crederet,
Vivendi aetus annularet hostias.
Agnosce namque quem figura hinc doceret,
Quis fratricida, quis perempte invidens
Prave sacrorum disciplinam dividit,

Mactare dona se vera credens rectius.
Marcion arvi forma corruptissimi,
Ducem dolosus discrepare a spiritu,
Contaminata dona carnis offerens,
Et frugiparia neque arvorum colens.
Qui si quiescat, nec interea negligat,
Patrem quietis diligat germanitus,
Unum atque vivum fassus vivorum Deum.
Hic se cadavere dedicans mysterio,
Summam profanus dividit substantiam,
Malum bonumque cum duorum separans
Regnum Deorum, sceptra committit duo,
Deum esse credens quem fatetur pessimum.
Cain cruentus, invidus lividus,
Mundi colonus, immolator squalidus,
Cujus litamen sordet & terram sapit,
Terram caduci corporis, vestem putrem,
Humore denso conglobatam & pulvere,
Natura cujus fervida fluxit servili.
Fecunda tandem noxiorum criminum,
Animaeque vitam labe carnis enecat.
Caro in furorem tela mentem dirigit,
Mens in cerebro ventilatur ebrio,
Ex quo furores sanguinis colligit
Medullae veneno corporis lymphatico.
Deum perennem findit in duos deos:
Audet secare numen insecabile.
Caedit perinde denegans unum Deum,
Cain triumphat morte fratris oblitus.

Adversus Marcionitas, qui duos Deos esse affirmant.

QUO te praecipitat rabies tua, perfide Cain?
Divisor blasphemae Dei? tibi conditor unus
Non liquet, & bifidas caligant nubila lucis.
Infuscata acies duo per diversa semper
Spargitur, in geminis visum frustrata figuris.
Tartareum tibi forma duplex obtendit, ut excors
Dividuum regnare Deum super aethera credas.
Bina boni atque mali glomerans discrimina sordens
Hic crudus, Domino sed cultum obtemperat uni.
Non idcirco duos recitant coelestia reges,
Quod duo sint opera humanas agitantia curas;
Exterior terrenus homo est, qui talia cernens
Conjicit esse duos variarum numina rerum,
Dum putat esse Deum, qui prava effinxerit alium,
Et qui recta itidem condens inchoaverit, ambos
Aeternos esse dans natura dispare summos.
Quae tandem natura potest consistere duplex?
Aut regnare diu? quam sors divisus ab arce
Separat, alternaque apicem ditione recidit.
Aut unus Deus est, rerum cui summa potestas;
Aut quae jam duo sunt, minuuntur dispare summa.
Porro nihil summum, nisi plenis viribus unum.
Distantes quoniam proprium dum quisque revulso
Vindicat imperio, nec summa, nec omnia possunt.
Jus variatum non est plenum, quia non habet alter
Quidquid dispar habet, cumulum discretio carpit.
Nos plenum sine parte Deum testamur, & unum,
In quo Christus inest, idem quoque plenus, & unus,
Qui viget & viguit semper semelque, usque vigebit.
Participem nullum cumulare foedere passus,
Summa potestatum, simplex dominatio rerum,
Virtutum sublime caput, fons unicus orbis,
Naturalis apex, genitrixque & originis auctor,
Ex quo cuncta fluunt, & lux, & tempora, & anni,
Et numerus, qui post aliquid dedit esse secundum:
Unus enim princeps numeri est, nec dinumerari
Tantum unus potis est, sic quamvis pater, ac Deus alter
Non sit, item Christus non sit genitore secundus,
Auctor enim numero est, cui filius unicus uni est,
Ille Deus, meritoque Deus, quia primus & unus,
In virtute sua primus, tum primus in illo
Quem genuit, quid enim differt generatio simplex?
Unum semper erit gignens, atque unus ab uno
Ante Chaos genitus, numeroque & tempore liber.
Quis dixisse duos uno majestate sub una
Regnatorem, propriamque sibi, utrumque potentem
Audit, & unius naturae scindere vires?
Numquid adoptivum genitor sibi sumpsit, ut alter
Externi generis numerum praestare duorum
Deberet, & geminum dictum induceret Numen?
Forma patris veri verus stat filius, ac se
Unum rite probat, dum formam servat eandem:
Nos amor adscitos faciet, nec jungit utrumque
Conjuncta fides; pietas sed certa genusque
Unum, quod Deus est, summam revocant ad unam.
Haec tibi, Marcion, vita displicet, haec tua damnat
Secta fidem, dominis coelum partita duobus.
Quae te confundunt tenebrae? quis somnus inertem
Incubat ingenio? cui per phantasmata duplex
Occurrit species, bivio dispersa figuram.
Si vim naturae hebes fluxque obsidet, aspice saltem
Obvia terrenis oculis elementa, quibus se
Res occulta Dei dignata est prodere signis.
Hanc haeresem praesaga patris praeviderat olim
Majestas tota, quae rectorem lucis, & orbis
Scinderet in partes geminatum scisso regno.
Idcirco specimen posuit spectabile nostris
Exemplumque oculis, ne quis duo numina credat
Imperitare vagis mundi per inania formis.
Una per immensum coeli cavum revolutus
Praebet flamma diem: terris sol unicus ardens.
Triplex ille tamen nullo discrimine trina
Subsistens ratione viget, splendet, volat, ardet,
Motu agitur, fervore cremat, tum lumine fulget.
Sunt tria namque simul, lux, & calor, & vegetamen,
Una eademque tamen rota sideris indiscretis
Fungitur his, uno servat tot munera ductu:
Et tribus una subest cunctis substantia rebus.
Non conferre Deo velut aequiparabile quidquam
Ausim, nec Domini famulam comparare figuram:
Ex minimis sed grande suum voluit pater ipse
Conjectare homines, quibus ardua visere non est.
Parvorum speculo non intellecta notamen,
Et datur excelsum per proxima quaerere verum.
Nemo duos soles, nisi sub glaucomate, vidit;
Aut si fusca polum suffudit palla serenum,
Oppositum quoties radiorum spicula nimbus
Igne repercusso mentitum spargit in orbem.
Sunt animis etiam sua nubila, crassus & aer
Est glaucoma, aciem quod tegmine velat aquoso,
Libera ne vetitum penetret meditatio coelum,
Neve Deum rapidis comprendat sensibus unum.
Spargitur in bifidas mens vana internis luces,
Et duplices geminis auctoribus extruit aras.
Si duo sunt igitur, cur non sunt multa deorum
Millia? cur numero deitas contenta gemello est?
An non in populo dispersa examina divum
Fundere erat melius, mundumque implere capacem
Semideis passim nullo discrimine numinis?

Quis

Quis fera barbaries patrimonia mactat honorum,
Dissona discretam vitiorum si carmina calent:
Convenit & nebulis, & fontibus, & reboanti
Oceano, & silvis, & collibus, & speluncis,
Fluminibus, ventis, fornacibus, atque metallis
Assignare deos proprios, sua cuique jura:
Vel si gentiles sordes venerantur eosdem.
Et placet esse duos superis socialibus aequos,
Dic age, quis terras distantia forte recenset?
Quis regat aequoreas aeterna lege procellas?
Ede cohaerentem distinctam jure dominorum.
Unum, ais, tristi residet sublimis in arce,
Auctor nequitiae scelerum Deus, asper, iniquus,
Qui, quodcumque malum violento fervet in orbe,
Sevit, & anguino medicans cava semina succo,
Rerum principium mortis de semine struxit.
Ipse opifex mundi, terram, mare, sidera fecit,
Condidit ipse hominem, texuitque & membra coegit,
Effigiem quam morbus edat, quam criminis auctor
Sordet, informi tumulus quam tabe resolvat.
Ast alii pietatis amor, placidumque medendi
Ingenium, recreans hominem, mortalia servans:
Testamenta duo florerunt principe utroque,
Tradidit iste novum mitius, vetus illud acerbus.
Haec tua, Marcion, gravis & dialectica vox est:
Imo haec attoniti phrenesis manifesta cerebri.
Novimus esse patrem scelerum: sed novimus ipsum
Haudquaquam tamen esse Deum, quin imo gehennae
Mancipium, Stygio qui sit damnandus averno.
Marcionita Deus, tristis, ferus, insidiator,
Vertice sublimi cristam cui subdidit atris
Anguiferam caput & fumo stipante, & igni
Liventes oculos suffundit felle perusto
Invidia, impatiens justorum gaudia ferre,
Hirsutos juba densa humeros erranibus hydris
Obtegit, & virides alluminat ora cerastis.
Ipse manu laqueos per lubrica fila reflexos
In nodum torquet, facilique ligamine tortos
Innectit pedicas, nervisque in vincula tendit.
Ars olli capture feras, animalia bruta
Irretire plagis, retinacula denique circis
Indeprensa locis errantis opponere praedae.
Hic ille est venator atrox, qui caede frequenti
Incautas animas non cessat plectere Nembroth.
Qui cruentum corvis nutrimentum, & silvosis
Horrentem scopulis, versare circum astu.
Fraude alios, textisque dolis innectere adorsus:
Porro giganteis olim luctando lacertis
Frangere, funereos late exercere triumphos.
Improba mors, quid non mortalia pectora cogis?
Ipse suam (pudor heu!) commenta principe vitae
Perniciem veneratur homo, colit ipse cruentum
Carnificem, gladiique aciem jugulandus adorat.
In ratione miseris peccati vectare capitis
Dulce mori est: tanta in tenebris de peste voluptas.
Qui mala principio genuit, Deus esse putatur,
Quique bona infecit vitiis, & candida nigris.
Par furor illorum, quos traditi fama dicatis
Consecrasse deas Febrem Scabiemque facultis.
Invenior vitii non est Deus, Angelus illud
Degener infami conceptum mente creavit:
Qui prius augustum radiabat sidus, & ingens
Ex nihilo splendor ostrito ardebat honore.
Et nihilo nam cuncta ratio, factumque quod usquam est.
At non ex nihilo Deus: & sapientia vera,
Spiritus & sanctus, ut semper viva, nec unquam
Coepta, sed aeterna etiam mollia ministros.
Horum de numero quidam pulcherrimus ore,
Majestate ferox, nimis dum viribus auctus
Inflatur, dum grande tumens sese altius effert,
Ostentatque suam licito jactantius ignem,
Persuasit propriis genitum se viribus, ac se
Materiam sumpsisse sibi, quam primitus esse
Inciperet, nulloque suam sine principe corpore.
Hinc schola sabellianismum medicatur gigante factam,
Quae docet e membris sublimem nasci sicut tyrannum,
Qui velut aeterna laudem sub auctor, rursusque
Viceris, & recto semper regnaverit aevo.
Æmulus, ut memorant, opera ad divina regenda
Corrumpenda, caput caligine protulit atra.
Hac ratio sed nostra negat, cui non licet unam
Informare fidem, sacro quae tradita libro est.
Nil, ait, absque Deo factum, sed cuncta per ipsum,
Cuncta, nec est aliud quidquam nisi factus ab ipso.
Sed factus de stirpe bonus, bonitatis in usum
Proditus, & primae generis de fonte sciremus:
Deterior mox sponte sua, dum decolor illum
Inficit invidia, stimulisque infligat amaris:
Arsit enim scintilla odii de fomite zeli,
Et dolor ingenium subitus conflavit iniquum.
Videret argillam, simulacrum & firmatile, dura
Concaluisse Dei, Dominum quoque conditum
Imposuisse: aetera soli pelagique potirique
Ut famulans homini locupletem fundere partum
Nosset, & effusum terreno addicere regi.
Inflavit fermentum animi stomachante tumorem
Bestia, atque acidis vim traxit acerba medullis,
Bestia sorde carens, cui tunc sapientia longi
Corporis eandem servabat recta juventam,
Complicat ecce novos sinuoso pectore nexus,
Involvens nitidam spiris torquentibus alvum.
Simplex lingua prius, varia micat arte loquendi,
Et discissa dolis resonat sermone trisulco.
Hinc natale caput vitiorum, principe ab illo
Fluxit origo mali, qui se corrumpere primum
Mox hominem didicit, nullo informante magistro
Ultimum exitium subverso praeside mundus
Sortitur, mundique omnis labefacta supellex.
Non aliter quam quem latronem spoliare viantem
Forte latro aggressus, praedae prius immemor, ipsum
Ense ferit Dominum, pugnat nodumque, moramque,
Quo peremptus trahat captivos victor amictus,
Jam non obstanti locuples de corpore praeda:
Sic homini subjecta domus, ditissimus orbis
Scilicet in facinus Domino peccante ruinam
Lapsus, herile malum jam tunc vitiabilis hausit.
Tunc lolium, lappasque leves per adultera culta
Ferre malignus ager glebis male pinguibus ausus;
Triticeam vacuis segetem violavit avenis.
Tunc etiam innocuo vitulorum sanguine pasci,
Jamque jugo edomitos rictu laniare juvencos
Occiso pastore truces didicere leones:
Nec non & querulis balatibus irritatos
Plenas nocte lupos studuit perrumpere caulas.
Omne animal diri callem scelerisque ferri
Imbuit, & tortos acuit fallacia sensus.
Quamvis maceries florentes ambiat hortos,
Sepibus & densa vallentur vinea rura,
Aut populator edax germinanda germina truncat,
Aut avibus discerpta feris lacerabitur uva.
Quid loquar barbaricas fibras, medicamina veneno
Tincta, lethiferi studiisse pericula fuci?

Noxius in teneris super astat acca frumentis,
Cum prius innocuas tulerit natura cicutas,
Roscidus & viridem qui vestit flos rhododaphnem
Pabula lascivis dederit sincera capellis.
Ipsa quoque oppositum distracto foedere certo
Transcendunt elementa modum, rapiuntque, ruuntque
Omnia, legirupis quassantia viribus orbem.
Frangunt umbriferos Aquilonum praelia lucos,
Et cadit inmodicis silva extirpata procellis.
Parte alia violentus aquis torrentibus amnis
Transilit objectae praescripta repagula ripae,
Et vagus eversis late dominatur in agris.
Nec tamen his tantam rabiem nascentibus ipse
Conditor instituit, sed laxa licentia rerum
Turbavit placidas rupto moderamine leges.
Nec mirum, si membra orbis concussa rotantur,
Si vitiis agitata suis mundana laborat
Machina, si terras luis inventiva fatigat.
Exemplum dat vita hominum, quo cetera peccent:
Vita hominum, cui quidquid agit, vesania, terror
Suppeditant, ut bella fremant, ut fusa voluptas
Diffluat, impuro fervescat ut igne libido,
Sorbeat ut cumulos nummorum faucibus amplis
Gurges avaritiae, finis quam nullus habendi
Temperat, aggestis addentem vota talentis.
Auri namque fames parto fit major ab auro:
Inde seges scelerum, radix & sola malorum.
Dum scatebras fluviorum omnes & operta metalla
Eliquat ornatus solvendi leno pudoris:
Dum venas squalentis humi scrutatur inepta
Ambitio, scalpitque naturae occulta latentis,
Si quibus in foveis radiantes forte lapillos
Rimata inveniat: nec enim contenta decore
Ingenito, externam mentitur femina formam.
Ac velut artificis Domini manus imperfectum
Os dederit, quod adhuc res exigat, aut hyacinthis
Pingere sutilibus redimitam frontis in arce,
Colla vel igniticis sinuata incingere sertis,
Auribus aut gravidis virides suspendere baccas,
Nectitur & nitidis concharum calculus albus
Crinibus, aureolisque riget coma texta catenis.
Taedet sacrilegas matrum percurrere curas,
Muneribus dotata Dei quae plasmata fuco
Inficiunt, ut pigmentis cutis illita perdat
Quod fuerat, falso non agnoscenda colore.
Haec sexus male fortis agit, cui pectore in arcto
Mens fragilis facili vitiorum fluctuat aestu.
Quid quod & ipse caput muliebris corporis & rex,
Qui regit invalidam propria de carne resectam
Particulam, qui vas tenerum ditione gubernat,
Solvitur in luxum? cernas mollescere cultu
Heroas veteres, opifex quibus aspera membra
Finxerat, & rigidos duraverat ossibus artus.
Sed pudet esse viros: quaerunt vanissima quaeque
Queis niteant; gemmas leves, ut robora solvant,
Vellere non ovium, sed Eoo ex orbe petitis
Ramorum spoliis fluitantes sumere amictus
Gaudent, & durum scutulis perfundere corpus.
Additur ars, ut fila herbis saturata recoctis
Illudant varias distincto stamine formas.
Ut quaeque est lanugo ferae mollissima tactu,
Pectitur. hunc videas lascivas praepete cursu
Venantem tunicas, avium quoque versicolorum
Indumenta novis texentem plumea telis:
Illum pigmentis redolentibus, & peregrino
Pulvere femineam spargentem corporis auram.

Omnia luxus habet nostrae vegetamina vitae,
Sensibus in quinque statuit quae condidit auctor.
Auribus, atque oculis, tum naribus atque palato
Quaeritur infectus vitiosis artibus usus.
Ipse etiam toto pallet qui corpore tactus,
Palpamen tenerum blandis ex fotibus ambit.
Pro dolor! ingenuas naturae excedere leges,
Captivasque trahi regnante libidine dotes!
Perversum jus omne viget, dum quidquid habendum
Omnipotens dederat, studia in contraria vertunt.
Idcircone, rogo, speculatrix pupula molli
Subdita palpebrae est, ut turpia semivirorum
Membra theatrali spectet vertigine ferri,
Incestans miseros foedo oblectamine visus?
Aut ideo spirant, mediaque ex arce cerebri
Demittunt geminas sociata foramina nares,
Ut bibat infestum male conciliata voluptas,
Quem pigmentato meretrix jacit improba crine?
Num propter Lyricae modulamina vana puellae,
Nervorumque sonos, & convivalia calentis
Carmina nequitiae, patulas Deus addidit aures?
Perque cavernosos jussit penetrare meatus
Vocis iter? numquid madido sapor inditus ori
Vivit ob hanc causam, medicata ut fercula pigram
Ingluviem, vegetamque gulam gannonis incitent?
Per varios gustus instructa ut praelia ducat
In noctem? lassetque gravem sua crapula ventrem?
Quid durum, quid molle foret, quid leve, quid horrens,
Quid calidum, gelidumve, Deus cognoscere nos nos
Attactu voluit palpandi interprete sensu.
At nos delicias plumarum, & linea texta
Sternimus, atque cutem fulcro attenuare polimus.
Felix qui indultis potuit mediocriter uti
Muneribus, parcumque modum servare fruendi.
Quem locuples mundi species, & amoena venustas,
Et nitidis fallens circumflua copia rebus
Non capit ut puerum, nec inepto addicit amori:
Qui sub adumbrata dulcedine triste venenum
Deprendit latitare boni mendacis operto.
Sed fuit id quondam nobis sanctumque bonumque
Principio rerum, Christus quum conderet orbem:
Vidit enim Deus esse bonum, velut ipse Moyses
Historicus mundi nascentis testificatur:
Vidit, ait, Deus esse bonum quodcumque creavit.
Hoc sequor, hoc stabili conceptum mente teneo;
Inspirante Deo, quod sanctus vaticinator
Prodidit, antiquae recolens primordia lucis,
Esse bonum quidquid Deus & sapientia fecit.
Conditor ergo boni pater est, & cum Patre Christus.
Nam Deus, atque Deus Pater, est & Filius unum;
Quippe unum natura facit, quae constat utrique
Una voluntatis, juris, virtutis, amoris.
Non tamen idcirco duo numina, nec duo rerum
Artifices; quoniam generis distantia nulla est.
Atque ideo nulla est operis distantia, nulla
Ingenii. genuit bona omnia conditor unus.
Nil lutulentum de fonte fluit, nec turbidus humor
Nascitur, aut primo violatur origine venae;
Sed dum liventes liquor incorruptus arenas
Praelambit, putrefacta inter contagia sordet.
Numquid equum, ferrum, aurum, leo, fucus, olivum,
In se vim sceleris, cum formarentur, habebant?
Quod jugulatur homo, non ferrum causa furoris,
Sed manus est: nec equum vesania fervida circi
Auctorem levitatis habet, rabidive fragoris.
Mens vulgi vesana tumet, non cursus equorum

Perfo-

Perfurit, infandi studio perit mille docere.
Sic Lacedaemonias olim madnisse palaestras
Novimus, & placidam servire ad crimina sacrum.
Inde per aerium pendens audacia funem,
Ardua securis scandit profunda plantis.
Inde feras volucri temeraria corpora saltu
Transiliunt, mortisque inter discrimina ludunt.
Sanguinis humani spectacula publicus edit
Consensus, legesque jubent venale parari
Supplicium, quo membra hominum discerpta cruentis
Morsibus oblectent hilarem de funere plebem.
Mille alia stolidi bacchantia gaudia vulgi
Percurrere piget, quae veri oblita Tonantis
Humanaque miseris volvunt erroribus aevum.
Nemo tellurem summi contemnens genitoris in altum
Excitat, ad caelum mittit suspiria nemo;
Nec rerum apicem solii mentalis, ad ipsum
Respicit auctorem, nec spem super aethera librat.
Sed mentem gravidis contentam figere curis
Insigno subdit Domino, gemitumque premens
Diligit, & curvo quaerit terrestria sensu.
Hoc pulchrum quod terra parit, quod gloria confert
Lubrica, commendat quod perniciosa voluptas,
Quod velut excitus difflato pulvere ventus
Praeterit, exemplo tenuis quod transvolat umbrae.
His aegras animas morborum pestibus urget
Praedo potens, tacitis quem viribus interfusum
Corda bibunt hominum. Seris ille medullitus omnem
Nequitiam, spargitque suam per membra colubrum.
Namque illic numerosa cohors sub principe tali
Militat, horrendisque animas circumsidet armis,
Ira, superstitio, maeror, discordia, luxus.
Sanguinis atra sitis, vini sitis, & sitis auri.
Livor, adulterium, dolor, obtrectatio, furtum.
Informes horrent facies, habitusque minaces:
Ambitio ventosa tumet, doctrina superbit,
Personas eloquium, nodos fraus abdita nectit.
Inde catena foro latrat facundia toto,
Hinc gerit Herculeam vilis sapientia clavam,
Ostentatque suam vicatim gymnosophista.
Inter lapides fumosos idololatriae
Religio, & surdis pallens advolvitur aris.
Heu quantis mortale premit genus improbus hostis
Armigeris! quanto ferrata satellite ductor
Bella gerit, quanta victor ditione triumphat!
Surgit in equitibus Chananaeus, atque agmina densat
Casside terribilis, scutorum pondere metam
Concutiens, dextramque gravi cum cuspide quassans.
Ast alia de parte furens exercitus ardet
Regis Amorrhaei: tum millia Gergesaeorum
Effundunt aciem toto volitantia campo:
Eminus hi feriunt, confligunt comminus illi.
Ecce Jebusaicae fervent ad praelia turmae,
Aurea tela quibus de sanguine tincta draconis
Mortifero splendore micant, radiantque micantque.
Nec non terrificas pilis armare catervas
Te, Chetthaee, juvat: sed quem Pherezaea sagittis
Insultat virtute pari, sed dispare ferro.
Postremum cuneum rex promovet Evaeorum,
Squamosum thoraca gerens de pelle colubri.
His sublimis viris scelerum perversa potestas
Edomat invalidas mentes, quas simplicitate
Indociles, bellique rudes sub foedere falso
Tristis amicitiae primum foris agmina credunt,
Mammonamque fidem pacis sub amore sequuntur.
Mox faciles ad vincla capi, juga dura volentes
Addictis subdunt cervicibus, & subeuntem
Spiritum jussis servire sceleribus optant.
Ille supervacuis augens patrimonia fundis,
Finitimisque inhians contempto limite agellis,
Ducitur innexus manicis, & mille catenis
Ante triumphalem currum, post terga revinctus,
Nec se barbaricis addictum sentit habenis:
Hic qui ventosae scandit fastigia famae,
Inflaturque cavo pompae popularis honore,
Qui summum solidumque bonum putat ambitionis
Crescere successu, praecone voce trementes
Examinare reos, miserorum in corpore fasces
Frangere, terribiles leges exercere securus:
In laqueum jam colla dedit, jam compede durum
Nectitur, & pedibus servilia vincula limat.
Credite captivi mortales, bestia quos jam
Dominatus cohibent ergastula, quos sine fine
Poenarum virtus non intellecta coercet.
Haec illa est Babylon, haec transmigratio nostrae
Gentis, & horribilis victoria principis Assur:
Carmine luctifico quam deflet Hieremias,
Orbatam propriis viduavit civibus urbem.
Nam latet, aut dubium est animus de semine Jacob
Exilium gracile pati, quem Persica regna
Captivum retinent, atque in sua foedera cogunt?
Illic natali desuescunt vivere ritu:
Moribus & patriis exutae, in barbara jura
Degenerant, linguamque novam, vestemque sequuntur,
Deque profanato discunt sordescere cultu,
Nutricemque abolent peregrini e pectore Sion.
Jam patriae meminisse piget, jam mystica frangunt
Organa, & externi laudant anathemata regni.
Nonne suis melius saevam Memphitidis aulae
Imperium tolerasse patres, pravisque sinistris
Adsedisse focis? pedibus Pharaonis iniqui
Sub pedibus, limo & paleis servire paratos,
Carnis & immodicae sparso ructamine crudos?
Quos tamen auxilii per prodigialia signa
Eruit Dominus, populum dum forte rebellem
Servat ope immerita, vincula dum subdita colla
Solvit, & Aegyptum virga serpente coercet?
Quid juvat aequoreum pelago cedente profundum
Pulvereo calcasse via, quum cuncta gradi
Saxa sub igneo paterent prostrata caelo,
Arma & medio latitent sub gurgite fluent?
Si victor victore Dei, mediisque trucidans
Late colonorum scindens exercitus colla,
Perdidit inventi vallem botryonis opimam?
Si nescit versare solum, cui melle perenni
Gleba fluens niveos permiscet lactea rivos?
Si dominam Hierichus lituis, atque aere canoro
Rursus in antiquam patitur consurgere murum?
Si ripis refluit Jordanis pellitur, & jam
Deserit adscriptam divisa in jugera sortem?
Denique si structam templis sedibus urbem,
Et quam nubigenas transcendunt culmina nimbos,
Defensare nequit? si nescit, quis lapis ille est
Hostibus obsistens, et inexpugnabile turris
Praesidium, quem non aerato machina rostro
Aries labefactat, nec ferrea verbera quassant?
Angulus hic porta in capite est, hic continet omnem
Saxorum seriem, constructaque limina firmat,
Quem qui rite suis per propugnacula muris
Noverit inserere, seque ac sua moenia vallo
Praecinget triplici, celsa stant omnia arce
Fretus aggere pace, castis & pervigil armis;

Non illum regina Tyri, non accola magni
Euphratis Parthus rapiet, non decolor Indus
Tempora gemmatis redimitus nigra sagittis.
Quin, si femineos cogat ad bella gigantas
Allophylus, tua castra velit delere tyrannus,
Tutus eris, nec te [illegible] movebit
Ipse Charon mundi [illegible] Marcionis: ipse,
Qui regit aeris vacui sub sole tenebras.
Nam terrenum quidquid sol aspicit, ex elementis
Concreta solubilibus, fluxuque creamine constans,
Falso, creaturam sibi doctor Apostolus omnem
Subjectam vanis non sponte laboribus ait,
Perjuro ingenuam miseram servire latroni:
Errat, ait, qui luctamen cum sanguine nobis,
Et carne, & venis ferventibus, & vitioso
Felle putat, calidisque animam peccare medullis.
Non tantum sua membra premunt, nec tetra virum
Oppugnant sensus liquidos, bellove lacessunt:
Sed cum spiritibus tenebrosis, nocte dieque
Congredimur, quorum dominatibus humidus iste
Et pigris densus nebulis obtemperat aer.
Scilicet hoc medium, cælum inter, & infima terræ,
Quod patet, ac vacuo nubes suspendit hiatu,
Frena potestatum variarum sustinet, ac sub
Principe Belial rectoribus horret iniquis:
His conluctamur prædonibus, ut sacra nobis
Oris Apostolici testis sententia prodit.
Nemo habitatorem carnis, aut lenitamina peccans
Corporis accuset: facile est frenare rebelles
Affectus carnis, nimiosque retundere pulsus
Materiæ fragilis, & viscera victa domare:
Quippe animus longe præstantior, utpote summo
Æthere demissus, subjectos si velit actus
Imperio quassare gravi, jussisque severis
Dedere, regnanti Domino vis nulla resistet.
Major inest vis illa homini, quæ sterile virus
Ingerit, & tenuem tecum ferit aere conversa:
Parthica non æque ventos transcurrit arundo,
Cujus iter nullus potis est comprendere visus.
Præpes enim volucrem dum pennis transvolat auram,
Improvisa venit, nec stridor nunciat aere
Adventum lethi, quam pectoris abdita rumpat,
Securam rapiens medicato vulnere vitam.
Sed magis aligera est, magis & medicata sagitta,
Quam jacit umbrosi dominatio lubrica mundi,
Eludens excessu aciem, calamique volantis
Præpete transcursu cordis penetralia figens.
Nec segnis natura animæ est, aut tarda cavendi
Vulneris: ignitum quoniam Deus indidit olli
Ingenium doctum, sapiens, subtile, serenum,
Mobile, sollicitum, velox, agitabile, acutum.
Factorem modo casta suum veneretur, & ipsi
Militet, ac victum præcinctus sobria mundet:
Nil de pestiferis opibus, aut falsificatis
Terrarum spoliis fluxo oblectamine libans,
Nec sub sorte jacens, alieno & dedita regno,
Non queat urgentes hostis vitare sagittas.
Sed quid ego omne malum mundique hominemque maligni
Hostis ad invidiam detorqueo, quum mala nostra
Ex nostris concreta animis, genus, & caput, & vim,
Quid sint, quid valeant, sumant de corde parente.
Ille quidem fomes nostrorum, & causa malorum est.
Sed tantum temptare potest, aut fallere, quantum
Nos volumus, qui decrepito suggesta lenti
Armamenta damus. frigent sua tela frendens,
Humani generis ni per suffragia glisceat.

Gignimus omne malum proprio de corpore nostrum,
Ut genuit David, alias pater optimus, atrox
Crimen Abessalom: tetrum pater ille, sed atrox
Innocuus inter sobolem genuit parricidam;
Ausus in auctorem generis qui stringere ferrum.
Ah pietas! signis contraria signa paternis
Egit, & unius commisit sanguinis arma.
Nostra itidem diros animo propagine natos
Pectora parturiunt, versa qui protinus in nos
Moribus infestant gignentem vivere posse:
Depopulantur enim matrem foecunda parentum
Viscera, & interitu genitalis stirpis aluntur.
Progeniem verum ille suam, rex utpote sanctus,
Atque Dei vates, pariterque & virginis auctor,
Tristibus atque piis variaverat, ut Salomonis
Frater Abessalom nisi forent crimina justis
Pignoribus, dulcemque domum turbaret amoris.
Non dignum Salomone nihil, nec degener implet
Solus Abessalom, lacerans pia viscera ferro.
Si licet ex Libicis quidquam prætexere, vel si
De physicis exempli aliquid: sic vipera (ut aiunt)
Dentibus emoritur fusa per viscera prolis.
Mater morte sua, non sexu fertilis, aut de
Concubitu distenta uterum: sed cum calet igni
Percita femineo, moriturum obscœna maritum
Ore sibit patulo: caput inserit ille trilingue
Conjugis in fauces, atque oscula fervidus intrat,
Infundens oris coitu genitale venenum.
Nupta voluptatis vi saucia, mordicus [illegible]
Frangit amatoris blandi inter fœdera guttur,
Infusasque bibit, caro pereunte, salivas.
His pater infecundis consequitur, ac genitricem
Clausa necat soboles: nam postquam semine adulto
Incipiunt calidis corpuscula parva latebris
Serpere, mutatumque uterum vibrata ferire,
Æthere interno pietatis crimine natæ,
Carnificemque gemit damnati conscia sexus,
Progeniem sequi rumpentem obstacula partus.
Nam quia nascendi nullus patet exitus, alvus
Fœtibus in lucem nitentibus excruciata
Carpitur, atque viam lacerata per ilia pandit.
Tandem obitu altricis, prodit grex ille dolorum,
Ingressum vitæ vix eluctatus, & ortum
Per scelus excipiens. lambunt natale cadaver
Reptantes catuli, proles dum nascitur, orba,
Haud experta diem, miseræ nisi postumus mortis.
Non dispar nostræ conceptus mentis, ab ore
Viperæ infusum sic combibit illa venenum
Conjuge Beliade, sic oscula devorat hostis,
Interiusque rapit, sic felle libidinis ardens
Impletur vitiis, pariterque mista marito.
Tunc prægnans lethale genus concepta maligni
Fert opera ingenii, de semine complicis hydri,
Quem paritura prius, sua facta necesse est
Corrupta pro stupro animæ, proque orbe peremptæ.
Ipsam porro animam crudelia vulnera carpunt
Mille puerperiis, soboles dum parturit, ex se
Contra naturam genitas, peccamina crebra
Scilicet, & partus materno lumine natos.
Hinc illa est Domini justa objurgatio Christi:
Nonne pater Dæmon, vos increpat, peccatores,
Concubitu carnis, semen sceleratis iniquum,
Vos genuit? sanctum lector percurre volumen,
Quod loquor invenies Dominum dixisse profanis
Vera objectantem mortalibus: et patre nam vos
Esse meo genitos, pietas, ait, ipsa probaret,

Ac

Ac pietatis opem. pro caeca libido! quid hoc est?
Quod quem se simulans dispendium curae homo justis
Noverit, seque totum regis templum veneretur,
Et regis semper juveni, thalamique repulso
Divinum decus aeterno servaret in aevo,
Malit adulterium, servo & se munere vilem
Vendat noctivagis spurcis complexibus uti,
Aspernata Dei fetum per virginis artus
Progeniem, dulcesque vocans in fornice natos?
Sentio quam contra moveant fallacia litem,
Quae dente obnixo spinosa calumnia pugnet,
Nosque lacessito vocet ad luctamina verbo.
Si non vult Deus esse malum, cur non vetat? inquit.
Nil refert, auctor fuerit, factorve malorum:
Anne opera in vitium sceleris pulcherrima verti,
Quum possit prohibere, sinat? quod si velit omnes
Innocuos agere omnipotens, nec sancta voluntas
Degeneret, nec se facto manus inquinet ullo.
Condidit ergo malum Dominus, quod spectat ab alto
Et patitur, fierique probat, tamquam ipse crearit.
Ipse creavit enim, quod quum discludere possit,
Non abolet, longoque sinit grassarier usu.
Damna aures patior alme meas, & claude meatum
Obbrutescentis capitis, ne pervia tales
Concipiat flexura sonos. est perdere tanti
Extinctum vitae officium de parte cerebri.
Immunem modo sese animam, expertemque nefandi
Auditus sistat, solida conservet ab aure.
Quis ferat haec injecta Deo convicia? qui se
Divinis meminit praecellere nobilitatum
Muneribus? melius ut taceam, vel sola benignum
Res probat esse Deum, vetiti quod amore peremptum
Excitat e tumulis hominem, reparatque per aevum
Participem jubet esse sui: qui si foret auctor,
Servatorque mali, numquam post damna salutis,
Peccantemque obitum, redivivam ferre medelam
Vellet, & amissum opere instaurare secundo.
Labi hominis, servare Dei est: mortis pater iste,
Ille abolet pereuntis opus, mortemque resolvit:
Argumentum ingens, dominum qui talia praestet,
Nolle malum, nec quod post abluit, ante probare.
Invitone aliquis potis est peccare Tonante?
Cui facile est in corde hominis componere sensus
Quos libeat, fibrasque omnes animare pudicis
Pulsibus, & totum venis infundere honestum.
Nescis stulte tuae vim libertatis ab ipso
Formatore datam? nescisque ab origine quanta
Sit concessa tibi famulo super orbe potestas?
Et super ingenio proprio, lineque soluto
Jure voluntatis, liceat cui velle, sequique
Quod placitum, nulloque animum subjungere vinclo?
An quum te dominum cunctis quaecumque crearat
Praeficeret, mundumque tuis servire juberet
Imperiis, quemque aera, polum, mare, flumina, ventos
Dederet, arbitrium de te tibi credere avarus
Nollet ut indigno, libertatemque negaret?
Quale erat, electum magni rex orbis ut esset,
Non rex ipse sui cuncto famulante honore?
Nam quis herus domini est, cujus mens libera non est,
Una sed imposita servit sententia legi?
Quae laus porro hominis, vel quod meritum, fore certo
Inter utramque viam discrimine vivere juste?
Non sit sponte bonus, cui non est prompta potestas
Velle aliud, flexisque animi convertere sensus.
Atqui nec bonus est, nec conlaudabilis ille
Qui non sponte bonus: quamquam probitate coacta
Gloria nulla venit, sordetque ingloria virtus.
Nec tamen est virtus, ni deteriora refutans
Emicet, & meliore viam petat indole rectam.
Vade, ait ipse parens, opifexque, & conditor Adae,
Vade homo, & adflatu nostri peccabile oris,
Instituisse, parens, rerum arbiter, arbiter idem
Et judex omnis propriis, nihil subdere soli
Sponte tua: quo sit subjectio & ipsa soluto
Libera judicio, non cogo, nec exigo per vim,
Sed moneo injustum fugias, justumque sequaris.
Lux comes est justi, comes est mors horrida iniqui.
Elige jam vitae, tua virtus temet in aevum
Provehet, alterutrum tua damnet culpa vicissim,
Praestet & alterutram potioris sententia sortem.
Hoc pietate vagus, & tanto munere abundans,
Transit propositum jus, & lethalia prudens
Eligit, atque volens illud magis utile retur,
Quod prohibente Deo persuasit callidus anguis.
Persuasit certe hortatu, non impulit acri
Imperio. hoc mulier sua criminis exprobranti
Respondit domino; suadens se male labris
Illectam, suasisse viro. vir & ipse libenter
Consensit. licuitne hortamen spernere recti
Libertate animi? licuit. namque & Deus ante
Suaserat, ut meliora volens sequeretur. at ille
Spernens consilium, suo plus credidit hosti.
Hunc inter vitae dominum, mortisque magistrum
Consistit medius: vocat hinc Deus, inde tyrannus
Ambiguum, atque suis se motibus alternantem.
Accipe gestarum monimenta insignia rerum:
Praelusit quibus historia spectabile signum.
Loth fugiens Sodomis ardentibus, omnia secum
Pignora chara domus properabat, sede relicta,
Nubibus arbitrantis subducere, sulphura quum jam
Nimbosum ignitum caelum sudaret aer,
Flagrantemque diem crepitans incenderet imber.
Angelus hanc hospes legem praescripserat olim,
Emissus vindex Dei sub imagine dupla:
Omnis ut a portis iret domus, atque in apertum
Dirigeret cursum oculos, nec pone reflexo
Lumine regnantes per moenia cerneret ignes.
Nemo memor Sodomae, quae mundi forma cremandi est,
Ut semel e mediis gressum promoverit, ora
Post tergum verso, respectet funera rerum.
Loth monitis sapiens obtemperat: at levis uxor
Mobilitate animi, torsit muliebre retrorsum
Ingenium, Sodomisque suis revocabile haesit.
Traxerat Eva virum dirae ad consortia culpae.
Haec peccans sibi sola perit, solidata metallo
Diriguit fragili, saxumque liquabile facta.
Stat mulier sicut steterat prius, omnia servans,
Caute sigillati longum salis effigiata,
Et decus, & cultum, frontemque, oculosque, comasque,
Et flexam in tergum faciem, paullumque tuentis
Moesta retro, antiquae monimenta rigentia noxae.
Liquitur illa quidem salsis sudoribus uda,
Sed nulla ex liquido plenae dispendia formae
Sentit deliquio, quantumque attrita saporum
Attenuant lacero, tantum lambentibus humor
Sufficit, attritamque cutem per damna reformat.
Hoc mortale titulo peccantis foemina fisti,
Infirmam fluidamque animam per lubrica solvens
Consilia, & fragilis jussa ad caelestia verti.
Propositum contra tam commutabile servas
Loth ingressus iter, nec moenia respicit, alto
In cinerem conlapsa rogo, populumque perustum.

En

Et mores populi, tabularia, jura, forumque,
Balnea, propolas, meritoria, templa, theatra,
Et circum cum plebe sua, madidasque popinas.
Quidquid agunt homines Sodomorum, incendia justis
Ignibus involvunt, & Christo judice damnant.
Hoc fugisse semel satis est, non respicit ultra
Loth melior: fragilis sed conjunx respicit, & quos
Fugerat, inverso mortalis ore revisit,
Atque inter patrias perstat durata favillas.
En tibi signatum libertatis documentum,
Quod voluit nos scire Deus, quaecumque sequenda est,
Sub nostra ditione sitam, passimque remissam
Alterutram calcare viam. Duo cedere jussi
De Sodomis: alter se praeripit, altera cessat,
Ille gradum celerat fugiens, contra illa remorans:
Liber utrique animus, sed dispar utrique voluntas,
Dividit hoc illuc rapiens sua quemque libido.
Talem multa sacris speciem notat orbita libris.
Aspice Ruth generis Moabitidis, & simul Orpham:
Illa socrum Noemin fido comitatur amore,
Deserit haec: atque hae thalamis, & lege jugali
Exutae, Hebraeisque thoris, sacrisque vacantes,
Jure fruebantur proprio. Sed pristinum Orpha
Fanorum ritum propria barbara sanxit
Malle, & semiferi stirpem nutrire Goliae.
Ruth dum per stipulas agresti anhelitur aestu,
Fulcra Booz meruit, castoque adscita cubili
Christigenam fecunda domum, & Davidica regna
Edidit, atque Deo mortales miscuit ortus.
Saepe egomet memini fratres geminos ad hilarem
Pervenisse simul bivium, vacuante juventa,
Et dubitasse diu bifido sub tramite, quonam
Esset iter melius: quum dextrum spinea silva
Sentibus arctaret, scopulosaque semita longe
Duceret aerium clivoso margine callem:
At laevum, nemus umbriferum per viridia circum
Ditibus ornaret pomis, & lene jacentem
Planitiem daret ampla viam: sequentibus unum
Contortum spinis repsisse per ardua saxa,
Porro alium campo laeto indulsisse sinistro,
Illum sideribus caput inseruisse propinquis,
Hunc in coenosas subito cecidisse paludes.
Omnibus una subest natura: sed exitus omnis
Non unum peragit, placitamque sequitur formam.
Haud secus, ac si olim per sudum lassa forte
Lapsa columbarum agmina, descendat in arvum
Roris frugiferi, laqueos ubi callidus auceps
Praetendit, lentoque illevit vimina visco,
Sparsit & insidias siliquis, vel farre doloso,
Inliciunt alias fallentia grana, gulamque
Innectunt avidam tortu retinacula setae,
Molle vel implicitas glutino circumligat alas.
Ast illas quas nullus amor prolectat edendi,
Gressibus innocuis sterili spatiantur in herba,
Suspectasque cavent oculos convertere ad escas.
Mox ubi jam caelo revolandum, pars petit aethram
Libera sidereum, plaudens super aera pennis:
Pars captiva jacet, laceris & saucia plumis
Pugnat humi, & volucrem nequidquam suspicit auram.
Sic animas caeli de fontibus unicoloris
Infundit natura solo: sed luxibus istic
Devinctae illecebris retinentur, & aethera purum
Conscendere nequeunt, multas viscosa lacessat
Pestis, & ad superas procurrere non sinit auras.
Praecipitans inde parat livoris tartara plumbo
Incendia liquido, piceasque bitumine fossas,
Infernosque lacus, furvo sulfure averni,
Et Phlegethontem sub gurgite sanguinis atro
Perpetuis scelerum poenis inolescere verum.
Norat enim Deus ex proprio vegetamine inesse
Corporibus nostris, animamque ex ore paternae
Formatam, non posse mori, non posse vicissim
Pollutam vitiis sursum ad convexa reverti,
Mersandam praeceps poenis fervoris abyssi.
Vermibus, & flammis, & discruciatibus aevum
Immortale dedit, scelus ut poena periret
Non pereunte anima: carpunt tormenta foventque
Materiem sine fine datam, cum deficit ipsa
Aeternos gemitus, & fovens vivere cogit,
At diversa procul regionibus in Paradisi
Praemia constituit mansuro genere futuri
Spiritibus puris, & ab omni labe remotis,
Quique Gomorrhaeas non respexere ruinas,
Aversi sed rite oculis post terga tenebras
Liquerunt miseri properanda pericula mundi,
Ac primum facili referuntur ad astra volatu:
Unde suum animae stratum reparaverat Adam.
Nam quia naturam tenuem declivia vitae
Pondera non reprimunt, nec tardat ferrea compes,
Concretum celeri relegens secat aera lapsu,
Exsuperatque polum fervens scintilla recursum,
Carceris exsola sinus, quibus haeserat ante.
Tunc postliminio redeuntem suscipit aethra
Cana fides gremio, tenerisque oblectat alumnam
Deliciis, multos post diversoria carnis
Ore renarrantem querula quos passa labores.
Illic purpureo latus exporrecta cubili
Floribus aeternis spirantes libat odores,
Ambrosiumque bibit roseo de gramine rorem,
Ditibus, & longo fumantibus intervallo,
Flammisque & totos caeli sitientibus imbres,
Implorata, negat digitum infundere palato,
Flammarumque apices humenti extinguere tactu:
Nec mirare locis longe distantibus inter
Damnatas justasque animas concurrere visu
Conspicuos, mutuasque vices per magna notari
Intervalla, polus medio qua dividit orbe.

De integritate visionis animae.

Erras, quisquis acumen nostrorum fine oculorum
Aestimas, involvis vitreo quem lucida palla
Objicit, quod speculum contexta coagula tenent,
Impediuntque vagas obtecto humore fenestras.
Numquid animarum oculis denso vegetamine guttae
Volvuntur teretes? aut palpebralibus extra
Horrescunt setis? ciliove umbrante teguntur?
Illis viva acies, nec pupula parva, sed ignis
Trajector nebulae vasti, & penetrator aperti est.
Nil ferrugineum, solidumve tenentibus obstat,
Nocturnae cedunt nebulae, algentia cedunt
Nubila, praeterita caelis terrae area mundi.
Nec tantum aerias visu transmittit hiatus
Spiritus: oppositos sed transit lumine montes,
Oceani sinus, atque ultima litora Thules
Transadigit, volucresque oculos in tartara mittit.
Nostris namque omnem perimi sub nocte colorem
Visibus, & caeco deleri tempore formas.
Numquid & exuti membris, ac viscere, perdunt
Agnitione notas rerum, vel gressibus errant?
Una animae semper facies habet, & color unus
Aeris, ut cuique est nutrimentum sanum, similis,

Seu

Sat dextri, alternans non commutabile tempus
Convertit, variatque vices: longum atque perenne est
Quidquid id est: unum volvit sua saecula cursu.
Expertem dubitas animam penetrare visu
Abdita corporeis oculis? cum saepe quietis
Rore soporatis, errat mens viva remotos
Distantesque locos, adeunt per rura, per astra,
Per maria invenitur: nec enim se longius ipsa
Ante obitum vivis ex artubus, aut fugit extra
Sanguinis & carnis penetralia, sedem probabilis
Esse, abjudicatumve abigit de pectore virum:
Viscera sed sede manens, speculatur acutis
Omnia luminibus: & quae circumvolvit acrem
Natura levis instructum, molle obstat tutum
Disclusa, ante oculos subjectum prospicit orbem,
Atque orbis sub nube situm sordentem elementum.
Objacet immensa tellus, nec visibus obstat,
Quin si sideream vultum convertat ad arcem,
Nil intercurrens obtrectet, impedit ignem
Pervigilis animae, quamvis densata graventur
Nubila, & opposito nigrescat vellere caelum.
Sic arcana videt tacitis cooperta futuris
Corporeum jamnunc adhuc: nec carne soluta,
Manere sed somni, postquam carne sequestra
Liber ad intuitum, sinusque oculisque peragrans,
Ordine dispositos venturis solibus annos,
Praecinctum videt angelicum, jam jamque tremendi
Orbis in excidium, tractus & percipit aure
Mugitus, gravium mundi sub fine tubarum.
Haec ille ante obitum, membrorum carcere septus
Secedente anima, non discedente videbat.
Nonne magis functus suo corpore cuncta notabit,
Corporis involucris tumulo frigente repostis?
Certa fides, rabidos sub terra noctis caminos,
Qui polluram animam per saecula longa perurant
Igne cruciant, oculis longum per inane remotis
Pauperis expositam: nec latius terra dona
Justorum dirimente Chao, rutilasque coronas
Eminus obtundi poenarum carcere mersis.
Hinc Paradisicolae post ulcera dira beato
Prodiret infelix ululans in gutta rapaces
Spiritus, inque vicem contrarium sortis certamina.

Precatio Poetae.

O Dee cunctiparens, animae dator, o Dee Christe,
Cujus ab ore Deus subsistit Spiritus unus,
Te moderante regor, te vitam principe duco,
Judice te palleo trepidus, te judice rursum
Spem capio, fore quidquid ago veniabile apud te,
Quamlibet indignum venia faciamque loquarque,
Confiteor, dimitte libens, & parce fatenti:
Omne malum merui. sed tu bonus arbiter aufer
Quod merui, meliora favens largire precanti.
Dum anima quandoque mea, quam corporis hujus
Liquerit hospitium, nervis, cute, sanguine, felle,
Ossibus extructum, corrupta quod incola luxu
Nos nimium complexa fovet, quum flebilis hora
Clauserit hos orbes, & conclamata jacebit
Materies, oculisque suis mens nuda fruetur,
Ne cernat truculentum aliquem de gente latronum,
Immitem, rabidum, vultuque & voce minaci
Terribilem, qui me tenebrosum aspergine atrum
In praeceps, ut praedo, trahat, nigrisque vorandum
Immergat specubus, cuncta exactura usque
Quadrantem minimum damnosae debita vitae.
Multa in thesauris patris est habitatio, Christe,
Disparibus discreta locis. non posco beata
In regione domum: sint illic casta virorum
Agmina, pulveream quae dedignantia curam
Divitias periere tuas: sit flore perenni
Candida virginitas, animum castrata recisum.
At mihi Tartarei satis est, si nulla ministri
Occurrat facies, avidae nec flamma gehennae
Devoret hanc animam, mersam fornacibus imis.
Esto cavernoso, quia sic pro labe necesse est
Corporea, tristis me sorbeat ignis Averno,
Saltem mitificos incendia lenta vapores
Exhalent, aestuque calor languente tepescat:
Lux immensa alios, & tempora vincta coronis
Glorificent, me poena levis clementer adurat.

LIBRI contra SYMMACHUM,

Praefectum urbis.

PRAEFATIO.

Paulus, praeco Dei, qui fera gentium
Primus corda sacro perdomuit stylo,
Christum per populos ritibus asperis
Immanes, placido dogmate seminans,
Immansueta suas ut cicurarent
Gens Pagana Deo sperneret agnitos,
Actus turbinibus forte acerrimis
Hibernum pelagus jam rate debili,
Et vim naufragii pertulerat mari.
Sed cum caerulei pectora gurgitis
Jussisset Domini dextra quiescere?
Ad portum Siculum cymba relabitur,
Expositique solo littoris avidi
Contractum pluvio frigore remiges.
Tum de littoreis sepibus algidi
Arentem propere brachia palmitem
Convectant, rapidus unde focus struatur:
Fascem quisque suum congerit ignibus,
Expectans calidi luxuriam rogi.
Paulus, dum fragiles cogere surculos,
Et densare studet congeriem strues,
Incautam cumulis inseruit manum,
Torpescat glacie pigra ubi vipera,
Sarmentis laqueato corporis implicans?
Quae postquam tepidi fomite sensit,
Laxavitque feros colla rigentia,
Jam flecti facilis, tortilis ad manum
Vibrato capite spicula dentium.
Haerentem digiti vulnere mordicus,
Pendentemque gerens Paulus inhorruit.
Exclamant alii, quod cute livida
Virus mortiferum serpere crederent.
At non intrepidum terret Apostolum
Tristis tam subiti forma pericli,
Attollens oculos sidera suspicit,
Christum sub tacito pectore murmurans,
Excussumque procul decutit aspidem.
Abjectus coluber verberat aera,
Atque oris patuli solvit acumina.
Mox omnis sanies desinit & dolor,
Cum sedit laceram vulnere dexteram,
Siccatusque patet vipereus liquor.

Hy-

Hydram praecipitans dum rogus impetit,
Ardorem medio invalidi ignium.
Sic nunc post hyemem, vimque trucis freti,
Quo jactata ratis tota fere sapientum est,
Quorum sub scriptis terrea cumbula
Vix pauco poterant currere carbaso,
Australisque inter turbines saeculi
Vectatas, rapidis fluctibus inruens,
Morsum viperum lex pia perculit:
Occultabat enim se prius abditam
Virus, nec gravidum prodiderat caput,
Contectum involucris atque cubilibus,
Semper comprimere cladis fiducia.
Sed dum ferre latens impietas nequit,
Deorum pestiferi pigra commoverat
Succensi Symmacho solius invidiam.
Heu quam catholicam vix prope perdidit
Puppim nosse sacri remige styli,
Quem Paulus variis gentibus edidit!
Vix portu placido tuta quieverat
Victrix, aequoreis mille laboribus:
Vix adstricta suis jam retinaculis
Vectorem stabili condiderat solo,
Erumpit subito triste periculum.
Nam dum praevalidos igniculos sibi
Solvendis adolerat, & ferio & gelu,
Dum virgas steriles, atque superfluas
Flammis de fidei palmite concremat;
Ut concreta vagis vimina crinibus
Silvosi inluviem perderet idoli,
Palpavit nimium perniciem caput,
Spem infesta sibilis, serpere flexibus,
Et vibrare sagax eloquii caput.
Sed dextra imperiens valentis, inclitam
Oris rhetorici depulit halitus,
Effusum ingenii virus inaniter,
Summa Christicolis in cute sibilans.
Salvator generis Romulei, precor,
Qui cunctis veniam das pereuntibus,
Qui mollem flatus uno operis tui
Mortalem, facili quem reseres manu:
Hujus, si potis est, jam miserescito,
Praeruptam in foveam praecipitis viri.
Spirat sacrilegis flatibus inscius,
Errorisque suos indocilis fovet.
Obtestor, jubeas, ne citus impetum
Arsurum medio inferat ignibus.

LIBER PRIOR.

CRedebam vitiis aegram gentilibus urbem
Jam satis antiqui pepulisse pericula morbi,
Nec quidquam restare mali, postquam medicina
Principis immodicos sedarat in arce dolores.
Sed quoniam renovata lues turbare salutem
Tentat Romulidum, patris imploranda medela est,
Ne sinat antiquo Romam squalere veterno,
Neve togas procerum fumoque & sanguine tingi.
Inclitus ergo parens patriae, moderator & orbis,
Nil egit prohibendo, vagus ne pristinus error
Crederet esse Deum nigrante sub aere formam?
Aut elementorum naturam, quae patris ars est
Omnigeni, summa pro majestate sacraret?
Vir solus, cui cura fuit, ne publica quorum
Plaga, cicatricem summa leviter cute clausam
Duceret, & latebram caloris valentis alto
Impressam, penitusque putri de parte perosam,
Junctis superficiem medico fallente foveret.
Sed studuit quo pars hominis praestantior intus
Viveret: atque animam lethali peste piatam
Nollet ab interno tabem servare veterno.
Illa tyrannorum semper medicina, videre
Qui stare aere oculos praesentibus ac perituris
Congererent rebus, nec curam adhibere futuris.
Heu male de populo meriti, male patribus ipsis
Blanditi! quos praecipites in tartara mergi
Cum Jove siverunt, multa & cum plebe deorum.
Ast hic imperium protendit latius aevo
Posteriore, suis cupiens sancire salutem.
Nimirum pulchre quidam doctissimus: Esset
Publica res, inquit, tunc fortunata satis, si
Vel reges saperent, vel regnarent sapientes.
Estne ille e numero paucorum, qui diadema
Sortiti, arbitris calluerunt dogma sophiae?
Contigit ecce hominum generi, gentique togatae
Dux sapiens, felix nostrae Respublica Romae
Justitia regnante viget: paret magistro
Sceptra gubernanti: monet, ut detestus error,
Utque superstitio veterum procul absit avorum,
Nec putet esse Deum, nisi qui super omnia summus
Emineat, magnique immensa creaverit orbis.

De Saturno.

NUm nullus Saturnum atavos sensisse Latinum
Creditur? edicta qui talibus informavit
Agrestes animos, & barbara corda virorum?
Sum Deus, advenio fugiens: praebete latebras,
Occultate senem, nati feritate tyranni
Dejectum solio. placet, hic fugitivus & exul
Ut lateam? genti atque loco Latium dabo nomen:
Vitibus incurvam, si qua est ea cura, putandis
Procudam chalybem, muros & moenia vestri
Fluminis in ripa statuam Saturnia vobis.
Vos tamen, appositisque mihi sub honore sacrorum,
(Sum quia namque caelo genitus) celebrabitis aras.
Inde deos, quorum patria spectavere sepulchra
Scimus, in aere solent informavere minores.
Advena quem profugum gignunt, & equina libido
Intulit Italiae: Thraciis namque illa puellis
Primum adhinnivit simulato numine moechus.

De Jove.

MOX patre dejecto silvosi habitator olympi
Juppiter incesta spurcavit labe Lacaenas:
Nunc bove subvectam rapiens ad crimina amatam,
Nunc tenera plumas lenior, blandusque susurros
In morem recinens suave immorientis oloris,
Capta quibus volucrem virguncula ferret amorem,
Nunc foribus surdis, sera quum, vel pessulus arctius
Firmaret cuneis, per tectum dives amator
Lubricibus repsit, madentis desuper auri
Infunderet pluviam, gremio excipientis amicae,
Armigero modo sordidulum cunante rapinam,
Compresso immundo miserum copiam carnificum,
Pellice jam puero magis indignante ferret.
Haec causa est, & origo mali, quod saecla vetusta
Hospite regnante, crudum stupris orbe sanxit:
Quodque novo ingenio versutus Juppiter, astu
Multiplices variosque dolos texebat, ut illum,
Vertere quam vellet pellem faciemque, putarent

Esse

Ille bovem, praedari aquilam, commendare cycnum,
Et nummum fieri, & gremium penetrare puellae.
Nam quid rusticitas non crederet indomitorum
Stulta virum, pecudes inter ritusque ferinos
Dedere sueta animum, diva rationis egentem?
In quemcunque fidem nebulonis callida traxit
Nequitia, infelix facilem gens praebuit aurem.

De Mercurio.

SUccessit Jovis imperiis corruptior aetas,
Quae docuit rigidos vitiis servire colonos
Expertes furandi homines. hac imbuit arte
Mercurius Maja genitus: nunc magnus habetur
Ille Deus, cujus dedit experientia furti:
Necnon Thessalicae doctissimus ille magiae
Traditur extinctas sumpta moderamine virgae
In lucem revocasse animas, Cocytia leti
Jura resignasse, sursum revolantibus umbris.
Ast alias damnasse neci, penitusque latenti
Immersisse Chao. facit hoc ad utrumque peritus
Ut fuerit, geminoque armaret crimine vitam:
Murmure nam magico tenues excire figuras,
Atque sepulchrales scite incantare favillas,
Vita itidem spoliare alios, ars noxia novit.
Artificem scelerum simplex mirata vetustas
Supra hominem coluit, simulans per nubila ferri,
Aligerisque leves pedibus transcurrere ventos.

De Priapo.

ECce Deum in numero formatus, & aereus adstat
Grajus homo, angustisque Novem praefulget in arce.
Strenuus exculti dominus quondam fuit agri,
Hortorumque opibus memorabilis. hic tamen idem
Scortator nimius, multaque libidine fretus
Rusticolas vexare lupas, interque salicta
Et densas sepes obscoena cubilia inire:
Indomitum intendens animum, semperque paratum
Ad facinus, numquam satias dabat esse veneris.
Hic Deus e patrio praenobilis Hellesponto
Venit adusque Italos sacris cum turpibus hortos.
Sinum lactis, & hac venerantes liba quotannis
Accipit, ac ruris servat vineta Sabini.
Turpiter adfixo pudeat quem visere ramo.

De Hercule.

HErculeum mollis pueri succendit amore
Ardor, & in transtris jactata erubuit Argo.
Nec maris erubuit Nemeaeum pelle fovere
Concubitum, & Hylan per litora quaerere caelebs:
Nunc Saliis, cantuque domus Pinaria templum
Collis Aventini convexa in sede frequentat.

De Libero, qui & Bacchus.

THebanus juvenis superatis fit Deus Indis,
Successu dum victor ovans lascivit, & aurum
Captivae gentis revehit, spoliisque superbus
Diffluit in luxum cum femineo comitatu,
Atque avidus vini, multo se proluit haustu
Gemmantis paterae spumis, mustoque falerno
Perfundens bijugum maculosa terga ferarum.
His nunc pro meritis Baccho caper omnibus aris
Caeditur, & viridem distendunt ore chelydrum,
Qui Bromium placare volunt: quod & ebria jam tunc
Ante oculos regis Satyrorum insania finxit:
Et scissis tunc Bistonidis furialibus ipsas
Maenadas, inflammante mero in scelus omne rotatas,
Hoc circumsaltante choro, temulentus adulter
Invenit exanimem secreti in littore saxi
Corporis egregii scortum, quod perfidus illic
Liquerat, incesto juvenis satiatus amore.
Hanc jubet assumptam fervens post vina Neaeram
Secum in deliciis Bacchantis stare triumphi,
Regalemque dare capitis gestare coronam.
Mox Ariadnaeus stellis caelestibus ignis
Additur: hoc pretium noctis persolvit honore
Liber, ut aetherio meretrix illuminet astro.
Tantum posse nomen illo sub tempore regum,
Imbecillis fraus docebat inepta vulgi,
Ut transire suis cum sordibus inde potentem
Posset in aeternum caeli super ardua regnum.
Regis tunc omnis vim majestatis, & omnis,
Parva licet, caeli imperium retinere potestas
Credita: tunc etiam ducibus, parvoque sacello
Impertitus honos. quem dum metus, aut amor, aut spes
Accumulant, longum miseris processit in aevum
Mos patrius, corpus falsae pietatis imago
Ire per ignaros nebuloso errore nepotes:
Tum quia, quae vivis veneratio regibus esset
Contigerat, functis eadem jam munere lucis
Cessit, & ad nigras altaria transtulit umbras.
Inde puellarum ludibria, pignora, partus,
Et furtivus amor juvenum, & deprensa jugalis
Corruptela thori: quoniam regalibus aula
Fervere tunc vitiis solita est, nec perdita luxu
Divorum soboles sancti meminisse pudoris.

De Marte, Venere, Junone, & Cybele.

ATque ut, Roma, tuos caelesti ex sede parentes,
Queis te formidandam jactant auctoribus ortam,
Perstringam breviter, Gradivum, vel Cytheream,
Ille sacerdotem violat, contra illa marito
Succumbit Phrygio, coiens fuit impar utrique.
Nec terrestre deum decuit mortalis obire
Conjugium, nec rusticulam descendere in ipsum
Virginis ad vitium, furtivoque igne calere:
Sed Venus augusto de sanguine femina, vili
Privatoque viro vetitum per dedecus haesit.
Et si Rhea sacram lascivi Martis amore
Laesa pudicitiam fluviali amisit in ulva:
Credideris generosi aliquem stirpis, sed eundem
Moribus infamem, compressa virgine per vim,
Se dixisse Deum, ne stuprum nominis ullus
Objicere auderet turpe miseraeque puellae.
Hinc Itala indoluit aevo vel fama, vel error,
Martia Romuleo celebrentur ut sacra campo,
Utque Palatinis Capitolia condita saxis
Signarent titulo proavi Jovis, atque Pelasgae
Palladis, & Lybicae Junonem ex arce vocarent.
Cognatum de Marte deum, Veneris quoque numen
Acciret praeterea Erycino e vertice signum:
Utque deum mater Phrygia veheretur ab Ida,
Bacchica de viridi peterentur ut orgia Naxo,
Facta est terrigenum domus unica majestatis,
Et tot templa deum Romae, quot in urbe sepulchra
Heroum numerare licet, quos fabula manes
Nobilitat, noster populus veneratus adorat.
Hos habuere deos Ancus, Numitor, Numa, Tullus:

Talia Pergameum fugerunt Numina funus.
Sic Vesta est, sic Palladium, sic umbra penatum,
Talis & antiquum terror servavit asylum.

Unde error inoleverit.

UT semel obsedit gentilia pectora patrum
Vana superstitio, non interrupta cucurrit
Aetatum per mille gradus. tener horruit heres,
Et coluit quidquid sibimet venerabile cani
Monstrarant atavi. puerorum infantia primo
Errorem cum lacte bibit: gustaverat inter
Vagitus, de farre molae: saxa illita ceris
Viderat, unguentoque lares humescere nigros.
Formatum Fortunae habitum cum divite cornu,
Sacratumque domi lapidem consistere parvus
Spectarat, matremque illic pallere precantem.
Mox humeris positus nutricis, trivit & ipse
Impressis silicem labris, puerilia vota
Fudit, opesque sibi caeca de rupe poposcit,
Persuasumque habuit, quod quis velit, inde petendum.
Numquam oculos, animumque levans rationis ad arcem
Rettulit, insulsum tenuit sed credulus usum,
Privatos celebrans agnorum sanguine divos:
Jamque domo egrediens, ut publica festa, diesque,
Et ludos stupuit, celsa & Capitolia vidit:
Laurigerosque Deum templis adstare ministros,
Ac sacram resonare viam mugitibus ante.

De simulachro Romae.

DElubrum Romae, colitur nam sanguine & ipsa
More deae, nomenque loci ceu Numen habetur.
Atque urbis Venerisque pari se culmine tollunt
Templa, simul geminis adolentur thura deabus;
Vera tamen, quaecumque fores auctore tenere,
Consulit ad simulachra sedens, dominaeque penatis
Aetheris, horrifica qui stant ex ordine vultu.
Illic Alcides, spoliatis Gadibus hospes
Arcadiae salvo aere riget: gemini quoque fratres
Corrupta de matre nothi, Ledaeia proles,
Nocturnique equites, celsae duo numina Romae
Imprudens retinere solo, magnique triumphi
Nuncia suffuso figunt vestigia plumbo.
Assistunt etiam priscorum insignia regum,
Tros, Italus, Janusque bifrons, genitorque Sabinus,
Saturnusque senex, maculoso & corpore Picus,
Conjugis epotum sparsus per membra venenum.
Omnibus ante pedes posita est sua cuique sordens
Arula. Jano etiam celebri de mense litatur
Auspiciis, epulisque sacris, quas inveteratos,
Heu miseri, sub honore agitant, & gaudia ducunt
Festa Kalendarum: sic observatio crevit,
Ex atavis quondam male coepta: deinde sequentum
Tradita temporibus, serisque nepotibus aucta.
Traxerunt longam corda inconsulta catenam,
Mosque tenebrosus vitiosa in saecula fluxit.

De simulachro Augusti.

HUc morem veterum docili jam aetate secuta
Posteritas, mensae atque adytis, & flamine, & aris
Augustum coluit, vitulo placavit, & agno.
Strata ad pulvinar jacuit, responsa poposcit.
Testantur tituli, produnt consulta senatus,
Caesareum Jovis ad speciem statuentia templum.

De simulachro Liviae Augustae.

ADjecere sacrum, fieret quo Livia Juno,
Non minus infamis thalami sortita cubile,
Quam quem fraterno caluit Saturnia lecto.
Nondum maturo partu vacuaverat alvum,
Conceptumque viri fetum paritura gerebat
Prompta; jam gravidae fulcrum geniale paratur,
Jam sponsus, salicato ardore madentis, amicam
Advocat, haud servilem carpere fore non sibi passum.
Victrices nam vellet taedas praefervidus errans
Privigni nondum geniti: mox editur heres
Foemineo novo proles aliena marito.
Idque deum sortes, id Apollinis antra dederunt
Consilium: numquam melius nam cedere taedas
Responsum est, quam cum praegnans nova nupta jugatur.
Hanc tibi Roma deam statuis, & honore sacratam
Perpetuo Flamen inter, Venerisque cruori.
Nec mirum: quis enim sapiens dubitaverit illam
Mortali de stirpe satam vixisse, & eandem
Laude venustatis claram, in amoribus usque
Ad summam excidisse formae minuisse decorem?

De cultu Hadriani, & catamiti ejus.

QUid loquar Antinoum coelesti sede locatum?
Illum delicias nunc divi Principis, illum
Purpureo in gremio spoliatum sorte virili,
Adrianique Dei Ganymedem, non cyathos Dis
Porgere, sed medio recubantem cum Jove fulcro,
Nectaris Ambrosii sacrum potare Lyaeum,
Cumque suo in templis vota exaudire marito?
Ergo his auspicibus, Trajanus, Nerva, Severus,
Et Titus, & fortes gesserunt bella Nerones:
Quos terrena viros illustris gloria fecit,
Et virtus fragilis provexit in ardua famae
Ascita terris, sub religione jacentis.
Quam pudet hoc illis persuasum, talibus ut se,
Romanasque acies crederent Martis amore
Posse regi, dum se Paphiae male blanda adulter
Vanitas, & mundusque suos successibus auget?
Felices, si cuncta Deo sua prospera Christo
Principe disposita scissent! qui currere regna
Certis dicta modis, Romanorumque triumphis
Crescere, & impletis voluit se infundere saeclis.
Sed caligantes animas, & luce carentes,
In Jovis, Augustique adytis, templisque deorum
Junonem, Martisque etiam, Venerisque sacrilla
Mussitas, certo licet immersisse barathro,
Supremum regimen credis in partibus orbis
Esse rati, mersisque poli constitere fundo.

De cultu elementorum sub specie quorundam numi deorum, sed daemonum.

QUidquid humus, quidquid pelagus mirabile gignunt,
Id duxere deos: colles, freta, flumina, flammas.
Haec sibi per varias formata elementa figuras
Constituere patres, hominumque vocabula mutis
Scripserunt statuis, vel Neptunum vocitantes
Oceanum, vel Cyanes cava flumina Nympham,
Vel sylvas Dryadas, vel devia rura Napaeas.
Ipsa ignis, nostrum factus qui servit ad usum,
Vulcanus perhibetur, & in virtute superna
Fingitur, ac delubra Deus & nomen & ora
Assimulata habet, nunquam regnare caminis

Fer-

Fertur, & Stella summum solus esse, vel Astrum.

De Cultura Solis, quem credunt Apollinem.

EST, qui conspicuis summum quærit in astris,
Actum habere Deum solem, cui tramite certo
Cursibus impositum est, vigilem tolerare laborem,
Visibus objectum mortalibus, ordine recurso
Præcipitem, terrisque globo per inane volutum,
Et, quod nemo negat, mundo cœloque minorem.
Area major enim, quam qui percurrit in illa:
Et longe campi spatium diffusum, in quo
Emicat, ac volucri fervens rota volvitur axe.
Quamvis non nullis placeat, terram breviorem
Dicere circuitu, quam sit pulcherrimus ille
Circulus, & flammas immensi sideris ultra
Telluris metam porrectis extendere gyro.
Num non etiam cœli minor & contractior orbe,
Cujus planitiem longo transmittere tractu
Circinum excurrens meta interiore laborat?
Ille Deus verus, quo non est grandior ulla
Materies, qui fine caret, qui præsidet omni
Naturæ, qui cuncta simul concludit & implet.
Solem certa tenet regio, plaga certa coercet,
Temporibus variis distinguitur: aut subit ortu,
Aut ruit occasu, latet aut sub nocte recurrens:
Non torquere sucum potis est ad signa Trionum,
Orbe nec obliquo portas Aquilonis adire,
Nec solitum conversum iter revocare retrorsum.
Hic erit ergo Deus præscriptis lege sub una
Deditus officiis? libertas latior ipsi
Concessa est homini, formam cui flectere vitæ
Atque voluntatis licitum est, seu tramite dextro
Scandere, seu lævo malis decurrere campo,
Sumere seu requiem, seu continuare laborem,
Seu parere Deo, sive in contraria verti.
Ista ministranti regimen solemne diurni
Haudquaquam soli datur a factore potestas:
Sed famulus subjectus agit quodcumque mandatum est.
Hunc solem currum, rapidasque agitare quadrigas,
Commenti, & radiis capitis, & verbera dextra,
Et frenos, phalerasque, & equorum pectora ambo,
Æris inaurati, vel marmoris, aut orichalci,
Jusserunt nitido fulgere polita metallo.
Post trabeas, & eburnam aquilam, sellamque curulem,
Cernere ora sinunt barbatum, & oscula figit
Curribus aripedum, si fas est credere, equorum:
Immotaque rotas & flecti nescia lora,
Aut ornat rosariis rosis, aut thure vaporat.

De cultu Lunæ, quam & Dianam credunt.

HOC tamen utcumque est tolerabile. quid, quod & ipsa
Diva tibi, Roma, deos inferni gurgitis ambit?
Eumenidum domina Stygio caput exerit antro,
Rapta ad tartarei thalamum Proserpina regis.
Et si quando suos dignatur adire Quirites,
Placatur vacca sterilis cervice resecta,
Et regnare simul cœloque ereboque putatur:
Nunc bigas frenare boves, nunc sæva sororum
Agmina vipereo sejuncta immittere flagro.
Nunc etiam volucres capreasque in terga sagittas
Spargere, torque suas eadem variare figuras.
Denique quum luna est, subi ostri splendore amicta:
Quum succincta jacit calamos, Latonia virgo est:
Quum subnixa sedet solio, Plutonia conjux

Imperitat Furiis, & dictat jura Megæræ.
Si verum quæris: Triviæ sub nomine dæmon
Tartareus colitur, qui te modo raptat ad æthera,
Sideream Deum venerandam suadet in astro:
Per sylvas modo mortiferi discurrere mundi,
Erroresque sequi subigit, nemorumque putare
Esse deam, quæ corda hominum pavitantia fingit,
Quæque feras pariens lethali vulnere mactet.
Deprensus modo subter humum formidine sensus
Obruit, implorent ut numina lucis egenæ,
Seque potestati committant noctis opertæ.

In spectaculis quæ sint exercita.

RESpice terrifici scelerata sacraria Ditis,
Cui cadit infausta sorte gladiator arena.
Heu male lustratæ Phlegetontia victima Romæ!
Nam quid vesani sibi vult ars impia ludi?
Quid mortes juvenum? quid sanguine pasta voluptas?
Quid pulvis caveæ semper funebris? & illa
Amphitheatralis spectacula tristia pompæ!
Nempe Charon, jugulis miserorum se duce dignam
Accipit inferiam, placatus crimine sacro.
Hæ sunt deliciæ Jovis infernalis, in istis
Arbiter obscuri placidus requiescit averni.
Nonne pudet regem, populis superisque potentem
Talia pro patriæ cuperare litanda salute?
Religionis opem sibi arcessere ab atris?
Evocat hen potens tenebrosis ex sede ministrum
Interitus, speciosa hominum cui funera solvat,
Incassum arguere jam Taurica sacra solemus:
Funditur humanus latiari in munere sanguis,
Consessusque ille spectantum solvit ad aram
Plutonis fera vota sui? quid sanctior ara,
Quæ bibit egestum per mystica tela cruorem?
Anne fides dubia est tibi, sub caligine cæca
Esse Jovem, quem tu tacitis timeas in umbris?
Esse deum Manes cur inficiaris haberi?
Ipsa parentum monumenta probant, diis Manibus illic
Marmora secta lego, quacumque Latina vetustas
Custodit cineres, densisque Salaria bustis.

Romam alloquitur.

DIC quibus hanc scribis titulum? alii quod tradis omni
Imperium, vera cum majestatis, æterna?
En quibus implicita squalebat regia summi
Imperii, tractis majorum ab origine sacris.
Quam princeps gemini bis victor cæde tyranni
Pulchra triumphali respexit lumina vultu,
Nubibus obsessam nigrantibus aspicit urbem,
Noctis obumbratam caligine, turbidus aer
Atrabat siquidem supremo ex arce serenam.
Ingemuit miseratus, & sic ait: Exue tristes,
Fida parens, habitus. equidem prodire cultu
Illustrata dolis, spoliisque insignes superbis
Attollis caput, & multo circumfluis auro.
Sed nebulis propter volitantibus obsitus alti
Verticis horret apex: ipsos quoque livida gemmas
Lux hebetat, spissaque diem & fontem ab ore
Suffusam, rutilum frontis diadema retundit.
Obscuras video tibi circumferrier umbras,
Cæruleosque animos, & nigra idola volare.
Credes sublimem tollas sayum arva vultum,
Sub pedibusque tuis nimbis cæcumum relinquas.
Omne quod in mundo est, tibi subjectum: nam Deus ipse

Constituit, cujus vultu dominaris, et orbi
Imperitas, et cuncta potens mortalia calcas.
Non decet, ut submissa oculos regina caducum
Contemplere solum, majestatemque requiras
Circa humiles rerum partes, quibus ipsa superstas.
Non patiar veteres teneas ut me duce nugas,
Ut caelestorum venereris monstra deorum.
Si lapis est, senio dissolvitur, aut crepat ictu
Percussus tenui: mollis si bractea gypsum
Texerit, infido rarescit glutine fucus.
Si formam statuae lamnis commisit ahenis,
Lima terit, aut in partem cava membra gravato
Pondere curvantur, scabra aut aerugo peresam
Conficit effigiem, crebrisque foraminibus rumpit.
Nec tibi terra Deus, caeli nec sit Deus astrum,
Nec Deus Oceanus, nec vis quae subter operta est,
Infernas tristis ob meritum damnata tenebras:
Sed nec virtutem hominum Deus, aut animarum
Spiritus aeva, vagae tenui sub imagine formae.
Absit ut umbra Deus tibi sit, geniusve sacratus,
Aut Deus aerias volitans phantasma per auras.
Sint haec Barbaricis gentilia numina pagis, (da
Quos penes omne sacrum est, quidquid formido tremen-
Suaserit, horrificos quos prodigialia cogunt
Credere monstra Deos, quos sanguinolentus edendi
Mos juvat, ut pingui luco lanientur in alto
Victimae, visceribus multa inter vina vorandis.
At te, quae domitis leges ac jura dedisti
Gentibus, instituens magnus qua tenditur orbis,
Armorum, morumque feros mansuescere ritus,
Indignum ac miserum est, in religione tuenda
Id sapere, immanes populi de more ferino
Quod sapiunt, nullaque rudes ratione sequuntur.
Seu nos praecinctos comitetur, seu pace quietas
Disponat leges, seu debellata duorum
Colla tyrannorum media calcemus in urbe,
Agnoscas regina libens mea signa necesse est,
In quibus effigies crucis aut gemmata refulget,
Aut longis solido ex auro praefertur in hastis.

De potentia Crucis.

HOC signo invictus transmissis Alpibus ultor
Servitium solvit miserabile Constantinus:
Quum te pestifera premeret Maxentius aula,
Lugebas longo damnatos carcere centum,
Ut luis ipsa, patres: aut sponsum foedere pacto
Intercepta gemens, diroque scelere rapta,
Inventum tenebris, dura inter vincula flebat;
Aut si nupta thorum regis conscendere jussa,
Coeperat imperium Domini oblectare ferocem,
Morte maritalis dabat indignantia poenas.
Plena pudicitiam patremque ergastula servi
Principis, abducta genitor si virgine moestam
Tristitiem ingemuit, tum ille impune dolorem
Prodidit, aut confessa animi suspiria traxit,
Vim libertatis sentit, patriamque dolorem.
Testis Christicolae ducis adventantis ad urbem
Milvius, exceptum Tiberina in stagna tyrannum
Praecipitans, quaenam victricia viderit arma
Majestate regi, quod signum dextera vindex
Praetulerit, quali radiarint stemmate pila.
Christus purpureum gemmanti textus in auro
Signabat labarum, clypeorum insignia Christus
Scripserat, ardebat summis crux addita cristis.
Ipse senatorum meminit clarissimus ordo,
Qui tunc concreto processit crine, catenis
Squalens carceribus, aut nexum compede vasta,
Complexusque pedes victoris ad inclita flexo
Procubuit vexilla jacens. tunc ille senatus
Militiae ultricis titulum, Christique verendum
Nomen adoravit, quod collucebat in armis.
Ergo cave egregium caput orbis, inania post haec
Prodigia, esse deos stulto tibi fingere cultu,
Atque aperta Dei virtutem spernere veri:
Depones jam festa velim puerilia, ritus
Ridiculos, tantoque indigna sacraria regno.
Marmora tabenti respergine tincta lavato,
O proceres, liceat statuas consistere puras
Artificum magnorum opera, haec pulcherrima nostrae
Ornamenta cluant patriae, nec decolor usus
In vitium versae monumenta coinquinet artis.
Talibus edictis urbs informata refugit
Errores veteres, et turbida ab ore vieto
Nubila discussit, jam nobilitate parata
Aeternas tentare vias, Christumque vocantem
Magnanimo ductore sequi, et spem mittere in aevum.
Tunc primum senio docilis sua saecula Roma
Erubuit: pudet exacti jam temporis, odit
Praeteritos foedis cum religionibus annos.
Mox ubi contiguos festis mortalibus agros
Sanguine justorum innocuo madefisse recordans,
Invidiosa videt tumulorum millia circum
Tristis judicii, mage poenitet, ac dirientis
Effrenis, nimiaeque factis pro turpibus irae,
Comperisse capit teterrima vulnera laesa
Justitiae, saevo obsequio, veniamque precata:
Ne tanto imperio maneat pietate repulsa
Crimen saevitiae, monstrata piacula quaerit,
Inque fidem Christi pleno transfertur amore.
Laurea victoris Marii minus utilis urbi,
Quum traheret Numidam populo plaudente Jugurtham;
Nec tantum Arpinas consul tibi, Roma, medelae
Contulit, exstincto justa inter vincla Cethego,
Quantum praecipuus nostro sub tempore princeps
Prospexit, tribuitque boni: multos Catilinas
Ille domo pepulit: non saeva incendia tectis,
Aut sicas patribus, sed tartara nigra animabus,
Internoque hominum statui tormenta parantes.
Errabant hostes per templa, per atria passim,
Romanumque forum et Capitolia celsa tenebant,
Qui conjuratas ipsa ad vitalia plebis
Moliri insidias, lento serpente veneno
Consueverant tacitis pestem miscere medullis.
Ergo triumphator latitante ex hoste togatus,
Clara tropaea refert sine sanguine, remque Quirini
Assuescit supero pollere in saecula regno.
Denique nec metas statuit, nec tempora ponit:
Imperium sine fine docet, ne Romula virtus
Jam sit anus, norit ne gloria parta senectam.

Romanorum senatum conversum ad Christum.

EXsultare patres videas, pulcherrima mundi
Lumina, conciliumque senum gestire Catonum,
Candidiore toga niveum pietatis amictum
Sumere, et exuvias deponere pontificales.
Jamque ruit, paucis Tarpeia in rupe relictis,
Ad sincera virum penetralia Nazareorum,
Atque ad Apostolicos Evandria curia fontes,
Anniadum soboles, et pignora clara Proborum.
Fertur enim ante alios generosus Anicius urbis

Illu-

Illustrasse caput: sic se Roma inclyta jactat.
Quid Olybriaci generisque & nominis heres,
Adjectus fastis, palmata insignis abolla,
Martyris ante fores, Bruti submittere fasces
Ambit, & Ausoniam Christo inclinare securim?
Non Paulinorum, non Bassorum dubitavit
Prompta fides dare se Christo, stirpemque superbam
Gentis patriciæ venturo attollere sæclo.
Jam quid plebicolas percurram carmine Gracchos,
Jure potestatis fultos, & in arce senatus
Præcipuos, simulachra deum jussisse revelli,
Cumque suis pariter lictoribus omnipotenti
Suppliciter Christo se consecrasse regendos?
Sescentas numerare domos de sanguine prisco
Nobilium licet, ad Christi signacula versas,
Turpis ab idololatriæ vasto emersisse profundo.
Si persona aliqua est, aut si status urbis, in his est:
Si formam patriæ facit excellentior ordo,
Hi faciunt, juncta est quorum sententia plebis,
Atque unum sapiunt plures simul ac potiores.
Respice ad illustrem, lux est ubi publica, cellam,
Vix pauca invenies gentilibus obsita nugis
Ingenia, obtritos ægre retinentia cultus.
Et quibus exactas placeat servare tenebras,
Splendentemque die medio non cernere solem.

Plebem Romanam in Christum credidisse.

Post hinc ad populum converte oculos: quota pars est,
Quæ Jovis infectam sanie non despuat aram?
Omnis qui celsa scandit cœnacula vulgus,
Quique terit silicem variis discursibus atram,
Et quem panis alit gradibus dispensus ab altis,
Aut Vaticano tumulum sub monte frequentat,
Quo cinis ille latet genitoris amabilis obses,
Cœtibus aut magnis Lateranas currit ad ædes,
Unde sacrum referat regali chrismate signum.
Et dubitamus adhuc, Romam tibi, Christe, dicatam
In leges transisse tuas? omnique volentem
Cum populo & summis cum civibus, ardua magni
Jam super astra poli terrenum extendere regnum?
Nec moveor, quod pars hominum rarissima clausos
Non aperit sub luce oculos, & gressibus errat.
Quamlibet illustres meritis, & sanguine clari,
Præmia virtutum titulis & honoribus aucti
Ardua tetenderint, fulgentemque arce potiti
Annales proprio signarint nomine chartas,
Atque inter veteres cera numerentur & ære:
Attamen in paucis, jam deficientis caterva,
Nec persona sita est patriæ, nec curia constat;
Et quandocumque favet studii privata voluntas,
Ac jam rara tamen: sed publica vota reclamant,
Dissona celebri trepidam damnantia murmure.
Sic consulta Patrum subsistere conscriptorum,
Non aliter licitum prisco sub tempore, quam si
Tercentum sedisse senes legerentur in unum:
Servemus leges patrias, infirma minoris
Vox cedat numeri, parvaque in parte silescat.

Apostrophe ad Symmachum.

Aspice quam pleno subsellia nostra senatu
Decernant infame Jovis pulvinar, & omne
Idolum, longe purgata ex urbe fugandum:
Qua vocat egregii sententia principis, illuc
Libera tum pedibus, tum corde frequentia transit.
Nec locus invidiæ est, nullum vis aspera terret;
Ante oculos sic velle patet, cunctique probatum,
Non jussum, sola capti ratione sequuntur.
Denique pro meritis terrestribus æqua rependens
Munera sacricolis, summos impertit honores
Dux bonus, & certare sinit cum laude suorum,
Nec pago implicitos per debita culmina mundi
Ire viros prohibet, quoniam cœlestia nunquam
Terrenis solitum per iter gradientibus obstant.
Ipse magistratum tibi consulis, ipse tribunal
Contulit, auratamque togam donavit amictum,
Cujus relligio tibi displicet, o pereuntum
Assertor divum, solus qui restituendos
Vulcani, Martisque dolos, Venerisque protervæ,
Saturnique senis lapides, Phœbique furores,
Iliacæ matris Megalesia, Bacchica Nysæ,
Isidis amissum semper plangentis Osirim
Mimica, ridendaque suis sollemnia calvis,
Et, quæcumque solent Capitolia claudere, larvas.
O linguam miro verborum fonte fluentem,
Romani decus eloquii, cui cedat & ipse
Tullius, has fundit dives facundia gemmas!
Os dignum æterno tinctum quod fulgeat auro,
Si mallet laudare Deum, cui sordida monstra
Prætulit, & liquidam temeravit crimine vocem.
Haud aliter, quam si rastris quis tentet eburnis
Cœnosum versare solum, limoque madentem
Excolere aeratis si forte ligonibus alvos,
Splendorem dentis nitidi scrobis inquinat atra,
Et pretiosa acies squalenti sordet in arvo.
Nunc vereor ne me nimium confidere quisquam
Arguat, ingeniique putet jactamine laedi.
Sum memor ipse mei, satis & mea frivola novi,
Non ausim conferre pedem, nec spicula tanta
Indocilis fandi conjecta lacessere lingua.
Illæsus maneat liber, excellensque volumen
Obtineat partam dicendi fulmine famam.
Sed liceat tectum servare a vulnere pectus,
Oppositaque volam jaculum depellere parma.
Nam si nostra fides serio jam tuta quiete,
Viribus infestis, hostilique arte petita est:
Cur mihi fas non sit lacerti fiducia freti
Lædere venenosas jacta per ventum sagittas?
Sed jam tempus, iter longi cohibere libelli,
Ne trahat immodicum fastidia carmen.

CONTRA SYMMACHUM
LIBER POSTERIOR

PRÆFATIO.

Simonem, quem vocitant Petrum,
Summi discipulum Dei,
Lucis forte sub exitu,
Quum vesper croceus rubet,
Curvam vellifera ancoram,
Captum flamine sustulit,
Et transfretare volens fretum,
Nox ventorum movet obvium,
Fundo qui mare miscuit,
Jactatam quatiat ratem.
Clamor nauticus æthera
Plangens, atque ululans ferit,

Cum

Cum stridore rudentium:
Nec quidquam subeat spei,
Mergendis prope naufragis.
Quem Christum prensat aspicit
Pallens turba periculis,
Calcantem pedibus mare,
Ac si per solidum viam
Siccum littus obambulet.
Haec miracula cerneret
Vectores pavidi stupent.
Solus non trepidus Petrus
Agnoscit Dominum poli,
Terraeque, & maris arbitri:
Cujus omnipotentiae est
Plantis aequora subdere.
Tendit suppliciter manus,
Notum subsidium rogat.
Ast ille placide annuens,
Puppi ut desiliat jubet.
Jussis obsequitur Petrus;
Sed vestigia fluctibus
Summis tingere coeperat,
Et lapsante gradu pedes
Passum mergere lubricum.
Mortalem Deus increpat,
Qui sit non stabili fide,
Nec calcare fluenta,
Nec Christum valeat sequi.
Tum dextra famulum levat,
Sistitque, & docet ingredi
Tergum per tumidum freti.
Sic me tuta silentia
Egressum dubiis loquax
Inferi lingua periculis:
Non ut discipulum Petrum
Fidentem & merito & fide:
Sed quem culpa frequentia, levem
Volvat per freta naufragum.
Sum plane temerarius,
Qui noctis mihi conscius,
Quam vitae in tenebris ago,
Puppem credere fluctibus
Tanti non timeam viri:
Quo nunc nemo disertior,
Exsultat, fremit, intonat,
Ventisque eloquii tumet.
Cui mersare facillimum est
Tractandae indocilem ratis:
Ni tu, Christe potens, manum
Dextro numine porrigas,
Facundi oris ut impetus
Non me fluctibus obruat:
Sed tensum gradiens, vadis
Insistam stabilioribus.

LIBER.

HActenus & veterum cunabula prima Deorum,
Et causas, quibus error habet cunctantes in urbe est,
Diximus, & nostro Romanam jam credere Christo.
Nunc objecta legam, nunc dictis dicta refellam.
Unde igitur coepisse ferunt, aut ex quibus ortum,
Quo mage sancta docent corda illice doctior arte?

ARmorum dominos, vernantem flore juventam
Inter castra patris genitos, sub imagine avita
Edoctos, exempla domi congesta tuorum,
Ornatos curru insignes, cum classica belli
Clangerent, exacuisque animos, & talia jactas:
Si vobis vel parta, viri, victoria cordi est,
Vel parienda dehinc: templum dea virgo sacratum
Obtineat, vobis regnantibus? utque aliorum
Hostibus, haec sancta vestro negat esse colendam
Imperio? cui semper adest, quod laudibus implet.
Haec ubi dicta dedit, reddunt placidissima fratrum
Ora decus: Scimus quam sit Victoria dulcis
Fortibus, Ausonia vir facundissime linguae:
Sed quibus illa modis, quae sit ratione vocanda
Novimus: haec primum pueros pater imbuit arte,
Hanc genitore suo didicit pater ipse magistro.
Non aris, non farre mola Victoria felix
Exorata venit: labor impiger, aspera virtus,
Vis animi, excellens ardor, violentia, cura,
Hanc tribuunt, durum tractandis robur in armis.
Quae si defuerint bellantibus, aurea quamvis
Marmoreo in templo rutilas Victoria pennas
Explicet, & multis surgat formata metallis,
Non aderit, vestisque offensa videbitur hastis.
Quid, miles, propriis diffisus viribus, optas
Irrita foeminei tibimet solatia formae?
Nunquam pennigeram legio ferrata puellam
Vidit, anhelantum regeret quae tela virorum.
Vincendi quaeris dominam? sua dextra cuique est,
Et Deus omnipotens: non pexo crine virago,
Nec nudo suspensa pede, strophioque recincta,
Nec tumidas fluitante sinu vestita papillas.
Aut vos pictorum docuit manus, assimilatis
Jure poetarum numen componere monstris:
Aut lepida ex vestro sumpsit pictura sacrario,
Quod variis imitata notis, ceraque sequenti
Duceret in faciem, sociique poemata arte
Aucta, coloratis auderet ludere fucis.
Sic unum sectantur iter, sic inania rerum
Somnia concipiunt & Homerus & acer Apelles,
Et Numa; cognatumque malum pigmenta, Camoenae,
Idola conflavit fallendi trina potestas.
Haec si non ita sunt, edoce, cur sacra vobis
Est tabulis, ceriisque poetica fabula praestet?
Cur Berecynthiacam perdit truncata sacerdos
Inguina, quem pulchrum pueris castraverit Atys?
Cur etiam templis Triviae lucisque sacratis
Cornipedes arcentur equi, cum noxa pudicum
Rapuerit juvenem volucri per litora curru?
Idque etiam paries tibi versiculorum adumbret?
Desine, si pudor est, puerilia inepta, tandem
Res incorporeas simulatis fingere membris.
Desine, terga hominis plumis obducere: frustra
Fertur avis mulier, magnosque audere dea valeat.
Vis decorare tuum, ditissima Roma, Senatum?
Suspende exuvias armis & sanguine captas:
Congere caesorum victrix diademata regum,
Frange repulsorum foeda ornamenta deorum:
Tunc tibi non tantis tantum victoria parta,
Sed super astra etiam meritis servabitur ordo.
Talia principibus dicta interfantibus, ille
Prosequitur, magnisque orbem concentibus inflat:
Allegat morem veterum, nil dulcius esse
Asserens solitis, populosque hominesque teneri
Lege sua. sicut variis nascentibus, inquit,
Contingunt pueris animae: sic urbibus adsunt
Hora diesque suae, quibus primum moenia surgunt,
Aut fatum, aut genium, cujus moderamine regnent.

Addit

Addit & argumentum rerum, veriquam [illegible]
Prosperitate aliqua depressi posse sequendi
Per decurrentia saecli, si sint felicia, quae quis
Experiendo probat: cessisse parentibus omne
Idolium semper feliciter, & prole dextra.
Excutiunt longi vim temporis, excitat ipsam
Crinibus albentem niveis, & fronte vietam,
Ore repraesentans querulo sua tempora Romam.
Libera sum, liceat proprio mihi vivere more.
Et quis erit, qui nullo meum reprehenderit aevum?
Uno omnes sub sole siti, vegetamur eodem
Aere, communis cunctis viventibus aura.
Sed qui sit, qualisque Deus, diversa sequenti
Quaerimus, atque viis longe distantibus unum
Imus ad excelsum. proprium genti cuique est iter;
Per quod levi properans, aut ad eum grandia profundum.
His tam magnificis, tantaque fluentibus arte,
Respondet vel sola fides, doctissima priorum
Pandere vestibulum vera ad penetralia lecta.
Nam quem divinis agimus de rebus, & illum
Qui vel principio caruit, vel fine carebit,
Quique Chao anterior fuerit, mundumque crearit,
Conjectare animo contendimus, exiguum est via
Humani ingenii, tenuemque angusta labori:
Quippe minor natura, aciem si intendere tentes
Acrius, ut penetrare Dei secreta supremi:
Quis dubitet victo fragilem lassescere visu,
Viresque fatigatae mentis sub pectore parvo
Turbari, invalidisque hebetem succumbere curis?
Sed facilis fidei via provocat omnipotentem
Credere, qui bona tam tantum praesentia donat,
Sed ventura etiam, longisque interminata saeclis
Promittit, ut tantus non resolutus inane
In nihilum, pereatque brevem post luminis usum.
Muneris auctorem ipso de munere pendas.
Aeterna aeternum tribuit, mortalia confert
Mortalis, dives Deus, peritura caducus.
Omnia quae tempus peragit, quaeque exitus aufert,
Vilia sunt levitate sui, nec digna perenni
Largitore, cui propria est aequalitas, numquam
Desinere, idque homini dare, quod non desinet unquam.
Nam si corruptum, corrumpendumve Deus quid
Praestat, habetque nihil quod sit pretiosius illis:
Pauper, & infirmus, & summo indignus honore,
Et non omnipotens, sed inanis numinis umbra est.
Haec ratione fides sapienter conspicit, immo
Non dubitat verum esse Deum, qui quod sumus, & quod
Vivimus, illudem semper fore, si mereamur,
Nos sperare jubet: Caelestia si placet, inquit,
Scandere, terrenas animo deponite curas.
Nam quantum subjecta sito tellus jacet infra,
Dividiturque ab humo convexi regia caeli,
Tantum vestra meis distant mundana futuris,
Dira humis, scelerata piis, tenebrosa serenis.
Quidquid obire potest, fugitivum censeo: quidquid
Natura ratione capit vitium, atque senescit,
Pro nihilo, in nihilum quia sunt reditura, putetis.
Cuncta quidem quae gignit humus, quae continet, ipse
Principio institui, [illegible] [illegible] mundo
Ornamenta dedi, speciosaque semina [illegible].
Sed tamen esse modum volui, parcique fruendis
Moribus indulsi, quantum sustentandus & aegre
Corporis & vitae volueris sibi poscerent usus:
Non ut captus homo studiis, & luxuriae ardens,
Duceret omne bonum positum in dulcedine rerum,
Et speciis tumi, quas exstare tempore jussi.

Atque aevum flavi, sub quo generosa probarem
Pectora: ne torpeam, & non exercita virtus,
Robur certaminum gereret sine laude palaestrae.
Illustrior enim semper est, & prestitit [illegible],
Quae dona praeverterunt, mire obluctantibus [illegible]
Implicitas, vinclisque retentas, vincendo voluptas,
Elaquendo animi constantia, ne retinaclis
Mollibus ac lentis nexa & captiva premantur.
Nitendum summis conatibus, luxit acerba
Sectandum virtutis iter, ne suavia fluxae
Conditionis amet nimium: ne congerat aurum,
Nec varios lapidum cupide spectare colores
Ambitiosa velit, nec se popularibus auris
Ostentet, pulchroque instare tumescat honore:
Ne patulo solum, patrii ne jugera ruris
Tendat, & externum animum diffundat in agrum:
Et ne corporeis addicat sensibus omne
Quod vult, aut quod agit: ne praeferat utile justo,
Speremque in me omnem flavam; nec quam perituram
Quae dedero sunt, aeternam mea dona manebunt.
Haec igitur spondente Deo, quis fortis & acer,
Virtutisque capax, breve quidque perennibus in se
Praetulerit? vel quis sapiens potiora putarit
Gaudia membrorum, quam vivae praemia mentis?
Nonne hominem ac pecudem distantia separat una;
Quod bona quadrupedum ante oculos sita sunt? ego contra
Spero, quod extra aciem longum servatur in aevum?
Nam si tota mihi cum corpore vita peribit,
Nec poterit superesse meum post funera quidquam,
Quis mihi regnator caeli? quis conditor orbis?
Quis Deus? aut quae jam merito metuenda potestas?
Ibo per impetus servente libidine tutus,
Incestabo thoros, sacrum calcabo pudorem,
Insidiabor habens aliquod sine teste propinquo
Depositum, tenues avidus spoliabo clientes:
Longaevam perimam magico carmine matrem.
Tardius ante dominum dilata morte ferendum.
Nec formido malum, sufferatur publica jura.
Lex armata sedet, sed ensicit crimen apertum:
Aut si res patent, judex corrumpitur auro.
Rara reos justa percellit poena securi.
Sed quid ego haec meditor? revocat Deus ecce severo
Majestatis metu, negat interitura meorum
Per mortem monumenta operum. Non occidet, inquit,
Interior qui spirat homo: luet ille perenne
Supplicium, quod subjectos male rexerit artus.
Nec mihi difficile est liquidam circumdare flammis
Naturam, quamvis perstabilis illa feratur
More noti: capiet tamen, & tormenta adhibebo
Ipsa incorporeas, ac spirituum faciem unam.
Quin & corporibus parilis consortia poenae
Decernam: possum quoniam renovare favillas
Antiquam in faciem, nec desperanda potestas;
Qui potui formare novum, reparabo peremptum.
Non desunt exempla tuae virtutis in ipsis
Seminibus. natura docet revirescere cuncta
Post obitum. siccantur enim pereuntque vigore
Quae vixere prius. tunc sicca & mortua sulcis
Aut foveis mandata latent, & more sepulcri
Obruta, de tumulis redivivo germine surgunt.
Numquid nosse potes, vel conjectare, quis illud
Tam solers opifex struat? aut quae vis agat intus?
Nil vos, o miseri, Physicorum dogmata fallunt.
En ego gignendi Dominus, ut restituendi
Quod periit, fluitque, potens: facillima quaeque
In veterem formam aut figere aut fronde redire.

Idque ipsum quandoque homini futurum, ut jam
Surgat et ex cinere, structuraque pristina constet,
Quæ mihi pro meritis, vel per tormenta rependat
Crimina, vel summæ virtutis in arce coruscet,
Non peritura dehinc quæcumque in sorte manebit.
Interea, dum mixta viget substantia in unum,
Sit memor auctoris proprii, veneretur & oret
Artificem submissa suum. non condidit alter
Halantis animæ figmentum, & corporis alter:
Nec bona pro meritis vitæ numerosa gubernant
Numina, nec alius segetes & spicea serta
Suppeditat Deus, haud alius dat musta racemis,
Purpureamque gravi fundit de palmite fæcem.
Ipse ego sum, virides oleas pinguescere baccis
Qui facio, Graja quas Pallade fingitis ortas,
Et qui Lucinæ tribuo nascentibus horas.
Duplici lege mea per mutua fœdera sexus
Gignere amat sobolem, geminique propagine gaudet,
Quam non lascivis violandi amoribus ipsam
Et stupro vestra Deæ Veneris prævenit umbra.
Unus ego elementa rego, nec mole laboris,
Ut miser, infirmusve aliquis, fragilisve fatigor.
Lux immensa mihi est, nec morte solubilis ætas,
Sensibus & vestris haud intellecta vetustas.
Inde ministeriis ad tot moderamina mundi
Non egeo, nec participem, sociumve requiro.
Porro autem Angelicas legiones, quas mea fecit
Dextera, nosse meum est, & quæ natura creatis
Subditur, qualesque mihi serventur ad usus.
Tu, me præterito, meditaris numina mille,
Quæ simules parere meis virtutibus, ut me
Per varias partes minuas, cui nulla recidi
Pars aut forma potest; quia sum substantia simplex,
Nec pars esse queo. solis divisio rebus
Compositis, sectisque subest: me nemo creavit,
Ut scindi valeam, constructum construitur omni.
Crede, quod ex nihilo formavi, pars mea non est.
Quare age mortalis, soli mihi construe templum,
Meque unum venerare Deum: cæmenta remitto,
Et quæ saxa Paros secat, & quæ Punica rupes,
Quæ viridis Lacedæmon habet, maculosaque Synnas,
Nativum nemo scopuli mihi dedicet ostrum:
Templum mentis amo, non marmoris, aurea in illo
Fundamenta manent fidei, structura nivali
Consurgit pietate nitens: tegit ardua culmen
Justitia: interius spargit sola picta rubenti
Flore pudicitiæ pudor almus, & atria servat.
Hæc domus apta mihi est, hæc est pulcherrima sedes
Accipit, æterno cælestique hospite digna.
Nec novus hic locus est: fluxit mea gloria in artus,
Et lux vera Dei. Deus illustravit alumnam
Materiam, corpusque parens habitabile fecit
Ipse sibi, placitum ut posset requiescere templo.
Condideram perfectum hominem, spectare superna
Mandaram, totis conversum sensibus in me
Recto habitu, celsoque situ, & sublime tuentem;
Sed despexit humum, seque inclinavit ad orbis
Divitias, populisque suum de pectore Numen.
Restituendus erat mihimet: submisimus illum
Spiritus ipse meus descendit, & edita limo
Viscera divinis virtutibus informavit.
Jamque hominem adsumptum summus Deus in Deitatem
Transtulit, ac nostro docuit recalescere cultu.
Scire velim præcepta patris quibus auribus hæc tu
Accipias, Itala cervix doctissima gentis.
An veterum nostram morum ratione relicta
Eligis? & dici patitur sapientia errorem,
Ingratumque viri? patior mihi pristinus est mos;
Quam via justitiæ, pietas quam prodita Cœlo,
Quamque fides veri, rectæ quam regula sectæ.

SI quidquid rudibus mundi nascentis in annis
Mos habuit, sancte colere ac servare necesse est;
Omnia revolvamus sua per vestigia secla
Usque ad principium: placeat damnare gradatim
Quidquid posterius successor repperit usus.
Orbe novo nulli subigebant arva coloni.
Quid sibi aratra volunt? quid cura superflua rastri?
Ilignis melius saturatur glandibus alvus.
Primi homines cuneis scindebant fissile lignum:
Decoquat in massam fervens structura securim
Rursus, & ad propriam refluat vena metallum.
Induvias cæsi pecoris, & frigida parvæ
Præbebat spelunca domus: redeamus ad antra,
Pellibus hirsutis hirtum sumamus amictum.
Immanes quondam populi feritate subacta
Edomiti, jam triste fremunt, iterumque ferinos
In mores redeunt, atque ad sua prisca recurrant;
Præcipitet Scythica juvenis pietate vietum
Volvo de ponte parentem, sic mos fuit olim.
Cædibus infantum fumavit Saturnia sacra,
Flebilibusque truces vulnerant vagitibus aras.
Ipsa caput fragili texit gens Romula culmo,
Sic tradunt habitasse Remum, regalia fœno
Fulcra superstravere, nec pelle Libystidis ursæ
Compositam chlamydem villoso corpore gessere.
Talia Trinacrius quondam vel Thuscus habebant.
Roma antiqua sibi non constat, versa per ævum;
Et mutata sacris, ornatu, legibus, armis,
Multa colit, quæ non coluit sub rege Quirino:
Instituit quædam melius, nonnulla refugit,
Et morem variare suum non destitit, & quæ
Pridem condiderat jura, in contraria vertit.
Quid mihi tu ritus solitos, Romane Senator,
Objectas? quem scita patrum, populique frequentis
In tabulis placiti sententia fixa novavit?
Nunc etiam quæris solitis decedere prodest,
Præteritosque habitus cultu damnare recenti,
Gaudemus comperiam aliquid, tandemque repertum,
Quod latuit: tardis semper processibus aucta
Crescit vita hominis, & longo proficit usu.
Sic ævi mortalis habet se mobilis ordo,
Sic variat natura vices. Infantia repit,
Infirmus titubat pueri gressusque animusque:
Sanguine præcalido fervet nervosa juventus:
Mox stabilis venit ætas maturi roboris ætas.
Ultima consiliis melior, sed viribus ægra,
Corpore succumbit, mentem purgata senectus.
His genus humanum per discreta tempora ducit
Curriculis ævum mutabile: sic hebes inter
Primitias, morisque solo, seu quadrupes, egit.
Mox tenerum docili ingenio, jamque artibus aptum
Nascendis, varia rerum novitate politum est.
Inde rudimentis validis, calidos adolevit in annos,
Donec decocto solidaret robore vires.
Tempus adest, ut jam sapiat divina, secunda
Mentis consilio, vivacem ut abdita solers
Quærat, & æternæ tandem invigilare saluti.
Quandoquidem si tantum studium est, ut cura vetusti
Moris, & a prisco placitum haud discedere ritu,
Extat in antiquis exemplum nobile libris,
Jam tunc diluvii sub tempore, vel prius, aut

Infe

Inservisse Deo gentem, quae prima recentes
Incoluit terras, vacuamque habitavit in orbe.
Unde genus ducit nostra porrecta propago
Stirpis, & indigenas priscorum jura reformat.
Sed quia Romanum legimus de cultibus, ipsam
Sanguinis Hectorei populum probo, tempore longo
Non multos coluisse deos, variisque sacellis
Contentam, paucas posuisse in collibus aras.
Innumeros post deinde deos virtute subactis
Urbibus, & claris peperit sibi Roma triumphis,
Inter fumantes templorum armata ruinas
Dextera victoris simulacra hostilia cepit,
Et captiva domum venerans ceu numina vexit.
Hoc signum rapuit bimaris de strage Corinthi,
Illud ab excensa in praedam sumpsit Athenis.
Quaedam victa dedit capitis Cleopatra canini
Effigies: quaedam, domitis Ammonis arenis
Syrtica cornutae facies habuere trophaea.
Roma triumphantis quoties ducis inclyta currum
Plausibus excepit, toties altaria divum
Addidit, & spoliis sibimet nova numina fecit:
Numina, quae patriis cum moenibus arma nullum
Praesidium potuere suis afferre sacellis.
Certis et antiqui semper vestigia moris
Gressibus incertis vario titubasse probantur,
Asciscendo deos majoribus incompertos,
Seque peregrinae sub religionem dicasse,
Nec ritum servasse suum! quodcumque sacrorum est,
Exulat, externumque inimicum venit in urbem.
Frustra igitur solidi, prava observatio, laborat.
Non est mos patrius quem diligis, improbe, non est.
At solers orator ait: *Fataliter urbes*
Sortitum, quemnam Genium proprium exigat aevo,
Cunctis cum populis, sua moenibus indita, inquit,
Aut fatum, aut Genius nostrarum more animarum,
Quae sub dispariles subeunt nova corpora sorte.

PRUDENTIUS.

Jam primum qui sit Genius, vel qui status illi
Contingat, ignoro, & quid possit, & unde oriatur,
Spiritus informis, sua corpora, formare, & alta
Sit specie, & quid sapiat, quae munera curet:
Contra, animam hominum venis vitalibus intus
Sic intertextam intelligo, sanguis ut ex his
Accipiat motumque levem, teneramque vaporem,
Unde peragratis vegetet praecordia membris,
Frigida succendat, riget arida, dura relaxet.
Sic hominis vitam sibi temperat atque gubernat
Vivida mens, quam tu ficto cognomine rectius
Mentitum Genium, qui nusquam est, nec fuit unquam.
Quin & corporibus versis cum viva regendis
Summum consilium, sibi et tutanda salus
Invalidisque paret, metuenda pericula vitet:
Utile prospiciens, varias agitetur ad artes,
Consulat cui se domino submittat, & orbis
Quem putet auctorem, quem rerum summa sequatur.
At cum hic urbis Genium, dicas volo, quando
Coepit adhuc parva primum se infundere Roma,
Fluxit ab uberibus matrum in valle lupinis,
Infantesque aluit, dum mulcet ipsa, gemellos?
An cum vulturibus volitans ignota per auras
Umbra, repentinam traxit de nube figuram?
Culminibus summis sedet, an penetralia servans,
Instituit mores, & jura forensia condit?
An castrorum etiam sollers intervenit? acres
Cogit ad arma viros, lituis ciet, urget in hostem?
Quae quis non videat sapientum digna cachinno?
Fingamus tamen esse aliquem, qui talia curet,
Umbram sive animum, per quam Respublica sensum
Hauserit, & calidis animetur vena medullis:
Cur non haec eadem de religione colenda
Consulitur? cur non suspectas libera culpas?
Cur sibi praescriptum non commutabile fatum,
Ut captiva, putat? generis cur vincula fingit?
Cur jam nulla sequi, quod tunc voluisse fatetur,
Erroresque aboleri suos, ac flectere sensus?
Sic septingentis erravit circiter annis,
Lubricaque, & semper dubitans, quae forma placeret
Imperii, & quae regnandi forte aequa potestas.
Regibus exutam jam tunc habuit status urbem,
Non sine grandaevis curarum in parte locatis.
Mox pretium de fasce foveam transisse videmus
Clavum consilii: plebeias inde catervas
Collatas patribus, missis dicionibus aequis,
Imperitasse diu, belloque & pace regendis.
Consule nobilitas viguit, plebs fisa Tribuno est.
Displicet hic subito status, & bis quina creantur
Summorum procerum insignia, quae decemvirum
Circumstant fasces, simul & lex quaeque sonaret.
Rursus se geminis reddit decisoribus annis
Publica res, & Consulibus dat condere fastos.
Ultima sanguineus turbavit secla triumvir.
Fluctibus his dico Fatum, Geniumve, Animumve
Publicum erravit: tandem deprendere rectum
Doctus iter, caput augusto diademate cinxit,
Appellans patrem patriae, populi atque Senatus
Rectorem, qui militiae sit ductor, & idem
Dictator, Censorque bonus, morumque magister,
Tutor opum, vindex scelerum, largitor honorum.
Quod si tot rerum gradibus toties variatis
Consiliis, aegre tandem pervenit ad illud
Quod probat, ac sancto reverentia publica servat
Foedere: quid dubitas divina agnoscere jura,
Ignorata prius sibimet, tandemque retecta?
Gentem et, jam non dubitat? nunc subdita Christo
Servit Roma Deo, cultus exosa priores.
Romanam, dico virum, quem nuncium credimus esse,
Non Genium, cujus frustra simulatur imago.
Quamquam cur Genium Roma mihi fingitis unum?
Cum portis, domibus, thermis, stabulis soleatis
Assignare suos Genios? perque omnia membra
Urbis, perque locos, Geniorum millia multa
Fingere, ne propria vacet angulus ullus ab umbra?
Restat ut & lucem fatalia dogmata cunctis
Addere impositam, pariter ut quisque sub astro
Fundatur, structaeque suo, quae sorte manerent,
Quando natum fuerit, primas acceperit horas.
Adsistentem fatis, Lachesis male fortia fila,
Tectorumque trabes fatis pendere notatis
Credunt, atque ipsis tribuunt decreta sigillis:
Cre disset, cujus stella sit fusilis aera
Erecta, quas summum conscenderet ardua culmen.
Denique nulla hominum res est, nulla actio mundi,
Cui non fatalem mentiuntur incumbere sortem.
Quae quia confitentur, dicant cur condita sit lex
Bis sex in tabulis: aut cur rubrica minatur,
Quae prohibet peccare reos, quos ferrea fata
Cogunt ad facinus, & inevitabile mergunt.
Quin & velle adigunt, pravum infamantia votum,
Ne liceat miseris votum committere nolle.
Cedite, si pudor est, gladiumque retundite vestrum:

Aspera nil meritos poenis plectentia jura:
Aeternum carcerem dissolvite, corpora sub quo
Agminis innocui fato peccante tenentur.
Nemo nocens, si fata regunt quod vivitur, ac sit
Jam necesse, quicumque volens, quod non licet, audet.
Alterutrum quia velle suum est, nec sors sua cuiquam
Imponenda homini, sed sic tenet ipse suopte
Arbitrio, placitumque sequens & facta rependit
Impia suppliciis, merito, non sorte peremptus.
Quisquis fato putat esse locum, sciat omnipotentem
Esse Deum nulli veriturum fatalibus astris,
Nec mathesis praescripto aliquo pia vota repelli.
Spirat enim, majora animus, seque altius effert
Sideribus, transitque vias & nubila fati,
Et momenta premit pedibus, quaecumque putantur
Figere propositam natali tempore sortem.
Hoc genus, omne hominum genus, hoc concutere & urbes,
Lex immensa vocat, solertem suscite vestrum.
Libera secta patet: nil sunt fatalia, vel si
Sunt aliqua, opposito vanescunt irrita Christo.

SEd mihi detur Dei per prospera Romam,
Quam colit ob meritum magnis donata triumphis.
Ergo age, bellatrix, quae vis subjecerit, ede,
Europam, Libyamque tibi: dic nomina divum.
Jupiter ut Cretas dominaretur, Pallas ut Argis,
Cynthius ut Delphis, tribuerunt omine dextro.
Isis Niliacos, Rhodios Venus alma reliquit.
Venatrix Ephesum virgo, Mars dedidit Hebrum,
Destituit Thebas Bromius, concessit & ipsa
Juno suos Phrygiis servire nepotibus Afros:
Et quam subjectis dominam dea gentibus esse,
Si qua fata sinant, jam tum tenditque fovetque,
Jussit Romuleis addictam vivere fascis:
Perfidiane Deum indigenum cecidere tot urbes?
Destructaeque jacent ipsis prodentibus arae?
O pietas, o sancta fides, tradente alumnam
Majestas infida locum, & credimus illis
Numinibus, quae transfugio meruere sacrari?
An voluit servare suos, lassataque multum
Relligio infestas tractavit pellere tecum
Romanis obnixa gladiis? sed fortior illam
Virtus ludificans comprensam in pulvere fregit.
I[illegible] armis & viribus indiga veri
[illegible]
Sed nec difficilis fuit, ut [illegible]
Nam ad provinctas victoria, frangere inermes,
Molliaque emeritorum colla inclinare deorum.
Tunc cum Dictaeis bellum Corybantibus atque
Samothris, Martisque levi sudare gerebas.
Tum Mastigophoris, oleoque & gymnadis arte
Unctis pugilibus, miles pugnabat Etruscus,
Nec potuit insignis ... Lacedaemone capta
Mercurius servare suos de clade palaestrae.
Appenninicolam pubem, Cybeleius hostis
Congressu excipiens Asiam, defenderet & Idam
Qui poterat, cogente acies in praelia Gallo?
Mollia nil sane rosa, lauream citharaedi
Vatis, silvicolae calamos, crotalumque pusilla
Dedere servitio, calcataque sacra domare
O facilis operis fuit immunisque laboris.
Plectibus Actiacis signum symphonia belli
Aegypto dederat, clangebant barbita contra.
Illiserant tamen cymbala, fragilesque faseli
Inter turritas Memphitica rostra liburnas:
Nil potuit Serapis Deus, & latrator Anubis.

Salapii Juleo ductore, exercitus ardens
Praevaluit, Boreae quem miserat algidus axis.
Non armata Venus, non pater clypeata Minerva
Venere auxilio, non divum degener ordo,
Et patria externis, Romanis addita armis:
Victus & ipse prius, inimica cum agmine juvit,
Si tamen antiquum narrat recitare dolorem.
Sed dicis, legisse duces, ubi sanctior usus
Templorum, coluere coleri, sine fine manerent,
Auxiliumque clara victricia signa virorum
Regis amore Numae, nullo cogente, secutum.
Num Diomedis iners tutatoria, & artis Ulyssis
Castra volens Pallas, cujus custodibus arcis,
Legit, ubi tremuere foederis cantila sigillo?
Aut quamvis doctus Maccabaeum fortissimus alter
Templorum cineres vidit cumulavit Amyclis?
Optaret praedo Danihel se nomine capta
Mitteri, Assyriamque urbi Babylonis ad arcem?
Non sine Romanorum numen, sudataque bella,
Et jungendo tanto quaesitam sanguine carpi.
Detrahit invictis legionibus, & sua Romae
Praemia diminuit, qui, quidquid fortiter actum est,
Adscribit Veneri, palmam victoribus aufert.
Frustra igitur currus summo miramur in arcu
Quadrijuges, stantesque duces in curribus altis
Fabricios, Curios, hunc Drusum, inde Camillos,
Sub pedibusque ducum captivos poplite flexo
Ad juga depressos, manibusque in terga retortis,
Et sculptos gravi solidorum fragmine trunco:
Si Brennum, Antiochum, Persen, Pyrrhum, Mithridatem,
Flora, Matuta, Ceres, & Larentina subegit.
His tamen auspiciis successus dextra dederunt
Omina laetificos, & felix addidit ales.
Quid sibi vult virtus? quid gloria? si Corvinum
Corvus Apollineus pennis vel gutture juvit?
Sed tamen hic corvus cur defuit exitiali
Forte die, infaustas regeret quum funera Cannas,
Oppeteretque super congesta cadavera Consul?
Cur Cremera in campis, cornix vel picus parrha,
Nemo Deum monuit periturum Marte sinistro
Tercentum Fabios, vix stirpe superstite in unum?
Nullane tristificos Trebiae [illegible]
Advolitans praestio esse deum [illegible] crasso
Prodidit? aut Parth[illegible] calamitas,
Cujus [illegible] Persica limbum?
[illegible] exempla vetusta
Virtus [illegible] terrasque marisque
Orbem: res laetas & prospera quaeque revolvis,
Mille triumphorum monumenta ex ordine pandunt,
Destaque per medium spoliorum fercula Romam.
Vis dicam quae causa tuos, Romane, labores
In tantum extulerit? quis gloria fotibus aucta
Sic cluat, impositis ut mundum frenis habenis?
Discordes linguis populos, & dissona cultu
Regna volens sociare Deus, subjungier uni
Imperio quidquid tractabile moribus esset,
Concordique jugo retinacula mollia ferre
Constituit, quo corda hominum conjuncta teneret
Relligionis amor: nec enim fit copula Christo
Digna, nisi implicitas societ mens unica gentes.
Sola Deum novit concordia, sola benignum
Rite colit tranquilla patrem, placidissima illum
Foederis humani consensio prosperat orbi,
Seditione fugat, saevis exasperat armis,
Munere pacis alit, retinet pietate quieta.
Omnibus in terris, quas continet occidualis

Oce-

Ornamus, robustaque suetos inclementius ore,
Miscebat Bellona furens mortalia cuncta,
Armabatque feras in vulnera mutua dextras.
Hanc frenaturus rabiem Deus, undique gentes
Inclinare caput docuit, sub legibus iisdem,
Romanosque omnes fieri, quos Rhenus & Ister,
Quos Tagus auriferus, quos magnus inundat Hiberus,
Corniger Hesperidum quos interlabitur, & quos
Ganges alit, tepidique lavant septem ostia Nili.
Jus fecit commune pares, & nomine eodem
Nexuit, & domitos fraterna in vincla redegit.
Vivitur omnigenis in partibus, haud secus ac si
Cives congenitos concludat moenibus unis
Urbs patria, atque omnes lare conciliemur avito,
Distantes regione plagae, divisaque ponto
Litora conveniunt nunc per vadimonia ad unum,
Et commune forum, nunc per commercia & artes
Ad coetum celebrem, nunc per genialia fulcra
Externi ad jus connubii; nam sanguine mixto
Texitur alternis ex gentibus una propago.
Hoc actum est tantis successibus atque triumphis
Romani imperii, Christo jam tunc venienti
Crede parata via est, quam dudum publica nostrae
Pacis amicitia struxit moderamine Romae.
Nam locus esse Deo quis posset in orbe feroci,
Pectoribusque hominum discordibus & sua jura
Dissimili ratione tuentibus, ut fuit olim?
Sic incompositos humano in pectore sensus,
Disjunctasque animi certamine dividere partes,
Nec liquida invisit sapientia, nec Deus intrat.
At si mentis opus cognandi jure gubernes,
Pugnacis stomachi pulsus, fibrasque rebelles
Frenat, & omne jubet rationi concurrere unum,
Fit stabilis vitae status, & sententia certa
Haurit corde Deum, Domino & subjungitur uni.
En ades omnipotens, concordibus influe terris:
Jam mundus te, Christe, capit, quem congrege nexu
Pax & Roma tenent: capita haec & culmina rerum
Esse jubes, nec Roma tibi sine pace probatur;
Et pax ut placeat, facit excellentia Romae,
Quae motus varios simul & ditione coercet,
Et terrore premit: nec enim spoliata prioris
Robore virtutis senuit, nec saecula sensit,
Nec tremulis, quum bella vocant, capit arma lacertis:
Nec tam degeneri venerandis supplicat ore
Principibus, quam vult praenobilis ille Senator,
Orandi arte potens, & callida fingere doctus,
Mendicitatemque gravis fortunae inducere pondus?
Ut Tragicus cantor ligno tegit ora cavato,
Grande aliquod cujus per hiatum crimen anhelet.

Si vocem simulare licet, nunc aptior illa
Vox Romae est, quam nunc ejus sub nomine promam.
Quae quia turpe putat templorum flere repulsam,
Actaque in dubiis pro se pugnasse periclis
Dicere, seque gravem senio inclinante fateri,
Deflorens complexa suos, sic laeta profatur:
O clari salvete duces, generosa propago
Principis invicti, sub quo senium omne renascens
Deposui, vidique meam flavescere rursus
Canitiem: nam quum mortalia cuncta vetustas
Imminuat, mihi longa dies aliud parit aevum,
Quae vivendo diu didici contemnere finem.
Nunc, nunc justa meis reverentia competit annis,
Nunc merito dicor venerabilis & caput orbis,
Quum galeam sub fronde oleae, cristasque rubentes
Concutio, viridi velans fera cingula serto,
Atque armata Deum sine crimine caedis adoro.
Crimen enim, piget hoc, crimen perfuderat atrox
Jupiter, ut sacro pollutam sanguine tinctis
Asseret bellis sceleratam saepe furorem.
Illius instinctu primum Nero matre perempta
Sanguinem Apostolicum bibit, ac me strage piorum
Polluit, & proprium facinus mihi saevus inussit.
Post hunc & Decius jugulis bacchatus apertis
Infandam pavit rabiem: nunc haec sibi artis
Medicorum similis, per vulnera tristia fragrans,
Extrahere insignes animas, ac laedere poenis,
Undantemque cruorem in gremium diffundere mortis,
Et sub jure fori non noxia colla secare.
Haec me labe rerum modo tempora vestra piarunt?
Vivo pie vobis auctoribus, impia pridem
Arte Jovis facta: quid enim non ille cruentum
Tradidit? aut quid mite sibi, placidumve poposcit?
Qui, dum promeruit cultus imbuere Christi,
Saevit, ac miserum foedavit sanguine saeclum.
Et sunt, qui nobis bella exprobrare sinistra
Non dubitent, postquam templorum sprevimus aras,
Atiramque Libyn Collina a cardine portae
Annibalem Jovis imperio, Martisque repulsum:
Victores Senonas Capitoli ex arce fugatos,
Quum super e celso pugnarent numina saxo.
Qui mihi praeteritam cladem, veteresque dolores
Insultant iterum: videant me tempore vestro
Jam nil tale pati. nullus mea barbarus hostis
Cuspide claustra quatit: nec armis, veste, comisque
Ignotus, capta passim vagus errat in urbe,
Transalpina meam rapiens in vincula pubem.
Tentavit Geticus nuper delere tyrannus
Italiam patrio veniens juratus ab Istro,
Has arces aequare solo, tecta aurea flammis
Solvere, mastrucis proceres vestire togatos.
Jamque ruens, Venetos turmis protriverat agros,
Et Ligurum vastarat opes, & amoena profundi
Rura Padi, Tiberimque ipsum victo amne premebat.
Depulit hos nimbos equitum dux pervigil acer,
Prodidit exaltil tenebrosa nocte pericli:
Sed vis cruda virum, perfractaque congressorum
Pectora, nec trepidum animae succumbere loco
Pro patria, & pulchram per vulnera quaerere laudem.
Numquid & ille dies Jove contulit auspice tantum
Virtutis praedam? dux agminis, imperiique
Christipotens nobis juvenis fuit, & comes ejus
Atque parens Stilico: Deus unus Christus utrique.
Hujus adoratis altaribus, & cruce fronti
Inscripta, cecinere tubae. prima hasta draconis
Praecurrit, quae Christi apicem sublimior effert.
Illic terdenis gens exitiabilis annis
Pannoniae, poenas tandem deleta pependit.
Corpora famosis olim ditata rapinis
In cumulos congesta jacent: mirabitur seris
Posteritas saeclis inhumata cadavera late,
Quae Pollentinos texerunt ossibus agros.
Si potui manibus Gallorum excisa levare
De cineres squalere caput, redeunte Camillo
Signa cruentatis fortunae e Franco recepi:
Si potui miseras sertis redimire ruinas,
Et male prudentes lauro praecingere turres,
Quo te suscipiam gremio, fortissime princeps?
Quos spargam flores? quibus insertabo coronis
Atria? quae sertis suspendam pallia portis?
Immunis tanti belli, ac te stante sub armis

Libera, & nota tenus Getico vaporata tumultu.
Scande triumphalem currum, spoliisque receptis
Huc Christo comitante veni. date vincula demum
Captivis gregibus. manicas deponite longo
Tritas servitio, matrum, juvenumque caterva.
Diffugiat servile genus laris exul aviti,
Discat & ad patriam limen genitrice reversa
Ingrediatur, ut illa puer. timor omnis abesto.
Vicimus: exultare libet. quid tale repulso
Poenorum quondam duce contigit? ille peritis
Postquam percaluerat transalpina repagula portis,
Baianis resolutus aquis durissima laxat
Robora destituit, ferrumque libidine fregit.
At noster Stilico congressus comminus ipsa
Ex acie ferrata virum dare terga coegit.
Hic Christus nobis Deus adfuit, & mera virtus:
Illic lascivum, Campania fertilis, hostem
Deliciis vicere tuae: cum Juppiter acrem
Protexit Fabium, sed vicit amoena Tarentus,
Quae dedit illecebris domitum calcare tyrannum.
His ego pro meritis quae praemia digna rependam
Non habeo. membra statuis effingere vile est.
Virtutem nil vile decet: nam vile, quod aetas
Eripit. aera cadunt, aut fulvum deficit aurum,
Aut candor parii nigrescit, si defuit usus,
Et fuscata situ corrumpit vena colorem.
Viva tibi principe debetur gloria. vivum
Virtutis pretium, decus immortale sequetur.
Regnator mundi Christo sociabere in aevum,
Quo ductore meum trahis ad caelestia regnum.
Nil te permoveat magni vox Rhetoris, oro,
Qui sub legati specie sacra mortua plorans,
Ingenii telis & fandi viribus audet
Heu nostram temtare fidem: nec te videt ac me
Devotos, Auguste, Deo, cui sordida templa
Claudimus, & madidas sanie deponimus aras.
Unus nostra regat, servetque palatia Christus,
Ne quis Romuleas daemon jam noverit arces,
Sed soli pacis Domino mea serviat aula.
Sic effata pios Roma exoravit alumnos,
Spernere legatum non admittenda petentem,
Legatum Jovis ex adytis ab aruspice missum:
At non a patria: patriae nam gloria Christus.
Persistit tamen asserere iter esse viandi
Multifidum, variumque, Deus cum quaeritur unus.
Hinc aliam, ast inde aliam properare seorsum
Quamque per anfractus proprios: sed compita eadem
Fine conciliari, simul & concurrere in unum.
Quin etiam caelum, atque solum, ventos, mare, nubes
Omnibus in commune dari, vel qui colimus te,
Christe, vel exta litant sculptis qui tabida saxis.

Non ergo, communem cunctis viventibus usum
Aeris, astrorum, pelagi, telluris & imbris.
Immo etiam injustus pariter, justusque sub uno
Axe habitant, unus cupit impius & pius auras,
Castus & incestus, meretrix & nupta: nec aliud
Ore sacerdotis, quam mirmillonis anhelat
Spiritum, auctor vitam qui temperat haustu.
Nubes verna pluit Zephyro impellente, sed aeque
Furis & innocui fecundat rura coloni.
Gurgitis aestivi sic pura fluenta viator,
Ut latro sessor, adit: sic piratis mare servit,
Ut mercatori; nec flectitur saevius hosti
Obsequitur, quam cum licitas fert transitus causas.
Ergo capax utriusque rei natura creandis
Se praebet populis, nec habet discrimine dispar
Viventum meritum, quos tantum pascere jussa est.
Servit enim mundus, non judicat: hoc sibi formam
Naturae Dominus praescripta in tempora servat.
Nunc adsunt homini data munera legibus iisdem,
Queis concessa semel. fons liquitur, amnis inundat,
Velivolum rabidis mare fluctibus, influit imber,
Aura volat tenuis, vegetatur mobilis aer,
Et rex naturae sit publicus, promptaque cunctis,
Dum servant elementa suum famulantia cursum.
Sic probus, atque reus capitalis criminis iisdem
Sideribus, lucisque poli bonitate fruuntur.
Vivere commune est, sed non commune mereri.
Denique Romanus, Daha, Sarmata, Vandalus, Hunnus,
Getulus, Garamas, Alamannus, Saxo, Galaula,
Una omnes gradiuntur humo, caelum omnibus unum est,
Unus & Oceanus, nostrum qui continet orbem.
Addo aliud: nostros potant animalia fontes:
Ipso rore mihi seges est, quo gramen onagris,
Sordida sus nostro amne natat, nostra latrat & ipsos
Aura canes, animamque levi fert corpore fibra.
Sed tantum distant Romana & barbara, quantum
Quadrupedes bipedi adjuncta, mutave loquenti:
Quantum etiam qui rite Dei praecepta sequuntur,
Cultibus a stolidis, & eorum erroribus absunt.
Non facit ergo parem in religione tenenda
Aeris & caeli communio: corpora tantum
Gignit, alit, reparat, recidivaque semina servat.
Nec refert cujus generis, cuiusve figurae,
Aut cujus meriti: modo sint ea corpora terra
Edita, terrenis quibus est vigor ex elementis:
Artificis quia parvis opus discrimine nullo
Indulit in medium, nec avaro munere censit,
Ante diuum, quam primus homo sordesceret Adam.
Nec vitio amissum restrictum deficit, aut se
Subtrahit indignis, nec foeda & turpia vitat.
Haud aliter solis radium, quem lumina amoeno
Diffuso splendore lavant, ferit aurea tecta,
Sed ferit & nigro sordentia culmina fumo:
Lustrat marmoribus Capitolia clara: sed intrat
Carceris & rimas, & terrae foramina clausi
Stercoris, & spurcam redolenti in fornice cellam.
Sed non illud erunt abscura ergastula, quod sunt
Regia gemmato laquearia fulva metallo:
Nempe magis non illud erunt qui numen in urna
Quaerunt, ac tumulis, & larvas sanguine placant,
Quod sunt, qui summum caeli Dominum venerantur,
Justitiamque litant, & templum pectoris ornant.
Secretum sed grande nequit ratione aperta
Quaeri aliter, quam si sparsis via multiplicetur
Tramitibus, & centenos terat orbita calles
Quaesitura Deum variata indage latentem:
Longe aliud verum est: nam multa ambage viarum
Anfractus dubios habet, & perplexius errat:
Sola errore caret simplex via, nescia flecti
In diverticulum, biviis nec pluribus anceps.
Non tamen inficior, duplex occurrere cunctis
Semper iter, geminis mortalia partibus ire,
Quum dubitant, quonam ferat ignorantia gressum,
Altera multifida est: at simplex altera, & unum
Una Deum sequitur: divos colit altera plures,
Et tot sunt ejus diverticula, quot templorum
Signa, quot aereis volitant phantasmata monstris.
Aut hos thyrsigeri rapit ad Dionysia Bacchi,
Illicit aut alios ad Saturnalia festa.
Aut docet, occultus quae sacra Diespiter infans

Inter

Inter tinnitum sclavi sibi poscat aheni.
Jamque superstitio ferale, undique pendent
Discursus juvenum, Megalesia hanc spado diris
Incestus foriis, certa ad responsa vocatur.
Sunt qui quadriviis brevibusque in compita fanis
Vilia Niliacis venerantur olúscula in hortis,
Porrum & cæpe deos imponere nubibus ausi,
Alliaque, & Seraphin cæli super astra locare.
Isis enim, & Serapis, & grandi simia cauda,
Et crocodilus idem, quod Juno, Laverna, Priapus.
Hos tu Nile colis, & tu Tybris adoras.
Una superstitio est, quamvis non congruat error.
Hinc alio exoritur tenebrosis secta tenebris
Semita, quam pecudes & muta animalia carpunt,
Quæque latent silvis: operitur nescia cæli
Mens hominum, sævo vivens captiva tyranno.
Hæc putat esse Deum nullum: namque omnia verti
Casibus, & nullo sub præside cæca rotari.
Hæ licet haudquaquam magno discrimine distent
Hisce viis, quas vos colitis, qui numina multa,
Et portenta, Deum summum, numerosa putatis.
Simplicis ergo viæ dux est Deus: ille per unam
Ire jubet mortale genus: quam dirigit ipse
Sublimis dextro collem ad fastigia clivo.
Prima viæ facies inculta, subhorrida, tristis,
Difficilis, sed fine sui pulcherrima, & amplis
Prædita divitiis, & abundans luce perenni,
Et quæ præteritos possit pensare labores.
Multiplici dæmon sed adest, qui parte sinistra
Compitulum confundit iter, trahit inde sophistas
Barbaros, trahit hinc opibus vel honore potentes,
Illicit & volucrum linguis, & aruspice fallit,
Instigat bacchantis anum ambage Sibyllæ:
In magicas artes trahit, involvitque venenis,
Omine sollicitat, capit augure, territat extis.
Certa & una via est multos anfractibus errans,
Talem passa ducem, qui non sinat ire salutis
Ad dominum, sed cursus iter per devia monstrat:
Devia picta bonis brevibus, sed fine sub ipso
Tristia, & in subitam præceps immersa charybdim.
Ite procul gentes, consortia nulla viarum
Sunt vobis cum plebe Dei: discedite longe,
Et vestrum penetrate chaos, quo vos vocat ille
Prævius inferni perplexa per avia callis.
At nobis vitæ dominum quærentibus unum
Lux iter est, & clara dies, & gratia simplex.
Spem sequimur, gradimurque fide, fruimurque futuris,
Ad quæ non veniunt præsentis gaudia vitæ,
Nec currunt pariter capta & capienda voluptas.

Ultima legati defleta dolore querela est,
Palladiis quod farra focis, vel quod stipis ipsis
Virginibus, castisque choris alimenta negentur:
Vestales solitis fraudentur sumptibus ignes.
Hinc ait & steriles frugescere rarius agros,
Et tristem sævire famem, totumque per orbem
Mortales pallere inopes, ac panis egenos.
Quæ tanta exstiterit præsenti tempore, tamque
Invidiosa fames, quam Triptolemi, Cererisque
Moverit ira, parum pro virginis ulciscendo:
Non meminimus, nec tale aliquid vel fama susurrat.
Audio per Pharios Nilum discurrere campos
More suo, viridisque sata stagnare Canopi.
Haud venit a sicco qui flumine nuncius afferat
Jejunam squalere siti sub pulvere Memphim,
Nec Pelusiacæ limum siccare paludes.
Num fons arcano naturæ sidere aperto
Aruit? & tenuem vix stillat vena liquorem?
Num refugas solitas odit perstringere ripas
Amnis, & cursum defecit ad undas?
Num tractu in medio bibulas vorat alveus undas
Fluminis, & subito stagna absorbentur hiatu?
Ne saltem operire vadis, nova arida possint
Ægypti per plana trahi, glebisque rigentes
Inferre ad pingue limum madidare fluentis,
Unde seges late crinitis fluctuet agris,
Densum & gravidis se vestiat æquor aristis?
Respice num Libyci desistat ruris arator
Frumentis onerare rates, & ad ostia Tybris
Mittere triticeos in pastum plebis acervos?
Numne Leontini sulcator solvere campi
Cesset frugiferas Lilybæo ex littore cymbas?
Nec dat vela freto, Romana nec horrea complet
Sardorum congesta vehens granaria classis.
Ergo pyris mensas silvestribus implet arator
Pomeus, & avulsas Siculas depascitur herbas?
Jamque Remi populo quernas Sardinia glandes
Suppeditat, jam cornea cibus lapidosa Quiritum?
Quis venit esuriens magni ad spectacula circi?
Quæ regio gradibus vacuis jejunia dira
Sustinet? aut quæ Janiculo mola muta quiescit?
Quantos quoque ferat fructus provincia, quamque
Ubere fecundo largo fluat orbis opimus,
Indicio est annona, tuæ quæ publica plebi,
Roma, datur, tantoque emunt longe ante paratis.
Sit fortasse aliquis paulo infecundior annus:
Nil mirum, nec in orbe novum didicere priores,
Perpessi plerumque famem, si rubidus aer
Siccavit venas ardenti sidere terræ:
Nec natum infundit aquæ crassissimus imber
Fruge nova & viridi: si messis adulta, priusquam
Conceptum tenero solidaret lacte medullam,
Afflatum calido sentiret contrahi ab Euro,
Jejunosque rubi calamos, atque irrita vota
Agricolæ, sterilis stipularum silva fefellit.
Hic (ni fallor) ager vitiis corruptus, & arva
[illegible], quam Palladium, quam Vesta, penates
Sub lare Pergameo servarent igne reposto,
Quam Priami genitor condebat mœnia fabris
Externis, quam virgo suas fundaret Athenas
Pallas: in his quoniam Vestalis origo favillæ
Urbibus, ut memorant, primo de fomite sumpta est,
Sacratumque focum, aut Phryx, aut Graius alebant?
Antiquis elementa labant erroribus, ac de
Legitimo discussa modo plerumque feruntur
In casus alios, quam lex habet, aut iter anni.
Nunc conflatis edax segetem rubigo maligni
Aeris ex vitio, nunc culpam vere tepenti
Post zephyros gelidi glacies Aquilonis inurit,
Ambustumque caput culmi fuligine tingit.
Semina aut teneri turgens dum germinat herba,
Continuis nimiisque perit constricta pruinis,
Nec potis est tenerum telluri affigere filum:
Mox ejecta solo glacie sidente superstes,
Nudaque subducto radix avellitur arvo.
Accipiunt tribuli sulcos, & carduus horrens:
Hos fert sicca siccis, hanc stirpem educat humor,
Temperiem offensa nimium, vel plus, agit ipsos
Terrarum morbos, & eundem vulnerat agrum.
Non aliter nostri corruptum corporis usum
In vitium plerumque cadit, nec in ordine recto
Perstat, & excessu moderaminis afficit artus:

Unus

Unus enim status est mundique & corporis hujus
Quod gerimus: natura eadem sustentat utrumque.
Edita de nihilo crescunt, nihilumque futura
Aut titubant morbis, aut tempore victa senescunt.
Nec natura caret vitiis, cui terminus instat.
Semper, crede, palam variis proventibus annus
Fluxit: non multa ditavit fruge colonos;
Quosdam infelices aestu damnavit iniquo,
Spe cassa, & sterili curam frustratus agrestem.
Sed si Vestales ulciscitur ista puellas
Pestis, ab offenso quae gignitur improba numine,
Cur non Christicolum temnens populatur agellos,
Per quos virginibus vestris stata dona negantur?
Utimur & ruris reditu, & rationes colemus:
Exercere manum non poenitet: & lapis illic
Si stetit, antiquum quem cingere sueverat error
Fasciolis, vel gallinae pulmone rogare,
Frangitur, & nullis violatur Terminus extis;
Et quae lumificas arbor vittata lucernas
Servabat, cadit ultrici succisa bipenni.
Nec tamen idcirco minor est aut fructus agelli,
Aut tempestatis clementia laeta serenae,
Temperet aut pluvias cui culta novalia ventus.
Sed nec magno opus est frugi vivacibus, & quem
Maxima proventum, non amplo in gaudia caelo
Solvimur, inque lucrum studio exultamus avaro.
Nam quibus aeternam spes informatur in aevum,
Omne bonum tenue est, quod praesens ingerit aetas.
O felix nimium sapiens, & rusticus idem,
Qui terras, animumque colens, impendit utrisque
Curam pervigilem, quales quos imbuit auctor
Christus, & adsumptis dedit haec praecepta colonis:
Semina quum sulcis committitis, arva cavete
Dura lapillorum macie, ne decidat illuc,
Quod seritur: primo quoniam praefertile gramen
Luxuriat, succo mox deficiente suo aret,
Sideris ignivomi fervore torretur, & aret.
Neve in spinosos incurrant semina vepres:
Aspera nam segetem surgentem vincula texunt:
Ac fragiles calamos nodis rubus arctat acutis.
Et ne jacta via spargantur in aggere grana,
Haec avibus quia nuda patent, passimque vorantur,
Immundisque jacent trita ad ludibria corvis.
  His Deus agricolam confirmat legibus. Ille
Jus caeleste patris non summa intelligit aure,
Sed simul & cordis segetem disponit, & agri,
Ne mixtum lolium niteant praecordia culta,
Quum cum lata suas ostentant jugera messes.
Exstirpanda enim sunt de pectore vepres,
Ne vitiosa necent germen vitale flagella,
Ne frugem segetemque animae spinosa malorum
Impediat sentis scelerum peccamine crebro,
Glarea ne rundis jejunis siccet arenis
Marcentem sub corde fidem: ne pectoris aestus
Flagret, & affectis urat charismata venis.
Denique ne sacris sterilis in parte relinquat
Vilis cura Deum, ne spem quae vescitur intus
Deserat, obscoenisque avibus permittat edendam,
Et projecta fides tritis sit praeda volucri.
Talis cultricis nam solertia contemplicatos
Agrorum redigit fructus: quibus acrius instat,
Nec metuit ne congestum populetur acervum
Curculio, vel nigra cavis formica recondat.
Sunt & virginibus pulcherrima praemia castis,
Et pudor, & sancto tectus velamine vultus,
Et privatus honos, nec nota & publica forma,
Et rarae tenuesque epulae, & mens sobria semper,
Lexque pudicitiae vitae cum fine peracta.
Hinc decies seni colliguntur in horrea fructus,
Horrea nectareum non unquam obnoxia furi.
Nam quem fur nullus adit, caelestia nunquam
Fraude subriguntur: sursum terris volvitur imis.
  Quae nunc Vestalis sit virginitatis honestas,
Discutiam, qua lege regat decus omne pudoris.
Ac primum parvae teneris capiuntur in annis,
Ante voluntatis propriae quam libera secta
Laude pudicitiae fervens, & amore deorum,
Justa maritandi condemnet vincula sexus.
  Captivus pudor ingratis addicitur aris:
Nec contempta perit miseris, sed adempta voluptas,
Corporis intacti: non mens intacta tenetur.
Nec requies datur ulla toris, quibus innuba caecum
Vulnus, & amissas suspirat femina taedas.
  Tum, quia non totum spes salva interficit ignem,
Nam redeunt quandoque focos adolere licebit,
Festaque decrepitis contendere flammea canis.
Tempora praescripta membris intacta, requirens,
Tandem virgineam fastidit Vesta senectam.
Dum thalamis habilis tenuit vigor, irrita nullos
Foecundavit amor materno viscera partu,
Nubit anus veterana sacro perfuncta labore,
Desertisque focis quibus est famulata juventas,
Transfert emeritas ad fulcra jugalia rugas,
Discit & in gelido nova nupta tepescere lecto.
Interea dum torta vagos ligat infula crines,
Fatalesque adolet prunas innupta sacerdos,
Fertur per medias, ut publica pompa, plateas,
Pilento residens molli, seque ore retecto
Imputat attonitae virgo spectabilis urbi.
Inde ad consessum caveae, pudor almus, & expers
Sanguinis it pietas, hominum visura cruentos
Congressus, mortesque & vulnera vendita pastu
Spectatura sacris oculis. Sedet illa verendis
Vittarum insignis phaleris, fruiturque lanistis.
  O tenerum, mitemque animum! consurgit ad ictus:
Et quoties victor ferrum jugulo inserit, illa
Delicias ait esse suas, pectusque jacentis
Virgo modesta jubet converso pollice rumpi,
Ne lateat pars ulla animae vitalibus imis,
Altius impresso dum palpitat ense secutor.
  Hoc illud meritum est, quod continuare feruntur
Excubias, Latii pro majestate palati,
Quod redimunt vitam populi, procerumque salutem:
Perfundunt quia colla comis bene, vel bene cingunt
Tempora taeniolis, & licia crinibus addunt.
  Et quia subter humum lustrales testibus umbris
In flammam jugulant pecudes, & murmura miscent?
An quoniam podii meliore in parte sedentes
Spectant aeratam faciem, quam crebra tridenti
Impacto quatiant hastilia, saucius & quam
Vulneribus paries partem perfundat arenae,
Quam fugit, & quanto vestigia sanguine signet?
  Quod genus ut sceleris jam nesciat aurea Roma,
Te precor, Ausonii dux Augustissime regni,
Et tam triste sacrum, jubeas ut caetera, tolli.
Perspice, nonne vacat meriti locus iste paterni?
Quem tibi supplendum Deus, & genitoris amica
Servavit pietas: solus ne praemia tantae
Virtutis caperet? partem tibi, nate, reservo,
Dixit, & integram decus intactumque reliquit.
  Arripe dilatam tua, dux, in tempora famam,
Quodque patri superest, successor laudis habeto.

Ille

Ille urbem vetuit taurorum sanguine tingi:
Tu mortes miserorum hominum prohibeto litari.
Nullus in urbe cadat, cujus sit poena voluptas,
Nec sua virginitas oblectet caedibus ora.
Jam solis contenta feris infamis arena,
Nulla cruentatis homicidia ludat in armis.
Sit devota Deo, sit tanto principe digna,
Et virtute potens, & criminis inscia Roma,
Quemque ducem bellis sequitur, pietate sequatur.

ΕΓΧΕΙΡΓΔΙΟΝ VETERIS ET NOVI TESTAMENTI.

ADAM & EVA. I.

EVa columba fuit tunc candida, nigra deinde
Facta per anguinum malesuada fraude venenum,
Vinxit & innocuum maculis sordentibus Adam:
Dat nudis scortea draco atque tegmina victor.

Abel & Cain. II.

Fratrum facta Deus ante distare donorum
Aestimat, accipiens viva, & terrena refutans,
Rusticus invidia pastorem sternit. in Abel
Forma animae exprimitur: caro nostra in semine Caio.

Arca Noe. III.

Nuntia diluvii jam decrescentis ad arcam
Ore columba refert ramum viridantis olivae:
Corvus enim ingluvie per foeda cadavera captus
Haeserat: illa datae revehit nova gaudia pacis.

Ilex Mambre. IV.

Hospitium hoc Domini est, ilex ubi frondea Mambre
Armentale senis protexit culmen: in ista
Risit Sarra casa, senilis sibi gaudia sera
Ferri, & decrepitum se credere posse maritum.

Monumentum Sarrae. V.

Abraham mercatur agrum, quo conderet ossa
Conjugis, in terris quoniam peregrina morantur
Justitia atque fides. hoc illud millibus emptum
Speleum, sanctae requies ubi parta favillae est.

Somnium Pharaonis. VI.

Bis septem spicae, vaccae totidem Pharaoni
Per somnum visae, portendunt dispare forma,
Ubertas atque fames duo per septennia tempus
Instare: hoc solvit patriarcha, interprete Christo.

Joseph a fratribus agnitus. VII.

Venditus insidiis fratrum puer, ipse vicissim
Crateram in fratris sacco clam praecipit abdi.
Utque reos furti Joseph tenet, auctio fallax
Proditur: agnoscunt fratrem, veniamque pudescunt.

Ignis in rubo. VIII.

Sentibus involitans Deus igneus ore coruscat,
Compellat juvenem, pastoris tunc forte magistrum:
Ille capit jussus virgam: fit vipera virga.
Solvit vincla pedum: properat Pharaonis ad arcem.

Iter per mare. IX.

Tutus agit vir justus iter vel per mare magnum.
Ecce Dei famulis scissum freta rubra dehiscunt,
Quam peccatores rabidos eadem freta mergunt.
Obruitur Pharao, patuit via libera Mosi.

Moyses accipit legem. X.

Fumat montis apex divinis ignibus, in quo
Scripta decem verbis saxorum pagina Mosi
Traditur. ille suos susceptam lege revisit:
Forma sed his vituli solus Deus, & Deus aurum.

Manna & coturnices. XI.

Panibus angelicis albent tentoria patrum.
Certa fides facti, tenet urna aurea servans
Servatum Manna. ingratis venit alitis esca,
Atque avidos carnis lacerat congesta coturnix.

Serpens aeneus in eremo. XII.

Fervebat vis sicca eremi serpentibus atris:
Jamque venenati per livida vulnera morsus
Carpebant populum: sed prudens aere politum
Dux cruce suspendit, qui vires temperet, anguem.

Lacus myrrhae in eremo. XIII.

Aspera gustatu populo sitiente lacuna
Tristificum latice stagnanti felle renatat.
Moses sanctus ait: Lignum date, gurgitem in istum
Conjicite, in dulcem vertentur amara saporem.

De XII. fontibus, & LXX. palmis. XIV.

Devenere viri, Mose duce, sex ubi fontes,
Et sex forte alii vitreo de rore rigabant
Septenas decies palmas, qui mysticus olim
Locus Apostolicum numerum libris quoque pinxit.

XII. *Lapides in Jordane.* XV.

In fontem refluo Jordanis gurgite fertur,
Dum calcanda Dei populis vada sicca relinquit:
Testes bis seni lapides, quos flumine in ipso
Constituere patres, in formam discipulorum.

Domus Raab meretricis. XVI.

Procubuit Hiericho: sola astans arvis Raab:
Hospita sanctorum meretrix (tanta est fidei vis)
Incolumi secura domo spectabile coccum
Ignibus adversis in signum sanguinis offert.

Samson leonem necat. XVII.

Invictum virtute comae leo frangere Samson

Aggre-

Aggreditur. necat ille feram: sed ab ore leonis
Mella fluunt: maxilla asini fontem vomit ultro,
Scaturiens arentes lymphis, dulcedine virtus.

Samson vulpes capit. XVIII.

Trecentas vulpes Samson capit, ignibus armat,
Pone faces caudis circumligat, in sata mittit
Allophylum, segetesque cremat. sic callida vulpes
Nunc haeresis flammas vitiorum spargit in agros.

David Goliam sternit. XIX.

David parvus erat, fratrum minimus, & unde Jesse
Cura gregis, citharam sectans ad ovile paternum,
Inde ad delicias regis: mox horrida bella
Conferit, & funda sternit stridente Goliam.

Regnum David. XX.

Regia mistifici fulgent insignia David,
Sceptrum, oleum, cornu, diadema, & purpura, & ara:
Omnia conveniunt Christo, chlamys, atque corona,
Virga potestatis, cornu crucis, altar, olivum.

Aedificatio templi. XXI.

Aedificat templum sapientia per Salomonis
Obsequium: regina Austri grave congerit aurum.
Tempus adest, quo templum hominis sub pectore Christus
Aedificet, quod Graia colant, quod barbara discat.

Filii prophetarum. XXII.

Forte prophetarum nati, dum ligna recidunt,
Fluminis in ripa, cecidit discussa bipennis.
Gurgite submersum est ferrum: sed mox leve lignum
Injectum stagnis, ferrum revocabile fecit.

Captivitas Israel. XXIII.

Gens Hebraeorum peccamine capta frequenti,
Fleverat exilium dirae Babylonis ad amnes:
Tum patrium cantare melos praecepta recusat,
Organaque in ramis salicis suspendit amaris.

Domus Ezechiae regis. XXIV.

Hic bonus Ezechias meruit ter quinque per annos
Praescriptum proferre diem, lapsumque retrorsum
Tendere, cui gradibus quae vespera laeserat umbram,
Lumine perfusis, decuit sol versus in ortum.

Nuncium informatum Adventus Domini. XXV.

Adventante Deo descendit nuncius alto
Gabriel patris ex solio, sedemque repente
Intrat virgineam: Sanctus te Spiritus, inquit,
Implevit, Maria: Christum paries, sacra virgo.

Civitas Bethlem. XXVI.

Sancta Bethlem caput est orbis, quae protulit Jesum
Orbis principium, caput ipsum principiorum.
Urbs hominem Christum genuit, qui Christus agebat
Ante Deum, quam sol fieret, quam lucifer esset.

Magorum munera. XXVII.

Hic pretiosa Magi, sub virginis ubere, Christo
Dona ferunt puero, myrrhaeque & thuris & auri.
Miratur genitrix tot casti ventris honores,
Seque Deum genuisse hominem, regemque supremum.

Pastores ab angelis admoniti. XXVIII.

Pervigiles pastorum oculos vis luminis implet
Angelici, natum celebrans ex virgine Christum.
Inveniunt testem pannis: praesepe jacenti
Cuna erat: exultant alacres, & numen adorant.

Occiduntur infantes in Bethlem. XXIX.

Impius innumeris infantum caedibus hostis
Perfurit Herodes, dum Christum quaerit in illis.
Fumant lactentis parvorum sanguine cunae,
Vulneribusque madent calidis pia pectora matrum.

Christus in Jordane baptizatur. XXX.

Perfundit fluvio pastus Baptista locustis,
Silvarumque favis, & amictus veste cameli,
Tinxerat & Christum: sed Spiritus aethere missus
Testatur tinctum, qui tinctis crimina donet.

Pinna templi. XXXIV.

Excidio templi veteris stat pinna superstes:
Structus enim lapide ex illo manet angulus, atque
In saeclum saecli, quem spreverunt aedificantes.
Nunc caput est templi, & lapidum compago novorum.

Vinum ex aqua factum. XXXII.

Foedera conjugii celebrabant aspice cana
Forte Galilaei: jam deerant vina ministris.
Christus vasa jubet properanter aquaria lymphis
Impleri: inde meri veteris defunditur unda.

Piscina Siloe. XXXIII.

Morborum medicina lacus, quem spiritus horis
Excitat variis, fusam variante latenti,
Siloam vocitant: sputis ubi caelitus caeci
Lumina Salvator jussit de fonte lavari.

Passio Joannis. XXXIV.

Praemia saltatrix poscit funebria virgo
Joannis caput, abscissum quod lance reportet
Incesta ad gremium matris. fert regia donum
Psaltria, respersis manibus de sanguine justi.

Per mare ambulat Christus. XXXV.

It mare per medium Dominus, fluctusque liquentes
Calce terens, jubet instabili descendere cymba
Discipulum: sed mortalis trepidatio plantas
Mergere ac ille manum regit, & vestigia firmat.

Daemon missus in porcos. XXXVI.

Vincla sepulchrali sub carcere ferrea daemon

Fre-

Pergerat: evomuit, pulsusque advolvitur Jesu.
Ast hominem Dominus sibi vindicat, & jubet hostem
Porcorum capere gregem, ac per freta mergi.

Quinque panes, & duo pisces. XXXVII.

Quinque Deus panes fregit, piscesque gemellos,
His hominum large saturavit millia quinque.
Impleverunt nimio colcarem fragmina corbes
En fert: aeterna tanta est opulentia mensae.

Lazarus suscitatus a mortuis. XXXVIII.

Conscius insignis facti locus in Bethania,
Vidit ab inferna te Lazare sede reversum.
Apparet scissum fractis foribus monumentum,
Unde putrescentis redierunt membra sepulti.

Ager sanguinis. XXXIX.

Corpus Acheldemach sceleris mercede nefandi
Venditum, exequiis recipit tumulosque humandis.
Sanguinis hoc pretium est Christi. Juda, cuius arctat
Infelix collum laqueo, pro crimine tanto.

Domus Caiphae. XL.

Impia blasphemi cecidit domus ecce Caiphae,
In qua pulsata est alapis facies sacra Christi.
Hic peccatorum manet exitus, obruta quorum
Vita ruinosis tumulis sine fine jacebit.

Columna, ad quam flagellatus est Christus. XLI.

Vinctus in his Dominus stetit aedibus, atque columnae
Adnexum tergum dedit, ut servile, flagellis.
Perstat adhuc, templumque gerit veneranda columna,
Nosque docet cunctis immunes vivere flagris.

Passio Salvatoris. XLII.

Trajectus per utrumque latus, laticem atque cruorem
Christus agit: sanguis, victoria; lympha, lavacrum est.
Tunc duo discordes crucibus hinc inde latrones
Contigui: negat ille Deum: fert iste coronam.

Mons Oliveti. XLIII.

Montis Oliviferi Christus de vertice sursum
Ad patrem redit, signans vestigia pacis
Fontibus aeternis: propinquo liquitur humor,
Qui praestat infusum terris de chrismate donum.

Passio Stephani. XLIV.

Primus init Stephanus mercedem sanguinis, imbri
Afflictus lapidum: Christum tamen ille cruentus
Inter saxa rogat, ne sit lapidatio fraudi
Hostibus. o prima pietas solvenda corona!

Porta speciosa. XLV.

Porta manet templi, speciosam quam vocitarunt,
Egregium Salomonis opus: sed majus in illa
Christi opus emicuit: nam claudus surgere jussus
Ore Petri, stupuit laxatos currere gressus.

Visio Petri. XLVI.

Somniat illapsum Petrus alto ex aethere discum,
Consertum omnigenis animalibus. Ille recusat
Mandere: sed Dominus jubet omnia munda putare.
Surgit, & immundas vocat ad mysteria gentes.

Vas electionis. XLVII.

Hic lupus ante rapax vestitur vellere molli:
Saulus qui fuerat, fit adempto lumine Paulus.
Mox recipit visum, fit apostolus, ac populorum
Doctor, & ore potens corvos mutare columbis.

Apocalypsis Joannis. XLVIII.

Bis duodena senum sedes, citharis phialisque,
Totque coronarum fulgens insignibus, agnum
Caede cruentatum laudat: qui evolvere librum,
Et septem potuit signacula pandere solus.

S. PAULLINI NOLANI EPISCOPI

Poemata secundum ordinem temporum nunc primum disposita ex Editione Veronensi Anni MDCCXXXVI.

POEMA PRIMUM.

Dum adhuc degeret in sæculo Paulinus, Gestidio volucres mittit.

Sume igitur pastas dumoso in rure volucres;
Quas latitans filicis sub tegmine callidus auceps,
Dum simili mentitur aves, fallitque susurro,
Agmina viscatis suspendit credula virgis.
Tunc referens tenero non parvo munere prædam,
Digerit accumulans tabulis, & primus opimis
Ordo sedet, sensim tenuantur ad ima tabellæ:
Ut minus offendat macies prælata saginæ,
Grata pervenientem pingui ferat alite visus.

POEMA SECUNDUM.

In sæculo adhuc agens eidem Gestidio mittit ostrea.

PArvula ut placeat carmen tibi munera amici,
Munera nec repetas, quæ mittis ditia nobis.
Nam tibi quid dignum referam pro piscibus illis,
Quos tibi vicinum locupleti gurgite litus
Suppeditat, miros specie, formaque diremptos?
At mihi vix alto vada per lacus profunda
Rarus in obscuro generatur sphondylus alga.
Hinc te participans, bis quinque & bis tibi ternos
Transmisi æquoreo redolentes nectare testas,
Quos visus paradisi replet luxuriare cubilia.
Oro libens sumas: nec vilia dedignaris,
Quæ sunt parva modo, magno venientia amore.

POEMA TERTIUM.

FRAGMENTUM.

DE REGIBUS EX SUETONIO COLLECTIS.

Hoc adscitum ex epist. 19. Ausonii ad Paulinum.

EUropamque, Asiamque duo vel maxima terræ
Membra, quibus Lybiam dubie Sallustius addit
Europæ adjunctam, possit cum tertia dici;
Regnatas multis, quos fama obliterat, & quos
Barbara Romanæ non tradunt nomina linguæ
Illibanum, Numidamque Avellum, Parthumque Vononem,
Et Caranum, Pellæ dedit qui nomina regum,
Quique Magos docuit mysteria vana Nechepsos,
Et qui regnavit sine nomine mox Sesostris.

* * * * * * *

Audax Icario qui fecit nomina Ponto,
Et qui Chalcidicas moderate enavit ad arces.

POEMA QUARTUM.

Paulo post suam a sæculo conversionem hæc in tranquillo ... a Deo postulat, ut seipsum sibi & suis deprecatur postremum.

AD DEUM MATUTINA PRECATIO.

OMnipotens genitor, rerum cui summa potestas,
Exaudi, si justa precor, ne sit mihi tristis
Ulla dies, placidam nox rumpat nulla quietem.
Nec placeant aliena mihi: quin & mea prosint
Supplicibus, nullusque habeat mihi vota nocendi,
Aut habeat nocituræ nihil. Mihi nulla facultas
Nulla sit: ut breve possit adhuc tranquilla parari.
Mens contenta suo, nec turpi dedita lucro,
Vitet corruptos, casto bene conscia lecto,
Inlecebras, turpesque jocos, obscænaque dicta,
Oderit illa nocere, & molesta grata malignis
Auribus, effugiat semper vox lingua venena.
Non obitu adfligar cujusquam, aut funere crescam.
Invideam numquam cuiquam, nec mentiar umquam.
Adsit læta domus: epulisque adludat inemptis
Verna satur, fidusque comes, nitidusque minister,
Morigera & conjunx, caraque ex conjuge nati.
Moribus hæc castis tribuit Deus, hi sibi mores
Perpetuam spondent ventura in sæcula vitam.

POEMA QUINTUM.

Varia Dei attributa enumerat, & gratiam a Deo precatur, qua peccata vitet, ut Dei judicio securus accedat.

AD DEUM ALIA PRECATIO.

OMnipotens, quem mente colo, Pater unice rerum,
Ignorate malis, & nulli ignote piorum;
Principio extremoque carens, antiquior ævo,
Quod fuit aut veniet: cujus formamque modumque
Nec mens complecti poterit, nec lingua profari;
Cernere quem solus, coramque audire jubentem
Fas habet, & patriam propter considere dextram,
Ipse opifex rerum, rebus causa ipse creandis,
Ipse Dei Verbum, Verbum Deus, anticipator

Mun-

Mundi, quem factura erat: generatus in illo
Tempore, quo tempus nondum fuit: editus ante
Quam jubar, & rutilus cælum illustraret Eous:
Quo sine nil actum, per quem facta omnia, cujus
In cælo solium, cui subdita terra sedenti
Et mare, & obscuræ chaos insuperabile noctis,
Irrequies cuncta ipse movens, vegetator inertum,
Non genito ex Genitore Deus, qui fraude superbi
Offensus populi gentes in regna vocavit;
Stirpis adoptivæ meliore propage colendas.
Cernere quem licuit proavis: quo numine viso,
Et Patrem vidisse datum, contagia nostra
Qui tulit, & diri passus ludibria leti,
Esse iter æternæ docuit remeabile vitæ,
Nec solam remeare animam, sed corpore toto
Cælestes intrare plagas, & inane sepulchri
Arcanum vacuis adopertum linquere terris.
Nate Patris summi, nostroque salutifer ævo!
Virtutes patrias Genitor cui tradidit omnes,
Nil ex invidia retinens, plenusque datorum,
Pande viam precibus, patriasque hæc perfer ad aures.
Da Pater invictam contra omnia crimina mentem,
Vipereumque nefas nocituri averte veneni:
Sit satis, antiquam serpens quod perdidit Evam,
Deceptumque adjunxit Adam: nos sera nepotum
Semina veridicis ætas prædicta Prophetis,
Vitemus laqueos, quos letifer implicat anguis.
Pande viam, quæ me post vincula corporis ægri
In sublime ferat: puri qua lactea cæli
Semita ventosæ superat vaga nubila lunæ,
Qua proceres abiere pii, quaque integer olim
Raptus quadrijugo penetrat super æthera curru
Elias, & solido cum corpore prævius Enoch.
Da Pater æterni speratam luminis auram,
Si lapides non juro Deos, unumque verendi
Suspiciens altare sacri, libamina vitæ
Intemerata fero: si te Dominique, Deique
Unigeni cognosco Patrem, mixtumque duobus,
Qui super æquoreas volitabat spiritus undas.
Da, Genitor, veniam, cruciataque pectora purga,
Si te non pecudum fibris, non sanguine fuso
Quæro: nec arcanis numen conjecto sub extis.
Si scelere abstineo, errori obnoxius; & si
Opto magis, quam fido, bonus, purusque probari,
Confessam dignare animam: si membra caduca
Execror, & tacitum si pœnitet, altaque sensus
Formido excruciat, tormentaque sera gehennæ
Anticipat, patiturque suos mens saucia manes.
Da Pater hæc nostro fieri rata vota precatu:
Nil metuam, cupiamque nihil. satis hoc rear esse
Quod satis est: nil turpe velim, nec causa pudoris
Sim mihi: nec faciam cuiquam, quæ tempore eodem
Nolim facta mihi: nec vero crimine lædar;
Nec maculer dubio: paulum distare videtur
Suspectus, verusque reus. male posse facultas
Nulla sit, & bene posse adsit tranquilla potestas.
Sim tenui victu, atque habitu, sim carus amicis,
Et semper genitor sine vulnere nominis heres.
Non animo doleam, non corpore, cuncta quietis
Fungantur membra officiis: nec saucius ullis
Partibus amissum quidquam desideret usus.
Pace fruar, securus agam, miracula terræ
Nulla putem: suprema mihi cum venerit hora,
Nec timeat mortem bene conscia vita, nec optet.
Purus ab occultis cum te indulgente videbor,
Omnia despiciam, fuerit cum sola voluptas
Judicium sperare tuum; quod dum sua differt
Tempora, cunctaturque dies, procul exige sævum
Insidiatorem blandis erroribus anguem.
Hæc pia, sed mæsto trepidantia vota reatu,
Christe apud æternum placabilis assere Patrem,
Salvator, Deus, ac Dominus, mens, gloria, Verbum,
Filius, & vero verum de lumine lumen,
Æterno cum Patre manens, in sæcula regnans;
Consona quem celebrant modulato carmine plebes,
Et responsuris ferit aera vocibus. Amen.

POEMA SEXTUM.

DE S. JOANNE BAPTISTA

Christi Præcursore.

SUmme pater rerum, cœlique æterne potestas,
Cum quo nostra salus, Sanctorum gloria Christus,
Spiritus & puri pariter manatque cohærens,
Qui mentem linguasque regis virtusque ministras,
Promeruit quam sola fides: cui plena potestas,
Brutis ingenium, vocemque infundere mutis:
Præsta, Evangelicum doctum de fonte Joannem,
In nostra arenti decurrere carmina rivo.
Ille quidem tantus, quantum parvis dare mundo,
Qui nasci talem nova per miracula jussit:
Sed faciam magnis tenuem impendere curam,
Nec dedignantur vilem cælestia laudem:
Pars etiam meriti, meritum celebrare priorum:
Nec nova nunc aut nostra canam: dixere Prophetæ
Cuncta prius, sanctique viri sermone soluto,
Promissum auctorem, vitam mortemque sacrarunt:
Si mors illa fuit, meruit quæ sanguine cælum.
Nos tantum modulis evolvere dicta canoris
Vovimus, & versu mentem laxare legentum.
Sic nam magna licet parvis, antiqua novellis,
Perfecta indoctis conferre, æterna caducis,
Inspirante Deo quidquid dixere priores:
Aptavit citharis numeros venerabilis David,
Consona cælesti pangens modulamina plectro:
Nos quoque sic meminisse Dei: quamquam obsita malis
Pectora criminibus cælestem admittere sensum.
Zacharias Syria quondam de gente sacerdos,
Credita solemni curabat templa paratu.
Vita viri, pietate, fide, gravitate, pudore,
Obsequio condigna Dei. conjunx huic alma
Elisabeth, prisca sanctorum stirpe virorum
Progenita, & tamen virtutibus æqua marito.
Sed quod in opprobrio matrum posuere priores,
Prole carens, sterilem ducebat mœsta senectam,
Spemque omnem sobolis transacta excluserat ætas.
Forte sacrum solemne Deo plebs cuncta ferebat,
Et prius antistes sacros adoleverat ignes,
Intima divinis decorans altaria flammis:
Ecce sacram propter cælestis nuntius aram
Astitit, ac veste insignis, venerabilis ore,
Se cælo missum vultuque habituque probavit.
Tum sancta in tales laxavit pectora voces.
Accipe, cælesti domino dilecte sacerdos,
Æterni mandata Dei, cui cura piorum
Perpetua est, jugis qui puro pectore castum
Exercitium sancti impendere scivit amorem.
Ac primum grates hoc extincto semine non vult
Intereisse tuum: fecundaque viscera facit

Conjugis, effetae quae jam cessabat in aevo.
Cur tamen addubitas mortali te quoque fessa,
Omnia posse Deum? sed credas: ille probabit.
Nascetur dignum tanto sponsore beatum
Perpetuusque puer, qui primo protinus aevo
Te major, sacrum invecto in pectore virus
Auctoris donum plus quam genitoris habebit.
Nec sane nato quae primo vocabula ponas,
Arbitrii jurisque tui est: Deus ipse profecto
Qui nasci jubet, hunc idem jubet esse Johannem?
Nominis hic titulus, meritorum immortale propago,
Quae nec dum genito poterit praenoscere solem,
Qui dabit, & tanto tribuet tibi gaudia nato:
Nec vero tribuet tantum sibi (gloria parva est
Intra unam conclusa domum) sed quantus ab ortu
Tenditur in sera fusa crepuscula lucis,
Totus prole tua tecum laetabitur orbis.
Quid mirum? cunctis vitiorum sorte carebit,
Caelestem ducens sine labe & crimine vitam,
Vitans fervens abstemio pectore vino,
Omniaque evitans mulcendi pocula succi:
Cunctos hominum generi vel post errata salutem
Sperandam, ab sancta quisquis renovabitur unda,
Ipse in se tribuet quo purificante habebit.
Ac ne plura tibi variis ambagibus edam,
Eliae meritum dextrae orbis ferendo
Non parem, cuncta qui mortis lege remissa,
Aeternam degit propria cum corpore vitam.
Igneus excelsum quem vexit ad aethera currus,
Flammantumque rapido nisu glomeratus equorum:
Hunc tuus aequabit meritorum summam natus,
Tantundem & laudis simul & virtutis habebit.
Ergo ad condignas tanto pro munere grates,
Nec dubiam suspende fidem, ne mota severi
Ira dei, meritam statuat post praemia poenam.
Haec ait, & tenues abiit ubi in auras,
Fragrantemque sacro procul aere fundit odorem.
Diriguit trepida confusus mente sacerdos,
Ac dum praemissam constantia corda volutant,
Dum se diffidit tantum meruisse favorem,
Ut summi sit cura dei, dimissus ut alto
Nuncius e caelo famulo tam clara referret
A domini mandata suo, ludique videtur,
Somniaque illa putat: cumque dum pectus utrumque
Aestimat ipse suum, nec se meruisse fatetur:
Infidum facit ipsa fides, dum credere dignum
Se non vult, poenam incredulitate meretur.
Protinus astricta est dubitanti lingua palato,
Et mora oblita sui, modulitaque vocis
Articulare sonum, pigro torpore cohaesit:
Denique cupit narrare suae miracula plebi,
Conatus frustra, defecto obmutuit ore.
Maestus abit, versatque inclusa mente dolorem,
Et veniam erratis arcano in corde precatur.
Quanta Dei pietas, quamque enarrabile nomen!
Promisisse sat est, rata quae dat. Temporis ordo
Volvitur, & gravida (mirum) distenditur alvo
Elisabeth, sanctumque gerens pia viscera pondus,
Et venit effoeto munus juvenile sub aevo.
  Inde aliud: sanctum Gabriel qui nuncius idem
Zachariae fuerat, aliud mandata volutans,
Ad Mariam molitur iter: quae sponsa marito,
Sed mage lecta Deo, quamvis pariture salutem,
Virgo illibatam servabat casta pudorem:
Cui postquam insignis caelesti forma decore
Constitit ante oculos, vultum demissa pudicum,
Tinxit suffuso rutilantem sanguine malam.
Ille ait: O tanto quam solus circulus ambit,
Quaeque sacra prius, quae sunt, quae deinde sequentur,
Virginibus cunctis felicior esto puella,
Magno lecta deo, mater dicaris ut ejus,
Cujus & ille pater; felix age, concipe pondus,
Impolluta viro, citraque incesta de sanguine,
Verbo tantum Dei: corpus tua viscera praebent
Illi qui caelum, terras, mare, sidera fecit:
Qui semper fuit, & nunc est, & tempore in omni
Semper erit, mundi dominum lucisque creator,
Et lux ipse poli, per te mortalia membra
Induet, atque oculos hominum coramque subibit.
Imperturbatos tantorum in praemia laudum
Tolle animos: dabit ille tibi viresque fidemque,
Qui voluit (nam cuncta regit terrasque gubernat)
Filius esse tuus, Domini cum filius esset.
  Dixerat, & visus pariter terrasque reliquit,
Aetheriamque sibi facili pervia arduus tela:
Implentur praecepta Dei, credique puella
Protinus, atque augens terrestrem vitamque priorem
Promptam fidem: tacitis clausum latebris cursu
Divinum informant corpus, sacrandaque crescit
Sarcina, caelestem dominum pia confovet alvus.
  Interea gravidam soboles, quamquam adita necdum,
Instigat Mariam sanctam, ut progressa revisat
Elisabeth, longo quae jam veneranda aevo,
Dilectum domino puerum paritura gerebat.
Ansculans nato genitrix (vis tanta fidei:)
Et quo jussa, venit: movit mox tum Johannem
Viscera, & implevit divino pectora sensu,
Jam vatem, nec dum genitum, conclusum in alvo,
Jamque prophetam pium gestu & voce videbat.
Illa ubi conceptu fulgentem lumine longe
Conspexit Mariam, celeri procul incita gressu
Obvia progreditur, venerataque brachia tendens,
Salve o mater, ait, Domini, salve pia virgo,
Ignorantis thalami, coitusque ignara virilis,
Sed paritura Deum: tanti fuit esse pudicam,
Insignis ut ferres titulos & praemia magna.
Cur mihi non merita, nec tanto munere dignae,
Officii defertur honos? cur gloria Caeli
In nostros delata lares & vilia tecta,
Obscuris tantum lumen penetralibus infert?
Sed mitis placidaque sui cohortibus addit:
Praestitit hunc genitum, quem praestitit ante, favorem.
Dixit, & amplexus ulnis circumdata junxit,
Jamque domus veneranda, pio dedit oscula vestri.
  Huc age nunc Judaea nocens, & sanguinis regis
Contemerata sui, verbis si nobis priorum
Est adhibenda fides, sacros si fallere vates
Creditis, & Mosen ipsum, si fallere David,
Impia perversis putas inclementia gentis.
Credite non genitis: nondum clausus in alvo,
Quid videat, sancto matris dicat ore Johannes.
Quis precor haec docuit, quem casto viscere virgo
Continuat, quoniam nondum nova secula parturit?
Sed sanctis abstrusa patent, nec visa probantur.
  Verum egressa modum latos pedis orbita campos,
Atque oblita mei procurrere longius audet.
Sponte, erit ut possim frenato sistere quondam
Haec quoque per spatium solitas agitare quadrigas:
Haec coeptum repetamus iter, mortalia dicas
Pagina mortalis, Dominum divina loquantur.
  Jamque adeo exacto quamquam matura solebat
Tempore, matura jam tandem editur alvo,

Et promissa Dei magnae non credita patri
Implet certa fides, & natus congruit infans.
Conveniunt cuncti agnati de more propinqui,
Ut puero veterum de nomine ducta parentum
Aptarent cultis quaerere vocabula cunctis:
Sed neque arbitrium cognatis esse relictum,
Caelestis jussi per natum consilia mater.
Ergo placet dudum praeclusa voce silentem
Consuluisse patrem: praedurati sola facultas
Indicii, quod lingua nequit, si littera signet.
Consuluitur, poscit tabulam, scribitque Johannem.
Mirantur cuncti, nullumque habuisse priorum
Praescriptum nomen recolunt de stirpe parentum.
Quantum sera fides valuit! quia devius erravit,
Quod mente crediderat, peccati poena remissa est.
Solvuntur vinclis laxata repagula linguae:
Respondet jam voce senex, proditque propinquis
Tota die monstrata Dei, spemque futura,
Dum translata probat. talem fore quis dubitaret,
Quem domini jussu, natura lege remissa,
Infoelix aetate uteri genuisse viderent?
Exemplo cunctis celebrandum incredulitatis
Aut oculis cunctis patuit, ut poena parentis,
Vel venia. atque animis infixus semel hinc timor, hinc spes.
Labitur interea cunctorum tempus, in ipso
Extat divini species manifesta vigoris.
Blanditiis risuque sibi lacrimaeque cessant
Murmura, feriis lascivi praevia fandi,
Jam tenera in formas venientis vocibus ora.
Inde ubi prima puer stabili vestigia nisu
Fixerat, & certam signarunt verba loquelam:
Mos erat, aut sancti dicta attendere parentis,
Aut antiquorum praeclara ediscere facta,
Vel quas ipse Deus leges, interprete Mose,
Condiderat, sacri quas servat pagina libri.
Haec & quae teneram formarent caetera mentem
Tractabat recolens: neque enim ignorasse priora
Credendus, deberet Dominus cui nosse futura.
At postquam robur juvenilis accessit ab aevo
(Nam mens plena Deo tardum praevenerat annum)
Ille sibi jam tum statuit discedere, deserere
Quae nequeunt homines: simul effugiendo clamorem
Et patrum sanctae consortia omnia vitae.
Tecta igitur sancti, quamquam immaculata, parentis
Deserit, ac turbas hominum cunctasque urbes
Effugit, ac solus loca credit ad invia terras,
In quis se tantum verus magnalia videret,
Liberaque a curis, sacra ad praecepta vacaret.
Vestis erat curvi setis contexta cameli,
Contra luxuriem molles durarent ut artus,
Arcerentque graves compresso corpore somnos.
Hanc illi rigidum ad lumbos zona ligabat:
Praebebant victum facilem silvestria mella,
Pomaque, & incultis nascentes caulibus herbae,
Arentemque sitim decurrens unda levabat.
Quis locus hic vitiis? adhuc quem prava cupido
Inveniat hunc inter sacra ad penetralia mentis?
Quo peccet, qui nil cupiat? quo tendat iniqui
In latebras sceleris, quisquis non indiget ullo?
Sic primi vixere homines, mundoque recenti
Hos auctor dederat venturis in saecula mores:
Intervenit donec sese malesuada voluptas,
Ac secum luxum & amorem invenit habendi:
Hinc odia, hinc lites, hinc fraus, hinc livor & ira,
Caedes, arma, cruor, conflictus, praelia, mortes,
Hinc offensa Dei, quem tantum saeva piabunt.

Verum ego cur nimium commemorem tempore culpam,
Immemor ipse mei, quem non commissa gravant,
Sed veniam sperare docet? mirabimur [illegible]
Rectius, invictum, nullisque imitabile prisci
Exemplum secli, transgressum humana labore,
Semideumque virum, qui jam tormenta ab annis
Cum sua jam saevis cruciarit corpora poenis,
Praescripsit, quid nos vel post peccata deceret.
At postquam invictum firmavit per talia mentem,
Exegit largum tempus, flammisque reperta
Quae ferrent quaerenda, sibi non edita caelo est.
Jam satis impensum spatii, dilecte propheta,
Quo tibi praedictum, tempus tibi, quae data saeclis,
Ut prodeas aliis, & quae jam perdita, serves.
Perge igitur sanctas patrii Jordanis ad undas.
Hic quicumque hominum vitae commissa prioris
Poenitet, & tandem sensu meliora volutat,
Abluat confessum: quisquis tibi mente fideli
Crediderit, dolore pio commissa lavacro:
Ille renatus erit, talis modo vita sequatur,
Quae probet ablutum vitam damnasse priorem.
Paret continuo famulus mente Johannes,
Protinus & ripas jussi descendit ad amnis.
Praedicat hic praecepta Dei sermone verendo,
Infunditque novam credentum in corda salutem,
Diluit infusis credentum crimina lymphis,
Abluit atque veterem hominem, purumque renatis,
Atque ignem restinguit aquis, oblivia suadet
Errorum, praestatque novae nova corpora vitae.
O pater, o hominum rerumque aeterne creator,
Quam gradibus parcis pietas tua? quis pater umquam
Saevior erranti sortem ignoscere nato?
Das geniti sensum, quo vel bona vel mala noscant:
Nec satis inserta servanda vincula legis,
Proponisque malis poenas, & praemia justis.
Haec quoque quis spreverit? redeat quandocumque libebit,
In promptu venia est: sanctum patet esse lavacrum,
Quod renovet vitam, veteresque oblitteret actus,
Quodque novos homines faciat. quid quaerimus ultra?
Et tamen ulterior venia est: violaverit illud
Hoc quoque post lotum prolapsus corpore donum,
Quamquam jam nimium longe processerit error,
Desinat & redeat: cum se damnaverit ipse,
Absolvi meruit: si paenitet, irrita culpa est.
O vere, quod ais, pondus leve, quodque cohaeret
Suave jugum, veniae homini cum ignoscit et aui.
Et tamen errantes, satis nec criminis ullus
Humano generi: sed crescit laus tua. namque
Major culpa rei, pietatis gloria major.*
Grates ergo tibi referat mens omnis, & omnis
Lingua canat, quaecumque potest humana propago,
Si plurima nequit, fieri vel grata labore.
Pandite laetitiam, si datur velle, profundam
In laudes, pater alme, tuas: sed conscia tanti
Mens operis trepidat, propriasque haud inscia vires
Consuluit, & dignis potius dicenda relinquit.
Redditur ergo locis: quoniam haec tibi, sancte Johannes,
Quo renoves patres abluto corpore mentes,
Non haec prima dedit Domini sententia, quae te
Admonuit claram mittens per nubila vocem:
Saecula multa prius sancti Deus ore locutus
Isaiae vatis, veteris qui maximus aevi:
Mittam, ait, ante tuum angelum, o nate, ministrum,
Qui fervefactam purgans concreta viarum
Gressibus ille tuis, calles subsidere montes,

Idem

Idem depressas faciet consurgere valles.
Diriget hic quae prava, et leniet aspera, donec
Molliat, et tumidum cogat planescere mundum.
Tum genitor donum summi patris, alme Johannes,
Cum Christo promisse venis! teque imperat ille
Qui missus natus! tunc o praedicte propheta
Nominis angelici tu participatus honore!
Per te prima Dei sese clementia prodit,
Prima tibi domini venia permissa potestas.
Te cum tralea nova generant miracula plebis,
De te Christus ait, contentum est nihil talem,
Qualem nulla prius viderunt saecla prophetam:
Dico ego, qui solus quae gesta gerendaque novi,
Inter mortales dederis quam femina partus,
Quodque dabit saeclum hominum de more creatum,
Nullus erit, possit qui se praeferre Johanni.
Haec de te ille refert, qui quaelibet intima cordis
Humani, et cunctos scelerum ex ordine tractus
Pervidet, et quae sunt oculis subjecta, videmus.

POEMA SEPTIMUM.

PARAPHRASIS PSALMI PRIMI.

Paulinus, tum theologicorum amatorum rudis, putabat Christianos tamen quaerere modos, unde carminum formulam fidei, fidemque quamdam consecraret.

BEatus ille, qui procul vitam suam
Ab impiorum segregarit coetibus,
Et in via peccantium non manserit,
Nec in cathedra pestilenti sederit:
Sed mente tota fixus in legem Dei
Praecepta vitae nocte volvet et die,
Mentemque castis institutis excolet.
Erit ille ut arbor, quae propinqua fluminis
Humore ripae nutriente pascitur,
Suoque fructum plena reddet tempore,
Et, fronde numquam defluente perviret,
Stabit perenni viridans ligno coma.
Non haec iniquos prosequetur gloria,
Sed ut favillam pulveris ventus rapit,
Sic ira iniquos verret a vultu Dei.
Idcirco tali dividentur ordine
Hominum per orbem dissipatorum greges,
Ut judicandi non resurgant impii,
Qui denegarunt debitum cultum Deo,
Sed puniendi: nam suum crimen videns
Non indigebit quaestione devinci,
Quondam jacentium praeferent mortis notam,
Signum salutis non gerentes frontibus.
Peccator autem, non de impiis tamen,
Quae magna turba est, non resurget gloria,
Verum resurget depensanda examini.
Nec enim sedere cum piis judex potest,
Causam suorum redditurus actuum,
Variisque gestis aut probandus, aut reus.
Sine lege passim legis ignari cadent,
In lege lapsus, lege judicabitur.
Opus per omne certus ignis arbiter,
Quod non cremarit flamma, sed probaverit,
Illud perenni praemio pensabitur.
Qui concremanda gesserit, damnum feret,
Sed ipse salvus evolabit ignibus.
Tamen subusti corporis signis notas
Vitam tenebit, non tenebit gloriam:
Quis carne victus, mente non vestem tenuit,
Esse negaris debitam legi fidem,
Per multa saepe devolutus crimina:
Tamen fide tenere aeternam gerens,
Numquam salutis exsulabit finibus.
Idcirco cuncti nunc in isto saeculo,
Dum currit aevum, & dies vel punctum,
Rectum agamus semitam strato pede,
Nec deferamur lubrico lata via;
Praestat per arctum dimicantem tramitem
Laboriosis scandere collibus.
Viam bonorum laetus agnoscit Deus,
At impiorum peremptum iter delebitur.

POEMA OCTAVUM.

PARAPHRASIS PSALMI SECUNDI.

CUr gentes fremuere, & inania cur meditati
Sunt populi? adstiterunt proceres cum regibus usi
Adversum Dominum & Christum vesana frementes.
Vincula rumpamus, juga discutiamus eorum:
Qui manet aeternae tectis sublimis in caelo,
Irridebit eos, justoque loquetur in ira,
Terribilique suo verbo turbabit iniquos.
Ast ego rex ab eo genitali divinus creatus,
Praecepta Domini super altum praedico Sion.
Ipse ad me Dominus, meus, inquit, filius es tu,
Teque hodie genui, pete: sis mihi gentibus heres,
Et tua fundantur totis possessio terris.
Ferrea virga tibi est, valido quia jure retentum
Orbe reges totos populos: ceu vasa recocta
Ficta luto frangens contere, ut contrita resolvas.
Et nunc vos omnes stratis advertite reges
Mentibus, & quicumque hominum famulantia corde
Judicio regitis, terramque tenetis habenis:
Deservite Deo trepidi, adstantesque fideles
Exsultate metu: sic discordia concors,
Diffundens sociam affectus pectore in uno;
Ne timor affligat animos, vel gaudia solvant,
Si careant luce, pavidi formidine laeti.
Discite justitiam, rectamque capessite curam,
Et justo trepidare Deo, gaudere benigno,
Ne quando meritam Deus irascatur in urbem,
Vosque via justa justo pereatis ab actu,
Amodo jam resilire via properetis iniqua;
Ecce brevi, cum magna parentis inarserit ira,
Ventilet ut totum divino examine mundum,
Segreget & paleam igni, frumenta saluti:
Tunc omnes, quibus est in eo spes fida, beati.

POEMA NONUM.

PARAPHRASIS PSALMI CXXXVI.

SEdimus ingentem dirae Babylonis ad amnem
Captivi Judaea manus, miserabile flentes,
Cum patriam animo traheremus pectore Sion,
Et meritum justa suspiraremus ab ira
Exsilium: lentis qua consita ripa salictis
Hospitibus populis umbram praebebat amicam.

Illic

Illic Assyriae moestis in moenibus urbis
Obliti laetas per moesta silentia voces
De salicum ramis suspendimus organa nostra.
  Namque dolens animi durum gravis ira dolorem,
Quod sedes in sancto deprensi carmina templo
Hac ad delicias sibi nos cantare jubebat
Impius ille, domo qui nos abduxerat, hostis.
Ergone divinas laudes, & carmina casta
Apta choris, inter saeva barbara, sanctaque bella,
Inter & accensas templis ignibus aras,
Heu! male de nostro laris moerens, canemus?
Deque pio rite Jesum facientes iniquum,
Mysticum ad hostiles commiscemus cantica ludos!
Quo miseri nunc ore sacros cantabimus hymnos!
Quove loco Babylon poscit sibi cantica Sion!
Sed divini carmen tollat alienus mereri
Non capit, indignas sacra vox avertitur aures.
Si tamen ut captis Dominus violentus jussas,
Et si tamen acrior, Sion pia canticra vobis
Cantica, si pergis me cogere, non tua fari,
Et divina tibi quamvis sint cantica Sion,
Accipe quid capta Deus ultor spondeat urbi.
  Ne longum speres isto gaudere triumpho
Impie, quo sacrum praedi tibi praecipis hymnum:
Ecce quis est hymnus Domini, quae cantica Sion!
  Si tuus oblitum mea dextera, si mea cura
Urbs Hierusalem, fiat mea nunc memor umquam
Dextra mei, mea lingua malis & adhaereat imis
Faucibus, aeterno nisi te complectar amore:
Et nisi principio proposui in saecula regni,
Laetitiaeque meae primo reminiscar in anno,
Te semper Hierusalem praeponere laetis.
Esto memor tum prolis Edom, ut versa vice nostram
Aspiciat confusa diem, quo plebs tua cinctam
Moenibus aeternis Hierusalem habitabit,
Cui nunc gens oblita tui, crudelia minatur
Excidium, dicens: invitum fundite urbem
Diruite, & vacuam meam, vestigia donec
Nulla relinquantur, muris ad imum redactis.
Infelix misera Babylonis filia, felix
Qui tibi pro meritis in me tua gesta rependet.
Nec minor ille beatus erit, qui parva tenebit
Et frangi allidet solida tua pignora petra.
  Si cupis astricta Babylonis stirpe beari,
In te ipso primis gliscentia semina damnis
Frange fide, jam propter ad si petra Christus: in ipso
Viperearum sobolem validis elide lacertis.
Nam Babylon nomen confusio: filia cujus
Est caro, peccatis mater, quae turba salutis
Noxia, corporeis ducit mala semina fibris.
Haec vincenda tibi, si vis aeterna mereri;
Namque tuis tales inclusos artubus hostes,
Si permiseris crescendo assumere vires,
Difficili vinces luctamine: praecipe parvos,
Dum rudis ex utero cordis per pectora coepta
Reptat adhuc teneris vitiorum infantia membris:
Quae nisi praecaveas, aucta virtutem necabit
Concordem vitiis animam terrena propago.
Ne parcas igitur tabem occulta captivam,
Non tibi crimen erit, occiduam perdere gentem,
Ultricemque mala perfundere sanguine petram:
Gaudet enim justus, si contundat impia proles:
Nam magis, atque magis, petra illa cadit pietas,
Si perimat parvula suis dominantia membris,
Et sancta in Christo victaque plebe triumphet.

POEMA DECIMUM.

Quatuor Ausonii epistolas quartum jam annum agens in Hispania Paullinus recepit, quarum prima, tertia quo mandit. & quarta respondet hoc carmine.

AUSONIO PAULLINUS.

QUarta redit duris haec jam messoribus aestas,
  Et toties cano bruma gelu riguit,
Ex quo nulla tuo mihi littera venit ab ore:
  Nulla tua vidi scripta notata manu:
Ante salutiferis felix quam charta libellis
  Dona negata diu multiplicata daret.
Trina etenim vario florebat epistola textu:
  Sed numerosa triplex pagina carmen erat.
Dulcia multimodis quaedam subamara querelis
  Anxia crudescens mulcebat pietas.
Sed mihi mira patris plusquam consortis acerbum
  Sederit, & blandis aspera paulo animo.
Ista suo regerenda loco tamen, & graviore
  Vindicis heroi sunt agitanda sono.
Interea levibus paucis praecurro iambis,
  Discretos referam munera versa pede.
Nunc elegi salvere jubent, dictaque salute,
  Ut facere aliis, ora gradumque silent.

QUid abdicatas in meam curam, pater,
  Redire Musas praecipis?
Negant Camenis, nec patent Apollini
  Dicata Christo pectora.
Fuit ista quondam non ope, sed studio pari
  Tecum mihi concordia,
Ciere surdum Delphica Phoebum specu,
  Vocare Musas numina:
Fandique munus munere indultum Dei,
  Petere e nemoribus, aut jugis.
Nunc alia mentem vis agit, major Deus,
  Aliosque mores postulat,
Sibi reposcens ab homine munus suum;
  Vivamus ut vitae patri.
Vacare vanis otio aut negotio,
  Et fabulosis litteris,
Vetat: suis ut pareamus legibus,
  Lucemque cernamus suam,
Quam vis sophorum, callida arsque rhetorum, &
  Figmenta vatum nubilant,
Qui corda falsis atque vanis imbuunt,
  Tantumque linguas instruunt,
Nihil adferentes, ut salutem conferant:
  Quod veritatem detegat.
Quid enim tenere vel boni, aut veri queunt,
  Qui non tenent summum caput,
Veri bonique fontem & auctorem Deum?
  Quem nemo nisi in Christo videt.
Hic veritatis lumen est, vitae via,
  Vis, mens, manus, virtus patris,
Sol aequitatis, fons bonorum, flos Dei,
  Natus Deo, mundi sator,
Mortalitatis vita nostrae, & mors necis.
  Magister hic virtutium,
Deusque nobis, atque pro nobis homo,
  Nos induendo se exuit,
Aeterna jungens inter homines & Deum,
  Inutroque se commercia.

Hic

Hic ergo nostris ut suum praecordiis
  Vibraverit caelo jubar,
Absterget aegrum corporis pigri situm,
  Habitumque mentis innovat.
Exhauriet omne, quod juvabat antea,
  Castae voluntatis vice:
Totumque nostra jure domini vindicet
  Et corda, & ora, & tempora.
Se cogitari, intelligi, credi, legi,
  Se vult timeri, & diligi.
Aestus inanes, quos movet vitae labor,
  Praesentis aevi tramite,
Abolet futurae cum Deo vitae fides.
  Quae, quas videmur spernere,
Non ut profanas abjicit, aut viles opes,
  Sed ut magis cautas monet
Caelo reponi creditas Christo Deo:
  Qui plura promisit datis,
Contempta praesens, vel mage deposita sibi,
  Multo ut rependat foenore.
Sine fraude cujus, sancta creditoribus
  Bonus aera reddit debitor.
Multaque spretam largior pecuniam
  Restituet usura Deus.
Huic vacantem, vel studentem, & deditum,
  In hoc reponentem omnia,
Ne, quaeso, segnem, neve perversum putes,
  Nec crimineris impium.
Pietas abesse Christiano qui potest?
  Namque argumentum mutuum est
Pietatis, esse Christianum; & impii
  Non esse Christo subditum.
Hanc cum tenere discimus, possum tibi
  Non exhibere, id est patri?
Cui cuncta sancta jura, cara nomina
  Debere me voluit Deus.
Tibi disciplinas, dignitatem, litteras,
  Linguae, & togae, & famae decus,
Provectus, altus, institutus debeo,
  Patrone, praeceptor, pater.
Sed cur remotus tantis degam, arguis?
  Pietate more irasceris.
Conducit istud, aut necesse est, aut placet.
  Veniale, quidquid horum erit.
Ignosce amanti, si geram, quod expedit.
  Gratare, si vivam, ut libet.

DEfore me patriis tota trieteride terris,
  Atque alium legisse vagis erroribus orbem,
Culta prius vestrae oblitum consortia vitae,
Increpitas sanctis mixta pietate querelis.
Amplector patrium venerando pectore morsum,
Et mihi gratandas salvis affectibus iras:
Sed reditum inde meum, genitor, te poscere mallem,
Unde dari possit. revocandum me tibi credam,
Quum steriles fundas, non ad divina, precatus,
Castalidis supplex averso numine Musas?
Non his numinibus tibi me, patriaeque rogabis.
Surda vocas, & nulla rogas. levis haec ferit aura,
Quod dat eris in nihilum fusis mentiris nomina Musis.
Irrita ventosae rapiunt haec vota procellae.
Quae non missa Deo, vacuis in nubibus haerent:
Nec penetrant superi fastigia regia caeli.
Si tibi cura mei reditus, illum aspice, & ora,
Qui tonitru summi quatit ignea culmina caeli:
Qui trifido igne micat, nec inania murmura miscet:
Quique facit caelo Solem languere, & imbres:
Qui super omne quod est, & in omni totus ubique
Omnibus infuso rerum regit omnia Christo:
Quo mentes tenet, atque movet: quo tempora nostra
Et loca dispensat. quod si contraria votis
Constituat nostris, precor, indignatio in illa est,
Quae volumus. quid non aequum? si displicet actus
Quem gero agente Deo, prior est, sat, ipse auctor,
Cui placet aut formare meos, aut vertere sensus.
Nam mutor si reputes, quae pristina, quae tibi nota,
Sponte fatebor, eum modo me non esse, sed illo
Tempore qui fuerim: quo non perversus habebar,
Et perversus eram, falsi caligine cernens
Stulta Dei sapiens, & mortis pabula vivens.
Quo magis ignosci mihi fas: quia promptius ea hac
Agnosci debet a summo genitore novari,
Quod non more novo geritur, non arbitror istis
Credissem decus mutata in prava notandum
Errorem meritis: quoniam sim sponte professus.
Me non mente mea vitam mutasse priorem.
Mens nova me, fateor, cepit: mens non mea quondam,
Sed mea nunc, auctore Deo: qui si quid in acta
Ingenio meo fas dignum ad munia vidit,
Gratia prima tibi, tibi gloria debita cedit,
Cujus praeceptis partum est, quod Christus amaret.
Quare gratandum magis est tibi, quam querulandum,
Quod tuus ille tuis studiis & moribus ortus
Paulinus, (cui te non invidere parentem,
Nec nimio quem cruda parer verbera) sic mens veri
Consilio, ut sim promeritus Christi fore, dum sum
Ausonii. feret ille tuae sua praemia laudi:
Deque tua primum rite deferet arbore fructum.
Unde, precor, culpare putas: nec maxima poenas
Poenas, detestando tuis bona sapiens ora.
Non enim in mala nunc vago: sed atque participantum
Vita sequar hominum, Lycia quem scribis in antris
Pegaseum vitasse equitem, haud avia mali
Numine agente colam, clari vulgata ante legerunt
Pro studiis consilique suis, ut nunc quoque casta
Qui Christum semper animis, agitare frequentant:
Nec inopes animi, neque de feritate legentes
Desertis habitare locis: sed in ardua versi
Sidera, spectantesque Deum, verique profunda
Perspicere intenti, & vanis libera curis
Otia amant, strepitusque fori, rerumque tumultus,
Cunctaque divinis inimica negotia donis,
Et Christi imperiis, & amore salutis abhorrent.
Spemque fidemque Deum sponsa aeternam sequuntur,
Quam referet certam non desperantibus auctor,
Si modo non vincat vacuis praesentia rebus:
Quaeque videt, spernat: quae non videt, appetat et mens.
Namque caduca patent: aeterna aequantur
Visibus. & nunc spe sequimur quod cernere videmus,
Spernentes varias rerum spectacula formas,
Et male corporeos vana sollicitantia visus.
Attamen haec scisse illis stultitia visa est,
Tota quibus jam lux paruit verique, beatique,
Venturi aeternum saecli, & praesentis inane.
At mihi non eadem cui gloria, cur eadem sit
Fama? fides veri par est, sed actorum opinari,
Nunc etiam & blanda potius increpitatio in acta
Litteris. unde haec jam tam foelicitate secretum
Invidia est? utinam justus me carpere livor
Incipiat, Christi sub nomine probra placebunt.
Non patior tetrorum vestro carmine forma pudorum,
Et laus hic contempta redit mihi judice Christo.

Ne

Ne me igitur, venerande parens, his ut male versum
Increpites studiis: neque me vel conjuge carpas,
Vel mentis vitio. non anxia Bellerophontis
Mens est: nec Tanaquil mihi, sed Lucretia conjux.
Nec mihi nunc patrii est, ut vis, oblivio cæli,
Qui summum suspecto patrem. quem qui colit unus,
Hic vere memor est cæli. crede ergo, pater, nec
Nec cæli immemorem, nec vivere mentis egentem,
Humanisque agitare locis. studia ipsa piorum
Testantur mores hominum. nec enim impia summum
Gens poterit novisse Deum. sine mollia locorum,
Moles hominum studiis incolis, asperitas legum.
Quæ regio agrestes ritus caret? aut quid honestis
In regionibus alienum? quid tu mihi vastos
Vasconiæ saltus, & ninguida Pyrenæi
Objicis hospitia? in primo quasi limine fixus
Hispanæ regionis agam? nec sit locus usquam
Rure vel urbe mihi, summum qua dives in orbem
Usque patet, mersos spectans Hispania Soles.
Sed fuerit fortuna, jugis habitasse latronum:
Non lare barbarico rigui, mutarer in ipsos
Inter quos habui socia feritate colonos.
Non capit hoc mens pura malum, neque levibus hæret
Inspersis sordes moralis. sic Vasconis saltu
Quisquis agit, purus sceleris, vitam integer æquam,
Nulla ab inhumano morum contagia ducit
Hospite. sed mihi cur sic ab illo ingeritur crimen
Qui diversa colo, ut colui, loca juncta superbis
Urbibus, & lætis hominum celeberrima cultis?
Ac si Vasconicis mihi vita fuisset in oris,
Cur non more meo potius formata ferinos
Poneret, in nostros migrans gens barbara ritus?
Namque quod in eversis habitacula ponis Hiberis
Urbibus, & deserta meo jacis oppida versu,
Montanamque mihi Calagorrim, & Bilbilim acutis
Pendentem scopulis, collemque jacentis Ilerdæ
Exprobras, velut his habitem lare nullus & urbis
Extra hominumque tecta atque vias: an credis Hiberam
Has coluisse opes? Hispani nescius orbis,
Quo gravis ille poli sub pondere constitit Atlas,
Ultima nunc ejus [illegible] portio, metaque terræ,
Discludit bicornem celso qui vertice Calpe.
Bilbilis huic tantum, Calagorris, Ilerda notatur,
Cæsarea est Augusta cui, cui Barcino amœna,
Et capite insignes despectans Tarraco pontum.
Quid numerem egregiis terris, & mœnibus urbes?
Quas geminum latus Hispaniæ tendis in æquor,
Qua Bætis Oceanum, Tyrrhenumque auget Hiberus,
Lataque distantis pelagi divortia complet
Orbe suo finem ponens in limine mundi.
An tibi nunc, domine illustris, si scribere sit mens,
Qua regione habites, placeat reticere nitentem
Burdigalam, & piceos malis describere Boios?
Cumque Maroialicis tua prodiga otia thermis
Inter & umbrosos donent tibi vivere lucos,
Læta locis & mira colens habitacula tectis,
Nigrantesne casas, & texta mapalia culmo,
Dignaque pellitis habitas deserta Bigerris?
Quique superba tuæ contemnis mœnia Romæ,
Consul arenosas non dedignare Vasatas.
Vel, quia Pictonicis tibi fertile rus viret arvis,
Romanam Ausonium hoc devenisse curulem
Conqueror, & trabeam veteri sorduisse fano?
Quæ tamen augusta Latiaris in urbe Quirini
Cæsareas inter parili titulo palmatas
Fulget avitum longe venerabilis auro,
Florentem retinens mediæ vivacis honorem.
Aut quem Latonii rectoris culmine fasti,
Æmula Romuleis habitans fastigia tectis,
Municipem prælatus humo, qui proxima signat,
In Consularem decuerit degere vitam?
Multa jacis pavens: licitum quoque ludere fictis:
Sed lingua mulcente gravem interlidere amurcam,
Lædere blanditiis urentibus, & male dulces
Fermentare jocos satyræ mordacis aceto,
Sæpe poetarum, numquam decet esse parentum.
Namque fides pietasque parent, ut quid mala nectens
Infestum castis fama auribus, hæc bona novi
More patris affligi, suaque horrescere corda,
Non hostis, ut vulgus sævo rumore malignum.
Aut habitum mores, non semper dicere vitam
Crimen habet. namque est laudi bene vertere. quem me
Immutatorum nudis studiorum officiisque requiris,
Si pravo rectum, si religiosa profanis,
Luxuria parcum, turpi mutatur honestum,
Inspice, iam, obscurum ago, miserere sodalis
In mala perversi. blandum licet, ira parentem
Excitet, ut lapsum rectis instauret antiquum
Moribus, & monitis reparet non lima severo.
At si hoc ita est idem, quod legi, & quod sequor, audis,
Corde pio vovisse Deo, venerabile Christi
Imperium docili pro credulitate sequentem,
Persuasumque Dei monitis æterna parari
Præmia mortali damnis præsentibus empta,
Non reor id sano sic displicuisse parenti,
Mentis ut errorem credas sic vivere Christo,
Ut Christus sancivit. juvat hoc, nec pœnitet hujus
Erroris. stultus diversa sequentibus esse
Nil moror, æterno mea dum sententia regi
Sit sapiens. breve, quidquid homo est, et corporis ægri,
Temporis occidui, & sine Christo pulvis & umbra.
Quod probat aut damnat, tanti est, quanti arbiter ipse.
Ipse obit, atque illi secum est comitabilis error:
Cumque suo moriens sententia judice transit.
At nisi dum tempus præsens datur, anxia nobis
Cura sit ad Domini præceptum vivere Christi,
Sera erit excussis homini querimonia membris:
Dum levis humanæ metuit convicia linguæ,
Non timuisse graves divini judicis iras.
Quem patris æterni solio dextraque sedentem,
Omnibus impositum regem, & labentibus annis
Venturum, ut cunctas æquato examine gentes
Judicet & variis referat sua præmia gestis,
Credo equidem: mortem studio præeunte labore,
Si qua datur, ut mortis prius, quam crimine solvar.
Hunc in adventum trepidis quibus credula fibris
Corda tremunt: gestitque anima, id jam cauta futuri
Præmeditans, ne vincla ægris pro corpore curis,
Ponderibusque gravis rerum, si forte recluso
Increpitet tuba vasta polo, non possit in auras
Regis ad occursum levibus se tollere pennis,
Inter honora volans sanctorum millia cœlo.
Qui per inane leves, neque Mundi compede vinctos,
Ardua in astra pedes facili molimine tollent;
Et tenera vecti per sidera nubibus ibunt,
Cælestem ut medio venerentur in aere regem,
Claraque adventu conjungant agmina Christo.
Hic metus est, labor iste: diu ne tristis in atris
Sepultum tenebris sterili deprendar in actu
Tempora sub vacuis detrivisse perdita curis.
Nam quid agam? lenis si dum convicia verbis,
Christum ab auctoris mihi prosit non aure coerceat,

Ex fidelis Domini cælo venientis aperte
Perstrictum radiis, abstrusa & tristia noctis
Suffugia intrare confusum, luminis quærat?
Quod mihi ne pareret vel dissimulantia veri,
Vel præsentis amor vitæ rerumve voluptas,
Curarumve labor, placuit prævertere casus
Proposito, & curas finire superstite vita,
Commissisque Deo venturi in sæcula rebus,
Expectare trementem securo pectore mortem.
Si placet hoc, gratare tui spe divite amici:
Si contra est, Christo tantum me linque probari.

POEMA UNDECIMUM.

Secundæ Ausonii Epistolæ respondet carmine sequenti Ausonio Paulinus.

Continuata meæ durare silentia linguæ
Te numquam tacito memoras, placitamque latebris
Desidiam exprobras; neglectaque iura sodalis
Crimen amicitiæ formidatamque jugalem
Objicis & durum jacis in mea viscera versum.
Parce, precor, lacerare tuum: nec amara paternis
Admiscere velis, ceu mella absinthia, verbis.
Cura mihi semper fuit, & manet, officiis te
Omnibus excolere, affectu observare fideli.
Non umquam tenui saltem tua gratia nævo
Commaculata mihi est. Ipso te lædere vultu
Semper, & tacente signi violare figura.
Quamque tuas accessi veneratus, mea sæpius ora
Composui: & læto formavi lumine frontem;
Ne qua vel e tacito contractum pectore nubem
Duceret in læsum suspicio falsa parentem.
Hoc mea te domus exemplo coluitque, colitque.
Inque tuo tantus nobis consensus amore est,
Quantus & in Christum connexa mente colendum.
Quis tua, quæso, tuis obduxit pectora livor?
Quo rumore pius facilis tibi fama per aures
Irrupit, pepulitque animum? contraque vetustam
Experta pietate fidem nova vulnera mentis,
Læderet et nati placidum maledicta parentem?
Sed mihi non falsa rerum conscia simplicitatis:
Nec patris invidi partes sunt, reipsa omne
Immeritum: & falso perstringi crimine non fert.
Innocuis meritis, gravius violarer iniquo
Voluntatem pectora offendo, quam libera culpa.
Discussisse jugum quereris me, quo tibi doctis
Junctus eram studiis. hoc nec gessisse quidem me
Assero. namque pares subeunt juga. nemo valentes
Copulat infirmis: neque fert concordia frenos,
Si sit compositis metalla jugalibus impar.
Si vitulum tauro, vel equum committis onagro,
Si confers fulicas cycnis, & aedona parræ,
Castaneis corylos æquas, viburna cupressis,
Me componis tibi. vix Tullius, & Maro tecum
Sustineant æquale jugum. si jungar amore,
Hoc tantum tibi me jactare audebo jugalem,
Quo consortem socio magno concordia habenis
Dulcis amicitiæ æterno mihi fœdere tecum,
Et paribus semper redamandi legibus æqua.
Hoc nostra cervice jugum non læva resolvat
Fabula: non tenuis absentia longa dissolvit,
Nec perimunt, non si toto distinguar orbe vel ævo,
Numquam animo divulsa agam. prius ipsa recedat
Corpore vita meo, quam nostro pectore vultus.
Ego te per omne, quod datum mortalibus
  Et destinatum sæculum est,
Claudente donec continebor corpore,
  Discernar orbe quolibet:
Nec orbe longum, nec remotum lumine
  Tenebo fibris insitum.
Videbo corde, mente complectar pia
  Ubique præsentem mihi.
Et quum solutus corporali carcere
  Terraque provolavero,
Quo me locarit axe communis pater,
  Illic quoque te animo geram.
Neque finis idem, qui meo me corpore,
  Et amore laxabit tui.
Mens quippe lapsis quæ superstes artubus,
  De stirpe durat cælitus,
Sensus necesse est simul & affectus suos
  Teneat æque, ut vitam suam.
Et ut mori, sic oblivisci non capit
  Perenne vivax, & memor.

POEMA DUODECIMUM.

DE S. FELICE NATAL. CARMEN PRIMUM.

In hoc carmine, quod scripsit in Hispania 14. Januarii die anno 394 paulo ante quam Nolam peteret, auxilium S. Felicis implorat, ut ad ejus tumulum incolumis pervenire possit.

Inclyte Confessor, meritis & nomine Felix,
Mente pietate potens, summi nunc accola Cæli,
Nec minus in terris [illegible] præsentia terris,
Qui Dominum Christum confessus voce professor
Contemptoque tyranno meruisti scandere palmam,
Devictamque animam tormenta per omnia Christo
Sponte tua jussus laxato reddere carcere
Liquisti vacuas rabidis lictoribus aras,
Victor in æternum sine sanguine Martyr honorem,
O pater, o Domine, indignis licet annue servis,
Ut tandem, hanc fragilem trahimus dum corpore vitam,
Sollicitam optatis, & qua conspicimus in aula
Hanc festam celebrare diem, pia reddere coram
Vota, & gaudentem lætus gaudere tumultum.
Sit jam, quæso, satis [illegible]
Hanc patriam ter jam, quam te sine vivimus, annis,
Sede tua procul, heu, [illegible].
Jam desideriis immenso tempore fessis
Consule, jam vel sero animum miserate rogantum?
Per quos arbitrium, magni qui non procul æquore ponti
Disparat, spatiis quæ non iniquis sequestrans,
Pande vias faciles, & si properantibus ad te
Invidus hostis obest, obstacula repugnet pelle
Fortior adversus, & amicos prorsus cursus.
Seu placeat telluris iter, comes adjice nostro
Esse tuis, seu magis tui fiducia longo
Sulcare ire mari, da currere mollibus undis,
Et famulis famulans & natu fugare ventus,
Ut Campana semel Christo duce littora nacti,
Ad tua nos almi capiamur culmina cursu,
Inque tuo placidos anni fac limine portus.
Illic dulce jugum, leve onus, blandumque sequenti
Servitium sub te domino; ubi justus iniquus

Non

Non opera servis, tecum & pariter, & mundis
Qualescunque tibi Christo donante dicatos
Ex foribus servire tuis, tua limina mane
Munditiis curare sinas, & nocte vicissim
Excubiis servare piis, & munere in isto
Claudere promissam defessi corporis vitam.

POEMA DECIMUMTERTIUM.

DE S. FELICE NATAL. CARMEN SECUNDUM.

S. Felici gratias agit, quod ejus auxilio salvus Nolam pervenerit, & describit populi concursum ad S. Felicis tumulum in festo illius die.

FElix hoc merito, quod nomine; nomine & idem,
Qui merito, nobis alma dies, qua te sibi summum
Adscivit patriam confessus Christus in aulam.
Tempus adest, plenis gratas tibi fundere votis,
O pater, o domine, indignis licet optime servis,
Tandem exoratum est, inter tua limina nobis
Natalem celebrare tuum. tria tempore longo
Lustra cucurrerunt, ex quo sollemnibus istis
Coram vota tibi coram mea corda dicavi.
Ex illo qui me terraque marique laborem
Distuleris a sede tua procul orbe remoto,
Novisti: nam te mihi semper ubique propinquum
Inter dura viae, vitaeque incerta, vocavi.
Et maria intravi duce te, quia cura pericli
Cessit amore tui, nec te sine: nam tua semper
Praesidia, in domino superantis maria aspera Christo
Semper ago, & terris propter te tutus, & undis.
Hunc, precor, aeterna placare, & pace serenum
Posce mihi, cujus magno stas nomine Felix.
Nunc juvat effusis in gaudia solvere mentes:
Cum dies tandem quem nos hic praesentibus orta est,
Semper & aeternum nobis celebrata per orbem,
Qua te sacravit terris & condidit astris.
Ecce vias vario plebs discolor agmine pingit;
Urbes innumeras una miramur in urbe,
O felix Felice tuo tibi praesule Nola,
Inclyta cive sacro, caelesti firma patrono,
Postque ipsam titulos Romam sortita secundos,
Quae prius imperio tantum, & victricibus armis,
Nunc & apostolicis terrarum est prima sepulcris.
Sis bonus o felixque tuis, Dominumque potentem
Exores, liceat placati munere Christi,
Post pelagi fluctus, mundi quoque fluctibus actis,
In statione tua placido consistere portu.
Hoc bene subductam religavi litore classem;
In te compositae mihi fixa sit anchora vitae.

POEMA DECIMUMQUARTUM.

DE S. FELICE NATAL. CARMEN TERTIUM.

S. Felicis potentiam adversus Daemones ostendit, ejusque apud Deum intercessionem exponit.

VEnit festa dies Caelo, celeberrima terris
Natalem Felicis agens, quo corpore terris
Occidit, & Christo superis est natus in astris,
Caelestem nactus sine sanguine Martyr honorem.
Nam confessor obit, poenam non sponte lucratus,
Acceptante Deo fidam pro sanguine mentem,
Qui cordis taciti scrutator, ferre paratam
Æquiparat passis, sic habens honoris probatio:
Supplicium carnis sola pietate remittit,
Martyrium sine caede placet, si promptus fuerit
Mensque fidelisque Deo calens. praesens voluntas
Sufficit, & summa est meriti, collatio voti.
Ergo dies, tanto quae nomine vertitur alto
Felicem Caelo sacris sollemnibus, ista est:
Nam post solstitium, quo Christus corpore natus
Sole novo gelidae mutavit tempora brumae,
Atque salutiferum praestans mortalibus ortum
Procedente die secum decrescere noctes
Jussit, ab hac quae lux prior vicesima nobis
Sidereum meriti signat Felicis honorem.
Denique nil impar his, qui fudere cruorem,
Testibus, & titulo simul & virtute receptus,
Martyris ostendit meritum, cum jure potenti
Daemonas exercet, devinctaque corpora solvit.
Nam sibi Felicem caecis incumbere poenis,
Pestiferi praedones tristi clamore fatentur,
Occultasque cruces gemitu testantur aperto,
Velatamque oculis mortalibus, ac manifestam
Auribus, & multo praesentem nomine produnt,
Cum captiva intus deprensi corpora, Christum
In Sancto fulgere suo clamantque, probantque
Membrorum incussu tremulo capitumque rotatu,
Tormentisque suis, sed non sua corpora torquent,
Clamantes proprios aliena per ora dolores
Orantesque veniam: latet ultor, poena videtur.
Tum si quem gravius mala violentior hostis
Vinxerit, illa dies divino munere solvit.
Cernere tunc passim est sacra pergentes aula
Postlimina liminibusque sacris, jam mente refectos,
Gratantes jam voce sua; concurrit hiantum
Turba stupentum hominum; mixtae inter gaudia cunctis
Profiliunt lacrimae: praesens Deus omnibus illic
Creditur; immensi Felix est gloria Christi.
Alma dies magnis celebratur cantibus, (omnes
Vota dicant sacris rata postibus; omnia gaudent
Terrarum & Caeli), ridere videtur apertis
Aethra polis: veroque spirare silentibus aurae
Flatibus, & laetum plaga tingere lactea caelum.
Nec modus est populis coeuntibus agmine denso,
Nec requies: properant in lucem a nocte, diemque
Expectare piget; votis avidis mora noctis
Rumpitur, & noctem flammis funalia vincunt,
Stipatam multis unam juvat urbibus urbem
Cernere, totque uno compulsa examina voto.
Lucani coeunt populi, coit Appula pubes,
Et Calabri, & cuncti, quos adluit aestus uterque,
Qui laeva, & dextra Latium circumsonat unda:
Et quas bis ternas Campania laeta per urbes
Ceu propriis gaudet stellis, quos moenibus amplis
Dives habet Capua, & quos pulchra Neapolis, aut quos
Gaurus alit, laeta exercens qui Massica, quique
Ufentem, Sarnumque bibunt, qui sacra Tanagri,
Quique colunt rigua felicia culta Galesi,
Quos Atina potens, quos mitis Aricia mittit.
Ipsaque caelestum sacris procerum monumentis
Roma Petro Pauloque potens, rarescere gaudet
Hujus honore diei, portaque ex ore Capenae
Millia profundens ad amica moenia Nolae,
Dimittit ducenda decem per millia denso

Agmine: conferta longe latam Appia turbis.
Nec minus, et alia populis regione profectis,
Aspera montanis carpuntur strata Latinae,
Quos Praeneste altum, quos fertile mittit Aletrum:
Quosque salutaribus vetus Ardea misit ab oris,
Quique urbem liquere Cales genitoremque Teanum,
Quosque gravis Aurunca, vel quos colit Appulus asper:
Hoc & olivifero concurrit turba Venafro,
Oppida Samnitum quos & montana relinquunt.
Vicit iter durum pietas, amor omnia Christi
Vincit, & alma fides: ardentesque lucisque rigorem
Sancte acerba pati, sanat aspera pectora corda.
Una dies cunctos vocat, una & Nola receptat,
Tectaque plena sonant, spatiisque limina cunctis;
Crescit innumeris ut moenia dilatari
Hospitibus; sic Nola assurgit imagine Romae.
Te quoque post urbem titulos sortita secundos.
(Nam prior imperio tantum & victricibus armis,
Nunc & apostolicis terrarum est prima sepulcris.)
Tu quoque purpureas duplici sub honore coronas,
Ante Sacerdotis, post martyris, omne per aevum
Felicis complexa tui, gemino bona caelum
Contingis merito Divini cultor amici.
Te prius alma pio celebrem altaria cultu
Presbyter instituit, placido & moderamine rexit.
Hinc quoque perpetuo decorat te munere Felix.
Namque tuo accipiens in gremio sacratos honores,
Dat in odorifero pia condita ossa sepulcro.
Aurea nunc niveis ornantur limina velis,
Clara coronantur densis altaria lychnis.
Lumina ceratis adolentur odora papyris:
Nocte dieque micant; sic nox splendore diei
Fulget, & ipsa dies caelesti illustris honore,
Plus micat innumeris lucem geminata lucernis.
Nos quoque felices, quibus istum cernere coetum
Et celebrare diem datur, & spectare parentum
Procula, prostantique sub tam grandia Christo
Gratari, & longe laeto gaudere tumultu.
Ferte Deo pueri laudem, pia solvite vota,
Et pariter castis date carmina festa choreis,
Spargite flore solum, praetexite limina sertis,
Purpureum ver spiret hiems, sit floreus annus
Ante diem, sancto cedat natura diei.
Martyris ad tumulum debet & terra coronas.
Ast illum superi sacra gloria luminis ambit,
Florentem geminae belli pacisque coronis.
Hunc, precor, aeternas adsiduum pater inventum
Posce diem, hoc iterum liceat gaudere reverso.
Annuaque hic & vota tuis & carmina festis
Reddamus placati tranquilla Numine Christi.
Hic amor, hic labor est nobis, hoc vota tuorum
Suscipe, commendaque Deo, ut cum fedula cura
Servitium nostrum longo tibi praederit aevo,
Tunc demum placidos pietate laboris alumnos
Absolvas, mittente manu: pedibusque tuorum
Ante tuos vultus animas vectare paratus
Ne trepida gravis Domini fulgoris ad ora:
Quem hominis pium, sed majestate tremendum,
Excita, ut precibus plenis meritisque tuorum
Debita nostra tuis, cum te quoque magna piorum
Parte, regnantem Felix comitaberis Agnum:
Posce ovium grege nos sterni, ut sententia sancti
Judicis hoc quoque nos leviter tibi munere donet,
Ne mala gravatis laevam adjudicet hedis,
Sed potius dextro positos in parte salutis
Dominico pecori, laetantisque adgreget agnis.

POEMA DECIMUMQUINTUM.

DE S. FELICE NATAL. CARM. QUARTUM.

S. Felicis genus & originem describit, & Sanctae ejus omnia in Ecclesia.

ANnua vota mihi remeant, simul annua linguae
Debita, natalis tuus, o gloriosissime Christi
Felix, natalis proprie mihi carior, in quo
Quamlibet innumeris sint gaudia publica turbis,
Est aliquid speciale mei, quod me tibi Christus
Esse dedit, vilem caro largitus amico.
Non quia te dignum famulo tam vilibus esset,
Aeternis dignare Deo comitante triumphis,
Sed quia non inopes justi indignosque salutis
Sic voluit ditare Pater bonus, ut mala dives
Criminibus versa in melius vice divitiarum,
Pro cunctis opibus, cunctisque affectibus, & pro
Nobilibus titulis, & honoribus omnia vanis,
Felicem caperemus opus, patriamque, domumque.
Tu Pater, & patria, & domus, & substantia nobis,
In gremium translata tuum cunabula nostra,
Et tuus est nobis nido sinus: hoc bona sorti
Crescimus, inque aliam mutantes corpora formam,
Terrenam exuimus stirpem; & subeuntibus alis
Vertimur in volucres divini semine verbi.
Te relevante sinu quem Christi lege novimus, in te
Blandus, & indigens, & dulcis Christus amaris.
Iste dies ergo, & nobis sollemnis habendus,
Qua tibi natalis, quia te mala nostra abolente
Occidimus mundo, nascimur ut in bona Christo.
Surge igitur cithara, & totis intenta fibris
Excita vis animae tacito mea viscera cantu,
Non tacita cordis testudine, dentibus ictis,
Pulset amor linguae, plectro lyra personet oris.
Non ego Castalidas vatum phantasmata Musas,
Nec surdum Aonia Phoebum de rupe ciebo,
Carminis incentor Christus mihi: munere Christi
Audeo peccator sanctum & caelestia fari.
Nec tibi difficile, Omnipotens, mea solvere dictis
Ora mutis, qui muta loqui, flere arida, salvi
Dura jubes: tu namque asinam reboare loquendo
Perfidiamque tibi lacrimam condere lapidem
Fecisti, & solidam solvisti in flumina rupem,
Et terras fecit aqua sitibus manare fluentis
Jussisti, deserta rigans in spem populorum,
In quorum arentes animas pia gratia fluxit,
Quos Christus vivo manans petra fonte refecit.
Unde ego pars hominum minima, isto munere fretus,
Roris, Christe, tui vivum precor aridus haustum.
Da verbum de fonte tuo; tua namque canetur
Te sine, namque tui laus Martyris, & tua laus est,
Qui facis Omnipotens homines divina valere,
Fortiaque infirmis superans, de carne triumphas,
Aerias proceres vincens in corpore nostro.
Quare ades, ut ducta repetam ab origine pergam
Felicem narrare tuum; cui nobile ductum
Ex oriente genus; nec enim magis altera tellus
Felicis patriam decuit, quam quae Patriarchas,
Quamque pios vates, Christi sacra vasa, Prophetas.
Unde & apostolicis fundens sua flumina linguis,
Totum Evangelii semen transegit in orbem.
Ubertim inde Deo Felix, genitore profecto
Italiam mundum genitus, tamen in patre venit:
Civis ut affectu antiquus gignatur in urbe;

Nec

Nec quidquam mutare suis nobis se commisisse.
Sic Pater Abraham Domini praecepta secutus,
Mutavit patrias externo cespite terras,
Depositisque suorum Chananaeis sumptus in arvis;
Unde peregrinas fidei mutare propaginem terras,
Mystica Felicem nobis transfudit origo,
Quem perfecta fides illa radice profectum
Protulit, ut nobis esset pia causa salutis.
Felix namque etiam post ista cum carne quiescit,
Spiritus in Christo vivens, operantibus alta
Virtutis meritis Abrahae semine natus
Duxit in Italiam, quem fecimus in bona vita.
Hoc igitur genitore Syro generatus in urbe
Dilectam coluit patria sub imagine Nolam,
Sede tenens placita: natisque relictus in aere
Dives opum viguit, quamvis non unicus haeres.
Hermias cum fratre sui cognomine patris
Terrenas divisit opes; caelestia solus
Obtinuit Felix; geminam sortem discors
Divisit fratres: Hermiam mundus abegit,
Felicem Christus sibi sustulit; ille caduca
Maluit, hic solida; praesentibus ille cohaesit,
Iste futura Caelo vertit, patrimonia regnis:
Ille haeres terrenae propriis patris, iste cohaeres
Christi. sed quis tam variam miretur ab uno
Sanguine progeniem, veterum inter Sancta parentum
Pignora qui relegat populorum stirpe duorum
Foecundam geminis utero doluisse Rebeccam?
Consultumque Deo gravidi luctamina ventris?
Cui jam tunc fremerent sancta intra viscera matris,
Quae nunc intra uterum mundi discordia fecit.
Hispida Judaeis hirti sectantibus Esau
Perfidia, addictis populo servire minori.
At nobis levem per lucis pacis Jacob,
Qua via lucis agit, meliore sequentibus orta.
Ergo pari dispar fratrum de sanguine sanguis:
Hermias, velut asper Edom terrena secutus
Squaluit in vacua captivus imagine mundi,
Deraque sidereae praelegit rura parentis,
In gladio vivens proprio, vanaque laborum
Militia sterilem tolerans, qui Caesaris armis
Succubuit, privatus opem ad munia Christi.
At magna aeterni sumens arma capessere regis
In Patris Israel migravit nomine Felix:
Seque a puero pio mente calestibus aris
Indignis servire Deo; nec gratia pauper
Adfuit, & quantum sitiebat corde capaci
Lucis diinae ardorem, tam largiter infusa tradit
Dona Dei. primis Lector servivit in annis.
Inde gradum cepit, cui munus voce fideli
Adjurare Malos, & sacris pellere verbis.
Quanquam perspicuum meriti virtute gerebat,
Jam sacerdotis venerandi insignia sedem;
Mutum locus digno meritum decoravit honorem.
Sed ubi fide sacram caput infula cumerent illi,
Extulit & pastor grandaeva canos coronam.
Diva professorum rabies exarsit furorum;
Cum pia sacrilego quateretur Ecclesia bello,
Praecipueque illum populo depascere mens
Impietas, quorum plenae insignior esset:
Tunc sanctae sceptris Nolanam legibus urbem
Maximus e placido formabat Episcopus ore,
Presbyterum Felicem parens, quem moribus priorem
Complexus veluti natum, sedisque suae haeredem;
Haeredem; sibimet sed tempestate sequutus,
Non cedentem fide, penitus defecta lacertis.

Tunc magis, atque magis, quaesitum antistite, Felix
Claruit aggressus gladiis, solaique fidei
Invidia abjectus, nec [illegible] honore;
Major honore suo tantum quia causa fidei.
Tunc petitur, sua cum dirae livida excitat arma
Praetore id cupiens, quo sanguinem, & cadis ipse.
Ergo trucem saevus, sagittas accipiter, solus
Vel primus de plebe, quasi de corpore vertex,
Comperitur Felix. hunc omnem vincere certant;
Et quasi praecelsum objectis in moenibus arcem
Factis unde putant, cujus ruinaque victo.
Cetera jam facili cadet arte prostrata ruina.
O digna insidiis dementia! creditur uno
Extinguenda fides, unus quam credidit orbis.
Heu misera impietas! infernis caeca tenebris,
Quo ruis? in quem tela moves? an credis in uno
Mortali coesum Deum? &, si corpora solvas,
Vim saevi & nomen divinum posse aboleri?
Quae mundi per membra manet, quae nascitur ipsa,
Indignamque alias, cujus de nomine pendet
Vincere vel vinci; cujus virtute vel unus
Fortior immensis: pietate armatum inermi,
Armatos ferro, sed inermis pectora Christo,
Prosternit superante fide, quae conscia veri
Caelestis, vitam praesenti morte secutam
Comparat, & victo victricem corpore mortem
Laeta Deo referens gaudentibus invehit astris.
Quid juvat ergo pium tanto quaesisse furore
Felicem vesana petit? manet intra aperta
Mens invicta Deo; nec pars illi sola relictis
Terreni natura hominis: Deus ipse repugnat
Quem petis, atque tuis, serpens antique, venenis
Ipse offert se per famulorum corpora Christus,
Teque tuis excaecat laqueis in caede furorem
Sternit, per mortem sanctorum de morte triumphans.
Sed fera cuncta suum stimulis furialibus error
Sanguineus flagrare sui, constanterque cruorem
Urgebat, veluti sceleris deposcere palmam.
Ergo ubi sacrilegum excepit Nola furorem,
Infensosque piis asperavit civibus enses,
Quaeritur excussa Felix venerandus in urbe.
Nec refugit, caelo jam spirans libera fato,
Et tacitis avium stimulis in praelia currens,
Impavidus trepidans servabat pastor ovile
Exemplo Domini, promptusque dare pro grege vitam.
Ergo alacer sævum pertinax quasi currere in hostem;
Et canis, florente fide, revirescit in annis,
Totus in astra animo, Christi memor, immemor aevi,
Corde Deum gestans, & plenus pectore Christo.
Nec jam se capit ipse; facie majorque videri,
Sidereumque oculis, & humanum fulgere vultu.
Illico arripitur gaudens; saevisque furentum
Protrahitur manibus, sed (qui mox hostis iniqui,
Cui potior labor est animas quam corpora caede
Perdere,) dilatum gladio variantibus arte
Tentat, & in mortem longis gradibus properantem.
Primus supplicii de carcere taeter ordo.
Ferrum ingentum tenebrosis vinculis clausit:
Stat manibus, colloque chalybs, pedesque rigescunt
Distenti pedes: sternuntur fragmina testae,
Arceat ut somnum poenalis acumine lectus.
Nec requie tamen est vacuus, nec languidus aegro
Confessor, cui jure sacratum in omnia Christum
Compulit, viridis gravibus cui poena coronas
Multiplicet, spatiante solum qui ocurre pergeret.
Seque ipsum, vinclis quamvis in corpore, liber

Spi-

Spiritus aeternalis sacravit in penetralia Christi,
Praemeditante animo certis sua praemia votis.
Ergo inter sacris Felicem passio poenis
Urgebat gravioribus vinclis in carcere caeco?
Quamvisque ex homine laturus caro laederet poenis,
Tantum a Christo recipit praesentia palmae.
Maluerat interea falsis in nominibus sugar
Contemnens fugisse manum, fratresque ora
Carnificum, diversa; et sola lectora, ferebat
Martyrium crucis, quam a ferro colla dedisset,
Membraque tormentis, aut ignibus: acrior illum
Cura sui gregis urit, & afficit: acrior ignis
Frigoris, & gelido Caeli de rore rigescit,
Panis inops, tectique sterili, noctesque diesque
Pervigil innexa longis prece tempora versat.
Defessis dum fixura humo componitur artus
Scrutibus, & nectere crucis, interque testique
Dimicat, & totis spinas in corpore perfert,
Tristius patitur spinas in pectore cunctis.
Duris dura terens, cruciatu corporis acerbo
Membrorum tormenta levat, fractoque doloris
Corporeum excludit tortis dolor. attamen aegra
Materies terrae (licet incorrupta manente
Vis animae, spirantis fide laboratis curis,)
Victa hiemis, atque fame, duraque nutrire cubili
Deficiente sanam liquatum corpore mentem,
Altius e venis fessi senis hausta medullis
Frigora pellebant glaciato languentia viscera.
Mira Patris summi pietas auxiliatrix tanto,
Non tulit obscoeno consumi funere corpus,
Quamquam & ut Eliam, sic istum pascere posset,
Officiis volucrum jejuna per avia mortem;
Posset & ut Mosen secreto aperire sepulcro.
Sed soli hoc dederat Deus uni munus amico,
Arcana tellure tegi, quia jure decebat
Terrea humus illud corpus, quod coelestia ore
Fuderat, & sermone Dei, ut manifesta sanctius
Jura, Deo tanti servaretur testis sepulcri.
Ergo sacerdotem confessuramque terrenis
Luminibus relinquens, tacitus tabescere silvis
Non tulit aeternus adfuis Pater; & quia digno
Condignum cunctorum meritis socium parabat,
Felicem nuncium de carceris eligit omni,
Cujus id apponat meritis opus, ut foveat almi
Membra levet, revocetque animam, revehatque relictam
Armentisque ovibus curi solatia reddat
Pastoris. veris ergo micans jam noctis silenti
Angelus, & tota vinclorum in gloria turma
Felicem solum, pietas cui sancta ruinam
Fecerat, alloquitur: fugit taetri carceris horror.
Voce simul sacri Felix, & luce ministri
Excussus evasit, & verbum tradit aure fideli.
Ac primum, velut illudentis imagine somni
Accipiens mandata Dei, stupet anxius: & se
Cunctatur non posse sequi prohibentibus catenis,
Insuper & claustra simul, & custode teneri
Carceris obiectu. sed vox divina moventem
Increpitans jubet excussis assurgere vinclis.
Et subito, ut molles nexibus fluere catenae,
Sponte jugo cervix servato exuta levatur,
Prosilientque pedes laxato compede servi.
Mira fides! servis reserato carcere claustris,
Sopito custode, foras invisus exit,
Perque ipsos via fit, per quos via clauditur; itur
Angelus, & tacite per caeca silentia noctis
Lux & iter Felicis erat.

Christum ubi sensit! sacer vigor auxilio illum
Spiritus in Christo genitis; sic ipsa pietatem
Gratia concedat, veterum renovante recentia
Historiae vultu specimen, quo jussus abire
Dilexit sublimis in agmine discipulorum
Petrus, ipsum sua vincla laxantibus, atque
Carcere praecinctis clausis, qua praeviter illum
Angelus, Herodi praedam furatus, agebat.
Sic tunc, educente Deo, geminata per arta
Carceris & ostia, reliquens obscura, sed uni
Illustrata sibi, Felix incognita per ipsa
Custodes, confidente gressu vestigia passu,
Callibus ignotis directus, jussa peragit.
Sed postquam emensus devexae saltus
Rura, locum fessi senis invenit; aegra cubabant
Jam intus corpus mortis suspiria flatu.
Et primo ut cari cognovit membra parentis,
Felix in amplexum, dat vultibus oscula mutis,
Et tentat gelidis revocare fovendo calorem
Artubus, & crebris adflatibus oris anheli
Reddere viventem superiacto corpore sensum.
Sed neque clamore est neque pulso mobile corpus,
Jam sensu caruere: ...
Flatu, & internae praebet trepidatio fibrae.
Anxius interea cui pia pectora Felix,
Distrahit ... arvis, & lucida curarum
Ora tam, nec habens quodquam quo rebus egenis
Ferret opem, non ignem procul, neque commoda victus,
Ut dape tabentem recrearet & igne rigentem,
Quaerenti, & multa Christum prece commovienti,
Quonam ope, quave via jussum complere valeret
Servitium, instantum omnipotens de sentibus uvam
Edidit, & capiti jussit pendere propinquam,
Ut facile a tugurio posset decerpere ramo
Natum sponte cibum. divinitus ergo refectus,
Munere pia dulcis laetatur munere Felix,
Decerptamque manu morientis ad ora racemum
Admovet. & quoniam strictis jam dentibus ille
Et sentire negat dulcem, & sumere victum;
Exprimit huic ex acinis, succumque liquentem
Instillat, digito diducens arida labra;
Donec & aspirante Deo conatibus artis
Et instante manu, rigidos paulisper hiatus
Laxavit, tenuemque aditum dedit oris aperti,
Quo rorem exiguum resoluta infunderet uvae.
Hinc animus sensus, calor ossibus, atque oculis lux
Vitaque tota redit: quaeque exciderat oblita faucis
Facundia, exercet solitas jam lingua loquelas,
Postquam vocis iter patefecit lubricus humor.
Ergo revivificum notissima complexus ora,
Felicis vidit ora sui, amplexusque vicissim,
Conqueritur tandem. Nam te promiseras, inquit,
Adfore jamdudum Dominus mihi, pars mea Felix.
Praecipimus, Felix, pignus mihi, quo, rogo, tantae,
Aut ubi te tenuere morae? si corpore cessi
Ad tempus fragili, solido tamen esse fidelis
Pectore durari. dixi & locum & statim ipse,
In quo me certus vitae finire ...
Non inopis fugisse metu, Christoque meam me
Praeposuisse animam: fugi, non lucis amore,
Sed fragilis hoc metuens infirmi corporis: atque
Tuta petens, alio vixissem tutus in orbe,
Si mihi vita foret, & cara haec vita fuisset.
Ignotos montes, desertaque nuda petivi,
In gremio Domini dulcis mea colla reponens,
Ipso me defendens tuto, aut ut pasceret ipse.

Nec

Nec dubites, ergo vides, fuit haec fiducia nobis;
Addidit Omnipotens, & te mihi mittere legit,
Per quem dona mihi sua redderet: ecce tibi
Praecipuis pietatis opus mandantibus, & tu
Suscipiens humeris, communem ad ovile reporta.
Impiger aptato gavisus munere Felix,
Carum onus, ut Christi pastoris ovem, sustulit, & adfert
Jam veloci cursu, tamquam [illegible] ipse feratur.
Nec mirum; & vero Christus fert ipse ferentem,
Et pastori pietate citis Deus addidit alas.
Nocte eadem pariter tot montana fastigia [illegible],
Et simul exsequitur Felix; sua tempore pastor
Vincla, sacerdotem reficit, revehitque refectum,
Deponitque sui tantum sub culmine tecti,
Unice quod servabat ovem; tum collum & ille
Maximus aetatis merito confessus, ut illi
Turba domus, famulus & custos, nunc una manerent.
Pulsatis foribus, Felix haec excitat: ille
Ad primos pastoris sonos, vix nota recognoscit,
Allapsum, & dominum tecti, adventu aperitu,
Voce gradumque tremens, quaerens lumine [illegible].
Cui Felix: Cape depositum hunc, quod conscia nostrum
Sidera noctis, & Angelicus sub principe Christo,
Me tradente, meque tradente tibi, tamen fidelis
Hanc Domini gemmam gremio, quam tempore summo
Impositam nobis Dominus sub judice reddas,
Quo nunc teste capis. Iussis illis Maximus ursis,
Felicemque suum revocans: Cape tu quoque, dixit,
Muneris, o tu mea, vicem, quam me tibi jussit
Reddere compositum, qui te mihi jussit adesse
Depositi. tum dicendo sacram Felicis amati
Imponit capiti dextram, simul ordine Christi
Dona petens: valet ille patrem venerabilis illic
Rore poli natum, & tactu benedicere opimo;
Felicem Christo sic Maximus ore paterno
Ore & apostolico benedicens & complectens,
Immarcessibilis redimivit honoris corona,
Perpetuisque apicem, quam & capite cernimus, auris.

POEMA DECIMUMSEXTUM.

DE S. FELICE NATAL. CARM. QUINTUM.

S. Felicis historiam prosequitur.

Tempora temporibus subeunt; abit, & venit aetas,
Cuncta dies, trudendo diem, fugit, & rotat orbem,
Omnia praetereunt, sanctorum gloria durat
In Christo, qui cuncta novat, dum permanet in se.
Tandem laeta revelata dies mihi nascitur, ecce
Exoptata diu nobis, quae dulcia festa,
Et mea nunc aperit; quae nos sollemnia poscit
Munera, [illegible], quo nullus grandior
Laetitiae populi; quo nos specialia magnae
Gaudia, quo famula rite debent munera linguae
Felici libanda meae, cui munere dicata
In Domino Christo sum deditus: hunc & amoris
Obsequio celebrare per annua carmina sanctum
Fas mihi. dicam igitur meritis, & cantica concinamus,
E quibus ad laudem caelestem praemia laudum,
Attributaque dies, & magnalia historia.
Jam prior hic primos vobis liber edidit actus
Martyris, unde domo, vel qui genus, & quibus altus
In studiis, quo deinde gradu per sancta vocatus
Munia maluerit Christo servire paterni,
Quam patrios errare vias per devia mundi.
Nam pater antistes sub Caesare vicerat armis.
Diversas & terra toleratas carcere poenas,
Quas confessor obit, mortem quoque ferre paratus,
Ni liber anticipans gladium, solvisset iniquis
Emissum vinclis, aliosque vocasset ad actus.
Ut prius ad sacrum revocaret Episcopus ovilem
Maximus, in solis qui saltibus ultima vitae
Æger anhelabat, grassante fugatus ab hoste:
Quem jussus proprio subvexit corpore Felix,
Pauperis & tecti delatum in sede locavit;
Protinusque sibi, sancto sancti ore beati,
Officiis benedictus abit; paucisque diebus
Delituit proprii tacitus sub culmine tecti,
Non tacita Dominum caelestem mente fatigans,
Quem prece directa, penetrantem supra astra, propinquo
Pulsabat merito, pacem procedere poscens.
Interea flexere dies, pax visa reverti.
Deseruit latebras Felix, tandemque serena
Confisus caelo, laetis se reddere laetum
Fratribus, & placide commeare coeperat urbi.
Gratabantur oves Christi, pastore recepto.
Ille gregem pavidum de tempestate recenti
Mulcebat monitis caelestibus, & duce verbo
Anxia corda regens, firmabat amore fidei;
Contemnenda docens, & amara & dulcia mundi;
Nec concedendum terroribus; obviaque ipsis
Ignibus aut gladiis promptos inferre monebat
Pectora; & ipse suis addebat pondera verbis,
Confessor pastor, quae perpetienda docebat;
Omnibus eloquio simul exemploque magister.
Non tulit hoc Malus ille diu, sed inhorruit atris
Crinibus, & rabidis inflavit colla venenis;
Immisitque suum sceleratis in pectora virus,
Ureret ut nigras Felicis gratia mentes.
Intremuit stimulis, & mentibus arsit iniquis
Vipereus furor invidiae; pacis impatiens primum
Ira domans: cunctis amor impius in scelus ardet,
Felicem sitit impietas; sed ab aedibus absens
Forte suis media steterat secessus in urbe,
Fraternis de more suos visitatus amicis,
Et pia verba serens populi conferta in aures.
Ecce ad eum, strictis quaerentes ensibus, adstant.
Cum subito, mox illis corda hostilibus, cui hunc ora
Verterat: nequeunt eum agnoscere furentes,
Felicemque rogant, Felix ubi consistat, & non
Constitit: ipse, nec ipse vir est; cum sit prope, longe est.
Ignotus, notisque suis se civibus idem,
Discretum fide vultum credentibus, ipse
Hostibus alter erat: persensit & ipse faventis
Consilium Christi, ridensque rogantibus inquit,
Nescio Felicem quem quaeritis; dicens illi
Praetereunt ipsum; discedit at ille [illegible],
Illudente canes Domino frustrante sequaces;
Nec longum emensus spatium, & scit avidos illic,
Qua Felix regione foret, quidam interrogant, & dat
Indicium, ignarus cuius, crudelique furore
Dementes, qui non vidissent contemplantem ipsum,
Ad quem cum ignari cessissent verba loquentis.
Perculsi sentire dolos, gravioque furentes
Mox redeunt, pergunt ipsa viri vestigia currunt.
Jamque propinquabant, sed praeverterat [illegible]
Urbis, & arctavit clamoribus undique vulgi
Admonitus Felix, infamis vulnera domo
Declinat, ambitque procul se devius aufert.
Namque locum nactus, spatio qui fecit patenti

Pra-

Pastor et effugiens, celebri secessit ab urbe.
Sic quoque non longinquus erat sectantibus error,
Qui prope conspicuum secedens ab ore sequentum,
Inseritur mediosque simul transverat hostes;
Et capientibus erat, quia nullum obice claustri,
Ille repertandis locus obsistebat iniquis.
Nam turbatis ovilis, in publica rostra patebat
Semiruti paries maleficus fragmine muri.
Sed divina manus sola hunc Sanctum inter & hostes
Opposuit, murumque hunc non munimine septis.
Non structo saxorum, neque ferratis dura valvis
Claustra, per humanas quibus artes claudimus artus;
Rudere sed subito concrevit sordidus agger,
Jussaque qua muros intexuit aranea telas,
Et finibus tremulis in totum struxit apertum,
Desertaeque dedit faciem sordere ruinae.

Qua simul occurrit minantibus, obstupuerunt
Deficitque gradu, sibimet dicere vicissim;
Numnam furor tenuere aditum, aut credere quemquam
Hac intrasse hominem, et nidis quae signa dedissent
Vermicula? modica rumperet haec tela manere,
Nos penetrasse virum per clausa putamus inepti,
Et tenuem tacto non ruptam corpore telam?
Ille magis nostris manibus modo debitus index,
Qui non in deteria doloso callidus astu
Judaeis, versamque alio, convertere in isto
Felicem latitare loco, quo nostra maligno
Verteret arma dolo, capaci fugiendo exitium.
Ergo recedamus: non stare diutius istic,
Risus erit vulgi, demensque notabitur error,
Scrutantem hac hominis latebras contendere gressum,
Quae vel nuda patent, vel araneolis obstrusa
Monstrant inaccessum humano impulsu recessum.
Nec mora, discedunt propere in diversa frementes:
Sed Deus, ut scriptura canit, vesanos inimicos
Irridebat eos caelesti Christus ab arce;
Felicemque suum sacris velaverat alis.
Qui domini turres gremio candentis tela
Discutiebat ovans galea, scutoque fidei,
Et gladium verbi Confessor in ore gerebat.
Armatum pietate animum, & pectora plenos
Casta Deo, insignis aeterni thoraca tegebat.

O quantis divina modis sapientia dives,
Semper ab infirmis confundens fortia mundi!
Vix populos alias defendens moenia muris,
Et tenua valde munimina corpus hostis
Opprimit, adversisque expugnat cunctibus urbes.
Nunc & ab aranea protexit aranea sanctum
Defensante Deo: tenuis filum hostis abactus
Cassibus; arte cassa vis ferrea filo.

Vana salus hominum, virtus mea non mihi virtus,
Si careant virtute Dei. quo vasta gigantum
Robora? quo Pharii reges? ubi magnus Hiericus?
Omnibus casta sua gloria, quae iactaverant,
Cassa suis. neque vere suis virtutibus illa,
Sed magis infirmis divina potentia fregit.
Ille gigas pueri funda pastoris obivit,
Urbanis; illam urbem sonitus solvere tubarum;
Litoreas jacuit tua illa superbus arena,
Divitiis regni pendens in funere nudo.
Sic ubi Christus adest nobis, & aranea muro est;
At cui Christus abest, & murus aranea fit.

Digressis igitur cum furia silentia rerum;
Sed rerumque fuga sedat non alta tenebras
Pastoris, egreditur Felix, alienasque latebras,
Illa canens Domino: mediis si mortis in umbris
Ingrediar, mala non metuam, quoniam tua mecum
Dextera, per infernum non caeco lumine ibo.
Ergo Dei dextra capit in regione remota
Compluvium, angusto brevis inter tecta cubili,
Quo vetus arcebat tecto cubitum profundo.

Proxima in angusto habitabat femina tigno
Sancta Deo mulier, quae Confessoris operti
Nescia, Felicem Christo quasi conscia pavit.
Mira canam, ignorante Domini pascentis alumnum,
Ignara pascentis suum. nam sedula panem,
Nunc aliud de mensa, sibi quae coxerat, escas,
Mensis in excessu divino sancta parabat
Importabat eo, Felix ubi tectus latebat
Velatus Domino; sed nec cum tenderet illo
Noverat ingressum; nec cum discederet inde,
Intrantem eum illa sed mentem: eique paratos
Intulerat victus, propriis licet illa cibando
Serviret manibus sancto, tamen inscia mori
Mentis, hoc de corde suo novisse nequibat,
Quod non merito sua, sed Christi munere agebat,
Proque loco latebrae, & stricta super ora lacunae,
Appositos ingressa cibos linquebat, eosque
Se posuisse domi credens, ita semper abibat,
Ponendo memor, & posita mox immemor escae.

O mulier benedicta Deo, veluti una volucrem
Quae quondam mundo abjectum pavere prophetam,
Tu quoque secreto pavisti martyra tecto;
Sicut avis Domino parens, & nescia sancti,
Conscia servitii: quod gesseris, & cui sanctum
Servieris, gaudens illo fies tempore noscens,
Cum Deus ipsa suo pro confessore coronam
Justitiae Christus reddet tibi, tunc tua Felix
Ipse tibi referet sub judice praemia Christo,
Qua Deus ad dulcem sacrati Martyris usum
Transtulit, ut quondam coelos messoribus escas,
Angelica per inane manu prandenti propheta
Abacuc prandia referens inter messoria prophetae.
Non fera monstra, fides quia vicerat alma leones,
Sanctique servabant avidos jejunia rictus.

Sex illum totos perhibent ex ordine menses
Expertem curae humanam vixisse suo illa
Caelestis abditum semel angustique latebra,
Nil ope humana indigenas, solamine Christi
Semper abundantem. quo tempore fertur in illo
Saepe illum sermone suo dignatum adisse;
Saepe sua pavisse manu, caeloque dedisse
Pocula, non pluvialis aquae, quam nubila passim
Omnibus effunderet; sed quem specialiter uni
Gratia Felici mittebat ab aethere rorem.
Nam nimiis, ut fit, tunc torrida solibus aestas,
Et puteum quoque siccarat, qui parca latenti
Pocula praeberet. sed ne siccus obiret illum
Carne, qui Christum sitiendo, ferebat & illum
Corporis afflicti poenam, delata sereno
Inque globum rorans nubes collecta, per arctum
Implevit, dulcem tremuis in ora liquorem
Infudit, quasi pressa manu; caeloque vocandum,
Velleris uberis succo lactante refecit.
Quid mirum, si nunc terrena labe solutum
Christus alat, passum quem in corpore sanctus alebat
Spiritus; & cui panis erat, verbum Dei ipse
Caelestem panis, quo vescitur Angelus omnis?

Tempus et hoc abiit, pax reddita condidit enses,
Felicemque Deus monuit prodire latebris,
Qui dudum placidus mundi clamoribus aures
Struxerat, humanis dederat oblivia rebus.

Ut novus in lucem jam desperantibus exit,
Et patriæ tamquam redivivus in orbe videtur.
Et multi dubitant agnoscere, & ante rogantes,
Verane te facies? (ajunt). num ille beatus
Redderis huc tanto nobis post tempore Felix?
Qua regione venis? Cœlo datus, an Paradiso?
Redditus in terras habitacula nostra revisis?
Ille fidem firmat, cumque in corpore adesse,
Servatum visitasse Deo; dat gaudia cunctis
Laudibus & meritis populo celebratur ab omni.
Functus erat, longum perfunctus episcopus ævum
Maximus, & summam dudum pastoris agebat.
Felicis numero rerum habebat ovile,
Quem confessoris venerabatur amore Christo;
Quemque salutiferum spectabat lingua magistrum,
Utraque doctrinæ concors; sed ut hunc quoque palmam
Justitiæ ferret, meritum sublime quieto
Corde premens, velut indignum, non auder honore
Crescere, restrinxitque sese magis debita Quinto;
Quod prior ille gradum sacri meruisset honoris
Presbyteri, & crevit meritis, qui crescere sede
Noluit: ipse illum tamquam minor omnia Quintum
Observabat, & os linguam Felicis habebat.
Ille gregem officio, Felix sermone regebat.
Multa aliis Sanctum Christi virtutibus auxit
Gesta Felicem, nec pace minora subegit
Prælia, quam validis Confessor gesserat armis.
Corporeis tristi sub tempestate laborem
Spreverat, idem & opum simul & contemtor honorem
Secura sub pace fuit. non ille tremendi
Securum mortis, sed curtior et bonæ vitæ
Parta tuetur, postquam discrimina mortis
Vicerat, & scrupulos inter tranquilla timebat.
Diximus, ut mortem calcarit, & ambitionem,
Nunc aliam confessoris cognoscite palmam.
Vicit avaritiam, nam prædia multa domosque
Divitiis locuples patriis possederat hæres;
Confessor proscriptus erat, sed pace redacta,
Et sua, si vellet, deposcere jura licebat;
Maluit ille tamen veterem curare magistri,
Cuncta licere, non cuncta juvant; licito utile præfert;
Et quasi terrenæ contagia ducere labis
Horruit amissum in jura repetere fundum.
Multi obtundebant, pro cunctis nomine prisco
Archelais, tam sancta fide, quam sanguine clara,
Dives opum vidua, & sanctum pietate fideli
Felicem veneratur, atque illi cara vicissim
Hæc illum juxta meritum veneratu colebat.
Usque ferens, jacturam libitum pro jure sodali
Usurpans animum crebris pia cerca querelis
Sæpe instigabat, cur debita, promptaque reddi
Jura recusaret, quæ dispensare recepta,
Mercede magna cum fœnore posset egenis.
Plurima de propriis quæque rebus avertere sæpe
Obtulit; ille pio contra sermone ad omnia semper
Fortunam placido ridebat pectore curam,
Cælestem sibimet sat conscius ipse honorem,
Quæ pro terrenis sibi compensata tenebat.
Cogitas, ut repetam terrena, perennia perdam?
Præstat, opes salvo desint, quam vita opulento.
Dives ego Deo, nam Christum pauper habebo.
Divitiis semper durabit gratia Christi.
Hunc veterem amicum, tria macri jugera ruris,
Nec proprio sub jure tenens, conducta colonus
Ipse manu coluit, famulo sine, pauperis horti
Possessor; sed & hos de cespite dives egeno
In Dominum conferendis opus; cum paupere semper
Collectum divisit olus, cum paupere mensa
Una dies illi curam consumpsit habendi.
Unica vestis erat, sæpe & vix unica vestis,
Si geminas habuit, nudum meliore retexit.
Sæpe novo miseros vertit velamine pannos,
Feliciusque habitu pauper mutatus ab arte
Exiit: contra mendici tegmine Felix
Sorduit, exornans inculto corpore mentem.
Hac vivens pietate Deo maturus, & ævi
Et meriti plenus clausit sua sæcula diebus,
Mutavitque piæ, non clausit, sæcula vitæ.

POEMA XVII.

AD NICETAM REDEUNTEM IN DACIAM.

S. Nicetam Dacorum Episcopum, qui ad Natalem S. Felicis Nolam occurrerat, abeuntem miris laudibus prosequitur.

JAmne abis, & nos properans relinquis?
Quos tamen sola regione linquis,
Semper adnexa sine fine tecum
Mente futuros?
Jamne discedis revocante longe,
Quam colis, terra? sed & hic relictis
Sancte Niceta; quoniam & profectum
Corde tenemus.
I memor nostri, remanesque vadens
Spiritu præsens, animis vicissim
Insitus nostris, trahe, sitque tecum
Quem gerit in te.
O nimis terra, & populi beati!
Quos modo a nobis remeans adibis;
Quos tuo accedente pede visitabit
Christus & ore.
Ibis Arctoos procul usque Dacos,
Ibis Epiro gemina videndus,
Et per Argeos penetrabis æstus,
Et levis spiret sine nube siccis
Aura Calabris.
Sicut antiqui manibus Prophetæ
Per Sacramentum Crucis, unda missa
Dulcuit ligno, posuitque tristes
Merra liquores.
Sic tibi Cælum modo temperetur,
Et levi sudo tenuetur aer,
Flatibus puris placide salubres
Spiret in auras.
Qui solet dura gravis e palustri,
Anguium tetros referens odores,
Solvere in morbos resoluta crasso
Corpora vento.
Quem potens rerum Dominus fugari,
Sive mutari jubeat: itaque
Nunc sacerdoti bona sanitatis
Flabra ministret.
Sicut Ægypto pereunte quondam,
Noctis & densæ tenebris operta,
Qua Dei vivi sacra gens agebat,
Lux erat orbi.
Quæ modo in toto specie probatur
Orbe, cum sancta pia nam fidei

Fulgeat Christo, ubiquam tenebris
Oceani error.
Sic tuo, quæ se terit æstu ara,
Cantu Nicetæ Dominum secuti
Donec optatam patriam volentes
Lætus ad urbem.
Perge, Niceta, bene quo recurris,
Prosperum Christo comitante cursum,
Quem tui dudum populi fatigant
Nocte dieque.
Te reposcentes, ut ager levandis
Cum satis imbrem sitit, atque mollis
Cum suum mater vituli reposcit
Lacte turgescunt.
Unde nunc justis precibus querunt,
Qui suum tecto reputant parentem,
Cogimur victo, licet improbi,
Cedere voto.
Et quia spes jam rapitur tenendi,
Urget affectus placidis favere:
Jam vias illas licet oderimus,
Quæ rapiunt te.
Odimus quamvis, sed easdem amamus.
Odimus quod te rapiunt; amamus
Quod tuum nobis primum attulerunt
Cernere vultum.
Quas prius fletu superante amaro,
Nunc tibi festi facimus precantes
Prævia terris pelagoque summi
Nomine Christi.
Qui tibi factis iter omne campis,
Arduos montes reprimat, cavasque
Impleat valles, salebras adæquet,
Jungat hiatus.
Te per Hydruntum, Lupiasque vectum,
Innubæ fratrum simul & sororum
Ambient, uno Dominum canentes
Ore catervæ.
Quis mihi pennas daret ut columbæ,
Ut choris illis citus interessem;
Qui deum Christum duce te canentes
Sidera pulsant?
Sed licet pigro remaneamus ægri
Corporis nexu, tamen evolamus
Mentibus post te, Dominoque tecum
Dicimus hymnos.
Nam velut lætus simul implicati
Sensibus, vel cum canis, et precaris,
Cum tua de te prece cumque voce
Promimur & nos.
Inde jam terris fluitante puppe
Adriæ fluctus sinus obsequetur,
Unde procumbunt, Zephyrique leni
Vela tumescant.
Ibis illabens pelago jacenti,
Et rate armata titulo salutis,
Victor antennæ crucis ibis, undis
Tutus & austris.
Navitæ læti solitum celeusma
Concinent versis modulis in hymnos,
Et pia ducent comites in æquor
Vocibus auras.
Præcinet cunctis, tuba ceu resultans,
Lingua Nicetæ modulata Christum,
Psallet æternum citharista toto
Æquore David.

Audient Amen tremefacta cete,
Et sacerdotem Domino canentem
Læta lascivo procul admirantur
Monstra natatu.
Undique alludent parilis virorum
Ore Delphines, sine voce quamquam,
Animis humanis tamen eloquentur
Gaudia linguis.
Nam Deo quid non sapit, atque vivit,
Cujus & verbo sata cuncta rerum?
Hinc Dei laudem maris ima noscunt,
Mutaque clamant.
Testis est nobis veteris propheta
Belluæ, ad nutum Domini profundo
Excita, ut sumtum caperet, deinque
Redderet hospes.
Sed modo ad nostrum fremet ipsa vatem
Auribus tantum pia devorabit
Cantica, impastum saturabit alvum
Carmine pastus.
Qua libet perge iter, & per undas,
Perque tellurem, licet, & per hostes,
Ibis armatus galea salutis,
Vertice Christo.
Advenit quondam Raphael, ut olim
Tobiæ Medis; ita prosequendo
Ipse Nicetam comes usque Dei
Angelus adsit.
Ducat hunc usque patriæ sacra dux
Ille, qui quondam profugum minacis
Fratris a vultu tulit in salutem
Duxit Jacob.
Namque Niceta fugitivus usque est,
Quod semel fecit Patriarcha, semper
Hic facit, mundo fugiens ad alti
Mœnia cœli:
Et gradus illos, quibus ille vidit
Angelos versis vicibus commeantes,
Ille contendit superante cursu
Scandere vita.
Per crucis scalam properans in astra,
Qua Deus nixus ad homines coruscis
E choreis spectat varias laborum,
Bellaque mundi.
Tuque, Niceta, bene colluctatus
Corporis victor, velut ille dictus
Israel, sanctum quia vidit alto
Corde sacratum.
Unde Niceta nomine appellatur
Israelitam sine fraude verum,
Qui Deum cernit facie fideli
Lumine Christum.
Hic Deus noster, via nostra semper
Sit comes nobis, sit & antecessor,
Semitis lumen, pedibusque nostris
Sermo lucerna.
Qua per obscuri vada cæca secli,
Luminis veri face dirigamur;
Donec optatam liceat fidelis
Tangere portum,
Quem modo anxiosi petimus per æquor,
Dum vagi mundi fluitamus isto
Turbine, tamquam fragili carina,
Corpore vecti.
Sed gubernaclo crucis hanc regente
Nunc carinam, in nobis pia vela cordis

Pan.

Paullinum, Christo referente litum
Flumen dantem.
Ergo dux idem comis prosequaris
Te viae, qua nunc pauperes revertens
In Niceta, patriaque reddat
Limina tutum.
Sed fretu emensis superesse viarum
Rursus in terra labor, ut veharis
Usque felicem, quibus & Scupis
Pervenias, quam.
Te Philippaeos Macetum per agros
Per Tomitanam gradieris urbem,
Ibis & Scupos patriae propinquos
Dardanus hospes.
O quibus tum tota resonabit illic
Gaudiis vallis, ubi tu rigentes
Edocens Christo fera colla miti
Subdere genti!
Quaque Riphaeis Boreas in oris
Alligat densis fluvios pruinis,
Hic gelu mentes rigidas superno
Igne resolvis.
Nam simul terris animisque duri,
Et sua Bessi nive duriores,
Nunc oves facti duce te gregantur
Pacis in aulam.
Quasque cervices dare servituti,
Semper a bello indomiti negarunt,
Nunc jugo veri domini subactas
Sternere gaudent.
Nunc magis dives pretio laboris
Bessus exultat, quod humi manuque
Ante quaerebat, modo mente caelo
Colligit aurum.
O vices rerum! bene versa forma!
Invii montes prius, & cruenti,
Nunc tegunt versos Monachis latrones
Pacis alumnos.
Sanguinis quondam, modo terra vitae est,
Vertitur caelo pia vis latronum,
Et favet Christus superis occupari
Regna rapinae.
Mos ubi quondam fuerat ferarum,
Nunc ibi ritus viget Angelorum;
Et latet justus, quibus ipse latro
Vixit in antris.
Praeda fit sanctis vetus ille praedo,
Et gemit versis homicida damnis;
Jure captivus, spoliatur Christo,
Criminis armis.
Interit caeso Satanas vicissim
Invidus Cain, redivivus Abel
Pascit effuso pretio redemptus
Sanguinis agnos.
Ergo Niceta bone serve Christi,
Qui tibi donas lapides in astra
Vertere, & vivis sacra templa saxis
Aedificare.
Avius saltim, juga vasta lustrans,
Dum viam quaeris fluviisque silvam
Montis incultos superans in agros
Veris opimos.
Te patrem dicit plaga tota Borrae,
Ad tuos fatus Scytha mitigatus,
Et sui discors fera te magistro
Pectora ponit.

Et Getae currunt, & uterque Dacus;
Qui colit terrae medio, vel ille
Divitis multo bove pilleatus
Accola ripae.
De lupis hoc est vitulos creare,
Et bovi junctum palea leonem
Pascere, & tutis cava viperarum
Pandere parvis.
Namque mansueto pecori coire
Bestias pulsa feritate fecit,
Qui feras mentes hominum piaclo
Imbuit ore.
Orbis in muta regione per te
Barbari discunt resonare Christum
Corde Romano, placidamque casti
Vivere pacem.
Sic tuo mitis lupus est ovili,
Pascitur concors vitulus leoni,
Parvus extracto trucibus cavernis
Aspidis ludit.
Callidos auri legulos in aurum
Vertis, & Bessos imitaris ipse,
E quibus vivum fodiente verbo
Eruis aurum:
Has opes condens Domino perenni,
His lucrum terris cumulans talentum,
Audies: intra domini potentis
Gaudia laetus.
His, precor, cum te domus alma sancto
Ceperit fratrum numerosa coetu
In choris, & tua pietate cari
Pectoris aude.
Nam Deo grates, quod amore tanto
Nos tibi adstringit per aperta vincla,
Vis ut internam valeat catenam
Rumpere nulla.
Unde complecti sine fine carum
Pectus, haeremus laqueo fideli;
Quoque contendas, comites animum
Mente sequaci.
Caritas Christi bona fusa caelo,
Cordibus nostris ita nectit istos,
Ut nec abjuncto procul amoveamur
Orbe remoti.
Nulla nos oras tibi solvet unquam,
Orbis aut alter, neque mors revellet:
Corporis vita moriente, vita
Vives animis.
Dum graves istos habitamus artus,
Mente te semper memori colemus:
Te parem, summe simul in perenne
Tempore totum.
Namque te celsum meritis in alto
Culmine imponent praevisa vitae;
Inque virtutum super orbe magnis
Turribus addet.
Nos locis, quantum meritis dirempti,
Eminus celsis humiles patronis,
Te procul sacris sociatum catervis
Suspiciemus.
Quis dies nobis dabit hoc in illa,
Ut tui simus lateris sub umbra,
Et tuae nobis requietis aura
Temperet ignes?
Tunc, precor, nostri nimium memento,
Et patrum sancti gremio recumbens,

Rescidit nobis digitis ferentem
Ulcere flammam.
Nunc tibi laetis tamen & recedens
Semper hoc ad nos animo recurre.
Esto sublimis, licet ad paternam
Veneris urbem.
Non enim noster populi magistrum,
Sed nec externum dedit esse civem
Te Deus terris, patriae esse nostrae
Te sibi sumsit.
Nunc tuum aequa partiens utrisque
Divide affectum, & amore noster,
Civibus vultu; gremio manere
Civis in ora.
Forsan & major patria haec habenda,
Nos manet sedes ubi commistis
Pectorum sedis; hominisque vivum
Incolis orbem.
Sicut Apostles, ita dignus almi
Hospes es Christi, quia Christianis
Mentibus consors, habitas fidelis
Accola templum.
Jam vale nobis, & in omne nostri
Diligens aevum, bonus usque sorte
Duc bonum cursum, positamque justis
Sume coronam.

POEMA XVIII.

DE S. FELICE NATAL. CARM. VI.

De morte, sepulcro, ac miraculis S. Felicis.

LEx mihi jure pio posita haec celebrare quotannis
Eloquio famulante diem, sollemne reponens
Munus ab ore meo. Felicem dicere versu,
Laetitiamque meam modulari carmine vero,
Et magnum cari meritum cantare Patroni,
Qui per iter durum, qua fert via parvis angusta
Alta per arcta petens superas penetravit ad arces.
Concordate animis, precor, & complaudite fratres
Carminibus, castoque animos effundite luxu.
Gaudia sancta decent, & carmina casta fideles.
Nam cui fas hominum, cui Christus amorque timorque,
Non gaudere hodie? & vacuum procedere voti?
Quo quis possit ope, loquendi, linguaque, animoque;
Caelicolis Christo quando magnalia inlustrans,
Ipsa etiam festo produnt elementa colore!
Candida laetitiam mundi in splendore diei
Elucere sacris insignibus, omnia laeta
Candor habet, siccis terris a nubibus imber
Ponitur, & niveo tellus velatur amictu.
Quae sive tecta, solum sive, silvae, & culmina, colles,
Cuncta senis sancti canis testantur honores;
Angelicamque docent & luce & pace potiri
Felicem placida clarum in regione piorum,
Lactea quem tacito laetantem vellera caelo.
Christe, Deus Felicis ades, da nunc mihi verbum
Sermo Deus, da perspicuam sapientia mentem.
Non opis humanae facundia dicere laudes
Posse tuas: tua namque tui sunt gaudia sancti.
Cedo, alii pretiosa ferant donaria, meque
Officii sumptu superent, qui pulchra tegendis
Vela ferant foribus, puro splendentia lino,
Sive coloratis textum fucare figuris.
Hi leves titulos lento poliant argento,
Sanctaque praefixis obducant limina lamnis.
Ast alii pictis accendant lumina ceris,
Multiforesque cavis lychnos laquearibus aptent,
Ut vibrent tremulas funalia pendula flammas.
Martyris hi tumulum studeant perfundere nardo,
Et medicata pio referant unguenta sepulcro.
Cedo equidem & vacuo multis pretiosior auro,
Quorum gravis aere sinus relevatur, egente repleto,
Qui locupletes manu properantia dona legunt,
Et variis animam spectantes dotibus ostant,
Mente pares, ope diversi: nec segnius illi
Fercula opima cibis, cervis aulas ferisque
Larga quidem, sed enim dicam: ego munere linguae
Nudus opum famulor, de me mea debita solvens,
Meque ipsum pro me, vilis licet hostia, pendo.
Nec tamen sperno, quamdam non vilem Christo
Pauperis obsequii libationem, qui duo lepta
Aera piae confusa viduae laudata recepit.
Tunc quoque multa Deo locupletes dona ferebant,
Implentes magnis aeraria sancta talentis.
Sed Christus spectator erat, qui corda ferentum
Inspiciens viduae palmam dedit. Illa duobus
Rem victus, geminos (quod ei substantia) nummos
Miserat in sacram, nil anxia corporis, arcam.
Properans ut ipso venturi judicis ore
Ante diem mercati justi praecerpere laudem.
Praetulit illis, quorum stipe vicerat aurum,
Munere pauper inops, sed prodiga corde fideli.
Ergo, boni fratres, quibus hoc dignatio, & isto
Confessore, placidas advertite mentibus aures.
Nec qui, sed de quo loquar, audite libenter.
Despicienda quidem, tamen & miranda profabor,
Despicienda meo ingenio, miranda beati
Felicis merito; quem dicere non sine Christi
Laude licet: quia quidquid in hoc miramur, ab illo est,
Unde pius vitae, & per quem vita sepultis.
Praeteritis cujus patriam, genus, acta libellis,
Et tota sanctum repetens ab origine, dixi
Felicem, donec perfecta tempora vitae
Clauderet, & positus defunctus corpore terris,
Traderet aeterna meritis ad consortia regni.
Sed quia non iidem tumuli, qui membra piorum,
Et merita excipiunt: animarum vita superstes
Corporibus functis, quaesitum corpore fructum,
Et post corporeum obitum non mortua, fruitur
Laeta bonum, cruciata malum, quam rursus in ipsum
Tempore venturo corpus revocare, remisso
Corpore, aeternum manet indiscreta receptu.
Longa igitur mihi materies; quamcumque erit aevi,
Tantum erit & verbi super. O si dicere gesta
Felicis liceat, totumque efferre per orbem
Nomina sic meriti, o si copia tanta sit oris,
Quantum operum, meritique manet. nam tempore ab illo
Quo primum illa dies Felicem fine beato
Condidit, & carnem terris, animam dedit astris;
Ex illo prope cuncta dies operante videmus
Confessore Dei, probat & sine corpore vivum
Christus, et ostendit majorem in morte piorum
Virtutem, quam vim in vita sepelisse majorem.
Ecce vides templum sacra Martyris ossa tegentem,
Et tacitum obtecto servari marmore corpus.
(Nempe oculis hominum quae corpore cernimus, exstat)
Membra latent posita, placido cara morte quiescit,
In spem non vacuam redivivae conscia vitae.

Unde

Unde igitur tantus circumfusis finibus error?
Quis tantos agit huc populos? quae causa tenaces urget
Dissipat? inviosque rapit? frustraque rebelli
Voce reclamantes compellit ad usque sepulcrum
Martyris, & sancto quasi frena liminis addit?
Respicite hunc aliquando diem, quem mundo relicto
Orbe suo, quem laeta polis, cum Christus ad astra
Assumpto victore caelo Deus hausit ab ore!
Addidit aeternum Caelo, quo pignore terras
Ornavit. Superi Felicis morte fruuntur,
Corpore nos; animaeque potentis spiritus illic
Vivit, & hic moritur; sed rerum fictoris alumni
Praesentant juvat, quem Nola imperavit, honorem.
Namque in supremo sancti, cum lux quoque parentem
Perdiderat, sed non caelis habitura patronum
Urbe devota pium, spe solabantur amorem.
Tota ergo quibus superest cum laus urbibus,
Currit in exequias, populus effusa fideli.
Tunc dolor, & pietas certant in pectora concita;
Admixta pariter fides gaudetque, doletque.
Et licet aeternam Christo super aethera vitae
Felicem credat, tamen ipsa relinqui
Praeceptore dolet; quodque unum in funere sancto
Inter & exequias restat solamen amoris,
Postquam depositum tumulandi in sede feretrum,
Certatim populus pietatis circumfusae
Undique densato caro sibi membra coronant,
Religiosa pia pugna excitant amorem:
Quisque alium premere, & propior consistere certat
Reliquiis, corpusque manu contingere gaudet.
Nec satis est vidisse semel, juvat usque morari,
Luminaque exposito, & quae datur, oscula membris
Figere; dat meritum Christo plebs consona laudem,
Mirarique sacrum solii Felicis honorem.
Quae modo regio & tectis longinqua vacabat,
Falso ubi lato rudibus culpite campus,
Uberius frequente loco, quasi praescia jam tunc
Semper honorandi mundo venturum sepulcri
Gaudebat sacro benefici corpore, saepe
Veris naturam habere, quem dignior esset humando
Martyre, gramineum tellus servabat odoris.
Adstitit placidum sanctorumque coetus volare,
Et caelo assumptum de corpore, laeta piorum
Turba per aethereum suscepere obvia cursus;
Angelicique chori septemplicis agmina caeli,
Totum, quae Caelum patet, occurrentis portis,
Regis in adspectum, summique parentis ad ora,
Sidereo volucrem laeti venere triumpho.
Tum vivum sacrum caput ornavere coronae:
Sed tamen & roseam Pater addidit indice Christo,
Purpureumque habitu niveum duplicavit amictum;
Quod meritis utrumque decet. nam lucida sanctis
Serta, quasi placide translatum in aethera laeto.
Sed meruit pariter quasi caesi Martyris ostrum
Qui confessor obiit. tenuit ergo & praemia passi,
Quod prompta virtute fuit, nec pacis honore
Ornatuque caret, quia non congressus obivit.
Facta igitur tota jussa plebs tectum sepulcro
Fumat, at in sanctis divinitus insita membris
Gratia non potuit cum carne mori, quae tegit quae;
Illico sed positis ex ossibus ecce micare,
Quae medicis opibus meriti dare signa perennis
Hactenus ex illo non umquam tempore perdit.
Et toto, quo mundus erit, fulgebit in aevo
Lux eadem, sancti clarus per saecula custos.
Martyris hac sancti vitam probat: & super Christi
Ad tumulum Felicis agros, diffusis in omnes
Felicis laus terras mirabile currit.
Dignatum tanto pro consortio urbibus unum
Hospite nobilitas Nolam; quam gratia Christi
Felicis meritis ita dilatavit, ut aucta
Civibus urbs nova, & magnitus hoc etiam urbe sit,
Pauper ubi primum tumulus, quem tempore saevo
(Religio quo crimen erat) cunctanter profanae
Struxerat angusta, gladios trepida inter & ignes
Plebs Domini, et seris antiquum in moribus aetas
Tradidit, ingentem parvo sub culmine locum
Clauserat; & tanti tectum sacri angulus olim
Depositi possessor erat, qui lucis operte
Cancelli, ut quidam tota aedibus exstitit amplis,
Et mansit in mediis quasi gemma interserta tectis,
Basilicas per quinque sacri spatiosa sepulcri
Atria diffundens, quarum fastigia longe
Adspectata instar magnae dant visibus urbis.
Quae tamen, ampla licet, vincuntur culmina turbis;
Quod crescente fide, superundat gratia Christi,
Quae populis modicum Felicem munere praestat
Vivere. qui perstans etiam post corporis aevum
Praesidet ipse suis sacer ossibus; ossaque sancti
Corporis in tumulo non obsita pulvere mortis,
Arcano aeternae sed praedita semine vitae,
Vivificum spirant animae victricis odorem;
Quo medicinam potens datur exorantibus aegris.
Quanta resurgentem virtus & gloria cinget
Conspectare licet, cum gratia tanta sepultos
Ambiat, & quanto rediviva decore micabunt,
Corpora in obscuris cum sit hic tanta favillis?
Quod nobis minimis tantum praestare curamus
Sufficiunt, quorum & cineres dant commoda vivis?
Cernere saepe juvat variis spectacula formis
Mira salutarum, & sibi quemque accommoda vocis
Poscentum; videas etiam de rure colentum
Non solum gremio sua pignora ferre parentum,
Sed pecora aegra manu saepe huc inducere secum,
Et sancto quasi conspicuo mandare sicuntur.
Moxque datam sua comitem ad vota medelam
Experto gaudere Deo, & jam credere sana,
Et vota plerumque brevi sanata sub ipso
Limine laeta suis jumenta reducere tectis.
Sed quis prolixum, & vacuum percurrere cuncta,
Quanta gerit Felix miracula nomine Christi,
Unum de multis opus admirabile promam
Insontaris paribus, sed ab uno paulo relicto,
Quae virtus eadem gessit, distantia causis.
Pandite corda, precor, brevis est historia nobis,
Dum paucis magnum, exiguisque opus eloquar orsis,
Et memorem videar primis sermonum colore,
Quem Deus a pretio meriti, non munere carnem
Ante altaris mundum mirantibus, omnia donavit:
Me quoque ferte levi dicturum carmina cultu.
Et mea namque illis sunt mutanda verba columnis,
Quis pretium plenis parvulisque parvo facit.
Quidam homo, ut memini, plebeius origine, cultu
Rusticus, e geminis comparibus bubus alebat
Pauperiem, mercede jugis quas saepe locabat plaustris
Servus eras, aperi pacta regione volutans,
Nunc opera pretium sub aratro aliena locando
Paupertatis habens solitum; spes unica, vel quae
Tota inopi per illud erat. nec carior illi
Progenies, aut ipse sibi, sed pignora, & ipsum
Ducebat; neque cura minor, tantum potentum,
Quam dulces natos educare, gaudet honesto

Nalo,

Natis, quam proprii cura; non gramine vili
Illos, aut sterili palea, sed regmine aprico
Algidus, & de farre sibi mancipque negato
Esuriens pascebat, egens sibi, dives in illis,
Quorum fecundas labor exsaturabat agrorum.
Hos igitur tam cara sui solamina vitæ
Nocte cubans quodam somno graviore sopitus,
Amisit taciti furto prædonis abactos;
Exsurgensque die rediti, de more juvencos
Infelix primo in vacuis præsepibus intus,
Moxque foris frustra cunctis quæsivit in agris;
Illico sed fessus cassis erroribus ævo,
Atque etiam, postquam nullis vestigia signis
Certa videt, spatiis frustra tam longa peragratis,
Humanam desperat opem, & pietate repletum
Adspirante Deo de præsule in pectore fracto
Erigit in Cœlum mentem; & mox corde refecto
Præsumente fide ipsum veri compotis horum,
Sanctaque Felicis rapido petit atria cursu,
Ingressusque sacrarum magnis cum fletibus aulam,
Sternitur ante fores, & postibus oscula figit,
Et lacrimis rigat omne solum, pro limine sancto
Fusus humi, & raptos nocturna fraude juvencos
A Felice pio, velut a custode reposcit,
Increpitans, mixtisque precantia verba querelis.

Sancte Dei Felix, inopum substantia semper
Pro miseris mihi, & semper dives egenis,
Te requiem fessis Deus, afflictisque levamen,
Te posuit mæstis ad saucia cordis medelam;
Propterea tanquam gremio confisa paterno
In te pauperies caput exhausta recumbit.
Felix sancte, meos semper miserate labores,
Nunc oblite mei, cur me rogo, vel cui nudum
Deseris? amisi caros tua dona juvencos,
Sæpe tibi supplex quos commendare solebam,
Quos tua perpetuo servabat cura favore,
Pascebatque mihi. tua nam custodia salvos,
Dextraque sufficiens illos pinguabat opimos,
Quos misero mihi nunc abstulit. heu quid agam nunc?
Quo deceptus eam? quem criminer? an tibi de te
Conquerar? immemoremque mei accusabo patronum?
Qui mihi supino tam densum irrepere somnum,
Ne mea securum perstringere claustra latronem,
Passus es? & nullo fregisti dura pavore
Pectora? nec lucem tenebris furemque dedisti?
Aut nullis profugos curasti prodere signis?
Quo modo discurram? quo deferar? omnia cæcis
Structa mihi latebris; nunc & mea tecta videntur
Clausa mihi, abductis ubi desolatus alumnis
Nil habeo, quod habere velim; quod dulce videbam,
Dulce laboranti non irrita gratia præstet,
Oblectans inopem sensu fructuque peculi.

Hos ubi nunc quæram miserandus? quando vel usquam
Inveniam tales? aut unde parabo repertos?
Qui solos habui consortes rusticus illos
Paupertatis opes? ipsos igitur mihi redde,
Nolo alios. nec enim ulla regione requiram,
Hic mihi debentur: hæc illos limina reddent,
In quibus ipsum te supplex adstringo, tibique
Hæreo; cur quæram, aut ubi, quos ignoro latrones?
Debitor hic meus est, ipsum pro fure tenebo
Custodem: tu sancte, reus mihi, conscius illis.
Te teneo, tu scis ubi sint, qui lumine Christi
Cuncta & aperta vides, longeque absentia cernis
Et capis, includente Deo, quo cuncta tenentur.
Atque ideo occulti fures, quæcumque latebra
Non tibi celantur, nec de te evadere possunt,
Quos & jam manus una tenet. Deus unus ubique,
Christi blanda piis, sed iniquis dextera vindex.
Redde igitur, mihi, redde boves, & corripe fures.

Sed non quæro reos, ulcisci, nam dulcia morum
Sancte tuis, vel si malefacta reperiuntur, mavis
Emendare malos venia, quam perdere pœna.

Convenias nobis igitur: sic divide mecum
Quæ tua, quæ mea sunt: indemnis sit mea per te
Utilitas, justusque tuam clementia partem
Vindicet; æquatoque tuum libramine constet
Judicium: tibi solve reos, mihi redde juvencos.

Ecce etiam factum, famuli jam nulla morandi
Causa tibi; accelera famulis tua solvere curis.
Nam mihi certa manet sententia cedere nusquam,
Donec subvenias, nec ab isto poste refugi;
Ni properas, isto deponam in limine vitam,
Nec jam reperies, cui reddas fure redactos.

Talia voce quidem querula, sed mente fideli
Plorantem, totoque die sine fine precantem,
Audivit lætus cum blando supplice Martyr,
Et sua cum Domino lætus convicia tulit;
Poscentisque fide, non libertate dolentis
Motus, opem properat; paucis mora ducitur horis.

Interea labente die, jam vespere ducto,
Nec precibus dabat iste modum, nec fletibus; una
Vox erat affixi foribus: non eruar istis,
Hic moriar; vitæ nisi causam protinus istic
Accipiam: tandem tamen ut jam plurima tectum
Nox secretum adytis fieri cogebat; & ille
Temporis oblitus, domus immemor, ostia prono
Ore premens, tecto prohibebat corpore claustra.

Sed custodis frustra pulsatas vocibus aures
Aggreditur violenta manus, tandemque revellit
Turba reluctantem, & sancta procul exigit aula.
Pulsus ab aditis fit amarior, & sua lugens
Tecta petit, resonant plangore silentia noctis,
Quæ sibi & magnis late loca fletu replebant;
Donec & invisas pervenit, & atra silentis
Ingrediens tuguri penetralia, rursus ab ipso
Culminis introitu taciti, ut præsepia vidit
Nuda boum, & nullos dare tintinnabula pulsus
Excussa ut cervice boum crepitare solebant,
Mollius aut lentis cava linguis æra ferire,
Armentum reduces dum garrula ruminat escas;
His gravius, tanquam rescisso vulnere, planctum
Integrat: & quamquam urgens ægro cura quietem
Pervigili, tamen hæc dat solamenta dolori,
Ut bubus stabulata suis loca corpore fusa
Pressa superjaceat; nec duro sicca cubili
Membra dolent, juvat ipsa injuria; nec fimo horret
Sordentis stabuli, quia notum reddit odorem
Dilecti pecoris, nec fœtor fœtet amanti.
Si qua illi extremo tolerant vestigia gressu
Aspicit, & palpante manu, calcata retractans
Ingemit, & refricat totis jam frigida membris
Signa pedum; mentemque suam, licet omnibus absit
Corpore, sacratam Felicis mittit ad aulam,
Felicem flens, Felicem nomine clamans:
Nec desperat opem, nec parcit fundere vota.

Nox mediam transvecta polum perduxerat orbem
Pace soporifera, reticebant omnia somno,
Solum illum sua pervigilem spes curaque habebat.
Ecce repente suis strepitum pro postibus audit,
Et pulsas resonare fores; quo territus amens
Exclamat, rursus sibi fures adfore credens:

Quod

Quid vacuum incassum crudelis ostia vestris
Frangere? jam nullus mihi bos. quid quaeritis ultra?
Praevenere alii, cum tamen vice superstes,
Quae fortis vestris in praeda cessit renatus.
Dixerat haec moerens: sed cultu sanctus amandus
Liminibus sanctis; quo crebrescente, nec ullo
Respondente sibi pulsantum voce, pavensque
Suspensus constante gradu, & dat pulsans aurem
Sollicitam, & rimis oculos per limina claustra,
Qua tenebris albens Coeli color inter lucet,
Inserit, explorat que diu; nec adhuc sibi credit,
Quid videat: nec enim subito lumine cernit
Per fores oculis, dubia tamen ipsa per umbras
Corpora pulsantum trepidans auferre pavebat,
Speratque boni capere novis praesentem sensus.
Nec homines pulsare videt; sed quod videt esse
Verum, non audet sibi credere. magna profabor,
Quamquam parva Deo celsaque, cui sapit omnis
Rerum aeternal sensu, quas jusserit ipse creator
Omnigenum pecus. ecce gerens dura Numine mentem
Par insigne boum, non nota per avia nocte
Venerat ad notum cultis tectoribus aditum,
Sponte quasi, non sponte tamen, quia Numinis actu
Ereptos pariore manu praedantibus illos
Egerat occultis Felix moderatus habenis.
Et postquam attigerant adsueti culmen tecti
Culmina; gaudentes noscit, superantque timentem
Sic animi terrere manum, quasi sponte timerent,
Instantem sibi raptorem, quanto ostia junctis
Frontibus, & cornuum mandens sic cornibus ictu,
Ut Dominum excirent lumine. sed territus ille
Rursus ut hostili circum sua claustra tumultu,
Tum etiam timuit; rursus sapientia bruto
Adspirat pecori caelum tractare tuendis,
Atque intellectum Domini tuberum tinnitu,
Edere mugitum, de quo formidine pulsa
Panderit occultos admirans furtum aloumnis.
Ille longum videns divini insignia doni,
Haeret adhuc, trepidusque etiam sua gaudia tardat,
Credere non audet; metuit non credere; coepit
Cernere, & colligere potest; dum respicit ad se,
Diffidit tantum sese praesidio mereri:
Sed animo repetens a quo speraverit, audet
Credere, cognoscens Felicis gesta patroni.
Jamque reclusarat tempore crepuscula mane,
Noctis & extremae fuga rarescentibus astris,
Luce sub obscura vel sublucentibus umbris,
Corporis ambiguum certum referebat colorem.
Tunc demum nota specie sibi bubus apertis,
Ut primum corpora oculis clarescere fecit,
Certior exultat, removens & pessula claustris,
Ostia laxato stridentia cardine solvit.
Dum facit haec, juncti simul irrupere juvenci,
Et referentis adhuc molimina praeveniunt.
Dimoto faciles referebant obice postes,
Oblatumque sibi eum ipso in limine regem
Cognoscunt hilarem laetum, lambuntque vicissim
Mulcentem, lubrisque manus palpantis inundant,
Atque habitus rerum spumosa per oscula foedant,
Tum complectentis Domini juga cara laxiguam
Mollitur obnixi blanda vice pectora adolens.
Illum dilecti pecoris nec cornua laedunt,
Et collatu quasi mollia ad pectora frontem
Admovet, & mentibus non aspera lingua videtur,
Quae lambens etiam silvestria pabula radit.
Sed tamen haec inter, non vana corde, fidelis
Rusticus officii memininit, neque curat anhelus
Ante boves stabulis inducere, postque laborem
Atque famem, recreare cibo, quam ducere secum
Illuc, unde suos meruit. veniunt ergo reducti
Ducente, aut emeriti colla sua grandia versis,
Et referunt, duplex traheis ad sua vertice carmen:
Ingrediturque locum cunctis mirantibus aedis.
Quos nisi fur inferno amissos doluerat, eidem
Praesentes bubus ducis; sanctique triumphum
Martyris ostentat populis; damnatur & ipse
Per medium crimen, modo furum praeda, juvenci,
Et modo Felicis spolium; dat cunctibus ingens
Turba locum & more celebratur gloria Christi
In pecore. ille autem, qui nuper maerentis altum
Causa fuit Domino, modo in liminibus stare
Flensque iterum, sed laetitia: modo debita sancto
Vota refert, non aere gravi, nec munere sordis,
Munere sed vivo linguae mentisque profusa,
Voce pia largum miserante pauper honorem:
Debitor & Christo sano illo pignore solvit,
Immaculata sua cui sufficit hostia laudis.
Captivos en Sancte tuos tibi plebe sub omni
Victor ago, & supplex iterum tibi mando tuendos:
Conserva reduces, dignatus reddere raptos.
Sed tamen in me nunc ipsum bone respice Martyr:
Namque vides quod opus tibi adhuc superesse sed in me,
Qui prope caecus oculis tua communia ostia
Limina; nam multo morsi non lumina fletu,
Non solum damno, sed & inter gaudia plorans.
Donasti caussam lacrimarum, nullo modo cum
Vulnera de lacrimis: miseratus, sancte, tuorum
Damna boum, miserare iisdem modo damna oculorum.
Donasti reduces pecudes mihi, rursus & illis
Redde meos oculos. nam quid juvat esse reductos,
Si lugeam eris pecudes praesentibus absens!
Talis profusum populi risere querelam.
Sed procul admota [illegible] martyris aures
Suscepere pias ob [illegible] supplice voces,
Moxque refecta [illegible] sanarunt lumina dextram.
Inde domum gaudens oculis bubusque receptis,
Collaudante Deum populo, remeabat, & illum
Laus sequebatur geminae victoria voci.

POEMA XXII.

Jovium docet Providentiae divinae omnia subjacere; fatum vero & fortunam nihil esse. Illum ad scripturae sacrae lectionem hortatur.

JAm mihi polliceor sacris te carminis libris
Condere, utque Dei famulatum carmine Christi
Ora soluturum summo facunda parenti.
Incipe divitiis tantum dare pectora rebus,
Subjectasque tibi tensas attollere terras;
Mox oculis Caelo nova lux orietur aperto,
Intrabitque sacer tacito per aperta meatu
Spiritus, & lux [illegible] tua viscera [illegible].
Eja age tende chelym, fecundum concute pectus,
Magna moveto; absit solitis impensa facultas
Carminibus; major rerum tibi nascitur ordo.
Non modo judicium Paridis, nec bella gigantum
Falsa canas: sunt ista puerili lusa in aevo
Ista tibi quondam; decuerunt ludicra parvum.
Nunc animis gravior, quantum provectior annis,
Aspe-

Aspernare leves maturo corde camoenas,
Et quantum castis jam congruum moribus aevum,
Atque tui specimen venerabile pectoris oris,
Suscipe materiam, divinas concipe laudes.
Si tamen e libris aliquid memorare solebis
De veteris magnorum rebus, cum facta virorum
Carminibus canitis, vel cum terrena referre
Gesta triumphantum laudes insignia regum,
Non equidem ex illis te laudem fenore dignum,
Quae magis ornabas eloquenti munere verbi.
Quanto major ab his cedet tibi gloria coeptis,
In quibus & linguam exercens, mentem quoque sanctam
Erudies, laudemque simul, vitamque capesses?
Dumque leges castas, & scripta oracula (quorum
Vera Dei) propior discis, & carior ipsi
Esse Deo: quem dum credens miraris, amare
Incipies, & amando Deum redamabere Christo.
Hactenus illa tuas vatum tuba voce in aures
Personet, divinos modulo caelestis canens actus.
Nosse movet caelum terrasque, & primordia mundi?
Ne vagus incertum (Epicuri somnia) mundum,
Quem atomis dicunt per inane patentibus actum,
Irritus in vacuum spatioso pectore quaeras.
Legifer antiquo venerandus nomine Moses,
Compositum prima referens ab origine mundum,
Instituente Deo, certa tibi solvet ignarum,
Formatumque hominem limo, & spiramine sacro
Afflatum referens, cujus de munere cunctis
Caelitus in terra spirantibus, ipse docebit.
Ne te tot lapides Pyrrhae, sigillave Promethei
Commoneant, quem formavit manus utraque animamque
Sublimem & propria dignatus imagine texit.
Cognosces itidem (ut perges tradere fatis
Arbitrium nostri) quae non sententia laeva
Vinxerit, & cujus vitam sub lege trahamus.
Si mentem caelo jam altius, & super astra
Scire cupis quod sit, vel quid fuerit prius aevo;
Et mundo & saeclis docet altior ore Johannes.
Principio Verbum, inquit, erat; Deus obvia verbo
Gaudebat, verbumque Dei simul & Deus idem (quod
Verbum erat, hoc verbum est, hoc quo nihil, omnia per
Facta vigent, quod cuncta regit, cui subdita parent
Omnia, & aeterno natura omnis famulatu
Strata Deo nectens genua & genitorem adorat,
Conflaque per gentes, in majestate paterna
Regnantem Dominum jam lingua fatetur refusum:
Nomine quo fundata salus stat nostra, fideique
Nititur, aeternae credens in saecula vitae.
Hujus divino mortales munere fulti
Assequimur fragilem castis evincere factis
Naturam, & rigidae disrumpere vincula mortis;
Et cum corporeis in corpore legibus uti
Sectantes divina Dei vestigia Christi:
Mente animam corpusque sacris moderante sub armis,
Mens quoniam subjecta Deo capit arma salutis,
Inque animam carnemque suam regnum obtinet, & sic
Jure potens homo quisque sui: qui deditus uni
Aeternum Domino proprius regnator in artus
Efficitur, vitiis invictus & obice iniqui;
Fortius adversis virtutibus, ordine justo
Verus homo, quia mente potens, in qua rationis
Lumen habet, famulos sollerti certamine sensus
Temperat, & placidus sua pectora strictis habenis.
Tu, cui mens generoso superni luminis igne
Ardet, in aetherios animo conscende recessus,
Et gremio Domini caput insere: non [illegible]
Profluat lacte sacro largus dabit ubera Christus,
Divitiasque suas perfundet largior amnem;
Ut videas posita caligine magna tremendi
Jura Dei, quibus excuperans sapientia Christus
In sola ipse manens semper servat omnia rerum,
Atque ut vult, operum arbiter Deus ipse suorum
Continet, & mores species, & tempora vitae
Porrigit aut retrahit; Caelum, mare, sidera, ventos,
Qua lucis virtute regat, docet exitus ingens
Aegypti, mersisque mari reserante Tyrannis.
Et prius ipse graves elementa per omnia motus
Expertus quem cuncta tremunt, cui cuncta ministrant.
Tempore namque uno tellus communis habebat
Judaeum, quae sola Deo tunc lecta fuit gens;
Et tamen illa Deo gravis hostibus ira superbis
Permixtos inter populos discreta cucurrit.
Jam toto, nos dico, quod iter incerta procellis
Et mare cerim agit, mare cum discedere jussum
Dulcedine vagas, siccamque rigentibus undis
Inter aquas patuisse viam, tutisque salutem
Aequor ad imperium Sancti virgamque Prophetae
In liquidas remeasse fores. in utroque maris vis
Paruit, ut sancto iter, & vindicta daretur.
Quid profugum Tharsum vatem, quem forte pericli
In mare dejectum spumoso bellua rictu
Cepit, & immersum vasto eructavit ab alvo;
Nonne docet dictante Deo mare & astra moveri?
Namque Deum scelera fugiens, quem cuncta tenentem
Nemo fugit, movit caeli simul & maris iras.
Omnipotens enim Domini nomen rebellem
Cognoscens, tremuit per se quasi conscia totum
Ferre reum, & ventis fugitivum vinxit, & undis.
Ille propheta Deo lectus terrore minaci
Peccantes monuit populos, postquam grave dixit
Exitium, supplexque reus, evertit & iram
Numinis: supplex lavit sua crimina fletu,
Extremumque diem sancte bene vertit Ninive.
Num me ille latuit sanctus, qui morte propinqua
Oravit Dominum, quam lege averat unam
Flectere posse suam, confusumque ut tenderet aevum
Longius, & annis tria denos lustra, superstes
Annis ipse suis, & non sua vivere saecla?
Nunc ego miremur tenebrosum Fata Platonem,
Aut Aratus Numenus, aut pictae Manethonis astra?
Urgent, & quaeso ubi tunc rapidas nascentium horas
Ponebant, & quae quisque daret sidera signis,
Cum pius Ezechias solus virtute precantis
Verteret astrorum cursus, caligine mersum
Terrarum jussu retro acto lumine solis?
Vel ducis imperio sancti cum sisteret idem
Dilatare sol nocte diem, ut victoria sacri
Prodigaretur populi, steterit orbe recurso
Libra Poli, ut magnos caperet lux aucta triumphos.
Quid faciles virtutesque Dei, & sapientia Christus,
Nonne satis vanis curas erroribus aufert,
Nosque simul monitis, & factis educat, verum
Cuncta Deum regere, & nihil ut sine mente potentis
Principis esse Dei, dicens non arbore frondem,
Aere non volucrem sine jussu decidere? & cum
Omnipotens verbo liquidi maris, vel pede calcat,
Et verbo morbos abigit, vel daemonas urget,
Aut redaces animas in corpora functa remittit,
Jamque diu exanimem tumulis jam tabe resolutum,
Integratque putris vita redeunte sepultus:
Nonne potestatem propriam satis indicat Auctor,
Qui totus naturam omnem vitamque gubernat?

Hic,

Hic, precor, hic positis studiumque operamque legendis
Scribendisque vove, cum grandia corpora Tomorum,
Scribis creantorum verbis primordia rerum,
Et chaos ante diem, primaeque crepuscula lucis;
Quaeque dehinc variis elementa per omnia saeclis
Dicta, vel acta Deo per sancta volumina discis,
Quae docuit tabulis legalibus inditus Moses;
Aut Evangelici quae lux nova Testamenti
Signat aperta prius tecta mysteria Christi.
Nunc ut diversum vere enumerabo pastum,
Et quasi dulcis aquae pocula tua carmina ducam;
Cum mihi nectareum fontem e fontibus hausto
Perbibitum Dominum rerum sapientia Christum,
Atque tuam pollere Deo sapientia monstrem,
Ut semel oris opus a te mirifice capessam;
Et quem cognatum junctum mihi foedere laetor,
Gratuler & sancta sub religione propinquum,
Nec cum mortali solvendo corpore vinclo
Perpetuo sanctam complectar pignore fratrem.

P O E M A XX.

DE S. FELICE NATAL. CARM. VII.

Obsessus a Daemone liberatur S. Felic. Theridio amico testimonio.

VEr avibus voces aperit, mea lingua suum ver
Natalem Felicis habet, quo lumine & ipsa
Floret hiems, populis gaudentibus; & licet atro
Frigore tempus adhuc mediis hibernum pruinis
Ducat, concretis terris canentibus arvis;
Ista luce tamen nobis pia gaudia laetum
Ver faciunt, cedit pulsus e pectore curis
Maeror hiems animi; fugiunt a corde serenum
Mitis laetando diem, & pinnis candida nigris
Ales, & illa pius vocitat cognata columbae,
Nec nisi vere novo resonant acalanthida dumi,
Quaeque sub hirsutis muta modo fruticibus errant,
Mox veluti passim laetantur vere volucres,
Tam variis linguis, quam vocibus omnibus alis;
Sic & ego hunc agnosco diem, quo sancta quotannis
Festa movet justo magni Felicis honore.
Nunc placidum mihi ver gaudente renascitur anno,
Nunc liber ora modis, & carmina solvere vocis,
Vocibus & vernare novis: Deus ipse cordi
Christe meo, & superis sitientem imbribus exple.
Sed de te vel gratia mea aspersa medelis,
Flumen erit. quid enim mirum, si rore pusillo
Et minimum repleas animam, qui corpore parvo
Factus homo, arcano complexus lumine mundum,
Et totum gratis servasti sanguinis orbem?
Annue fons verbi verbum Deus, & velut illum
Me modo veris avem, dulci fac voce canentem,
Quae viridi sub fronde latens solet avia rura
Multimodis mulcere modis, linguamque per unam
Fundere non unas mutato carmine voces.
Unicolor plumis ales, sed picta loquelis;
Nunc teretes rotat illa modos, nunc flebile longis
Ducit acuta sonis, rursum quasi flebile carmen
Inchoat, & subito praecidens fine querelam
Attonitas rupto modulamine decipit aures.
Sed mihi juge manet de te tua gratia, Christe.
Ex manu illius mihi deprecor alitis instar
Donetur variare modos, & jam mihi gesta
Carmina, mutatis non licet ore Camoenis,
Promere; diversas quas semper gratia dives
Materias miris Domini virtutibus addit,
Quas Deus in caro Christus Felice frequentat,
Clara salutiferis edens miracula signis.
Cernitur illa dies spectari saepe per omnem
Viperam sobolem, saevos cum daemonas urget,
Occultaque manu clamosis verberat hostes.
Poena malos agitat; velut illi, qui meruere
Vota malis fieri, & meritum, tardante medela,
Plenius omne luunt dilato tempore crimen:
Sive hoc natali studet indulgere diei,
Ut paucis alias det opem, quo plura benignus
Natali det dona suo. nam cum ista propinquat
Elabente dies anno, tunc crebrior instat,
Et gravior. videas tunc aegra examina cogi
Densum, & certam reperi prope festa salutem.
Tunc solito gravius securus daemon ardens,
Flebilibusque ululant, & vi majore subacti:
Ultima jam tormenta gemunt: nec abire sinuntur
Excessu facili, sed mitis ante agitatis
Et variis mala suppliciis, tolluntur in altum,
Suspensi solito sublimius, & quatiuntur
Aeris in vacuo, vinclisque lateribus haerent
Poenali per inane mora: per non sua quamvis
Corpora, vexatos hostes sua poena fatigat.
Sustentur poenis, cum pati sese fere videmus
Corpora, & immunes animae spectant aliena
In membris tormenta suis: homo daemone captus
Liber agit (species poenarum in corpore tantum est,
Sensus abest) quia non hominis, sed daemonis est crux.
Hostis amare quid insultas, quae spe aeris in me?
Ecce Redemptoris nostri malus arte vicissim
Luderis illatur; doles & tuis in te recidit
Vincla tibi; capiens caperis, nectensque ligaris.
Fit laqueus laqueatum homo, & sua praeda latronem
Decipit: & capti captivus corporis alcam
Dum petit illicitam, letale devorat hamum.
His etiam potiora tamen spectata probabo.
Ante alios illum, cui membra vetustior hostis
Obsidet, ad sacri pia limina Martyris, agra
Excussum de plebe rapi, advolutumque sacratis
Ante fores Sancti cancellis, corpore verso
Suspendi pedibus spectavere tecta supinis.
Quodque magis mirum atque sacrum est, nec in ora relapsis
Vestibus, ut rigidis, aut ad vestigia fusis
Corporis omne sacrum casto velatur amictu.
Scilicet ut divini operis reverentia tectis
Corporibus maneat, nec poena Daemon in ipsa
Qua cruciatur ovet, nudis prodendo pudorem
Artubus: illaeso gravius torquetur honesto,
Recta licet versis ludentes cum tegmina membris:
Mira haec sunt & magna; quis abnegat? & tamen usu
Nata magis, minus audire miranda videntur,
Quae multos & vile reverendi, & grandia facta.
Ergo minora mei sinul, & nova facta Patroni
Auscultate, precor, Dominum quae Christus in illo
Multimoda virtute gerit, quibus omnibus unam
Confirmare fidem nobis studet; ut per aperta
Arcanum documenta Deum videamus adesse,
Resque hominum & mentes studio curare paterno
Caelestem Dominum, qui condidit omnia verbo.
Det mihi prima meum narrandi exordia frater
Theridius, cum quod patiens primus canendum

Suscipiam Felicis opus, quam quod mihi testis
Ipse meis quibus est, idem Dominator egit?
Ex illa modo nocte diem cadit omne in illam.
Noctis enim mediam, quo semper solemus
Ante diem, & fere lubaris vespere sacris,
Quisque suas remeare domos. tunc ergo solutis
Coetibus a templo Domini, postquam data fessis
Corporibus requies sumpta dape, copiosis hymnis
Exaltare Deum, & psalmis producere noctem.
Interea custos ille charo digestus amico,
Ut spirante foris aura depelleret aestum,
Quem somnos dabat curare colle papyris,
Porticus angusti qua tenditur agmine tecti.
Nocte licet nullo via lumine caeca lateret,
Hic tamen intrepido per cognita limina passu,
Heu! (nam vicini locatum discriminis) ibat.
Commissus in medio tecti cameram inter utramque
Nutabat solium lychnum fulgentibus [illegible],
Innexum trilicem suspenso flamine ferreo,
Quo vitrea interius penetrabilis aula lucerat,
Aeriusque Calix cribus undique spirat acus.
Funditus albet aqua, super undam flavet olivo.
Stat liquor in liquidis, [illegible] lubricus humor
Fonte natat, neque juncta coit mixtura fluxit.
Et mirum, quod pingue natat, neque densa [illegible]
Rumpit mergentis elementum, sed leve crassum
Sustinet, et solido diluitur unda fluento,
Substrataque oleo, liquidis aqua fundamentum est.
Tactaque confusis intus discordia succis
Lucet, et admistos videas distare liquores,
Communique sinu calicis discrimine claro
Quaeque sui lateris servet natura colorem.
Mergitur in medio plumbum tripes, & cavus ille
Extat apex tecti stipatus fomite lini.
Stuppa madens liquidum tenui face concipit ignem,
Et circumfusum spatio flagrantis olivi,
In vitreis mille vadis fumans coruscat,
Et tremulo vibrans a vertice lumen acutum,
Leniter umbrosam jacit in penetralia lucem,
Et placido densas aperit splendore tenebras.
Hoc tamen emensa fuerat jam nocte recumbens,
Praedefluo quoniam pueris vigilantibus horas
Consumpto bibulum defecerat unguine lumen.
Sed puer, extincto abstulerat qui lampade lychnum,
Quem deponendo sursum laxaras, eundem
Neglexit solito addictum restringere nodo.
Laxior hinc humili fluitabat linea tractu,
Grata lucis inops, & caeci plena pericli.
Nam laqueo summum dentata minacibus uncis
Armabatur, & his male tunc fuit obvia [illegible].
Peius male, et nunc Christi favor, qui bene vertit
Feralem nobis memoranda in gaudia casum.
Ergo (videte manum Christi) male pendulus ille
Per tenebras solito fusus subtilius infra
Aeris assuetum spatium pendebat; & inde
E capitis regione pari libramine fultus,
Ut stares hujus erat, securum, heu! cuspide telum
Excepit faciem venientis, & inde acuto
Occurrens oculum, venamque per intima lapsus
Mucro subit cilio; qua vis fuit arte medendi
Cauta manus levem timido moderamine molem
Ducere, palpebramque levi seducere tractu.
Percussus subito tam duri verberis ictu,
Exclamat, trepidasque manus [illegible] ad ipsum
Fert oculum; & pariter clausum cum lumine ferrum
Continet, ut regimat, vel si cadat, ut labentem
Excipiat globulum, qui lancinat lumine [illegible],
Intra sollicitum [illegible] liquido interfuso
Sub vitreo nigri [illegible] imagine pupae.
Hic velut radiis [illegible] sedemque [illegible]
Felicis, & [illegible] specie patebat,
Dum [illegible] sensus [illegible] [illegible],
Ac si forte gravi contactu [illegible], vel ista
Heu! male distillans [illegible] [illegible] [illegible],
Prosilit iste globus, [illegible] [illegible]
Deseris aridulam vacuata luce lacunam.
Interea puer excussum clamore dolorem
Accurrit, [illegible] [illegible] relinquens,
Accensumque manu praetendit ad ora lucernam.
Clauserat hic quondam vulnus, & [illegible] [illegible]
Contiguo [illegible] [illegible] in altum,
Ut daret [illegible] librato corpore [illegible],
Vulneris arbitrio [illegible] [illegible] gubernans,
Dum timet adverso vulnus diducere motu,
Captivique oculi ut uno, quo liber agebat,
Lumine discrimen fatali parte cavebat,
Nec tamen audebat [illegible] attingere ferrum,
Ne simul haerentem ductu mucrone & orbem
Extraheret, neque jam poterat sub lumine sui
Ferre moram teli, sed desperante medelam
Ex ope mortali, divina mox ope Felix
Implorandus adest, quem tanto in vulnere patronum
Advocat, & tali depromit voce querelam:
Hei mihi! quanta meus [illegible] [illegible] labores,
Qui tamen merui plagam Felice patrono,
Utriusque simul, Felicis & insuper ipso
Numine [illegible] [illegible] heu! magno [illegible] ingens
Crimine, quod nunc poena facit, [illegible] [illegible] servit.
Sancte, precor, succurre tuo: scio [illegible] [illegible].
Et de contiguo [illegible] hac auribus aula
Audisti, Felix, [illegible] infelicis alumni;
Sive modo excelso latus conjunctus adhaeres
Ante thronum magni Regis confessor, amicus,
Pauperis [illegible] [illegible] tui tractus [illegible] [illegible]
Accipis ore Dei, neque [illegible], sed prece illic
Quam mihi [illegible] Christum [illegible] [illegible].
Ergo veni, Felix, animaeque patrone Paulini,
Nunc pro corporeo medicus mihi [illegible] periclo.
Curre precor, [illegible] [illegible] [illegible] [illegible]
Lapsum oculo, & [illegible] quod [illegible] [illegible] ferrum,
Quod [illegible] [illegible] [illegible] [illegible], ne [illegible]
Lumine despoliem, dum caecus [illegible] solo.
Sic etenim [illegible] mihi [illegible] [illegible] [illegible]
Inferno sub operta oculi penetralia [illegible],
Ut tamen divina manus, quae [illegible] ipsa
In oculis [illegible], quae te [illegible] [illegible] [illegible]
Sanifica virtute dedit, qua [illegible] [illegible]
Excruciando [illegible], quae corporis [illegible] [illegible]
Pellere [illegible] [illegible] [illegible] Christi,
Omnipotentis [illegible] Domino: quo [illegible] [illegible] [illegible]
Suscipe [illegible]; nec te [illegible] [illegible] [illegible],
Sed magis a te victa cadens. [illegible] [illegible]
Vulnera [illegible], [illegible], placidi [illegible] [illegible] Christi.
Sed Domini ipsius verbum [illegible] [illegible],
Qui peccatorem vitam [illegible] [illegible].
Judicia si jure velis [illegible] [illegible],
Non sum ego tamen sed [illegible] dignus utroque
[illegible], ut talia [illegible] [illegible], [illegible] [illegible] [illegible]
Corde [illegible], de quo male [illegible] [illegible]
Corporeis, [illegible] justis, oculumque iniquis,
Et peccatorem [illegible] [illegible] [illegible] esse,
(Si [illegible] talem esse [illegible]), quaecunque figuram
Criminis

Criminis, sit digna venia, jam si quis esse
Comperit: ut dudum cepi pars esse tuorum,
Quem ego non patriis tellure semper secutus,
Sed desiderio, quo me tibi, sancte, dicarem,
Per maria, & terras emensus per vada veni;
Europamque bonis, cognataque vincula terrae,
Ut tibi servirem, rogo, conservisque illis
Conjunctus & ego justo tempore; quod & hac ope monstras,
Ne perdam tempus consumere valuerim lumen.
Da, precor, indigno famulo tam nobile munus
In laudem Domini; praesta hoc indigno dei
Sancte tuo, ut, confessor tibi quam gloria Christi
Luminis aeterni maneat in saecula lucis,
Hunc habeam annalem oculi, pariterque celebrem
Felicem & lumen mihi de Felice receptum.
Talia dum pluras suspiria, summa ecce bonus
Prospera sunt Felicis adesse, dolensque ... [illegible]
Adspiciens certe frontem oculosque, manusque,
Ne tumeat toto auferens prorumpere ferrum.
Vis haec conatur huic, & quasi lubricus error
Ex oculo cadit absque oculo; tantum unda securum
Eruenit lacrimis, quem suppresserat, astum:
Meis oculis sanati purgatum nostro periculi
Tam puro nitidis speculo, quam nunc quoque sanum
Cernimus aeternum collucens munere Christi.
Et pene plus hodie solito nitens, quia lumen
Addidit ipse dies qui reddidit. ergo fideles
Cernite nunc animus tenui discrimine in illo,
Et pariter sancti perpendite munera astum.
Vir jam maturo gravis aevo, & corpore callens,
Sexaginta annos quem paucis tulerat ante;
Et vice suspensus lychni pendebat aperte
Sed non sponte oculo, quem dulcemdixit sentiens
Subdito clavus cilio, neque valeat agitare,
Divina prohibente manu, quae fecerat illic
Innocuamque aciem ferri, simul & leve pondus;
Qua pituita gravis, palpebrae insidentibus, & quae
Nec minimam perferre queant durante artus,
Hac grave & incurvo, quia credas? strenuis istis;
Insuper & lychno contractus sordibus unctio
Finem, laedere diu tutamen praestitit ... [illegible]
Pupillam, & nullo tormentum valuere visum.
Quae tam subtilis digitis manus, aut opis ars,
Quae se tam tenui posuit discrimine junctis
Inserere; & medio palpebrae oculique habitaret,
Inter utrasque viam fragili per utramque dimota
Illaeso penetrans oculo, tutaretur ferrum,
Quod solidi crassi tamen complexus aperte
Orbem oculi, figens orie, nec vulnere laedens;
Quae manus hoc potuit, nisi quae magnam omnia fecit?
Spiritus ille Dei penetrantior omnia per omnem
Naturam rerum, tenui subtiliter errans,
Perdita caecatis qui lumina reddidit, & qui
Ex utero caecum nova lumina fecit habere,
Vultum imperfecti naturae corporis implens
Arte creatoris, qua totam perficit ortum;
Filius ille Dei, manus & sapientia Patris,
Omniparens rerum sator, & conditor Christus.
Ipse illum quondam non plenum matris in alvo
Finxerat, ut post haec homo factus & ipse creator
Hoc quoque divinis opus mirabile signis
Adderet, ut vultum suppleret vilibus oculi.
Denique lucem sponsam stemma fecit, unde negatum
Nascenti oculorum credentibus redderet usum:
Materiaque eadem defecta in parte peracta
Semiperfectum hominem, quem toto corpore finxit;
Ut seipsum nostra venisse in carne probaret,
Qui cum Patre Deo communis imaginis olim
Composuit limo, & flatu formaverat Adam.
Ipse opifex, lux nostra, Deus, Felicis amici
Natalem tanto voluit decorare tropaeo;
Ut confessoris meritum sublime potentis
Munere monstraret, cum ut cumularet honorem
Martyris hoc opere, ingeneret cui contulit olim
Nobilibus titulis benedicto munere palmam,
Quam indefessa in eo virtutibus usus
Tempore continuat Domini clementia Christi.
Sed nobis voluit specialem tempore in isto
Laetitiam donare Deus, propriisque parentum
Tale aliquod propriis operans signum dare servis,
Quo nos laterum propriis Felicis alumnos
Praeferret, et merito illius, cuiusque docerent
Vivere, quo nostram servant custode salutem,
Saepius infestum nostrorum casibus hostem
A nostris pariter miseratum, & vertentibus erupt.
Denique jam nostri gaudemus honore periclit,
Cernentesque pari splendentem lumine visu,
Quem pene amisso deformem vidimus usu,
Laetamur tactis hoc sospite fratre medullis,
Quem tanto nobis donavit munere Christus.
Jure oculis hunc aequo nostris, in lumine cujus
Felicis manus in Christo mea gloria fulget.
O felix casus, bona vulnera, dulce periclum,
Per quod cognovi me coram martyre esse.
Tanti namque fuit lumen mihi pene perisse,
Ut modo Felicis de lumine lumen haberem.

POEMA XXI.

De naufragio Martiniani scribit ad Cytherium, quem laudat, quod filium suum Sulpicio Severo instituendum tradiderat.

MEROPIUS PAULLINUS CYTHERIO FRATRI IN CHRISTO SALUTEM.

Martinianum spiritu fratrem mihi
  Unumque germanum fide,
Quem tu dilectis prosecutus litteris
  Ad nos venire miseras,
Nunc vix laboris comparem factum sui
  Scriptis loquentem perditis,
Sed caritatis indicem plenum tuae
  Ut te tuum suscepimus,
Et veritatis litteris epistolam
  De cordis signatam tuo,
Cum te referret spiritali littera,
  Et mente & ore legimus.
Tunc ambo nexi ad invicem dextras damus
  In osculo pacis sacrae,
Et immolamus hostiam laudis Deo,
  Gratesque Christo reddimus,
Quo liberante, nostra sospes e mari
  Intraverat hospes limina:
Nam dira passus, & tamen miracula
  Expertus in periculis,
Patria profectus cognitus causa tibi
  Iter pedestre legerat:

Sed longa secum spatia terrarum putans,
  Versis viae sententiam,
Et otiosum destinandi navigium
  Fretum laboris praetulit.
Narbone solvit per brevem ponti viam
  Fragili carinae creditus.
Hinc ille gressu vix piger versa vice
  Fit navigandi promptior.
Jamque ut profectus continenti litore
  In alta processit freta,
Jam nocte densa, sed sereno lucida
  Ridente tranquillo maris,
Cum sola cursus ordinarent sidera
  Absente tum luna polo;
Navem repente temporis longo putrem
  Usu vetustam defectis,
Laterumque laxis solvitur compaginibus,
  Undique rimis accipit.
Cunctis soporem suaderet tranquillitas,
  Tantum gubernator vigil
Labente blandis classe securus vadis
  Iter secabat spumeum,
Et somniorum provehendis cantibus
  Auras vocabat sibilo.
Interea navis altius decrescere
  Crescente pletura sui,
Tabulisque sese latius laxantibus
  Incurrit unda largior;
Quibusque nulli de salo fluctus erant
  In nave fluctus nascitur,
Et dormientum membra jam subterluens
  Udo rigore suscitat.
Ut sensit unus, mox et alter, omnibus
  Formido somnum discutit.
Timent pavore mortis, et causas adhuc
  Timoris ignorant sui.
Qua miseri fugiant pelagus inclusum via?
  Merguntur in navi sua.
Si conticata serveant ventis freta,
  Navi tenentur salo;
Intra carinae viscera infuso mari,
  Quo vita caperet locum?
Quis portus illis, queis et in navi mare est,
  Quod intus pressos enecat?
Sed aura, portus, et salus cunctis Deus
  Manum paternam porrigit,
Et inter alta mundi dorsa gurgitis,
  Pietatis expandit sinum,
Quo abrupta mortis incidentem excipit,
  Et in vado vitae locat.
Scapham sequentem quadriremis machinae
  Ad hanc opem paraverat:
Ut quem ab illa plebe navigantium
  Servare legisset Deus,
Susciperet illa, quae dehiscentem mari
  Classem admirabar cominus,
Hanc ipse navis rector, et cum litore
  In alta primo solveret,
Novatianus ille, discissam fidem
  In corde portans naufrago,
Homo omnia, et ipsa morti cogitans
  De more suo volvit,
Ut esset eorum portio, in navem suam
  Properat statim conscendere;
Et cum periclo stringeretur ultimo,
  Melius est expellere,
Ut fune rupto quam trahebat rati,
  Dimitteretur aequori.
Sed plurimorum vitae victus obvia,
  Ab utraque mansit littus,
Quia praevalebat omnium sententia
  Auctore Christo fortior,
Ut non salutari barca perfugio foret
  Puppi superstes obrutae.
Insueta naufragii facies erat,
  Mors navis, et pax aequoris.
Foris sedebat in freto tranquillitas,
  In nave tempestas erat.
Non fera classem, non procella fregerat;
  Sed bis vetustas fortior
Clavante ferro firma ligni robora
  Ævo terente solverat.
Caelum serenis emicabat vultibus,
  Astris renidebat mare.
Verum quid illis laeta ventorum flamina
  Pelagique praestabat quies,
Quos deferebat in profundo mersoria
  Vectura delapsa ratis?
Bibit unda navem, navis undam combibit,
  Sorbentur, et sorbent aquas.
Inebriati navitae potu salis,
  Tristi mercantur crapula.
Ridebat aliis mitis unda navibus,
  Unique saeviebat rati.
Sed in periclo plurimorum cernere est
  Caelestis actum arbitrii.
Commune cunctos una quos navis vehit
  Periculum mortis manet;
Et ecce variis dividuntur casibus,
  Ad mortem, et ad vitam dati.
Quod ne putemus forte permixtim bonis
  Simul tributam vel malis,
Constat perisse Christianum neminem,
  Et interisse perfidos.
Namque aut maligno corde Judaeus perit,
  Reus aut superbo schismatis.
Quemcumque Christi recta signavit fides,
  Hunc vita cognovit suum.
Tantum fuere Christianis additi
  Necdum hoc sacrati nomine,
Quos de profundo juncta servavit fuga,
  Quia Christianis haeserant.
Nam cum infideli plebe navigantium
  Nullus fidelis mersus est.
Ut clara magni veritatem mysterii
  Ostendit in paucis Deus,
Quod fine mundi dividendis gentibus
  Discrimen hoc consors erit,
Cum praeminente vexillo crucis
  Transibit ultor Angelus;
Sic nave in illa turma morti traditur,
  Qui veritate perditus.
Vixere juncti Christianis impii,
  Viventes nostro lumine.
Nam Christianos aggregare mortuis,
  Virtute cassa mors fuit.
Quia fronte signum Christianis emicat,
  Quo mors subactis corruit.
Navarchus ipse perditor princeps ratis
  Pereuntibus primus fuit.
Namque ante pelago quam periret naufragus,
  Jam mente naufragaverat.

Et mersus ille, quem carina fictilis
  Decreverat, error inferis.
Perisset ille se periclo simplici,
  Sed debitum morti caput
Captiva dignis mancipari vinculis
  Adstrictus in flamma ligno.
Nam ne superstes navis, & mersus foret,
  Necem saluti praevalet.
Martinianum jam supremo flamine
  Mergentibus salsum viris
Tumultuantis excitat turbae sonus,
  Somnoque mortis excitat,
Qui tunc remoto fessus in prora sua, &
  Securus innocentia,
Jonas ut olim ventre navis abditus
  Somnum anhelabat gravem:
Sed excitatus inclamatis undique
  Perterritorum clamoribus,
Pavitansque turbae membra quassa omnia,
  Duro cubili prosilit:
Mersisque mersis lintea in malo arvo,
  Laterem jam cum, quem solent,
Ut vela tollant, sive cannis subrigant,
  Nautae expediti currere,
Tabulis adhuc supernatabat carinula
  Operta navis gurgite;
Viam salutis hac vi remanentibus
  Martinianum jungitur,
Et agente Christo de gladio mortis fugam
  Comes sit evolantibus,
Scissaque salo, minis in cymbam procul,
  Quae plurimis portus fuit.
Et parte cursu devictus haeserat,
  Cum classe mergendus mari,
Nisi Christus illum ore unum praesentem sua
  Rapuisset e mortis lacu.
Sicut recessit fugit olim vestibus
  Joseph sua amantem feminam,
Sic hic relictis omnibus undas, fuga
  Evasit insidiam rogum.
Et sicut olim jussa letum ceteris
  Excepit ore bellua,
Et blanda lene lubricum per guttur,
  Transfudit in ventrem suum,
Incolume corpus dente suspenso vorans,
  Et quem vorabat non edens:
Sic hunc ab alta nave in undas corruentem
  Suscepit occurrens scapha,
Tutoque vexit sola per medium sinum,
  Donec referret portui.
Sed mortisque magni vaticinatio,
  In quo sit mysterii
Imago mortis triduani funeris
  Reduci salute praestitis,
Paucis resumo carminis vestigia
  Recurrere ad Jonam liber.
Contemptus Domini mira: mersus aequore
  Injustus unda fluctuat,
Vivit voratus, quique glutitus, manet
  Vivens jejunus cibo.
Et praeda cum sit, esca non est belluae,
  Domusque ventris utitur:
O digna Sancto classis fugitivo Dei!
  Capitur mari, quo fugerat,
Alvumque vasti missus in ventrem ferae,
  Vivo tenetur carcere.
De nave justus perit; sub undis navigat,
  Exul fuit, & hospes fuit;
Spatiatur antro belluini corporis
  Captivus, & liber manet.
Nam liber undis, intus mare & extra maris,
  Natat in natante bellua,
Clausisque quamquam corpore exit ad Deum
  Volans Prophetae spiritu.
Corpus tenetur corpore, at mentis fugam
  Terrena vincla non tenent.
Inclusus alvo carceris rumpit preces,
  Auresque perstringit Dei;
Orationi liber, & vinctus fugae
  Fide sua sese arguit.
Nam qui putarat per mare evadi Deum,
  Ex nave celari Deo,
Nunc iste, & intra belluam mersam mari
  Adesse credit arbitrum.
Jam nos referre flexilis verbi pedem
  Oportet ad Jonam meum,
Quem mare cum cymba suscepit caput,
  Utrumque conclusum suo
Vexit trementem frigore & formidine,
  Salvumque terrae reddidit.
Mirum renarras, si per illud temporis
  Cum puppe praecepta cadens
Salvum in illam decidisset naviculam,
  Eamque vertisset levi,
Quae cymba modicum demersa clausis aequore
  Olente sentinae lacu,
Statim sopore frigidos arcet Deo,
  Quieto sopitum sacra.
Nudumque, & udum, saepe quae somnos solet,
  Dormisse lecto mollius.
Spatiumque tanto quo relatus litori est,
  Sacrato fuisse deditum,
Nec aqua excitatum, quae madebat, nec gelu,
  Quod meditare trauerat;
Licet esset a quo tempus anteactum tepens,
  Sed naufragis biennium erat,
Quem perditorum dura damna tegminum,
  Gelidaeque quassabant tremor.
Aliud stupendum, quo sublimem gratiam
  Martiniani colliges,
Dilecte frater accipe, & lauda Deum,
  Sanctumque fratrem amplectere:
Ut adlaboratum portui sensit ratem,
  Stridente arena litoris,
Aberrante somno sic sui tandem compos,
  Recipitque sese, expergitur,
Et adspicatur pectori tangit suo
  Epistolas Apostoli.
Hanc in pavore ceciderat, sed inscius,
  Rerum relictis sumserat.
Vel ille eadem spiritu vivens sacro
  Non sentiens adhaeserat.
Metire, quaeso, quis nisi Christus suae
  Dedit hanc ministro praesidem?
Testatur iste nec cogitatum sibi
  Illo periculi tempore,
Ut implicatam fasciis membranulam
  Meminisset illinc tollere.
Quod si sobitisset in mare ceterum sinum,
  Nam & vacasset quaerere.
Sed in salutem liberatum corpore
  Paulus Magister adfuit,

Amansque puro corde lustratum sibi,
De morte abduxit manu:
In quo eximendos e maris fundo viros
Largitus est Paulo Deus.
Quae quondam in ipsis navigante Apostolo
Fuit potestas gratiae,
Haec nunc per ejus suffragantis litteras
Martiniano, & ceteris,
Qui Christianis tunc cohaerentes fuge,
Discrimen a discrimine
Tutum paravit, ut salutem impiis
Discriminarent naufragos.
Ergo ut biremis applicata litori
Expulsit hamatos viros,
Vitam remensi, & requiescentes simul,
Opem saluti flagitant,
Ne lucri fluctibus rursus dati
Algore perirent, & fame.
Sed proxime inde prodita Gallicano solo
Massilia Graium filia,
Alumna sancta Civitas Ecclesiae,
Pandebat humanum sinum.
Urbem hanc petentes, naufragi nudum latus,
Alii, tegique postulant.
Martinianum suscipit fraternitas,
Tectisque apricat, & cibo.
Sed copiosa caritate pauperum
Stipem pusillam commodant.
Exigua largus pascitur affectu dona:
Orando ditans hospitem,
Et spiritali divitem viatico
Cum pace dimittunt sua.
Caligis tantum ille vilibus donatus est,
Ne mutico erraret pede,
Qui maluisset corpori tunicam dari,
Quam calceari frigidus.
Sed ire terra, quamdolet pallio nudus,
Nudi pudore respuit,
Reputans & illud, ut pararentur loca
A mare nudum fugere.
Si veste tenues pauper perveniens
Castella, vicos, oppida,
Qualia vagari per mare, & terras solent
Avara mendicabula,
Qui dejerando, Monachum se, vel naufragum,
Nomen, calamque vendicant:
Verum iste noster Christianum, quamlibet
Et naufragum vere ferens,
Similis putari praecaverat fallentibus,
Aliosque falli non volens,
Non vult viatoris sine re nomen novum
Acquirat impostor sibi;
Marinamque vitae ferre mavult navigans,
Quam fractis astutum inambulans.
Panno ergo sordens, calamitosum vitam,
Fluitare rursus eligit.
Repetitque portum, & terrae tuta via
Praevertit iratum mare;
Ut nave tectus atque velis bonum,
Velut expeditus navita,
De nudinatu navica contuens
Nudi pudorem evaderet.
Favens fideli tum Deus confidentiae,
Prosequitur amicum fidem,
Vicesque mutat, dura compensantibus
Adversa pensat prosperis,
Solidamque navem pugiunculo integram
Ad pervehendum praeparet;
Pacem procellis imperans, undas fugat,
Cursumque in aura dirigit:
Tali quiete temperans auram, & mare,
Ne pace cursus haereat,
Periculosa nec tamen flatu gravi
Perurgeat velocitas.
Sic ille Christo blandiente mollius
Expertus asperum mare,
Longinquiorem portum ab urbe adtingitur,
Cui Centumcellis nomen est;
Ac inde navi promovere urbem longius,
Intraret ut portum Phari;
Ubi ille credens se priorem jam
Telluris optata sibi;
Navi relicta laetus insiliat solum,
Romamque festinat pedes:
Illic amica tecta fratrum, civium,
Optatus hospes invenit;
Respirat amore, compensatis omnibus,
Dei accipitque gaudia:
Patria fruentes invicem reddunt sibi
Deo ferentes gratias.
Martinianum mersa perdurans infelix,
Tolerata narrans fratribus.
Lacrimas in ipsis gratulationibus
Miscent refusis pectoribus.
Theridius aberat inde tunc mecum meus,
Vir, mentem a Christo mihi,
Vir pacis, & vir legis, & vir gratiae,
Requies, voluptas, mens mea:
Hujus cohospes ceterum Paulinus pius
In urbe servabat domum:
Martinianum hic veste nudum naufragum,
Et veste cooperit sua.
Donumque tunicae, quam solebat induere,
Geminat cucullae munere.
Largitus ipse tunc vicissim, ut naufragus,
In veste mansit unica.
Post haec & ad nos pergere incoepit viam,
Qua sternit aggerem silex,
Cui munitor Appius nomen dedit,
Terit terrenum tramitem,
Qui veste trita navigator venerat,
Pedes viator exterit.
Sed ut vel ista pervius intentis via
Solitis vacaret casibus,
Impune pigram non tulit fortunam,
Qua tendere ingressu piget.
Ab urbe Capua, quae loco sancto meo
Bis dena distat millia,
Nactus vacantem sarcina mulum (ut solent
Jumenta revocari domum)
Parvo breve per iter aere conductum sedet;
Mediaque mox spatio viae
Mali pavore sessor excussus procul
Vectore subitato cadit.
In ora lapsus, ora non laedit sua;
In saxa fusus, & rubos,
Nec fronte vulgus, nec lapide crura contudit,
Felicis exceptus manu;
Qui jam propinquantem aedibus fratrum suis,
Non passus externo mali
Suis periclum in finibus capessere,
Hostem removit invidum,

Et hunc fidelis compotem voti, suis
  Confessor indicit litteris.
Nostrisque juxta sedibus generum locasse
  Felix paternus hospitem.
Paulum hic rogatus indidit, ut hic refert,
  De te beata nuntius:
Referensque pacem de tuis fratribus legens,
  Quasi labra melle asperserit:
Sic de favorum mihi tuorum guttulis
  Dulcissimum gustum offerens,
Magis coegit, quam teneri non decet,
  Desiderari litteras.
Sed cum ipse causa litterarum venerit,
  Et litteras vidi tuas,
Non atramento calami, sed corporis stilo,
  In fratre praescriptas bono;
Ignotum ante, mox ut esse cognitum
  Coepit, sic et carissimum.
Ab intus ejus emicabat gratia,
  Sermone mentis nuntio.
Bonus, inquit, omnis de bono profert bona,
  Et arborem fructu vides:
Sic iste verba bonus, et castus fide,
  Et fronte honesta lucidus,
Dulci benignae caritatis flumine
  In nostra fluxit viscera.
Super haec amicum munus se judicans tuum,
  Quo plus amaretur dabat.
Nec enim ulla nocti de lumini communio est,
  Lupus nec agno congruit.
Hinc et propheta, sicut (inquit) alitum
  Pares in unum convolant,
Sic semper apta qualitate moribus
  Justitia concurrit bonis.
Matrimonium sic tibi longe parem
  Germana mens conveniet,
Speculumque morum et fidei instar tuae
  Est coelitum dilectio.
Benedictus auctor semperque Sanctorum Deus,
  Non stulta jam tantum, atque
Infirma mundi destinans eligere,
  Ut alta mundi destruat:
Sed ut ipse dixit, cuncta jam sursum trahens,
  Et alta mundi vindicat.
Quoniam ipse fecit et pusillum et magnificum,
  Utrosque jungit gratia,
Et quos Creator opere in uno condidit,
  Hos recreat uno munere.
Convertendis omnem classem infidelium,
  Mediante ut cunctis fides.
Ut fiat omnis subditus mundus Deo,
  Omnisque lingua et dignitas
Super omne Jesum nomen unum in gloria
  Regnare fateatur Patris.
Huic jam et potentes saeculi curvant genua,
  Deduntque cervices Deo,
Regemque Christum confitentur Principes,
  Et sceptra substituunt cruci.
Coeunt in unum purpura et pannus gregem,
  Pastores concordes Deo.
Commune regnum, singulis unus omnibus,
  Summis et imis Christus est,
Qui te decorum gloriosa saeculi
  Honore, litteris, domo,
Ditavit humili corde, ut aeternam tibi
  Conferret altitudinem;

Et ut cohaeres divitum caelestium,
  Esses amator pauperum.
Beatus es nunc tanto pauper, sed spei
  Dives, quo gaudent pauperes,
Qui defraudati lubricis mundi bonis,
  Caeli fruentur gaudiis.
Hos inter alto in Abrahae gremio sinu
  Secretus ab igne divitem, et
Refrigerantem roribus vitae locum,
  Deus vivorum praeparat.
Insigne tanta jam spei certum tibi
  Magno coruscat pignore,
Plantata Domino in atriis Hierusalem,
  Tui propago germinis.
Namque ut fideli te patri compararet,
  A te poposcit filium,
In semine Isac semen adscribens tuum,
  Ipsumque ut Isac expetens,
Quem tu Abrahamae caritatis aemulus,
  Vivam dedisti victimam,
Deoque tradens jam peremisti tibi,
  Ut salvum haberes filium.
Nunc iste vobis exter, et vester manens,
  Terrestris exsors saeculi.
De matris alvo promptus esse, quam parentem
  Matremque cognosset suam,
Bonumve sapere aut malum discerneret,
  Beatus elegit bonum.
Et nunc in aula parvulus ludit Dei,
  Et ore lacteoli canit:
De ventre matris et die prima mihi
  Tu Christe protector meus.
Audistis et vos quod beatis dicitur?
  Potens erit semen tuum,
Habes et illud: venerit a fructu tui
  In sedibus ponam meis.
Qui semen David quamlibet Christum sonat,
  In Christo et iste continet,
Qui Christiani corporis collegio
  In sede ponetur Dei.
Vobis et Annae sortitur consortium
  Infantis exemplo sacri.
Samuel et iste crevit in templo Dei
  Nunc agnus, et pastor dehinc.
Contexat illi sedula mater manu
  Ephod staturae congruum,
Quem spiritalis in Dei verbo sacris
  Doctrina texat liciis.
Sitque in superna veste cingulum mentis
  Intextus ipse fimbriis,
Sanctumque Christo Nazaraeum verticem
  Passis adornet crinibus,
Animaeque pulcrum crine virtutis caput
  Armetur operosa fide.
Nec hujus umquam desecans novacula
  Ascendat in damnum comae.
Et ut ille Samson vi capillorum potens
  Virtute crinitus sacra,
Sternat leonem strangulatum fortibus
  Orationum brachiis,
Dulcemque fructum nobilis victoriae
  Decerpat ore mortui.
Sed hoc ab exemplo admonitus caveat sibi
  Aliena adire foedera.
Allophyla mulier est mihi lex carnea,
  Blandis dolosa vocibus.

Si

Si lege mundi ista se lex fortior,
In jura peccati trahit;
Maleficaque verbis fraudis arte dulcium,
Animum virilem effeminat;
Excaecat oculos mentis, & radit caput,
Spoliatque & enervans fidem.
Hac parte Samson nolo sit noster puer;
Ne misceatur copulae,
Quam consequatur proxima captivitas,
Informitas, & caecitas.
Licet ille fortis postea receperit
Robur renatis crinibus,
Manuque ductus de mola ad ludibrium
Hostilis exsultantiae,
In caecitate corporis mente integra
Vocarit ultorem Deum,
Et restituto rursus capillis robore,
Prostraverit hostilem domum;
Cujus columnas fortior solita manu
Ut claustra amplexus gravi,
Collapsa fulcris tecta subductis domus
Cecidere in ipsum; sed tamen
Et morte in ipsa perpetravit heros Dei
Hostem ruina mulctans:
Et gloriosa morte pensavit sibi
Vitae subactae dedecus,
Qui servus hosti gloriante vixerat,
Hoste obruto victor cadit.
Et plura moriens interemit millia,
Quam vivus interfecerat.
Imitetur illum filius noster volo
Sic morte mortem, ut permanens
In carne carnem vincat, & vivat Deo,
Peccata carnis opprimens.
Sed nolo carnis gaudiis, ut noxiis
Dolis subactus decidat,
Affigat animum, postea suas hostium
Virtute sumat gratiae.
Samuel in ista parte sit, quem jugiter
Sanctus, atque acceptus comam
Per tota vitae tempora intonso capite
Praeteritus aevum flamine.
Et inchoatam servitute infantiam
Usque ad senectam protulit.
Occidat Amalech, & pie saevus Deo
Peccata carnis immolet,
Quibus perempta interit quoque Zabulus,
Invisus aeternum Deo.
Saul in hoc deficiat, & regnet David,
Pusillus altum destruat,
Ut non sit altus spiritu superbiae,
Nec lividus zeli malo;
Sed humile cordis, celsa virtutum gerens,
Ascendat in regni thronum,
Et illa Samson gesta, quae priora sunt,
Sequatur ut rudes novas,
Cum fila rumpat, nec fidem prodat suam,
Ne perdat ignavus comam.
Crinitus operum viribus caelestium,
Praeterita rumpat vincula,
Palos refringat, mille prosternat viros,
Una subactos dextera:
Quia nostra virtus, & caput Christus Deus,
Qui dextera & virtus Dei est;
Virtute cujus mille serpentum dolis
Nos appetentes vincimus.

Sic fortis anima mortificans adipem suum,
Pigri jumentum corporis,
Decoctos humores lateris intestinos
Pallore vultum livido,
Et triumphato carnis victrix castitas
Confessum ignem criminum.
Exuriat oculos, mollior ut contemplatur
Tenerus continentia,
Tunc innovatur qui intus est visu potens
Informitate corporis.
Tunc mille a latere, dena a dextris millia
Arente maxilla cadent,
Si mala nostra salva sint otio,
Quae est nisi aeterni exitium;
Quia succolenti corporis licentia
Retunditur jejunio.
Et tunc triumphus, semperque nobis ancipites
In arefactis ossibus.
Maxilla talem praebuit quae dedit,
Dat affluenti poculum,
Jejuna sacri carnis ossa irrigans
Sancto rigante Spiritu.
Sed quae ante sanctis in figuram gesta sunt,
Nobis in actum scripta sunt.
Ut quod parentes gesserant corpore,
Nos actitemus spiritu.
Fluxere vetera, cuncta facta sunt nova,
Vacuavit umbram veritas.
Adest salutis jam dies, hiems abiit,
Et terra vernat floribus,
Audita jam vox turturis, tempus canit
Incidendis adest.
Epulemur ergo veteri fermento sine
In Veritatis azymis;
Quia Pascha nostrum Christus immolatus est,
Intraque nos regnum Dei est.
Quare vetustis absoluti legibus,
Jam non in umbra degimus.
Quae nota legis, & Nazaraeum jugo,
Quasi comarum sarcina
Christus levavit ipse Deus, ille & suis
Factus redemtis in caput.
Quo capite liberi super nostrum caput
Discincti vicio incedimus.
Illos decidimus impedimentorum comas,
Umbraculumque verticis,
Quibus tegebat corda velamen, sacra
Obnubilans mysteria.
At nos recusso litterae velamine
In luce corporis sui
Exhibitam veritatem cernimus,
Facie revelata fide.
Puer ergo noster legis atque gratiae
Alumnus, ex utroque sit
In spiritalem comparatus gloriam,
Ut vetera promat, & nova.
Fortis pudicis actibus crinem agat,
Ferrumque damni nesciat,
Ut a machaera noxiorum dogmatum
Conservet intactam fidem.
Sed rursus idem & Evangelico desuper
Mentem refectus lumine,
Ponat capillos oneris & velamina,
Servus Dei, & liber fide.
Hunc lacte primo per Prophetarum ubera
Lex paedagoga nutriat.

Hunc Angelorum pane dulcis gratia
  Et melle de petra cibet.
Inebrietur sobrianti poculo
  De fonte sancti Spiritus.
Et ipse tu mox consummatus filio,
  Ut palma florescas Deo.
Et ecce conjux in jugo Christi, tuo,
  Ut vitis exundes bona
Domui, Deoque: casta fœcunda tibi
  Lateribus in domus tuæ,
Curas mariti fastidiens, curans fidem,
  Sancti corona conjugii,
In castitate liberos nutriens
  Vitem novellantem Deo.
Hunc namque vestra vite fœtum palmitem
  Sacrum dedicandum Deo,
Radicis ipse ramus et radix suæ
  Sacram suam stirpem trahat.
Ut ille quondam providentia Dei
  Distractus in servum puer,
Ad arva frugum missus est, ut & patrem
  Præiret & fratres suos,
Qui mox per orbem consecutura fame,
  Patris altor & fratrum foret.
Sic iste forsan in sacram panis domum
  Vos antecessit filius;
Ut & parentes pascat & fratres suos
  In illius mundi fame.
Ubi terra tribulos parere nobis largiet,
  Egens bonorum frugibus.
Et hic spadoni verbum dici potest,
  Qui castitatis servus est:
Et qui in virili jam manensque est castitus
  Spadonis ob regnum Dei,
Quo nutriente, roboretur in fidem,
  Et charitatem masculam,
Irretientis seculi pompam illicem,
  Ut impudentem fœminam
Casto superbam respuat fastidio,
  Nudaque vitavit fuga,
Et acre vertit gladiis insidium
  Potens salutares pati.
Ut ille quondam, sic modo iste carcerem
  Pro castitate perferat;
Ut a juventa singulariter sedens,
  Tacitaque secluso domo,
A. e galero tecta solitudinis,
  Splendet & aureo suplat.
Dapibus ciborum præferat lectus domorum,
  Ut gaudium dote ferat;
Seseque, duris spontè nectat legibus,
  Culpæ ut resolvat vincula,
Patientiaque compedem imponat sibi,
  Nec sede, nec sensu vagus.
Et tunc ab humili cella provocabitur:
  Quia qui superbos deprimit,
Humiles exaltat, dansque parvis gratiam,
  Resistit arrogantibus.
Sic ille Joseph ante parvus factus est,
  Ut magnus esset: & nisi
Servus fuisset, non fuisset in sua
  Tellure servitii potens.
Ubi sustinuerat servitutem & carcerem,
  Ibi regnum opesque nactus est.
Sed sustinendo iniquitatis vincula,
  Justitiæ cepit præmia.

Sic & hic prudentem corporis custos sui,
  Ut claustra mentis carceris,
Si vitia carnis strinxerit Christi metu,
  Quasi vinculatis præerit,
Aliisque magni carceri inclusis adest,
  Et alligatis seculo,
Ut liber ipse, jamque commissum sibi
  Magister, & custos erit.
Namque ille jure qui suum servaverit,
  Aliorum habet custodiam;
Non ut tenebris permanere carceris,
  Sed liberos vinctos velit;
Sed ut recuperet docens exemplo suo
  Mundi carcere exui,
Et facile, propriis absolutus vinculis,
  Solvi docebit criminum,
Remisque mentis vir gubernans suæ
  Et ecclesiæ navem reget.
Nam quomodo ille proficietur proximo,
  Præesse qui nescit sibi?
Sed forma lapsus decucurrit longius,
  Revertar ad Joseph meum.
Castus beato flore vernat gratiæ,
  Ut Paradisi lilium:
Ut corde puro castitatis prudentiæ
  Potum pudicum hauriat;
Responsa dubiis exerat mortalibus
  Arcana interpres Dei,
Et emicante gloria famæ bonæ
  Notescat in Regis domo.
Placiturusque Regi spiritu prudentiæ,
  Secundus in regni decus:
Possessionis regiæ princeps erit,
  Præfectus in magna domo,
Stolam sed iste byssinam, & torquem aureum
  Gerat, apud Christum insignia,
Textam superna gratiæ vestem induens,
  Stolamque immortalia.
Contexta bysso vestis intemptam fidem
  Signum valenti stamine,
Nam fila byssi fortiora & sparteis
  Feruntur esse funibus.
Pro torque, collo caritatis aureæ
  Perdulce circumdet jugum,
Quod suave Christo, nec molestum pondere
  Adstringit collo, non premit.
Hæc inter ulnam dona sumat, regii
  Insigne juris, annulum,
Currusque trino Trinitatis munere,
  Curru vehatur regio.
Regalis etenim currus est Christi caro,
  Corpusque sanctum ecclesia,
Quo vehitur ipse millibus lætantium
  Agitator Israel Deus.
Imitare Christum: sic bonum, vita malum,
  Cœli vitam in terris age.
Et ipse te Rex ponet in currum suum,
  Regnique consortem dabit.
Et summa regni jura committet sui,
  Pandetque thesauros suos.
Sed ante digna largietur pignora,
  Ut regiis insignibus
Ornatus altum Regis ascendas thronum,
  Reserveque angelis prope,
Sapientiæ monile, gloriæ stolam,
  Fideique gestans annulum.

Sed ut ille tectus vir per Ægyptum puer
  Fuit exter Ægypti solo;
Et iste mundi, viribus praecinctus,
  Sit fortis Ægyptum super,
Ægyptiorum sed peregrinus domos
  Sic misceat, ut non mixtus sit,
Discatque sanctum, sede communi licet,
  De gente non sancta genus,
Tamenque in isto, tamquam in Ægypto situs,
  Sic demoretur saeculo,
Alienus ut sit saeculi negotiis
  Caelestis orbis incola.
In carne vivens vita carnis exulat,
  In lege mentis ambulans,
Totamque regni crediti metam sibi
  Peragrans in libris sacris.
Et sicut ille vir Dei Joseph pius
  Memphiticas struxit sibi,
Et amplioris horreis latas opes
  Foecunditatis congerens
Exuberantum dives annorum bonis,
  Jejuna pavit tempora:
Sic iste noster in sacratis litteris
  Perambulet regnum Dei.
Scriptura namque sancta sancti Spiritus
  Regni perennis mater est,
Et iste cura spiritali providus
  Struat ampla mentis horrea,
Ut dilatato largus ultra corporis
  Alimenta condat pectore;
Et cum vitali divitem substantia
  Perfecerit terram suam,
Tunc te ut fratris filii parentem
  Tamquam Israel ibit senem,
Et introibis longe, accito simul
  Cognationis agmine.
Pascetque natum in domo regis tuum
  Partis frumentum panibus.
Ut pullus aquilae dicitur senescentes
  Cura parentes ducere,
Quos vis senectae rursus implumes facit,
  Nidoque pascendos refert;
Donec repleti vestiantur corpore,
  Pennisque florescant novis.
Versa vicissim mater natura vice
  Sunt filiis pulli senes.
At cum veterno defaecata senectus
  Novam juventa properet,
Desueta longo remigia pennarum otio
  Natis magistris inchoant,
Mixtique pullis compares alitibus
  Leni per auras impetu;
Liquidum sereno tractibus lenis iter
  Secare sublimi juvat.
Placideque sudum ventilantes aerem
  Ala pari immobili
Dum se sequuntur, & vicissim praeeunt,
  Serto coronant circulo,
Utrumque regni caelitis mysteria
  Meta loquuntur alite.
Sacrum potentis explicant instar crucis
  Suspensa pennis corpora.
Volatus autem circumactus ambitu
  Spondet laboris praemium.
Sic iste pullus gratiarum filius
  Vestrae senectae praevidus,
Avium per alta commeantium indole
  Sit spiritalis aemulus.
Coronibus, & alis ardua fultus crucis
  Volet in coronam gloriae.
Qui sanguine proprio est derivatus, ut suum
  Fons totus in venam suam.
Vestramque primi rivulum sequamini,
  Ut fontem e confluis eat.
Benedicta proles, sancta radix, & boni
  Rami feraces arboris.
Dum deditis nutriendum filium;
  Et ille sic vobis alit,
Vos ut vicissim nutriat, cum puer;
  Senibus Magister parvulus,
Pietatis admirabili mysterio
  Factus parens parentibus.
Deinde cuncti, tota sanctorum cohors,
  Ad corpus illud verticis,
Quo sicut aquilae congregabuntur pii,
  Et vos volantes ibitis.
Quod non valebunt, quos habent nulli vetant
  Patrimoniorum pondera.
Cum prima signum suscitandis mortuis
  Caelo tuba tonaverit,
Hi nunc obesi spiritu superbiae
  Et opibus inflati cavis,
Haesi tenacibus compediti, nec sibi
  Sese explicabunt vinculis;
Quibus invidebam nunc ligantur, ut volens
  Tunc attineri ne volent,
Quia sarcinas & graves rebus suis,
  Mundi caduci divites,
Portare tantas non valebunt nobiles
  Ad regis occursum Dei;
Sed haesitantes in loco fixi suo
  Opumque pressi molibus,
A meridiano incendio mundi tempore
  Ruina mortis opprimet.
Ne quasso Dominus talium virgam Deus
  Admittat in sortem suam;
Neque ceu in horreum dividens fructus suos
  Messem iniquam tradere.
Vos ergo, magna cura pastoris mei,
  Paravi Christo leves.
Jamque expediti sarcinis agminibus,
  Laxate vinculis pedes,
Ut copiosa luce vestiamini,
  Exuto nudi saeculo,
Veniens ut hujus saeculi princeps nihil
  Inveniat in vobis locum.
Et vos praegravante mole terrea liberos,
  Et labe puros criminum,
Facile allevantes perferant tenui sinu
  Nubes piorum bajulae,
Sponsoque vectos obviam regi Deo
  Fulgore perfundat suo,
Ut sempiternae clara vitae gloria
  Mortale vestrum sorbeat,
Et ad supernam restitui imaginem
  Herile conformet decus:
Ævum perenne, perpetes ut Angeli,
  Cum rege vivatis Deo.

POE

POEMA XXII.

EPITHALAMIUM JULIANI ET JÆ.

Julianum Memoris episcopi filium & Iam docet Paulinus, quomodo in matrimonio se gerere debeant, quomodo demum inservire, fucati pompam fugere, amore doceantur, &c.

Concordes animae casto sociantur amore,
  Virgo puer Christi, virgo puella Dei.
Christe Deus pariles duc ad tua frena columbas,
  Et moderare levi subdita colla jugo.
Namque tuum leve Christe jugum est, quod prompta voluntas
  Suscipit, & facili fert amor obsequio.
Invitis gravis est castae pia sarcina legis;
  Dulce piis onus est vincere carnis opus.
Absit ab his thalamis vani lascivia vulgi,
  Juno, Cupido, Venus, nomina luxuriae.
Sancta Sacerdotis venerando pignora pacto
  Junguntur: coeunt pax, pudor, & pietas.
Nam pietatis amor simul est, & amoris honestas,
  Pacque Deo concors copula conjugii.
Foederis hujus opus proprio Deus ore sacravit,
  Divinaque manu par hominum statuit.
Quoque individuum magis adfirmaret amorem,
  Et una fecit carne manere duos.
Nam sopitus Adam costa privatus adempta est,
  Moxque suae socium sumpsit ab osse parem;
Nec lateris damnum suppleta carne vicissim
  Sensit, & agnovit quid geminatus erat;
Seque alium et sese sociali in corpore cernens,
  Ipse propheta sui mox fuit ore novo.
Haec, inquit, caro carne mea est, et ab ossibus istud
  Nosco meum: illinc est costa mei lateris.
Nunc igitur, priscaquoniam sub imagine sanctum
  Foedus Aaronis pignoribus geritur,
Sevia tranquillis agitentur gaudia votis:
  Christus ubique pii voce sonet populi:
Nulla per ornatas insultet turba plateas:
  Nemo solum foliis, limina fronde tegat.
Ne sit Christicolam fanatica turba per urbem:
  Nolo profana pios polluat ambitio.
Nulla peregrinis fragret nidoribus aura:
  Cuncta pudicitiae munditias oleant.
Unguentum sanctis unum est, quod nomine Christi
  Diffusum casto spirat odore Deum.
Nolo supervacuis ornentur fercula donis:
  Moribus ornatur, non opibus probitas.
Sancta Sacerdotis nurus, & matrona futura
  Jam puri dotem luminis accipiat.
Horreat inclusas auro vel murice vestes:
  Aurea vestis huic gratia pura Dei est.
Respuat & variis distincta monilia gemmis,
  Nobilis ut Domino gemma sit ipsa Deo.
Cervicem Christi Domini juga ferre dicatam
  Non premat invisae pondus avaritiae.
Interiore magis mundo placitura colatur,
  Contra salutiferis dotibus ingenium.
Non cupiat lapidum pretium, non vellera Serum,
  Incessum rutilum dilapidare fuco,
Ornetur castis animam virtutibus, ut sit
  Non damnosa suo, sed pretiosa viro.
Namque ubi corporeus constat gloria pompae,
  Vilescit pretio depretiatus homo,
Ex male mens pravi caussas libidine vani
  Sordescit nitido corporis ingenio,
Nec sentit quam turpe decus gerat improbus, ut se
  Veste sua levior, qui sua veste placet.
Absit, ut idoli videatur filia templi,
  Gloria apostolicae filia facta domus.
Non facie mala fucata cutem, neque lumina nigro
  Pulvere, nec flavo tincta colore comam.
Formam naturae donum depravet superba
  Crinibus, divinum se sibi damnans opus.
Frustra hanc se mulier justificat esse pudicam,
  Quae se tam variis ornat adulteriis.
Vos autem juvenes Christi fugite omnia, quorum
  In decore pretium est, usus in interitu.
Credite divinis verbis, de talibus istis
  Poenalem capitis surgere materiam,
Hisaias rigido cingendas veste minatur,
  Quae modo purpureis serica cincta gerunt,
Quae tunicas auro rutilas, auroque crepantem
  Flexis talari fine trahunt fimbriis:
Funibus accinctae saccum sine fine gerentes
  Grandia pistrini cogentur saxa molere.
Quaeque caput passis cumulatum crinibus augent;
  Turpe gerent nudo vertice calvitium.
Talibus ornari fuge dotibus, o nova sancti
  Nupta viri: vacuis foeminis ista placent.
Tum neque odoratis vaga vestibus, atque capillis
  Naribus agnosci, quae gradiare, velis.
Aut implexarum strue, turritaque capillorum
  Turritum sertum aedificata caput.
Ne mentis splendore tuae male sollicitata
  Pestifera unquam sit caput illecebra.
Sed neque vel proprio per corporis incrementum
  Te cupias ornatam sancta placere viro.
Tu quoque, sancte puer, studiis devote sacratis
  Corporei curam sperne decoris amans.
Compensavit enim Christus tibi largiter, ornans
  Perpetuis pulcram divitiis animam.
Vosque simul castis ornavit dotibus ambos
  Spe, pietate, fide, pace, pudicitia.
Sermo Dei argentum est, & Sanctus Spiritus aurum,
  Mentibus & gemmae clara bonorum operum.
Si tenuis cultus mentes offendit honestas,
  Et pretio ambiri corda superba juvat:
Submoveantur istorum sanctorum exempla priorum,
  Castaque primorum simplicitas hominum.
Aspicite antiquos Paradisi in sede parentes,
  Quorum totus erat mundus, & unus ager.
Attamen his ovium pellis tegumenta fuerunt:
  Nunc tibi ovino vellere texta pudet!
Pulcra Rebecca sacrum cum sponsa veniret ad Isac,
  Simpliciter velo tecta pudoris erat.
Non legitur variis venisse ornata lapillis,
  Sed super obtecto praedita palliolo,
Quo pudibunda suum traxit velamine vultum,
  Oblatam sponsi virgo pavens faciem.
An magis Herodiae saltatrix virgo placebit,
  Baptistae mortem nacta pudenda pretio!
Impia maternae sic ultra libidinis iram,
  Ut caput acciperet luxuriae pretium.
Illud nempe caput, de quo clamaverat Judex
  Vox populis agnum propter adesse Dei.
Unde etiam intrare meruit nisi ab illita calce,
  Impia saltatrix, filia digna patre!
Quem tamen hunc vitiis sentire, invitumque coegit
  In facinus placiti corporis illecebris.

Convivas etenim dignos dape regis iniqui
  Duxit in assensum mobilis arte pedum.
Nam sibi salva leves tulisset brachia plantas,
  Calcibus ut pictis luderet impudicum,
Et scissam crispo duxisset syrmate vestem,
  Fronte volutam gestans, pone refusa comam.
Non ita corruptis spectantem mentibus intrans
  Callida ad infandum praevaluisset opus.
Ipse quoque Herodes regali veste superbus
  Sacrilegis demum flatibus intumuit,
Elatusque habitu divinum oblitus honorem
  Vulnere vermiculos sordidus incurrit:
Digna luens meritis, ut sordidus ulcere obiret,
  Qui se crediderat vestis honore Deum.
Sed cedo, ut infani deceant regalia flatus
  Pectora, quae nobis cum Pharaone manent?
Dissideat a nostris cava mundi gloria regnis,
  Nec coit adversis lux pia cum tenebris.
Clericus uxorem Christo comente decoram
  Diligat, & pulcram lumine cordis amet.
Auxilioque viri divino munere factam,
  Lector caelesti discat ab historia:
Inque virum mulier, sancto sit ut aequa marito,
  Mente humili Christum in conjuge suscipiat,
Crescat ut in sanctum texta compagine corpus,
  Ut sit ei vertex vir, cui Christus apex.
Tali conjugio cessavit servitus Evae,
  Aequavitque pium libera Sara virum.
Tali lege suis nubentibus adstat Jesus
  Pronubus, & vini nectare mutat aquam.
Hic Mariam sponsam Domini docet adfore matrem,
  Quae genuit salva virginitate Deum.
Namque Deus placitum sacrata in Virgine templum
  Ipse sibi arcanum condidit implevit:
Descendit tacito illapsu, velut imber ab alto
  Nube super vellus rore silente cadit.
Nemo etenim arcani fuit hujus conscius unquam,
  Quo Deus assumpsit Virgine Matre Hominem.
O nova ad humanam Domini commenta salutem!
  Fit sine concubitu femina feta uterum.
Sponsa viro tantum, non est subjecta marito,
  Et genitrix partu, nec mulier coitu.
Foedere erat conjux, sed corpore non erat uxor:
  Intemerata viro, mater erat puero.
Grande Sacramentum, quo nubit Ecclesia Christo,
  Et simul est Domini sponsa sororque sui.
Sponsa quasi conjux: soror est, quia subdita non est.
  . . . .
Inde manet mater aeterni semine Verbi
  Concipiens populos, & pariter pariens.
Hinc soror, & conjux, quoniam sine corporis usu
  Mente coit, cui vir non homo, sed Deus est.
Hac genitrice senes aeque generantur, infantes;
  Aetatem & sexum non habet hinc soboles.
Haec etenim est benedicta Dei generatio, quae non
  Seminis humani, sed generis superi est.
Inde magister ait: quia jam nec femina, nec mas
  In Christo, sed idem corpus, & una fides.
Namque omnes unum corpus sumus omnia Christo
  Membra, quibus Christus corporis in caput est.
Et quia jam Christum induti, deponimus Adam,
  Protinus in speciem tendimus Angelicam.
Propterea hoc opus est cunctis baptismate nasci,
  Perfectum ut capiat sexus uterque virum.
Et cunctorum caput fiet in omnibus omnia Christus,
  Tradens in regnum Rex sua membra patri.

Nubere vel nubi fragilis jam desierit aetas,
  Omnibus aeterno corpore compositis.
Ergo mei memores par inviolabile semper
  Vivite: sit vobis crux veneranda jugum.
Illius et matris nati, quae sponsa sororque est,
  Semine digna piis pectora concipitis.
Et vobis fratri sponsae concurrite Christo,
  Sitis ut aeterni corporis una caro.
Hic vos nectat amor, quo stringit Ecclesia Christum;
  Quoque vicissim illam Christus amore fovet.
Ipse pater vobis benedicat Episcopus, ipse
  Praecinat hymnisonis cantica sancta choris.
Duc, Memor Alme, tuum Domino ante altaria natum,
  Commendaque preces sanctificante manu.
Sed quis odor nares allabitur aethere manans?
  Unde novum stringit lux largius oculos!
Quis procul ille hominum placidis se passibus adfert,
  Plurima quem Christi gratia prosequitur?
Quem benedicta cohors superis circumdat alumnis
  Angelici referens agminis effigiem?
Nosco virum, quem divini comitantur odores,
  Et cui sidereum splendet in ore decus.
Hic vir hic est, Domini venerando munere Christi
  Dives, vir superi luminis Aemilius.
Surge, Memor, venerare patrem, complectere fratrem;
  Uno utrumque tibi nomine in Aemilio est.
Junior & senior Memor est: mirabile magni
  Munus opusque Dei; qui minor, hic pater est.
Posterior natus, senior: quia sede sacerdos
  Gestat Apostolicam pectore canitiem.
Filius est, fraterque Memor: laetatur adesse
  Connexum sibimet, pignoribusque patrem.
Justitia & pax se geminis vice complectuntur,
  Cum Memor Aemilio jungitur unanimo.
Infula Pontificis divino jungit honore,
  Humano pietas jungit amore pares.
Hinc Memor, officii non immemor, ordine recto
  Tradit ad Aemilii pignora cara manus.
Ille jugans capita amborum sub pace jugali,
  Velat eos dextra, quam prece sanctificat.
Christe, Sacerdotem exaudi, Christe, precantem,
  Et pia vota sacris admove supplicibus.
Inbue, Christe, novos de sancto antistite nuptos,
  Perque manus castas corda pudica juva.
Ut sit in ambobus concordia Virginitatis,
  Aut sint ambo sacris semina virginibus.
Votorum prior hic gradus est, ut nescia carnis
  Membra gerant; quod si corpore congruerint,
Casta sacerdotale genus venerata propago,
  Et domus Aaron sit tota domus Memoris.
  Christoreumque domus sit domus hinc Memoris.
  Esto & Paulini Therasiaeque memor,
  Et memor aeternum Christus erit Memoris.

POEMA XXIII.

DE S. FELICE NATAL. CARMEN VIII.

Gothis Italiam vastantibus Paulinus in S. Felicis protectione confidit. Aliquot ejus miracula commemorat.

ECce dies nobis anno revoluta peracto
  Illustrem revehit Felicis nomine lucem.

Tem-

Tempus erat laetis modo promere gaudia verbis,
Annua si laetos paterentur tempora voces.
Sed tamen ista dies, licet inter praelia, nobis
Laetitiae pacisque dies erit: horrida longe
Bella fremant, nostris pax libera mentibus adsit.
Laetitiae dulcem quo obliviscitur usum
Mens afflicta piis sua solvere pectora votis,
Et Domini festis castis gaudere diebus.
Quare importunam, quamvis sub tempore maesto,
Pellite tristitiam: bona gaudia, dulcia verba,
Omnes piam, laetamque diem Felicis agamus;
Natali sacro suo die, quia natus in ista est
Perpetuis Felix saeclis, qua corporis atram
Functus, ad aeternam migravit in aethera vitam.
Ergo metus abeant tristes, redeantque infestis
Gaudia pectoribus; decet omnia pellere sanctum
Maesta diem, nam quam gloria Confessoris
Insignem cunctis per tempora tota diebus
Elucere facit, populisque frequentibus ornat.
Hunc ego si Geticis agerem male subditus armis,
Inter et immites celebrarem laetus Alanos,
Et si multijugae premerent mea colla catenae,
Captivis animum membris non jungeret hostis;
Pectore non victo calcarem tristia separans
Servitium pietas. Sic inter barbara vincla
Liber amor placidis caneret mea vota loquelis.
Nunc igitur, quamvis varium vaga fama per orbem
Terrificis pavidas feriat rumoribus aures,
Nos tamen in Domino stabilis fiducia Christo
Roboret, et recto fidis pede mentibus armet.
Nec pavor ater in laetam obducat nubila lucem,
Quam Deus arbitrio Felicis honore serenat.
Legifer ut quondam Pharii tellure tyranni
Pascha sacrum Moyses prima sub lege dicavit,
Sanctaque tunc Judaea (domo licet impius illos
Maturare fugam valida vi cogeret hostis)
Libertate tamen divini pectoris audax,
Nec tortamen mora jussum solemne reliquit;
Sed trepidans fugiensque licet, divina peregit
Festa, salutifero laetis epulatus in agno
Cordibus, et facto Christi jam sanguine victus,
Duxit ovans laetos victo Pharaone choreas.
Inde fugae memores etiam nunc azyma sumunt
Judaei solo retinentes nomine gentem,
Infermentatis pane quia panibus olim
Aegypto, fecere fugam; patribus modo signis
Per patrem, sed jam per inania sabbata, ritus
Antiqui recolunt vestigia grata timoris.
Nam frustra veterum vaces sub imagine legem
Exercent, veram nobis quia Pascha replevit
Unus pro cunctis Patri datus hostia Christus;
Et quia corpus adest vitae; perit umbra figurae.
Sic igitur modo nos turbato in tempore laeti,
Mente pia festum dilecti Martyris omnes
Collatis hilare studiis pietatis agamus.
Forte magis pietas nobis dabit ista salutem,
Si vestras ideo libet deponere curas,
Ut confessori laetantia corda feramus,
Cujus honore Deus gaudet, quia martyr honoretur
Contemptor proprium Domini pro nomine Christi,
Vilior ipse sibi, ut Christo pretiosior esset.
Propterea tali placeat gaudere patrono,
Natalemque diem sancti pace bona
Martyris exsequiis laetantem ducere curis.
Hic quoque devotis aderit, si fortior extet
Nunc ad laetitiam affectus, quam causa timoris
Ad contristandas obducto pectore mentes.
Credite, non armis, neque viribus esse timendos
Allophylos populos, quos propter crimina nostra
Offensi movet ira Dei, ut formidine mortis
Excitet ad curam vitae torpentia corda.
Ergo Deum solum timeamus in hoste,
Abdat et hoste metum, quem formidare merentur
Nos metuendo Ducem, placida quem pace remissi
Negligimus, saltem vi compellente tremamus.
Placemus contriti humiles, quem laeta ferentem
Sprevimus ex ipsis nos prosperitate superbi.
Prisca recensentes sanctorum exempla parentum,
Qui contra immissis tolerarunt verbera bellis,
Non armis sibi, nec muris capienda parabant
Praesidia. humanis opibus sperare salutem
Nulla salus. nec enim mortem mortalia pellunt.
Ergo quia est curae tempus, sic cura precandi
Caelestem Dominum, a quo maesta, aut laeta parantur,
Qui solus praestare potest discrimine superas,
Rursus ut exactis renoventur gaudia curis.
Hic etenim regit, et varias Deus arbiter usu
Res hominum, et semper succedant nubila sudis,
Atque iterum fugiant subitum redeunte sereno.
Quanta precum virtus, quae sit medicina, pavendi
Flere Deo, docent lecta servata Ninive,
Et fortis languente Moyse prece victus Amalec,
Et maledictus Aman sanctae prece perditus Esther,
Qui bene paraverat versa vice, quam male Sanctis
Miscuerat, solus bibit impius, et cruce justa,
Quam famulo Domini praestruxerat, ipse pependit.
Ergo fides junctos Deo trepidantia firmet
Pectora, et in maesto securos tempore tempus
Praesumant confisa Deo, quia non metuendi
Causa, timere Deum, quem quisquis non timet unum,
Omnia jure timet. fidant legionibus illi,
Perfugiisque parent reparatis moenia muris,
Nulla salutiferi quibus est fiducia Christi;
Nos crucis invictae signum, et confessio munit,
Armatique Deo mentem, non quaerimus arma
Corporis, et quamquam membris videamur inermes,
Arma tamen gerimus, quibus et sub pace feramus
Contra incorporeos animis decernimus hostes.
Nunc opus adjutore Deo, solisque timendis,
Quo sine et arma cadunt, per quem firmantur et arma;
Ipse licet muros tollat tibi, qui sine muris
Munimentis. recolamus abbiles signata sacratis
Gesta Patrum libris, et perspice qui potiora
Praesidia fuerint, quas urbe circumdata magnis
Absque Deo muris, an quas sine moenibus urbis
Vallabat sancta virtus divina favore.
Illam dico urbem, quam perdidit ante Jesus,
Mutatum proprium victuris nomine nomen,
Quam tum militia felice de more subegit,
Ut solitum est, longa dux obsidione laborans;
Verum ope divina, sacra per mysteria vincens
Tale, nec externis, tacitis exercitus armis
Lustravit constanti manu, septemque diebus
Septenos iterans sibi circum moenia gyros
Obtinuit captam numeri virtute potentis,
Atque Sacerdotum lituis clangore tremendo,
Fulmineo superas vocitans instantibus irae.
Tunc qui divitiis populus fidebat, et arte
Interiit mixtis inter sua tecta sepulcris.
Sola Rahab meretrix castris quae gessit Jesuque
Gente fidem, non freta suis evadere muris,
Sed pietate Dei, veniam pietatis adepta est:

Quae

Quæ famulos Domini tecto suo hospita texit,
Celavitque pios cives illusit iniquos,
Fraude bona fallax, animo mentita fideli.
Hospitibus quia fida piis, infida profanis
Civibus extiterat, vitam, patriamque, domumque
Prælata casuram Deo, mox casura benigno
Repperit in Domino; quæ si posuisset in urbe
Præsidium, patriis cecidisset mixta ruinis,
Indefensa Deo. meruerat sed mystica Christum
Provida pollicita exorantum sanguine gentes
Punicum proprium signaverit vellere textum,
Excepitque suam patriis pereunte salutem;
Significans illo mundo labente regendos,
Quos crucis invictæ signum creat. hunc ergo quicumque
Ipse crucis valens, cursus salvabit imago.
Semper in omne bonum valuit confidere Christo;
Credere cuncta Deo virtutem; ponere totam
Omnia summa Deum; talis super omnia semper
Arma fides valuit; tali puer ille pusillus
Robore grandis erat, qui spretis fortior armis
Percussit armatum silicis virtute gigantem.
Arma fide semper, numquam cognoverat armis
Indiguisse fidem. regis mare virga subegit,
Quod vacua arma fide cum principe mersit iniquo.
Femineam quoque personam virtute virili
Induit alma fides. mulier qua Sancta peremit
Terribilem Sisaram transfixum tempora palo;
Terroremque tanto late populis Holofernem
Arte pudicitiæ decepturum callida Judith
Risit, in tempore quo non pollutum cubili,
Barbara truncato victoria duce, castra fugavit.
Nuda fides armata Deo est; virtute fidei
Fortior Ezechias pavit, quam millibus ille
Sennacherib, cujus Babylon, & opima Ninive
Regnum erat. Assyrios viros, & Medica regna
Moverat, & magnis legionibus omnia circum
Regna terens, sacram Domini tendebat ad urbem,
Atque unam tota bellorum mole petebat.
Dum parat hoc hostis remanentibus, impia voce
Impetiverat Deo, præmissis scripta superbis
Dona minis, quæ sancta dedens altaria circa
Impluit Ezechias Domino, lacrimisque profusis
Dum tacitas fert verba levans, prostratus & orans
Atram cum plebe, Deum permovit; & una
Tam gravis exitii victor prece perculit ablato
Assyrios, pugnante Deo; compendia tanta
Promeruit, ut cerneret eum, quem vinceret, hostem.
Nam post Ezechiæ querulos trans sidera fletus,
Et de corde humili missas super astra querelas
Voce pia tangentes summi Patris auribus, alto
Ut pateret foras cœli, demittitur ales
Angelus, habitans (quo labitur) arva domum,
Armatus verbi gladio, seu impia castra,
Et supplicium nocturna strage triumphans,
Centum octoginta dedit sex millia leto.
Et tam una fuit tam magni conscia belli.
Mane minax Rex surgit adhuc; & mox miser omnis
Milite deleto vacuus fugit agmine raro,
Ezechiam fugiens alto procul orbe diremptum.
Cui modo præsenti fuerat sua vincula minatus.
Tunc valuit Ezechias solus interveniente Isaia,
Ad Dominum nobis iste sis tempore Felix,
Infirmos nostros, & transfundamus in ipsum
Curas, atque metus. levis illi fascina nostrum
Pondus erit, quia quod parvis onus, hoc leve magnis.
Sic Deus ipse hominum gessit peccata, ac hostis,
Et nostram passus, non peccatis in cruce culpam,
Perdidit illis, nostram separatus in ea cruce, vitam;
Ille reus factus, ut sim reus, iniquus
Condemnaret eam, non ut discerent sanguis,
Mortis pia Dominum mihi mortuus, ut sibi vivam,
Et merear semper vivendo vivere vitam.
Sic pretiosa eum venerando in corpore Felix,
Martyres (in quibus est insigni nomine Felix,
Inter divini capitis sacra lumina insignes)
Jure Deo validi, quia Christo pro eo passi.
Concurramus ad hunc spe complectente Patronum,
Suscipiet nostras placido pectore querelas,
Et dum Numinis ipsum celebramus ore gratum,
Ille preces nostras meritis pius addet altis,
Inque vicem sibi nobis, quia omnia data
Nos levamur ei. nam est cura hæc nova Sanctis
Exorare Deum pro peccatoribus ægris,
Utque bene merito merito superare sinistra.
Sic legimus Moysen populo peccante precantem
Exsolvisse graves oneras vindictæ iras.
Et cum Pentapolim perfunderet igneus imber,
Exiguam Segor Sodomis servavit iniquis
Lot sequens, castaque pares prece liberat urbem,
Electaque domo servit; quem fide pudica
Integer incestæ petram ferat incola terræ,
Permixtos Sodomæ tectis, sed moribus exter.
Quid loquar Eliæ precibus clausum atque reclusum
Cœlum, & sanctiloquo sublimis in ore prophetæ
Terrarum mansisse famem, redisse salutem!
Ut quondam hoc habuit vates ætas, sic nostra
Felicem sortita fidem, parte omnes quem amant,
Quemque cupit, tali sperat consilia Vatem.
Sancte Deo dilecte, Dei venerande, Felix,
Esto, precor, nobis in commodissima turris.
Nam Deus Abraham, Deus est tuus, & Deus Isac,
Et Deus Israel Deus est tuus; ille rubentis
Divisor pelagi, & dulcator fontis amari;
Ille dator mannæ Cœlo, ductor Origine nostræ,
Et sitientis humi percussa rupe rigator:
Ipse tuus Deus est, qui per deserta sequentem
Præcessit populum, & præcessam nocte diaque
Temporis alterna mutavit lege columnam,
Quique quater denos inter deserta per annos
Angelico plebem de Cœlis pane cibavit,
Et rapta in flavis stratarum cane refecit.
Posce, precor, placidum nostris accedere Christum
Partibus; ipse tuus Deus est, quo forte solet
Stare suis pugnans, letumque triumphis,
Et tibi cum Dominum Romani prospera Regni
Annuerit, famulis elementa præcipe, Felix,
Ad nostram servire tuam, procedat & astris
Stantibus aucta dies; sol sistat ibi, lunaque contorta
Hæreat obstaculo suspendens sidera cursu,
Dum Romana suam capiat victoria finem.
Sicut in Assyria Daniel Babylone leonum
Effusis dominis victor prece, sic tibi, Felix,
Effera barbaries Christo frangente domatur,
Et tua captivi jaceant vestigia circum,
Ceu quondamque feræ circum jacuere Prophetam,
Orantisque pedes lingua mulsere benigna;
Naturam mutante Deo, ut divinitus acerba
Mente feros hominem humana pace ferarum.
Sic & crudelem confudit flamma tyrannum;
Sanctis ipsa timens parens servire caminus;
Innocuos cantare reos, ardere ministros.
Quamvis se addixi peterent defendere Regem,

Qui

Qui [illegible] [illegible] [illegible] [illegible], in [illegible]
[illegible], [illegible] & [illegible], & [illegible] [illegible]?
Sed [illegible] [illegible] [illegible] [illegible] [illegible],
[illegible] [illegible] [illegible] [illegible] ignes;
Sic [illegible] [illegible] Felicis [illegible] [illegible]
Adspirante Deo [illegible] [illegible] ignes,
[illegible] [illegible] [illegible] [illegible] [illegible],
[illegible] [illegible] [illegible] [illegible] [illegible],
[illegible] [illegible] [illegible] [illegible] [illegible].
Sed cur [illegible], [illegible] tibi [illegible] [illegible] [illegible]
[illegible] [illegible], [illegible] te [illegible] [illegible]
Exemplis, ut [illegible] [illegible] [illegible] [illegible].
Quam [illegible] [illegible] Deo [illegible] te [illegible] [illegible]!
Sat mihi [illegible], Felix, [illegible] [illegible] [illegible],
Nec tibi [illegible] Christum [illegible] [illegible]
[illegible] [illegible] [illegible], [illegible] [illegible] [illegible] te.
Non [illegible] Felix & [illegible] [illegible]
[illegible] Apostolicorum, [illegible] [illegible] [illegible] [illegible]
[illegible], ut Sancto [illegible] [illegible] [illegible] [illegible].
Confessor, [illegible] [illegible] [illegible] [illegible]
Signa [illegible]: nec si [illegible] [illegible] tibi dispar,
Non [illegible] virtus; diversa est gratia [illegible],
Gloria par, [illegible] [illegible] [illegible] [illegible].
Martyr[illegible] [illegible]; [illegible] et diversa [illegible]
Tempore, nec [illegible] [illegible] [illegible] [illegible]
Gesta; Dei per dona [illegible] [illegible] [illegible]
Æquales meritis, [illegible] [illegible] [illegible] Felix
Quæ Daniel gessit, vel [illegible], & [illegible] [illegible]
Non habuit, nec terribiles [illegible] leones;
Nec Daniel [illegible] pro [illegible] [illegible] [illegible] est,
Verbera, vincla, [illegible], & [illegible] carceris atri,
Quæ Felix [illegible] [illegible]. qui [illegible] [illegible]
Clausit, [illegible] [illegible] [illegible] [illegible];
Qui [illegible] [illegible] [illegible] [illegible] ignes,
[illegible] in [illegible] dedit [illegible] [illegible]:
Ipse dedit [illegible] Felicem [illegible] [illegible]
[illegible] [illegible] [illegible] [illegible].
In quibus iste [illegible] [illegible] [illegible] & ignes.
Nam [illegible] [illegible] [illegible], [illegible] [illegible] [illegible] [illegible] turba est?
Denique de [illegible] [illegible] [illegible], ut [illegible] ab [illegible]
[illegible], [illegible] [illegible] [illegible] [illegible].
Quidam homo, [illegible] [illegible] [illegible], [illegible] [illegible]
[illegible] [illegible] [illegible], ut jam [illegible] modo [illegible]
Ille [illegible] [illegible], vel [illegible] [illegible] [illegible]
[illegible] [illegible] [illegible], in [illegible] [illegible] [illegible],
[illegible] & [illegible] [illegible] [illegible] [illegible],
[illegible] ut [illegible], [illegible] [illegible] ore,
Et [illegible] [illegible] [illegible] [illegible] [illegible].
Quin & [illegible] [illegible] [illegible], & [illegible]
[illegible], [illegible] [illegible] cadavera [illegible]
[illegible] [illegible] [illegible]. hic [illegible] [illegible] [illegible],
[illegible], [illegible] [illegible] [illegible] [illegible] [illegible];
Et [illegible] Deo [illegible] Felicis in [illegible]
[illegible] ipse [illegible], [illegible] [illegible] [illegible] [illegible],
Felicem [illegible] & Christi [illegible] [illegible],
[illegible] [illegible] [illegible], & vincere flammas.
Dicite qui [illegible] [illegible] Felicis [illegible],
[illegible] [illegible] [illegible] [illegible], [illegible] [illegible] [illegible],
Qui [illegible] [illegible], & [illegible] corpora [illegible],
[illegible] [illegible]; [illegible] [illegible], [illegible]
[illegible] [illegible], [illegible] [illegible]. [illegible] ignem [illegible]
[illegible] [illegible] Felix, [illegible] [illegible]
[illegible] igne Dei; [illegible] [illegible] igne
[illegible] igne pio: [illegible] [illegible], & Deus [illegible];
Et sic homo [illegible] [illegible] [illegible] [illegible],
[illegible] Deo [illegible] [illegible] [illegible].

[illegible] & [illegible] igni Deus; hoc [illegible] igne
Fervet, at [illegible] [illegible] [illegible] Felix,
[illegible] [illegible] [illegible] [illegible] [illegible].
Mira [illegible]! [illegible] virga [illegible] & [illegible] [illegible]
Inter [illegible] [illegible] [illegible] [illegible] [illegible]
Spiritibus, Felix [illegible] [illegible] [illegible]
Pectoris, & [illegible] [illegible] [illegible] [illegible],
De [illegible] [illegible] [illegible], quo libera [illegible]
Mens [illegible] [illegible]. [illegible] [illegible] [illegible] est [illegible] illi,
Quo [illegible] [illegible] [illegible] [illegible] ligni
In populi [illegible] [illegible] [illegible] imago.
Sic Felix [illegible] [illegible], quia [illegible] [illegible]
Confessor [illegible] est, ipsum, [illegible] [illegible] [illegible]
[illegible], [illegible] [illegible]. [illegible] [illegible] [illegible] [illegible]
Dæmone, [illegible] [illegible] [illegible] [illegible]
[illegible] [illegible], & [illegible] [illegible] [illegible]
[illegible] [illegible] [illegible] [illegible] [illegible].
Jam [illegible], vel [illegible] [illegible] in [illegible] [illegible] reversus,
Dulce sapit, [illegible] spirat, [illegible] [illegible].
Ergo & Felicem [illegible] [illegible] [illegible].
Inde potens [illegible] [illegible] [illegible] [illegible]
Devorat ut magicos Mosis virga dracones.
Cernimus ecce [illegible] Domini [illegible] [illegible]
Ad meritum Felicis [illegible], [illegible] [illegible] [illegible]
Congruere, & [illegible] patres in corpore sancti
Ediderint [illegible] Dei, [illegible] corpore vitam
In Christo Felicem agere, [illegible] potentem
Mente [illegible], [illegible] dum corporis [illegible] [illegible],
[illegible] diem [illegible] claris [illegible] signis,
Qualem pro meritis sit [illegible] coronam,
Cum [illegible] [illegible] redivivo corpore Felix.
Omnes quisque suo [illegible] lumine sancti,
Dissimili fulgore pares, nec judice Christo
Alter in alterius [illegible] [illegible] [illegible];
Christus erit cunctis regnans, lux, vita, corona.
Cernite distinctos actu, sed [illegible] [illegible]
Testamentorum veterisque novique magistros,
In quibus [illegible] dedit [illegible] sapientia leges.
Atque ita virtutes varias par gloria [illegible].
Non Petrus [illegible] virga mare, sed [illegible] Moses
Æquoris incessit liquido; [illegible] [illegible] utrisque
[illegible] [illegible], [illegible] [illegible] fuit auctor utrique,
Scindere aquas virga, pedibus calcare fluenta,
Qui Deus est [illegible] in Sanctis, Deus ipse [illegible];
Quo [illegible] [illegible] Dominum est, [illegible] ipso gratia venit:
Ille Deus Danielis, & ille [illegible] [illegible].
Felicis Deus ipse Deus, [illegible] [illegible] [illegible] ipse est
In Sancto Felice Deus: per [illegible] [illegible] dona
Et medicas exercet opes terraque [illegible].
Omni [illegible] die [illegible] [illegible], [illegible] [illegible]
[illegible] [illegible] [illegible] [illegible] [illegible] [illegible],
[illegible] agros [illegible] [illegible], ac [illegible] [illegible].
Cernimus & [illegible] [illegible] a [illegible] [illegible],
Ante sacrans sancti [illegible] Martyris [illegible],
Dum [illegible] [illegible], tolerant [illegible] [illegible],
[illegible], validis [illegible] [illegible] [illegible],
Sic [illegible] [illegible] Deo, Felicis [illegible] ipsa
[illegible] [illegible], [illegible] [illegible] [illegible],
Et [illegible] [illegible] [illegible] [illegible],
Felicis meritis & aquam & cedere flammas.
Præterea ut [illegible] meriti [illegible] [illegible],
[illegible] [illegible]; [illegible] e [illegible] [illegible]
Vibrat adhuc [illegible] [illegible], [illegible] [illegible] illa
Quæ [illegible] [illegible] [illegible] incendia [illegible]:
Quamlibet [illegible] [illegible] vestigia flammæ,
[illegible] & magni [illegible] Felicis [illegible];

Quem prope corporeum praesentem vidimus astu
Obsistare mediam flammis, & nostra tueri
Limina janitor ipse, quae tamquam terrea sancti
Obstantis facie propius tangere flamma pavebat,
Pulsaque de nostri rapiendo culmine tecti,
Commissum in tugurii vicina strage perarsit.
Mira loquar, stetit intactis suis fontibus arbor,
Nec arentem solito ullam dedit aura tremorem,
Ne posset rapidum procedere longius ignem,
Per contexta volans sectarum ligna domorum:
Sed ventis deserta cadentibus ire negaret
Flammas, & consumptas moreretur languida pastu.
Consimili modo nos Felix ope salvo paratis;
Nec domibus castris propriis mala; pellaque per te
Horrida sanguineum longe terret ira flagello.
  Illam etiam virtutem arcendis imbribus tellis,
Qua mala laboravit vicinis montibus annone,
Qui febris noctu pluviis torrente redundans,
Sic ruit praecipitans in limina saepe recentes,
Ut sacris compositis ruis habitacula vastis
Quassaret violentis aquis, tu flumine verso
Fecisti mutare vias, ut nunc novus illum
Alveus insolitis ducat regione fluentem,
Nostraque longinquo vitantem tecta meatu.
Sic modo bellisono venientes flumine pugnas,
De nostris avertere locis. manus longa sacris
Finibus abstitit, quibus est tua gratia vallum:
Atque tuam timuit hostes quasi daemones aulam,
Nec cruor hanc violat, quam flamma, vel unda refugit.

POEMA XXIV.

DE S. FELICE NATAL. CARMEN. IX.

De solemnibus Christianorum festis agit. S. Nicetam Dacorum Episcopum ad festum S. Felicis diem Nolam secundo venientem miris laudibus extollit.

NAscere quae tarde semper mihi redderis orte,
Nosse & te excitam properantem fugis; aegra reduce,
Alma dies, cum te per longa morantem
Tempora dum tarde nimis rota vertatur anni,
Sustineo intento affectu pectore votis:
Quam cuperem toto usu praelucere diebus,
Vel si quando venis, tua compendiare moras, ut
Aestivis posses spatiis producere lucem,
Aut illum pensare diem, qui sistere jussis
Sideribus longa lassavit lumine mundum,
Humanos duplicans dilata nocte labores.
  Nunc te cara dies rapido nimis aere nobis
Temporis hiberni lex subtrahit, & breviatas
Cogit hiems horas cito laemur, pigra tenebris.
  Sed bene quod tibi sol Felix, cui gratia perpes
Illustrante micat Christo, propriusque coruscat
Natali jubar ipse suo, atque coruscat omnem
Caelitum accidens aeterni splendor honoris.
I fugitiva dies, abiture, cito revocabo:
Nec te jam querar esse brevem; quia te sua Felix
Semper inextincto praesens mihi lumine fulget.
Si natalis abest, plus est quod jugiter ipsis
Lux hujus natalis abest. nec enim ille die fit
Sanctus, cujus honor celebrandi causa diei est.
  Quod si natalem reliquis praestare diebus
Turba facit, solito quae densior ad sacra currit
Limina; condensa prope semper plebe videmus
Natalem Felicis agi. nam quae, rogo, vestis
Cassa dies oritur, vel magnis rara catervis.
  Sed tamen hunc speciale decus ortumque sacrabat
Jure diem, captare quondam quo contigit aevo
Dacorum terrarum habitus, & in alta vocari
Sidera Felicem aeternum sede beata.
  Firmat enim ratio ista fidem, quae tempora cunctis
Distinguens meritis, sacrosque per annua signat
Festa dies, quibus ad Dominum miracula quondam
Antiqui tremuere patres, horrenda fidelis,
Et semper celebranda piis; quia communia sanctis
Opera saepe malis, cum Memphitica tellus,
Et mare tunc siccum sanctis injusta iniquis;
Caeteraque hic parva Aegypto maliaque per oras
Gesta Deo memori cunctis recolentur amore.
Sic atque divina servantur munere Christi.
Ut veneranda dies cunctis, qua Virgine natus
Pro cunctis hominem sumsit Deus; atque deinde
Qua puerum stella duce mystica dona ferentes
Suppliciter videre Magi; seu qua magis illum
Jordanis trepidans lavit tingente Johanne,
Sacramen cunctis tantum gentibus undas:
Sive dies eadem magis illo sit sacra signo,
Quo primum Deus egit opus, cum flumine verso
Fermentavit aquas praedulce saporis vini.
  Quid Paschale epulum? nam certe regius omni
Pascha dies cunctis Ecclesiis praedicat orbis,
Confixum Domini surgente cruce, de cruce vitam
Concitavit: tamen hoc magno pietatis in omnes
Grande sacramentum, praecepto mensis quatuor
Totus ubique pari sollemnia tempore mundus,
Aeternum celebrant redivivo corpore Regem.
  Hoc solemne dies sequitur, septem numeratum
Hebdomadas, & lux populis festiva recurrit,
Qua Sanctus quondam caelo demissus ab alto
Spiritus igniti divisit lumine linguas,
Unus & ipse Deus: diversa per ora cucurrit,
Omnigenasque uno sonuit tunc ore loquelas,
Omnibus ignotas tribuens expromere voces,
Quisque suam ut gentem peregrino agnosceret ore,
Externamque suo audiret in ore loquelam.
Barbarus ipse sibi non notis dona canebat,
Verba suis aliena loquens: sed in omnibus unum
Voce Deum varia laudabat Spiritus unus.
  Ut citharis modulans unum verbere plectri
Dissona fila movet: vel qui perflantia textis
Labra terit calamis, licet unum carmen ab uno
Ore ferat, non una sonat, variosque magistra
Temperat arte sonos; arguta foramina flatu,
Mobilibusque regit digitis, clauditque, aperitque,
Ut rapida vice dulcis eat redeatque caverna:
Currens Aeolio modulabilis aura meatu,
Explicet intreptos animata ut tibia cantus,
Sic Deus omnisonae modulator & arbiter unus
Harmoniae, per cuncta movet quam corpora totum,
Et natura opifex Deus omnis & artis, in omni
Fons opere, & finis, faciens bona, factaque servans,
Ipse manens in se media pietate vicissim,
Qua Pater in Verbo, qua Filius in Patre regnans,
Quo sine nil factum, per quem sata cuncta in eodem
Consistunt, idem movet omnia principe Verbo.
Qui cruce purpurea pretioso sanguinis ostro
Ardens ascendit, volucri penetravit in alta
Nube super Cherubim volitans, sedemque Parenti

Dextrae,

Decidit, & inde suis cælestia dona profudit,
Spiritum ab ingenito sanctum, & Patre procedentem.
Qui Deus ipse Deo veniens licet editus ubique,
Conspicuo tamen illapsu ruit igneus illic,
Plebs Apostolica concors ubi cœtus agebat,
Hisque novo sonitu, simul ex orbe coactis
Omnes ex gente viris, linguas quasi flammas per omnes.
Et simul in cunctos spiramine diffluus uno,
Ut lyricas facili modulator pectine chordas,
Dividens eadem variis præconia linguis,
Incutiens varias humana per organa voces.
Talis ubi lectum implevit crapula cœtum,
Ructavere sacras pleno gutture laudes
Ebria corda Deo: quis enim non ebrius, ab isto
Flumine potabit, quod sobrius ebriat haustus?
Ergo velut Cœlum stellis, ut floribus arva,
Temporibusque annos Dominus; sic ipse diebus
Tempora distinxit festis, ut pigra diurnis
Ingenia obsequiis, saltem discrimine facto,
Post intervallum reduci sollemnia voto
Sancta libenter agant, residesque per annua mentes
Festa parent domino, quia jugiter intemeratam
Justitiæ servire piget. delinquere suetis
Parcere peccato, labor est. decurritur omni
Valle, per adscensum non est evadere cursu.
Hinc via liberior proclivior, & via vitæ
Durior, illa capax multis, hæc ardua paucis.
Inde bonus Dominus cunctos pietatis ut alis
Contegat, invalidis nunc virtutis ad artem,
Congrua sanctorum dedit intervalla dierum:
Ut saltem officiis mediocribus ultima Christi
Vestimenta legant, & vel summa fimbria tangat,
Qui non ex toto possunt rapuisse salutem,
Intra perpetuæ stationis præcepta vitæ
Longinqui primis non longo fine secundis.
Primus enim gradus est Cœlo pertexere cunctos
Continua bonitate dies, & tempore toto
Pascha sacrum Christi cultu celebrare pudico.
Quod si mixta seges tribulis mihi germinat, & cor
Incultum stimulis terreni spinat laboris;
Vel festis domino studeam me offerre diebus,
Ut vel parte mei tangam confinia vitæ,
Corpore nec toto trahar in consortia mortis.
Quamquam igitur jugi mea qui statione propinquus
Accolimus, sancti potiamur honore Patroni,
Quem & sua Natali devota frequentia semper
Concelebrat, tamen ut proprii per tempora verna
Festa relaxemur curis, & vota canamus,
Hujus lætitiæ princeps psallentibus ibo
Fratribus, & sociam ducam quasi signifer agmen.
Nam licet e variis populis regionibus frequentes
Cum paribus votis hodie pia gaudia tendant;
Me tamen uberius decet, atque insignius isto
Exultare die: quia nemo obstrictior est me
Debitor huic, cui privato specialius astro
Illa dies tantum peperit sibi sua Patronum.
Salve cara dies, salve mihi lux nova, salve
Semper festa mihi, sed in hoc multo clarior anno
Orta refulsisti, quia cum Felice beatum
Nicetam revehis, sanctorum ut utroque decorem
Binum habeam Natalem hodie, quo corpore sancti
Martyris occessum celebrare, & corpore præsul
Ecce sacerdotis reditum lætatus adoro,
Suscipiens humili metatorem in pectore Christum.
Exultet mea nunc anima dicatque quod olim
Sponsa canebat amata Domino vocalis amanti:
Imber abit, discussa hiems, vox turturis alma
In nostra tellure sonat, dant vitis odorem
Florida, & in terris mirantur lilia cœli.
Unde repente, precor, versa vice temporis isthæc
Ver habeo, & gelidis flores video surgere in agris?
Unde adest Domini Christi comitatus amicis
Nicetas, hinc vernat hiems, hinc undique cunctis
Spirat odoratum vegetabilis aura vaporem:
Hic de corde venit benedicti spiritus agri.
Vita pudicitiæ, & liquido mens candida vero,
Nicetam faciunt flores, & aromata vitæ.
Munere quod tanto dignum, vel corde, vel ore
Pauper & insipiens, & parvulus edere possim?
Ipse mihi Felix opus est, & in hoc mihi munus,
Sumat ut a Christo, mihi quæ impertiat ipse,
Ut digne sibi grates opes. et nunc mihi vellem,
Viva perennis aquæ manarent flumina ventre,
Ut non ore meo, sed Christi munere possem
Lætitiam enarrare animi, quam munere Christi
Uberius solito placidum mihi pectus inundat,
Natalemque mihi duplicat Felicis amore
Multiplici. video præsenti lumine coram
Nicetam rediisse mihi, vitæque parentem,
Cujus pia consilia amor in me regnat, & ipso
Nicetas sic, benedicti muneris instar
Munera gerens, quæ nunc voto victore triumphat.
Hunc ego cum pretiosa longo post tempore longa
Natali venisse tuo, clarissime Felix,
Nonne tuo ducente manu advenisse fatebor?
Nam quis tam claro poterit non cernere signo,
Hoc prece provenisse tua, ut, quod semper votis
Vix poteram, aut ipse saltem mihi fingere somno,
Nicetam rursus coram Felicis in ipso
Natali, visu simul amplexuque tenerem,
Atque iterum sub eo cantarem mea debita, Felix,
Antistite, tibi. sed quid faciam? ego, Pauper
Divitiis assideo mensis, & mitior amplæ
Invitare manens dapibus; neque cogito quod me
Talis convivis vicem, qualis summo, parare
Conveniat, dignamque illo dare judice versum.
Quare tempi, da, sancte tuo, ut te digna Patrono,
Et pariter condigna tuo loquar aulæ amico.
Posco tamen, Felix, tecum ad tua vota parentes.
Quæ tua vota loquor, mea sunt, & vestra hæc sunt
Vota mea; at tibi cultus honor terrena receptat
Gaudia. sed quia nostra tua sunt gaudia palmæ,
Ut tua digneris tibi ducere vota receptas.
Ergo tuos etiam, Felix, implere patronos;
Hic quoque adeo, mihi nunc possis ut adesse vocatos.
Qui cunctos lenes paradisi cælitus hortos;
Quoque sub excelsis Domini requiescitis aris,
Pulcher Apostolici chorus agminis, & Patriarcham
Gens prior, atque chori procerum, quos agmine bino
Per duodena Deus signavit nomina patrum,
Gentibus & populis regnare ad cælestia vocandis;
Vos etiam sancti, supplex deposco, Prophetæ,
In nostra qui carne Deum fore præcinuistis;
Vos quoque corporibus cæsis, & sanguine fuso
Occisum & vivum testati martyres agnum,
Omnes divinis a fontibus una propago,
Quos pius Abraham, senior Isac, bis in Iacob
Progenerare Deus per non numerabile semen,
Et in futura, meritis cælestibus, atque caducis,
Æquarent his astra poli, his tellure arenas.
Credo equidem vos officio pietatis ad istam
Undique convenisse diem Felicis amore,

Ut confessoris sacri celebraret honorem.
Non autem tanti mihi sum praesumtor honoris,
Ut sanctos idcirco meis [illegible] precibus omnes
Sentibus aspicerem [illegible], quasi munere tanto
Dignum, ut illa meus referret vota [illegible] ore,
Quam totum nobis [illegible] lata per orbem:
Sed quia nos divina dapes Felicis honorem,
Et quia Nicetas, Domini puer atque sacerdos,
Longinqua tellure mihi [illegible] missus, ad illum
Ecce diem venit, vir tanto [illegible] ore magistro,
Quam sacer est [illegible] animo, vel corpore victo.
O mihi [illegible] Cherubim si [illegible] [illegible]
Carbonem ex ipsis Domini procul afferat aris,
Et peccatoris male pinguia labra perurat,
Ut defaecata commissa sordibus ore,
Non ut ab ore meo, sed ut audiretur ab ore
Ipsius hausta, non dispendium dignius ore:
Nec peccatoris [illegible] [illegible] asper & aeger,
Et violet castas, & [illegible] valeret aures!
Sed quoniam lateri meo assidet ipse magister,
Comminus e regione situm venerante frequenter
Lumine conspiciam: forsan sapientis ab ore,
Ut quondam effoetas peccudes pastoris Jacob,
Concipiam fertili fecundos pectore foetus.
Namque & Nicetes Domino benedictus, ut ille,
Mitis; ut Israel ovibus quaerit pastor, & hodie
Ante lacum viventis aquae; sed & hic [illegible] tres
Corde pari trinas sibi legit ab arbore virgas,
Quas in aqua ponit [illegible] ad [illegible], & [illegible]
Ingravidas, virgisque tribus concepta colorum;
Ut de [illegible] [illegible] cortice virgis,
Insignita gregis [illegible] foetura pateretur.
At socer Laban non est mora, sed nova vita;
Nam nova mortis erit, Christo non esse notatum.
Sic animas sanctus in nomine gratia trinum
Imbuat, & verbi [illegible] vir Spiritus implet,
Conceptusque [illegible] [illegible] [illegible] Ecclesia [illegible]
Virginea [illegible] [illegible], [illegible] salutis,
Dum virgis [illegible] tribus bibit avida Verbi
Semina, & aeterni signatur lumine vultus.
Hinc [illegible] peperit [illegible], & defecit [illegible]
Dilatante Deo [illegible], [illegible] superbam:
Sic ego Niceta viso, quasi fonte reperto,
Sicut ovis [illegible] ad vitae flumina currit
Aridus, & [illegible] [illegible] [illegible] [illegible] [illegible],
Attonitusque diu pascentis in ora magistri,
Jaspeas docto varias in pectore virgas,
Conspectumque sibi per [illegible] sua colorem,
Et [illegible] [illegible] [illegible] [illegible] [illegible] [illegible].
Sed tamen in tribus his (quia [illegible] [illegible]) virgis,
Si placet, inspiciamus [illegible] mysteria regni.
Tres Patriarcha sibi trinas legit arbore virgas,
Styracem [illegible], [illegible] platanum, atque [illegible].
Spiritus in platano est, Virgo in storace, in nuce Christus,
Nam platanus [illegible] [illegible] [illegible] in umbram.
Sanctus [illegible] [illegible] Virginem Christum
Spiritus. & storacis genus virga sit, arbore David
Promsit odoratum quia Virgo puerpera florem.
Virga nucis Christus, quoniam in nucibus cibus intus,
Testa foris, & amara [illegible] viridi cute cortex.
Carne Deum [illegible] velatum corpore Christum,
Qui fragilis carne est Verbo cibus, & cruce amarus.
Dura superficies, Verbum crucis; & crucis esca est,
Caelestem Christi [illegible] in carne medullam.
Sed crucis dulcis [illegible], quia [illegible] arbore vitam
Vita Deus noster ligno [illegible] [illegible] pependit,

Ut sanguis meus pro vita Deo. Quid vivo, rependam,
Pro vita illa, Christe, mea? nisi forte salutis
Accipiam calicem, quo te nunc dextra propinat,
Ut sacro mortis pretiosa proluar haustu.
Sed quid agam? neque si proprium dem corpus in ignem,
Vilemcumque mihi, aut sanguinem debita fuso
Justa tibi solvam, quae me redderet tibi pro me,
Et quidquid simili vice facero, semper ero longe
Christe tibi: quia tu ante, quam tua Christe
Debita solvisti, pro servis passus iniquis.
Quis tibi penset amor? Dominum meus servum fecit,
Ut servus tua forma foret: & tu magna putabis
Mercari propriam de te pervenire salutem?
Perpetua nimium cadere, & viventis terram,
Caelum emere? cum Deus quanto me carius emit
Morte crucis? passus, dominus imaginem servi,
Ut vilem emeret pretioso sanguine servum.
Sed quid agam? in toto [illegible] [illegible] altus
Ausus in excelsum fragilis me credere pennam?
Martyris egregii natalem (qui nunc est [illegible])
Materia leviore canens, in summa [illegible]
Emicui, super astra volans, montemque [illegible]
Ad rerum [illegible] missa [illegible] [illegible].
Unde mihi hoc animae? quae me levat aura superbum?
Non agnosco meum mea pectora; [illegible] agit [illegible],
Sentio Nicetam, qui proximus assidet, & me
Tangit, & adjuncto lateri vicinus anhelat.
Acer anhelantis juxta me Spiritus lateri,
Insolitumque pectus [illegible] suscitat ignem,
Fulgentem animae [illegible] [illegible] [illegible].
Sed reprimam [illegible] [illegible], nec magna super me
Exiguus spatiabo loqui, [illegible] relicta
Parvus humo, & plano [illegible] pede carminis ibo.
Quamvis Felicis meritum sublime profari
Non possum sine laude Dei, tu sancte parens
Suscipe me Niceta [illegible]: & dum pectore docto
Sustineor, caput in blando mihi corde reclinans;
Sal tuum insulsum me condiat, & sapiens
Dicat verba rigans [illegible] mihi perpete sensus.
Dicam interea gaudens, & adhuc vix [illegible] brevi
Credulus, ingeminans rogitem: dic, quaeso, redisti?
Teque ipsum teneo, Niceta? in quo [illegible] atque
Noctes atque dies animo tabente pependi?
Venisti tandem quarto mihi redditus anno.
Sed grates Christo, quia te [illegible] sero revexit.
Quam metui, ne te mediis regionibus hostis
Discissos oppositu bellorum orbe teneret?
Sed [illegible] superantibus, omnia nobis
Vincula rupisti, nec te mare, nec [illegible] aestus,
Nec Getici tenuere metus, nec frigora longis
Dura viis, vere in terris, Niceta, fuisti
Cassibus affectu victus victorque benignus,
Fortis & infirmus pariter, sed utrumque potenter.
Victus amicitia, victus Felicis amore,
Vicisti durum tenuata pietate laborem.
Nunc age, sancte parens, extrema mihi dede, manumque
Nodemus socias in vincula mutua palmas,
Inque vicem nexis alterna foedera dextris,
Sermones varios [illegible] [illegible] ferentes.
Enarrare [illegible] simul, & [illegible] parenti
Sollicito [illegible] toto quo defuit aestas
Tempore. [illegible] [illegible] [illegible] [illegible] [illegible] gesta [illegible],
Felicisque manu nobis [illegible] revolvam,
Quanta cui cura domus? gemino qui jure magistri
Et patris ut bona gesta probet, sic improba damnet,
Corrigat errata, & placidus disponat agenda:

Im-

Imperfecta juvet praesens, perfecta futuros
Delectet, atque ita se Felicis in aedibus ultro
Atque vicem referens, tamquam ipsum pectore toto
Felicem gerat, et patria se jactet in aula.
  Ergo veni, puer, et fessum mihi jungere passu;
Dum te circumagam operum per singula ducto.
  Ecce vides istum, qui nunc patet atrius campus,
Porticibus obsessum fuerat prius obrutus tectis;
Nunc eadem nova pigmentis et culmine crevit.
Ast ubi conspectum quadrato tegmine circa
Vestibulum medio referatur in aethera campo,
Hortulus ante fuit male cultus cespite, aream
Area vilis olus medias proferret ad olus.
  Interea nobis amor iste, hoc opus iste
Aedificare fuit: namque hunc depictum cultum
Ipsa videbamur: venerandam et Martyris aulam
Basilicam adversa foribus de fronte reclusa,
Latior illustraret honos; et aperta per arcus
Lucida frons bifores perfunderet intima largo
Lumine, conspicuo ad faciem conversa sepulcri,
Quo tegitur posito sopitum corpore Martyr,
Qui sua fulgentis solis pro limine Felix,
Atria bis gemino panduntur limine valvis
Spectat orans, gaudetque pii sua moenia visu
Cantibus, atque amplas populis rumpentibus aulas,
Lazari defuncti numerosa per atria turbas.
Ipsaque quae tumulum sacri Martyris ambit,
Aula novis habitus laeto pergunt reclusit.
  Trina tamen variis operata decoribus illam
Excolunt; inlaqueat lacunari et marmore fabri,
Pictor imaginibus divina favoribus ora.
  Haec veluti quaedam splendet, velut aede reposta
Rideat inclusum camera crispante lacunar.
In ligno mentitur ebur; tectisque superne
Pendentes lychni spiris retinentur ahenis;
Et medio in vacuo laxe vaga lumina nutant
Funibus; undantes flammas levis aura fatigat.
Quaeque prius pilis stetit, haec modo fulta columnis
Vilia mutato spreavit caementa metallo.
  Sed rursum redeamus in atria, conspice rursus
Impositas longis duplicato tegmine cellas
Porticibus, metanda bonis habitacula digna,
Quas hoc ad sancti jubeant Felicis honorem
Duxerit orandi studium, non cura bibendi.
Nam quasi contiguas sacris conspicua tectis,
Spectantes de superis altaria sorte fenestris,
Sub quibus intus habent Sanctorum corpora sedem,
Namque et Apostolici cineres sub caelite mensa
Depositi, placitum Christi spirantis odorem
Pulveris inter sacra dati libamina reddunt.
  Hic pater Andreas, hic qui piscator ad Argos
Missus vaniloquas docuit convincere linguas:
Qui postquam populos, rupto erroris inique
Retibus, explicuit, misitque ad retia Christi,
Thessalicas sacro damnavit sanguine Patras.
  Hic et praecursor Domini et Baptista Johannes,
Idem Evangelii sacra janua, metaque legis.
Hospes et ipse sacri veteris Felicis ad aulas,
Parte sui cineris fraternum sumit honorem.
  Huic dubius geminus Didymus cognomine Thomas
Adjacet; hunc Christus pavide cunctamine mentis
Pro nostra dubitare fide permisit, ut et nos
Hoc duce firmati Dominumque Deumque fateremur,
Vivere post mortem vero sciremus eodem
Corpore, viva sui monstrantem vulnera carnis,
Et veniente die, qua jam manifestus aperta
Luce Deum vidit, crudata in carne cicatricem
Agnoscens trepidus, quem confiteare rebellis.
  Hic medicus Lucas, prius arte, deinde loquendo,
Bis medicus Lucas: ut quondam corporis aegros
Terrena curabat ope, et nunc mentibus aegras
Composito geminae vitae medicamine libro.
  Hic socii pariter, fide, virtute, corona,
Martyres, Agricola, et Proculo Vitalis adhaerens,
Et quae Chalcidicis Euphemia martyr in oris
Signat virgineum sacrarum sanguine litus.
Vitalem, Agricolam, Proculumque Bononia condit,
Quos juncta sibi pietatis in arma vocaverat,
Parque salutiferis malis victoria palmis,
Corpora transfixos crucis immanibus inclita clavis.
  Hic et Nazarius Martyr, quem munere fido
Nobilis Ambrosii substratum munere sumpsi,
Celsum Felicis dignatur et ipse cubile,
Fraternasque domus privatis sedibus addit.
Quamvis sanctorum totum nunc orbe per orbem
Sint ubicumque Deum: quo praesentantur ubique
Corporis et sua membra Deo: sed debita sanctis
Sunt loca corporibus: atque omnes quos jacet una
Totum corpus, ibi praestantur gratia vivis:
Sed quantumcumque pii est pars corporis, et quamvis exilis,
Convalescente Deo meriti documenta beati;
Magna et in exiguo Sanctorum pulvere virtus
Clamat Apostolici vim corporis, indice verbo.
  His igitur victimas orti, quicumque superni
Cultus agri vestit: et qui procul advena recto
Petitum affectu sanctas properavit ad aedes,
Cum voles oratam Christo secretus adire,
Sive dies sua cuique velis sua promere vota
Impiger exiguo de limine protinus haustum.
Hoc etiam monstre, domus quod martyris alta
Lege sacramenti per limina trina patescit:
Fusus enim est unus trino sub nomine regnans.
Et quod cunctas junctis sibi postibus aedes
Fune pio signant: quoniam etsi culmina plura
Sint domibus structis: Sancta et tamen unica pacis
Est domus, et multis unum concordia membris
Corpus agit: cui compage stat vertice Christus.
  Forsitan haec inter cupidus spectacula quaeras,
Unde repleta sit haec tot fontibus area dives,
Cum procul urbe, et ductus aquae prope nullus ab urbe
Exiguum hoc tenui demittat limite guttam.
Respondebo, nihil proprio nos fidere dextra,
Nil ope terrena consilere; cuncta potenti
Depressisse Deo, et fontes praestitisse caelo.
Denique cisternas adstruximus undique tectis,
Capturi fundente Deo de nubibus amnes:
Unde fluunt pariter pleni cava marmora labris.
  Quod si etiam interiora eventus dederis aquarum,
Ordine dispositas varias distincta figuras,
Cantharumque medis, et pictis divida muris,
Ferre aris et fictis spectabilia arma vasis.
Namque tamen etiam magna Salomonis in aede,
Quam fecit decori sacrum mare: quod sapiens Rex
Aere dedit solido, et tauris suspendit ahenis.
Aspice nunc aliud latus: ut sic porticus una,
Et paribus mediis spatio bipatens columnis
Culmina diversas adire sibi copulat aulas.
Tempus in hanc tantam acolis peragrantibus aedem,
Quae longum inferius latus, cum culmine celsi
Acquirit spatium tecti, quod in atria juncta
Panditur, inferius sociam disjuncta per arcus,
Et populis digni praebet spectacula campi,

Quem tamen inclusum structa circumdatae saepe
Maceriae, ut parvam oculis sacra tecta profanis,
Vestibulumque parum aera dederat operta.
Nec mirere sacras spatiis accrescere caulas,
Crescit enimque potens aeterni gloria Christi:
Sanctorum cumulatur honor, licet omnibus unus
Noscitur: illustrat quia sanctus spiritus unum,
Cumque coaeterno regnat Patre filius heres.
Inde propagato pia gratia lumine veri
Multiplicat populis aeternae semina vitae.
Et quia pastor oves auget bonus, ampla redemptis
Crescere cum gregibus jubet altus ovilia Christus.
  Ingredere haec psalmis recinens antistes & hymnis,
Et cum vota feres Domino, & tua gaudia votis
Junge meis, celebrans communem laetus Patronum.
Tempore opportuno pro peccatore rogabis
Gaudentem Dominum de confessoris honore.
  Hac duce, proclivi tua transitu vota ferentur,
Felix divinas tibi praestet limen ad aures;
Teque sacris Psalmis simul ac devota litante
Obsequia, placide descendet numine Christus,
Ut populum templumque sacra caligine velet,
Infunderet niveam per opera sacrata nubem.
Nunc volo picturas fucatis agmine longo
Porticibus videas, paulumque supina fatiges
Colla, reclinato dum perlegis omnia vultu.
  Qui videt haec vacuis agnoscens vera figuris,
Non vacua fidam sibi pascit imagine mentem.
Omnia namque tenet serie pictura fideli,
Quae senior scripsit per quinque volumina Moses,
Quae gessit Domini signatus nomine Jesus,
Quo duce Jordanis, suspenso gurgite fixus
Fluctibus, a facie divinae restitit arcae.
Vis nova divisit flumen: pars amne reclusa
„ Constitit, & fluvii pars in mare lapsa cucurrit,
„ Destituitque vadum: & validos qua forte ruebat
„ Impetus, adstrictas alte cumulaverat undas,
„ Et tremula compage minas pendebat aquae mons
„ Despectans trepidus pedes arentis profundi,
„ Et medio pedibus siccis in flumine ferri
„ Pulverulenta hominum duro vestigia limo.
Jam distinguentem modico Ruth tempore libro,
Tempora judicibus finita, & regibus orta,
Intentis transcurre oculis: brevis ista videtur
Historia, at magni signat mysteria belli.
Quod geminae scindunt sese in diversa sorores!
Ruth sequitur sanctam, quam deserit Orpha, parentem;
Perfidiam nurus una, fidem nurus altera monstrat:
Praefert una Deum patriae, patriam altera vitae.
  Nonne, precor, toto manet haec discordia mundo?
Parte sequente Deum, vel parte ruente per orbem:
Atque utinam pars aequa foret mortis atque salutis!
Sed multos via lata capit, facilique ruina
Labentes prono rapit irrevocabilis error.
  Forte requiratur, quanam ratione gerendi
Sederit haec nobis sententia, pingere sanctas
Raro more domos animantibus adsimulatis.
Accipite, & paucis tentabo exponere causas.
  Quos agat huc Sancti Felicis gloria coetus,
Obscurum nulli: sed turba frequentior hic est
Rusticitas non cassa fide, neque docta legendi.
Haec adsueta diu sacris servire profanis,
Ventre Deo, tandem convertitur advena Christo,
Dum sanctorum opera in Christo miratur aperta.
  Cernite quam multi coeant ex omnibus agris,
Quamque pie rudibus decepti mentibus errent:

Longinquas liquere domos, sprevere pruinas
Non gelidi fervente fide; & nunc ecce frequentes
Per totam & vigiles extendunt gaudia noctem:
Laetitia somnos, tenebras funalibus arcent.
  Verum utinam sanis agerent haec gaudia votis,
Nec sua liminibus miscerent pocula sanctis.
Quamlibet hic jejuna cohors potiore refulget
Obsequio, castis sanctos quoque vocibus hymnos
Personat, & Domino cantatam sobria laudem
Immolat. ignoscenda tamen puto talia parvis
Gaudia quae ducunt epulis, quia mentibus error
Irrepit rudibus; nec tanta conscia culpae
Simplicitas pietate cadit, male credula sanctos
Perfusis halante mero gaudere sepulcris.
Ergo probant ubiri, quod damnavere magistri?
Mensa Petri recipit, quod Petri dogma refutat?
  Unus ubique calix Domini, & cibus unus, & una
Mensa domusque Dei diversas unius taberna?
Sancta precum domus est ecclesia: cede sacratis
Liminibus serpens: non hac male ludus in aula
Debetur, sed poena tibi: ludibria misces
Supplicis inimice tuis: ideo tibi discors
Tormentis ululas, atque inter pocula cantas.
Felicem metuis, Felicem spernis ineptus,
Ebrius insultas, reus oras; & miser ipso
Judice luxurias, quo vindice plecteris ardens.
  Propterea visum nobis opus utile, totis
Felicis domibus pictura illudere sancta:
Si forte attonitas haec per spectacula mentes
Agrestum caperet fucata coloribus umbra,
Quae super exprimitur titulis, ut littera monstret
Quod manus explicuit: dumque omnes picta vicissim
Ostendunt releguntque sibi, vel tardius escae
Sint memores, dum grata oculis jejunia pascunt;
Atque ita se melior stupefactis inserat usus,
Dum fallit pictura famem: sanctasque legenti
Historias, castorum operum subrepit honestas
Exemplis inducta piis: potatur hianti
Sobrietas, nimii subeunt oblivia vini:
Dumque diem ducunt spatio majore tuentes,
Pocula rarescunt, quia per miracula tracto
Tempore, jam paucae superant epulantibus horae.
  Quod superest ex his, quae facta & picta videmus,
Materiam orandi pro me tibi suggero, poscens,
Rem Felicis agens, ut pro me indulus ores.
  Et decet, ut quem amore pia comitaris, eundem
Et meritis socie referas, animosque sequaris
Par in amore meo; nec enim miser ambigo notari
Martyre, vel medici dignatum amore coelesti.
Cum mihi vita, domus, res, gratia, gloria, panis,
Sit Felix donante Deo; quo praesule tanta
Moenibus in sanctis mea fundamenta locari,
Et coeptam peragi irrepto molimine turrem.
  De Genesi, precor, hunc orandi collige sensum:
Ne maneam terrenus Adam, sed virgine terra
Nascar, & exposito veteri, nova former imago:
Educar tellure mea, genitrisque mei sim
Degener: & sponsa festinem ad mollia terra
Flumina, Chaldaei servatus ab igne camini.
  Sim facilis mollis, quasi Lot, fore semper aperta,
Liberer ex Sodomis; atque vertam lumina retro,
Ne salis in lapidem vertar, sale cordis egenus.
  Hostia viva Deo, tamquam puer offerar Isac:
Et mea ligna gerens sequar almum sub cruce patrem,
Inveniam puteos; sed me, precor, obruat illos
Invidus, & vivente aqua cacaret Amalec.

Sim

Sim peregrinus ibi mundi, tamquam benedictus Iacob
Fratris Edom fugitivus erat; saxoque sacrandum
Supponam capiti lapidem, Christoque quiescam.
Sit mihi castus amor, sit & horror amoris iniqui;
Carnis ut illecebras velut inviolatus Ioseph,
Effugiam vinctis, exuto corpore, liber
Criminis, & spolium mundo carnale relinquam.
Tempus enim longe fieri complexibus; instat
Summa dies: prope jam Dominus: jam surgere somno
Tempus, & ad Domini pulsum vigilare paratos.
Sit mihi ab Ægypto bonus exitus, et duce Lege
Divisos penetrans undosi pectoris æstus,
Fluctibus evadam rubris, Dominoque triumphum
Demersa Pharaone canam, cum supplice vero
Exultando tremens, & cum formidine gaudens,
Ipsius ipse dona, meos commendo labores.
Adsere, Nicetha, prece quod precor, & simul omnes,
Qui simul hæc sancta pro religione colitis,
Devoti Domino, & grates dicite mecum:
Hæc tibi, Christe Deus, nostri facilique parare
Pro nobis facimus; nec enim te, summe creator,
Facta manu capiunt, toto quem corpore mundus
Non capit: angustum cui cælum, terraque parvum est.
Sed sanctis sancte tuis devota frequentes
Obsequia, exiguo magnum veneramur honore:
Speramusque istis oratoribus, ut tu
In nobis operum possis perfecta tuorum
Culmina: & structis habitare mentibus ædes.

POEMA XXV.

DE S. FELICE NATAL. CARMEN. X.

Veterem S. Felicis basilicam novis ædificiis auget, ornatam, eamque magnificam cum baptisterio conjungit, easque picturis & epigrammatibus ornat. Novæ a Nolano Episcopo Paulo consecrantur, & in illo eodem die baptismata, & Eucharistiæ Sacramenta conferuntur.

IN veteri nobis nova res adnascitur actu,
Et solita insolitis crescunt solemnia ritu:
Materiamque simul mihi carminis, & simul alunt
Natalem geminant Felicis: in ædibus ejus
Nata recens opera hæc, quæ molibus undique celsis
Cernitis enituisse pari splendentia cultu.
Illic porticibus late circumdata longis
Vestibula incluvio tectis reserantur aperto,
Et simul astra oculis, ingressibus atria pandunt.
Illic adjunctis sociantur mœnibus aulæ,
Diffusæque foris simul & coeuntia parietes
Atria consertis jungunt fastigia tignis,
Et paribus variis & simplicia cultibus extant
Marmora, picturis, laquearibus, atque columnis.
Inter quæ & modicis variatur gratia cellis:
Quas in porticibus (quæ longius una coactis
Porticus in spatium tractu protenditur uno)
Appositæ lateri tria conclusis ora recludunt;
Trinaque cancellis currentibus ostia pandunt:
Martyribus mediam pictis pia nomina signant,
Quos par in vario redimivit gloria sexu.
At geminas quæ sunt dextra lævaque patentes,
Binis historiis ornat pictura fidelis.
Unam sanctorum complent sacra gesta virorum,
Job et vulneribus tentatus, lumine Tobit.
Ast aliam sexus minor obtinet, inclita Judith,
Qua simul & Regina potens depingitur Esther.
Interius variis ornatibus area ridet,
Lata super tectis, & aperta luce serenis
Frontibus atque infra niveis redimita columnis.
Cujus in exposito perfectum cantharus extat,
Quem cancellato tegit aereus culmine turris.
Cetera dispositis hæc vasa sub aere nudo
Fonticulis, grato varie quibus ordine fusis
Dissidet artis opus, concordes vena metalli,
Unaque diverso fluit ore capacibus unda.
Basilicis hæc juncta tribus, patet area cunctis,
Diversosque aditus ex uno pandit ad omnes,
Atque itidem gremio diversos excipit uno
A tribus egressos medio spatiosa pavito;
Quod tamen ordinibus structis per quinque nitescens
Agmina, conchatum, series de marmore cancello
Marmoreo, mira oculis aperit spectantibus arte.
Sed circumjectis in porticibus spatiari
Copia larga subest, interpositisque columnis
Cancellis fessos incumbere; & inde fluentes
Aspectare lacus, pedibusque madentia siccis
Cernere, nec calcare solo; & certamine blando
Mirari placidos salientum murmure fontes.
Nam solem hiberno placitura in tempore præsto est
Commoditas, quia sic tectis juvat umbra per æstum,
Sicut aprica placent in frigore, siccaque in imbre.
Parte alia patet exterior, quæ cingitur atque
Area porticibus, cultu minor, æquore major,
Ante Sacras ædes longe spectabile pandit.
Quale locus signum Felix venerandus in isto
Ediderit, nuper celeri narrabo relatu.
In medio campi, contra venerabilis aulæ
Limina de ligno duo erecta tigilla manebant,
Importuna situ, simul & deformia visu;
Quæ decus omne operum perturbabant, improba, fœdo
Obice prospectum cæcantia; namque parentis
Janua basilicæ, tuguri brevis interjectu
Obscurata, foret incassum clausa patebat.
Hæc amoliri cupientibus obvia nobis,
Verba dabant, tectis qui nectebantur ab illis,
Jurabantque prius vitam se posse pacisci,
Quam cogi migrare locis. Inhonesta quidem vox
Illa videbatur, sed erat, fateor, mihi idipsum
Invidiæ; ridebat enim vel vincere rixa.
Interea quadam primam jam nocte quietem
Carpere sopitis cœptantibus: orta relictis
Prosiliens scintilla focis, conflavit in una
Cellarum ipsarum latebra, de stramine feni,
Quod forte inciderat, subitum ignem: moxque per ipsam
Fusa casam, ut vires alimenta per arida cepit,
Ingentem fragili rapuit de fomite flammam;
Et facili lapsu per putria ligna vetusti
Culminis erumpens; magnum incendia torsit
Turbida verticibus, calidamque per aera molem
Miscuit, & nigro subduxit sidera fumo.
Ipsaque terribilem dabat insuper ira fragorem,
Materiæ fragilis crepitu graviore resultans,
Conflatique vocans circum metata caloris;
Atque etiam vicos submotos longius agros,
Sic vapor afflabat, sic horrida lux feriebat,
Sic prope, sic longe sua culmina respergebat,
Scintillis late volitantibus igneus imber,
Ut subito exciti cum planctibus undique mæstis,
Et circumfusis immani lumine tectis,

Omnia

Omnia circa suo latera ut aperta viderem,
Cuncta [illegible] flammis correpta cremari,
Ipsaque succensum simul igne patescere [illegible]
Fervere: & a tectis simul omnibus illa referri
Fulgura, quae sparsis etiam longinqua replerent
Ignibus, & multo torrerent igne vapores,
Ut quasi vicinum metuens sibi quisque timeret
Ad sua tecta focum, ardentesque [illegible] [illegible]
Infectasque trabes [illegible] [illegible] [illegible].
Nos trepidi, ut nostris domibus propiora pericla,
Nil ope de nostra praesumimus: unde levamen vis,
Et manus infirmis foret, illum extinguere ardens
Sufficeret? cum flamma suis ingentior [illegible]
Fomitibus, parvoque exorta repente vigilio,
Culmina cuncta simul perlamberet igne voraci?
Currimus ergo, fide tantum & prece supplice nisi,
Ad vicina tuo Felicis limina: & inde
Contiguam petimus vario [illegible] [illegible],
Atque ab Apostolici claris virtute [illegible]
Poscimus, impositis subjectis altaribus ora.
Ipse domum rediens, modicum, sed grande salutis,
De crucis aeternae sumtum mihi fragmine lignum
Promo, tenensque manu adversis procul ingero flammis,
Ut clypeum retinens pro pectore, quo tegerer me,
Aeternumque hostem collato umbone [illegible].
Credite, non donec mihi, sed reddite Christo
Gratas, & justas date laudes Omnipotenti:
Nostra salus eadem cruce Christi, & nomine constat,
Inde fides nobis, & in hac cruce nixa periclo
Profuit, & nostram compressit flamma salutem.
Nec mea vox, nec dextra illum, sed vis crucis ignem
Terruit, lignum hoc de quo surrexerat ipse,
Ut circum lignum praescripto limite flammam
Sisteret, & extingui frustra morientem coegit:
Et [illegible] [illegible] claris [illegible] procellam.
Quanta crucis virtus! ut se natura relinquat,
Omnia ligna vorans ligno crucis uritur ignis.
Multa manus, crebris tunc ille incendia vasis
Aspergens, largis cupiebat vincere lymphis:
Sed licet exhaustis profunderet fontibus imbres,
Vi majore tamen, lassis spargentibus, omnem
Vicerat ignis aquam: tum ligno extinguimus ignem,
Quemque aqua non poterat, vicit brevis assula flammam.
Post ubi discessit metus, [illegible] [illegible]
Lux operata diem, [illegible] acta videre
Noctis, & extincti quamvis, fumantia late
Saevitis spectare oculis vestigia flammae.
Et credebamus non plurima damna domorum
Videre, magni memores terroris, & ignis:
Sed cito conspectis decrevit opinio rebus:
Et nihil exustum, nisi quod debebat aduri,
Cernimus ex illisque atrum fragrasse duobus
Hospitiis, quae nostra manus, nisi flamma tulisset,
Abstulerat: sed & hac Felicis gratia nobis
Munere consuluit, quod praeveniendo laborem
Utilibus flammis, operum compendia nobis
Praestitit: inde parem incensa, quam vicerat illic
Flamma domum, non ut pateretur stare, vel ipsam
[illegible] simul [illegible] obice valvis:
Verum ut & hac illam pariter flamma columnam
Conservans illi, quod mox averteret ipsa.
Nam sua qui stratis super gurgustia tectis
Praeduxerat, primam flamma [illegible] in [illegible],
Mox aliud propria ipse manu vastare rigidam
Incipit, & celeri peragit sua damna furore,
Dilectasque domus, & inanes plangit amores.

Qui simul aspicient [illegible], & [illegible] [illegible]
Dissimiles simili mirantur in aggere [illegible],
Rudera, & cineris juncti [illegible] ruinae.
Hunc nobis sua lite videns coiisse triumphum,
In tantum miser accedat, quanto gravis ulla
Manserit obstaculi, & nostrum [illegible] pacem.
Nunc quia domum patuerunt obice frontes,
Eloquio simul atque oculis spectemus in ipsis
Gaudentem spatiis, [illegible] in [illegible]?
Miremurque locum veterum [illegible] figuram;
Et tribus in spatiis duo tecta nova ingeruntur?
Hanc quoque cernentes variarum [illegible] rectis,
Quod nova in antiquis tectis, antiqua novis lex
Pingeret; est etenim paries [illegible] utile nobis
In veteri novitas, atque in novitate vetustas.
Ut simul & nova vita sit, & praeteritis [illegible].
Ut gravitate senes, & simplicitate pusilli,
Temporibus morum geminis ex aetate trahamus
Jungamus nostris diversum moribus aevum.
Est etiam interiore sinu majoris in aula
Insita cella procul, quasi filia culminis extat,
Stellata specioso tholo, trinoque recessu
Dispositis fornix laxis; medio pietatis
Fonte nitet, mixtoque simul micat, atque novatur.
Namque hodie his nam geminata novatio currit,
Dum gemina antistes gerit illic munera Christi,
In geminum adytum venerabile dedicat aedes,
Castifico sociata pia Sacramenta lavacro:
Sic pariter templum novat hostia, gratia fontem.
Fonsque novat veterem hominem, quod suscipit, & dat
Mutare; sive magis, quod desinit esse per usum,
Tradere divino mortalibus incipit usu.
Nam fons ipse semel renovandi munere in usum,
Desinit esse novus: sed tali munere semper
Utendo, antiquus veteres renovare [illegible].
Hac Domini domum, hanc speciem, quam munere Christi
Idem homo sit novus, & vetus invenit, aede refectus
Cernite culminibus geminam Felicis in aula,
Quae servant vetera, & nova nunc [illegible] videntur,
Non servant vastis deformibus [illegible] [illegible]:
Nunc nitidiore decus eadem vice fulta columnis,
Et spatia capere & luminis incrementa:
Depositoque situ redivivam sumsere juventam.
Namque & in his duplex spectandi gratia fulget,
Quae renovata novis aequali lumine certant
Culmina culminibus, tectorum dissidet [illegible],
Concordat species: veterum manus atque recentum
Convenit: in facie similis decor omnis utrumque
Ornat opus: [illegible] [illegible] fundata novellis.
Nec discrimen adest aetatis, nitet [illegible] venustas
[illegible] [illegible]; nigro abditur horror;
Et senibus tectis juvenem pictura decorem
Reddidit, infuso variorum flore colorum.
Hinc operum tempus confunditur, & nitet aetas
Parietibus novitas, latet intus opertu vetustas:
Fronte juventutis tegitur fucata senectus:
In [illegible] faciem veterana reflectit aetas.
Suntque simul vetera, & nova, nec nova, nec vetera atque.
Non eadem simul atque eadem, quae forma feratur
Praesentisque boni est, namque & nunc utile nobis
Detersis veteris vitae squaloribus, exui,
Mente pia Christoque sequi, regnoque parari.
Tunc quoque cum dabitur vobis resurgere vita,
Ille resurgentum [illegible] numerabitur ordo,
Qui super illustri [illegible] [illegible] [illegible],
Servilem Domini mutabit imagine formam?

Canfu.

Conformemque suo convertamus [illegible] hominem
Artificem, Christo similis, sed munere Christi.
Hac etenim specie veterem deponere formam,
Et gestare novam decet, & terrena abolere;
Inque futura Dei convertere [illegible],
Congrua [illegible] debere curis,
[illegible] animo [illegible] induere curam;
Rebus & humanis, & moribus [illegible] aevi,
Mente [illegible], quam [illegible] mori; [illegible] corporis [illegible]
Nomine [illegible], quam cristiania. ergo [illegible]
Sanctus, & [illegible] terrestris imaginis actus
Discutere a nostro [illegible] corpore longe
Vestibus excussis: [illegible], ut sordes recessit
Corporis atque animae, nitidi [illegible] amictus.
Nec [illegible] commissum peccati, sed meditatum,
Sicut morbiferam de labe cadaveris auram,
Naribus [illegible] tristem fugiamus odorem.
Ut faciem cohiberi, Salomon peccata [illegible],
Horret [illegible], dicens animare [illegible]
Dentibus: & vere, quoniam velut ore ferino
Saeva vorant animam, quam vicerit aegra voluptas
Corporis, [illegible] dracto [illegible].
Qui vorat Aethiopum populos, non [illegible],
Sed vitiis nigros, & criminis [illegible],
Tales Aethiopes serpens edit, in quibus escam,
Quam capere est, [illegible], habet: quis peccatorum,
[illegible] cibum [illegible] terram
Dixit; & [illegible] vorator.
Tempus [illegible] mutare vias, exsurgere somno,
Et [illegible] vigilare Deo, dormire [illegible]
Actibus his, quibus invigilat mens [illegible] Christo.
Si nobis doctrina Dei de lumine verbi
Non [illegible] sensum, saltem capiamus ab ipsis
Aedibus exempla: & lapides & ligna magistri
Sint [illegible], ut quale manu confecimus [illegible],
Tale fide faciamus opus: [illegible] ab uno
Materia opus, [illegible] labor, sed ab [illegible] causa
Par [illegible] ratio; [illegible], probabo
Dissimiles simili specie concurrere formas.
Quo nova tecta [illegible], multi meminere locorum:
Nam breve tempus id est, ex quo [illegible] copta,
Quae modo facta [illegible]: anno [illegible] durabant
Tertius explicuit [illegible] Sanctorum, atque [illegible] Christi:
Pars spatii brevis [illegible], pars ruderis agger,
Quem [illegible], [illegible] carnem, [illegible]:
Et [illegible] cum sentibus [illegible] herbas,
Ut viridi [illegible] area dorso,
Quae [illegible] marmoreis [illegible]
Lato [illegible], [illegible] priores.
Quam [illegible] speciem! post [illegible],
Marmoris [illegible], Paries [illegible] vilia [illegible]
[illegible]; & splendor aquis, quas sordes [illegible].
Quamam igitur [illegible] fabrica formam
Praebeat, qua nos colere, aedificare, novare
Sensibus, & Christo [illegible] candere [illegible]!
Promptu quidem ratio est, quia sit [illegible] terra, quod in [illegible]
Rudus, & [illegible] spina [illegible] in agro.
Terra cor est, cuique pravi sunt rudera [illegible];
Lenta [illegible], [illegible] amor, [illegible],
Rudera sunt animae; sic corporis [illegible],
Livor edax, & avara fames, gravis ira, levis spes,
Profligaque ambitio proprii, sitis [illegible] alieni,
Spinae sunt animae, quia semper [illegible] angunt
Accipiens animam [illegible]: quas [illegible]
Deficiens [illegible], & [illegible] habendi.
Atque ita & [illegible] tempus, quasi Tantalus ille
Inter aquas sitiens, nec habens quod habere videmur.
Nam partis uti [illegible], servata relinquunt:
Dumque [illegible] parant, vivendi tempora perdunt.
Has igitur spinas, haec rudera mentibus [illegible]
Egerere est opus, & primum hanc avellere fibris
Confertam stirpem scelerum, quae [illegible] erant
[illegible]: Domini [illegible] ille securi
Ista cadat, [illegible] pervenient arvis.
Haec si praeciso de nobis semine radix
Arescit, cadet omne [illegible], vitium omne peribit,
Matricique suae [illegible] cuncta sequentur,
Et [illegible] semel arbore poma peribunt.
Tunc [illegible] domus [illegible],
Et vivo fundata solo [illegible] in altum
Fabrica divini [illegible], ipse columnas
Eriget in nobis Christus, [illegible]
[illegible] animae; [illegible] sibi [illegible]
Sensibus [illegible], ut [illegible] illis,
Tamquam [illegible] Salomonis [illegible]
Ore [illegible] sapientia [illegible];
Corpora [illegible], & [illegible].
Non igitur [illegible] inter nova tecta,
Ut qui corde habitans Christum, [illegible] crescat.
Pejor enim [illegible] conditio
Redditur, & nova vitas [illegible] in nova;
Vita prior pereat, [illegible].
Sponte relinquamus [illegible] sponte [illegible],
Sponte [illegible]: moriamur, [illegible];
[illegible] vitam vivat [illegible].
Terream [illegible], [illegible] caelestis imago,
Et Christo vertatur Adam, [illegible] & ille,
Ut [illegible] ibi: qui [illegible] permanserit in se
Idem, & [illegible] a se.

P O E M A XXVI.

SANCTI PAULLINI EPISCOPI NOLANI.

S. FELICIS NATALIS UNDECIMUS.

Sidera si caelo [illegible], si gramina campis
Deforet, [illegible], aqua [illegible], [illegible] lux,
Sic poterunt linguis laudes cessare piorum,
In quibus & vita & virtus, & gloria [illegible]
Ipse Deus, pro quo vitam [illegible] pacisci,
Et [illegible] plena [illegible] fidem populorum,
Mercarique sacram pretioso sanguine regnum,
Sanguine, quo [illegible] spargentes Martyres orbem
Gentibus [illegible] semen caeleste [illegible].
Horum pro numero [illegible] confessor in ista
Urbe datus Felix [illegible] per orbem
Nominis [illegible]. Sed Nola [illegible]
Facta [illegible] proprio sibi [illegible] plaudit.
Omnis enim quocumque jacet [illegible] in ora,
Martyr, [illegible], & [illegible] est.
Namque [illegible]
[illegible] miseratus in orbe Creator,
Sic sacra dispersit [illegible],
Sparsit ut [illegible] lumina Caelo.
Et licet una fides, par gratia, & omnia virtus
Martyribus [illegible],
Difficiles [illegible] videntur,
Atque alibi [illegible]
Excelsumque [illegible]; alibi [illegible] digna

Con-

Conspicuas mirantur opes. ubi crudo mali plus
Dæmonis impietas retinet, majorem ibi magnum
Poscit opem gravior, vel adhuc ubi cæcior altam
Perfidiæ offensam trahit error, & ægra laborat
In populo titubante fides, ibi lumina primum
Accendi majora decet, mundique tenebras
Illustrante Deo pereant, mentisque retusis
A frontibus oculis, trepidasque lucentibus ad ipsos
Divini veri radios, caligine tetra
Solvere, collyriumque medentis imagine Christi.
Quod per Apostolicas curandis sensibus artes
Luce pia terræ, quia lene jugum, & leve Christi
Est onus ad Christum puro jam lumine versis,
Atque Evangelica infusis perfusa luce,
Quo lucem purgentur nebulæ, quibus interiorem
Obduxerat aciem mundi fallentis amores,
Qui magnam per inane vagos sine remige sensus
Circumagunt, hebetantque gravi caligine captos
Mollibus illecebris, et frangunt robora vitæ,
Sectenturque cavas per gaudia lubrica pompas.
Hos igitur nobis cupiens avertere mortes
Omnipotens Dominus Sanctos mortalibus ægris
Per varias gentes medicos portare salubri
Edidit, atque suam divina potentia curam
Clarius exercet, per ossibus insignit illos.
Urbibus & quædam licet oppida parva retentent
Martyres, ad præsens Deus ipsis muneribus amplis
Intulit, & paucas lucidas divitis ad oras.
Quos tamen ante omnem jure dedit orbe magistros
Inde Petrum, & Paulum Romana habet in arce,
Principibus quoniam medicis caput orbis egebat
Multa insanum vitiis, circumque tenebris.
Sed potiore Deo medicante reparare salutem,
Quam Satanas captos etiam nunc fraude tenere,
Revocant tenebris mundi, & jam pene per omnem
Prævaluit pietas, & mortem vita subegit:
Crebrescente fide victus delabitur error,
Et prope jam nullis lectum, sacrisque relictis,
Tota pio Christi confertur nomine Roma
Irridens figmenta Numæ, vel fata Sibillæ.
Cumque sacris pia turba ferat Pastoribus amen,
Per numerosa Dei regnantem ovilia terram
Laudibus æterni Domini ferit æthera clamor
Sanctus, & inclusa Capitolii culmine mutant,
In vacuis simulacra tremunt squalentia templis,
Vocibus ita piis, impulsaque nomine Christi,
Diffugiunt trepidi desertas Dæmones ædes,
Lividus in cassum Serpens fremit ore cruento
Legem humanam jejuna fauce salutem,
Seque simul perdendum quem languet defraudatum
Prædo gemens lustrat sacras circumvolat aras.
Sic Deus & reliquis tribuens pia munera terris
Spargit ubique locis magnos sua membra per orbes.
Sic dedit Andream Patris, Ephesoque Johannem,
Ut simul Europam, atque Asiam curaret in illis,
Discuteretque grave per lumina tanta tenebras.
Parthia Matthæum complectitur, India Thomam,
Lebbæum Lybie, Phryges accepere Philippum,
Creta Titum sumpsit, medicum Bœotia Lucam,
Marcum, Alexandria, ubi nunc, ut bove pulsa
Cum Jove, nec pecudes Ægyptus in Apide demens
In Jove nec civem coleret male Creta sepultum;
Nec Phryges exsectis agerent Cybeleia Gallis
Impuram fando ululantes vulnere matrem,
Et tandem casta frondescat moribus Ida,
Incestam ritibus lacero vertice pinum;

Vana nec ulterius mulcens jam Græcia Delphos
Consuleret, spumantesque suum calcaret Olympum,
Altius in suam gradiens, ubi colles æterni
Leve jugum cœlo fastigat vertice Christus.
Fugit & ex *Epheso* tradente Diana Johanne
Germanum comitata suum, quem numine Christi
Impuritatem Paulus pulso Pythone fugavit.
Fugit & Ægypto Satanas sub mille figuris.
Formans male se variis adorandum monstris
Susceperat, ut utraque Sanctum formaret Joseph
Nomine sacrali adoriaque venerabile numen,
Cum tamen ipsa fidem simulacri forma doceret,
Quo modius capiti super est, quia frugibus olim
Ante famem, Domino hoc inspirante, coactis
Longævas gentes Ægypti ex ubere pavit,
Et steriles annos annona saturavit opimis.
Sed ne ultra Sanctus coleretur honore profano,
Mens arcana Dei divina pectora plebis
Immissis acuit stimulis, cultumque nefandi
Dæmonis averso, fractoque Serapide clamis.
Nec Pelusiacis vaga saltibus Isis Osirim
Quærit aruspicibus calvis, qui pectore tunso
Deplorant aliena suo lamenta dolore,
Moxque iidem inani superato gaudia plaudunt
Vana gerunt eadem mentitis fraude repertum,
Quem non amissum sibi quæsivere vagantem.
Heu quo stultitiæ mergentur gurgite amentes
Lux Dei vanas! nam quid, rogo, cæcus iste,
Qui non amissum quærunt, quisquamque manentem
Inveniunt, planguntque alii, quod non dolet ipsi!
Elige, quid facias miser error. quid colis? aut quid
Plangis? non cernis, quæ jungis. lucis honorem
Non sequitur; lamenta colis, ingratumque credis.
Quæ divina putas, si dicis, non numina sunt;
Aut si sunt numina, Dii non sunt, atque homines sunt,
Et miseri. mortem igitur mortalia passos,
Aut læsos venerare Deos; nam cæcus aperte est
Hic furor, aut miseros colere, aut lugere beatos.
Ergo Deus est Isis, similiter Deus, si Deus corpus
Non habet, & tamen sine corpore, aut sine sexu
Pars habet? unde ergo illi, quem quærat Osirim,
Atque ubi quærat, cum amisit Deus? sed Deus nunquam
Esse potest mater, aut femina. nam Deus unus,
Verus Trinus Deus, Pater unus, & unus in ipso
Filius, et ipso simul Unus cum Patre Verbi
Spiritus. hæc trina licet Deus unus nomina semper,
Sola Dei natura Deus. quod Filius, & quod
Spiritus, & Pater est. sed Filius ex Patre natus,
Spiritus ex Patre procedens. nihil hic habet illa
Commune, aut simile in rebus natura creatis.
Ex Carthago parens Cypriano Martyre dives,
Cujus & ore simul pretiosi, & sanguinis hausto
Fecundaverunt Lybiæ sitientis arenas.
Nec procul inde Uticam condunt Candida Massa
Martyribus magno venerandis cordis acervo
Extulit; unum etenim benedicti celsius agger
Corpora multa tegens alte caput extulit altis,
Et meritis albos testatur munere sepulcri.
Inde Deo dudum jam fertilis Africa Christo
Multiplicat largas tanto de semine fruges,
Et parit egregios verbique fideique magistros.
Nec minor occiduas effulsit gratia terras.
Ambrosius Latio, Vincentius extat Iberis,
Gallia Martinum, Delphinum Aquitania sumpsit.
Multaque præterea per easdem largiter oras
Semina Sanctorum profuso didita sepulcra

Info-

Iudaicam tum templum superbis victoribus urbem,
Et tuo antiquum detrudens orbe Draconem,
Qui genus humanum per nomina mille Deorum,
Quos tamen ex obitis mortalibus, & sibi sumpsit
Ipse, suisque dedit colendos, quibus arte nocendi
Principe in vetitum terram gerit ore fugatum,
Daemonibusque caput [illegible] aeternas.
Sic itaque & nostra haec Christi miserantis amore
Felicis meruit condi Nola sepulcro,
Purgarique simul, quia tanto victa rebellis
Orbe, & ipsa simul moriens in morte jacebat
Saecularis pollens deo cultoribus, in qua
Prostibulum Veneris, simul & dementia Bacchi
Numen erant miseris, foedoque nefaria ritu
Sacra celebrabant sociata [illegible] furori.
Et quis erat ibi tum [illegible], ubi nec pudor usquam,
Nec metus ullus erat? quem animo peccare timeret
Hic, ubi sanguineus furor, atque incesta libido
Religionis erant, & erat pro Numine crimen:
Atque erat in toto quasi sanctior agmine cultor,
Qui Veneris sacris pollutior incaluisset:
Plenus & ille Deo, reliquisque honestior esset,
Qui magis infesto sibi Daemone saevior in se
Despiciens, proprios liceat ferialia sacra
[illegible] perdere [illegible]!
O caecis mens digna animis, & mentem, digna
Adversis servare Deis! Venus, & numen illis
Sint Dei, ebrietas divinum, amor impius illis
Sanctitatem, abscissa colant, muliebrique pudoris
Erroris foedi matris Mysteria ducant.
Digna fides illis, quibus almo in lumine veri
Legibus & castis, & magno nomine Christi
Nulla fides, & nullus amor, ideoque nec ullum
Indignos pretium vitae est in sanguine Christi:
Sit Deus his venter, vel caetera gaudia carnis,
Quam Deus ipse Deus non est, quibus in cruce Christi
Gloria nulla fuit, quia non dignantur adire
Degeneres animos virtus Crucis. inde Beatus
Felix, ut reliqui diverso Martyres orbe,
Nolanis medicus fuit, atque perennis opus ista.
Nec modo Nolanis, sed & omnibus, a quibus idem
Imploratus erit, dabit ipso jure salutem,
Si crucis alma fides in pectore supplicis adsit.
Ista Fides genus humanum curatque, piatque,
Haec ubi defuerit medicinae: morabitur illic
Omne mali regnum, nec in illo deficit umquam
Cypris adulteriis, [illegible] regnare Lyaeus,
In quo defuerit Christi pudor, & Crucis ardor.
Ignis enim divinus inest, ubi vis Crucis intus
Ardescente Fide cruciat male conscia corda,
Vivificans animam, vitiis in carne peremptis.
Hostibus his obertus diu, contempta que tantis
Pestibus ingenuum gestabat Nola [illegible],
Atque ideo pensante Deo discrimen, opemque,
Felicem accepit medicum, qui vinceret omnem
Quamlibet antiquam miserorum in cordibus aegris
His, qui crediderant esse unum in crimine numen,
Perniciem, & medici virtute potentior aegris
Vulneribus [illegible] super ulcera pectoris callum
Scinderet, ut tacitam [illegible] labe conflatam
Exprimeret [illegible] vapido, ac deinde lacunas
Vulneris expleret pleno cum dextra cicatrix.
Ergo ubi Nolanis Felix est facta medela
Felix ab ore Dei veniens, verbumque medendi
Ore gerens, tamquam veterum sole [illegible]
In [illegible] jam nox pulsa [illegible] orto

Phosphorus, occiduisque novus prorumpens astris
Nuntius [illegible] crescens [illegible] diei;
Sic jam Evangelio totum radiante per orbem,
Propitiante Deo cunctis nova judice terris,
Adventus veniens sui praecurrit ubique,
Perque suos Christus sua signa coruscat amicos,
Ex quibus hac voluit sibi praecurrere sub ora
Felicem, ut nostras isto disperderet umbras
Sidere, & antiquum ista quoque pelleret orbe
Daemonem, ut pulsis hominum de corde colonis
Talibus, intraret purus Deus incola mentem,
Et vice mutata [illegible] pietate fidelis
Nostra prius nostros premerunt [illegible] vincla Leones
Frustra in oves Christi vincta feritate frementes.
Et manet haec nobis etiam nunc gratia, quae nos
Peccatis prius sanctorum curante rebelli,
Atque iisdem Sanctis altaribus alligat illos,
Discruciatque hostes, qui nos vincire solebant.
Hi modo tam late deprensi limine sacro,
Atque in vincla dati, nunc ignem saepe piorum
Ut metuere, ferunt, aut jam infernis male tristi
Carceribus trepidant, vicinum instare futurum
Judicium Domini sollis sibi triste, suisque
Omnibus, in satanae partem quos sera voluntas
Verterit, & satanae sociaverit omnia vita
Illic nequitiae sortem hominem, ibi poenae.
Ecce dies accepta Deo; modo vera salutis
Lux micat; omnia jam nobis haec versa videmus.
Diffugere doli, cecidit Bel, [illegible] error,
Quoque celebrantur totis quasi numina templis
Daemonum, hi per templa Dei torquentur inertes,
Et qui divinos audebant sumere honores,
Hi modo ab humana plectuntur lege subacti.
Namque illi, quos nunc celebri Felicis in aula
Torqueri, clamare, rapi per castra videmus
Corpora, corporibus victi torquentur in ipsis,
In quae se traxere ipsi, penitusque volentes
Humanam, intravere suam. nunc ergo reorum
Persona excruciant poenis, qui nomine falso
Dii fuerant, & qui mentito Numine vivos
Ante Dei cultum sibi nil caeleste videntes
Dediderant homines, hi nunc, ubi lumine Christi
Vera fides patuit, non possunt ferre sepultos;
Sed magis ut poenas, quia nunc hi, qui cruciantur
Daemones ante foren, aut ante sepulcra piorum,
Iidem sunt illi, quibus olim serva litabat
Gens hominum, & sacros demens habebat honores;
Ipsa deum vocem species, quam saepe ille
Voce gementi, solitum ut noscas clamare furorem.
Sic plerumque videt dissolvo labia ore
Dente frementem, spumans labris, horrentque capilli,
Usque adeo prevalente corpore excutiuntur in altum
Et pede pendentem fixit [illegible], interea illic
Sacrorum auctores veterum, quibus ante solebant
Lambere caesorum pecudum, aut libamine pasci,
Lascivosque choros hederatis ducere pompis,
Nunc etiam sua testantes sacra ista fuisse,
In quibus insanae dabat ebria turba tumultum,
Euhoe Bacchisonum fractis imitantur [illegible]
Vocibus, & levo jactant sua colla rotatu.
Sed quia non poterat mortalibus unica aetas
Sufficere, ut longo contagia tempore tracta
Dilueret penitus, quem corpore vivens, animis,
Confessor Felix, & Presbyter, ore magister,
Elogio Martyr, merito, officioque Sacerdos,
Omnipotens Dominus finitum corporis aevum

Felici pariter via praefulsere facis
Continuans medicos aegrotis Martyris actus,
Virtutes ut non idem celebraret honoribus,
Quas intacto manens Christi virtute gerebat,
Atque ita susceptus non mortuus abforet orbi
Corpore, cum tamen posset [illegible] adesse
Spiritu, & desideriis leniret amantum
Ad tempus cari faciem subtracta Patroni,
Prompta sed aegrotis semper medicina salutis
Adforet. inde perennis honos, & gloria Sanctum
Felicem meritis sine fine perenniter ambit,
Et licet a veteri tumulis absconditus aevo,
Quo mortalis erat, lateat tellure opertus,
Viva tamen vegetante Deo membrisque sepultis
Gratia divinum spirantis Martyris ossa
Clarificat populis, meritis viventis sepulti,
Et magni solium [illegible] Confessoris adorat
Jugiter e variis confecta frequentia terris.
Sed Deus ut confortans hominum sator omnibus illam
De Sanctis laudem opem procedere terris,
Ut jam de tumulis apertum pia dona Beati
Martyris, & vivax pateant certare sepulti:
Nec satis hoc dumtaxat donatum fuit, ut sua tantum
Nomina, sive opibus loca Martyres inlustrarent,
Et iisdem tumulis etiam monumenta piorum
Multiplicans multis tribuit miscere ubique
Gentibus. & referam varias ab origine causas,
Et quibus haec orta est variis benedictio terris.
Nam quia non totum pariter diffusa per orbem
Prima Fides ierat multis regionibus orbis,
Martyres abfuerant, & ob hoc, puto, munere magno
Id placitum Christo nunc inspirante potentem,
Ut Constantinus primum sub Caesare factum est,
Tunc [illegible] rumpente fatis, ut sede priori
Martyres acciti transferrentur in nova terrae
Hospitia, ut Sancto nunc olim Antistite factum
Novimus Ambrosio, qui sublati munere caeli
Postquam ignotum prius, & tunc indice Christo
Detectos [illegible] munus [illegible] aulis,
Regionum [illegible] condidit luce sepultos.
Nam Constantinus proprii cum conderet urbem
Nominis, & primus Romano in nomine Regum
Christicolam gereret, divinum mente recepit
Consilium, ut quoniam Romanae conditor urbis
Aemula magnificis strueret tunc moenia coeptis,
His quoque Romuleam sequeretur dotibus urbem,
Ut sua apostolicis muniret moenia laetis
Corporibus; tunc Andream devexit Achivis,
Timotheumque Asia. geminis ita turribus extat
Constantinopolis magnae caput aemula Romae,
Verius hoc similis Romanis culmine muris,
Quod Petrum, Paulumque pari Deus ambitione
Compensavit ei, meruit quia sumere Pauli
Discipulum cum fratre Petri. jam quanta per istam
Sanctorum per longa viam diversa terrae
Creverit utilitas ad nostrae munia vitae,
Ipsa docent hodieque loca, in quibus ista Beati
Rheda capax oneris gestans thesauro salutis,
Omnibus in spatiis quacumque est mansio sanctis
Corporibus, requiesque fuit vectantibus illos
Sacratum cinerem, miris clementia signis:
Nam divina manus medica virtute per omnes
Est illic operata vias, qua corpora sancta
Impressere sacro vestigia viva meatu.
Inde igitur sanctum fide data copia fidis
Tum cunctis fidelis, quondam ut sibi pignora vellent

Officium a Sanctis merito decerpere fructu,
Ut quasi mercedem officii, pretiumque laboris
Praesidia ad privata domum sibi quisque referret:
Et ille Sacri cineris quod lumina vitae
Diversis sunt sparsa locis, quamquam esse minorem
De modica sacri stipe corporis exiguum rore
Decidit, ingentes illic pia gutta fontes
Et flumen vitae generavit gutta favillae.
Inde in nos etiam stillavit copia Christi
Dives & in minimos, nam hoc quoque sumpsimus illic
Carnis Apostolicae sacra pignora pulvere Patrum,
Quae Sanctus nostri Dominique Paterque cubilis,
Et castos animae nutrit, & templa salutis
Felix vicina sibi complexus sede recepit,
Quo reliquis ejus tanto recentior aula
Exiguum cinerem, & magnum servat honorem,
Servaturque magis custodibus ipsis Patronis.
Absit enim, ut servari eguisse videantur egere,
Qui servare solent tantum, & tutare salutem
Commoda [illegible] pectus dignantur amorem,
Atque dicatum sibi retinenda locorum
Diligere. hoc Sanctis studium pietatis iustis
Spiritibus miranda fide documenta dederunt.
Inde etiam mihi paucis opus eloquar orsis,
Dignum etenim Sancti Felicis munere in ipso
Natali ejusdem gratantibus edere verbis.
Non peregrina loquar, neque tempore prisca probabor;
Finibus in nostris, & in ista sede patratum
Nuper opus referam, quod fama agnoscere vobis
Promptum erit in medio, quoniam res luce gesta est.
Credo et hoc numero vulgatum prope vulgo in isto
Sit novum auditu, quia per longinqua remotis
Fama volans ivit, certe adstantis in ista
Urbe aliqui per idem tempus, quo contigit, ut fur
Infelicis animo sacrilegus agitatus avaro
Mitteret in sacra dona manus, & ab omnibus unam
Improbus, & demens venerandis insignibus aulae
Eligeret grandi speciem Crucis, inscius illam
Judicio sibi, non spolio fore, quam velut hamum
Piscis edax hamos capta capiendus ab esca.
Quis, rogo, latronem tam grandis spiritus ausi
Impulit, armavit, excaecavit, praecipitavit?
Ut nec ad vacuum vigilum, nec ad ipsa (quod est plus)
Quae cineres venerandi tegunt altaria sacros,
Pulveris & sancti virtutem halantia fragrantem,
Corde reputasset fugere, neque numine tantum,
Sed specie simul, & pretio praestantia servent?
Multa etenim fuerant alia, ut novistis, in ipso
Ornamenta loco, quae fureret, ut Crucis aurum
Parceret, inter quae latitabant mystica vasa
Sumendis mandata sacris. sed praeter & aulae
Ipsius in spatio variis insignia formis
Munera erant de more sita, haec quae candida illic
Omni prompta die, vel circumfusa per omnem
Ordine dimensa quasi candelabra columnas,
Desuper amantes gerunt quae cuspide ceras,
Lumina ut inclusis reddantur odora papyris.
At medio in spatio fixis laquearibus alta
Pendebant per ahena cavi retinacula lychni;
Qui specie arborea lentis quasi vimina virgis
Brachia inflexum, summaque cacumina rami
Vitreolos gestant tamquam sua poma caliclos,
Et quasi vernantes accenso lumine flores,
Densaque continuis imitantur sidera flammis,
Distinguuntque graves accumulata luce tenebras,
Et tectum igniculis densantibus arbore pingunt,

Denique tremente liquidos crines, crebrasque coruscans
Affusas faculas, sparsa caligine noctis,
Antequam faciem emicans lucem rutet & umbram,
Et dubiam trepidis conspectibus aera turbent.
Iste ergo fuerat in parvula fide prompta valeret,
Tertius & formula ista, quoniam mensae esset
Criminis, & pretii, separatum alterum ab ea
Longum, argenteamque levem conculcare lucernam;
Sed miser aeneolum, & ipsa in fraude superbus,
Tanquam vile suis argentum sumere ferro
Sprevit, & auratum pervasit in aurea dextram,
Quae simul & variis luce distincta lapillis
Videbat, & magnis haesura pretiis visus,
Ut pariter gemmis gauderet dives, & auro.
Sed tantum faciebat magis convolvens utique
Pendere, pactum monile gravis, & levis aura;
Sacrilegum sua poena comitata, sua praeda latronem
Deferunt. spolio ferri, cum crimine nudus
Vivit longo fracto, sed vulnere frangitur abundans.
Quamquam ille non hic magno sine nomine Christi
Confidensque parum praesensit crimina adesse,
Ut, quia vel quicquam de sacris tollere rebus
Mente rapuisset, honeres ad ista venire,
In quibus adeisset impium insigne esse.
Ante dies paucos idem confugerat illuc
Militiam simulans fugere, & susceptus amice
Hospes ab aeditui sacrum curantibus aedem,
Tota pene latens sub mensa, cubilia secum,
Tempora custodum simul exploraverat; & cum
Cepisset placitum medium criminis horam,
Nocte omnes tacita arripuit, multoque labore,
Nec strepitus foribus clausis recludit, ut eum
Servantum, quibus hospes erat, primus est somnum
Non vigiles Vigiles carpere silentibus umbris
Carpere, & oppressis oblivia ducere curis,
Ille locum sceleri sumsit, quam noverat esse
Adpositam lychnis per noctem ex more parandis
Machinulam & aditus scalas praebere paratam,
Et male securo sibi jam custode relictam,
Qua crucis insignis erat, quod & est modo perpete virga
Directam gemina transversi limite gestans
Cantarulos; quorum de calce catenula pendens
Sustinet in trinis scyphulis innexa rubentes
Lumina, cum festa dies; tunc vero sine ullo
Luminis ad speciem tantum suspensa manebant.
Sed paulo Crucis ante decus de limine eodem
Contiguus scyphus est argenteus aptus ad usum.
Hunc imperitans sibi lectum praedo minorem
Pronius eripuit, namque id quoque noverat idem
Saepe solere mori, cum stuppa perarida longum
Condidere in noctem contempto lumine olivo,
Nec mirarentur vigilem, si forte tenebras
Cernerent obducto inhibuere culmina lychno,
More putaturi nocturno, non crimine, factum.
Non igitur quasi fur, quod erat latro, sed quasi custos
Aufert solicitam securus praedo rapinam,
Nec fugit: impavidusque manet. tegit ima latentem
Cellula de multis, quas per latera undique magnis
Adpositis tectis praebent secreta sepulcris
Hospitia. harum unam fur abdiderat, atque ubi mane
Claustra patere videt, reserata prosilit aede,
Et tenebrosa sequens perrexit semita. Ire parabat
Romuleam, ut post jam captus narrabat, ad urbem,
Illuc infandae afferens commercia fraudis.
Interea ignaris custodibus mox illa diesque
Totus abit. sero solitam jam vespere numen

Curantes solemne gerunt, ut limine primo
Fulgeret lychnorum, nihil invenit. orba manebat
Virga Crucis solidae, pretioso spoliata metallo.
Palluerunt miseri, atque damnum crimine sacrum
Praedonem nocturnum sine pulsu reserato
Congeniunt, abeuntque trepidi lugubremque lamentum
Sollicitis protulerunt, undique vestigia lapsi
Illius sequuntur. cunctos adiens diversa viarum,
Inquirentesque suos diverso limine parant.
Effluxere dies frustra quamquam plurima, rite
Atque dolens, & crebris vocem jam indigne tacerent
Unum querebant patrem invique ipse laboris
Incassum tota longa regione vagabat,
Et propere jam Felicem veniens intulit in ipso
Aggere, & ingenti gemitu, sinuque praeclaro
Felicem clamans praesul de corde fideli:
Non remeare domum, nisi cum Cruce. namque pararat
Praecepta ira reliquit, fitque ibidem obvius illi
Quidam homo, qui fuerat, non furem, sed quasi civem
Nolae esse. noster primus rogat, unde veniret
Adieras. ille refert. rursus de fure rogatus,
Si vidisset eum, respondit at ille, propinqua
Inde loca agere, & ruri prope ipsum,
Dum loquerentur, erat nostri conjunctio Balavo,
Quintus ab urbe lapis Nola. sed vesperis errans
Consilium differt. placuit ut lux crastina rursus
Jungat utrumque sibi. fit mane; revertitur inde;
Perimitur noster; capitur fur; praeda refertur.
Forte sacrata dies illuxerat illa simul
Natalem Prisci referens, quem Nola celebrat,
Quamvis ille alia Nucerinus Episcopus urbe
Sederit. nam ipsum Sancti Felicis in aulam,
Quam tunc solemni populus stipavit honore,
Post sacra jam solvente pium Antistite coetum
Tempore proviso divinitus egredientis
Plebis in occursum subito introducitur ille
Furcam post terga manus nodata revinctus.
Laetitia populos, formidine praedo repletur;
Usque novum ad monstrum tota convertitur urbe.
Turba furens cohis popularibus ibat in illum;
Laetitia moerore miscebat, & ira tumultum.
Pertimui, fateor, ne forte Diabolus illa,
Qua solet invidia, violaret sanguine pompam,
Et pavore pium caederet vulnere vultum.
Eripitur populo, cellaeque includitur ipse
(Quod sic forte reo capto tunc accidit) in qua
Delituit rapta Cruce, qua post ipse reperta
Clauditur, ut vivat. tunc ergo ut nocte receptus
Ipse suum facinus refert, atque obstacula coepit
Mirandis narrare modis, sibique per illos
Octo decursos dies, quibus ire paraverat urbem
Romuleam, implicitis ita se passibus retractum,
Semper et ire parans, semper retrahente redire
Nescio quo, rursusque illuc remeare ad ostium
Balavi, qua jussus erat quasi carcere claudi,
Angelica nectente manu. tamen ille putabat
Arbitrii miser esse sui, quod corpore liber
Esse videbatur, quem non cernente catena
Fortior arcana retinebat dextera vinclo.
Ultor enim digno Felix errore ligabat,
Et tali mentem vertigine circumagebat,
Semper ut abscedens nusquam descendere possit
Proditore gradu cepisset abire, rediret.
Mira fides! ibat stando, remanebat eundo,
Nesciens hoc ipse, pro quo fugitare parabat,
Ne fugeret fieri, & secum sua vincla manere,

Ingratamque sibi propriam sceleris esse capturam.
Namque suae [illegible] mandaverat ipsa [illegible]
Pondera, & hinc avidam quasi captus mente latebram
Quaerere, luce tamen cuncta errabat aperta,
Saepe latere putans exstabat in aequore claro.
Conscia sic mentem impietas caecaverat, ut nec
Effugeret fugiens, nec celaretur oberrans
Sentibus adversis. metus hinc, stupor inde trementem
Miscuerant animum, viribus strata vietum,
Secretum nec valet latere accedere saltus;
Ipsa etiam in silvis sibi forte silentia tantum
Clamarent [illegible], aut tristia [illegible]
Occursare putans ultricem monstra latronem.
Inde miser celeri seductus ab aggere juxta
Devius in quondam spatiabatur sibi [illegible],
Secretum ignaris simulans, sed corde tacentem
Ut latitans sub veste pretium, [illegible] vestis in altam
Succinctis finibus clausum mandaverat aurum;
Nam neque vel tacita ferrum committere terra
Ausus erat, speculisve cavis de more latentum,
Judicium metuens credendae fraudis avarus,
Inde suo tantum tunicae sua furta refundens
Crediderat, quare strictum tenuerat amictum
Suspendens ibidem nodoque poplite vestem.
Hanc praedo portans sceleris tunc secum in ipso
Servaverat, & dignum cui est formidine vinctus,
Crederet ut nullo miseri consortia furti,
Ut sceleris tanti contagia solus haberet,
Et simul illius sedis custodia furti,
Cujus sacrilegam ferret manus ante rapinam;
Ipse suum sibi ferret onus, solumque gravaret
Pollicemque sui sceleris sarcina praeda;
Ut nihil ex illo vacuum hospitium maneret,
Qui spolium sceleris sacris ex aedibus actum
Includens habitu cinctu constringeret ipsum,
Atque sui signum praetenderet ipse catenis.
Namque brevi captus meruit cingula vinclis,
Utque aurum sinibus discincta veste soluta
Decidit, et ipsa simul quae cinctus habebat
Vinctus eis, quae in sacra domo tetenderat aulae
Praedo manu, propriis captus mendacibus heri
Retrahit, & praeda vacuus, & reus repertus.
Verum si paulum rerum spectare velimus
Ordinis exacti seriem magis, ac magis omni
In specie, vel qua latuit, quave arte reclusa
Claruit, admiranda Dei cernemus aperta
Felicem gessisse manu. Jam plurima retro
Distulimus, ut singula non sequerer, atque molestis
Passibus [illegible] sua per vestigia cursus
Inceptum varium volvens relegarit orsa,
Longinquis exclusa, & ad vicina recursa.
Nunc aliud Felicis opus, quod dextera Christi
Edidit, ut meritum cari monstraret alumni,
Commemorabo pari spectatum mirabile signo,
Quod reus ipse tremens confessus prodidit ante.
Ante tamen, quia res hoc postulat, ipsius instar
Enarrabo Crucis, quidem & pictura biformem
Pingere consuevit, baculo vel stante bicornem,
Vel per quinque tribus dispensans cornua virgis.
Forma crucis gemina specie componitur, & nunc
Antennae speciem navalis longior mali,
Sive autem Graecis solitam signare trecentos
Explicat exsistens, cum stipite figitur uno,
Quaeque caracter habet transverso vecte jugatur.
Nunc eadem crux difficili compacta paratu
Exprimitur Dominum tanquam monogrammate Christum.

Nam nota, quae bis quinque notat numerumque Latinis
Calculus, hac Graecis Chi scribitur, & mediam Rho
Cujus apex & signa rotat, quod rursus ad ipsam
Curvatum virgam facit O, velut orbe peracto;
Nam rigor obliquum facit I, quod in Hellade Iota est,
Tau idem stylus ipse brevi recto a caractere numero
Efficit, atque ita tres, quibus omnis nominis omnes
Cohors exprimeretur, coeunt elementa sub uno
Indice, & una tribus formatur litera virgis.
Sex itaque una notas simul exprimit, & tribus una
Significat virgis Dominum simul esse ter unum.
Et Deus in Christo est, quem sumpto corpore nasci
Pro nobis voluit Trinae concordia Mentis.
Idque sacramenti est, gemina quod in utraque virga
Ut deducta pari fastigia fine supinant,
Infra autem dilatare pro parili pede constant,
Adhaeremque ubi media compage cohaerent,
Et paribus spectant discreta cacumina frontis.
His intermedio concurrens infixa pendet
Virga quasi sceptrum regale superbius extat,
Significans regnare Deum super omnia Christum,
Qui Cruce dispansa per quatuor extima ligni
Quatuor attingit dimensum partibus orbem,
Ut trahat ad vitam populos ex omnibus oris.
Et quia morte Crucis cunctis Deus omnia Christus
Factus in aeternam vitam, finemque malorum,
Alpha Crucem circumstant, & ω, tribus utraque virgis
Litera diversam trina ratione figuram
Perficiens, quia perfectum est mens una, triplex vis.
Alpha itidem esse Christum, & ω, qui summa supremis
Finibus excelsa pariter complectens, & imi,
Victor & inferni & pariter caelestis capit,
Effractisque Abyssi caelos penetravit apertos,
Victricem referens superata morte salutem.
Utque illum patris junxit victoria dextrae,
Corporeum statuit caelesti in sede tropaeum,
Vexillumque Crucis super omnia sidera fixit.
Illa igitur species, quam fur agitatus avaris
Incussam furiis pendente refoderat auro,
Pollutaque manu Sanctis amandaverat aula,
Hoc opere est perfecta, modo ut cunctis [illegible]
Æterna crucis effigiem designet utramque,
Ut modo, si libeat spectari cominus ipsam,
Promptius sit oculis; nam rutilus fulget in ipsa,
Quae fuerat prius apta loco, & velamine clausi
Altaris facies signo pictoris adornat.
Ergo eadem speciem formae Crucis aureus illam,
Qua tropaeum aequato libramine tendit ligni,
Subrectoque jugo [illegible] figurat,
Sive supercilii a fronte jugantis vultum
Lumbis transversis imitatur cornibus arbor
Ardua, qua Dominus mundo trepidante pependit,
Innocuum fundens pro peccatore cruorem.
Huic autem solido quam pondere regula duplex
Junxit, in extrema productis calce metalli
Parva corona subest variis circumdata gemmis.
Hac quoque Crux Domini tanquam diademate cincta
Emicat aeterna vitalis imagine ligni.
Hanc fur ille sui tota de corpore furti
Incussam ferro, quae cetera fregerat, unam
Liquit, & ut capto tunc discinctaque refusa
Vestibus, elapsa ceciderunt fragmina praedae,
Visa tri [illegible] tunc [illegible] ipsa
Arripiat oculos confodit pectora. gaudent
Inventa, sed fracta dolent. cum quaerere caesam
Incipiunt, omnem simul, undecunque latentem
Mira-

Mirantem cursum fractis, casumque relictis.
Tunc ille attonitis crimen, sceleremque fatetur,
Mente tremens placida confessurus; hoc tamen unum
Numine servaris, quo Crux inclusa verabat
Quamlibet audacem fugat virtute latronem.
Ipse furabatur mentis scelus, atque crucis vim
Contrectans, quatiesque manus armasset in illam
In cruce conlatam facie compage coronam,
Cos fractum cuivis iste excidisse recusso,
Brachiaque apta sibi servis suspensa saleris.
Hic libet in miserum paucis insurgere furem.
Infelix quae tanta tuam dementia mentem
Verterat, ut tanto reprehensus lumine veri
Non sufficeres omnem praevertere cursu
Indaginem revulsam, ut furtum sponte referres!
Tantane vis animum tenebris oppressit avaris,
Auderes illam et gremio tibi condere partem,
Quam toties avertens Deo violare timebas!
Dic mihi: quo pavor ille tuus fugiebat, & unde!
Rursus ut intrepidum praeceps audacia sensum
Tam male durabat, pavidus, contemptor & idem,
Ejusdem sceleris speciem diversus agebas,
Perfidiaeque fidem diviso pectore miscens,
Virtutem Crucis, & signum inviolabile Christi
Credebas mutorando fidem confringere ferro,
Et quod noscebas metuens, putando negabas.
Sed tamen impietas tua nec tibi profuit, & non
Stultitiam confessa tuam, divinaque signa
Fecisti magno crucis cumulare triumpho.
Ergo relinquamus caperem jam lacessere furem,
Cui satis ad poenam est spoliata fraudis egestas.
Nunc ad te, veneranda Dei Crux, verto loquelas,
Gratanterque tua concludam laude professus.
O crux magna Dei pietas, crux gloria caeli,
Crux aeterna salus hominis, crux terror iniquis,
Et virtus justis, lumenque fidelibus. o crux,
Quae terris in carne Deum servire fideli,
Inque Deo caelis hominem regnare dedisti.
Per te lux genuit veri, nox impia fugit.
Tu destruxisti credentibus eruta fana
Gentibus, humanae concors tu fibula pacis
Conciliata hominem medii per foedera Christi,
Facta hominis gradus es, quo possit in aethera ferri.
Esto columna pia tu semper, & anchora nobis,
Ut bene nostra domus maneat, bene classis agatur
In Cruce nixa fidem, & de cruce nacta coronam.

POEMA XXVII.

S. PAULINI EPISCOPI NOLANI.

S. FELICIS NATALIS DUODECIMUS.

Saepe boni Domini caris famulantur alumnis
Mater pia, patrio subjecta tenemur amore
Mancipia, hisque favent cura propiore fovendis,
Quae magis indigna opis, & virtute carentes
Afflicta remanere videns. & si quis eorum,
Morte ut herbani solemnis pastelai usus,
Vernum aliquod celebrare velit, neque possit egenis
Id parare opibus, studio certatur herili
Servus inops, cui dives opem, quis pauper egebat,
Contulerit Dominus cumulanda impendia mensis.
Hoc mihi consilium est data sub Felice Patrono,
Nulla mihi ut cum sint, ut sint mihi cuncta per illum;
Namque ad Natalem nunc ipsum, ut quidem & ante
Praeteritis, quibus ista dies mihi fuerit, annis,
Non erat unde Epulum veri solemne pararem,
Instabatque dies, nec adhuc mihi prompta facultas
Ex aliquo fuerat; subito ecce Patronus abundans,
Unde dapem instruerem, ... genitum dedit una
Cum junice sua, quorum de carne cibaria
Pauperibus, nos materiam ex animalibus iisdem
Sumpsimus, egregia quoniam miracula signis
Per pecudes ipsas nuper Deus edidit, alta
Destinatam ratione hominis adtendere Christo,
Nec desiderium carnis praeferre Fidei;
Namque ad avaritiae nostrae lacrimabile probrum
Et pecora humanae rationis egenula sensum
Signa dedisse Deum feriis recitanda docebit.
Non adficta canam, sicut arte poematis utar;
Historica narrabo fide sine fraude poeta,
Absit enim famulo Christi mentita profari.
Gentibus hae placeant, ut falsa colentibus, artes,
Ac nobis ars una Fides, & musica Christus,
Qui docuit mirum sibimet concurrere pacem
Disparis armoniae quondam, quare corpus in unum
Contulit adsumens hominem, qui miscuit almam
Infusa virtute Deum, ut duo conderet in se,
Distantesque procul naturas redderet unum;
Ut Deus esset homo, Deus est homo factus ab ipso,
Qui Deus est, genitore Deo, cui gratia non est
Sed natura, quod est summi Patris unicus haeres,
Solum & habens proprium, quod communi praestat habere
His, quibus alma fides dederit divina mereri.
Ille igitur vere nobis est musicus auctor,
Ille David verus, citharam qui corporis hujus
Restituit Patri dudum compage jacentem,
Et tacitam rupta antiquo crimine chordis
Adsumendo suam Dominus reparavit in usum,
Conservitque Deo mortalibus, omnia rerum
In speciem primae facie revirescere formas,
Ut nova cuncta forent, cunctis abeunte veterno.
Hanc renovaturus citharam Deus ipse Magister
Ipse sui posuit suspendit in arbore ligni,
Et Cruce peccatum carnis perimente, novavit,
Atque ita mortalem numeris caelestibus aptam
Composuit citharam variis ex gentibus unam
Omnigenas populos complexam corpus in unum.
Inde lacessitis fidibus de pectine Verbi
Vox evangelica testudinis omnia complet
Laude Dei. toto Christi Chelys aurea mundo
Personat innumeris uno modulamine linguis,
Respondetque Deo paribus nova carmina nervis.
Sed referam ad unum coeptum pandere, nam tempus & hora est
Promissas offerre dapes, adponere vobis
Prandia sollicitus castis facienda per aures.
Nec veteri tepetam, quam sum dicturus, ab aevo,
Ante dies paucos illic spectata probabor.
Venerat hac quidem placitum sibi solvere votum
Urbis Abellinae de finibus advena nostris
Sedibus. hic porcum studio curante paratum
Vilamque diu, ut finem annis, atque sagina
Cresceret, huc illuc perducerat, atque ubi vellet,
Pingue pecus veri jugulae de more voventem.
Fama sues magni pari genera accenderet acrem
Ore famem, & cunctis magnae spe panis hiantes
Tendebant ad opima fame convivia fauces.
Interna largitur huque sue paribus aequis
Divisit, & totum sibi corpus habere reliquit.

Et votum complesse putat, bovesque subire
Incipit, ausus eos [illegible] [illegible] imponere loris
Reliquam, et in his [illegible] [illegible] pignore voti
Sancta referre domum [illegible] credebat, in quibus idem
Donorum animus, [illegible] vim [illegible] [illegible].
Denique [illegible] [illegible] multis [illegible] [illegible] [illegible]
Passibus, [illegible] [illegible], [illegible] [illegible] placito
Non [illegible] [illegible], sed [illegible] [illegible]
Lapsus equo, et quod [illegible] [illegible] [illegible]
Ad [illegible] [illegible] [illegible] surgere
Non potuit, [illegible] [illegible] clamare ligatos,
Idque probare jacens [illegible] quod [illegible] [illegible].
Hic aliud mirum casu [illegible] in ipso,
Nam [illegible] [illegible] [illegible] [illegible] [illegible]
Massa propinquarum [illegible] [illegible] [illegible],
Jumentorum, cui [illegible] [illegible] [illegible] [illegible],
Ascensore sibi vacuum, et ductore relictum
Sponte sua sese [illegible] [illegible] [illegible],
Tamquam [illegible] [illegible] cognosceret ultro,
Aut aliquem prohibere viam, qua [illegible] ire,
Vidisset, sic [illegible] iter, cursumque retorsit,
Et properante gradu [illegible] ad hospitia recti
[illegible] [illegible], quae [illegible] [illegible] [illegible]
Cura viri, quem [illegible] quasi corpore fracto
Nitentem, et genibus rigidis prodire negantem,
[illegible] vincla, pedem [illegible], [illegible] [illegible]
Illum, et porro, [illegible] voce [illegible],
Luce palam manibus grave [illegible] aegri
Corpus, [illegible] [illegible] [illegible] referebat in aulam
Orantem [illegible] Felicis ad ipsa reduci
Limina, [illegible] illic [illegible] reperire medelam.
Illum [illegible], [illegible] [illegible], [illegible] [illegible]
In sacra vestibulum [illegible] atria portas
Dispositi [illegible] per longa [illegible] [illegible]
[illegible] [illegible], [illegible] [illegible] vulgus,
Et [illegible] [illegible] [illegible] agmine [illegible].
Praeterea [illegible], [illegible] quos [illegible] sanctis
[illegible] [illegible] [illegible] [illegible] [illegible],
[illegible] [illegible] [illegible], cum tempore [illegible]
[illegible] die, quo [illegible] [illegible] [illegible] [illegible].
Idem [illegible], qui [illegible] [illegible] [illegible] digressus [illegible]
Luminibus [illegible], [illegible] [illegible] [illegible] [illegible]
Inferior [illegible], [illegible] corpore [illegible].
Parte alia fratres, [illegible] [illegible] [illegible],
Hospitio [illegible] [illegible] [illegible] [illegible] carne [illegible]
Stabat [illegible] equus, nec quisquam [illegible] illi
Adstiterat, cui cura foret [illegible] gravatum
Falce [illegible], et [illegible] [illegible] [illegible] tectis.
Ille tamen velut humana ratione repletus
[illegible] [illegible], et [illegible] [illegible]
Adstiterat [illegible], [illegible] vestigia [illegible]
Fixa loco, [illegible] aure [illegible], et naribus efflans
Adstantum hominum [illegible] quaerebat odore.
Mirum erat hospitibus quaenam fuga, qui [illegible] ille
Esset equi, [illegible] animal [illegible] [illegible]
Ambiguam [illegible] [illegible] rei, neque quisquam erat [illegible].
[illegible] consilio illum [illegible], [illegible]
Qui [illegible] [illegible] [illegible] [illegible] in aulam
Martyris, [illegible] ubi [illegible] [illegible] [illegible] [illegible]
Corpore [illegible], et [illegible] [illegible] [illegible]
Oscula [illegible] [illegible], [illegible] [illegible],
Seque [illegible] proprii [illegible] esse doloris,
Tales [illegible] [illegible] [illegible] [illegible] querelas:
Hic ego qui [illegible] [illegible] [illegible] [illegible],
[illegible] et inde [illegible], quo si [illegible] adveniat quis,
Efficiar [illegible]! [illegible], [illegible] [illegible]

Ille [illegible] [illegible] [illegible] [illegible], [illegible],
Ut cum ipse [illegible] [illegible] [illegible] [illegible] [illegible]
[illegible] [illegible] [illegible], et [illegible] dolore,
In quibus [illegible] [illegible] [illegible] [illegible] voti
[illegible] [illegible] [illegible] [illegible] ut [illegible] [illegible].
Est tamen, est aliquid, [illegible], quod dicere possim,
Jam [illegible] [illegible] [illegible] [illegible] [illegible],
Atque ipsis [illegible] [illegible] [illegible] [illegible]
[illegible] [illegible] [illegible] [illegible] [illegible],
In quibus [illegible] [illegible] ipse [illegible] [illegible] [illegible] [illegible],
Quod [illegible] [illegible] [illegible], ut [illegible] [illegible] [illegible] [illegible]
Limina Felicis [illegible] [illegible] [illegible].
Nam mihi [illegible] [illegible], vel si levis ille [illegible]
Casus, ut [illegible] [illegible] [illegible] [illegible],
Tunc magis infelix de prosperitate [illegible],
[illegible] [illegible] culpa [illegible], [illegible] [illegible] [illegible]
[illegible] in [illegible] [illegible] [illegible] [illegible] [illegible],
Occuluisset enim [illegible] [illegible] [illegible]
Corporis [illegible] vigor, et [illegible] [illegible]
[illegible] [illegible] [illegible], [illegible] [illegible] poena ligasset.
Ergo [illegible] [illegible] [illegible] [illegible] in [illegible] Christi
Felix, jam [illegible] [illegible] [illegible] [illegible], [illegible] [illegible],
Quod [illegible] ita [illegible], [illegible] [illegible] amica [illegible]
Supplicium [illegible], [illegible] in corpore culpam
Solveret, [illegible] [illegible], [illegible], [illegible] [illegible]
Jure [illegible]. [illegible] pro [illegible] vinctus
[illegible] [illegible] [illegible], [illegible], [illegible],
Propositum [illegible] [illegible] [illegible] [illegible].
[illegible] [illegible] [illegible] [illegible] [illegible], quae nunc
[illegible] [illegible] [illegible] [illegible] [illegible] videris.
Numquid [illegible] [illegible] [illegible] [illegible] aliqui? sed [illegible] [illegible]
Exemplum [illegible] placuit, quo [illegible] [illegible] [illegible],
Et praejudicium, quibus [illegible] [illegible] est.
Sed jam parce [illegible], [illegible], precor, [illegible] Felix,
Parce [illegible], [illegible] [illegible], dolor [illegible] [illegible]
Clamosas [illegible] preces, [illegible] [illegible],
Ne [illegible] [illegible] [illegible] [illegible] [illegible].
Sed [illegible], quod [illegible] [illegible] [illegible], qua [illegible], et quo
[illegible] [illegible] [illegible]. [illegible] [illegible] [illegible] modo [illegible],
Jamque [illegible] [illegible] [illegible] catenam,
Quam tu [illegible] [illegible], ego [illegible]. [illegible] [illegible]
[illegible] [illegible] vinclo [illegible] membra ligasti,
Sic [illegible] [illegible] [illegible] [illegible].
Talia [illegible], [illegible] [illegible] [illegible] in ipsis
[illegible] Sancti, [illegible] per oscula [illegible],
[illegible] [illegible] [illegible] [illegible] et [illegible] et [illegible]
[illegible]. Ipse [illegible] [illegible] [illegible] [illegible] [illegible],
[illegible] [illegible], et [illegible] [illegible]
Obsequia, [illegible] [illegible], [illegible] [illegible]
Pauperibus [illegible] panes. [illegible] [illegible] [illegible]
[illegible] [illegible], atque [illegible] [illegible] [illegible];
[illegible] [illegible] [illegible] [illegible] [illegible] curant.
[illegible] ad hospitium [illegible], [illegible] illic
[illegible] [illegible], carnes [illegible] [illegible],
Et divisa coquit lymphis [illegible] ignis,
[illegible] [illegible] [illegible] [illegible] catinis.
[illegible] [illegible] inopum [illegible] [illegible]
Verba Deo, et veniam [illegible], ut placata daret.
Nec mora: confestim [illegible] [illegible] [illegible]
[illegible] ille [illegible] [illegible] compage catenae
Solvitur, et pedibus [illegible] [illegible],
Tamquam [illegible] equus, vel [illegible] [illegible] ales
Evolat, et cervi [illegible] imagine currit.
Mira fides [illegible] [illegible], omnia [illegible]
Talia [illegible] parata Dei, [illegible] [illegible]
[illegible] [illegible], ut [illegible] [illegible] Christum in illo,

Pro

Pro meritis hominum moderans in utroque [illegible],
Ut resipiscendi medicina sit, & ultor iniquis.
Contra enim geminae fuit illa injuria fraudis,
Qua miser ille prius dividens latet agmina,
Sospes, sanus, atque illic sibi totum sumere votum
Debuerat, solum caput horrificaque [illegible]
Carpserat, & reliquum toto sibi corpore partem
Fecerat ingratum, atque ingratus, & tantum ipse,
Qua miser aestuerat, sordens omne fraude bonum
Commutaverat Deo praestans verbera culpam.
Talis enim censura Dei est, sic temperat ubi
Pondera judicii Deus Arbiter, & Pater, & Rex,
Omnibus ut tacitum moderato examine librans
Justitiam, & leviter culpam hominum puniat,
Ante tamen moneat, stimulo quam fulmine ullo.
Ut si profuerit poena, sine verberis ictu
Salva salus homini redeat compagem reversa.
At si quis sacri monitus terrore flagelli
Noluerit sentire plagam, lacerumque abibit,
Servatisque malis perfectum sentiet hostem.
Ille igitur miser ante, dehinc mox ipse beatus
Tali sensit curamque animamque medela,
Sed quia cognovit sanctum, agnoscensque jacentem
Poenituit, meritam coelo sibimet simul ipse
Reperit, itaque brevi est aperitum utrumque, quod ante
Justa lege manet divinae pacis, & ut
Jus & opus, manens viridis sui jure superbum
Poena tenet, pietas servet misericorsque favorem.
Ergo relaxatis alacer vestigia vinclis
Idem et incolumi cito daemone, & cito liber
Et modo captivo, laeta cum voce resultat,
Insultans, velut ille olim, quem matris ab alvo
Claudentem in verbo Domini Petrus, atque Johannes
Jusserunt validis in saltum exurgere plantis.
Dignus & hic pauper speciosae limine portae,
Quem Deus ipse Petri Deus, & Felicis, eadem
Nunc verbi virtute sui sanavit apud nos
Excessu claudum modo, quo sanaverat olim
Ex utero claudum. Ille nunc ego laetus abibam,
Quique prius maestus pro vulnere lederat hostis,
Ecce fere sanus redibo corpore grato.
Quidnam ego Felici possim reddere patrono?
Quas illi referam pro tanto munere dignas
Tam cito de tanto sanatus vulnere grates?
Non pretium Sancti medico, nec solacia lecti
Tristis sustinui, neque per scalpella, vel ignes,
Aut male mordaces vario de gramine succos
Saevior & morbis, & vulneribus medicina
In corpus grassata meum est, velut accidit illis,
Quos humana manus suspensa visitat arte,
Semper & incerto trepidam solamine palpat.
En ego per breve nunc spatium positus ad ipsum
Felicis Sancti solium, & projectus ut ipso
Limine tam gelido, quam duro in marmore stratus,
Atque dolens jacui, & solus mihi sermo precandi,
Sola fides medicina fuit. nullum adsore vidi
Et sensi medicum, quisnam hic medicus, nisi Christus
Ipse, vel a Christo Felix de munere Christi,
Et virtute potens. nusquam ille in corpore sensi,
Et tamen ipse fuit praesens in utroque, velut me
Permanens aegrorum dum, sanaretque dolentem.
Per medius in spatio varia mihi castigamenta
Percurrisque sola Domini. sanatus, & ultro
Luminibus laetis parens, atque medela celebrata.
Nunc ego jam pleno perfectus cantica voto
Ibo domum gaudens medico, tuumque Patronum

Aeternum Felix, nec amplius ulla verebor
Occursura mihi, veluti ante, pericla viarum.
Namque periclum abesse, quia causa est nulla pericli,
Non resolutam fides manum: alligat, oro, tuum me
Semper amor. Felix, illam mihi necte catenam,
Qua tibi me nunquam nec mors, nec vita resolvat.
Verum amens quicumque meum videre dolorem,
Inque tuo merito [illegible] altaris
Conspexere manum Christi, cognoscite dolorem,
Quantum illis comparata boni providerit, et jam
Praecaveant de terrenis sibi parcere rebus,
Et, lucra dum cupiunt, adquirere damna salutis.
Nam fide vis parvula mihi carne adimeretur
Pauperibus fraudasse modo fuit, & quid in illis,
Qui male divitias vano amplectuntur amore!
Defossisque suo pariter cum corde metallis
Incubitant, atque haec laetitiae superflua praedant,
Quae proprio longe sic vita removet ab ore?
Quid facient, quodcumque pro se tibi, Christe, loquuntur,
Sanctorum qui panem inopum invasere, nec ullum
Apposuere sibi de re superante salutem?
Unus abit missus. nunc mensae grata secundae
Fercula ponamus. sed quamvis rursus eandem
Diverso carmen conditum jure sumamus,
Namque aliud vobis iterum, quod de se mirum
Lusit opus Felix, mira novitate retexam.
Tempore res prior est, sed nostris acta libellis
Praeterita in praesens nunc opus servata canetur.
Nec refert quod opus quo sit sub tempore gestum,
Unus enim quoniam variis operatur in annis,
Qui diversa facit Sanctorum in laude suorum
Omnibus in terris tantum miracula Christus.
Agricola quidam de nostris longius oris
Apula tractu [illegible] rura colentes
De grege setigero matris a sorbitu unum
Lactea adhuc tenero pullumque sumine rostro
Excerpsere sibi, & curatum tempore multo
Paverat in votum suum, & corpore paratum
Ducere suscitans Sancti Felicis ad aulam,
Corpore de magno ut multos [illegible] egenos
Pasceret, & laetaro gauderet paupere Martyr.
Sed grave sagina corpus superante [illegible]
Non potuit in sorte dia, primaque viarum
Limine [illegible] sibi vert, atque deinde moveri
Voce, manu, stimulis potuit. linquere jacentem
Hospitibusque suis [illegible] relictum
Miratus Domini. [illegible] moras in [illegible],
Nam voti revocare viam pia pectora nolunt,
Rursus Felicis [illegible] limina longe
Ire pedes vacuos devoti [illegible], ergo
Ambiguis [illegible],
Et totidem laetus [illegible] de grege mittere
Ad sua vota legunt, quem erat provectus in annos
Ille suis pastor qui [illegible].
Quod devota fides obstrinxit debita voti
Maturare parans [illegible],
Pluribus et [illegible] opimum.
Ergo sacrum hunc venere [illegible], verisque parentis
Hospitium [illegible] istinc;
Nam tum forte domum, quae circa Martyris aulam,
Implevat [illegible] frequentia turbae;
Propterea [illegible] in rure reverso
Conventi [illegible], qua mane paraverat
Ad redituum proferre pedem, cum prima referret
Patefiens aurora diem; tuguri fore aperti
Hospes homo egreditur tecto, utramque suum vir

Com-

Conspicit ante fores mirando adstare paratu,
Tamquam in missionem Domino loqueretur adesse,
Atque salutanti similis vestigia lambit
Gaudentis Domini, & gestu integraverit alumno
Blandus, & olfaciens motando dat oscula rostro,
Seque quasi verum debere agnoscat herile
Ingerit, & tardum levitat gutture carmen.
Quis duce, quaeso, vias ignotis finibus egit,
Quosve pedes, tam longe ut posset currere, sumpsit,
Qui brevibus spatiis in primo suo vertunt
Deficit fluidis depressus mole sagina?
Certe nulla manus tantum pecus aggere longo,
Nec scivit advertit, nec notam sua tam spatiosum
Ignotae regione viam penetrare subegit.
Quantis hominum etiam, & mentis talibus vigentes,
Perque ignota regi facilius interprete lingua,
Si tamen hi careant duce, quo vis haesit illis,
Circuit in extremis regionibus implicat error.
Quisnam igitur direxit iter suis? unde voluntas,
Qua Dominum sequeretur, ei, vel loquens, ut esset
Conscius ad votum se longe mitti paratum?
Unde haec cura fuit pecori, quae tam fideles
Excitat, ut tamquam proprio culpabilis actu
Pigra remansisset sancto in cinctu timore,
Contractam remanendo sibi veniendo piare
Certaret culpam, & vitium prolataret inertis
Desidiae, quamvis sero comitata profectos
Obsequio Dominum? patet admirabile monstrum
Caelesti ditione datum .... suis actis.
Solus ut iret iter longum; tamenque suisse
Ingenio pecorum, ignotis ut transire recto
Digesseret spatiis; quod & hoc quam grande, quod illum
Tram Beneventanum hoc turbas ad remeantem
Publica sive medii se strata per aggeris undas
Miserit, occursus quamquam cuperet frequentans,
Sive per excelsos igitur vestigia saltus
Nulla manus ferro, seu vel fuit obvia morsu.
Quae solum ducis manus, aut praemit eumenti?
Nempe oculos aliqua celarunt nube fidelis,
Aere vel captus verum magis quam pede vadit,
Et subito hospitium Domini delapsus ad ipsum
Constitit ignoto pro limine quadrupes hospes.
Dicam aliud prope vicini mutabile signi;
Nam genere absumptam pecus armentale juvencam
Quidam hominum atque longe hac sede profecti
Servatam primo lactentis ab ubere matris
Nutriebant ostium votivo cuncti paclam
Pauperibus, magna quae ista plebe coacta
Larga ope confestim Felicis gratia pascit.
Ergo ubi jam membris vitula exaltabat adultis
Facta par vectorum jam corpus idonea voto,
Promovere domo; sed quo mox esse videtur
Persolvenda piis longe sua vota futuro
Martyribus, plaustro subjungere, quo veherentur;
Aggressi hanc volunt jugo subnectere, quamvis
Infamem, tamen ut cuique jam mente subnexa
Ubibus humanis, quibus illam e congrege casto
Substulerunt Domini parvam, tactuque, cibisque
Miscuerant; hinc ut domita feritate putantes
Sub juga se facilem docili cervice daturam,
Sollicitant palpante manu, & conantur in arctum
Ducere. at illa sibi solitos adludere tactus
Credula confestim primum, sequitur que vocantes.
Verum ubi jam propiore jugo conspexit habenas,
Cervicique suae pertensi lora parari,
Indignata dolos, & permutata repente
Fit fera, nec cervice jugum, nec vincula collo
Suscipit, & vinctos renuens, taurisque recussis
Prosilit e coetu reluctantum, & devia longe
Rura petit, fugiens Dominum, adlustraque tendit.
Nec procul ex oculis hominum de more ferino
Se rapit, & cursu fugitivam solitam abdit;
Nam fugiens Dominum aliorsum ut illum adiisse
Sic fugit, ut non se patiatur rura relinqui.
Denique ubi vinctam geminum bove currere plaustro
Conspicit, humanum sapit, & quasi conscia voto
Deberi sese, comes incipit esse profectis.
Nec longe comes est; tardis contra orbibus ire
Spernit, & excursu velut insolitam geminatam
Praevertens rotas lenti molimenis agmen
Respicit antevolans, nec jam timet ad juga cogi,
Invitaque prior sit amica, & praevia plaustro,
Donec sacratam venitque Felicis ad aulam.
Illic sponte gradum sistit, sese que vocanti
Applicat, & tamquam voti rea gaudeat ipso
Stare loco, properare cui debet victima cadens.
Illa rebellis, & humanis non subdita vinclis
Ducitur ad placidam nullo luctamine mortem
Intemerata jugis submittens colla securi,
Pauperibus factura cibos de corpore caeso,
Laeta suum sensit Dominorum in vota cruorem.
Quorum istud utrumque peculiare est, ut Apostolus inquit,
Cura Deo. sed qui propter nos omnia fecit,
Omnia pro nobis operatur in omnibus auctor,
Atque per ignotas pecudum operantia nobis
Signa facit, brutas per clara insignia mentes
Sollicitans firmare fidem, & confidere vero,
Ut dominum docilem linguis ex verba fidelis
Nos tacentes hominum, quam signis muta loquuntur.

POEMA XXVIII.

SANCTI PAULINI EPISCOPI NOLANI

S. FELICIS NATALIS DECIMUSTERTIUS.

CAndida pax laetum grata vice temporis annum
Post hiemem actam tranquillo lumine ducit,
Signatumque piis Sancti Felicis honore
Securis aperit populis. gaudere fovendis
Mentibus, abstersa diri caligine belli,
Suadet ovans Felix, quia pacis & ipse Patronus
Cum Patribus Paulo, atque Petro, & cum fratribus almis
Martyribus Regem regum exoravit amico
Numine Romani producere tempora regni,
Infestosque Getas ipsis jam faucibus urbis
Pellere, & exitium, seu vincula vertere in ipsos,
Qui minitabantur Romanis ultima regnis.
Nunc igitur pulsa formidine, & imbribus atris
Respicere expulsis caelum, praesentia rerum
Praeteritis conferre juvat, quam tetra per istum,
Qui fluxere, dies elapso ubi erat anno,
Cum furor accensus Divinae motibus irae
Immisso Latiis arderet in urbibus hoste!
Nunc iisdem placidi spectare juventia Christi
Munere, mactatis pariter cum Rege profano
Hostibus, Augusti pueri victoria pacem
Reddidit, atque annis tener idem, & fortis in armis,
Praevaluit virtute Dei, & mortalia fregit
Robora, sacrilegum Christo superante Tyrannum.

Sed

Sed quid ego hinc coeptis plura loquar, quod non specialis
Esse mei Felicis opus Respublica monstrat?
Pluribus haec etenim causis est cernere parvula,
Ut Romana salus, & publica vita maneret.
Hic Petrus, hic Paulus Proceres, hic Martyres omnes,
Quos simul innumeros magnae tenet ambitus urbis,
Quosque per immensum diffuso lumine gentes
Inter Romuleos venerantur Ecclesiae fines,
Sollicitas simul impenso dextere precare
Excubias. Felix meus hic, velut unus eorum,
In precibus pars magna fuit, sed summa precandi
Munera ad cunctos, nulli privata referam.
Ergo pudens referam, sat enim mihi pauca locutum,
Unde nihil proprium meritis Felicis adesset,
Nec reticere tamen potui, quia parte laudis
Hoc quoque Felici laboras, quod summa precatur,
Rexque potens Regum Christus Deus omnibus una
Adnectat Sanctis, quibus in grege supplice mixtum
Felicem parili audivit pietate benignus.
Parcam igitur propriis adjungere publica dando
Munera, privatasque canam Felicis honore,
Quaeque suis propriis operis hic in fratibus edam.
Unde igitur faciam tenuis carminis ortum?
Quae bona Felicis referam? quae multa per omnem
Passim agit, expediam? magis aut domestica dicam
Munera, quorum ego sum specialis debitor illi?
Hoc potius repetam, mihi quae cumulata, meisque
Sunt inventa, & quia praeteritis magis illa libellis
Dicta mihi, quae partim abiit, permissaque cuncta
Praestitit, ex hoc anno opibus, quas largior in nos
Contulit, hunc animo cursum properante libellum;
Et contra solitum vario modulamine morem,
Sicut & ipse mihi varias paria exercitus armis
Materias, mutabo modos, seriemque sub una
Non una sub lege dati pede carminis ibo.
Nam quia secundo Sancti Felicis in agro
Exactis novi flores, duo germina Christi
Turcius ore pio, florente Sanctius aevo,
Et pariter Sancta Matres, similisque puella,
Alsia, qualis erat soror illa Philemonis olim
Nobilis in titulo, quam signat epistola Pauli.
Et simul Eunomia aeternis jam pacta virago
In Caelo thalamis, quam matris ab ubere raptam
Foedere placitam sibi Christus amore dicavit,
Unguentoque sui perfudit nominis, unde
Tincta comam animae, & mentis caput uncta pudicum
Debere quamquam plaudere, & considere
Quamvis honesta recitat incedat via,
Tamen timere semper offensam pedis,
Donec peractis usque metam cursibus
Palmam perire comprehendat gloriae.
Quare beatos Martyres, quos exitus
Perfecta virtus in coronam caelicam,
Justis honoris debuit praeconiis
Celebramus omnes, non tamen passos
Confessione Christianos nominis,
Quibus profuso sanguine ob Sanctum Fidem
Praeminitarent fronte aeternae bonum,
Ut si ambulent Martyrum vestigia
Paris Parentem profitentur praemiis.
Hinc ergo Sanctis, sive Confessoribus,
Seu consecratis passione testibus
Dies sacrantur, in quibus functi diem
Mortalis aevi morte vitali suum
De labe mortali transferunt ad Deum,
Populi fideles gaudiis sollemnibus
Honorem Christi gratulantes excolunt,
Ut iste Sancti patris Felicis dies,
Quo clausit olim corporis vitam suam,
Confessionem ante functus praelia,
Sed incruento consecratus exitu
Post bella victor pacis assumptus die
Vocante Christo liquit exutum hominem,
Et in supernas transitum fecit domos
Non destitutus a corona Martyris,
Quia passionis omnia retinet gesserat.
Nam saepe agmen miles iteravit pressus,
Victusque semper hoste Confessor rediit;
Sed propagata morte cunctantem Deus
Servavit illum, cum coronam martyris
Negans, sed addens & coronam Amicitiae,
Ut incruento palmam adeptus praelio
Sit praelium possidens praemium,
Confessionis purpuratus Laurea
Vitaque pacis in Sacerdotis stola
Redimitus aeterno bis commune foret
Confessor atque Presbyter Felix Dei.
Hic ergo vero, quem recolimus, annus
Non est agonis, sed sepulturae dies,
Quo separata ab invicem substantia
Anima volavit ad Deum, in terram caro
Reversa tumulo conquievit abditum.
Et merito Sanctis iste Natalis dies
Notatur, in quo lege functi carnea
Mortalitatis exuuntur vinculis,
Et in supernis regna nascuntur Deo,
Secumque laetam spem resurgendi ferunt.
Ergo semper istum sic honoravi diem,
Magis hunc putavi esse Natalem mihi,
Quam quo sinistra natus incessi die,
Legendus etenim est ille dignum mihi
Dies, in istud quo creatus saeculum
Peccator orto peccatricis viscere
Conceptus atris ex iniquitatibus,
Ut jam primumque pervenit ad mortem suae.
Maledictus ergo sit dies, quo sum miser
Ad iniquitatem ex iniquis editus.
Benedictus iste sit Natalis & mihi,
Quo mihi patronus natus in caelestibus
Felix ad illum exortus est potentiam,
Qua me valeret sirta purgatum diu
Lavare vitalis, & redemptum abdicare
De lacrimosa morte Natalis mei.
Actis per orbem circulis anno suis
Eadem recurrit semper haec cunctis dies;
Verum quotannis innovatis gratia
Diversitatem muneris, quae dat suo
Christus fideli, donec ut Felix mihi,
Mutatur & non ipsa, quae cunctis venit,
Varias cunctarum carminum causas ferens.
Videamus ergo quid mihi hoc anno novum
Advolavit, unde vocibus vertam novis.
Non ibo longe, nec procul summam mihi
Praeterita tempore, nec locis absentia.
Adsunt, teneremque ipsa donum continens:
Videte omnes munera hoc anno data,
Nobis in unum juncta Felicis fore
Mancipia Christi, nobiles terra prius,
Nunc vero Caelo destinatos incolas,
Quos Christus ipse, qui creavit divites,
Hoc paupertavit saeculo, ut regnum in suum
Terrenis honoris arca dejectos vehat.

Apro-

Aproniamum Turciae generis decus,
Aetate puerum, sensibus canum senem,
Veteri senatum nobili prosapia,
Sed clariorem Christiano nomine,
Qui mixta veteris & novi ornat gloria,
Vetus est Senator curiae, Christo novus.
Huic propinquum facimus aequali jugo
Aevo minorem Pinianum, par fide,
Et ipse prisco sanguinis inlustris pari,
In principe urbe Consulis primordio
Valerius ille consulari stemmate
Primus Latinis nomen in Fastis tenens,
Quem Roma pulsis Regibus Bruto addidit,
Valerii modo heres Christiani Consulis
Longe reversum generis auctor ultimum.
O vere felix! ille gentili licet
Tempore functus hoc sua stirpe bonum
Non capiet atra mersus inferni face;
Sed nos fideli convenientes laetitiae
Retracta, vel praesentia hominum facta,
Miramur opera conditoris ardui,
Et praeparatam a vetustis saeculis
Successionem mysticarum stirpium
Post stirpem impiorum filios.
Tamen in tenebris impiorum germinum
Lucis videmus emicasse semina
In tempore ipso noctis antiquae suo,
Quibus probata quamlibet gentilibus
Mens, & voluntas lege naturae fuit.
Hinc in quibusdam nunc earum posteris
Veterum subinde vena respondet patrum,
Ut ille quondam Piniani, nunc sui
Auctor supremus in libertatem suis
Post regna dura vindicandis civibus
Lectus Nepotis hujus ornat generalis,
Qui nunc avita persequens insignia
Potiore causa servitutem depulit
A semetipso, corporis victor sui;
Pulsoque regno Diaboli e membris suis
Jam spiritali pace pacati jugum
Fidelis animae casta libertas terit,
Et in hoc parentis aliquid illius refert
Puer iste Christi consularem militiam,
Quod liberantis consulatum ornat piam
Redemptionis ope dispensat Deo
Prisci parentis aemulator hactenus,
Quod servitute liberat domesticos,
Ut ille cives. sed quod ille gesserat
In urbe & una, & parvulo primis adhuc
Roma sub annis, hic modo in multis agit
Diverso in orbe constitutis urbibus,
Passim benignus & suis, & exteris.
Nam & libertorum pluribus cervicibus
Servile Sanctis opibus expulit jugum,
Quos aere victos in perpetuis carceris
Absolvit auro de catena foenoris.
Hos ergo Felix in suo sinu abditos
Mandante Christo condidit tectis suis,
Mercemque sempiterni sempiternum hospitium.
His nunc utrimque fratres adjunctibus
Trium sub una voce votum dedico,
Uno loquentes Spiritu in affectu trium.
Magnificate Deum mecum & superate humilitatis
Unanimi pueri psallite carminibus.
Ut decachorda sonant psalterii nervis,
Et paribus canunt distantia fila modis.

Sic pia compagis nostrae unitate sodales,
Tanquam uno triplex lingua sonet labio.
Tres etenim numero sumus idem, canemus idem,
Et placet unum in tribus his animus.
Quorum caelestis liber indita nomina servat:
Prima chori Albina est, compar & Therasia.
Jungitur his germana jugo, ut sit tertia princeps
Agminis hymnisonis mater Avita choris.
Matribus his duo sunt trinae uno pignora sexu,
Flos geminus Melani germen, & Eunomia.
Haec eadem & nobis carissima sunt pignora, nam quae
Discernit forma, consociat pietas.
Cum Patre Paulino puer atque Turcius iste est:
Sed me unum, sobolem hunc facit esse patrem.
Diverso ex aevo numero sociamur in uno,
Et non aetate sexu, sed tamen pectore pares.
Ergo cohors haec tota simul tria nomina cantet,
Quatuor in natis, in patribus duo sunt.
Nam puer hinc Memorii conjunx in corpore Christi,
Cui Deus pium nomen habere dedit.
Natus et aeterno vitae puer arbore ab illa
Suscipiens nomen, quod sine fine viret.
Pinus enim semper florente cacumine perstans
Semper amans celsis alta comare jugis.
Nam mutat speciem cum tempore, utrumque sub aestu
Et nive par sibimet stat viridante coma.
Fertilis & crassa validis radicibus [illegible]
Lac tenerum crescens sugentem caelitus habet.
Pinguis odoratum desudat tota liquorem,
Ut nec in ipsa arbor munere sit sterilis.
Haec igitur typus est aeterni corporis arbor,
Pulcra, firma, vivax, ardua, celsa, virens.
Illius instar erit Domino puer iste beatae
Arboris, ut summae gratia pignus ei.
Jamque Deo plantatus agit, saecloque profectu
Fructiferum attollit pinus ut alta caput.
Emicuit hic proprio mihi filius in grege primus,
Ast aliud mihi par habitus in Asteriis est.
Quem simul amborum vota pia parentum
Infantem Christo consecravere favente.
Ut quondam Samuel primis signatus ab annis
Crevit in Sanctis vates alumnus Deo.
Prima patrum Christi sub nomine tempora solvit,
Et Domini nomen primum loquendo sedit.
Jamque parente Deo regnis caelestibus ortus
Sidereum potior numine, & ore micat.
Hunc puerum, & fratrem socia pia gratia patri,
Nam pariter sancto flumine sunt geniti.
Quos autem gradu diviserat, hos Deus almo
Munere germanos in sua regna vehit.
Ergo novem sancti socia cum prole parentes,
Pectora concordi sumus ut una chelys.
Omnes ex nobis citharam facimus in unum,
Carmina diversis compositura fidibus.
Aemilius venias decimus, tunc denique plene
Concinet in nobis mystica lex numero.
Hoc etenim numeri in capite, in testudine jungi
Viva salutiferum chorda loquatur opus.
Huic citharae plectrum Felix erit, hoc decachordum
Christus ovans citharam pollice percutiet.
Quae cithara in nobis Christo modulante sonabit
Plenum perfectis sensibus harmoniam.
Sic pax nostra Deo tota sit consona fibris,
Sicut et unita corpore, mente, fide.
Talis enim citharae sanctis haec legibus implet
Omnibus ad vitam compositus numeris.

Caius

Cujus vita sacrae concordat ad omnia legi.
Omnia enim tempore Domino chordis canam.
Nunc ad te, Venerande Parens, aeterne Patrone,
Susceptor meus, & Christo carissime Felix,
Gratificas verso referam sermone loquelas.
Multa mihi variis tribuisti munera donis;
Omnia, praesentis vitae cum spemque futurae
Quae pariunt, tibi me memini debere, cui me
Mancipium primis donavit Christus ab annis.
Si mihi fecundis facundia curreret undis,
Oraque mille forent centenis persona linguis,
Forte nec his opibus cumulato munere referrem
Omnia Felicis pro nostra munera possim,
Quanta suo Dominus donavit Christus amico,
Et mihi Confessor fando transfudit alumno.
Quae quamvis acceptarum donis diversa, sed aequis
Grandia ponderibus concurrunt multa, nec in his
Quid primo memorare loquar, discernere possum.
Judicii facilis discrimen copia turbat.
Si prima repetens ab origine cuncta revolvam,
Quae pietate pari vario mihi praestitit aevo,
Ante queam capitis proprii numerare capillos,
Quam tua circa me, Felix bone, dona referre.
Te mihi caelestem, si possem attingere, rerum
Prima salutiferis jecisti semina caelo.
Nam puer occiduis Gallorum advectus ab oris,
Ut primum tetigi trepido tua limina gressu,
Admiranda videns operum documenta tuorum
Pro foribus fervere tuis, ubi corpore humato
Clauderis, & meritis late diffunderis altis,
Toto corde Fidem divini numinis hausi,
Inque tuo gaudens adamavi lumine Christum.
Te duce fascigerum gessi primaevus honorem,
Teque meam moderante manum, servante salutem,
Purus ab humani sanguinis discrimine mansi.
Tunc etiam prima ... libamina barbae
Ante tuum solium, quasi te carpente, totondi.
Jam tunc praecidisse per honorem pignora sedis
Campanis mutanda locis habitacula sui,
Te fundante mei venturo cubilia servi.
Cum pectora inspirans curam mihi mentis juberes
Muniri, sternique viam ad tua tecta levarem,
Adtiguumque tuis longo consurgere tractu
Culminibus tugurium, sub quo prior usus egentum
Incoluit, posthac geminato tegmine crevit
Structa domus, utrimque nunc manet hospita cellis,
Subdita prospiciens simulatur porticus agris,
Quae una impensis super addita tecta colentes
Sustinet hospitiis, lympasque salubria praestat
Vulneribus nostris consortia sede sub una;
Commoda praestantem nobis ut amica vicissim,
Fundamenta illi confirmans nostra precatur,
Nos fratrem impense servamus corpore tectis.
Ergo ubi bis terno dicionis fasce levatus
Deposui nulla maculatam caede securim,
Te revocante soli quondam genitalis ad oram
Sollicitae matri sum redditus. inde propinquos
Trans juga Pyrenes adii peregrinus Iberos.
Illic me thalamis humanae lege jugari
Passus es, ut vitam commercarere duorum,
Perque jugum carnis duplicata salus animarum
Dilatam unius posset pensare salutem.
Ex illo quasi ante alio mihi tramite vitae
Curreret, atque alio caelorum procul abditus orbe,
Qua maris Oceani circumdatur undique tellus,
Gallia mente tamen numquam divulsus ab ista

Sede fui, semperque sinu Felicis inhaesi,
Inque vicem tenui Felicem adstrictus amoris
Rebus in omnibus bonum, per cuncta domique, forisque
Conficiendo. mihi rex & defensor rerum
Unus erat Felix placato numine Christi,
Semper & avertens adversa, & prospera praestans.
Te Felix semper felix mihi, ne miser essem
Perpetuo pater, & custos pietate fuisti.
Cumque laboratum germani sanguine caesi,
Et consanguineum parteret fraterna periclum
Causa mihi, censumque meum jam fiscus adisset,
Te cum colla, pater, gladio, patrimonia Fisco
Eximis, & Christo Domino meo, meque reservas.
Nam quo consilio rebus capitique meo tunc
Christus opem tulerit, Felicis cura paravit.
Adstruit, docuit rerum post exitus ingens,
Quo mutata mea est sors & sententia vitae,
Atque ante Fide mundum, patriamque, domumque
Prodita diversis egit commercia terris,
Portandamque crucem distractis omnibus emit.
Res igitur terrae regni caelestis emit spem,
Spes autem Fidei carnis re fortior. haec spes
Perpetuam, quae vita Deo est, rem parturit: at res
Carnea caelestem parturit spem, quae tamen, & rem
Si superat vincente Fide, non protinus aufert,
Sed bene mutatam divino jure reformat
De fragili aeternam referens, terrisque remotam
In Caelis statuens, ubi fidus creditor custos
Christus habet, neque tantum illa, quae sumpserit illic,
Depositum mutuo servat, sed multiplicato,
His, qui crediderint, commissa talenta reponens
Foenore, seque credentibus efficiet rem;
Et quae res hac re poterit pretiosior esse?
Si totam mundus mihi res privare fuisset,
Num potior Domino foret haec possessio Christo?
Et quis me tantae vel spe modo possessorem
Praestitit esse rei? quis me rem compulit istam
Spernere pro Christo, ut Christum mihi verteret in rem?
Quis nisi tu semper mea magna potentia, Felix,
Peccatis inimice meis, & amice saluti?
Tu mihi mutasti patriam meliore parata,
Tu mihi pro patria reddens. tu me de labe caduci
Sanguinis exemptum terrae genitalis ab ora
Ad genus emigrare tuum, & caelestia magnis
Fecisti sperare animis. tu flammam nostra
Mutam de pravis mutualibus inter amicos
Caelestis Domini, et libro signata perenni
Nomina translata mortalis originis terra
Deleri facies morti, transcripta saluti.
Quid simile his habui, cum dicerer esse Senator,
Qualia nunc istic habeo, cum dicor egenus?
Ecce mihi per te Benedicti Martyris aulam
Et spatiis amplam, & culminibus sublimem,
Et recavis alte laquearibus aequinoctias,
Irriguam & aquis, & porticibus redimitam,
Undique, ubique simul, quacumque per ista Beato
Nomine Felicis colitur, celebratur, habetur,
Omnibus in spatiis domus est mea. nec locus ullus
Aedibus illius conjunctus, & lotus et intus,
Qui mihi non quasi res pateat mea. sed quid in isto
Munere me jacto, si tam Felicis amati
Visibili lapidum tecto versantibus hospes
Possideam. quanto plus est mihi, quod mihi Felix
Ipse Dei dono domus est, in quo mea vivat
Vita, domum vitalis lapsuram possideo annis?
Nam quae Felicis domus & mea sit domus, ipse

Permitteres sed licitum mihi juris haberem,
His etiam probem officiis amicitia nostra,
Hospitio quod facias in tecta recepimus, & nunc
Omnes jure pari Felicis jura tenemus,
Felicisque Patris gremio complexa foventur
Pignora, quae nostra, quae vestra, & modo in ipso
Felicis tecto communi sorte tuemur
Hospitia, ubi tres veterum praedia domorum
Culmine, & angustis vicino Martyre cellis
Tutius in parvo spreta ambitione manemus.
Christus enim junctis est studiis, evertitur aulis,
Pauperis & tuguri magis arcta cubilia frequentat,
Quam praecelsa superborum fastigia rerum.
Ergo ut comparem, quae nunc colo, recta relatio
Culminibus, quae nunc habeo, aut habuisse recorder,
Si placet, arbitriis liceat comparare justis.
Quae tam pulchra domus? quis ager tam fertilis? aut quid
In re mortali fuerit mihi, quam modo in isto
Paupere contuitibus Christum, per quem mihi abundat
Dives inexhausto redire peculio Felix?
Ut vero ex veteri relegam mea praedia censu,
Quidquid erat magnum quondam mihi qualibet in re,
Terra erat, & varias species variata figuras,
Sive agrorum, gemmarumque foret, erat illa sepultum
Vile bonis pretium, pretiosum virus avaris.
At modo cassus opum, nec opum, sed verius expers
Damnatorum onerum, secure liber habendi
Paupertate fruor, nec habent inimica sequentum
Vincula, quae teneant mentem. facile levis exit
Corpore, quem nullis suffocant amoribus illex
Per varias species mundi fallacis imago.
O veneranda mihi, & toto pretiosior orbe
Pauperies Christi thesauro carior ditis,
Quae spoliis opibus, terra quasi rudere purgas,
Destruis in nobis terrenas, atque vicissim
Construis in pretium vitae; dispendia terrae
Vertis vera nova, versa vice divitiarum,
Ut laeti nobis servata pecunia domini
Non ferrata lateat [illegible], sed more [illegible]
Fida credita deinceps est. nec enim sine munere Christi
Praeceptoque cuiquam sua fundere prodest.
Nam vere pereunt vitiis impendia profanis.
Luxus, & ambitio magni discrimine mortis
Crimen avaritiae pensant, quia par in utrumque
Causa salutis amoris, quam sic maculosa libido
Perficit, & rerum mundi malesuada cupido.
His me divitiis inopem cupis, optime Felix,
Ut facias vitae locupletem, & paupere cultu
Exortem nobis avaris fore sine lapsu
Divitibus mundi, quibus auri leniter usus
Parturit aeternos facile cum vermibus ignes.
Nos solis tibi non justitiae via degere tutis,
Quos & in aeterna tibimet consortia vitae
Exstruis pater, & ad illum ducere servans,
Quem tu sub Domini perfectus imagine Christi
Gessisti in terris homo quondam ex divite pauper.
Nam cui paupertas tua, quam pro nomine sancto
Proscriptis opibus gaudens confessor adisti,
Ignorata manet, qua prodiret ultima fructum
Contractis solis caulibus semper in horto?
Propterea similes tibi vis efficere omnes
Paupertate pia, quos suscipis hospite tecto;
Difficile nec enim tibi posses foedere coire.
Quantum etenim distant agno lupus, & tenebris lux,
Tantum dispescunt via divitis, & via Christi.
Nam via lata patet, quae pronum lubrica clivo
Vergit in infernum, qua dives urget avarum
Mobilibus impulsus propriis in Tartara ferri.
At via, quae Christi est, quae Confessoribus almis
Martyribusque patet, paucis licet ardua pandit.
Non capit ergo via haec latum, excludit onustum.
Propterea sapientem, sollertemque Beati
Martyris adstringi decet, exutumque molestis
Compendiis, immune de paupertate salubri,
Atque levem fieri, ut portam penetrare per artam
Possit, & excelsum Domini conscendere montem.
Sed quid ego imprudens discernere pondera rerum?
Pro magis haec ego pono tibi, Pater Optime, donis,
Quamlibet haec quoque sint mihi grandia, parva tamen sunt,
Si potiora loquar. quanta partis namque rerum est
Ergo tui operum reputatio muneris hujus,
Quod terram hospitio dederis, habitandaque tecta
Condere praestiteris, cum tu, Pater, & tua nobis
Viscera praebueris? nam quid nisi viscera nobis
Intima promisisti, quibus interiore sepulcri
Sancta, tui meritis ab operto pulvere casta
Pandere dignatus speciali sum tibi amore
Insertos tanto voluisti prodere signo,
Ut tacitam, & fusam per tot retro saecula sedem
Corporis, Alme, tui subito exsiliente favilla
Pulveris in nostro servari tempore velles?
Ergo illas Felicis opes in laudibus ejus
Transcursu properante loquar, quas dum relatu,
Multa suo nobis quae jam gremio suscepit
Sedulus attribuit, atque parcet prodigus in eo
Jugiter affluere honoratis ope divite donis,
Non ea suppeditum tantum, quibus indiget usus
Corporis, illa etiam, quibus & nunc gratia nobis
Quaeritur, & post nos reddatur munere honoris,
Addidit, ut tantis nunquam retro condita saeclis
Nostro opere extructa adcrescere, vel renovari
Porticibus, domibusque suis permitteret aulas.
Ille etiam proprii nobis secreta sepulcri
Sancta revelavit. paucis venerabile munus
Eloquar, ut magnae pietatis lucent lector,
Qua nos indignos tanto dignatus amore est,
Ut prope ad arcanum permitteret nostra verendum
Lumina ore proprio sua prodere ossa medullis.
Ergo sancte mihi vobis loquar ordine causam,
Quae tribuit vicina suis nos cernere membris,
Atque ipsam pene contingere corporis arcam.
Nota loci facies cunctis manet, ut super ipsum
Martyris adsitum solium, claudentis sepulcri
Cancello latus in medio, sit pagina quaedam
Marmoris adfixo argenti vestita metallo.
Ista superficiem tabulae gemino pater ore
Pertusa infuso subjecta foramina nardo,
Quae cineris sancti veniens a sede reposta
Sanctificat medicans arcana spiritus aura.
Hac subito infusos solito sibi more liquores
Pocula de tumulo terra subternante bibebant,
Quique loco dederant nardum exhaurire parantes,
Ut sibi jam ferrent, mira novitate repertis
Pro nardo jaculis cumulum crescentis arenae
Inveniunt, pavidaque manus cum pulvere multo
Fascibus a tumuli retrahunt. nova res movet omnes,
Et studium accendit subitis disquirere causam
Prodigii. placet ergo diem conducere certam,
Scrutari & patriam subeuntes marmore sedem.
Hoc animo, fateor, nimis omnia cura timebat,
Ne quid forte pio de corpore pulvis haberet,
Quem manus e tumulo per aperta foramina promptum
Hausi-

Haeserat, & varia concretum sorde fovebat
Cum officiale simul, & rudis cum rudere saleris.
Inde etiam humanum per mutua verba putabant,
Ne forte sacram sancta de carne favillam
Pulvis ab excelsis aliqua intercluda caverna
Altius exegerat, super defossa per aevum
Monstra solent terrae rostris sudare latus acutis,
Et scrobes circum cumulos effundere nigros;
Sic & ab errore sancti Felicis operto,
Quo magis hoc mirum foret, intervalla dierum
Fecit congesta mirando eruptio terrae.
Ergo die placito mediis opus inde rebus
Arripitur. comites transmisit Episcopus ad nos
Presbyteros. his fabri manum spectantibus instat
Jussa facessentem facere. est primus labor illis
Cancellos removere loco, curaque sequenti
Haerentes tabulas resolvere solidare clavis.
Verum ubi depressam sub tegmine marmoris arcam
Vidimus integra solidi compage manentem,
Tunc sacrum fidei dubio de corde periclum
Erroris pepulit, cum tacite qualeque proberis,
Incolumi solio numquam rimante sepulcro,
Undique vallatum valido munimine corpus
Martyris emeriti nullis patuisse piaclis.
Et dignum retinere suo pia carnis honorem
Ossa, quibus sanctus numquam destitit adesse
Spiritus, unde piis stat gratia vera sepulcris,
Quae probat in Christo sanctis sine morte sepultam
Ad tempus placido sopiri corpora somno.
Ergo reformatae Felicis honore sepulcri
Omnia sollicite mensis relinquimus, ut jam
Usque diem Domini, quo debita principe Christo
Excitis pariter radiabit gloria sanctis,
Inconcussa suo requiescant ossa cubili,
Quaeque animam sanctam manet in regione superna
Pax, eadem in terra tumulo venerabile corpus.
Quid superest quod adhuc referam? quae vero vel ipsa,
Quae coram, digna edicere, vel cunctis profata
Munera retulerim plano sermone petitum?
Multa latent, nomen memori nam omnia nobis
Pectora fixa sedent, & plurima jam memorata,
Plura etiam memoranda manent; sed maxima modulo
Excepta monet moderandi regula libri.
Omnibus extructis operum, quae stare videntur
Diversis astare modis excelsa per aulas,
Et per vestibula extremis circumdata late
Porticibus, solum simul omnis inopia aquarum
Tecta videbantur maestis orare columnis.
Ipsum etiam, fateor, querula jam voce solebam
Felicem incusare meum, quasi negligeret illis
Instaret votis, quod aquae consortia nobis
Tam longe tot a placeret ab urbe negari.
Verum inconsulta properantes mente trahebat
Consilio potiore moras in tempora nectens
Congrua, sic etenim justa ratione parabat
Ordo operum, prior esset ut his perfectio coeptis,
Quae circa sanctas venerandi martyris aulas
Sedula multijugo molimine cura parabat,
Cumque manum summam tectis divina dedisset
Gratia, tunc plano finitis ordine votis
Coepta perfectos rivaret in atria fontes,
Denique ut implere fletis hoc opus amne parato,
Non cecidisti diu nostri sitis arida voti,
Moxque volente Deo populi prius aspera corda
Consensum facilem proclivi corde dedere.
Dicam igitur mecum nostram aquam. da nunc mihi, Felix,
A Domino quoniam verbo mihi currere verbum
Tam facili eloquio, quam larga fluminis fontem
In tua vestibula, atque domum manare dedisti,
Oratis, quae nobis te suffragante benignum
Contribuit Dominum, tali decurrere, & aucta
Munere, quod fontes sitientibus hauserit arvis.
Illa pio rursum patris Christus ab ubere fluxit,
Atque aquae referam donum pietatis, ut omnem
In sedibus siccam prius lateratum arenam,
Et patrem sine aqua sitibundis manare fluentis
Efficeret, sanctaque sui Felicis in aula,
Hospitibus populis diversa gente coactis,
Per portas simul, atque lacus, conchasque capaces
Largiter infusis nova currere pocula rivis.
Quis mea te sine sponte dares dulcia rigare,
Pectoraque mea cordis perrumpere saxum,
Ex quo petra manare donum, & de te bibere undam,
Quae pateret vivam mihi sacro in pectore venam
Aeternum salientis aquae? sed & haec mihi gutta
Eloquii tenuis, quo te loquar, inde profecto
Ducitur, unde etiam fluvii manabit origo.
Nam quis vel modico te sermone praesentia fando
Christi Patris fari sine te queat? ipse recte te
Inspirat Christus dici quo lumine lumen
Et Patris & mei pax certamen. et duce sancto
Adspirante Deum fateamur cum Patre Christum.
Sed quis dum vivi fontis gero nomina in ore,
Gutta mentem stillavit in os de flumine verbi.
Forte aliquem referens ex hinc mea labra saporem,
Et nunc ex ea aquae non sacris fontibus arens
Lingua, sed uberibus, vel ut humescens cantetur.
Omnibus instructis operum, quae multa videntur,
Postulat iste locus devotis munera Abellae
Ludere versiculis, non digna videtur honore
Nominis hujus, ut in laudem Fabris & ipsa
Laudetur, quia pro Felicis honore laborem
Sponte sibi suscepit, quod de sudore suo aestu
Rupibus abruptis reparans, gratis aequa putavit.
Parva quidem haec meritis, sed facto magna fovetur
Urbs opera haec nostra hinc sex millibus abdita Nola
Altijugis montem interpositum, ex quibus arcus
Communis hauris aquas & in unam suscipit arcam,
Unde per inferius calices sibi prima fluentes
Vindicat, & reliquos Nolanam profluit urbem
Fluentes, multis rigans & in agris praedia passim.
Sed redeam ad gratos operis pro munere habendos;
Namque operas ad aquaeductum, quem longe vetustas
Ruperat, ad sua vasa iterum formasque vocandum
Praebuit uberrima gratis opera. locus altis
Inferius scopulis nullo usque calle vigentes
Innumeris etiam penetrabilis esse negatus;
Unde etiam mercede magnum reperire paramus
Difficile tamen est facilem ardua montis:
Quo major meritis honor implevit Abellam,
Quod promptae famulata sacro Felicis honori
Effusis plenae manus impendit in operas.
Cernere erat trepidam turba de plebe catervas
Ordinis, & populi simul una mente coactas
Mane novo excitas ad opus concurrere laetas,
Certarimque alacres in summa carmina ferri,
Et sub fasce gravi cophini cervice subacta,
Communesque simul, dum sola per ardua vectat
Sole sub ardenti crudum iterare recursus,
Et tum, quam longe dies aestate moratur,
Tendere ab Aurora fere in Vesperis horas.
Pervigilisque animis, modico vix nocte refectis

Corpo-

Corporibus, rursum ante diem fabrilia ad arma
Surgere, nec fessis Deo urgente laborum.
Denique sic operis processit gratia magni,
Ut tamquam ludo paucis opus omne diebus
Surgeret explicito perfectum munere stare,
Formaque longinquis a montibus aggere, arcto,
Quae ferret longe prius interrupta veterno,
Undique fonticulis diversis et rupe recepta
Collectam revocaret aquam, sitientibus olim
Urbibus, & plenis per millia multa rivis
Transire ferventem, & nostri Felicis in aedem
Lata novo calicem fluvio superante repleret,
Et quod divini documentum muneris agit,
Largior aestivis hic mensibus unda cucurrit,
Quam prius hybernis ex imbribus ire solebat.
Hic ergo te modo jure rogem, mea Nola, parentem
Commemorem fontanam, & blandae pietatis ab ira
Mente manente placida contexta simulabo parentem,
Filiolam increpitans veteris sub voce querelae.
Nam mihi, Nola, tui consortia justa parenti
Fontis eo turbata metu, quasi dona negabas
Hospitium communis aquae, divinaque jura
Respicere oblita, humanis mea vota putabas
Viribus, & mihi te Felicem oblita detractam
Credebas, ac, si tribuisses, tota tibi secum
Subducto patriam potu fore sicca gemebas,
Idque etiam mente damnabas saepe tuendo,
Nescia divinis opibus promptum fore fontem.
Sicut & experta es. nam mox Deus ipse Creator
Arguit ignavam Christo diffidere mentem,
Cum tibi post placitam pacem et jam communis usum
Felici consorte pie partita teneres;
Quo magis exsuperante tuam bonitate querelam
Argueret, non, ut metuebas, illa futura
Divisa te fore aqua, sed ut auctior, & alter
Rerum humanarumque simul, qui condidit omnia verbo,
Ostendit tibi non esse locum, quem tu ejus amica
Ut propriam Domino rerum diffisa negabas.
Vidisti certe (nam te tua ipsa tueri
Compulit) aeterni sublimia jura parentis,
Cu parens . . . . . . merituro rura largo sub aestu
Effluerent, donumque pie, quod Martyris aedis
Tradideras partum, subitus crevisse tumentem,
Laetaque tuis in faucibus ubere fontis
Jussa fluenta tibi cum foenore reddita multo
Montibus in flexisse tuis, & tempore in ipso,
Quo veteres unda possessor agere solebat
In melius referente Deo quod sumpserat a te,
Fluxit abunda tuis aqua portibus, atque lavacris.
Quodnam igitur tanto pro munere mutua, Abella
Praeter opem, referam tibi? salvo certamine nostro
Obsequiis aeternumque tuum dum praedico signum,
Hoc praelato tibi pretium mercedis honore,
Felicis sancti scriberis ut addita semper
Laudibus, & tanti memoreris alumna patroni,
Cujus donorum tibi portio maxima facta est.
Nunc tamen iste labor, quo te Felicis adegit
Spiritus, ut tota tibi plebe vel ordine complere
Adgrederetis opus magnum fodere paratique,
Tempore & aestivo demum duplicante laborem,
Molis ut antiquae per antiqua cacumina formam
Praeteritis annis fecit, jam vero suo usu
Deficientis aquae, sopitis undique multa
Congerie silvis, inter juga vasta latentem
Erutam aggeribus demum, oblitaque dudum
Munia restituis, sparsasque per avia venas,
Fonticulis alto quae sudabantur ab antro,
Colligis, & sua quaeque sequi vestigia cursus
Cogis aquam, & reducem formae meatricis in arcu
Levatis, & dudum vacuam cessante meatu
Escendere facis siccos remeante canales,
Atque diu querulam sitientibus fontibus urbem
Jam desperato perfundis flumine Nolam,
Qua fruitur Felicis aquis (quia copia non est
Nec ipsi sua nunc orbe, quam nuper adepta est
Felicis studio) supplex pro munere gratum
En ope divina largis donata fluentis.
Ergo & te mecum parvam quasi mater Abellam
Nola fove, quoniam, ut cognoscis, & ipsa meorum,
Filia cum tua sit, tamen est tibi mater aquarum,
Cum ab indigenis tibi montibus afferat amnis
Copia, quae terras felicibus ante superbas,
Et quae post fluvio meliore ministra fuisti.
Gaude igitur, mea Nola, tibi, & gratare profusis
Viribus excelsum Christo, qui te per amicum
Dilectumque suum Felicem fecit, & auxit
Natura famulante tuum super alta decorem.
Cerne tuam faciem, quae, nunc nova praenituisti,
Ut noscas, dederisne aliquid Felicis honori,
An magis a Felice Dei cumulata colaris;
Asper ubi modo arebat calculus arvis,
Nunc amoena virens candefactis gratia glebis.
Non isti tantum fontes tibi, Nola, profusis
Felicis merito tibi dives gratia Christi,
Caelestes etiam fontes hoc ad tua dedit
Moenia, Felicisque suo gaudere locatos
Diffluere in medium effusis crescentibus urbe
Urbe tua jussit. sanctos Christi loquor illos,
Par insigne Deo, par nobile nomine Christi
Albinam cum matre tuis conde finibus ortos,
Pignora conciliorum Sanctorum, & gaudia Caeli,
Piniada Melani cum fratre par benedictum.
Hos Deus, & noster Felix, & ubera fecit,
Ubera Divinae benitatis profluo lacte,
E quibus omnis inops alimenta fluentia fundit,
Omnis item dives documenta salubria sumit.
Hi sunt ecce pio Christi de flumine fontes,
Qui non visibili per terram gurgite manant,
De viva misericordis aqua pietatis abundant.
Hos tu Christe tibi praesta aeternare perennes
Scaturire tui Felicis in ubere fontes,
Et nunquam hos ullo tenuari sidere venas.
Inde posteritas semper tibi Christe dicatis,
Felicique tuo de peccatoribus ipsi
Mandaris tribue, ut quamquam pietas tua nostris
Visceribus fontem hujus opis fundens, & ipse
Fons a fonte tuo Felix vita largus inundet,
Semper ut in nobis salias, Rex Christe, tuus fons,
Et nos de miseris, & egenis sorte tui jam
Nominis obtinuere felices vivere Felix.

POEMA XXIX.

DE NOL. BASILICA S. FELICIS A SE AUCTA

PArvus erat locus ante, Sacris angustus agendis;
Supplicibusque negans pandere posse manus;
Nunc populo spatiosa Sacris altaria praebet
Officiis medii martyris in gremio.

Cun-

Cuncta Deo renovata placent, novat omnia semper
 Christus, & in cumulum laudis amplificat.
Sic & dilecti solitum Felicis honorem,
 Et splendore simul provehit & spatio.

POEMA XXX.

DE S. FELICE NATAL. CARMEN XIV.

FRAGMENTA.

De Sanctorum reliquiis per orbem diffusis.

Sidera si Caelo, si pulsant gramina terris
 Dedere, multa feris, aqua fontibus, alitibus aer;
Sic generum linguis laudes celebrare per orbem,
In quibus & vitae virtus, & gloria aeterna
Ipse Deus; pro quo vitam voluere piandi,
Et moriendo piam sancire fidem populorum.
 * * * * *

Horum de numero procerum Confessor in ista
Urbe datus Felix longe lateque per orbem
Nominis emicuit claro: sed Nola sepulti
Facta domus, tamquam proprio sibi sidere plaudit.
Omnis enim, quacumque manet conclusus in ora
Martyr, sancta loci sancit, & confinia celebrata est.
Namque tenebrosum veteri caligine mundum,
Languentesque animas referens in orbe cruorem,
Sic sua dispensans terris miserantia pietate,
Sparsit ut astrorum nocturna lumina Caelo,
 * * * *

Hoc igitur nobis cupiens avertere morbos
Omnipotens Dominus sanctos numerosius aequo
Per varias gentes medicos pietate salubri
Edidit: atque horum diversa per arva cruorem
Clarius emeruit, potioribus laudis illis
Urbibus: & quaedam licet oppida parva tenerent
Martyras, ad proceres Deus ipsos magnificus ampliis
Intulit: & paucos sanctos divisit in oras,
Quos tamen sunt obitum toto dedit orbe magistros.
Inde Petrum & Paulum Romana sibi in urbe,
Principibus quoniam eadem caput orbis agebat.
 * * * *

Sic Deus & reliquis vitabundus pia munera terris,
Sparsit ubique loci magnus sua membra per urbes.
Sic dedit Andream Patris, Ephesoque Joannem,
Ut simul Europam atque Asiam curaret in illis,
Discuteretque graves per lumina tanta tenebras.
Parthia Matthaeum complectitur, India Thomam:
Lebbaeum Libyes, Phryges accepere Philippum:
Creta Titum sibi sumpsit, & Antiochia & Ossa Lucam:
Marcus Alexandria tibi datus, ut bove pulso,
 * * * *

Nam Constantinus proprii dum conderet urbem
Nominis, & primus Romana in sceptra regum
Christicolam gereret, divinum mente recepit
Consilium, ut quoniam Romanae moenibus urbis
Aemula magnificis struere tunc cuncta coeperit,
His quoque Romuleam sequeretur dotibus urbem;
Ut sua Apostolicis muniret moenia turres
Corporibus: tunc Andream devexit Achivis,
Timotheumque Asia, geminis ita turribus exstat
Constantinopolis magnae caput aemula Romae:
Verius hoc sanctis Romanae culmina aemula

Quod Petrum Paulumque pari Deus ambitione
Compensavit ei, meruit quia sumere Pauli
Discipulum cum fratre Petri. jam quanta per illum
Sanctorum per longa viam diversa terra
Creverit utilitas ad nostra munia vita,
Ipsa docent sanctorum loca, in quibus illa semel
Ebuda caput cuneis pulvis flaminis refudit,
Omnibus in spatiis quaecumque aut sanctis sanctis
Corporibus, requiescere suis vestigiis illa
Sacrorum cinerum, mirâ clementia signa.
Nam divina manus medica virtute per omnes
Est illic operata vias, qua corpora sancta
Impressere sacro vestigia viva meatu.
Inde igitur sanctorum fide dum copia sancta
Tunc concitum sanctis, quamdiu et sibi pignora vellent
Ossibus e sanctis martyrum decerpere fractum:
Ut quasi mercedem officii, pretiumque laboris
Praedam ad privata domum sibi quisque referret.
Ex illo sacri cineres, quasi semina vitae
Diversis sunt sparsa locis: quaque ossa minuto
De cumulo sacri stipe corporis exiguus ros
Decidit, ingenuos illic pia gratia fontes,
Et flavica vita generavit gutta favillae.
 * * * *

At Carthago parens Cypriano Martyre gaudet,
Cujus & ore simul profuso & sanguine sancto
Fecundaverunt Libyae sitientis arenas.
 * * * *

Nec minus excidiis effulsit gratia terris,
Ambrosius Latio, Vincentius extat Hiberis:
Gallia Martinum, Delphinum Aquitania sumsit.
Mutaque praeterea per easdem largiter oras
Semina Sanctorum posuit diffusa sepulcris
Illustrant totum superis virtutibus orbem.
 * * * *

Sic itaque & nobis hoc Christi adferentis amore
Felicis meruit muniri Nola sepulcro,
Perpetuique simul: quia caeli micata radiis
Orbes, & ipsa pari merito in tumulo jacebat.
 * * * *

Perfecta consolidam gentis qui numine salutem
Dii summum; & qui aeterno numine vivens
Aeterna Dei caelorum sibi aid caelestia victorum
Dedidimus hominem, hic tamen, ubi lumine Christi
Vera fides patuit, non possent ferre sepulcra.
 * * * *

Alpha itidem nobis Christus, & ut qui summa supremis
Finibus exceptis pariter complexus & imi,
Victor & inferna & pariter caelestia cepit;
Effractisque Abyssi caelos penetravit apertos,
Victricem referens superata morte salutem.
Utque illum patriis pennis victoria duceret,
Vexillumque Crucis super omnia sidera fixit,
Corporeum statuis caelesti in sede tropaeum.
 * * * *

Nunc ad te, veneranda Dei crux, verto loquelas,
Gratantesque tua concludens laude profatus.
O Crux magna Dei pietas, Crux gloria Caeli,
Crux aeterna salus hominum, Crux gloria Caeli,
O vitae justis, lamentaque sceleribus; o Crux,
Quae terris in carne Deum servire fecisti
Inque Deo caelis hominem regnare dedisti!
Per te lux patuit veri, nox impia fugit.
Tu destruxisti credentibus eruta fana
Gentibus, humanae captum te fidei pacis,
Conciliata hominum mundi per foedera Christi.

Facta

Facta hominis gradus es, quo possis in aethera ferri.
Esto columna piis tu semper & anchora nautis:
Ut bene nostra domus maneat, bene classis agatur,
In Cruce fixa solum, vel de Cruce nacta coronam.

POEMA XXXI.

DE S. FELICE NATAL. CARM. XV.

FRAGMENTA.

De Gothorum excursione cum suo rege interitu.

Pluribus hoc etenim causis est cernere promtum,
Ut Romana salus, & publica vita maneret.
Hic Petrus, hic Paulus proceres, hic Martyres omnes;
Quos simul innumeros magnae tenet ambitus urbis,
Quique per innumeras diffuso limite gentes
Intra Romuleam venerantur Ecclesiae sedem,
Sollicitum simul impenso docuere precatu
Excubias. Felix quorum his, vulgi more coactus,
In precibus pars magna fuit, sed summa parum
Maneris ad cumulum, nulli privata referrar,

POEMA XXXII.

DE S. FELICE NAT. CARM. XVI.

FRAGMENTA.

S. Felici gratias refert maximas pro acceptis ejus intercessione Dei donis & beneficiis.

Nunc ad te, venerande Pater, mirande Patrone,
Susceptor meus, & Christo carissime Felix,
Gratificas verso referam sermone loquelas.
Multa mihi variis tribuisti munera donis,
Omnia, praesentis vitae rerum, spemque futuram,
Quae gerimus, tibi comminus debere; cui me
Mancipium proprii donavit Christus ab annis.
Si mihi Smyrnaei facundia carminis adsit,
Oraque mille forent centenis persona linguis,
Forte nec his opibus collata laude potentes
Omnia Felicis percurrere munera possem,
Quanta suo Dominus donavit Christus amico
Et mihi confestim famulo transcribsit alumno:

* * * * *

Si prima repetens ab origine cuncta revolvam,
Quae pietate pari patio mihi praestitit aevo,
Ante quidem capitis proprii numerare capillos,
Quam tua circa me, Felix bone, dona referre.

* * * * *

Incolumi solio & numquam rimante sepulcro,
Undique vallatum solido munimine corpus
Martyris & tereti mollis pavisse placitis;
Et diutinum retinere sua pia carnis honorem
Ossa, quia Sanctis numquam desistit adesse
Spiritus; unde piis stat gratia viva sepulcris,
Quae probat in Christo cunctos sine morte sepultos
Ad tempus placido sopiri corpora somno.

POEMA XXXIII.

DE S. FELICE NATAL. CARM. XVII.

FRAGMENTA.

Narrat S. Felicis miracula, quibus aegri sanantur, & corpora a daemonibus obsessa liberantur.

Ver age carminibus: sunt articulata modestis
Vox numeris: adest, o dives mihi causa loquendi,
Felix, & tacito non corde silebere sero.
Spiritus ore meo currat tuus; esto mihi fons
Eloquii: ego vero tui ero fistula rivi,
Quem mihi praebueris divini a flumine verbi.

* * * * *

Surge igitur, blandumque meum spirantior pectus
Ingredere, o Felix Pater, & Domine, atque Patrone,
Te donum & medicina mihi, & sapientia Felix,
Tu nunc abstrusam mihi longo per orta memorem
Exacue, ignito vegetans aura luminis corda.

* * * * *

Sed mihi non istis fundendus in aequore sermo est,
Ut per Sanctorum merita aut miracula curram,
Et quae per Sanctos omnes ab origine rerum
Praestat agitque Deus, versu percensere coner,
Quae nec mente humana capi, nec lingua profari.
Et quid in hoc mirum, si charta volumine tanto
Non capiat quae nec mundus capit omnia tectus?
Major enim mundi sator; ipse Deus Rex
Qui terram Caelumque replet, quem non capit iste
Mundus, non capiunt Sancti, non corporis amplo,
Sed pectore humiles, & mundo corde capaces

* * * * *

Nunc itaque ut divina mei bene gesta Patroni
Felicis referam, vel quae mihi commoda vitae
Contulerit, vel quae multis ope cultus praesenti,
Muneribus conferre piis non desinit annis,
Pene die variis tribuens pia munera signis;
Christum laudari meritorum postulat ordo.
Non hominem, sed enim potius laudare videbor,
Quo Felix terrae & patriae, venerabile nomen
Obtinet, & medicas dat opes; quibus aegra revisit
Corpora, captivasque animas vi Daemonis atri
Absolvit superante Deo: nec in hoc ope tantum
Monstrum Felix operatur munere Christi,
Et de vipereo fortissimus hoste triumphat.

POEMA XXXIV.

DE S. FELICE NATAL. CARM. XVIII.

FRAGMENTA.

S. Felicis virtus in tumulo: frequens ad eum populi concursus.

Et licet a nostri remotus absconditur aevo,
Quae mortalis erat, latet telluris operto,
Vivit tamen, vegetante Deo, membrisque superstes
Gratia divinum spirantis Martyris ossa
Clarificat populis, merito viventis sepulti,
Et magni solitum brevis Confessoris adoram
Implet e variis congesta frequentia terris.

POE-

POEMA XXXV.

DE OBITU CELSI PUERI PANEGYRICUS

Pneumatium & Fidelem pueri Celsi Parentes consolatur de obitu filii.

Ante puer patribus claris, & nomine avito
  Celsus erat, sed nunc celsius agit merito;
Quem Dominus tanto cumulavit munere Christus,
  Ut rudis ille annis, & nova lucis agens,
Atque bis infantum spatio aevi, & fonte lavacri
  Congeminata Deo gratia perveheret.
Heu! quid agam? dubia pendens pietate laboro,
  Gratuler, an doleam? dignus utroque puer;
Cujus amor lacrimas, & amor mihi gaudia fundit,
  Sed gaudere fides, flere jubet pietas.
Tam modicum patribus, tam dulci e pignore fructum
  Ductum in exiguo temporis esse dolent.
Rursus ut aeterna bona volvo perennis vitae,
  Quae Deus in Caelo praeparat innocuis,
Laetor abisse brevi functum mortalia sorte,
  Ut cito divinas perfrueretur opes.
Ne terrena diu contagia moribus iniquis
  Duceret in fragili corporis hospitio.
Sed mundus istius sceleratae crimine mundi,
  Dignius aeternum tenderet ad Dominum.
Ergo Deo gratius quam nobis debitus infans,
  Verum & pro nobis ille Deo placitus.
Coeperat octavum producere parvulus annum,
  Prima cito agitans tempore curricula.
Jam puerile jugum, tenera cervice, ferebat
  Grammatici duris subditus imperiis.
Quaeque docebatur puer, admirante magistro,
  Sorbebat docili mobilis ingenio.
Gaudebant trepido praesagi corde parentes,
  Dum metuunt cari muneris invidiam.
Nec mora longa fuit, placitam Deus aethere Christus
  Accersens merito jussit honore animam.
Et regnis terris subitum, quo dignior esset,
  Associare piis vivere conciliis.
Causa fuit leti suffusus faucibus humor,
  Quo gravis infestis arctius colla tumor.
Inde repressus abit, sed lapsus ad intima fugit
  Corporis, & vitam visceribus pepulit.
Terra suam partem tumulata carne recepit,
  Spiritus Angelico vectus abit gremio.
Deserti vacuum fletum decere parentes
  Flendo, in culpam ne pietas veniat.
Impia nam pietas animas lugere beatas,
  Gaudentesque Deo flere, nocens amor est.
Nonne patet quantum vota plorare trahatur
  Peccatum! arguitur fraude severa fides;
Aut reprehendere Dei leges errore rebelli,
  Ni placeat nobis, quod placuit Domino.
Justius est istas hominum lugere tenebras,
  Quas facimus nobis degeneres animo,
Immemores primae caelestis imaginis ortus,
  Quam revocat miseram ad sua regna Pater.
Cujus amore suos suscepit filius ortus,
  Virgine conceptus, Virgine natus homo,
Consilio gerens hominem, conditio & corpore in uno
  Confusum Dominus suscipiens famulum.
Factus enim servi forma est, qui semper agebat,
  Forma Dei regnans cum Patre Rege Deus.
Suscepit formam servi, culpamque peremit,
  Qua poenae & mortis quondam homo servus erat.
Et liberet famulam sub imagine servi
  Nostra caro effectus restituit Dominum.
Ut mihi per Christum caelestis imago rediret,
  Qui cruce terrenum despoliavit Adam.
Carnem igitur mortemque meam verus ille creator
  Perculit, & carnem morte redemit opus.
Multa mihi dederat prius & promissa salutis,
  Et praecepta quibus per bona dirigerer.
At quia nec lege posita medicamine, primi
  Inveterata patris vulnera diluerem,
Et neque promissis divino ex ore prophetis
  Expectare Dei munera crediderim,
Et genus humanum passim sine lege fidei
  Desperata salus merserat in tenebras,
Regnabatque simul peccatum in corpore nostro,
  Mors in peccato, Daemon in interitu,
Captivumque hominem tristis manus, & miser error
  Altius in mortem praecipitare dabant.
Interea pater ipse polo miseratus ab alto,
  Errantem lapsu pestifero hominem,
Serpentemque truci dominantem in morte cadentum
  Non tulit, & natum misit ad omne bonum.
Paruit ille libens, Deus aeternis cum Patre consors
  Communem curam rem pietate pari.
Advenit, & fit homo, & mixtum perfectus utroque
  Ostendit fragili carnis mole Deum.
Utitur officiis hominis, sed & inter operi
  Signa Dei medicis exserit imperiis.
Voce hominis divina docet, mortalia vero
  Extra peccatum corporeus peragit.
Quippe sui rem totum operis sibi reddere curans
  Naturam venit sumere, non vitium.
Namque bonum natura hominem bonus ad bona fecit;
  Mente sua lapsus se vitiavit homo.
Quare opifex hominum mortali corpore venit,
  Non & mortali crimine factus homo.
Nam neque deleret culpas, nisi liber ab illis,
  Nec lavare reos posset & ipse reus,
Nec peccatori mors cederet corpore vinctum
  Peccati vinclis legitime retinens.
Jure igitur cessit temporali terrena Christo,
  In quo quod posset mactare, non habuit;
Ipsaque judicii injusti rea facta vicissim,
  Per scelus occiso jure subacta homini est.
Polluit invidia serpens, inferna reducto
  Claustra homini, versa lege, recluse videns.
Inque vicem vincla mortalem morte resolvi,
  Excussoque suo surgere corpore homo.
Insuper & Caelos redivivum scandere cernens,
  Dente truci stridet livida infremuit.
Et modo tabescit, cum crebrescente piorum
  Agmine per Christum perditor ipse perit.
Ergo mei vitiosa animi sanavit, & aegra
  Corporis recepit, matre homo, patre Deus.
Impassibilis quidem, sed naturalia carnis
  Gessit, & affectus corporis exhibuit.
Sensibus humanis edit & bibit, & sua somno
  Lumina declinat, lassus eundo viam.
Tamquam homo, defuncto lacrimas impendit amico,
  Quem mox ipse Deus suscitat e tumulo.
„ Navigio vehitur homo, & Deus imperat austris,
„ In virtute Dei permeat aequor homo.
„ Mente hominis trepidat vicinae mortis ad horam,
„ Sciens Dei novit tempus adesse necis.

„ In cruce fixus homo est Deus, e cruce terruit orbem,
„ Mortuus homo, verum mors ipsa Deum patitur.
„ In cruce pendet homo, Deus e cruce crimina donat,
„ Et moriens vitam criminis interimit;
„ Propter reis habitus, propterque latronis putatus,
„ Quem Judas [illegible] prodidit Dominum,
„ Credenti donat regnum caeleste latroni,
„ Clausum [illegible] terris jam Paradisum aperit.
„ Nec igitur frangere animos, attollere mentem,
„ Ignavosque doces credere corde metum.
„ Pro quibus ecce animam posuit simul atque resumsit
Filius ille Dei, qui fuit cuncta Deus.
De nostra victor Deus egit morte triumphum,
Et nostrum secum corpus in astra tulit.
Non sua habens, quod pro nobis mortalia cuncta
Hausit, ut auferret vulnera nostra suis.
Sed ne qua dubiis subpenderet anxia mentis
Cura, resurrexit corpore, quo cecidit.
Clara fides oculis patuit mortalibus, ipse
Post obitum visus, qualis & ante obitum.
Nam se discipulis dubitantibus obtulit ultro,
Rimandumque oculis praebuit & manibus.
Nec sua mente Dei dubitavit Apostolus olim,
Vivere post mortem nullus ut ambigeret.
Firmavit dubitando fidem: dum comminus [illegible]
Arguitur Thomas, omnis homo instruitur.
Cernere quod Thomas oculis & palpare jubetur,
Constanter stabili credere disce fide:
Mortem hominum Christi Crucifixi morte solutam;
Spemque resurgendi corporibus positam;
Corporibus nostris, quia Christus victor in isto
Carne resurrexit, quam gero, qua morior.
[illegible] docet, pro me dubitantibus ingeris arma,
Et solidam carnem structa per ossa probat,
Insuper & lateris, manuum quoque vulnera monstrat,
Et dubium digitos his jubet inserere.
„ Cerne, inquit, latus atque manus, palmasque pedesque,
„ Ecce crucis clavos, cuspidis ecce viam:
„ Ecce ipsam rursum compagem corporis vivam
„ Stare parem nervis, ossibus, ore, cute.
Ergo tenete fidem, quam cernitis, insuper & quam
Tangitis, & dubiam pellite corde animam.
Et reddens rursum conflictu [illegible] salutis,
Confirmatque hominum salvifico corda amore.
Omnibus interitum mortis timete, & simul omnes
Ista resurgendi spes animat populos.
Credentes tamen illa soli, qui corde fideli
Susceperunt, quae nunc lumine conspicitis.
Nam postquam victa gessit de morte triumphum,
„ Mors superata nihil, stat rediviva salus.
„ Vitam ex morte dedit, mortem moriendo subegit,
„ Et genus humanum sanguine restituit.
Peccatum carnis superans in carne, peremit
Materiam culpae, justitiam peperit.
Corpore nam cecidit, surrexit corpore vita,
Qua prius exciderat, carne revixit homo.
Et nunc ante suo redivivum in corpore portans,
Prostrata victorem mortis & angues Adam.
Quae, rogo, sufficiens nobis solatia, vel quae
Sanabit tristes jam requies animos,
Si nec tanta potest aegris medicina mederi,
Quae vitam obitu mortis obire docet!
Mortua obit, discedit pavor, fugit culpa, ruit mors,
Vita resurrexit, Christus in astra venit.
Morte sua functus, mihi mortuus, & mihi victor,
„ Ut mors peccati sit mihi vita Dei.
„ Denique servatum jam de cruce duxit apertum
Limite latronem, quo Paradisus adest.
Munere quo signum dedit & pietatis [illegible],
Et nemoris veteris vincere signa fide.
Talibus exemplis, tanto spondente salutem
Erectos laetis vertere moesta decet.
Pellamus querulas ingrato corde dolores,
Et reddamus [illegible] lumina pura oculis.
Credamus Christo, quod in ipso vidimus, iisdem
Nos, quibus occidimus, surgere corporibus,
Inde superinduta domus veste decoris,
Sumere mutatos Angelicam speciem.
Quod si tanta animus non capit [illegible],
Et piger obtuso corpore sensus habet,
Ut, quia corporeis oculis divina negantur,
Nullam ducat [illegible] fidem.
Sed doceat Paulus, quia non aeterna videntur,
Aeterna humanis abdita sunt oculis.
Insipiens terrena vide, caelestia crede,
Omnia mentibus conspice, mente Deum.
Hinc pretiosa fides; nam sicut gratia jam non
Gratia, si meritis ascribatur, erit:
Sic & nulla fides, nisi quae quod non videt, illud
Credit, & aeternam spe ducit vera sequi.
Mortales [illegible], querulosque gemitus, impia tandem
Pectora [illegible].
Heu! quamdiu, proceres, usque gravi amentia corde
Quaeritis, & vani [illegible] diligitis!
Commutate vias, disrumpite vincula mortis,
Et date peccatis libera colla jugo.
Sumite divinam pro libertate catenam,
Crimina quae solvant, & pietate ligent.
Qui loqueris tenebras, in aperto lucis oberras,
Et quae nocte vides, lumine caecus agis.
Ergo oculos mentis Christo referamus, & aures,
Ut mens peccato clausa, Deo pateat.
Nam quae corporeis sua jam praemissa revelat,
Visibus & claris monstrat aperta Deus,
Cuncta resurgendi faciem meditantur in omni
Corpore, & in terris germine, & astra polo.
Nostra atque dies, ortus obitusque vicissim
Alternant: moritur nocte, resurgit die.
Dormit corporibus sopitis imagine mortis,
Excitat a somno sicut ab interitu.
Quid sata, quid frondes arborum, quid tempora? numquid
Legibus his obeunt omnia, vel redeunt.
Vere resurgentum cunctis nova redit imago
Post brumae mortem vivificata solo.
Quod semel est facturus homo, cui solubile mundi
Corpore, sub Caelo cuncta frequenter agunt.
Sed quaeritur, quali reparentur omnia quondam
Corpore, quove modo sint homines ex cinere.
Si non sufficiunt sacris signata prophetis,
Mens fidere clamant, credere conspicuis.
Cernere nulla satis emergere semina campis,
Ni prius internata labe soluta putri.
Nuda seris, vestita legis, jacta arida grana,
Atque eadem fructu multiplicata metis.
O perversa fides, & diffidentia caeca,
Credere non terris & dubitare Deo!
En certa nil terra fide spondens nec ante,
Nec promit, quia & longa fallit agro,
Vis commissa sibi reddere sata; nec tamen illi
Credere decepta spem sequeris dubiam.
Nec pigeat incertis corpus sudore laborum
Frangere, & nudo credere semina solo.

Quod

Quod si tota putri corrumpant [illegible] [illegible],
(Quod tamen aeterni lege facit Domini,)
Difficile Omnipotentis opus fore creditur, ut dent
Ex nihilo factum, ex aliquo reparet.
Nullus eram & factus Deo sum auctore, ut essem,
Nunc jam de proprio semine rursus ero.
Nam licet in tenuem redigantur & ossa favillam,
Corporis integri semina pulvis habet:
Cumque etiam cinerem vacuis terra sepulcris
Cognato immistum origine sorbuerit,
Tunc quoque corporeis hominum vanescere visa
Luminibus, solidis constant Omnipotenti;
Inque die magno, quae nunc abscondita jacerent
Corpora, servatim surgent cum Deo,
Nulla cui moritura perit: quia quidquid ubique est,
Omne Creatoris clauditur in gremio.
Quae aqua fluminibus, pelagoque, ipsis piscibus hausit,
Quae volucres, & quae diripuere ferae,
Condita terra Deo debet: quia quae aqua mersit
Littore vel fundo, sicca recepit humus.
Quae sicca non, tamen una uno tenuere sepulcro,
Sparsa locis licet [illegible] funeris ossa tegit.
Et quia consumunt simul & consumuntur in uno
Telluris gremio morte ferente cadunt;
Sive per agrestes, qua sese animalia pergunt,
Reddunt digesta membra vorata cibi:
Humanum corpus transfunditur in aliena
Corpora, nec perdit vim propria generis.
Sed sicut e [illegible] in humanum [illegible] seriem,
Membra hominum vivo semine salva manent;
Et manente sua, cui sors cadaveris ulla
Humani sortis, dividitur ratio.
Namque animal rationis homo est, ideoque & in ipsa
Rei sibi praestat corpore corporibus.
Inde licet pastis mortis animalibus idem
Praeda dari, tamen his sorte caret [illegible].
Sola resurgendi caro percepta vigorem,
Quae rationalis vas animae fuerit,
Ut redeuntem revehat animam compage refecta,
Jam non implere [illegible] [illegible].
Et velut hic una mortis & caro [illegible] esse,
Sic & in aeternum sint [illegible] dona,
Ut carpant socio gestorum praemia fructu,
Consortes meritis luce, voluptate, loci.
Praeterea, quamvis una, & spirans [illegible],
Unum formant corpore mansionem;
Non tamen in veterem revocantur morte salutem,
Externa animae carnis ab occiduo:
Sed clangente tuba, redeuntibus undique terris
Nostra ex arcanis corpora [illegible],
Corpore, genere, anima, recipiens in sua foedera nexis,
Integri Dominum laudabunt usque Deum.
Et dabitur cineres in corpora posse redigi,
Et furti [illegible] in sua vasa animas;
» Exarduit ista tellus erit, cui penitus dudum
» Tota relaxata per Dominum facies.
» Illic aspiciam totos revirescere campos
» Arentes veterum reliquiis hominum.
» Ossaque [illegible] late dispersa per agros,
» Ultro ad compages currere jussa suas,
» Atque [illegible] [illegible] [illegible] nervos,
» Mox [illegible] decorae carnis [illegible],
» Et dicto citius perfecta ordine membris,
Pulvere de vetere stare novos homines.
Ac ne forte, quod est sacri manifesta Prophetae
Visio, [illegible] omnia vana putes;
Majorem super his & plenam suspice testem;
Ipse Prophetarum non loquitur Dominus?
Vita ego sum, qui me credit, non morte peremptus,
Consorti mecum sorte beatus aget.
Denique quod verbo dixit, virtute probavit,
Ipse suum [illegible] ex Abysso hominem.
Tempore quamquam illo non mortuus in corpore Christus
Signa sua dederit, cum cruce victus obit.
Namque ut concussis penetravit carcera terris,
Et victo inferno carcere solvit Adam;
» Fissa resurgentum reserarunt saxa sepulcri,
» Et terrae infensa [illegible] [illegible].
Viderunt multi veterum remeare piorum
Corpora, defunctis vivificata Dei.
Tunc etiam refugo caecatus lumine mundus,
Aeternam timuit [illegible] [illegible] [illegible].
Tunc & discisso medium altaria velo
Amisere sacri religionem adyti;
Ut manifestaretur vacuandum [illegible] templum
Et fore ab hostili sancta profana manu.
Quod dein Romano [illegible] post [illegible] legem,
Eversa templo, civibus, urbe, sacris.
Fas erat, ut Judaea, cui sponte hostia Christus
Non erat, & per quam victima Christus erat,
Sede locoque simul veterum viduata sacrorum,
Infitiata fidem, perderet omne sacrum.
Finis enim legis Christus: quia lege fideli
Praedictus, legi lux veniendo fuit,
Praescribens veteri [illegible], legemque fidei,
Legem perfectam gratiae instituens.
» Unde, magister ait, vetera effluxere, peractis
» Temporibus, fiunt omnia ubique nova.
» Jamque revelata facie speculamur apertam
» In Christo propria lucis honore Deum.
» Et pacto quod scissi in templo mysteria veli,
» Id quoque signavit, gratia quod tribuit.
Nam velut rupto patuere sacraria velo,
Sic reseratum subiit legis opertum fides.
» Inde sub antiquo legitur velamine Moses
Judaeis nebula cordis opertus adhuc.
Quam de luminibus caecis nisi credita aufert
Christus, [illegible] discutiens species.
Seque docet prisca velatum legis in umbra,
Jamque revelatum corporis in facie.
Qualem praemissi cecinerunt adfore vates;
Qualis Apostolicis carnis oculis patuit;
Qualem & Judaei non perspexere videntes,
Mancipium caecis impietate sua;
Et qualem, quamvis non visum in corpore, nobis
Credendo internis lumine conspicimus.
Nam quod veridici sese vidisse magistri
Et palpasse docent, usque fide & video,
Et cunctis credendo, Pater, cognoscere Christum
Impia caecatum pectora perfidia.
Fundentemque suum per corda fidelia lucem,
Ut placitas habitet, clarificetque animas.
Ergo mei fratres, mea cura, meum cor, in ista
Moerentem animam laetificate fide.
Pellite tristitiam, decet hos plangere [illegible],
Fidentesque Deo laetitiam bibite.
Illos infelix luctus decet, & dolor amens,
Nulla quibus superest spes, quia nulla fides.
Heu mihi, quam flebile est [illegible] credere vanis,
Desperare Deo, fidere corporeis!
Illis internus stupor, insolubile pectus,
Desertis vero luminibus, obsidet.

Quos infida Deo mens abdicat, & quibus esse
A Christo infernas fors cadit in tenebras.
Nobis ore Dei fultus Apostolus adsit,
Nos Evangelio Christus amans doceat;
Nos exempla patrum simul & praeconia vatum,
Nos liber historiae firmet Apostolicae,
Se qua corporeum remeare ad sidera Christum
Cernimus, & gremio nobis in astra vehi,
Et talem Caelis reducem sperare jubemur,
Ad Caelos qualem vidimus ire Patri.
Hujus in adventum mundo prodeunt omnia rerum,
Omnia in hunc regem speque, fidesque jubent.
Jamque propinquantem supremo tempore finem
Immutanda novis secula parturiunt:
Omnes vera canunt sacris oracula libris,
Credere praedictis, inque parate Deo.
Festinate, precor, dum copia panditur istic
Procurare bonis, praeque cavere malis.
Vertite perversas conversis pectore curas,
Mansuras dare sedes utilibus lacrimis.
Peccato lugere juvat, contractaque culpis
Vulnera praesentis fletibus abluere.
„ Qualibus ille suum stratum omni nocte rigabat
„ Multa gemens David, corde potens humili.
„ Si cinerem Rex ille Deo dilectus edebat,
„ Et sua miscebat pocula cum lacrimis:
Quid faciam heu misero mihi comperis? unde piabor?
Unde satisfaciam? quonam ope salvus ero?
Puniceum cur agri lacrimis, cinis haeret ad escam,
Deliciaeque juvant esurienti animo.
Quis mihi suggeret ad lacrimarum flumina fontem,
Quo mea defleam facta meosque dies?
Nam mihi pro meritis actae per crimina vitae
Ingentes plagas flumina flere opus est.
Rumpe meri lapidem cordis Salvator Jesu,
Ut mollita pia viscera fonte fluant.
Tu, precor, o fons Christe meis innascere fibris,
Ut mihi viva tuae vena salubris aquae.
Nam tu fons, qua vita fluit, quo gratia manat,
Quo lux aeternorum funditur in populos.
„ Qui te, Christe, bibunt dulci torrente refecti,
„ Non sitiunt ultra, sed tamen & sitiunt.
Nam quem divini satiaris copia verbi,
Hos dulcedo magis pota sitire facit.
Te Domine ergo Deum panem, fontemque salutis
Semper & esuriant, & sitiant animae.
Nam jejuna fames, sed nec sitis arida vitam
Consumet, si te mens edat atque bibat.
Jugiflum semper biberis, turbamque sitimque
Potorum exhausto largius exsuperas.
Totus enim dulcedo Deus, dilectio Christe es,
Inde replere magis quam satiare potes.
Et desideriis semper sitiendus avaris
Influis, excipiens, nec saturatur amor.
Atque ita perficitur pietas, sine fine ut ameris,
Christe, tuis vicem qui sine fine dabis.
Da mihi nunc lugere Deus, ferroque salubri
Praesecare aeternae semina laetitiae;
Hac precor, hac potius maneat mihi luctus in aevo,
In quo quidquid adest per breve transit iter.
Ite procul laeti, fluxum consortia malo,
Ut brevibus lacrimis gaudia longa metam.
Si modo lugentem gravis hirto tegmine saccus
Caprigenis setis dum teget, & stimulet,
Tunc Patre placato veteris reddetur honoris
Annulus, & cinget me stola laetitiae,
Tunc mihi jure Patris vitulum mactabit opimum,
Si modo jejunus justitiam esuriam.
Malo famem panis quam Sancti ducere verbi;
Nolo damnum vini, lucis aquam sitio,
Hic cruciet me dira fames, hic turpis egestas 1
Contractum pannis vestibus obsideat,
Hic licet ante suam dives me transeat aulam,
Spernat vel micis me saturare suis.
Nolo mihi Tyrio madeat serica murice vestis
Ardeat, alteri corporis invidia;
Ne post purpureos me flamma perennis amictus
Ambiat, & pretium vestis in igne luam.
Hic potius miseri jaceamus in aggere foedo
Stercoris, & lambant ulcera nostra canes;
Ut placida tristem post vitam morte solutos
Mitis ad excursus Angelus excipiat:
Et Patriarcharum finibus deponat ovantes,
Unde gehenna procul saevit hiatus chao.
Non commenta loquar vatum terrentia parvos,
Latrantem in foribus per tria colla canem;
Terrentemque umbras tristi squalore Charontem,
Vipereis saevas crinibus Eumenidas,
Aeternam Tityon funesti vulturis escam,
Arentemque sibi Tantalum inter aquas,
Volventem sine fine rotam, & revolubile saxum,
Cassaque sedantem dolia Danaidum.
Haec inopes veri vanis cecinere poetae,
Qui Christum veri non tenuere caput.
At nos vera Deus docuit, sator ipse futurum
Enarrans nobis omnia vera operum,
„ Dicta Evangelico loca pauperis, & loca Ditis
„ Pauper in Abraham, dives in igne jacet.
„ Justitiae mutante vicem, qui steterat istic,
„ Gaudet ibi; &, pleno paupere, dives eget.
„ Ista bona requie fruitur, geminis ignibus ille,
„ Dives opum poenas, pauper opes recipit.
Mendicat dives modicum de paupere rorem,
„ Quem mendicantem spreverat in superis.
„ Inde in eum ardentem nec parvi pauperis imo
„ Stillavit digito gutta refrigerii:
„ De mensis quoniam dapibus nec mica referre
„ Esurientis in os pauperis exciderat.
His moniti sanctam discamus vivere Christo
Justitiam, & partem ponere pauperibus.
Tu cui sordet inops, qui viso horrescis egeno,
Occursuque pii supplicis, ostia habes:
Qui te miraris pretiosa veste nitentem,
Nec sordere vides interiore habitu;
Omnia mente geris, quae in corpore pauperis horres,
Sordidior pannis, dives & ulceribus.
Contemnis caecum, leprosum tangere vitas,
Dives avare lepram diligis ipse tuam.
Ille oculis hominum miser est, & debilis, & tu
Turpis es ante Deum debilitate animae.
Ingratus consortem naturae spernis egentem,
Et facis exsortem partis avaritia.
Quidquid inique tibi multo superfluit usu,
Quod fesso abstrahis conspice, pars inopum est.
Cur aliena tenes, quae spe linquenda retentas,
Nec retributa tuis, nec peritura tibi?
Tu, cui sordet inops, qui nomine divitis exstas,
Tristis levas crispa fronte supercilium,
Nec dignaris eum hominem vel nomine fari,
Quem simili luto non fluitare vides.
Filius ille Dei qua venerit aspice forma,
„ Qui cum esset dives, pauper in orbe fuit.

„ Et

„ Et veniens non alta Deus, sed vilia mundi
„ Legit, ut infirmis fortia destrueret.
Non jam divitiis dives, nec robore fortis,
Nec sapiens magno gaudeat ingenio.
Nemo ope confidat propria, aut de se sibi plaudat,
Dum sua vel data sint omnia sive Deo.
Perfugium Christus, pereuntisque luctus egenum,
Divitibus pudor est, gloria pauperibus.
Hujus in ambrosios avidi curramus odores,
Ut procul a nobis mortis odor fugiat.
Quis mihi det pretiosum alabastro fundere nardum,
Et Domini sacros fletu lavare pedes?
Vos precor, o mea cura, piis operam date curis,
Vosque date immenso jungere mente Deo.
„ Tempus adest; prope jam Dominus: properate simul
„ Regis ad occursum, dum brevis hora patet.
Utimini vestris opibus pietate benigna,
Radicemque mali vellite pectoribus.
Corde inopum vestra pretiosa concludite vina,
Et capita expensis ungite vestra piis.
Castaque lambentes Domini vestigia Christi,
Detergete comis ambo, lavate oculis.
Si desiderium est Celsi sine fine fruendi,
Sic agite, ut vobis aula eadem pateat.
Nam quem Sancta fides, & nescia criminis aetas,
Et pia mens casto corpore commendat;
Certa fides, illa superam regione potiri,
Ignea quam Sanctis protegit ara Dei.
„ Nolumus ergo, boni fratres, de pignore vestro
„ Vos ita tristari, tanquam in luctibus vacuos:
„ Nam si certa fides vobis, quia Christus Jesus
„ Mortuus est, & nunc vivit in arce Dei,
„ Sic & eos quicumque fide vivente quiescunt
„ Adducet Christo cum remeabit Pater.
„ Hoc etenim in verbo Domini docet ille Magister
„ Quo duce sidereas vincimus ire vias;
„ Quod quibus in Christo fuerit modo vita peracta,
„ Iisdem cum Christo vita perennis erit.
„ Cumque tuba signum Domini adventantis ab alta
„ Sede Patris Princeps Angelus ediderit,
„ Primi qui in Christo mortem obiere, resurgent
„ Digni occursum exhibuisse Deo.
„ Cumque etenim, in qua vivimus, carne revivunt,
„ Non eorum verso corpore lumen erunt.
Namque resurgemus, sed non mutabimur omnes:
Hoc discrimen erit gentibus ante Deum.
Incorrupta quidem omni quoque corpore surgent
A tormento, longo pabula supplicio.
Vita erit his, sine fine mori; & mors, vivere poenis,
Et durante suas pascere carne cruces.
Ipse suum proprio mutatus corpore gignet
Carnificem, & erit vermibus esca sui.
At quos caelesti pietas evexerit astro
Participes gerent stemmata Rege Deo.
Vestitique suum divino lumine corpus
„ Conformes Christo semper agent Domino.
„ Quod cum ita sit, capite ex istis solatia verbis,
„ Et fidos veri spe recreate animos.
Et pignus commune superno in lumine Celsum
Credite viventem lacte & visque frui.
Atque illum gremio exceptum fovet Abraham,
Et blandis digiti rore Eleazar alit:
At cum Bethlaeis infantibus in Paradiso,
Quos malus Herodes perculit invidia,
Inter odoratum ludit nemus, atque coronas
Texit honorandis praemia martyribus.

Talibus insertus Regem comitabitur agnum,
Virgineis infans additus agminibus.
Celse, honorum certe pater incola terrae;
Celse, dolor patribus, gloria Celse patrum;
Celse, amor, & desiderium luctusque tuorum,
Celse, brevis nobis gratia, longa tibi.
Sed tamen & nobis poteris tua gratia longum
Vivere, si nostri sis memor ad Dominum.
Namque licet parvi meritis ingentibus aevi
Tempore vita brevis, sed pietate potens.
Talem enim Celsi ingenium Deus esse probarat,
Qualis erat avo nomine sidereus pater;
Qualis & ille fuit noster, tunc ille beati
Nominis accitus tempore quo datus est,
Exemptum diu infantem, nec praestita nobis
Gaudere indignis profuerant pia.
Credimus aeternis illum tibi, Celse, virentis
Laetitiae & vitae ludere participem,
Quem Complutensi mandavimus urbe, propinquis
Conjunctum tumuli foedere martyribus;
Ut de vicino Sanctorum sanguine ducat,
Quo nostras illo purget in igne animas.
Forte etenim nobis quoque peccatoribus olim
Sanguinis haec nostri guttula lumen erit.
Celse, juva fratrem socia pietate labantem,
Ut vestra nobis sit locus in requie.
Vivite participes, aeternum vivite fratres,
Et laetos dignum par habitate locos,
Innocuisque pares meritis peccata parentum
Infantes castis vincite suffragiis.
Quem tibi, Celse, amicis, equidem illi vita diebus
Hospita, sed illo minor, quam prior est senior.
Nam minor est, in quo vixit minus, attamen idem
Quo prior abscessit, nunc sibi te senior.
Celse, tuo cum fratre tuis (quibus addimur) adsis,
Nam tua de patrio sanguine vena sumus.
Cum Patre Pneumatio simul & cum matre fideli
Dic & Paulinum Therasiamque tuos.
Ut precibus commune tuis mereamur habere
Perfugium Christo nos quoque, Celse, tui.
Sed tamen & nobis superum operam date, qua te
Possimus simili simplicitate sequi.
Tum nostro facili poteritis vivere Celso,
Dulcis & aeternum pignoris esse pares.

POEMA XXXVI.

DE NOMINE JESU.

Hoc adscribit ex Adversar. Commentar. Barthii. 34. c. 1. V. Dissert. 6. n. 2.

Lux festa sacris vult librari paginis,
Remove profanos codices:
Hymnus sacratus Nominis primordia
Quae Christus imperat cani.
In ore Christus mel est, in lingua favus,
Ambrosia vivax in gutture,
Lumen beatum in pectore, a quo nescio
Abire gestiat semel.
Mel in medullis, lux fovens pupillis,
In auribus vitae sonus.
Elingues plectrum servis dispensatio
Hoc nominis audire refer.

Cœlo

Cursu vagantes, lubricos insaniae
Tentationibus mali,
Siti, et fame, calore, et algu marcidos
Malagma praebet et potum.
Pestiferis mentis dira desperatio
Peccaminum ob [illegible] quatit!
Saevit [illegible] in viscera imo pravitas.
Libido [illegible] facit!
Auri cupido mollia pectus incitat
Per fas nefasque cogere!
Ferventis animae ardor ingluvies gulae
Venere atque Baccho perditum?
Crescunt aliter rapaci iracundiae
Mucrone [illegible] stringere!
Inferre quantas urget inferni malum
Cavere quod possit male!
Vis impotens sui aufert prudentiam,
Et arma quaerit perdita!
Fidem [illegible] quaerit obstinatio
Fallit errantis non diu!
Hoc ad salutem nostrae unicum venit,
Hoc omne tollit pharmacum.
Obsessa membra, spiritusque daemone
Vexatos iniquissimo,
Hoc hoc medelam sortiuntur luminis,
Redeuntque sursum; ab inferis
Cantare diro carmine; et hostis saevo
Devota sago corpora
Vim colligantis perfidiae excutiunt lues,
Et sana vertuntur domum.
Compage quorum solvens membrorum jubet
Lecto sedere debilem;
Quem caecitas, cum [illegible] auferens
Adduxit alieno pede;
Utrumque claudum quem venire pupilla
Videt universa civitas,
Suis redire gressibus domum queunt
Nomen celebrantes tibi.
Salve o Apollo vere, Paean inclyte,
Pulsor draconis inferi.
Dulcis tui pharetra Testamenti
Quod quatuor constat viris;
Sagitta mellis sinistris prophetica,
Pinnata patrum oraculis;
Arcus paratus forte virtutis sonans,
Miraculis nervo potens,
Stravere veterum mortis serpentem sua.
Io triumphe nobilis!
Salve beata saeculi victoria,
Parens beati temporis.
Salve quod omnis coeli, mundi, inferi,
Natura genuflexa audiat.
Salve unum, unus, unum, ac trinus Deus,
Salve una in uno Trinitas.
Hunc hunc Eoo cum levata cardine
Iter diurnum suscipit,
Hunc cum occiduum sol subiit curru serum,
Benedictum me consecrat.
Crucifixe victor, exsiliens [illegible]
In morte vitae [illegible],
Fac cum supremo [illegible] tempore,
Ab [illegible] mulis [illegible]
Traducat ista me tibi [illegible],
Caro [illegible] terra dura,
Ne se [illegible] mortis [illegible],
Formam vinctus carcere.

POEMA XXXVII.

EX EPISTOLA XXXII. AD SEVERUM.

Ad fontem baptismalem, ubi depicti fuerunt ipse cum D. Martino.

Abluitis quicumque animas, et membra lavacris,
Cernite propositas ad bona facta vias.
Adstat perfectae Martinus regula vitae;
Paulinus veniam quo mereare docet.
Hunc peccatores, illum spectate beati;
Exemplar sanctis ille sit, iste reis.

Item de eodem.

Divus aquam Christo, pretium sibi, pulcher Severus
Culmina sacratis fontibus aedificans.
Et quia caelestes animas consistere in astris,
Quas renovaverat fonte Deusque homines;
Digna sacramentis gemini sub imagine pinxit
Discretos ut vitiis [illegible] homines.
Martinum venerandae viri testatur imago;
Altera Paulinum forma refert humilem.
Ille sanctos exemplis et dictis fortibus armat,
Ut meriti palmam [illegible] ferant.
Ille docet [illegible] sua crimina [illegible],
Vilior ut [illegible], quam [illegible].

Item.

Hic reparandarum generator fons animarum
Vivum divino lumine flumen agit.
Sanctus in hunc caelo descendit spiritus amnem,
Caelestique sacras fonte maritat aquas;
Concipit unda Deum, sanctamque liquoribus almis
Edit ab aeterno semine progeniem.
Mira Dei pietas! peccator mergitur undis,
Mox eadem emergit justificatus aqua.
Sic homo et occasu felici functus et ortu,
Terrenis moritur, perpetuis oritur.
Culpa perit, sed vita redit, vetus interit Adam,
Et novus aeternis nascitur imperiis.

Sequuntur ad basilicarum picturam fere.

Corpore, mente, fide, castissimus incola Christi
Condidit ista Deo tecta Severus ovans.
Totaque ipsa Dei templum vicina hospitio Christi,
Gaudentemque humili cernit ovare Deum.
Ecce vetus trino culmine [illegible] tempora;
Sic triduo sanctum corde sacravit opus.
Ampla dedit populo geminis sub apta tectis,
Legibus ut sacris congreget [illegible].
Nam quia lateres duo testamenta per unum
Parta Deum in Christo copulat una fides;
Ista domus inter diversi culminis aulas
Turrito [illegible] continet.
Lata novos geminis ut cunctos Ecclesia partus
Excipiat [illegible], quos aqua [illegible].
Aula duplex tectis ut Ecclesia [illegible]
Una sed ambabus gratia sanxit.
Lex antiqua novam firmat, veterem nova complet:
In veteri spes est, in novitate fides.
Sed vetus atque novum conjungit gratia Christi,
Propterea medio fons datus est spatio.
Inde patent sacro [illegible] fonte [illegible]
[illegible] corpore, cordis, [illegible],

Clau-

Circumdatque rudes festis altaribus agnos,
Cruda salutiferis imbuit ora cibis.
Hinc senior sociae congaudet turba catervae;
Alleluia novis balat ovile choris.

Ad tumulum D. Clari.

Nomine et titulo, sic meritis lumine Clarus
Presbyter hoc tegitur, sed tumulata cadavera linquens
Libera corporeo anima carcere gaudet in astris
Pura probatorum sedem sortita piorum.
Sancta sub aeternis altaribus ossa quiescunt,
Ut dum casta pio referuntur munera Christo,
Divinis sacris animae jungantur odore.

Item.

Presbyter hic situs est meritis & nomine Clarus,
Qui meritos titulum nominis aequiparat.
Casta tenens digne velans altaria corpus,
Ut templum Christi contegat ara Dei.
Sed quia tu, non hoc, quo corpore, sola teneris,
Qui meritis superis spiritus evehitur;
Sive patrum sinibus recubans, domini ve sub ara
Conderis, aut sacro palmitis in nemore:
Qualibet in regione poli sanctum aut paradisi,
Clare sub aeterna pace beatus agis;
Hoc peccatorum bonum accipe voto rogatum,
Ut sis Paulini Therasiaeque memor.
Dilige unanimem interventibus Severum,
Quem ignorasti corpore sic meritis.
Unanimis communis amor sit foedus utrisque
Perpetui sancto foederis in Domino.
Non potes amplicium divellere, si trahis unum,
Unum adhaerentem, quo rapietur, rapit.
Ergo individuos pariter complectere fratres,
Utque favens, sic nos dilige participans.
Si Deus omnia, sic nos Martinum amavit;
Sic & tu pariter Clare tuere pares.
Non meritis, sed amore pares; tu sanctis vicinis
Exemplo, pares & meritis fieri,
Sic cum Martino laeta pietate laborans,
Ut vincant vestras crimina nostra preces:
Et simul in vestri ducamur sorte Severi,
Vestraque nos semper protegat ala fide.

Ad tumulum aliorum Martyrum cum ligno crucis.

Divinum veneranda tegunt altaria foedus,
Compositis sacra cum cruce Martyribus;
Cuncta salutiferi coeunt martyria Christi,
Crux, corpus, sanguis, martyris ipse Deus.
Namque Deus semper vobis sua munera servat,
Atque ubi Christus, ibi spiritus, & Pater est.
Sic ubi crux, & martyr ibi: quia martyr, ibi & crux,
Martyrii sancta quae pia causa fuit.
Illa cibum vitae mortalibus, illa coronam,
Quos Domino socios participent, peperit.
In cruce fixa caro est qua pascor; de cruce sanguis
Ille fluit, vitam quo bibo, corda lavo.
Christe tuo cineri sancti haec tua dona Severo,
Pertineat dulcedo in gratia illa tua.
Carne tua vivat, cum illi pocula sanguis
Praebeat, in verbo vivat agatque tuo.
Quemque etiam sacris Martini munere Clarus
Visit, & ipse suo munere vestiat ut.

Item.

Pignora sanctorum divina gloria mundo
Velat Apostolicis addita corporibus.
Spiritus & Domini medicis virtutibus instans
Per documenta sacrum vivo probat cinere.
Sic geminata piis aspirat gratia votis,
Iuncta martyribus, dataque arca sacris.
Vero laetemus, viventum & consortio, parvo
Pulvere sanctorumque magna potentia juvat.

IN BASILICA SUA NOLANA S. FELICIS.

Ad Apsidem.

Pleno coruscat Trinitas mysterio,
Stat Christus agno: vox Patris caelo tonat:
Et per columbam Spiritus sanctus fluit.
Crucem corona lucido cingit globo;
Cui coronae sunt corona Apostoli,
Quorum figura est in columbarum choro.
Pia Trinitatis unitas Christo coit,
Habente & ipsa Trinitate insignia:
Deum revelat vox paterna & Spiritus,
Sanctam fatentur crux & agnus victimam:
Regnum & triumphum purpura & palma indicant.
Petram superstat ipse petra Ecclesiae,
De qua sonori quatuor fontes meant,
Evangelistae viva Christi flumina.

Ad Altare.

Hic pietas, hic alma fides, hic gloria Christi,
Hic est martyribus crux sociata suis.
Nam crucis e ligno magnum brevis assula pignus,
Totaque in exiguo segmine vis crucis est.
Hoc Melaniae sanctae delatum munere Nolam,
Summum Hierosolymae venit ab urbe bonum.
Sancta Deo geminum velant altaria honorem,
Cum cruce Apostolicos quae sociant cineres.
Quam bene junguntur ligno crucis ossa piorum,
Pro cruce ut occisis in cruce sit requies.

Ante portam.

Pax tibi sit quicumque Dei penetralia Christi
Pectore pacifico candidus ingrederis.

Item.

Cerne coronatam Domini super atria Christi
Stare crucem, duro spondentem celsa labori
Praemia: tolle crucem, qui vis auferre coronam.

Item ad portam frontem.

Caelestes intrare vias per amoena vireta
Christicolis; & laetis datur hoc ingressus ab hortis,
Unde sacrum meritis datur exitus in Paradisum.

Item.

Quisquis ab aede Dei perfectis ordine votis
Egrederis, remea corpore, corde mane.

Ad

Ad ingressum Basilicae.

Alma domus triplici patet ingredientibus arcu,
Testaturque piam janua trina fidem.

Item.

Ardua floriferae crux cingitur orbe coronae,
Et Domini fuso tincta cruore rubet.
Quaeque super signum resident caeleste columbae,
Simplicibus produnt regna patere Dei.

Item.

Hac cruce nos mundo, & nobis interfice mundum,
Interitu culpae vivificans animam.

Item.

Nos quoque perficies placitas tibi Christe columbas,
Si vigeat puris pax tua pectoribus.

In area inter duas Basilicas.

Ut medium valli pax nostra resolvit Iesus,
Et Cruce discidium perimens duo fecit in unum:
Sic nova, destructo veteris discrimine tecti,
Culmina conspicimus portarum foedere jungi.
Sancta autem famulis interluit atria lymphis
Cantharus, intrantumque manus lavat amne ministro.
Plebs gemina Christum Felicis adorat in aula,
Paulus Apostolico quam temperat ore Sacerdos.

Item.

A cunctis nova lux oculis aperitur, & una
Limine consistens geminam simul aspicis aulam.

Item.

Tot geminis geminae patuerunt arcubus aulae
Miranturque suos per mutua limina cultus.

Item.

Quos devota fides dociles celebrare beatum
Felicem populis diversis fundit ab oris,
Per triplices aditus latos infundite coetus:
Atria quam latum in commune spatiosa patebunt.
Quae faciant sibi per apertum communem arcum,
Paulus in aeternum antistes dedicat usum.

Item.

Antiqua digressi sacri Felicis ab aula,
In nova Felicis culmina transgredere.

Item.

Una fides trino sub nomine quae colit unum,
Unanimes trino suscipit introitu.

A dextra Apsidis.

Hic locus est, veneranda precum quo conditor, & qua
Promitur alma sacri pompa ministerii.

A sinistra.

Si quem sancta tenet meditandi in lege voluntas,
Hic poterit residens sacris intendere libris.

Ad picturam Martyrum.

Sanctorum labor & merces sibi rite cohaerent,
Ardua crux, pretiumque crucis sublime, corona.
Ipse Deus, nobis princeps crucis atque coronae,
Inter floriferi caelestia nemora Paradisi,
Sub cruce sanguinea niveo stat Christus in agno,
Agnus ut innocuae injusto datus hostia leto.
Alite quem placida sanctus perfundit hiantem
Spiritus, & rutila Genitor de nube coronat.
Et quia praecelsa quasi Judex rupe superstat,
Bis geminas pecudes discors agnis genus haedi
Circumstant solium: laevos avertitur haedos
Pastor, & emeritos dextra complectitur agnos.

De reliquiis.

Ecce sub accensis altaribus ossa piorum
Regia purpureo marmore crusta tegit.
Hic & apostolicas praesentat gratia vires
Magnis in parvo pulvere pignoribus.
Hic pater Andreas, & magno nomine Lucas,
Martyr & illustris sanguine Nazarius:
Quosque suo Deus Ambrosio post longa revelat
Saecula: Protasium cum pare Gervasio.
Hic simul una pium complectitur arcula coetum,
Et capit exiguo nomina tanta sinu.

POEMA ULTIMUM.
S. PAULLINI EPISCOPI NOLANI.

Discussi, fateor, sectas, Antoni, vetustas,
Plurima quaesivi, per singula quaeque cucurri,
Sed nihil inveni melius quam credere Christo.
Haec ego disposui bene conscribere versu,
Et te displiceat quod talia carmina pando,
David ipse chelyn modulans voce rogavit,
Quo nos exemplo pro magnis parva canemus
Dicentes quae sunt fugienda, sequenda, colenda,
Cum tamen in cunctis & res, & causa probetur.
Judaicum primo populum nunc gratia movit
Mira Dei; cum jam Pharaonis corpus iniquum,
Et mare transgressum pedibus, lucente columna
Cum duce, quo mergi infestum vidit equestrem,
Et cui desertis nihilum quoque defuit agris,
Manna cui e Caelo, & fons de rupe cucurrit,
Post haec ipse Deum praesentem tanta negavit,
Dumque aliud numen demens sibi pectore quaerit,
Ignibus injectis quod misit perdidit aurum.
Pars quoque Paganae lapides, quos sculpsit, adorat,
Et facit ipse sibi, quod debeat ipse timere.
Tum simulacra colit, quae sic ex arte figurat,
Ut quando libitum est, mutet conflata monetam,
Aut magis in species convertat saepe pudendas.
Hinc miseras mactat pecudes, mutosque Deorum,
Quos putat irasci, calido in pulmone requirit,
Atque hominis vitam pecoris de morte precatur.
Quod patiens ignoscit, veniam qui sanguine poscit?

Illud

Illud enim quale est? quam stultum? quamve notandum?
Cum Deus omnipotens hominem formaverit olim,
Audet homo formare Deum. en crimina duplex,
Hunc etiam vendit Dominum, sibi comparat emptor.
Philosophos credam quidquam cognoscere [illegible],
Qui rationem carent, quibus est sapientia vana?
Sunt Cynici canibus similes, quod nomine produnt.
Sunt & sectantes incerti dogma Platonis,
Quos quaestio de animae substantia turbat,
Tractantes semper, nec definire valentes;
Unde Platonis amant de anima describere librum,
Qui praeter titulum nil certi continet intus.
Sunt etiam Physici merito cognomine dicti,
Quos antiqua juvat, rudis atque incondita vita.
Namque unus horum quondam, & vas fictile portans,
Utile quod solum, solumque putarat habendum,
Illud ut nosset, atque hoc esset causa bibendi,
Cum stare agricolam, manibusque haurire supinis,
Potandas vidisset aquas, vas fictile fregit,
Quo procul abjecto removenda superflua dixit.
Rusticus hunc docuit, quod sponte carere posset & isto.
Hi neque vina bibunt, nec victu panis aluntur,
Nec lecto recubant, nec frigora vestibus arcent,
Ingratique Deo, quod praestitit ille, recusant.
Quid dicam diversa sacra? & Diis atque deabus
Condita templa loquar? quae sint Capitolia primum,
His Deus, uxorque Dei, ipsamque sororem
Esse volunt, quam Virgilius narrat auctor eorum
Dicendo: & soror & conjux. plus de Jove fertur,
Et natam stuprasse suam, fratrique dedisse,
Utque alias caperet, propriam variasse figuram,
Nunc serpens, nunc taurus erat, nunc cignus, & arbor,
Seque immutando, qualis foret, indicat ipse,
Plus aliena sibi quam propria forma placebat.
Turpibus his aquilam finxit, puerique [illegible]
Venit in amplexum. quid dicit turba colentum?
Aut negat esse Jovem, aut fateatur dedecus istud.
Nomen habet certe, quod nec ratione probatur.
Sacra Jovi faciunt, & Jupiter optime dicunt,
Huncque rogant & Janum patrem primo ordine ponunt.
Rex fuit hic Janus proprio qui nomine fecit
Janiculum, prudens homo, qui cum multa futura
Posset respicere, hunc duplici pingere figura,
Et Janum geminum veteres dixere Latini.
Hic quia Navigio Ausonias advenit ad oras,
Nummus hunc primum sub eo est excusus honore,
Ut pars una caput, pars sculperet altera navem,
Cujus nunc memorem quaecumque numismata signant
Ex veteri facto capita haec & navia dicunt.
De Jove quid sperant, qui est a rege secundus,
Quique sacrificiis appellatur ore precantum?
Hic habet & matrem captam pallentis amore,
Nam prior est pastus, quam Jupiter, aut Jovis ipse;
Sed melius pastor castum servare pudorem
Qui voluit, saevitque [illegible], cui saeva virilia
Abscidit partes, ne quando tangeret ille
Alterius thalamum, qui noluit ejus adire.
Hoc tamen hoc egit sententia justa deorum,
Ne fieret conjux, qui non est factus adulter!
Nunc quoque semiviri mysteria turpia plangunt,
Nec desunt homines, quos haec contagia vertant,
Inter & arcanum quiddam quasi majus adorant,
Idque vocant sanctum, quod si velit ire pudicus
Jam prophanus erit. sic arbitror ipse Sacerdos
Femineos vitat coetus, patiturque viriles.
O mores certa virum! de sectis semper eorum
Scena movet risus, nec ab hoc errore recedunt.
Saturnum perhibent Jovis esse parentem, huncque vorasse
Natos ante suos; & cum e ventre infantem
Evomuisse dapem, sed postea conjugis arte
Pro Jove suppositum vorasse in viscera saxum,
Quod nisi sensisset, consumptus Jupiter esset.
Huncque Chronum dicunt, [illegible] Chronum, quia tempus
Quae creat, absumit, rursusque absumpta producit.
Cur tamen absumit natos pro tempore fingunt?
Hinc etiam quod [illegible] sibi de prole timebat,
Ab Jove dejectum caelo latuisse per agros
Italiae, Latiumque inde nunc esse vocatum.
Magnus uterque Deus! terris est abditus alter,
Alter non potuit terrarum scire latebras.
Hinc Latiale malum prisci statuere Quirites,
Ut mactatus homo nomen satiaret inane.
Quae cura est animi? quae sunt improvida corda?
Quod colitur nihil est, & terra cruenta geruntur.
Quid quod & invictum spelaea sub atra recondunt,
Quemque tegunt tenebris, audent hunc dicere Solem?
Quis colat occultum lucem, sideraque superna,
Celet in infernis nisi rerum causa malorum?
Quid quod & Isiacum sistrumque, caputque caninum
Non magis abscondunt, sed per loca publica portant?
Nescio quid certe quaerunt, gaudentque reperto,
Rursus & amittunt quod rursus quaerere possint.
Quis ferat haec sapiens, illum quod claudere solem,
Hos proferre palam propriorum monstra Deorum?
Quid Serapis narrem, qui sic laceratur ab ipsis
Per varios turpesque locos? hic denique fertur
Fit fera, fitque canis, fit turpe cadaver aselli,
Nunc bovis, nunc panis, nunc corpore languidus aeger.
Talia dum faciunt, nihil hunc sentire fatentur.
Quid loquar & Vestam, quam se negat ipse sacerdos
Scire quid est? Ipsisque tamen penetralibus [illegible]
Semper inextinctos servari fingitur ignes.
Cur Dea, non Deus est? cur ignis femina fertur?
Ista quidem mulier, sicut commendat Hyginus,
Stamine prima novo vestem contexuit olim,
Nomine de proprio dictam, quam tradidit ipsa
Vulcano, qui tunc illi monstrarat aperte
Custodire focos. hic rursum munere laeto
Ostendit hunc Soli, per quem deprehenderat ante
Martis adulterium. nunc omnis credula turba
Solemnem Soli per Vulcanalia vestem;
Utque novem Venerem, tunc & portatur Adonis,
Stricora tunc mittunt, ipsum pro [illegible] sectam.
Omnia si quaeras, magis & ridenda videntur.
Additur hoc aliud: Vestae quas Virgines ajunt
Quinquennes epulas audis portare Draconi,
Qui tamen aut non est, aut si est, Diabolus ipse est
Humani generis contrarius antea suasor.
Et veneratur enim, qui nunc in nomine Christi
Et tremit, & pendet, seque omnia falsa fatetur.
Quae causa est hominum, ut pro veris falsa sequantur,
Qui linquenda colunt, contraque colenda relinquunt?
Jam sat erit nobis vanos narrare timores.
Haec ego cuncta prius, clarum cum lumen adeptus,
Mente diu incertum, & tot tempestatibus actum
Sancta salvari suscepit Ecclesia portu,
Postque vagos fluctus tranquilla sede locavit,
Ut mihi jam liceat, deserta mole malorum,
Tempore promisso lucem sperare futuram.
Jam prior illa fides, quam perfidus invenit & durus,
Tunc vero tendere malo, tunc semper Christo,
Erutus de scopulis semper mansura relegi.

Rector enim noster sic undique cuncta gubernat,
Ut modo qui nobis errorem mentis ademit,
Nos meliore via Paradisi limina pandat
Fida. nostra fides qui, currentes [illegible],
Unus enim Deus est, substantia Filius cum,
Unus in utroque est unus vigor, una potestas.
Hocque Dei Verbum patris de pectore Christus
Emicuit, semperque fuit, qui non quod natus,
Ore sui egressus, cum illud [illegible] removit,
Et voluit informem congeriem [illegible],
Distribuitque locis rerum, terram, mare, caelum,
Hisque dedit geminum pulsa caligine lumen.
Ast ubi cuncta [illegible] cum tempore [illegible],
Quatuor haec hominis variis [illegible],
Sunt homines terris, sunt addita sidera caelo,
Aere pendet avis, liquido natat aequore piscis.
Sic elementa suis decoravit singula formis,
Ne male haec diversa forent, discretaque juncta,
Junctaque discreta, quae nunc dividua cohaerent.
Clauditur enim Oceano terrae, mare clauditur, ipse
Aer sub aethereo [illegible],
Hoc etiam caelum, quod nos sublime videmus,
Sub alii infra est spatiis surgentibus aequo,
Postque thronum superum, post ea caelestia regna
Cetera pars omnis, quae cunctis eminet ultra,
Quae super excedit, quae [illegible] reddit in altum,
Quae deo soli patet, quam nec mens colligit ulla,
Lucis inaccessae domus est, [illegible] potestas
Sancta Dei, unde procul [illegible] cernit.
Omnia sic constant, dum Spiritus omnia cingit.
Haec eadem, quantum nobis conceditur usu,
Quae patet inferior magno complectitur orbe,
Cuncta licet distent, una cum pace tenentur,
Denique nomen habent unum, sunt omnia mundus,
Hunc etiam Graeci Cosmon dixere priores;
Hinc ita compositum distinguens utraque lingua
Cosmum ab ornatu, mundum de lumine dixit.
Nam quae sol [illegible], haec rursum sordebant in umbra,
Et nemo contemplans, quoniam una omnia [illegible],
Et datur ex mundo, quam sit data gratia lucis,
Tot bona qui fecit, qui se operatur ubique est,
Hic Deus est de mente Dei, hic Spiritus oris,
Sancti [illegible] Patris, totus quem fabrica monstrat.
Nec se Paganus laudet, si vivat [illegible],
At [illegible] putat, quod [illegible] credat in unum.
Quid enim ille Deum, qui verbum non colit ejus?
Qui non virtutem simili veneratur honore?
Quique invisibilem, incomprehensibilemque fatetur
Esse Deum, hic etiam Christum si cogitet idem
Inveniet, quoniam Verbum non prehendere nostro,
Nemo videre potest, opera ejus sola videntur.
In Patre natus enim, in quo Pater omnia fecit,
Et quidquid virtute dedit, pietate tuetur.
Sic fuit, et fuerit semper Salvator in aevum
Qui tollit errores, qui facit vera videri,
Pacatumque Patri perveniens reddidit orbem.
Nec mirum, si cuncta regit, qui cuncta creavit,
Qui dedit ex nihilo terram, hominemque [illegible]
Praetulit, atque [illegible] jussit succedere [illegible],
Quique in carne fuit, carnis peccata remittit;
Cernit enim fragilem facilius incurrere lapsum,
Corripitosque iterum veniam dedit omnibus [illegible],
(Rem [illegible] nova dicere, nec [illegible] piguit)
Plusque pius, quam justus erit. si denique justus
Esse velis, nullus fugiet sine crimine poenam;
Justus enim mala condemnat, pius omnia donat.
Hoc facit, ut tota sine terrore crimina vitet,
Et quod culpa tulit, rursum indulgentia reddat.
Quae si non fuerint pietati concessa rogari,
Tunc prope nullus erit delicto liber ab omni,
Qui possit meritam promissa luce potiri?
Scandere tunc latis Caelorum Regna licebit,
Tunc poterit enim ipsa mori, cum tempore toto
Vita perennis erit, quia tunc in sede beata
Nullum peccandi locum est, ubi nulla cupido est.
Gloria tanta manet populo servata fideli,
Accipies [illegible] tribuit, [illegible] dedit haec quoque [illegible];
Quod peccatorem, quem poenituit, nostra lapsum
Non facit in numero cultus peccantis haberi;
Quippe satis poena est, cum sit sua culpa dolori;
Supplicium proprium timor est, [illegible] rursus
Tot velut pariter, qui se meruisse fatetur.
Quid poterit melius, vel quid moderatius esse?
Judicat, inquirit, castigat, parcit, honorat,
Omnia qui vincit, nec ab ipsa vincitur ira.
Quod de praesenti jam cernimus esse futurum;
Nam cum saepe minax horrentia nubila cogit,
Et terrore pio rutilo micat igne coruscus,
Tristibus et pluviis, et nubibus intonat aeris,
Omne genus [illegible] interimens, sed dira procellas
Definit, et pariter Caelum [illegible] serenum.
Hoc quoque tunc sperare jubet, qui se mundo cuncta
Perdere posse probat, si perdere velle recusat.
Sic iterando fidem veterem ostenditur aevo,
Aeternamque Dei pietatem [illegible].

C. SE-

C. SEDULII PRESBYTERI

PASCHALE OPUS, seu MIRABILIUM DIVINORUM,

LIBRI QUINQUE.

PRÆFATIO.

Paschales quicumque dapes, conviva, requiris,
Dignatus nostris accubitare thoris,
Pone supercilium, si te cognoscis amicum:
Nec quaeras opes hic codicis artificis:
Sed modica contentus adi solemnia mensae,
Plusque libens animo, quam satiare cibo.
At si magnarum caperis dulcedine rerum,
Divitiasque magis deliciosus amas,
Nobilium nitidis doctorum vescere canis,
Quorum multiplices nec numerantur opes.
Illic invenies, quidquid mare nutrit edendum,
Quidquid terra creat, quidquid ad astra volat.
Cerea gemmantis flavescunt mella canistris,
Collucentque suis aurea vasa favis.
At nos exiguum de paupere carpsimus horto,
Rubra quod appositum testa ministret, olus.

AD THEODOSIUM AUGUSTUM,

DEDICATIO.

Romulidum ductor, clari lux altera solis,
Eoum qui regna tenes moderamine justo,
Spes orbis, fratrisque decus; dignare Maronem
Mutatum in melius divino agnoscere sensu,
Scribendum famulo quem jussisti. hic tibi mundi
Principium formamque poli, hominemque creatum
Expediet limo: hic Christi proferet ortum,
Insidias regis, magorum praemia, doctos
Discipulos, pelagique minas, gressumque per aequor.
Hic siccum sanare jugum, vitamque redactam
Unius crucis auxilio, redeuntemque sepulcro
Mortis, & ascensum pariter sua regna petentis.
Haec relegas servesque diu, tradasque minori
Arcadio: hac ille suo generi: hac tua semper
Accipiat doceatque suam augusta propago.

LIBER PRIMUS,

Cum sua gentiles studeant figmenta Poetae
Grandisonis pompare modis, tragicoque boatu
Ridiculove Getae, seu qualibet arte canendi,
Saeva nefandarum renovent contagia rerum,
Et scelerum monimenta canant, rituque magistro
Plurima Niliacis tradant mendacia biblis:
Cur ego Daviticis assuetus cantibus odas
Chordarum resonare decem, sanctoque verenter
Stare choro, & placidis caelestia psallere verbis,
Clara salutiferi taceam miracula Christi?
Cum possim manifesta loqui, Dominumque tonantem
Sensibus & toto delectet corde fateri,
Qui sensus & corda dedit, cui convenit uni
Factorem servire suum, cui jure perenni
Arcibus aethereis una est cum patre potestas,
Par splendor, communis apex, sociale cacumen,
Aequus honor, virtus eadem, sine tempore regnum,
Semper principium, sceptrum juge, gloria consors,
Majestas similis. haec est via namque salutis,
Haec firmos ad dona gradus Paschalia ducit.
Haec mihi carmen erit: mentem hac virtute condi.
Hanc constanter opem lassis adhibens medullis,
Quos lethale malum, quos vanis dedita curis
Attica Cecropii sapit doctrina veneni,
Sectatoresque magis vitam spirantis odorem
Legis, Athenaei pereuntia linquite prati.
Quid labyrintheo Thesëa errare in antro,
Caecaque Daedalei lustrantis limina tecti!
Labrosam placidis quid adhuc praegnantis ovis,
Neglectisque rosis saliuncam semitis agri!
Quid lapides atque arva coli, quid saxa profunda
Praesseris, & magis animas damnare metallis!
Parcite pulverei squallentia jugera campi,
Et steriles habitare plagas, ubi gignere fructum
Arida nescit humus: nec de tellure cruenta
Livida mortiferis vellatis mala succis,
Tartareo damnata cibo: sed amoena vireta
Florentum semper nemorum, sedesque beatas
Per latices intrate pios, ubi semina vitae
Divinis animantur aquis, & fonte superno
Laetificata seges spicis mandatur ademptis,
Ut messis queat esse Dei, mercisque futurae
Maxima centenum cumulare per horrea fructum.

Omnipotens aeterne Deus, spes unica mundi,
Qui caeli fabricator ades, qui conditor orbis,
Qui maris undisonas flatu surgente procellas
Mergere victas prohibes confinia terrae:
Qui Solem radiis, & Lunam cornibus imples,
Inque diem ac noctem lumen metiris utrumque:
Qui stellas numeras, quarum tu nomina solus,
Signa, potestates, cursus, loca, tempora nosti,
Qui diversa novam formasti in corpora terram,
Torpentique solo viventia membra dedisti:
Qui perituram hominem vetiti dulcedine pomi
Infaustum mellire cibo, pretioque sacrati
Sanguinis, infelicem depellis ab angue venenum:
Qui genus humanum (praeter quos clauserat arca)
Diluvii rapida spumantis mole sepultum
Uno iterum de stirpe creas, ut mystica virtus,
Quod carnis delicta necant, hoc praesule ligno
Monstraret liquidas renovari posse per undas:
Totum namque lavas uno baptismate mundum.
Pande salutarem, paucis quae ducit in urbem,
Angusto mihi calle viam, verbique lucernam
Da pedibus lucere meis, ut semita vitae
Ad caulas me recta agat, quas servat amoenum
Pastor ovile bonum, quo vellere praevius albo
Virginis agnus ovis, grexque omnis candidus intrat.

Te duce difficilis non est via, subditur omnis
Imperiis natura tuis: ritusque solutos
Transit in adversas jussu dominante figuras.
Si jubeas mediis segetem parit arva pruinis,
Messorem passura hyems: si cernere mustum
Vernali sub luce velis, florentibus arvis
Sentibus impressis calcabit vinitor uvas,
Cunctaque diversis parebunt tempora dictis.
Judicio est antiqua fides, & cana priorum
Testis origo patrum, multisque abolenda per aevum
Temporibus, constant virtutum signa tuarum.
Ex quibus audaci perstringere pauca relatu
Vix animis committo meis, silvamque patentem
Ingrediens, aliquos timeo contingere ramos.
Nam centum licet ora movens, vox ferrea clamet,
Centenasque sonum humanum pectus anhelet,
Cuncta, quis expediat? quorum nec lucida caeli
Sidera, nec bibulae numero aequantur arenae.

Primus ab usque chao meritis vivacibus Enoch
Multa per innumeros jam saecula contigit annos,
Natura perdente modum, quem jam crescendi
Terra tulit, qualem sed mors mutavit ademptum.

Sancta jam vetulae marcebant viscera Sarrae
Grandaevo consumpta situ, prolemque negabat
Frigidus annosis moriens in corpore sanguis,
Jam senior vitae, gelidi praecordia ventris
In partum tumuere novum, tremebundaque mater
Algentes onerata sinus, spem gentis opimae
Edidit, & tenerum suspendit ad ubera natum.
Mactandumque Deo pater obtulit; at tacet ipsum
Pro pueri jugulis aries mactatur ad aram.
O justi mens sancta viri! pietate remota
Plus pietatis habens, contempsit vulnera nati,
Amplexus praecepta Dei, typicique cruoris
Auctoris ventura docens, quod sanguine solo
Mactatus pro grege pius succumberet agnus.

Loth Sodomae fugiente chaos dum respicit uxor
In speciem mutata salis stupefacta remansit,
Ad proprium conversa latus: quae nemo retrorsum
Noxia contemptor vitiorum discrimina mundi,
Respiciens salvandus erit, nec dexter arator
Dignum opus exercens, vultum in sua terga referre.

Ignibus internis flagrans apparuit olim
Non ardens ardere rubus, nec pabula calori
Materiam alimenta dabant, nec torrida virens
Sensit damna frutex, sed amici fomitis aestu
Frondibus blandita lambebant robora flammae.

Miris in immanem virga est animata draconem
Per terram sinuans globos, linguisque trisulcis,
Squameus colla tumens, sibilansque ore chalybeos
Serpens, & proprii rediit in virgulta rigoris.

Pervia divisi patuerunt caerula ponti
In geminum revoluta latus, mediusque reliquit
Cognatis spoliatur aquis, ac turba pedestris
Intrat in abstrusum pelagi mare, perque profundum
Sicca peregrinos stupuerunt marmora plantas.
Mutavit natura vices, mediumque per aequor
Ingrediens populus, rudis jam baptisma gerebat.
Cui dux Christus erat; clamat non lectio, multas
Vox domini super esse aquas, vox denique verbum est,
Verbum Christus adest, geminae qui consona legis
Testamenta gerens, veterem patefecit abyssum,
Ut doctrina sequens planis incederet arvis.

Quid referam immensas caelesti pane catervas
Angelicos sumpsisse cibos, nimbisque superni
Nectaris, aerea populum dulcedine pastum,
In pluvias habuisse dapes, & in imbribus escas?

Rursus in excelsis sitiens exercitus arvis,
Qua numquam luce sacra die, qua terra negarat
Aegra jacebat aquis, qua spes ablata bibendi
Vivendique simul, subitas arente metallo
Hausit aquas, sterilisque latex de rupe cucurrit,
Et jejuna novos vomuerunt marmora potum.
Hic igitur tum sacra tribus dum munera sumunt,
Christus erat panis, Christus petra, Christus in undis.

Angelicis tremefacta minis afflatur asella
Sessorem per verba suum, linguaque rudenti
Edidit humanas animal pecuale loquelas.

Sol stetit ad Gabaon, mediique cacumine caeli
Fixit anhelantem dilato vespere lucem,
Infelices fremere dies, nec luna cucurrit
Ordine pigra suo, donec populantibus armis
Fervidus ingentem gladius consumeret hostem,
Conjuratum pulsu: jam tunc famulata videbant
Sidera venturum praeclaro nomine Iesum.

Heliam corvi quondam pavere ministri,
Praebentes sine more dapes, aliisque rapinis
Dediti, atque avido furantes cava gutture rostro,
Tradidit illaesas jejunis morsibus escas.
Nunc homo Helias, qui perfidus ante Noe,
Abluit in terris quidquid deliquit in undis.
Plenus at ille Deo postquam miracula terris
Plura dedit, meritisque solo succedere dignum
Heredem propriae fecit virtutis amicum,
Aurea flammigeris evectus in astra quadrigis,
Qua levis aetherium non exprimit orbita sulcum,
Sidereum penetravit iter, currusque coruscos
Decursura petens, spatio majore triumphum
Duxit, & humani metam non contigit aevi.
Quam bene subducti praelucens limite caeli
Convenit Helias, merito qui & nomine fulgens
Et claro dignus erat: nam si sermonis Achivi
Una per accentum mutetur littera, sol est.

Ultima labentis misertus tempora lucis,
Ter quinos quondam regi Deus addit annos
Usu jure suo, patefactaque limina claudens
Mortis, ab occasu vitam convertit in ortum.

Jonas puppe cadens, cete sorbente voratus
In pelago non sensit aquas, vitale sepulcrum
Ne moreretur, habens, totoque in ventre ferino
Depositum, non praeda fuit, vastumque per aequor
Venit ad ignotas inimico remige terras.

Cum spirante Deo Babylonia sacra negarent
Tres una cum mente viri, duramque subirent
Exitium, saevi Chaldaea lege tyranni,
Cujus Achaemeniam rabies accenderat iram
Plus fornace sua, mediis traderentur in ignes,
Nil nocuere rogo, tactuque ardere calentes

Cordis

Cordis, imaginem vincens incendia pectus
Ignis edax. o quanta est credentum gloria! flammis
Ardentis fidei restincta est flamma camini.
Digna sed immitem mox perculit ultio regem.
Nam quod ab humana veteri pietate recessit,
Agrestes contra pecudum similis per herbas,
Aulica depulsus mutans convivia foeno.
Pronus ab amne bibit, septenaque tempora lustrans,
Omnibus infestus silvis, & montibus errat.

Nec minus & Darii furorem jussa tyranni.
Ecce etenim sceleri fraudes addidit ira furentis,
Hebraeumque ducem Danielem crudeliter infans
Jejunis cibum esse feris: sed belluae passio
Mitis facta viro, sanctum ne laederet alter,
Coepit amare famem; rabiem mollita furorem
Deposuit, suavisque in faucibus ira quievit,
Et didicere truces praedam servare leones.

Dic ubi sunt, natura, tuae post talia leges?
Quis tamen tibi jura tulit? qui tartara jussit
Translatum nescire virum, sterilemque maritam
Foecundavit anum, sacram praecepit ad aram
Spumare vetare pecus, muliebres transtulit artus
In simulacra salis: ramum intercisum pullare
Non ardere rubum: virgultum solvit in anguem.
Per pelagus siccavit iter. mirabile nimbis
Manna pluit, saxo latices produxit ab ictu,
Quadragenis fieri plenos sermone coegit.
Suspensas rapidas elementis distulit horas;
Per volucres hominem pasci dedit, atque coruscis
In caelum transvexit equis: jam morte gravato
Adjecit tria lustra viro: prudentis in ore
Navifrago fundavit opem: flagrante camino
Servavit sub rore pios: per pascua regem
Pavit, ut hirsutum pecudem, rictusque leonum
Inclusumque lacu famae jussit nescire furorem:
Namque creatori (cujus quaecumque videmus
Sunt quaecumque latent & rerum machina servus est)
Omne sequens famulatur opus, sequiturque jubentis
Imperium, quacumque trahit sententia sancta.

Heu miseri, qui vana colunt, qui corde sinistro
Religiosa sibi sculpunt simulacra, suosque
Factores fugiunt, & quae fecere verentur!
Quis furor est, quae tanta animos dementia lusit,
Ut volucrem, turpemque bovem, tortumque draconem,
Semihominemque canem supplex homo pronus adoret?
Ast alii solem, cunctis radiantibus astris,
Affirmant rerum esse patrem, quia rite videtur
Clara serenatis infundere lumina terris,
Et totum lustrare polum: cum constet ab istis
Motibus instabilem rapidis discursibus ignem
Officium, non esse Deum, quique ordine certo
Nunc oritur, nunc occiduas demissus in oras
Partitur cum nocte vices, nec semper ubique est.
Nec lumen solis ille manens in origine mundi,
Cum geminum sine sole diem novus orbis haberet.
Sic lunae quoque vota ferunt, quam crescere cernunt
Ac minui, stellisque litant, quae luce fugantur.
Hic laticem colit, ille larem, sed jungere sacris
Non audent inimica sibi, ne lite propinqua
Aut rogum calidum deficeret fortior unda,
Aut validis tenuem consumat fontibus ignem.
Arboris alius ponit radicibus aras,
Instituitque dapes, & ramos flebilis orat,

Ut nemus excelsamque domum, dilectaque rura,
Conjugiique fidem, famulos, censusque gubernent.
Ligna, lignis rogat, surdis clamare videtur,
A mutis responsa petit. quae jura deorum
Hac ratione regunt, si caesa securibus actis
Ardua prudentia secuerunt culmina tecti,
Aut substrata focis dapibus famulentur edendis.
Nonnulli venerantur olus, mollisque per hortos
Numina sicca rigant, verique hac arte videntur
Transplantatorum cultores esse Deorum.
Plura referre pudet, sanctique in carmine longum,
Vel damnare nefas, ne mollia sensibus urant
Lilia, purpurei cum per violaria campi
Carduus, & spinis surgat paliurus acutis.

Jam satis humanis erroribus abdita monstra
Ristrato, aut tales potius deflevimus actus.
Nunc carpere juvat iter viam, montemque per altum
Nitentes firmare gradus: properemus in urbem
Libertatis opus, radiant ubi regia salvis
Emicat aula tholis, ubi dantur digna potenti,
Quaerendi spes certa manet, clausisque remotis
Pervia pulsanti reserantur limina cordi.
Hic est ille lapis, reprobum quem vertice gestat
Angulus, atque oculis praebet miracula nostris,
Est leve cujus onus, cujus juga ferre suave est.

Per digesta prius veteris miracula legis
Rettulimus, sancti conjuncto spiritus actu
Quae genitor socia nati virtute peregit:
Per digesta rudis nec non miracula legis
Diximus sancti connexo spiritus actu,
Quae natus socia patris virtute peregit.
Semper et una manens Deitatis forma perennis
Quod simplex triplicat, quodque est triplicabile, simplat.
Haec est vera fides, hanc sperare habere salutem
Arrius infelix, qui curva per avia tectum
Flectere nisus iter, stratam delapsus in atram
Corruit, & tetri mersus petit ima profundi.
Tam vacuum sensu, justo quem tempore poenam
Visceribus fusis, vacuum quoque ventre remansit.
Dementes, perpetui qui non imitanda parentis
Jura, caducorum gradibus simulavit honorum.
Namque hominum inter natum genitumque minorem
Lex carnalis habet, quoniam pater ipse parentis
Filius ante fuit: nunc & qui filius est nunc,
Adfuerit esse pater, sic per genus omne superorum
It nova progenies, & avi numerantur avorum.
At dominus, verbum, virtus, sapientia, Christus,
Et totum commune Patris de lumine lumen,
De solo solus, cui non minus est Patre quidquam,
Nec quo crescat habet, genitus, non quippe creatus,
Ipse est principium: nam semper clarus habetur
In genitore manens, genitor quoque clarus in ipso
Permanet. & rerum caput est Deus unus ubique.
Non quia semper Pater est, & filius hic est,
Sed quia quod semper Pater est, & filius hoc est.
Sic ait ipse docens: Ego in Patre & Pater in me est.
Rursus: Ego atque Pater unum sumus. Arrius unum
Debet scire, sumusque Sabellius esse tenendum;
Iste gradum trinum, ast hic non amplectitur unum.
Ambo errore pares, quamquam diversa sequuntur.
Qualiter adversi varias producere sectas,
Impugnant sua dicta viri, qui brachia nudis
Ostendunt exerta lacertis, ut tradere docti:
Sed tamen armare cati, prudentia quorum

Stulta

Stulta jacet, quia vana Deo est sapientia mundi.
Hic sequitur mundum, ille tacet: hic ambulat, hic stat:
Alter amat fletum, alter crispare cachinnum,
Diversisque modis par est volanta cunctis.

Interea dum rite viam sermone levamus,
Sparsaque lubrica sonora committimus in astra gressum,
Blandaque ad fontanam tandem pervenimus aream.
En signo sacrae crucis vexilla coruscant.
En regna pia castra micant, ubi classica lucida,
Militibus sua porta patet, qui militas lucent,
Janua vos aeterna vocat, quae janua Christus.
Aurea perpetuae capiatis praemia vitae.
Arma quibus domini tua virtute gerimus,
Et signum est in fronte ducis, decus utraque porta,
Militiaeque tuae, bone Rex, pars ultima resto,
Hic proprias sedes, hujus mihi moenibus urbis
Exiguam concede domum, tuus incola sanctis
Ut merear habitare locis, alboque beati
Ordinis extremus conscribi in saecula civis.
Grandia posco quidem: sed tu dare grandia nosti,
Quem magis offendit, quisquis sperando tepescit.

Christe fave votis, qui mundum in morte jacentem
Vivificare volens, quondam terrena petisti
Caelitus, humanam dignatus sumere formam,
Sic aliena gerens ut non tua linquere posses.
Hoc Matthaeus agens hominem generaliter implet,
Marcus ut alta fremit vox per deserta leonis,
Jura sacerdotii Lucas tenet ore juvenci,
More volans aquilae verbo petit astra Joannes.
Quatuor hi proceres una te voce canentes,
Tempora ceu totidem latum sparguntur in orbem.
Sic & Apostolici semper duodenus honoris
Fulget apex numero, menses imitatus & horas,
Omnibus ut tali totus tibi militet annus.
Hinc igitur veteris recolens exordia mortis
Ad vitam properabo novam, lacrymasque serendo
Gaudia longa metam: nam qui defunctus in Adam
Semina mirientem, crux exaltabimus omnes,
Portantes nostros Christo venientes manipulos.

LIBER SECUNDUS.

Expulerat primogenitum saevissimus anguis
Florigera de sede virum, blandique saporis
Illecebris lethum misero portarat amarum.
Nec solam meritam praesumptus senserat iram
Mortali sub lege necem, sed protinus ab ipso
Humanum fluxit omne genus, heu noxia conjux!
Noxia tu conjux magis, an draco perfidus ille?
Perfidus ille draco, sed tu quoque noxia conjux.
Proh dolor! aeterni fuerant duo, crescere postquam
Coepit origo, perit, cladesque a femine sumpsit.
Quid numerosa dies, quid tempore proderat illo
Cernere congestis ultra feliciter annos,
Progenieque suam decimam expectare nepotum,
Jamque suum nescire genus, cum visa supremum
Cordibus, extremae sors irreparabilis horae
Sera licet, ventura foret, longaevaque per aevum
Vita brevis nihil esse die cum fine doceret?
Nec reducem spes ferret opem, primique sepulcrum
Terrigenae, cuncta sorberet fauce nepotes:
Ni post ille inter culpas ignoscere promptus,
Reddere difficile, sua ne factura periret,
Quamque Deo similis vivens afflabat imago
Dissimilis de morte foret, veniale misertus
Instauravit opus, pomique venena nocivi,
Quae mandere patres, natorum horrescere dentes,
Dinumeratque suis semper placatus, et unde
Culpa dedit mortem, pietas daret inde salutem.
Et velut e spinis mollis rosa surgit acutis,
Nil quod laedat habens, matremque obscurat honore;
Sic Eva de stirpe sacra veniente Maria
Virginis antiquae facinus nova virgo piaret;
Ut quoniam natura prior vitiata jacebat
Sub ditione necis, Christo nascente, renasci
Posset homo, & veteris maculam deponere carnis.

Haec ventura senes postquam dixere Prophetae,
Angelus intactae cecinit properata Mariae.
Et dictum comitata fides, uterumque puella
Sidereum mox implet onus, rerumque creator
Nascendi sub lege fuit: stupet innuba tensos
Virgo sinus, gaudetque suo paritura parentem.

Jamque novem lapsis decimi de limine mensis
Fulgebat sacrata dies, cum virgine feta
Promissum complevit opus: verbum caro factum
In nobis habitare volens, tum maximus infans
Intemerata sui conservans viscera templi,
Illaesum vacuavit iter: pro virgine testis
Partus adest, clausa ingrediens & clausa relinquens.
Quae nova lux mundo, quae toto gratia caelo!
Quis fuit ille nitor Mariae, cum Christus ab alvo
Processit splendore novo? velut ipse decoro
Sponsus ovans thalamo, forma speciosus amoena
Prae natis hominum, cujus radiante figura
Blandior in labiis diffusa est gratia pulchris.
O facilis pietas! ne non servile teneret
Peccare dominante jugum, servilia summus
Membra tulit Dominus, primique ab origine mundi
Omnia qui propriis vestit nascentia donis,
Obsitus exiguis habuit velamina pannis:
Quemque procellosi non mobilis unda profundi,
Terrarum non ampla solum, spatiosaque laxi
Non capit aula poli, pueri in corpore parvo
Mansit, & angusto Deus in praesepe quievit.
Salve sancta parens, enixa puerpera regem,
Qui caelum terramque tenet per saecula, cujus
Numen & aeterno complectens omnia gyro
Imperium sine fine manet; quae ventre beato
Gaudia matris habens cum virginitatis honore,
Nec primam similem visa es, nec habere sequentem,
Sola sine exemplo placuisti femina Christo.

Tunc prius ignaris pastoribus ille creatum
Enituit, quia pastor erat, gregibusque refulsit
Agnus, & angelicus cecinit miracula coetus.
Talia Bethlaeis dum signa geruntur in oris,
Eoi venere Magi, saevumque tyrannum
Grandis sollicitus perturbant omnia dictis,
Judaicis nuper populis Orientis ab axe
Progenitum sancti ducem, hoc caelitus astra,
Hanc stellam radiare novam. furit arbiter aulae
Et stans Hebraeae, rerum heu succedere posse
Mox sibi credit, qui primus erat. tunc fronte serena
Nobile mentitus animum, clam mandat ubique requiri,
Sicut adoraturum, quem tractat fraude necandum.
Quid facis Herodes? Christum saevusque feraris,

Et

Et sceptri jugulare cupis, legemque legendo
Negligis, et regi regem tua regna minaris.
Ne tamen in finem carnem sua numina facto,
Pro tandem sub honore crucis (sed crimine gratis)
Herodes alius, quod tu molire, videbit.

Ergo alacres summo servantes lumina caelo
Tum Magi, sidereque micantem regale secuti,
Oppositam tenuere viam, quae lege futura
Donis adoptatam fecit ad cunabula gentem:
Thesaurisque simul pro religione solutis,
Ipsi etiam ut praestent speciem offerre Christum,
Aurea nascenti fuderunt munera Regi,
Thura dedere Deo, myrrham tribuere sepulcro.
Cur tria dona ferunt? quoniam spes maxima vitae est,
Hunc numerum confessa fides, et tempora summum
Cernere cuncta Deum, praesentia, prisca, futura,
Semper adest, semperque fuit, semperque manebit
In triplici virtute sui. Tunc callidus illi
Per somnum expulsi contemnere jussa tyranni,
Per loca contrarii gradientes devia callis,
In patriam rediere suam. Sic nos quoque sanctam
Si cupimus patriam tandem contingere, postquam
Venimus ad Christum, jam non repetamus iniquum.
Ergo ubi delusum se comperit, impius iram
Rex aperit, et jure queat Rex ille vocari
Qui pietate caret, propriam qui non regit iram,
Ereptumque gemens facinus sibi, cou lea frendens,
Cujus ab ore tener subito cum labitur agnus,
In totum movet arma gregem, manditque trahitque
Molle pecus, trepidaeque vocant sua pignora fetae
Nequidquam, et vacuas implent balatibus auras:
Haud secus Herodes Christo stimulatus adempto
Innocuam collisa parvorum strage catervam,
Immeritoque ensi caedit atrox. quo criminis expers
Turba perit? cur qui vix dum potuere creari,
Jam meruere mori? furor est in rege cruento,
Non ratio, primoque necans vagitu, et omnem
Innumerum patrare nefas, puerilia mactat
Millia, plangorumque dedit nec matribus omen.
Haec laceros crines nudato vertice rupit,
Illa genas secuit, nudum ferit altera pugnis
Pectus, et infelix mater (nec jam mater)
Orba super gelidum frustra premit ubera natum.
Quis tibi tunc, lanio, cernenti talia sensus?
Quive dabas fremitum, cum volvere fervere lacte
Prospiceres uno ut lumine, vastumque videres
Misceri [illegible] plangoribus aequor?
Extinctisque tamen quamvis infantibus abstrus,
Praesens Christus erat, qui sancta pericula semper
Suspicit, et poenam aliorum in corpore sentit.

Ast ubi bis senae aetatis contigit annus,
Hoc spatium de carne trahens, aevique magistro
Humana pro parte talis; sensibus esse
Corde videbatur senior, legisque magistros
Inter, ut excelsus residebat jure magister.

Nec mora (quae etenim vestitum per tempora mundus
Novit habere moras?) usus majore reverti
Est quasi lustra gerens placidam Jordanis ad undam
Venit, ut acciperet hoc quod dare venerat ipse.
Hunc Baptista potens ut vidit ab amne Joannes,
Quem matris dum ventre latet, nondumque creatus
Senserat, edit ipso jam tunc sermone Prophetes,
Ut manu genitore signum (cui nomen, lingua,

Post annos tacituros dio spiramina mundo
Parto redditurus nato) clamat praefatus: Agnum
Ecce Dei venientem peccata tollere mundi!
Tollere cum dicit, quod non habet, hoc mihi tollit;
Non unde ut ipse gerat, sed ut ipse nocentia perdat.
Qualiter in caelum dum lux praeclara renidens
Funderet, et proprio cum obfuscare favore
Luxerit expulsas illius validas umbras,
Sic delicta lavans Salvator nostra gerendo
Tersit, et a tactu procul evanescere jussit.
Tunc vada baptismo simplex ingressus aquarum,
In se cuncta lavat nostrae contagia vitae,
Ipse nihil quod purget habens, sanctisque liquorum
Corpore mundavit latices, lymphasque lavavit
Gurgitem, et propriis sacravit flumina membris.
Senserunt elementa Deum, mare fugit, et ipse
Jordanus refluum cursum convertit in undas. [inquit,
Namque ut propheta canens, Quid tibi est, mare, quod fugis,
Et tu Jordanes retro quid flexeris amnem?
Ergo ubi fluminea post mystica dona lavacri
Egrediens, Dominus sicco calcavit arenas,
Confestim patuere poli, sanctusque columbae
Spiritus in specie Christum vestivit honore,
Mansuetumque docens, [illegible]
Per volucrem, quae felle caret, [illegible] vocare
Voce Patris, triplici Deus ex nomine praedicatur,
Quod pater et natus, quod spiritus est sibi sanctus,
Quo manens indiguus, qui non numeraveris unum.

Inde quadraginta jam noctibus atque diebus
Jejunum dapibus, saevo spiraminis plenum
Insidiis tentare adit, doctisque per artem
Fallere adloquitur dictis: Si filius, inquit,
Certus es Dei, dic ut lapis iste repente
In panis vertatur opus. cui talia tanquam
Haec non semper opus Dominus, qui saepe aurae
Viscera fratribus alimenta frequentia credit,
Et panem de caelo creat. hunc ergo repulsus
Voce prius, hominem non solo vivere pane,
Sed cuncto sermone Dei, labefactus, et amens,
Altera vipereis instruxit arma venenis,
Cum Domino montem petit, ostentasque per orbem
Regnorum magnificentia opes: haec cuncta, dixerat,
Me tribuente feres, si me prostratus adores.
Quaerens perversus, tamen perverso loquens:
Scilicet, ut simplex aequi affectaret honorem,
Qui populis errore jacens, monstrumque ostenderet
Pronus adoraret, cujus super aethera sedes,
Terra pedum locus est, quem caelum cernit, et omnis
Laudat in excelsis famulatu vere potestas.
Christus ad haec: Tantum Dominum scriptura Deumque
Jussit adorari, et soli famularier uni.
His quoque deficiens congressibus, exiit iniquus
Ter sese armatum animo perflare superbo,
Terque valens humo, fragili condidere bello.
Tunc assumptum eum sanctam sceleratus in urbem,
Et statuens alti supra fastigia templi,
Si natum genitore Deo te asseris, inquit,
Praecipitem e summo demittere labere tecto.
Nam scriptura docet, de te mandasse Tonantem,
Angelicis fulturis ut tuti ulnis,
Ad lapidem ne forte pedem collidere possis.
O quam caeca gerit nigro sub pectore corda
Mens tenebris obscura suis! hunc ardua templi
Culmina, et crasso quamvis fastigia planta
Condidit in praeceps horrendum, maxima secund

Carvoie

Curvavit qui membra poli, caelosque per omnes
Vectus in extremae descendit humillima terrae,
Interiora petens, sed non excelsa relinquens.
Dixerat, & validi confossus cuspide verbi,
Quem tentare fuit Dominumque Deumque sequutum,
Victoris fugit ora gemens. tunc inde repulso
Callido astiterunt proceres, caelosque micantes
Angelici Christo famulantur ore ministri.

Protinus ergo viros ex piscatoribus aptos
Humanas piscari animas, quae lubrica mundi
Gaudia sectantes, tanquam vada caerula ponti,
Caecaque praecipites tranant incerta profundi,
Discipulos jubet esse suos, talesque legendo
Consilium vitae, quam non virtute loquendi
Gloria, nec vana de nobilitate superbus
Sanguis alat, sed forma tacens, humilisque refulgens
Mentis rigor, caelo faciat de plebe propinquos.
Nam quae infirma putant elegit, & infima mundi,
Fortia confringens Deus & sapientia prudens.

Quinetiam celerem cupiens conferre salutem,
Orandi praecepta dedit, paucisque benignum
Indulgentis opus breviter jubet, ut cito praestet.
Sic dicens: Orate patrem, benignissime nostrum,
Jam summum propriumque hominis concessit honorem,
Et quod solus habet, cunctos permisit habere.
Qui Dominum caeli patrem memoramus, in ipso
Jam fratres nos esse docet, nec origine carnis
Germanum gestare animum, sed spiritus legem
Flagrantem abolere dolo commercia vetusti,
Atque novum gestare hominem, ne semen ab alto
Degenerem carnem Deo, cui nos dona Christi
Fecit adoptivos caelestis gratia natos,

Sanctificetur ubi Dominus, qui cuncta creando
Sanctificat, nisi corde pio, nisi pectore casto?
Ut mereamur eum nos sanctificare colendo,
Annuat ipse prior, bene sanctificetur idem
Si petat a nobis, a quo sanctificamur omnes.

Adveniat regnum jamjam quoque scilicet illud
Morte vacans, & sine carne, cui nulla per aevum
Tempora succedunt, quia nescit tempus habere,
Conveniet haec nocte dies: ubi principe Christo
Nobile purpureo capiet ut plectente corona,
Vatum agmen laeta gaudebit praemia miles.

Jugiter haec votis, haec nocte dieque precemur,
Illius ut fiat caelo terraque voluntas,
Qui nusquam vult esse nefas, hostemque superbum
Utque polo, sic pellat humo, ne corpora nostra
Tanquam vile solum, saevus sibi vindicet hydrus.
Sed qui cuncta fovet plena pietate redundans
Omnipotens, animas pariter conservet & artus:
Altera pars summo caeli sedem, altera terrae.

Annonam fidei speremus pane diurno,
Ne nostra multa famem doctrinae sentiat unquam
A Christo jejuna suo, qui corpore & ore
Nos satiat semel ipse, manens verbumque, cibusque.
Dulcia nam Domini nostris in faucibus haerent
Eloquia, exsuperantque favos atque omnia mella.

Debita laxari qui nobis cuncta rogamus,
Nos quoque laxemus. proprii nam cautio verbi
Spondentes manifesta tenet, graviusque sodali
Nectimur, alterius si solvere vincla negamus.
Incipientque pius decies millena talenta
Dimittens Dominus, si nos affligere propter
Denarios centum conservum coeperit ullum,
Tradere confestim tortoribus, atque feroci
Carcere constricti non permittemur abire,
Donec cuncta brevem reddamus adusque quadrantem.

Non quia nos Dominus, lucis via, semita pacis
In laqueos tentamenta agat, sed cum mala nostra
Deserit, ire sinit: nam quisquis recta recusat
Deliciasque sequens, lenem & gaudia blanda
Perditionis amat: Deus hunc, virtutis amator,
Linquit, & ingreditur quo se temeraria ducit.
Jugibus hanc igitur studiis vitemus, & arctum
Corde petamus iter, tenuis quo semita monstrat
Ire per angustam regni ad caelestis portam.

Si cupimus vitare malum, debemus adire
Sectarique bonum; hic quia liberat, illa trucidat:
Hic alit, ille necat: nam quantum sidera terris,
Ignis aquis, lumen tenebris, concordia bellis,
Vita sepulcris: tantum bona longius absunt
Dissociata malis: dextrum, quicunque secutus est,
Aut laevum gradiatur iter. sed dextra honorem
Semita conspicuos vocat in sua gaudia justos,
Inque tuum, Patriarcha, sinum. at laeva malorum
Exercet poenas, & ad impia tartara mittit.
Ergo agnis ovibusque Dei est haec sola voluntas,
Et bona libertas evadere torva cruenti
Ora lupi, vitamque sequi per pascua Christi.

LIBER TERTIUS.

Prima suum Dominus, thalamis dignatus adesse,
Virtutis documenta dedit, convivaque praesens
Pascere, cum pasci veniens, (mirabile) fusas
In vinum convertit aquas: mirantur gaudentes
Pallorem latices, mutavit lota saporem
Unda suum, largita merum, mensisque per omnem
Dulcia non nato rubuerunt pocula musto.
Implevit sua ergo lacus hoc nectare Christus,
Quippe suas qui vitis erat, vinetaque colens
Omnia fructificans, cujus sub tegmine blando
Miris incrementis onerat pampinus uvas.

Regulus hinc nato quidam moriente rogabat
Flebilis & supplex Dominum, quo visere aegrum
Febre laborantem puerum, trepidamque vetaret
Labi animam de sede sua. tunc larga potestas
Credenti quae nulla negat, nec dona retardat
Velocem comitata fidem, servavit salutem
Concedens facili, vivit jam filius, inquit,
Perge, tuus: quantum imperii fuit jussio Christi!
Non dixit, victurus erit, sed jam quia vivit,
Mens Dei, qui cuncta priusquam nata videndo
Praeteritum cernit, quidquid vult esse futurum.

Inde salutiferis incedens gressibus urbes,
Oppida, rura, casas, vicos, castella peragrans
Omnia, depulsis sanabat corpora morbis.

Ecce autem medio clamans ex agmine turbae
Lepro-

Leprosum poscebat opem, variisque per artus
Plus candore color, Si vis, Domine, inquit, ab istis
Me maculis mundare, potes: volo, Christus ut inquit,
Confestim redit una cutis, propriumque decorem
Laxa peregrinam mutarunt membra figuram,
Inque suos (magis est) vis agnum illis colores.

Forte Petri valido torrebat languida aestu
Febris anhela socrum, dubiaque in fomite pendens
Exesis sub gelido ardebat vita periclo,
Immensusque calor frigus letale coquebat.
At postquam fessos Domini manus attigit artus,
Igneus ardor abit, totisque extincta medullis,
Fonte lavantis aquae cecidit violentia flammae.

Quinetiam rabidas nigrorum depulit iras
Spirituum, ut flatum artus laceraret iniquus
Posse trementes, aperireque Dei vesanum honorem,
Quem norant esse esse Dei, passimque catervas
Ut prius, innumeras pulso languore salutis
Restituit, & variis populos a clade levavit.

Inde marina petens, arentia gressibus alga
Pressit, & exiguae conscendens robora cymbae
Aequoreas intravit aquas, Dominumque sequentes
Discipuli placido librabant carbasa ponto.
Jam procul a terris fuerat ratis, actaque ventis
Sulcabat medium puppis secura profundum,
Cum subito fera surgit hiems, pelagusque procellis
Vertitur, & trepidam quatiunt vada salsa carinam.
Perculerat formido animos, iamque omnibus una
Naufraga litoreis jam tendere brachia saxis.
Ipse autem placidum carpebat pectore somnum
Majestate vigil, quia non dormitat in aevum
Qui regit Israel, neque prorsus dormiet unquam:
Ergo ubi pulsa quies cunctis clamantibus una
Voce simul, miserere citus, miserere, perimus,
Auxilio succurre pio: tibi vota moventes
Exurgens Dominus, validis mitescere ventis
Imperat, & dicto citius tumida aequora placat.
Non erat illa feri pugnax audacia ponti,
In Dominum tumidas quae surgere cogeret undas,
Nec metuenda truces agitabant flamina vires,
Sed levem exiliens Christo mare congestis undis
Obsequio servire fretum, trepidaeque volentes
Moverunt avidae venerando gaudia plausu.

Interea placido transvectam marmore puppim
Liquerat, & sanctos lustrabat passibus agros,
Cum procul e tumulis geminos stridore rumore
Prosiliere viri, quos non mala daemonis ira,
Sed legio vexabat atrox, aeraque cruento
Saeva catenatis gestabant vincla lacertis.
Augebat quoque poena duplex: haec dira furoris
Conditio, qui vim patitur, magis ille ligatur.
Tunc Domini praecepta tremens exire jubentis
Spiritus infelix, hominem quia nescit abire,
Effugiens fugiens quem Christum cernit habere.
Sed porcos immunda gaudens lue, semper amicam
Sordibus, atque oblito confestim vivere coeno,
Pro meritis petiere suis, tristesque phalanges
Porcinum mouere gregem: atque, trepidae, horrens,
Talem quippe domum dignum fuit hospes habere.

Hinc alias Dominum pelagi delatus in oras
Intravit natale solum, quo corpore nasci
Se voluit, patriamque sibi puer ipse dicavit.
Ecce advectans vivum portantem jamque cadaver
Bis bina cervice viri, lectoque cubantem
Vix hominem, cui vita manens sua corporis usu
Mortis imago fuit, resolutaque membra jacebant
Officiis deserta suis, tremulisque per artus
Languida demissis pendebant vincula nervis.
Hunc ubi virtutem Dominus conspexit agentem
Robore, peccatis primum mundavit ademptis,
Quae generant aegrimenta malis: miseroque inde jacenti
Surge, ait, & proprium scapulis attolle grabatum,
Inque tuam discedens domum. ut jussa capessit
Cui fuerat concessa salus, vestigia linquens
Tantum aliena, suis laetatur vadere plantis,
Vectoremque suum grata vicenda revexit.

Principis interea synagogae filia, clausis
Functa die supremo moriens noviserat aevis:
At genitor, cui sola aetas spem gratis adultae
Sustulerat, sanctum Domini lacrimansque gemensque
Corruit ante pedes, vix verba precantia fari
Singultu quatiente valens: miserere parentis,
Orbati miserere senis, modo filia, decens,
Unica virginitatis nec adhuc matura sub annis
Occidit, & misero patri mihi nomen ademit.
Affer opem, lapsamque animam per membra refunde,
Qui rerum praestare potes. haec inquit: & auctor
Lucis ad extinctam pergebat femina, gressum
Vix populo stipante movens, permistaque turbis
Ibat lucendamque mulier perpessa cruorem,
Quae magnas tenuaret opes, ut sanior esset,
Exhaustaque domo, nec proficiente medela,
Perdiderat proprium pariter cum sanguine censum.
Ast ubi credentis jam facta in pectore coepit
Dives adesse fides, medio inter agmina catervis
Nititur atque vel fimbriam tangere Christi.
Posteriusque latens subitam furata salutem
Extremam de veste rapit, siccisque fluentis
Damnavit pavidas undas sanguinis venas.
Senserat ista Deus, cujus de fonte cucurrit
Quod virtus secreta dedit, fixamque fidelem
Laudat, & egregiae tribuit sua vota rapinae.

Ventum erat ad summi fugientis culmina tecti,
Defunctaeque domum, moriens ubi virgo jacebat
Extremum sortita diem, trepidosque tumultus
Omnia laevamen planctu impleverant amaris,
Funereosque modos cantu lacrymante sonabat
Tibicen, plangorque frequens confuderat aedes.
Ponite sollicita conceptum mente dolorem,
Hic sopor est, Salvator ait, nec funere raptam
Credite, sed somno positam jacere puellam.
Dixerat, & gelido constrictum morte cadaver
Spiritus igne fovet, vultuque immobile corpus
Suscitat, atque semel genitam bis vivere praestat.
Obstupuere animis, lumina vera parentes
Aspiciunt, versique modo per gaudia plaudunt.

Inde pedem referens geminos videt ecce sequentes
Caecatos clamare viros, fili inclyte David
Discute nocturnas extinctis vultibus umbras,
Et clarum largire diem. quam credere tantum
Quem factum est cognosse Deum! jam corde videbant
Qui lucis sensere viam, tunc caeca precantum
Lumina diffuso cum torpens igne videre
Sub Domini attactu manu, tactaque ferunt

Lu-

Indignata suis [illegible] cum [illegible].

His ita dimissis alium producunt aegrum,
Multiplici languore cubans, qui [illegible],
Auxilium meruere, fide per tecta remotum
Demittunt pleno cum lecto: hunc protinus ordine sacro
Curavit verbo Deus in contraria cedens,
[illegible], animis & [illegible] referentes.

Nec solum interea propriis iubet omnia posse
Discipulos, quibus ipse dedit virtutibus amplam
Ire viam, & tristes aegrotorum excludere pestes,
Sed domui Israel (quia nondum nomine gentes
Auctoris lux certa) salutem dicere iussos,
Daemonis auferre locum, depellere lepram;
Functaque sollicitis revocare cadavera vitae:
Sumpsistis gratis, concessis impendite gratis.
Ac velut hic agnum, ego vobis quippe ministris
Servandum committo gregem, quem denique pastor
Sum bonus, & proprias ad vitam iungere agnos.
Nemo meis ovibus quae sunt mea pascua vendat.
Hac in Apostolicos idem prius edidit actus
Omnipotens ut ab his iam sese auctore magistro
In reliquum dextrum florem decurreret aevum.
Qualiter ut uno paradisi fonte liquentes
Quatuor in partes procedere cernimus amnes,
Ex quibus in totum spargantur flumina mundum.
(Quisquis enim divinis opus, quod non habet ex se,
Sed domini tantum gerit, sub nomine puro
Suscipiet, [illegible] dispensat munere, [illegible]
Ut dispensator, non ut dominator haberi,
Dividitque omnibus vitam communem futuram;
Introducit domini templum, quia noscit [illegible].)

Ecce conspicuam synagogae ingressus in aulam,
Aspicit invalidum, damnato corpore truncum,
Semianimem membris, non totum vivere, cuius
Arida torpentem damnarat dextera partem,
Imperiisque medendi, gelidam recalescere palmam
Praecipit, & subito divino opere salutem,
Sicut semper agit, nil tollit, & omnia reddit.

Ex [illegible] vertens infirmam lubricus artus
Ille chelydrus edit, nigri qui felle veneni
Lividus humorem gaudet pinguescere tabe.
Quodque per alternas partes dispenserat aegrum
Virus, in unius progressus viscera fudit,
Cui ventris [illegible] tulit, triplicique [illegible]
Saucia membra trahens, [illegible], & [illegible].
Tunc Dominus [illegible], [illegible], & [illegible]
Sordibus [illegible] atque [illegible],
Vertque [illegible], [illegible] surgens.

Venerat & mulier morbo contracta vetusto,
Non [illegible], [illegible], [illegible], incurva [illegible]
Vultibus, & [illegible] despectans cernere terram.
Quae, miserante Deo, [illegible] post [illegible]
Membra levat [illegible], [illegible]
Cernit, & [illegible] soli [illegible] orbem.
Totum erecta videns, quia quos malus opprimit hostis,
Ima petunt; quos Christus alit, sua lumina [illegible].

Cumque dehinc populum [illegible] in deserta sequentem
(Ut typicum [illegible], [illegible] Prophetam) videret
Antiquam [illegible] famem, [illegible]
Antiquum [illegible] opera, [illegible]
Carnis [illegible] desset, quantum [illegible] aevit.
Sufficiens turbae [illegible], [illegible] complens
Quinque [illegible] triste [illegible] quinquagenos.
Cuncta [illegible], [illegible]
Maxima [illegible], vel [illegible].
Quaeque [illegible], [illegible] replevit
Fragmina bis senos, [illegible] cophinis [illegible],
[illegible] crevisse [illegible] cunctis.

Iamque fere furvam gelidi sub caerula ponti
Oceano cupiente diem, cum pelleret astra
Noctis, & astriferum induceret Hesperus orbem,
Discipuli [illegible] terris [illegible] magistro,
Undosum petiere salum, [illegible]
Terra [illegible] aequora puppim:
Adversus nam flatus erat: tunc [illegible]
Tempore calcatis Dominus [illegible],
Et vasti graditur [illegible], [illegible]
Circumfusa [illegible].
Miratur [illegible] cohors, [illegible]
Navigerum [illegible] viam: at Petrus [illegible]
Doctus habere fidem, Christumque agnoscere semper,
In medias descendit aquas, quem dextra levavit
Labentem Domini, nil tamen in gurgite passum.
Cui [illegible] ille suis [illegible], pelagique [illegible]
Libera per vitreum movit vestigia campum.

Genesareta [illegible], Domino veniente, coloni
Infirmos [illegible], ut [illegible] saltem
Via [illegible] Dei, [illegible],
Spesque [illegible], quamquam tetigere, [illegible].
Quam pretiosa fuit [illegible] vestis?
Ipsa [illegible] salutis [illegible] sui.

Tunc Tyriae partes Sidoniaque arva peragrans
Audit pro nata vitio (quam spiritus atris
Vexabat [illegible]) mulier Chananaea rogabat,
Se [illegible] parvo, qui [illegible]
Semper [illegible] mensa,
Assueti [illegible].
Vox humilis, sed celsa fides, quae [illegible]
De [illegible], [illegible]
Campulis [illegible] agri.

Alta dehinc [illegible] montis iuga, plebe sequente,
Millia caecorum, claudorum millia passim,
Leprosos simul & populos, surdosque, caterva,
Invalidosque [illegible], & quidquid debile vulgi
Venerat, in [illegible] sumpsit [illegible],
Et [illegible] suis [illegible] servit.

Denique [illegible] aegrum refovet virtute tumultum,
Tertia lux aderat, [illegible] in cespite [illegible]
[illegible] plebs [illegible], [illegible]
Nutribus [illegible], [illegible]
Turba per [illegible] dapibus ieiuna [illegible].
Quos [illegible] Deus, qui semper egenum
Panis [illegible], [illegible] suis frugibus infert,
[illegible], & septem panibus agmen
Pavit [illegible] virum, praeterque infantes [illegible]
Sexum, & [illegible], [illegible] quamquam ille
Millia [illegible], [illegible], & [illegible]
Dicto [illegible]: [illegible]
Vulgus, & [illegible] creverunt [illegible],
Reliquiasque [illegible] calathis septem
Exputit [illegible] fames, ubi fragmina [illegible]

Vidit abundantem medios de fonte meatum.

Nec tamen, humano quamvis in corpore Christum
Mortis ab occasu mortalia membra gerentem
Clam fuit esse Deum, quia non abscondier unquam
Urbs in monte sedens, modio nec subditur ardens
Lychnus, adhaerentem sed spargens altius ignem,
Cunctis lumen agit: trinos nam testibus amplo
Discipulis fulgore nitens, vultus igneus ardor
Solis, in adversum vertens splendore figuram,
Vicerat ora diem, vestemque nitentibus ipsam
Candida forma nivis Domini de tegmine fulsit.
O meritum felices oculi, quibus illa videre
Contigit in mundo, quae non fuit credita mundo!
Quid? quod & Heliam, & clarum videre Moysen,
Ignotos oculis viderunt lumine certis,
Ut major sit nostra fides, hunc esse per orbem
Principium ac finem, hunc Alpha videntes hunc Ω,
Quem medium vides circumstetisse Prophetas:
Alter adhuc vivens, alter functus limine vitae.
Sidereoque tono, unus est hic filius, inquit,
Ostendit Verbo genitum vox patria Christum.

Postquam composuit victum regressus per artus
Texit adoratam carnis velamine formam,
Seque palam Dominum populis dedit, ecce repente
Vir humilis moesto dejectus lumina vultu
Procedit, supplexque manus & brachia tendit
Implorat gemens, Unus mihi filius, inquit,
Est, Domine: horrenda lacerat quem spiritus ira,
Nec linquit, nisi mergat aquis, aut ignibus atris
Opprimat, atque animam dubia sua morte fatiget.
Hunc precor, expulso miseratus utrumque serva,
Redde mihi, vel redde sibi, nec cassa potestas
Expellat trepidam furiato foedere vitam.
Dixerat, & genua amplectens, genitusque volutus
Haerebat, Dominique pio jam pectore vultus
Aspexerat: tunc prava fugans, ac noxia hostis,
Cui possessa diu est aliena fabrica juris,
Pervasit migrare domo compulsus, et iram
Tollitur accensam, corrumpensque corpore membra
Nutat, & tristis, Domini praeceptum, inimicum
Fugit in ...ctum, puero vexato, recessit.

Rex etiam summa regnans, & Dominus Dominorum
Non dedignatus, Petro jubente, tributum
Solvere Caesareum, medio de gurgite ponti
Hamum [illegible] rapuit [illegible]
Inde [illegible] pretium [illegible] numerata,
Jussa tributa refert, gravioremque dicerat metallo,
Vilis humus pretio [illegible] pependit.

Discipulisque suis se percunctantibus, unde
Caelestis regni major quis posset haberi:
Ut dominus & doctor mirabilis, ostendens, inquit,
Celsior est hominis, cunctisque potentior hoste,
Qui cunctis subjectus erit, humique adhaerens
Demissa cervice feret: velut iste videtur
Parvulus, & monstrat puerum monstrare parvum.
Scilicet ingenium moveri sectemur ut aevi,
Non annis, sed more rudem, quia nescit amare
Nil pompae mortalis amat, non ambit honorem,
Nec voluptas nocuit: sic puro lumine vitae
Quamvis pressa solo, tamen ut sit proxima caelo;
Marmo exequias vergens, alii aut ponit, aliisque vergit,
Inferiorque gradus, quo vult descendere, surgat.

Ecce humilem Dominum de summo vellis egenum,
Et facit egregium lumen residere tyrannum:
At contra tumidum, pugnaci cornua, rebellem
Principium caelo sub tartara jussit abire.
Parva loquor, si facta Dei per singula curram,
Et speciale bonum, cum sit generale, tremiscam.

LIBER QUARTUS.

Jam placidum Jordanis iter transgressus arenam,
Judaeae fatiebat iter, sua rura migravit,
Vulgique & innumeras veniens a clade catervas,
Suscipit infirmas, & dat discedere sanas.
Nil igitur sumptum de se speravimus unquam
Difficile est conferre Deo, cui prona facultas
Arida plantare, & curvo in directa redire,
Et quidquid natura negat, se judice praestat.
Namque ferunt acus foramen penetrare camelum
Membrorumque per angusta nequit, sic divites opum
Fertilitate tumens, penetrare non posse adire
Caelestis regni dominorum ad limina callem,
Nil gerit terram, qui mundum lege coercet,
Et nulla sub lege manens, cui condere velle est,
Quem homo nullo videt, sed totum conspicit ipse.
Hoc impossibile est homini, dixisset, & idem
Possibile est jus totum Deo, modicisque modestum
Divitibus condens facere mirabilis condens.
Nam propriis bene tradat opes, caelumque mercatur
Thesaurum vult ille suum, ubi quidquid habetur
Non mordax aerugo vorat, non tinea solerti,
Nec male defossum famulatur furibus aurum,
Jejunis quicunque cibum, sitientibus haustum,
Hospitibus tectum, nudis largitus amictum,
Solatur nexum in carcere, profertque aegros,
Atque aliis largus, sibi tamen condita opum.
Nec datur in caelum fabricaria pervenire illa,
Quae Christo collata datur sub paupere forma.
Quae damnis augmenta capit, quae spargitur, ut sit,
Quae parit, ut maneat, quae vitam mortua praestat.

Praeterea Dominum gradiens comitante caterva,
Dum quaedam transferet iter, comitante caterva,
Conspicit, extinctum proferre mortem sanans,
Flebilibusque vagos implentem vocibus auras,
Nec cunctam solamen prope habere salutem,
Quae funus flagrare sibimet, mox lumina magnum
Evigilare jubet, quas somnus presserat ingens,
Atque diu clausos referans sub fronte fenestras,
Ingredientes dies fecit discedere noctem.

Hinc repetita sacri gradiens per moenia templi
Lumina caecis dedit, & vestigia claudis.
Talis Davidicam post facta reliquerat urbem,
Bethaniae vicina petens, eademque revertens
Clarescente die properabat visere tecta:
Ecce autem mediis adstans sublimis in arvis
Frondea ficus erat, cujus in robore nullum
Repperit esuriens fructum frigida pomum,
Arboreisque comis. jam nunc et perpetuo vultu
Nullum, ait, fructus reliquumque generetur in aevum.
Confestim viduata suis arbore succis
Aruit, & fecit permansit mortua ramis.
Omnis enim quicunque Deo nil fertile nutrit,
Cen sterilis truncus, lignis arpentibus ardet.

At justus palmae similis florebit amoene,
Semper habens frondes, et tamquam Libani cedrus,
Multiplicandus erit, et sidera vertice tanget.

Post ablatum ei, vitreum fonte lavacrum
Iohannem ferreum carcerem, quem lucentem arctis
Angustus vis claudit mali, vitiumque tacendo
Prodiderat. Sed cuncta solens infirma levare
Conditor adest populis de fauce latronum,
Et voci praestat iter, utraque soluta
Muta diu reticens effudit lingua loquelas.

Post Dominum Pharisaeus prece convivia coenae,
Ornavit dapibus sola impertivit amicis.
Tunc mulier (quam fama notam, et plurima vitae
Morbidam delicta suae) clementia supplex
Corruit amplexans vestigia, quaeque profusis
Irrigat incumbens lacrimis, et crine soluto
Nec tergere cessat, nec cessat lambere plantas,
Unguento fragrante fovens, fomenta dedere
Laeta Dei (quem ferre manu non poterat unquam,
Si non poenitens veniam quaesisse ruinam)
Vade, fides, mulier, tua te salvavit ab omni,
Dimissa quaecumque malum gessisse videris.
Utere pace tua, magna est medicina fateri,
Quod tacet absconditum: quoniam sua vulnera gestis
Qui ungit, et plagam trepidat nudare medenti.
En pollens diu, medicum purgata recessit
Per gemitum, propriique lavans in gurgite fletus,
Munda suis lacrimis redit, et detersa capillis.

Iamque Capharnaum synagogam intraverat urbis
Rite docens populos, quem cum vidisset iniquum
Hominem sub corde latens, clamore protervo
Spiritus infrequens: quid nobis et tibi, dicens,
Perdere nos hoc Christe venis? scio denique qui sis,
Et sanctum cognosco Dei. nec plura loquentem
Imperio tacere jubet, hominemque relinquit
Pulsus, et in vacuas fugiens evanuit auras.
Hic etiam variis febrem languoribus esse
Fecit, et excussa semper tenuare cavere
Daemonia, ac taceat prohibens se prodere talem.
Olim quippe ferox, et elatus viribus auctor
Ille nocens angelus, dejectus culmine caeli
Cum pompa sociisque suis, omnique nefanda
Agmine militiae, Christum, quem noverat esse,
Conspicit in terris, velamine carnis opertum,
Et gemit esse hominem Dominum virtute potentem.

Denique Tyri transgressus litus, Sidonis versus
Arva legens placidus Dominus calcaverat arenas,
Curavit gemino miserum spiramine clausum,
Qui verum non ore dabat, nec aure trahebat,
Sidereamque manum capitis penetralibus omnem
Attactu patere fecit, laxatque repente
Auditque loquentes, miratque audire loquentem.

Tuque etiam virtutis sensisti munera lucis
Praecumbens oculis, in cujus lumina Christus
Respuit, et speciem sanavit munere sputis.

Hinc conjuncta decem populis urbs inclyta, verum
Se referens sermone Deum, verbisque frequentes,
Quos olim invenimus, capiens vitare parumper,
[illegible]
Litore sistentes sermones ab aequore plebem.

Et dictis jam finis erat, tunc altius actam
In pelagus jussit ire ratem, vastoque profundo
Retia demitti piscantia, quae nihil ante
Claudere per noctem vacuo potuere labore.
Simon paret ovans, et aquosis gurgitibus lassum
Linum claustra jacit, tum usque immensis operta
Implevit captura sinus, ut praeda redundans
Turbaret geminas cumulata pisce carinas,
Nam socia illic puppis erat. Hic maxima saepe
Gaudia non sperans, propositaque vota timentes:
Quodque Deo facile est, homines sperare nec audent.

Talibus insignis virtutibus ibat in urbem,
Quae sic dicta Naim, populis vallata opimis,
Et grege discipulum; miserum tunc comminus ecce
Conspicit efferri juvenem, gelidumque cadaver,
Plurima exequiis, et simul funera passim
Triste ministerium, cujus sors invida matrem
Jam viduam viduam, geminam viduaverat orbam.
Nec remanens diu pietas, ut inico doloris
Auxilium vitale tulit, tactoque feretro
Surge, ait, o juvenis: parentique in tempore dicto,
Moerorem abstergit, reseratisque loquentique revivit,
Atque eum genitricis abit. cum funere corpus
Ilicet amisit passus discrimina vitae,
Non parens lacrimis Domino clamante tacere,
Nec vita praesens mori; nunc agmine verso,
Deponens trepidans recidiva transitu luctum,
Candida felicem revocavit turba parentem.

Nec tibi parva salus, Domino medicante, Maria,
Multiplici lapsam curavit vulnere sanans,
Quam foeda septenis rabies invaserat umbris,
Daemonicae cumulata glebae: sed septenos angelo
Superbia lucis fugiens miracula verbi
Corde suo depulsos abiit, volucresque per auras
In chaos inferni lapsus penetrale gehennae
Supremum legem gyros, septena volumina texit.

Nova rei quaecumque commendare gerulus auctor
Exiguis Dominus famulis languore catervis,
Discipulos alios, quorum cura conscia recti,
Percepit simplicitate, numero duplexque refulgens
Auxit liber sui, velut agnos principis ire
Sanguinolenta properare lupos: discedite, dicens
Jam pacificae, vestem et nuntia et baculum,
Viperasque calcate et scorpios, atque inimica
Omnia virtutis fortes calcate fideli.
Nulla nocens ferire famulis adversa nocebit.
Nec tamen hoc gaudere viri, quod spiritus ater
Subjaceat vobis, quoniam quod nomina vestra
Scripsit in aeterno caelestis littera libro.
Iste est quippe Dei, vitam properare factis.
Nam morbis evellente homo, miracula nil sunt,
Quae faciunt plerumque mali, quibus arbiter orbis,
Nescio vos, dicturus erit, discedite cuncti
Artifices scelerum, nobis qui semper iniquis
Divinum famulatis opus. Sic tempore Moysi
Carminibus quidam vanis Memphitidis in oris
Signa dabant non sponte Dei, sed imagine falsa
Visibus humanis magicas tribuere figuras.

Post Pharisaeorum cujusdam principis intrat
Clarificans domum, non escam sumere tantum,
Ad quam tunc summi convivium ille precatus.
Hic hominem perspicit distentum ventre tumebat

Plenus,

Fluxus aquae, gravidamque cutem suspenderat alvus
Inclusam patiens necem, jam membra fluebant
Accrescente sinu, mixtusque infusis per artus
Turgida per flatum mutabat tumentem aegrum,
Inque uteri speciem corpus converterat hydrops.
Non tulit hanc speciem mundi Pater, & sua transfit
Sabbata non curans, hominem curare paratus,
Quem voluit magis esse suum: nam sabbata propter
Condita sunt hominem, sed non homo sabbata propter.
Tunc plus humoris siccata corporis unda
Jussa abire locum: siccus cum viscera morbus
Deserit, & verum residere in pectore sicco,
Cuticulamque levem pestis lymphata reliquit.

Cumque iter ageret Dominus Galilaea per arva
Transgrediens sancto quondam pede tangere castrum,
Hunc procul ut videre decem maculosa gerentes
Leprae portenta viri, quos corpore foedo
Discolor obscoenis turpabat poena figuris,
Praeceptor miserere, potes namque omnia IESU,
Clamantes dixere simul, tunc ille potentum,
Quo numquam pietate vacat, clementius infit:
Ite, sacerdotum conspectibus ora referte.

Cumque viam peterent, subito mundata vicissim
Mirantur sua membra viri, variamque tuentes
Explorant proprias alterno lumine formas.
Ex quibus ut grates ageret pro munere tanto
Vix unus reduci conversus tramite, pronus
Sternitur ad terram, Dominum virtutis adorans,
Atque sacerdoti vero sua praebuit ora.
Denique pontificum princeps summusque sacerdos
Quis nisi Christus adest, proprii libaminis auctor
Ordine Melchisedech, cui dantur munera semper,
Quae sua sunt, segetis fructus, & gaudia vitis?

Cum residens caecus Thimaei filius illud
Propter iter, Dominum per quod cognoverat ire,
Vociferans crebro lumen clamore poposcit,
Nec populo prohibente tacens, accedere jussus
Ad Dominum, palpante manu visumque recepit,
Et gressu decurrens vidit. quam fortiter instat
Impetrare fides? quidquid res dura negarit,
Sola frequens votis auctis praestat humilis.

Unanimem pariter sic illa petebat amicum,
Qui foribus clausis per opaca silentia noctis,
Obnixusque diu consideraterque rogavit,
Vocibus assiduis precibusque excivit asilis.

Praeterieusque via Dominus loca Samaritanum
Humanum flagrante sitim collegerat aestu,
Fontique perennis aquae medicam desiderat undam,
Ut biberet, quae corpus erat. tunc aemula gentis
Ista mulier, parvum puteo quae traxerat haustum,
Cum dare cunctatur, potituram manare lymphae,
Agnoscens propriam numeroso conjuge vitam,
Orat inexhausti tribui sibi dona fluenti
Aeternum passura sitim, quo nemo carere
Dignus erit, Domini nisi mersus gurgite Christi
Percipiat placidas animae, non corporis, undas.

Dumque sui media residens testudine templi
Ore sonans patrio, directi ad pervia callis
Erronem populum monitis convertit amicis,
Ecce trahebatur, magna stipante caterva,
Turpis adulterii mulier lapidanda reatu,
Quam Pharisaea manus plectendam sub judice Christo
Dum damnare parat, plus liberat. omnibus illis
Nam simul e turbis, propria sine crimine nullus
Accusator erat, saxum qui missile primum
Sumeret, abscondens foedata contagia moechae.
Nec poterat quisquam festucam evellere parvam
Ex oculo alterius, proprio qui lumine grandem
Sciret inesse trabem. profugus sic ille recessit
Impetus, & clamans donat clementia culpam,
Jam non peccandi sub conditione solutam.
Nam vetitum quicumque suum canis ore relambit,
Nec veterem sentit hic veniam, nec habere futuram,
Hujus damna tenens, hujus compendia perdens.

Inde means genitum caecis considere caecum,
Qui male praegnantis dilapsus ventre parentis
In lucem sine luce ruit: tunc sanguinis ille
Conditor humani, mundique artifex origo
Imperfecta die proprii non passus haberi
Membra operis, natale iterum per claustra genarum
Illinens, hominem veteri de limine supplet.
Nec visum tamen ante capit, quam vera jubentis
Accepta Domini Siloam venisset ad undam,
Et consanguinei fonte medicamina limi
Pura oculos lavisset aqua. dein ergo gemella
Vultibus effulgent acies, tandemque meretur
Ignotam spectare diem. cognoscite cuncti
Mystica quid doceant animos miracula nostros.
Caeca sumus proles miserae de semine Evae,
Portantes longo nostras errore tenebras;
Sed dignante Deo mortalem sumere formam
Tegminis humani, facta est de Virgine nobis
Terra salutaris, quae fontibus abluta sacris,
Clara renascentis reserat spiramina lucis.

Bethaniae inde solum repetens, reverat, ibique
Lazarus occiduus tumulatus sorte jacebat
Jam quarto sine luce die, claususque sepulcri
Marmore, corruptum tabe exhalabat odorem.
Flebant germanae, flebat popularis profusus,
Flebat & Omnipotens, sed corpore, non Deitate,
Exanimemque amans, illa pro parte dolebat,
Qua moriturus erat, lacrimisque implevit amicum
Majestate Deum. quid credere Martha cunctaris?
Quidve Maria gemis? Christus dubitatis an unum
Possit ab inferno hominem revocare cavernis,
Qui dabit innumeras post funera surgere turbas?
Ergo ubi clamantis Domini sonuit tuba dicens:
Lazare progredere foras, magno concussa pavore
Tartara diffugiunt, Erebi patuere recessus,
Et tremuit letale chaos, mortisque profunda
Lex periit, atque animam propriis repetens medullis
Cernitur ante oculos vivens astare cadaver.
Postque sepulcralem tandem recreatus honorem
Ipse sibi moriens, & postumus extat & haeres.

Utque, caduca vagi contemnens culmina fasti,
Monstraret se rite Deum, non curribus altis
(Qui pompa mortalis honor) rapidisque quadrigis
Pulvereum sulcavit iter, nec terga frementis
Ardua pressit equi, phaleris qui pictus & ostro
Ore crepitantem mandendo concutit aurum.
Sed lento potius gestamine vilis aselli
Vectari sufficit humo, levis ungula cujus,
Ut tanto sessore decus mirabile portans,

Ne-

Nobilior sub [illegible], [illegible] semper,
Qui parvulo Christum latet in praesepe [illegible]
Agnovit [illegible] esse Deum, plebs omnis [illegible]
In laudem, omnibus [illegible] tramite versus.
Dicite, Gentiles populi, cui gloria regi
Talis in urbe fuit, cui palmis [illegible] vel [illegible]
Frondibus arboreis, [illegible]
Obvia turba dedit, Dominum sic ore precata Christi,
Qui regit aeternum principis in principe regnum?
(Cui sanctus semper [illegible] atque.)

LIBER QUINTUS.

HAs inter virtutis opes, jam proxima Paschae
Coeperat esse dies, Dominus cum gloria vellet
Ponere mortalem, vivamque adsumere carnem,
Non aliam; sed rursus eam quam [illegible] plenam
Lucis ab inferniis referens ad [illegible] venit,
Exclamansque palam: Pater [illegible] ab hora
Salvifica; sed in hanc ideo veni [illegible].
Clarifica, dixit, nomen tuum: magnaque caelo
Vox resonans venit per nubila: Clarificavi,
Clarificaboque iterum. Quid, [illegible] tulisti,
Caeco affectu? an nec sic agnoscere Christum
Gens valuit Judaea Deum, pars esse sonorum
Haec tonitruum, pars Angelicum cecinisse loquelam.
O gens caeca animis, o gens durissima corde.
Non tonitrus [illegible] Christum, sive Angelus illum
Adfatur [illegible], qui [illegible] Patris
Audire respondere [illegible], sed ab ore Tonantis
Natum agnoscentis, populus quo [illegible],
Vox omnis [illegible] respondens [illegible] vestra.

Ante [illegible] celebratur per [illegible]
Paschalis ea [illegible] dapes, [illegible]
[illegible], & [illegible] exempla relinquens
Assurgit, [illegible] accingitur, & [illegible]
Limpido [illegible] inclinavit [illegible],
Discipulis ut [illegible] vestigia cunctis,
Nec Judam excepit, quem [illegible] tempore
Noverat [illegible], [illegible] gloria, ferox
Traditor, illa dolens [illegible],
Qui [illegible] erat, velut [illegible]
[illegible] valentem [illegible].
[illegible].

Nec Dominum latuere doli, [illegible]
Praedixit [illegible], [illegible] ipse,
Qui panis tradendus erat: nam corporis atque
Sanguinis ille [illegible] famis,
Atque cibum [illegible], quo [illegible]
Esurient, [illegible] fidele;
Proditor in Judam, [illegible] habebat,
Spiritus intravit [illegible], [illegible]
In Dominum servile dedit [illegible].
Parva [illegible] parvo mercede: [illegible]
Culpa datur [illegible], sed [illegible] facto.
Triginta [illegible]
Argenti, parvo [illegible],
Quaerentem [illegible], [illegible]
Divitias, [illegible]
Si caperet, [illegible]
[illegible], [illegible] pro sanguine Christi,
Qui pater est mundi, [illegible].

Atque [illegible] decora [illegible]
[illegible] donum, [illegible]
[illegible] vitalibus [illegible]
[illegible], [illegible]
[illegible], quam [illegible] vitam,
Aut [illegible], [illegible]
Perderet, in [illegible], [illegible]
A [illegible], [illegible]
[illegible] in [illegible].

Tune cruente, ferox, audax, insane, rebellis,
Perfide, crudelis, fallax, venalis, iniquis,
Traditor [illegible], [illegible], [illegible],
Praevius [illegible]?
Sacrilegumque agmen, gladiis, sudibusque minacem
Cum moveas, ori [illegible], [illegible]
Inferis, & blanda Dominum sub imagine prodis?
Quid facies [illegible], & noxia fraude [illegible]?
Numquid terribilem [illegible] in orbem,
Aut [illegible] per saecula [illegible]?

Traditur ergo viris operante [illegible],
Comitatum [illegible], [illegible]
Ense Petri (ne qua [illegible] parte vacaret)
Reddidit auriculam: nec enim violentia [illegible]
Conveniens humana fuit, qui milia patrum
Angelicas acies legionum poscere posset
Plus duodena dari, [illegible]
De servulis, quam sponte sua [illegible] plagam.
Tunc [illegible] jubet, quia venerat ipse
Passurus pro cunctis [illegible], non inferre [illegible].

Jamque Petro clam [illegible] voce fatenti
Cum Domino se velle mori: Prius [illegible], inquit,
Quam gallus cantet, hac nocte [illegible] negabis;
Non reprobando fidem, sed praedicendo timorem.

[illegible] ad tristes Caiphae [illegible].
Ille sacerdotum fuerat tunc denique princeps,
Et princeps scelerum. [illegible]
[illegible], [illegible] ordo
[illegible], [illegible] cuncta
In Dominum, [illegible],
Quo [illegible], velut [illegible]
[illegible], [illegible] cremandi
Materiam [illegible] rapit, [illegible]
[illegible] gloria flammis.

Postquam nulla dolis patuit via, brachia nulli
Armat in [illegible] ferox: heu mihi quantis
[illegible],
Sacrilegas [illegible], nec denique [illegible]
Vel [illegible] caput, vel caedere palmis,
Aut [illegible] quaerit.
Ille tamen patiens [illegible] corpore [illegible]
Sustinuit, [illegible] dedit [illegible].
Namque per hunc [illegible] caput est [illegible],
Sputa hac per Dominum [illegible],
His alapis nobis [illegible] plausit.

At Judas, cui cuncta patent [illegible],
Quae ventura forent, (quoniam [illegible]
Infaustum quod Christus ait) [illegible]
Ipsius [illegible], [illegible].
Ut gallus cecinit, completum est [illegible] Christi,
Et [illegible] Petro: [illegible] ille [illegible]

[illegible]

[illegible] damnavit opus, [illegible] Culpa fugit, eodem lacrimis delicta profudit, Et dulcem [illegible] generalis amari.

Jamque dies aderat nocturnas [illegible] umbras, Flagitium vilem [illegible], tenebrisque [illegible] Funditus [illegible] crimina gentis. Mox igitur Dominum Pilato ad examen dandi Nexibus adstrictum Judas ut vidit iniquum, Diriguit, sceleratique sui commercia [illegible] Intulisset facti pretium, non facta reliquit. Quidnam cordis proditor, illic trepidare timore, Nullus tibi [illegible] est? aut quo [illegible] Latet in inferno, cum jam [illegible] Arboris infandae radicibus, [illegible] Quae peperit fructum, [illegible] germina verum Fundit, et dignus [illegible] mala robora [illegible]? Contineatque crucis [illegible], Et quoque [illegible] petit, [illegible] Cum scelus [illegible] procurrerat, ipsaque dura Guttura vocis iter, [illegible] Ausa Redemptorem, [illegible] Infelicem animam laqueo suspendit ab alto. Lamies ita quidem [illegible] pro crimine culpae, Condignum cui [illegible] par [illegible] Exitus hic mortis [illegible] et [illegible] cadaver Ostendit populo, quanto de culmine lapsus Pridem discipulus, qui [illegible] Sidera, tartareum [illegible] profundum: Tunc vir apostolicus, nunc vilis [illegible].

At Dominus [illegible] cum praesidis ante tribunal Staret, ut est [illegible] agnus, Nil inimica cohors [illegible] dignum Comperiens, regem quod se [illegible] esse, Objicit, et [illegible] pro crimine ducit. Nec mirum, si jam Dei [illegible] perfida vitam, [illegible] idola dilexit. [illegible] Tunc colere Baal, nunc eligere Barabbam, Damnareque pium, [illegible] Mutavit per utramque viam [illegible]. Auctor mortis erat, [illegible] qui [illegible], Auctor lucis erat, [illegible] qui [illegible]. Crucifige jam Christum, pro cunctis crucem passum. Quid dubitabis [illegible]? [illegible] flagellis, [illegible], [illegible] amplectitur [illegible], Nec dignum [illegible] vel [illegible] petiret.

Heu fala mens [illegible], [illegible]! Heu [illegible] Pilate [illegible]! quem [illegible] Crimina judicio [illegible] et [illegible], Non solas lavisse manus, sed corpore toto Debueras [illegible] lavacro. Corripis [illegible], [illegible] perfida [illegible], Praeponitque [illegible] Deo, quo [illegible], Qui Dominum [illegible] Cruci per [illegible]?

Cumque [illegible] servis ad poenam [illegible] Militibus, rubri [illegible] sub [illegible] Vestitur chlamydem, [illegible] Mortis imago ferat, spinis circumdedit amplam Nexu [illegible] caput, [illegible] Omnia nostrorum [illegible] ille [illegible]: Implet [illegible], [illegible] quod [illegible] semper, Invalidum, fragile est, vacuum, leve: [illegible] Depromere [illegible], [illegible] suscepit [illegible].

Scilicet humanae [illegible] carnis, Et [illegible] ipsam, nil jam ut [illegible] ferret Post mortem propria cum majestate resurgens, Humanae [illegible] carnem.

Nec [illegible] divino [illegible] gestum. Quod vivum [illegible] ferens, [illegible] Suscipiens [illegible], et ab ore removit. Quippe [illegible] Tempore, quam [illegible] genere.

Pretium in parvuli [illegible] culmine ligni Religionem [illegible] iram, Per crucis ipse [illegible] Illustrans propriis [illegible] honore, Suppliciumque [illegible] esse salutis, Ipsaque [illegible] in se [illegible] Neve quis [illegible] speciem Crucis esse [illegible], Quae Dominum [illegible] ratione [illegible], Quattuor inde plagas quadrati colligit orbis. Splendidus auctoris de vertice [illegible] Eous, Occiduo [illegible] sidera [illegible], Arctous dextra [illegible], medium laeva erigit axem, Cunctaque de membris vivit natura [illegible], Et cruce complexum Christus regit undique mundum.

Scribitur et titulus, hic rex est Judaeorum, Quo nihil a [illegible] vacat: [illegible] Hoc Hebraea refert, hoc Graeca, Latinaque lingua, Hoc docet una fides unum ter dicere regem.

Hujus in [illegible] sors [illegible], ut sacro [illegible] Judaeorum [illegible] a Christo schisma [illegible]. Qui [illegible] utraque [illegible] Constituere virum, [illegible] Non faciat, [illegible] sententia, [illegible] Inter carnifices [illegible] latrones Par est poena trium, sed dispar causa duorum. Hi [illegible] quippe rei, pro crimine malo, Hic reus est [illegible], salvator sanguine justo. Suppliciique [illegible] in ipso Jura [illegible] perdidit; [illegible] Judex [illegible], hunc eligit, hunc reprobavit, Ambobus [illegible] examine [illegible]. Unus enim, quem vita [illegible] reliquit, In Dominum [illegible] convicia dictis, Mordebat [illegible], et [illegible] Ore [illegible] venena; Alter, [illegible] per verba precatus Christo, [illegible] limina, [illegible] Limina: [illegible] pateret. Quem Dominus cum pastor ovem deserta per arva Colligit errantem, [illegible] In campos, Paradise, tuos, ubi flore [illegible] Gramineo [illegible] ager, [illegible] voluptas Irriguis [illegible] aquis, [illegible] Conspicuos pomis non deficientibus hortos Ingenii [illegible] habitare colonum. Ambo [illegible] diverso calle latrones Aggressi facinus, [illegible] patrarunt, Infernas adit ille fores, adit ille superna, Ille [illegible] claustra gehennae, Abstulit iste solo caelorum regna rapinis.

[illegible] tenebrae, Et [illegible] nigrantem

Exaequalis

Nobilior sub fasce ferens, non [illegible] impar,
Qui parvo Christum latus in pariterque [illegible]
Agnovit [illegible] esse Deum. plebs omnis adorans
In solidum, [illegible] [illegible] vestem.
Dicite, Gentiles populi, cui gloria regi
Talis in orbe fuit, cui palmis concepta vel unquam
Frondibus arboreis, laudum caelestibus hymnis
Obvia turba dedit, Dominum nisi cum patre Christum,
Qui regit aeternum principe in principe regnum?
(Cui sanctus semper conregnat Spiritus aeque.)

LIBER QUINTUS.

Has inter virtutis opes, jam proxima Paschae
Coeperat esse dies, Dominus cum gloria vellet
Ponere mortalem, vivamque resumere carnem,
Non aliam: sed rursus eam, quam tempore plenam
Lucis ab infernis spolians ad sidera vexit,
Exclamansque palam: Pater istam [illegible] ab hora
Salvifica; sed in hanc ideo veni tempore [illegible].
Clarifica, dixit, nomen tuum: [illegible] caelo
Vox veniens venit per nubila: Clarificavi,
Clarificabo iterum. Quid apertius ore paterno,
Caelo affirmante? en [illegible] sic agnoscere Christum
Gens vesana Judaea Deum, pars esse [illegible]
Hoc tonitruum, pars Angelicum crepuisse loquelam.
O gens caeca malis, o gens durissima corde.
Non tonitrus pavidi Christum, sive Angelus alius,
Auctorem [illegible] [illegible], qui verbis Patris
Audire respondere datur, sed ab ore Tonantis
Natum agnoscentis, populus quo credere disceret,
Vox emissa suo respondit candida verbo.

Atque ubi jam sacris celebrans per munera coenam
Paschalem ex more dapes, [illegible] [illegible]
In faciem, & genti sese exempla relinquens
Assurgit, famulusque libens [illegible], & [illegible]
Linteolo accinctus [illegible] [illegible] [illegible],
Discipulis et [illegible] [illegible] vestigia cunctis,
Nec Judam excepit, quem proditorem [illegible]
Noverat [illegible]. sed ut [illegible] gloria, servo
Traditori, illa dabat [illegible] [illegible] [illegible].
Qui [illegible] [illegible] erat, [illegible] [illegible] [illegible]
Exteriora [illegible] [illegible] [illegible] [illegible],
[illegible] [illegible] [illegible] [illegible] [illegible].

Nec Dominum latuere doli, sceleris que futuri
Proditor auctorem, panem cui tradidit ipse,
Qui panis tradendus erat: suos corporis atque
Sanguinis ille sui postquam dat munera sanctis,
Atque cibum [illegible] [illegible], quo perpetuo [illegible]
Eluerent, [illegible] [illegible] [illegible] [illegible];
Protinus in Judam, [illegible] [illegible] [illegible] [illegible],
Spiritus intravit [illegible], [illegible] [illegible]
In Dominumque servile dedit consurgere bellum.
Parla [illegible] [illegible] [illegible] [illegible]: neque illi
Culpa datur [illegible], sed inhaeret crimine [illegible].
Tam [illegible] [illegible] [illegible] [illegible] [illegible]
Argenti, parvo [illegible] [illegible] gessit,
Quamvis [illegible] [illegible] [illegible], [illegible]
Divitias, [illegible] [illegible] [illegible] [illegible] [illegible]
Si caperet, pejor erat: neque enim [illegible] [illegible]
[illegible] [illegible], magni [illegible] pro sanguine Christi,
Qui pax est mundi, quo [illegible] hunc quoque [illegible].

Atque [illegible] [illegible] damnare [illegible] [illegible]
Natalem [illegible] diem, aut luminis [illegible]
Hausisset placidas [illegible] vitalibus auras
Aeternum [illegible] [illegible], [illegible] [illegible]
Sors melior [illegible] datum, quam perdere vitam,
Aut male salus homo, [illegible] [illegible] [illegible]
Perderet, ut pulvis, quem ventus projicit ingens
A facie terrae, [illegible] [illegible] [illegible]
Spargitur in vacuas [illegible] [illegible] [illegible].

Tune cruente, ferox, audax, insane, rebellis,
Perfide, crudelis, fallax, venalis, iniqua,
Traditor [illegible], [illegible] [illegible], [illegible] legum,
Praevius [illegible] [illegible] [illegible] [illegible]
Sacrilegamque aciem, gladios, [illegible] [illegible]
Cum [illegible], [illegible] [illegible] [illegible], [illegible] [illegible]
Inseris, & blanda [illegible] sub imagine pacis?
Quod [illegible] [illegible], & [illegible] [illegible] [illegible]!
Numquid terribilem [illegible] [illegible] [illegible] in oscula,
Aut [illegible] [illegible] [illegible] [illegible] [illegible] [illegible]!

Traditur ergo viris operante [illegible] iniquis.
Confestim [illegible] [illegible] [illegible], [illegible] [illegible]
Ense Petri (ne qua pium [illegible] vacaret)
Reddidit auriculam: nec enim vindicta Tonanti
Conveniens humana fuit, qui multas posset
Angelicas [illegible] legiones poscere [illegible]
Plus duodena dari, [illegible] [illegible] [illegible] [illegible]
De caelis, quam [illegible] [illegible] [illegible] [illegible].
Tunc [illegible] [illegible] jubet, quia [illegible] ipse
[illegible] pro cunctis [illegible], [illegible] [illegible] [illegible].

Jamque Petro [illegible] [illegible] [illegible] [illegible]
Cum Domino se velle mori: Prius [illegible], inquit,
Quam gallus cantet, hoc me ter [illegible] negabis;
Non [illegible] fidem, sed praedicendo timorem.

Comitum ad tristes Caiphae [illegible] aulas.
Ille sacerdotum [illegible] [illegible] [illegible] princeps,
Et princeps scelerum. [illegible] [illegible] [illegible] [illegible]
Pestiferum, falso [illegible] [illegible] [illegible]
Concilium, [illegible] [illegible] [illegible] [illegible]
In Dominum, [illegible] [illegible] [illegible] [illegible],
Quae [illegible] [illegible], velut [illegible] [illegible]
Arentes stipulas, vires cui [illegible] [illegible]
[illegible] [illegible] rapit, [illegible] [illegible]
[illegible] [illegible] [illegible] [illegible] [illegible].

Postquam nulla dedit [illegible] via, [illegible] [illegible]
Arma [illegible] [illegible] [illegible] [illegible]: heu mihi [illegible]
Impediunt [illegible] [illegible] [illegible] [illegible].
Sacrilegas [illegible] [illegible], [illegible] [illegible] [illegible]
Vel [illegible] [illegible] caput, vel [illegible] [illegible],
Aut [illegible] in faciem [illegible] [illegible] [illegible].
Ille [illegible] [illegible] [illegible] corpore [illegible]
Sustinuit, [illegible] [illegible] [illegible] [illegible].
Namque per hoc [illegible] caput est [illegible] [illegible],
[illegible] hoc per Dominum [illegible] [illegible] [illegible],
His alapis [illegible] libertas [illegible] [illegible].

At [illegible], cui [illegible] [illegible] [illegible] [illegible],
Quae [illegible] [illegible], (quoniam [illegible] [illegible]
[illegible] [illegible] Christus ait) se [illegible] [illegible]
Ipsum ex [illegible], [illegible] ac [illegible] [illegible].
Ut gallus cecinit, completum est [illegible] Christi,
Et [illegible] [illegible] Petro: [illegible] ille [illegible]

Inter magis damnavit opus, quantoque frequentem
Culpa fugit, redeunt lacrimis delicta profusis,
Et dulcem veniam fletus generavit amari.

Jamque dies aderat nocturnas emulus umbras,
Flagitium visura novum, sanctumque nefando
Pontificum populis Judaea crimine gaudet.
Mox igitur Dominum Pilati ad moenia ducit
Nexibus adstrictum Judas ut vidit iniquum,
Diriguit, sceleratique sui commercia reddens
Incassum facti pretium, non facta reliquit.
Quidnam corde premis, illic trepidare timore,
Nullus ubi timor est? aut quae confessio tetro
Lucet in inferno, cum jam dimissa laqueis
Arboris infandae radicibus, enituisti
Quae peperit fructum, similis germina vertit
Fertilitas, & dignos pervenit mala robora damnis?
Contrictaque crucis corruptus nectar laqueis,
Se quoque morte petit, tamquam tunc lenior esset,
Cum scelus ulcisci praecurreret, ipseque dum
Guttura vincit iter, cunctis quae vendere certavit
Ausa Redemptorem, meritis faucibus angusta,
Infelicem animam laqueo suspendit ab aere.
Lenior ita quidem tanto pro crimine culpa,
Condignam cui nulla ferat par poena malorum.
Exitus hic meritis manet & fetidum cadaver
Ostendit populis, quanto de culmine lapsus
Pridem discipulus, qui nunc reus, alta relinquens
Sidera, tartareum descendit adusque profundum:
Tunc vir apostolicus, nunc vilis apostata factus.

At Dominus postquam cum perfidis ante tribunal
Staret, ut ad jugulum ductus mitissimus agnus,
Nil inimica cohors infantis sanguine dignum
Comperiens, regem quod se rex dixerat esse,
Objicit, & verum crimen pro crimine ducit.
Nec mirum, si jam Dei gens perfida visum,
Impietatemque suam, sicut quae semper amavit,
Idola dilexit. simili nam more furentes
Tunc coluere Baal, cum elegere Barabbam,
Dominumque pio, confirmantque proterve,
Mutavit per utrumque viam sententia pellens.
Auctor mortis erat, justus qui lumine luctum,
Auctor lucis erat, justus qui sumere mortem.
Credite jam Christum, pro cunctis credite passum.
Quid dubitatis adhuc? en testes cerne flagellis,
Subditus opprobriis, poenas amplectitur omnes,
Nec dignum sentire necem vel damna patitur.

Heu sola terra parens, sceptrum cecinere nefandum!
Heu faciens Pilate nocens! quem gesseris esse
Criminis judicio vigili & certum miseris,
Non solas lavisse manus, sed corpore toto
Debueras sacrum vanis spernere lavacrum.
Corripis infestum, sistis sub praeside regem,
Perpendisque humana Deo, quo morte cruentis,
Qui Dominum maneresis Crucis per vulnera legis?
Cumque dehinc saevis ad poenam sanctum abiret
Militibus, rubri vilem sub tegmine cocci
Vestitur chlamydem, species ut cuncta cruoris
Martis imago ferat; spinis circumdedit amplum
Nexo coronae caput, quoniam spineta benigno
Omnia collecturum susceperat ille maledictum:
Impius arundine manum, sceptrum quod nobile semper,
Invalidam, fragile est, vacuum, leve: moxque alienis
Depositis habitis, propriam suscepit amictum.

Scilicet humanae patiens tot tabe carnis,
Et sempiterna manens, nil quem mutabile terret,
Post cunctas propria cum majestate resurgens,
Humanum gessisse etiam eum negavit carnem.

Nec sine divino cessit mysterio gestum.
Quod vinctum ante foris desuper, vestemque suprema
Susciperet tunicam laetitiae, & ab ore resurrexit.
Quippe caro nostra parens degustatumque sanguinem
Tempore, quam rursus commutare corpus paratur.

Protinus in patuli suspensum culmine ligni
Religione pia veneranda discrimina tenet,
Pax Crucis ipsa fuit, violentaque robore membris
Illustrans propriis poenam vestivit honore,
Suppliciumque dedit signum magis esse salutis,
Ipsaque sanctificam in se tormenta beavit,
Neve quis ignoret speciem Crucis esse colendam,
Quae Dominum portavit ovans ratione potenti,
Quatuor inde plagas quadrati colligit orbis.
Splendidus auctoris de vertice fulget Eous,
Occiduo sacrae lambuntur sidere plantae,
Arcton dextra tenet, medium laeva erigit axem,
Cunctaque de membris vivit natura creantis,
Et cruce complexum Christus regit undique mundum.

Scribitur & titulus, hic rex est Judaeorum,
Quae nihil a libitum variat: nam cassius actum
Hoc Hebraea refert, hoc Graeca, Latinaque lingua,
Hoc docet una fides tamen tres dicere regem.

Hujus in exuviis sors mittitur, ut sacra vestis
Incomparata maneat a Christo scissuram vetante.
Quanta sit insontis tenere ex utroque creverunt
Constituere viros, moriturus leges cum damnatos utrum
Non facias, similis quamvis sententia. utrumque
Incert carnificum sanctio pendentes latronum
Par est poena reis, sed dispar causa duorum.
Hi mundo sunt quippe rei, pro crimine multo,
Hic reus est mundi, salvator sanguine justo.
Suppliciisque tamen rerum dominantur in ipsis
Jure pendentis non perfidia: atque utrumque
Judex namque tenens, hunc eligit, hunc reprobavit,
A sinistram comitis precatio examine profana.
Unus enim, quem vita ferens nec morte reliquit,
In Dominum scelerata suprema convicia dictis,
Mordebat propriis, & tamquam scriger hircus
Ora venenata vitiata lacerabat amentem:
Alter, adorato per verba precantia Christo,
Sancta sepulcrali festivus lavatur, tantum
Lumina: nam gratiam credens vincula palmas.
Quem Dominus ceu pastor ovem deserta per arva
Colligit errantem, secumque adducere gaudet
In campos, Paradise, tuos, ubi flore perenni
Graminibus blanditur ager, nemorumque voluptas
Irriguis nutritur aquis, ubi atque benignus
Conspicuus pomis non deficientibus hortus
Ingenuis antiquum serpens habitare colonum.
Ambo igitur variant diverso calle latronem
Aggressi facinus, vitiatum grande patrarent,
Inferna adis ille ferum, adit ille superna,
Ille profunda petens penetravit claustra gehennae,
Assiduis ille sola caelorum regna replevit.

Interea horrendae subito venere tenebrae,
Et totum texere polum, mundique signarunt

Eclipsis

Exaequalis [illegible] diem. Sol mox [illegible]
Abscondens radios, [illegible]
Delituit, tristemque [illegible] infudit [illegible].
Hanc elementa fidem [illegible]
Auxilio [illegible] patris, [illegible] per aevum,
Moesta per excessum, nam lex et tempore solis
Nascentis Domini, sic hoc [illegible],
Non [illegible] die, sed mystica figurans
Per speciem [illegible], quisque [illegible]
Circa [illegible] caeli,
Sic Dominum clarum [illegible] sepulcri.

Nec [illegible] clausa fuit, quae [illegible]
[illegible] in [illegible]
Expavit [illegible], ne [illegible]
[illegible] inferna [illegible].
[illegible] per [illegible].
Sed [illegible] ad [illegible],
[illegible] in [illegible].

Nulla tamen [illegible] pericli,
Qui Dominum [illegible] Cruci, qui [illegible]
Cum [illegible], [illegible] de [illegible]
[illegible].
[illegible] in [illegible]
[illegible] ille fuit: nam dulcia vina
Sicut in [illegible] dum [illegible],
A [illegible] tempore prisco
Gens accepta Deo, nunc est [illegible] propago.

Ergo ubi cuncta [illegible] completa est passio Christi,
Ipse animam proprio dimisit corpore sanctam,
Ipse iterum sumpturus eam, qui mortuus idem,
Idem vivus erat, [illegible] in se
Non [illegible] Deo, cujus virtute [illegible]
Inferni [illegible], ruptaque [illegible]
Divisa compage petra, rediviva jacentum
Corpora sanctorum, [illegible] sepulcris
In [illegible] animata [illegible], [illegible]
Illud [illegible] templum, [illegible] templi
[illegible], [illegible],
[illegible] pectora velo,
[illegible] populi [illegible]
Jam [illegible], quia lex velamine Mosi
Tecta diu, Christo [illegible] patescit.

Dic ubi nunc tristis victoria, dic ubi nunc sit
[illegible] horrenda tuus, quo semper opimis
Insultans malis, [illegible]
[illegible]. [illegible], [illegible] te
Pervenit ad Christum, sed Christus pervenit ad te:
Cui licuit sine morte mori, quique omnia gignens,
Omnia [illegible], te non [illegible], ut esset
[illegible] culpa genitrice creatis,
Et [illegible].

Jam spiritus astra
Liquerat ad tempus, pendebant frigida ligno
Viscera, pendebant, [illegible]
Cuspide perfossum violans latus: arce patenti
Vulneris purpureus cruor, et simul unda cucurrit.
Haec sunt quippe sacra pro religionis honore,
Corpus, sanguis, aqua, tria vitae munera nostrae.
Fonte renascentes, membris et sanguine Christi
Vescimur, atque ideo templum Deus intus habetur,
Quod servare Deum nos [illegible] immaculatum,
Et [illegible] capessere.

Ergo ubi deposuit [illegible] corporis amplexu
Nobile accepit Dominum [illegible],
Nobiliter [illegible] tumulo [illegible]
A [illegible], quod [illegible]
Discipuli Christum rapuerint, et [illegible]
Ter [illegible] dies, sicut praedixerat ipse,
Quo [illegible] mente, vigiliasque [illegible]
Plura dari, [illegible].

Si tumulum post vincla Crucis, post vulnera [illegible],
Post obitum mortis, numerosa custodia [illegible],
Carnifices [illegible], nec [illegible] illam,
Qui [illegible] animam [illegible] ab umbris,
Posse [illegible], [illegible]
Consilii et armata dolo, signate sepulcrum,
Ponite custodes, [illegible] saxum.
Quis poterit servare Deum, cui cardine rerum
Cuncta patent, cuncta habitat, per [illegible] regnat,
In caeli de sede venit? quid saxo [illegible]
Excubiis [illegible]? quid [illegible] illam
Explorare fidem, cui nunc vis credulus esse?

Corpus [illegible] post tristia sabbata felix
Irradiare dies, culmen qui nominis alti
A Domino dominante trahit, primusque videre
Promeruit nasci mundum, atque resurgere Christum.
Septima nam Genesis cum dicat sabbata, clarus
Hunc orbis caput esse diem, quem gloria regis
Nunc etiam propriis demum fulgore tropaei
Primatum tenuisse docet. Hoc luminis ortu
Virgo parens, aliaeque simul cum munere matres
Messis aromaticae, [illegible] venere gementes
Ad tumulum, vacuumque vident jam corpore saxum,
Sed plenum virtute locum. Nam missus ab astris
Angelus, amoti residebat vertice saxi,
Flammeus aspectu, niveo praeclarus amictu,
Qui [illegible] et [illegible],
[illegible] custodibus [illegible]
[illegible], in [illegible] Christum quaerentibus [illegible].
Ille igitur Dominum cunctis vivere monstrat,
[illegible]: [illegible]
Miles in [illegible] vitam,
[illegible],
Vera refert [illegible], sed post data munera falsa:
Discipulosque [illegible] placidi sub tempore somni
Clam sibi [illegible] Christum [illegible] rapina.
[illegible] ait, [illegible].
Respondete [illegible], si Christus (ut audes
Dicere) [illegible] furtim praedictus ab [illegible]
[illegible], cujus [illegible] amictus,
Cujus ad [illegible] Angelus, [illegible]
Corporis ablatio, velocius esse putaris
Solvere [illegible], quam [illegible] ligarunt.
Cum [illegible] furtiva [illegible]? [illegible] ergo
Cum Domino [illegible] magis [illegible].
Mentita est vox vana sibi. [illegible]
[illegible] habet [illegible] adempturus,
Quem nunc [illegible] portasse [illegible] Christum.

Plange [illegible] perituram, plange [illegible],
Et populum, Judaea, [illegible] pro talibus [illegible].
Non [illegible], non [illegible], non [illegible] victima [illegible] est.
Quae nunc [illegible] tibi [illegible]?
Quis [illegible], quae [illegible]?

Victima

Victima quæ dabitur, cum victima poſtea habetur?
Diſcedit ſynagoga ſuo fuſcata colore,
Eccleſiam pulcro Chriſtus ſibi junxit amore.
Hæc eſt conſpicuo radians in honore Maria,
Quæ cum clarifico ſemper ſit nomine mater,
Semper virgo manet: hujus ſe viſibus adſtans
Luce palam Dominus prius obtulit, ut bona mater
Grandia divulgans miracula; quæ fuit olim
Advenientis iter, hæc ſit redeuntis & index.

Mox aliis conviva parans in fragmine panis
Agnitus enituit, qui verus panis aperte
Semper adeſt oculis, fidei quos gratia claros
Efficit, ut Dominum viventem cernere poſſint.
Sæpe dehinc proprium diverſo tempore lucis
Diſcipulis manifeſtus adeſt, veſcentibus illis,
Exemplo nunc ore favum, nunc piſcis aduſti
Atque favi mandens epulas, quo rite doceret
Corporeum vel eſſe dapes, ſolaque videri
In membris, quibus ante fuit. Secundus rurſus
Plebis apoſtolicæ, Dominum quo cæca negaſſet,
Cum foribus clauſis reſideret turba fidelis,
Pace ſalutatis ſeſe lateris, atque foramen
Expandens palmas, ondat latus. aſt ubi Thomas
Cui Didymus cognomen erat, cum fratribus una
Non fuerat; dubiamque fidem ſub corde gerebat.
Donec rurſus eo pariter reſidente veniret,
Qui nunquam ſubtractus erat. tunc limine clauſo
Conſtitit in medio, cum diligenter apertum
Diſcipulo monſtrare latus, tactuque probari
Vulneris, & veteres patienter ferre labantis.
Agnitus hinc potius, quod ſit dubitantis amicus.
Quiſquis enim artificem certa ſub imagine fraudis
Inſtruit, & vanas cupit evertere figuras,
Non vult agnoſci, nam vult ſua facta requiri,
Ut lateant ſub nube doli, certaſque tuebitur
Omnia ſollicitus niſi ſerviant amicus.

Quartus item Dominus Petro piſcante per æquor
Cum ſociis capturam eſſe nihil, demittere lina
In dextras hortatur aquas: mox gurgite clauſa
Pondera declivaque trahebant retia prædam,
Per typicum ſecunda viam: nam retia digna
Lucida ſunt præcepta Dei, quibus omnis in illa
Dextra parte manens concluditur, ac ſimul ejus
Fertur Apoſtolicam, Domini ad veſtigia Chriſti.

Nec piſcis, prunæque vacant, & panis in eum
Diſcipulis inventa loco. quiſnam ambigat unum
His rebus conſtare fidem? quippe eſt aqua piſcis:
Chriſtus adeſt panis, Sanctus quoque Spiritus ignis.
Hunc eternam abluimur, hoc paſcimur, inde ſacramur.
Tunc præcipiens eos epulis ſerviat edendis,
Alloquitur de more pius, ternaſque petitus
Unanimes una Domini bonitate ſruantur,
Et Chriſtum ſcidere ſuum, medicoque paratis
Poſtquam victa ſumunt, & ferventa relictis
Rite toris, an corde Petrus ſe diligat alto
Explorat Dominus: Petrus annuit: ergo alterius
Paſtor amans augere gregem, operarius in arvis
Parte bona commendat oves, commendat & agnos.
Hæc terno ſermone monens, ut terna negantis
Culpa recens, parili numero purgata maneret.

Inde ſequenda docens, pacem nunc omnibus, inquit, habete,
Pacem ferte omnes, pacem portate quietam,
Patrem per populum gentis diſpergite ſanctis,
Et monſtrum vacuate malis: generiſque vocari
Finibus e cunctis, latum qua mundus in orbe,
Juſſa mando meis, omneſque in fonte lavari.

Hæc ubi dicta pius Dominus ſermone peregit,
Bethaniæ mox arva petit, coramque beatis
Quo terram movere viris ſpectare triumphum
Æthereas ſubvectus abit ſublimis in auras.
Ad dextram ſedet ipſe Patris, mundumque gubernat
Jure ſuo, qui cuncta tenens excelſaque & ima,
Tartara poſt cœlum penetrans, poſt tartara cœlum.
Illi autem lætis oculorum vultibus altas
Ire ſuper nubes Dominum, tractuſque cernentes
Veſtigia calcare ſuis, venerantur, adorant,
Intentaſque vias alacri ſub corde reportant,
Quæ cunctis doceant. teſtes nam jure fideles
Divinæ virtutis erant, qui plura viderunt,
Innumerabilium ſcripſerunt pauca bonorum.
Nam ſi cuncta ſacris voluiſſent tradere chartis
Facta Redemptoris, nec totum cingere mundum
Sufficeret denſos per tanta volumina libros.

Veteris & Novi Teſtamenti Collatio, in qua Carmine reciproco dimidium verſus primi finem complectitur verſus ſecundi.

CAntemus ſocii, Domino cantemus honorem,
Dulcis amor Chriſti perſonet ore pio.
Primus ad ima ruit magna de luce ſuperbus,
Sic homo cum tumuit primus ad ima ruit.
Unius ob meritum cuncti periere minores,
Salvantur cuncti unius ob meritum.
Sola fuit mulier, patuit qua janua leto,
Et qua vita redit, ſola fuit mulier.
Frater iniquus erat, juſtum qui perculit olim,
Dominator Chriſti frater iniquus erat.
Tranſtulit ille novum, quod priſca amiſit origo,
Quod veteres perdunt, tranſtulit ille novum.
Arca levatur aquis, homines ne perderet æquor,
Ne pereant homines, arca levatur aquis.
Sacrat Pater populos, pro nati vulnere conſtans,
Cum Chriſtum tradit, ſanat Pater populos.
Hoſtia ſumma Patris, inciſa ſignata figuris,
Quam referat Chriſtus, hoſtia ſumma Patris.
Claudicat ecce videns Dominum, dum prævalet, horret,
Aſpera quem Chriſtum claudicat ecce videns.
Repperit ille famem, venditus crimine fratrum:
Venditus a Juda, repperit ille famem.
Perfida corda paris, dum vaſtant omnia plagæ:
Dum creſcunt plagæ, perfida corda paris.
Agnus ab hoſte facit, revocavit ſanguine patres,
Sanguine noſque refert agnus ab hoſte facit.
Obruit unda ſuos populo gradiente per æquor,
Nunc mundi populis obruit unda nefas.
Murmurat impietas, manna veniente, rebellis,
Panis adeſt Chriſtus, murmurat impietas.
Plebs ſibi dura caput terræ calvaris adæquat,
Abſtulit heu Chriſtum plebs ſibi dura caput.
Lex dedit indicium veteris de crimine pœnæ,

Ex legis [illegible] [illegible], [illegible], [illegible],
  Qui Christum [illegible], ex legis [illegible]!
Carpitur igne fero [illegible] [illegible] [illegible],
  Seditiosa [illegible] carpitur igne fero.
Regna beata patris legis [illegible] [illegible] [illegible],
  Christus [illegible] regna beata patris.
Destruit arca Dei [illegible] dum circuit hostis,
  Sic hostem mundi destruit arca Dei.
Arca [illegible] [illegible], [illegible] [illegible] [illegible] [illegible] est,
  Signum [illegible] [illegible] arca [illegible] [illegible].
Victor honore Dei [illegible] in [illegible] [illegible],
  [illegible] [illegible] victor honore Dei.
Tu dux [illegible] [illegible], qui [illegible] [illegible] [illegible],
  Qui [illegible] [illegible], tu dux [illegible] [illegible].
Maxima dona Dei cuncti cecinere Prophetae.
  Implevit Christus maxima dona Dei.
Pondera dura tulit, [illegible] legis [illegible] irent,
  Gratia [illegible] pondera dura tulit.
Virgo Maria [illegible] [illegible] [illegible] [illegible],
  Post partum Patri Virgo Maria [illegible].
Filius hic hominis [illegible] [illegible] [illegible] mundi,
  Nobilior Deus est Filius hic hominis.
Gaudia magna Dei mundus percepit, & ambit,
  Respuit heu mundus gaudia magna Dei.
Signa movent populos, cernunt magnalia caeli,
  Nulla tamen duros signa movent populos.
Aspera mors populis ligno [illegible] [illegible],
  Auferet ligno aspera mors populis.
Ipse tulit Dominus pro servis mortem [illegible],
  Pro servis [illegible] ipse tulit Dominus.
Vita beata necem [illegible] avertere venit,
  Pertulit a miseris vita beata necem.
Lumen adesse Dei [illegible] tartarus [illegible],
  Nec cernunt [illegible] lumen adesse Dei.
Mors fera per hominem [illegible] [illegible] [illegible] orbem,
  Subdita [illegible] mors fera per hominem.
[illegible] [illegible] [illegible] [illegible] [illegible] [illegible],
  Ad vitam Christus [illegible] [illegible] [illegible].
Hic populus Dominum [illegible] [illegible] [illegible],
  Suscepit [illegible] hic populus Dominum.
Sanguine terra rubet [illegible] [illegible] [illegible] Christi,
  Gestavit Christi sanguine terra rubet.
Crimina cuncta suis [illegible] [illegible] [illegible]
  Dissolvit Christus crimina cuncta suis.
Libera [illegible] [illegible] [illegible] [illegible] [illegible],
  Nunc [illegible] Christus libera corda sibi.
Ferrea vincla dedit [illegible] [illegible] [illegible],
  Dulcis amor Christi ferrea vincla dedit.
Jam super astra sedet, [illegible] [illegible] [illegible].
  Perfide quid credis? jam super astra sedet.
Mortuus ille tamen, caelum terramque subegit:
  Quid facitis hostes? mortuus ille [illegible].
Pellitur umbra die, Christo veniente, figura,
  Christus adest [illegible], pellitur umbra die.
Te propter [illegible] [illegible] & [illegible] & [illegible] [illegible],
  Nos [illegible] [illegible] [illegible], te propter [illegible].
Unicus adveniens [illegible] vota piorum,
  Vera [illegible] [illegible] unicus adveniens.
Passio, Christe, tua [illegible] [illegible] legis,
  Monstra [illegible] passio, Christe, tua.
Hic homo, qui Deus est, spes est utriusque piorum,
  Spes in fine pia hic homo, qui Deus est.
Munus erat fidei [illegible] [illegible] [illegible],
  Qui dedit, ut credam, munus erat fidei.
Te veniente, Deus, [illegible] [illegible] [illegible],
  Occidit hic mundus, te veniente, Deus.

Gratia plena Dei est, quae mala gentibus aufert,
  Abscedant [illegible], gratia plena Dei est.
Sola columba redit, quae [illegible] [illegible] [illegible].
  Discedunt corvi, sola columba redit.
Advenit Dominus dare digna piis, mala pravis,
  Credite jam miseri, advenit Dominus.
Visio Christe tui [illegible] & [illegible] [illegible] est,
  Gloria cuncta bonis visio Christe tui.
Gloria magna Patri, semper tibi gloria Nate,
  Cum Sancto Spiritu, gloria magna Patri.

Hymnus Iambicus dimeter de Christo, [illegible] ab Incarnatione usque ad Ascensionem, ejus opus complectens.

A Solis ortus cardine
  Ad usque terrae limitem
Christum canamus principem
Natum Maria virgine.
  Beatus auctor saeculi
Servile corpus induit,
Ut carne carnem liberans
Ne perderet quos condidit.
  Clausa Parentis viscera
Caelestis intrat gratia,
Venter Puellae bajulat
Secreta quae non noverat.
  Domus pudici pectoris
Templum repente fit Dei,
Intacta, nesciens virum,
Verbo concepit filium.
  Enixa est Puerpera
Quem Gabriel praedixerat,
Quem matris alvo gestiens
Clausus Joannes senserat.
  Foeno jacere pertulit,
Praesepe non abhorruit,
Parvoque lacte pastus est,
Per quem nec ales esurit.
  Gaudet chorus caelestium,
Et Angeli canunt Deo,
Palamque fit pastoribus
Pastor Creator omnium.
  Herodes hostis impie,
Christum venire quid times?
Non eripit mortalia,
Qui regna dat Caelestia.
  Ibant Magi quam viderant
Stellam sequentes praeviam,
Lumen requirunt lumine,
Deum fatentur munere.
  Caterva matrum personat
Collisa deflens pignora,
Quorum tyrannus millia
Christo sacravit victimam.
  Lavacra puri gurgitis
Caelestis agnus attigit,
Peccata quae non detulit,
Nos abluendo sustulit.
  Miraculis dedit fidem,
Habere se Deum patrem,
Infirma sanans corpora,
Resuscitans cadavera.
  Novum genus potentiae,
Aquae rubescunt hydriae,
Vinumque jussa fundere
Mutavit unda originem.

Orat salutem servulo
Flexus genu centurio,
Credentis ardor plurimus
Extinxit ignem febrium.
Petrum per undas ambulans
Christi levavit dextera:
Natura quam negaverat,
Fides paravit semitam.
Quarta die jam fœtidus
Vitam recepit Lazarus,
Mortisque liber vinculis
Factus superstes est sibi.
Rivos cruoris torridi
Contacta vestis obstruit,
Fletu rigante supplicis
Arent fluenta sanguinis.
Solutis artus debilem
Jussit repente surgere,
Suis vicissim gressibus
Æger vehebat lectulum.
Tunc ille Judas carnifex
Ausus magistrum tradere,
Pacem ferebat osculo
Quam non habebat pectore.
Verax datur fallacibus,
Pium flagellat impius,
Crucique fixus innocens
Conjungitur latronibus.
Xeromyrrham post sabbatum
Quædam vehebant corpori,
Quibus sedebat Angelus
Vivum sepulcro non tegi.
Hymnis venite dulcibus,
Omnes canamus subditum
Christi triumpho tartarum,
Qui nos redemit venditus.
Zelum draconis invidi,
Et os leonis pessimi
Calcavit unicus Dei,
Seque cælis reddidit.

Cælii Sedulii Epigramma, quod ex scripto codice Casp. Barthius Lib. 10. Adversar. cap. 9. prodidit.

Hæc tua perpetuæ quæ scripsi dogmata vitæ,
Corde rogo facias, Christe, manere meo:
Ut, tibi quæ placeant, te fautore, requiram,
Gaudia cælorum te, duce, Christe, petam.

CLAUDII MARII VICTORIS

ORATORIS MASSILIENSIS,

COMMENTARII IN GENESIN.

PRÆFATIO *ad Deum Omnipotentem.*

SUmme, & sancte Deus, cunctæ virtutis origo,
Omnipotens, quem nec fabricis indigere rerum
Mentibus humanis facile comprendere fas est,
Et nescire nefas (nam te ratione profunda
In tribus esse Deum, sed non sic credimus unum,
Unica personis ut tres substantia reddat,
Indiscreta pio conservans lumine vota)
Tu sine principio, pariter sine fine perennis,
Semper es atque idem, cunctisque æternior ævo.
Tu spatium rerum, quantis quantumque recessus
Tenditur, excedis, spatio neque cingeris ullo.
Nec te qui capiat locus est, locus ipse sed omnis in te,
Quinetiam humana nec fas contingere mente
Qualis longe tua est, oculis ignara videri,
Ni cui concedens speciali nomine sese
Exhiberes: nec vero est qui virtute creata
Te cognoscat summum, per quem sentimus atque movemur.
Tu mens, & sacra penitus substantia mentis,
Tu ratio, & plenæ prudens rationis origo.
Tu virtus, vitalis opus, atque ipsa potestas
Tu vita, & pariter vitæ, lucisque profundæ:
Tu lux vera Deus, tu rerum causa, vigorque:
A te principium traxit, quodcumque superne
Ex nihilo emicuit, terramque uberiore replevit,
Vel vim motoris habet, vel semine membra recepit.
Te Dominum naturæ probat servare creatis
Partibus, & jussam seriem decus ordo fatetur.
Te dociles numeros distinguens, pondera librans,
Mensuras varians, modulos utrimque gubernans,
Alternas servare vices, legesque receptas
Rerum stare jubes, & cunctis longius ævum
Edere tunc sibi jam secula, volvere mundum.
Non uno te contentum decuisse creata
Munere, quidquid agit varios largiris in usus.
Quinimo nil una causa Deus alma remota
Efficis: ipsa licet cunctis ignara rerum
Factorum ratio atque modus: contraria namque
Quæ putat humana solers ignavia mentis,
Dum certant, pias pacis habent, sic omnia divus
Conditor adversis etiam congruere elementis
Noctis, & effusis a te virtutibus implet.
Et tamen hæc cuncta sine in majestate creandi,
Nil horum quæ gignis egens, mundique peracti
Et per te stabili rerum compage manentis,
Nil prorsus indigens es: nec in hoc tua gloria constat,
Quod præstanda sinis bonus auctor, sed quod & ipsa,

Efficere ut possit, cunctis praebere secundis
Non dedignaris: quae qui tua munera sentit,
Munus & ipse tuum est: tibi et uni accepta referre
Omnia, bonis meritis possit quae & debitor unum.
Nam tibi soli Deo, quoque quod cuncta jubente,
Causa fuit bonitas: cum justa vivere primum
Spiritibus, animisque suis quae mente gerebas,
Atque animam in eo rerum cognoscere causas,
Et supra terras & aquas volitare dedisti.
Certa quidem caelum sedes, quem littera cernis,
Arbitriumque tibi largitus in omnibus, ut jam,
Alterutrum ut peteret vellem, se vertere posset:
Ut ferret justis merces, meritisque piorum,
Hoc quoque conferret praestando, ut debitus esset.
Nam quod de primae caelestis in sede creatis,
Unus (dum laeto Domino victoque, suoque
Invidet auctori, tirannumque hunc appetit) auctor
Maluit esse mali, primaeque inducere mortem,
Cum scelerum facie celsa dejectus Olympo,
Virtuti nihil inde tuae praejudicat: illud
Cui satis est, fecisse bonum: sed copia laudis
Haec est summa tuae, quod cum se extollere supra
Divini virtutem apicis scelus esset, & ingens
Religio nulla prorsum delebilis unda:
Non tamen ingratis vitam sensumque negasti.
Quinetiam arbitrio mutuo gaudere dedisti,
Nec tamen arbitrii natura, in utrumque valentis
Accusanda venit nobis: namque inde perire
Posse datum est cunctis, ut vivere dulcius esset,
Mutuoque alterni compar mensura pericli
Celaret ad meritum: cum justae digna severo
Praemia sanctorum geminaret poena scelerum.
Porro etiam mihi si fas est hoc dicere salva
Pace tua gratior (major fortassis apud te est,
Nec peccasse homo) per lubrica tempora vitae,
Quam miseris peccasse malum: sed videris ut se
Hoc habeat, causas uni cui credimus omnes.
Interea satis est nobis, quod vilia terrae
Pondera, dum sacra inspiras ratione, tuaque
Informas virtute, tuique effigie ad instar,
Nobiliora facis: dum laeto in sidera vultu
Erexisti hominem, quem saevi fraude tyranni
In mortis laqueos, & ad impia tartara raptum,
Unigenae redimis profuso sanguine nati,
Deque locis Erebi, donas ad majora parentum,
Restituis, quam factus erat, vitaeque perenni
Reddis, & in caelum diro vobis hoste subacto.
Jamjam nemo perverso temerarius arguat Adam,
Quod leve praeceptum violata lege resolvens,
Ad letum patefecit iter, nam culpa parentis
Compensata facit: quia plus est vincere mortem,
Quam nescisse mori. caeli nunc limes ab aula
Despicis aetherias nox, & sidera calcas,
Dispositosque vices venturae in regna nepotes:
Quos tamen servavit aquis, iterumque renasci
Aeterni docuit divina sapientia Patris:
Te te igitur Deum alme precor, qui munere primo
Das sentire animis, & te clarissime Patris
Nate tui, de mellifluo in praecordia verbum
Nostra tuum, & linguam nobis infunde disertam,
Dum tamen formare animos & corda paramus
Ad vera virtutis iter puerilibus annis.
Inclyta legiferi jam pandere scripta Mosi,
Quae sit origo poli, vel quae primordia mundi,
Arcanaque simul, quid tum recusseris arte
Mentibus ambiguis, quae vitae transitus noctis
Pestis, & in vitium mores cessare vetasti.
Da Deum aeternae describere mystica vitae,
Da simul & mentem, da congrua tempora menti,
Da studium, rarum ne desit cura laboris,
Successusque bonos studio, quaeque omnia vota
Jure superveniant (scribenti candida mens est)
Ne damnes errorem, quod nunc tuo nomine, nunc me,
Criminibusque meis contrire & parce benignus.
Quod si lege mori quidquam peccaverit ardens,
Peccaris sermo improprius, sensusque vacillans,
Hinc nullum fidei faciant mendacia periclum.
Per Dominum Christum, qui tecum nunc eadem
Majestate viget, pariter qua Spiritus almus,
Incomprensa animis sociatum in secula vivis.

LIBER PRIMUS.

Ante polum, caelique diem, mundique tenebras,
Ante operum formas, & res, & semina rerum,
Aeternum sine praeterito, sine fine futuri
Esse sibi est: cui semper erat Deus unus, apud quem
Vivebat genitum Verbum Deus, & simul almus
Spiritus, aeterni vitalis summa vigoris.
Una trium, quem concordi substantia nexu
Conjungens summa aeternum virtute beabat,
Regnabatque potens in majestate creandi
Jam res, & causas rerum, rebusque futuras
Et faciendo videns, gignendaque munere capaci
Secula dispiciens, & quidquid tempora volvunt
Praesens semper habens: immensum mole beata
Regnum erat ipse sibi, regni nec ipse carebat,
Virtus trina Deus, qui primum semina nullis
Corpora dans rebus, dum res existere coepit,
Jam nostrum efficit mundum, quod saecla habebat.
Utque istum serveret divus sapientia mundum,
Cuncta simul genuit: sed post haec semina rerum
Ornavit speciem inductis informia formis,
Temporaque in seriem haec conditus ordo redegit.
Nam non (sacrilegi sensus quod lingua fateris)
Casus mentis inops, dum nescia semina volvit,
Tam prudens convertit opus: nec dicere fas est
Ante aevum hoc esse, quia tempore ante manebat.
Nec porro aeternum mundum, superisque caducum
Credere fas, stabilem semper mansisse vigorem:
Nam quod corporibus constat, cepisse fatendum est.
Corpus enim quod plaga terit, quod tempora solvunt
Atque abolent, ipso qui tradit in ultima fine,
Principium ostendit: quod quae sentis primum initur,
Aut facta haec credi par est, aut nata putari.
Factum igitur constat mundum, quod quisque subactae
Annuit, & vero convictus dogmate credit,
Cuncta Deum fecisse Deum: qui munere Verbi
Et virtute potens, quidquid natura putatur,
Dispensavit, jussit, movit, concussaque trementem
Succiduis vicibus (semper fugitiva reformans)
Sustinet, ac volucrem retrahens circum rotat orbem.
Qui si cuncta etiam mavult dissolvere rursum,
Continuo in similes formas redeuntia reddit.
Tanta Patris vis est, & tanta est gloria Verbi.
Ut vero simul attingam primordia rerum,
Et nondum coeunte poli terraeque juventa,
Pars prima est aperta: sed terras unda tegebat,
Arcanaque in medio sordenti mole madentem,
Et tenebris se vasta nigris volvebat abyssus:

Et

Et super extensis imponens spiritus undis
Altrices animabat aquas, ac semina rerum
Nondum conceptis fovebat ad germina terris
Infirmanda dabat: cum lux inmissa superne
Emicuit dicente Deo, discretaque nigrum
Umbra peplum retrahens, summo discessit Olympo.
Tum divisa diem appellans prudentia lucem,
Indidit & tenebris obscurum nomen inertis;
Sic facta una dies de mane ac vespere primo.
Rursus mane novum, primo jam vespere pulso
Reddita lux fecit, cum se firmissimum mediis
Fluctibus e mediis concreto corpore coelum
Extulit, ac lato duro solidata rigore,
Divisas suspendit aquas, gelidamque profundum
Axibus objectis calidis, seque aequore supra
Nixa superfudit rubens, quas circum vasto
Coercuit aethereum, dedit hinc nomine, coelum.
Forsitan hic aliquis sic secum errore perito
Differat, aethereis se desuper ardore flammis,
Et nimium caloq ima parere, alimenta sequendo
Exurat mortale genus, coelumque coruscum
Non possint terrena pati, subjecta deorsum est
Machina firma poli: quae duro nos protegit umbra,
Interea superimpositis frigescit ab undis.
Numinis at vero divini quaerere causas
Mens fuge nostra procul, plus sit tibi credere semper
Posse Deum, quidquid tibi non posse putatur,
Et magnum pelagus super astra & sidera ferri,
Ipsorum ratione proba qui credere nolunt,
Et eundem posuere volunt, quem condidit ipse
Gestet, & immenso constantem pondere volvat.
Tertia lux tumidam stupuit discedere fluctus,
Cum Deus impulsis coelique jam gurgitis undis,
Aeriis magnum spatiis patefecit inane:
Arida tunc primum mundi pars ima retectam
Ostendit faciem, tremefactaque numine Verbi
Caerula nudatas cinxerunt aequora terras.
Quas vario tapetum jussas fructificare fovere,
Luxuriosa novo traxerunt germina limo.
Et tantis, & tenero prorumpens cespite levis
Jactavit se silva comis, spicisque excussam
Edidit una semen quodque arbor & herba virescens
Et fructum & semen, vestitaque gramine terra est.
Jam tribus exactis, novo succensis clarae,
In flammas, igniferum globum se cogere jussa est
Solis prima dies, tremulaeque lumina lucis
Puniceos roseo spargebant lumine crines:
Lunaque noctis honor, quaesito lumine fulgens,
Inferiore via soli subjecta pependit,
A quo suscipiens radios percussa refulsit,
Astraque distinctis caelum pingentia flammis,
Floribus aetheriis varios vibrare colores,
Et magis ornatis se resplendere tenebris,
Caerula tota stupuit, rutilis dum spicula flammis
Fusa micant, urgentque alacres nova sidera jussum,
Quae solare jubar radiis abducit apertis,
Tempora quadrifidi manifestans quattuor anni.
Sol quoque cum cursus lunae sit menstruus, uno
Conventus cursu revolutum conficit annum,
Artificemque sacrum mira compage fatetur.
Quinta dies movit spirantia corpora ponto,
Quae liquor humectans gravis, sparsusque profundum
Delicias pelagi, vario quas germine mirus
Formavit natura modis, educere jussa
E toto partus, formasque ex corpore tumidi.
Quin etiam in brutas animam dedit ille figuras,
Quaeque salsi tumidi squalentia gurgite terga
Certe vasta levant, medii deserta sagina,
Edidit, & qui horrent conservat corpora, nutrix
Corporibus tamen ipse liquor, genitalis alumnos
Piscibus, ipsa etiam terrae qui germina nutrit.
Hinc volucres quoque mollis gravis trahere vigorem,
Nam liquidas dum sectum aquas, immensaque penetrat
Vita subit, servent multo tremula aequora parte:
Nec satis est pisces gravi unumque emergere, quodque
Squamosum rocha salo summas erudit in undas,
Ni volitans in aquis, sursum mittit aethere puro,
Aethereas volucres contingere docta recessus.
Ergo materies avibusque & piscibus una est.
Jam bis terna dies claro radiabat Olympo,
Tertia post calidi genitalia munera solis:
Jamque tepens tellus gravidos laxaverat artus,
Cum majore agitans jussit Deus edere terram
Omne animal, vegetat ratio quod sola movendi:
Cui servire datum, quo rerum postulat usus.
Nec mora, protrusit fetis vitalia terris
Pignora, quaeque sui generis sortita figuras.
Hic mihi jam fas sit quaedam perstringere, quaedam
Sollicito trepidum penitus transmittere cursu,
Mutata quaedam serie transcursa referre.
Postquam cuncta dedit generatio prolis ordo,
Veris plena bonis, & multa dote referta,
Quae Deus in longum seriem mansura foveret:
Auctori perbella seu tam machina visa est.
Sed quid id est, quod numine stat, quod sidera & orbes,
Aetheraque & virentem pelagus, terrasque virentes,
Ni spectator adest, tanta quorum gloria mundi
Impleat, atque oculis avidam per singula ducat?
Quorsum tam lati fines, prolesque ampla,
Si rerum possessor abest? haec rector Olympi
Secum animo versans & Verbi pondere librans:
Stat data forma operi, bona sunt quaecumque creavi,
Nunc hominem faciamus, ait, qui regnet in orbe,
Et sit imago Dei, similisque decet esse creanti,
Liber ad arbitrium, fruitur qui munere creatis.
Dixerat haec, & factus homo est, sed corpore tunc
Sive anima ac specie, forsan quae mente futura,
Quo faciendo facit, quae factura semper habebat,
Et si permittitur jam nobilem accesserat aevum.
Ergo hunc propositum rebus, cum conjuge jussit
Crescere per sobolem, terrasque replere vacantes.
Tum natura semel rebus concessa creatis,
Praesertim quam vita movens animare videtur,
Multiplicat quaecumque suis primum edita formis.
Septima lux magnum et vidit cessasse Parentem,
Sed generum tantum numerus dedisse creare,
Et requiem tenuisse suam, tunc jure sacrata est,
Perfectum quae vidit opus: namque hoc quoque plenum est
Victoris, cessasse Deum, posuisse labores.
Nam geminis formam Patris quam dextra pararet,
Bis ternis Dominum factis est perfusa diebus.
Septima lux docuit venturae exempla quietis,
Quam caelesti omnes sperare jubentur in aula,
Si modo non desint operum bona facta piorum.
Hac quoque lux illam signat, qua tartara Christus
Solvit, & evicto rediturus perfecit averno:
Cum patriam ille semel victor rediturus in aulam,
Jamque malorum superi, hominem in carne quiescit.
Sic cessare Deus, sic una fuisse operis,
Plus ut agat cessans, pariter sunt sine quiescens,
Ac sine fine operans, formamque & tempora miscens
Cessando continuat opus, quodcumque creavit.

Sed

Sed qualem quamque Deus formaverit Adam
Materia, hæc paucis cum Musa referre [illegible] est.
Primum enim meritis, postremus in ordine uno
Factus homo, ut solo rebus præstare creatis
Nosset, & hinc laudes Domino persolveret æquas.
Ergo humidam [illegible] Dei manus optima [illegible],
Transferre facilem ut humo [illegible] [illegible] liquentis,
Et speciem formamque sequi quæ ducitur arte,
Sanxit, & humanam quondam [illegible] [illegible]
Explicat in speciem, cum fibra invalida vapore
Vita rigavit humore: solito mollitis liquore
Vertitur in carnem: & sanguis, qui lubricus humor
Diffusus medius per membra fluentibus venis.
Tunc materiis jam plenus homo, [illegible] [illegible]
Exilit, ac Dominum primis [illegible] adorat.
Haud aliter [illegible] [illegible] resurgere apertis
Corpora, cum Christi cœlo delapsus potenti
Majestas gravidæ reserabit viscera terræ,
Exilient, Dominumque colent terramque polumque.
Nam quid non habuit cum sic e pulvere vili
Humanum in formam compactum est corpus humanum,
Perfacile est rursum integrum ut de pulvere reddat,
Quod jam habuit molem colorem terra per annos.
Sic et [illegible] prodiisset jussa sepulcris
Corpora quæque suo rursum afflaverit parem.
Sic nil præstitum est, quam nunc sic formam fecerit.
Sed jam dominis tempus, sedem atque habitacula primi
Pandere, ubi tunc acceptum pro homine vultum.
Eam aspexit felix qua terra recedens
Editiore globo, nomine Paradisus amœnus
Panditur, & terris distinguitur [illegible] silvæ.
Hic ubi jam spatio liquor describitur æquo
Solis, & æternum pariter ver temperat horis.
Illic quæque suis dives fert frondibus arbor,
Pomaque lucidulis [illegible] mitia gemmis:
Quæ jucunda epulis, & adhuc plena vigoris,
Membra animumque fovent, pulchraque sapore & odore.
Sideream hic terra vibrat distincta colores,
Semper flore novo fruticum, fructusque recenti.
Hic fragiles [illegible] calamum, [illegible] vigens
Materia [illegible], spirantia cinnama odore.
Sed nec quod Medus [illegible], vel crine solutum
Fragrat Achæmenius, quod mollis dives amomum
Assyrium, mollisque rubens [illegible] nardo,
Quod Tartessi frutices, quod virga Sabæi,
Quodque Palæstinum lacero fert vulnere ramum.
Omnia ornatu hunc congesta penatibus in hortum.
Namque hæc cuncta Deus pariter, quæ sanguine cordis
Accepit natura suavi, conserta reposuit:
Munique dum levi vibrans [illegible] aura [illegible],
Unum et diversis nectar perdidicit odorem,
Fitque novum nomen, sibi nescia quod afferat arbor,
Quaque tremens blando sensim [illegible] fragore,
Commota trepidat follis, sonat arbore cuncta
Hymnum silva Deo, modulataque sibilat aura
Carmina, nec varium variata quatit aura morem.
Quippe apud auctorem, qui rerum molis sub uno,
Res rebus [illegible], alterna lege revocat,
Nil temere fieri vel frustra credere par est.
Quinimo speciosa, virent, silvæque coruscæ,
Argumentum operum sunt, & picturis rerum.
Nec dubium primi quin deliciis ante parentis,
Hic sua finissent pariter [illegible] locum,
Gloria, simplicitas, studium, sapientia, veri
Dives amor, prudentia, gratia, honorque, salusque,
Præclaraque animi affectus, atque inclyta virtus,
Et quidquid pulchrum orbis habet: quid denique possit
Enumerare velim quam plurima munera verbis?
Jam satis hoc dictum est, loco quod semina fingens
Hanc arbor vitæ, medio posita est [illegible] pomis:
Illius diverso nascitur posita fructu,
Noxiferæ rerum scientia ab arbore ligni.
Ad [illegible] sacri contraria, quod silva coronant,
Fons latum, & dixi [illegible] [illegible] [illegible],
Quadrifido rumpit [illegible] caput amnis [illegible],
Dividit amnem: jugi nam gurgite currens
Ille sacra domus laticem, ille [illegible] [illegible],
Nec tamen tamen: ut minor est, quæ crescere tangit
Fluctibus infusis, quam qui descendit [illegible]
Amnibus effusis: quorum primo ordine Phison
Prosilit [illegible], [illegible] [illegible] [illegible]:
Edens naturæ quam das prudentia dedit,
Gangeticque replet populos, atque Indiam usque
Diluendo limo, terrasque & lapides volvens
Quas facit arva serit, [illegible] [illegible] arentia
Aurea fulgentia inter ramos metalli.
Hic ubi fulminum rutilum carbunculum ignem,
Ac viridi radios fulgescens lux intermiscet.
Nec minor inde Geon, plurimis sed mitior undis
Niliacas attollit aquas, arvaque late
Diluvio rigat arva pius, [illegible] [illegible]
Tempore & [illegible] [illegible] refluentibus undis.
Tertius hinc rapido percurrens gurgite Tigris
It comes Euphrati, junctis quos unde [illegible]
Tellus vicina cavo [illegible] [illegible] [illegible]:
Donec in Armeniæ saltus ac Medica Tempe,
Quem non sollicitat, nec jam capit, evomat amnem.
Sed Tigris, [illegible] [illegible] [illegible] [illegible],
Prosilit æthereas [illegible] [illegible] sub auras,
Et rursum ipsa subit, & [illegible] [illegible] [illegible]
Iterum agit fremitum, & fortior obice factus
Multiplicatur aquis, atroque citatior cursu
Exit, & Assyrios celeri secat agmine campos.
Jungitur Euphraten, divi qui gurgite largo
Irrigat arentia subjecta Persidis agros,
Molliter [illegible] [illegible], [illegible] [illegible] æquor
Servit, & [illegible] [illegible] se præbet in usus:
Donec sacris aquis, [illegible] [illegible] prodigus [illegible]
Consumantur [illegible], pelagi quod debent undis.
Hæc igitur cuncta naturæ [illegible] fons
Imperio, & tanta virtutum dona referre
Delicias, prima est hominis possessio primi:
In quem deductus, [illegible] perveniat
Accola jussus erat, tales ergo ille locatus
Inter delicias, & longa pingui Tempe:
Dum se adhuc dignum, ducitque labore mereri,
Expers mœrorum, curaque ignarus agebat.
Tamen apud auctorem est, merito pro munere fovendi,
Nondum aliquid meruisse mali. quantam ergo putamus
Solvere posse parvum reddituram in tempora vitæ:
Cujus apud famulos jam tum largitur [illegible],
Non merces Paradisus erat? quamquam illa severæ
Legis sola rudis, liberataque pactum
Factorum, virum, servanti jussa, recepit:
Spondet adhuc majora bonis, & præmia servat,
Qui causam meritis statuit: dum vescere, dixit,
Arboribus cunctis, hanc tantum [illegible] [illegible],
Quæ diversarum gestans examina rerum,
Notitiam recti atque mali sub cortice gestat:
Nam transgressorem mors certa & dira sequetur.
Tali lege data, [illegible] [illegible] [illegible], quod [illegible]
Mortalem Deus in primo tempore fecit

Primum

Primum hominem, quia ille sibi [illegible]
Namque & ipse homo est imago Dei [illegible] formam,
Dum quod non meruit, sed tantum sponte benigna
Largitur famulis, nostri cupit esse laboris;
Et se, quod donat, merces debere videri.
At ne quem lateat [illegible] custodia juris,
Ne quemquam [illegible] quod claudis [illegible] terris
Parte in orbe sui: nihil hac tibi lege recisum est.
Aere piscosum [illegible] utrumque marisque
[illegible] erit, quem jam magni virtusque potentis,
Porro & [illegible] habes: ipse ut sibi cuncta parentum
Indulsisse piam [illegible] cederet orbis,
Omne animal, quod jam tellus dare jussa creavit,
Effunderet [illegible] e corpore formam,
Jussis adesse Deus, propriique obedire tyranno:
Scilicet ut cunctis hanc congrua nomina rebus
Inderet, atque suo [illegible] unumquodque vocaret
Nomine, [illegible] quod natum est semper maneret.
Nec mora, viventum parendi haud [illegible]
Omne genus astare Deo: quaecumque vocantur
Mundi parte sacri, currunt animalia in ipso
Temporis articulo medici: sive illa [illegible]
Molli laeta gradu, aut rapido promptissima cursu,
Serpere vel [illegible] consueta per aera labi,
Aut innare undis, aut pondere lubrica ferri.
His Deus omnipotens Adam praesente vocatis,
Unumquodque suo donavit nomine largus,
Armavitque [illegible], cornu, pede, dente, veneno,
Atque aliis, quibus artis longe [illegible] minoris
Et [illegible] cuique animal se protegat, & se
Servet ab adversis rebus: sed nullum animantum
Aequa hominis specie vultuque habituque vigebat.
Ast homini [illegible] divinus addidit honorem,
Totque [illegible] [illegible] illustrantia [illegible]
[illegible] solus erat, donec qui conjugio aptam
In se [illegible] [illegible] ignorans habebat.
Ergo opus aggreditur summum Deus, [illegible]
Corda viri, tum dissolvit languida [illegible],
Mentis ut [illegible] [illegible] [illegible],
Inde caro sic jussa loqui, [illegible] sponte [illegible]
Pellis, [illegible] [illegible] gradatim [illegible],
Illusa [illegible] [illegible], & corpore [illegible].
Quae variis operante Deo digesta per artus,
Accepit formam, [illegible] animata [illegible]
Versa in opus vivum est, [illegible] jam grata [illegible],
Sic parentis suo formata est Eva marito:
Hac tamen [illegible] [illegible] [illegible]
Quaestio animum [illegible] torquere, aut [illegible]
Quaerere, cur homini [illegible] est femina membris,
Cum jam a principio molli de pulvere fingi
Posset, & ex nihilo, causas [illegible] [illegible]
Servari: [illegible] si [illegible] [illegible]
Et humano effecta est mulier, cognatio quaedam
Mutuaque & alterutrum inter se ut [illegible] amorem,
Servet in aeternum [illegible] [illegible] [illegible].
Hinc Evam postquam esse sui, nova protinus Adam
Sensit ut [illegible], tetigit nova gratia mentem,
Mentis & affectus in viscera [illegible] recepta
Irruit, & totos penetravit in ossa calore:
Ut jam sciret dicere, quid conjunx esset, & uxor,
Quid dulce [illegible], [illegible] parentis
Conjugium, quidnam una [illegible] in carne [illegible],
Atque [illegible] pariter vitam [illegible] esset.
Porro [illegible] mundi [illegible] & [illegible] [illegible]
[illegible] vigeret animis, nullius egeni,
Cum [illegible] [illegible] esset mundi [illegible], & [illegible]

Quam dabat orbis opus: nec prorsum obnoxia morbis
Corpora gestabant, non hos cogebat ad esum
Pauper ignara fames: qui si mandata supremi
Servassent integra Dei, crudelis mortis
Imperia & diros nescissent usque dolores.
Callidus at serpens Domini perfringere legem,
Talibus incautam persuasit fraudibus Evam:
O vitae melioris inops, rerumque bonarum
Gens ignara hominum: neque enim bona nosse parandum,
Qui prava ignorans, etiam distinguere nescit
Quo diversa bonis inter se limite distent.
Atque ideo angustos homini sic carpere fructus
Noluit esse Deus: ne cernens omnia tecum
Immittant in caelum oculos, atque optima noscant,
Sintque diis similes. hic nunc excurrere paulum
Fas sit, & turpes veterum deflere ruinas.
Ah nimium miseri gentiles, quos furor egit
In varios cultus cognomina multa Deorum
Fingere, pluralemque Deo vocem addere soli.
Serpentis primum hanc sonuit vox impia diri,
Qui mortis tam causa fuit, nam credula postquam
Rupit sacrilegis praescriptum morsibus Eva,
Expertae jam docta mali, consortia culpae
Quaerit, & incautum fraudis male gnara maritum
Qua periit prior arte petit: sic hoste subactus
A gemino, cedit sceleri miserabilis Adam,
Pomaque degustat sacri plenissima sceli:
Sed quia legis in his fuerant praescripta severa,
Plusquam vipereo mortem allatura veneno.
Ut primum illicito violarunt ora sapore,
Confestim sensere nefas, facinusque peractum
Crevit, & ignaro percussit pectora telo.
Hinc timor, hinc pudor, simplexque primitus error.
Nam dum corda hominum caelestem conscia ritum,
Et caelo natum rectumque [illegible] gererent
Pectora ad excelsum starent contraria parentum;
Dum secretorum miracula divinorum
Claro incorporeae mentis splendore notarent:
Nondum contigerat membrorum cura suorum,
Quos ubi deseruit vitae vigor ille perennis,
Jam morte affectos, demum frigusque calorque
Aeris subiere vices, ac vestis egentes
Se primum sensere homines, seseque latentes
Erubuere suo, taciti miserabile questi.
Idcirco umbrosae e foliis nova tegmina fici
Decerpsit [illegible], post culpam, merito receptum
Corpore velato dissimularent pudorem.
Nec satis, ignorans, quid agat, qua crimen inultum,
Seque ipsum fugiens: cuperent, si forte pateret,
Condere se barathro, atque adeo contermina poenae
Culpa sua est, ut jam [illegible] mortale [illegible]
Mortis imago juvat, silvas umbrosaque [illegible]
Ostendunt, vanis solatia falsa tenebris.
Nam quo te timidum sic est subducere corpus!
Tete [illegible], quae vox tibi de pulvere natu,
Virtus viva patris, mundi occultissima, protinus
Implet, & in penitos exit diffusa recessus.
Tune potes Dominum fugiens evadere, tune
Omnia cernentem speras posse latere?
Ut vastis jaceas membris, celabere nunquam.
Ergo ubi peccati genitus pudor attigit Adam
Quaerentem latebras, mox audiit: Heus ubi es Adam,
Quid vero est quod te quaerit Deus, inscius anne sit
Patre rogat? cui te Domino subducere [illegible]
Nec mors ipsa potest, fragili quam mente subisti.
Cur ubi sis quaerit, ait quod te mente dolentis

Lapsum

Lapsum sponte tua, secum non esse fatetur,
Et caelo cecidisse sacro, sed sancta parentis,
Desperare vetat pietas, clementia cujus
(Fas dixisse mihi, fas sit quoque dicta probasse)
Justitiam excedit: nec tam me voce severa
Corripiens, ubi sis, trepido quid pectore quaeras,
Terruit; quam certum, quod adhuc post crimina lapsum
Immensumque metu, latebris ac pene sepultum,
Evocat & revocat: ut vero exempla parentur
Longius, ostendit culpae donatio miram.
Postquam excussa reos manifestos causa pararet,
Incepere Deo caelum, mare, terra loquente
Contremere, & vastos concussa aperire recessus.
Denique reos punit sententia; tartara condit,
Quandoquidem nostris visum est decedere jussis,
Jam mihi justa suum feriet censura mucronem.
Principio inter cuncta viventia mundi
Tu maledictus eris, & pejor quam regio latet
Invida cunctis calaber: qui caelum intrare creatos
Dejecisti homines, vetitasque attingere fruges
Fraude tua impulsos, prandere mortis origo es.
Ergo ut digna nefas poenas mensura sequatur,
Ex quo homines terra ignorasti, tu strata soliquo
Membra solo, durum sulcabis pectore terram,
Et ventrem tentare cibum quia fecerit, hinc jam
Vilis semper edes squallentia viscera terrae.
Et quia te dignum placuit tibi primum ut esses
Inventor mortis, poenam mortiferam perenni,
Hominique odium generis specialem in te,
Ac genus omne tuum bello superare potenti,
Perpetuumque ibi, mors et tibi longa, tumorem
Esse dabo: pedibus teris, & pectore premo:
Teque tuo mulier premat cum semine, cujus
Callidum extremis tantum inhiabere plantis,
Ut trepidam eripiat capiti vestigia sigat.
Dixit, & ex longo jam sic est exorsus in Evam:
Et tu, quae minimo solam te perdere fructu
Non contenta, virum similem temeraria in ausus
Traxisti; lasciva nimis sponsale, subjectaque durum
Arbitrium sentire viri pariere labores.
Casibus & vero (incoepta quoniam prior ausa es
Multiplicare nefas) semper variabere malis.
Tum pariens crebris ultro torquebere natis,
Ut quos mortales faciet tua culpa creari,
Mortis nascentes jam ante tibi causa parenti.
Tuque quoque cui mandatum nostrum, & prima salutis
Vincula femineis postponere fraudibus ausa,
Sponte uxori placuit: talem reus accipe sortem.
Criminibus tellus, quam tu sulcabis aratro,
Sit maledicta tuis, spinas tribulosque minacem
Culta ferat, fallatque tuam spes improba votum,
Nec tibi terra sidera ferret: tu vivere laetus
His in deliciis, & cunctis vivere saeclis
Sponte recusasti: dura nunc vive labore,
Perpetuum quoque vive miser, dum lassa senectus
In terram te restituat, terraque recondat.
Dixit, & ignaros ne caeli injuria laedat,
Veste tegit pecudum exuviarum, vitamque tuerii
Educat: & ne iterum similes ruinas in ausus,
In luctum mortis formidine perculit Adam.
At ne perpetuam vitali ex arbore vitam
Promeruisset, miserosque reos graviora manerent
Supplicia, in tantis ultimum durarent periclis
Tempora decentes dirisque obnoxia poenis;
Continuo sacris jussum decedere lucis
Expellunt tumuli, tantum quam silva profundi

Cernebant, atque illos librantes turbine ensem
Arte vibrans, sacra Paradisi ab sede repellit.
Ergo hinc ejecti juvenes, terrisque relati,
Perdita dimissi suspirant gaudia loci,
Experti tanti spatii, expertesque pericli:
Sed non experti, agitat qui corda, doloris.
Quo rueriat, quid perdiderint, quae vita sequatur,
Quae fuerit, tacita tristes in mente volutant.
Porro etiam quid in supremo in fine futurum est,
Horrent solliciti: sibi nam graviora supersunt,
Nullaque spes superest miseris, nam morte peremti
Perdunt, quod superest: ac cum via mortis amara
Per lignum ingressa est mundo populisque futuris,
Possit adhuc aliquid per lignum vita redire.

LIBER SECUNDUS.

HActenus arcanam seriem, primordia mundi,
Ut sincera sides docuit, sine fraude cucurri,
Dum dignis leto viris victuma cadebat;
Nunc hominum mores, & jam mortalia versu
Aggressus, Omnipotens vires Deus adde petenti.
Postquam serraia decedere jussus uterque
Sedibus ac regnis, generalia contigit arva,
Inque sua fuerit essul homo mirabile quali
Ore, tandem stupuit jam barbara rura colendi,
Quae non frugifera distinctaque arbore vernant.
Nec species placet ulla soli: nam cuncta conclusa
Pondere congeries confusa mole locarat,
Ardua cautes rigent, silvis depressa laborant
Plana, cernuntque herbis, horrescunt cuncta dumis.
Heu quibus haec spectant oculis, quo pectore cernunt,
Quorum animis Paradisus inest, quae causa doloris
Una subest, dum conspectam jam plena malorum
In proclivi facies longe tristissima, post tot
Delicias Paradisi tam, & amoena securam
Gaudia semilium: quorum vanissima praeteritis
Semper adest, tristesque animos idem fatigat.
Nunc honor ille sacri nemoris major sedentem
Irritat, nunc divitias succurrit adempta
Silva latam tunc: nunc pomi dulcius olent,
Nectareique sapor: vivis nunc floribus halant
Tellus, adeunt tristes contristat odore.
O quam tibi ondem (exclamant) Paradise reparabis,
Immo etiam quanto pro aliis haec dona beatae
Deliciis, pomis sacris. Sic tristibus illis
Jam vitae petit altum amor, pomis rerum
Infirmas jam dulce mori, ne semper egestas
Urgeret graviore malo, nam viscera terrae
Scrutari volunt sumam, & quaerere cogit
Quae floribus det silva dapes, adeo ut quae maligna
Herbarum dulces passim radicibus escas
Explorare juvat, ventremque explere latrantem.
Tandem confectorum, quibus indiget usus, agrestem
Atque inopem rerum, docuit fore ultima formam
Auxilium servare Patris: tum stratos uterque
Membra solo, lacrimis tantum mortemque dolentes
Quae comperentur verbis, poterant solaria vestis,
Dum pater interius subderit verbis querelis.
Ergo ubi cognovit motam sibi reddita linguam
Mentem, consurgens tali prece supplicat Adam.
Omnipotens, auctor mundi rerumque creator,
Quem mihi labe mali infecisse atque audacibus ausis
Constitui, salis olim, dum vita maneret,

Et

Et caligans animum visu super astra daretur
Posse sequi, late circum perque omnia fuso:
Nunc ego cui oculos tua quondam arcana tuentes,
Vel jam non habeo, vel magna ex parte minutos,
Et retro clausos terreni carcere carnis?
Ut jam est veri praeter mortalia quaerens, &
Flens videre datum, ac monstrant in pejora labantem.
Atque idem Omnipotens, qui semper cernis ubique es,
Ad te confugimus, trepida te mente precamur,
Exaudi miseros, quem semper cernis & audis.
Cum me astu pavidi damnare agnoscere velles
Ille caput scelerum, mundi infensissimus hostis,
Nil per se solum, ne victus cederet, ausus,
Serpentis formam accipiens, & contagia illa
Arma sua, dare contactu violare, sic suo
Artificis scelerum fraus improvisa subegit.
Cumque ego damnarer justa pro crimine poena,
Agnovit culpam tamen omnis ista dolore,
Ut mihi me de me poenam praebere putarem.
Idcirco & gemitus patres, lacrimasque rogavi,
Amplexusque animo solatia dulcia poena,
Hanc ipsam posthac sacra haec munera putans
Pro venia sceleris: non jam detrecto labores,
Quaecumque addideris, tamen laterum optime judex,
Si juvat, exaudi nil in tua jussa precantem.
Nec jam istud lacrimis & concussa voce precamur,
Judicii censura tui quo se illa resolvat,
Tota sed ut plenas teneat sententia vires.
Jussisti mota victum me quaerere gleba,
Et steriles spinas sparsa pro fruge levantes
Discissi; & tribulos pro fructibus: ergo laevanda est
Ut fallat non vera seges, quaesita labore.
Noscere da, quae sint segetes, quo more serenda,
Fructiferae quae sint herbae, quae forma laboris.
Da Pater auxilium miseram, hisque imbuere sensus:
Tunc eris ut rerum campos, & culta labentis
Servias Eva mihi, servemque e operum parentis
Supplicium, parias populos et crimine nostro
Plectamur, purgetque patrum peccata, nepotum
Mortibus aeternam faciens successio poenam.
  Interea dum sic orant, serpentis imago
Judicio visa ante tacito se tramite terrae
Leviter, ad studium spiris reptantibus herbae,
In se convertit trepidos, dirique doloris
Excussa senio cognatam traxit in iras.
Et prior Eva viro: Si te supremus malorum
Causa movet, rape sata manu, datur ecce facultas
Auctorem leti incidere: callidus ille
Suppliciis doceat propriis, & morte cruenta,
Quam sit triste mori, qui me male perdidit, & te.
Dixit, & elapsum cursu pavidique loquuta est
Manibus: quin & dextra per robora caute,
Quo se reptantis condebat callidus anguis,
Ambo projiciunt: quorum rigido una lacerto
In medium casu silicem demissa refulsit,
Scintillamque ciet: socio quae e fomite nata
Exilit in flammam, & crinita incendia late
Et tandem tota jam silva ardebat adusta.
Hic horrent, lacrimisque gradu trepidante requirunt,
Sed pavidos super ipse terror, cursumque sequentem
Injicit infelix flamma: quam cernere rursum,
Et timidi spectare volunt: paulum ergo remoti
Telluris dorso sterilis mirantur opacas
Defluxisse comas, nemorumque horrere favillas,
Fuscarique diem, totas splendescere terras,
Et locum sub sole novum: nec cernere quieta

Accipiunt crepitus stridentibus undique silvis,
Undantesque globos diversum in sidera lucem,
Nec quod radices immersas condit in imo
Ignis edax pennas: sed tempore quo victa calore
Terra suas pandit generosis ad munera venas.
Quae cum jam tanto fuerat liquore tulisset,
Iden ferri liquidum incoquit, riviquee metalla
Fundere quoque suis, fulvo hinc torrente coruscum
Aurum servatum lapidum, candensque lacte renidens
Effluit argentum, rigor aeris lubricus errat,
Et cogit in mollem sedulum corpore massam.
Vis brevibus terram ardentis comprendere silvae?
Sulfure volvunt nemora per opaca favillae,
Non aliter quam dum ruptis furit Aetna caminis,
Egerit immissis stridentia sulfura flammis:
Tum se detersis tollit pinguissima glebis
In fetus nova varios, quos imbre marito
Parturiens pariti dissolvit cura creantis,
Quae tantis crepuere sonis, alitaque moriens
Exstitit, & motu undans trepidavit aristis,
Dilicerunt ut speciem segetis novae accola caelum.
Nil tamen hinc longum quidquam sibi vindicet usus,
Nil calor virtutis inops, Deus omnia nostri
Quae bona sunt cum luce dedit, mundoque minori,
Quidquid major habet, sacro innotescere sensu,
Atque per haec voluit: quod si illibata maneret,
Ut data mens homini est, nullique obnoxia culpae;
Non illam species, non illam corpora rerum,
Non motus astrorum, numerus nec mollis arenae
Falleret, aut quantis cum magno terra profundo
Lateat est spatiis, aut quae mensura [illegible] est
Mundi: quid resonet motu septemplicis axis
Harmonia vocale melos, unde dicitur usu
Alliditque datur studiis: quaecumque arte vel usu
Quod capimus, Domino semper donante tenemus.
  At vero ad primos ut se digressa parentes
Nostra chelys referat, jam quaeso attendite paucis.
Pulsus ab angustis Paradisi sedibus Adam,
Nullum habuit primo officium, quam conjugis usum,
Atque omnem natis operam navare tenendis:
Ergo ubi prima domus natis jam plena decebat,
Inter jam varios solatia multa labores
Attulit, atque novum se vidit uterque parentem,
Multiplicata graves relevavit cura dolores:
Et spes jam subiit propriis gaudere ministris
Natis in officio, quorum qui maximus aevo,
Arva Cain dura vertebat pinguia rastris.
At vivo gaudere lacte dignissimus Abel,
Collibus in nudis & sicci germine campi
Innocuas pascebat oves, & lacte parentes.
Verum exspectari senserat ut gaudia fratres,
Divino lateri vinci sua vota favore:
Mos decrevit uterque sui libamina fructus
Prima dicare Deo, sacras pater imposuit aras
Frugibus ille novis, alter magis hic sibi agno.
Prima sacerdotum species, cum hostia fratris
Impia, sed Christum longo tempore figura
Signans, perpetuus nam caro foret ille sacerdos,
Summi Melchisedech ex ordine: protinus in se
Conflata invidia, & fratrem livore securum est,
Hostia salvifica dum pendet ab arbore lassus.
Sic olim ante sui praesensit candidus Abel
Invidiam fratris: nam cum de fruge litasset
Iste suo, alter ille agno, mox protinus altum
In caelum ascendit combusto fumus ab agno,
At contra per humum volans de frugibus illis

Exploret, tenues & vestiat undique rimas.
Cumque triplex spatiis discreverit arca duplex,
Sic discernantur propriis animantia cellis,
Ne violent pavidum genus, contentique pugnent,
Confundantque cibos, quorum tu condere par est
Tantum omnivorum: nam dispendia rerum
Ne desint, praestare tuum est, hoc munere fungi.
Nec cunctatus (sanctum ipse animumque ministrum
Velle & posse dabat Dominus, quodcumque jubebat)
Jussum opus aggreditur, densis proscissa silvis
Incipiens, atque annoso procumbere quercus.
Admittunt late radios, unduliique lavantur
Campos, & aequare spatiis patentes valles.
Sed cum tam magno fuerit properata labore,
Summa operis coepti centum distentur in annos,
Ut longae vitae sequentes, vitae delicta prioris
Emendent, moresque suos quam longa morentur.
O miseri, quam tam justae dilatio poenae
Plus facit esse reos: nec jam pro criminis tantum
Peccatis, at longe gravius plectuntur ob ipsum
Temporis indulti spatium, veniamque neglectam:
Cum sufferret se parcere malis reversis.
Tempore dilato Dominus, jam mole peracta,
Machina constabat laterum compage capaci,
Diffugium quod supremum pater ipse pararet
Naufragiis nostris rebus, reliquisque superstes.
Tum Deus e celso summissus dignatur Olympo,
Voce monere Noe, summum jam tempus adesse,
Condere se latebris, natos cum conjuge, nurusque
Eripere infandis exitiis, mortisque tenebris,
Cunctaque vivificis animalia condere claustris:
Sive ea terra foveat, seu clarus sustineat aer:
Singula de mundis septena, & singula bina
Ex iis, quae sacris minus apta, immunda vocantur.
Nec mora sit, quidquid converso cardine caeli
Nascitur, ignorans diversis partibus orbis,
Quod semper Eoo, quod pallidus horret Ibero,
Australis Libyae calidis quod nutrit arenis,
Scindit Hyperboreus nitro quod lumine noctes,
Festinat trepidans & apertas immergitur arcae.
Diluvium dictis jam praeseruisse. Denique
Auctori parere suo, & pecudes ratione carentes
Plus quam imprudentes homines intelligo valere,
Erit nil sapiunt, ergo demum fessus vitae
Provisidum ut primum clausit Deus ingreditur arcam,
Nox ruit, & subito caelum obduxere tenebrae,
Effususque cadens terras ferit aere nimbus,
Et ferit, & toto pariter defluit in orbe.
Nec satis excidio est qui nubibus effluit imber,
Antiquae laxantur aquae, jamque arbore aperto
In nubes versus caelum pluit, & referata
Defluit in lymphas mundus caelestis abyssus,
Atque novos gemilis fontes, torrentibus aquae.
Denique uno inmissarum capitum se gurgite jungit,
Quod caelum, quod terra vomit, quod nubila fundunt
Involvit mersos celeris cultoribus agros,
Implicitasque greges stabulis, cum civibus urbes,
Obruit inter aquas: populique ruunt in ruina,
Nulla manet terrarum facies: tegit omnia fluctus,
Credentesque suum perdunt & flumina cursum.
Mox etiam curtis, cultis (?) infantibus, utroque
Amnibus Oceanus, tum magna mole ruentem
Jam praecedit aquam: undique quam pergere mallet
Pellit, & in cumulum rediturum surgere cogit.
Donec contractis aliis amnibus profundo
Undique litoribus summo se circite jungit.
Flatibus, & occupasse trementem aequora terris.
Et jam ter quinis super omnia cubitus altis
Arca ferebatur (nunquam haec undosa superantur
Excessit montes) cum quadraginta dierum
Unius pluviae tempus, & mora una fuisset.
Ter quinquagenis deinde solibus arva sola
Consimilis ponti cunctis & mersura remansit.
Dum Pater Omnipotens jamdudum in carcere gravis
Conclusos miseratus, terras abscondere exuperans
Paulatim jussit pelagus, sensimque relabi:
Ne rapidus fugiens terras subrueret omnes,
Et stabulum in sedes tellus ut sicca maneret.
Denique diffuso planos dum aera verterat
Prodere se coepit patientissimus, & summa videri
Posse juga, ac planos scopulis descendere fluctus,
Cumque retinenti serasim promergere silvas
Aequore, & occultos paulatim surgere colles.
Jamque niger pateat speculator missus ab arca,
Aera repperat placidum, praedaque reperta
Non jam curabat consueta in claustra reverti:
Ergo attrita semel vitali e sede columba,
Nil referens certi, rursum dimissa reportat
Pacifera frugis parvum libamen olivae.
Tamen ad indicium hoc, magni cum laude parentis,
Claustrorum fletus, quo se gaudens revelant,
Excitat: quantos mortis cum victus acerbae
Infelices, fabricam obsessus si forte ferat
Auxilium: quantum cum judice morsa modesta
Addictum rerum vitae sententia reddit:
Quantus in ambiguum sanus cum vita recurrit
Inter lugentum lacrymas & gaudia fletus.
Postquam variarum speculatrix arva parare
Nescias, hoc ipso terris quod missa recepit
Non rediit, taedet pigras perferre latebras,
Et juvat ad caeli vernum spirare patentis,
Atque animam a claustro laxatam pascere loci:
Sed nulli claustro tunc est exire potenti,
Donec reliquias illas qui jusserat orbis
Ingrediar, jubeat sacris excedere claustris.
Celsique admonitum fida cum conjuge Noe,
Cumque domo, & natis pariter, nuribusque pudicis,
Et nova defectis iterum data rura colendi,
Cunctaque succisas servata animantia proli,
Jam captiva diu claustris animantes apertis,
Quae homini humanae opifex servavit in usus.
Quae postquam data porta, ruunt: pars aera pennis,
Pars saltus, silvasque petunt: pars devia cavernis
Infodiunt patulis: terrae pars libera campis
Exultat siccis, & prato vernat aperto.
At vero mundi fortitus regna secundi
Cuncta oculis Noe lustrans, ac mentis capaci
Accipiens, animumque valens saturare repletum,
Cuncta haurit, rapido perlustrans omnia visu,
Ut nova miretur: novo fulgentior ortu,
Et magis sol rutilus ridet: majora serena
Lata poli facies, & desperata virescunt
Fontibus arva novis: sed mihi ut vertitur longo
Ante oculos, tanta semper memoranda salus.
Inter aquas quid pertulerint, quid munere sacro
Non etiam tulerint, fremeret cum verbere saevo
Pontus, & illisas contunderet arca procellas.
Cumque suis Noe quam prompta & lata revolvit,
Si circum tumens ferrit largitio Patris.
Cogit & attonitos mirari ac volvere sensus,
Unde par esca animis toto sufficerit anno,
Quis porro: cumque hoc constat, si aeterna vitae

Suppeteret, classes, dum fluctibus arca, perire
Inter aquas potuisse fuit: nisi rector Olympi
Dextera, hominem auxilio damnoque carentem,
Sustinuisset eo quo condidit omnia nutu.
Ille animas longe perituras carcere noctis
Affecto lucis spoliante, virtute replevit.
Ille et tam frigentis possent perferre quietem,
Infudit pigri placidum torporis amorem:
Omnipotens quid enim non ejus dextera possit,
Qui gelidi rapuisse novos sub gurgitis undas
Cum visum est ardere, facit, flammasque sub ipsas
Algere invectum? & qui nunc tempore parvo
Posse perire hominem doceat mergentibus undis,
Ostendet flammis atque undis posse renasci.

LIBER TERTIUS.

TAlia mente gerens, venturaque secula cernens,
Non prius officii quidquam servatus inire
Constituit: quam sacra Deo laudesque rependat,
Gratesque evaso referat discrimine Noe.
Mox niveo sacra exurgunt altaria saxo,
Agnovitque haec prima recens altaria mundus.
Antea totus enim convexo tramite cœli
Templum mundus erat, tum demum ad sacra paratis
Affuit e gregibus septenis hostia pecudum:
Seu volucrum ex specie, mollis quas sustinet aer:
Sive ex his quae terra parit: nam septima quaeque
Aris sternuntur devota animalia sacris.
Aethereo tum mox igne demissus Olympo
Libat oblatas ad sacra altaria fertur,
Ambrosiumque Deo fragrans holocausta vaporem.
Et quamquam nostri nil muneris indiget ille
Totius mundi Dominusque Deusque: tamen
Attamen officiis venerari, & munere gaudet.
Qui lymphis tandem sic Noe effugit ademptis.
Esse parva fuit, tanto pro crimine, poenae
Ultio, vindicibus pluviis, caelumque refuso
Tot scelerum damnasse reos, scelerumque auctorem
Terrarum, magis diffuso purgasse profundo:
Non tamen adversi feriemus verbere tali
Ulterius mortale genus: quamvis mutarent
Per varium facinus, per crimina pessima rursus
Humanas mentes vitium, genusque profanum:
Non tamen interea cessabit dextera vindex,
Supplicia injustis quae reddat, praemia justis.
Vos igitur, quos vita probat justissima nobis,
Crescite, securi & foecunda prole referte
Arva, novosque greges longis diffundite terris.
Servabunt elementa vices, constitisque diebus
Sparsa seminibus reddentur debita messis.
Certus opus mundi compar, discordibus horis.
Aestas certabit hyems, ut tempora librans
Veris & autumni faciem replicabiliter annus.
Vosque (quibus regnum solidi permisimus orbis)
Tota tremet, mutumque ampli substantia mundi.
Imperium ecce damus vobis rei prorsus in omnes,
Totque latum spacium rerum: quae sponte movetur
Carnea membra quidem vestros largimur in usus,
Quamquam * interdum vobis a sanguine viri
Esse volo: quem si quisquam alterius, haud secus acris
Illum judicii plectet severitas, quam si
Hauserit humana flaidum de corde cruorem:
Quem repetam semper vindex, ademque requiram,
Ut mihi non solus pendat malesuada Supplicium, sed bruta etiam: cruor omnibus aeque
Sit sacer humanus. Verum ne posthac quisquam
Diluvium metuat, tali sit foedere tutus.
Cum levis in nubibus pendens se verterit humor,
Et nigrum cumularit aquas in concava nimbos,
Effundam radios, & pulchrum circite fumo
Arcum componam mihi solis imago recurvum,
Pingemque convexa poli, qui luce colorem
Exhibeat varium, & in aera dissipet imbres,
Ignis plus habens rutilum, & jam minus imbris:
Quod sibi venturi specimen praesentare signi
Posteritas secura putasset, ut foedere tali
Posthac diluvium credat non esse timendum.
Talibus aeternum imperiis cum conjuge Noe,
Post habitas Domino grates, laudesque rependit,
Certatim & lecta dulcique aligine laeta
Arva parat nativique simul, quem seculo aevum,
Mox robigines rastris, & semina rura marinam.
Tum vero effusis laeta dulcissima campis
Herba virens, flavas cum duravisset aristas,
Solis ob ardorem in fragem laetis gelaro
Reddit multiplicem cumulans foenore messem:
Et nova praegravido jam palmite vinea ditat
Laetarias fructus, tortaque ex arbore nectar
Parturit, & duro nascentia pocula ligno.
Forte Deo Noe celebrabat laetus honorem,
Indulgens sacris epulis, Vinumque propinans
Prima e vite novum: quo demum largius hausto,
Hinc alto gravidus somno, membrisque solutis,
Non bene composita cum veste jaceret, honesque
Prostratum, spectanda daret genitalia nudis
Membra suis, cui tibi Cham teterrima risum
Movit origo tui, nec jam peccasse sat uni
Esse tibi credens, fratres aspergere culpae
Contendis maculare tuae: sententia multo
Quem melior, melioque animos, detecta parentis
Obsecta docuit celare virilia palla:
Nam patrium aversis manibus texere pudorem
Sem simul atque Japhet, tali dignissima patre
Pignora, quem ideo fratris dedit esse minoris
Jure pater dominum, famuli vineaque solutus.
Qui mox naturam evigilans humilasse facerem,
Et Cham demeritum tali mercede rependit.
Cham tu, inquit, maledictus eris, servusque nutrem
Aeternum sata ventura in secula fratrum.
Sem vero benedictus eris, fratremque minorem
Participem secum communi sede honorem
Efficiet, quorum late possessio currat.
Haec laeta senior, cum jam decurreret aetas
Mille minus decies quinque, in pace quievit.
Interea Domini dum sancta in lege vigeret
Posteritas, multis jamque aucta nepotibus & in
Caelorum ac terrae Domino connexuerat ea:
Tota sanctis hominum parebant omnia jussis,
Terra gravis, liquidum pelagus, vegetabilis aer.
Non opus arte illi, caelesti namque magistro
Omnia discebant: sed postquam in crimina mundus
Exiit, & lucem virtus sese abdidit imis,
Perfidia insignes hoc amore damnata propago,
Oblitamque Dei plures effingere divos
Non puduit: tanti est supremi oblivio Patris.
Tum gravis invenitur habitare capacem
Frontis materiam non passus, consilia maligno
Subdedit arbitrio, quo latiora inducerent orbe,
Suaderentque Deum vel jam non esse, vel ista

In-

Inferiora hujus contemnere moenia mundi.
Ergo ut hominum cunctis, avaraque rerum
Quae Dominus fuerat par assignare supremus:
Assignare vagis persensit fatalibus astris,
Atque avium spectare situs, mortesque volantum,
Et studio ingenti magicae scelus impulit artis,
Et plures orare Deos, idolaque mota
Aut magicis idolis insitantem numen, in ipsis
Sanxit adorari, multo magis digna adori.
Inque nefanda prior descendit crimina Nimroth,
Impietatis apex Cham servo e semine natus,
Mole & mente Gigas, Babylonis regna gubernans.
Persarum hic animos capiens, venator iniquus,
A veris Domini sacris traducit ad ignem.
Nec modo jam aquae cupidis, hac arte sagaci
Ille caput scelerum, mundi infestissimus hostis,
Illusit curis hominum, sed moribus ipsis
Irruit, & fontes pravitas descendit in omnes,
Mox & in affectus: nam cum patri unica proles
Spem generis letho ferum traxisset acerbo,
Infelix Nimroth lacrymas noctesque diesque
Continuans, lateique trahens clangore querelas
Dum ferit, & raptum quaerit per singula natum:
Effecta natum solatur imagine luctum,
Et Pario effectam filii de marmore formam
Credidit infelix incluso vivere sensu,
Et questus audire suos: mox inde dicatis
Erectisque aris divinos addit honores,
Inque loco jubet esse Dei: tum protinus omnes
Amplexae gentes scelus hoc, crimenque sequentes,
Pro diis quemque suis charos habuere parentes,
Post etiam famuli reges in honore locarunt,
Diversosque Deos, quorum sub nomine mendax
Graecia, dum variis falsa insistere laborat,
Addidit obscuras vanis erroribus umbras,
Et celsos tumulos atque indita nomina bustis.
Donec per species sese deformia cuncta
Proderet, & rebus minimis membrisque pudendis
Nomen inane Dei mundo ridente daretur.
Talibus errorum salebris famosus daretur,
Ambigua inventor orbi responsa ciebat:
Usus ad insidias aut igni aut fonte calenti,
Aut terra ex antris ventum spirante loquentem,
Et falsum vani sibi numen Apollinis indunt.
Talibus a Domino gentes trax ille remotum
Captabat loquens quo daemon cuique volebat:
Tanti est a sancto Domini discedere cultu.
At vero egressi unde semen, redeuntes ad illam
Majorem seriem, quae passim aucta per annos,
Usque adeo increvit, quod mox Oriente relicto,
Inde novas alibi compulsi quaerere sedes,
In campum (Sennaar veteres dixere) patentem
Pervenerunt: cumque his etiam discedere terris
Cogitur, in varias partes spargenda juventus,
Coepit in haec moestas tristissima verba querelas:
Heu quam non certos vitae status ordine coepto
Fert homines! quantumque ignarus vel prospera fallunt
Per varios casus? quam vani somnia petit
Tendit in adversum! jam nos (si dicere fas est)
Quod spernit patrum precibus venerata superum
Crevit turba, piget: spargenda est quippe per orbem
Exilio cumulata manus, porroque longe
Finibus a patriis: non ergo sceleris tandem
Longa propago defessa, laboreque membra,
Ignari dulcem possint cumulanda sepulcris!
Nec saltem nostri cumulis claudantur avitis!
Nullaque erit nostri post mortem fama superstes?
Quare agite o juvenes, dum vires turba ministrat,
Quae vobis superest, quo semen nesciat aliam,
Egregiam cunctis famam dimittite saeclis.
Urbem condamus, cujus sub moenia turrem
Usque attollamus, donec pingentia caelum
Sidera & nocti convexa attingat Olympi,
Nescia posteritas ut nos hinc orbe relicto
In caelum migrasse putet: sic mota juventus
Consensere manus, & quidquid monte reciso
Dejicit, ac dentatae fixum de viscere terrae
Constringere igni lateres, operisque furori
Materiam proprio molem debere labori:
Hanc inter stratam sic tortis utrimque bitumen,
Ut solidas densaret circumdans moenia cautes.
Mox turris properata subit, mox vertice nubes
Transilit, ac fruitur caeli propiore sereno.
Tum Pater omnipotens caelesti voce senatum
Congregat angelicum, turbaeque insana superbae
Facta stupens, istaec regni consortibus infit:
En terrena phalanx quae jam temeraria pergit,
Cernitis, & quantos imprudens tendit in ausus:
Mortali quae structa manu contingere celsos
Credit posse polos, & ad aethera ducere nostrum.
Nemo etenim indutus terreno corpore, caelum
Ascendit, nisi qui caelo descenderit alto.
Sed quia gens una est, eadem quoque forma loquendi,
In componenda persistent turre. nec ante
Desistent, quam structa opus consensu coeptum
Finierit: tanta est humanae insania mentis.
Ergo agite (ut vestrum meriti, quod posse negatum est)
Jam decernamus, temerariasque corda superbo
Confusa, variis turbemus vocibus ora.
Ut quod peccarunt concordia crimine mentis,
Confusa damnet melior discordia linguae.
Dixit, & intentos operi, molemque levantes
Mentibus attonitis, subjecta oblivio priorem
Irruit, & ignotas subit imperfectio linguas.
Incoeptum operis studio cessante magistri
Consilium faciunt, sed verbum nemo resolvit,
Non intellectus; quod si quis cantat, inane
Sibilat, aut rapti fremitu sermonis anhelat.
Sic vanum prava susceptum mente laborem
Destituit frustrata manus: jam tecta propinquum,
Nemo patrem sequitur: quem quisque intelligit, addit
Agglomeratque sibi, sociumque adjungere curat.
Denique parte divisa hujus cognatio gentis,
Genera linguae facit: spargentur classibus aequis,
Diductaque petunt vario sub sidere terras.
Haud aliter volucres campi per mollia plana,
Quas gregibus mixtis errare & quaerere victum
Persuasit longa dies, cum nocte propinqua
Frondea tecta petunt, eumque cum grege turba
Vulgus quemque suum sequitur, rapidoque volatu
Miscentur, similis quos duxerat aut color aut vox:
Sic tunc in partes populus se diffecat unus,
Ut species sit quaeque gerens, longeque remotis
Consistens terris, atque urbes gentibus implent.
Nec tamen hoc facti (cum sit sua gloria naturae)
Mysterio est vacuum: nam quamvis alto jussu
Hoc fuerit, quam non attigit reverentia caeli,
Quae sedes propria est mundi, terraeque parentis,
Ut nec se agnoscant, verba inconsulta loquentes:
Attamen id credam quod rupto hoc foedere cautum est,
Ne, quam patrarant scelerati persuasio culpam,
Consensum aliquando rursus contingeret omnes,

Et

Et fierent communes nobis: ne gentibus [illegible],
Et rabidis populis mors accensura furore
Bellum illis civile ferret: sic profuit illis.
Inque hominum versa est prima distractio linguam,
Quamquam non prorsum labiis Hebraea loquendi
Consuetudo fuit: cum tunc permanserit oris
Hebraei sonitus, sermoque antiquus, in illis
Qui culpae expertes, pars non ingressa furentes
Naturam quam Deus genuit, custodia justi
Quem tenuit, Dominique etiam reverentia rexit.
Sed postquam tanto dementia percita mundo,
(Ut tacitam magici sceleris [illegible])
In truncos & saxa etiam denique metalli
Arte cavas species, & cassas sine figuras,
Impegit mortale genus, mansitque sepultis
Interitus fragili, terraeque addictus amori,
Convolvitque simul foedo contagio labis,
Non secus Aethiopum fervoribus excita terris
Nubila morborum, corrupto crassior caeli
Dum currunt, quisquis percussum fulmine lethi
Ingemuit, simul ipse ruit, quicumque cadentem
Conspexit cecidit, congestisque funere passim
Dira lues stravit, campisque reliquit inanes;
Sic tunc principii complentes mole furoris,
Ne nihil infectum non diviserat orbe,
Comprendit [illegible], quem jam dimiserat error.
Donec Chaldaei generis, de semine Thare,
Vir justus, mentemque Dei, cum stirpe [illegible]
Urbem aliam, nomenque novum, sedemque requirens,
Mansit in Assyriis demum novus accola Carran.
Qui quadraginta lustris ubi vixit, & unum,
Infestam hanc vitam felici morte redemit.
Huic, meritis patrum & sanctis virtutibus aequans
Aut longe superans, successit filius Abram,
Vir caelo dignus, nam primo a limine vitae,
Verum mente Deum venerans, gentilia vana
Aversatus erat, quem postquam morte parentis
Jussa sequi jam posse Deus, sine fraude [illegible],
His Dominus famulum monitis dignatus adire est.
Quandoquidem toto te solum invenimus orbe
Quem sincera fides juvat & reverentia nostri;
Linque prorsus sedes patrias, terrasque [illegible],
Pollutamque domum: cognatio tota prophana est,
Et fugienda tibi: terra nascentis te agros
Me duce pervenies: ne sis pax gentis iniquae,
Qui sanctae caput esse potes, tum sacra dicabo
Quae maneant benedicta tibi, nomenque per omnes
Magnificum reddam populos, bona cuncta rependam.
Et benedictus erit, tibi qui benedixerit; atque
Qui maledicta tibi convictaque ingerat, ille
Confestim maledictus erit, benedictio per te
Spargetur tribubus cunctis, aevoque futuro.
Dixit, & imperiis monitum quae parent suis,
Promissisque piis credens; mora nulla repente
Dicto intercedit Domini, sed protinus Abram
Cum gregibus variis generis, famulisque paternis,
Conjuge cum fida, chari cum pignore fratris,
(Cui Loth nomen erat) digressus, limite recto
Ignotum sibi carpit iter: mollissima terrae
Praebent arva vias, blandaeque leventibus auris
Arridens, nullis turbatur nimbibus aer,
In Chanaam terras, & regna uberrima Sichem
Donec pervenient, didicit, sobolique suaeque
Ista in fortem imperii cessura ferri.
Unde Deo supplex devotus construit aras,
Et veterem servantem, colitur novus, augit honorem.

Inde petit Bethelem, sedes quae justa beati
Hospitiis servata viri, conditaque superbis
Excessit montium terras, quandoque levando
Post caelum memoranda loco, cum sede superna
Dignabor ista Deus, qua pignora longa salutis
Exutam mundo tantum mirante paravit
Exciperet, vila est, hominumque remittenet astris.
Hic quoque solemnem Abram pater extruit aram,
Et linquenda novis habitacula ponit in arvis.
Namque famem racione sedens mutare cunctis
Castra movet, totamque domum, famulosque gregesque
Secum agit, & rebus communis jussa sequentem
Intrat in Aegyptum, & Sarai appellare sororem
Mavult quam uxorem, ne barbara gentem fundi
Hospitio in eadem simulet furata libido.
Unde & mox Pharao radiantis imagine formae
Ictus incandescit, thalamosque & foedera vana
Lege parat: longum istud connubia in annum
Duxisset, ni longe aliter dispensaret ille
Auctor conjugii, cui cum nimium ista placerent,
Ecce pavor regi mortis formidine mixtus
Ingruit, & subitos quatit impacta corde tumultus,
Exterrentque animos niger horror, & implicat artus;
Ut rea sacrilega gravis tam tristia vota
Sentiret damnasse Deum, qui tale profecto
Consilium infaustis famulis, ut barbarus hostis
Esse virum Sarai scieret agnosceret Abram:
Cum foret expertus, quam non impune prophanam
Apparuit ferre, quam nec videre liceret.
Sponsa igitur, nulla violatam labe, marito
Reddit, & hospitii cumulatam fruge remittit
In Sichem, Bethelemque sedes: quo deinde recepti
Cum gregibusque domusque pater, cum conjuge fidum
Exercent campos, & pinguia pabula late
Immensis carpunt gregibus: dum jurgia crebra
pastores patrui inter atque nepotis,
[illegible] satisfaceret cupientibus arva dederunt
Armentis angusta nimis, placidissimus ergo
Abram justitiae atque observantissimus aequi,
Quo dicione liceret, & jurgia tollat avara,
Ut natu major, concessa dividit agros:
Jordanem eligit, qua dulcibus undique sulcis
Rura maritat aquis, ripisque umbrantibus latae
Labitur, & terram latius fordidam amoenat.
Ergo quo fugiat pastorum jurgia, ab Abram
Declinans, juxta Sodomae Loth migrat in agros.
Cum Deus hac Abram mentis ope pulsaret frementem,
Ne contristeris, ait, fratris quod prole relictus
Nunc solus videare tibi: innumerabile vulgus
Tu mihi solus eris, populique idem auctor amici.
Suspice quadrifidi partes intentus ad orbes,
Inspice eurum austrumque versus, septemque triones,
Qua sol exoritur, qua vespere conditur unda;
Haec tibi terras, prolique tuae, populisque futuris
Concedam, aeternaque illis habitanda per aevum;
Quaeris te etiam terris longe lateque fruaris.
Surge, & quae pateant gressu prius hospite lustra.
Haec ait: ille libens paret, sedemque relinquens
Emigrat, Chebronque subit, subque ilice nigra
Ad Mambre quercetis pater connubia figit;
Hic quoque solemnem Domino struit ut colat aram.
Interea magnum circum turbante tumultu
Hostis adest avidus, variisque undique referta
Sollicitat tellus, campis illisa resultat
Ungula, & effusis errat populator habenis,
Adversum Sodomae pinguissima pabula gentis.

Loth

Loth vero pariter cum rege [illegible] captis,
Et plenas [illegible] regum facie arma [illegible],
[illegible] equites [illegible] trahunt; [illegible] agmen,
Confligunt acies pariter, sternuntque caduntque.
Sed [illegible] fundens [illegible] juvenum,
Ut rursum [illegible] clamor in iras,
Vertunt terga metu: rapido pars [illegible] cursu,
Pars montem silvasque petunt, pars septa caterva
Porrigit ignavas ad tristia vincula palmas.
Ut vero [illegible] captum Loth audiit Abram,
Non flens (quid enim fletus conferret inanis?)
Sed virtute parat fratri succurrere capto.
Instructus igitur [illegible] delegit quod
De grege, bisque novem [illegible], quem sacra parentum
Insequitur [illegible], quos tendere [illegible]
[illegible] gravis: [illegible] de nostra [illegible]
Corpora (confusa [illegible] per sanguinis [illegible]
Irrigat, & [illegible] dulcis super alligat artus)
Aggreditur, nil [illegible] sibi tale [illegible];
Ut cum jejuni [illegible] valens leonis,
In [illegible] late [illegible] sopita valeret,
Et dorsum [illegible], cupidaque [illegible]
Ira famem [illegible], dum certa doloris acerbi
Jamque ovium [illegible] ultima caulas.
Haud secus ille ducem somno vinoque sepultum,
Semisomnesque [illegible] populos, regesque trucidat,
Sic [illegible] ut [illegible] confundat castra in [illegible].
Nemo gradum [illegible], nisi quem mors deserit & vox,
Nemo [illegible] cadit, nisi quem mors excitat, audit.
[illegible] cuncta [illegible]: [illegible]
Tellus [illegible], [illegible] cruore
Lubrica [illegible] vestigia campo.
Nec tamen [illegible] gladiis occurrit apertis,
Servantur [illegible]: [illegible] est moderatio justi
Victoris, [illegible] fuga turpis, & agros
Usque Damascenos [illegible] sequuta est.
At Victor tanti nil contra laude triumphi,
Inter equos, [illegible] greges, [illegible]
Aut captivam, [illegible] (avido quae [illegible] victus
Victorisque [illegible]) nil prorsus concupit horum
Magnificus: sed enim tanta inter [illegible],
Et varios [illegible] sub [illegible] casus,
Omnem [illegible] praedam, & [illegible] belli
Diruptis [illegible] populis, regique reservat;
Non sibi se [illegible], decimam tamen offert
Hostibus [illegible], quae rapta est hostibus, praedae:
Melchisedech vinumque & panem ab caede reverso
Obtulerat, [illegible] ille Salem, qui munere caeli
Mystica praemisit summi libamina Christi:
Cujus de manibus sanctum Ecclesia corpus
Vivificum panem, caelesti pasta cruore est.
At vero hostili [illegible] e funere laetum,
[illegible] urbis [illegible] salutant Abram.
Quod equidem audis cupidum [illegible] praeda [illegible]
Illecebris, [illegible] fidei, [illegible] laborem
Magnum plena tibi est, [illegible] & tua cuncta [illegible]
Haeredi servanda tuo, quem germine sero
Progenitum, [illegible]
Nil est quod [illegible]: [illegible] ille [illegible]
Ut [illegible], ipse tuo [illegible] de semine [illegible],
Accumulat [illegible] patriae [illegible],
Suspice, [illegible] quem [illegible].
Picta [illegible]: quantis congesta [illegible]
Sidera [illegible], [illegible] quae objecta [illegible]:
Semini hoc [illegible] habet, stirpique futura
Multiplicis [illegible]. Sic [illegible], [illegible]: at ille

Credidit, & [illegible] fidei [illegible] sola
Plenum ad justitiae & meriti [illegible] est.
Atque [illegible] Abram tanta mercede [illegible],
Quanti sit meriti divino credere Verbo.
[illegible] contra [illegible] non credere: [illegible] ut
Credidit, hac [illegible] divina voce [illegible]
Solari, Omnipotens dum verbis incipit istis.
Ille ego sum Deus ac Dominus, qui teque tuosque
Chaldaea de gente [illegible], [illegible] paternis
Exceptum [illegible], terra meliore locavi:
Ut de te [illegible] populus [illegible] arva beata
Incolat, & [illegible] longe lateque propaget,
Gentibus expulsis, quas [illegible] errore parentum
Sacrilegos ritus [illegible] propinant:
Quod [illegible] quia credere differs,
Trimam [illegible] mihi torva jam fronte juvencam,
Cum qua par annis [illegible] grege lecta capella,
Aequaevusque aries nostro [illegible] honori,
Casta quoque [illegible] turtur conjuncta columbae.
At vero volucrem non [illegible] hostia ferrum,
Tantum inter medias [illegible] cura:
Quas sic [illegible] armis,
Ut membris [illegible] membra.
Dixit, at ille Dei [illegible] servare [illegible]
Assuetus, [illegible] properat mandata [illegible]:
Sed cum dispositam, quo jusserat ordine, terra
Stravisset [illegible], [illegible] aura
Importunarum [illegible] volucrum,
Quae [illegible] violarent [illegible],
Undique sollicitus cavet, & circumspicit Abram.
Sed cum opere [illegible] tanto, nec sole cadente,
Vincerent [illegible] cepit:
Ecce niger terror, tremor horridus, & super [illegible]
Nescia [illegible], [illegible].
Credo, videbatur [illegible] sibi cernere Nilum
Hebraea gravis populo, [illegible],
[illegible] turbas:
Inde [illegible], [illegible] castra [illegible],
Transmissum pelagus sicco pede, [illegible]
Agmina, [illegible] cum classe sequentum,
Ereptosque [illegible] Hebraeos, [illegible] beata
Regna Palaestinae populo [illegible].
Talibus [illegible] non defuit [illegible]
Interpres: [illegible],
Inquit, [illegible] per saecula quaeret agris
Niliaci [illegible] dira tyranni
Imperia: at cum [illegible] peregrina expleverit annos,
Servitio [illegible] iniquum:
Et [illegible], blando quae gurgite cingunt
Nilus & Euphrates: sed cum [illegible]
Gentis Amorrhaeae, [illegible] regna [illegible],
Expleverit [illegible] scelerum, [illegible] paternis
Sedibus expulsi [illegible]: [illegible]
Longaevo [illegible] vitae,
Plurima [illegible] cum pace & [illegible]
Ad sanctos [illegible]. Sic fatus, & alto
Cum jam [illegible] terris [illegible] umbra,
Signum e [illegible]: [illegible] illic
Apparet clibanus, [illegible] igniti videtur:
Toto [illegible], [illegible] paratum,
Praecipiti cursu [illegible].
Interea [illegible] futurus,
[illegible] patris [illegible] Abram: casta sed uxor
Abrae [illegible], quod [illegible]
Jamque [illegible] sibi [illegible]: sed dulce mariti
Pignus, [illegible] in [illegible],

Ess

Esse suam credens, famulam (cui junior aetas,
Agar nomen erat, tellus Nilotica origo)
Subrogat in thalamum, precibusque aggressa maritum
Servili semen concredere [illegible] alvo.
Proh servile nefas, ut primum vivere sensit
Agar ventris onus, sese [illegible] superba,
Despexit dominam, & dominam, cui maxima [illegible]
Debebat, confusamque sui [illegible] remoris.
Recte igitur [illegible] hanc vir justissimus Abram
Conjugis addixit: quorum magis ausa pudore
In deserta procul [illegible] lustra ferarum
Abditur [illegible], quam exul nec [illegible] cessat,
Sed rursum obsequio privam, quod debuit, illam
Contemnit, quam [illegible] potest, [illegible] pericla
Deserti perferre viae: at missus Olympo
Angelus occurrit, [illegible] ad pristina jura
Restituat miseri dominae, blandoque [illegible]
Hortatu, [illegible] [illegible] spatare reversam,
Et nomen nati docuit, [illegible] [illegible],
Innumerosque greges tali de stirpe futuros.
Quo majore redit voto jam certa futuri,
Et parto dominam servit prior ipsa parentem.
Cum jam decursi spatiis felicibus aevi
Supra octoginta bis ternos clauderet annos,
Ad quos bisdenos cum justus & insuper unum
Adderet aestates: [illegible] rursum Pater almus
Alloquio dignatur adit, jussitque [illegible]
Ducere [illegible]: simul & promissa revolvit,
Et quam [illegible] expectet: tum corpore prono
Abram suppliciter Dominum prostratus adorat.
A quo mox audit firmata voce, futurum
Se patrem [illegible] gentis, largaque parentis,
Et cujus veniant etiam de semine reges.
Hoc tamen a reliquis jussus discernere signo
Hebraeam gentem populis, ut semper rescissa
Carne separatam se [illegible], & omnem
Masculini sexus [illegible] atque futuram
Progeniem: jussos pueros a matre recentes
Atque rudes vitae, dum sensu ignara dolendi est,
Praeputio exuto, octava luce secare.
Quod qui cum [illegible] contemnere [illegible]
Auderet, cessans legi inservire [illegible],
Exhaeres fieret regni, vitaque careret.
At simul ut vero sibi crederet argumento,
Venturam aliquando suo de semine gentem
Innumeram, nomen Dominus commutat utrique:
Non Sarai tibi, ait, sed Sarra vocabitur uxor:
Et tu non Abram, sed nomine clarior aucto
Venturae Abraham posthac vocitabere genti.
Quod conjunxque ideo tibi nunc [illegible] vera est,
Promissi quoniam (nihil est re certius ista)
Mater erit generis, eaque annorum [illegible]
Esse parem faciet, quamvis ridenda [illegible]
Virtutis promissa meae: nec vestra senectus
Impediet, quia divini sententia juris
Aeternum semper manet stabilita per annos.
Sed tamen ignoscam dubiis, puerique futuro
Imponam nomen, quod culpam hanc arguat, Isac:
Qui nostri indubie servans [illegible] pacti
Haeres certus erit, cuncta cum stirpe futurum.
Nec tamen Ismael, Agar de semine natum,
Expers doni erit: nostro nam munere [illegible]
Mille multa virum de se ventura propago,
Bissenis pariter ducibus regnanda crescit.
Dixit: at ille avidus pactum accelerare [illegible],
Jam centum [illegible] annos jam [illegible] nato,
Se primum [illegible] ferro, [illegible] [illegible]
Ac famulos omnes, quo jussum est, stigmate signat;
Et populum [illegible] esse novum, [illegible] [illegible],
Una [illegible] via, tanta est devotio, legem
Accipiunt, [illegible] [illegible]. quid non mora [illegible]
Tam praesens [illegible] [illegible] nam non timuit illud,
Sed sincerus amor, [illegible] [illegible] justi est
Qualibet imperium placide sic vertere [illegible].
Unde Deum sibi [illegible]: [illegible] [illegible] [illegible]
Audiri [illegible], [illegible] post tale ministri
Jam pariter [illegible]: cumque [illegible] justa
Ulterius [illegible], mortalem non tamen ille
Respexit aspectu, non cum [illegible] pararet
[illegible] terrarum, [illegible] [illegible] [illegible]:
Aut verum, aut qualem [illegible] se posse videri,
Et nomen [illegible] Abraham [illegible] ipsi.
Illi namque domi [illegible] in convalle sedenti,
Tres subito apparent augusta luce micantes.
Abraham [illegible] [illegible] imagine visus
Procurrit, Dominumque solo prostratus adorat,
Trisque etiam supplex formas venerator in unam:
Quis ut [illegible] pro liceat servire, precatur,
Et refici, in medios [illegible] [illegible] lavis,
Non dedignentur [illegible] [illegible].
Usque adeo visus inter sensusque vigentes
Errabat dubitans, hominis [illegible] an esset,
Quem [illegible] esse Deum: tamen annuit ille,
Officiumque pii non aspernatus alumni,
Oblatosque cibos, [illegible] sacravit amicos.
Ut vero ablatis epulis mensisque [illegible],
Hospitibus visum est illinc discedere, tum non
Inde [illegible] gressus, lateri [illegible]
Haesit [illegible], tristique [illegible] pavore
Pectora, & [illegible] venerabilis attrahit horror.
Quippe videt vultus tacitos, visusque severos
In Sodomam Dominum juncta [illegible],
Pacis & [illegible] [illegible], iraeque ministros.
Et cum cognosset tanta quid mole pararet,
Arcanum pandente Deo [illegible] decreta,
Ulterior audax Dominum [illegible], ne perderet urbem
Erratis populi per crimina cuncta [illegible],
Si quinquaginta [illegible] [illegible] piorum
[illegible] [illegible], [illegible] ipsi diceret: illis,
Si [illegible] talem invenio, mihi parcere certum est.
Quid si quinque minus fuerint? [illegible]. Et, quid
Si quadraginta soli? quid si minus illo
Forte decem numero: quid si hic quinque [illegible]
Invenies? [illegible] & tu [illegible] Deus optime parces!
Cumque etiam [illegible] se velle ignoscere tali
Dixisset, famulum in medio sermone reliquit,
Tendentem ulterius, seque in sua regna recepit.
Dimissi interea cives e sede superna
Angelici in Sodomae muros, Loth forte sedentem
Ante fores urbis, jam tenebris sole propinquo,
Inveniunt: qui cum miro splendore videret
Angelicos radiare viros, descendere summo
E caelo ratus, in terram prostratus adorat,
Invitatque domum, mediamque avertere [illegible]
Evincit precibus, simul & convivere suadet,
Innocuosque cibos & pocula parca ministrat.
Dumque [illegible] [illegible] [illegible] indulgere pararent,
Ecce sub [illegible] [illegible], [illegible] [illegible],
Foeda manus vulgi, si sua dixisse, virilis
Prolis, & juvenum [illegible] puerique senesque
Ignibus ardentes: Lothque ut sibi tradat [illegible]
Hospitibus, cogunt: quid non vesana libido

Ausit?

Ausa? at ille, vultum populi mollire furentis
Infandi, natas, quibus ultima manebat
Virginitas, offert quodcumque oppeteris in usus.
Ast effrena cohors, in deteriora profundi
Lapsa mali, vitio ipso intumescere solveri
Vile putat, nisi se semet etiam impleret: ergo
Infandumque parat facinus, Loth opprimit: & jam
Vi tantum aptant, quam quae virtute repulit
Hospitem volunt; cum pandunt hospes utrumque
Angelicam cuncti monstrato corpore vires,
A populoque lumen caecato mentis ferentes
Loth revocantque, hospes ipsis dextra latebris receperunt
Pandenda hortantur confestim abscedere terra.
Qui sint, quid veniant, & quae praecepta ferantur
Illos explere volens, nil jam fervore paventi
Dissimulant: & ab hac se clade evadere salvum
Posse, domumque suam dicunt, generosque suosque
Colligere assumens, & secum abducere mandant.
Ast illos simili cum vulgo crimine tactos
Involvit similis sententia, sive tenuerit
Credere dum nolunt, quamquam quod credere nolunt
Non est, at multum mirum, abscedere cum Loth
Id quoque ridiculum quod consulere poterat:
Quem tamen pigrosque moras suas sine trahentem,
Hospes utrumque videns, manibus cum conjuge raptum,
Virginibusque suis propere extra moenia ducit,
Et celerare jubet, montemque evadere in altum.
Tali lege data, ne caelesti igne flagrantes
Post se respiciat quisquam male cautus in urbes.
Loth vero metuens, montem ne tardus altos
Aggressum, velox caeli praeverteret ira:
Ipse suique lacrimis petiit, secura recessus
Antra sui, lacrimas cum fletibus ingerens,
Concessumque sibi demum speciale salutis
Pluribus impertit, civitatemque a monte fecit.
Et jam non solitus caput abducentia solum,
A patria virtute Deus missurus, consilio
Nubila dominatur nebulae: sed quas rotat Aetna,
Quas vomit Inarime, cujusque Aponus in ventribus undis
Exhalat, quem vicinus concussa Vesevo
Erutus tollet, Lycia quas sera Chimaera
Ore, sine vasto trium formatis anhelat:
Et quaecumque loco fallentis sulfura volens
Spiritus inclusus tenens, angusto tramite fusus,
Effluit in lucem, coque relinquit vaporem.
Non quod non posset pluvias quoque vertere in ignem,
Tantum de nihilo potuit qui condere mundum:
Sed majore ignem judex damnare parare
Maluit, quam miserum orbis notaverat ullus
Ponit in exemplum: unde durum clementia minatur,
Concurrentique mutante globo, stipataque flato
Quoque suo, cursum flammarum pabula in omnem
Corpus, & infundunt terrae urbesque sequuntur
Sulfurei infusio segit curvata metalli:
Quam citus & vivus angusto tramite sentem
Spiritus incessum, tanto crepitare fragore
Compulit, & crebro tonitru agitante cerebro
Conterruere animum, quisquis spectacula cernunt
Talia, quiconque Loth, sua, miserabilis uxor,
Sive metu sugefacta mortis, seu flexa cupido
Illa fuit, veterum contra contingere passum
Femineis innata viciis, quae denique cunctis
Causa fuit: Sodomum respexit in pesso reversum,
Confessum poenas violata lege subivit,
In statuam conversa salis, spatioque loco,
Sic animam infelix cum corpore perdidit omni,

Ut quidam narrant forma remanente cadaver.
Ocyus inde Segor, jussum prohibente timore,
Horrisonoque malo stupidus, non impedit Loth.
Tum sol exoritur tum ferventior igne,
Iterum fulgore micans, radiosque severos
Dirigit in Sodomam: qui postquam lumine de gente
Involvere suis, tetisque sulfura, summum
Sursum praecipitant ignem, siccaque ligna
Dispersum sua stillant incendia tecta,
Fulmineus desuper praeceps cadit aere nimbus,
Involvitque urbes, & tota sevit in agris,
Ac misso stridens demum, vicinique querelas
Flumina tempestas, quae postquam pabula terris
Repperit immensa, ipsisque infudit arenis:
Erigit incensam conjunctis fomite motam
Ignes, & a terris adcedunt in sidera flammae,
In cineres donec cunctis solidisque relabens
Transeat, ac penitus maris solvantur arenae.
Depressisque cavae contempto cespite campis
Pandunt arva sinus, vanisque effusa aperta
Confestim vires qui terrae stringerent humor
Privatum pigris pelagus, quidnam esse putemus,
Quod rapidus lacus est, mira virtute referens,
Qui fuit ante rogus? sic omnipotentia summi
Judicis in gelidas ignem convertere lymphas,
Ac rursum lymphas ardentem posse in ignem:
Nec tamen hic occulta vacant mysteria, nam quod
Unde hic sunt, ubi flamma fuit, quod flammam missus
Desuper extinxit lymphis: fortasse notabat
Luxuriae calidum ignem, fomentaque prisci
Peccati contracta patris, caelestibus undis
Extinctum quandoque iri: proque ignibus acris
Justitiae, quibus illa olim lex dura rigebat,
Salvificis purgatum iri, & lustralibus undis.

E J U S D E M.

De perversis suae aetatis moribus Epistola
Ad Salomonem Abbatem.

SI Domini templum supplex orator adiisti,
Immo & Custodem templi, populique magistrum,
Quem tu sublimem templi, ut Christi altaria cernis:
Sed si collatis juvat indulgere loquelis,
Hic habites mecum ille hospes, nam visitata Thebaeo,
Cui fratrum ad requiem frondosis viris in antro
Herbida cespitibus sunt strata sedilia vivis.
Dic igitur, Salomon, quae rerum nunc tibi cura est?
Quis patriae status est? quid te delectat in illa?
Nemque agris, opibusque hominum, terrisque colendis
Nunc primam illasae turbam finire vitae
Barbarum inveniunt: nec longa ad saecula vitae,
Constructae praesens solido de marmore villae,
Abscerpantque omnes vana in praesentia rapae.
At vero interior pectus, hodiemque profundum
Olim nos duris tubarum cade fatigat;
Servas & tanto, quanto est acceptius hostis?
Et tamen (heu) siquid vastavit Sarmata, siquid
Vandalus incendit, veloxque abduxit Alanus,
Ambiguis spebus licet & tenuibus agris,
Conamur quondam in speciem reparare priorum.
Illa autem nostro quae sunt amissa periclo
Negligimus, longaque sine squallescere tetris
Ignavi patimur, subjectaque culta ruinis

Dum licet, & medicis precanti gratia [illegible],
Et prius est vitium purgare, abscindere sentes,
Ossibus convulsis ac stratum removere [illegible]:
Quam lectos campos animae, & praecordia cordis
Excolere, & [illegible] [illegible] [illegible] [illegible].
Nil hostis, nil dira fames, nil denique morbi
Egerunt: saevus qui nunc furor, ubique pericla
Tractari nimio [illegible] reddunt [illegible],
Sub vitiis nullo culparum fine [illegible].
Nil sanctum est nobis nisi quaestus: & aliud honestum est,
Utile quod fuerit: vitiisque vocabula recti
Indimus, & parci cognomen sumit avarus.
At qui & confessi vitiis, & crimina aperte,
Non potuere suas virtutis imagine fraudes
Obtegere, occultas fecerunt vulnere plagas,
Quas terrena [illegible] sapientia, nescia veri.
Quosdam infelices qui decipit, incitat error,
Dum causas inquirunt rerum, astrorumque meatus,
Quae sit forma poli, cur longo flumina cursu
Non pereant, latum [illegible] quae lumine [illegible]:
Quoque loco terram [illegible] [illegible], [illegible] [illegible],
Scire volunt (haec grandis [illegible]) & [illegible] videntur.
Ista quidem, Salmon, sunt nostri criminis [illegible].
Sed levis est vestra virorum [illegible] in urbe,
Si non feminei magis exarsere furores.
Ante diem, Salmon, [illegible] non [illegible] [illegible],
Quam [illegible] [illegible] [illegible] [illegible] turba,
Quae cum lege Dei vivant sub lege virorum,
Proh pudor! haud unquam sine nostro crimine peccant.
Nam nisi deliciis faciles traduxerat annos,
Haud illas vitiis vellemus vivere nostra:
Nec rigidas auro vestes, nec vellera Serum,
Nec lapides toto quos fert mercator ab orbe,
Funderent pretio [illegible] suspiria [illegible].
Inspicere ut varias, non est pudor, addere curas,
Si gravis [illegible] procedit Lesbia gemmis,
Et decies Passina novo radiavit in ostro:
Consilium ornatum sibi quaeque [illegible] eundem.
Ergo quod variis studeant [illegible] fucis,
Atque viris alios aliosque opponere vultus,
Nonne haec culpa viri est? quid agunt in corpore casto
Cerussa & minium, [illegible] venena colorum?
Mentis honor, [illegible] decus sunt vincula sancti
Conjugii: si forma placet, venientibus annis
Cedit amor: sola est, [illegible] quae nescit, honestas.
Nam quod perpetuos discursibus omnia [illegible],
Quod palpant, quod multa gerunt, quod multa loquuntur,
Non virtus [illegible] est: Paula & Salomone relictis,
Quod Maro cantatur Phoenissa, & Naso Corinna,
Quod plausus accipiunt lyra Flacci, nec scena Terenti,
Nos, [illegible] causa sumus: nos turpiter illis
Nutrimenta damus flammis: culpamus earumque?
Nam velut acceptas referunt specula optima formas,
Sic exempla virum uxores accepta sequuntur.
Sed cur infelix in culpa est femina tantum,
Cum placeant studiis eadem vitiosa marito?
Unus utrique hostis diffuso turbine saevit,
Nec mirum est vinci belli terrore solutos.
Quod si correcti [illegible] [illegible], & arcis
Libera moenia nobis Christo pergant patuere,
Si falcem verbi cordi imprimeremus, & illinc
Vellemus veterum vitiorum abscindere [illegible],
Adversus Christi famulos vis nulla valeret:
Nec nos Riphaei prosternerent arma Alani,
Nec [illegible] etiam subverterent omnia [illegible],
Et qui nunc nostra grassantur clade superbi.
Attamen in vestro populo non tota bonorum
Turba viget, multumque pium Ecclesia nutrit.
Sunt plane insignes multi, Pater optime, quorum
Esse velim similis: nec desunt in grege nostro
Victrices viduae quas sexus utrumque coronat.
Ac si quid patriae commendat, si quid in illa est
Quod juvat, hoc omne est, haec sunt solatia vitae.
Nunc age tu, Pater, cupido mihi fare vicissim
Quae te digna satis requies susceperit, et quae
Te curae hinc gestant [illegible], [illegible] [illegible],
Non equidem levitas [illegible] [illegible] gaudia, Salmon,
Nec te tentavi ludicro laudare sermone,
Sed jam conclusi non ad nostrum hora diei
Surgere, & ad sacras instantem occurrere curas,
Cratibus his verbis [illegible] [illegible] [illegible],

S. PRO-

S. PROSPERI AQUITANI

EX SENTENTIIS S. AUGUSTINI

EPIGRAMMATUM LIBER UNUS.

PRÆFATIO.

EPIGRAMMA I.

Dum sacris mentem placet exercere loquelis,
Cælestique animam pascere pane juvat:
Quosdam, ceu prato, libuit decerpere flores,
Ut proprias caneret Epigrammata singula caussas:
Et pars quæque suo congrueret titulo.
Nec nostra hæc opis est, sed ab illo sumitur hæc res,
Qui siccam rupem fundere jussit aquas.
Ut quod in affectum cordis, pietate magistra,
Venerit, hoc promat carmine læta fides.
Sed miris operum signis ostenditur auctor,
Æthereumque suum condita quæque canunt.
Unde licet fandi vires animique vigorem
Vincat, & excedat gloria laesque Dei:
Non tamen officio cordis gaudetur, & oris,
Et tanto oblectat succubuisse bono.
Hinc fidei virtus, hinc flamma oritur amoris,
Quod latet, exercet; quod superat, reparat.

De vera Æternitate.

EPIGRAMMA II.

Æternum vere est solum Deus Omnicreator,
Vita in se vivens permanet esse quod est.
Hoc Pater, hoc Verbum Patris, hoc est Spiritus almus,
Quorum natura est una, eademque simul.
Non captum, nec arctum, nec hoc mutabile quidquam est,
Quod subeat leges temporis, aut numeri.
Virtus præteritis prior, ulteriorque futuris,
Nil recipit varium, nil habet accidens.
Nam rerum, quas ut voluit sapientia fecit,
Multis vita quidem est præstita perpetua.
Sed quæcunque potest sese amplius aut minus esse,
Quoniam sunt, ipsa quod fuerant, moriuntur.
Sic nihil æternum, quod commutabile factum est;
Et quod cuncta super, semper idem Deus est.

De essentia Deitatis.

EPIGRAMMA III.

Natura Omnipotens una est, quæ cuncta creavit,
Et propria quod sunt, omnibus esse dedit.
Quodque Deo minus est, non est Deus. a Patre natum
Verbum, & qui amborum Spiritus est, Deus est.
Una eademque trium quoniam est essentia, quæ se
Numquam vel major, vel minor esse potest.

De ineffabili Excellentia Deitatis.

EPIGRAMMA IV.

Nulla quidem mens est mortali in corpore vivens,
Quæ plena videat cognitione Deum.

De principali rerum omnium caussa.

EPIGRAMMA V.

Principium mundi Deus est, quo cuncta moventur,
Et quæ permittit, vel jubet auctor, agunt.
Hinc mutabilium rerum immutabilis ordo
Æterni servit legibus artificis.
Inque suos fines procedit quæque voluntas,
Nec variis meritis arbiter æquus abest:
Corda regens, vires tribuens, peccata remittens,
Mitis subjectis, implacidus tumidis.
Ut nec pœna malum quemquam, nec gloria justum
Suscipiat, nisi cum laude & honore Dei.

De intemporali scientia Dei.

EPIGRAMMA VI.

Insolitum si quid labentia tempora promunt,
Hoc mirum mundus dicit, habetque novum.
Sed rerum auctori nullus non cognitus ordo est,
Cernenti quidquid sæcula cuncta ferunt.
Quæ non incerto volvunt magna agmina cursu,
Sed sub judicio semper stantque Dei,
Ut nihil existat novum in partibus illis,
Quod non ille sui temporis arbitrio.

De providentia Dei.

EPIGRAMMA VII.

Lex æterna Dei stabili regit omnia nutu,
Nec mutat vario tempore consilium.
Utque loco præsens simul est Deus omnibus unus;
Sic ævi metas secum habet, & numeros.
Nec serum, aut properum sibi sentit in ordine rerum,
Cui cuncta assistunt acta & agenda simul.

De patientia Dei.

EPIGRAMMA VIII.

Multa diu summi differt patientia Regis,
Suspendens aequi pondera judicii.
Et dum plectendis parcit clementia sectis,
Dat spatium, quo se crimine purget homo.
Denique commissis homines mala crimina semper
Dat spatium, ut pereant crimina, non homines.
Verbere nonnunquam castigans corda peccantum;
Ne cito consumant saeva flagella reum.
Sic plagas Dei terrarum cum vacat orbis;
Et nihil est, quod non trahat ad veniam;
Cum rea salvandis ipsa quoque consulit ira,
Ut curet medicus vulnere vulneribus.

De judiciis Dei.

EPIGRAMMA IX.

Judicium humanum, quod falli saepe necesse est,
Non semper recipit regula justitiae.
At Domini in cunctis aequa est, veraque potestas,
Aspectum cujus nulla remota latent.
Talis laudetur judex, timeatur, ametur,
Qui vera justus perviderit, atque bonus:
Adversis revocans, et versis cuncta remittens;
Atque malis veniam dando bonos faciens.
Non ergo audeat arcani veri judicia culpet,
Quod placuit summi justitiae arbitrio:
Sed fateatur sese justo ignorantia Regi,
Qui nunquam quae sunt non bona, velle potest.

De duplici opere Dei.

EPIGRAMMA X.

Omnibus in rebus geminum est Omnipotentis
Totum aut justitia est, quod gerit, aut pietas.
Quae semel in terras descendens lucis ab arce;
Ne cuiquam parti desit utrumque bonum.
Et quoniam cuncti sunt illa miserante egentes,
Praecedit semper gratia justitiam.
Damnatorem clarum, salvatorem justificantes,
Quem Deus & donis ornaverit & meritis.

De ultione Dei.

EPIGRAMMA XI.

Cum Deus aeterna peccantes verberat ira;
Ut meriti hominum quid mereantur, agit.
Nam dum mortales pergunt per tempora casus,
Auxilium miseris ipsa flagella ferunt.
Et vindicta brevis sic noxia crimina finit;
Ne sine fine habeant debita poena reum.

De tranquillitate animi Dei.

EPIGRAMMA XII.

Nulla Deum obiectus miserorum poena rerum,
Nec scelerum vindex ira movet placidum;
Omnipotentis enim recta & tranquilla voluntas,
Quidquid decrevit convenit, hoc statuit.
Ut nullis pateat Regis censura querelis,
Cum justo accipiet debitum ordo modum.

De incarnatione Dei.

EPIGRAMMA XIII.

Omnipotens genitor, Natusque, & Spiritus almus,
Una in personis par tribus est Deitas;
Quae genus humanum prostratum fraude maligni
Ad vitam hac fecit posse redire via:
Nostra ut natura Christus, cunctisque Redemptor,
Mortalis fieret, non minuens quod erat;
Perque habitum servi, vacuaret jura Tyranni,
Et lorum loco vinceret inimicum.
Hinc verbum carni insertum, carnemque recepit;
Nec se confundit corpore, nec geminat.
Et naturam hominis virtute assumere superam,
Esset ut in vero homine summa bono.
Qui vivae mortis cum vita absorbuit hostem;
Factum est aeternum, quod fuit occiduum.

De eodem.

EPIGRAMMA XIV.

Quisquis consilio aeterno contraria tentas,
Et verbum in nostra carne manere negas;
Divinae pietatis opus dissolvere quaeris,
Spemque tuae mentis despoliare cupis.
Nam quis ventura quemquam salvabit ab ira?
Quisve hominis primi criminis liber erit?
Si Deitas Verbi non nostra est in sua carne,
Aut Christus falsi corporis umbra fuit,
Qui genitus puer est intacta Virginis alvo?
Quae natura annis crevit & auxit cibis?
In qua prole parens mundi se credidit Abram?
Quaeve ejus stirps est omnis sanctificata?
Quod regale genus semel est & pontificale?
Quisve idem David Filius, & Dominus?
Pertulit servile, & mortem compede vinctis,
Unum est dignatus ferre Redemptor opus.
Qui nostri generis carnem cum morte receptam
Nostra hosti, ut nobis vinceret, contulit;
Et carne victa, dominantem perculit hostem;
Ut caperet palmam praeda retenta novam.

De oratione Domini.

EPIGRAMMA XV.

Ferre parum Christus parvam, aeternumque propinquum,
Invidiamque sui ingenerare fidem;
Cum prece sanguineas fundebant corpora guttas,
Et pretium mundi sudor erat Domini.

Nec

Nec crucis asperitas potuerat terrere volentem,
  Quem superaturum gloria carnis erat.
Sed cruce ille prius sanctis spondebat honorem,
  Occurris toto corpore martyrium.
Nam cum sacra seges terrarum impleverit orbem,
  Omnis ab hoc uno semine messis erat.

De divinis Scripturis.

Epigramma. XVI.

Quamvis in sacris libris, quos nosse laboras,
  Plurima sint, Lector, clausa & opaca tibi:
Invigilare tamen studio ne desine lassus.
  Exercent animam dona negata rogare.
Gratior est fructus, quem spes productior edit:
  Ultro abjectorum vilius est pretium.
Oblectant adoperta etiam mysteria mentem:
  Qui dedit ut quaeras, addet, ut invenias.

De doctrina Apostolica.

Epigramma XVII.

Exuerat Deus et terrae caligine mundum,
  Doctrina accendit lumen Apostolica:
Quae multis animis, nullis non congruit annis,
  Lacte rigans parvos, pane cibans validos.
Non tempus, non sexus huic, non causa resistit,
  Omnes curat, alit, justificat, vegetat.
Summa quae magnis aperit sapientia mentis,
  Et variis pascit dissita deliciis.
Quarum pars verum est opulenta, & quo quisque juvatur,
Sola capit vitam, quam paris una fides.

Quid Hominem Deo jungat.

Epigramma XVIII.

Ambitum mundi totum Deus implet & ambit,
  Nec per loca illi desinit esse locus.
A quo longinquum nullum est, nihilumque remotum,
  Quisquis sincera luce caret fidei:
Cujus si radiis depulsa nocte micabit
  Divino impletum lumine, lumen erit.
Non igitur terrarum orbis, non aequora ponti
  Lenia circuire sunt obeunda vagis;
Ut possis rerum dominatori, & auctori adesse,
  Quem templo in cordis castus pia semper habere
A quo ut dissimilis terra in deserta recedit;
  Sic vitae merito proximus est similis.

De ordinatione Fidei, Spei, & Charitatis.

Epigramma XIX.

In Deitate gradus, mensura, & tempora nulla sunt;
  Et quod hinc est, majus non habet, atque minus.
Corporeas longe moles, formasque recedunt,
  Ubique summa caret finibus, & spatiis.
Quod Pater, hoc Genitus est verbum Patris, hoc utriusque
  Spiritus. hic Deus est unus, & una Fides.

Per quam venturam spes nostri laetata honorem
  Sublimem ignota scandit amore viam.
Et praegustata superi dulcedine regni,
  Doctrinam pasci gaudet apostolicis.
Tu qui ergo indignas non vis incurrere coenas,
  Jam nunc vanis occiduisque cave.
Mortalis vitae brevitas non multa requirit,
  Paucorum exigui temporis usus eget.
Esse volens, gaudere optans, scire audire quaerens,
  Ut te non tantum interna, summa petat.
Delectare Deo Rege, in caelestibus esto,
  Et quae spe sequeris, credula amore tene.
Nulla in te maneant hominis vestigia prisci,
  Nec formam veteris gestet imago novi.
Exuite agnoscens te verbi in carne renatum,
  Cujus & pars es, pars tua Christus erit:
Qui te damnandi legeret mala gaudia mundi,
  Promissum ad regnum se tibi fecit iter.

De confitendo uno Deo.

Epigramma XX.

Cum Pater in verbo sit semper, & in Patre verbum,
  Sitque unus Verbi Spiritus, atque Patris;
Sic de Personis tribus est tibi non dubitandum,
  Unum, ut doctis fides confitetur Deum.
Corde Patris genitum crede, & regis non ab ore verbum,
  Nec tamen est aliquid, quod sine Patre gerat.
Unus enim ambobus mos est, ratio una volendi est,
  Par virtus, idem Spiritus, unus amor.

De eodem.

Epigramma XXI.

Si Deus est magnus, de se valet, & manet in se,
  Qui semper & proprium est, semper id esse quod est.
Splendor enim verum vero de lumine lumen:
  Ut genitum agnoscens noveris ingenitum.
Una trium Deitas, una est essentia cunctis,
  Idem est & verbi spiritus atque Patris.
Nullum opus abjunctum, nulla est non atque potestas,
  In cunctis unum, non tria principium.

De diligendo Deum.

Epigramma XXII.

Anxius et vitae qui vis superare labores,
  Dilige, quod semper verus amator habet.
Instant terrenis infesta pericula rebus,
  Fervent pro damnis praelia, proque lucris.
Et nihil est inter carnalia vota quietum,
  Nec pax felicitas, nec amabor est cupidis.
In solo est amor tuto Deo, quem linquere nolens,
  Numquam vis amans non opulenta bona.

De

De quaerendo Deum.

EPIGRAMMA XXIII.

SCire Deum cupiens, gaudere & vivere quaeris,
  Si verum & summum noris amare Deum.
Cui tribuas quidquid recte sapis, optas, agisque,
  Et sine quo carnis gloria pulvis erit.
Non ergo in quoquam sua munera deserit auctor,
  Perque suum Dominum se manifestat opus.
Inque illis habitas dives procuralibus hospes,
  Quo gaudetur hoc in eorum, quod ipse dedit.

De quaerendo perseveranter Deo.

EPIGRAMMA XXIV.

CUm pia mens in laude Dei superata laborat,
  Gaude quod tantum te bene vincit opus.
Teque aliquid superi cognosce hausisse vigoris,
  Si tibi non tacitum est, quod cupis, atque sapis.
Quaere bonum sine fine bonum, & perfecte repertum:
  Quaerere non habeant talia vera modum.
Nam qui se nullo jam munere credit egere
  Crescere non cupiens, perdit adepta tenens.

De jussionibus Dei.

EPIGRAMMA XXV.

NOn ideo quidquam mandat Deus, ut sibi prosit,
  Nec servi officio verus eget Dominus.
Cujus praeceptis augetur qui famulatur,
  Fitque minor quisquis negligit imperium.
Nam Deus omnipotens, simul omnitenensque potestas
  Nil perdit proprium, nil capit occiduum.
Nunquam non habuit quod habet, dum quidquid haberi
  Praestitit, & summus non est quod dederit.

De legis littera.

EPIGRAMMA XXVI.

INdex peccati lex est plectenda vetando;
  Quae, nisi cor mundet spiritus, interimit.
Nullus enim est insons tali formidine poenae,
  Qui sanctum & justum non amat imperium.
Hunc tamen affectum non lex sed gratia confert;
  Quodque jubet legis littera, velle facit.

De servandis mandatis Dei.

EPIGRAMMA XXVII.

SCrutari legem possunt utcumque quieti,
  Si mundi a strepitu libera corda vacent.
Ut mens ergo piis studiis intenta juvetur,
  Praelia divinum carnea vincat amor.
Nam templum Domini per sacra silentia crescit,
  Et tacita struitur non ruitura domus.

De lege Charitatis.

EPIGRAMMA XXVIII.

VErus amor Christi vera est custodia legis,
  Et mandata Dei complet amans hominem.
Quorum ignoscentes culpis sua crimina solvunt;
  Quaeque aliis tribuunt, haec sibi praecipiunt.
Dat peccatori veniam peccator, & aequum
  Concilians Dominum conditione sibi:
Cujus judicium de nostro examine pendet?
  Quod facimus metimus; quod damus accipimus.

De virtute Charitatis.

EPIGRAMMA XXIX.

PLurima Sanctorum bona sunt communia multis,
  Et quiddam recti constat inesse malis.
Sed pia pars summa tendens virtutis ad arcem,
  Omne operum meritum vincit amore Dei.
Quo pariter quemcumque hominem sic diligit, ut se;
  Hoc optans aliis, quod cupit ipse sibi.
Unde istis genialis virtutum qui caret alis,
  Caelorum ad regnum non habet, unde volet.

De hominibus diligendis.

EPIGRAMMA XXX.

NAturae quisquis propriae non spernit honorem,
  In quocumque homine, quae sua noscit, amat.
Sic tamen, ut pravum vitae contemnat errorem,
  Nullaque sint pacis foedera cum vitiis.
Namque quod Artificis summi facit arte, bonum est;
  Quaeque auctore bono condita sunt, bona sunt.
Divinum in nullo figmentum despiciatur;
  Sola malis studiis addita non placeant.

De observantia pacis.

EPIGRAMMA XXXI.

MOribus in sanctis pulcra est concordia pacis,
  Cum multis unum convenit atque placet.
Nec tamen haec cohibenda modo sunt foedera amoris;
  Ut sola pax haec sit tribuenda bonis.
Injustis etiam praestetur justa volentum,
  Nec quemquam spernat cura benigna hominum.
Non ut amicitiae vitiis socientur iniquis,
  Adsit sed pravis ut medicina animis.
Quae si pace sua non sedat turbida corda,
  Nobis non possit nostra perire quies.

De venia, qua etiam justi indigent.

EPIGRAMMA XXXII.

MAgna quidem in multis est excellentia sanctis,
  Quorum animos superi Gratia roris alit.
Sed dum vere quaedam patitur mala corporis aegri,
  Et pugnam intestino exagitata movent;

Nam-

Numquam ita perfecta capitur victoria bello,
Vera ut securae pace fruatur homo.
Inter dissensus animos contagia serpunt;
Ipsaque virtutum gaudia vulnus habent.
Ut faciat cunctis longa experientia notum,
Non esse hic plenam tempore justitiam;
Ni Dominus miserando lavet delicta suorum;
Et data virtutum munera, det veniam.

Quo odio odiendi sunt mali.

EPIGRAMMA XXXIII.

Recta volens animo sapiens, & amator honesti,
Quoddam odisse dignum judicat esse sui.
Nec tamen hunc toto depellit foedere, gnarus
Naturam errorum dividere a vitiis.
Sic gaudet laudatque proprio, ut peccata reatus
Oderit, & ut damnet crimina, non hominem.

De Sacramentorum perceptione.

EPIGRAMMA XXXIV.

Magnum praesidium est sacro libamine pasci,
Si non participem crimina nulla premunt.
Nam geminant sibimet peccati pondera, quisquis,
Quae bona sunt sumit, quae mala non refugit.

De adjutorio Dei.

EPIGRAMMA XXXV.

Non dubie noster Deus est & rector & auctor,
Cum toto affectu, quae bona sunt, gerimus.
Et operum specie clarebunt lumina cordis,
Quisve hominis mentem spiritus intus alit.
Sanctum enim Sanctus facit, ut de lumine lumen
Evadat: nullum fit bonum absque bono.

De adjutorio Dei.

EPIGRAMMA XXXVI.

Caelestem ad patriam tendens, cognosce vocantem,
Cujus praevaleas, si bene curris, ope.
Nam si te virtute tua ad caelestia credis
Scandere, de superis pulsus ad ima cades.

De custodia Dei.

EPIGRAMMA XXXVII.

Saepe quidem Dominus sic cuncta adversa repellit;
Ut nullo attingi vulnere possit homo.
Sed mirabilior tunc est manus Omnipotentis,
Illaesa afflictum cum mala non superant.
Laudetur custos virtutem dans tolerandi,
Intima corrumpat ne furor exterior.
Nam non certanti nulla est speranda corona,
Palmam, qua capitur gloria, fine habet.

De Lege & Gratia.

EPIGRAMMA XXXVIII.

Non servis justae legis prudentia carnis,
Peccati stimulos nec superare potest.
Sed quia motus adhuc patitur mala corporis aegri,
Quaerere divinum cogitur auxilium.
Lex igitur facit, ut placeat gratia Christi,
Ardua quae legis conditor ipse juvat.

De Justitia, & Gratia.

EPIGRAMMA XXXIX.

Justitia merces geminae est, vel cum bona reddit,
Vel pravis digne cum mala restituit.
Salvatrix autem confusorum gratia Christi
Non pensans meritum, diluit omne malum:
Credentesque omnes reservans benignitate sacra,
Dat bona, quae propter dat meliora bonis.

De vera Libertate.

EPIGRAMMA XL.

Libertas nulla est melior, majorve potestas,
Quam servire Deo, cui bene servit amor.
Absque jugo justitia est diligentis amica voluntas:
Quae viget affectu, non gemit imperio.

Quales nos diligat Deus.

EPIGRAMMA XLI.

Tales a Domino, quales formamur, amamur;
Non quales nostris extitimus meritis.
Sanctificat, donat, plantat, rigat, excolit, ornat,
Et sibi perpetuum quod placeat, faciat.
Nam nihil est homine, quod digne possit amari,
Perficiat proprium ni bonus auctor opus.

De vera bonitate.

EPIGRAMMA XLII.

Digna laude quidem est vitam sine crimine ducere,
Et quaecumque sibi sunt nocitura, cavere.
Sed non hac pietas contenta est limite claudi,
Nec justa vetitis abstinuisse sat est.
Major cura boni est, fratrem relevare laborans,
Et ferre oppressum tristibus auxilium:
Pascere jejunos, nudos vestire, ligatos
Solvere, & scandens consociare sibi.
Et quaecumque hominum miseri solatia quaerunt,
Haec, ut possibile est, praestare corde pio,
Ut recti vere cupidum, veramque benignum,
Quae mala sunt fugiat, quae bona sunt faciat.

De angusta vitae via.

EPIGRAMMA XLIII.

ARcta via est, verum quae ducit ad atria vitae,
Nec recipit carnis gaudia onustis iter.
Amplius incedit spatiis terrena voluptas,
Angusto vitam limite calle petit.
Et tamen hi calles, quos mundi vana pavescunt,
Quaedam magnificis aequora sunt animis.
Difficilesque nimis per parva, per ordine gressus
Commendat fidei, quod tolerare juvat.

De amore legis.

EPIGRAMMA XLIV.

LEgem servantem odit cum Legis amator,
Non hominem odit, sed reprobat quod agunt.

De bono intellectu.

EPIGRAMMA XLV.

SCripturam Domini plenam videt usque profundam,
Impleat qui facilis cognitam verba piis.
Nam nimie a sensu destinat devius errat,
Si, quae contraria scire, fugit tacere.

De scientia boni.

EPIGRAMMA XLVI.

SCit legem, dectique mente jussa Omnipotentis,
Qui quod novit agens, diligit id, quod agit.
Non satis est Domini praeceptum volvere linguam,
Is meminit legis, qui memor est operis.

De bonorum & malorum finibus.

EPIGRAMMA XLVII.

ESt Deus verum, & proprium est: cui quisquis adhaeret,
Aeternum in regni lumine semper erit.
Nam qui justitiam sperneret, non esse laborans,
Inque nihil tendunt, & nihil esse queunt.
Non e quo illorum poterit pars multa videri,
Quorum in Sanctorum nullus erit numero.
Sed vere magni, & multi sunt sine membrum
In Christo, quorum gloria perpes erit.

De bonorum & malorum finibus.

EPIGRAMMA XLVIII.

SCire volens, in qua rerum sis parte locandus,
Discute quid timeas, quidve sit id, quod amas.
Nam cunctis hoc gemino noscuntur semita motu,
Respondentque suis germina principiis.
Et quod quisque homo sibi tempore donat in isto,
Hoc summi regis judicio capiet.

De superbia.

EPIGRAMMA XLIX.

QUae prior est in mortem est lapsus primi forma mali.
Hanc illi extremam bella peracta manent. [quod.]
Solvimur ut cum palmam, claraque corona
Sempiternae, augur habere [illegible] [illegible]
Virtutem propriae vult assignare triumphum
Non Domino, cujus munus, opusque fuit.
In quo ero semper superat, qui non superatur;
Quo dignatur stamen [illegible], numen cadit.

De eodem argumento.

EPIGRAMMA L.

OMne quoque vitii proprio tantum valet actu,
Et peccata suum quaeque gerunt speciem.
Sola est innocentiae armata superbia telis;
Cui possunt virtu & bene gesta dare.

De superbia Diaboli, & Christi humilitate.

EPIGRAMMA LI.

LUcifer [illegible] mutare clarus honore
Angelus, inde humiliatus [illegible], unde ruit.
Sed Christus miserum deceptum fraude maligni,
In se illi ad vitam posse redire dedit;
Si caveat partus hostis servire superbi,
Sectari & studeat formam humilis Domini.
Qui Patris in Deitate manens Deus Omnipotentior,
Verus de sacra Virgine natus homo est;
Sic nostrum assumens matris de corpore corpus,
Esset ut assumpta carnis origo Deus:
In quo per lavacrum, fidei virtute renata,
Caelestis accepiet gens nova principium.
Nil humanis primi retinetur, sed plena secundi,
Splendore in capitis glorificanda sui.

De humilitate Justorum.

EPIGRAMMA LII.

OPpressis quamvis justis dominantur iniqui,
Non est potenti supplicium mortis.
Sed virtus fidei sub tali examine crescit;
Nec servile gravat labore corda jugum.
Solus peccator servit malo: qui liber semper
Utatur regno, sit miles est famulus;
Cum natur carnalis, olim dominante tyranno,
Tot servit sceptris, dedita quot vitiis.

De vovendo Deo.

EPIGRAMMA LIII.

QUid voveat Domino, quisquis bene corde volutat,
Ipsum se totum praeparet & voveat.
Major enim offerri nequit hostia mentis in ara,
Nec Christi et templo sanctior exit odor.

Quam

Quem cum homo cuiusque praefert [illegible] [illegible],
  Et de virtutum structura [illegible] [illegible].
Sic tempora et mortis qui reddit vera Tonanti,
  Unum devium colitum esse locum,
In toto mundo, quem vera Ecclesia praebet,
  Et [illegible] quo [illegible] justitia est [illegible].

De oblatione votorum.

EPIGRAMMA LIV.

O Primum votum Deo, quorum est dator ipse, voventi,
  Illius sortem dignum est ire, quod inde venit.

De modo habendi.

EPIGRAMMA LV.

Magnum praecipuum est amor immoderatus habendi,
  Et plus quam vitae sufficiat, cupiens.
Nam quod dat vestis, quod pascit, cura salutis,
  Si ratio sit eorum libera, non nocuit.
Si qua igitur superant, quorum non indiget usus,
  Utilibus praestet, atque juvent inopes.
Quisquis enim cupide non expendenda recondit;
  Quae nulli tribuit, pauperibus rapuit.

De divitiis.

EPIGRAMMA LVI.

TErrenis opibus cum dives gaudet iniquus,
  Vertit se miserum nescit egere bonis.
Nam quod erit, quod cum occurrere temporis unum
  Perdere quandam conditione queat?
Cui licet adversis cessantibus omnia placeant,
  Lege tamen mortis fit [illegible] inops.
At bona justorum nullis obnoxia damnis
  Hostes, fures, ignes, & mare non metuunt:
Interna servat propriam sapientia custodem,
  Nec perdunt mortem quique sibique suam.
Omnis virtutum semper substantia salva est,
  [illegible] Christi [illegible] [illegible] rapit.

De Virginitate.

EPIGRAMMA LVII.

CArnis Virginitas intacto corpore habetur:
  Virginitas animae est intemerata fides:
Quae sine corporeal nil prodest cura pudoris:
  Sed [illegible] [illegible] [illegible] [illegible] [illegible].

De desideriis carnis extinguendis.

EPIGRAMMA LVIII.

COrporeos inter sensus, mentisque operatus,
  Multa animam patitur carnis ab hospitio:
Quae vita, de qua vivit, contraria quaerit,
  Legem vult mentis solvere lege sua.
Sed prudens possit saevitiam frenare rebellem
  Ignavi magis discat ab imperio;
Et rerum accipiens superas de lumine leges,
  Noscat peccati carnis ab arte sugam.
Nam quia cuncta Deus bona condidit, ipsaque quibus
  Nihil turpe est pulcra decora sua,
Auditu, visu, gustu, contactibus, odorque,
  Praeberi gaudent undique, quod placeat.
Fitque amor homini pro sensu temporis usus;
  Et captum blanda inducunt ligat.
Mens igitur sapiens superos cultura ad actus,
  Et summis forti sensu bona tenuis.
Delicias illis non praecedat cuncti per regna,
  Verum atque fide, quod cupis esse, tene.
Nova ad speram dubiam [illegible] recurrere credas,
  Naturae in Christo prospice sibi tua.
A quo suscipiunt si te cum vestigia esse,
  Totus homo in capitis corpore semper eris,
Tamen in justa valet vera observare decreta,
  Qui, quod ait verbo, praevenit auxilio.

De carnis cupiditate vincenda.

EPIGRAMMA LIX.

NUlla valens est, quae non mortali carne gravetur,
  Nec de corporea conditione gemat.
Sed confirmare invalidam, & frenare rebellem,
  Legitimum & proprium est istoris opus Domini:
Quae per naturae in moderamine temperat aequo;
  Et subdat sceptris omnia quaeque suis:
A Domino auxilium, & vires petat, ut valeat se
  Vincere, nec sensus inciter ipsa suos.
Nam nullus sensibus potuit compescere motus;
  Ni sancta Christi semper amore premat.

De fortitudine tolerantiae.

EPIGRAMMA LX.

QUi valet adversis quantarum ducere virtus,
  Et tolerare magis vult mala, quam fugere:
Majoris animae est animi, quam ferre pravi [illegible]
  Infensi injustum judicium populi.
Mens etenim recta, & puri sibi conscia cordis,
  Hoc plus splendescit, quo magis atteritur.

De Patientia fidelium.

EPIGRAMMA LXI.

CUm constans animus adversis non frangitur ullis,
  Et fidei virtus intemerata manet:
Noris [illegible] sibi Dominum [illegible] [illegible];
  [illegible] ejus donum, quod fecerit, solum.

Aaa

Nam

Nam quod non cecidit, propriis si viribus aptat,
Hoc ipso, quo se stare putat, cecidit.

De impari ipsa fortuna.

EPIGRAMMA LXII.

IN rebus mundi non idem est omnibus usus,
Nec cunctis paribus cuncta feruntur animis.
Namque bonos non blanda inflant, non aspera frangunt,
Sed fidei invictos gaudia vera juvant.
Terra autem et fumi breviter florentia rerum,
Sunt caret oculis, sua fruitur, vilior est.

De toleranda varietate mundana.

EPIGRAMMA LXIII.

DUm mutabilium decurrunt tempora rerum,
Dumque suis mundum motibus advertitur;
Restat [illegible] adversa pati, et tolerare modeste,
Nec querulo in quoquam [illegible] Deum.
Cujus judicio nulli peccatur [illegible],
Et per pœnas justum gloria suscipiat.

De odiis Mundi in Christianos.

EPIGRAMMA LXIV.

IMpia pars mundi piis est infesta piorum;
Nec tolerare potest dissimiles animos.
Ridens [illegible] sibi,
Sperantesque sibi credita posse dari:
Sed sperando haec fovent pugnantia [illegible],
Quae fidei faciunt corda aliena Deo.
Nam spes nostra ex hoc visu fit certior omni,
Quod speramus quidquid credimus, hoc Deus est.

De Bello intestino.

EPIGRAMMA LXV.

NUnquam bella bonis, nunquam discrimina desunt;
Et cum quo certet, mens pia semper habet.
Quae carnem abstinet, sancto fuit noxia cordi;
Contra animi legem prælia corpus habet.
Pulsant exterius diversis motibus hostes;
Intus civile est, et sociale malum.
Ut possis mundi illecebris, vitiisque resisti,
Vis est corporei mortificanda hominis.
Sed quae corpus recto famulum sub jure tenebit,
Edomitum ut regnet carnis in effectis,
Excelso nisi quae servit bene subdita regi,
Unde est lassa valens, sua et inde valens?

De Timore.

EPIGRAMMA LXVI.

UTile prudenti est mundana adversa timere,
Et quod vitandum prospicias, fugere.

Sed cum possit cunctos unum Omnipotentis,
Omnia concludens ordine ubique suo;
Unum præcipuum [illegible] est Deum ipsum timeri,
A quo discedens, ne pereat, redeat.
Converti [illegible] ad dominum certissima vita est;
Et pacem [illegible] quaerens, sola salus.
Qui terret, parcit; qui percutit, ipse medetur.
Vivere vis? illi subdere, quem metuis.

De Fidelium culpis, et Infidelium bonis.

EPIGRAMMA LXVII.

UT quaedam tenues maculæ in splendore piorum,
Major virtutum quas vacuat numerus,
Æternæ donis [illegible] obsistere vitæ,
Nec merita obscurant grandia culpa levis:
Sic aliquid plerumque boni pars impia gestat,
Magni mole mali quod facile obruitur.
Nec prodest quidquam recte sapuisse malignis,
Si verum et summum non coluere Deum.
Una fides igitur, [illegible], atque [illegible],
Quo sua justus, [illegible].
Nam bona, quae [illegible],
Augent peccata [illegible], non minuunt.

Quod tota Infidelium vita sit peccatum.

EPIGRAMMA LXVIII.

QUamvis multa hominum post veterum [illegible],
Quae vitam hanc faciunt laudis habere decus:
Si tamen ingenio claro et probitatis amori
Fons desit fidei, subdita corda rigans,
Constarum fruges [illegible] sterilis gerunt,
Nec fruitur vero lumine falsus honor.
Ignoratur enim Deus, et non credita virtus,
Quæ vere ad summum provehit arte bonum;
Non fulta nitidi [illegible] ad cœlestia montem
Obstructum vanis, [illegible] gravem.
Perque omnes calles errat sapientia mundi,
Et tenebris addit, quas sine luce gerit.

De accelerando conversione.

EPIGRAMMA LXIX.

COnverti ad æterna tribuat, et vivere sancte
In Christo meditans quod cupit accelerat.
Cedant virtuti vanarum obstacula rerum,
Ne pereas vani tempora lenta sibi.
Quid juvat in longum causas protendere morbi?
Cur dubium exspectas cras, hodierna fuga?
Scimus [illegible] venturam non esse [illegible];
Sed nulli [illegible] est ultima nota dies.

De promissione Dei.

EPIGRAMMA LXX.

QUæ Deus Omnipotens promisit, perficit ipse;
Nec propriam externis viribus implet opem.

Hinc

Hinc servus fidei sperat quod credit, amatque
Auctorem, qui quod speratur & efficiat.
Nam si quae Dominum promittit, non operatur,
Sed solum humanum providet arbitrium;
Non haec dona erunt, sed sunt praedicta vocandis,
Cum quisquam ex proprio sit bonus absque Deo.
Quod quia non recipit pietas, veraque repugnat;
Gratia non reperit, gratis justificet;
Quae sic in cunctis implet sua dona vocatis;
Ut quorum dux est, sit & ipsa comes.

De praemio Christianae Religionis.

EPIGRAMMA LXXI.

HAc desiderii Deus est pietate colendus,
Justitiae ut merces tota sit ipse Deus.
Nam sperare alio se credere posse beari,
Non quod possit, amat, sed quod habere cupit.

De vera beatitudine.

EPIGRAMMA LXXII.

NOn semper vere est felix implere voluntas;
Cum saepe injustis sint mala vota animis.
Recta igitur cupiens, etiamsi non sit adeptus,
Perficiendo tamen velle bonum bonus est.
At pravum quod fert animo, si non habet actu,
Tam miser est, quam si quod cupit, obtineat.

De gaudio vero.

EPIGRAMMA LXXIII.

FElices vere faciunt, semperque beatos,
De vero & summo gaudia nata bono.
Nam mundi ex opibus brevis ac peritura voluptas
Edita perpetuae semina mortis habet.
Non placeat vanis animum submittere rebus,
Perfidiaeque avidam commaculare cibis.
Cor mundum & sapiens fructu virtutis alatur,
Et Christi in nostro pectore regnet amor;
Quo semel impletum, numquam variabitur illo,
Æternas currat flumina fontis aquas.

De Gaudio Christiani.

EPIGRAMMA LXXIV.

ANgelicos cives, & Christi in corpore natum,
Non trahat ad veterem carnis origo hominem.
Multa quidem in nostros mundus bona praebet usus,
Et pleno rebus servit opima sinu.
Sed tamen hospitibus, Coeli super astra vocatis,
Victoris palma est spernere blanda soli;
Et sic praesentis spatium percurrere vitae,
Ipsa peregrinis ne via sit laqueus.
Nam declinantes pro sententia ferre laborem
Terrenarum avidos infima suscipiens.

De requie adhuc in corpore viventis.

EPIGRAMMA LXXV.

ESt & in hac vita multis requies data sanctis,
Quorum animos mundus non tenet occiduus;
Quos desideriis nullis praesentia fatigant,
Et quibus omne bonum est Christus, & omnis honor.
Utrumque terra et Coelo, fugientia temnunt,
Quod credunt quod amant, quod cupiunt, Deus est.

De Sabbato.

EPIGRAMMA LXXVI.

NOn recte servat legalia Sabbata cultor,
Qui praeteriti opus credit in his vetitum.
Nulla dum actus hominem non damnat iniquus.
Omnia conveniunt tempora justitiae:
Nec temerantur virtutibus otia sancta;
Tantum a peccatis libera corda vacant.

De laudando Deum.

EPIGRAMMA LXXVII.

QUi laudat Dominum de mundi conditione,
Et rerum in specie praedicat artificem;
Laudet & aeternum nostrum, damnandaque minantem,
Et justi Regis judicium metuat.
Spes de promissis nihil ambigat, omne dabit Rex,
Quod parat, & meritis Gratia major erit;
Si properent somnum mortali abrumpere corde
Ante diem mortis, dum locus est veniae.

De aeternis Gaudiis.

EPIGRAMMA LXXVIII.

SEmper erunt, quod sunt, aeterna gaudia vitae;
Gaudendi quoniam causa erit ipse Deus.
Nec varios pariet mores diversa voluntas.
Unum erit in cunctis lumen & unus amor.
Inque bonis semel his posita experientia felix,
Nec volet augeri, nec metuet minui.

De Superna Patria tendentes.

EPIGRAMMA LXXIX.

CÆlestem ad Patriam Christo reditura vocante,
Vitam laboriosi temporis hospes agit.
Dumque ad promissam requiem non per sua tendit,
Mundana patitur multa pericla viae.
Quae nunc obsessa adversis, nunc plena secundis
Aut frangit trepidos, obligat aut dubios.
Inter quae laqueos evitantem ad gaudia vera
Non capiet mundus, cui via Christus erit.

Quid sit esse cum Deo.

EPIGRAMMA LXXX.

MAjestatem Dei concludere nemo quod ulquam est;
Quo sine nil rerum stare, vel esse potest.
Huic homo si recte famulatur, proximus haeret;
Si resilit, misero degit in exilio.
Omnia sic Domini discrimine cernitur justo,
Quo sunt semota bonis, lapsa parata malis.

De Passionibus Sanctorum.

EPIGRAMMA LXXXI.

QUod plerumque mali in Sanctos saevire feruntur,
Quosque bonis pravi saepe nocere queunt:
Aliquo Dei cura non sit, quia corda fidelium
His etiam bellis glorificanda probat.
Crescunt virtutum palmae, crescuntque coronae,
Mutantur mundi praelia pace Dei.

De fine Sanctorum.

EPIGRAMMA LXXXII.

CUltor justitiae Divinae, & pacis amator,
Quem vocat ad summam vita beata [illegible]:
Scandere constanter durum admiscere callem,
Despiciens laeva mollia plana viae.
Taedium est durum mundi tolerare labores,
Infestique hostis praelia saeva pati:
Quam vitiorum illecebris animum submittere blandis,
Captumque servili subdere colla jugo.
Tempore in exiguo una lorem est ejus laetitia,
Sic aeterni impiis gaudia falsa fluunt.
Finem igitur propriis sapiens spectabitur aevi,
Et via, quae currit, quo ferat, adspiciat.
Non mundo laetantis pars est cum principe mundi;
At servis Christi gloria Christus erit.

De morte Sanctorum.

EPIGRAMMA LXXXIII.

CUncta nobis prosunt, quae & mors ipsa bonorum
Efficit, ut fiant praemia principium.
Ille igitur male mortuus est, quem poena sequetur,
Et qui perpetui parte doloris erit.
Non quae abstemporea [illegible] [illegible] laborant;
Ut pateris peragat omnia signa mali.

De impunitate Peccatorum.

EPIGRAMMA LXXXIV.

QUi in peccatis gaudet feliciter uti,
Infelix nimis est prosperitate sua.
Dumque cupit miseram affectus prava voluntas,
A vera semper luce sic avertitur.
Suavem prohibere de consuetudine robur,
Et sua complectens vincula mortis amat.

Deficiunt potius cum ablatione mundi,
Subduntque pio colla domanda jugo;
Longe pererrat libens descendens cum continentia;
Ut blandiens mortem pellit amica salus.

De mali Impunitate.

EPIGRAMMA LXXXV.

GAudet transgressor peccare impune patitur,
Si non infertur debita poena reo.
Cum nulla offendens humanum quaerit Tormentum;
Aut aliqua excelsi contrahens faveant:
Sed venturum videt gravior tanta ira dicunda est,
Cum sese reservant verbera judicio.
Nam quid erit miseri, quod non demalediceret illi,
Cui semper ameliorat jam medicina negat?

De non desperandis Peccatoribus.

EPIGRAMMA LXXXVI.

UT morte oppressis persanctis est cum sepulcri,
Donec in aegroto corpore vita manet;
Sic pravis animis, & vitiorum mole gravatis,
Sanctorum prima est adhibenda precum.
Ut dura possibile est sanari corda malorum,
Horrescant audita devia luce maneat:
Conversisque renovat naturam dat gratia Christi,
Qua semper laetitiam justificante bonis.

Quae sit vera Innocentia.

EPIGRAMMA LXXXVII.

PErfecta bonum est, & vere dicitur infans,
Nec sibi, nec cuiquam quod noceat faciens.
Nam quicumque aliam quaerit laedere, primum
Ipsum se jaculo percutiet proprio.
Et cum forte animum non sit subitura securus,
Non dubiam in cordis viscere vulnera habet.
Nec fugit infesti sceleris mens prava reatum,
Cui nimis haec scelere, quod voluit, meruit.

De Profectibus.

EPIGRAMMA LXXXVIII.

DOctrinae Dominicae perpetualis semper in illo
Ad plenum nulli pervia fiunt homini.
Semper enim sanctis superest, quo crescere possint;
Et perfectorum gloria principium est.
Virtutem virtus parit, & lumine lumen
Producit: atque omnis gradus gradum facit.
Non cur non cupide non quaeras, quae Deus offert;
Cui dando ut major possit, ipse dedit.

De obsequiis debitis.

EPIGRAMMA LXXXIX.

Reddendum est quidquid mundo hoc praescribitur aevo,
  Praepositisque piis non violanda fides.
Militiae, & sanctis nullis est spernenda potestas:
  Aequum servire est Regibus, & Dominis:
Ut Christi famulis ad verum pandit honorem,
  Dilexisse bonos, & tolerasse malos.

De aedificatione domus Dei.

EPIGRAMMA XC.

Cum lapides vivi pacis compage ligantur,
  Inque pares numeros convenit una domus:
Clarum opus Domini, qui cunctos condidit annos,
  Aedificatque pios dat fragilis humi mens:
Quorum perpetui decoris structura manebit,
  Si perfecta auctor protegat, atque regat.

De Fastidio spirituali.

EPIGRAMMA XCI.

Ut pereunt proprium mortalia corpora victum,
  Si nequeant escas sumere corporeas;
Sic animus nisi deliciis recitatis alatur,
  Dum verbi aeterni pane carent, pereunt.
Nam quid erit, quod dira procul fastidia pellat?
  Cum se ipse refugit verum sermone Dei.

De quaerendis profectibus in pace.

EPIGRAMMA XCII.

Dum non persequitur vulnere discrimina mundi,
  Desuper diem pacis proelia nulla premunt;
Externo saevo divisa conventu armis,
  Constitutaque omnem anticipanta metus.
Tranquillitas, & cura virorum sapientia rerum
  Indagum, & placidi pastoris hosque erit.
Nam quod non fuerit conceptum tempore quieto,
  Adquiri in saevo turbine non poterit.

De remediis tribulationum.

EPIGRAMMA XCIII.

Nunc eadem mala conficiant viris,
  Saepe quibus Domini corrigitur populus,
Qui tempestatum varia sub clade laborant,
  Noscant se justi ferre flagella Dei;
Atque ipsum vero gemitu, planctuque precentur,
  Ut, quos fecit, miseris consuleret ope.
Non enim proprio arbitrio curabitur aeger:
  Nec vero leges ipse dabit medico.
Morbida rimatur poenalis dextra salutis,
  Et depressa gravi viscera parte levat.
Absque dolore quidem nequeunt ulcera repelli;
  Sed quod laetatur dulcis, omnia aspernat.
Poenitent auctorem, & vitiis virtute fugatis,
  Regnantem peccati culpam ante Dei.
Ad veniam tendens, pacti pia verbera Regis
  Ita brevis tristitiae gaudia longa dabit.

De causis incognitis operum Dei.

EPIGRAMMA XCIV.

Divinorum operum secretas noscere causas
  Humanis non est possibile ingeniis.
Nec nobis cernere licuit spectantur aperta,
  Qui, multa ut latent, scis placuisse Deo.
In quo etiam lumen fide semel omnia discis,
  Perque operum species suscipis artificem,
Fingentem rerum formas, loca, tempora, causas,
  Merito, caelis, pondéribusque suis.
Scrutari ne cura procax abstrusa laboret,
  Cui cuncta in Christo nosse, & habere datur.

De occultis non judicandis.

EPIGRAMMA XCV.

Cuique in quaestione, quae non sunt aperta, modus est,
  Proferre & quae cognita sunt, bona sunt.
Non pateant faciles saevis rumoribus aures;
  Quae nescire juvat, credere non libeat.
Linquantur secreta Deo: qui, si quid opertum est,
  Inspicit, & nullis indiget indiciis.

De bonis, quae nemo amittit invitus.

EPIGRAMMA XCVI.

Omne bonum mundo conversum, & tempore partum
  Quicumque amittit conditione perit;
Et quamvis damnis vigilanti cura resistat,
  Saepe tamen propriis dispoliatur bonis.
At bona, quae vere bona sunt, nec fine teruntur,
  Semper habet, quisquis semper habere cupit.
Nec vi ferre potest Christo famulans voluntas,
  In quo perfectum omnia vincit amor.

De puritate, quam animus non perdit invitus.

EPIGRAMMA XCVII.

Mens illaesa nihil violato corpore perdit;
  Invitam carnis vulnera non maculant.
Nec crimen facit, recipit quod non animi voluntas:
  Velle magis faciet, quam tolerare nocens.
Sic enim ad cordis penetralia cuncta recurrunt,
  Ut plerumque animus se sine carne reum.
Dum quod abscondita sanctum est corpore, solas
  Contingit, & nullis sensibus laesa agit.

De

Nullam mali esse naturam.

EPIGRAMMA XCVIII.

PEr verbum Omnipotens Deus omnia condidit unum;
A quo natura est nulla creata mali.
Et quod non fecit divina sapientia Verbi,
Non habet in rerum conditione locum.
Nulla igitur nihili substantia, nullaque vita est,
Quae vegetet corpus, materiamque fovet.
Sed cum libertas discedit ab ordine recto,
Nec servant proprium, quae bona sunt, modulum;
In culpa & vitio est vagari in contraria motum,
Fitque malum verum deseruisse viam;
In quam si toto properet quis corde reverti,
Nullus neglecti limitis error erit:
Totaque deleti peccati poena peribit,
Condita in integrum restituente Deo.

De martyribus non baptizatis.

EPIGRAMMA XCIX.

SI quando moriuntur divino fonte carentes,
Fitque novus vita, qui sepelitur aqua:
Fundere non sunt fatve baptismate Christi;
Fons quibus ipsa sui sanguinis unda fuit.
Et quidquid sacri fert mystica forma lavacri,
Id totum implevit gloria martyrii.

De labore fugientium mundum.

EPIGRAMMA C.

FAllaces curis semper torquentur amantes,
Et mala mens nunquam gaudia pacis habet,
Lubrica dum trepide mundanis plausibus fugit,
Consumens totum tempus in arte mali.
At simplex animus contemnens & liber iniqui,
Nil amat injustum, nil gerit implacidum.
Sectatur veri ponitur laeta serena,
Est quoniam mundus, neque, dolorque sibi.

De amore.

EPIGRAMMA CI.

AD patriam vitae nostis de valle vocati,
Virtutum gradibus scandite lucis iter.
Arduus, atque arctus fert ad caelestia callis:
Devexa ad mortem ducit & ampla via:
Quae fallax tumidi inventor sapientia mundi,
Commenti ignes sui aedificata ruit;
Et mala corporei sequitur dum gaudia sensus,
Exulat a vero lumine caeca procul:
Nec falsarum habitu virtutum ornata juvatur,
Perdit mens veri ornatu, quidquid agit.
Noverit ergo Deum sapiens, sanctisque suis illis
Diligat, in quo ipso se quoque amator amat.
Sit bonum, & justum, & verum, atque benignum.
Sit forma, & speculum, lux, & imago Dei.
In Christo factum novum, & jam carnis vetusta
Exutus, vitam mente relinquat hominum.

Ut sacri templi quicumque in parte locatur,
Magnum erit, in capitis corpore quidquid erit;

De adulationis vitio.

EPIGRAMMA CII.

LIngua assentatoris vitium peccantis acervat,
Et delectatum crimine, laude ligat.
Nulla sit ut lapsis reparandis cura salutis,
Blanditur sensi dum malesuadus honor,
Libera sit potius vox correctoris amici,
Saepe nec diris caeca venena sinas.
Nec credens medici verbis fallacibus aeger
Noxia laudato vulnera pestis amet.

De Petitionibus contrariis Deo.

EPIGRAMMA CIII.

CUm Deus adfectum precibus non praestat iniquis,
Multis concessit, quod miseris augeat.
Errantem voto non vult dedisse perire facile,
Imo favens, quod prohibet placidus.
Dolent felici supplere gaudia repulsa:
Incipiatque animo pellere quod voluit.
Poenitentemque Deum sentiens sibi, cum cuperet
Non exaudiri, cum ruerat, meruit.

De mala voluntatis effectu.

EPIGRAMMA CIV.

CUm datur injusto peccandi optata potestas,
Ut mala mens prave quod cupit, efficiat:
Ira Dei magna est, qua cunctos sic quoque punit,
Ut quibus exultant criminibus, pereant.
Crescit enim cumulus cum longo poena reatu,
Arbitrium vitiis si nihil obstiterit.
Et magis erranti ut parcant flagra, timendum est;
Quam ut non fiat, quod voluisse nocet.

De cohibenda ira.

EPIGRAMMA CV.

NEmo suo currens motu non afficiat aeque;
Quaeque valent homines, si bene velle putant.
Unde animus culturi pace est revocandus ab ira:
Ne robur saevis tempora dent odiis.
Offensas sibimet peccantia corda remittant,
Nam nemo est, qui non indigeat venia;
Quam nostri memores non mitti jamet vana vicissim,
Omnibus in cunctis demus, & petimus.

De vera Dei laudatione.

EPIGRAMMA CVI.

LAus vera in Dominum depromitur ore precantis;
Si quae vero sonant, intima mente habitent.

Non

Non praedestinatque ante facta bona dicuntur,
Ni pia vota habeant, quod bona singula faciat.
Nam levi mala quidem est, & vivere prave,
Damnant eum undique ingrata judicia.

CARMEN DE INGRATIS

PRÆFATIO.

Unde voluntatis sanctae subsistat origo,
Unde animis pietas insit, & unde fides.
Adversum ingratos, falsa & virtute superbos,
Centenis decies versibus excolui.
Quos si tranquilla studeas cognoscere cura,
Tutus ab adversis turbinibus, lector, eris.
Nec libertate arbitrii rapiere rebellis,
Ulla nec ambitus dona negare Dei.
Sed bona, quae tibi sunt, operante, fatebere, Christo,
Non esse ex merito sumpta, sed ad meritum.

PARS I.

Coeptum in Christo gentis mihi caelitus alto
Insinuatum amore, propriis succendere vires
Me jubet, atque pios accendere carmine motus,
Ne post confectum celebris victoria bellum
Surgere adhuc vires extincta pace resolvat;
Cum mortis ejus jam melius ab hoste superbi,
Nec caput excisum virulenta palpitet cauda.
Unde igitur coeptum mali semina resurgant;
Quamvis ipse de fonte dolum nova promat origo,
Da fari Pater omnipotens, auctorque malignam
Pandere, prostratus qua rursum nititur error.

CAP. I.

Dogma, quod antiqui satiatum felle draconis
Pestifero vomuit coluber sermone Britannus;
Hac primum hominum contra discrimina servat:
Ut sine praescriptum mandatum transgrediuntur,
Sive inculpati servata lege manerent,
Mortem illam praesus, qua carnem vita relinquit,
Oppeterent, quae non peccato parta, sed ipso
Instituente Deo, cunctis esset lata creatis.
Progeniem igitur nullam traxisse reatum
De Patribus, neque dissimiles nunc nascier illo
Ortu primorum; qui libertate mala sua
Peccarent, sorsum nasci, non semine pravi.
Posse autem infantes omnes virtutis in arte
Vitam agere, & summi legem servare decorem;
Arbitrio quoniam subsistat recta voluntas
Naturalis bona, atque insita cordibus lex.
Hac omnes, quod scripta fuerit, cui gratia Christi.
Addita perfectam sapit generaliter in se
Condidaris, lucro si vellent fonte moveri,
Ut sponte adtractum unde salvanda tenerent,
Sponte sua et vitae proprias naturae rediret;
Quaeque per errorem esset spoliata vigore,
Hanc servare simul posse purgata receptam.
Tum dives usque hac dominus largissimus esse,
Et tam multa dominus conferri foedere in isto;
Ut parvis etiam, vitiisque carentibus omni
Congruat, ut qui sint geniti bene, sint meliores,
Nec semper hominis adjecto illustrior honore.
Nullum autem ex cunctis extorrem muneris hujus,
Judicio quoniam esse Dei; & quemque merenti
Libertate sua, in caelos pervenire vocantis,
Quae fiat adversus ambitus, debita nullis.

CAP. II.

Talia cum demens late diffunderet error,
Commonuitque rudes tenebris letalibus aegros,
Adfuit exhortante Deo, provisa per orbem
Sanctorum pia cura patrum, non dispare motu
Confectura dolos variis ambagibus hostis.
Ipsi etenim namque simul decretis Spiritus unus
Intonuit, pestemque subeuntem prima recidit
Sedes Roma Petri: quae pastoralis honoris
Facta caput mundo, quidquid non possidet armis
Religione tenet. Non segnior inde Orientis
Rectorum cura emicuit; cognoscere auctoris
Dogmata in auctorem conferens lege benigna
Communem damnare fecere, sed corpore Christi
Abjungi, & sancto meliori grege dissociari.
Lux quaedam hic, etsi interque multos relevasse videtur
Judicium: sed tenebris statim invenitur in illo
Vitia abundantem dira de fronte peplum.
Praesul enim namque est, divino & amore coruscus,
Ut licet infantem declinans hostis primum,
Perfidus tamen inferens sapisset eodem;
Ipse tamen proprium garrens damnandum secaret,
Ore suo cum non potuere fabulam, quam prompsit ore.
Tunc etiam Bethlei praeclari nominis hospes,
Hebraeo simul & Graio, Latioque venustus
Eloquio, morum exemplum, mundique magister
Hieronymus libris valde excellentibus hostem
Dissecuit, noscique dedit, quo turbine terram
Vellet ovans libertate obducere tenebris.
Quid loquar & curam magnae quam gessit in urbe
Constantinopolis dux & antistes laudatus
Atticus, ausique hujus latrocinium
Catulitanis sedes? de qua nunc impia corda
Quaerens in obscurum tegerent velamina formae
Judicii, & tacita noluerunt mensura repellere.
Praeterea quantum fuerit hujus vocis tenuitas
Clara Ephesus; non parva suis consistere testis
Vasa ita, & morbi futuri, & semina mortis;
Quaeque suis velles etiam Trinacria servans
Agmina vipereum proprii sanguinis oris.

CAP. III.

Tu quoque fidei dogmatica Africa nostra
Exsequeris, tecumque suum jungente vigorem
Juris apostolici solio, fera viscera belli
Conficis, & lato prosternis limite victos:
Convenere tui de cunctis urbibus almi
Pontifices, geminoque senum celeberrima coetu
Decernis quod Roma probet, quod regna sequantur.
Nec sola est illic Synodorumque aucta potestas;
Cur quae non potuere reisque evincere nostris
Vi pravorum, dissensio atque virtusque conceditur est.

Haeretici sensus; nullumque omnino relictum,
Dubia fides quod non dissolveret argumentum.
Condita sunt, & scripta manent, quae de catholico
Atque suo fonte [illegible],
Et tot contraria [illegible] sunt edita linguis,
Sic moderante [illegible],
Ut qui damnatum vellent de errore reverti,
Acciperent pacem, pulsis qui prava tenerent.
An aliud [illegible] potest praecedere sanctum
Concilium, cui dux Aurelius, ingeniumque
Augustinus erat? quem Christi gratia cornu
Uberiore rigans, nostro hoc lumen dedit aevo
Accensum vero de lumine. nam cibus illi
Et vita & requies Deus est, omnisque voluptas
Unus amor Christi est, unus Christi est honor illi.
Et dum nulla sibi tribuit bona, fit Deus illi
Omnia, & in sancto regnat sapientia templo.
Istius ergo levior conflictu, quo de grege sancto
Insanas populare feras, industria major,
Major opus totum praestantius implevit orbem.
Nam quaecumque gradus convertit callidus hostis,
Quasque per ambages caecas iter egit opertas;
Hujus ab occursu est praeventus, mille viarum
Insidiis aditum non reperientibus ullum.
Cumque foris rabies [illegible] exclusa luporum
Frenderet, [illegible] mendacia vertere artes;
Ne mentes aliarum ovium corrumpere possent,
Nec dubiis quiquam turbaret corda querelis;
Istius ore viri fecit Deus: illius ore
Flumina librorum mundum effluxere per omnem,
Quae mites, humilesque bibunt, campisque animarum
Consita vitalis doctrinae immittere rivos.

CAP. IV.

Jamque procellosis dejecta turbine motis
Haud nova bella, novi parant oriantur in ipso
Sinu matris gremio, quae crescere natis
Visa sibi [illegible],
Degeneres [illegible];
In quibus [illegible], specie fallente, benignum
Errarat genitricis amor, cum [illegible]
Moribus, [illegible] stirpis [illegible] origo.
Sic [illegible], & [illegible]
Fructu placent, quae sine laevent; sic laudis amore
Virtutum studium corrumpitur, atque ab honesto
Principio in vitium exitus plerumque cucurrit,
Quo quidem [illegible] nunc turpius, atque perversi
Dogmatis extinctam tentant animare favillam,
Dum libertatem arbitrii, affectumque volendi
In natura manere [illegible],
Tam bona quaeque docent sectari posse superbo
Ingenio, quam posse suo cuique in mala ferri.

CAP. V.

Quid qui confirmant quidnam distabit ab illis,
Qui dicunt, nullo peccati vulnere laesum
Naturale bonum, cum quo ille homo nasci
Nunc omnem hominem, quod primis ingeneratum est?
An vero excerpis quaedam, quae parte recisa
Suscipias, cuique suo purgata [illegible].
Dic igitur quidnam inde probes, quod vero refutes,
Et de damnatis quid sit, quod crimine solvas.

An [illegible] pacis [illegible] dare te posse hosti?
Nec verum est ullo posse ex parte teneri
Simpliciter: quem non dubium excludere templo.
Pulso animo. verum te discordia dividit ab ipsa:
Corde suos quod in ore probas, conjungere amicis
Moribus, & verum cupidis componere foedus
Lege non; nam parva minus, & congrua praestas.

CAP. VI.

Ecce perverata terrarum finibus adsunt,
Implorantque tuas lacrimosis questibus aures
Incipiunt: pulsi maestis, nullaque recepti
Sede vagi, tandem famae exhortante redimus.
Quaeque placent vobis amplecti sumus; ecce nobis
Doctrina vestra est pietas: nihil inficiando
Discernimus: licuit nobis jungere sensum,
Immortalem hominem factum si crediditis, & non
Credimus: incideret mortem peccando, suamque
Progeniem culpa, & [illegible];
Nullus non aqua sacro baptismate Christi,
Infantesque etiam purgentur fonte lavacri;
Dum nostri decus arbitrii [illegible]
Principio, quod sponte [illegible] insistere [illegible],
Meruerit illaesum, nec viribus [illegible] ab illa
Quas, condente Deo, generaliter omnis in Adam
Suscepit natura hominum, nec supperat ulli
De [illegible] accepta arbitrii virtute querela:
Cum sive doctrina sive lex, sive gratia Christi
Omnem hominem salvare velit: [illegible]
Sic sit propositum, ut nullus non possit ad illud
Libertate sua, propriaque vigore venire;
Sitque salus dignis salvari ex fonte volendi.
Haec si vestra fides, vestra est doctrina, revertis,
Quae vestro exemplo rejecimus, addite sanctis
Nos gregibus, tandemque boni defendite vestros.

CAP. VII.

Talia subdolus si dederis hostis apud te,
Quid referes? quo te effectu comperta movebunt?
Confestim, trepidus, motus, cunctans, & haerens,
Quorum accepta precipitem sententia volvis.
Injustum est animis cognitis non dare pacem?
Et quem una fides, eadem sapientia nutrit,
His cum [illegible] Sanctorum ad [illegible].
Jungere sed [illegible] cum talibus, & violare
Sanctorum decreta Patrum, regumque piorum
Scriptas lege Dei leges contravenire, [illegible]
Horrida est, [illegible].

CAP. VIII.

Ergo Petri sedem Romam & Carthaginis [illegible]
Concilium [illegible];
Quae [illegible].
Sed cum [illegible] pervigili [illegible]
Perspectam, [illegible]
Haeresum [illegible];
De qua [illegible],
Conjunctum corpus per singula membra resurgens)
Antiquas [illegible] artes rejecerit hostium,
[illegible]

[illegible]

Numquid non justus potuit dolor abdita cordis
Rumpere, & in tales emittere carcere questus,
Ut dicant: quaenam ista, Pater, tu credimus alma
Justitia est? quam sine gravem, quam sine severi,
Claudere terrarum nobis persuaditis orbem?
Nec ne sacram toto in mundo, quorum undique vobis
Sit suspecta fides, quam non tolerare queratis,
Si nostro a vestro vel syllaba dissonet ore?
Non verbis jam non argumentative teramur:
Judicium exemplo petimus. quod pace manente
Libera multorum vos asseruit, hoc sine lite
Cedatur nobis. non nostra invenimus fortemus,
Nec primis studiis instituimus. ante recisum est,
Unde olim certamen erat, vestrisque severe
Credimus, & quaecumque illis placuere probamus.
Quid superest culpae? quae nos docet usque repelli?
Si vero haec etiam, quae nos pia duximus, absunt
A veris, & vestra illis haec cura repugnat;
Cur contra invidiam, patronusque erroris habetur,
Qui damnata docens, & per clara oppida tuti
His magnum implevit populos, quos non prohiberent
Plectitur, & nulla Gallorum constrinxit terra?
Haec in Pontificum sancto deprompta senatu,
Quam curam exigerent, & quae decreta moverent
Perspicis. an quoniam cuique securus aperta
Non praemeritis synodis, quam te poena urget,
Spernis propositi specimen terroris, & isthaec
Plena velut vanis simulacris somnia rides?
Ergo gerendorum eventu & fine remoto,
Haec tantum in medium, quae jam sunt gesta, vocamus;
Ut facile exilio, quia haec sic dissimularet,
Quod discrepantes dudum in diversa movemur.

PARS II.

CAP. IX.

Nter multa, salis, quae condidit Haeresiarches,
(Quod agnoscis) aut meruimus, quae bene facta est,
Nobis cum vitiis nos quemquam omnino creari,
Nec cuiquam primi culpam nocuisse parentis;
Et quoniam tales nascamur, nunc quamque qualis
Ille fuit nostri generis pater, ante reatum;
Posse hominem sine peccato decurrere vitam,
Si velit, ut potuit nullo delinquere primus
Libertate sua. nempe haec damnata severis
Concilijs, eradique manent. contendit & illud
Idem auctor, quod lex ita sanctos miserit olim
Caelorum in Regnum, sicut nunc Gratia mittit.
Hoc quoque judicio sancto scis esse peremptum.
Objectum & aliud; ipsum dixisse magistrum,
Quod meritis hominum tribuatur gratia Christi,
Quantum quisque Dei donis se fecerit aptum.
Sed nimis adversum hoc fidei, nimiumque repugnans
Esse videns dixit; se non ita credere, & illos
Damnari dignos, quorum mens ista teneret.
Quo tamen judicibus damnantibus ista
Consensisse reum; nec quemquam hoc posse teneri;
Qua tamen ipse suis rursum excoluisse libellis
Detegitur, reprehensa in sensum fallendo retorsit.

CAP. X.

Nunc igitur, quoniam quid nobis displicuisset
Ostensum est; quam sana fides sit vestra patescat.
Gratia, qua Christi populus sumus, hoc cohibetur
Limite vobiscum, & formam hanc adscribitis illi;
Ut cunctos vocet illa quidem, invitetque, nec ullum
Praeteriens studeat communem adferre salutem
Omnibus, & totum peccato absolvere mundum;
Sed proprio quemque arbitrio parere vocanti,
Judicioque suo mota se extendere mente
Ad lucem oblatam, quae se non subtrahit ulli,
Sed cupidos recti juvet, illustretque volentes.
Hinc adjutorio Domini bonitate magistra,
Crescere virtutum studia, ut quod quisque petendum
Mandatis didicit, jugi sectetur amore.
Esse autem cunctis istam communiter aequam
Libertatem animis, ut cursum explere bonorum
Persistendo queant; sicut affectumque priorem
Donare Deo, tepentis qui numquam desit honestis.
Sed quia non idem est cunctis vigor, & variarum
Illecebris rerum trahitur dispersa voluntas;
Sponte aliquos vitiis succumbere, qui potuissent
A lapsu revocare pedem, stabilique manere.

CAP. XI.

Jam quia summatim, ut patuit, sententia vestra
Decursa est, dic unde probas quod Gratia Christi
Nullum omnino hominum de cunctis, qui generantur,
Praetereat, cui non regnum, vitamque beatam
Impertire velit? nec enim vel tempore nostro
Omnibus in terris jam certa est insinuata
Christi Evangelium: ne dicam exordia dum
Non potuisse simul toto decurrere mundo.
Illa quidem ad cunctos ferri sunt jussa: sed uno
Tempore non agitur, quod tempore dicitur uno;
Dumque suis adiens Dominus pandebat ministris,
Crescunt primitiae; scriptum omnino manifesta est
Quasdam terrarum partes, ubi Gratia nondum
Corda hominum tenebris absolvit vetitis impietatis:
Et diva immensi decreta sub urbe perlibant;
Cum multa accepto fulgerent lumine castra.

CAP. XII.

An bonitas divina quidem non desinit omnes
Velle vocare homines, sed non simul apta fuerunt
Corda, quibus possent conferri dona salutis;
Dum morem obsistit feritas truculenta magistris;
Difficilesque adiens tenebris, quae gratia gentes:
Ut quoniam lucem obsisti voluisset, & ipsos
Demonstrare Deus; sua quemque adversa voluntas
Arguat, & culpae obstringat, quia lumine priorum
Per vitia oppressa, sit facta indigna futuro?
Quod si fertur, nequidquam plectimus illos,
Qui nullum innatum vitium nascentibus aiunt,
Incolumique omnes cum libertate creari,
Gratia quos Christi meritorum examine justo
Eligat, & dignos vita vocet, accipiatque.
Namque altercatores simul sapitis, qui dicitis omnes
Omnibus oblatam potuisse apprendere mentes;
Naturae quoniam non sit detracta facultas:
Nec sine justitia generent, qui vocantis honorum

Sordibus obstrictos vitiorum, ut lumen ab alto
Excussum indignos nollet requiescere sede.
Sic quod nascendo est omnes, distare volendo:
Ut meritum ad paucos, naturaque spectet ad omnes.

CAP. XIII.

SEd tamen haec aliquam si vis ratione teneri,
Et credi tam stulta cupis: jam pande quid hoc sit,
Quod homo, omnipotensque Deus, non omnia subdit
Corda sibi, pariterque omnes jubet esse fideles?
Nam si nemo aliquam est, quem non velit esse redemptum;
Haud dubie impletur quidquid vult summa potestas.
Non omnes autem salvantur; magnaque pars est,
Quae sedet in tenebris mortis, nec vivificatur.
An varii mores animorum talia gignunt;
Libertasque facit causam non omnibus unam?
Ergo hominis valido arbitrio divina valentur,
Aut etiam invalida est, operis cui finis in illo est.
Quem frustra invitis velit, nisi praestat illi
Affectum, cujus comitetur gratia curam.

CAP. XIV.

AT si dimota certamen nube, serenis
Quae sunt vera oculis mecum intueare modeste;
Et vetera exemplis manifestis plena videbis
Saecula, et in nostro reparari tempore multa,
Quae doceant virtute Dei conversa malorum
Corda, quibus recti nihil umquam insederat, et quae
Nullum justitiae signum, sensumve gerebant.
Namque et nunc saevas gentes, et barbara regna
Ignota prius, nec sperata nova gratia Christi
Adtrahit, et terra templum sibi condit in omni:
Sic prius insultans populos, arteque rebellis
Vincens obstantes animos placare subegit.
Non hoc consilio tantum, hortatuque benigno
Suadens, atque docens, quasi externam legis haberet
Gratia, sed mutans intus mentem, atque reformans,
Vasque novum ex fracto fingens, virtute creandi:
Non illud monitus legis, non verba Prophetae,
Non praestata sibi praestat natura; sed unus
Quod facit, reficit, percurrat Apostolus orbem,
Praedicet, hortetur, plantet, rigat, increpet, instet;
Ut tamen his sterilis auditor promoveatur,
Non doctor, neque discipulus, sed gratia sola
Efficit, inque graves adolere plantaria fructus.
Haec semen fidei radicem adigere mereri,
Et sine cordis validum jubet edere germen.
Haec maturandam segetem servatque fovetque,
Ne loliam, et tribuli, et vana decipientur avena,
Nec ventus frangat, torrens trahat, ustio siccet,
Nec cum se nimium lata, et praefortis in altum
Extulerit, turpi procumbat strata ruina.

CAP. XV.

ET nos ista, inquit, fatemur de bonitate,
Ac virtute Dei, quae ut foveatque regatque
Quos vocat, et totos peccato praestet ab omni;
Non sua servabit quemquam prudentia, nec se
Perficiet solis naturae viribus ullus.
Sed quia jam in nobis, et velle et nolle coeptum est,
Arbitriique sui quo vult intendere motus,
Libertas accita perit, pariterque per omnem
Judicio captiva, quo mundo praeposuisset
Consilio servare Deum: nunc sancta laboret
Excutiat somnum; seque illi subdat et aptet,
Qui cupidam et sedam promissis in gaudia ducat.

CAP. XVI.

HOc est nobiscum, quod tu sentire fateris?
Haec semper fides? haec Christi gratia nostra est?
Cujus opus, stans difficili limite, rerum
Extra hominem stantis, clausa proinde fore omnia;
Visque Deum sensus carnis permissio adire,
Per quam semper sorte animam disponere totam,
Seque ferat quoque librata examina pendens
Praestantis arbitrii: veluti cum voce loquentis,
Aut rerum astarum specie, quas vidimus, aut quae
Legimus, oneretur secreta cordis in aula
Nunc amor, nunc odium, nunc spes, metus, ira, doloresque.
Nec tamen hos motus scriptor, narrator, et auctor
Inserere animo (quamvis forte hoc quoque vellent);
Sed de perceptis cursu judex spontis movetur,
Et pro more suo, quaecunque se exercuit istis,
Transit in affectum, quem confirmaverit ex se,
Illa volendo sequens, istis nolendo resistens.
At vero omnipotens hominem cum gratia salvat,
Ipsa suum consummat opus, cui tempus agendi
Semper adest, quae gestis velit: non expleta illi
Fit mora, non causis, non ipsa suspenditur ullis.
Nec quod sola potest cura officiumque ministri
Exsequitur, famulisve vicem committit agendi,
Qui quamvis multa admoveant mandata vocantis;
Pulsant, non laxant animos. Deus ergo sepultam
Suscitat, et solvit peccati compede vinctam:
Ille obscuratis dat cordibus intellectum:
Ille ex injustis justos facit, indit amorem,
Quo redamemus amans, et amor, quem confert, ipse est.
Nunc itaque affectum, quo sectetur mortua vitam,
Quo tenebrae fiant lumen, quo immunda nitescant,
Quo studeat sapere insipiens, aegrique valescant,
Nemo alii dat, nemo sibi, non littera legis,
Nec naturalis sapientia, quae semel acta
In praeceps, labi novit, non surgere nescit:
Et licet eximiis fulgens pollere per artes,
Ingeniumque homo generosis moribus ornet;
Caeca tamen semper ad mortem per devia currit,
Nec vitae aeternae verum adquirere fructum
De falsis virtutis potest, vanumque decoris
Occidui speciem, mortali perdit in aevo.
Omne etenim probitatis opus, nisi semine verae
Exoritur fidei, peccatum est, inque reatum
Vertitur, et sterilis cumulat sibi gloria poenam.

CAP. XVII.

USque adeo donum est, quod credimus, et data gratis
Gratia, non merita dicitur mercede vocatur,
Nec justorum operum discrevit sorte, sed omnem
Sola ea largitur mundi sortis, atque legentem
Lectus amare, non hoc studio, sed munere sumit.
Nam si spectatrix meritorum est gratia, et illis
Se tribuit, quorum est palmam parta, et quam
Per libertatem arbitrii sibi repperit aptam:

In-

Infectum [illegible], infusaque [illegible] fides
Debuit, & veri cupidam ac recta volentem.
Perversos autem, & sceleratos assuetudine turpes
Deturbans penitus, [illegible] negare [illegible].
Atqui salvator mundi non [illegible] solis
Solvere, qui [illegible] venit conferre medelam:
Sed quod dispersum ceciderat, fractumque jacebat,
Quaerere, & [illegible], ac reddere caelo.

CAP. XVIII.

DEnique ne quisquam ex morum splendore putetur
Confidi, aut fidei meritis ad bona facta vocari,
Cum non divina sit [illegible] ipsa
Inspirata fides: recole innumerabile vulgus
Retro [illegible], juvenum, qui cuncta turpiter usi
Libertate animi, per cultus Daemoniorum,
Per magicas artes, per [illegible] rapta [illegible],
Per stupra, per caedes vitam duxere nefandam:
Et tamen incumbente obitu, jam limine in ipso
Extremi flatus, miserantem, mente remota,
Cognovere Deum, purgatique lavacri
Munere, nulla mali linquentes signa prioris,
Ereptique [illegible] terrena Caelo.
Quae merita hic steterunt? ô praecedentia [illegible],
Impia, & quamvis post addita, nulla fuerunt.

CAP. XIX.

SI vero meritis adscribis, voluisse renasci:
Nempe etenim fidei pars est tam recta voluntas.
Porro fidem quis dat nisi Gratia? sic bene velle
Gratia dat tribuendo fidem, quae credita poscat,
Quaeque voluntatis meritum creet, ipsaque sola
Nascatur spirante Deo, mentemque reformans
De cinere algenti sopitum suscitet ignem.
Ergo voluntatis genitrix, operumque creatrix
Non est ex merito: quoniam quod non fit ab illa
Non bene fit. quem non recto via limite ducit,
Quanto plus graditur, tanto longinquius errat.
Sive igitur meritum, [illegible] posse
Ante fidem, demum virtutibus impertiri;
Sive illam vis esse [illegible]
Sanctam, sed genitam de libertate volendi:
Nullam habet in vobis salvatrix Gratia sedem
Instare exclusa arbitrio, quod [illegible]
Erigitis, spatio ex gravius [illegible] ruitis.

CAP. XX.

DIluitur operum quod positis in [illegible]
Principium, mandata Dei facere ante lavacrum
Nosse, & amare Deum, promissa credere Christi,
Quaerere, pulsare, & petere, proprium mentibus esse
Asseritis, qui se [illegible] aptare [illegible].
Atque ab aquis divinis [illegible] renovare [illegible]
Incipit, & vitae causa est sua cuique voluntas:
Ut merces operum sit gratia, judiciumque
De pretio, quo quod [illegible] perhibetur, [illegible]?
An vero auxilium verbo Deus [illegible], & se
Venit [illegible] in [illegible];
Ut pulsante [illegible] voluntas,
Judicio [illegible] opus, [illegible] gratia jam sit

Gratia, quae legis [illegible] vice, jure merentis
Solum agat, [illegible] agro, cum plantaverit [illegible],
Terraque [illegible] det, [illegible] Deum [illegible]:
Ubere [illegible], & [illegible] caloris
Exoriatur [illegible]; [illegible] quidquam [illegible] in arva
Praestabit divina manus, quae [illegible]
Edomitum, faciatque [illegible]?
Talibus [illegible] dogmata, [illegible]
Perspicuum est quantum damnatae consentiat?
Dum cuique ad vera capienda exordia vitae,
Naturam [illegible] fidei conferre docetis:
Denique aliud non est [illegible] gratia, quam lex,
Quamque Prophetae [illegible], & quam doctrina ministri.
Scilicet ex tale arbitrium generaliter insit
Homine damnato genitis in corpore mortis,
Quale habuit nondum peccati lege subactus
Primus homo; & nullum in prolem de vulnere vulnus
Transierit, nisi corporeum per conditionem:
Quae sic exterius respondeat, ut nihil intus
[illegible], totamque suam substantia mentis
Splendorem, & nulla poenali sorte premantur.

CAP. XXI.

ADdite quod superest [illegible], [illegible] vani
Congerite, & causis causas aptare sequentes.
Et quia nil prisco perstit virtutis apud vos;
Dicite ab illustri animis procedere verum
Justitiam regno dignam, Caeloque locandam:
Ut frustra Christus sit mortuus, [illegible]
Arte, & sponte sua Sanctos ab origine mundi,
Absque Deo placuisse Deo: decretaque legis
Tunc data, cum pejor mos, & corruptior usus
Terrarum infecit, & [illegible] mortis agerat.
Dicite plectentes apices, [illegible] ministros
Hoc cepisse operis, quod Gratia vivificatrix.
Nunc agit, & quoniam fuerit sine lege valentis
Libertas, quam scripsit [illegible] pagina cordis;
Sic vitam aeternam adquiri potuisse, vacante
Hac ope, quae legem super eminet, ut sine lege
Ex naturali possit virtute capessi:
Nunc autem studiis vergentibus in mala multa,
Crevisse auxilium; non quo cessante, laborem
Non superet per difficiles natura labores;
Sed quo contentus operum affectusque juvante,
Propositam citius ferret mens libera palmam.
Dicite cum infantes renovantur, non renovari
Infectas animas, & sola carne renasci
Exterius lotas, non existentibus illis
Interius maculis: quoniam licet edere recte
Signa voluntatis [illegible] hoc magis [illegible]
Sorde vacent, super [illegible] quod conditionum
De proprio nihil addiderint, quod fons abluerit.

CAP. XXII.

HAEc si non vestris spirant de cordibus, & vos
Non tam damnatis [illegible] extollit alta
Mergendos pelago, submittite vela timoris,
Nobiscumque humiles placido consistite portu.
Edite confitentes naturae vulnera victae
Exutam virtute animam, caecataque cordis
Lumina, & in poenam proprium [illegible] superatis
Arbitrium, [illegible] consurgere posse

Inque novos lapsus semper ... revolvi:
Cui fas sit liquerit sapientia, mortique subactum
Detineat, nisi vera salus ex munere Christi
Addat, & oppressam dignetur gratia mentem.

CAP. XXIII.

AN vestrum sublimem nimium pudet ista fateri,
Ne sub tam claris morbis sit vilior aeger,
Cum nihil ex omni majorem dote superbis,
Quam medici mereantur opem, & curante valescant.
Ergo in castra gradum revocare hostilia, & illis
Addite vos, quorum ingenio & fallacibus armis
Luderis, ejusdem vibrantes spicula linguae.
Exaltare bonis naturae & meritis honorum
Omnibus a seclis illaesum stare docete:
Nec vos in totum revocatis degenere mundum;
Corporeo tantum decurrere tramite poenam
Peccati prohibete, animi nihil hinc minuentes:
Vulnere transfuso absolvite crimine, & ipsam
Justitiam accusate Dei, transire severis
Suppliciis, quae non valeat transire reatum.

CAP. XXIV.

SEd non injustus Deus est; manifestaque Pauli
Vox docet, uno omnes homines cecidisse parente;
In quo tota simul series prostrata nepotum
Deperiit, nec habet quisquam, quo surgere possit
Ad vitam, sacro nisi rursum nascitur ortu.
Quosque enim summo justos numeravit ab aevo,
Hac ope, non dubium est, salvavit, quam modo toto
Lucida omnipotens exercet Gratia mundo.

CAP. XXV.

HÆc, sicut dictum est, non judex est meritorum,
Quae nisi prava malis non invenit, & nisi donet,
Quae bona sunt, nihil efficiet bene caeca voluntas.
Haec ut cujusquam studio affectuque prematur,
Ipsa agit, & cunctis dux est venientibus ad se:
Perque ipsam est currendi, non iter ad ipsam.
Ergo ad iter per iter venitur; sine lumine lucem
Nemo videt; vitam sine vita inquirere mors est.

PARS III.

CAP. XXVI.

HIc vestram insano profertis corde querelam:
Omne opus arbitrii sublatum vociferantes,
Currere currentem si non, & velle volentem est;
Nec virtus poenam debent, nec praemia laudi,
Si vel naturam obstrictam mala velle necesse est,
Vel nostro ascribi nequeunt bene gesta labori.

CAP. XXVII.

NUmquid non videre sapient, quidnamque perurgent
Vestri illi, quorum censetis verba, magistri!
Sed quia consimili cognata superbia quaestu
Protulit, & vobis nunc respondetur & illis.
Inviolata Dei quondam & sublimis imago
In primo cunctis homines Patre, dum servare in alto
Degit, & edicto parens cavet arbore ab una.
At postquam rupta mundani lege, superbum
Consilium vetitum invidia de hoste recepit,
Corruit, & cuncti simul in genitore cadentes
Corruimus: transcurrit enim virosa per omnes
Peccati ebrietas, corrupit & cordis in alvo
Persistit, et saevus fervet carbunculus ejus.
Hinc animi vigor obscuro caligine tetra
Induitur, nec jam divina fulgura lucis
Lumine intus: hinc arbitrium, per devia lapsum
Claudicat, & caecis contritum inque ligatis
Ista non error abest. manet ergo voluntas
Semper amans aliquid, quo se ferat, & labyrintho
Fallitur, ambiguo dubiarum ingressa viarum:
Vana cupit, vanis tumet, & timet; omnimodoque
Mobilitate ruens in vulnera vulnere surgit.

CAP. XXVIII.

HOc itaque arbitrium cum sanat Gratia, tolli
Dicitis, & perimi vita aspirante putatis.
Quid mirum, tabido si corde phreneticus aeger
Morbum amat, & pellit medicum? cognoscite tandem
Antiqui contemptu doli, & defunctis capacem
Aures vipereo virus praebere susurro.
Parcite de fractis praecerpere nobile poma
Arbitrii ramis: non hoc vos esca reformat,
Nec speciem Angelici nutrit cibus ille decoris;
Sed veterem avidam, & tetra bile tumentem,
De fastidita procul abripit arbore vitae.
Hujus ope & fructu vescendum est, ut revalescens
Languida mens viam propriis bene viribus uti
Possit, & in Christo inveniat quod perdidit in se.

CAP. XXIX.

NOn igitur, quisquis terreni veste parentis
Exuitur, priscum naturae perdit honorem,
Sed recipit: sic adquirens quibus ante carebat,
Ut non sint, si collatio cesset, modestia,
Et quod habet, hoc in acceptum ferat, & habere.
Fons igitur meriti est lucis pater: inde quod in nos
Fluxerit, hoc nobis materia est causa bonorum,
Dum largitori sua reddimus, atque salute
Augemur, nostrumque bonum sit gloria donantis.

CAP. XXX.

SEd qui judicium arbitrii, meritumque tueris,
Quisquis hominum studiis ascribis dona vocantis,
Infantum discerne animos, & dissere, quales
Affectus, quodnam habeant hoc tempore motus.
De tenebris exire, & libertate volendi
Indiret vis nota creandi lucidique capaces;
Nulla tibi arbitrii respondebunt signa, nec illis
Differre pares meritis potes: omnibus una est
Natura, & pariter nequeunt bene, vel mala velle.
Et tamen ex illis miseratrix Gratia quosdam
Eligit, & rursum quosdam inquisitos transfert

In

In magnum accrevere, multis in mores refidis;
Quorum causa fuit similis de vulnere eodem.

CAP. XXXI.

Nec movet istud pueris oppetta Parentum:
Cum pia profuerit vellicanda cura lavacrum,
Abstuleritque aliis aliena ignavia vitam:
Cum videant multos sanctis genitoribus ortos
Nullo salvari studio potuisse sacrorum,
Expulsisque aliis ab corpore crimine matrum,
Missum extra vitam tantum, quos forsitan capiat
Per fontem vitae caelesti traderet aulae.
Quid si diversum hunc finem, quem Gratia Christi
Unum, alio pereunte, legit, donatque salute,
In geminis etiam videas? quod dividit uno
Tempore conceptos, atque uno tempore cretos,
Non alio paret arbitrio praetendere natos.
Cessat opus, cessat meritum, nihil editur impar.
Sed Deus in tales discernit, quo magis Christi
Excellat bonitas, quae sola est causa vocantis
Et fidei, & meriti: quoniam sapientia divae
Hoc etiam irritat matris, ut sancta operantis
In summa vita fieret de munere mater.

CAP. XXXII.

Non autem recte, nec vere dicitur, illos,
Qui sunt exsortes divini muneris, & quos
Gratia neglexit degentes mortis in umbra,
Peccati non esse reos, quia recta gerendi
Non data sit virtus. natura complexa vinclum
Praevaluisse negant, nec ab uno germine credunt
Omnigenam prolem cum poena & crimine nasci.
Quod qui non credit, videt hujus pondera culpae
Tam valida pariter miseris incumbere mole,
Ut si nulla etiam cumulent mala, sit tamen unum hoc
Sufficiens studium ad mortem miseranda hominum.

CAP. XXXIII.

Hanc igitur legem, quam per se nemo resolvit,
Si manere, & recto positam sapientemque fatemur;
Cur querimur, quod non omnes salvantur ab illa,
Cum, si proprium super omnem irrupta maneret,
Sic cunctis justa damnatio non quereretur?
An quod de toto servetur, non toleratur
De parte? & melius foret omnia debita cogi,
Quam summam ex solida clementer multa remitti?
Quis vero nunquam squalenti corpore, posset
Invidia miserantis opem, quia non simul omnes
In locum verae sanitatis eduxerit idem,
Cum pomum, quo morsus erat, non experiatur
Quem misere sensit addictum, nisi liber ab illa.
Denique tunc illum seriatim cernere benignum
Concipit affectum, quo sobrie prece Christum
Conciliet miseris, sancta quo morbi gravant
Nulla gerunt vera effugii; tantum atque error,
Ut juvat, & veteris secura contagia morbi
Tam blande obrepunt, ut quo languetur ametur.
Unde ergo hanc oritur querimonia? non autem illos
Talis cura, quibus nondum est sua poena dolori,
Et qui se nulla credunt a labe solutos.

Qui vero arctabis exempli in lumine vivunt,
Gaudent, & quantum sibi sit largiente vocatis
Dimissum, et illa discunt qui debita solvunt.

CAP. XXXIV.

Vos igitur soli queruli, solique superbi,
Vos soli ingrati, quos urit gratia, cujus
Omne opus arbitrio vultis subsistere vestro;
Et quod non cuncti mortalem aeria vitam
Ingrediuntur, hoc ex ipsis pendere putatis;
Ut tamen judicio cunctis cuiusque, quod intrat,
Quam quod non intrat; cum per se utrumque facultas
Suppetat: & tam sit proprium bona, quam mala velle.
Impetus infausti impetus, artesque maligni
Auferr, & auctorem corruisse ecclesia Britannum:
Nos humiles, tenuesque sumus gratumque fatemur
Inviti currentes: quia sufficientia nostra
Ex Christo est: & quid recti sapimus, volumusque,
Illi debemus, qui vincula nostra resolvit,
Proque malis bona restituit non inveniendo
Quod merito legeret, sed donans, quod legeretur;
Ut de perceptis prodiret causa merendi;
Deque datis in danda gradum industria crescens
Scanderet, atque homini fieret Deus omnibus omnia.

CAP. XXXV.

Cur vero humani generis de germine toto
Pars quaedam in Christo rursum generanda legatur,
Pars pereat, cum causa eadem simul impleat omnes,
Nec discernatur meritis, qui munere distat;
Non satis audemus scrutari, nec per opertas
Ire vias, callesque graves pulsare remotos.
Multa etenim bene tecta latent, nescitaque prosunt,
Dum manifesta fides quantum dilecta clarescit
Sustinet, & nullo ignorat non edita damno.
Sic quondam electum ex cunctis populum Deus orbem
Lege, sacris, templo, augmento, signisque fovebat;
Quod fuit excelsum, maximeque in fine retentum est,
Non alterum nescire, omnes quacumque vagantes
In regnum totum gentes, tot saecula per orbem
Damnatum, quod spes parva tunc pluris habebat.
Sic postrema dies, quo mundi clauditur aetas,
Nutrit nostra cum sit data; nec tamen hujus
Secreti imparitem sanctorum turba laborat.
Ipsa quoque humani generis carnalis origo
Quam multas variis circumagit ordine causas,
Cumque omnes de semine prodeat eodem
Una manu, nec diversis differens parentum
Principiis connexa, sicut procedit ab uno
Dispar opus, cum in unum per vascula sistit,
Maturi usque utrum diversis jura creatoris.
Ergo eadem natura animae, naturaque carnis
Diversis omnibus sub conditionibus intrat.
His agnitum datum est, illum servire coactus est,
Hunc decor, & vires validae, viridisque senectus
Suscipit, hunc species indecora & debile corpus:
His viget ingenium praeclaris artibus aptum,
Horum tarda premit gelidus praecordia sanguis:
Quosdam nec doctos calor incitat ad generandum,
At alii infames capiunt sanare furorem:
Hunc mitem, & placidumque tranquilla modestia condit,
Atque alium ... immitis urget.

His

His & mille modis formas variantibus unum,
Imparibus subeunt dissimilia exordia finem.
Nec tamen haec inter tam compugnantia quisquam
Arguat auctorem, qui secum continet horum
Leges operis; dum judicio placita explicat aequo,
Et rerum causas obscurat justa potestas.
Si terrenum igitur figmentum, aedificiumque mundi
Progenies ita dissimilis prodeuntur orta,
Ut cum operis species pateat, tamen edita non sit
Norma voluntatis, de qua venit haec eadem imago;
Quid mirum, si consilii super omnia magni
Arcanum latet, & placito subducitur alto?
Quod, dum vana sumus mundi, dum in corpore mortis
Vivimus, & pedibus aspiratur certamen agonis;
Non cognoscendum tenet Deus, militiaque
Duxit ad examen quendam celare piorum.

CAP. XXXVI.

Non ergo instantem claudit, nec operta precanti
Urgemus cura; satis est opera omnipotentis
Cernere, & auctorem confiteri nosse bonorum;
Quae sine nil rectum atque utilium, nullus amorem
Impietas timida autem subtexere causas
Divinarum operum: non cum manifesta videmus
Dona Dei, quorum est finis meus, lumina volentes;
Cum Paulo tremuisse juvat, stupidumque modesti
Invictum ad solium Christi suspendere vultum:
Cujus judicium sic inscrutabile, & altum
Dicimus, ut veras prorsus fateamur, & aequum.
Nam meritum ad mortem subeundam sufficit omnem,
Ad vitam, nisi quod donavit gratia, nullum.

CAP. XXXVII.

Tu vero, o nova gens, veteris quae stirpe [illegible]
Velleris, & sacrae ramis radicis olivae,
Quaerere sectatos levis ex frondis honorem,
Nec studio capiaris tuo, sed pura precatus
Agricola insertam foecundo vivere ligno:
Vince superborum fastus, & vana furentum
Turbinibus stabili forti pietate resiste:
Nec tibi fallacis subrepat imago decoris.
Nullum ex his errare putes, sicut in Cruce vitam
Ducunt, & jugi afficiunt sua corpora morte,
Abstineant opibus, sint casti, sintque benigni,
Terrenisque ferant animum super astra relictis:
Si tamen haec propria virtute capessere quemquam
Posse putant, sive ex dignis labor iste juvari,
Ingenium [illegible] vera potentia;
Crescere quae cupiunt, minuuntur, proficiendo
Deficiunt, surgendo cadunt, currendo recedunt.
Unde etenim vani frustra splendescere quaerunt,
Inde obscurantur: quoniam sua laudis amore,
Non quae sunt Christi, quaerunt, nec sit Deus illis
Principium, & capiti non dant in corpore regnum.
Nec horum templo est Christus petra, fundamentum,
Sed super instabilem arbitrii nutantis arenam
Adsurgunt tecta superbi mole ruentis.
Illi, quem quidem reprobarunt aedificantes,
Nunc etiam reprobant lapidem, parietique fore ipso
Tertius esse volunt, quem nullo foedere nectat
Angulus, & quem nulla habeat compago ligatum.
Hi thalamum ad sponsi non perducuntur, & omnes
Libertate sua: quae Christi gratia confert,
Non acceperunt, & habent: non adjuvat illos
Vis Patris ad verbum, sed sponte, & proprio cursu
Praeveniunt cessantis opem: nec ad ipsius perveniunt
Ejus opem, sine qua sibi plurima posse videntur.

PARS IV.

CAP. XXXVIII.

Quid prodest verbis communem *Pelagianorum*
Respuere, sola damnatum plectere voce!
Cum paene iniquitate sublatum de mente severi,
Semina vipereo serpentem viscera pandere!
O bene quod diri erroris malus ille magister
Nullo percussus letalia pocula morbo;
Sed non ambages infectum scriptura venenum
Protulit, & gustu virus detexit amaro?
Nam si argumenta primordia non nocuisse,
His, quae discipuli duxerunt callidiores,
Inventorem [illegible] plasmata [illegible];
Quae dum multa volunt infirmas linquere in ipso,
Horrida terrificae declinant acria mortis,
Nec jam illis possunt aditum illudere linguae.
Quorum qua tendunt artes, atque unde oriuntur,
Non dubiis promptum est cuivis cognoscere signis.

CAP. XXXIX.

Nos igitur cum damnatis sociare videmur.
Cum dicimus mortem in cunctos transisse per unum
Primum hominem, cujus cunctis subjacere damno;
Nec quemquam in vitam aeternam nisi sanguine [illegible]
Venturum; infectaque omnes hac nocte fateri;
Quae prima ad mortem generaliter adeo origo.
Sed cum damnatis sapimus, damnataque promimus,
Cum docemus, nihil esse animis per vulnus avitum
Detractum decoris; splendoremque omnibus illum
Nunc inesse innati, qualis fuit ante ruinam.
Hinc libertatem arbitrii discernere sanam
Posse oculo cordis, quidquid sit recte gerendum,
Nec solum ad vitae praesentis commoda solers
Exhibere ingenium, quo se tueatur & ornet;
Sed summis etiam rebus aptare participandis,
Aeternique boni, sponte ad coelestia ferri,
Perque viam ad Christum, quam fecerit ipse venire.
Hinc hominum multa nisi adversantis fortuna
Posse repugnare adversis, nec cedere poenis.
Quod, superando animam per curarum adversantis bellis
Auxilia ascendentem Dei: qui deferat opem,
Utiliterque suam, ut de certamine agonis
Qualitas referant palmam: ne nulla piorum
Sint merita, & vera priventur laudis honore,
Si quod autem sensu voluntque volentque,
Praeceptisque mentes legalibus informantes,
Divini auxilii nutu hoc operetur in illis:
Cur solis Christi famulis virtutes tantum
Sit dignum, ut non posse probare apprehendere verum,
Quam plerumque habeant etiam simulacra colentes.

CAP. XL.

TAlia Dragon praecox quem e orbis fundit Iacquais,
Effuge in nova gens, hostiles effuge fraudes,
Et procul a laqueis sapiens abstergere mortis.
Christus enim tua justitia est, quo te duce oportet
Currere, ne cursus, Christo sine, sit vagus error.
Nemo etenim, nemo est, qui non cum vulnere primi
Sit patris genitus: quo vulnere mens prius omni
Percussa, quam membra forit, cum carne concepta est,
Quod regione poli disjecta superbia fudit.
Hic animus, cui lumen erat de lumine summo,
Arbitrium laudavit tenebris, et luce relicta,
Consilio legis terrae nigrescere coepit.
Nec jam captivus oculos extollere in altum
Sponte potest: quoniam has etiam spoliante tyranno
Perdidit, ut quamvis jaceat sub vulnere mortis.

CAP. XLI.

SI quid enim de principiis felicibus illis,
Et vita veteri superest producere agendo,
Hoc tamen, et quod sibi fuerit sublimius in se
Credit, omnemque suam mundi sapientia famam,
Inventum scilicet clarum mirata per artes;
Quod conjecturis subtilibus abdita quaerit;
Quod memoriae vestra, sapit acrior, afficitur apte,
Quod studium fandi excoluit, quod legibus urbes
Instituit, moresque feros ratione recidit;
Ut primae mentis officio certaret amoris.
Jam cum extenditur oculis, ad sidera Caeli
Per cursus enscendis suos, et scire videtur
Defectus solis varios, lunaeque labores;
Quam speciosa sibi est, et quam vanescit in ipsa?

CAP. XLII.

QUae licet et primo naturae haberentur honore;
Non tamen ad veram possunt perducere vitam.
Deusque ab his procul in multas religiones
Decidit, et fastis turbis superare relicta.
Nam si tunc etiam illaesa vigor ille maneret,
In quo laesa natura fuit; suaque quamque volentem
Conciliare Deo, poenaque absolvere posset:
Nequidquam Christus mortem moriendo pleret,
Peccatorum et mundi sanguis non tolleret agni,
Nec genus humanum generari rursus oporteret
Conditione nova: quoniam sapientia sua,
Sana fides, sanum arbitrium, totum libera morbo,
Vitam ageret dignam fortunarum participare.

CAP. XLIII.

SEd postquam semel quanta natura profundo
Inmersa est, quanta sit mole oppressa ruina,
Verbum homo fit, rerumque sator sub conditione
Servilis formae dignatur virgine nasci,
Inque ipsis cunctos defendere fraudes.
Vexatur virtus, sapientia ludificatur,
Justitia rejecta tulerat, clementia furor,
Gloria contemptum subit, et tormenta potestas?
Inque Crucis poenam nulli violabilis usquam
Vita agitur, cujus perimatur morte peremptor.

Justo, ut pro impiis effuso sanguine, et mors
Ultima injustis vita rescrum.
Hoc igitur pretio captivi cum redimerentur,
Agnoscant quali constricti carcere, quoque
Obsessi fuerint morbo: quibus eripiendis
Succurri haud aliter poterat, quam morte medentis.
Et quia de magnis opibus superfuerunt,
Quae decorent nudos, et quae solentur egenos;
Non ita pro summis abjecerint ultima lapsu,
Ut de supplicio restarent, atque ordine verso,
Quo laeti effecti miseri, sint inde superbi;
Aut cum haberent visus, longa in caligine caderent,
. . . . .
In Caelum attollerent, et vera luce fruerentur.
Naturae hoc proles, libertatique volendi,
Quam Christo tribuunt: ne scilicet evacuetur
Arbitrii virtus, si desit recta legendi.
Hoc patribus primis mortis fuit insinuatum
Consilio est; hac arte omnes prostravit in uno,
Dum suadet multo praestantius esse, quod ipsa
(Non tribuente licet Domino) sponderet habendum.
Prudens libertas, velitque instructa cupido:
Quae nunc per veteris serpentis vestigia fraudis,
Deceptum mundi studet inflammare furore.
Ut, quoniam pulcrum est veris imperdere curam,
Justitiaeque evades bonum esse, et velle salubre est;
Suadent, ingenio cujusque hoc lucis inesse,
Ut naturali motu vivida mobilitate
Non spirante Deo, Christi exardescat amore;
Usque ita salvatrix nil gratia conferat illis,
Sed referat, pretiumque bonum, non munere ducat.

CAP. XLIV.

HIs de seminibus multo jam plura oriuntur,
Et frumenta inter primo tempore laeta
Spicula falsa fotis segete horrida attollunt.
Sed nos, qui Domini fructum sumus, agricolaeque
Sumamus opus, et superare perituri vivimus aevo,
Viperei calicis gustum procul excutiamus;
Divisique operis constanter confiteamur
Figmentum nos esse novum, quod prorsus ab illa
Stirpe vetustatis discretum est atque recisum,
Et jam si proles carnalis originis exstat,
Qui membrum est Christi, capitisque in corpore vivit,
A quo subjectos vigor omnis manat in artus;
Et se quisque suo vegetari in ordine partes,
Ut quod agunt, et dispositis quod muneribus explent,
Ex illo possint, qui summo, atque altissimo pacem,
Ut cum inferretur lumen, se misceat imis.

CAP. XLV.

COnsiceant igitur, qui dicunt esse cavendum,
Ne desit Sanctis sperandae causa coronae;
Si non ipsorum bona repperiantur in illis.
Hos arcto tumida nimis impietate docentes,
Quid nisi justitiam non, et virtute, Deoque
Dispolare volunt: ut in nostra curas,
Languida ut sis vires relinquant, ut mortua vivant.
Sed nobis summo veterum a fonte bonorum
Haurire haec superest, et semper splendore vitare,
Gloria fit; non spes in suavi flore caduco.
Sicut enim palmas nullus valet edere fructus

Non

Nec in vite manens, quae de radice ministrat
Succum agat in frondes, & messe compleat uvas:
Sic infoecundi virtutum, & fruge carentes
Perpetui cibum erit ignis: qui vitae rebelli
Audent effusi de libertate carentem
Fidere, ne Christi fiant ubertate feraces:
Et magis se credunt propriis excellere posse,
Quam si virtutum plantator sit Deus auctor.
Vilem ergo putent se deformemque futurum,
Cum transformatis fiet Deus omnia sanctis
Gloria: corporei nec jam pressura laboris
Conteret invitos, sed in omnibus omnia semper
Christus erit: quod & pulcrum, & super omnia magnum est,
Cui pudet hac etiam fieri in valle gementem
Esse Deo, minimumque operis mortalis habere,
Quod non est nisi peccatum, quo deseretur
Libertas, ad quam solam male gesta recurrunt?
Et tamen in sanctos animum cum intendimus actus,
Cum desideriis carnis mens casta repugnat,
Cum tentatori non cedimus, & per acerbos
Vexati poenas illaeso corde manemus;
Libertate agimus, sed libertate redempta,
Cui Deus est rector: summoque ex lumine lumen
Vita, salus, virtus, sapientia, gratia Christi est,
Qua currit, gaudet, tolerat, cavet, eligit, instat,
Credit, sperat, amat, mundatur, justificatur.
Si quid enim recti gerimus, Domine, auxiliante
Te gerimus, tu corda moves: tu vota paratis
Quae dare vis tribuis, servans largita, coronasque
De meritis merita, & cumulans tua dona coronis.
Non autem hoc curam animi, studiumque relinqui
Virtutum, aut opus ingenti corpore patrandum est;
Quod bona Sanctorum tua sunt, & quidquid in illis
Aut sanum, aut validum est, de te viget, ut videantur
Nil actura hominis, te cessante, voluntas:
Quae sine te quid agit, nisi quo procul excidat a te?
Praecipites semper casus, & devia extra
Ingreditura suo; nisi sublatam tu bene, & aegram
Suscipias, referas, foveas, tuearis, honestes;
Tunc sit cursus velox, excelsique videtur,
Libera libertas, sapiens sapientia, justum
Judicium, & fortis virtus & sana facultas.
Hujus opis semper, Pater, indigeamus: ab ipso
Pendeat arbitrium nostrum, nihil hac sine fructus
Corporei possit, opus et servile quiescat;
Et tua dum in nobis agitur, non nostra voluntas,
Legitima in Sanctis durabunt sabbata festis.

EJUSDEM

In obtrectatorem S. AUGUSTINI.

EPIGRAMMA

Quidam dictilogui libros sancti Augustini
Carpere, & adversum condere fertur opus.
Utque solertis hominem ingenium, & facundia dives,
Ostentare artem non aliter poterit;
In nova prostratas acies nisi bella cieret,
Impiaque extinctis hostibus arma daret?
Hac pugna, inventor, mors est tua, te stilus iste
Conficit, & verbis perderis ipse tuis.
Utque doces, quantum valeat mens libera; monstras
Velle tamen stolidos fallere, ut pereas.

Verte gradum, fuge perniciem: structasque rebellis
Oris apostolici fulmine cinque vide.
Ne te morata deficit secundus credas,
Si Pastorem ovium laedere vis, lupus es.

EJUSDEM IN EUNDEM

Aut alium quempiam

EPIGRAMMA.

Contra Augustinum narratur serpere quidam
Scriptor, quem dudum livor adesus edat:
Qui caput obscurum contectum utcumque cavernis
Tollere humo miserum propulit anguiculum.
Aut hunc fruge sua aequorei pavere Britanni,
Aut huic Campano gramine corda tument.
Quae concepta fovet, pietas, quae parturit, edat;
Seu vetere armatur dogmate, sive novo.
In quoscumque licet spiratum torqueat ictus,
Et fallax multa contegat arte caput;
Currentem adirens super aspidem, & basiliscum
Declinare tamen vipera non poterit.

EJUSDEM

Epitaphium Nestorianae, & Pelagianae haereseon.

NESTORIANA HAERESIS LOQUITUR.

Nestoriana lues successi Pelagianae,
Quae tamen est utero progenerata meo.
Infelix miserae genitrix, & filia natae,
Prodivi ex ipso germine quod peperi.
Nam fundare arcem meritis prior orsa superbis,
De capite ad corpus ducere opus volui.
Sed mea dum proles in summa erumpit ab imis,
Congrua bellandi tempora non habui.
Et consanguineam post tristia vulnera fractam,
Aspera conserui praelia sine pari.
Me tamen una dedit victam sententia leto;
Illa volens iterum surgere, bis cecidit.
Mecum oritur, mecum moritur, mecumque sepulcrum
Intrat, & inferni carceris ima subit.
Quo nos praecipites insana superbia mersit,
Elatas donis, & tumidas meritis?
Non Christum pietate operum, & mercede volentem
Esse Deum, in capitis sedere non sivimus.
Sperantesque animi de libertate cuiquam,
Perdidimus quam dat gratia justitiam.
Quisque igitur geminae miseraris bella ruinae
De nostro exitio consociare cave.
Nam si quae Domini data munera fere fatemur,
Haec homini credis debita, noster eris.

EJUS-

EJUSDEM CARMEN.

Uxorem hortatur, ut se totam Deo dedicet.

Age, jam precor, mearum
Comes irremota rerum,
Trepidam brevemque vitam
Domino Deo dicemus.
Celeri vides rotatu
Rapidos dies meare,
Fragilisque membra mundi
Minui, perire, labi.
Fugit omne, quod tenemus,
Neque fluxa habent recursum;
Cupidas, vagasque mentes
Specie trahunt inani.
Ubi nunc imago rerum est?
Ubi sunt opes potentum?
Quibus occupare captas
Animas fuit voluptas.

Qui centum quondam terram vertebat aratris,
Æstuat, ut geminos possit habere boves.
Vectus magnificis carpentis sæpe per urbes,
Rus vacuum fessis æger adit pedibus.
Ille decem celsis sulcans maria ante carinis,
Nunc lembum exiguum scandit, & ipse regit.
Non idem status est agris, non urbibus ullis.
Omniaque in finem præcipitata ruunt.
Ferro, peste, fame, vinclis, algore, calore,
Mille modis miseros mors rapit una homines.
Undique bella fremunt, omnes furor excitat armis,
Incumbunt reges regibus innumeris:
Impia confuso sævit discordia mundo,
Pax abiit terris, ultima quæque vides.
Et si conclusis superessent tempora seclis,
Aut posset longos mundus habere dies:
Nos tamen occiduum nostrum observare deceret,
Et finem vitæ quemque videre suæ.
Nam mihi quid prodest, quod longo flumina cursu
Semper inexhaustis prona feruntur aquis?
Multa quod annosæ vicerunt sæcula silvæ,
Quodque suis durant florea rura locis?
Ista manent, nostri sed non mansere parentes.
Exigui vitam temporis hospes ago.
Non ergo sumus hic nequidquam in sæcula nati,
Quæ pereunt nobis, & quibus occidimus;
Sed vitam æternam vita ut mereamur in ista,
Et fiat requies longa labore brevi,
Et tamen iste labor si forte rebellibus asper,
Ac rigidas leges effera corda putent:
Non tamen hoc gravis est mansueto sarcina dorso,
Nec lædit blandum mitia colla jugum.
Tota mente Deus, tota vi cordis amari
Præcipitur: vigeat cura secunda hominis.
Quod sibi quis nolit fieri, non inferat alli,
Vindictam læsus nesciat exigere.
Contentus modicis vivat, sublimis haberi
Spernat non timeat, spernere non libeat.
Parcus, vera loquens, & mente & corpore castus,
Insontem vitam pacis amator agat.
Det propriam cunctis quam cunctis optet benignum,
Non sua non cupiat: quæ sua sunt tribuat.
Quid, rogo, mandatis durum occurrit in istis?
Aut quid erit, quod non possit obire fides?
Qui credunt sacros verum cecinisse Prophetas,
Et qui non dubitant verba audire Dei,
Qui Christum passum pœnas Crucis, ultima mortis,
In toto excelsi Patris honore vident,
Quique ipsum multa cum majestate reversurum
Expectant pingui lampade pervigiles:
His sordent terrena, patent cælestia, nec se
Captivos servos temporis hujus agunt.
Non illos fallax cepit sapientia mundi,
Nec curas steriles inseruere polo.
Imperia & fasces, indocti munera vulgi,
Quasque orbis scelerum semina fecit opes,
Calcarunt, sancta Cœlum ambitione petentes,
Suffragiis Christi & plausibus Angelicis.
Non labor hos durus vincit, nec blanda voluptas.
Quærere nil cupiunt, perdere nil metuunt.
Omnia non Christi, qui Christi est, odit in illo
Se statuens, in se qui gerere optat eum.
Ille Deus rerum, cæli terræque creator,
Me propter sacra Virgine natus homo est.
Flagris dorsa, alapis maxillas, ora salivis
Præbuit, & figi se cruce non renuit.
Non ut tanta Deo quidquam patientia ferret,
Cujus nec crescunt nec minuuntur opes:
Sed quod erat vitiatum in me, ut superaret in illo,
Factus sum Christi corporis, ille mei.
Me gessit moriens, me victa morte resurgens,
Et secum ad Patrem me super astra tulit.
Quidnam igitur tanta pro spe tolerare recusem?
Aut quid erit, quod me separet a Domino?
Ignem adhibe, rimare manu mea viscera tortor,
Effugient pœnas membra soluta tuas.
Carcere si cæco claudar, arcterque catenis,
Liber in excessu mentis adibo Deum.
Si mucrone parat cervicem abscindere lictor,
Impavidum inveniet: mors cita, pœna brevis.
Non metuo exilium, domus omnibus una est,
Sperno famem, Domini fit mihi sermo cibus.
Nec tamen ista mihi de me fiducia surgit,
Tu das, Christe, loqui, tuque pati tribuis.
In nobis nihil audemus, sed fidimus in te,
Quem pugnare juvat, & superare facis.
Spes igitur mea sola Deus, quem credere vita est,
Qui patriæ civem me dedit alterius.
Sorte patrum occiduum jussus transcurrere mundum
Sub Christi sacris advena miles eo,
Nec dubius me jure brevi terrena tenere,
Sic utar propriis, ceu mea non mea sint.
Non mirabor opes, nullos sectabor honores,
Pauperiem Christo divite non metuam.
Quæ steterit adversis, hac utar mente secundis;
Nec mala me vincent, nec bona me capient.
Semper agam grates Christo, dabo semper honorem,
Laus Domini semper vivet in ore meo.
Tu modo fida comes, mecum isti accingere pugnæ,
Quam Deus infirmo præbuit auxilium.
Sollicita elatum cohibe, solare dolentem:
Exemplum vitæ simus uterque piæ.
Custos esto tui custodis, mutua redde;
Erige labentem, surge levantis ope.
Ut caro non eadem tantum, sed mens quoque nobis
Una sit, atque duos spiritus unus alat.

CLAUDIANI MAMERTI
PRESBYTERI VIENNENSIS
CONTRA POETAS VANOS AD COLLEGAM.
CARMEN.

Jam mihi polliceor sacris tua carmina libris
Condere, teque Dei [illegible] nomine Christi,
Ora solaturum summo sacranda parenti:
Incipe divinis tantum dare pectora rebus,
Subjectosque Deo sensus attollere terra:
Mox astris cælo nova lux oriatur aperto,
Irradietque sacer tacito per aperta meatu
Spiritus, & toto quatiet tua viscera flatu.
Eja age, rumpe chelym, & [illegible] concute pectus,
Magnum [illegible] solitis [illegible] sanguine
Carminibus, major rerum tibi nascitur ordo.
Non modo judicium Paridis, nec bella Gigantum
Falsa canis: fuerit puerili lusus in ævo
Iste tuus, quondam decuerunt ludicra parvum:
Nunc animis gravior, quamvis provectior annis
Aspernare velis maturo corde camœnas,
Et quales castis jam congrua moribus ætas,
Atque tui specimen venerabile postulat oris,
Suspice mansuram, & divinam concipe sensum.
Si decus e falsis aliquod [illegible] tulisti,
De vanis [illegible] rebus, cum festa vetustis
Carminibus caneres, vel cum terrena referres
Gesta triumphantum laudans insignia regum,
Non equidem ex illis tu laudem sumere dignam,
Quam magis ornabat opulenti oratio verbi:
Quanto major ab his crescet tibi gloria campis,
In quibus & linguam exercens, mentemque simul
Eruditus, laudemque simul vitamque capessas:
Denique legis eris, & scribis mirandus semel
Vera Dei, propior disces & carior ipsi
Esse Deo: quem dum credens mirari, amare
Incipies, & amando recte illabere Christo.
Hactenus illa tua vana tulit vatis in usu
Personuit vates, modo celsior incipe actus.
Nosce magis causas rerum, & primordia mundi.
Ne vagus innumeris Epicuri somnia mundis,
Quæ atomis dementer per inane parentibus edit,
Irritus in vacuum spatiato pectore quæras:
Legifer antiquo venerandus nomine Moses,
Congestarum prima repertum ab origine mundum
Instituente Deo certa tibi solvet [illegible]:
Formatumque hominem limo, & spiramine sacro
Afflatum referens, cujus sit munere cunctis
Celsior in terra spirantibus, ipse docebit:
Nec te tua lapides Pyrrhæ, argillamve Promethei
Contentum, quem forma manu vultumque animumque
Sublimem & propria dignatus imagine finxit.
Cognosces ibidem, ut pergas tradere facile
Arbitrium nostri, quæ nos sententia [illegible]
Vinxerit, & cujus vitam sub lege trahamus.
Si mentem cœlo jacis altius, & super astra
Scire cupis quid sit, vel quid fuerit prius ævo,
Et mundo & sæclis docet altior ore Johannes.
Principio Verbum, inquit, erat, Deus illud verbo
Gaudebat, verbumque Dei semel, & Deus idem
Verbum erat, hoc verbum, sine quo nihil, omnia per quod,
Omnia, & æterno natura gravis famulatur
Strata Deo, genito natura, genitoris adorans,
Cunctaque per genitum in [illegible] parentem
Regnantem [illegible] jam lingua fatemur Iesum:
Nomine quo sanctam salus sit nostra, sanctique
Nitimur, æternam credentes in sæcula vitam.
Hujus divinæ mortalem munere soli
Assequimur fragiles castis evincere factis
Naturam, & rigidi disrumpere vincula mortis,
Et non corporeis in corpore legibus uti,
Sectantes divina Dei vestigia Christi,
Mente animam, corpusque sacris [illegible] sub armis:
Mens quoniam subjecta Deo capit arma salutis,
Inque animam carnemque suum regnum obtinet, & sic
Jure potens homo quisque sui, qui deditus uni
Æternum Domino proprio regnator in orbe
Efficitur, vitiis invictus, & [illegible],
Fortior adversis virtutibus, ordine justo:
Verus homo, quis [illegible] pacem, in qua [illegible]
Lumen habet, tumidos nullo certamine sensus
Temperat, & placidis sua pectora flectit habenis;
Tu, cui nunc generosa superni seminis ignis
Ardet in interiorem animum consurgere pressus,
In gremio Domini caput infere: mox [illegible]
Profusa lacte sacro largus dabit ubera Christus,
Divinumque tuum [illegible] lumine mentem,
Ut videas pulsa caligine magna tremendi
Jura Dei, quibus Omniparens sapientia Christus
In fide [illegible] semper servat omnia rerum,
Atque ut vult operans Deus arbiter esse futurum,
Continet & mutat species & tempora vitæ,
Porrigit aut retrahit Cœlum, mare, sidera, ventos,
Quæ facis virtute, regnum: docet ultor iniquum
Ægypti, mersusque mari refluente tyrannus,
Et primum ipse graves elementa per omnia [illegible]
Expertus, quem cuncta tremunt, cui cuncta ministrant.
Tempora namque uno tellus communis habebat
Judæos, quæ sola Deo tunc lecta fuit gens:
Et tamen illa Dei gravis hostibus ira superbis
Pervenit, inter populos discreta cucurrit.
Jam scio non dices, quod fors incerta procellas
Et mare casus agat, mare cum descendere jussum
Discessisse jugas, siccamque rigentibus undis
Inter aquas parasse viam, rursusque solutum
Æquor ad imperium [illegible], [illegible] prophetam,
In liquidum revocasse iter, in utroque sacris via
Paruit, ut sanctis iter & vindicta daretur.
Quid prosequar Thuscum vatem, quem [illegible]

In

In mare dejectum spatiosa [illegible] ridet
Coepit, & [illegible] vasta resolvit ab alvo?
Numne decet dictum Dei nosse & often [illegible]?
Namque Deum frustra fugiens, quem cuncta [illegible]
Nemo fugit, [illegible] Caeli semel & [illegible] [illegible].
Omnipotentis enim Domini [illegible] [illegible]
Cognoscens, [illegible] per se quod conscia [illegible]
Ferre [illegible], & [illegible] fugitivum vincit & [illegible].
Iste propheta Deo [illegible] [illegible] [illegible]
Peccantes [illegible] populos, [illegible] grave dixit
Exitium, [illegible] [illegible], avertit & iras
Numinis, [illegible] [illegible] sua crimina [illegible],
Extremumque diem fugit perversa Ninive.
Nec tu ille [illegible] [illegible], qui morte propinquum
Gravis [illegible], quem [illegible] [illegible] [illegible]
Flectere posse suas, [illegible] [illegible] [illegible]
Longius, & meruit tria [illegible] [illegible] [illegible]
Annis ipse suis, & uno sua vivere secla.
Nunc tria [illegible] [illegible] fera Pharaonis,
Aut Arari [illegible], & [illegible] [illegible] [illegible].
Dicant [illegible] tibi tunc [illegible] [illegible] [illegible]
[illegible], & qua [illegible] [illegible] [illegible] [illegible],
Cum [illegible] [illegible] [illegible] virtute [illegible],
Vertunt [illegible] [illegible], [illegible] [illegible]
Torbarent [illegible] [illegible] esse [illegible] [illegible]?
Vel [illegible] imperio [illegible] cum [illegible] [illegible]
Dilata [illegible] [illegible], ut victoria [illegible]
Profligaretur populi, [illegible] [illegible] [illegible]
Libratus, ut magnum caperet [illegible] [illegible] triumphum.
Quid Solomon virtusque Dei, & sapientia Christus?
Nemo [illegible] vanis curas erroribus [illegible],
Nosque simul [illegible] & [illegible] [illegible], [illegible]
Cuncta Deum regere, & nil [illegible] sine [illegible] [illegible]
Principis esse Dei, [illegible] non arbore [illegible],
Aere non volucrem, [illegible] jussa decidere; cumque
Omnipotens verbo sternit mare, vel pede calcat,
Et verbo mortem abigit, vel [illegible] urget,
Aut reducet animas in corpora [illegible] [illegible],
Jamque [illegible] [illegible] tumulo jubet ire reclusos,
Integraque [illegible] visa [illegible] [illegible].
Novus [illegible] propriam [illegible] indicat [illegible],
Qui solus [illegible] [illegible] vitamque [illegible]!
His precor, his [illegible] [illegible] [illegible] [illegible]
Scribendisque vere. [illegible] grandia [illegible] [illegible],
Scribe creaturam verbo primordia rerum,
Et [illegible] [illegible] diem, primaque crepuscula lucis,
Quaeque dehinc variis elementis per omnia [illegible]
Dicta vel acta Deo, per sancta volumina discas,
Quae [illegible] [illegible] legalibus indita [illegible],
Aut Evangelii quae [illegible] nova Testamenti
Signant, aperta prius [illegible] mysteria Christum:
Tunc te divinum vere [illegible] Poetam,
Et [illegible] dulcis aquas [illegible] tua carmina [illegible]:
Cum mihi [illegible] [illegible] a fontibus haustus
Praebebunt, Dominum rerum [illegible] Christum,
Atque [illegible] pollere Deo [illegible] [illegible],
Ut semel orbis opus a te [illegible] [illegible];
Et quem cognato [illegible] mihi [illegible] [illegible],
Gaudeo [illegible] [illegible] sub [illegible] [illegible]:
Nec [illegible] mortali solventis corpore vinclis
Perpetuo [illegible] complectar pignore * *.

In Jacobum, Magistrum equitum.

PEr cineres Pauli, per cani limina Petri,
Ne laceres versus, dux Iacobe, meos;
Sic tua pro clypeo [illegible] pectora Thomas,
Et comes ad bellum Bartholomaeus eat:
Sic ope sanctorum non barbarus irruat Alpes:
Sic tibi det vires sancta Susanna suas.
Sic quicumque ferox glaciem transnaverit Istrum,
Mergatur, [illegible] [illegible] Pharaonis equi;
Sic Geticas ultrix feriat rhomphaea catervas,
Romanique ferant prospera tela manus;
Sic tibi det magnum Martinus convivia triumphum,
Atque tuam vincant dolia [illegible] sitim:
Sic numquam hostili maculetur sanguine dextra,
Ne laceres versus, dux Iacobe, meos.

CARMEN PASCHALE.

CHriste potens rerum, redeuntis conditor aevi,
Vox summi sensusque Dei; quem fudit ab alta
Mente Pater, tantique dedit consortia regni.
Impia qui nostri domuisti crimina vitae.
Passus corporeo mundi vestire figura,
Affarique palam populos, hominemque fateri;
Quemque utero inclusum Mariae, mox numine viso
Virginei tremuere sinus, innuptaque Mater
Arcano stupuit compleri viscera partu,
Auctorem paritura suum. Mortalia corda
Artificem texere poli, mundique repertor
Pars fuit humani generis; latuitque sub uno
Pectore, qui totum late complectitur orbem;
Et, qui non spatiis terrae, non aequoris unda,
Nec capitur caelo, parvos confluxit in artus.
Quin & supplicii nomen, nexusque subisti,
Ut nos [illegible] leto, mortemque fugares
Morte tua: mox aetherias evectus in auras,
Purgato repetis laetum tellure parentem.
Augustum [illegible], festis ut saepe diebus
Annua [illegible] celebrent jejunia sacri.

Εἰς τὸν Σωτῆρα.

Ὦ πυρὸς ἀενάου σοφίη ὠδῖνα φυλάττων,
Ἐμβεβαὼς κόσμοιο παλινδίνητον ἀνάγκην,
Κραιπνὰ Θεοφρόντοιο βίη φωνίζει τεύχη,
Πατρὸς ἀγηράτοιο Θεοῦ πρωτόσπορε φωνή,
Ὃν μέγα μητρώοιο τοκετὸν ἠγνίμονε φέρτον,
Καὶ γόνον αὐτοτέλεστον ἀναφαίνων ὑμεναίων,
Στάντας ἀντολίης γενεῆς ἐπιρρέοντα λόετρα,
Ὄργια δ' εὐδαίμων πινυτῶν φαεσίμβροτα λόγια,
Αἰθέρος ἀμφιβέβηκας ἐφ' ἑπτάζωνον ὄχημα,
Ἀγγελιαῶν στρατιῇσιν ἐν ἀθανάτοισι θεοῖσιν.
Ἵλαθι παγγενέταο Θεοῦ τρισέβαστον ὄμμα.
Φωτὶ βίου, σῶτερ μερόπων, αἰῶνος ἀνάσσων.

Εἰς τὸν Δεσπότην Χριστόν.

Ἀρτιφανὴς παλίνσχε, παλαιγενές, υἱὲ πατρί,
Αἰὼν ἐὼν τρισσοὶ, ἀνέρατε ὕπατε Χριστέ
Ἀθανάτοιο πατρὸς, καὶ ὁμόχρονε, πάμπαν ὁμοῖε.

Laus

Laus Christi.

PRolem vera Dei, cunctisque antiquior annis,
Nunc genitus, qui semper eras, lucisque repertor
Ante tuae, matrisque parens: quem misit ab astris
Aequaevus Genitor, verbique in semine fusum
Virgineam habitare fidem, ac corporis arcti
Jussit inire vias, parvaque in sede morari:
Quem sedes non ulla capit: qui lumine primo
Vidisti quidquid mundo nascente creatum.
Ipse opifex, opus ipse tui, dignatus iniquas
Aetatis servire vices & corporis hujus
Difficiles perferre moras, hominemque subire,
Ut posses monstrare Deum, ne lubricus error,
Et [illegible] diu variis sollertia mundi,
Pectora tam multis ferret mortalia sectis
Auctorem nescire suum. Te conscia partus
Mater, & attoniti pecudum sensere timores.
Te nova sollicitis [illegible] sidera visa
In caelo videre prius, longumque secuti
Invenere Magi: te [illegible] pectora [illegible],
Elapsasque animas in corpora functa redonas,
Et vitam revocare jubes, tu lege recepta
Mortis, ad Manes perveneras, mortisque labores
Immortalis adis. Nasci tibi non fuit unum
Principium, finisque mori: sed [illegible],
In caelum, Patremque redis, rursusque [illegible]
Ordine purgatis solvens contagia terris.
Te solum, Patrisque comem: te Spiritus instans,
Et totum unum, triplicemque in nomine simplex.
Quid, nisi pro cunctis, aliud? quis credere possit,
Te potuisse mori, cunctis qui reddere vitam?

Miracula Christi.

ANgelus alloquitur Mariam, quo praescia verbo
Concipiat, salva virginitate, Deum.
Dant tibi Chaldaei praenuntia munera Reges,
Myrrham homo, rex aurum, suscipe thura Deus.
Permutat lymphas in vina liquentia Christus:
Quo primum facto se probat esse Deum.
Quinque explent panes, pisces duo millia quinque;
Et Deus ex parvo plura superesse jubet.
Editus ex utero caecus nova lumina sensit,
Et super ignotum se mirasse diem.
Lazarus e tumulo, Christo inclamante, resurgit,
Et dum [illegible] perit.
Naufragum quaerit unda Petrum: cui Christus in alto
Et dextra gressus firmat, & ore fidem.
Et sanguis Christi contingit femina vestem;
Stat cruor in venis: sic medicina fides.
Jussu post multos gradietur paralyticus annos,
Miraculum, lecti portitor ipse sui.

FINIS.

www.ingramcontent.com/pod-product-compliance
Lightning Source LLC
Chambersburg PA
CBHW032145010526
44111CB00035B/1219